D1724838

Albert Tanner   **Arbeitsame Patrioten – wohlanständige Damen**

Albert Tanner

# Arbeitsame Patrioten – wohlanständige Damen

Bürgertum und Bürgerlichkeit
in der Schweiz 1830–1914

*Diese Studie ist vom Schweizerischen Nationalfonds mit einem zweijährigen Forschungsbeitrag unterstützt worden. Für einen Zuschuss an die Druckkosten danke ich neben anderen Institutionen namentlich dem Kleinen Burgerrat der Burgergemeinde Bern.*

*1994 als Habilitationsschrift angenommen von der Philosophisch-historischen Fakultät der Universität Bern.*

*Gedruckt auf umweltfreundliches, chlorfrei gebleichtes Papier*

© Orell Füssli Verlag, Zürich 1995
Druckvorstufe: Ohmayer GmbH, Typografie Grafik Produktion, Zürich
Druck- und Bindearbeiten: Freiburger Graphische Betriebe, Freiburg im Breisgau
Printed in Germany
ISBN 3 280 02330 0

# Inhaltsverzeichnis

# Vorwort

Arbeitsamkeit und Wohlanständigkeit bildeten im 19. und frühen 20. Jahrhundert nicht nur zwei Eckpfeiler der bürgerlichen Lebensführung und Moral, sondern sie hatten wie andere bürgerliche Werte und Normen einen bestimmenden Charakter für die ganze Gesellschaft. «Bürgerlich» und «Bürgerlichkeit» repräsentierten eine Art Daseins- und Lebensentwurf, der auf Arbeit, Leistung und Bildung, auf Rationalität, Selbstkontrolle und Eigenverantwortlichkeit, aber auch auf Individualisierung, Selbstreflexion und Intimität beruhte und damit auch die Gesellschaft auf eine neue Grundlage stellen sollte. Diesem für alle verbindlichen Kulturmodell konnten sich, gerade in der Schweiz, auf Dauer weder die Arbeiterschaft noch die bäuerliche Bevölkerung entziehen. Einen modellhaften Anspruch mit utopischem Beiklang hatte auch der Begriff der bürgerlichen Gesellschaft. Das universal gedachte Ziel war eine sich selbst steuernde Gesellschaft freier und in rechtlicher und politischer Hinsicht gleicher Menschen, die ihr Zusammenleben vernünftig regeln. Diese verpflichtende Erwartung hat die reale bürgerliche Gesellschaft, wie das schon die zeitgenössischen Kritiker von rechts wie links feststellten, jedoch nur beschränkt einzulösen vermocht. Wie dieses Buch unter anderem zeigen möchte, machte die republikanisch-demokratische Schweiz dabei keine Ausnahme. Trotz der fast optimalen sozialen und politischen Voraussetzungen hatte auch sie sich gegen Ende des 19. Jahrhunderts vom Ideal der bürgerlichen Gesellschaft mehr entfernt, als dass sie ihm nähergerückt wäre.

Ein Buch wie dieses verdankt vielen vieles. Dank schulde ich zunächst allen, die mir mit ihren theoretischen Ansätzen und methodischen Anregungen mögliche Wege durch das Dickicht der Geschichte des Bürgertums gezeigt haben und von deren Arbeiten, Kenntnissen und Kritik ich profitiert habe. Einen besonderen Dank möchte ich Herrn Prof. Erich Gruner abstatten. Seine verschiedenen Werke waren für mich eine unerschöpfliche Quelle, er hat mir aber auch vor Jahren gezeigt, wie Sozial- und Politikgeschichte miteinander verknüpft werden müssen. Herzlich danken möchte ich für die Unterstützung, die ich in verschiedenen Gesprächs- und Arbeitsbeziehungen inner- und ausserhalb des Historischen Institutes der Universität Bern sowie im engeren und engsten Kreis erfahren habe. Ohne sie hätte ich diese langjährige Arbeit wohl nicht zu Ende führen können. Danken möchte ich auch all jenen, die mir meine Arbeit in den Archiven und Bibliotheken erleichtert haben, sowie allen, die mir bei den Abschlussarbeiten und der Drucklegung mit Rat und Tat beigestanden sind.

# Einleitung:
# Bürgertum und Bürgerlichkeit

Nirgends in Europa vermochte sich das Bürgertum so leicht und uneingeschränkt durchzusetzen wie in der Schweiz. Wirtschaft und Gesellschaft,
aber auch der Staat befanden sich in der zweiten Hälfte des 19. Jahrhunderts
weitgehend unter bürgerlicher Kontrolle. Auf nationaler Ebene herrschte seit
1848 der Freisinn, eine lockere Vereinigung von Liberalen, Radikalen und
Demokraten. Sowohl in den eidgenössischen Räten als auch im Bundesrat
besassen diese Kräfte, gestützt auf das ländliche und städtische Unternehmertum, auf die Angehörigen der freien und akademische Berufe, den gewerblichen Mittelstand sowie mit einem starken Rückhalt unter den reformierten
Bauern sowie selbst Teilen der Arbeiterschaft, eine meist erdrückende Mehrheit. Als «Schöpfer und Ausgestalter» (Steinmann) des Bundesstaates identifizierte sich der Freisinn mit dem Staat und seinen Institutionen vollständig.
Er sah sich als die staatstragende Partei, welche als Fortschrittspartei nicht nur
den Fortschritt schlechthin verkörperte, sondern als Volkspartei auch die
Interessen aller Staatsbürger vertrat. Ab 1894 bildete die erst damals gegründete Freisinnig-Demokratische Partei den Kern des Freisinnes. Mit ihr gelang
es, den überwiegenden Teil der freisinnigen Kräfte, von der liberalen Mitte bis
zur demokratischen Linken auf nationaler Ebene organisatorisch fester zusammenzufassen. 1905 belegte die Freisinnig-Demokratische Partei im Nationalrat 104 von 167 Sitzen (= 62 Prozent der Sitze). Ausserhalb der freisinnigen
Partei verbliebene Liberale nahmen 19 Sitze ein; die Katholisch-Konservativen, seit 1891 mit einem Bundesrat ebenfalls an der Exekutive beteiligt,
hatten 1905 35 Sitze inne.[1] Unter freisinniger Führung bildeten diese drei
Gruppierungen zusammen den sogenannten Bürgerblock, der sich gegen Ende
des 19. Jahrhunderts formiert hatte, um den «Ansturm» der organisierten Ar-
beiter- und Gewerkschaftsbewegung auf die bürgerliche Gesellschaft abzuwehren und der vermeintlichen, «klassenkämpferischen Zerstörung» von Demokratie und Nation Einhalt zu gebieten. Sozial umfasste dieser Bürgerblock
ausser dem Bürgertum und Kleinbürgertum vor allem auch die Bauern sowie
die meisten Angestellten und selbst einen Teil der national gesinnten Arbeiterschaft. Ihre mangelnde soziale Homogenität kompensierten der Freisinn wie
der Bürgerblock durch ideologische Stabilität. Familie, Privateigentum und
Vaterland erklärten sie als Grundpfeiler der bürgerlichen Ordnung für unantastbar, ja als heilige Werte. Trotz dieser relativ breiten sozialen Abstützung
rekrutierte sich die politische Elite beim Freisinn wie bei den übrigen Parteien

vorwiegend aus bürgerlichen Kreisen. 1905 übten 27 Prozent der Nationalräte einen freien Beruf aus, zwanzig Prozent waren Grossunternehmer, neun Prozent Kleinunternehmer, elf Prozent Gutsbesitzer oder Bauern, etwas über fünf Prozent Professoren, Gymnasiallehrer oder Staatsangestellte. Die restlichen 27 Prozent waren hauptberuflich in amtlicher oder politischer Funktion als Mitglieder exekutiver oder judikativer Behörden tätig. 64 Prozent besassen einen akademischen Abschluss. Weniger bürgerlich geprägt war die politische Elite nach ihrer sozialen Herkunft: Zwischen 1872 und 1919 war rund ein Viertel aller Parlamentsmitglieder bäuerlicher Abkunft, ein weiteres Viertel stammte aus dem Handwerker-, Angestellten- oder Arbeitermilieu.[2]

Aber nicht nur Politik und Staat, auch Gesellschaft und Kultur bildeten eine von den bürgerlichen Klassen, ihren Interessen, Werten und Normen, ihrer Weltsicht und Ideologie dominierte Sphäre. Vor allem das Erziehungswesen, die Wissenschaft, die schönen Künste, aber auch Kirche und Religion waren, zumindest von den bestimmenden Akteuren her, fest in bürgerlicher Hand. Familiäre Herkunft und verwandtschaftliche Beziehungen, geschäftliche Verbindungen, gemeinsame soziale Verkehrskreise, Freundes- und Geselligkeitskreise, Gesellschaften, Vereine und Verbände unterschiedlichster Art führten und hielten die verschiedenen bürgerlichen Gruppen und Fraktionen zusammen, hoben sie aber auch von der übrigen Bevölkerung ab. Nationale Gesellschaften und Vereinigungen wie der Eidgenössische Sängerverein oder die Gemeinnützige Gesellschaft mit ihren Tagungen und festlichen Veranstaltungen, aber auch die Zusammentreffen in den Zentren der Offiziersausbildung und an den Sessionen der eidgenössischen Räte in Bern förderten über regionale und sprachliche Unterschiede hinweg den Zusammenhalt. Die Herkunft aus «guter Familie», Besitz und Einkommen sowie Ausbildung und Bildung bestimmten dabei im hohen Masse, wer dazugehörte und wer nicht. Der ähnliche soziokulturelle Hintergrund mit verbindlichen Verhaltensweisen, einer ähnlichen Haltung in bezug auf wirtschaftliche und soziale Fragen, mit ähnlichen Wert- und Idealvorstellungen festigte seinerseits den Zusammenhalt des Bürgertums und verstärkte gleichzeitig die Abgrenzung. Die Übergänge vom Bürgertum zum gewerblich-bäuerlichen Mittelstand, zum Kleinbürgertum blieben jedoch im kulturellen wie gesellschaftlich-geselligen Leben fliessend. Eine wichtige Rolle spielten dabei teilweise die Vereine, die mehr oder weniger grosse Zwischenräume darstellten, in denen soziale und kulturelle Mechanismen der Ein-, Ab- und Ausgrenzung die Zugehörigkeit flexibel regelten und so je nach Bedarf für eine gewisse Durchlässigkeit sorgten. Sie dienten damit ebensosehr dem Zusammenhalt wie der Selektion, der Kontrolle über den Ein- und Aufstieg sowie der Zuteilung von sozialem Prestige. Dem gewerblich-handwerklichen und dem bäuerlichen Mittelstand, seinen Leitbildern und Normen kam deshalb im gesellschaftlichen und kulturellen Leben, ähnlich wie in der Politik, ein recht hohes Gewicht zu, besonders im sozial breit gefächerten und abgestützten Vereinswesen und bei öffentlichen

Veranstaltungen: «Nicht mehr als bürgerlich zu erscheinen, zu hoch hinaus zu wollen, war ein Makel, und zwar ein schlimmerer Makel als noch nicht bürgerlich zu sein, untendurch zu müssen.» [3] Respektiert und respektable Leute waren in dieser Optik alle, die arbeiteten und sich ehrlich durch die Welt brachten. Solide Bürgerlichkeit und republikanische Zurückhaltung – sicher nicht mehr scheinen als sein – behielten in der Öffentlichkeit ihre soziokulturelle Dominanz auch dann noch, als sich gegen Ende des 19. Jahrhunderts Teile der (bürgerlichen) Oberschicht in einem gewissen Hang zu aristokratischem Lebensstil und Auftreten von den übrigen bürgerlichen Gruppen stärker abzusetzen versuchten.

Aufgrund dieser so offensichtlichen bürgerlichen «Strukturdominanz» (Lepsius) ist man im europäischen Vergleich geneigt, die Schweiz entweder als «Sonderfall» oder im Sinne Max Webers fast als «Idealtypus» einer bürgerlichen Gesellschaft und eines bürgerlichen Staates zu erklären. Von einem «Defizit an Bürgerlichkeit» wie in anderen Ländern Europas kann in der Schweiz keine Rede sein. [4] Ohne irgendwelche Zurücksetzung durch adelige oder aristokratische Kreise standen Industrielle, Kaufleute und Direktoren grosser Unternehmen, Ärzte, Advokaten und weitere Angehörige freier Berufe, hohe Beamte, Professoren der Hoch- und Mittelschulen, Pfarrer sowie vermögliche Rentner im ausgehenden 19. Jahrhundert an der Spitze der schweizerischen Gesellschaft. Privilegiert durch Besitz und/oder Bildung, offen für Aufsteiger und mit fliessenden Übergängen zum handwerklich-gewerblichen Mittelstand, zu den Bauern und Angestellten, bildeten diese bürgerlichen Gruppen – so die Hauptthese dieser Arbeit – eine in ihren ökonomischen Grundlagen zwar heterogene, sozial und kulturell aber doch recht homogene Klasse. Durch eine ihnen typische Art der Lebensführung und des Lebensstils, durch gemeinsame und gleichzeitig spezifische Wertvorstellungen und Deutungsmuster, durch eine ihnen eigene Mentalität und Kultur hoben sich diese bürgerlichen Gruppen mehr oder weniger deutlich von den übrigen sozialen Klassen ab und entwickelten in den sozialen und politischen Auseinandersetzungen mit andern Klassen nicht nur eine eigene soziale Identität, sondern auch eine Art von «Klassenbewusstsein». Sofern sie nicht verarmt abgestiegen waren, scheinen auch die ehemaligen Herrengeschlechter aus dem Ancien Régime, das Patriziat sowie die Handels- und Finanzaristokratie, im Laufe der zweiten Hälfte des 19. Jahrhunderts, in diesem Bürgertum aufgegangen zu sein.

Wie sich dieses Bürgertum in langwierigen und keineswegs synchron verlaufenden Integrations- und Absetzungsprozessen in Wirtschaft und Gesellschaft, Kultur, Politik und Staat zu einer sozialen und politisch handlungsfähigen Klasse herausbildete, welche Lebensweise, Mentalität und Identität es auszeichnete, ist, auf einen kurzen Nenner gebracht, das eigentliche Thema dieser Arbeit. Um «Bürgertum» und «Bürger», aber auch «bürgerliche Gesellschaft», «Klasse» und «Klassengesellschaft» als beschreibende wie analytische

Begriffe fruchtbar verwenden zu können, ist jedoch eine Klärung der Begrifflichkeit und der damit verbundenen theoretischen und methodischen Implikationen unabdingbar.

### Begrifflichkeit und Theorie:
### Bürger, bürgerliche Gesellschaft und Klassen

Eine erste solche Klärung ergibt sich aus dem zeitgenössischen Verständnis und Gebrauch dieser Begriffe. Bis Ende des 18. und anfangs des 19. Jahrhunderts bezogen sich die Begriffe «Bürger» und «Bürgertum» begriffs-
geschichtlich[5] gesehen vornehmlich auf die Stadtbewohner und zwar ausschliesslich auf jene, die das Bürgerrecht besassen und deshalb über einen
besonderen Rechtsstatus verfügten, der sie u. a. in der Stadt zu selbständiger
Erwerbstätigkeit und zur Mitwirkung an der städtischen Selbstverwaltung berechtigte. Gekennzeichnet durch ein spezifisches Recht und eine besondere
Lebensführung, stellte das Stadtbürgertum einen eigenen Stand dar. Durch
ihre besondere rechtliche Stellung waren die Stadtbürger aber nicht nur
gegenüber den städtischen Einwohnern ohne Bürgerrecht privilegiert, sondern
sie unterschieden sich damit auch vom Adel sowie von den Bauern, der ländlichen Bevölkerung allgemein. In einem etwas weiteren Sinne umfasste das
Bürgertum im 18. Jahrhundert alle Angehörigen bürgerlichen Standes im
Unterschied zum Bauernstand, zum Adels- und Geistlichenstand.

Mit der Aufklärung und der Französischen Revolution erfuhren der Bürgerbegriff und die Bürgerrechte dann im Sinne des Naturrechtes eine Erweiterung auf alle Menschen, d. h. in letzter Konsequenz vor allem auf alle Männer.
Wenigstens dem Anspruch nach wurden damit alle Menschen zu Bürgern und
alle Bürger zu Staatsbürgern. Die rechtliche und soziale Realität sah jedoch im
Zeichen der Restauration noch längere Zeit anders aus, auch in der Schweiz.
Mit «Bürger» waren weiterhin in erster Linie die Stadtbürger gemeint. Syno-
nym mit «Mittelstand» oder «Mittelklasse(n)» gebraucht, wurden darüberhinaus oft auch alle, die in Handwerk und Gewerbe, Industrie und Handel oder
als Angehöriger eines freien Berufes einem selbständigen Erwerb nachgingen
oder einen akademischen Beruf ausübten, als bürgerlich oder Bürger bezeichnet. Während in Frankreich seit Ende des 18. Jahrhunderts mit dem Begriff
«Bourgeois» der vermögende Stadteinwohner, der selbständige Handwerksmeister, Verleger und Unternehmer vom «Citoyen» im Sinne des Staatsbürgers
auch sprachlich unterschieden wurde, behielt das deutsche Wort Bürger seine rechtlich und sozial unterschiedlich weit gefassten Bedeutungsinhalte. Zu
einer klareren Scheidung der Begriffsinhalte kam es im deutschen Sprachraum
zum Beispiel im Kanton Bern, wo für die Bürger im Sinne der rechtlich privilegierten Stadt- oder Ortsbürger der Begriff «Burger» gebraucht wurde.

Um die Mitte des 19. Jahrhunderts kam es dann insoweit zu einer gewissen Klärung, dass sich der Bürgerbegriff nun entweder auf eine oder mehrere

Klassen bzw. Stände oder auf den Staat und die Gesellschaft bezog. Indem er einerseits im Sinne des Staatsbürgers verwendet wurde, andererseits aber auch nur durch Besitz und Bildung privilegierte Angehörige der Mittelschicht, teilweise auch der Oberschicht, umfasste, blieb «Bürger» aber ein zweideutiger Begriff. Mit «Bürgertum» waren jedoch in zunehmendem Masse, gleichbedeutend wie auf französisch «Bourgeoisie», nur noch die wirtschaftlich und sozial bessergestellten mittleren und oberen Bevölkerungsschichten, teilweise identisch mit «Mittelklasse(n)» oder «Mittelstand», gemeint, wobei dieses Bürgertum meist wiederum in ein «gebildetes und freies Bürgertum», d. h. in ein Bürgertum der akademisch oder künstlerisch Gebildeten sowie der liberalen Berufsarten, eingeschlossen die Unternehmer, aufgeteilt wurde. Welche sozialen Gruppen zu diesem Bürgertum gehörten, was dieses Bürgertum von den andern Bevölkerungsschichten unterschied, was den verschiedenen als bürgerlich bezeichneten Gruppen gemeinsam war, was sie als eigenen «Stand» oder besondere Klasse, sofern sie als das überhaupt betrachtet wurden, charakterisierte, darüber herrschte unter den (bürgerlichen) Zeitgenossen aber auch in der zweiten Hälfte des 19. Jahrhunderts keine Einigkeit.[6]

Der konservative Wilhelm Heinrich Riehl sah in seinem 1851 erstmals erschienenen und viel gelesenen Buch «Die bürgerliche Gesellschaft» das Bürgertum trotz seiner innern sozialen Differenzierung und Spannweite noch als einen Stand, allerdings mit einem gegensätzlichen Charakter, nämlich dem des Strebens und dem des Beharrens. Dem «Bürger von guter Art» war eine Geisteshaltung eigen, die kein Festhalten am Überkommenen, kein Beharren-Wollen kannte, sondern im «Wetten und Jagen nach Erfindung, Vervollkommnung, Verbesserung» ihr Lebenselement sah. Die «idealere Natur» des Bürgertums bestand im ständigen Sich-Mühen, im Bestreben vorwärts zu kommen, Neues zu schaffen, bereits Geschaffenes auszubauen und abzurunden. Wer bereit war, sich ohne Bedenklichkeiten in dem Konkurrenzkampf zu stellen, wem die Kraft, Reichtum zu schaffen, wichtiger war als der Reichtum selbst, der gehörte zum Bürgertum. Von der wirtschaftlichen Basis her zählte damit Riehl die gewerblichen Unternehmer, die Kaufleute und die selbständig tätigen Akademiker zum Bürgertum, also alle, die mit wirtschaftlichem Kapital oder sozialem und kulturellem Kapital, mit ihrer technischen oder akademischen Bildung, ein unternehmerisches Risiko auf sich nahmen. Das andere, das beharrende Bürgertum, die «sozialen Philister», fand Riehl vor allem im Kleingewerbe und Kleinhandel.[7]

Im Unterschied zu Riehl bezog der liberal-konservative Staatsrechtler Johann Caspar Bluntschli aufgrund seiner Trennung von Staat und Gesellschaft den Begriff «Bürger» zunächst vornehmlich auf die rechtlich-staatliche Sphäre, distanzierte sich aber von der durch die Französische Revolution proklamierten Idee einer «Fusion aller Stände in dem Einen Bürgerstand». Diese erschien ihm, weil eine der «natürlichen Gliederung des Volkes» widerstreitende «Übertreibung», als ein Irrtum, der zur Folge hatte, dass die Unter-

schiede zwischen den «untern bürgerlichen Klassen», den Kleingewerbetrei-
benden und Bauern, einerseits und dem «höhern Bürgerstand der wissenschaftlich oder künstlerisch gebildeten und einem liberalen Berufe zugewen-
deten Bürger oder der grossen Kaufleute und Fabrikanten» andererseits nicht
bemerkt oder ignoriert wurden.[8] Das so durch höhere Bildung und freie
Berufsarten charakterisierte Bürgertum fasste er im gesellschaftlichen Bereich
als einheitlichen «dritten Stand» auf, der sich dann aufgrund der Bildungsart
und des Bildungsniveaus sowie des Lebensstils in verschiedene Klassen glie-
derte. Die oberen Klassen setzten sich aus all jenen zusammen, die eine gym-
nasiale und universitäre Bildung genossen hatten, neben den Gelehrten und
Geistlichen, den Ärzten und Advokaten auch die akademisch gebildeten
Beamten. Ihnen folgten diejenigen mit einer modernen wissenschaftlichen
Bildung in Mathematik, Naturwissenschaften oder neuen Sprachen. Zur dritten Gruppe gehörten die Fabrikanten, die Künstler und künstlerischen Handwerker sowie die mittleren Landwirte, die durch ihre Bildung und Lebensart
sich von den eigentlichen Bauern unterschieden, aber noch nicht zur Aristokratie zählten. Zusammengehalten wurden diese bürgerlichen Klassen des
dritten Standes – später nannte er ihn auch die «Klasse des gebildeten und
freien Staatsbürgertums» – durch «ziemlich dieselbe sociale Bildung und daher auch ähnliche Bedürfnisse», durch «gemeinsame Charakterzüge» und
«Grundanschauungen» sowie durch «starke gemeinsame Interessen der Kultur
und der Politik».[9]

Für das 1860 in dritter Auflage erschienene und weit verbreitete, liberale
Staatslexikon von Carl von Rotteck und Carl Welcker stellte nicht die Bildung
das für die Zugehörigkeit zum Bürgertum entscheidende Kriterium dar, sondern die Fähigkeit zur Leistung. Diese Fähigkeit, die wichtiger als das Ergebnis der Leistung war, bildete die allen Bürgern gemeinsame Grundhaltung.
Ähnlich wie bei Riehl setzte sich das Bürgertum demzufolge vornehmlich aus
den unternehmerisch Tätigen, den Kaufleuten und Fabrikanten, den selbständigen Akademikern und Handwerkern, zusammen. Beamte und besoldete
Gelehrte gehörten, weil sie in einem besonderen Herrschaftsraum lebten,
dagegen nicht dazu. Für das zur gleichen Zeit herausgegebene, konservative
«Staats- und Gesellschaftslexikon» von Herrmann Wagener war und blieb das
Bürgertum noch immer der in der Stadt sesshafte Stand zwischen dem Adel als
Geburtsstand auf der einen und den Proletariern als handarbeitende Lohn-
empfänger auf der anderen Seite. Das Staatsbürgertum hielt es wie Riehl, der
dem politische Unruhe stiftenden, «universalistischen, ausbenenden Geist des
Bürgertums» ebenfalls ablehnend gegenüberstand, für eine «der bedenklich-
sten Erscheinungen der neueren Zeit».[10] Der «Grosse Brockhaus» der 1880er
Jahre sah in den Begriffen Bürgertum und Stand dagegen nur noch mittelalter-
liche Relikte ohne Bedeutung für die moderne Gesellschaft, ersetzt durch
«Staatsbürger» und «Volk».[11] Der «Larousse» definierte die Bourgeoisie als
«classe moyenne intermédiare entre les nobles et les ouvriers», um dann aber

doch zu unterstreichen, dass es keine einheitliche Verwendung des Begriffes gebe. So gehörten für die «Massen» jene zur Bourgeoisie, die über Kapitalien verfügten. Weniger klassenspezifisch umschrieben, bildete die Bourgeoisie «toute la partie de la société qui, en dehors de l'intelligence et des lumières, réunit en elle les autres conditions de l'indépendance sociale».[12]

Diesen klassenspezifischen, auf die Kapitalbesitzer beschränkten Begriff von Bürgertum gebrauchte in der zweiten Hälfte des 19. Jahrhunderts vor allem die zeitgenössische sozialistische Literatur. Unter dem Einfluss des frühsozialistischen, französischen Schrifttums sprachen insbesondere Karl Marx und Friedrich Engels nach 1840 aber meist von «Bourgeoisie» und nicht von Bürgerklasse oder Bürgertum. Darunter verstanden sie, wie Engels selbst anmerkte, die «Klasse der modernen Kapitalisten», «die Besitzer der gesellschaftlichen Produktionsmittel sind und Lohnarbeit ausnutzen».[13] Mit der Übernahme dieses Begriffes und seiner klassenmässigen Fixierung vermieden sie die den deutschen Wörtern «Bürger» und «Bürgertum» anhaftende Unbestimmtheit. Wohl hatten sich, wie Karl Marx und Friedrich Engels im Manifest der kommunistischen Partei 1848 selbst ausführten, die «ersten Elemente der Bourgeoisie» aus der «Pfahlbürgerschaft» der Städte entwickelt, doch die «moderne Bourgeoisie» des «Zeitalters der grossen Industrie und des Weltmarktes» hatte mit dem mittelalterlichen Stand der städtischen Bürger nichts mehr gemein. Nach marxistischer Auffassung war es ja gerade die Bourgeoisie gewesen, die, «selbst das Produkt eines langen Entwicklungsganges», mit ihrer Revolutionierung der Produktions- und Verkehrsweise unter anderem auch alle bisherigen feudalen oder zünftischen Verhältnisse zerstört, die Menschen aus ständischen und korporativen Bindungen herausgelöst und damit die moderne Klassengesellschaft geschaffen hatte. Durch das Proletariat, die Klasse der modernen Lohnarbeiter, sollte die Klassenherrschaft der Bourgeoisie, die in der Geschichte «eine höchst revolutionäre Rolle» gespielt und erstmals bewiesen hatte, «was die Tätigkeit der Menschen zustande bringen kann», überwunden und die modernen Produktivkräfte mit den Produktions- und Eigentumsverhältnissen wieder in Einklang gebracht werden. Der aufgrund ihrer revolutionären Rolle auch positiven Deutung der Bourgoisie stand in marxistischer Sicht die rein negative der Kleinbürger gegenüber. Weil diese noch weitgehend in alten ständischen Beschränkungen und lokalen Gebundenheiten lebten, bildeten sie für Marx und Engels lediglich einen retardierenden Faktor der gesellschaftlichen Entwicklung. Wie das Proletariat bekämpften sie zwar auch die Bourgeoisie, sie waren aber, weil nur auf die blosse Sicherung ihrer Existenz bedacht, nicht revolutionär, sondern konservativ. In Übernahme weitverbreiteter zeitgenössischer Klischees wurden sie deshalb auch von links als «Spiessbürger» oder «Philister» bezeichnet.[14] Während Konservative nach 1850 «Bourgeoisie» in ähnlicher Weise wie Marx und Engels in ihren politischen Schriften als Kampfwort einsetzten, lehnten die Wortführer des liberalen Bürgertums diesen Klassenbegriff, «mit dem die

sozialistischen Theoretiker die sozialen Gegensätze der Zeit auf eine einfache
Formel (Bourgeoisie/Proletariat) zu bringen versuchten», im allgemeinen und
nicht von ungefähr ab. [15] Es ging dabei um mehr als nur ein Wort, es ging bei
diesem Kampf um nicht weniger als die «richtige» Deutung der Gesellschaft
und die Legitimation sozialer Unterschiede und die allfällige Anerkennung
unüberbrückbarer sozialer Gegensätze.

Auch unter den führenden Sozialwissenschaftlern herrschte Ende des
19. und zu Beginn des 20. Jahrhunderts keine einheitliche Begrifflichkeit. Für
den Soziologen Max Weber gab es politisch gesehen nur noch Staatsbürger,
wirtschaftlich hielt er das Bürgertum für ein Konglomerat aus Gross- und
Kleinbürgern, Unternehmern und Handwerkern. Es war für ihn weder eine
einheitliche Besitz- oder Erwerbsklasse noch stellte es eine soziale Klasse
dar. [16] Unter dem sozialen Aspekt erschien ihm das Bürgertum wegen der
auf Besitz und Bildung aufbauenden «Zumutung einer spezifisch gearteten
Lebensführung an jeden, der dem Kreise angehören will», noch oder wieder
als ständische Sozialgruppe. [17] Der Volkswirtschaftler und Soziologe Werner
Sombart, der den Bürger, den Bourgeois, letztlich als eine zeitlose, durch eine
bestimmte Wirtschaftsgesinnung und «zentrale Lebenswerte» definierte Erscheinung betrachtete, grenzte das Bürgertum durch eben diese Geisteshaltung von den übrigen Schichten, insbesondere dem Adel, den Bauern und der
Arbeiterschaft, ab. «Bourgeois» waren alle, die nach einer kapitalistischen
Wirtschaftsgesinnung lebten, die im Erwerbsstreben und im Geschäftsinteresse
die Richtung und das Mass für ihre Aktivitäten sahen. Sombarts neue «Bourgeoisie» umfasste damit im wesentlichen alle wirtschaftlich selbständigen und
unternehmerisch tätigen Existenzen sowie die leitenden Angestellten, sofern
sie Unternehmerfunktionen wahrnahmen. Die Selbständigen in Handwerk
und Gewerbe, von ihm auch «Petite bourgeoisie» genannt, gehörten, sofern sie
nicht völlig einer auf die Nahrung ausgerichteten vorkapitalistischen, traditionalistischen Wirtschaftsgesinnung huldigten, grundsätzlich auch zur Bourgeoisie. Grundsätzlich unterschied Werner Sombart zwei Unternehmer- oder
Bourgeoistypen, wobei er den entscheidenden Einschnitt an der Wende vom
18. zum 19. Jahrhundert, die gleichzeitig die frühkapitalistische Epoche abschloss, sah. Die «komplizierte Psyche» des Bourgeois alten Stils setzte sich aus
dem «Erwerbstrieb und Unternehmungsgeist, aus Bürgerlichkeit und Rechenhaftigkeit» zusammen. Zentral war für diesen Typ noch die Leitidee des
«omnium rerum mensura homo». Das Geschäft war noch Mittel zum Zweck.
In der neuen kapitalistischen Epoche wurde der «lebendige Mensch mit seinem Wohl und Wehe, mit seinen Bedürfnissen und Forderungen» aus dem
Mittelpunkt des Wirtschaftens hinausgedrängt. An seine Stelle traten «Ab-
strakta» wie «der Erwerb und das Geschäft». [18]

Wie dieser Abriss der Begriffsgeschichte zeigt, sagt der zeitgenössische
Sprachgebrauch zwar sehr viel über das Selbst- und Fremdverständnis des Bürgertums aus, eine eindeutige Begrifflichkeit kann jedoch daraus nicht gewon-

nen werden. So unscharf oder widersprüchlich wie im 19. Jahrhundert waren
und sind die Begriffe «Bürgertum», «Bürger» und «bürgerlich» meist auch in
der historischen Forschung verwendet worden. Wie «Bürgertum» im Deutschen bezeichnet «Bourgeoisie» im Französischen bei genauerem Hinsehen
«un groupe fluide ... qu'on ne peut définir a priori sauf à admettre un postulat,
par essence indémontré et indémontrable».[19] In diesem Sinne ist der neutra-
lere englische Ausdruck «Middle classes» sprachlich präziser. Er suggeriert
nicht eine Einheitlichkeit, die in der sozialen Realität nicht vorhanden ist, sondern weist sowohl auf die innere Vielfältigkeit als auch auf die relative Privilegierung in der gesellschaftlichen Hierarchie hin. Trotz vieler Unklarheiten
sind aber Bürgertum wie Bourgeoisie oft und lange Zeit als nahezu problem-
lose Begriffe sowohl in deskriptiver Weise wie in analytischer Funktion verwendet worden, teilweise dienten sie sogar zu «plakativen Epochenbenen-
nungen», d. h. zu «historischer Periodisierung wie zur Kennzeichnung (ein-
schliesslich Kritik oder Propagierung) zeitdominanter Denkweisen, Wertvorstellungen und Verhaltensmuster».[20] Erst in den letzten Jahren haben sie
etwas eindeutigere Konturen erhalten, in der französischen Forschung etwas
früher als in der deutschsprachigen.[21]

In Anschluss an diese neuere Forschung benütze ich Bürgertum in dieser Studie zunächst einmal als blossen deskriptiven Sammelbegriff für die
mittleren und teilweise auch für die oberen Bevölkerungsschichten. Er umfasst
damit eine Vielzahl von Berufs- und Sozialgruppen mit recht unterschiedlichen wirtschaftlichen und sozialen Lebenslagen, kulturellen Orientierungen
und Bildungsniveaus, rechtlicher und politischer Privilegierung. Klar ist für
den Untersuchungszeitraum weniger, wer dazu gehört als vielmehr, wer sicher
nicht, nicht mehr oder noch nicht dazu zählt, nämlich der Adel, die Bauern,
die Arbeiter und, bereits nicht mehr so eindeutig, die Angestellten. Übrig bleiben die wirtschaftlich Selbständigen in Handwerk und Gewerbe, Industrie und
Handel, die Angehörigen freier Berufe, die Kapitalrentner sowie die wirtschaftlich unselbständigen höheren Beamten und Angestellten. Sie alle gehören, wenn nicht zum Kern, so doch mindestens ins Umfeld des Bürgertums.
Mit Bürgertum ist in dieser Arbeit jedoch mehr gemeint als nur ein rein deskriptiver Sammelbegriff für heterogene Berufs- und Sozialgruppen der mittleren und oberen Bevölkerungsschichten, entstanden aus der sozialen Differenzierung in einer industriellen Gesellschaft. Das Bürgertum scheint mir in
der Schweiz des 19. und frühen 20. Jahrhunderts mehr gewesen zu sein als ein
rein «theoretisches Konstrukt» oder lediglich eine «wahrscheinliche Klasse»,
entworfen aufgrund objektiver Merkmale wie Beruf oder Höhe des Einkommens. Das schweizerische Bürgertum war, so die Grundthese dieser Arbeit,
eine relativ homogene Sozialgruppe, eine «Handlungs- und Orientierungs-
gemeinschaft»[22] und zumindest gegen Ende des 19. Jahrhunderts als «Bürgerblock» auch eine «reale, effektive Klasse im Sinne einer kampfbereiten
Gruppe».[23]

Die blosse Existenz bestimmter Berufs- und Erwerbsgruppen, sozioökonomischer Lebenslagen und politischer Leitbilder führt aber allein nicht
zwangsläufig zu einem so begriffenen Bürgertum: «Ob eine spezifische ökonomische Interessenlage, eine politische Interessenrichtung, eine kulturelle
Wertorientierung strukturdominant wird oder unterdrückt bleibt, unter welchen Konstellationen sich Verknüpfungen und Koalitionen von Interessen bilden und aus dem Konglomerat bürgerlicher Schichten ein umgreifendes Bürgertum mit relativ homogenen Ordnungsvorstellungen und Normen der
Lebensführung entsteht, das lässt sich nicht aus analytischen Fragestellungen
deduzieren, (sondern) immer nur historisch und empirisch nachweisen.»[24]
Die Konstituierung des Bürgertums zu einer sozialhistorischen Realität kann
deshalb von seiner Geschichte nicht losgelöst werden. Soziale Gruppen und
Klassen entwickeln ihre eigene Identität, ihr spezifisches Gruppen- und Klassenbewusstsein letztlich nicht schon durch gemeinsame Merkmale wie Beruf,
Vermögen und Einkommen sowie gleiche oder ähnliche Markt- und Klassenlagen, sondern vor allem in sozialen, wirtschaftlichen, politischen und kulturellen, zum Teil auch in alltäglichen Auseinandersetzungen mit andern
sozialen Gruppen und Klassen. So weist E. P. Thompson gegen alle objek-
tivistischen Tendenzen mit Nachdruck, und meines Erachtens zu Recht, darauf hin, dass Klassen – wie für die Arbeiterklasse gilt dies auch für das Bürgertum – soziale und kulturelle Formationen sind, die nur in Bezug zu- und
aufeinander bestehen. Sie verkörpern sich in der historischen Realität und in
konkreten Beziehungen: «Class is defined by men as they live their own
history, and, in the end, this is its only definition.»[25]
    Klassen sind also weder eine Struktur noch eine Kategorie, sondern
ein historisches Phänomen. Als Resultate spezifischer Verteilungskämpfe und
Intergrationsprozesse verstanden können und dürfen sie deshalb auch nicht
durch analytische Kriterien definiert von Anfang weg als existent vorausgesetzt werden. Ähnlich argmumentiert auch Pierre Bourdieu. Erst die «mobi-
lisierte Klasse» als «ein Ensemble von Akteuren, die auf der Grundlage homogener vergegenständlichter oder inkorporierter Eigenschaften und Merkmale
sich zusammengefunden haben zum Kampf um Bewahrung oder Änderung
der Verteilungsstruktur der vergegenständlichten Eigenschaften» ist eine historische Realität.[26] Und auch für Max Weber entstehen soziale Gruppen, Stände
und Klassen durch Vergemeinschaftung oder/und durch Vergesellschaftung.
Unter Vergemeinschaftung versteht er eine soziale Beziehung, «wenn und
soweit die Einstellung des sozialen Handelns ... auf subjektiv gefühlter (affek-
tueller oder traditionaler) Zusammengehörigkeit der Beteiligten beruht». Aber
nicht jede «Gemeinsamkeit der Qualitäten, der Situation oder des Verhaltens
ist eine Vergemeinschaftung», auch das blosse Gefühl für die gemeinsame Lage
und deren Folgen erzeugt sie noch nicht. Erst wenn Menschen oder soziale
Gruppen aufgrund dieses Gefühls ihr Verhalten irgendwie aneinander orien-
tieren, entsteht eine soziale Beziehung zwischen ihnen, eine «gefühlte Zusam-

mengehörigkeit», eben eine Gemeinschaft.[27] Vergesellschaftung nennt Weber
eine soziale Beziehung, «wenn und soweit die Einstellung des sozialen Handelns auf rational (wert- oder zweckrational) motiviertem Interessenausgleich
oder auf ebenso motivierter Interessenverbindung beruht». Typisch, aber nicht
nur, beruht Vergesellschaftung auf «rationaler Vereinbarung durch gegenseitige
Zusage». Wertrational orientiert sich dann das vergesellschaftete Handeln am
«Glauben an die eigene Verbindlichkeit» bzw. zweckrational an der «Erwartung der Loyalität des Partners».[28]

Als säkularer Prozess war die Konstituierung des Bürgertums eng mit
der Durchsetzung bürgerlichen Gesellschaft und ihrer weiteren Ausbildung zu
einer Klassengesellschaft verbunden. Sie kann deshalb auch nur innerhalb dieser Entwicklungen adäquat erfasst und beschrieben werden. Das in seinen
Grundzügen im wesentlichen bereits im 18. Jahrhundert in der Aufklärung
entwickelte Sozialmodell einer bürgerlichen Gesellschaft beinhaltete «eine
neue politische Ordnungsidee, eine neue Wirtschaftstheorie und eine neue
Strukturvorstellung für die Gesellschaft»: Das Prinzip der Volkssouveränität als
neue politische Ordnungsidee postulierte für alle politisch Qualifizierten, in
konsequenter Auslegung für alle Staatsbürger und Staatsbürgerinnen, das
Recht auf Selbstbestimmung und Selbstverwaltung. Die neue, klassische Wirtschaftstheorie rief nach Handels- und Gewerbefreiheit, nach der Befreiung des
Marktes von ständischen und staatlichen Regulierungen. Die neue Vorstellung
für die Gesellschaft ging von der naturrechtlichen Gleichheit der Menschen
und von der neuen Bildungsidee der sich selbst bildenden und religiös nicht
bevormundeten Individuen aus, die sich gleich und frei nach ihren Interessen
und Bedürfnissen formieren und organisieren.[29] Konstante Bedingungsfakto-
ren für das Aufkommen einer solchen als bürgerlich begriffenen Gesellschaft
waren nach überstimmender Auffassung in der Bürgertumsforschung «individuelles Erwerbsstreben, Wettbewerb, zweck- wie wertrational begründete
Leistung, Selbständigkeit und Unabhängigkeit durch produktive Arbeit und
private Verfügung über Eigentum und Gewinn, freie Entfaltung und Selbstbestimmung, der Wille zu kultureller, politischer und sozialer Emanzipation,
politischer Liberalismus als Form 'bürgerlicher' Politik».[30] Mit der bürgerlichen Gesellschaft wurde eine Ordnung eingeführt, die «das Prinzip rechtlich
geregelter individueller Freiheit für alle realisiert, das Zusammenleben der
Menschen nach Massgabe der Vernunft gewährleistet, die Ökonomie auf der
Grundlage rechtlich geregelter Konkurrenz marktförmig organisiert, die
Lebenschancen im weitesten Sinn nach Massgabe von Leistung und Verdienst
verteilt, die staatliche Macht im Sinne des liberalen Rechts- und Verfassungs-
staates einerseits begrenzt und andererseits über Öffentlichkeit, Wahlen und
Repräsentativorgane an den Willen mündiger Bürger zurückbindet» und die
Kunst, Wissenschaft und Religion zwar im Sinne der bürgerlichen Kultur
strukturiert, aber doch ein hohes Mass an Selbstbestimmung gewährt.[31] In
der Schweiz waren es die Helvetik, vor allem aber die liberalen Revolutionen

von 1830/31 und der Bundesstaat von 1848, die der bürgerlichen Gesellschaft und ihren Prinzipien in fast idealtypischer Weise zum Durchbruch verhalfen und damit eine neue wirtschaftliche, soziale und politische Ordnung
errichteten.

Die bürgerliche Gesellschaft war im Prinzip und in letzter Konsequenz
seit der Französischen Revolution universal gedacht und formuliert, denn im
Sinne des Naturrechtes war der Begriff des Bürgers und des Bürgerrechtes auf
alle Menschen – politisch allerdings nur auf alle Männer – ausgedehnt worden.
Als «eindrucksvolle Idee einer sich selbst steuernden Gesellschaft freier und
gleicher, öffentlich diskutierender und vernünftig entscheidender Staatsbürger»[32] erhob sie den Anspruch mit ihren Ordnungsentwürfen und Forderungen im Interesse aller Menschen und Bevölkerungsklassen, nicht nur der
bürgerlichen, zu liegen. Dieser universalen Gültigkeit wegen konnten auch
kleinbürgerliche und bäuerliche Schichten, aber auch Teile der Arbeiterschaft
ihre Interessen und Ziele in der bürgerlichen Gesellschaft wiedererkennen.
Als «Staatsbürgergesellschaft» begriffen, bot sie auch ihnen Identifikations-
möglichkeiten. Für die Schweiz gilt dies ganz besonders. Mit dem Motto
«Bürger sind wir alle» stellten in der zweiten Hälfte des 19. Jahrhunderts nicht
nur die Freisinnigen, sondern vor allem auch die demokratische Bewegung
und der Grütliverein als wichtigste Organisation der schweizerischen Arbeiterschaft die universale Gültigkeit des Bürgerbegriffes in den Vordergrund und
hielten so am utopischen Ideal der bürgerlichen Gesellschaft als einer klassenlosen Gesellschaft, in der alle, d. h. alle Männer, unabhängig von ihrem wirtschaftlichen und sozialen Status, also auch die Bauern und Arbeiter, freie und
gleichberechtigte Bürger sind, fest. Doch trotz rechtlicher Gleichheit und der
Tatsache, dass wenigstens auf der Ebene des Bundes und der Kantone nach
1848 bald einmal praktisch alle volljährigen Männer schweizerischer Herkunft
zu Staatsbürgern mit gleichen politischen Rechten geworden waren, traten,
vorangetrieben durch die Industrialisierung und den Kapitalismus, die sozialen
Widersprüche und Grenzen des Modells der bürgerlichen Gesellschaft im
Laufe der zweiten Hälfte des 19. Jahrhunderts immer klarer zutage. Zwar blieben die verschiedenen schweizerischen Bevölkerungsklassen durch das gemeinsame Staatsbürgerrecht zusammengeklammert, dennoch wurde immer
offensichtlicher, dass sich auch die republikanisch-demokratische Schweiz vom
Modell einer sich selbst steuernden Gesellschaft freier und gleicher Bürger
eher entfernte, als dass sie sich ihm annäherte.

Am deutlichsten äusserte sich diese grösser werdende Kluft zwischen
den Ansprüchen des Modells und der sozialen Wirklichkeit in der sozialen
Frage, die gleichsam «zum Grundproblem für die Lebens- und Handlungsform
der bürgerlichen Gesellschaft»[33] wurde und die «bürgerliche Schlagseite»[34]
des Konzeptes der bürgerlichen Gesellschaft am deutlichsten offenbarte: «Der
politische Status des 'Staatsbürgers' (citoyen) hing, so zeigte sich jetzt zweifels-
frei, viel stärker vom ökonomischen und sozialen Status des 'Bürgers' ab (de-

finiert durch Besitz und/oder höhere Bildung), als dies mit den ursprünglich progressiven, liberalen und demokratischen Forderungen, die mit 'Staatsbürger' und 'bürgerlicher Gesellschaft' verknüpft waren, vereinbar war.» [35] Auch wenn die bürgerliche Gesellschaft als neues Sozialmodell direkt keine Privilegien für die Bürger reklamierte, so setzte es doch immer, mehr oder weniger offen, einerseits den unabhängig-selbständigen und andererseits den gebildeten Menschen (Mann) voraus. So bildete die Selbständigkeit, die Verfügungsgewalt über Ort, Stoff und Werkzeug der Produktion, das wichtigste Kriterium des liberalen Bürgerbegriffes in sozialer wie politischer Hinsicht. Im Sprachgebrauch des frühen 19. Jahrhunderts war die bürgerliche Gesellschaft denn auch im Idealfall eine Eigentümergesellschaft, eine «Gesellschaft bürgerlicher Privatleute, die nach den Prinzipien der Freiheit und Gleichheit als Personen und Eigentümer voneinander getrennt und – nach dem Muster des frühbürgerlichen Liberalismus – keiner Herrschaft von Menschen über Menschen unterworfen» sind. [36] Nach liberaler Ansicht garantierte über die erste Hälfte des 19. Jahrhunderts hinaus vor allem die Selbständigkeit, «dass sich der Staatsbürger von der Rücksicht auf das Wohl des Ganzen (nicht von selbstsüchtigen Motiven) und nur von seiner inneren Überzeugung (nicht von den Einwirkungen anderer) leiten lasse». [37]

Die materiellen Voraussetzungen für die Umsetzung des Modells bürgerliche Gesellschaft, die bei den besitzenden und gebildeten Bevölkerungsschichten weitgehend oder doch in zunehmendem Masse vorhanden waren, wurden, vor allem in bürgerlich-liberaler Sichtweise, generell als gegeben unterstellt oder als im Bereich der Freiheit des einzelnen liegend vorausgesetzt und deshalb auch nicht in die rechtliche Freiheits- und Gleichheitssicherung einbezogen. Soziale Defizite wurden entsprechend in der Regel auf individuelles Fehlverhalten zurückgeführt und nicht als strukturell begründet angesehen. [38] Die grundsätzliche Bedeutung der wirtschaftlichen und sozialen Stellung des Einzelnen für seine Rolle als Staatsbürger und die Ausübung politischer Rechte wurde missachtet und verkannt oder doch unterschätzt. Sprachlich äusserte sich dieser Widerspruch im immer offensichtlicher werdenden Unterschied zwischen dem Bürger, im Sinne des Citoyen oder Staatsbürgers, und dem durch Besitz und Bildung sozioökonomisch privilegierten Bürger, dem Bourgeois. Indem der Begriff Bürgertum ab Mitte des 19. Jahrhunderts auch im deutschen Sprachraum immer mehr für die soziale Kategorie der Mittelklassen verwendet und Bürgertum mit Bourgeoisie gleichgesetzt wurde, kam es begrifflich wenigstens teilweise zu einer Klärung.

Die Grenzen des bürgerlichen Sozialmodells waren jedoch im Grunde genommen schon in der Staatsbürgergesellschaft mit ihrem Widerspruch zwischen den allgemeinen Menschenrechten, den «Droits de l'homme», und dem positiven, individuellen Recht auf Freiheit, Eigentum und Sicherheit angelegt. Die soziale Frage liess dann aber immer offenkundiger werden, dass in weiten Teilen der Bevölkerung die Voraussetzungen für die Ausübung der bürgerlichen Freiheitsrechte fehlten oder nur in beschränktem Umfang vorhanden waren: «Freiheitsrechte, deren Gebrauch von materiellen Ressourcen abhing, standen ihnen zwar rechtlich unvermindert zu, waren faktisch aber nicht mehr nutzbar. Zum anderen wurde das Kräftegleichgewicht, von dessen Existenz der gerechte Interessenausgleich abhing, weiter abgebaut. Eigentums- und Vertragsfreiheit als Säulen der bürgerlichen Sozialordnung konnten sich unter diesen Umständen in private Unterdrückungs- und Ausbeutungsinstrumente verwandeln. Die Freiheit schlug bei formeller Weitergeltung in ihr Gegenteil um. ... Die Selbststeuerungsmechanismen der Gesellschaft versagten, ihr Ergebnis war nicht der gerechte Interessenausgleich, sondern die Klassenspaltung.» [39]

Im Zuge der sich durchsetzenden Marktwirtschaft, vor allem aber als Folge der Industrialisierung, wurde infolgedessen ab Mitte des 19. Jahrhunderts auch in der Schweiz, wie in allen andern industriellen Gesellschaften, immer deutlicher, dass die bürgerliche Gesellschaft, selbst unter optimalen politischen und sozialen Voraussetzungen, wieder in Stände oder Klassen zerfiel, dass Besitz und Bildung die Staatsbürgergesellschaft in verschiedene Klassen aufsplittete und zunehmend polarisierte. Wieweit im Vergleich zu andern Staaten das Fehlen des Adels, das demokratische politische System und die grössere Bedeutung bürgerlich-mittelständischer Schichten in Gesellschaft und Kultur diese Entwicklung in der Schweiz hinausgezögert und abgeschwächt haben, sei zunächst einmal dahingestellt. Wichtig ist es jedoch hier nochmals festzuhalten, dass die Konstituierung des Bürgertums zu einer mehr oder weniger homogenen sozialen Klasse nicht nur sehr eng mit der Entwicklung der bürgerlichen Gesellschaft zusammenhängt, sondern letztlich auch nur innerhalb der sich in der zweiten Hälfte des 19. Jahrhunderts ausbildenden Klassengesellschaft untersucht werden kann.

Um die ideologisch reich befrachteten Begriffe «Klasse» und «Klassengesellschaft» jedoch heuristisch fruchtbar verwenden zu können, bedürfen auch sie einer Klärung. Dazu stütze ich mich zunächst vor allem auf Max Weber oder auf begriffliche Instrumentarien, die seine Überlegungen aufnehmen und weiterentwickeln. Klassen sind für Weber keine Gemeinschaften, sie stellen nur mögliche und häufige Grundlagen eines Gemeinschaftshandelns oder besser eines Massenhandelns dar. Als Klasse bezeichnet er «jede in einer gleichen Klassenlage befindliche Gruppe von Menschen». Die Klassenlage ihrerseits ist durch die «typische Chance der Güterversorgung, der äusseren Lebensgestaltung und des inneren Lebensschicksals» definiert. [40] In fortgeschrittenen Industriegesellschaften ist die Klassenlage letztlich der Marktlage gleichzusetzen. Die Art der Chancen auf dem Markt, dem Güter- oder Arbeitsmarkt, stellt die gemeinsame Bedingung für das Lebensschicksal der einzelnen Menschen dar; denn «es ist die allerelementarste ökonomische Tatsache, dass die Art, wie die Verfügung über sachlichen Besitz innerhalb einer sich auf dem Markt zum Zweck des Tauschs begegnenden und konkurrieren-

den Menschenvielheit verteilt ist, schon für sich allein spezifische Lebenschancen schafft».[41] Es sind also eindeutig ökonomische Interessen, und zwar an die
Existenz eines Marktes gebundene Interessen, welche die Klassenlage bestimmen und die Klassen schaffen. Grundkategorien aller Klassenlagen sind deshalb für Max Weber Besitz und Besitzlosigkeit. Er befindet sich damit in
gewisser Übereinstimmung mit Karl Marx. Denn für diesen waren, in Anknüpfung an die Klassentheorie der klassischen Nationalökonomie, die Ein-
kommensquellen das entscheidende Kriterium seines sozialökonomischen
Klassenbegriffes. In der «modernen, auf der kapitalistischen Produktionsweise
beruhenden Gesellschaft» unterschied er aufgrund der drei Erwerbsquellen
«Arbeitslohn, Profit und Grundrente» grundsätzlich «Lohnarbeiter, Kapitalisten und Grundeigentümer». In der sozialhistorischen Realität sprach jedoch
auch er von der «unendlichen Zersplitterung der Interessen und Stellungen»
der drei Hauptklassen aufgrund von Beruf, Besitz und Ansehen. Auch in den
politischen Schriften betonten Karl Marx wie Friedrich Engels im Unterschied
zu ihren geschichtsphilosophischen Schriften meist die Binnendifferenzierung
einer Klasse oder ihre Spaltung in verschiedene Fraktionen auch aufgrund aus-
serökonomischer Verhältnisse.[42] Auch für Max Weber differenzieren sich
innerhalb seiner beiden Grundkategorien «Besitz» und «Besitzlosigkeit» dann
die Klassenlagen je nach der Art des zum Erwerb verwertbaren Besitzes und
der auf dem Markt anzubietenden Leistungen. Grundsätzlich unterscheidet er
in der Folge drei Klassentypen, nämlich Besitzklassen, Erwerbsklassen und
soziale Klassen. Während bei den Besitzklassen primär Besitzunterschiede
die Klassenlage bestimmen, sind es bei den Erwerbsklassen die unterschiedlichen Chancen der Marktverwertung von Gütern und Leistungsqualifikationen. Typische Angehörige einer positiv privilegierten Besitzklasse sind die
Rentner oder auch die Unternehmer, die infolge ihrer besonderen Erwerbschancen gleichzeitig auch die wichtigste positiv privilegierte Erwerbsklasse
bilden. Wie die Unternehmer können auch andere beiden Grundtypen zu-
gehören. Quantitativ und auch von der sozialen Bedeutung her überwiegen in
der industriellen Gesellschaft jedoch die Erwerbsklassen, zu denen vor allem
als typisch negativ privilegierte Erwerbsklassen die verschiedenen Arbeiter-
kategorien zählen.[43]

Mit diesem Pluralismus verschiedener Besitz- und Erwerbsklassen ergeben sich für die Analyse konkreter Gesellschaften und ihrer sozialen Struktur
zwar die notwendigen Differenzierungsmöglichkeiten, eine Zusammenfassung
der verschiedenen Klassen fällt jedoch schwer, denn praktisch zerfällt dadurch
die Gesellschaft in eine Vielzahl von unterschiedlich erfolgreichen Besitzklassen bzw. von unterschiedlich be- und entlohnten Erwerbsklassen. Da die Verfügungsgewalt über jede Art von Genussgütern, Beschaffungsmitteln, Vermögen, Erwerbsmitteln, Leistungsqualifikationen prinzipiell je eine besondere
Klassenlage bestimmen, gibt es letztlich soviele verschiedene Klassen wie
unterschiedliche Markt- und Klassenlagen. Zur Erklärung sozialen Handelns

bedurfte jedoch auch schon Weber einer Kategorie für relativ einheitliche gesellschaftliche Grossgruppen. Diesem Zweck diente ihm vornehmlich die soziale Klasse als dritter Klassentyp. Darunter verstand er die «Gesamtheit derjenigen Klassenlagen», zwischen denen «ein Wechsel persönlich» und «in der Generationenfolge», d. h. in intra- und intergenerationeller Mobilität, «leicht möglich ist und typisch stattzufinden pflegt» [44]. Solche sozialen Klassen waren für Weber die Arbeiterschaft als Ganzes, das Kleinbürgertum, die besitzlose Intelligenz und die Fachgeschultheit sowie die Klassen der Besitzenden und der durch Bildung Privilegierten, aber nicht das Bürgertum. Es bildete in seinem Sinne keine soziale Klasse. Vergesellschaftung zu «Klassenverbänden» konnte in seiner Sicht auf dem Boden aller drei Klassenkategorien entstehen. Am leichtesten sah er «vergesellschaftetes Klassenhandeln» zu schaffen gegen den «unmittelbaren Interessengegner» (Arbeiter gegen Unternehmer, aber nicht gegen Aktionäre) und nur bei «typisch massenhaft ähnlicher Klassenlage» sowie bei «technischer Möglichkeit leichter Zusammenfassung» (bei örtlich gedrängter Arbeitsgemeinschaft) und nur bei «Führung auf einleuchtende Ziele» [45].

So nützlich Max Webers Instrumentarium besonders für die Analyse der Sozialstruktur und sozialen Differenzierung ist, für die Analyse der Konstituierung der verschiedenen Erwerbs- und Besitzklassen zu einem Bürgertum als einer mehr oder weniger homogenen Klasse, vor allem im Bereich der Kultur und der Politik, reicht es jedoch nicht mehr aus, beziehungsweise müsste der Klassenbegriff durch die Begriffe «Stand» und «Partei» ersetzt oder ergänzt werden. Im Anschluss an die Überlegungen von Pierre Bourdieu und Anthony Giddens zur Klassentheorie scheint es mir aber weder notwendig noch sinnvoll zu sein, den Klassenbegriff für die Analyse der Konstituierung Bürgertums aufzugeben. Denn gerade weil die verschiedenen bürgerlichen Berufs- und Sozialgruppen keine einheitliche ökonomische Markt- und damit auch Klassenlage aufwiesen, kommt der Kultur – dazu gehört im weitesten Sinne auch die Politik – für die Entstehung und Entwicklung eines Bürgertums, das mehr als ein Konstrukt sozialwissenschaftlicher Analyse darstellt, ein hoher Stellenwert zu. Dazu bedarf es aber eines theoretischen Ansatzes, der die Analyse des Klassenhandelns in eine Theorie klassenspezifischer kultureller Praktiken integriert und mit dem, auch bei Weber vorhandenen, Ökonomismus bricht, «der das Feld des Sozialen, einen mehrdimensionalen Raum, auf das Feld des Ökonomischen verkürzt, auf ökonomische Produktionsverhältnisse, die damit zu den Koordinaten der sozialen Position werden». [46]

Eine solche Theorie liefern Pierre Bourdieus Beiträge zur Klassenanalyse. Sie rücken die Kultur als das Medium der Reproduktion sozialer Ungleichheit in den Mittelpunkt vermögen deshalb der historischen Sozialforschung entscheidende Anregungen zu geben, obwohl sie in die konkrete historische Untersuchung nur sehr schwer direkt umsetzbar sind. Bourdieu fasst die soziale Welt als einen mehrdimensionalen, sozialen Raum auf, dem bestimmte

Unterscheidungs- und Verteilungsprinzipien zugrunde liegen. Innerhalb der einzelnen Felder des Raumes sind verschiedene Sorten von Macht oder Kapital (ökonomisches Kapital wie soziales, kulturelles und symbolisches Kapital) im Kurs. «Die soziale Stellung eines Akteurs ist folglich zu definieren anhand seiner Stellung innerhalb der einzelnen Felder, das heisst innerhalb der Verteilungsstruktur der in ihnen wirksamen Machtmittel: primär ökonomisches Kapital (in seinen diversen Arten), dann kulturelles und soziales Kapital, schliesslich noch symbolisches Kapital als wahrgenommene und als legitim anerkannte Form der drei vorgenannten Kapitalien (gemeinhin als Prestige, Renommee, usw. bezeichnet).» [47] Gestützt auf Bourdieus Ansätze stellt Kultur als bevorzugter Ort symbolischen Wirkens und symbolischer Auseinandersetzungen somit jenen sozialen Raum bzw. jene Felder des sozialen Raumes dar, wo die sozialen Akteure (Individuen wie soziale Gruppen) mit ähnlichen Klassenlagen und Dispositionen im unbewussten wie bewussten Streben nach Distinktion, im soziopolitischen Kampf um die Verteilung sowohl materieller und symbolischer Güter als auch um die Macht zur Erhaltung oder Veränderung der bestehenden Verhältnisse, eingeschlossen den Kampf um die gültigen Kategorien, mit denen diese Verhältnisse wahrgenommen werden sollen, ihre Gemeinsamkeiten entdecken und dadurch zusammengebunden werden. Ein besonders wichtige Rolle kommt dabei auch bei Bourdieu dem Feld der Politik zu. In der Politik erweist sich, wie weit die verschiedenen Sozialgruppen durch ihre Beziehungen untereinander und in den Auseinandersetzungen gegeneinander eine gemeinsame Identität, eine gleiche oder doch ähnliche Sichtweise ihrer Interessen- oder gar Klassenlage entwickeln und sich auf diesem Hintergrund zu einem gemeinsamen politischen Handeln zusammenfinden und so zu einer «mobilisierten Klasse», zu einer realen, effektiven Klasse im Sinne einer mobilisierten und organisierten kampfbereiten Gruppe werden. [48] Auf die Analyse des Bürgertums bezogen, heisst dies, dass sich auf der politischen Ebene wohl am besten untersuchen lässt, ob und wie weit die verschiedenen bürgerlichen Berufs- und Sozialgruppen, die verschiedenen bürgerlichen Fraktionen auf der Basis ihrer gemeinsamen Lebensführung auch eine Klassenidentität, eine ähnliche Selbstwahrnehmung und Selbsteinschätzung besassen, ja eine Art von Klassenbewusstsein aufwiesen.

Wie Pierre Bourdieu versucht auch Anthony Giddens, in seinem Bestreben sowohl die Mängel und Leerstellen des Marxschen wie Weberschen Klassenmodells zu überwinden, dem Ökonomismus zu entgehen und gleichzeitig auch das Problem der sozialen Klasse zu lösen. Aus der Sicht Giddens verkannte Karl Marx zum einen die zunehmende Bedeutung unterschiedlicher Marktchancen, die sich auf den Besitz anerkannter Qualifikationen, insbesondere von solchen der Bildung und Ausbildung, stützen und sich nicht aus dem Besitz oder Nicht-Besitz von Produktionsmitteln herleiten. Seine Klassentheorie vermag deshalb die wirtschaftliche und soziale Realität der von

einer zunehmenden Professionalisierung und Bürokratisierung geprägten Industriegesellschaft immer weniger adäquat zu erfassen.[49] Zum andern unterschied Marx zwar zwischen «Klasse an sich» und «Klasse für sich»; der «Art
und Weise hingegen, auf die in einem Komplex ökonomischer Beziehungen
gegründeten Klassen bestimmte soziale Formen annehmen oder sich darin
'ausdrücken'», schenkte er jedoch kaum Beachtung.[50] Max Weber hingegen
vermied zwar die dichotomischen Starrheiten des Marxschen Modells, impli-
zierte aber tendenziell eine «unhandliche Vielzahl» von Erwerbs- und Besitzklassen. Webers Lösung dieses Problems in der Form der Bildung von «sozialen Klassen» vermag Giddens nicht zu befriedigen.[51] Bei Max Weber wie bei
Karl Marx bleibt letztlich so ausgespart, durch welche Prozesse ökonomische
Klassen zu sozialen Klassen werden und wie diese mit andern sozialen For-
mierungen und Gruppierungen verbunden sind, das heisst wie ökonomische
Beziehungen in soziale Strukturen übersetzt werden.[52]

In seiner Wiederaufnahme und Weiterbildung der Klassentheorie über-
nimmt Giddens dann aber trotz Bedenken Webers Begriff der sozialen Klasse,
allerdings setzt er ihn, indem er die Bedeutung der Lebensführung stärker hervorhebt, fast mit dem gleich, was Max Weber als Stand bezeichnete. Stände
sind in Webers Sicht im Unterschied zu Klassen Gemeinschaften, wenn auch
meist amorpher Art. Als ständische Lage bezeichnet er «jede typische Komponente des Lebensschicksals von Menschen, welche durch eine spezifische,
positive oder negative, soziale Einschätzung der 'Ehre' bedingt ist, die sich
an irgendeine gemeinsame Eigenschaft vieler knüpft». Dies kann auch die
Klassenlage sein. Klassenunterschiede können deshalb auch ständische Unterschiede beinhalten. Die ständische Ehre wiederum findet ihren Ausdruck in
der Regel vor allem «in der Zumutung einer spezifisch gearteten Lebensführung an jeden, der dem Kreise angehören will». Gliedern sich Klassen nach den
Beziehungen zur Produktion und zum Erwerb der Güter, so gliedern sich
Stände nach den Prinzipien des Güterkonsums in Gestalt spezifischer Art der
Lebensführung.[53] Indem nun Giddens bei seinem Begriff der sozialen Klasse
ebenfalls die Lebensführung betont, füllt er ihn gleichsam ständisch auf:
«Wenn Klassen soziale Realitäten werden, muss sich das in der Bildung gemeinsamer Verhaltens- und Einstellungsmuster manifestieren.»[54] In bezug auf
solche Muster unterscheidet er grundsätzlich zwischen «Klassenbewusstheit»
(awareness) und dem eigentlichen «Klassenbewusstsein» (consciousness). Von
Klassenbewusstheit spricht er dann, wenn unter den Angehörigen dieser Klasse
mit der gemeinsamen Lebensführung tendenziell eine gemeinsame Wahrnehmung der sozialen Realität und eine Anerkennung ähnlicher Einstellungen und
Überzeugungen verbunden ist. Dies kann sich zum Beispiel gerade darin äussern, dass die Realität von Klassen geleugnet wird und die Überzeugung vor-
herrscht, dass individuelle Verantwortlichkeit und Leistung den Vorrang haben
oder die soziale Position der Menschen bestimmen. Der grundlegende Unterschied zwischen Klassenbewusstheit und Klassenbewusstsein besteht für Gid-

dens in der Erkenntnis beziehungsweise dem Bewusstsein, dass diese Einstellungen und Überzeugungen eine bestimmte Klassenzugehörigkeit ausdrücken oder indem anerkannt wird, dass es andere Klassen gibt, die durch andere Einstellungen, Überzeugungen und Lebensführung gekennzeichnet sind. Klassenbewusstsein schliesst also immer mindestens eine vage Kenntnisnahme einer andern Klasse oder anderer Klassen mit ein. Von Klassenidentität spricht Giddens dann, wenn die Erkenntnis da ist, dass bestimmte Merkmale der Klasse, der man angehört, einen von andern bzw. einer andern Klasse trennt. Die unentwickeltste Form von Klassenbewusstsein ist jene, die lediglich eine Vorstellung von Klassenidentität und Klassendifferenzierung einschliesst. Wo diese Wahrnehmung mit dem Erkennen eines Interessengegensatzes zu andern Klassen verknüpft ist, also in gewissem Sinne eine Konzeption von Klassenkonflikt besteht, liegt eine «höhere Stufe» von Klassenbewusstsein vor. [55]

Mit weniger Problemen und methodischen Implikationen beladen als «Klasse», insbesondere «soziale Klasse», ist der für die industriellen Gesellschaften des 19. und frühen 20. Jahrhunderts fast durchwegs benützte Begriff der «Klassengesellschaft». Im umfassenderen Sinne ist mit Klassengesellschaft zunächst eine Gesellschaft gemeint, in der materielle wie immaterielle Ressourcen und Leistungen wie Besitz, Vermögen und Einkommen, Arbeit und Mühsal, Wohnqualität, Bildung, soziale Sicherheit, Aufstiegschancen, Rechtssicherheit und vieles mehr, Einfluss, Macht und Herrschaft auf verschiedene Bevölkerungsklassen ungleich verteilt waren. Dies trifft auf alle arbeitsteiligen und komplexen Gesellschaften zu und stellt an sich auch nichts Besonderes dar. Im engeren Sinne verstehe ich unter Klassengesellschaft eine Gesellschaft, in der die wirtschaftliche Situation, der soziale Status und das soziale Ansehen eines einzelnen oder einer einzelnen, ganzer Familien und Haushalte in hohem Masse durch die Zugehörigkeit zu einer bestimmten Klasse im Sinne einer Besitz-, Erwerbs- oder auch sozialen Klasse bestimmt wurde. Nicht die Zugehörigkeit zu einem Stand oder auch zu einer Kaste entschied also über das Schicksal, sondern die Zugehörigkeit zu einer Klasse. [56] Für die Zugehörigkeit zu einer bestimmten Klasse waren aber, entgegen den idealistischen Annahmen bürgerlich liberaler Vorstellungen, nicht allein und in erster Linie die Chancengleichheit und das Leistungsprinzip massgeblich. Viel wichtiger waren die wirtschaftliche Lage, die Stellung im Produktions- und Arbeitsprozess, der Besitz von Produktionsmitteln oder von spezifischen Qualifikationen. Sie legten nicht nur den sozialen Status eines einzelnen oder einer Familie fest, sie formten auch neue soziale Gruppen, denen der einzelne jedoch nicht erst durch seinen Beruf, seine Leistung und seinen Erwerb, sondern meist schon durch seine soziale Herkunft, seinen Besitz und seine Bildungschancen zugehörte. Welche Chancen jemand im Leben haben sollte, welches Schicksal ihm oder ihr beschieden war, hing trotz prinzipieller Offenheit der bürgerlichen Klassengesellschaft deshalb immer auch vom Besitz, Einkommen und Vermögen, vom sozialen Umfeld, von den Verkehrskreisen und Bezie-

hungen, vom Prestige und von der Macht der Familie ab, in die jemand hin-
eingeboren wurde. In gewissem Sinne war und blieb auch die Klassengesellschaft deswegen von ständischen Tendenzen stark mitgeprägt; denn wie schon
Joseph A. Schumpeter festhielt, war die Klassenzugehörigkeit aufgrund der
Geburt, die nach oben als Hindernis und nach unten als «Schwimmgürtel»
wirkte, eine vom Willen des Einzelnen zunächst noch immer unabhängige
und «gegebene Tatsache».[57] Doch im Unterschied zur ständischen Gesellschaft, die den sozialen Status, die Standeszugehörigkeit, rechtlich fixierte, war
die Klassenzugehörigkeit rechtlich nicht vorbestimmt. Deshalb erwies sich die
Klassengesellschaft doch als eine relativ offene Gesellschaft, gerade auch in
der Schweiz. Schlechtere Ausgangs- und Lebenschancen konnten auf individuelle wie familiäre Art etwa durch höheren Leistungswillen, Ehrgeiz und
elterliche Opferbereitschaft kompensiert werden. Auf institutioneller Ebene
sorgte vor allem ein gut ausgebautes Schul- und Ausbildungswesen für eine
gewisse soziale Durchlässigkeit.

### *Vorgehen und Aufbau der Arbeit:*
### *Die Konstituierung des Bürgertums*

Die vorliegende Arbeit lässt sich in ihrer Fragestellung, ihrem methodischen Vorgehen und Aufbau nicht nur von den oben skizzierten theoretischen
Überlegungen und Ansätzen, sondern vor allem auch von konkreten historischen Studien leiten.[58] Unter ihnen haben sich unter anderen besonders die
Untersuchungen von Adeline Daumard und Jean-Pierre Chaline als methodisch sehr anregend und hilfreich erwiesen. Um der wissenschaftlichen Redlichkeit willen, aber auch um einen ersten konkreten Einblick in die Problematik der Erforschung des Bürgertums zu geben, soll im folgenden deshalb
kurz ihr methodisches und konzeptuelles Vorgehen umrissen werden.

Adeline Daumard setzt in ihrer Analyse des französischen Bürgertums
vier methodische Schwerpunkte: Zunächst untersucht sie mit Hilfe verschiedener Faktoren wie Vermögen, berufliche Situation, Lebensführung und
Lebensstil, Fähigkeiten und Verdienste die soziale Differenzierung in der
Bourgeoisie und deren soziale Stellung innerhalb der ganzen Gesellschaft. Mit
der Analyse der sozialen Mobilität, der Entstehung und Entwicklung der privaten Vermögen, der sozialen Herkunft und der Karrieremuster bürgerlicher
Individuen, des Schicksals der Familien, der Heiratsstrategien und sozialen
Verkehrskreise allgemein rückt sie dann die Formation und Konstituierung der
Bourgeoisie in den Mittelpunkt. Um die Gemeinsamkeiten, das spezifisch
Bürgerliche im Verhalten und Handeln zu bestimmen, versucht sie in einem
dritten Schwerpunkt quer durch die verschiedenen bürgerlichen Milieus her-
auszuschälen, was im privaten wie öffentlichen Verhalten eher der individuellen Entscheidung unterlag, was eher aufgrund soziokultureller Übereinkunft oder unter sozialem Druck geschah. Viertens geht sie davon aus, dass es

vor allem bestimmte Krisensituationen sind, die Aufschluss über die kollektive Identität (l'âme collective) des Bürgertums geben und damit die Sicht auf die Fundamente der bürgerlichen Gesellschaft freilegen. [59]

Die Studie über die Pariser Bourgeoisie ist ähnlich aufgebaut, auch hier geht Daumard relativ pragmatisch vor. Ihr Ziel ist es, das Bürgertum zu charakterisieren, ohne aufgrund einer bestimmten Definition von vorneherein einzelne Gruppen oder Milieus auszuschliessen, denn auch sie geht davon aus, dass das Bürgertum zunächst eine soziale Gruppe darstellt, deren Konturen nicht klar umrissen sind. [60] Da Individuen wie soziale Gruppen oder Kategorien aus den verschiedensten Gründen bzw. aufgrund unterschiedlichster Kriterien dem Bürgertum zugeordnet werden können, glaubt sie, dass letztlich nur über die Analyse der Mentalität, der «psychologie collective», das Bürgertum als besondere soziale Gruppe charakterisiert werden kann: «Les conditions de vie matérielle, les origines sociales et la formation intellectuelle et morale, les réactions et le comportement individuel et collectif sont des facteurs susceptibles de préciser le classement social. En même temps l'examen de ces différents éléments fournit une base pour une étude des opinions, des attitudes, en un mot de la psychologie collective qui, en dernière analyse, permettent seuls de caractériser un groupe social.» [61] Um in einem ersten Schritt herauszufinden, welche sozialen Kategorien, welche Schichten und Milieus zur Bourgeoisie gehörten, benützt sie aber nicht nur verschiedene objektive Kriterien wie «profession ou qualité, fortune ou revenue, niveau de vie et genre de vie», sondern sie greift, da sie nicht nur nach objektiven Kriterien klassieren möchte, auch auf zeitgenössische Fremd- und Selbsteinschätzungen zurück. Wichtig ist ihr eben auch, als was die Bürger selbst erscheinen wollten, welcher Platz ihnen nach der damaligen Meinung zukam. Für die Analyse der sozialen Struktur der gesamten Bevölkerung wie der Bourgeoisie im besonderen benützt sie Indikatoren wie Besitz und Vermögen (Hausbesitz, Vermögen, Steuerbelastung), Beruf, Anzahl der Dienstboten, und Niveau der Lebensführung (Mobilienbesitz, Landhaus, Vorräte etc.).

Aufgrund dieser Kriterien unterscheidet Daumard innerhalb der Bourgeoisie folgende fünf Kategorien: An der Spitze stand die «aristocratie financière», die ab 1830 nach dem Niedergang der «Noblesse» die obersten Ränge der französischen Gesellschaft besetzte. Sie umfasste neben den grossen Financiers und Bankiers, die grossen Kaufleute und Unternehmer sowie sehr reiche Kapitalisten. Ihnen folgte die «Haute bourgeoisie», zusammengesetzt aus reichen Kaufleuten und Unternehmern, hohen Beamten und Angehörigen freier Berufe. Sie waren im Unterschied zur Finanzaristokratie national ausgerichtet, d. h. sie verfügten kaum über internationalen Einfluss. Von ihrem Lebensniveau her, aber auch aufgrund ihrer eher lokalen Ausrichtung kam dann die «Bonne bourgeoisie», beruflich ähnlich zusammengesetzt wie die «Haute bourgeoisie». Die «Moyenne bourgeoisie», mehr oder weniger identisch mit den «Classes moyennes», bestehend aus Ladenbesitzern und Handwerksmeistern, verband als wichtige Zwischengruppe das Volk («le peuple») mit den oberen Klassen, der eigentlichen Bourgeoisie. Unter ihnen befanden sich die kleinen Händler und Handwerksmeister, die als Selbständige vom Gewinn ihrer Tätigkeit lebten und nicht wie ihre Kundschaft vom Lohn. Diese «Bourgeoisie populaire» oder «Petite bourgeoisie» befand sich bereits am Rand zum Proletariat, war bedürftig und meist ohne Geld.[62] Ausser wirtschaftlichem und sozialem Kapital, ausser Besitz und Vermögen, welche die gemeinsame Basis des Bürgertums bildeten, verband Risikofreudigkeit («le goût de risque») und unternehmerische Initiative («l'esprit d'entreprise») diese verschiedenen bürgerlichen Schichten miteinander: «Mais les bourgeois prenaient des risques calculés, ils n'étaient pas joueurs, ils étaient des travailleurs et des calculateurs, ils éfforçaient de prévoir l'avenir pour le dominer et se faire dans la société la place à laquelle ils désiraient parvenir».[63]

Letztlich ist das Bürgertum für Adeline Daumard eine Klasse, weil alle ihre Angehörigen den gleichen Imperativen folgten, die gleiche Konstitution und die gleiche geistig-seelische Verfassung aufwiesen. Zum einen war ihr aller Ideal, Meister ihres eigenen Schicksals, selbständig und unabhängig zu sein. Diese Selbständigkeit, ein wesentlicher Bestandteil des Individualismus, war mehr ein psychologisches Bedürfnis als wirtschaftliche und soziale Realität. Sie vertrug sich ohne weiteres mit wirtschaftlichen, gesetzlichen und soziokulturellen Beschränkungen. Zum andern war es das Ziel aller, Einfluss zu haben, entscheiden und wählen zu können: «Dominer, diriger, c'est choisir et prévoir. Le bourgeois est par excellence l'homme du choix et l'option entre plusieurs possibilités est une des formes de sa liberté, un aspect de son individualisme».[64] Die Berufs- und Partnerwahl, die Karriereplanung waren wesentliche Bestandteile dieser Freiheit. Auch wenn der Druck von aussen je nachdem sehr hoch sein konnte und die Wahlmöglichkeiten sehr eingeschränkt waren, sich trotzdem die Möglichkeit offen zu halten, entscheiden zu können, war typisch bürgerlich. Diese Haltung bewies einem selbst wie auch den andern, dass man nicht in den Tag hinein lebte, dass man bereit war, für weitergesteckte Ziele auch mal untendurch zu gehen. Von daher rührte auch die grosse Bedeutung her, die das Bürgertum allen Lebensregeln zuschrieb. Wer sich nicht an sie halten konnte oder gar keine hatte, war entsprechend von der bürgerlichen Gesellschaft ausgeschlossen, gehörte zu den Schwachen.[65] Bürgersein war ein Privileg, aber im Unterschied zu den ständischen Privilegien eines, das durch ständige Leistung erreicht und bewahrt werden musste. In diesem (Selbst)verständnis war das Bürgertum als soziale Formation durch eine neue Art von Selektion entstanden: «Les bourgeois sont des hommes qui veulent connaître, comprendre, choisir, et dont toute la vie sociale s'oriente autour de ces impératifs. Mais connaître, comprendre, choisir implique le renoncement à certaines jouissances, exige de la force, du travail, de l'intelligence, une certaine insensibilité et même de la dureté pour passer du rêve aux réalisations.»[66]

Wie Daumard versucht auch Chaline in seiner Studie über Rouen zunächst ohne eine vorgängige abschliessende Definition, was als Bourgeoisie zu verstehen ist, auszukommen. Um aufzudecken, was ein Bourgeois in einer grossen Stadt Frankreichs normalerweise war, wer nach zeitgenössischen Vorstellungen, von Angehörigen anderer Klassen oder von den Betroffenen selbst, zur Bourgeoisie gerechnet wurde, und um herauszufinden, welches die materielle Basis, das Verhalten und Betragen, die Anschauungen der Bourgeoisie waren, versucht er über verschiedene Zugänge und auf verschiedenen Ebenen sich seinem Gegenstand anzunähern. In einem ersten Teil untersucht er, wer aufgrund verschiedener objektiver Kriterien wie Berufszugehörigkeit, Einkommen, Vermögen und Besitz sowie Lebensführung überhaupt zur Bourgeoisie gehören konnte, wie sie sich zusammensetzte und welche soziale Herkunft sie hatte. Aufgrund dieser Analyse unterscheidet er innerhalb der Bourgeoisie drei verschiedene Gruppen: erstens die «bourgeoisie active, fondée sur le profit», im wesentlichen also das Unternehmertum, zweitens die «bourgeoisie de la rente, vivant de revenus fonciers ou mobiliers», die Besitzbürger, und drittens die «bourgeoisie des 'talents'», bei der das Geld wenigstens teilweise gegenüber dem Wissen in den Hintergrund tritt.[67]

Wie schon die Titel («une fortune, un mode de vie»; «une mentalité, un comportement») paradigmatisch andeuten, gehen die beiden weiteren Teile davon aus, dass die Zugehörigkeit zum Bürgertum zwar zum einen sehr eng mit Besitz – «pas de bourgeois sans une certaine aisance» – zusammenhängt, dass aber zum andern Wohlstand und Besitz allein nicht genügen, um als Bürger akzeptiert zu sein: «Pour être admis comme bourgeois, il ne suffit pas de l'argent qui, à lui seul, ne donnerait qu'un parvenu; il faut encore présenter les signes extérieurs de ce milieu, se conformer à ses usages, adopter son train de vie, en un mot vivre en bourgeois. L'avoir sera ainsi le moyen de paraître, d'assumer ses frais de prestige qu'entraînent un logement quelque peu luxueux, un personnel de service et telles autres dépenses qui 'classent.'»[68] Diesen Sachverhalt umschrieb der Nachfahre eines Bürgers von Rouen mit seiner Definition eines Bürgers sehr präzis: «Le bourgeois, c'est celui qui a un piano dans son salon.»[69] Um von der Bourgeoisie aber als Klasse reden zu können, genügen Chaline die gemeinsame Lebensart und die gemeinsamen symbolischen Zeichen, durch die sich die Bürger als zur selben Welt, zum selben Milieu gehörig erkannten, nicht: «Pour que l'on puisse vraiment parler de classe, il faut que se manifeste une conscience de classe, soit un sentiment collectif tout à la fois d'altérité vis-à-vis de certaines catégories de la population et, à l'inverse, de similitude, d'identité de vues ou d'intérêts par rapport à d'autres.»[70] Doch dieses «se sentir bourgeois, réagir en bourgeois» lässt sich nur unter günstigen Umständen erfassen, in sozialen und politischen Konflikten etwa, wo es um grundsätzliche Anschauungen und Werthaltungen geht, wo die grossen gemeinsamen Interessen bedroht sind, teilweise aber auch in all jenen kleineren und grösseren privaten und öffentlichen Angelegenheiten und Anlässen, wo sich die Bürger, im Bestreben sich von der Masse abzusetzen und gleichzeitig ihre Gemeinsamkeiten zu betonen, «verraten». Aufschliessende Bedeutung misst Chaline in dieser Hinsicht der Partnerwahl, den Heirats- und Beerdigungsbräuchen, dem Diskurs über die soziale Frage sowie der Art und Weise zu, wie soziale Wohltätigkeit ausgeübt wird.

Solche oder ähnliche Studien über das Bürgertum fehlen in der Schweiz noch weitgehend. Das Bürgertum, seine Rolle und Bedeutung in Gesellschaft und Staat, seine spezifische Mentalität und Lebensführung, sein Bewusstsein und seine Identität waren in der schweizerischen Geschichtswissenschaft trotz oder gerade wegen seiner beherrschenden Stellung bis vor kurzem kein oder kaum ein Thema. Die historische Forschung beschränkte sich bis anhin weitgehend darauf, die Erfolgsgeschichte des Freisinns und die Durchsetzung der liberalen und demokratischen Ziele in Bund und Kantonen nachzuzeichnen. Auch die neueste Gesamtdarstellung zur Schweizergeschichte «Die Geschichte der Schweiz – und der Schweizer» thematisiert das Bürgertum nur am Rande.[71] Über einzelne Bürger, vor allem über Politiker, aber auch über Unternehmer und Gelehrte existiert jedoch eine reichhaltige, allerdings meist ältere biografische Literatur, die jedoch oft auch das soziale und kulturelle Umfeld ihrer Protagonisten miteinbezieht.[72] Durch die meist recht unkritische Übernahme der bürgerlich-freisinnigen Vorstellungen von der grundsätzlichen Übereinstimmung zwischen Volk und Bürgertum – «wir alle sind Bürger» – verstellte sich die schweizerische Geschichtswissenschaft den Blick auf die spezifische Bedeutung und Rolle des Bürgertums. Natürlich gilt dies nicht für alle Arbeiten schweizerischer Historiker und Historikerinnen. Zu erwähnen sind in der älteren Forschung vor allem Eduard Fueter[73] und Emil Dürr.[74] Ein ganz grosse Ausnahme in neuerer Zeit ist in erster Linie Erich Gruner, der mit seinen Monumentalwerken zur Bundesversammlung und zu den Wahlen in den schweizerischen Nationalrat sowie zur Arbeiterschaft nicht nur enorme Vorarbeiten zur Geschichte des Bürgertums geleistet, sondern über weite Strecken auch seine Geschichte geschrieben hat.[75] Im besonderen trifft dies auf sein neuestes Werk «Arbeiterschaft und Wirtschaft in der Schweiz 1880–1914» zu, wo er mit seinen eingehenden Analysen der Auseinandersetzungen der Arbeiterschaft und ihrer Organisationen mit den Arbeitgeberverbänden, den bürgerlichen Parteien und dem bürgerlich-liberalen Staat den dialektischen Prozess der zunehmenden Klassenspaltung im Zeitalter des Hochkapitalismus darstellt und die Formierung des Proletarier- und des Bürgerblockes sowohl auf wirtschaftlicher als auch auf politischer Ebene nachzeichnet. Seit einigen Jahren sind nun vermehrt auch in neueren, mehr wirtschafts- und sozialgeschichtlich ausgerichteten Dissertationen bestimmte Aspekte bürgerlichen Lebens[76] untersucht oder einzelne bürgerliche Gruppen wie die Unternehmer, Ärzte, Pfarrer oder Advokaten erforscht worden.[77] Eine erste Fallstudie über das städtische Bürgertum und seine Lebenswelt legte kürzlich Philipp Sarasin über Basel vor.[78] Zudem existieren verschiedene neuere Regionalstudien, die auch das Bürgertum, seinen Aufstieg und seine Rolle in Gesellschaft und Staat thematisieren.[79]

Eine umfassende «Geschichte des schweizerischen Bürgertums» im 19. und frühen 20. Jahrhundert kann und will auch diese Arbeit nicht sein. Ihr vorrangiges Ziel ist es zu untersuchen, wie im Laufe des 19. Jahrhunderts aus den verschiedenen bürgerlichen Erwerbs- und Berufsklassen in der Schweiz tatsächlich ein sozial und kulturell einheitliches und politisch handlungsfähiges Bürgertum entstanden ist, was diese verschiedenen sozialen Gruppen geeint und zusammengehalten und sie so zu einer «Klasse» gemacht hat, die sowohl eine ihr eigene Lebensführung und Mentalität aufwies als auch auf der Grundlage dieser Gemeinsamkeiten eine soziale Identität ausbildete und politisch aktiv wurde. Anders ausgedrückt geht es also darum aufzuzeigen, wie die «Verbürgerlichung» in langwierigen und keineswegs synchron verlaufenden Prozessen die Ober- und Mittelschichten in der Schweiz zu einer «Orientierungs- und Handlungsgemeinschaft» zusammengeführt hat. Dieser Fragestellung liegt die Vorstellung zugrunde, dass reale soziale Gruppen und Klassen ihre eigene kulturelle und soziale Identität, ihr spezifisches Gruppen- oder Klassenbewusstsein nicht einfach aufgrund gemeinsamer Merkmale wie Beruf, Vermögen oder Einkommen, das heisst aufgrund gleicher oder ähnlicher Markt- und Lebenslagen und damit auch gleicher oder ähnlicher Interessen ausformen, sondern dass die Vergemeinschaftung und Vergesellschaftung der bürgerlichen Berufs- und Sozialgruppen zu einem mehr oder weniger homogenen Bürgertum auch und vor allem in den sozialen Räumen der Kultur und der Politik erfolgte. Erst im kulturellen Leben und in den politischen Auseinandersetzungen lässt sich meines Erachtens erfassen und erkennen, wie ökonomische und soziale Strukturen sich in alltägliches Verhalten, Denken und Handeln umsetzen, wie sie sich mit der Selbstwahrnehmung, der Wahrnehmung sozialer Unterschiede, mit eigenen und fremden Sinndeutungen verknüpfen und wie sie so auch die politischen Haltungen und Einstellungen, das politische Verhalten und Handeln prägen.

Eine thematisch und methodisch so breit angelegte Untersuchung wie diese kann aus arbeitsökonomischen und forschungsstrategischen Gründen zwangsläufig nur exemplarisch vorgehen. Ich musste mich deshalb nicht nur zeitlich, sondern vor allem auch räumlich einschränken. Die zeitliche Beschränkung – von 1830 bis anfangs des 20. Jahrhunderts mit gewissen Rückgriffen bis ins Ancien régime – war von der Fragestellung her weitgehend vorgegeben. Schwieriger war es, eine gewisse räumliche Eingrenzung vorzunehmen, und gleichzeitig den Vorteil der kontrastreichen Vielfalt von sozioökonomischen und soziopolitischen Strukturen und Entwicklungen, die in der Schweiz zu dieser Zeit auf engstem Raum besteht, wenigstens teilweise für ein komparatives Vorgehen zu nutzen. Wegen ihrer Grösse und ihrer Bedeutung, vor allem aber weil sie sich von ihrer Wirtschafts-, Gesellschafts- und Herr-

schaftsstruktur her im Ancien régime voneinander in fast idealtypischer Weise
abhoben und auch noch im 19. Jahrhundert, besonders in wirtschaftlicher und
sozialer Hinsicht, eine recht unterschiedliche Entwicklung nahmen, habe ich
mich für die beiden Kantone beziehungsweise Städte Bern und Zürich entschieden. So war der Staat Bern noch im 19. Jahrhundert lange stark agrarisch
beziehungsweise traditionell gewerblich geprägt, Zürich dagegen war in manchen Regionen schon im späten 18. Jahrhundert hochindustrialisiert. Staat und
Stadt Bern waren von einem Patriziat mit einer ausgeprägten Aristokratisie-
rungstendenz und einer hohen kulturellen Ausrichtung auf die seigneuriale
französische Lebensart – die Umgangssprache im Berner Patriziat war französisch – beherrscht. Die Zunftstadt Zürich wies dagegen eine geringere Aristo-
kratisierungstendenz auf, die Führungsschicht bestand zudem mehrheitlich aus
Kaufleuten. Die Stadt Bern war weder ein bedeutender Industriestandort noch
ein Handelszentrum, sondern als Kantons- und Bundeshauptstadt vor allem
ein Verwaltungszentrum. Zürich hingegen entwickelte sich nach 1850 zum
grössten Industrie-, Handels- und Bankenzentrum der Schweiz. Bern und
Zürich eigneten sich aber auch deshalb besonders gut, weil sie beide mit der
jeweiligen Hauptstadt sowohl ein urbanes Zentrum mit einer starken Bürgerschaft als auch mehrere Kleinstädte beziehungsweise gewerblich-industrielle
Siedlungszentren aufwiesen, die für den Aufstieg und die Entwicklung des
Bürgertums gerade in der Schweiz eine wichtige Rolle spielten. Der grösste
Nachteil an dieser räumlichen Schwerpunktsetzung war, dass damit die Frage
nach der Rolle der Konfession und der sprachlich-kulturellen Zugehörigkeit
in der Konstituierung des Bürgertums nicht komparativ angegangen werden
konnte. Doch obwohl insbesondere die vertiefte Analyse der sozialen Differenzierung, der Lebensführung, des Lebensstils und der Mentalität des Bürgertums, aber auch seiner soziopolitischen Auseinandersetzungen mit anderen
Klassen hauptsächlich am Beispiel von Bern und Zürich erfolgt, geschieht dies
nicht nur mit Blick auf die gesamtschweizerischen Verhältnisse, sondern auch,
soweit als möglich, im zusätzlichen Vergleich mit anderen Städten sowie auch
ländlichen Regionen.

Der Aufbau der Arbeit ist aufgrund des theoretischen Konzeptes in drei
Teile gegliedert, die je eine der drei wesentlichen Dimensionen der Klassen-
und Identitätsbildung thematisieren. Der erste Teil versucht zunächst auf
nationaler wie kantonaler Ebene mit Hilfe verschiedener objektiver Merkmale
wie Selbständigkeit, Erwerbstätigkeit und Berufszugehörigkeit, die Sozialstruktur und ihren Wandel in der zweiten Hälfte des 19. Jahrhunderts aufzudecken sowie die bürgerlichen Berufs- und Erwerbsgruppen von den übrigen
Gruppen abzugrenzen und so ein erstes Bild vom möglichen Umfang des Bürgertums zu zeichnen. Unter Beizug der Faktoren Einkommen und Vermögen
sowie Gesindehaltung wird dann die Untersuchung der sozialen Ungleichheit
und sozialen Unterschiede, insbesondere auch innerhalb der bürgerlichen
Gruppen, am Beispiel von Zürich und Bern noch verfeinert. Wie weit diese

mit Hilfe objektiver Merkmale wie Beruf, Einkommen und Vermögen festgestellten Erwerbs- und Berufsklassen oder sozialen Schichten zu einer sozialen Klasse zusammenfanden, wie weit dieses so konstruierte Bürgertum mehr als eine «Klasse auf dem Papier», ein Konstrukt, darstellte, soll im weiteren Verlauf der Arbeit geklärt werden. Denn vor allem in den sozialen Räumen der Kultur und der Politik, im kulturellen Leben und in den politischen Auseinandersetzungen lässt sich erfassen und erkennen, wie ökonomische und soziale Strukturen sich in alltägliches Verhalten, Denken und Handeln umsetzten, wie sie sich mit der Selbstwahrnehmung, der Wahrnehmung sozialer Unterschiede, mit eigenen und fremden Sinndeutungen verknüpften und wie sie so auch die politischen Haltungen und Einstellungen, das politische Verhalten und Handeln prägten. Dies heisst aber nicht, dass im Bürgertum nicht auch schon Mechanismen rein ökonomischer Vergesellschaftung aufgrund gleicher oder ähnlicher Markt- und Interessenlagen eine wichtige Rolle gespielt hätten, allerdings nicht für das Bürgertum als ganzes, sondern, wie am Beispiel der Unternehmer und einzelner bildungsbürgerlicher Berufe kurz skizziert wird, in erster Linie für einzelne Erwerbs- und Berufsgruppen.

Es ist deshalb zu beachten, dass es sich bei den in Anlehnung an die Typologie von Lepsius [80] und Chaline [81] in diesem ersten Teil zu drei sozialen Klassen zusammengefassten bürgerlichen Erwerbs- und Berufsgruppen, nämlich dem Besitzbürgertum, der Bourgeoisie oder dem Wirtschaftsbürgertum sowie der «Bourgeoisie des talents», zunächst um reine Konstrukte handelt. Dem Besitzbürgertum, das sich vorwiegend aus Grund- sowie Kapitalrentnern und -rentnerinnen zusammensetzte, garantierte in erster Linie ererbter oder erworbener Grund- und Kapitalbesitz und dessen Verwertung eine privilegierte ökonomische und soziale Stellung. Die materielle Basis des Wirtschaftsbürgertums, der Bourgeoisie im eigentlichen und zeitgenössischen Sinne, die im wesentlichen die mittleren und grösseren Unternehmer in Industrie, Handel und Gewerbe umfasste, stützte sich dagegen hauptsächlich auf privilegierte Marktchancen, das heisst auf die Verwertung von Gütern und Kapital, auf Marktmacht und Marktkontrolle. Auch die privilegierten Einkommenschancen der Bourgeoisie des talents beruhten weitgehend auf dem Markt, nämlich auf der Verwertung von «Kompetenzen» und «Talenten», von spezifischen Qualifikationen, Fähigkeiten und Fertigkeiten. Viele dieser Berufe, vor allem die freien akademischen Berufen, waren deshalb stark unternehmerisch ausgerichtet. Weil er diese Seite stärker betont und die humanistische Bildung als Zuordnungskriterium weniger gewichtet, ziehe ich den Begriff «Bourgeoisie des talents» der Bezeichnung «Bildungsbürgertum», die vor allem in Deutschland für diese Gruppe gebräuchlich ist, vor. Durch Professionalisierung, die parastaatliche oder staatliche Regelung und Anerkennung ihrer Tätigkeiten, vermochte ein Teil, besonders Ärzte, Advokaten und Notare, bestimmte Dienstleistungen für sich zu monopolisieren und dafür hohe Entgelte zu erzielen. Zwar waren Besitz und Vermögen – für die Zugehörigkeit zum Bürgertum unerlässlich und mitunter auch in dieser bürgerlichen Klasse reichlich vorhanden – auch für die Bourgeoisie des talents von grosser Bedeutung, doch sie traten etwas hinter Wissen und Bildung zurück.

Der Beruf, das Einkommen und Vermögen bestimmten die soziale Position zwar weitgehend, die rechtliche Stellung und soziale Herkunft behielten jedoch gerade in der Schweiz noch recht lange eine gewisse, wenn auch sekundäre Bedeutung. Am wichtigsten war in dieser Hinsicht die rechtliche Unterscheidung zwischen den eigentlichen Stadt- oder Gemeindebürgern eines Ortes – im Kanton Bern Burger genannt – und den lediglich niedergelassenen Einwohnern, die aufgrund ihres Bürgerrechtes nicht in ihrer Wohngemeinde beheimatet waren, sondern aus einer anderen Gemeinde des Kantons, einem anderen Kanton oder gar aus dem Ausland stammten. Rechtlich nicht fixiert, aber im gesellschaftlichen und politischen Leben von Städten wie Zürich oder Bern auch in der zweiten Hälfte des 19. Jahrhunderts weiterhin wichtig war die Differenzierung innerhalb des Stadtbürgertums zwischen «gewöhnlichen» Bürgern und Bürgern, die im Ancien régime dem sogenannten «Herrenstand», das heisst der politischen Führungsschicht angehört hatten. Gewisse Unterschiede in der sozialen Stellung gab es aber auch zwischen den alteingesessenen Bürgern und den neuen Bürgern, also zwischen jenen Bürgern, die schon seit Generationen das Bürger- oder Heimatrecht ihres Wohnortes besassen, und jenen, die erst vor kurzem dessen Bürgerrecht erworben hatten.[82] Aufgrund dieser rechtlich-sozialen Unterschiede liess sich im vierten Kapitel dieses ersten Teils ohne aufwendige Mobilitätsstudien wenigstens für die oberen bürgerlichen Schichten von Zürich und Bern untersuchen, wie stark sie sich aus dem alten Stadtbürgertum und den alten Führungsschichten oder aus Zugewanderten und Aufsteigern vom Lande oder anderen Städten rekrutierten. Das besondere Interesse gilt darüberhinaus der Frage nach der Kontinuität von der alten aristokratisch-patrizischen Führungsschicht zur neuen bürgerlichen Oberschicht, aber auch nach der Integration des alten Herrenstandes in das Bürgertum.

Wie die wirtschaftlich heterogenen bürgerlichen Berufs- und Sozialgruppen über eine gemeinsame Kultur integriert und zusammengehalten wurden, ist das Thema des zweiten Teils. Kultur fasse ich dabei sehr weit auf. Das Ehe- und Familienleben, die Geschlechterrollen, die Pflege des häuslichen Lebens und der Verwandtschaft, die alltägliche Lebenshaltung mit Essen, Kleiden und Wohnen, die Sexualität und Liebe, der Geschmack, die Anstandsregeln, die Geselligkeitsformen und das Freizeitverhalten gelten genauso als kulturelle Äusserungen und Teile der kulturellen Praxis wie Weltanschauung, Religion und Moral, Kunst und Wissenschaft und alles andere, was man gemeinhin als «bürgerliche Kultur» bezeichnete. Der wichtigste soziale Raum in der bürgerlichen Lebenswelt waren Familie und Haushalt. Sie bildeten jenen Ort, wo das bürgerliche Individuum seinen ihm eigenen Habitus[83], verstanden als kulturelle Kompetenz, als ein «System verinnerlichter Muster», die es ihm erlaubten, alle typischen Gedanken, Wahrnehmungen und Handlungen seiner Kultur zu erzeugen, erwarb. Familie und Verwandtschaft waren das soziale Auffangnetz für alle Lebenslagen. Familie und Haushalt zu haben, war gleichsam die Vorbedingung für eine bürgerliche Existenz. Die eigentliche Klasseneinheit war deshalb in der bürgerlichen Gesellschaft, und in den bürgerlichen Klassen ganz besonders, nicht das Individuum, sondern die Familie. Mit ihr beginnt deshalb auch die Analyse der Lebenswelt und ihrer Bedeutung für die kulturelle Konstituierung des Bürgertums. Die Untersuchung der Lebensführung und des Lebensstils stellt dann mehr die materiellen Grundlagen eines bürgerlichen Lebens in Anstand und Würde, die Standards in der Lebens- und Freizeitgestaltung, die Konventionen und Zwänge im «Spiel» der sozialen Distinktion in den Mittelpunkt. Dass dabei, wie schon im Kapitel über Familie und Verwandtschaft, den Geschlechterrollen und Geschlechterverhältnissen eine besondere Beachtung geschenkt wird, versteht sich aufgrund der grossen Bedeutung der geschlechtsspezifischen Arbeits- und Rollenverteilung gerade auch im Bürgertum von selbst. Den Abschluss dieses Teils macht die Analyse des gesellig-gesellschaftlichen Lebens, des Kulturbetriebes, der Funktion der Vereine und Gesellschaften für die kulturelle Konstituierung des Bürgertums.

Im Hintergrund dieses zweiten Teils steht die These, dass die Kultur, dass die Bürgerlichkeit, eine spezifische Art der Lebensführung und Mentalität, gemeinsame ideelle Interessen und kulturelle Bedürfnisse, das Bürgertum zu dem gemacht haben, was es war. Mit anderen Worten als eine gesellschaftliche Formation entsteht das Bürgertum «aus der ständischen Verknüpfung unterschiedlicher beruflich strukturierter Statusgruppen in eine umfassendere Subkultur der Bürgerlichkeit». [84] Bürgerlichkeit, verstanden als eine Art ständischer Lebensstil, umfasst eine Vielzahl unterschiedlichster Kriterien vom Besitz bis zum Beruf, vom Geschmack bis zur Bildung – und bezieht sich letztlich auf die Umsetzung all dieser Eigenschaften in eine angemessene Form bürgerlichen Kultur- und Lebensstils. [85] In der Begrifflichkeit Bourdieus lässt sich Bürgerlichkeit als kultureller Habitus begreifen. Gemeint ist damit ein System von allgemeinen und für alle Lebensbereiche gleichermassen gültigen Dispositionen, die das Handeln, Denken, Fühlen und Wahrnehmen eines Individuums strukturieren, es ihm erlauben, alle typischen Gedanken, Wahrnehmungen und Handlungen einer Klasse zu erzeugen. Etwas anders formuliert sieht Bourdieu den Habitus «als ein zwar subjektives, aber nicht individuelles System verinnerlichter Strukturen, als Schemata der Wahrnehmung, des Denkens und Handelns», die allen Mitgliedern derselben Gruppe oder Klasse gemein sind. [86] Mit Hilfe dieses Habituskonzeptes gelingt es ihm, an die Handlungsorientierungen der Individuen heranzukommen, ohne ihnen faktische und bewusste Absichten unterlegen zu müssen. Er zielt damit auf eine Ebene des Handelns, die zwar – durch den Habitus – strukturiert, aber nicht bewusst ist. Der Habitus als ein System dauerhaft erworbener Dispositio-

nen und kultureller Kompetenzen, als inkorporierte, verinnerlichte Ge-
schichte ist eine Art Quasi-Natur, die dem Individuum in der kulturellen
Praxis Spontaneität, Natürlichkeit, ja Unschuld im Handeln ermöglicht. Die
Akteure brauchen sich, wenn sie nicht bewusst strategisch, nach rationalem
Kalkül handeln – nach Leibniz sind wir in Dreiviertel unserer Handlungen
Automaten – nur «ihren Dispositionen zu überlassen, um 'ganz natürlich'
distinguierte Praktiken hervorzubringen; dies ohne sich Distinktion, Unterscheidung zum Ziel zu setzen, ohne – wie die von Veblen angeführten Emporkömmlinge – methodisch, absichtsvoll, mittels eines rationalen Plans, einer
kalkulierten Strategie zwecks Maximierung der symbolischen Distinktions-
gewinne nach ihr zu streben».[87] Bürgerlichkeit wird so gleichsam als zweite
Natur der bürgerlichen Menschen gesehen.

Der dritte Teil der Arbeit ist der Konstituierung des Bürgertums zu
einer politischen «Orientierungs- und Handlungsgemeinschaft» gewidmet. Er
geht den Fragen nach, wie sich die bürgerlichen Klassen aufgrund ihrer wirtschaftlichen, sozialen und kulturellen Gemeinsamkeiten und Abgrenzungen in
den politischen Auseinandersetzungen mit anderen gesellschaftlichen Gruppen und Klassen verhalten haben, ob und wie sie zu einem gemeinsamen politischen Handeln zusammenfanden und eine soziale Identität entwickelten,
kurz, wie sie zu einer «mobilisierten Klasse» (Bourdieu), das heisst einer realen, effektiven Klasse im Sinne einer organisierten, kampfbereiten Gruppe[88],
wurden. Da die bürgerlichen «Mittelklassen» auch in der Schweiz wie in allen
europäischen Ländern ihre gemeinsame politische Identität zunächst vor allem
in den Auseinandersetzungen um eine neue gesellschaftliche und staatliche
Ordnung mit den alten Führungsschichten fanden, beginnt dieser dritte Teil
mit einer Darstellung der soziopolitischen Macht- und Herrschaftsverhältnisse
und ihrer Veränderungen vom Ancien régime bis in die siebziger Jahre des
19. Jahrhunderts. Im Mittelpunkt steht der Aufstieg der bürgerlichen «Mittelklassen», ihr Weg an die Schalthebel staatlicher Macht und die Durchsetzung
liberal-demokratischer Systeme auf kantonaler wie nationaler Ebene durch die
demokratische Bewegung.

Welch hoher Stellenwert dem Kampf gegen die alten Führungsschich-
ten, die «Herren», für die Entstehung einer bürgerlichen «Orientierungs- und
Handlungsgemeinschaft» in der Schweiz zukam, wird in einer eingehenderen
Analyse der Auseinandersetzungen zwischen den aristokratisch-patrizischen
Herrengeschlechtern und den bürgerlichen «Mittelklassen» in den beiden
Kantonen Bern und Zürich untersucht. Deutlich wird dabei auch, wie lange
diese Klassenlinie nach oben die politische Kultur der Schweiz und das Verhältnis der bürgerlichen Mittelklassen zur übrigen Bevölkerung bestimmte
und gleichzeitig die Integration der ehemaligen Herrengeschlechter in den
bürgerlich-liberalen Staat auf nationaler wie kantonaler Ebene erschwerte. Die
Verhältnisse in der Stadt waren dagegen noch lange gerade umgekehrt. Sowohl
in Zürich als auch in Bern vermochten die alte Elite und die übrige Bürger-

schaft dank ihrer rechtlichen Privilegien die politische Vormachtstellung bis in die siebziger Jahre weitgehend zu behaupten. Wie wesentliche Prinzipien der bürgerlichen Gesellschaft auf städtischer Ebene erst nach langwierigen und teils heftigen Auseinandersetzungen verwirklicht wurden, zeigt die detaillierte Untersuchung der verfassungsrechtlichen Entwicklung und der Veränderungen in den politischen Machtverhältnissen in Zürich und Bern. Sie macht auch deutlich, dass die Konfliktlinien in diesen Auseinandersetzungen um die Ausweitung der politischen Rechte und Partizipation sowie um Reformen in der städtischen Gemeindeordnung und Verwaltung teilweise quer durch die bürgerlichen Gruppen und Klassen liefen und das «Bürgertum» in verschiedene Fraktionen spaltete.

Für die Ausbildung einer spezifisch bürgerlichen Identität, sei es im Sinne von Anthony Giddens in Form der blossen Klassenbewusstheit oder eines Klassenbewusstseins, hatten diese Kämpfe deshalb nur beschränkt Bedeutung. Wichtiger auf politischer Ebene waren dafür die Auseinandersetzungen mit der Arbeiterschaft, insbesondere mit der organisierten Arbeiterbewegung. Die soziale Frage wurde auch in der Schweiz für die bürgerliche Gesellschaft und das Bürgertum zum Prüfstein. Dies lässt sich sowohl an der allgemeinen Diskussion um die Lösung der sozialen Frage als auch an der Haltung der verschiedenen bürgerlichen Gruppen in konkreten wirtschaftlichen wie soziopolitischen Auseinandersetzungen mit den Forderungen der Arbeiterschaft und ihren Organisationen, im besonderen etwa bei Streiks oder in bestimmten Wahl- und Abstimmungskämpfen, erkennen. Eine eingehendere Analyse dieser politischen Auseinandersetzungen mit der organisierten Arbeiterschaft und deren Bedeutung für die Ausbildung einer bürgerlichen Klassenidentität und die Formierung eines Bürgerblocks um die Jahrhundertwende erfolgt in dieser Arbeit jedoch nur noch rudimentär. Zum einen sind diese Auseinandersetzungen historiographisch bereits eingehend aufgearbeitet, zum anderen sind sie Teil einer «neuen Geschichte», einer Geschichte, die im frühen 20. Jahrhundert erst eigentlich ihren Anfang nimmt, im Landesstreik von 1918 ihren dramatischen Höhepunkt erreicht und frühestens im Wirtschaftswunder der fünfziger und sechziger Jahre mit dem Übergang zur Konsumgesellschaft und zur Konkordanzdemokratie ihr vorläufiges Ende findet.[89]

# I   Das Bürgertum als Konstrukt:
# Die soziale Konstituierung bürgerlicher Klassen

## 1   Die Struktur der Gesellschaft und des Bürgertums in der Schweiz, 1860–1920

Bürgertum ist zunächst ein blosser Sammelbegriff. Klar ist weniger, wer dazu gehört als vielmehr, wer sicher nicht, nicht mehr oder noch nicht dazu zählt, nämlich der Adel, die Bauern, die Arbeiter und, bereits nicht mehr so eindeutig, die Angestellten. Übrig bleiben die wirtschaftlich Selbständigen in Handwerk und Gewerbe, Industrie und Handel, die Angehörigen freier Berufe, die Kapitalrentner sowie die wirtschaftlich unselbständigen höheren Beamten und Angestellten. Sie alle gehören, wenn nicht zum Kern, so doch mindestens ins Umfeld des Bürgertums. Bürgertum umfasst somit eine Vielzahl von Berufs- und Sozialgruppen recht unterschiedlicher wirtschaftlicher und sozialer Lebenslagen, kultureller Orientierungen und Bildungsniveaus, rechtlicher und politischer Privilegierung. Keines der in Schichtungs- oder Klassentheorien gängigen objektiven Merkmale wie Besitz bzw. Nicht-Besitz von Produktionsmitteln, Vermögen, Einkommen, Beruf, Bildung und andere vermag sie eindeutig von der übrigen Bevölkerung abzugrenzen und gleichzeitig zusammenzufassen. Auch mit den Kategorien Max Webers sind sie nicht eindeutig zu fassen. Ihre Marktlage, ihre Einkommensarten und Vermögensverhältnisse waren recht unterschiedlich, auch bestanden sie aus verschiedenen Berufs- und Funktionsgruppen. Unter diesen bürgerlichen Berufs- und Sozialgruppen fanden sich sowohl verschiedene Besitz- wie Erwerbsklassen. Doch auch als Stand kann man sie nicht einfach bezeichnen, denn weder verfügten sie über eine besondere Rechtsstellung noch unterschieden sie sich von anderen Bevölkerungsgruppen durch eine spezifische Form der politischen Repräsentation. Der bis über die Mitte des 19. Jahrhunderts hinaus in der Schweiz für die neu aufstrebenden bürgerlichen Gruppen gebräuchliche Begriff der «Mittelklassen» brachte dies, ähnlich wie im Englischen «Middle classes», auch sprachlich noch zum Ausdruck, denn er wies sowohl auf die innere Vielfältigkeit als auch auf die relative Privilegierung in der gesellschaftlichen Hierarchie hin. [90] Bürgertum dagegen suggeriert umgangssprachlich eine Einheitlichkeit, die in der sozialen Realität, wenigstens vordergründig, nicht einfach gegeben ist.

Mit Bürgertum ist in dieser Arbeit jedoch, wie in der Einleitung ausführlich dargelegt wurde, mehr gemeint als nur ein rein deskriptiver Sammel-

begriff für heterogene Berufs- und Sozialgruppen der mittleren und oberen
Bevölkerungsschichten. Es ist aber auch nicht einfach aus der sozialen Differenzierung einer arbeitsteiligen Gesellschaft entstanden. Bürgertum ist in meiner Sichtweise letztlich keine blosse soziale Kategorie, oder wie Bourdieu dies
nennt, ein «theoretisches Konstrukt», eine lediglich «wahrscheinliche Klasse»,
entworfen aufgrund objektiver Merkmale wie Beruf oder Höhe des Einkommens. In Anlehnung an Max Webers Konzept des sozialen Handelns und der
Vergesellschaftung sowie Pierre Bourdieus Überlegungen zur Klassentheorie
wird nach einem Bürgertum gesucht, das als eine «Handlungs- und Orientie-
rungsgemeinschaft» [91] bzw. als eine «reale, effektive Klasse im Sinne einer
kampfbereiten Gruppe» [92] bezeichnet werden kann. Als historisch wandelbare
soziale Formation ist das Bürgertum damit das Resultat einer spezifischen Vergesellschaftung von bestimmten Berufs- und Sozialgruppen der Mittel- und
Oberschicht.

Die blosse Existenz bestimmter Berufe, sozioökonomischer Lebenslagen
und politischer Leitbilder führt allein nicht zwangsläufig zu einem so begriffenen Bürgertum: «Ob eine spezifische ökonomische Interessenlage, eine politische Interessenrichtung, eine kulturelle Wertorientierung strukturdominant
wird oder unterdrückt bleibt, unter welchen Konstellationen sich Verknüpfungen und Koalitionen von Interessen bilden und aus dem Konglomerat bürgerlicher Schichten ein umgreifendes Bürgertum mit relativ homogenen Ordnungsvorstellungen und Normen der Lebensführung entsteht, das lässt sich
nicht aus analytischen Fragestellungen deduzieren, immer nur historisch und
empirisch nachweisen.» [93] Im Vordergrund des Interesses stehen deshalb ja
jene langwierigen Prozesse, die aus den verschiedenen bürgerlichen Gruppen
ein Bürgertum formierten, das sich durch gemeinsame Interessen, eine ihm
eigene Lebensführung sowie spezifische Werte und Normen von den anderen
Bevölkerungsgruppen absetzte, eine eigene Identität und ein Selbstbewusstsein
entwickelte, und die es so schliesslich zu einer «Handlungs- und Orientie-
rungsgemeinschaft» integrierten. Doch auch diese Sichtweise des Bürgertums
kommt nicht ohne eine Analyse der sozialen Differenzierung der Bevölkerung
nach bestimmten objektiven Merkmalen aus; denn um die Konstituierung und
Integration der verschiedenen bürgerlichen Gruppen zu einem mehr oder
weniger homogenen Bürgertum überhaupt untersuchen und beschreiben zu
können, muss man von eben diesen Gruppen und Fraktionen sowie ihrem
Verhältnis zur übrigen Bevölkerung doch eine genauere Vorstellung haben.
Anders geht es nicht.

Aufgabe und Ziel der beiden folgenden Kapitel ist es, erstens mit Hilfe
sozioökonomischer Dimensionen und Merkmale wie Selbständigkeit, Erwerbstätigkeit, Berufszugehörigkeit, Dienstboten, Vermögen und Einkommen diese
potentiellen bürgerlichen Berufs- und Erwerbsgruppen innerhalb der schweizerischen Gesellschaft zu separieren; zweitens die wirtschaftliche Basis, das
soziologische Umfeld, den Umfang und die innere Struktur dieser bürger-

lichen Gruppen zu untersuchen und drittens zu bestimmen, welche aufgrund ihrer wirtschaftlichen Voraussetzungen voll, welche eher am Rande und nur teilweise zum Bürgertum gehörten. Rechtliche und politische Dimensionen sozialer Ungleichheit, d. h. Unterschiede, die auf einem unterschiedlichen rechtlichen oder politischen Status beruhen und letztlich in der ungleichen Verteilung von Macht und Herrschaft ihre Grundlage haben, fallen hier noch weitgehend ausser Betracht.[94] Auch die Selbst- und Fremdbewertung der Stellung der verschiedenen sozialen Gruppen innerhalb des gesellschaftlichen Gefüges spielt zunächst nur indirekt eine gewisse Rolle.[95] Dass es sich bei diesem so aufgefundenen Bürgertum um ein «Bürgertum auf dem Papier» handelt, bedarf wohl keiner weiteren Erläuterungen mehr. Um «Konstrukte» handelt es sich zunächst auch beim Wirtschafts- und Besitzbürgertum oder der Bourgeoisie des talents sowie den übrigen Klassen, sozialen Schichten und Gruppen, die unterschieden und zusammengefasst werden.

Diese Analyse der sozialen Struktur der gesamten Bevölkerung wie des Bürgertums im besonderen stützt sich zunächst vornehmlich auf Angaben zur Erwerbsart (selbständig, unselbständig) und zur Erwerbstätigkeit sowie auf die Berufszugehörigkeit[96], denn sie geben, wenn nicht direkt so doch indirekt, Aufschluss über die Markt- oder Klassenlage, d. h. über Besitz oder Besitzlosigkeit, über die Art der Chancen auf dem Güter- und Arbeitsmarkt und über die Stellung im Arbeits- und Produktionsprozess. Mit zunehmender Arbeitsteilung, Professionalisierung und Bürokratisierung ist es dann vor allem der Beruf, der als eine Kombination von besonderen Fähigkeiten und Fertigkeiten die Markt- und Klassenlage bestimmt und so tendenziell über Lebenschancen, Interessen, aber auch Haltungen und Verhaltensmuster entscheidet.

Die Erwerbstätigkeit und die Berufszugehörigkeit stellen deshalb auch in Schichtungstheorien, die nicht direkt von Max Webers Überlegungen zur Markt- und Klassenlage ausgehen, bevorzugte Indikatoren zur Analyse der sozialen Ungleichheit dar. So ist auch aus rollentheoretischer Sicht der Beruf die relevanteste schichtbezogene Positionsrolle und zugleich jene Position, welche die Einnahme der übrigen Positionen in der Gesellschaft am stärksten beeinflusst oder beschränkt, d. h. er legt weitgehend fest, welche Stellung jemandem im Verteilungs- bzw. Schichtungssystems zukommt und welchen Anteil damit jemand an den ungleich verteilten Gütern, Pflichten und Privilegien einer Gesellschaft erhält. Er ist in Markt- und Erwerbsgesellschaften der «allgemeine Regulator von Gratifikationen»[97] und bildet so die Basis wie die Rechtfertigung der Position in der gesellschaftlichen Hierarchie. Der Beruf bestimmt aber über die Marktlage nicht nur den sozialen Status, die Lebenslage und Lebenschancen der Männer und Frauen, die ihn ausüben, sondern wie im Falle der verheirateten Männer auch denjenigen der unmittelbaren Angehörigen, besonders der Ehefrau und der Kinder. Nicht zuletzt gilt dies gerade auch für die freien und akademischen Berufe, die Professionen oder sogenannten bürgerlichen Berufe, umschrieben als jene Tätigkeiten, die den

Zugang zu besonderen Erwerbschancen öffnen, damit eine bürgerliche Position erreichen, begründen und rechtfertigen lassen.[98]

Mit der Erwerbstätigkeit und der Berufszugehörigkeit als Indikatoren für die Markt- bzw. Klassenlage zerfällt die Gesellschaft theoretisch in eine unübersehbare Anzahl von Erwerbs- und Berufsgruppen. Die unzähligen Berufe oder Tätigkeiten mit gleicher oder ähnlicher Marktlage wieder zu Besitz- und Erwerbsklassen zusammenzufassen sowie unter ihnen eine im untersuchten Zeitraum «gültige» Rangordnung zu erstellen und damit eine soziale Schichtung vorzunehmen, ist jedoch nicht unproblematisch. Die mit einer bestimmten Erwerbs- oder Berufstätigkeit verbundenen Einkommenschancen erlauben zwar zusammen mit anderen Faktoren wie Ausbildungsanforderungen, Zugang, Art und Länge der Ausbildung recht eindeutige Rückschlüsse über den gesellschaftlichen Wert, die Marktlage, bestimmter Berufe und Tätigkeiten. Doch selbst wenn weitere dichotomische oder gradierte Schichtungsdimensionen und Unterscheidungsmerkmale wie die Höhe des Einkommens und des Vermögens oder die Anzahl von Dienstboten zur persönlichen Verfügung beigezogen werden, lässt sich ohne ständigen Rückgriff auf zeitgenössische Hinweise und Angaben zur wirtschaftlichen und sozialen Stellung, zum Prestige bestimmter Berufe und Berufsgruppen dieses Problem nicht lösen. Auch dann bleibt ein Rest von «Willkür» bei allen Zuordnungen und Abgrenzungen bestehen, vor allem wenn es um die feineren Unterschiede und Abgrenzungen geht.[99]

Dass der Beruf oder die Erwerbstätigkeit hier, wie in den meisten Untersuchungen zur sozialen Ungleichheit bzw. zur sozialen Schichtung, der wichtigste Indikator ist,[100] hat allerdings auch sehr viel mit der Quellenlage zu tun. Ab 1860 versuchte die schweizerische Statistik, natürlich nicht ohne Grund, in ihren Volkszählungen auch Angaben zur Berufs- oder Erwerbstätigkeit zu erheben. Die infolge des wirtschaftlichen und sozialen Wandels zunehmende Bedeutung der Berufe veranlasste die amtlichen Statistiker vor allem ab 1880, ihre Bemühungen um aussagekräftigeres Material zu verstärken und ihre Systematik zu verfeinern, so dass die Ergebnisse der Zählungen ab 1888 ein recht differenziertes Bild der Berufs- und Erwerbsstruktur abgeben. Da ihr Hauptinteresse zunächst vorwiegend der Berufs- und Erwerbstätigkeit galt, wählten sie für die Zählungen als Grundkategorie das erwerbstätige Individuum, wobei ihre Erfassungskriterien aufgrund der herrschenden Vorstellungen über die Rollenverteilung zwischen Mann und Frau stark auf die männliche Erwerbstätigkeit zugeschnitten waren. So wurde die Hausarbeit der Ehefrauen und Töchter gar nicht aufgenommen, die weibliche Erwerbstätigkeit in der Regel dagegen nur, wenn sie als Hauptbeschäftigung oder als Mitarbeit deklariert wurde.[101] Auch die Dienstboten wurden, weil sie vom Einkommen des Familienoberhauptes lebten, nicht zu den Erwerbstätigen gezählt.[102] Familie und Haushalt, die als eigentliche soziale Grundeinheit der Gesellschaft für die Analyse der sozialen Schichtung ertragreicher gewesen

wären, gerieten trotz dieser starken Ausrichtung auf das bürgerliche Familienmodell jedoch kaum in das Blickfeld und waren, obwohl die Zählungsbogen
jeweils vom Haushalt ausgingen, nicht Gegenstand weiterer Auswertungen.
Die Ergebnisse der schweizerischen Statistik lassen deshalb nur in beschränktem Masse weiterführende Analysen zur sozialen Schichtung der schweizerischen Gesellschaft zu. [103]

### Sozialstruktur der Schweiz 1860–1920: Selbständigkeit und Bürgertum

Ein erstes Merkmal, um das Bürgertum einzukreisen und von den übrigen gesellschaftlichen Gruppen und Klassen abzugrenzen, bildet die wirtschaftliche Selbständigkeit. Dabei gehe ich vom allgemeinen zeitgenössischen,
von der wissenschaftlichen Forschung weitgehend übernommenen Vorver-
ständnis aus, dass sich bürgerliche Gruppen zunächst einmal vor allem durch
Besitz und Bildung, d. h. durch wirtschaftliche Selbständigkeit oder durch eine
gewisse «Fachgeschultheit» (Weber), je nachdem sogar durch beide, von der
übrigen Bevölkerung unterscheiden. [104] Wirtschaftliche Selbständigkeit und
Unabhängigkeit, wie sie das Bürgertum für sich reklamierte, decken sich aber
mit der «gewerblichen und beruflichen Selbständigkeit», wie die schweizerische Statistik sie ab 1888 definierte, nur teilweise. Die «in eigenem Geschäfte»
und «auf eigene Rechnung» tätigen Selbständigen wiesen von ihrer Markt-
und Klassenlage her teilweise recht grosse Unterschiede auf. Die Personen
und Verhältnisse waren so «verschiedenartig, dass sie am einen Ende den reichen Fabrikbesitzer, den mit Millionen rechnenden Unternehmer von Eisen-
bahnbauten und den Grossgrundbesitzer, am anderen Ende den kleinen Handwerker, den Störschneider und den Schuhflicker, selbst den Stiefelputzer an
der Bahnhofecke und den 'wilden' städtischen Dienstmann» umfassten. [105]
Unter ihnen lebten demnach nicht nur recht viele unter relativ kümmerlichen
Verhältnissen, sondern manche befanden sich sogar eher am untern Ende
der sozialen Stufenleiter. Die Selbständigen können deshalb nicht einfach alle
dem Bürgertum zugerechnet werden. Umgekehrt erfüllte ein kleinerer Teil
der Unselbständigen durchaus die für die Zugehörigkeit zum Bürgertum erforderliche Unabhängigkeit und Selbständigkeit. Fabrik-, Bank- und Eisenbahndirektoren, Professoren, Pfarrherren und hohe und höchste Beamte wie
Bundesrichter und Bundesräte, die als Gehaltsempfänger ihre Tätigkeit oder
ihren Beruf «in fremdem Geschäfte» ausübten, waren nicht nur in hohem
Masse ökonomisch unabhängig, sondern sie handelten in ihrer beruflichen
Tätigkeit auch weitgehend in eigener Verantwortlichkeit.

Auch für die Statistiker war deshalb zunächst nicht so eindeutig klar, was
überhaupt als selbständige Tätigkeit gelten sollte. Für die Volkszählung von
1860 bildete denn auch die rein gewerbliche und berufliche Selbständigkeit –
die Tätigkeit oder den Beruf im eigenen Geschäft auf eigene Rechnung aus-

übend – noch nicht das einzige Kriterium für Selbständigkeit. Angestellte und Beamte mit Leitungsfunktionen, Professoren und ähnliche Berufe ohne direkte Kontrolle durch den Arbeitgeber wurden ebenfalls als selbständig eingestuft. [106] Mit einem ähnlichen Selbständigkeitsbegriff arbeitete auch noch die von ihrer Konzeption und Durchführung her wegweisende städtische Volkszählung von Zürich um 1894. Als Selbständige galten nicht nur die Eigentümer und Eigentümerinnen, Inhaberinnen und Inhaber sowie Anteilhaber von Fabriken, Handelsgeschäften, Handwerks- und Gewerbebetrieben, die Handwerksmeister, sondern auch die «selbständigen» Beamten und Angestellten wie Professoren, Pfarrer, Lehrer und Lehrerinnen oder Direktoren von Banken und Versicherungen. [107] 1910 fiel ein grosser Teil dieser «Selbständigen» dann in der eidgenössischen Volkszählung unter die neue Kategorie der leitenden Beamten. In breiten Bevölkerungskreisen herrschte zum Leidwesen der Statistiker ein noch weiterer Begriff von Selbständigkeit. So betrachteten sich laut dem Kommentar zur Volkszählung von 1870 auch viele Arbeiter und Arbeiterinnen, z. B. Landarbeiter, Einzelsticker oder Heimweber und Heimweberinnen als selbständige Berufsleute. Dies und andere Faktoren verunmöglichten bis 1888 eine eindeutige Unterscheidung in Selbständige und Unselbständige nach den beiden Kriterien im eigenen Geschäft und auf eigene Rechnung bzw. im fremden Geschäft auf fremde Rechnung. [108]

Trotzdem oder gerade wegen dieser Zweideutigkeit ergibt das Merkmal Selbständigkeit, Männer und Frauen zusammengenommen, kombiniert mit den Erwerbszweigen ein erstes Bild von der schweizerischen Sozialstruktur der zweiten Hälfte des 19. Jahrhunderts. Wie Tabelle 1 zeigt, waren um 1860 in der ganzen Schweiz 61 Prozent der erwerbenden Personen unselbständig, bis 1910 erhöhte sich ihr Anteil auf über 72 Prozent. Selbständige gab es 1860 knapp 38 Prozent, inklusive Rentnerinnen und Rentner 39 Prozent. Darunter befanden sich 16 Prozent Bauern und Bäuerinnen, die selbständigen Männer und Frauen in Industrie, Handwerk und Gewerbe, darunter auch «selbständige Heim- und Facharbeiter», in Handel und Verkehr, die Angehörigen freier Berufe, die Rentner und Rentnerinnen. Weitere 21 Prozent stellten die «selbständigen» höheren Beamten und Angestellten. 1888, als die «falschen» Selbständigen grösstenteils ausgeschieden werden konnten und die Ergebnisse auch sonst als genauer gelten, waren es ausserhalb der Landwirtschaft knapp 14 Prozent, inklusive Rentnerinnen und Rentner gut 15 Prozent. Abgenommen hatte der Anteil der Selbständigen besonders im industriell-gewerblichen Bereich und bei den freien bzw. den akademischen Berufen. Bei den Bauern hielt dieser Abwärtstrend auch nach 1888 an. Der Anteil der bürgerlichen Selbständigen, d. h. der Selbständigen ausserhalb der Landwirtschaft, blieb mit 13 Prozent dagegen von 1888 bis 1910 relativ stabil: In Industrie und Handwerk war er leicht rückläufig, im Handel und Verkehr sowie bei den freien Berufen leicht zunehmend. Der Anteil der Rentnerinnen und Rentner, d. h. der Personen, die von ihrem Vermögen lebten und keiner Erwerbstätigkeit (mehr) nachgingen, verdoppelte sich dagegen, vor allem zwischen den Volkszählungen von 1900 und 1910. [109]

Tabelle 1    Sozialstruktur der Schweiz nach Selbständigen und Unselbständigen 1860–1910
in Prozent der Erwerbstätigen. [110]

|  | 1860 | 1888 | 1900 | 1910 |
|---|---|---|---|---|
| **Unselbständige** | **61,0** | **68,9** | **71,7** | **72,1** |
| **Selbständige** | **37,6** | **29,4** | **26,6** | **24,9** |
| Landwirtschaft | 16,3 | 15,8 | 13,5 | 11,6 |
| Industrie/Gewerbe | 15,5 | 9,4 | 8,7 | 8,8 |
| Handel/Verkehr | 3,2 | 3,5 | 3,6 | 3,6 |
| Freie Berufe | 2,6 | 0,7 | 0,9 | 1,0 |
| **Rentner/innen** | **1,4** | **1,7** | **1,7** | **3,0** |
| Total Erwerbstätige | 1 253 543 | 1 353 535 | 1 599 299 | 1 849 036 |

Selbständigkeit in nicht-bäuerlichen Erwerbszweigen mit tendenzieller Zugehörigkeit zum Bürgertum oder Kleinbürgertum gleichgesetzt, würde demnach bedeuten, dass in der Schweiz um 1860 rund 23 Prozent, 1910 16 Prozent der erwerbenden Personen ins weitere oder engere Umfeld der bürgerlichen Sozialgruppen gehörten. Wie die folgenden drei Querschnitte in ausgewählten Kantonen belegen, bestanden zwischen den einzelnen Kantonen und Regionen je nach Wirtschafts- und Siedlungsstruktur allerdings recht grosse Unterschiede, so etwa zwischen den fast rein städtisch bestimmten Kantonen Genf und Baselstadt, den stark industrialisierten Kantonen Appenzell Ausserrhoden und Glarus als ländlich-dörfliche Regionen auf der einen, St. Gallen und Zürich mit städtisch-industriellen Zentren auf der andern Seite, wirtschaftlich und siedlungsmässig eher durchmischten Kantonen wie Bern, der Waadt und dem Aargau sowie dem teilweise bis ins frühe 20. Jahrhundert noch in alpiner Autarkiewirtschaft verharrenden Wallis.

Tabelle 2    Bürgertum in der Schweiz und in einzelnen Kantonen – Selbständige in Prozent der Erwerbstätigen um 1860. [111]

|  | Bauern | Industrie Handwerk | Handel Verkehr | Beamte Freie Berufe | Rentner/ innen | Total Bürgertum |
|---|---|---|---|---|---|---|
| **Schweiz** | **16,3** | **15,5** | **3,2** | **2,6** | **1,4** | **22,7** |
| Genf | 2,2 | 26,4 | 7,5 | 5,5 | 3,5 | 42,9 |
| Baselstadt | 1,7 | 12,2 | 5,0 | 3,9 | 0,8 | 21,9 |
| Appenzell AR | 10,4 | 10,2 | 3,0 | 1,2 | 0,4 | 14,8 |
| Glarus | 7,6 | 11,5 | 4,7 | 2,0 | 0,7 | 18,9 |
| Zürich | 15,6 | 10,9 | 2,6 | 2,0 | 0,9 | 16,4 |
| St. Gallen | 17,2 | 15,1 | 3,4 | 2,4 | 0,5 | 21,4 |
| Waadt | 23,4 | 14,5 | 3,2 | 2,9 | 2,9 | 23,5 |
| Bern | 15,5 | 18,1 | 3,0 | 2,7 | 1,7 | 25,5 |
| Aargau | 18,0 | 13,4 | 2,4 | 2,0 | 0,9 | 18,7 |
| Wallis | 31,1 | 9,5 | 2,0 | 3,1 | 1,2 | 15,8 |

Um 1860 reichte die Bandbreite von selbständigen, bürgerlichen Sozialgruppen von knapp 15 Prozent in Appenzell Ausserrhoden bis zu 43 Prozent im Stadt- und Industriekanton Genf, wo die «selbständigen Arbeiter», meist Kleinst- und Kleinfabrikanten, der protoindustriellen Uhrmacherei und Bijouterie den Anteil der Selbständigen hochtrieben. Doch auch im Handel, bei den freien Berufen sowie bei den im Welschland überall stärker vertretenen Rentnern lagen in Genf die Anteile deutlich über dem schweizerischen Durchschnitt. Gesamthaft wies Genf damit einen Selbständigenanteil von rund 45 Prozent auf. So hoch war er sonst nur noch in agrarisch-gewerblichen Regionen wie zum Beispiel im Wallis mit über 30 Prozent Selbständigen in der Landwirtschaft, aber nur knapp 16 Prozent bürgerlichen Selbständigen, oder in der Waadt, wo die Bauern mit über 23 Prozent den schweizerischen Schnitt ebenfalls noch deutlich übertrafen. In Baselstadt, ebenfalls ein Handels- und Industriezentrum, dessen wichtigster Industriezweig die Seidebandweberei in der Stadt selbst jedoch manufaktur- oder fabrikmässig organisiert war, lag der Anteil der Selbständigen jedoch unter dem Durchschnitt. Über 75 Prozent der erwerbenden Personen waren hier schon um 1860 unselbständig. Unterdurchschnittlich vertreten waren die Selbständigen auch in den von der Textil- und Maschinenindustrie geprägten Kantonen, so in den beiden hochindustrialisierten ländlichen Kantonen Glarus und Appenzell Ausserrhoden, wo die Selbständigen eingeschlossen die Bauern nur rund 25 Prozent der erwerbenden Personen darstellten, aber auch in Zürich und im Aargau, etwas weniger in St. Gallen. In all diesen Kantonen hatte der Industriekapitalimus den Anteil der Unselbständigen schon enorm anschwellen lassen und die selbständigen Existenzen, wenn nicht absolut so doch relativ, schon stark zurückgedrängt. Mit Ausnahme Genfs stellten die Selbständigen im Handwerk und Gewerbe – die industriellen Unternehmer fallen nur wenig ins Gewicht – überall rund zwei Drittel aller Selbständigen ausserhalb der Landwirtschaft, meist folgten dann mit grossem Abstand jene im Handel und jene mit einem freien Beruf.

Tabelle 3        **Bürgertum in der Schweiz und in einzelnen Kantonen – Selbständige in Prozent der Erwerbstätigen um 1888.** 112

|  | Bauern | Industrie Handwerk | Handel Verkehr | Beamte Freie Berufe | Rentner/ innen | Total Bürgertum |
|---|---|---|---|---|---|---|
| **Schweiz** | **15,8** | **9,4** | **3,5** | **0,7** | **1,7** | **15,3** |
| Genf | 4,9 | 7,8 | 7,0 | 1,5 | 4,5 | 20,8 |
| Baselstadt | 1,0 | 8,3 | 5,6 | 1,0 | 4,1 | 19,0 |
| Appenzell AR | 10,4 | 9,9 | 3,8 | 0,4 | 0,6 | 14,7 |
| Glarus | 7,5 | 9,6 | 4,0 | 0,6 | 1,7 | 15,9 |
| Zürich | 12,0 | 9,6 | 3,8 | 0,7 | 1,2 | 15,3 |
| St. Gallen | 13,2 | 9,5 | 3,6 | 0,5 | 0,8 | 14,4 |
| Waadt | 18,6 | 8,7 | 3,7 | 1,1 | 3,0 | 16,5 |
| Bern | 15,6 | 11,2 | 3,1 | 0,8 | 1,5 | 16,6 |
| Aargau | 19,6 | 10,9 | 2,6 | 0,6 | 1,2 | 15,3 |
| Wallis | 35,6 | 5,4 | 1,8 | 0,6 | 0,8 | 8,6 |

1888 lagen die Werte wegen des nun eindeutiger formulierten Selbständigkeitsbegriffes, aber auch wegen der einheitlicheren Erhebung sowohl im schweizerischen Durchschnitt als auch in einzelnen Kantonen tiefer als 1860. Die kantonalen Unterschiede hatten sich ebenfalls eingeebnet, vor allem Genf tanzte nach dem Rückgang der selbständigen Uhrenmacherei nicht mehr so aus der Reihe wie um 1860. Seine Sozialstruktur hatte sich ganz derjenigen Basels angeglichen, beide lagen jedoch mit einem Selbständigenanteil um 20 Prozent deutlich über dem schweizerischen Durchschnitt von 15 Prozent. Die übrigen industriell geprägten Kantone gruppierten sich mit kleinen Abweichungen um diesen Mittelwert, ebenso gemischtwirtschaftliche Kantone wie Bern und Waadt. Noch immer stellten die Selbständigen in Handwerk und Gewerbe den höchsten Anteil unter den bürgerlichen Selbständigen, in Genf wie Basel aber nicht mehr so eindeutig wie um 1860. Den Selbständigen im Handel, Banken- und Versicherungsgeschäft kam nun ein etwas grösseres Gewicht zu, ebenso den Rentnern. Gesamthaft gesehen, stellten die Erwerbstätigen, im eigenen Betrieb oder Geschäft auf eigene Rechnung arbeitend, in städtisch wie ländlich industrialisierten Regionen zwischen zwanzig und dreissig Prozent der erwerbenden Personen, während es in den noch stärker agrarisch geprägten Regionen wegen der Bauern über dreissig Prozent, im Wallis sogar über vierzig Prozent waren.

Tabelle 4        **Bürgertum in der Schweiz und in einzelnen Kantonen – Selbständige in Prozent der Erwerbstätigen um 1910.** [113]

| | Bauern | Industrie Handwerk | Handel Verkehr | Beamte Freie Berufe | Rentner/ innen | Total Bürgertum |
|---|---|---|---|---|---|---|
| **Schweiz** | **11,6** | **8,8** | **3,6** | **1,0** | **3,0** | **16,4** |
| Genf | 2,8 | 10,3 | 6,1 | 2,4 | 6,0 | 24,8 |
| Baselstadt | 0,4 | 7,9 | 4,5 | 1,3 | 5,1 | 18,8 |
| Appenzell AR | 7,5 | 8,8 | 3,1 | 0,7 | 1,8 | 14,4 |
| Glarus | 7,4 | 9,8 | 4,0 | 0,8 | 4,6 | 19,2 |
| Zürich | 6,8 | 7,6 | 4,2 | 1,0 | 2,5 | 15,3 |
| St. Gallen | 8,5 | 8,1 | 3,1 | 0,6 | 1,9 | 13,7 |
| Waadt | 12,9 | 9,3 | 4,1 | 1,6 | 4,1 | 19,1 |
| Bern | 12,7 | 10,5 | 3,4 | 0,9 | 2,7 | 17,5 |
| Aargau | 14,0 | 8,2 | 2,5 | 0,6 | 2,2 | 13,5 |
| Wallis | 29,3 | 6,4 | 2,7 | 0,6 | 1,2 | 10,9 |

Im Vergleich zu 1888 hatte bis 1910 der Anteil der bäuerlichen Selbständigen überall, teilweise recht massiv, abgenommen, derjenige der bürgerlichen Selbständigen dagegen stieg gesamtschweizerisch wieder leicht an, aber nicht in allen Kantonen, in manchen war er sogar rückläufig. Anteilsmässig war diese Zunahme gesamtschweizerisch wie in den einzelnen Kantonen neben leichten Erhöhungen im Handel und bei den freien Berufen weitgehend auf den höheren Anteil der Partikulare, Rentnerinnen und Rentner zurückzuführen, d. h. jener Personen, die von ihrem Vermögen oder, was nun etwas häufiger der Fall war, von einer Pension lebten. [114] Neben den welschen Kantonen, wo der Anteil der Rentner schon immer relativ hoch gewesen war, wiesen jetzt auch Basel oder Glarus überdurchschnittlich viele Rentner auf. Im interkantonalen Vergleich schwankte der Anteil der bürgerlichen Selbständigen an den erwerbenden Personen nun zwischen 11 Prozent im Wallis und Genf mit rund 25 Prozent, inklusive die Bauern zwischen 19 Prozent in Baselstadt und 40 Prozent im Wallis. Die Werte der meisten Kantone lagen 1910 jedoch unter 30 Prozent. In absoluten Zahlen ausgedrückt, verbarg sich hinter diesen prozentualen Veränderungen in der Landwirtschaft eine Stagnation, in den übrigen Sektoren jedoch ein recht deutlicher Anstieg der Zahl der Selbständigen: Gesamtschweizerisch in Industrie, Handwerk und Gewerbe von rund 127 000 Selbständigen um 1888 auf 162 000 um 1910, im Handel von knapp 44 000 auf über 61 000, bei den freien Berufen und in andern Dienstleistungen von knapp 10 000 auf fast 18 000. Die Zahl der Rentnerinnen und Rentner erhöhte sich gar von etwas über 22 000 auf fast 55 000. In den meisten der ausgewählten Kantone verlief die Entwicklung ähnlich. Aufgrund des wirtschaftlichen Strukturwandels waren die Zahlen in einzelnen Sektoren rückläufig oder nahmen nur sehr geringfügig zu. [115]

Durch die Aufgliederung der Unselbständigen lässt sich bereits mit Hilfe der beiden Kriterien Selbständig/Unselbständig ein noch etwas differenzierteres erstes Bild der schweizerischen Sozialstruktur und ihres Wandels in der zweiten Hälfte des 19. Jahrhunderts zeichnen. Die dabei verwendeten Kategorien Hausgesinde/Dienstpersonal, Bauern selbständig/unselbständig, bürgerliche Selbständige sowie Rentnerinnen und Rentner können direkt den Volkszählungsergebnissen entnommen werden. Die Kategorie der Arbeiter und Arbeiterinnen umfasst 1860 und 1888, teilweise auch noch 1900 alle unselbständig Erwerbstätigen in Industrie, Handwerk und Gewerbe, jene der Angestellten, alle unselbständig Erwerbstätigen in Handel, Verkehr und Verwaltung. Unter beiden Kategorien befinden sich demnach Personen, die eigentlich in die andere Kategorie gehören würden, z. B. das Büropersonal industrieller Unternehmen zu den Angestellten, ein Teil des Personals der Eisenbahngesellschaften umgekehrt zu den Arbeitern. Erst die Zählungen von 1900 und 1910 trennten die unselbständig Berufstätigen in Arbeiter und Arbeiterinnen, Hilfsarbeiterinnen und Hilfsarbeiter sowie Beamte und Angestellte auf. Im zeitlichen Vergleich ist neben den allgemeinen Unzulänglichkeiten zu beachten, dass sich 1860 unter dem Hausgesinde auch noch Personen befinden, die nicht in erster Linie im Haushalt für den persönlichen Bedarf eingesetzt werden, sondern im Betrieb oder Geschäft als Hilfspersonal mitarbeiten. Der Anteil der Arbeiterschaft dürfte deshalb um mindestens 5 Prozent höher liegen. Zudem dürften sich auch unter den Selbständigen noch 3–5 Prozent Arbeiter und Angestellte befinden. Gesamthaft betrug deshalb der Anteil der Arbeiter, Arbeiterinnen und Angestellten ausserhalb der Landwirtschaft an den Erwerbstätigen schon um 1860 sicher über 30 Prozent.

Die Sozialstruktur aufgrund der beruflichen Stellung widerspiegelt im wesentlichen, wie in der zweiten Hälfte des 19. Jahrhunderts der wirtschaftliche Wandel und das wirtschaftliche Wachstum, die Industrialisierung und die Modernisierung der Landwirtschaft den Übergang der Schweiz in eine moderne, industrielle Gesellschaft vorangetrieben und beschleunigt haben. Die Schweiz hatte allerdings bereits Mitte des Jahrhunderts in weiten Teilen die Schwelle von der traditionellen, agrarisch-gewerblich geprägten Gesellschaft zur industriellen Gesellschaft überschritten.

| Tabelle 5 | Sozialstruktur der Schweiz 1860–1910 in Prozent der erwerbenden Personen. 116 | | | |
|---|---|---|---|---|
| | 1860 | 1888 | 1900 | 1910 |
| **Hausgesinde/Dienstpersonal** | 11,5 | 5,9 | 5,3 | 4,8 |
| **Bauern** | 38,4 | 36,3 | 30,5 | 23,4 |
| Selbständige | 15,5 | 15,8 | 13,5 | 11,6 |
| Unselbständige | 22,9 | 20,5 | 17,0 | 11,8 |
| **Arbeiter/Angestellte** | 23,4 | 39,4 | 47,3 | 50,7 |
| Arbeiter/innen | 19,9 | 29,6 | 34,7 | 34,9 |
| Angestellte | 3,3 | 9,8 | 12,6 | 15,8 |
| Leitende Angestellte und Beamte | | | 1,6 | |
| **Bürgerliche Selbständige** | 20,1 | 13,6 | 13,2 | 13,4 |
| Industrie/Handwerk | 14,6 | 9,4 | 8,7 | 8,8 |
| Handel/Verkehr | 3,0 | 3,5 | 3,6 | 3,6 |
| Freie Berufe | 2,5 | 0,7 | 0,9 | 1,0 |
| **Rentnerinnen/Rentner** | 1,3 | 1,7 | 1,7 | 3,0 |
| **Bürgertum** | 21,4 | 15,3 | 14,9 | 16,4 |
| ohne Angabe | 5,4 | 3,1 | 2,0 | 4,7 |

So lebten schon um 1860 nur noch rund 40 Prozent der Erwerbstätigen direkt von der Landwirtschaft, 1910 waren es dann aber nicht einmal mehr 25 Prozent. Vor allem der Anteil der ländlich-bäuerlichen Arbeiterschaft schrumpfte auf die Hälfte. Der Anteil der gewerblich-industriellen Arbeiterschaft sowie der Angestellten in Handel, Verkehr und Verwaltung erhöhte sich dagegen von 23 Prozent um 1860 auf über 50 Prozent um 1910. Rein zahlenmässig hatten sich damit die Gewichte eindeutig zugunsten der beiden neuen sozialen Kategorien verschoben. Die Selbständigen in Handwerk und Gewerbe, Industrie, Handel, Verkehr und andern Dienstleistungszweigen bildeten mit den Bauern und einem Teil ihres Anhanges – der überwiegende Teil der unselbständigen Erwerbstätigen in der Landwirtschaft setzte sich aus Familienangehörigen, Söhnen und Töchtern, zusammen 117 – nicht mehr länger die Mehrheit der Erwerbstätigen. 1860 betrug ihr Anteil an der erwerbenden Bevölkerung noch knapp 50 Prozent, 1910 noch mindestens 35 Prozent. Diese Werte liegen noch um wenige Prozent höher, wenn man berücksichtigt, dass sich auch in Industrie, Gewerbe und Handel unter den unselbständigen Berufstätigen recht viele mitarbeitende, meist weibliche Familienangehörige befanden. 1888 waren dies zwei Prozent aller Erwerbstätigen, 1910 über drei Prozent. Wie bei den Bauern können sie auch im bürgerlich-gewerblichen Milieu nicht mit den fremden Unselbständigen gleichgesetzt werden. Da Beruf und berufliche Stellung des «Ernährers» laut Kommentar der Volkszählung von 1910 stark «abfärbten», 118 hing der tatsächliche soziale Status der mitarbeitenden Familienangehörigen wohl in vielen Fällen mehr von der Stellung des Ernährers als von ihrer ei-genen beruflichen Tätigkeit ab. 119 Ganz besonders galt dies für weibliche Familienangehörige. Diese Familienangehörigen miteingerechnet betrug der Anteil der bürgerlichen Berufs- und Sozialgruppen an den Erwerbenden, die höheren Angestellten und Beamten einbezogen, um 1910 etwas über 20 Prozent. Viel höher dürfte ihr Anteil auch um die Mitte des 19. Jahrhunderts nicht gewesen sein.

Bürgertum und Bürgerlichkeit waren auch in der Schweiz, allerdings nicht so ausschliesslich wie in Frankreich oder Deutschland, eng mit der Stadt und städtischem Lebensstil verbunden. In den Städten bildeten sich mit ihrem Anwachsen, vor allem ab den 1880er Jahren, aber auch die soziopolitischen Gegensätze zwischen Bürgertum und Arbeiterschaft und Arbeiterbewegung schärfer aus als in den ländlich-dörflichen Regionen. Auch von daher kommt der städtischen Bevölkerung und ihrer Sozialstruktur eine besondere Bedeutung zu. Eine separate Sozialstruktur nur für die städtische Bevölkerung, gemeint ist die Bevölkerung von Gemeinden bzw. Agglomerationen mit mehr als 10 000 Einwohnern, lässt sich mit Hilfe der eidgenössischen Volkszählungen ab 1888 erstellen.

Im Vergleich zur ganzen Schweiz waren in den Städten, wie durch das Wegfallen der bäuerlichen Bevölkerungsschichten nicht anders zu erwarten ist, sowohl die Arbeiter, Arbeiterinnen und Angestellten [120], aber auch die bürgerlichen Sozialgruppen stärker vertreten: Der Anteil der Arbeiter und An-gestellten war um 15–17 Prozent höher, jener des Bürgertums um rund 5 Prozent. Entsprechend höher war auch der Anteil des vorwiegend in bürgerlichen bzw. gewerblich-handwerklichen Haushalten beschäftigten Hausgesindes. Innerhalb des Bürgertums kam neben den Rentnerinnen und Rentnern vor allem den Selbständigen im Gross- und Detailhandel ein grösseres Gewicht zu. Nur einen leicht höheren Anteil wiesen auch die freien Berufe auf.

Tabelle 6      **Sozialstruktur der grösseren Städte 1888–1910.** [121]

|  | 1888 | 1900 | 1910 |
|---|---|---|---|
| **Hausgesinde** | **12,4** | **9,4** | **8,1** |
| **Bauern** | **3,4** | **2,8** | **2,5** |
| Selbständige | 1,0 | 0,8 | 0,8 |
| Unselbständige | 2,4 | 2,0 | 1,7 |
| **Arbeiter/Angestellte** | **56,7** | **65,2** | **64,9** |
| Arbeiter/innen | 36,2 | 40,9 | 38,2 |
| Angestellte | 20,5 | 24,5 | 26,7 |
| Leitende Angestellte/Beamte | 2,8 | | |
| **Bürgerliche Selbständige** | **17,1** | **16,0** | **17,2** |
| Industrie/Handwerk | 9,5 | 8,8 | 10,2 |
| Handel/Verkehr | 6,3 | 5,6 | 5,3 |
| Freie Berufe | 1,3 | 1,6 | 1,7 |
| **Rentnerinnen/Rentner** | **3,6** | **3,2** | **4,2** |
| **«Bürgertum»** | **20,7** | **19,2** | **21,4** |
| ohne Angabe | 6,8 | 3,4 | 3,1 |

Bevor aufgrund der eidgenössischen Betriebszählung vor allem die bürgerlichen Sozialgruppen in ihrer beruflichen Zusammensetzung noch genauer analysiert werden, soll aufgrund der Volkszählung von 1900 ein erster Versuch gewagt werden, die verschiedenen Erwerbs- und Berufsgruppen zu einzelnen sozialen Schichten und sozialen Klassen zusammenzufassen. Problematisch ist dabei vor allem die Unterteilung der bürgerlichen Selbständigen, die bis anhin wie in den Volkszählungen als sozial einheitliche Gruppe aufgefasst und lediglich nach Erwerbszweigen getrennt wurden. Die wichtigsten Kriterien für ihre Zuordnung zum Mittelstand oder zu einer der drei sozialen Klassen, in die das Bürgertum im folgenden unterteilt wird, bilden die Erwerbsgrundlage und die Branchenzugehörigkeit, indirekt auch die Grösse der Unternehmen [122] sowie die Dienstbotenquote [123]. So werden vor allem die Hersteller von Nahrungs- und Genussmitteln (Müller, Bäcker, Metzger u. ä.), von Kleidung und Putz (Schneider/innen, Schuhmacher, Wäscherinnen u. ä.), grosse Teile des Baugewerbes (Schreiner, Maurer, Maler, Schlosser, Spengler u. ä.) sowie einzelne Angehörige der Maschinen- und Werkzeugherstellung wie Schmiede und Wagner, ebenso die Wirte und zwei Drittel der Selbständigen im Handel, bei denen es sich vorwiegend um Detailhändler und kleine Ladenbesitzer handelt, ganz oder doch grösstenteils dem Mittelstand zugeordnet. Ihnen allen ist gemeinsam, dass sie zwar als Besitzer eines Unternehmens auf eigene Rechnung und eigenes Risiko tätig sind, sich aber noch selbst an der Produktion und/oder dem Verkauf ihrer Güter beteiligen, also Unternehmer und Arbeiter in einem sind. Auch im zeitgenössischen Verständnis waren «l'entreprise et le travail manuel qu'on constate chez le maître agriculteur, l'artisan ou le commerçant exerçant lui-même et pour son compte son métier», die beiden wichtigsten Elemente, welche die «classe moyenne» charakterisierten und vom «Bourgeois» unterschieden. [124]

Die Selbständigen in industriell geprägten Branchen (Textil, Chemie, Uhren, Metall und Maschinen) sowie Bauunternehmer und andere Besitzer grösserer gewerblicher oder industrieller Unternehmen, die in ihrem Betrieb selbst kaum noch Hand anlegten, sondern vor allem leitende Funktionen ausübten, werden zusammen mit einem Drittel [125] der Selbständigen im Handel, den eigentlichen Kaufleuten, sowie den Selbständigen im Bank- und Versicherungswesen dem Bürgertum zugeteilt. Zu einer sozialen Klasse zusammengefasst, bilden diese unternehmerisch tätigen Erwerbsgruppen das Wirtschaftsbürgertum oder die Bourgeoisie. Keine grösseren methodischen Abgrenzungs- oder Zuordnungsprobleme ergeben sich bei den Selbständigen in den sogenannten freien Berufen, die in der Zählung separat aufgeführt sind. Zusammen mit den hohen Beamten, eingeschlossen die Professoren der Hoch- und Mittelschulen sowie die Pfarrer, und den leitenden Angestellten von Industrieunternehmen, Eisenbahngesellschaften, Banken und Versicherungen fasse ich diese bürgerlichen Erwerbs- und Berufsgruppen zur Bourgeoisie des talents [126] zusammen. Ein Teil dieser leitenden Angestellten, Direktoren und andere Manager von Unternehmen, könnten wie einzelne Angehörige freier Berufe aufgrund ihrer Funktion und ihrer Verfügungsgewalt über Produktionsmittel allerdings auch zum Wirtschaftsbürgertum gerechnet werden. Die Abgrenzungen sind auch hier fliessend und letztlich recht willkürlich. Was die verschiedenen Berufs- und Erwerbsgruppen innerhalb dieser Bourgeoisie des talents jedoch gemeinsam auszeichnete und deshalb eine Zusammenfassung zu einer sozialen Klasse als sinnvoll erscheinen lässt, war die hohe Bedeutung von bestimmten Leistungsqualifikationen sowie spezifischen Fach- und Sachkenntnissen mit einer entsprechenden akademischen oder praktischen Ausbildung.

Die dritte soziale Klasse innerhalb des Bürgertums, das Besitzbürgertum, setzt sich aus den im 19. Jahrhundert oft auch als Partikulare bezeichneten Rentnern und Rentnerinnen zusammen, die allein von ihrem ererbten oder auch selbst erworbenen Besitz und Vermögen lebten. Dabei handelte es sich vorwiegend um ledige Frauen, vor allem aber um Witwen und vom aktiven Wirtschafts- und Erwerbsleben zurückgezogene, ältere Männer, die aufgrund ihrer ursprünglichen Erwerbsgrundlage und -tätigkeit eigentlich genausogut einer der beiden andern sozialen Klassen des Bürgertums zugeordnet werden könnten. Aufgrund des vorliegenden statistischen Materials ist dies jedoch unmöglich. Ältere Frauen und Männer bildeten zwar die Mehrheit[127] dieser Klasse, es gab darunter aber durchaus auch (noch) jüngere Männer, die keiner festen beruflichen Erwerbstätigkeit nachgingen. Im Vergleich zu andern europäischen Ländern scheint dieser Typ von Besitzbürgern in der Schweiz jedoch relativ selten gewesen zu sein, denn hier herrschte, so der Kommentar eines eidgenössischen, bürgerlichen Statistikers um 1860, die Sitte vor, «den Reichtum nicht bloss zu geniessen, sondern selbstthätig in Geschäften zu verwenden und dadurch die Industrie in höherem Masse zu befruchten, weil Kapital in Händen dessen mehr wirkt, welcher es durch Fleiss und seine Geschicklichkeit gesammelt, da er einen grösseren Schatz von Erfahrung besitzt».[128]

Tabelle 7        Soziale Schichtung der Schweiz um 1900 absolut und in Prozent der erwerbenden Personen.[129]

| | absolut | Prozent |
|---|---|---|
| **Arbeiterschaft:** | **995 563** | **62,8** |
| Hausgesinde | 84 895 | 5,4 |
| Hilfsarbeiter/Taglöhner | 198 062 | 12,5 |
| Arbeiter/innen | 71 206 | 44,9 |
| **«Neuer Mittelstand»: Angestellte** | **114 024** | **7,2** |
| **«Alter Mittelstand»:** | **397 031** | **25,1** |
| Bauern inkl. Gärtner/Fischer | 215 299 | 13,6 |
| kleinere bürgerliche Selbständige | 181 732 | 11,5 |
| **«Bürgertum»:** | **78 450** | **4,9** |
| Bourgeoisie des talents | 30 439 | 1,9 |
| Wirtschaftsbürgertum | 21 190 | 1,3 |
| Besitzbürgertum | 26 821 | 1,7 |
| **Total erwerbende Personen** | **1 585 068** | **100** |

Um 1900 gehörten, die Dienstboten und die Taglöhner in der Landwirtschaft miteingeschlossen, knapp 63 Prozent der erwerbenden Personen zur Arbeiterschaft. Der neue Mittelstand, die Angestellten, stellten sieben Prozent, der alte Mittelstand, die kleinen und mittleren Selbständigen in Handwerk und Gewerbe, Handel und Verkehr sowie die Bauern, 25 Prozent der Erwerbenden. Damit verbleiben für das Bürgertum, das absolut rund 80 000 erwerbende Frauen und Männer umfasste, noch rund fünf Prozent. Davon entfielen knapp zwei Prozent oder 30 000 Erwerbstätige auf die Bourgeoisie des talents, die sich ihrerseits aus rund 10 000 Angehörigen freier Berufe, 3500 Pfarrern, 1700 Professoren der Universitäten und Mittelschulen sowie 15 000 leitenden Angestellten und hohen Beamten zusammensetzten. Fast gleich gross war das Besitzbürgertum, während das Wirtschaftsbürgertum aufgrund dieser Zuteilung nur knapp 22 000 Erwerbstätige umfasste. Wie aufgrund der Ergebnisse der Betriebszählung anzunehmen ist, dürften die Werte für das Wirtschaftsbürgertum tendenziell leicht höher liegen. Ordnet man die handwerklich-gewerblichen Selbständigen ebenfalls dem Bürgertum zu, so zählt es rund 250 000 Männer und Frauen, sein Anteil an den erwerbenden Personen erhöht sich dann auf knapp 17 Prozent. Mit den Bauern kamen die besitzenden Schichten sogar auf knapp ein Drittel der Erwerbstätigen.

| Tabelle 8 | Soziale Struktur der Erwerbstätigen in der Privatwirtschaft der Schweiz um 1905. [130] | | | |
|---|---|---|---|---|
| | Männer | % | Total | % |
| Bäuerliches Gesinde/Taglöhner | 107 522 | 9,8 | 138 570 | 8,1 |
| Arbeiter/innen inkl. Lehrlinge | 407 816 | 37,2 | 584 275 | 34,1 |
| Angestellte inkl. Lehrlinge | 78 105 | 7,1 | 94 471 | 5,5 |
| **«Alter Mittelstand»:** | **464 729** | **42,4** | **843 015** | **49,2** |
| Bauern und mitarbeitende Angehörige | 326 116 | 29,8 | 625 708 | 36,5 |
| Handwerk, Kleinhandel, | | | | |
| private Dienstleistungen | 138 613 | 12,6 | 217 307 | 12,7 |
| **«Bürgertum»** | **38 000** | **3,5** | **53 101** | **3,1** |
| Direktoren, hohe Angestellte in | | | | |
| Bahn, Post, Banken, Versicherungen | 8504 | 0,8 | 9802 | 0,6 |
| Freie Berufe, inkl. mitarb. Angehörige | 8421 | 0,8 | 14 279 | 0,8 |
| Unternehmer in der Industrie | 17829 | 1,6 | 22 634 | 1,3 |
| Unternehmer in Grosshandel, Banken | | | | |
| Versicherungen | 3246 | 0,3 | 6386 | 0,4 |
| Total | 1 096 172 | 100 | 1 713 432 | 100 |

Die Sozialstruktur der Erwerbstätigen in der Privatwirtschaft, also ohne die Beamten und Angestellten von Bund, Kantonen und Gemeinden, bestätigt im wesentlichen die oben skizzierte soziale Schichtung. Wie in der Volkszählung von 1900 erfolgte auch bei der Betriebszählung die Unterteilung der bürgerlichen Selbständigen nach Branchenzugehörigkeit und indirekt aufgrund der Grösse der Betriebe. Mit knapp 30 000 Personen, davon waren zwei Drittel Männer, fällt das Wirtschaftsbürgertum etwas umfangreicher aus, während die Bourgeoisie des talents inklusive mitarbeitender Angehöriger aufgrund des Fehlens der hohen Beamten und Angestellten nur knapp 15 000 Erwerbstätige zählt. Die Gruppe der leitenden Angestellten in Banken, Versicherungen, bei Bahn und Post, die von ihren beruflichen Funktionen, ihrem Einkommen und sozialen Stellung trotz formaler Unselbständigkeit den bürgerlichen Sozialgruppen zuzuordnen sind, umfasst laut Betriebszählung knapp 10 000 Erwerbstätige. Gesamthaft sind aufgrund ihrer beruflichen Stellung in der Privatwirtschaft etwas über 50 000 Erwerbstätige, mehrheitlich Männer, den bürger-

lichen Sozialgruppen zuzuteilen, was rund drei Prozent der im privaten Sektor
Beschäftigten entspricht. Zusammen mit den 27 000 Renterinnen und Rentnern sowie weiteren 15 000 Angehörigen der Bourgeoisie des talents ergibt
sich aufgrund der Betriebszählung ein Bürgertum von etwas über 90 000 erwerbenden Personen. Mit der Rede von den oberen Hunderttausend ist das
schweizerische Bürgertum damit zahlenmässig recht präzise umschrieben, wobei etwa die Hälfte eher dem relativ passiven Besitzbürgertum zuzurechnen ist.

### Soziale Schichtung in der Schweiz um 1910: Bürgertum, Mittelstand, Arbeiterschaft

Bis 1910 legten die eidgenössischen Volkszählungen der sozialen Schichtung direkt keine besondere Bedeutung bei, sondern beschränkten sich weitgehend auf die blosse Berufsgliederung, die Unterscheidung von verschiedenen wirtschaftlichen Tätigkeiten. Die Zählung von 1910 versuchte diesen
Mangel zu beheben, indem erstmals, sowohl auf die Erwerbstätigen wie die
gesamte Bevölkerung bezogen, versucht wurde, eine soziale Schichtung vorzunehmen. Ausgangspunkt war ähnlich wie bei Max Weber die Arbeitsteilung, die Berufszugehörigkeit, denn «auf der Arbeitsteilung beruht nicht
nur die Berufsgliederung, sondern auch die besondere Art der sozialen Schichtung, die sich aus dem Arbeits- und Dienstverhältnis, der beruflichen Stellung
der Erwerbstätigen, ergibt und die statistisch in der grundlegenden Trennung
der wirtschaftlich selbständigen von den unselbständigen Existenzen, sowie
in der weiteren Unterscheidung der letztern nach ihrem Arbeitsrange zum
Ausdruck kommt.» [131]

In der Folge unterschied das statistische Amt fünf Schichten: Erstens die
selbständig Erwerbenden, d. h. alle auf eigene Rechnung Tätigen vom Guts-
und Kapitalbesitzer über den Fabrikanten und Handwerksmeister bis zum
Hausindustriellen; zweitens die leitenden Beamten, d. h. höheres wissen-
schaftliches, technisches und kaufmännisches Betriebspersonal, höheres Verwaltungspersonal, nämlich Direktoren, Geschäftsführer, Verwalter, Ingenieure,
Architekten, Prokuristen, Hauptbuchhalter, Hauptkassiere, Geistliche, Rek-
toren, Lehrer und Lehrerinnen der höheren Lehranstalten, Anstaltsvorsteher;
drittens die übrigen Beamten und Angestellte, d. h. unteres technisches und
Aufsichts- und Ladenpersonal, unteres Bureau- und Verwaltungspersonal,
nämlich Bau- und Werkführer, Chefmonteure, Fabrikaufseher, Buchhalter,
Kassiere, Commis, Bank- und Bureauangestellte, Primarlehrer und Primarleh-
rerinnen, Oberkellner und Buffetdamen; viertens das übrige Betriebspersonal,
d. h. gelernte und angelernte Arbeiter und Arbeiterinnen gewerblicher und
industrieller Unternehmungen, die direkt an der eigentlichen Herstellung
des Fabrikates mitwirken; fünftens das Hilfspersonal, d. h. ungelernte Arbeiter und Arbeiterinnen gewerblicher und industrieller Unternehmungen,
die lediglich gröbere Vor- und Nebenarbeiten verrichten, sowie Personal, des-

sen Tätigkeit nicht unmittelbar zum Betrieb gehört, z. B. Abwarte, Ausläufer, Packer und Handlanger.

Obwohl völlig klar war, dass sich die Geschäftsinhaber «natürlich aus ökonomisch sehr verschieden situierten Elementen, vom Flickhandwerker bis zum Fabrikanten und vom Hausierer bis zum Grosskaufmann» zusammensetzten, unterliess es das statistische Amt leider auch 1910 die soziale Schicht der Selbständigen nochmals aufzugliedern. [132] Um von den bürgerlichen Sozialgruppen, den oberen Schichten allgemein, ein differenziertes Bild zu erhalten, mussten deshalb auch in dieser Zählung aufgrund der Branchen- und Berufszugehörigkeit gewisse Umverteilungen und neue Zuordnungen vorgenommen werden. Im besonderen gilt dies wiederum für die Selbständigen in Handwerk und Gewerbe, in Handel, Verkehr und andern Dienstleistungen. [133] So wurde die grosse Mehrheit der nicht-bäuerlichen Selbständigen, die sich aus Inhabern und Inhaberinnen von kleinern und mittleren Betrieben und Geschäften im Handwerk, Gewerbe und Kleinhandel zusammensetzte, vom Bürgertum im engeren Sinne abgetrennt und, wie nach dem zeitgenössischen Selbst- und Fremdverständnis, zum sogenannten bürgerlichen Mittelstand, im Unterschied zu den Angestellten auch alter Mittelstand genannt, zusammengefasst.

Bei den freien Berufen konnten hingegen die in der Berufsstatistik vorgefundenen Kategorien weitgehend direkt ins eigene Gliederungsschema übergeführt werden. Dies gilt auch für die Schicht der leitenden Angestellten und höheren Beamten, die aufgrund ihrer beruflichen Tätigkeit und Funktion, die von den meisten in eigener Verantwortlichkeit ausgeübt wurde, aber auch aufgrund ihrer höheren Ausbildung, ihrer Fachgeschultheit und/oder praktisch erworbenen Fachkenntnisse grösstenteils die für bürgerliche Berufe typischen Erfordernisse erfüllten. Vom Erwerbszweig, von den beruflichen Tätigkeiten wie von der Ausbildung her war diese Schicht allerdings recht heterogen zusammengesetzt. So umfasste sie sowohl Angestellte und Beamte des Bundes, der Kantone und Gemeinden als auch der Privatwirtschaft; denn zwischen Beamten und Angestellten wurde in der Schweiz im Unterschied etwa zu Deutschland nicht scharf unterschieden. Gesetzliche Definitionen fehlten weitgehend, oft wurden die Begriffe Beamte und Angestellte gleichbedeutend gebraucht. Die Statistik, die diese beiden Kategorien weder bei den leitenden noch den mittleren und untern Angestellten und Beamten ebenfalls nicht trennte, spiegelt hier deshalb recht getreu die Wirklichkeit wieder. Im engeren Sinne galten die Inhaber eines öffentlichen ständigen Amtes in der politischen Behörde, Verwaltung und Rechtspflege als Beamte. In der eidgenössischen Staatsverwaltung wurden diejeni-gen als Beamte bezeichnet, die vom Bundesrat zur Besorgung eines bestimmten Geschäftskreises der Verwaltung und auf eine bestimmte Amtsdauer gewählt wurden. [134] Als Angestellte oder sogenannten Bedienstete galten beim Staat jene, die auf unbestimmte Zeit gewählt oder eingestellt wurden, aber kein eigentliches Amt bekleideten und keine selbständige Tätigkeit ausübten. Im weiteren Sinne gehörten auch diese Angestellten zu den Beamten. Wie beim Staat bestand auch in der Privatwirtschaft keine einheitliche Sprachregelung, so wurden zum Beispiel leitende Angestellte bei Banken und privaten Eisenbahngesellschaften ebenfalls als Beamte bezeichnet.

Tabelle 9        Soziale Gliederung der Erwerbstätigen in der Schweiz um 1910. 135

|  | Männer | Frauen | Total |
|---|---|---|---|
| Hausgesinde/Dienstboten | 1508 | 87 765 | 89 273 |
| Hilfspersonal/Taglöhner | 141 713 | 38 707 | 180 420 |
| Arbeiterschaft inkl. Heimarbeiter/innen | 545 588 | 289 790 | 835 378 |
| Beamte/Angestellte | 121 342 | 65 305 | 186 647 |
| Bauern/Bäuerinnen | 187 365 | 25 943 | 213 308 |
| Kleingewerbe/Kleinhandel | 121 114 | 83 203 | 204 317 |
| Dienstleistungen inkl. Künste | 9105 | 5 696 | 14 801 |
| **«Bürgertum»** | **68 968** | **42 427** | **111 395** |
| Leitende Beamte und Angestellte | 25 895 | 4038 | 29 933 |
| Freie Berufe | 6884 | 2281 | 9165 |
| Unternehmer/Unternehmerinnen der Industrie | 6519 | 1307 | 7826 |
| Unternehmer in Handel/Banken | 9517 | 28 | 9545 |
| Rentner/Rentnerinnen | 20 153 | 34 773 | 54 926 |
| Total Erwerbstätige | 1 196 703 | 637 532 | 1 834 235 |

Tabelle 10        Gliederung und Umfang bürgerlicher Berufsgruppen in der Schweiz um 1910.

|  | Männer | Frauen | Total |
|---|---|---|---|
| **Leitende Beamte und Angestellte** | **25 895** | **4038** | **29 933** |
| Verschiedene | 2366 | 1638 | 4004 |
| Verwalter in Land- und Forstwirtschaft | 516 | 7 | 523 |
| Direktoren in Industrie/Gewerbe | 6048 | 144 | 6192 |
| Prokuristen, Direktoren im Handel | 710 | 894 | 4604 |
| Eisenbahn, Post/Telegrafie/Telefon | 996 | 3 | 999 |
| Hohe Beamte in Bund/Kanton/Gemeinde | 814 | 33 | 2 847 |
| Juristen | 180 | 1 | 181 |
| Ärzte/Apotheker | 679 | 75 | 754 |
| Anstaltsleiter im Gesundheitswesen | 513 | 247 | 760 |
| Leiter von Museen, Bibliotheken | 561 | 311 | 872 |
| Universitätsprofessoren/Gymnasiallehrer | 4272 | 685 | 4957 |
| Pfarrer | 3240 |  | 3240 |
| **Bürgerliche Selbständige** | **155 071** | **92 499** | **247 570** |
| Kleingewerbe/Kleinunternehmer | 89 649 | 62 786 | 152 435 |
| Kleinhandel | 31 465 | 20 417 | 51 882 |
| Dienstleistungen im Verkehr | 5061 | 173 | 5234 |
| Übrige Dienstleistungen inkl. Künste | 7576 | 5535 | 13 111 |
| **Freie Berufe** | **6884** | **2281** | **9165** |
| Juristen/Rechtsgeschäfte | 2019 | 5 | 2024 |
| Ärzte/Apotheker | 3672 | 105 | 3777 |
| Freie Lehrtätigkeit | 667 | 1860 | 2527 |
| **Unternehmer** | **14 436** | **1307** | **15 743** |
| Bauunternehmer/Architekten | 2019 |  | 2019 |
| Textilindustrielle | 2615 | 1224 | 3839 |
| Metall/Maschinen | 1058 | 18 | 1076 |
| Chemie | 356 | 27 | 383 |
| Uhren | 1174 |  | 1174 |
| Buchdruckerei | 938 | 41 | 979 |
| Kaufleute im Grosshandel | 7917 |  | 7917 |
| Banken/Börsen/Vermögensgeschäfte | 1600 | 28 | 1628 |
| **Rentnerinnen/Rentner** | **20 153** | **34 773** | **54 926** |

Um einen konkreten Eindruck von der Grösse und Zusammensetzung der verschiedenen, besonders der bürgerlichen Berufs- und Sozialgruppen zu erhalten, wird zunächst, getrennt nach Männern und Frauen, mit absoluten Zahlen operiert. Wie Tabelle 9 und 10 zeigen, stellten unter den bürgerlichen Berufs- und Sozialgruppen im engeren Sinne die Rentnerinnen und Rentner mit rund 50 000 Personen die grösste Gruppe dar, wobei aufgrund ihres Vermögens sicher nicht alle in der Lage waren, einen gutbürgerlichen Lebensstandard zu führen und deshalb wohl nur bedingt dem Bürgertum zugerechnet werden können. Das Unternehmertum zählte rund 17 000 Personen, davon war der grössere Teil im Grosshandel, in Vermögens- und Bankgeschäften tätig. Das eigentliche industrielle Unternehmertum umfasste lediglich etwa 5000 bis 6000 Personen, dazu kamen noch rund 2000 Bauunternehmer, unter ihnen sehr viele Architekten. Bei den freien oder libe-ralen Berufen, die in der Regel eine akademische Ausbildung verlangten, stellten die Ärzte und Apotheker mit knapp 4000 Angehörigen die grösste Berufsgruppe dar. Advokaten mit einer juristischen Ausbildung sowie Notare, die aber nur teilweise ein akademisches Studium aufwiesen, gab es zusammen rund 2000. Der Rest der freiberuflich Tätigen bestand aus Privatgelehrten, Journalisten, Künstlerinnen und Künstlern, aber auch aus Archi-tekten und Geometern sowie aus Personen, vorwiegend Frauen, die auf eigene Rechnung irgendeiner Lehrtätigkeit nachgingen und nur teilweise über eine akademische oder eine ähnliche höhere Ausbildung verfügten.

Mit knapp 30 000 Erwerbstätigen bildeten die leitenden Beamten und Angestellten im Vergleich zum Unternehmertum und zu den Angehörigen freier Berufe eine deutlich umfangreichere bürgerliche Sozialgruppe. Unter ihnen besass mit Sicherheit ein Drittel eine akademische Ausbildung, nämlich die Universitätsprofessoren, die Gymnasiallehrer, die Pfarrer sowie die angestellten Juristen und Ärzte. Etliche Akademiker dürften aber noch als höhere Beamte bei Bund oder Kanton beschäftigt gewesen sein oder sassen auf politisch besetzten Ämtern der städtischen und kantonalen Exekutiven sowie der höchsten Gerichte. Ein akademisches Studium war aber in der Schweiz für höhere Beamtenstellen auf kantonaler wie Bundesebene keine erforderliche Voraussetzung. In praktischer Betätigung gewonnene Fachkenntnisse waren der akademischen Bildung mit wenigen Ausnahmen, etwa bei technischen Beamten, wo für die Wahl ein entsprechender Befähigungsausweis in Form eines akademischen Examens beizubringen war, durchaus gleichgestellt. Einen noch viel geringeren Stellenwert als beim Staat hatte die akademische Ausbildung für die leitenden Angestellten in der Privatwirtschaft, etwa für Direk-toren und andere Handlungsbevollmächtigte von industriellen Unternehmen, Exportgeschäften, Banken und Versicherungen. Ihre berufliche Spitzenposition beruhte in der Regel nicht auf einer akademischen Ausbildung und einem akademischen Befähigungsnachweis als vielmehr auf Kenntnissen und Fähigkeiten, die im Laufe einer praktischen beruflichen Ausbildung im In- und Ausland erworben worden waren. Eine Ausnahme bildeten höhere leitende technische Angestellte wie Ingenieure und Architekten. Wegen der hohen Kosten und Praxisferne wurde die akademische Ausbildung im schweizerischen Industrie-, Handels- und Bankenmilieu sehr skeptisch beurteilt, weshalb eine Akademisierung der leitenden Positionen bis weit ins 20. Jahrhundert hinein weitgehend vermieden wurde. [136]

Zusammen umfasste das Bürgertum auch 1910 nicht viel mehr als etwas über 100 000 erwerbende Männer und Frauen. Dies entsprach rund sechs Prozent der erwerbstätigen Bevölkerung.

Tabelle 11          **Soziale Struktur in der Schweiz um 1910 in Prozent der Erwerbenden.**

|  | Männer | Frauen | Total |
|---|---|---|---|
| Gesinde/Hilfspersonal | 11,9 | 19,9 | 14,7 |
| Arbeiterschaft | 45,6 | 45,4 | 45,5 |
| **Neuer Mittelstand** | **10,1** | **10,2** | **10,2** |
| **Alter Mittelstand** | **26,5** | **18,1** | **23,5** |
| Bauern | 15,6 | 4,1 | 11,6 |
| Kleingewerbe, Kleinhandel | 10,9 | 14,0 | 11,9 |
| **Direktoren, hohe Beamte** | **2,2** | **0,6** | **1,6** |
| **Freie Berufe** | **0,6** | **0,4** | **0,5** |
| **Unternehmertum** | **1,3** |  | **0,9** |
| **Rentner/innen** | **1,7** | **5,5** | **3,0** |

Wie Tabelle 11 deutlich macht, wich die soziale Schichtung der männlichen und weiblichen Erwerbstätigen aber nicht so stark voneinander ab, wie dies aufgrund der beschränkten weiblichen Betätigungsfelder vorausgesetzt werden könnte. Nicht zufällig sind die Unterschiede aber unten, beim Gesinde und Hilfspersonal, und oben, in den aktiven bürgerlichen Sozialgruppen, bei den leitenden Angestellten sowie im Unternehmertum und den freien Berufen, am grössten. In dieses Bild passt auch die Übervertretung der Frauen unter den passiven Rentnerinnen und Rentnern, wo die Frauen, vorwiegend Witwen, mit fast zwei Dritteln die grosse Mehrheit ausmachten. Am schwächsten vertreten waren die Frauen innerhalb der bürgerlichen Gruppen im Grosshandel sowie im Bank- und Versicherungs-geschäft. Im industriellen Unternehmertum (fast ausschliesslich Textilindustrie) stellten sie immerhin ein Sechstel, bei den leitenden Angestellten ein Siebtel der Erwerbstätigen des jeweiligen Wirtschaftszweiges. [137] Der hohe Anteil der Frauen unter den freien Berufen ist vor allem auf die freie Lehrtätigkeit (Musiklehrerinnen u. ä.) zurückzuführen. Die klassischen, privilegierten bürgerlichen Berufe und Erwerbstätigkeiten waren demnach, wie es dem bürgerlichen Ideal der Geschlechterrollen entsprach, fest in männlicher Hand. Auch unter den Selbständigen im mittelständisch-kleinbürgerlichen Milieu waren die Frauen wegen der herrschenden geschlechtsspezifischen Rollen- und Arbeitsteilung in grosser Anzahl nur in einigen wenigen Branchen zu finden, so vor allem im Bekleidungsgewerbe (Damenschneiderei, Weisszeugnäherei), in der Wäscherei und Glätterei, im Kleinhandel, Gastgewerbe sowie in der Kostgeberei, dazu kam noch die freiberufliche Tätigkeit als Hebamme oder Privatkrankenpflegerin.

Aufgrund der Zählungsergebnisse von 1910 ist es im Unterschied zu den früheren Volkszählungen möglich, nicht nur eine Schichtung nach den erwerbenden Personen, sondern auch nach der gesamten Bevölkerung, nach den «Ernährten», d. h. den Erwerbstätigen und den von ihnen Abhängigen (Ehefrauen, Kinder u. a.), vorzunehmen. Für die Analyse des Umfanges und der Stellung der bürgerlichen Sozialgruppen innerhalb der Gesellschaft ist dies nicht unerheblich. Erstens stellte gerade in den besitzenden und bessergestellten Schichten nicht das einzelne Individuum, sondern die Familie bzw. der Haushalt die kleinste und eigentliche Klasseneinheit dar. Eine eigene Familie zu haben und einen eigenen Haushalt zu führen, gehörten zu den unabdingbaren Grundvoraussetzungen einer bürgerlichen Existenz. Zweitens zeichnete sich eine bürgerliche Familie auch dadurch aus, dass Ehefrau und Töchter von der Erwerbstätigkeit freigestellt waren und deshalb von der Berufsstatistik nicht erfasst wurden. Kaum ins Gewicht fiel dagegen, dass in der Regel auch die bürgerlichen Söhne infolge ihrer höheren Ausbildungsdauer länger in elterlicher Abhängigkeit blieben und deshalb im Unterschied etwa zu gleichaltrigen Angestellten- und Arbeiterkindern in der Berufsstatistik erst später auftauchten.

Bezogen auf die gesamte Bevölkerung dürften deshalb die mittelständischen, vor allem die bäuerlichen Bevölkerungsschichten, aber auch die bürgerlichen Sozialgruppen etwas umfangreicher sein als dies die Sozialstruktur aufgrund der individuellen Berufs- oder Erwerbstätigkeit glauben macht; denn in mittelständischen und bürgerlichen Sozialgruppen kamen auf einen meist männlichen Hauptberufstätigen mehr Ernährte als zum Beispiel in den städtischen Arbeiterschichten, wo nicht zuletzt aufgrund wirtschaftlicher Zwänge der Ledigenanteil höher und die Frauenarbeit verbreiteter war und sowohl Töchter wie Söhne früher ins Erwerbsleben eintreten mussten. Bedeutsamer für die Unterschiede als die zwei letztgenannten Gründe waren die unterschiedlich hohen Kinderzahlen bzw. die unterschiedlich hohe Heiratshäufigkeit und die damit verbundene, unterschiedlich hohe Möglichkeit der «Familienentfaltung». Die Verhältnisziffern der Ernährten zu den Erwerbstätigen, wie auch die Belastungsziffern (abhängige männliche und weibliche Familienmitglieder ohne Hauptberuf, d. h. Ehefrau, Kinder), in denen die Heiratshäufigkeit indirekt ihren andeutungsweisen Ausdruck erhielt, waren denn auch 1910 nach den drei grossen sozialen Schichten – den Selbständigen, den Beamten und Angestellten, den Arbeitern und Hilfsarbeitern – scharf abgestuft. So waren in den selbständigen Bevölkerungsschichten in der Regel 30–40 Prozent selbst direkt berufstätig, bei den Arbeitern waren dies meist über 60 Prozent, bei den Beamten und Angestellten je nach Erwerbskategorie 35–70 Prozent. Umgekehrt ausgedrückt kamen auf je 1000 Berufstätige bei den Selbständigen im Durchschnitt 1835 indirekte Berufsangehörige, bei den Angestellten 1078, bei den Arbeitern 663. Das gleiche Bild ergibt sich, wenn die indirekten Berufsangehörigen nach Kindern unter 15 Jahren und weiblichen und männlichen Erwachsenen über 15 Jahren unterteilt werden. Ausser bei den Selbständigen im Bereich der Verwaltung, Wissenschaft und Kunst kamen bei den Selbständigen auf einen Berufstätigen mehr Kinder unter 15 Jahren als bei Angestellten und Arbeitern.[138] Wegen der fehlenden Aufteilung der Selbständigen sind aber direkte Aussagen für die handwerklich-gewerblichen wie die bürgerlichen Sozialgruppen nicht möglich. Die separaten Daten für die ländlich-dörflichen Regionen mit einem hohen Bauernanteil unter den Selbständigen und den 23 Städten, wo die Bauern kaum ins Gewicht fallen, vermag hiefür jedoch einen gewissen Ersatz zu bieten.

Tabelle 12       Soziale Schichtung der Bevölkerung um 1910 in Prozent der Erwerbenden (A) und der Ernährten (B). 139

|  | Schweiz | | 23 Städte | | übrige Region | |
|---|---|---|---|---|---|---|
|  | A | B | A | B | A | B |
| Berufslose |  | 3,3 |  | 3,4 |  | 3,4 |
| Hausgesinde | 4,8 | 2,4 | 8,1 | 4,2 | 3,7 | 1,7 |
| Hilfsarbeiter/innen | 9,8 | 9,0 | 12,7 | 11,9 | 8,9 | 7,9 |
| Arbeiter/innen | 42,3 | 33,6 | 35,9 | 33,9 | 46,7 | 33,4 |
| Beamte/Angestellte | 10,1 | 9,5 | 17,3 | 16,6 | 7,4 | 6,9 |
| Hohe Beamte/Angestellte | 1,6 | 2,0 | 2,8 | 3,7 | 1,2 | 1,3 |
| Selbständige | 27,8 | 37,5 | 18,9 | 21,9 | 33,0 | 43,3 |
| Bauern | 11,6 |  | 0,7 |  | 16,5 |  |
| Rentner/innen | 3,6 | 2,7 | 5,2 | 4,4 | 3,0 | 2,1 |
| **Total** | **1 849 036** | **3 753 923** | **581 717** | **1 014 251** | **1 267 319** | **2 739 042** |

Wie Tabelle 12 zeigt, verändert sich das Bild der sozialen Gliederung bezogen auf die gesamte Bevölkerung statt bloss auf die Erwerbstätigen deutlich zugunsten der selbständigen Bevölkerungsschichten. Deren Anteil betrug an der Gesamtbevölkerung in der ganzen Schweiz nun über 37 Prozent, gegenüber lediglich 28 Prozent bei den Erwerbstätigen, in den stärker ländlichen Regionen waren es gar über 43 Prozent, gegenüber 33 Prozent bei den Erwerbstätigen. Diese Werte fallen noch um knapp sechs Prozent höher zugunsten der Selbständigen aus, wenn man die vor allem in der Landwirtschaft, aber auch im Kleinhandel und in einzelnen Gewerben unter den Kategorien der Hilfsarbeiter, Arbeiter und Angestellten aufgeführten, weiblichen und männlichen mitarbeitenden Familienangehörigen miteinbezieht, deren sozialer Status weniger von ihrer direkten beruflichen Tätigkeit als vielmehr von der sozialen Stellung des Hauternährers abhing.[140] Entsprechend geringer waren besonders die Anteile der Arbeiterschaft. Sie stellte in der ganzen Schweiz zwar rund 52 Prozent der Erwerbstätigen, umfasste aber nur knapp 43 Prozent der gesamten Bevölkerung, die mitarbeitenden Familienangehörigen der Selbständigen abgerechnet sogar nur 38 Prozent. Auf dem Land machten die Arbeiter und Arbeiterinnen rund 56 Prozent der Erwerbstätigen, aber nur 41 Prozent der gesamten Bevölkerung aus.

In den Städten dagegen wirkte sich der Wechsel des Bezugsrahmens von den Erwerbstätigen zur gesamten Bevölkerung anteilsmässig nur geringfügig aus. Die Verschiebungen in der sozialen Schichtung von der Arbeiterschaft und den Angestellten hin zu den bürgerlichen Schichten hielten sich in engen Grenzen. Immerhin erhöhte sich bei den Selbständigen der Anteil von knapp 19 Prozent auf 22 Prozent, was einer Zunahme um knapp 16 Prozent entsprach. Bei den leitenden Beamten und Angestellten war der Anteil sogar fast ein Drittel höher, während bei den mittleren und kleinen Angestellten die Werte bezogen auf die Gesamtbevölkerung jedoch etwas tiefer lagen. Aufgrund ihrer besonderen Geschlechter-, Alters- und Familienstruktur – viele ältere, mehrheitlich verwitwete Frauen mit erwachsenen, nicht mehr im elterlichen Haushalt lebenden Kindern – lag auch der Anteil der Rentner etwas tiefer und zwar in der Stadt wie auf dem Land.

Unterschiede in der sozialen Schichtung gab es nicht nur zwischen Männern und Frauen, Stadt und Land, sondern auch zwischen der aufgrund von Herkunft und Geburt schweizerischen Bevölkerung und der hier niedergelassenen ausländischen Bevölkerung. 1910 lebten in der Schweiz rund eine halbe Million Ausländerinnen und Ausländer, davon waren 39,8 Prozent (220 000) Deutsche, 36,7 Prozent (203 000) Italiener. Über die Hälfte lebte in den Städten. Vor allem in der neuen wirtschaftlichen Aufschwungsperiode nach 1888 nahm die ausländische Bevölkerung von 8 Prozent der Wohnbevölkerung auf knapp 15 Prozent um 1910 sprunghaft zu.[141] Aus einem jahrhundertelangen Auswanderungsland wurde die Schweiz in diesen Jahrzehnten zu einem Einwanderungsland. Vor allem die Zuwanderung unqualifizierter, billiger ausländischer Arbeiter und Arbeiterinnen für die Industrie sowie den Hoch- und Tiefbau führte zu einer sozialen Unterschichtung der schweizerischen Bevölkerung bzw. zu einer Verbreiterung der sozialen Unterschichten. Im Vergleich mit den Schweizerinnen und Schweizern waren die Ausländerinnen und Ausländer in der Arbeiterschaft wie beim Hausgesinde deutlich übervertreten, in der Stadt wie auf dem Land, bei den Erwerbstätigen ebenso wie bei den Ernährten. 63 Prozent der ausländischen Erwerbstätigen gehörten zur Arbeiterschaft, gegenüber 50 Prozent der Erwerbstätigen schweizerischer Herkunft, in den Städten waren es 56 Prozent gegenüber 45 Prozent. Die schweizerische Arbeiterschaft umfasste 40 Prozent der schweizerischen Bevölkerung, die ausländische Arbeiterschaft dagegen knapp 57 Prozent der gesamten ausländischen Bevölkerung, in den Städten waren es 43 Prozent gegenüber 53 Prozent. Umgekehrt sah es bei den mittleren und oberen Schichten aus. Besonders bei den Bauern, aber auch bei den leitenden Angestellten und den übrigen Selbständigen, war die schweizerische Bevölkerung übervertreten. In den Städten, wo der Anteil der ausländischen Selbständigen nur wenige Prozent unter demjenigen der Schweizer stand, allerdings viel weniger ausgeprägt als in der übrigen Schweiz. So gehörten in den Städten 28 Prozent der schweizerischen Erwerbstätigen den mittelständischen und bürgerlichen Sozialgruppen an, unter den ausländischen

Erwerbstätigen waren es immerhin noch knapp 22 Prozent. Am meisten Selbständige wie leitenden Angestellte gab es innerhalb der ausländischen Bevölkerung unter der französischen, am wenigsten unter der italienischen Bevölkerung.[142]

Tabelle 13    Soziale Schichtung der schweizerischen und ausländischen Bevölkerung um 1910 in Prozent der Erwerbenden und Ernährten.

|  | Schweiz | | | | Städte | | | |
|  | Erwerbende | | Ernährte | | Erwerbende | | Ernährte | |
|  | Schw. | Ausl. | Schw. | Ausl. | Schw. | Ausl. | Schw. | Ausl. |
|---|---|---|---|---|---|---|---|---|
| Berufslose |  |  | 3,2 | 4,5 |  |  | 2,9 | 4,6 |
| Hausgesinde | 4,2 | 8,3 | 2,0 | 4,6 | 6,9 | 10,7 | 3,5 | 6,1 |
| Hilfsarbeiter/innen | 8,4 | 16,8 | 8,0 | 14,8 | 11,5 | 15,3 | 11,1 | 13,9 |
| Arbeiter/innen | 41,6 | 45,9 | 32,1 | 42,0 | 33,5 | 41,2 | 31,9 | 39,1 |
| Beamte/Angestellte | 10,3 | 9,0 | 9,7 | 8,5 | 20,0 | 11,3 | 19,1 | 10,3 |
| «Bürgertum» | **35,6** | **20,0** | **45,0** | **25,6** | **28,0** | **21,5** | **31,5** | **26,0** |
| Leitende Angestellte | 1,6 | 1,6 | 2,0 | 1,8 | 3,2 | 1,7 | 4,3 | 2,1 |
| Selbständige | 30,3 | 15,4 | 40,3 | 21,0 | 19,0 | 16,0 | 22,6 | 20,3 |
| Rentnerinnen/Rentner | 3,7 | 3,0 | 2,7 | 2,8 | 5,8 | 3,8 | 4,6 | 3,6 |

Wie die soziale Schichtung um 1910 in den fünf grössten Schweizer Städten aussah, zeigt Tabelle 14.

Tabelle 14    Soziale Schichtung der Bevölkerung um 1910 in den fünf grössten Schweizer Städten in Prozent der Bevölkerung.[143]

|  | Zürich | Bern | Basel | Genf | St. Gallen |
|---|---|---|---|---|---|
| Berufslose | 2,9 | 4,2 | 2,0 | 3,0 | 2,4 |
| Hausgesinde | 4,3 | 4,8 | 4,3 | 5,2 | 3,4 |
| Hilfsarbeiter/innen | 13,4 | 11,8 | 12,3 | 11,5 | 13,2 |
| Arbeiter/innen | 30,8 | 30,9 | 35,6 | 30,5 | 34,4 |
| Beamte/Angestellte | 17,1 | 19,4 | 19,7 | 16,3 | 19,8 |
| «Bürgertum» | **31,5** | **28,9** | **26,1** | **33,5** | **26,8** |
| Leit. Angest./Beamte | 4,3 | 5,2 | 4,3 | 2,7 | 2,7 |
| Selbständige | 21,9 | 19,9 | 17,3 | 24,6 | 21,9 |
| Rentnerinnen/Rentner | 5,3 | 3,8 | 4,5 | 6,2 | 2,2 |

Der Anteil der mittelständisch-bürgerlichen Sozialgruppen schwankte zwischen 26 Prozent in Basel und St. Gallen und 33 Prozent in der Agglomeration Genf mit ihrem höheren Anteil von Selbständigen und Rentnern. Mit einem überdurchschnittlich hohen Anteil von Arbeitern und Angestellten sowie einem überdurchschnittlich tiefen Anteil mittelständisch-bürgerlicher Sozialgruppen wiesen Basel und St. Gallen, beides Industriestandorte und Handelszentren, eine recht ähnliche Sozialstruktur auf. Innerhalb des Bürgertums waren in Basel die besitzbürgerlichen Rentner, aber auch die höheren Beamten und leitenden Angestellten etwas stärker vertreten als in der reinen Textilmetropole St. Gallen. Zürich lag leicht über, Bern leicht unter dem Durchschnitt aller Städte von 30 Prozent. Die unterschiedliche Wirtschafts- und Erwerbsstruktur der beiden Städte wirkte sich vor allem dahin aus, dass in Bern den höheren Beamten und leitenden Angestellten innerhalb des Bürgertums ein höheres Gewicht zukam als in Zürich. In der Bundeshauptstadt war der Anteil der leitenden Beamten, der Angestellten und Beamten allgemein höher, derjenige der Rentner und Selbständigen dagegen etwas tiefer als im Industrie-, Handels- und Bankenzentrum Zürich, wo wirtschaftsbürgerliche Kreise nicht nur unter den Selbständigen, sondern auch unter den leitenden Angestellten dominierten. Dass damit keine Einbusse an gutbürgerlicher Lebenshaltung verbunden sein musste, belegt der in Bern höhere Anteil des Gesindes an den Erwerbstätigen. Für das unterschiedliche soziale und politische Klima der beiden Städte dürfte das unterschiedliche Gewicht der Angestellten und ihre Nähe zu den bürgerlichen Sozialgruppen nicht ohne Auswirkungen geblieben sein, denn rein anteilsmässig gesehen waren die mittel-ständisch-bürgerlichen Sozialgruppen zusammen in beiden Städten praktisch gleich stark. In Zürich wie in Bern betrug ihr Anteil an den Erwerbenden rund 45 Prozent bzw. rund 48 Prozent an der gesamten Bevölkerung.

Abschliessend noch einen kurzen Blick auf die soziale Schichtung von 1920 (Tabelle 15) und deren Veränderungen (Tabelle 16) seit 1910.

Tabelle 15    **Soziale Schichtung um 1920.** 144

| | Erwerbende | | Angehörige | Total | |
|---|---|---|---|---|---|
| | absolut | % | absolut | absolut | % |
| Total | 1 944 931 | 100 | 1 899 161 | 3 844 092 | 100 |
| Dienstboten | 92 878 | 4,8 | – | 92 878 | 2,4 |
| Lehrlinge | 74 192 | 3,8 | – | 74 192 | 1,9 |
| Arbeiter/innen | 969 613 | 49,9 | 702 396 | 1 672 009 | 43,5 |
| Angestellte | 226 270 | 11,6 | 208 558 | 434 828 | 11,3 |
| Selbständige total | 470 444 | 24,2 | 863 692 | 1 334 136 | 34,7 |
|   Bäuerl. Selbständige | 212 670 | 10,9 | 473 985 | 686 655 | 17,9 |
|   **Bürgerl. Selbständige** | **257 774** | **13,3** | **389 707** | **647 481** | **16,8** |
|     Industrie/Gewerbe | 171 564 | 8,8 | 251 607 | 423 171 | 11,0 |
|     Handel | 62 287 | 3,2 | 102 439 | 164 726 | 4,3 |
|     Verkehr | 3896 | 0,2 | 8632 | 12 528 | 0,3 |
|     Verw./Wissen/Künste | 19 326 | 1,0 | 26 454 | 45 780 | 1,2 |
|     Übrige | 701 | | 575 | 1276 | |
| Leitende Angestellte | 33 512 | 1,7 | 59 785 | 93 297 | 2,4 |
| Direktoren/Manager | 4816 | 0,2 | 12 225 | 17 041 | 0,4 |
| Rentner/innen, Pensionierte | 73 206 | 3,8 | 52 505 | 125 711 | 3,3 |
| **«Bürgertum»** | **369 308** | **19,0** | **514 222** | **883 530** | **23,0** |

Im Zuge der zunehmenden Professionalisierung und Bürokratisierung sowie des Rückganges des persönlichen selbständigen Unternehmertums ist in der Volkszählung von 1920 erstmals die Kategorie der leitenden Angestellten und höheren Beamten nochmals aufgeteilt worden. Zusammen umfassten diese beiden Kategorien, die aufgrund ihrer beruflichen Stellung und ihres Einkommens zum grössten Teil dem Bürgertum zugezählt werden müssen, knapp zwei Prozent der Erwerbstätigen bzw. fast drei Prozent der Bevölkerung. Die obere Kategorie der Direktoren und Manager zählte knapp 5000 Personen, darunter waren über 400 Frauen und etwa 600 Ausländer und Ausländerinnen. Unter den übrigen leitenden Angestellten und Beamten lag der

Frauenanteil mit rund zehn Prozent etwas höher als bei der Spitzengruppe. Der Anteil der Ausländer und Ausländerinnen war dagegen fast gleich hoch. Um 1920 umfasste das Bürgertum, alle kleinen Selbständigen in Handwerk, Gewerbe und Handel miteingeschlossen, jedoch ohne die elf Prozent kleinen und mittleren Angestellten, knapp 370 000 Frauen und Männern oder 19 Prozent der erwerbenden Personen. Mit den Angehörigen waren es fast 900 000 Menschen oder 23 Prozent der gesamten Bevölkerung. Der Anteil der Bauern und ihrer Angehörigen betrug 18 Prozent. Zusammen waren diese beiden sozialen Klassen damit fast gleich gross wie die Arbeiterschaft mit ihrem Anteil von 45 Prozent.

Der Umfang und die Zusammensetzung des Bürgertums im engeren Sinne kann auch für 1920 lediglich annähernd bestimmt werden, denn die Selbständigen in Industrie, Handwerk und Gewerbe, Handel und Verkehr wurden auch in der Volkszählung von 1920 nicht differenziert aufgenommen, so dass vor allem über die Anzahl der industriellen und gewerblichen Unternehmer, der Grosskaufleute und Bankiers detaillierte Angaben fehlen. In Anlehnung an die Schätzungen und Berechnungen von 1910 dürfte das Wirtschaftsbürgertum aber kaum viel mehr wie 15 000 Erwerbstätige gezählt haben. Zusammen mit den rund 20 000 Angehörigen freier Berufe, Advokaten, Ärzte, Privatlehrerinnen und Privatlehrer, Künstler und Künstlerinnen, den meisten der knapp 40 000 leitenden Angestellten und Beamten sowie dem grösseren Teil der 73 000 Rentnerinnen und Rentnern, dürften die bürgerlichen Sozialgruppen ohne die mittelständischen Selbständigen zwischen 120 000 und 140 000 erwerbende, erwachsene Personen umfasst haben. Dies entsprach sechs Prozent der Erwerbstätigen. Mit den Angehörigen, den Frauen und Kindern, gehörten um 1920 somit 300 000 bis 350 000 Menschen oder knapp zehn Prozent zum Bürgertum.

Tabelle 16      **Soziale Schichtung der Schweiz 1910 und 1920 in Prozent der erwerbenden und ernährten Bevölkerung.** 145

|  |  | 1910 |  | 1920 |
|---|---|---|---|---|
|  | Erwerbende | Ernährte | Erwerbende | Ernährte |
| 1 Dienstboten | 4,8 | 2,4 | 4,8 | 2,4 |
| 2 Arbeiterschaft | 52,1 | 42,6 | 53,7 | 45,4 |
| 3 Angestellte | 10,1 | 9,5 | 11,6 | 11,3 |
| Selbständige | 27,8 | 37,5 | 24,2 | 34,7 |
| 4 Bauern | 11,6 | *16,9 | 10,9 | 17,9 |
| 5 Bürgerl.Selbständige | 16,2 | *20,6 | 13,2 | 16,8 |
| 6 Leitende Angestellte | 1,6 | 2,0 | 1,9 | 2,8 |
| 7 Rentnerinnen/Rentner | 3,6 | 2,7 | 3,8 | 3,3 |
| **Bürgertum (5–7)** | **21,4** | **25,3** | **18,9** | **22,9** |
| **Bürgertum (3,5–7)** | **31,5** | **34,8** | **30,5** | **34,2** |
| Total | 1 849 036 | 3 753 293 | 1 944 931 | 3 844 092 |

Wie der Vergleich in Tabelle 16 mit der sozialen Schichtung von 1910 zeigt, haben sich die seit Mitte des 19. Jahrhunderts wirksamen Tendenzen des sozialen Wandels kaum verändert. Der Anteil der Arbeiterschaft nahm wiederum zu, ebenso derjenige der Angestellten, auch der Anteil der leitenden Angestellten erhöhte sich. Der Anteil der Bauern hingegen war weiterhin rückläufig, wenn auch infolge des Ersten Weltkriegs in geringerem Tempo als vorher. Bei den Selbständigen im Handwerk und Gewerbe, im Handel und Dienstleistungssektor dagegen beschleunigte sich der Rückgang, auch absolut verloren sie bis 1920 an Boden. Leicht zulegen konnte dagegen die Schicht der Rentnerinnen und Rentner. Da die Zunahme der Angestelltenschichten den recht hohen Rückgang der selbständig-bürgerlichen Sozialgruppen nicht zu kompensieren vermochten, ging der Anteil der mittelständischen und bürgerlichen Sozialgruppen leicht zurück. Ohne die Angestellten fiel er bei den erwerbenden Personen auf unter zwanzig Prozent, in der gesamten Bevölkerung von 25 Prozent auf knapp 23 Prozent. Zählt man die Angestellten ebenfalls zum Bürgertum, so verschieben sich die Gewichte nur geringfügig. Ausgedrückt in absoluten Zahlen umfasste das Bürgertum ohne die Angestellten um 1910 rund 950 000 Männer, Frauen und Kinder, mit den Angestellten rund 1,3 Millionen. Um 1920 waren dies etwa 880 000, mit den Angestellten in etwa gleichviele wie 1910.

### Sozialstruktur einer Stadt: Bürgertum und städtische Gesellschaft in Zürich

Da das Schwergewicht dieser Untersuchung doch in weiten Bereichen auf dem städtischen Bürgertum liegt und auch die soziopolitischen Auseinandersetzungen zwischen Aristokratie und Bürgertum einerseits, zwischen Arbeiterschaft und Bürgertum andererseits vornehmlich am Beispiel der beiden Städte Zürich und Bern zur Darstellung gelangen, soll nun abschliessend, nicht zuletzt wegen der besonders günstigen Quellenlage [147], die soziale Struktur Zürichs und seines Bürgertums in drei Querschnitten (1870, 1894 und 1910) etwas eingehender dargestellt werden.

Bis Mitte des 19. Jahrhunderts war Zürich weder nach der Bevölkerungsgrösse noch nach dem wirtschaftlichen Gewicht die grösste und bedeutendste Schweizer Stadt. [147] Um 1800 zählte die Stadt rund 10 000, 1850 rund 17 000 Einwohner. Zürich rangierte damit deutlich hinter Genf mit 31 000, Basel und Bern mit je 27 000 Einwohnern. Die Agglomeration Zürich, d. h. die Gemeinden in der unmittelbaren Umgebung der Stadt miteinbezogen, umfasste dagegen schon 1850 rund 35 000 Einwohner und lag damit knapp vor der Agglomeration Bern, aber noch immer hinter jener von Genf und Basel. Wirtschaftlich stand es hinter den seit dem Mittelalter vorherrschenden Wirtschaftszentren der Schweiz – Basel, Genf und in etwas geringerem Masse auch St. Gallen – zurück. Fünfzig Jahre später war Zürich bevölkerungsmässig die grösste Schweizer Stadt und wirtschaftlich der bedeutendste Handels- und Finanzplatz. Dieser Aufstieg beruhte zu einem grossen Teil auf verkehrsmässigen Standortvorteilen. Im Gegensatz zu Bern wusste Zürich 1848 nach der

Schaffung eines einheitlichen schweizerischen Wirtschaftsraumes seine zentrale Lage zu nutzen und mit einer initiativen Eisenbahnpolitik, die Zürich zum Zentrum des neu entstehenden Eisenbahnnetzes machte, sein Einzugsgebiet und wirtschaftliches Potential zu vergrössern. Dadurch erfuhren nicht nur die bereits bestehende Textil- und Maschinenindustrie, insbesondere die Seidenindustrie und ihr Exporthandel mit Übersee, sondern auch Banken und Versicherungen, der Dienstleistungssektor allgemein wie auch das Gewerbe eine enorme Ausweitung. Die schon 1833 gegründete Universität sowie das 1855 eingeweihte Eidgenössische Polytechnikum, die spätere Eidgenössische Technische Hochschule, steigerten ebenfalls die Bedeutung Zürichs als Kommunikationszentrum.

1870 zählte Zürich mit den Vororten, den sogenannten neun Ausgemeinden, rund 57 000 Einwohner, um 1800 waren es noch etwas über 17 000 gewesen. Im Verlaufe dieses ersten Wachstums- und Urbanisierungsschubes verdoppelte sich die Bevölkerung der Stadt. Noch mehr wuchsen aber einzelne Vororte. Gesamthaft verfünffachte sich die Bevölkerung in den neun Ausgemeinden. Ein neuer Wachstums- und Verstädterungsschub machte Zürich im letzten Viertel des 19. Jahrhunderts dann vollends zur Grossstadt. Nach der politischen Vereinigung mit elf Vorortsgemeinden zählte Zürich um 1893 als erste Schweizer Stadt mehr als 100 000 Einwohner, 1900 waren es bereits 150 000, 1910 dann 190 000. Trotz der herausragenden Bedeutung von Handel, Banken und Versicherungen sowie anderer Dienstleistungen blieb Zürich, wie auch aus der Struktur der Berufstätigen von 1910 zu erkennen ist, aber weiterhin auch ein wichtiger Standort für Gewerbe und Industrie. Wie die meisten andern Grossstädte der Schweiz war Zürich jedoch keine Fabrikarbeiterstadt, die Grossindustrie war in der Stadt deutlich untervertreten. Knapp zwei Prozent arbeiteten 1910 in der Landwirtschaft oder im Gartenbau, 52 Prozent in Industrie, Handwerk und Gewerbe, rund 27 Prozent im Handel, Bank- und Versicherungswesen, etwa acht Prozent im Verkehrssektor, neun Prozent in der Verwaltung, in der Rechtspflege, im Erziehungswesen oder als Freiberufliche, weitere zwei Prozent waren als Dienstboten oder in andern Dienstleistungen beschäftigt. [148]

Welche soziale Schichtung die Stadt Zürich mit und ohne Ausgemeinden um 1870 nach der ersten Phase der Verstädterung, aber noch vor der «Vergrossstädterung» (Bärtschi) aufwies, zeigt Tabelle 17, die sich auf eine separate Auswertung der eidgenössischen Volkszählung von 1870 durch den Chef des städtischen statistischen Bureaus abstützt. Wie in der Volkszählung von 1860 und der städtischen Zählung von 1894 wurde ein weiter Begriff von Selbständigkeit verwendet. So galten ausser allen selbständigen Betriebs- und Geschäftsinhabern, auch Anteilhaber, Direktoren von Industrieunternehmen und Eisenbahngesellschaften sowie alle höheren Beamten, aber auch alle Lehrpersonen, eingeschlossen die Volksschullehrer als Selbständige. [149] Für die Analyse der beruflichen Zusammensetzung des Bürgertums erweist sich dies als ein grosser Vorteil, denn dadurch lassen sich sowohl die Angehörigen des Wirtschaftsbürgertums wie der Bourgeoisie des talents nicht nur genauer erfassen, sondern auch leichter von den kleinern und mittleren Selbständigen und Angestellten trennen.

Tabelle 17     **Sozialstruktur der Stadt Zürich um 1870 und 1894 in Prozent der Erwerbstätigen.** 150

|  | 1870 |  | 1894 |  |
| --- | --- | --- | --- | --- |
|  | absolut | % | absolut | % |
| Berufslose und übrige | 344 | 1,1 | 5243 | 7,5 |
| Dienstboten | 3905 | 12,7 | 6362 | 9,1 |
| Knechte/Mägde u.a. Dienste | 3097 | 10,1 | 4199 | 6,0 |
| **Arbeiterschaft** | **11 547** | **37,7** | **33 469** | **47,7** |
| **Angestellte** | **3399** | **11,1** | **7183** | **10,2** |
| Primar-/Sek.-/Privatlehrer/innen | 252 | 0,8 | 637 | 0,9 |
| **Alter Mittelstand** | **5841** | **19,1** | **10 819** | **15,4** |
| Bauern/Bäuerinnen | 603 | 2,0 | 596 | 0,8 |
| Handwerk/Kleinindustrie | 3402 | 11,1 | 5728 | 8,2 |
| Kleinhandel/Verkehr/Dienste | 1836 | 6,0 | 4495 | 6,4 |
| **Wirtschaftsbürgertum** | **479** | **1,6** | **548** | **0,8** |
| Unternehmer/innen (Industrie/Bau) | 187 | 0,6 | 285 | 0,4 |
| Kaufleute/Bankiers/Direktoren | 292 | 1,0 | 263 | 0,4 |
| **Bourgeoisie des talents** | **664** | **2,2** | **1 200** | **1,7** |
| Hohe Beamte/Professoren | 302 | 1,0 | 484 | 0,7 |
| Freie Berufe | 208 | 0,7 | 439 | 0,6 |
| Künstler/innen | 154 | 0,5 | 277 | 0,4 |
| **Besitzbürgertum** | **1353** | **4,4** | **1126** | **1,6** |
| Total | 30 629 | 100 | 70 149 | 100 |

Tabelle 18     **Soziale Schichtung der Stadt Zürich und ihrer Ausgemeinden um 1870 (in % der Erwerbstätigen mit Angehörigen).**

|  | Stadt |  | mit Ausgemeinden |  |
| --- | --- | --- | --- | --- |
|  | absolut | % | absolut | % |
| Berufslose und übrige | 496 | 2,3 | 1440 | 2,5 |
| Dienstboten | 2363 | 11,1 | 4028 | 7,1 |
| Knechte/Mägde | 884 | 4,2 | 5219 | 9,2 |
| Arbeiterschaft | 4922 | 23,2 | 18 415 | 32,5 |
| Angestellte | 2768 | 13,1 | 5637 | 9,9 |
| Primar-/Sekundarlehrer/innen | 187 | 0,9 | 611 | 1,1 |
| Alter Mittelstand | 6419 | 30,3 | 14 780 | 26,1 |
| Bauern/Bäuerinnen | 26 | 0,1 | 1693 | 3,0 |
| Handwerk/Kleinindustrie | 3753 | 17,7 | 8443 | 14,9 |
| Kleinhandel/Verkehr/Dienste | 2640 | 12,5 | 4644 | 8,2 |
| **Wirtschaftsbürgertum** | **882** | **4,2** | **1573** | **2,8** |
| Unternehmer/innen (Industrie/Bau) | 289 | 1,4 | 671 | 1,2 |
| Kaufleute/Bankiers/Direktoren | 593 | 2,8 | 902 | 1,6 |
| **Bourgeoisie des talents** | **842** | **4,0** | **1812** | **3,2** |
| Hohe Beamte/Professoren | 376 | 1,8 | 889 | 1,6 |
| Freie Berufe | 302 | 1,4 | 571 | 1,0 |
| Künstler/innen | 164 | 0,8 | 352 | 0,6 |
| Studenten/Studentinnen | 345 | 1,6 | 1204 | 2,1 |
| **Besitzbürgertum** | **1278** | **6,0** | **2587** | **4,6** |
| Total | 21 199 | 100 | 56 695 | 100 |

Bezogen nur auf die Erwerbstätigen gehörten sowohl 1870 wie 1894 etwas über sechzig Prozent zur Unterschicht, wobei 1894 der Anteil der Arbeiterschaft in Handwerk, Gewerbe und Industrie deutlich höher lag als 1870, derjenigen der Dienstboten, der Knechte und Mägde war deutlich zurückgegangen. Von 19 Prozent auf 15 Prozent hatte 1894 auch der Anteil des gewerblich-bäuerlichen Mittelstandes abgenommen, auch jener der Angestellten ging leicht zurück. Rein zahlenmässig nahmen jedoch auch diese beiden mittelständischen Bevölkerungsgruppen zu. Einen geringeren Anteil an den Erwerbstätigen als 1870 wiesen 1894 auch die wirtschaftlich aktiven bürgerlichen Berufsgruppen auf. Stark rückläufig war auch der Anteil der Rentner, wobei hier unterschiedliche Zuordnungen die Vergleichbarkeit erschweren. [151]

Dass die reine Erwerbsstruktur die soziale Schichtung, besonders aber den Umfang und die soziale Stellung der verschiedenen bürgerlichen Sozialgruppen nur bedingt wiedergibt, zeigen Tabelle 18 und 19, wo auch die nichterwerbstätigen Angehörigen miteinbezogen sind.

In der alten Stadt ohne die Ausgemeinden gehörten 1870 rund vierzig Prozent der Einwohner zur Unterschicht, die sich aus dem Haus- und Dienstpersonal, Taglöhnern und Knechten sowie allen unselbständigen Berufstätigen in Industrie, Handwerk, Gewerbe und Verkehr, der Arbeiterschaft, zusammensetzte. Im ganzen städtischen Umfeld stieg ihr Anteil auf über 50 Prozent, wovon die gewerblich-industrielle Arbeiterschaft aber nur etwa zwei Drittel stellte. Umgekehrt war es in den mittleren und oberen Schichten. Während in der eigentlichen Stadt die mittelständischen Bevölkerungsgruppen, die Angestellten in Handel und Verwaltung sowie bei Angehörigen freier Berufe und die kleinen und mittleren Selbständigen in Handwerk und Gewerbe, Handel, Verkehr und andern Dienstleistungen, zusammen rund 43 Prozent der Einwohner umfassten, sank ihr Anteil im ganzen städtischen Einzugsgebiet auf 36 Prozent. Bei den bürgerlichen Schichten lagen die Verhältnisse ähnlich. In der Stadt stellten sie rund 14 Prozent, in Gross-Zürich knapp elf Prozent der Einwohner. Betrachtet man die innere Zusammensetzung des Bürgertums, so bildeten in der Stadt wie in den Ausgemeinden die Rentnerinnen und Rentner mit ihren Angehörigen die zahlenmässig grösste bürgerliche Gruppierung. Von den beiden andern bürgerlichen Klassen verzeichnete in der Stadt das Wirtschaftsbürgertum, das sich aus industriellen und grossgewerblichen Unternehmern, aus Kaufleuten und Grosshändlern, aus Direktoren von Fabriken, Banken, Eisenbahn- und Versicherungsgesellschaften und ihren Familienangehörigen zusammensetzte, gegenüber der Bourgeoisie des talents, gebildet aus den «selbständigen» Beamten in der Verwaltung und Rechtssprechung, aus den Professoren der beiden Hochschulen sowie der Kantonsschule, aus den Pfarrern der reformierten Landeskirche sowie aus freiberuflich tätigen Akademikern und Künstlern, ein leichtes Übergewicht. Im ganzen städtischen Einzugsgebiet war es gerade umgekehrt. Hier übertraf die Bourgeoisie des talents, die mehrheitlich ausserhalb der Stadt in einigen aufgrund der Wohnlage bevorzugten Ausgemeinden, vor allem in Fluntern, Hottingen und Riesbach, wohnte, das Wirtschaftsbürgertum.

Tabelle 19 **Soziale Schichtung von Gross-Zürich 1870 und 1894 in Prozent der Erwerbstätigen und Angehörigen.** [152]

| | 1870 | | 1894 | |
|---|---|---|---|---|
| | absolut | % | absolut | % |
| Berufslose und übrige | 1440 | 2,5 | 5265 | 4,3 |
| Dienstboten | 4028 | 7,1 | 6362 | 5,3 |
| Knechte/Mägde u.a. Dienste | 5219 | 9,2 | 3627 | 3,0 |
| Arbeiterschaft | 18 415 | 32,5 | 55 045 | 45,5 |
| Angestellte | 5637 | 9,9 | 13 702 | 11,3 |
| Primar-/Sek.-/Privatlehrer/innen | 611 | 1,1 | 535 | 0,4 |
| Alter Mittelstand | 14 780 | 26,1 | 25 537 | 21,1 |
| Bauern/Bäuerinnen | 1693 | 3,0 | 1798 | 1,5 |
| Handwerk/Kleinindustrie | 8443 | 14,9 | 13 365 | 11,0 |
| Kleinhandel/Verkehr/Dienste | 4644 | 8,2 | 10 374 | 8,6 |
| **Wirtschaftsbürgertum** | **1573** | **2,8** | **3433** | **2,8** |
| Unternehmer/innen (Industrie/Bau) | 671 | 1,2 | 2030 | 1,7 |
| Kaufleute/Bankiers/Direktoren | 902 | 1,6 | 1403 | 1,1 |
| **Bourgeoisie des talents** | **1812** | **3,2** | **3988** | **3,3** |
| Hohe Beamte/Professoren* | 889 | 1,6 | 2494 | 2,1 |
| Freie Berufe | 571 | 1,0 | 1156 | 1,0 |
| Künstler/innen | 352 | 0,6 | 338 | 0,3 |
| Studenten/Studentinnen | 1204 | 2,1 | 1987 | 1,6 |
| **Besitzbürgertum** | **2587** | **4,6** | **2111** | **1,7** |
| Total | 56 695 | 100 | 121 057 | 100 |

Wie der Vergleich der sozialen Schichtung von 1894 mit jener von 1870 zeigt, verstärkte sich mit der Vergrossstädterung zum einen das soziale Gewicht der gewerblich-industriellen Arbeiterschaft, die ihren Anteil von 32 auf 45 Prozent erhöhte, und der Angestellten, deren Anteil ebenfalls leicht anstieg. Zum andern verlor der gewerbliche Mittelstand, dessen Anteil von 26 auf 21 Prozent zurückging, an Gewicht. Der Anteil des unternehmerischen Bürgertums hingegen blieb mit knapp drei Prozent konstant, derjenige der Bourgeoisie des talents nahm sogar leicht zu, vor allem die höheren Beamten und Professoren waren 1894 nicht nur absolut, sondern auch anteilsmässig stärker vertreten. Gesamthaft gehörten 1894 rund 10 000 Einwohner bzw. acht bis zehn Prozent zum Bürgertum, 1870 waren es etwa 8000.

Die verstärkte Vergrossstädterung von 1894 bis 1910 bewirkte vor allem eine weitere Zunahme der lohnabhängigen Bevölkerungsschichten. Ausser Angestellten, die nun fast einen Fünftel der städtischen Bevölkerung ausmachten, erhöhte sich auch der Anteil der gewerblich-industriellen Arbeiterschaft. Die gelernten und ungelernten Arbeiter und Arbeiterinnen mit ihren Angehörigen stellten nun über fünfzig Prozent der Bevölkerung. Da gleichzeitig die rückläufige Tendenz beim alten Mittelstand, den kleinen und mittleren Selbständigen, praktisch zum Stillstand kam, umfassten die mittelständisch-kleinbürgerlichen Schichten um 1910 mit knapp vierzig Prozent der Bevölke-

rung selbst im Vergleich zu 1874 wieder einen höheren Anteil. Das Bürgertum
zusammengesetzt aus Fabrikanten, Grosskaufleuten, akademischen Berufen
und höheren Beamten mit ihren Angehörigen dagegen scheint 1910 mit fast
fünf Prozent über eine etwas schmalere soziale Basis als 1894 oder 1870 verfügt zu haben. Dies kann wenigstens teilweise auch bloss eine Folge unterschiedlicher Zuordnungen und Grenzziehungen sein, so führt die Zählung
von 1910 keine Rentner auf. In absoluten Zahlen umfasste dieses aktive Bürgertum 1910 mit rund 9000 Männern, Frauen und Kindern knapp die oberen
Zehntausend. 1894 waren es, die vermöglichen Rentner eingeschlossen, rund
9500 Personen, die zum Kern des Bürgertums gehörten.

Tabelle 20        **Soziale Schichtung in Zürich um 1910 in Prozent der Gesamtbevölkerung,
aller Familienvorstände und Ehepaare.** 153

| Soziale Klasse | Total Bevölkerung | Familien- vorstände | Ehepaare Total | Schweizer |
|---|---|---|---|---|
| **Bürgertum** | **4,7** | **6,5** | **6,0** | **7,6** |
| Alter Mittelstand | 20,9 | 26,8 | 23,1 | 21,0 |
| Neuer Mittelstand | 18,4 | 20,1 | 20,7 | 24,0 |
| Gelernte Arbeiter/innen | 34,7 | 33,3 | 36,2 | 33,6 |
| Ungelernte Arbeiter/innen | 18,6 | 13,3 | 14,2 | 13,8 |
| Übrige | 2,6 | | | |
| Total | 190 733 | 40 123 | 31 621 | 22 045 |

Nimmt man die Familie bzw. die männlichen und weiblichen Familienvorstände oder die Ehepaare als eigentliche Klasseneinheit, so erhöht sich der
Anteil des Bürgertums auf 6,5 bzw. 6,0 Prozent. Von den Ehepaaren mit
Schweizer Bürgerrecht zählten gar knapp acht Prozent zum Bürgertum.
Zusammen mit den mittelständischen Familienvorständen stellten die bürgerlichen etwas mehr als die Hälfte aller Familienvorstände. Ähnlich war es bei
den Ehepaaren.

## 2    Die Klassenlage des Bürgertums:
## Differenzierung nach Vermögen, Einkommen und Aufwand

Das Bürgertum umfasst im Sinne Max Webers sowohl Besitzklassen als
auch Erwerbsklassen, d. h. Klassen, deren wirtschaftliche Lage durch Eigentum
oder durch spezifische Berufs- bzw. Leistungsqualifikationen und Kompetenzen oder auch beides bestimmt sind. Die Klassenlage der verschiedenen bürgerlichen Sozialgruppen, verstanden als eine «typische Chance der Güterversorgung, der äussern Lebensgestaltung und des inneren Lebensschicksals»
(Weber), lässt sich deshalb nicht nur über die selbständige Erwerbstätigkeit,
die Zugehörigkeit zu besonderen Berufen und die berufliche Stellung, sondern auch durch Besitz, Einkommen und Vermögen bestimmen. Zum Bürgertum gehörte nur, wer dank seines Einkommens, seines ererbten und erworbenen Besitzes und Vermögens einen gewissen Wohlstand aufweisen konnte und
damit in der Lage und auch willens war, einen den bürgerlichen Normen ent-

sprechenden, äussern Lebensaufwand zu treiben. Zwar waren in wirtschafts-
und bildungsbürgerlichen Kreisen Einkommen und Vermögen in hohem
Masse von der Erwerbs- und Berufstätigkeit der männlichen Familienmitglieder abhängig, ererbter Besitz der Männer wie Frauen, die eheliche Mitgift
spielten jedoch ebenfalls eine sehr wichtige Rolle. Nicht selten waren bei
höheren Beamten und Magistraten oder auch bei Angehörigen der Bourgeoisie des talents die Kapitaleinkünfte wichtiger als das Gehalt. So machte zum
Beispiel das Gehalt, das Gerold Ludwig Meyer von Knonau als Zürcher Staatsarchivar um 1850 bezog, lediglich 16 Prozent seiner Einkünfte aus.[154] Auch
beim Zürcher Stadtpräsidenten Hans Konrad Pestalozzi, einem ehemaligen
Architekten, bildete um 1903 die Besoldung von etwas über 8000 Franken nur
zwanzig Prozent seiner jährlichen Einkünfte. Weitere 59 Prozent stammten
aus Kapitalzinsen, zusätzliche zwanzig Prozent aus Mietzinsen.[155]

Einkommen und Vermögen bilden deshalb auch unabhängig vom Beruf
wichtige Indikatoren, um soziale Ungleichheit und soziale Unterschiede zu
erfassen. Mehr als zwar objektive, aber rein statistische Kategorien ergeben
sich durch die Klassifizierung der Bevölkerung nach der Höhe des Einkommens bzw. des Vermögens jedoch vorerst nicht. Erst durch die zeitgenössische
gesellschaftliche Bewertung und in Verbindung mit der Erwerbstätigkeit, dem
Beruf und der beruflichen Stellung kommt ihnen eine grössere realhistorische
Bedeutung zu. Zusammen können sie nicht nur dazu dienen, die verschiedenen Berufs- und Sozialgruppen, auch die bürgerlichen, eindeutiger voneinander abzugrenzen und deren Stellung in der gesellschaftlichen Hierarchie,
im Verteilungs- und Schichtungssystem festzumachen, sondern auch dazu,
die sozialen Unterschiede innerhalb der bürgerlichen Gruppen und Schichten
differenzierter zu analysieren. Aus der Höhe von Einkommen und Vermögen
lassen sich recht genaue Rückschlüsse auf die Marktlage, aber auch auf
die spezifischen Chancen der Kapitalakkumulation und Vermögensbildung
ziehen, welche die verschiedenen bürgerlichen Tätigkeiten und Berufe eröffneten und so ihre privilegierte Stellung zusätzlich absicherten und per-
petuierten.

Für die zweite Hälfte des 19. Jahrhunderts lassen sich Einkommen und
Vermögen aufgrund der Quellenlage nur punktuell erfassen, seriell in den
meisten Kantonen und Orten nur über die Auswertung der Steuerverzeichnisse. Dies gilt auch für die beiden hier untersuchten Städte Zürich und
Bern.[156] Dass die in den amtlichen Steuerregistern oder auch gedruckten Ver-
zeichnissen aufgeführten Einkommens- und Vermögenswerte nicht voll zum
Nennwert genommen werden können, versteht sich fast von selbst.[157] Im
besonderen trifft dies auf das Vermögen sowie das Einkommen aus Vermö-
gensanlagen zu. Aber auch beim Einkommen, vor allem aus selbständiger
Erwerbstätigkeit, lagen die Werte, ob sie nun auf einer amtlichen Schätzung
wie in Bern oder auf einer Selbsteinschätzung wie in Zürich beruhten, eher zu
tief.[158] Trotz dieser Einschränkungen aufgrund der Steuermoral sowie man-

gelhafter, aber zunehmend verbesserter behördlicher Instrumentarien, das wirkliche Einkommen und Vermögen zu erfassen, bilden das Steuereinkommen und Steuervermögen doch einen recht verlässlichen Massstab für die soziale Differenzierung sowohl innerhalb der gesamten Bevölkerung als auch innerhalb bestimmter Sozial- und Berufsgruppen. Wenn auch die wirklichen Werte vielfach höher gelegen haben, die Relationen zwischen den Steuerzahlern dürften in etwa der Realität entsprochen haben. Dafür sorgte neben den amtlichen Nachschätzungen bis zu einem gewissen Grad auch die mehr oder weniger grosse Öffentlichkeit der Steuerregister. So wurden um die Jahrhundertwende sowohl in der Stadt Zürich als auch in Bern die Steuerregister in Buchform veröffentlicht.

Steuerpflichtig waren seit den sechziger Jahren in Zürich wie Bern alle Personen und Familien, die Vermögen und/oder ein Einkommen in versteuerbarer Höhe besassen und sich an ihrem Wohnort fest niedergelassen hatten. Während das Vermögen – gemeint war damit in der Regel Grund- und Kapitalbesitz abzüglich der Schulden – ab hundert Franken versteuert werden musste, waren in Zürich Einkommen bis zu 500 Franken, in Bern bis zu 600 Franken steuerfrei. Wegen zu geringen Einkommens und Vermögens mussten deshalb sowohl in Zürich wie in Bern weder alle Erwerbstätigen noch alle einen eigenen Haushalt führenden Einzelpersonen oder Familien Steuern bezahlen. Die Gliederung der Steuerpflichtigen in verschiedene Einkommens- und Vermögenskategorien sagt deshalb zunächst noch relativ wenig über die soziale Differenzierung aus. Um das Ausmass der ungleichen Verteilung von Vermögen und Einkommen innerhalb der Gesamtgesellschaft einigermassen abschätzen zu können, muss die Zahl der Steuerpflichtigen auch in Beziehung zur Anzahl der Haushalte oder besser aller potentiellen Steuerzahler und -zahlerinnen gesetzt werden, d. h. in Beziehung zu allen erwerbstätigen Männern und Frauen oder allen erwachsenen Männern und allen ledigen oder verwitweten Frauen. Da auch juristische Personen, z. B. Aktiengesellschaften und Genossenschaften, steuerpflichtig waren, sie aber in amtlichen Zusammenstellungen von den physischen Personen oft nicht unterschieden wurden, kann aus der Gliederung der Steuerpflichtigen nur mit Vorbehalten auf die soziale Schichtung der gesamten Bevölkerung sowie die Verteilung von Einkommen und Vermögen unter den Erwerbstätigen, den Familien und Haushalten geschlossen werden. Zahlenmässig kommt den juristischen Personen allerdings erst gegen Ende des 19. Jahrhunderts eine höhere Bedeutung zu.

Wegen der bessern Quellengrundlage soll im folgenden die soziale Differenzierung nach Vermögen und Einkommen zunächst vor allem am Beispiel der Stadt Zürich eingehender untersucht werden. Die Einstufung der Vermögen und Einkommen in kleinste, kleine, mittlere und grosse folgt der zeitgenössischen Einschätzung, unter anderem einer Studie erarbeitet unter der Leitung von Herman Greulich.[159] Im wesentlichen umfassen die oberen Vermögen (ab 100 000) und Einkommen (ab 5100) den Kern der bürgerlichen Sozialgruppen, die mittleren und kleinen Vermögen (20 100–100 000 bzw. 5100–20 000) sowie die mittleren und kleineren Einkommen (2100–5000 bzw. 1000–2000) vor allem die Angehörigen des alten und neuen Mittelstandes. Die kleinsten Vermögen (100–5000) und Einkommen (600–1000) dagegen reichen bereits in die Arbeiterschaft hinein.

### Oben und unten in der Stadt Zürich: Soziale Differenzierung nach Vermögen und Einkommen

1872 bis 1912 besassen in Zürich zwischen fünfzig und sechzig Prozent der Haushalte oder 22 bis 28 Prozent der Erwerbstätigen ein steuerpflichtiges Vermögen.[160] Umgekehrt waren demnach rund drei Viertel der erwerbstätigen Einwohner und Einwohnerinnen oder knapp die Hälfte aller Haushalte der Stadt Zürich praktisch besitzlos und lebten von ihrer wirtschaftlichen Lage her unter proletarischen Verhältnissen. Der Anteil der Vermögenssteuerpflichtigen an den Erwerbstätigen wie den Haushalten stimmt in etwa mit jenem der mittelständischen und bürgerlichen Berufs- und Sozialgruppen an der Gesamtzahl der Haushalte und Erwerbstätigen überein.[161] Doch auch unter diesen besitzenden Schichten wies nur etwas mehr als die Hälfte ein Vermögen auf, das einen gewissen Wohlstand erlaubte und mehr darstellte als nur eine eiserne Reserve für schlechtere Zeiten. Zieht man für eine bürgerliche Existenz die untere Vermögensgrenze bei 20 100 Franken, so können aufgrund des Steuervermögens höchstens sieben bis acht Prozent der Erwerbstätigen oder 17 Prozent der Haushalte dem Bürgertum zugeordnet werden. Die grossen Vermögen, die 1872 mit knapp 500 Steuerpflichtigen, 1900 mit über 1300 bzw. 1912 mit 1900 Steuerpflichtigen den innersten Kern des Bürgertums umfassten, entsprachen vier bis fünf Prozent der Haushalte. Darunter befanden sich 1872 23, 1900 94 und 1912 134 Millionäre.[162]

Wie weit sich in dieser Zeit der Kreis der Vermögenden absolut erweitert oder verengt hat, ist aufgrund des vorliegenden Materials nicht eindeutig festzustellen. Einerseits deutet die Zunahme des Anteils der Vermögenssteuerpflichtigen (VSP) an den Erwerbstätigen wie den Haushalten bis anfangs der neunziger Jahre auf eine gewisse Erweiterung hin,[163] andererseits ging jedoch der Anteil der Vermögenssteuerpflichtigen an den Einkommenssteuerpflichtigen (ESP) während des ganzen Zeitraumes zurück und auch der Anteil der Steuerpflichtigen bezogen auf alle potentiellen Steuerzahler und Steuerzahlerinnen, d. h. alle erwachsenen Männer sowie alle erwachsenen ledigen und verwitweten Frauen, sank.[164] Mindestens ab den neunziger Jahren muss auf eine relative Verkleinerung des Kreises der Vermögenden geschlossen werden.

Tabelle 21          **Gliederung der Vermögenssteuerpflichtigen (VSP) in Gross-Zürich 1872–1912.** 165

| | 1872 | 1879 | 1882 | 1886 | 1891 | 1894 | 1900 | 1912 |
|---|---|---|---|---|---|---|---|---|
| Kleinste Vermögen | | | | | | | | |
| 100–5000 | 42,8 | 41,9 | 41,5 | 43,6 | 43,8 | 42,1 | 43,4 | 42,6 |
| Kleine Vermögen | | | | | | | | |
| 5100–20 000 | 28,2 | 27,9 | 28,3 | 27,0 | 27,9 | 29,1 | 26,7 | 28,1 |
| **Mittlere Vermögen** | **21,6** | **22,0** | **22,2** | **21,5** | **20,5** | **20,9** | **21,3** | **20,5** |
| 20 100–50 000 | 14,4 | 14,6 | 14,6 | 13,9 | 13,4 | 13,7 | 13,9 | 13,2 |
| 50 100–100 000 | 7,2 | 7,4 | 7,6 | 7,6 | 7,1 | 7,2 | 7,4 | 7,3 |
| **Grosse Vermögen** | **7,4** | **8,1** | **7,9** | **7,8** | **7,7** | **7,9** | **8,6** | **8,7** |
| 100 100–250 000 | 4,7 | 4,2 | 5,0 | 4,8 | 4,7 | 4,8 | 5,4 | 5,3 |
| 250 100–500 000 | 1,8 | 2,6 | 1,6 | 1,6 | 1,7 | 1,7 | 1,9 | 2,0 |
| über 500 000 | 0,9 | 1,3 | 1,3 | 1,4 | 1,3 | 1,4 | 1,3 | 1,4 |
| VSP | 6675 | 9277 | 9615 | 9839 | 12 019 | 13 132 | 16 046 | 21 633 |
| ESP | 11 679 | | 19 525 | 21 276 | 27 934 | | 50 207 | 68 635 |
| Erwerbstätige (ER)* | 30 629 | 3000 | 34 000 | 38 500 | 44 000 | 58 000 | 66 140 | 96 176 |
| Haushalte (H)* | 11 702 | 16 000 | 16 225 | 18 500 | 19 676 | 25 618 | 33 960 | 41 761 |
| VSP in % E | 57,2 | | 49,2 | 46,2 | 43,0 | | 32,0 | 31,5 |
| VSP in % ER | 21,8 | 27,3 | 28,2 | 25,6 | 27,3 | 22,6 | 24,2 | 22,5 |
| VSP in % H | 57,0 | 58,0 | 59,3 | 53,2 | 61,1 | 51,3 | 47,2 | 51,8 |

Innerhalb der Vermögenssteuerpflichtigen selbst blieb die Gliederung, von kleineren Schwankungen abgesehen, recht stabil. In den siebziger Jahren nahm der Anteil der grossen Vermögen leicht zu, er stieg von 7,4 auf 8,1 Prozent um 1879, während jener der kleinsten Vermögen von 42,8 auf 41,6 Prozent um 1882 fiel. In den achtziger Jahren kam es im Gefolge der Auswirkungen der Grossen Depression zu einer gegenläufigen Entwicklung. Der Anteil der grossen wie mittleren Vermögen ging bis 1891 leicht zurück, während jener der kleinsten wie kleinen Vermögen zunahm. Ab 1891 erhöhte sich dann der Anteil der mittleren und grossen Vermögenskategorien wieder, ohne allerdings anteilsmässig den Stand von 1882 wieder ganz zu erreichen. Nach der Jahrhundertwende stieg dann vor allem der Anteil der grossen Vermögen weiter an, 1912 gelangte er auf einen Höchststand von knapp neun Prozent. Die Pyramide der Vermögenden war damit oben etwas breiter geworden.

Die Einkommenssteuer erfasste einen bedeutend grösseren Anteil der Erwerbstätigen und Haushalte als die Vermögenssteuer. Obwohl von jedem Einkommen 500 Franken steuerfrei waren, bezahlten bereits um 1870 etwa vierzig Prozent der erwerbstätigen Männer und Frauen Einkommenssteuern, um 1900 waren dies 75 Prozent. 166 Bezogen auf die Haushalte machten die Einkommenssteuerpflichtigen schon 1872 fast hundert Prozent der Haushalte aus. Im Unterschied zum Vermögen erweiterte sich beim Einkommen der Kreis der Steuerpflichtigen nach 1870 sehr stark, vor allem die Arbeiterschaft wurde nun vermehrt auch zur Steuer herangezogen. Während sich die Zahl der Einkommenssteuerpflichtigen versechsfachte, stieg die Zahl der Erwerbstätigen wie der Bevölkerung lediglich um das Dreifache. In den ersten beiden Jahrzehnten des 1870 in Kraft getretenen neuen Steuergesetzes dürfte besonders die bessere Erfassung durch die Steuerbehörden eine nicht unbedeutende

Rolle für diese Erweiterung gespielt haben. Danach war es in erster Linie der Anstieg der Nominallöhne [167], der bei einem gleichbleibenden steuerfreien Einkommen von 500 Franken zunächst zu einem verstärkten Einbezug unterer Einkommen führte und schliesslich, vor allem nach 1905, innerhalb einer allgemeinen Verschiebung nach oben eine massive Verlagerung von den kleinsten Einkommen auf kleine Einkommen bis zu 2000 Franken bewirkte.

Tabelle 22  Gliederung der Einkommenssteuerpflichtigen (ESP)in Gross-Zürich 1872–1912. [168]

|  | 1872 | 1882 | 1886 | 1891 | 1900 | 1912 |
|---|---|---|---|---|---|---|
| **Kleine Einkommen** | **83,7** | **81,9** | **82,8** | **84,0** | **83,3** | **73,6** |
| 600–1000 | 63,8 | 57,4 | 58,1 | 59,5 | 56,1 | 21,1 |
| 1100–2000 | 19,9 | 24,5 | 24,7 | 24,5 | 27,2 | 52,5 |
| **Mittlere Einkommen** | **13,5** | **14,8** | **14,3** | **13,7** | **14,0** | **22,0** |
| 2100–3000 | 7,9 | 8,7 | 8,2 | 8,3 | 8,2 | 13,7 |
| 3100–5000 | 5,6 | 6,1 | 6,1 | 5,4 | 5,8 | 8,3 |
| **Grosse Einkommen** | **2,8** | **3,4** | **3,0** | **2,4** | **2,7** | **4,4** |
| 5100–10 000 | 2,2 | 2,6 | 2,3 | 1,9 | 2,2 | 3,7 |
| 10 100–20 000 | 0,4 | 0,6 | 0,5 | 0,4 | 0,4 | 0,5 |
| 20 000 und mehr | 0,2 | 0,2 | 0,2 | 0,1 | 0,1 | 0,2 |
| ESP | 11 679 | 19 525 | 21 276 | 27 934 | 50 207 | 68 635 |
| Erwerbstätige (ER) | 30 629 | *34 000 | *38 500 | *44 000 | 66 140 | 96 176 |
| Haushaltungen (H) | 11 702 | 16 225 | 18 500 | 19 676 | 33 960 | 41 761 |
| ESP in % ER | 38,1 | 57,4 | 55,3 | 63,5 | 75,9 | 71,4 |
| ESP in % H | 99,8 | 120,3 | 115,0 | 142,0 | 147,8 | 164,3 |

Die Verteilung der Einkommenssteuerpflichtigen auf die verschiedenen Kategorien selbst blieb bis zu den grösseren Verlagerungen nach der Jahrhundertwende relativ konstant. Die Veränderungen zeigen bis 1900 einen ähnlichen zyklischen Verlauf wie die Vermögen. Der Anteil der kleinen Einkommen schwankte bis 1900 zwischen 82 und 84 Prozent, 1912 fiel er auf 74 Prozent. Bei den mittleren Einkommen bewegte er sich zwischen 13,5 und 14,8 Prozent, um dann auf 22 Prozent anzusteigen. Der Anteil der grossen Einkommen betrug um die drei Prozent, 1912 dann aber über vier Prozent. Ähnlich wie bei Vermögen erhöhte sich der Anteil der höheren und mittleren Einkommen in den siebziger Jahren, in den achtziger Jahren ging er wieder zurück und stieg in den neunziger Jahren wieder fast auf den Stand von 1882 an. Im Unterschied zur Vermögensentwicklung, wo die grossen Vermögen ihren Anteil nach 1882 bereits wieder erhöhten, verloren die grossen Einkommen bis 1894 weiter an Gewicht. Erst um 1900 war ihr Anteil mit 2,7 Prozent wieder fast gleich gross wie um 1872. In absoluten Zahlen ausgedrückt handelte es sich 1872 dabei um 323, 1900 um 1374 Steuerpflichtige, die drei bis vier Prozent der Haushalte oder rund zwei Prozent der Erwerbstätigen entsprachen.

Zieht man die untere Einkommensgrenze für eine bürgerliche Existenz um 1872 bei einem Einkommen von 2100 Franken, was über dem Einkommen eines Sekundarlehrers, aber unterhalb dem Salär eines kantonalen Sekretärs erster Klasse lag, so gehörten vom Einkommen her rund sechs Prozent der Erwerbstätigen oder 16 Prozent der Haushalte zum Bürgertum. Um 1900

wären dies ohne Berücksichtigung der Teuerung 13 Prozent der Erwerbstätigen oder 24 Prozent der Haushalte. Wenn wegen der Teuerung sowie aufgrund von Lohnvergleichen169 die untere Grenze um 1900 bei 3100 Franken
Einkommen gezogen wird, so zählen um die Jahrhundertwende ebenfalls
lediglich rund sechs Prozent der Erwerbstätigen und knapp 13 Prozent der
Haushalte zum Bürgertum. 1912 machten die grossen Einkommen allein drei
Prozent der Erwerbstätigen oder sieben Prozent der Haushalte aus, zusammen
mit den oberen mittleren Einkommen neun Prozent der Erwerbstätigen und
21 Prozent der Haushalte.

Ab 1886 lassen sich aufgrund von Angaben über die Anzahl jener Personen, die über kein steuerpflichtiges Einkommen verfügten, präzisere Angaben
zur Gliederung der Einkommen und deren Verteilung machen.

Tabelle 23        Soziale Struktur nach Einkommenssteuerpflichtigen (ESP) und Steueraufkommen (A)
in Zürich 1886-1907. 170

| Klassen | 1886 | | 1895 | 1901 | 1907 | |
|---|---|---|---|---|---|---|
| | ESP | A | ESP | ESP | ESP | A |
| kein Einkommen | 13,7 | | 16,4 | 27,2 | 26,1 | |
| **kleine Einkommen** | **71,4** | **50,7** | **73,7** | **61,3** | **60,3** | **52,3** |
| 600–1 200 | 56,4 | 33,4 | 61,7 | 47,9 | 43,8 | 32,5 |
| 1300–2 000 | 15,0 | 17,3 | 12,0 | 13,4 | 16,5 | 19,8 |
| mittlere Einkommen | 12,4 | 28,3 | 8,5 | 9,8 | 11,5 | 26,3 |
| 2100–3000 | 7,1 | 13,2 | 5,2 | 5,8 | 6,9 | 12,8 |
| 3100–5000 | 5,3 | 15,1 | 3,3 | 4,0 | 4,6 | 13,5 |
| **hohe Einkommen** | **2,6** | **21,0** | **1,4** | **1,8** | **2,1** | **21,4** |
| 5100–10 000 | 2,0 | 10,1 | 1,1 | 1,5 | 1,7 | 8,4 |
| über 10 000 | 0,6 | 10,9 | 0,3 | 0,3 | 0,4 | 13,0 |
| **Steuerpflichtige** | **24 664** | | **57955** | **67 100** | **81 531** | |
| Steueraufkommen in Mio | | 35,8 | | | | 109,7 |
| Steueraufkommen pro E | 1 451 | | | | 1 346 | |

Laut Tabelle 23 kamen 1886 rund 14 Prozent auf kein steuerpflichtiges Einkommen von mindestens 600 Franken, 1907 waren dies sogar 26 Pro-
zent. Die Zahl der Steuerpflichtigen mit extrem niedrigen Einkommen war
demnach 1907 fast doppelt so hoch wie in den achtziger Jahren. 1886 wie
1907 mussten siebzig Prozent mit einem Einkommen von höchstens 1200
Franken auskommen, in den neunziger Jahren waren es sogar rund drei
Viertel der Steuerpflichtigen. Ein Einkommen, das eine gutbürgerliche
Lebensweise erlaubte, hatten lediglich zwei bis drei Prozent oder knapp 1700
Steuerpflichtige. Mit einem mittleren Einkommen zwischen 3100 und 5000
Franken vermochten noch mindestens weitere fünf Prozent oder rund 3700
Steuerpflichtige einen bürgerlichen Lebensstandard zu erreichen. Zusammen
brachten diese rund acht Prozent bürgerlicher Steuerzahler sowohl 1886
wie 1907 etwas mehr als ein Drittel des gesamten Steuereinkommens auf,
wobei 1907 die hohen Einkommen einen leicht höheren Anteil am
Steueraufkommen aufwiesen als 1886, die Konzentration also leicht zugenommen hatte. Die grösseren Verschiebungen zeigten sich jedoch bei den
kleinen Einkommen, die, obwohl ihr Anteil an den Steuerpflichtigen im

Vergleich zu 1886 von über siebzig auf sechzig Prozent zurückgegangen war, noch immer über fünfzig Prozent des gesamten Steuereinkommens stellten.

Tabelle 24      **Gliederung der Vermögenssteuerpflichtigen (VSP) und des Steuerkapitals in Zürich 1886–1907.** 171

|  | 1886 |  | 1895 | 1901 | 1907 |  |
|---|---|---|---|---|---|---|
|  | VSP | Kapital | VSP | VSP | VSP | Kapital |
| kein Vermögen | 60,1 |  | 76,1 | 77,0 | 78,0 |  |
| **kleine Vermögen** | **28,2** | **9,9** | **16,0** | **15,0** | **14,5** | **6,1** |
| 100–5000 | 17,4 | 2,5 | 10,6 | 10,0 | 9,8 | 2,0 |
| 5100–15 000 | •10,8 | 7,4 | 5,4 | 5,0 | 4,7 | 4,1 |
| **mittlere Vermögen** | **8,6** | **23,9** | **6,0** | **6,0** | **5,7** | **22,6** |
| 15100–50 000 | •5,6 | 11,0 | 4,4 | 4,4 | 4,1 | 11,4 |
| 50100–100 000 | 3,0 | 12,9 | 1,6 | 1,6 | 1,6 | 11,2 |
| **grosse Vermögen** | **3,1** | **66,2** | **1,8** | **1,9** | **1,8** | **71,3** |
| 100 100–1 000 000 | 2,9 | 44,3 | 1,7 | 1,8 | 1,7 | 47,4 |
| über 1 Million | 0,2 | 21,9 | 0,1 | 0,1 | 0,1 | 23,9 |
| VSP | 24 664 |  | 57 955 | 67 100 | 81 531 |  |
| Kapital in Mio |  | 424,7 |  |  |  | 861,5 |

Auch die Vermögensverteilung kann ab 1886 noch etwas detaillierter analysiert werden. Da die Angaben über die Steuerpflichtigen ohne Vermögen für 1886 auf andern Kriterien beruhen wie in den übrigen Querschnitten, sind die Ergebnisse jedoch nur bedingt direkt vergleichbar. Eindeutig festzustellen ist eine Tendenz zu Vermögenslosigkeit auf der einen und zu erhöhter Konzentration auf der andern Seite. Hatten 1886 erst sechzig Prozent kein Vermögen, so waren dies um die Jahrhundertwende über 77 Prozent. Dagegen verfügten die Inhaber und Inhaberinnen der grossen Vermögen, deren Kreis sich absolut gesehen zwar vergrösserte, anteilsmässig aber eher verkleinerte, 1907 über einen deutlich höheren Anteil am Gesamtvermögen. So besassen um 1907 die 98 Millionäre, die 0,1 Prozent der Steuerpflichtigen ausmachten, fast ein Viertel des gesamten Steuervermögen. Mehr als siebzig Prozent des Vermögens in der Stadt Zürich waren 1907 in den Händen von nicht einmal zwei Prozent der Steuerpflichtigen, die einen Kreis von rund 1500 Personen darstellten. 172

### Oben und unten in der Stadt Bern: Soziale Differenzierung nach Vermögen und Einkommen

Weniger eingehend können die Einkommens- und Vermögensverhältnisse in der Stadt Bern untersucht werden, denn vor 1900 fehlen die quellenmässigen Grundlagen fast vollständig. Einzig für 1872 bietet eine zeitgenössische statistische Untersuchung 173 einen gewissen Ersatz. Für die Jahre 1900 und 1910 liegen über die verschiedenen erhobenen Arten von Einkommens- und Vermögenssteuern zeitgenössische wissenschaftliche Analysen 174 vor.

Tabelle 25        **Vermögenssteuerpflichtige (VSP) und Vermögen (V) in Bern 1872, 1900 und 1910.**[175]

|                                    | 1872 | | 1900 | | 1910 | |
|                                    | VSP | V | VSP | V | VSP | V |
|---|---|---|---|---|---|---|
| **Kleine Vermögen**                |     |     |     |     |     |     |
| bis 20 000                         | 50,7 | 6,9 | 52,8 | 6,0 | 49,9 | 4,7 |
| **Mittlere Vermögen**              | **35,9** | **26,6** | **34,2** | **22,0** | **35,4** | **18,1** |
| 20 100–50 000                      | 23,1 | 12,0 | 22,6 | 10,3 | 22,5 | 8,1 |
| 50 100–100 000                     | 12,8 | 14,6 | 11,6 | 11,7 | 12,9 | 10,0 |
| **Grosse Vermögen**                | **13,5** | **66,4** | **13,0** | **72,0** | **14,7** | **77,2** |
| 100 100–200 000                    | *8,5 | 20,0 | 7,2 | 14,2 | 7,8 | 12,1 |
| 200 100–500 000                    | 2,9 | 17,2 | 4,3 | 19,1 | 5,1 | 17,6 |
| über 500 000                       | 2,1 | 29,2 | 1,5 | 38,7 | 1,8 | 47,5 |
| **Zensiten/Vermögen in Mio**       | **1 247** | **64,0** | **5 971** | **423,3** | **7 493** | **681,2** |
| davon Frauen                       |     |     | 1'698 |     | 2'182 |     |
| VSP ohne Mehrfachzählungen         |     | 1 247 |     | ca. 3000 |     | ca. 3800 |
| Erwerbstätige                      |     |     |     | ca. 28 000 |     | 37 223 |
| VSP in %                           |     |     |     | 10,7 |     | 10,2 |
| Männer ab 20                       |     | 10 515 |     | 17 678 |     | 24 086 |
| VSP-Männer in %                    |     | (11,9) |     | 17,0 |     | 15,8 |
| Haushalte                          |     | 7 137 |     | 13 917 |     | 18 926 |
| VSP in %                           |     | 17,5 |     | 21,6 |     | 20,1 |

1872 verfügten in der Stadt Bern etwa 18 Prozent der Haushalte oder höchstens zwölf Prozent der erwachsenen Männer bzw. knapp sieben Prozent der erwachsenen Männer und der erwachsenen ledigen, verwitweten oder geschiedenen Frauen,[176] über verzinslichen Kapitalbesitz. Bei knapp der Hälfte handelte es sich jedoch um kleinere Vermögen bis zu 20 000 Franken. 13 Prozent der Steuerzahler und -zahlerinnen oder gut zwei Prozent der Haushalte besassen jedoch Vermögenswerte, die ihnen pro Jahr 4100 Franken und mehr einbrachten, etwas weniger wie die Hälfte unter ihnen konnte sogar mit jährlichen Einkünften von über 10 000 Franken rechnen. Grösser als der Kreis der Eigentümer verzinslicher Kapitalien war jener der Grundbesitzer. Gesamthaft gab es in der Stadt 1396 Grundeigentümer, dies entsprach knapp zwanzig Prozent der Haushalte.[177] Über steuerpflichtigen Grundbesitz verfügten aber bloss 16 Prozent. Aufgrund ihres Vermögens kann demnach in den siebziger Jahren nur eine kleine Minderheit von höchstens acht Prozent der Haushalte den bürgerlichen Schichten zugeordnet werden.

Im Unterschied zu 1872 umfassen die beiden Querschnitte von 1900 und 1910 das gesamte steuerbare Vermögen, also Grund- und Kapitalbesitz. Da verschiedene Steuerpflichtige in mehr als einer der drei Vermögenskategorien[178] pflichtig waren und deshalb zwei- oder gar dreimal gezählt wurden, entspricht die Gesamtzahl der Zensiten in keiner Weise der wirklichen Anzahl Steuerzahler. Diese dürfte nur leicht höher als die Zahl der steuerpflichtigen Grundbesitzer liegen. Unter Berücksichtigung der Mehrfachzählungen besassen um 1900 in der Stadt Bern etwas mehr als zehn Prozent der Erwerbstätigen oder zwanzig Prozent der Haushalte ein versteuerbares Vermögen. Da rund ein Viertel dieser Steuerpflichtigen Frauen waren, gehörte nicht einmal ganz ein Achtel der Stimmbürger, d. h. der Männer ab zwanzig Jahren, zu den

Besitzenden. 1910 war der Kreis der Besitzenden noch etwas kleiner geworden. Zudem verschoben sich die Gewichte etwas nach oben: der Anteil der Besitzenden von mittleren wie höheren Vermögen nahm leicht zu, die Spitze war damit auch in Bern wie schon in Zürich etwas breiter geworden. Beim Steuerkapital bauten die grossen Vermögensbesitzer, die knapp drei Prozent der Haushalte oder 1,4 Prozent der Erwerbstätigen ausmachten, ihre Position ebenfalls von 72 auf 77 Prozent des Steuerkapitals aus. Im Vergleich zu Zürich lag der Anteil der Steuerpflichtigen mit Vermögen an der Gesamtzahl der Erwerbstätigen wie der Haushalte in Bern viel tiefer. Besitz- und Vermögenslosigkeit waren in Bern, so ist zumindest aufgrund des versteuerten Vermögens anzunehmen, offenbar etwas stärker verbreitet als in Zürich. Möglicherweise hängt dies aber auch mit der sehr unterschiedlichen steuerlichen Erfassung der kleinen Vermögen zusammen.

Wie sich Grundbesitz, hypothekarisch gesichertes Kapital sowie in Aktien und Obligationen und ähnlichen Wertschriften angelegtes Kapital um die Jahrhundertwende verteilten, lässt sich anhand der vom städtischen statistischen Amt gemachten Untersuchungen recht detailliert aufzeigen.

**Tabelle 26  Gliederung der Steuerpflichtigen (P) nach Grund- und Kapitalbesitz in Bern um 1900 und 1910.** 179

| Vermögen | Grundbesitz | | Hypotheken | | Wertschriften | |
|---|---|---|---|---|---|---|
| | 1900 | 1910 | 1900 | 1910 | 1900 | 1910 |
| klein (A) | 47,1 | 46,3 | 59,7 | 54,8 | 52,0 | 49,9 |
| mittel (B) | 40,6 | 39,9 | 28,3 | 31,2 | 32,8 | 33,0 |
| gross (C) | 12,3 | 13,8 | 12,0 | 14,0 | 15,2 | 17,1 |
| Total | 2311 | 3171 | 2056 | 2270 | 1604 | 2052 |
| in % Haushalte | 16,6 | 16,8 | 14,8 | 12,0 | 11,5 | 10,8 |
| B+C in % Haushalte | 8,9 | 9,0 | 6,0 | 5,4 | 5,5 | 5,4 |
| exkl. juristische Personen | 1896 | 2753 | 1779 | 1991 | 1425 | 1874 |
| in % der Haushalte | 14,0 | 14,5 | 12,8 | 10,5 | 10,2 | 9,9 |
| Frauen | 325 | 556 | 749 | 825 | 624 | 801 |
| in % | 17,1 | 20,2 | 42,1 | 41,4 | 43,8 | 42,7 |

Über steuerpflichtiges Grundeigentum verfügten 14 bis 15 Prozent der Haushalte, über hypothekarisch abgesichertes Kapital 13 Prozent bzw. noch knapp elf Prozent um 1910, über andere verzinsliche Kapitalien wie Aktien, Obligationen und ähnliches zehn Prozent der Haushalte. Dies entsprach rund zehn Prozent der potentiell stimm- und wahlberechtigten Männer. Unter den Steuerpflichtigen mit Vermögen befanden sich viele Frauen, meist Rentnerinnen.180 Beim Grundbesitz lag der Anteil der Frauen bei 17 bzw. 20 Prozent, beim grundpfändlich versicherten Kapital sowie bei den übrigen verzinslichen Kapitalien sogar bei über vierzig Prozent. In allen drei Vermögensarten dominierten die kleinen Vermögen bis 20 000 Franken, beim Grundbesitz etwas weniger ausgeprägt wie beim Kapitalbesitz. Über mittleren und grösseren Grundbesitz, wie er in etwa einer bürgerlichen Lebenshaltung entsprach, verfügten höchstens neun Prozent der Haushalte, über ebensolchen Kapitalbesitz fünf bis sechs Prozent. Bedenkt man, dass unter diesen beiden Vermögenskategorien ein Grossteil der juristischen Personen verborgen waren, so schrumpft der Anteil der bürgerlichen Haushalte nochmals um etwa ein Prozent.

Tabelle 27        Gliederung der steuerpflichtigen Personen (P) nach dem Erwerbseinkommen in der Stadt Bern um 1872, 1900 und 1910. 181

|  | 1872 | | 1900 | | 1910 | |
|---|---|---|---|---|---|---|
|  | P | E | P | E | P | E |
| Kleine Einkommen | **85,1** | | **80,5** | | **80,8** | |
| 100–1000 | 72,5 | 20,2 | 68,7 | 17,4 | 65,6 | 19,0 |
| 1100–2000 | 12,6 | | 11,8 | | 15,2 | |
| Mittlere Einkommen | **12,6** | | **16,9** | | **16,7** | |
| 2100–4000 | 10,4 | | 13,3 | | 12,9 | |
| 4100–6000 | 2,2 | 46,5 | 3,6 | 59,2 | 3,8 | 58,0 |
| Hohe Einkommen | **2,3** | | **2,6** | | **2,6** | |
| 6100–10 000 | 1,3 | 7,3 | 1,8 | 11,1 | 1,7 | 9,6 |
| über 10 000 | 1,0 | 26,0 | 0,8 | 12,3 | 0,9 | 13,4 |
| Total Einkommen Mio | | 6,1 | | 16,6 | | 30,9 |
| Total Pflichtige | 4775 | | 13 064* (11 564) | | 22 850* (20 350) | |
| davon Frauen | | | 1128 | | 2696 | |
| Total Bevölkerung | | 35 452 | | 64 227 | | 85 651 |
| Erwerbstätige | | ca. 15 000 | | ca. 28 000 | | 37 223 |
| Pflichtige in % | | 31,8 | | 46,7 (41,3) | | 61,4 (54,7) |
| Männer ab 20 | 10 515 | | 17 678 | | 24 086 | |
| Pflichtige in % | | 45,4 | | 73,9 (65,4) | | 94,9 (84,5) |
| Haushaltungen | 7137 | | 13 917 | | 18 926 | |
| Pflichtige in % | | 66,9 | | 93,9 (83,1) | | 120,7 (107,5) |

Die allgemeine nominale Steigerung der Einkommen bewirkte auch in Bern, dass die Einkommenssteuer einen zunehmend höheren Anteil der Erwerbstätigen und Haushalte erfasste und die Steuerpflichtigen vermehrt in die Einkommenskategorien über 1000 Franken aufrückten.[182] Waren 1872 erst knapp 32 Prozent der Erwerbstätigen oder 67 Prozent der Haushalte einkommenssteuerpflichtig, so waren dies um die Jahrhundertwende 47 Prozent, die Pendler abgezogen 41 Prozent der Erwerbstätigen oder 65 Prozent der Haushalte. 1910 übertraf die Zahl der Steuerpflichtigen dann auch in Bern jene der Haushalte, war mehr als die Hälfte der Erwerbstätigen steuerpflichtig. Wenn diese Verschiebung nach oben in Bern weniger deutlich ausfiel als in Zürich, so liegt dies teils am Steuersystem, das ausser andern Einschätzungskriterien auch ein um hundert Franken höheres steuerfreies Einkommen[183] kannte, teils aber auch an der unterschiedlichen Wirtschafts- und Sozialstruktur und dem unterschiedlichen Lohnniveau. 1872 verfügten mindestens 15 Prozent der Berner Steuerpflichtigen über ein Einkommen, das 2000 Franken übertraf und wenigstens teilweise eine bürgerliche Existenzweise gewährte. Dies entsprach fünf Prozent der Erwerbstätigen oder zehn Prozent der Haushalte. In Zürich waren dies zur gleichen Zeit sechs Prozent der Erwerbstätigen und 16 Prozent der Haushaltungen. 1900 und 1910 umfassten die mittleren und oberen Einkommen knapp zwanzig Prozent der Steuerpflichtigen, d. h. acht bzw. elf Prozent der Erwerbstätigen oder 16 bzw. 23 Prozent der Haushalte. Ähnlich war es in Zürich. Unter Berücksichtigung der leicht nach oben verschobenen Berner Einkommenskategorien bestanden zwischen den beiden Städten kaum Unterschiede. Zieht man die Grenze zwischen einem mittelständisch-kleinbürgerlichen und einem bürgerlichen Einkommen bei 4000 Franken, so umfassten um die Jahrhundertwende die etwas mehr wie sechs Prozent bürgerlichen Steuerzahler und -zahlerinnen drei bis vier Prozent der Erwerbstätigen oder fünf bis sieben Prozent der Haushalte.

Im Unterschied zum Vermögen waren die Frauen unter diesen ziemlich gutsituierten Steuerpflichtigen kaum vertreten. Um 1900 befanden sich darunter lediglich 18 Frauen, 1910 waren es 25 oder 0,1 Prozent. Obere und mittlere Einkommen bildeten auch noch um die Jahrhundertwende praktisch eine reine Männerdomäne. Gesamthaft lag der Anteil der Frauen unter den Steuerpflichtigen um 1900 bei 8,6 Prozent, 1910 bei 13,1 Prozent. Sowohl 1900 wie 1910 waren sie bei den kleinen Einkommen deutlich stärker vertreten als die Männer. So hatten 1900 79,2 Prozent der Männer kleine Einkommen, bei den Frauen hingegen 94,6 Prozent, 1910 bei den Männern 78,9 Prozent, bei den Frauen 94,5 Prozent.

### Das gutsituierte Bürgertum: Beruf, Vermögen und Einkommen in Zürich und Bern

Ging es bis anhin darum, die bürgerlichen Sozialgruppen innerhalb der Gesamtgesellschaft zu situieren und ihren Umfang abzuschätzen, so rückt im folgenden die innere berufliche und soziale Differenzierung derjenigen steuerpflichtigen Personen in den Vordergrund, die von ihrem Vermögen und ihrem Einkommen her eindeutig zu den oberen und oberen mittleren Bevölkerungsschichten gehörten, d. h. ein Vermögen über 250 000 Franken besassen und/oder ein Einkommen über 5000 Franken erzielten. Mit diesem Verfahren, das im wesentlichen die Statusmerkmale Beruf, Vermögen und Einkommen miteinander in Beziehung setzt, sollte es gelingen, sowohl über den inneren Kern des Bürgertums als auch über dessen Ränder näheren Aufschluss zu gewinnen. Während für Bern eine Analyse der erwerbs- und berufsspezifischen Zusammensetzung der Steuerpflichtigen mit hohen Vermögen und Einkommen aufgrund der Quellenlage nur im ersten Jahrzehnt des 20. Jahrhunderts durchführbar ist, kann für Zürich schon um 1870 ein erster solcher Querschnitt erfolgen.

Im ganzen versteuerten 312 Steuerpflichtige ein Vermögen von 100 000 Franken und mehr, darunter waren 233 (74,7 Prozent) Männer, 69 (22,1 Prozent) Frauen, alles Rentnerinnen, und zehn Erbgemeinschaften. Diese vermögliche Oberschicht umfasste etwas mehr wie sieben Prozent der städtischen Haushalte oder ein Viertel jener Erwerbstätigen, die 1870 von ihrem Erwerb und ihrem Beruf her zu den bürgerlichen Sozialgruppen zuzuordnen sind.[185] Knapp die Hälfte dieser reichen Zürcher und Zürcherinnen gehörte zum Wirtschaftsbürgertum, dreissig Prozent zum Besitzbürgertum und knapp zwanzig Prozent zur Bourgeoisie des talents. In etwa entsprach diese Verteilung mit leichten Variationen jener in den beiden ersten Vermögenskategorien. Einzig bei den ganz hohen Vermögen verschoben sich die Gewichte noch stärker zugunsten des Wirtschaftsbürgertums, dessen Anteil auf über sechzig Prozent der Steuerpflichtigen anstieg. Angehörige der Bourgeoisie des talents fehlten unter den Reichsten fast vollständig.

Tabelle 28 · **Klassen- und Berufszugehörigkeit der Steuerpflichtigen mit hohen Vermögen (ab 100 000) in der Stadt Zürich um 1870.** 184

| Klassen/Berufe | 100–250 000 | | 251–500 000 | | über 500 000 | | Total | |
|---|---|---|---|---|---|---|---|---|
| | abs. | % | abs. | % | abs. | % | abs. | % |
| **Besitzbürgertum** | **55** | **28,6** | **26** | **31,7** | **12** | **31,6** | **93** | **29,8** |
| Rentner/Gutsbesitzer | 4 | 2,1 | 5 | 6,1 | 5 | 13,2 | 14 | 4,5 |
| Rentnerinnen | 45 | 23,4 | 20 | 24,4 | 4 | 10,5 | 69 | 22,1 |
| Erbgemeinschaften | 6 | 3,1 | 1 | 1,2 | 3 | 7,9 | 10 | 3,2 |
| **Wirtschaftsbürgertum** | **91** | **47,4** | **37** | **45,1** | **23** | **60,5** | **151** | **48,4** |
| Bankiers/Kaufleute | 64 | 33,3 | 32 | 39,0 | 17 | 44,7 | 113 | 36,2 |
| Fabrikanten | 7 | 3,6 | 3 | 3,7 | 6 | 15,8 | 16 | 5,1 |
| Bauunternehmer | 2 | 1,0 | 0 | | 0 | | 2 | 0,6 |
| Hoteliers | 11 | 5,7 | 2 | 2,4 | 0 | | 13 | 4,2 |
| Andere Gewerbetreibende | 7 | 3,6 | 0 | | 0 | | 7 | 2,2 |
| **Bourgeoisie des talents** | **40** | **20,8** | **18** | **22,0** | **2** | **5,3** | **60** | **19,2** |
| Ärzte/Apotheker | 7 | 3,6 | 4 | 4,9 | 0 | | 11 | 3,5 |
| Advokaten/Notare | 3 | 1,6 | 2 | 2,4 | 0 | | 5 | 1,6 |
| Ingenieure | 2 | 1,0 | 0 | | 0 | | 2 | 0,6 |
| Künstler | 1 | 0,5 | 1 | 1,2 | 0 | | 2 | 0,6 |
| Professoren/Pfarrer | 10 | 5,2 | 5 | 6,1 | 1 | 2,6 | 16 | 5,1 |
| Hohe Beamte | 13 | 6,8 | 6 | 7,3 | 1 | 2,6 | 20 | 6,4 |
| Leitende Angestellte | 4 | 2,1 | 0 | | 0 | | 4 | 1,3 |
| Übrige/ohne Angabe | 6 | 3,1 | 1 | 1,2 | 1 | 2,6 | 8 | 2,6 |
| **Total absolut** | **192** | **100** | **82** | **100** | **38** | **100** | **312** | **100** |
| Total in % | 61,5 | | 26,3 | | 12,2 | | 100 | |
| Total Steuerpflichtige | 3,1 | | 1,3 | | 0,6 | | 6136 | |

Die dominante Rolle des Wirtschaftsbürgertums wird noch offenbarer, wenn man berücksichtigt, dass diese Erwerbsklasse um 1870 gesamthaft lediglich rund 300 Männer zählte. Rund die Hälfte der aufgrund ihrer Erwerbs- und Berufstätigkeit zum Wirtschaftsbürgertum zugeordneten erwerbstätigen Männer gehörten demzufolge auch von ihrem Vermögen her zur obersten Bevölkerungsschicht. Das Besitzbürgertum und die Bourgeoisie des talents dagegen waren unter den Vermögenden vergleichsweise untervertreten. So zählten von den rund 700 Rentnerinnen und Rentnern186 nur 13 Prozent zu den reichsten Steuerpflichtigen; bei der Bourgeoisie des talents war es etwa ein Fünftel, ohne die Künstler ein Viertel.

Im reichen Besitzbürgertum befanden sich wie allgemein in dieser Besitzklasse die Frauen, meist Witwen, aber auch einige Ledige, in grosser Überzahl. In den beiden Erwerbsklassen tauchten Frauen dagegen selbst überhaupt nicht auf. Wie stark der Grosshandel das Zürcher Bürgertum prägte, widerspiegelt sich auch im reichen Wirtschaftsbürgertum, das sich aufgrund der Erwerbsangabe in den Steuerregistern zu drei Vierteln aus Kaufleuten zusammensetzte. Eigentliche industrielle Unternehmer, wie z. B. Seidenfabrikanten oder Spinnereibesitzer, machten lediglich einen Zehntel aus. Dabei ist allerdings zu berücksichtigen, dass sich der Tätigkeitsbereich einiger Kaufleute nicht nur auf den Handel, sondern auch auf die Produktion erstreckte. Hoteliers, Bauunternehmer sowie einzelne Gewerbetreibende, z. B. Eisen- oder Weinhändler mit knapp 15 Prozent bewegten sich weitgehend in der untersten Kategorie des vermöglichen Wirtschaftsbürgertums. In der Bourgeoisie des talents bildeten hohe Beamte von Kanton und Stadt, Professoren und Pfarrer sowie Ärzte und Apotheker die drei Berufsgruppen, die am stärksten vertreten waren. Mit Abstand folgten einige Advokaten und leitende Angestellte wie Bank- oder Eisenbahndirektoren. Von den in der Stadt wohnenden höheren Beamten gehörte mehr als ein Viertel zu dieser vermöglichen Oberschicht, bei den Professoren und Pfarrern war es ebenfalls ein Viertel, bei den Ärzten und Apothekern sowie den Advokaten je ein Fünftel.

Wie sich die Spitze der Gesellschaft in Zürich gut dreissig Jahre später zusammensetzte, zeigt Tabelle 29. Noch stärker als 1870 konzentriert sich der zweite Querschnitt auf die vermöglichsten Kreise, berücksichtigt werden nur noch die Steuerpflichtigen mit einem Vermögen von mindestens 250 000 Franken. 1905 gab es rund 500 Personen oder 1,3 Prozent der Haushalte mit einem solch hohen Vermögen. Sie bildeten im wesentlichen jene soziale Gruppe innerhalb des Bürgertums, die oft als Grossbürgertum bezeichnet wird.

Tabelle 29    **Berufsstruktur der hohen Vermögen in der Stadt Zürich um 1905.** [187]

|  | 250–499 000 | | 500–999 000 | | 1 Mio.– | | Total | |
|---|---|---|---|---|---|---|---|---|
|  | abs. | % | abs. | % | abs. | % | abs. | % |
| **Besitzbürgertum** | **138** | **49,5** | **65** | **48,9** | **56** | **65,9** | **259** | **52,1** |
| Rentner/Gutsbesitzer | 42 | 15,1 | 19 | 14,3 | 16 | 18,8 | 77 | 15,5 |
| Rentnerinnen | 67 | 24,0 | 34 | 25,6 | 23 | 27,1 | 124 | 24,9 |
| Erbgemeinschaften | 29 | 10,4 | 12 | 9,0 | 17 | 20,0 | 58 | 11,7 |
| **Wirtschaftsbürgertum** | **90** | **32,3** | **50** | **37,6** | **20** | **23,5** | **160** | **32.2** |
| Bankiers/Kaufleute | 58 | 20,8 | 31 | 23,3 | 14 | 16,5 | 103 | 20,7 |
| Fabrikanten | 10 | 3,6 | 6 | 4,5 | 3 | 3,5 | 19 | 3,8 |
| Bauunternehmer | 16 | 5,7 | 8 | 6,0 | 3 | 3,5 | 27 | 5,4 |
| Andere Gewerbetreibende | 6 | 2,1 | 5 | 3,8 | 0 | | 11 | 2,2 |
| **Bourgeoisie des talents** | **41** | **14,5** | **16** | **12,0** | **9** | **10,6** | **66** | **13,3** |
| Ärzte/Apotheker | 7 | 2,5 | 3 | 2,3 | 2 | 2,4 | 12 | 2,4 |
| Advokaten | 6 | 2,1 | 2 | 1,5 | 1 | 1,2 | 9 | 1,8 |
| Professoren | 7 | 2,5 | 6 | 4,5 | 2 | 2,4 | 15 | 3,0 |
| andere Akademiker | 5 | 1,8 | 3 | 2,3 | 1 | 1,2 | 9 | 1,8 |
| Hohe Beamte | 8 | 2,8 | 2 | 1,5 | 3 | 3,5 | 13 | 2,6 |
| Leitende Angestellte | 8 | 2,8 | 0 | | 0 | | 8 | 1,6 |
| Übrige/ohne Angabe | 10 | 3,6 | 2 | 1,5 | 0 | | 12 | 2,4 |
| **Total** | **279** | **100** | **133** | **100** | **85** | **100** | **497** | **100** |
| In Prozent | 56,1 | | 26,8 | | 17,1 | | 100 | |

Mehr als die Hälfte dieser grossbürgerlichen Oberschicht bestand um 1900 aus Angehörigen des Besitzbürgertums, bei den Millionären waren es sogar zwei Drittel. Wie schon 1870 dominierten in dieser Besitzklasse die Frauen. Meist handelte es sich dabei um ältere Frauen, um Witwen. Auch die

Rentner hatten in der Regel das mittlere Alter schon überschritten und waren in früheren Jahren wie die verstorbenen Ehemänner eines Grossteils der Rentnerinnen als Kaufleute und Unternehmer tätig gewesen und könnten deshalb ebensogut dem Wirtschaftsbürgertum zugerechnet werden. Dies mag mit ein Grund sein, warum 1905 Kaufleute und Unternehmer nicht einmal ein Drittel des Grossbürgertums ausmachten. Trotz des Aufstiegs etlicher Bauunternehmer in diese höchsten Vermögenskategorien blieben die industriellen und gewerblichen Unternehmer im oberen Wirtschaftsbürgertum in der Minderheit. Die grosse Mehrheit bestand aus grossen Industriellen, aus Männern des Exporthandels, der Banken- und Finanzwelt. Die kleinste Gruppe innerhalb der vermöglichen Oberschicht bildeten die Angehörigen der Bourgeoisie des talents, die sich zu je einem Drittel aus freiberuflichen Ärzten und Advokaten, Hochschulprofessoren und anderen Akademikern, hohen Beamten und einigen Direktoren und Managern der Privatwirtschaft zusammensetzte und mit sinkendem Vermögen leicht zunahm. Bei den Vermögen von 100 000–250 000 Franken stieg ihr Anteil auf knapp 17 Prozent. An der geringen Präsenz der Bourgeoisie des talents unter den bessergestellten und gutsituierten Steuerzahlern änderte sich damit wenig. Der Anteil des Wirtschaftsbürgertums betrug in dieser Kategorie knapp vierzig Prozent, jener des Wirtschaftsbürgertums 38 Prozent.

Wie die vermögliche Oberschicht Berns aussah, die um die Jahrhundertwende 1,6 Prozent der Haushalte oder 221 Personen umfasste und damit nicht einmal halb so gross wie jene Zürichs war, zeigt Tabelle 30.

Tabelle 30          **Berufsstruktur der hohen Vermögen in der Stadt Bern um 1900.** 188

|                        | 250–499 000 | | 500–999 000 | | 1 Mio.– | | Total | |
|------------------------|------|------|------|------|------|------|------|------|
|                        | abs. | %    | abs. | %    | abs. | %    | abs. | %    |
| **Besitzbürgertum**    | 47   | 34,6 | 21   | 40,4 | 16   | 48,5 | 84   | 38,0 |
| Rentner/Gutsbesitzer   | 14   | 10,3 | 9    | 17,3 | 7    | 21,2 | 30   | 13,6 |
| Rentnerinnen           | 33   | 24,3 | 12   | 23,1 | 9    | 27,3 | 54   | 24,4 |
| **Wirtschaftsbürgertum** | 52 | 38,2 | 21   | 40,4 | 12   | 36,4 | 85   | 38,5 |
| Bankiers/Kaufleute     | 9    | 6,7  | 7    | 13,4 | 1    | 3,0  | 17   | 7,7  |
| Fabrikanten            | 10   | 7,3  | 3    | 5,8  | 2    | 6,1  | 15   | 6,8  |
| Bauunternehmer         | 13   | 9,6  | 5    | 9,6  | 7    | 21,2 | 25   | 11,3 |
| Gewerbetreibende       | 20   | 14,7 | 6    | 11,5 | 2    | 6,1  | 28   | 12,7 |
| Bourgeoisie des talents | 33  | 24,3 | 9    | 17,3 | 3    | 9,1  | 45   | 20,4 |
| Ärzte/Apotheker        | 3    | 2,2  | 2    | 3,8  | 0    |      | 5    | 2,3  |
| Notare/Advokaten       | 5    | 3,7  | 2    | 3,8  | 1    | 3,0  | 8    | 3,6  |
| Professoren            | 6    | 4,4  | 2    | 3,8  | 1    | 3,0  | 9    | 4,1  |
| Hohe Beamte            | 12   | 8,8  | 1    | 1,9  | 0    |      | 13   | 5,9  |
| Leitende Angestellte   | 7    | 5,1  | 2    | 3,8  | 1    | 3,0  | 10   | 4,5  |
| Übrige                 | 4    | 2,9  | 1    | 3,8  | 2    | 6,1  | 7    | 3,2  |
| **Total**              | 136  | 61,5 | 52   | 23,5 | 33   | 14,9 | 221  | 100  |

Gesamthaft gesehen waren die reichsten Einwohner Berns etwas «ärmer»: Der Anteil der Millionäre war tiefer, jener der ersten Vermögenskategorie dafür höher. Im Unterschied zu Zürich waren Besitz- und Wirtschaftsbürgertum mit je 38 Prozent auf gleicher Höhe, was damit zusammenhängen könnte, dass sich in Bern unter den Rentnern und Rentnerinnen vergleichsweise wenige ehemalige Angehörige des Wirtschaftsbürgertums befanden. Mit zwanzig Prozent war auch die Bourgeoisie des talents etwas stärker vertreten als in Zürich.

Auch das Besitzbürgertum Berns bestand zu zwei Dritteln aus Frauen. Unter den Männern gab es etliche, die im Gegensatz zu Zürich nicht nur Kapitalrentner, sondern Gutsbesitzer waren. Unter den Millionären stellten die Rentnerinnen und Rentner knapp die Mehrheit. Ganz anders zusammengesetzt war das Wirtschaftsbürgertum. Da grössere industrielle Betriebe und Handelsunternehmen in Bern weitgehend fehlten, gab es unter den vermöglichen Kreisen Berns kaum Kaufleute und Industrielle. Eine wichtigere Rolle spielten dagegen die Privatbankiers, die etwas mehr als zehn Prozent stellten. Die Mehrheit bestand jedoch aus Bauunternehmern und Architekten mit Baugeschäften sowie andern gewerblichen Unternehmern, nämlich aus Inhabern grösserer Handwerksbetriebe, aus Detailhändlern, Hoteliers und Wirten. Im Vergleich zu Zürich war das obere Berner Wirtschaftsbürgertum damit viel mehr gewerblich ausgerichtet. Die Bourgeoisie des talents setzte sich zu drei Vierteln aus hohen Beamten der Stadt, des Kantons und des Bundes sowie leitenden Angestellten zusammen, der Rest aus Angehörigen freier Berufe, darunter recht viele Notare, die neben der Beglaubigung und Beurkundung von Rechtsgeschäften oft auch noch als Vermögensverwalter tätig waren.

Stand mit der Gliederung der hohen Vermögen nach Sozial- und Berufsgruppen die kleine schmale grossbürgerliche Oberschicht im Zentrum, so rückt mit der Analyse der sozialen und beruflichen Struktur der Steuerpflichtigen mit einem Einkommen über 5000 Franken nun wieder mehr der aktive innere Kern des Bürgertums in den Vordergrund.[189]

Tabelle 31 **Sozial- und Berufsstruktur der Steuerpflichtigen mit hohen Einkommen in der Stadt Bern um 1900.** [190]

| | 5100–7500 | | 7600–10 000 | | 10 000– | | Total | |
|---|---|---|---|---|---|---|---|---|
| | abs. | % | abs. | % | abs. | % | abs. | % |
| **Wirtschaftsbürgertum** | 109 | 36,8 | 77 | 64,7 | 55 | 49,5 | 241 | 45,8 |
| Bankiers/Kaufleute | 10 | 3,4 | 9 | 7,6 | 8 | 7,2 | 27 | 5,1 |
| Fabrikanten | 4 | 1,4 | 5 | 4,2 | 8 | 7,2 | 17 | 3,2 |
| Bauunternehmer | 11 | 3,7 | 6 | 5,0 | 8 | 7,2 | 25 | 4,8 |
| Gewerbetreibende | 58 | 19,6 | 41 | 34,4 | 29 | 26,1 | 128 | 24,3 |
| Handwerksmeister | 26 | 8,8 | 16 | 13,4 | 2 | 1,8 | 44 | 8,4 |
| **Bourgeoisie des talents** | 183 | 61,8 | 42 | 35,3 | 56 | 50,5 | 281 | 53,4 |
| Ärzte/Apotheker | 15 | 5,1 | 18 | 15,1 | 30 | 27,0 | 63 | 12,0 |
| Advokaten/Notare | 19 | 6,4 | 7 | 5,9 | 5 | 4,5 | 31 | 5,9 |
| Professoren u. ä. | 19 | 6,4 | 4 | 3,4 | 2 | 1,8 | 25 | 4,8 |
| Hohe Beamte inkl. Pfarrer | 109 | 36,8 | 10 | 8,4 | 11 | 9,9 | 130 | 24,7 |
| Leitende Angestellte | 21 | 7,1 | 3 | 2,5 | 8 | 7,2 | 32 | 6,1 |
| Übrige | 4 | 1,4 | | | | | 4 | 0,8 |
| **Total** | 296 | 100 | 119 | 100 | 111 | 100 | 526 | 100 |
| In Prozent | 56,3 | | 22,6 | | 21,1 | | 100 | |

In Bern umfasste dieses gutsituierte Bürgertum mit 526 ausschliesslich männlichen Steuerpflichtigen knapp vier Prozent der Haushalte. Etwas mehr als die Hälfte gehörte zur Bourgeoisie des talents, ein Drittel davon waren Angehörige freier Berufe, vor allem Ärzte. Die stärkste Berufsgruppe bildeten die höheren kantonalen und eidgenössischen Beamten. Die meisten (65%) verdienten nicht mehr wie 7500 Franken, bei den Beamten waren dies sogar über achtzig Prozent. Einzig die Ärzte hatten mehrheitlich ein Einkommen über 7500 Franken, fast die Hälfte versteuerte sogar über 10 000 Franken. Innerhalb des Wirtschaftsbürgertums dominierten in den hohen Einkommenslagen die Inhaber grösserer und mittlerer Gewerbe- und Dienstleistungsbetriebe, darunter auch einzelne Handwerksmeister, viele Wein- und andere Detailhändler, Wirte, Metzger, aber auch Druckereibesitzer, Fotografen und Litographen. Aufgrund seiner Einkommenslage kann demnach ein kleiner Teil des sogenannten gewerblichen Mittelstandes durchaus zum Bürgertum gerechnet werden. Wie bei den hohen Vermögen kam in Bern den Vertretern von Industrie und Handel auch bei den grossen Einkommen relativ geringe Bedeutung zu. Mit Ausnahme der Handwerksmeister, die mehrheitlich ein Einkommen von 5100 bis 7500 Franken versteuerten, erzielte die Mehrheit aller andern Erwerbs- oder Berufsgruppen des Wirtschaftsbürgertums ein Einkommen über 7500 Franken.

Tabelle 32      **Sozial- und Berufsstruktur der Steuerpflichtigen mit hohen Einkommen in der Stadt Zürich um 1905.** 192

|  | 5100–7500 | | 7600–10 000 | | 10 000– | | Total | |
|---|---|---|---|---|---|---|---|---|
|  | abs. | % | abs. | % | abs. | % | abs. | % |
| **Wirtschaftsbürgertum** | **281** | **38,9** | **121** | **51,7** | **102** | **54,0** | **504** | **44,0** |
| Bankiers/Kaufleute | 189 | 26,1 | 79 | 33,8 | 65 | 34,4 | 333 | 29,1 |
| Industrielle Unternehmer | 15 | 2,1 | 9 | 3,8 | 14 | 7,4 | 38 | 3,3 |
| Gewerbliche Unternehmer/in | 59 | 8,2 | 31 | 13,2 | 22 | 11,6 | 112 | 9,8 |
| Handwerksmeister/in | 18 | 2,5 | 2 | 0,9 | 1 | 0,5 | 21 | 1,8 |
| **Bourgeoisie des talents** | **397** | **54,9** | **99** | **42,3** | **67** | **35,4** | **563** | **49,1** |
| Freie Berufe/Professoren | 145 | 20,1 | 44 | 18,8 | 24 | 12,7 | 213 | 18,6 |
| Architekten/Ingenieure | 58 | 8,0 | 18 | 7,7 | 18 | 9,5 | 94 | 8,2 |
| Hohe Beamte | 109 | 15,1 | 4 | 1,7 | 3 | 1,6 | 116 | 10,1 |
| Leitende Angestellte | 85 | 11,8 | 33 | 14,1 | 22 | 11,6 | 140 | 12,2 |
| **Besitzbürgertum** | **25** | **3,5** | **5** | **2,1** | **14** | **7,4** | **44** | **3,8** |
| Rentner/Gutsbesitzer | 4 | 0,6 | 2 | 0,9 | 2 | 1,1 | 8 | 0,7 |
| Rentnerinnen | 8 | 1,1 | 2 | 0,9 | 3 | 1,6 | 13 | 1,1 |
| Erbgemeinschaften | 13 | 1,8 | 1 | 0,4 | 9 | 4,8 | 23 | 2,0 |
| Übrige | 20 | 2,7 | 9 | 3,8 | 6 | 3,2 | 35 | 3,1 |
| Total | 723 | 100 | 234 | 100 | 189 | 100 | 1146 | 100 |

Um 1905 gab es in Zürich 1146 steuerpflichtige Personen oder rund drei Prozent Haushalte mit einem Einkommen über 5000 Franken, darunter befanden sich 18 Frauen191 und 23 Erbgemeinschaften. Die Mehrzahl dieser Steuerpflichtigen, 49 Prozent, gehörte wie in Bern zur Bourgeoisie des talents, der Anteil des Wirtschaftsbürgertums lag bei 44 Prozent. Da jedoch ein Teil der Architekten und Ingenieure vornehmlich als Bauunternehmer tätig waren und deshalb eher dem Wirtschaftsbürgertum zugezählt werden müssten, dürften beide Klassen etwa gleich gross gewesen sein. Die restlichen sieben Prozent verteilten sich auf Angehörige des Besitzbürgertums sowie auf Steuerpflichtige, die sich den drei Gruppen nicht eindeutig zuordnen lassen. Sowohl im Wirtschaftsbürgertum wie in der Bourgeoisie des talents kam die Mehrheit nicht über ein Einkommen von 7500 Franken hinaus, im Wirtschaftsbürgertum waren jedoch höhere Einkommen viel häufiger. Fast 45 Prozent versteuerten ein Einkommen über 7500 Franken, in der Bourgeoisie des talents waren dies lediglich knapp dreissig Prozent.

Das Wirtschaftsbürgertum war wie schon bei den hohen Vermögen von Kauf- und Finanzleuten dominiert, industrielle Unternehmer stellten eine kleine Minderheit dar. Bedeutend umfangreicher war hingegen die Gruppe gewerblicher Unternehmer, darunter viele, die im Zwischenhandel engagiert waren wie Eisenhändler oder Weinhändler, Goldschmiede und Schmuckhändler, auch einige Wirte und Hoteliers sowie Metzgermeister, ebenso Druckereibesitzer, Fotografen und Litographen. Dazu gehörten auch etliche Bauunternehmer. Handwerksmeister wie Schreiner- oder Malermeister waren dagegen in den hohen Einkommenskategorien ziemlich selten vertreten und wenn, dann fast ausschliesslich in der Kategorie bis 7500 Franken. Die Bourgeoisie des talents war von keiner Berufsgruppe eindeutig dominiert. Auch unter den hohen Einkommen war sie sehr heterogen zusammengesetzt. Während die freien akademischen Berufe, vor allem Ärzte und Advokaten, aber auch Architekten und Ingenieure auch Einkommen über 7500 Franken erreichten, kamen Professoren der beiden Hochschulen nur selten über diese erste hohe Kategorie hinaus. Noch mehr galt dies für die hohen Magistraten und Beamten von Kanton und Stadt, für Regierungs- und Stadträte, Oberrichter, Forstmeister und andere teilweise akademisch gebildete Beamte, ebenso für Direktoren von Bahn und Post. Leitende Angestellte der Privatwirtschaft, besonders Direktoren und Vizedirektoren von Banken und Versicherungen, versteuerten dagegen vergleichsweise häufig auch Einkommen über 10 000 Franken. Fast vierzig Prozent erzielten ein Einkommen über 7500 Franken, ähnlich hoch war dieser Anteil nur bei Architekten und Ingenieuren. Prokuristen, Buchhalter, Agenten und Sekretäre von Versicherungen und andern Unternehmen verblieben eher in der ersten Kategorie.

Dass ein grosser Teil der Angehörigen bürgerlicher Berufsgruppen vom Steuereinkommen nicht oder aufgrund des Alters noch nicht zu den hohen Einkommenskategorien gehörte, lässt sich am Beispiel Berns, wo die Steuerpflichtigen in den gedruckten Steuerverzeichnissen nach Berufen oder Berufsgruppen gegliedert wurden, ohne grossen Aufwand aufzeigen.

Tabelle 33     **Einkommensspektrum ausgewählter Berufe und Berufsgruppen in der Stadt Bern um 1900.** 193

| Beruf | Steuereinkommen | | | | Total |
|---|---|---|---|---|---|
| | klein 100–2000 | mittel 2100–5000 | gross 5100–10 000 | 10000– | |
| **Freie Berufe** | | | | | |
| Ärzte/Zahnärzte | 10,3 | 27,6 | 25,3 | 36,8 | 87 |
| Apotheker | 0 | 23,5 | 58,9 | 17,6 | 17 |
| Advokaten | 17,1 | 31,4 | 48,6 | 2,9 | 35 |
| Notare/Sachwalter | 10,4 | 31,3 | 33,3 | 25,0 | 48 |
| **Beamte, Angestellte** | | | | | |
| Professoren (Gymn./Univ.) | 4,1 | 27,1 | 58,3 | 10,4 | 48 |
| Pfarrer (ref.) | 9,5 | 42,9 | 47,6 | 0 | 21 |
| Kantonale Beamte | 70,2 | 25,3 | 4,1 | 0,4 | 537 |
| Kommunale Beamte | 62,7 | 22,6 | 1,3 | 0,8 | 601 |
| Privatangestellte | 45,5 | 39,0 | 11,8 | 3,7 | 246 |
| Redaktoren/Journalisten | 42,2 | 46,7 | 11,1 | 0 | 45 |
| **Gewerbetreibende** | | | | | |
| Bauunternehmer/Ingenieure | 19,7 | 48,4 | 18,9 | 13,1 | 122 |
| Fabrikanten | 34,3 | 25,7 | 17,1 | 22,9 | 35 |
| Hoteliers/Wirte | 66,0 | 21,7 | 9,0 | 3,3 | 212 |
| Bäcker/Metzger | 66,2 | 27,2 | 5,3 | 1,3 | 228 |
| Gipser/Maler | 69,9 | 19,3 | 10,8 | | 83 |
| Schmiede/Schlosser/Spengler | 71,8 | 23,2 | 4,5 | 0,6 | 177 |
| Wagner/Schreiner | 91,2 | 8,8 | | | 57 |

Unter den freien Berufen hatte die Mehrheit aller wichtigen Berufsgruppen ein versteuerbares Einkommen von über 5000 Franken: Bei Apothekern waren es über 75 Prozent, bei Ärzten und Zahnärzten über sechzig Prozent, bei Notaren 58 Prozent, unter den Advokaten, in Bern Fürsprecher genannt, von denen mehr als ein Sechstel ein Einkommen unter 2100 Franken versteuerte, war es nur wenig mehr als die Hälfte. Bei den Beamten und Angestellten kam lediglich die Mehrheit (70 Prozent) der Universitätsprofessoren und Gymnasiallehrer auf ein Salär über 5000 Franken. Alle andern staatlichen oder kommunalen Beamten und Angestellten erhielten mehrheitlich eine Besoldung unter 5000 Franken. Die grosse Mehrheit verzeichnete sogar ein Steuereinkommen unter 1100 Franken, was bedeutet, dass die meisten zuzüglich des steuerfreien Betrags von 600 Franken und des Beamtenabzugs von zehn Prozent des Gehaltes höchstens ein reales Einkommen von knapp 2000 Franken aufwiesen. Auch unter den Angestellten in der Privatwirtschaft versteuerten nur gerade 15 Prozent, meist Direktoren, Prokuristen und Sekretäre von Banken und andern Privatunternehmen, ein höheres Einkommen. Bei den mittleren Einkommen lag das Schwergewicht auch bei Redaktoren und Journalisten. Zieht man die untere Grenze für ein gutbürgerliches Einkommen bei 4100 Franken, was aufgrund des steuerfreien Einkommens und der zugunsten der Steuerpflichtigen ungenauen Veranlagung realistisch ist, so beträgt der Anteil jener, die aufgrund ihres Berufes und der Höhe ihres Einkommen dem Bürgertum zugeordnet werden können, bei Apothekern, Ärzten und Professoren achtzig Prozent, bei Notaren und Pfarrern rund zwei Drittel, bei Advokaten 54 Prozent, bei Angestellten von Banken, Versicherungen und andern Unternehmen sowie bei Journalisten je zwanzig Prozent. Bei den kantonalen Angestellten und Beamten erhöht sich der Anteil auf neun Prozent, bei jenen der Stadt und der Burgergemeinde auf drei Prozent. Unter den Selbständigen in Handwerk und Gewerbe versteuerten nur wenige ein Einkommen über 5000 Franken. Die meisten Handwerksmeister und Kleinhändler kamen über die unteren Einkommenskategorien nicht hinaus, bestenfalls erreichten sie mittlere Einkommen bis zu 4000 Franken.[194] Dies gilt auch für das Gastgewerbe, wo lediglich Hoteliers und einige wenige Wirte in die höheren Einkommenskategorien vorstiessen. Selbst von den Bauunternehmern, darunter auch Architekten und Ingenieure, war die Mehrzahl in den mittleren Einkommenskategorien steuerpflichtig. Auch von jenen Selbständigen, die sich selbst als Fabrikanten bezeichneten oder von den Behörden als solche bezeichnet wurden, figurierten nur vierzig Prozent unter den grossen Einkommen, ein Drittel wies gar nur untere Steuereinkommen aus.

### Gesindehaltung als Klassenlinie: Dienstboten und Bürgerlichkeit

Erwerbszweig, berufliche Selbständigkeit oder Unabhängigkeit, Beruf und berufliche Stellung, Einkommen und Vermögen bildeten bisher die wichtigsten Kriterien, um die Erwerbstätigen oder die ganze Bevölkerung in verschiedene soziale Gruppen, Erwerbs- und Besitzklassen einzuteilen und bestimmte Gruppen und Klassen – letztlich aufgrund ihrer Marktlage – dem Bürgertum zuzuordnen und von den übrigen Bevölkerungsgruppen und -klassen abzugrenzen. Welche sozialen Gruppen potentiell oder tendenziell zum Bürgertum gehörten und eine bürgerliche Klassenlage aufwiesen, d. h. von ihrer wirtschaftlichen Lage, ihrer Lebenshaltung und ihrem Lebensstil her bürgerlich waren, lässt sich jedoch auch noch durch andere Merkmale bestimmen. Ein Merkmal, das sich nicht nur als Indikator für die Zugehörigkeit zum Bürgertum, sondern, was noch bedeutsamer ist, auch als eine Art Gradmesser für Bürgerlichkeit verwenden lässt, ist die Hausgesindehaltung.[195]

Ein Dienstmädchen für die Mithilfe im Haushalt, für die gröbere Hausarbeit, für die Küche und die Kinder zu haben, stellte für eine bürgerliche Familie bis ins frühe 20. Jahrhundert eine unabdingbare Notwendigkeit dar. Den Erfordernissen einer bürgerlichen Lebensgestaltung hätten vor allem die Frauen ohne Dienstpersonal nur schwer nachzukommen vermocht, denn indem Dienstpersonal die Frau des Hauses und auch die Töchter von Hausarbeiten entlastete, setzte es sie für Aufgaben kultureller und repräsentativer Art frei. Über ihren direkten Nutzen hinaus besassen Dienstmädchen, Köchin, Gärtner und Kutscher jedoch auch eine hohe symbolische Bedeutung. Ob für persönliche Dienstleistungen im Haushalt ein oder gar mehrere Dienstboten zur Verfügung standen, war deshalb nicht nur Ausdruck eines gewissen mate-

riellen Wohlstandes, sondern auch eine Frage des Sozialprestiges. Wie sehr
«Dienstboten-Haben» eine Klassenlinie markieren konnte, signalisiert etwa
der Schlachtruf «A bas ceux qui ont des domestiques!» der mittelständisch-
kleinbürgerlichen Radikalen in der Revolution von 1845 im Kanton Waadt.
Dass in der zweiten Hälfte des 19. Jahrhunderts mindestens ein Dienstmädchen für bürgerliche Familien zu einem standesgemässen Lebensstil gehörte, belegt auch der in dieser Zeit intensiv geführte Diskurs über die Dienstbotenfrage sowie die gleichzeitige Zunahme der Dienstboten ausserhalb der
Landwirtschaft. So stieg bei den Erwerbstätigen in der Industrie und im Gewerbe die Anzahl Dienstboten von 16'960 um 1870 auf 23 272 um 1910, bei
den Erwerbstätigen im Handel, bei Banken und Versicherungen von 9271 auf
14 712, bei den Erwerbstätigen im Verkehr von 1208 auf 2663, bei den Erwerbstätigen in Verwaltung, Erziehung, Recht und Wissenschaft von 6339 auf
15569.[196] Zusammen mit der absoluten Zunahme der bürgerlichen Haushalte
führte der gesellschaftliche Zwang, ein Dienstmädchen zu haben, aber nicht
nur zu einer steigenden Nachfrage nach Dienstboten und zu der von den
Herrschaften oft und laut beklagten «Dienstbotennot», sondern er war auch
ein nicht unwesentlicher Grund für die schlechte Behandlung und Bezahlung
der Bediensteten, die «Not der Dienstboten». Denn in manchen bürgerlichen
Familien, so etwa im Milieu der Beamten und Angehörigen freier Berufe,
standen die finanziellen Mittel öfters nicht im Einklang mit dem Bedürfnis
nach Selbstdarstellung und den Pflichten zur Repräsentation, so dass eben dort
gespart wurde, wo man es von aussen nicht sehen konnte. Nicht zuletzt bot
sich dafür das Dienstmädchen an.[197]

Doch wie der Beruf ist die Hausgesindehaltung als Kriterium für die
Analyse der sozialen Unterschiede aufgrund der nach Erwerbszweigen ge-
gliederten schweizerischen Berufsstatistik nicht so eindeutig, wie man es
sich wünschte. Zum einen blieb bis 1910 in den Volkszählungen die berufliche Stellung (unselbständig bzw. selbständig, Arbeiter, Angestellter, leitender
Angestellter) der Arbeitgeber von Dienstboten unberücksichtigt. Zum andern
unterblieb eine Auswertung nach Haushaltungen. Die Verteilung der Dienstboten nach Erwerbszweigen, Beruf, beruflicher und sozialer Stellung ihrer
Arbeitgeber für 1910 vermag jedoch trotzdem recht genau aufzuzeigen, in
welchem Ausmass die verschiedenen Berufs- und Sozialgruppen von ihrer
Lebenshaltung und Lebensführung her zum Bürgertum gehörten, welchen
Grad an Bürgerlichkeit sie aufwiesen. Im besonderen gilt dies für die sozial
sehr uneinheitliche Kategorie der selbständigen Erwerbs- und Berufsgruppen,
wo es mit Hilfe der Dienstboten nun möglich wird abzuschätzen, wie hoch
der Anteil jener war, die aufgrund ihrer wirtschaftlichen Lage tendenziell zum
Bürgertum gehörten oder doch eher dem Kleinbürgertum zugeordnet werden
müssen. Allerdings ist gerade in gewerblichen Haushalten, z. B. bei Metzgerei-
oder Bäckereihaushalten oder in Wirtschaften, nicht ganz klar, wie weit diese
Dienstboten nur den privaten, rein persönlichen Bedürfnissen dienten oder

wie weit sie, was in den meisten Fällen anzunehmen ist, vorwiegend zur Mithilfe im Geschäft, als Hilfe oder Ersatz für die durch geschäftliche oder anderweitige Aufgaben belastete Hausfrau eingesetzt wurden.

Tabelle 34 **Häusliche Dienstboten nach sozialen Schichten in der Schweiz und in den 23 grössten Städten um 1910.** 198
Auf 100 Erwerbende der betreffenden Kategorie kommen:

| Soziale Kategorie | Dienstboten | |
| --- | --- | --- |
| | Schweiz | Städte |
| Leitende Angestellte | 39,4 | 44,6 |
| Selbständige | 11,6 | 24,7 |
| Angestellte | 8,5 | 9,7 |
| Arbeiterschaft | 0,4 | 0,8 |
| Erwerbstätige total | 5,1 | 8,8 |

In der gesamten Schweiz kamen 1910 auf hundert Erwerbstätige fünf, in den Städten sogar neun Dienstboten. Lässt man ausser Betracht, dass manche Erwerbstätige zwei und mehr Dienstboten zur Verfügung hatten, andere dagegen als erwerbstätige Mitbewohner vom Hausgesinde profitierten, ohne direkt ihr Arbeitgeber zu sein, so gehörten aufgrund der Hausgesindehaltung in der ganzen Schweiz rund fünf Prozent, in den Städten neun Prozent der erwerbenden Personen zum Bürgertum, hier definiert als die Leute mit Dienstboten. 199 Wie fragwürdig es ist, berufliche Selbständigkeit mit Zugehörigkeit zum Bürgertum gleichzusetzen, wird auch aus der recht geringen Verbreitung von Hausgesinde in dieser Schicht ersichtlich. Nur gerade zwölf Prozent der Selbständigen verfügten über häusliche Dienstboten, in den Städten waren es mit rund einem Viertel aber deutlich mehr. Da viele weniger für persönliche Dienstleistungen als vielmehr zur Mitarbeit im Geschäft eingesetzt wurden, dürfte der Anteil der Selbständigen, die einen gutbürgerlichen Lebensstil pflegten, noch einiges tiefer gelegen haben. Bei den kleinen und mittleren Angestellten waren dies nicht einmal zehn Prozent. Einen hohen Grad an Bürgerlichkeit wiesen dagegen die leitenden Angestellten auf. Im städtischen Milieu hatte fast die Hälfte von ihnen wenigstens ein Dienstmädchen im Haushalt.

Wie unterschiedlich hoch der Grad an Bürgerlichkeit bei den verschiedenen Erwerbs- und Berufsgruppen war, zeigen die detaillierten Angaben in Tabelle 35. Sie bestätigen im wesentlichen das aufgrund von Erwerbsart, Beruf und beruflicher Stellung erhaltene und skizzierte Bild der sozialen Zusammensetzung und Grösse des Bürgertums um die Jahrhundertwende. In allen Erwerbszweigen und Berufen gleichmässig stark verbreitet war die Hausgesindehaltung nur bei den leitenden Angestellten und Beamten. Sie vermochten unter den statistisch direkt erfassbaren Berufs- und Sozialgruppen am ehesten den Leitbildern einer gutbürgerlichen Lebenshaltung nachzukommen, ganz besonders galt dies für Direktoren von Industrieunternehmen, aber auch für die Pfarrer 200 sowie für hohe staatliche Beamte und Magistrate, von denen weit mehr als die Hälfte Dienstboten beschäftigte. Bei der Kategorie der mittleren und kleinen Angestellten verfügten lediglich die in Verwaltung, Schule und Wissenschaft Tätigen mehr als üblich über Dienstboten. Überhaupt kein einheitliches Bild ergibt sich bei den selbständigen Erwerbs- und Berufsgruppen. Aufgrund des breiten sozialen Spektrums ist dies allerdings auch nicht anders zu erwarten.

Tabelle 35    **Dienstboten nach der beruflichen und sozialen Stellung des Arbeitgebers um 1910.** 202

| Erwerbszweig/Stellung im Beruf | Auf 100 Berufsangehörige kommen Dienstboten | |
|---|---|---|
| | Schweiz | Städte |
| Landwirtschaft | 2,5 | 4,1 |
| Arbeiterschaft | 0,1 | 0,4 |
| Angestellte | 7,4 | 9,8 |
| Leitende Angestellte | 28,9 | 19,3 |
| **Selbständige** | **5,3** | **10,8** |
| Gewerbe und Industrie | 2,9 | 4,4 |
| Arbeiterschaft | 0,5 | 0,7 |
| Angestellte | 7,7 | 8,8 |
| **Leitende Angestellte** | **42,8** | **45,4** |
| **Direktoren Textilindustrie** | **57,0** | **78,6** |
| **Direktoren Metallindustrie** | **47,9** | **49,8** |
| **Selbständige** | **7,6** | **14,2** |
| Nahrungsmittelgewerbe | 32,9 | 58,3 |
| Bekleidung | 2,2 | 4,2 |
| Baugewerbe | 9,3 | 19,5 |
| Textilindustrie | 4,4 | 16,7 |
| Chemie | 54,2 | 66,5 |
| Metall und Maschinen | 10,0 | 18,7 |
| Graphisches Gewerbe | 33,5 | 35,1 |
| Gastgewerbe | 22,3 | 18,3 |
| Handel, Banken, Versicherungen | 10,3 | 11,1 |
| Arbeiterschaft | 0,9 | 1,1 |
| Angestellte | 5,6 | 6,6 |
| **Leitende Angestellte** | **39,7** | **46,6** |
| **Selbständige** | **29,1** | **38,1** |
| Verkehr | 3,2 | 4,1 |
| Arbeiterschaft | 1,1 | 1,4 |
| Angestellte | 5,9 | 6,9 |
| **Leitende Angestellte** | **37,8** | **45,6** |
| **Selbständige** | **11,1** | **18,3** |
| Verwaltung, Wissenschaft, Kunst | 16,4 | 19,8 |
| Arbeiterschaft | 1,4 | 2,1 |
| Angestellte | 15,3 | 18,8 |
| **Leitende Angestellte / hohe Beamte** | **39,7** | **45,0** |
| **Hohe staatliche Beamte** | **53,0** | **65,5** |
| **Professoren / Gymnasiallehrer** | **32,7** | **45,9** |
| **Pfarrer, kirchliche Dienste** | **52,7** | **53,7** |
| **Selbständige** | **37,6** | **43,9** |
| **Advokaten, Interessenvertreter** | **72,9** | **89,3** |
| **Ärzte, Apotheker, Hebammen** | **45,7** | **61,2** |
| **Künstler** | **14,0** | **16,4** |
| **Rentner** | **28,4** | **43,4** |

Im eigentlichen Handwerk und Gewerbe finden sich überdurchschnittlich viele häusliche Dienstboten vor allem im Nahrungsmittelgewerbe, besonders bei Bäckern und Metzgern, sowie im graphischen Gewerbe, bei Buchdruckern, Litographen und Fotografen. Ein sehr tiefer Grad an Bürgerlichkeit besteht besonders bei den Selbständigen im Bekleidungsgewerbe, den Schneidern und Schneiderinnen, den Weissnäherinnen, aber auch in weiten Teilen des Bauhandwerks sowie der handwerksmässig betriebenen Metallverarbeitung. Keine direkten Angaben lassen sich für die industriellen Unternehmer machen, da sie mit Ausnahme der chemischen Industrie, wo in den Städten zwei Drittel der Selbständigen Dienstboten hatten, im Gros der kleinen und mittleren Selbständigen ihrer Branche untergehen. Ähnliches gilt auch für die Selbständigen im Verkehrssektor, vor allem aber im Handel und Bankwesen, wo gesamthaft aber immerhin knapp dreissig Prozent, in den Städten sogar 38 Prozent die Normen bürgerlicher Lebens- und Haushaltsführung voll erfüllten.[201] Mit 38 und 44 Prozent wiesen unter den Selbständigen die freiberuflich Tätigen in Wissenschaft, Rechtsvertretung, Erziehung und Kunst den höchsten Grad an Bürgerlichkeit auf.

Tabelle 36        **Haushalte mit Dienstboten in der Stadt Zürich um 1894.** 203

| Erwerbszweig/berufliche Stellung des Vorstandes | Total Haushalte | Haushalte mit Dienstboten absolut | % | 2 % | 3 u.mehr % |
|---|---|---|---|---|---|
| **Arbeiterschaft** | **8690** | **316** | **3,6** | **0,03** | **0,01** |
| Taglöhner, andere Dienste | 724 | 35 | 4,8 | 0,3 | 0,1 |
| Fabrikarbeiter/in | 2245 | 49 | 2,2 | 0,04 | |
| Textilarbeiter | 725 | 22 | 3,0 | | |
| Nahrung / Bekleidung | 554 | 23 | 4,2 | | |
| Bauarbeiter | 1604 | 48 | 3,0 | | |
| Metall/Maschinen | 1300 | 54 | 4,2 | | |
| Typographen | 389 | 24 | 6,2 | | |
| Übrige gewerbliche Arbeiter | 1149 | 61 | 5,3 | | |
| **Angestellte/Beamte** | **4214** | **744** | **17,7** | **1,4** | **0,2** |
| Niedere Handelsangestellte | 390 | 21 | 5,4 | | |
| Verkehrspersonal | 977 | 33 | 3,4 | 0,2 | |
| Verwaltung Bahn/Post/Verkehr | 418 | 67 | 16,0 | 0,2 | 0,5 |
| Öffentliche Verwaltung | 605 | 116 | 19,2 | 3,6 | 0,3 |
| Kaufmännisches Personal | 1591 | 432 | 27,2 | 1,7 | 0,3 |
| Technisches Personal | 233 | 75 | 32,2 | 2,1 | 0,4 |
| **Bäuerliche Selbständige** | **520** | **204** | **39,2** | **10,4** | **8,3** |
| **Bürgerliche Selbständige** | **9096** | **3523** | **38,7** | **5,6** | **1,3** |
| Versch. Gewerbetreibende | 728 | 140 | 19,2 | 0,5 | 0,1 |
| Bekleidungsgewerbe | 1641 | 130 | 7,9 | 0,3 | |
| Baugewerbe ohne Baumeister | 440 | 66 | 15,0 | 1,4 | |
| Metall, Maschinen | 440 | 125 | 28,4 | 1,1 | |
| Graphisches Gewerbe | 172 | 69 | 40,1 | 6,4 | 0,6 |
| Nahrungsmittelgewerbe | 454 | 239 | 52,6 | 6,2 | 1,5 |
| Kost- und Logisgeber | 410 | 150 | 36,6 | 2,7 | 0,7 |
| Gastgewerbe | 724 | 464 | 64,1 | 4,8 | 1,1 |
| Fuhrhalter | 132 | 39 | 29,5 | 9,1 | 6,1 |
| Gross- und Kleinhandel | 1756 | 800 | 45,5 | 6,7 | 1,1 |
| Freie Berufe | 1269 | 659 | 51,9 | 11,1 | 1,7 |
| Bankiers, Versicherung u.ä. | 485 | 289 | 59,6 | 9,1 | 2,9 |
| Baumeister/Architekten | 191 | 131 | 68,6 | 9,9 | 3,7 |
| Fabrikbesitzer, -direktoren | 254 | 222 | 87,4 | 27,2 | 12,1 |
| **Berufslose Vorstände** | **3091** | **932** | **30,2** | **5,8** | **1,6** |
| **Total** | **25 611** | **5719** | **22,3** | **3,1** | **0,9** |

Noch mehr ist dies der Fall, wenn, soweit dies möglich ist, nach einzelnen Berufsgruppen aufgeteilt wird. So verfügten von den Advokaten und weiteren Interessenvertretern über siebzig Prozent, in den Städten gar knapp neunzig Prozent in ihrem Haushalt über mindestens ein Dienstmädchen. Bei den Selbständigen im Gesundheitswesen lagen die Werte, allerdings nur infolge des relativ hohen Frauenanteils (Hebammen, Krankenpflegerinnen), deutlich tiefer. Bei den Ärzten allein, eingeschlossen die Medizinprofessoren, kamen nämlich auf 100 Erwerbstätige 116 Dienstboten, was darauf hinweist, dass in Arzthaushalten öfters zwei und mehr Dienstboten beschäftigt waren. Eher am Rande oder ausserhalb des Bürgertums befanden sich dagegen die Angehörigen von künstlerischen Berufen, von denen ähnlich wie bei den mittleren und kleinen Staatsangestellten lediglich rund 15 Prozent auf ein Dienstmädchen zählen konnten. Tiefer als erwartet ist die Hausgesindehaltung bei den Rentnern, wo gesamthaft weniger als ein Drittel, in den Städten aber doch knapp die Hälfte häusliches Gesinde hatten. Dies hängt vor allem damit zusammen, dass mehr als die Hälfte Frauen waren, die, wie auch die Rentner, nicht immer einen eigenen Haushalt führten.

Als Merkmal der Zugehörigkeit zum Bürgertum und als Gradmesser für Bürgerlichkeit gelangt die Hausgesindehaltung aber erst voll zur Wirkung, wenn sie nicht bloss mit den Erwerbs- und Berufstätigen, sondern mit der eigentlichen Klasseneinheit der bürgerlichen Gesellschaft, mit Familie und Haushalt in Beziehung gebracht werden kann. Entsprechend aufbereitetes oder aufbereitbares statistisches Material liegt nur für die Stadt Zürich vor, wo in der städtischen Volkszählung von 1894 anlässlich der Stadtvereinigung Familie und Haushalt nicht nur bei der Erhebung, sondern auch in der Auswertung eine statistische Einheit bildeten.

Gesamthaft hatten in Gross-Zürich etwas mehr als ein Fünftel (22 Prozent) aller Haushalte Dienstboten, drei Prozent verfügten über zwei und knapp ein Prozent über drei und mehr Dienstboten. Aufgrund der Ausstattung mit Dienstpersonal – Dienst- und Kindermädchen, Köchin, eventuell einem Diener – vermochten also höchstens vier Prozent der Haushalte einen gutbürgerlichen oder gar vornehmen Lebensstil zu pflegen. Meist handelte es sich dabei um Haushalte von Rentnern, Unternehmern in Handel und Industrie sowie um Angehörige freier Berufe.[204] Vom Beruf des Haushaltsvorstandes her gesehen, gehörte etwas mehr als ein Fünftel der Haushalte mit Dienstpersonal nur bedingt (Angestellte, Bauern) oder gar nicht (Arbeiterschaft) zu den bürgerlichen Bevölkerungsschichten. Unter den Bauernfamilien hatten vierzig Prozent eine Dienstmagd. Bei den Angestelltenfamilien waren es 18 Prozent, wobei von den Haushalten kaufmännischer Angestellter mehr als ein Viertel, beim technischen Personal sogar knapp ein Drittel ein Dienstmädchen besass. Selbst einige wenige Familien aus der Arbeiterschaft, knapp vier Prozent, erreichten in ihrer Lebenshaltung einen gewissen Grad an Bürgerlichkeit. Wiederum gross sind die Unterschiede bei den Selbständigen, von denen knapp vierzig Prozent der Haushalte über mindestens ein, sechs Prozent gar über zwei Dienstmädchen verfügten. Überdurchschnittlich viele Haushalte mit Dienstpersonal gab es im Nahrungsmittel- und Gastgewerbe, im Klein- und Grosshandel, vor allem aber bei den Freiberuflichen sowie den übrigen Angehörigen des Wirtschaftsbürgertums, den Bankiers, Baumeistern und industriellen Unternehmern. In diesen wirtschaftsbürgerlichen und freiberuflichen Kreisen befanden sich auch die meisten Haushalte und Familien mit zwei, drei und mehr Dienstboten.

Zusammenfassend lässt sich festhalten, dass die Schicht, die einen gutbürgerlichen oder bis zu einem gewissen Grad einen seigneurialen Lebensstil pflegte, nicht einmal ein Prozent der Haushalte umfasste. Nebst Kaufleuten, Unternehmern der Industrie und des Baugewerbes, Direktoren von Banken und Versicherungen gehörten auch einige Vertreter freier Berufe sowie ein paar wenige hohe staatliche Beamte und Magistrate sowie Direktoren von grossen Unternehmen und Gesellschaften zu diesem Grossbürgertum an der Spitze der Gesellschaft.

## 3 «Bourgeoisie» und «Bourgeoisie des talents»: Die wirtschaftliche Konstituierung

Wie die Analyse der Erwerbs- und Sozialstruktur anhand sozialökonomischer Dimensionen und Merkmale wie Selbständigkeit, Erwerbstätigkeit, Berufszugehörigkeit, Dienstboten, Vermögen und Einkommen sowie rechtlich-sozialer Herkunft gezeigt hat, umfasste das Bürgertum die verschiedensten Sozial- und Berufsgruppen mit unterschiedlicher Markt- und Klassenlage und infolgedessen auch mit einem teils recht breiten Vermögens- und Einkommensspektrum. Von seiner wirtschaftlichen Basis her bildete es keine einheitliche Klasse, sondern es zerfiel in verschiedene Fraktionen. Gemeinsam waren den verschiedenen bürgerlichen Besitz- und Erwerbsklassen privilegierte Erwerbschancen aufgrund von Besitz und Vermögen und/oder von bestimmten Leistungsqualifikationen und ein Interesse an einer möglichst freien Verfügungsgewalt über Produktionsmittel, Kapital und Arbeit und sowie einer möglichst uneingeschränkten Verwendung des Einkommens. Doch ausser in Grundsatzfragen der Wirtschafts- und Gesellschaftsordnung genügten diese gemeinsame Interessen noch nicht, um nicht nur gleichgerichtetes, sondern auch gemeinsames politisches und soziales Handeln entstehen zu lassen. Denn aufgrund ihrer sozialstrukturellen Basis hatten sie höchst unterschiedliche Interessen und verfolgten deshalb zur Sicherung und zum Ausbau ihrer sozialen Stellung auch höchst unterschiedliche Strategien. Die einen setzten mehr auf die Aneignung von «Marktchancen», die anderen mehr auf Professionalisierung und Bürokratisierung und die damit verbundene Aneignung von «Kompetenzchancen». Eine gemeinsame wirtschaftliche Vergesellschaftung dieser Fraktionen ist unter diesen Bedingungen kaum zu erwarten oder zumindest alles andere als selbstverständlich. Es erscheint daher zunächst einmal plausibler, auf wirtschaftlicher Ebene von der Vergesellschaftung unterschiedlicher «Bürgertümer» auszugehen, das heisst die Vergesellschaftung dieser Fraktionen zu analysieren, und ihre allfälligen Verbindungen als das Ergebnis besonderer Konstellationsbedingungen zu betrachten oder sie in anderen sozialen Räumen als der Wirtschaft zu suchen.205 Wie stark das Wirtschaftsbürgertum sowie die Bourgeoisie des talents aufgrund ihrer ökonomischen Interessenlage und Interessenartikulation zu einer sozial und politisch handelnden Klasse zusammenfanden, soll im folgenden bruchstückhaft am Beispiel des industriellen Unternehmertums als Kern des Wirtschaftsbürgertums sowie Teilen der Bourgeoisie des talents skizziert werden.206

### Die Bourgeoisie:
### Ländliches und städtisches Unternehmertum

Die starke Stellung der Bourgeoisie beruhte in der Schweiz des ausgehenden 19. Jahrhunderts zum einen auf der von ihr nach 1848 erfolgreich vorangetriebenen starken Industrialisierung, zum anderen auf der hohen Ausrichtung der schweizerischen Industrie auf den Export, die dem Handel zur Beschaffung der Rohstoffe wie vor allem zur Organisation weltweiter Absatzmärkte eine Schlüsselrolle zuwies. Aufgrund ihrer Kapitalmacht und ihrer gesamtwirtschaftlichen Bedeutung nahmen die Unternehmer und Kaufleute der wichtigsten Industrie- und Exportzweige, der Textilindustrie, der Metall- und Maschinenindustrie, der Uhrenindustrie, zunehmend auch der Chemie und der Elektroindustrie, eine Vorrangstellung ein. Über direkte Kapitalbeteiligungen und Einsitz in den Verwaltungsrat, über allgemeine geschäftliche und verwandtschaftliche Beziehungen waren sie auch mit den Grossbanken, den Eisenbahn- und Versicherungsgesellschaften eng verbunden.207 Besitz und Verfügungsmacht über Kapital konzentrierten sich in der Folge beim industriellen und kaufmännischen Unternehmertum, bei hohen Managern der Versicherungs- und Bankenbranche sowie bei Privatbankiers und vermöglichen Rentiers. Zu den wirtschaftlich potenteren Kreisen gehörten zunehmend auch Bauunternehmer und Architekten. Sie profitierten aufgrund der gegen Ende des Jahrhunderts einsetzenden räumlichen Konzentration von Teilen der Industrie sowie vor allem des Handels und der Dienstleistungen und der damit verstärkt einhergehenden Urbanisierung vom Ausbau der städtischen Infrastrukturen sowie vor allem auch vom expandierenden Geschäfts- und Wohnungsbau.

Die Grundlage der sozialen Stellung und des gesellschaftlichen Einflusses der Bourgeoisie ergab sich vornehmlich aus der Verwertung von Gütern und Kapital auf dem Markt, das heisst den «Marktchancen» (Lepsius). Unmittelbar wie keine andere Bevölkerungsgruppe profitierte sie von der kapitalistischen Marktwirtschaft, der ihr neue Marktchancen und sie wirtschaftlich

selbständig machte. Auch ihre wirtschaftliche Vergesellschaftung war eng mit
der Entwicklung des Kapitalismus verbunden, die im wesentlichen zunächst
wenigstens auf dem gemeinsamen Interesse an der Marktöffnung und Marktkontrolle beruhte. Dazu traten gemeinsame Interessen an der Kontrolle über
die Rahmenbedingungen ihrer Marktchancen, an der Selbstgestaltung der Ver-
tragsbeziehungen, insbesondere der Arbeitsbeziehungen, und ihrer rechtlichen
Sanktionierung. Gemeinsames Interesse hatten sie aber auch an der maximalen
Autonomie in der Kombination der Produktionsfaktoren und der Bestimmung
der Kosten dieser Faktoren sowie der Externalisierung der Kosten für die Voraussetzungen und Folgen der Wirtschaftstätigkeit. Neben verbindenden gab es
jedoch auch stark trennende Interessen. Unterschiedliche Marktchancen und
Zielbestimmungen – gerade auch was die Marktfreiheit betraf, die ja gegen
Ende des 19. Jahrhunderts durch Risiko- und Konkurrenzbeschränkungsstrate-
gien der Unternehmer selbst sowie durch nationalstaatliche Interventionen
im Zeichen des «organisierten Kapitalismus» immer massiver eingeschränkt
wurden – trennten die Bourgeoisie immer wieder neu und unter verschiedenen Vorzeichen in Fraktionen, zum Beispiel in das Handels-, Banken- und
Industriebürgertum oder nach Branchen und der Ausrichtung ihres Absatzes.
Die gegenseitige Konkurrenz vermochte darüberhinaus auch innerhalb der
verschiedenen Fraktionen und Gruppen erhebliche Zentrifugalkräfte zu entwickeln, die ebenfalls eine wirtschaftliche Vergesellschaftung erschwerten
oder gar verhinderten.208 Dazu kam, gerade in der Schweiz, der starke regionale Partikularismus sowie der Stadt-Land-Gegensatz, die es für eine Vergesellschaftung auf überregionaler Ebene zu überwinden galt. Denn Industrialisierung und wirtschaftliches Wachstum wurden im späten 18. und im
19. Jahrhundert in der Schweiz zwar auch von grösseren Städten wie Basel und
Genf, Zürich und St. Gallen und ihrem kaufmännischen Unternehmertum,
das teilweise mit Handels- und Produktionsmonopolen ausgestattet war, getragen, vor allem aber auch vom Land und einigen Kleinstädten.

Das innovative und dynamische industrielle Unternehmertum bestand
denn auch in der Schweiz bis Ende des 19. Jahrhunderts zu einem grossen Teil
aus ländlich-dörflichen sowie landstädtischen Unternehmern. Schon mit
der Protoindustrialisierung hatte sich in manchen Kantonen oder Regionen
(Appenzell Ausserrhoden, St. Gallen, Thurgau, Glarus, Aargau, Jura) und Städten wie Winterthur oder Aarau ausgangs des 18. Jahrhunderts ein potentes
ländliches und kleinstädtisches Unternehmertum aus Verlegern, Manufaktur-
besitzern und Kaufleuten ausgebildet; mit der fortschreitenden Industrialisierung im Laufe des 19. Jahrhunderts erfuhr dieses Unternehmertum eine
rasche und starke Verbreiterung, jetzt vor allem auch auf der ehemals untertänigen Landschaft und ihren Kleinstädten. Herausragende Beispiele dafür
sind in der ersten Hälfte des 19. Jahrhunderts das Zürcher Oberland und die
Zürcher Seegemeinden, wo der Aufschwung der Baumwollindustrie beziehungsweise der Seidenindustrie in hohem Masse von einem neu sich bilden-

den Unternehmertum getragen wurde, oder das Toggenburg mit seiner Buntweberei und die ganze Ostschweiz mit ihrer Stickereiindustrie. Ähnliches gilt
aber auch für die Strohindustrie im Aargauer Freiamt, die Uhrenindustrie im
Jura oder die Oberaargauer Leinenindustrie, nicht aber für die Basler Seidenbandweberei, die in den Händen der baselstädtischen Unternehmer konzentriert blieb. Das Kapital beschafften sich die ländlich-dörflichen oder kleinstädtischen Verleger und Fabrikunternehmer weitgehend über die Selbst-
finanzierung oder auf persönlich vermittelter Basis, das heisst auf Ersparnissen
der Gründer, der Familie und Verwandtschaft, auf Fremdkrediten aufgrund
familiärer oder persönlicher Loyalitäten, aber auch aufgrund von Marktbezie-
hungen, durch Beteiligung finanzkräftiger Partner sowie durch entsprechende
Heiratsallianzen. Dazu traten noch gegenseitige Kredite. Eine gewisse Rolle
spielten besonders nach 1830, wenigstens in der mechanischen Spinnerei, auch
Bank- und Handelshäuser der Basler und Zürcher Finanzaristokratie, die zum
Teil nicht nur passiv als Geldgeber, Rohstofflieferanten und Abnehmer der
Endprodukte auftraten, sondern sich auch aktiv an der Gründung von Fab-
riken beteiligten. [209]

Das neue industrielle Unternehmertum rekrutierte sich sozial und
beruflich weitgehend aus Verlegern und Fabrikanten der Verlagsindustrie
sowie weniger, aber auch, aus Kaufleuten, aus der gewerblichen Ober- und
Mittelschicht der Dörfer und Kleinstädte, zu einem geringen Teil auch aus
bäuerlichem Milieu oder unteren Schichten sowie dem Stadtbürgertum
einzelner Städte wie St. Gallen, Zürich, Basel und Genf. So waren zum Beispiel von den 84 im Zürcher Glattal von 1811–1850 tätigen Spinnereiunter-
nehmern 44 Prozent vorher als Verleger oder Händler tätig gewesen, 16 Prozent stammten als Söhne von Unternehmern bereits aus diesem Milieu, elf
Prozent waren Wirte oder andere Ehehaftenbesitzer. [210] Im Kanton Glarus
waren sogar 75 Prozent der Tuchdruckerei-, Spinnerei- und Webereiunterneh-
mer von ihrer beruflichen Herkunft her Verleger, Drucker oder Kaufleute. Die
meisten stammten also bereits aus dem unternehmerischen Milieu. 13 Prozent
waren Wirte oder Händler, zehn Prozent kamen aus dem Arbeitermilieu, vor
allem unter den Druckereiunternehmern gab es einige ehemalige Tuch-
drucker. Sehr erfolgreich waren sie allerdings nicht, denn das einzige, was sie
mitbrachten, war ein gewisses Fachwissen. [211] Angehörige der unteren Mittelschicht und noch mehr der Unterschicht standen vor kaum überwindbaren
Hindernissen. Zum allgemeinen Handicap der sozialen Herkunft und ihrem
Mangel an Besitz, Kapital und Kreditwürdigkeit kam die ganz fehlende oder
dann nur sehr rudimentär vorhandene Bildung und Ausbildung. Es fehlten
ihnen Kenntnisse kaufmännischer oder fachlicher Art, persönliche Beziehungen zu möglichen Geldquellen und zu Kaufleuten, die sie für die Beschaffung
der Rohstoffe und den Absatz so notwendig brauchten. Im Vergleich zur zweiten Hälfte des 19. Jahrhunderts scheint aber immerhin in der ersten Hälfte der
Zugang ins Textilunternehmertum doch noch relativ offen gewesen zu sein.

Nach 1850 spielte dann in Handel und Textilindustrie, weniger in der Maschinenindustrie, die Eigenrekrutierung eine immer grössere Rolle. Stammten von 1800–1850 im Kanton Glarus 66 Prozent der Textilunternehmer aus dem Industriellenmilieu (Verleger, Kaufmann), so waren 1850–1900 87 Prozent der Unternehmer Söhne von Verlegern, Fabrikunternehmern und Kaufleuten. Von jenen, die sich 1870–1900 als Unternehmer betätigten, rekrutierten sich sogar 90 Prozent aus dem Unternehmertum. Es erfolgte hier eine eigentliche soziale Abschliessung, neue Unternehmer kamen praktisch nur noch durch Einheirat dazu. [212] Auch im Glattal stammten 1840–1920 90 Prozent der neueinsteigenden Textilindustriellen aus der Ober- oder Mittelschicht, davon waren 67 Prozent von ihrem Beruf oder ihrer Ausbildung her Kaufleute. In der Maschinenindustrie mit ihren teilweise sehr kleinen Betrieben war dies jedoch anders, hier rekrutierten sich 78 Prozent aus gewerblich-handwerklichem Milieu. [213] Die Unterschiede zwischen der Textilindustrie und der Maschinenindustrie rührten vor allem daher, dass technologisches Wissen und Können wichtiger als kaufmännisches Know-how waren. Handwerker und Techniker hatten deshalb eher eine Chance einzusteigen und dann über zwei Generation möglicherweise ein grösseres Unternehmen aufzubauen. Ähnliches gilt in bezug auf die soziale Herkunft für die Ostschweizer Unternehmer, die Unternehmer der Zürcher Seiden-industrie, aber auch der Uhrenindustrie. Der Ein- und Aufstieg scheint auch in diesen Industriezweigen in der ersten Hälfte des 19. Jahrhunderts leichter gewesen zu sein als nach 1850, als sich die Unternehmer zusehends abschlossen, vor allem in jenen Industriezweigen, die schon seit längerer Zeit die schweizerische Wirtschaft prägten. In neuen Wachstumsbranchen in Gewerbe, Industrie und Handel scheinen dagegen, wie dies gerade auch die Maschinenindustrie belegt, die Ein- und Aufstiegsmöglichkeiten relativ gross gewesen zu sein.

Zwar gab es durchaus einige wenige Unternehmer, die in einer Generation einen enormen wirtschaftlichen und sozialen Aufstieg machten, dies war jedoch alles andere als der Normalfall. Die These, dass es mit der Mechanisierung und dem Aufkommen des Fabriksystems einer breiten Schicht von kleinen Unternehmern aus bescheidenen Anfängen heraus gelang, ihre Betriebe zu vergrössern und damit einen Aufstieg zu vollziehen, ist falsch. Die oft als Beispiele für Aufsteiger genannten Unternehmer der mechanischen Spinnerei hatten es durchwegs schon vor ihrem Engagement in diesem neuen Industriezweig zu Wohlstand und Ansehen gebracht: «Die Chance des kleinen Mannes, durch Aktivitäten im modernen Sektor den sozialen Aufstieg zu schaffen und sich bis zu den Grössten in der Industrie emporzuarbeiten, bestand eher in der liberalen Wunschvorstellung vom Unternehmer als in der Realität der Frühindustrialisierung.» [214] Dies gilt für Heinrich Kunz, den Spinnerkönig, genauso wie für Caspar Honegger, den Gründer der Maschinenfabrik Rüti. Meist gingen Aktivitäten im Verlagswesen oder im Gewerbe voraus. Nur wer klein, aber mit genügend Mitteln begann, war erfolgreich. Nur den technisch orientierten Unternehmern, die sich selbst mit dem Bau und der Verbesserungen der Maschinen befassten und deshalb als Mechaniker bezeichnet wurden, sowie den wohlhabenden Verlegern und Müllern, die für ihre Spinnereien die besten verfügbaren mechanischen Werke konstruieren und erbauen liessen, gelang der Aufbau von grösseren, dauerhaften und erfolgreichen Betrieben. In der Gründungszeit der mechanischen Spinnereien war die Mobilität der Firmen zwar hoch, aber vor allem nach unten.[215] In der Regel vollzog sich der geschäftliche und soziale Aufstieg über mindestens zwei Generationen, selbst dann wenn der Unternehmensgründer im Verlagssystem tätig gewesen war oder aus der gewerblich-bäuerlichen Ober- oder Mittelschicht stammte, wie dies bei der überwiegenden Mehrheit der Fall war.

Dies gilt zum Beispiel auch für das industrielle Unternehmertum des Toggenburgs. Hier gingen die wichtigsten Impulse zum Aufbau mechanischer Webereien in der bunten Baumwollweberei, damals einer der grössten Exportzweige der Schweizer Wirtschaft, nicht von den grossen Unternehmern und Unternehmen im Zentrum, dem mittleren Toggenburg, sondern eher von Unternehmern in der Peripherie aus, die zwar bereits im Verlagsgeschäft tätig waren, aber weder über grosse Verlage noch über generationenlange oder doch langjährige, eigene Erfahrungen in der Verlagsindustrie verfügten. Sie errichteten in den fünfziger Jahren die ersten fünf mechanischen Webereien, eigentliche Pilotfabriken, in denen getestet wurde, welche Produkte mit welchem Personal auf welchen Webstühlen hergestellt werden konnten[216]. Die führenden Fabrikanten stellten dagegen auf die mechanische Produktion erst um, als die Maschinenfabriken so weit waren, einen der Buntweberei angepassten Webstuhl liefern zu können, als der ökonomische Nutzen der neuen Technologie gesichert war und als die Maschinen ohne weitere grössere Entwicklungskosten eingekauft und adaptiert werden konnten. Auch warteten sie solange, bis sich mit der Erschliessung neuer Märkte in Süd- und Ostasien ab Ende der fünfziger Jahre auch hervorragende Absatzaussichten auftaten. In den Gründerjahren 1864/65 wurden über zehn mechanische Webereien in Betrieb genommen, 1869 war die Mechanisierung bereits weitgehend abgeschlossen.[217] Von den 1857 im Toggenburg gezählten 142 Fabrikationsfirmen gründeten jedoch lediglich 13 eigene mechanische Buntwebereien. Nachdem schon seit den dreissiger Jahren durch die Angliederung von vor- und nachgelagerten fabrikmässig organisierten Produktionsstätten und den Aufbau einer kaufmännischen Absatzorganisation, die einen enormen Aufwand an Betriebs- und Umlaufkapital erforderten, ein Konzentrationsprozess eingesetzt hatte, erfolgte durch die Mechanisierung unter den Unternehmen wie Unternehmern eine neue Selektion. Da nur die grösseren Unternehmen und Fabrikanten genügend Eigenkapital und Kreditwürdigkeit besassen, waren schätzungsweise vier Fünftel der Fabrikanten von vornherein vom Übergang zum Fabriksystem ausgeschlossen.[218]

Bis Mitte des 19. Jahrhunderts hatte das neue industrielle und kaufmänni-

sche Unternehmertum mindestens wirtschaftlich eine der städtischen Finanz-
und Handelsaristokratie ebenbürtige und von ihr zunehmend unabhängige
Stellung erlangt. Ungehindert durch eine staatliche Bürokratie und in Übereinstimmung mit den übrigen liberalen Kräften auch weitgehend im Besitz der
politischen Macht, baute es seine Stellung in der um 1850 einsetzenden Phase
wirtschaftlichen Wachstums weiter aus und gewann unter an-derem durch die
Lösung der Finanzierung des Eisenbahnbaues und die Schaffung eines Systems
von Investitionsbanken auch an innerem Zusammenhalt. Ganz entscheidend
war in diesem Zusammenhang vor allem die 1856 erfolgte Gründung der
Schweizerischen Kreditanstalt durch Alfred Escher, in deren Verwaltungsrat
jeweils die verschiedenen branchenspezifischen und regionalen Unternehmer-
kreise der Nord- und Ostschweiz vertreten waren.[219] Aber auch kleinere Banken wie zum Beispiel die 1863 gegründete Toggenburger Bank führten die
Unternehmer zusammen und trieben auf der Grundlage «rational motivierter
Interessenverbindung» deren «Vergesellschaftung» (Weber) voran.[220]

Die verschiedenen Kreise von ländlichen wie städtischen Unternehmern
und Kaufleute waren in der ersten Hälfte des 19. Jahrhunderts zwar geschäftlich und verwandtschaftlich, teils auch überregional, recht eng miteinander
verbunden. Formell waren sie jedoch, wenn überhaupt, nur sehr schwach oder
gar nicht organisiert. Im Gewerbe dagegen bestand teils in Fortsetzung der
aufgehobenen Zünfte schon seit Ende der dreissiger Jahre vielerorts ein recht
dichtes Netz von Vereinen, die schon 1843 den ersten Versuch machten, sich
zu einer gesamtschweizerischen Organisation zusammenzuschliessen.[221] Für
Handel und Industrie bestanden in verschiedenen Kantonen sogenannte vom
Staat bestellte und kontrollierte Handelskammern oder Kommissionen, die in
der Regel jedoch keine grosse Tätigkeit entfalteten und meist mehr eine Art
«Schattenorganisation» (Geiser) als eine effektive Vertretung der Handels- und
Industriekreise darstellten, die davon allerdings auch nicht viel erwarteten.
Dies galt in Zürich sowohl für die 1835 anstelle des Kaufmännischen Direktoriums geschaffene, unter Aufsicht des Regierungsrates stehende Handelskammer als auch für die 1831 errichtete Kommission für Handel, Industrie und
Gewerbe in Bern und deren jeweilige Nachfolgeorganisationen.[222] Sehr aktiv
war dagegen das «Kaufmännische Direktorium» in St. Gallen, das sich nach
dem Zusammenbruch der alten Ordnung in der Helvetik in eine «wohlfun-
dierte, freiwillige Handelskammer» (Wartmann) umgewandelt hatte. Es vertrat dem Kanton, später auch dem Bund gegenüber die Interessen der st. gallisch-appenzellischen Textilindustrie und unternahm zudem aus eigener
Initiative grosse Anstrengungen zur Förderung von Handel und Industrie
sowie der Banken und des Eisenbahnwesens. So führte es selbständige Verhandlungen mit Österreich wegen des Veredelungsverkehrs, versuchte in
Paris einen Handelsvertrag zu erwirken, förderte die Einführung von Textil-
maschinen aus England und entsandte zur Suche neuer Absatzgebiete für die
Ostschweizer Textilindustrie junge Kaufleute nach überseeischen Ländern.[223]

Auf freiwilliger Basis begannen sich die Kaufleute und Industriellen erst in den fünfziger Jahren allmählich fester zu organisieren, zunächst aber, wenn überhaupt, nur auf lokaler oder kantonaler Ebene. Zu einer eigentlichen Gründungswelle von von Handels-, Banken- und Industrievereinigungen kam es nach 1880, wo zwei Drittel der Vereinsgründungen dieser Zeit auf diese Vereinsart fielen.[224] In Zürich etwa schlossen sich die Kaufleute, nachdem 1835 das Kaufmännische Direktorium aufgelöst und 1850 die Handelskammer zu einer der Finanzdirektion unterstellten Kommission umgebildet worden war, 1855 im «Börsenverein Zürich» zusammen. Für kurze Zeit hatte allerdings schon um 1842 einmal ein Industrieverein bestanden. Die wichtigste Aufgabe des Börsenvereins war es, für die Kaufleute regelmässig wöchentliche Versammlungen abzuhalten und dafür Lokalitäten zu mieten sowie Abonnements auf telegrafische Depeschen zu liefern. Um die gemeinsamen Interessen des «Zürcherischen Kaufmannsstandes» gegenüber Kanton und Bund sowie innerhalb des 1869 gegründeten Schweizerischen Handels- und Industrievereines besser wahren zu können, entstand 1873 auf Initiative des Börsenvereines mit ausdrücklichem Bezug auf das Kaufmännische Direktorium und die Kaufmännische Corporation der st. gallischen Kaufleute und Industriellen die «Kaufmännische Gesellschaft Zürich». Ihr Zweck war «die Förderung der Interessen von Handel und Industrie und des Wohls der dabei beteiligten Personen, mittelst gemeinsamer Berathungen und durch Vereinigung der Einzelkräfte zu gemeinsamem Handeln». Dazu sollte «der Vorstand von Zeit zu Zeit freie Versammlungen der Mitglieder veranstalten, in denen kommerzielle und industrielle Fragen diskutiert und eventuell Resolutionen gefasst werden». Zudem fiel ihr aufgrund eines Legates die besondere Aufgabe zu, den Bau eines Börsengebäudes an die Hand zu nehmen und später dann auch dessen Verwaltung und Nutzung zu regeln. Wie dem Kaufmännischen Direktorium in St. Gallen wurde dem Vorstand ein besoldeter Sekretär beigegeben, der neben praktischen Büroarbeiten auch wissenschaftliche Aufgaben wie die Bearbeitung einer Handelsstatistik sowie die Sammlung und Pflege einer kaufmännischen Bibliothek über Handels- und Wechselrecht, Bank- und Münzwesen, Zolltarife und Handelsverträge zu erfüllen hatte. Mit der Übernahme der Börse durch die Gesellschaft löste sich der Börsenverein dann 1878 auf.[225]

Die meisten dieser als freie Interessengemeinschaften konzipierten Börsen-, Handels- und Industrievereine dienten zunächst vor allem dem gegenseitigen Austausch von geschäftlichen Informationen sowie der Besprechung von wirtschaftlichen Fragen. Oft hatten sie deshalb in ihren Anfängen auch noch einen stark geselligen Charakter. Ihre Beschlüsse waren für die Mitglieder in der Regel unverbindlich. Teilweise übernahmen sie daneben jedoch auf privater Basis schon gewisse Regelungs- und Vermittlungsfunktionen. Mit dem für Handel und Industrie in manchen wirtschaftlichen Bereichen steigenden Bedarf nach gesetzlichen Regelungen und dem damit notwendigen Aus-

bau der staatlichen Funktionen erhielt dann die eigentliche Interessenvertretung gegenüber den staatlichen Behörden in Kanton und Bund immer
mehr Gewicht. Eigentlicher Anlass zur Vereinsgründung war meist die Hoffnung, sich auf diese Weise beim Staat und in der politischen Öffentlichkeit
mehr Gehör verschaffen zu können oder das unmittelbar Bedürfnis nach
bestimmten privaten oder gesetzlichen Regelungen in Handel und Verkehr.
Unzulänglichkeiten im Kontakt zwischen staatlichen Behörden und der Geschäftswelt führten 1859 in der Waadt zur Gründung der «Société industrielle
et commerciale du Canton de Vaud». Aus den gleichen Gründen fanden sich
1865 die Genfer Kaufleute und Industriellen in der «Association commerciale
et industrielle genevoise» zusammen.[226] Im Kanton Bern bildeten Miss-
stimmigkeiten und Klagen über die Transport- und Tarifordnungen der Eisenbahnen bildeten den Anstoss zur Gründung eines kantonalen «Bernischen
Vereins für Handel und Industrie» im Januar 1860 in Burgdorf. Mit einer Petition, die gegen die «monopolisirten Transportanstalten» staatliche Eingriffe
forderte, begann er seine Aktivitäten. Auch in den nächsten Jahren standen
eindeutig Eisenbahn- und Verkehrsfragen im Vordergrund, später vor allem
Handelsfragen und gegen Ende des 19. Jahrhunderts vermehrt sozialgesetz-
geberische Fragen.[227] Wie der Berner Handels- und Industrieverein standen
auch die übrigen derartigen Organisationen nicht nur Unternehmern, Kaufleuten und Händlern aus verschiedenen Industrie- und Handelszweigen offen.
Auch andere Kreise hatten Zugang, so dass sich in manchen dieser Vereine
auch Gewerbetreibende sowie Advokaten, Professoren, Ärzte, Beamte und
Lehrer unter den Mitgliedern befanden.[228]

Im Unterschied etwa zu den Schützen-, Turn- und Gesangsvereinen
oder den Gemeinnützigen Vereinen verfügten Handel und Industrie, abgesehen von zwei gescheiterten Versuchen in den vierziger Jahren, bis um 1870
über keine gesamtschweizerische Organisation.[229] Das Kaufmännische Direktorium St. Gallen erklärte sich dies 1869 damit, «dass in dem Stande der
schweiz. Kaufleute und Industriellen das Bewusstsein der Zusammengehörigkeit gegenüber dem Ausland und der gemeinsamen Interessen viel weniger
entwickelt ist, als das Gefühl der Concurirenden und in einzelnen Fällen sich
allerdings entgegenstehenden Sonderinteressen.»[230] Die regionale Konzentration von Industrie und Handel mit ihren entsprechend unterschiedlichen
Interessen war zusammen mit dem in Handels- und Industriekreisen vorherrschenden Manchesterliberalismus sicher mit ein Grund dafür, dass in vielen
Unternehmerkreisen für einen Industrie- und Handelsverein auf nationaler
Ebene lange kein grosses Bedürfnis und Interesse bestand, und dass auch nach
der Gründung einer solchen Vereinigung noch lange starke Vorbehalte dagegen bestehen blieben. Dabei spielte auch das im Bund praktizierte Vernehm-
lassungsverfahren über die Anhörung der Kantone eine nicht unwesentliche
Rolle. Denn damit hatten die Unternehmer und Kaufleute und ihre regionalen
und kantonalen Vereinigungen die Möglichkeit, nicht nur mit direkten Einga-

ben, sondern auch über die Kantonsregierungen jederzeit ihren Einfluss auf
die Bundesbehörden geltend zu machen. Ganz abgesehen davon waren sie
ja sowohl in den kantonalen Parlamenten als auch in den eidgenössischen
Räten direkt genügend stark vertreten, um die staatliche Gesetzgebung und
die behördlichen Aktivitäten zu beeinflussen oder zu ihren Gunsten ein-
zusetzen.²³¹

   Vornehmlich die exportorientierten Kaufleute und Industriellen der
Glarner und der st. gallisch-appenzellischen Textilindustrie waren es dann, die
zur Wahrung der «wichtigsten Interessen des Vaterlandes und der einzelnen
Kantone» auf eine Vereinigung auf nationaler Ebene drängten. 1869 ergriff die
Glarner Handels-Commission, unterstützt vom Kaufmännischen Direktorium
in St. Gallen, die Initiative zur Bildung einer Vereinigung der «Industriellen
der Schweiz zur Förderung der commerziellen und gewerblichen Zwecke».²³²
Die Organisation einer ersten Konferenz der interessierten Vereinigungen zur
Beratung des Glarner Vorschlages auf den 15. November 1869 übernahm der
Bernische Verein für Handel und Industrie. Am 12. März 1870 schlossen sich
dann unter dem Namen «Schweizerischer Handels- und Industrie-Verein»
die «kantonalen und lokalen Organe des schweizerischen Handels- und
Indu-striestandes (Handels-Vereine, Börsen-Vereine, Fabrikanten-Vereine,
Handels-Kammern, Handels-Commissionen, Handels-Direktorien etc.)» zu
einem Verband zusammen mit dem Zweck, «solche Angelegenheiten, welche
die Interessen des gesammten schweizerischen Handels- und Industrie-Standes
berühren, gemeinschaftlich zu beraten und zu vertreten.»²³³ Wie der Glarner Grosskaufmann Peter Jenny (1800–1874) in seinem Eintrittsreferat über
Ziel und Zweck des zukünftigen Vereins erklärte, sollte dieser vor allem im
Abschluss von Handelsverträgen mitwirken sowie auf Fragen des Zoll- und
Eisenbahnwesens Einfluss nehmen. Als weitere Zielsetzungen nannte er bereits die Bekämpfung von Bestrebungen, die gegen die Prinzipien des Frei-
handels gerichtet waren, sowie die Vereinheitlichung der Gesetzgebung im
Obligationenrecht.²³⁴

   Der «Schweizerische Handels- und Industrie-Verein» betätigte sich in
der Folge zunächst fast ausschliesslich mit der Vertretung der unmittelbaren
ökonomischen Interessen von Handel und Industrie gegenüber dem Bund.
Schwerpunkte bildeten das Zollwesen, Bankenfragen, das Eisenbahnwesen, die
Aussenhandelspolitik sowie nach 1874 zunehmend auch die Arbeitergesetz-
gebung. Von der Organisations- und Leitungsstruktur her handelte es sich um
eine sehr lockere Vereinigung. Die Selbständigkeit der beitretenden einzelnen
kantonalen oder lokalen Verbände wurde vor allem auf Betreiben der Vereine
in der Romandie in keiner Weise beeinträchtigt. Dies galt auch ausdrücklich
in bezug auf den direkten Verkehr mit den kantonalen und eidgenössischen Behörden. Die Leitung des Vereines übernahm auf Vorschlag des Kaufmännischen Direktoriums St. Gallen in Anlehnung an das Rotationssystem
der alten Eidgenossenschaft der jeweils für zwei Jahre gewählte, sogenannte

«Vorort», das heisst einer der angeschlossenen Vereine. Der Handels- und Industrie-Verein blieb denn auch nach der Gründung noch lange ein recht schwaches Gebilde. Die Anzahl der Mitgliedvereine stagnierte, es kam immer wieder zu Austritten und sehr viele Kantone waren noch lange überhaupt mit keiner Sektion vertreten. Und auch der Einfluss des Zentralvereins auf die Bundesbehörden hielt sich in Grenzen. 1878 gab sich der Verein ein ständiges eigenes Sekretariat, die Statutenrevision von 1881 ermöglichte zudem die Wiederwählbarkeit des abtretenden Vorortes. In der Folge blieb ab 1882 die Funktion des Vorortes bei der Kaufmännischen Gesellschaft Zürich. Auch erhielt er vom Bund nun jährlich eine fixe finanzielle Unterstützung mit der Auflage, diesen mit statistischen Unterlagen zu beliefern.[235]

Seine Funktion als Vermittlungs- und Ausgleichsinstanz der wirtschaftlichen Gruppeninteressen wahrzunehmen und so die Vergesellschaftung der Handels- und Industriekreise auf nationaler Ebene voranzutreiben, gelang dem Schweizerischen Handels- und Industrieverein jedoch auch nach dieser Reorganisation nur sehr beschränkt. Erst in den neunziger Jahren begann er sich zu einem schlagkräftigeren Instrument der Interessenvertretung zu entwickeln. Zunächst stellten ihn die zoll- und handelspolitischen Auseinandersetzungen, die sich schliesslich in einem allmählichen Übergang der Schweiz vom Freihandel über Kampfzölle zu einem gemässigten Schutzzoll niederschlugen, vor eine harte Zerreissprobe. Vor allem die neuen Fachverbände, die nach 1880 innerhalb des Vereins zunehmend an Gewicht gewannen, vertraten hier teilweise sehr unterschiedliche Positionen.[236] Die meisten unter ihnen waren selbst ein Resultat der gegen Ende des 19. Jahrhunderts sich verschärfenden zoll- und handelspolitischen Auseinandersetzungen. Der Kampf für oder gegen den Freihandel hatte nämlich unter den Unternehmern der verschiedenen industriellen Branchen das spezifische Gruppenbewusstsein anwachsen lassen und ihre bis anhin geringe Bereitschaft, sich straffer zu organisieren, erhöht. Verstärkt begannen sie sich ab Ende der siebziger Jahre aufgrund ihrer Markt- und zollpolitischen Interessenlage voneinander abzugrenzen und sich in überregional oder national organisierten Fachverbänden zusammenzuschliessen. Diese Fachverbände übernahmen vor allem auf Bundesebene die Interessenvertretung und entlasteten dadurch die einzelnen Unternehmer, deren Präsenz in den kantonalen Parlamenten und auch auf Bundesebene denn auch gegen Ende des Jahrhunderts tendenziell zurückging.

Einer der ersten branchenspezifischen Zusammenschlüsse von Unternehmern eines einzelnen Industrie- und Handelszweiges für die «gemeinsame Vertretung der Interessen» war die 1854 gegründete «Seidenindustrie-Gesellschaft des Kantons Zürich». Erklärter Zweck der Gesellschaft war die «Hebung der Seiden-Industrie in ihren verschiedenen Branchen und Förderung des Wohls der durch dieselbe beschäftigten Arbeiter».[237] Diese doppelte Zweckbestimmung zeigt, dass die Seidenindustriellen in patriarchalischer Überhöhung ihrer Tätigkeit auch als Wohltäter gesehen werden wollten. Bis Ende

der siebziger Jahre entfaltete die Gesellschaft, die sich ausschliesslich bran-
cheninternen Fragen widmete und unter anderem zur Information ihrer Mitglieder statistisches Material über die Seidenindustrie erstellte, jedoch keine
grossen Aktivitäten. Selbst die Hauptversammlungen – bis 1868 jährlich zweimal, dann noch einmal – waren meist sehr schlecht besucht, das anschliessende gemeinsame Essen etwas besser als die Versammlung.238 Unter dem
Eindruck der Grossen Depression, die auch die Zolldebatte anheizte, begann
sich dies dann zu ändern. Im Zusammenhang der Diskussion über einen
Antrag von Robert Schwarzenbach-Zeuner, einen Verein Schweizerischer Seidenstoff-Fabrikanten zu gründen, um so die besonderen Anliegen der Weberei
besser wahrnehmen zu können, forderten einzelne Mitglieder um 1887 allgemein eine tatkräftigere Interessenvertretung in Zoll- und Handelsfragen,
besonders zur Abwehr schutzzöllnerischer Begehren. Auch sollte ein ständiges
Sekretariat geschaffen werden. Die Bildung von Fachverbänden, die auf die
Auflösung der bestehenden Gesellschaft hinauslief, lehnte die Mehrheit der
Mitglieder jedoch ab, ein ständiges Sekretariat wurde 1892 aber eingerichtet.
Auch wirtschaftspolitisch wurde die Gesellschaft nun aktiver. 1891 wandte sie
sich mit einem Flugblatt an die Arbeiter und Angestellten mit der Aufforde-
rung dem vorgeschlagenen Zolltarif zuzustimmen.239 1904 entstanden mit der
Gründung des «Verbandes Schweizerischer Seidenstoff-Fabrikanten» und dem
«Verband Zürcherischer Seidenfärbereien» dann doch zwei weitere Fachver-
bände – die Seidenzwirner hatten sich schon 1882 aufgrund divergierender
Interessen in Zollfragen und im Veredelungsverkehr zu einem eigenen
Verband zusammengeschlossen. In beiden neuen Verbänden standen Arbeit-
geberfragen im Vordergrund ihrer Tätigkeit. Zu einer Kampforganisation ent-
wickelte sich unter dem Druck der Arbeiterschaft jedoch nur der Seiden-
färberverband. Schon der Anlass zu seiner Gründung war der Streik in einer
Thalwiler Färberei gewesen. Die «Herbeiführung geregelter Verhältnisse zwischen Arbeitgeber und Arbeiter» war dann auch der eigentliche Zweck des
Verbandes.240

Für die stärkere vereins- und verbandsmässige Organisierung der Han-
dels- und Industriekreise ab den siebziger Jahren spielten aber nicht nur zoll-
und handelspolitische Interessen eine wichtige Rolle. Auch Auseinandersetzungen um sozialstaatliche Massnahmen und Konflikte mit der Arbeiterschaft
förderten die wirtschaftliche Vergesellschaftung der industriellen Unternehmer. Um sich gegen Eingriffe in ihre praktisch uneingeschränkte Herrschaft
und Autonomie im Betrieb zu wehren, genügten ihnen allerdings bis in die
sechziger Jahre hinein informelle Vereinigungen. So reichte 1853 im Kanton
Zürich eine von 129 Fabrikanten unterzeichnete Petition, um aus Johann Caspar Bluntschlis Entwurf eines Privatgesetzes alle Arbeiterschutzbestimmungen
wieder zu entfernen. Und auch das Fabrikgesetz von 1859, das aus der Sicht
Johann Jakob Treichlers durch den «Schutz des Arbeiters gegen Beeinträch-
tigung seiner körperlichen und geistigen Entwicklung und Wahrung seiner

freien Persönlichkeit auch gegenüber dem Fabrikbesitzer» die Diskrepanz zwischen de jure freiem Staatsbürger und de facto wirtschaftlichem Untertan aufheben sollte, enthielt kaum Bestimmungen, die den Fabrikunternehmern wirklich wehtaten.241 Mit der demokratischen Bewegung von 1867/68 geriet in Zürich dann aber nicht nur die Herrschaft der Liberalen um Alfred Escher ins Wanken. Auch die «Fabrikherren» verloren an Macht und Einfluss. Unter dem Druck der demokratischen Bewegung und ihrer sozialstaatlichen Interventionsabsichten bauten die Baumwollunternehmer den «Verein der Spinnerei- und Webereibesitzer des Kantons Zürich», den sie 1861 zur Abstützung einer von ihnen allen gemeinsam getragenen Invaliden- und Alterskasse für Fabrikarbeiter gebildet hatten, zu einer schlagkräftigeren Organisation, dem «Zürcher Spinner- und Weberverein», aus. Zusammen mit den von ihm gelenkten kantonalen Arbeiterverein gelang es diesem ersten Zürcher Arbeitgeberverband im Jahre 1870 dann auch, das kantonale Fabrikgesetz zu Fall zu bringen. Im Kampf gegen das eidgenössische Fabrikgesetz von 1877 stand der Spinner- und Weberverein ebenfalls an vorderster Stelle – schon das Ergreifen des Referendums war von diesem Kreis ausgegangen. Der nachfolgende Versuch der Baumwollunternehmer der ganzen Schweiz, schon kurz nach Inkraftsetzung eine Revision des Gesetzes zu erlangen, festigte das Zusammengehörigkeitsgefühl noch weiter und führte 1879 schliesslich zur Gründung des «Schweizerischen Spinner- und Weberverbandes».242 Ein ähnlicher, aber nicht dauerhafter Zusammenschluss von Druckerei- sowie Spinnerei- und Webereibesitzern zur Bekämpfung von Arbeiterforderungen kam 1872 auch im Kanton Glarus zustande. Anlass dazu waren auch hier sozialpolitische Erfolge der Arbeiterschaft. Bereits der 1864 gegründete Glarner Börsenverein, dem fast alle Glarner Textilunternehmen angehörten, war unter anderem eine Reaktion auf den Fabrikarbeiterverein von 1863 gewesen, der mit seiner Forderung nach dem Elfstundentag den Anstoss zum Glarner Fabrikgesetz von 1864 gegeben hatte.243

Was sich in Glarus oder Zürich im Zusammenhang mit der Arbeiterschutzgesetzgebung abspielte, wiederholte sich auf nationaler Ebene mit dem eidgenössischen Fabrikgesetzes. Der sozialstaatlich motivierte Eingriff in ihre «Freiheit» förderte über branchenspezifische und regionale Unterschiede hinweg die Vergesellschaftung der industriellen Unternehmer zu einer sozialen Klasse, vor allem nahm ihre Bereitschaft, sich für gemeinsame Aktivitäten zu organisieren, ganz erheblich zu. Im Schweizerischen Handels- und Industrie-Verein traten in der Folge neben den bisher dominanten handels- und zollpolitische Zielsetzungen die sozialpolitischen stärker in den Vordergrund und im Abstimmungskampf um das Fabrikgesetz im Oktober 1877 stellte er sich mit an die Spitze der Opposition. Doch die harte Fraktion des Unternehmertums – es gab selbst in der Textilindustrie einige Unternehmer, die das Gesetz öffentlich befürworteten – unterlagen der Allianz der sozial aufgeschlossenen bürgerlichen Klassen mit den Konservativen und der demokratischen Linken sowie der noch schwachen Arbeiterbewegung. Damit erfuhren die Unternehmer erstmals, dass ihre Interessen – die Glarner Handels-Commission bezeichnete sie als die «wichtigsten Interessen des Vaterlandes» – mehrheitlich nicht mehr als identisch mit denen der Allgemeinheit oder der Nation betrachtet wurden, wie sie dies bisher ideologisch behauptet und wohl auch geglaubt hatten.

Ihre privilegierte Stellung geriet damit unter erhöhten Legitimationszwang, sowohl dem sozialpolitisch eingreifenden Staat als auch den übrigen Bevölkerungsklassen gegenüber. Insbesondere die liberale Unternehmerfreiheit mit ihrer praktisch uneingeschränkten Verfügungsgewalt über die Arbeitskräfte war gegenüber der tatsächlichen Unfreiheit und der nun mehrheitlich anerkannten Schutzbedürftigkeit des Arbeiters zu rechtfertigen. Die als Antwort darauf in der Öffentlichkeit nun prononcierter vertretene Arbeitgeberideologie beklagte unter Verkehrung der realen Verhältnisse die Privilegierung der Arbeiterklasse durch den Staat auf Unkosten aller anderen und stellte die Unternehmer als eine vom Staat unterdrückte Minderheit dar, deren persönliche Freiheit beschnitten worden war. Diesem Bild wurde ein Arbeiter und Bürger gegenüber gestellt, der frei und selbständig in einem von ihm selbst geschlossenen Vertrag, den er jederzeit wieder lösen kann, seine Arbeitskraft vermietet. Ganz in der Tradition des «helvetisch-calvinistischen Puritanismus» und seiner Arbeitsideologie wurde aber auch die prinzipielle Gleichwertigkeit der Arbeit von Unternehmer und Arbeiter postuliert und die gemeinschaftsbildende Funktion von Arbeit und Fleiss gepriesen. Wie die Freiheit wurde damit auch die Arbeit ohne Beachtung der unterschiedlichen wirtschaftlichen und sozialen Voraussetzungen verallgemeinert und verabsolutiert. Sozialstaatliche Interventionen wie das Fabrikgesetz führten in dieser Sicht nicht zu einem sozialen Ausgleich, sondern liefen im Gegenteil auf eine zunehmende klassenmässige Spaltung von Gesellschaft und Staat hinaus, der gegenüber das Ideal von der Einheit des Staates und der Nation entgegenzuhalten war. [244]

Wie die Auseinandersetzungen um staatliche Interventionen zugunsten der Arbeiterschaft, so konnten auch direkte Forderungen der Arbeiterschaft die Bereitschaft der Arbeitgeber, sich in branchenspezifischen Fachverbänden zu organisieren, erhöhen. Insbesondere Streiks oder Streikgefahr wirkten auf der Arbeitgeberseite mobilisierend. So schlossen sich in der ersten Streikwelle Ende der sechziger Jahre vornehmlich gewerbliche Arbeitgeber zu Abwehrorganisationen zusammen, allerdings auf rein lokaler Ebene und meist nur von vorübergehender Dauer. Der erste dauerhafte Verband, der nachweisbar der Streikabwehr diente, war der als Reaktion auf die 1867 geschaffene Streikkasse der Typographen gegründete Buchdruckerverein. [245] Für die industriellen Unternehmer dagegen war die Streikabwehr in dieser Zeit noch kaum ein Problem. Streiks gab es im industriellen Sektor praktisch keine. Und wenn, so kamen die einzelnen Unternehmer noch ohne Organisationen aus. Im Notfall mobilisierten sie die staatlichen Behörden, um streikenden Arbeitern die Aufenthaltsbewilligung zu entziehen. Eine Ausnahme war der appenzellische «Verband der Webereifabrikanten», der sich 1872 als Reaktion auf die unerwarteten, anfänglichen Organisationserfolge eines 1871 in Herisau von Heimwebern gegründeten Webervereins gebildet hatte. Der Weberverein seinerseits war eine indirekte Folge des 1871 fünf Wochen dauernden Streiks von Arbeiterinnen und Arbeitern in einer St. Galler Appreturfirma. Dieser Streik war der erste grössere Streik in der Ostschweizer Textilindustrie. Obwohl die Heimweber den nationalen Standpunkt ihrer Organisation und ihre Unabhängigkeit von den Internationalen betonten und deutlich ihren Willen bekundeten, dem Klassenkampf abzusagen und sich auf «einem ganz ruhigen und bescheidenen Wege» an die Herren Fabrikanten zu wenden, begegneten ihnen die Fabrikanten mit hartem Widerstand. 246

Schutzzöllnerische Zielsetzungen und Widerstand gegen sozialstaatliche Eingriffe sowie Abwehr von Forderungen der Arbeiterschaft wirkten oft eng zusammen, vor allem in den siebziger und achtziger Jahren war dies häufig der Fall. Beispiele dafür sind der 1877 gegründete «Verein schweizerischer Wollindustrieller» oder auch der bereits erwähnte «Schweizerische Spinner- und Weberverband». Die Unternehmer beider Verbände fanden sich zusammen, weil sie sich gegen das Fabrikgesetz wehren und sich für Schutzzölle einsetzen wollten. 247 Besonders ab Mitte der neunziger Jahre, als in der Arbeiterschaft aufgrund eines wachsenden gewerkschaftlich-organisatorischen und eines parteipolitisch-ideologisch begründeten Klassenbewusstseins die Streikneigung zunahm und sich die Auseinandersetzungen zwischen der Arbeiterschaft und Arbeitgebern allgemein verschärften, wurde die Streikabwehr der entscheidende Faktor für die wachsende Organisationsbereitschaft der Unternehmer in Arbeitgeberverbänden. Auch in schon bestehenden Verbänden entwickelte sich die Abwehr von gewerkschaftlichen Forderungen zu einer der wichtigsten Zielsetzungen. So kümmerte sich der 1883 aus zollpolitischen Interessen gegründete «Verein schweizerischer Maschinenindustrieller», der nur Betriebe mit mehr als 20 Beschäftigten aufnahm und in dem die Grossindustriellen besonders aktiv waren, ab 1897 dauernd um Streikabwehr und übernahm auch gewisse Arbeitgeberfunktionen. Für die «einheitliche Behandlung und Erledigung von Fragen, die sich auf die Verhältnisse zwischen Arbeitgeber und Arbeiter beziehen» gründeten die Maschinenindustriellen auf Anregung von Eduard Sulzer-Ziegler 1905 dann eigens einen besonderen «Arbeitgeberverband Schweizerischer Maschinenindustrieller».

Im Zentrum der Aktivitäten dieses zentralistisch organisierten und von den Grossindustriellen dominierten Verbandes standen folgende Problemkomplexe: die Stellung des Arbeitgebers in seinem Betrieb, die bei Streiks einzusetzenden Kampfmittel, die dazu benötigten Institutionen und die Mittel, die notwendig waren, um die Unternehmer zum Beitritt zu bewegen und an den Verband zu ketten. Der Verband übernahm damit wichtige Arbeitgeberfunktionen: Er erliess für alle Mitglieder eine verbindliche Muster-Fabrik-

oder Arbeitsordnung und verbot seinen Mitgliedern auch nur kleinste Änderung daran vorzunehmen. Generell untersagte er laut den Statuten von 1905 dem einzelnen Unternehmen jede Neuerung im Verhältnis zur Arbeiterschaft und forderte vom Mitglied, «mit Bezug auf Arbeiterfragen jeden Verkehr mit aussenstehenden Personen streng (zu) vermeiden». Um vom Vorteil einer kleineren Anzahl von zu organisierenden Unternehmen zu profitieren und gleichzeitig auch die einheitliche Handlungsfähigkeit des Verbandes zu sichern, wurde auf die Mitwirkung kleinerer, gewerblicher Unternehmen verzichtet. Der Verband der Maschinenindustriellen wies denn auch von allen industriellen Fachverbänden den höchsten Organisationsgrad auf. In der Folge bildeten sich in der Metall- und Maschinenindustrie zwei fest in sich geschlossene Kampfblöcke aus mit einem allerdings deutlichen Übergewicht der Unternehmer. Vereinheitlichte Interessen durch die technologische Entwicklung, aber auch auf dem Produkte- und Kapitalmarkt begünstigten die Blockbildung. Noch zusätzlich gestärkt wurde der Arbeitgeberverband durch die fortschreitende Kapitalkonzentration.[248] Eine ähnliche Vorreiterrolle im Kampf gegen die gewerkschaftlich organisierte Arbeiterschaft wie der Arbeitgeberverband der Maschinenindustrie spielte in Gewerbe und Handwerk der Baumeisterverband, der nach dem Maurerstreik von Luzern um 1897 seine Aktivitäten in der Streikabwehr verstärkte und ebenfalls wichtige Arbeitgeberfunktionen übernahm. Zusammen mit den Maschinenindustriellen, die den Metallarbeiterverband als Gesprächs- und Verhandlungspartner konsequent ablehnten, waren die Baumeister mit ihrer Parole, nie mit Streikenden zu verhandeln und keine Minimallöhne zu gewähren, hauptverantwortlich für den in der Schweiz seit der Jahrhundertwende tobenden «Klassenkampf von oben» (Gruner): «Beide bildeten ungefähr zur gleichen Zeit ein Kampfinstrumentarium aus, das für die Arbeitgeberverbände vom Jahr 1905 an symptomatisch war. Sie wirkten beide insofern als Zugpferde, als sie ihren Mitgliedern nicht nur den Nutzen des Gruppenhandelns, sondern in Form selektiver Anreize auch persönliche Vorteile boten, die ausschliesslich den Beitretenden zukamen».[249] Diese beiden Verbände zeigten den Unternehmern jedoch auch, dass der Beitritt zu einem so straff geführten Verband sie einen Teil ihres unternehmerischen Handlungsspielraumes kostete.

Doch trotz dieser Vorbilder hielt sich auch nach 1905 in verschiedenen Industriezweigen die Bereitschaft oder der Willen der Unternehmer, sich organisatorisch fester zusammenzuschliessen und zumindest im Kampf gegen die Arbeiterforderungen unternehmerische Solidarität zu üben, sehr in Grenzen. So war der 1906 gegründete «Verband der Arbeitgeber der Textilindustrie» nur wenig erfolgreich. Selbst nach intensiven Bemühungen gelang es kaum, Arbeitgeber ausserhalb der Baumwollspinnerei und -weberei zu mobilisieren, vor allem die Unternehmer der Seiden- und Stickereiindustrie liessen sich nicht zum Beitritt bewegen. Zum schwachen Organisationsgrad kam die Machtlosigkeit der Verbandsleitung gegenüber den Mitgliedern. Beides hing unter anderem damit zusammen, dass die meisten Textilunternehmer auf dem Arbeitsmarkt gut ohne Verband auskamen, dass die Textilgewerkschaften für sie keine effektive Gefahr darstellten, und dass sie ihren patriarchalischen Herr-im-Haus-Standpunkt der Arbeiterschaft gegenüber auch weiterhin ohne grosse Mühe durchzusetzen wussten.[250] Aus den gleichen Gründen bewahrten auch die «Patrons» in der Uhrenindustrie, die sich erstmals 1916 auf regionaler Ebene zu einer Arbeitgeberorganisation zusammenfanden, ihren ausgeprägten unternehmerischen Individualismus und Partikularismus. Wohl bestand in der 1876 in Yverdon gegründeten «Société intercantonale des industries du Jura», die gegen Ende des 19. Jahrhunderts in «Chambre suisse de l'horlogerie» umgewandelt wurde, ein umfassender Dachverband der Uhrenindustrie, doch dieser diente in erster Linie dazu, die handels- und wirtschaftspolitischen Interessen der Uhrenindustrie gegen aussen zu vertreten.[251]

Wie diese kurze Skizze zeigt, gingen der wirtschaftlichen Konstituierung der Unternehmer zu einer handlungsfähigen Klasse auf nationaler Ebene solche auf regionaler, kantonaler oder branchenspezifischer Ebene voraus. Im Unterschied zu zoll- und handelspolitischen Fragen, die das industrielle und kaufmännische Unternehmertum bis zur Konsolidierung des Schweizerischen Handels- und Industrievereins in den neunziger Jahren oft mehr trennten als zusammenführten und deshalb vor allem den Zusammenschluss in Fachverbänden förderten, trieb der Widerstand gegen sozialpolitische Interventionen des Staats die Vergesellschaftung der Unternehmer mehr auch über die verschiedenen Branchen hinweg voran. Gegen Ende des 19. und anfangs des 20. Jahrhunderts waren es dann vor allem die wirtschafts- und sozialpolitischen Auseinandersetzungen mit der Gewerkschafts- und Arbeiterbewegung, die auf der Grundlage gemeinsamer wirtschafts- und sozialpolitischer Interessen die industriellen Unternehmer zu einer auch organisatorisch gefestigten Orientierungs- und Handlungsgemeinschaft, einer sozialen Klasse, werden liessen. Um 1908 entstand auf Initiative der Maschinenindustriellen als oberste koordinierende Instanz der Arbeitgeberinteressen dann der «Zentralverband schweizerischer Arbeitgeber-Organisationen», dem sowohl industrielle wie gewerbliche Arbeitgeberverbände angehören konnten. Vorbild war der ebenfalls von Maschinenfabrikanten dominierte «Verein deutscher Arbeitgeberverbände». Der Hauptzweck des Dachverbandes bestand laut Statuten zum einen darin, «die Kämpfe gegen die streikenden Arbeiter bei Massenaufständen (Generalstreiks!) und den Schutz der 'Arbeitswilligen' zu koordinieren und für diesen Fall eine Rückversicherungskasse zu äufnen.» Zur Kontrolle des Arbeitsmarktes durch die Arbeitgeber war ein zentraler Arbeitsnachweis geplant sowie eine Rechtsschutzstelle. Zum anderen sollte er sich als Pressuregroup um eine arbeitgeberfreundliche Ausgestaltung der zur Beratung anstehenden Sozialgesetze bemühen.[252] Damit sollte dem 1908 reorganisierten «Schweizerischen Gewerkschaftsbund» auf Arbeitgeberseite eine organisatorisch ebenbürtige Kraft entgegengestellt werden.

Auch wenn dieser Zentralverband wie schon der Handels- und Industrieverein sowie die verschiedenen Fachverbände nur einen Teil der Unternehmer wirklich erfasste und der Organisationszwang in manchen Branchen noch immer schwach blieb, so erreichte damit die Vergesellschaftung der Unternehmer zu einer handelnden Klasse in der Schweiz doch einen ersten Höhepunkt. Sowohl ihrer Arbeiter- und Angestelltenschaft als auch dem Staat und den übrigen Klassen gegenüber traten sie nun verstärkt als organisiertes Kollektiv auf. Die individualistische Wirtschaftsordnung mit ihrer privatrechtlich gestützten, praktisch uneingeschränkten individuellen Eigentums- und Handlungsfreiheit der Unternehmer, die das manchesterliberale Wirtschafts- und Staatsverständnis so sehr dominiert hatte, wurde damit seit dem ausgehenden 19. Jahrhundert gerade auf Unternehmerseite zusehends von einem «kollektivistischen Mantel umhüllt» (Klein), der die Gewalt des Kollektivs tolerierte und rechtfertigte, gleichzeitig aber die Individualrechte nur partiell einschränkte.253

### Die Bourgeoisie des talents:
### Freie Berufe, höhere Angestellte und Beamte

Noch mehr als das Wirtschaftsbürgertum zerfiel die Bourgeoisie des talents in verschiedene Erwerbs- und Berufsgruppen. Was die Ärzte und Apotheker, die Advokaten und Notare, die Architekten und Ingenieure, die Privatgelehrten und Künstler, die Redaktoren und Journalisten, die höheren Beamten und Angestellten in der öffentlichen Verwaltung und Rechtspflege, bei Zoll, Post und Eisenbahn, die Pfarrer und Professoren der Hoch- und Mittelschulen aber gemeinsam hatten und sie auszeichnete, waren spezifische, auf dem Arbeitsmarkt verwertbare Fach- und Sachkenntnisse oder Leistungsqualifikationen. Ihre wirtschaftliche Basis und soziale Stellung war aufs engste mit der Ausweitung und Differenzierung des Bildungs- und Ausbildungswesens sowie mit der Professionalisierung254 und der Bürokratisierung verbunden. So ruhte die Basis für Stellung und Einfluss der freien Berufe prinzipiell grösstenteils auf verschiedenen «Kompetenzchancen», das heisst auf der Möglichkeit, bestimmte qualifizierte Dienstleistungen aufgrund ihrer Sach- und Fachkompetenz für sich zu monopolisieren und dadurch auf dem Markt entsprechend relativ hohe Entschädigungen zu erzielen. Im Mittelpunkt ihrer gemeinsamen Interessen standen die «Ausdifferenzierung der Professionen, ihre staatliche Anerkennung und die rechtliche Durchsetzung ihrer Monopolansprüche, die Selbstbestimmung der Zugangskriterien und der Zulassung von Professionsgenossen unter Berücksichtigung der Knappheit der Leistungsanbieter».255 Trotz ihrer mehr oder weniger hohen Abhängigkeit vom staatlichen Ausbildungs- und Berechtigungswesen, orientierten sie sich als selbständig Erwerbstätige in ihrem wirtschaftlichen Verhalten aber dennoch in hohem Masse am Leitbild des Unternehmers. Noch mehr wie die Unternehmer hatten die Freiberuflichen jedoch zum Markt, vor allem zu seinen Folgen, ein ambivalentes Verhältnis. Für den Ausbau oder die Absicherung ihrer beruflichen Stellung schwankten sie «zwischen offensiven, markterschliessenden und defensiven, abschliessenden Strategien».[256] Grundsätzlich anders war die Stellung jener Angehörigen der Bourgeoisie des talents, die beim Staat oder in öffentlichen Einrichtungen tätig waren oder eine höhere Position in der Privatwirtschaft einnahmen. Das Interesse der Verwaltungsbeamten, der Professoren und Lehrer, aber auch der leitenden und höheren Angestellten in Industrie und Handel, Banken und Versicherungen richtete sich vorerst zwangsläufig auf die Anstellungsbedingungen, die Entlöhnung und Altersvorsorge. Ziel der höheren Beamten und Angestellten war darüberhinaus die möglichst selbständige Ausübung der «Autoritätschancen» ihres Amtes.

Der Zugang zu höherer Bildung und wissenschaftlichen Berufen beschränkte sich in der Schweiz bis in die dreissiger Jahre des 19. Jahrhunderts weitgehend auf das Besitz- und Bildungsbürgertum. Ende des 18. und anfangs des 19. Jahrhunderts gehörten in den Städten die Geistlichen, die Lehrer der höheren Anstalten sowie die Ärzte zu den oberen Schichten, teilweise sogar zur Herrenschicht. Die geistliche Laufbahn als Pfarrer war selbst für Söhne aristokratischer Familien wenigstens in Zürich, nicht aber in Bern, noch durchaus standesgemäss. In einem gewissen Umfang war ein sozialer Aufstieg über Bildung aber dennoch gegeben, vor allem das Theologiestudium gewährte Söhnen aus dem kleingewerblichen Stadtbürgertum, zum Teil auch aus dem landstädtischen Besitz- und Kleinbürgertum Aufstiegsmöglichkeiten. Durch die Erweiterung des Lehrangebotes an den bestehenden Akademien gegen Ende des 18. und anfangs des 19. Jahrhunderts – Errichtung medizinischer Institute beziehungsweise juristischer Abteilungen – und deren Zugänglichkeit auch für Söhne vom Lande galt dies vermehrt auch für das Medizin- und Rechtsstudium. Die schmale Schicht von gebildeten Männern, die so in manchen Regionen in den Landstädten auch in den grösseren ländlichen Siedlungen aufkam, entfaltete erstmals in der Helvetik und dann vor allem in der liberalen Bewegung der zwanziger und dreissiger zum Teil erstaunliche politische Aktivitäten. Im Kanton Zürich etwa galt dies ganz besonders für die Landärzte, die seit 1782 infolge der Bestrebungen um eine medizinisch-wissenschaftliche Versorgung der Landschaft zuerst noch am privat geführten medizinisch-chirurgischen Institut eine wissenschaftliche Ausbildung erhalten konnten. Durch die Überwindung der zünftisch verfassten Chirurgie entwickelten sich die Zürcher Landheiler schon zu Beginn des 19. Jahrhunderts zu einem durch die Akademisierung mit wissenschaftlichen Weihen versehenen und durch staatliche Zulassungsbestimmungen geschützten neuen Berufsstand. Mit dieser frühen Professionalisierung schafften sie, allerdings entgegen dem bürgerlich-liberalen Leitbild des von staatlichen Regelungen völlig ungebundenen, freischaffenden Individuums, den Sprung zum freien Beruf. Wissenschaftliche Ausbildung und gesetzliche Regelungen der Zulassung und

Berufsausübung schlossen jedoch nicht aus, dass diese Ärzte infolge der von ihnen vorangetriebenen Kommerzialisierung des Heilens wegen ihrer Praxisorganisation, ihrer erhöhten Rechenhaftigkeit und verbesserten Buchhaltung, dem fast unbegrenzten Einsatz ihrer Arbeitskraft sowie dem Aufbau eines sozialen Gefälles zu den Kunden dem frühindustriellen Unternehmertypus recht nahe kamen. Sie waren Bildungs- und Wirtschaftsbürger in einem.[257]

Mit der Gewährung der «Studierfreiheit», der Erweiterung bestehender und der Gründung neuer Mittelschulen (Kantonsschulen, Gymnasien, Industrieschulen), der Ausweitung der Akademien zu Hochschulen durch die Liberalen verbesserte sich nach 1830 für das landstädtische Bürgertum, aber auch für das Kleinbürgertum und die ländlich-dörfliche Ober- und Mittelschicht der Zugang zur höheren Bildung und zu den sogenannten wissenschaftlichen Berufen. So entwickelte sich das Rechtsstudium beziehungsweise die Advokatur zu einem Medium des sozialen Aufstieges, allerdings nicht für Söhne aus der breiten Unterschicht und der unteren Mittelschicht, sondern vor allem für solche aus dem gehobeneren städtischen Kleinbürgertum oder auch aus der gewerblich-bäuerlichen Mittel- und Oberschicht. Nur ihnen war es möglich, und auch dann noch oft nur unter grossen Opfern, ihren Söhnen ein entsprechendes Studium zu finanzieren.[258] In Genf zum Beispiel stammten immerhin zwanzig Prozent der Advokaten aus dem sozialen Umfeld der selbständigen Handwerksmeister, der Spezialhandwerker, Kleinhändler, Volksschullehrer und mittleren Beamten. Besonders zugänglich für Söhne von kleinen Leuten war die Advokatur, als die Radikalen unter James Fazy die Anwaltstätigkeit für alle Genfer Bürger ab dem 27. Altersjahr freigaben. Nach 1863 wurde ein akademisches Studium dann wieder zur Voraussetzung. Damit verengte sich auch der Zugang wieder und die Selbstrekrutierung aus den oberen sozialen Schichten nahm wieder zu. Kamen von der Generation der Advokaten, die um 1870 aktiv waren, 58 Prozent aus der Mittelschicht und 42 Prozent aus der Oberschicht, so rekrutierten sich in der Generation von 1900, die ihren Beruf frühestens um 1876 aufnahm, 79 Prozent aus der Oberschicht und nur noch 21 Prozent aus der Mittelschicht.[259] Ähnlich war es mit dem Medizinstudium. Aus dem Landarztberuf hätte leicht ein eigentlicher Aufsteigerberuf werden können, wenn nicht die Akademisierung die Ausbildungs- und Einstiegskosten verteuert hätten und so den Zugang auf die eher bessergestellten Bevölkerungsschichten verengt hätten. Wie in der Advokatur war einzelnen aber doch der Aufstieg selbst aus Unter- und unteren Mittelschichten möglich. Auch Kandidaten mit wenig finanziellem Rückhalt hatten mit Unterstützung von Gönnern und durch Patronage Chancen, sich Zugang zum Arztberuf zu verschaffen.[260]

Mit der Einführung der Matura als notwendige Voraussetzung für immer mehr Studienrichtungen wurde der Zugang zu den freien und wissenschaftlichen Berufen ab den sechziger Jahren immer mehr formalisiert und von vorgegebenen (bildungsbürgerlichen) Bildungsstandards abhängig gemacht. Zugang zu bürgerlichen Berufen mit höherer Ausbildung hatten damit vermehrt nur noch jene, die eine Mittelschule, das heisst das Gymnasium oder, falls sie an einer Technischen Hochschule studieren wollten, die Industrieschule, besucht hatten oder sich wengistens in einer Aufnahmeprüfung, wie dies besonders beim Eidgenössischen Polytechnikum der Fall war, über ein ähnliches Wissen und eine ähnliche Bildung ausweisen konnten. Am Beispiel der Berner Hochschule soll diese Formalisierung kurz skizziert werden. An der 1834 neu gegründeten Hochschule wurde auf hemmende Eintrittsbedingungen noch weitgehend verzichtet. Es galt das Prinzip des weiten Eingangstores und der schmalen Ausgangspforte. Ein Maturitätszwang oder ähnliche Vorbedingungen für das Studium existierten nicht. Für die zukünftigen Pfarrer galt dies allerdings nur bedingt. Von seiten der dörflich-ländlichen Mittel- und Oberschichten erhielt denn auch die juristische Fakultät recht hohen Zuspruch. Ab Ende der fünfziger Jahre kam es erstmals zu ernsthafteren Bestrebungen den Zugang zu einzelnen Studienrichtungen zu erschweren. So galt ab 1861 für das Medizinstudium der Maturitätszwang. Auch von den Fürsprechern sollte in Zukunft beim Examen entweder ein Maturitätsausweis oder eine Überprüfung der Allgemeinbildung verlangt werden. Auf Intervention der Radikalen, insbesondere von Jakob Stämpfli, wurde dies 1863 nochmals verhindert, 1866 dann aber doch eingeführt. In den folgenden Jahrzehnten wurde der Maturitätszwang dann sukzessive ausgedehnt: 1883 für Gymnasiallehrer, 1888 für Apotheker und 1899 für Tierärzte. [261]

Die Mittelschulen, insbesondere die Gymnasien, wurden auf diese Weise immer ausschliesslicher zu jener Institution, die über den Zugang zu bestimmten bürgerlichen Berufen entschied. Sie setzte jene Selektionskriterien und auch jene Bildungsstandards durch, die einerseits die verschiedenen bürgerlichen Gruppen miteinander verbanden und sie andererseits von der grossen Masse abhob. Die Selektion vollzog sich jedoch weitgehend innerhalb der bürgerlichen Schichten. Denn im Unterschied etwa zu den Sekundarschulen waren und blieben die Mittelschulen aufgrund der hohen Kosten «Standesschulen», die trotz der universalistischen Bildungsideale hauptsächlich jenen Familien vorbehalten waren, die sowohl über eine gewisse ökonomische Sicherheit verfügten als auch eine gewisse Bildungstradition aufwiesen. Auch wenn sie gegen unten nicht völlig abgeschlossen waren, so erfüllten sie damit doch vor allem die Funktion, den bürgerlichen Söhnen, später auch den Töchtern, eine sozial angemessene Ausbildung mit entsprechenden Berufschancen zu sichern. Für die Industrieschulen oder Realgymnasien galt dies allerdings tendenziell etwas weniger. So stammten um 1901 über 40 Prozent der Gymnasiasten an der Kantonsschule Zürich aus akademischem Milieu, rund 52 Prozent aus wirtschaftsbürgerlichen Kreisen sowie der Beamtenschaft. Aus dem Handwerker- und Arbeitermilieu kamen lediglich sechs Prozent, der Rest waren Bauernsöhne. An der Oberrealschule, der ehemaligen Industrieschule, dagegen hatten 1904 lediglich 27 Prozent der Väter einen «geistigen Beruf»,

55 Prozent waren in Handel, Verkehr und Verwaltung tätig, 14 Prozent der
Väter waren Handwerker oder Arbeiter und fast vier Prozent stammten aus
bäuerlichen Kreisen. Noch etwas offener gegen unten war die Handelsschule
mit einem Anteil von 17 Prozent Handwerker- oder Arbeiterkindern.262

Wie sehr die höhere Bildung gegen Ende des 19. Jahrhunderts an Wertschätzung gewonnen hatte und von akademischen Kreisen entsprechend zur
Abgrenzung nach unten eingesetzt wurde, lässt sich etwa beim Berner Staatsrechtsprofessor Carl Hilty erkennen. In einem Nachruf bezeichnete er Herbert Spencer als besten Philosophen seiner Zeit und meinte bedauernd, dass
Spencer «mit etwas mehr akademischer Bildung, die ihm als einem 'selfmade-
man' abging», der legitime Nachfolger Kants hätte werden können.263 Eine
ähnliche Wert- oder doch eher Überschätzung der akademischen Bildung
findet sich auch im Nachruf auf Bundesrat Walther Hauser (1837–1902), den
Chef des Finanzdepartements: «Er war ein Mann, bei dem Einfachheit, Aufrichtigkeit, Fleiss und Treue in allen seinen Handlungen die festen Grund-
linien des Charakters bildeten. Sein einziger Fehler daneben war eine gewisse
Hartnäckigkeit, wie sie bei Autodidakten oftmals vorzukommen pflegt, die
eben durch sehr feste Vorsätze und steifes Verharren dabei höhere Bildung
ersetzen müssen, welche allein das richtige Mass und die wahre Wertschätzung aller Verhältnisse treffen lehrt.»264 Der Zürcher Demokrat Walther
Hauser hatte die Zürcher Industrieschule besucht, dann eine Lehre in väterlichen Gerbereiunternehmen gemacht, das er dann später bis zu seiner Wahl
in den Zürcher Regierungsrat um 1881 auch leitete. Dass der Zürcher Stadtpräsident Robert Billeter, der Sohn eines früh verstorbenen technischen
Direktors einer Spinnerei, nur die Sekundarschule besucht und danach eine
kaufmännische Lehre gemacht hatte, galt für einen Stadtpräsidenten als «ein
unvollkommener Bildungsgang». Umso erstaunlicher war es für seinen Bio-
graphen, Dr. Conrad Escher, dass sich Robert Billeter anlässlich des Kaiserbe-
suches, für «derartige Begegnungen wenig vorgebildet» doch «sehr geschickt»
zu benehmen wusste: «Er zeigte natürlichen Anstand und bewegte sich frei
und ungeniert, wie wenn er sich schon oft in einer derartigen Lage befunden
hätte.»265 Robert Billeter scheint sich selbst seines Bildungsmangels für eine
politische Karriere oder eine berufliche Veränderung ausserhalb des Bank- und
Handelswesens bewusst gewesen zu sein. 1886/1887 besuchte er als Redaktor
der Neuen Zürcher Zeitung einige Vorlesungen an der Universität über
Rechtswissenschaft.

Praktisch verwertbares Hochschulwissen galt allerdings, wie auch dieses
Beispiel zeigt, in der Schweiz mindestens soviel wie eine rein klassische
Bildung, im Wirtschaftsbürgertum mit seinen den Akademikern gegenüber
teilweise ausgeprägten Vorbehalten sogar oft mehr. Der Unterschied zwischen
klassisch-humanistischer Bildung und technisch-praktischer Ausbildung wurde
denn auch längst nicht so emporstilisiert, wie dies etwa in Deutschland der
Fall war. Dies äusserte sich nicht zuletzt auch daran, dass ein Studium an einer

Universität in den meisten bürgerlichen Kreisen nicht mehr als ein solches am Eidgenössischen Polytechnikum galt, und dass in Zürich Industrieschule und Gymnasium praktisch als gleichwertig eingestuft wurden. Auch der rasche Sieg der realistischen Richtungen im schweizerischen Mittelschulsystem nach der Errichtung des Eidgenössischen Polytechnikums und der im Vergleich zum deutschen Gymnasium geringere Stellenwert der alten Sprachen und die gleichzeitig höhere Berücksichtigung moderner Sprachen sowie der naturwissenschaftlichen Fächer an vielen schweizerischen Gymnasien weist in dieselbe Richtung.[266] Bereits Ende der fünfziger Jahre erreichte Alfred Escher, dass die modernen Bildungselemente (neue Sprachen, Naturwissenschaften) im Zürcher Gymnasium stärker gewichtet wurden. Zudem verhinderte er, dass neben Latein auch Griechisch in allen Klassen zum obligatorischen Fach wurde.[267] Wie die teils heftigen Auseinandersetzungen um Gymnasialreformen[268], wie zum Beispiel in Bern in den achtziger Jahren, jedoch zeigen, gab es auch in der Schweiz in akademisch gebildeten Kreisen starke Strömungen, die Latein und besonders Griechisch als Kern der humanistischen Bildung betrachteten und die beiden Sprachen als wichtiges Distinktionsmittel einsetzten. Noch wichtiger war jedoch, dass die alten Sprachen weiterhin dazu benützt wurden, die Zugänglichkeit zum Universitätsstudium und damit zu vielen freien Berufen, insbesonders auch zum Arzt und Advokaten, möglichst zu erschweren. Zum einen sollte so der angeblich drohenden Überfüllung der gelehrten Berufsarten begegnet werden. Zum anderen hofften sie, dass dadurch nur jene in der Gesetzgebung und im öffentlichen Leben eine hervorragende Rolle einnehmen und dem Staat ihre Dienste leisten könnten, die aufgrund ihrer «allgemeinen klassischen Bildung, unabhängig von der speziellen Berufsbildung», auch dazu «berufen» wären.[269] Befürworter einer stärkeren Gewichtung der modernen Sprachen und der Naturwissenschaften dagegen argumentierten nicht nur mit der Nutzlosigkeit der alten Sprachen und der Forderung nach mehr Lebensnähe, sondern auch mit der Erweiterung der Zugänglichkeit zur höheren Bildung, um so die «Standesschule», die nur die soziale Schichtung wieder reproduzieren würde, zu überwinden. Zum einen sollten deshalb die Eintrittsmodalitäten so verändert werden, dass Kinder vom Lande weniger abgeschreckt würden. Aus den gleichen Gründen sollten Latein und Griechisch in den unteren Klassen entfallen und in den oberen Klassen die Stunden dafür noch mehr reduziert werden. Zum anderen sollte die höhere Bildung aber auch attraktiver gestaltet werden. Das Ziel war die «Verbreitung der allgemeinen Kultur, welche immer noch, trotz völlig geänderter Verhältnisse, an die Kenntnis der alten Sprachen geknüpft ist und diese Kenntnis als Quelle und Bedingung der sogenannten klassischen Bildung voraussetzt, wodurch der Weg zur allgemeinen Kultur denjenigen verschlossen oder erschwert wird, welche nicht Latein und Griechisch lernen wollen und können.»[270]

Die Tendenzen und Bestrebungen, den Zugang zu den bürgerlichen

Berufen im Rechts-, Bildungs- und Gesundheitswesen, aber auch in der
öffentlichen Verwaltung sowie auch zu naturwissenschaftlichen, technischen
und wirtschaftlichen Tätigkeiten immer mehr von formalen Bildungsaus-
weisen abhängig zu machen, vergrösserte zum einen den Abstand zu den
Halb- und Nichtgebildeten, zum anderen erhöhte es die Attraktivität dieser
Berufe für die Angehörigen der alten aristokratischen Familien, zunehmend
aber auch für wirtschaftsbürgerliche Kreise. Insbesondere höhere technisch-
wissenschaftliche Berufe wie Ingenieur oder Architekt sowie das Rechtsstudium waren sowohl bei Söhnen aus aristokratisch-patrizischen Kreisen als
auch aus dem Handels- und Industriebürgertum sehr beliebt. Die Attraktivität
des Rechtsstudiums, vor allem die Ausbildung zum Advokaten hing zum einen
damit zusammen, dass sich mit der Einführung der Rechtsgleichheit die Chancen auf die Besetzung höherer Ämter in Gericht, Regierung und Verwaltung
in den grösseren Kantonen verbesserten. Zum anderen stieg durch den Aufbau
einer modernen Verwaltung und Rechtspflege zunächst auf kantonaler, später
auch auf Bundesebene die Nachfrage nach juristisch geschulten Beamten und
Politikern an. Wegen der Besetzung der Richterstellen durch politische
Wahlen behielten allerdings auch Laien in der Judikatur weiterhin eine starke
Stellung: «Der Typ des juristisch gebildeten Richters war selten, oft handelte
es sich um ehemalige Advokaten, die sich nicht nur juristisch-fachlich, sondern auch politisch und sozial legitimieren mussten, um zum Richter gewählt
zu werden.» [271] Gegen Ende des Jahrhunderts eröffneten sich Juristen zusätzlich in der Privatwirtschaft sowie in den wirtschaftlichen Interessenverbänden
neue Betätigungsfelder. [272] Die Advokatur entwickelte sich in der Schweiz zu
einem typischen Kernberuf, der mit verschiedenen anderen Tätigkeiten und
Funktionen verbunden wurde, ja der Advokat stellte in der zweiten Hälfte des
19. Jahrhunderts den «Leittypus des Funktionen und Ämter kumulierenden
Bürgers» dar. Dies drängte sich, je nach sozialer Herkunft mehr oder weniger
stark, zwar auch aus erwerbsstrategischen Motiven auf, es entsprach jedoch
auch den «personalpolitischen Wünschen und Zwängen der liberalen Eliten,
die aus machtpolitischen Gründen Ämter kumulierten», bisweilen allerdings
auch aus Mangel an geeigneten Männern der richtigen politischen Einstellung.
Mit dieser Kumulation von Tätigkeiten und Funktionen in Wirtschaft, Gesellschaft und Politik unterschied sich die neue politische Elite, in der die Juristen
beziehungsweise die Advokaten eine wichtige Rolle spielten, kaum von ihren
Vorgängern, den aristokratischen Herren, die ebenfalls eine funktionale Differenzierung ablehnten und Aufgaben monopolistisch anhäuften, in der Regel
allerdings auf den Erwerb von spezifischen Fach- und Sachkompetenzen verzichtet hatten. [273]

Die verstärkte Zuweisung spezifischer Tätigkeiten, Funktionen und
Dienstleistungen an Inhaber bestimmter Bildungsausweise in der zweiten
Hälfte des 19. Jahrhunderts erlaubte diesen aber nicht nur die Aneignung von
«Kompetenzchancen» oder «Autoritätschancen». Über die Schliessung oder

zumindest die Kontrolle des Zugangs durch formale Bildungsweise oder Fachpatente wurde nämlich gleichzeitig auch versucht, diese Kompetenz- oder Autoritätschancen abzusichern und damit die Konkurrenz bis zu einem gewissen Grade aufzuheben oder doch möglichst tief zu halten. Als eine Strategie der Regulierung des Zuganges zu Kompetenz- oder Autoritätschancen und damit der Sicherung der ökonomischen Basis war die Professionalisierung wie schon die Formalisierung des Zuganges nämlich auch eine Reaktion auf die Ausdehnung des Bildungswesen und des damit erfolgten Abbaues ständischer Bildungsgrenzen. Die damit verbundene soziale Öffnung des Zuganges zu bürgerlichen Berufen wurde durch die Professionalisierung zwar nicht rückgängig gemacht, der Zugang wurde aber wieder bestimmten, wenn möglich von diesen Berufsangehörigen selbstgesetzten Selektionskriterien unterworfen. Insbesondere die Ärzte, etwas weniger die Advokaten und Notare sowie andere freiberuflich Tätige, vermochten durch parastaatliche oder staatliche Regelung und Anerkennung ihrer Tätigkeiten, bestimmte Dienstleistungen für sich zu monopolisieren und sich ihre Leistungen damit entsprechend höher entgelten zu lassen. Ganz besonders galt dies für die Ärzte, die von allen freien, akademischen Berufen in ihren Bestrebungen zur Professionalisierung in der Schweiz am weitesten vordrangen und am erfolgreichsten waren.

Die Ausbildung der Ärzte und die Ausübung ärztlicher Tätigkeiten war in den grösseren Kantonen seit dem Ancien régime einer gewissen staatlichen Kontrolle und Regelung unterworfen und an eine staatliche Patentierung gebunden gewesen. Mit dem «Bundesgesetz betreffend die Freizügigkeit des Medizinalpersonals (Ärzte, Apotheker und Tierärzte)» von 1877 und den anschliessenden Ausführungsverordnungen wurden der Zugang, die Ausbildung und die Patentierung vereinheitlicht.[274] Damit wurde aber auch die Dominanz der Schulmedizin auf gesamtstaatlicher Ebene durchgesetzt und die privilegierte Marktlage der akademisch ausgebildeten Ärzte zu einem Zeitpunkt, wo es mit dem Ausbau der privaten Kranken- und Unfallversicherungen und der damit verbundenen Lohnfortzahlung im Krankheitsfall, mit der Entwicklung einer Pharmaindustrie und der zunehmenden Rezeptpflicht ihrer Produkte sowie infolge des verstärkten Gesundheitsbewusstseins der breiten Bevölkerung bei gleichzeitiger Zunahme der Kaufkraft immer wichtiger und lukrativer wurde, monopolistische Markt- und Kompetenzchancen zu besitzen, staatlich abgesichert.[275] 1886 wurden diese Regelungen auch auf die Zahnärzte ausgedehnt. Zwar blieb es den Kantonen nach Artikel 33 der Bundesverfassung anheimgestellt, «die Ausübung der wissenschaftlichen Berufsarten von einem Ausweise der Befähigung abhängig zu machen», doch von der damit möglichen Freigebung der ärztlichen Praxis machten in der Folge vorerst nur zwei Kantone, Glarus und Appenzell Ausserrhoden, teilweise Gebrauch. Ihre starke Stellung verdankten die Ärzte nicht zuletzt ihrer frühen Organisation in formellen Vereinigungen, zunächst auf kantonaler Ebene. So erfolgte in Bern um 1809 und in Zürich um 1810 die Gründung einer Ärztegesellschaft, die von Anfang weg auch den «standespolitischen Stosstrupp der Berufsgruppe» bildete und der Ärzteschaft ein «einheitliches Selbstbild» und eine «selbstbewusste, messianische Programmatik» vermittelte.[276] Schon 1868 gründeten die Ärztegesellschaften der Romandie einen Zentralverein, 1870 folgten ihnen dann auch die Gesellschaften der deutschsprachigen Kantone. In der 1875 gebildeten schweizerischen Ärztekommission, die sich aus Vertretern beider Organisationen zusammensetzte, verfügten die Ärzte für die Durchsetzung ihrer Interessen gegenüber dem Staat und der Öffentlichkeit über eine effiziente Pressure-group.[277]

Die durch die zunehmende Dominanz der Schulmedizin und die Professionalisierung erfolgte Aufwertung des Arztberufes verbesserte aber nicht nur die Einkommenschancen der Ärzte, sondern erhöhte gleichzeitig auch deren symbolisches Kapital und bot ihnen neue Möglichkeiten und Mittel, am Distinktionsritual des gesellschaftlichen und kulturellen Lebens teilzunehmen. Die klassische Vorbildung, die für den Zugang zum Medizinstudium mit dem Nachweis einer altsprachlichen Maturität zu erbringen war, aber auch das Staatsexamen als Ausweis eines Fach- und Expertenwissens liessen sich als Bildungsbesitz auch für die soziale Distanzierung, den soziokulturellen Prestigegewinn sowie den Zutritt in die besten Verkehrskreise einsetzen und verband so die Ärzte nicht nur mit den übrigen Angehörigen der Bourgeoisie des talents, sondern auch mit dem Wirtschafts- und Besitzbürgertum. So waren die Ärzte in der zweiten Hälfte des 19. Jahrhunderts, auf dem Lande schon früher, voll in die gesellschaftlichen Kreise der Kaufleute und Unternehmer integriert und kamen auch als Heiratspartner für Unternehmerstöchter in Frage. Auch politisch erhielten die Ärzte durch ihre professionelle Aufwertung ein höheres Gewicht und mehr Einfluss. Die wachsende Bedeutung der Volksgesundheit und die damit einhergehenden, zunehmenden sozialmedizinischen Vorbeuge- und Kontrollmassnahmen mit dem Definitionsmonopol der Ärzte über das Krank- oder Gesundsein statteten diese noch zusätzlich mit sozialen und politischen Wirkungs- und Einflussmöglichkeiten aus. Mit der Definition und Verbreitung naturwissenschaftlich und biologistisch legitimierter Deutungs- und Verhaltensmuster, an der die Ärzte mit ihren Publikationen und Vereinen auf kantonaler und nationaler Ebene in hohem Masse mitwirkten, standen sie ganz «im Dienste bürgerlicher Wert- und Verhaltensindoktrination». Die einmalige «Verbindung von Leistungs-, Bildungs- und Herrschaftswissen sowie – zwar partiell und säkularisiert, doch sekundär kanonisiert – Heilswissen»[278] machte die Ärzte innerhalb der Bourgeoisie des talents wie des gesamten Bürgertums zu einer einflussreichen Berufsgruppe mit höchster Wertschätzung. Nicht zuletzt auch deshalb, weil es ihnen trotz staatlicher Protektion und Alimentierung von verschiedensten Seiten gelang, ihre professionelle Autonomie zu behaupten und so auch dem für die bürgerliche Lebenshaltung und Wertordnung so positiv besetzten Bild des freischaffenden, selbständigen Erwerbstätigen voll und ganz zu entsprechen.

Eine so hohe Wertschätzung wie den Ärzten kam den übrigen Berufen mit akademischer Ausbildung nur bedingt zu. Hauptsächlich die akademische Laufbahn selbst war bis etwa in die siebziger Jahre für Söhne aus den oberen wie mittleren bürgerlichen Schichten nur mässig attraktiv – und für die anderen war sie unerreichbar. Mitte sechziger Jahre wurde in einer Diskussion um die Anziehungskraft der Universität in Bern auf junge Schweizer festgehalten, dass die Neigung der Schweizer eine akademische Laufbahn «zu erkämpfen und zu erdarben» gering sei. Zum einen ziehe die Politik in der Schweiz die tüchtigen Leute mehr an, zum anderen finde ein tüchtiger Mann sein Auskommen besser, wenn er nicht Professor sei.[279] Gemeint waren damit die ungenügende materielle Ausstattung, die vergleichsweise tatsächlich relativ gering war und ohne zusätzliches Einkommen kein standesgemässes gutbürgerliches Leben ermöglichte, sowie die mangelnde soziale Sicherheit (keine Pension, keine Lebenslänglichkeit[280]), aber auch das nicht so hohe soziale Prestige der Professorenwürde. Wie stark sich die soziale Stellung der Professoren von jener in Deutschland unterschied, zeigt sich auch daran, dass die in der Schweiz tätigen deutschen Professoren nach 1848 trotz ihrer häufig republikanischen Gesinnung mit ihrer anderen bürgerlichen Berufsgruppen gleichgestellten sozialen Position innerhalb der bürgerlichen Gesellschaft Mühe bekundeten und nur schwer verkrafteten, dass die Vorrechte ihres Standes hier nicht galten, dass zwischen der Republik und dem monarchischen Beamtenstaat eben gerade auch hierin eine Differenz bestand. Vor allem Professoren, die aus kleineren Universitätsstädten kamen und dort die höchste soziale Stellung eingenommen hatten, sahen sich in der Schweiz anderen bürgerlichen Schichten nicht nur gleichgestellt, sondern meist sogar untergeordnet.

Heinrich Fick (1822–1895) aus Kassel, der sich, seit 1851 in Zürich Professor für modernes Verkehrsrecht und gesuchter Anwalt in handelsrechtlichen Angelegenheiten, in der Schweiz sehr gut eingelebt hatte, strich denn auch in einem Brief an seine Mutter zuhanden eines Herren aus Königsberg, der sich die Annahme einer Berufung nach Zürich zu überlegen hatte, gerade diese grossen Unterschiede zwischen einer deutschen Residenz- und Universitätsstadt und dem republikanischen Zürich sehr stark heraus: «Dort Hof, Adel, Offiziere, Beamte als drei besondere Stände über der Bourgeoisie und dem eigentlichen Volke herrschend und in allen Kreisen des Lebens den Ton angebend. Hier von allen diesen drei Ständen auch keine Spur. Denn der hiesige Beamtenstand, bestehend aus Leuten, die, ohne Ansprüche auf Pensionen, mit einem erbärmlichen Gehalte für drei oder höchstens vier Jahre vom Volke in suffrage universel gewählt sind, steht gesellschaftlich durchaus nicht über, sondern als solcher, d. h. wenn nicht der Eine oder Andere zufällig ein reicher Mann ist oder sonst der Bourgeoisie angehört, weit unter dieser. Die Beamten verhalten sich zum souveränen Volke, d. h. zur Majorität der Stimmberechtigten, ganz ähnlich wie die Kommis zu ihren Prinzipalen.» Wohl und glücklich könne sich deshalb ein Deutscher in Zürich nur fühlen, «wer für seine

Wissenschaft begeistert ist und frei ist von der Eitelkeit, im Staate oder in der
sogenannten Gesellschaft eine Rolle zu spielen» und ausserdem wegen der
geringen Besoldung auch der Ordinarien finanziell günstig gestellt ist.[281]
Deutschen Professoren aus grösseren Städten fiel diese Gleich- oder Unterordnung leichter.[282]

In Universitätsstädten wie Zürich und Bern zeigten sich deshalb zweit-
weise Ansätze zur Abschliessung der akademischen Elite, die nicht zuletzt aufgrund der Vielzahl deutscher Professoren mit der alt- wie neubürgerlichen
Ober- und Mittelschicht sozial eher schwach verbunden war. Vor allem die
deutschen Professoren, die einen grossen Teil des Lehrkörpers stellten, waren
bis in die siebziger Jahre und darüber hinaus sozial weitgehend isoliert und
blieben auch gesellschaftlich unter sich. Schon gegen Ende des 19. Jahrhunderts scheint dies mit der höheren Attraktivität der akademischen Karriere für
die schweizerische Ober- und Mittelschicht aber nur noch sehr beschränkt der
Fall gewesen zu sein. Im wachsenden Lehrkörper verringerte sich der Anteil
ausländischer Professoren kontinuierlich, denn für die Rekrutierung wurde
nun vermehrt auf den eigenen akademischen Nachwuchs zurückgegriffen.[283]
Schon länger eng verknüpft durch familiäre, verwandtschaftliche Beziehungen
waren die Gelehrten mit der Finanz- und Handelsaristokratie in Genf und
Basel. Dank familiärer Diversifizierung oder Einheirat genossen diese auch
einen gehobenen Stand, wenn die Besoldung oder Einkünfte aus wissenschaftlicher Tätigkeit dies nicht ohne weiteres ermöglicht hätten. In Basel, der
«Gelehrtenrepublik» (His), bestand diese enge Verbundenheit der Gelehrten-
und Professorenkreise mit dem wohlhabenden Wirtschaftsbürgertum noch
anfangs des 20. Jahrhunderts, auch auswärtige Professoren wurden rasch integriert. Der gemeinsame Besuch des Gymnasiums und Pädagogiums, aber
auch Vereinigungen wie die 1835 gegründete «Freiwillige akademische Gesellschaft» und andere Vereine, wo die Wissenschafter ihre Erkenntnisse vor-
trugen oder mit Vertretern des Wirtschaftsbürgertums zusammenarbeiteten,
hatten diese Verbundenheit im 19. Jahrhundert noch verstärkt.[284]

Im Unterschied zu anderen Ländern, etwa zu Deutschland, genossen in
der Schweiz auch die staatlichen Beamten und Angestellten innerhalb der auf
besonderen Fach- und Sachkenntnissen gegründeten bürgerlichen Berufe
keine Sonderstellung. Im engeren Sinne galten die Inhaber eines öffentlichen
ständigen Amtes in der politischen Behörde, Verwaltung und Rechtspflege
als Beamte. In der eidgenössischen Staatsverwaltung wurden diejenigen als
Beamte bezeichnet, die vom Bundesrat zur Besorgung eines bestimmten
Geschäftskreises der Verwaltung und auf eine bestimmte Amtsdauer gewählt
wurden.[285] Die anderen waren Angestellte. Jakob Schollenberger definierte in
seinem Grundriss des Staats- und Verwaltungsrechts der schweizerischen Kantone Beamte als «ständige, zur Besorgung eines bestimmten Geschäftskreises
der Verwaltung oder Justiz und zur Ausübung der Amtsgewalt in demselben bestellte Funktionäre des Staates oder der Gemeinden». Die notwen-

digen Kennzeichen waren Ständigkeit, Selbständigkeit des Geschäftskreises, der Amtstätigkeit und der Kompetenzen sowie Amtsgewalt. Professoren, Lehrer und Pfarrer waren deshalb nach Schollenberger keine Beamten. Die «Gehülfen von Beamtungen» dagegen waren für ihn Bedienstete oder Angestellte. [286] Sie waren auf unbestimmte Zeit gewählt oder eingestellt worden, bekleideten aber kein eigentliches Amt und übten keine selbständige Tätigkeit aus. Die Übergänge zwischen Beamten und Angestellten waren jedoch fliessend, ja im weiteren Sinne galten auch die staatlichen Angestellten als Beamte. Damit verbunden war auch eine andere rechtliche, wirtschaftliche und politische Stellung der Beamten als etwa in Deutschland.

Die politischen Bestrebungen bei Bund wie Kantonen gingen dahin, das Entstehen einer privilegierten Gruppe sowohl von Beamten als auch von Angestellten zu vermeiden. So sollten die Beamten und Angestellten des Bundes hinsichtlich ihrer sozialen Sicherheit nicht besser gestellt sein als die übrigen Berufs- und Erwerbsgruppen. Die Beamten waren denn auch in der Regel nicht lebenslänglich und mit dem Anspruch auf eine Pension und eine Hinterbliebenenvorsorge angestellt. Sie wurden auf eine bestimmte Amtsdauer – drei, vier oder sechs Jahre – gewählt, allerdings mit sicherer Anwartschaft auf Wiederwahl, wenn keine Pflichtverletzung vorlag. Staatliche Pensionseinrichtungen kamen erst gegen Ende des Jahrhunderts langsam auf. Bis dahin blieb die Vorsorge weitgehend den einzelnen Beamten und Angestellten überlassen, die sich dazu in grosser Zahl dem 1870 gegründeten «Schweizerischen Lebensversicherungs-Verein» anschlossen. Für den Eintritt in den Staatsdienst sowie das Erreichen bestimmter Positionen bestanden keine fixen Regelungen, durch Examen belegte Befähigungsnachweise waren in der Regel nicht beizubringen. Es galten die Grundsätze der öffentlichen Ausschreibung und der allgemeinen Zugänglichkeit. Auf Bundesebene finden sich erst im Beamtengesetz von 1927 Reglementierungen, welche die Eintrittsbedingungen festlegen. Informelle Anforderungen waren zunächst vor allem Sprachkenntnisse und gute Leumundszeugnisse. Je nach Stelle wurden zusätzlich allfällige Zeugnisse über Ausbildung und Studien eingefordert. Mit der Zeit verengten sich die Anforderung bei höheren Stellen auf bestimmte Ausbildungsgänge wie Gymnasialbildung, abgeschlossene Studien literarischer oder juristischer Richtung. Bei reinen Bürostellen wurde vermehrt auf Sekundarschulbildung, gute allgemeine Bildung, gute kaufmännische Bildung Wert gelegt. [287] Die höchsten Stellen – Ämter wie Stadtrat, Regierungsrat, Bundesrat, Oberrichter sowie hohe Verwaltungsstellen – wurden entweder durch Wahlen oder dann politisch besetzt, das heisst durch Männer, die sich in der Politik heraufgedient und dort den Cursus honorum absolviert hatten. Feststehende Laufbahnregelungen mit Aussicht auf einen Aufstieg bis zu den höchsten Ämtern wie im Beamtenstaat existierten in der Schweiz nicht. Weder sozial noch rechtlich hoben sich die Beamten deshalb in der Schweiz von den übrigen sozialen Gruppen ab, sie bildeten keinen besonderen Stand. Dies galt aufgrund ihrer Stellung auch für die Lehrer der Mittel- und Hochschulen, die reformierten Pfarrer, obwohl sie teilweise lebenslänglich gewählt waren. Auch politisch, in kantonalen wie bundesstaatlichen Aktivitäten und Entscheidungsprozessen kam dem Beamtentum nicht jene Position zu wie in anderen Staaten. Viele Funktionen und Aufgaben, die andernorts von Beamten ausgeführt wurden, waren in der Schweiz ehrenamtlichen oder auch angestellten Vertretern oder Funktionären von Vereinen und Verbänden überlassen. Im wirtschaftlichen Bereich waren dies oft die Unternehmer selbst sowie vielfach auch freiberuflich tätige oder von Verbänden angestellte Akademiker (Juristen, Ökonomen), aber auch Angehörige anderer Berufsgruppen. Sie wirkten als Experten bei administrativen Aufgaben, bei der Vorbereitung neuer Gesetze und in Verhandlungen über Handelsverträge mit und waren auch an der Führung der Armee stark beteiligt.

Die geringen Unterschiede in der Stellung der staatlichen Beamten und Angestellten von jenen in der Privatwirtschaft hing im wesentlichen mit der in der Schweiz etwa im Vergleich zu Deutschland stark gebremsten Bürokratisierung zusammen, das heisst mit der viel geringeren Ausbildung und Formalisierung einer staatlichen Bürokratie oder umgekehrt mit der höheren «Selbstregierung» (Fleiner) in den Kantonen und Gemeinden.[288] Bis Mitte des 19. Jahrhunderts gab es in der Schweiz keine zentralstaatliche Bürokratie und auch auf kantonaler Ebene war die Zahl festbesoldeter Amtsstellen ebenfalls sehr gering. Ein grosser Teil der Staats-, Amts- und Rechtsgeschäfte wurde von einzelnen Bürgern oder kollegialen Behörden ehrenamtlich und unentgeltlich oder als Nebenbeschäftigung besorgt, dies galt weitgehend auch für die höchsten, politisch besetzten Ämter. Mit dem Aufbau einer modernen Rechtspflege und der allgemeinen Zunahme der Staatätigkeit stieg nach 1830 in den liberalen Kantonen auch der Zwang zur Erweiterung des Beamtenapparates. Bewusst betrieben dann die Radikalen und Demokraten die «Verstaatlichung» und «Veramtlichung» (His) der privat und ehrenamtlich betriebenen staatlichen Tätigkeiten, dies auch aus eigenen materiellen Interessen, denn als meist vermögenslose Intellektuelle und mit dem damals vielfach noch bescheidenen Erwerbseinkommen aus freier Berufstätigkeit als Anwalt oder Publizist konnten sie die wichtigen Staatsämter auf ehrenamtlicher Basis nur schwer ausüben.[289] Trotz eines gewissen Ausbaues der öffentlichen Verwaltung, der Justiz sowie von Polizei und Armee hielt sich jedoch auch in der zweiten Hälfte des 19. Jahrhunderts die staatliche Bürokratie auf Kantons- wie Bundesebene in Grenzen. So erhöhte sich die Anzahl der Beamten in der öffentlichen Verwaltung sowie der Rechtspflege zwar laut den eidgenössischen Volkszählungen von 5452 um 1870 auf 10 206 um 1900 und auf 13 367 um 1910, bezogen auf 1000 Einwohner nahm die Zahl der staatlichen Beamten damit jedoch lediglich von 2,1 auf 3,6 zu.

Die Formalisierung des Zuganges zu höherer Bildung, die Professionali-

sierung und andere Entwicklungen, wie die zunehmende Rezeption neu-
humanistischer Bildungsideale, aber auch die Wissenschafts- und Technikgläu-
bigkeit bewirkten, dass die akademische Ausbildung auch in der Schweiz ab
den siebziger, teilweise schon den sechziger Jahren für die Zuordnung des
sozialen Status immer wichtiger wurde. Akademische Rituale wie etwa die
Stiftungsfeiern schufen schon ab den fünfziger Jahren verstärkt nicht nur eine
gewisse Gemeinsamkeit zwischen Professoren, Studenten und Ehemaligen,
sondern sie führten mit der Teilnahme der gesellschaftlichen und politischen
Prominenz an den Feiern universitärer Selbstdarstellung auch zu einer gewissen Annäherung der Professoren zu den übrigen bürgerlichen Klassen. Akademische Vorträge, wie sie in Bern wie Zürich zeitweise für das «gebildete Publikum» von Professoren der Hochschulen gehalten wurden, wirkten in die
gleiche Richtung.[290] Der Besuch einer Mittelschule, das Studium und die akademischen Rituale, die Zugehörigkeit zu einer Studentenverbindung, später
zur Altherrenvereinigung, die zu jenen gesellschaftlichen und politischen
Gruppierungen und Kreisen Zugang verschafften, in denen man seine Karriere
zu machen gedachte, schufen zusätzliche verbindende Gemeinsamkeiten und
förderten den Zusammenhalt der Akademiker. Dabei dürfte die Kleinräumig-
keit der Schweiz, die fast noch überblickbare Anzahl der Studenten der
gleichen Generation – an den sieben kantonalen Universitäten und der Eidgenössischen Technischen Hochschule studierten um 1900 gesamthaft rund
8000 Studenten – diesen Zusammenhalt noch unterstützt oder doch wesentlich erleichtert haben. Dies scheint jedoch nicht ausgereicht zu haben, um aus
den beruflich und sozial zunehmend disparaten höher Gebildeten eine in sich
geschlossene soziale Gruppe oder Klasse mit eigener, bildungsbürgerlicher
Identität zu formen, zu stark waren die Verbindungen und Beziehungen zu
den übrigen bürgerlichen Klassen. Auch die zunehmende Akademisierung im
Wirtschaftsbürgertum seit den achtziger Jahren wirkte dem entgegen. Advokaten und Ärzte, Ingenieure und Architekten, Techniker und kaufmännische
Angestellte, aber auch hohe Beamte und staatliche Angestellte entwickelten
zwar eine mehr oder weniger starke eigene berufliche Identität oder ein pro-
fessionelles Bewusstsein, das sich auch früh in spezifischen Berufsverbänden
und bei den staatlichen Beamten und Angestellten auch in gewerkschaftsähn-
lichen Vereinen niederschlug. Über Beruf, Herkunft, Lebensstil, Heiratskreise,
Vereine und Politik bestanden aber nicht nur zwischen diesen bildungsbürgerlichen Berufsgruppen, sondern auch mit den wirtschaftsbürgerlichen Kreisen
starke Verbindungen und Gemeinsamkeiten. Wegen der verhaltenen Bürokratisierung und gebremsten Professionalisierung, die «wissenschaftliche Berufe»
einer relativ geringen zentralstaatlichen Kontrolle unterwarf und der Autonomie der Berufsgruppen recht viel Raum liess, blieben in der Schweiz wirtschaftliche Selbständigkeit und freie Konkurrenz viel stärker gemeinsames
Prinzip aller bürgerlichen Berufs- und Erwerbstätigkeiten als zum Beispiel in
Deutschland. Durch ihre Bildung und Ausbildung, ihre Leistungsfähigkeit, ihr

Einkommen, ihren Besitz und ihren Lebensstil sowie ihre politischen und
militärischen Ämter entsprachen sie weitgehend dem Idealbild des selbständigen oder doch mündigen und aktiven Bürgers. Dies galt nicht nur für die
Advokaten und die Ärzte, sondern auch für die Beamten und eine Minderheit
der Angestellten der Privatwirtschaft.[291]

## 4  Das städtische Bürgertum: Aristokratie, Stadtbürgertum und «neues» Bürgertum

Über Erwerbstätigkeit und Beruf, Einkommen und Vermögen lassen
sich die Markt- und Klassenlage oder die soziale Position eines Individuums,
einer Familie oder eines Haushaltes zwar weitgehend bestimmen, die individuelle oder familiäre soziale Stellung innerhalb der Gesellschaft, besonders
innerhalb der konkreten regionalen oder städtischen Gesellschaft ist damit
jedoch nicht zwangsläufig schon festgelegt. Die bürgerliche Gesellschaft war
keine reine Klassengesellschaft, in der ohne Ansehen der Person die rein ökonomisch bestimmte Klassenlage die soziale Stellung allein festschrieb, sondern
sie war auch in der zweiten Hälfte des 19. Jahrhunderts noch oder wieder,
wenn auch in unterschiedlichem Masse, von ständischen Tendenzen geprägt.
Wie Max Weber festhält, kann sich ständische Ehre durchaus an eine Klassenlage knüpfen: «Die Unterschiede der Klassen gehen die mannigfaltigsten Verbindungen mit ständischen Unterschieden ein, und der Besitz als solcher
gelangt, ... nicht immer, aber doch ausserordentlich regelmässig auf die Dauer
auch zu ständischer Geltung». Eine solche direkte Verknüpfung der ständischen Ehre mit der Klassenlage glaubte Weber selbst häufig gerade in demokratischen Gesellschaften erkennen zu können: «In der sogenannten reinen,
d. h. jeder ausdrücklich geordneten ständischen Privilegierung Einzelner
entbehrenden, modernen 'Demokratie' kommt es z. B. vor, dass nur die Familien von annähernd gleicher Steuerklasse miteinander tanzen (wie dies z. B.
für einzelne kleinere Schweizer Städte erzählt wird).» Als Gegenbeispiel
dafür, dass Besitzende und Besitzlose «mit sehr fühlbaren Konsequenzen»
jedoch auch dem gleichen Stand angehören können, nennt er die ständische
Gleichheit des amerikanischen Gentleman, die sich darin äussert, dass «ausserhalb der rein sachlich bedingten Unterordnung im Betrieb» auch der «reichste
'Chef' seinen 'Kommis' etwa abends im Klub, am Billard, am Kartentisch,
in irgendeinem Sinn nicht als voll ebenbürtig» behandelt und ihm «etwa jenes, den Unterschied der 'Stellung' markierende herablassende 'Wohlwollen'
angedeihen» lässt, welches «der deutsche Chef niemals aus seinem Empfinden
verbannen kann». Zusätzlich zum hohen Stellenwert, den Weber der soziopolitischen Ordnung zuschreibt, scheint mir aber auch sein Hinweis wichtig
zu sein, dass «eine gewisse (relative) Stabilität der Grundlagen von Gütererwerb und Güterverteilung» die ständische Gliederung bzw. ständische
Tendenzen begünstigt, während «jede technisch-ökonomische Erschütterung

und Umwälzung sie bedroht und 'die Klassenlage' in den Vordergrund schiebt». Für die Schweiz dürfte dies gerade in der zweiten Hälfte des 19. Jahrhunderts mit den Phasen des erhöhten wirtschaftlichen Wachstums und beschleunigten wirtschaftlichen Wandels eine gewisse Bedeutung gehabt haben. [292]

Im Unterschied zum Ancien régime oder auch noch zur ersten Hälfte des 19. Jahrhunderts, wo ständische Unterschiede alle Lebensbereiche durchdrangen, wirkten sie sich ab Mitte des Jahrhunderts zunehmend vor allem noch im gesellschaftlich-kulturellen Lebensbereich aus, immer weniger dagegen in Wirtschaft und Politik. Ständische Tendenzen äusserten sich zum Beispiel darin, dass die «rechte» Herkunft, aber auch die rechte, eben standesgemässe Art der Lebensführung, der Verhaltensweisen, Wert- und Idealvorstellungen unter Umständen wichtiger sein konnten als rein geschäftlicher Erfolg oder eine akademische Bildung, dass «man» zwischen Angehörigen alteingesessener Familien und zugezogenen Leuten recht genau zu unterscheiden wusste, und dass trotz gleicher oder ähnlicher Markt- und Klassenlage Parvenus die Aufnahme in die gute Gesellschaft und in bestimmte Zirkel verweigert und kaum privater Verkehr mit ihnen aufgenommen wurde. Am deutlichsten schlugen sich diese ständischen Tendenzen in den Heiratskreisen nieder. Wer mit wem wirklich etwas zu tun haben wollte und konnte oder besser, welche mit welchen Familien in engerer Beziehung standen und engere Verbindungen eingehen wollten und konnten, lässt sich über die Heiratskreise am besten entschlüsseln. Aber auch im häufigen, öffentlichen wie privaten Bezug auf die Herkunft, den familiären Hintergrund von jemandem, unabhängig von seiner erreichten Position, und der damit verbundenen Einteilung der Menschen in solche, die aus «guter Familie» oder aus «einfachen Verhältnissen» stammten, kamen solche ständischen Tendenzen zum Ausdruck und zeugen davon, dass die ökonomisch-sozialen Unterschiede, die Marktbedingtheit der Klassen, von sozialen und kulturellen, aber auch regionalen und konfessionellen Unterschieden überlagert und umgeben waren.

Zwei solche tendenziell ständischen Faktoren, die auch noch in der zweiten Hälfte des 19. Jahrhunderts als Dimensionen sozialer Ungleichheit wirkten und die soziale Schichtung der schweizerischen Gesellschaft prägten, waren die rechtliche Stellung und familiäre soziale Herkunft. Eine besonders wichtige Rolle mit weitreichenden sozialen und politischen Folgen für den einzelnen wie für die Familie spielte das Bürger- oder Heimatrecht, die rechtliche Unterscheidung zwischen Orts- oder Stadtbürgern – im Kanton Bern als Burger bezeichnet [293] – und Einwohnern ohne Bürgerrecht des betreffenden Wohnortes. Wer das Bürgerrecht seines Wohnortes besass und somit zum Kreis der «Sesshaften» zählte, genoss in Städten wie ländlichen Gemeinden noch lange nicht nur bestimmte Privilegien, sondern auch mehr Rechte als die übrigen Einwohner, die sogenannten Niedergelassenen und Aufenthalter. [294] Rechtlich nicht fixiert, aber im gesellschaftlichen und politischen Leben von

Städten wie Zürich oder Bern auch in der zweiten Hälfte des 19. Jahrhunderts noch wichtig, war der Unterschied zwischen den «gewöhnlichen» Stadtbürgern oder Burgern und jenen Stadtbürgern, die im Ancien régime der politischen Führungsschicht, dem Patriziat oder der städtischen Aristokratie, angehört hatten und deshalb noch lange nach 1830 als «Herren» bezeichnet wurden.[295] Die für diese Arbeit getroffene Unterscheidung zwischen den «Herren» und der übrigen Bürgerschaft friert im wesentlichen die Zustände vor der helvetischen beziehungsweise vor der liberalen Revolution von 1830 ein. Auch die innere Differenzierung der beiden Gruppen, in Zürich etwa die Unterscheidung zwischen Junkern und anderen Geschlechtern mit Adelsprädikaten sowie den übrigen aristokratischen Geschlechtern, wird aus dieser Zeit übernommen.[296] Weniger bedeutungsvoll und mehr informeller Art waren die Unterschiede zwischen Stadtbürgern oder Burgern, die schon seit Generationen das Bürger- oder Heimatrecht ihres Wohnortes besassen, und jenen, die sich erst vor kurzem eingebürgert hatten und deshalb noch nicht ganz zum Kreis der Alteingesessenen gehörten. Die Bedeutung solcher Unterschiede im gesellschaftlichen und politischen Leben, geht auch daraus hervor, dass in den meisten Bürgerbüchern des 19. Jahrhunderts jeweils genau angegeben wurde, seit wann ein Geschlecht, eine Familie oder auch ein einzelnes Individuum im Besitz des Bürgerrechts war.

Wenn im folgenden die rechtlich-soziale Zusammensetzung der Oberschicht in den beiden Städten Zürich und Bern analysiert wird, so geht es in erster Linie darum zu untersuchen, wie stark sich die Oberschicht aus dem alten Stadtbürgertum einerseits, aus Zuwanderern und Aufsteigern vom Lande und anderen Städten andererseits rekrutierte. Ohne allzu aufwendige Mobilitätsstudien vornehmen zu müssen, lassen sich auf diese Weise exemplarisch einige Erkenntnisse über die soziale und geographische Herkunft wenigstens eines Teils des städtischen Bürgertums gewinnen.[297] Im Vordergrund steht dabei vor allem auch die Frage nach der Kontinuität von der alten Führungsschicht Zürichs und Berns zur neuen bürgerlichen Oberschicht, wie dies für Luzern[298] und besonders für Basel[299] festgestellt worden ist.

### Die Oberschicht in Zürich: Alter und neuer Reichtum

Schon in der ersten Hälfte des 19. Jahrhunderts war die Bürgerschaft innerhalb der städtischen Bevölkerung Zürichs stark ins Hintertreffen geraten. Absolut ging die Zahl der ansässigen Stadtbürgerinnen und -bürger von 1800 bis 1850 von über 5000 auf rund 4000 zurück. Nur noch knapp ein Viertel der Einwohnerschaft Zürichs besass um 1850 das städtische Bürgerrecht, immerhin hatten gleichzeitig noch über fünfzig Prozent der städtischen Bevölkerung ihren Bürgerort in einer anderen Gemeinde des Kantons. 14 Prozent stammten aufgrund ihres Bürgerrechts aus der übrigen Schweiz und gut elf Prozent waren ausländischer Herkunft. Im Jahre 1870 umfasste das Stadtbürgertum,

die aristokratischen Geschlechter und Familien miteingeschlossen, noch
21,5 Prozent der Einwohnerschaft Zürichs. Knapp vierzig Prozent kamen aus
dem übrigen Kantonsgebiet, zwanzig Prozent aus anderen Schweizer Kantonen und 19 Prozent aus dem Ausland. Nach erleichterten Aufnahmebedingungen ins Bürgerrecht in den siebziger Jahren stieg der Anteil des Stadtbürgertums bis 1880 wieder auf dreissig Prozent, um dann aber bis zur Jahrhundertwende wieder auf zwanzig Prozent zurückzufallen. Auch der Anteil
der übrigen Kantonsbürgerinnen und -bürger sank auf zwanzig Prozent,
während jener der Schweizerbürger anderer Kantone auf dreissig Prozent
anstieg, mit 29 Prozent war der Anteil der ausländischen Bevölkerung fast
gleich hoch. Zehn Jahre lag der ausländische Anteil mit knapp 34 Prozent
dann sogar über jenem der Schweizerinnen und Schweizer aus anderen Kantonen.[300] Wie sehr trotz dieser Entwicklung das Stadtbürgertum mit seinem
Steueraufkommen, seinem Besitz und Vermögen jedoch um 1870 noch immer
das wirtschaftliche Rückgrat Zürichs bildete, zeigt die Verteilung des Steuervermögens auf Bürger und Niedergelassene.

Tabelle 37    **Verteilung des Steuervermögens in der Stadt Zürich auf Bürger
und Niedergelassene um 1870.** [301]

|  | Bürger | Niedergelassene | Total |
|---|---|---|---|
| Steuervermögen in Tausend | 144 696 | 20 662 | 165 358 |
| Steuervermögen in % | 87,5 | 12,5 | 100 |
| Steuerpflichtige | 2019 | 4117 | 6136 |
| Steuerpflichtige in % | 32,9 | 67,1 | 100 |
| Vermögen pro Kopf | 71 667 | 5018 | 26 948 |

Die steuerpflichtige Bürgerschaft, deren Anteil an sämtlichen Steuerpflichtigen der Stadt rund ein Drittel ausmachte, brachte fast neunzig Prozent
des Steuervermögens auf. Das durchschnittliche Steuervermögen der Stadtbürger betrug über 70 000 Franken, jenes der Niedergelassenen – meist handelte
es sich um Angehörige der Arbeiterschaft und des Kleingewerbes – dagegen
bloss 50 000 Franken. Ein grosser Teil des Steuervermögens der Bürgerschaft
war in den Händen der Nachkommen aus Geschlechtern der alten Führungsschicht. Allein die sechs wirtschaftlich dominanten Geschlechter Bodmer,
Escher vom Glas, von Muralt, Pestalozzi, von Orelli und Schulthess versteuerten zusammen ein Vermögen von über 40 Millionen, was rund 28 Prozent des
Steuervermögens der Bürgerschaft oder knapp einem Viertel des gesamten
Steuervermögens der Stadt entsprach. Die 157 Steuerpflichtigen dieser sechs
Geschlechter stellten knapp acht Prozent der steuerpflichtigen Bürger oder
2,5 Prozent sämtlicher Steuerzahler der Stadt. Drei Viertel des Vermögens der
Steuerpflichtigen dieser sechs Geschlechter fielen auf 18 Angehörige der
Familie Bodmer und auf 32 Angehörige der Familie Escher. Zusammen
kontrollierten die beiden Familien 18 Prozent des in der Stadt steuerlich erfassten Vermögens. [302]
Dass die vermögliche Oberschicht Zürichs um 1870, vierzig Jahre nach-

dem die Stadt ihre Vorrechte verloren hatte, noch immer durch Angehörige
der aristokratischen Geschlechter sehr stark dominiert war, ist deshalb nicht
weiter verwunderlich.

| Tabelle 38 | **Rechtlich-sozialer Status der Vermöglichen in der Stadt Zürich um 1870.** 303 | | | | | |
| Vermögen | | Aristokratie | | Stadtbürger | Einwohner | Total |
| | abs. | % | abs. | % | absolut | absolut |
| 1 Mio. und mehr | 7 | 58,3 | 5 | 41,7 | 0 | 12 |
| 500 000–999 000 | 13 | 59,0 | 9 | 40,9 | 0 | 22 |
| Total | 20 | 58,8 | 14 | 41,2 | 0 | 34 |

Zwanzig der 34 Steuerpflichtigen mit einem Vermögen von einer halben
Million und mehr stammten aus einem der 36 alten führenden Geschlechter,
von denen aber nur sieben in dieser grossbürgerlichen Oberschicht vertreten
waren. Niedergelassene mit einem so hohen Vermögen gab es nicht. Die übrigen 14 waren allesamt Bürger der Stadt. Darunter befanden sich sechs Bürger,
die das Bürgerrecht der Stadt allerdings erst vor ein paar Jahrzehnten oder Jahren gekauft oder erhalten hatten. Zwei kamen von ausserhalb des Kantons
Zürich: Der eine, Carl August von Gonzenbach, Kaufmann und Gutsbesitzer,
stammte aus einer alten st. gallischen Kaufmannsfamilie, der andere war
Friedrich von May-Escher, aus einem alten Stadtberner Geschlecht, der 1851
als Schwiegersohn von Caspar Escher zum Felsenhof in der Maschinenfabrik
Escher zum Associé aufrückte und 1859 von der Stadt Zürich das Bürgerrecht
geschenkt erhielt. Weitere drei 304 dieser vermöglichen neuen Stadtbürger
waren aus einer der stadtnahen Gemeinden zugezogen, ein vierter 305 stammte
aus einer Zürcher Oberländer Unternehmerfamilie. Alle vier waren als
Kaufleute und industrielle Unternehmer tätig und versteuerten ein Vermögen
unter einer Million.

Unter den zwölf Millionären waren sieben aristokratischer Herkunft,
nämlich je drei Angehörige der Familien Escher und Bodmer sowie ein Vertreter der Junkerfamilie von Meiss, der aber wie die andern als Kaufmann tätig
war und eine Frau aus handelsaristokratischem Geschlecht geheiratet hatte.
Drei weitere Millionäre, ein ehemaliger Stadtschreiber, ein Theologieprofessor
sowie ein Kaufmann, stammten aus dem alten Stadtbürgertum. Bei den zwei
andern handelte es sich um die bereits erwähnten Zuzüger aus Bern und
St. Gallen. Unter den Besitzern von Vermögen zwischen 500 000 Franken
und einer Million überwogen ebenfalls die Vertreter altzürcherischer Führungsgeschlechter, darunter befanden sich vier Angehörige der Familie Escher
und zwei der Familie von Muralt. Fast drei Viertel dieser Vermögenskategorie
waren als Kaufmann oder Unternehmer (Seidenfabrikant, Kerzenfabrikant)
tätig, vier waren 1870 Rentner oder ohne Berufsangabe, dazu kamen noch
ein Kunstmaler und ein Oberrichter.

Dass mindestens im Grosshandel die Vertreter aristokratischer Familien
bis über die Mitte des 19. Jahrhunderts hinaus ihren Vorrang behielten, zeigt

sich in den Ergebnissen der Handelsabgaben. Von 1820 bis 1850 befanden sich unter den zehn führenden Unternehmerfamilien Zürichs mit einer Ausnahme ab 1840 lediglich Familien aus der alten Führungsschicht. An der Spitze der Handelsabgaben standen von 1830 bis 1868 die Bodmer, vorher die von Muralt. In den fünfziger und sechziger Jahren holten Familien aus dem Winterthurer Handels- und Industrieunternehmertum wie Rieter, Sulzer, Biedermann und Imhof dann aber ihren Rückstand auf die Unternehmen der Handelsaristokratie auf und auch das ländliche Unternehmertum (Honegger, Ryffel, Guyer und Kunz) baute seine wirtschaftliche Position aus. Um 1868 stand der «Spinnerkönig» Heinrich Kunz nach der Höhe der Handelsabgaben an zweiter, die Familie Fierz mit ihren Handelsfirmen an achter Stelle.[306] Auch in der Stadt selbst oder in ihrer unmittelbaren Umgebung rückten Firmen von zugewanderten ländlichen Unternehmern (Fierz, Zuppinger, Sieber, Abegg) nach vorne. Ein von seiner sozialen und regionalen Herkunft her neues Wirtschaftsbürgertum hatte sich damit nicht mehr nur ausserhalb der Stadt, in den Industriegemeinden am See und im Zürcher Oberland, sondern immer mehr auch innerhalb der Stadt zu etablieren begonnen.

Tabelle 39  **Rechtlich-sozialer Status der Vermöglichen in der Stadt Zürich um 1905.**[307]

| Vermögen | Aristokratie | | Stadtbürger | | Einwohner | | Total |
|---|---|---|---|---|---|---|---|
| | abs. | % | abs. | % | abs. | % | abs. = 100 |
| **1 Mio. und mehr** | 23 | 32,9 | 27 | 38,6 | 20 | 28,6 | 70 |
| Männer | 13 | 27,7 | 22 | 46,8 | 12 | 25,5 | 47 |
| Frauen | 10 | 43,5 | 5 | 21,7 | 8 | 34,8 | 23 |
| **500 000–999 000** | 33 | 27,7 | 46 | 38,7 | 40 | 33,6 | 119 |
| Männer | 21 | 24,7 | 32 | 37,6 | 32 | 37,6 | 85 |
| Frauen | 12 | 35,3 | 14 | 41,2 | 8 | 23,5 | 34 |
| **Total** | **56** | **29,6** | **73** | **38,6** | **60** | **31,7** | **189** |
| Männer | 34 | 25,8 | 54 | 40,9 | 44 | 33,3 | 132 |
| Frauen | 22 | 38,6 | 19 | 33,3 | 16 | 28,1 | 57 |

Um 1905 sah die Zusammensetzung der auch zahlenmässig umfangreicheren Oberschicht Zürichs sehr viel anders aus. Zwar waren jetzt nicht mehr alle Angehörige dieser Oberschicht Zürcher Bürger und Bürgerinnen. Noch immer besassen aber über siebzig Prozent der reichsten Einwohnerinnen Zürichs und über zwei Drittel der reichsten Einwohner das Bürgerrecht der Stadt. Damit waren die Stadtbürger in der Oberschicht weiterhin hochgradig übervertreten, denn ihr Anteil an der gesamten Einwohnerschaft der Stadt lag um 1900 bei zwanzig Prozent. Da unter den vierzig Prozent Stadtbürgern – die Nachkommen der alten Herrengeschlechter nicht mitgezählt – etwas mehr als die Hälfte ihr Stadtbürgerrecht erst im Laufe des 19. Jahrhunderts erhalten hatte, stammte anfangs des 20. Jahrhunderts jedoch nur noch rund die Hälfte der Oberschicht wirklich aus dem alten Stadtbürgertum. 1870 waren es noch über achtzig Prozent gewesen. Schon dies allein weist darauf hin, wie stark sich im letzten Viertel des 19. Jahrhunderts ein neuer Reichtum gebildet und etabliert hatte. Zudem bestand jetzt fast ein Drittel der reichsten Steuerpflichtigen aus Niedergelassenen, also aus Männern und Frauen, die in einer andern Gemeinde des Kantons oder der übrigen Schweiz oder im Ausland heimatberechtigt waren. Unter den neuen Bürgern wie auch unter den Niedergelassenen befanden sich recht viele Angehörige aus den aufgestiegenen Unternehmerfamilien der Zürcher Landschaft sowie Winterthurs. 308

Die Nachkommen aristokratischer Geschlechter stellten zwar noch immer fast dreissig Prozent dieser Oberschicht, doch in der Grossstadt Zürich nahmen sie nun mindestens zahlen- und anteilsmässig nicht mehr den Vorrang ein, wie das 1870 noch der Fall war. Im Vergleich zu 1870 hatte sich jedoch auch diese Gruppierung absolut etwas vergrössert und auch der Kreis der dazugehörigen Geschlechter hatte sich erweitert. Unter den Männern war mit den 18 Angehörigen verschiedener Familien jetzt die Hälfte der Altzürcher Führungsgeschlechter im Grossbürgertum vertreten. 1870 war es nur ein Fünftel gewesen. Einzelne Familien dominierten aber noch immer sehr stark. So gehörten vier der dreizehn Millionäre zur Familie Escher vom Glas, je zwei zur Familie Bodmer und von Muralt. Gesamthaft stellte die Familie Escher sieben der vermöglichsten Steuerzahler, die Familie Pestalozzi fünf, je drei die von Muralt und Ulrich, je zwei die Rahn und Bodmer. Unter den ledigen wie verwitweten Frauen befanden sich je drei Angehörige der Familie Escher und Ziegler, je zwei der Familie von Orelli und Landolt.

Noch mehr wie in der Stadt wurde der wirtschaftliche Bedeutungsverlust der altzürcherischen Geschlechter auf kantonaler Ebene deutlich. 1903/04 stellten sie noch knapp ein Viertel aller Steuermillionäre im Kanton sowie etwa ein Fünftel der Halb- und Fastmillionäre. 309 Doch obwohl sich in der zweiten Hälfte des 19. Jahrhunderts neben Winterthur auch auf dem Lande, vor allem in den Industriegemeinden im Zürcher Oberland und in den Seegemeinden eine sehr vermögende Oberschicht gebildet hatte, wo im Unterschied zur Stadt den industriellen Unternehmern ein viel grösseres Gewicht zukam, befand sich auch der neue Reichtum um die Jahrhundertwende mehrheitlich in der Stadt Zürich. Nur 17 Prozent der Steuermillionäre hatten ihren Wohnsitz in einer der ländlichen Gemeinden, zwölf Prozent lebten in Winterthur, wo sich im Laufe des 19. Jahrhunderts ein geschäftlich wie verwandtschaftlich eng miteinander verbundenes Grossbürgertum aus industriellen Unternehmern und Grosskaufleuten etabliert hatte. Über siebzig Prozent aller Millionäre hatten demnach ihren Wohnsitz in Zürich. Leicht mehr waren es bei jenen mit einem Vermögen zwischen einer halben und einer ganzen Million, wo zwölf Prozent in Winterthur und 15 Prozent auf dem Lande wohnten. 310

Wie stark sich die drei rechtlich-sozialen Gruppen durch ihre Erwerbsgrundlagen und ihre berufliche Zugehörigkeit in der Stadt unterschieden, zeigt die folgende Gliederung der reichsten Zürcher Bürger und Einwohner nach ihrem Erwerb.

Tabelle 40        Rechtlich-sozialer Status und Erwerbsgrundlage der vermöglichen Männer (über 500 000) in der Stadt Zürich um 1905. 311

| | Aristokratie | | Stadtbürger | | Einwohner | | Total | |
|---|---|---|---|---|---|---|---|---|
| | abs. | % | abs. | % | abs. | % | abs. | % |
| **Besitzbürgertum** | 6 | 18 | 12 | 22 | 14 | 32 | 32 | 24 |
| Wirtschaftsbürgertum | 17 | 50 | 30 | 56 | 21 | 48 | 68 | 52 |
| Kaufmann inkl. Bankier | 16 | 47 | 12 | 22 | 19 | 43 | 47 | 36 |
| Unternehmer industriell | 1 | 3 | 8 | 15 | 2 | 5 | 11 | 8 |
| Bauunternehmer | 0 | | 4 | 7 | 0 | | 4 | 3 |
| Gewerbetreibender | 0 | | 6 | 11 | 0 | | 6 | 5 |
| **Bourgeoisie des talents** | 11 | 32 | 12 | 22 | 9 | 20 | 32 | 24 |
| Arzt, Jurist, u. ä. | 5 | 15 | 3 | 6 | 6 | 14 | 14 | 11 |
| Architekt, Ingenieur | 1 | 3 | 2 | 4 | 2 | 5 | 5 | 4 |
| Professor | 2 | 6 | 5 | 9 | 1 | 2 | 8 | 6 |
| Hoher Beamter/Magistrat | 3 | 9 | 2 | 4 | 0 | | 5 | 4 |
| Total | 34 | 100 | 54 | 100 | 44 | 100 | 132 | 100 |

Die grösste Berufsgruppe bildeten bei allen drei Kategorien die Kaufleute. So waren bei den Angehörigen der Aristokratie 38 Prozent, bei den Stadtbürgern 22 Prozent und den Niedergelassenen 41 Prozent der vermöglichsten Steuerzahler aktive Kaufleute. Nimmt man noch jene Rentner dazu, die ebenfalls kaufmännisch tätig gewesen waren, so stellten sie bei der Aristokratie die Hälfte und bei den Stadtbürgern vierzig Prozent der reichsten Steuerzahler. 312 Männer, die sich in erster Linie als industrielle Unternehmer bezeichneten, fanden sich vorwiegend unter den Stadtbürgern, wo 15 Prozent als Seidenfabrikanten, Fabrikbesitzer u.ä. aufgeführt wurden. Bei den Niedergelassenen wie den Nachkommen aristokratischer Geschlechter stand diese Tätigkeit aufgrund ihrer Bezeichnung im Steuer- und Bürgerverzeichnis oder im Adressbuch nur bei einem oder zwei Angehörigen dieser Gruppe im Vordergrund. Auch Bauunternehmer und Architekten waren vorwiegend unter den Stadtbürgern zu finden. Gesamthaft gehörten aufgrund ihrer Erwerbsgrundlage bei den Nachkommen aristokratischer Geschlechter 50 Prozent, die ehemaligen Kaufleute dazugenommen, 62 Prozent zum Wirtschaftsbürgertum, bei den Stadtbürgern waren dies 56 bzw. 70 Prozent, 313 bei den Niedergelassenen dagegen nur 48 Prozent. Hier waren die Rentner mit über dreissig Prozent sehr stark vertreten, darunter einige, die anderswo in der Schweiz, wahrscheinlich ebenfalls durch Handel und Industrie, zu Reichtum gelangt waren und sich nun nach Zürich zurückgezogen hatten, im gesellschaftlichen und politischen Leben jedoch kaum in Erscheinung traten. Unter den Stadtbürgern befanden sich 22 Prozent Rentner, bei den Aristokraten 18 Prozent. Zur Bourgeoisie des talents zählten in der aristokratischen Oberschicht 32 Prozent, davon bestand je ein Viertel aus Professoren, hohen Staatsbeamten oder Behördenmitgliedern, Juristen und Ärzten. Bei den Stadtbürgern gehörten 22 Prozent zur Bourgeoisie des talents, darunter waren fast die Hälfte als Professoren, die übrigen als Ärzte, Architekten und Juristen tätig. Mit zwanzig Prozent war der Anteil der Bourgeoisie des talents unter den Niedergelassen noch etwas kleiner als bei den Stadtbürgern. Mit Ausnahme eines Professors befanden sich darunter alles freiberuflich Tätige, höhere Beamte oder leitende Angestellte fehlten gänzlich.

Betrachtet man die verwandtschaftlichen Beziehungen innerhalb dieser städtischen Oberschicht, fällt auf, dass sich unter den reichen Niedergelassenen nur wenige Männer oder Frauen befanden, die zur selben Familie gehörten oder über Heirat direkt miteinander verwandt waren. Auch zu den alten und neuen stadtbürgerlichen oberen Bevölkerungskreisen waren, soweit sich dies über diese Personen mit vorliegenden Angaben[314] überhaupt feststellen lässt, die verwandtschaftlichen Bindungen nicht sehr ausgeprägt. In der stadtbürgerlichen Gruppe war dies eher der Fall, allerdings weniger ausgeprägt und auch schwerer fassbar als in den Kreisen der aristokratischen Oberschicht, wo zwischen den einzelnen Familien und Geschlechtern sehr enge verwandtschaftliche Beziehungen bestanden. Dieses eng geknüpfte Verwandtschaftsnetz[315] sorgte dafür, dass dieser Teil der Oberschicht auch um die Jahrhundertwende immer noch als ein mehr oder weniger exklusiver Kreis erschien, dem jetzt innerhalb der Stadt wie des Kantons jedoch nicht mehr jene Dominanz zukam wie noch dreissig oder vierzig Jahre zuvor.[316] Auch zu einzelnen stadtbürgerlichen, nicht aber zu niedergelassenen Angehörigen der Oberschicht existierten verwandtschaftliche Verbindungen. So waren unter den 22 Millionären stadtbürgerlicher Herkunft – auch solche, die erst im 19. Jahrhundert das Bürgerrecht der Stadt erworben hatten – immerhin sechs über Heiraten mit Altzürcher Familien verwandt. Über die verschiedenen Berufsgruppen hinweg verknüpften diese Beziehungen so die Angehörigen der Aristokratie nicht nur miteinander, sondern wenigstens teilweise auch mit dem übrigen Stadtbürgertum und einzelnen Angehörigen des neuen Unternehmertums.

Trotz oder gerade wegen ihrer relativen Offenheit, die sich unter anderem darin äusserte, dass nach 1860 die Heiratsallianzen untereinander abnahmen,[317] scheinen die altzürcherischen Familien nur einen kleinen Teil der sozial emporgestiegenen und neu in der Stadt niedergelassenen reichen Familien assimiliert zu haben. Im Unterschied zu Basel kann deshalb in Zürich anfangs des 20. Jahrhunderts von einer «patrizischen Struktur» (Sarasin) nur noch bedingt gesprochen werden. Zwar war auch die aristokratische Oberschicht in Zürich weiterhin verwandtschaftlich fest miteinander verknüpft und auch in fast allen einflussreichen Berufsgruppen des Grossbürgertums verankert, die einzig dominante Gruppe innerhalb der städtischen Gesellschaft, auch des Grossbürgertums, war sie jedoch schon Ende des 19. Jahrhunderts nicht mehr. Wie andern prononcierten Vertretern altzürcherischer Tradition blieb dies auch Max E. Huber, dem Obmann der Gesellschaft der Schildner zum Schneggen, der wichtigsten Vereinigung der altzürcherischen Geschlechter, nicht verborgen. In einer längeren, internen Abhandlung von 1929 zuhanden der Schildner über die Auswirkungen des wirtschaftlichen und gesellschaftlichen Wandels auf diese Vereinigung stellte er fest, dass seit dem letzten Viertel des 19. Jahrhunderts «neben der alten eine neue, nicht nur wirtschaftlich, sondern auch kulturell einflussreiche und bedeutende Gesellschaft entstanden» ist. Die durch ihre «besondere Art der Verwurzelung in der Vergangenheit» und durch «die Gemeinschaft des Blutes» verbundenen altzürcherischen Kreise, «welche die alten Überlieferungen geistiger und gesellschaftlicher Art pflegen», wurden dadurch nicht nur zu einer zahlenmässigen Minderheit gemacht, sondern auch in eine «gewisse Isoliertheit» versetzt. [318]

## Die Oberschicht in Bern: Patrizier, Burger und andere Leute

Im Unterschied zu Zürich bildete in Bern das Stadtbürgertum schon Mitte des 18. Jahrhunderts nur noch eine Minderheit innerhalb der Einwohnerschaft. Um 1809 waren lediglich noch knapp zwanzig Prozent der städtischen Bevölkerung auch Burger von Bern. Bis Mitte des 19. Jahrhunderts fiel der Anteil der Burgerschaft auf unter zwölf Prozent, und auch absolut stagnierte sie. In der zweiten Hälfte des 19. Jahrhunderts setzte sich der Rückgang ihrer zahlenmässigen Bedeutung unvermindert fort: 1870 hatten noch zehn Prozent der Bevölkerung das Burgerrecht der Stadt, 1880 noch 8,4 Prozent, 1900 noch 6,1 Prozent und 1910 lediglich noch fünf Prozent. Hoch war dagegen im Vergleich zu Zürich der Anteil der Einwohner und Einwohnerinnen mit Bürgerort in einer anderen Gemeinde des Kantons. Er betrug um 1900 noch immer über sechzig Prozent, weitere 22 Prozent stammten bürgerrechtlich gesehen aus einer Gemeinde der übrigen Schweiz und lediglich 8,7 der Einwohner waren ausländischer Herkunft. [319]

| Tabelle 41 | **Rechtlich-sozialer Status der Vermöglichen in der Stadt Bern um 1900.** [320] | | | | | | |
|---|---|---|---|---|---|---|---|
| Vermögen | Patriziat | | Burger | | Einwohner | | Total |
| | abs. | % | abs. | % | abs. | % | abs. = 100% |
| **1 Mio. und mehr** | 18 | 56,3 | 9 | 28,1 | 5 | 15,6 | 32 |
| Männer | 13 | 56,5 | 6 | 26,1 | 4 | 17,4 | 23 |
| Frauen | 5 | 55,6 | 3 | 33,3 | 1 | 11,1 | 9 |
| **500 000–999 000** | 20 | 37,0 | 22 | 40,8 | 12 | 22,2 | 54 |
| Männer | 15 | 36,6 | 19 | 46,3 | 7 | 17,1 | 41 |
| Frauen | 5 | 38,5 | 3 | 23,1 | 5 | 38,5 | 13 |
| Total | 38 | 44,2 | 31 | 36,0 | 17 | 19,8 | 86 |
| Männer | 28 | 43,8 | 25 | 39,1 | 11 | 17,2 | 64 |
| Frauen | 10 | 45,5 | 6 | 27,3 | 6 | 27,3 | 22 |
| **250 000–499 000** | 31 | 23,0 | 51 | 37,8 | 53 | 39,3 | 135 |
| Männer | 23 | 23,5 | 35 | 35,7 | 40 | 40,8 | 98 |
| Frauen | 8 | 21,6 | 16 | 43,2 | 13 | 35,1 | 37 |

Obwohl das alte Stadtbürgertum in Bern um 1900 noch mehr als in Zürich eine kleine Minderheit darstellte, war die Berner Oberschicht stärker als jene Zürichs von Angehörigen der alten führenden Familien des Patriziates sowie der übrigen Burgerschaft geprägt. Während in Zürich unter den Steuerpflichtigen der beiden obersten Vermögenskategorien knapp dreissig Prozent zu den alten Führungsgeschlechtern gehörten, waren dies in Bern noch über vierzig Prozent. Mit 36 Prozent war der Anteil der Burger praktisch gleich hoch. Unter diesen Burgern hatte gleich wie in Zürich jedoch die Hälfte erst im Laufe des 19. Jahrhunderts in Bern das Burgerrecht erhalten. Etwas über sechzig Prozent der Oberschicht rekrutierten sich damit tatsächlich aus dem alten Stadtbürgertum, zu dem ja auch das Patriziat gehörte. In Zürich war dies etwa die Hälfte. Mit ihrem Anteil von lediglich sechs Prozent an der gesamten Bevölkerung der Stadt war damit die Burgerschaft, die mit den neuaufgenommenen Burgern achtzig Prozent der beiden obersten Vermögenskategorien umfasste, in der Oberschicht krass übervertreten. Lediglich ein Fünftel der Oberschicht bestand aus Bürgern anderer Gemeinden des Kantons oder der Schweiz. In der nächst tieferen Vermögenskategorie – 250 000 bis 499 000 – lag ihr Anteil dann jedoch bei vierzig Prozent, jener der Burger blieb bei 37 Prozent, wobei die neu eingebürgerten Burger mehr als die Hälfte stellten, so dass in dieser Kategorie die alte Burgerschaft nur noch auf vierzig Prozent kam. Umgekehrt war es bei den Nachkommen patrizischer Geschlechter, denn mit der Höhe des versteuerten Vermögens stieg auch ihr Anteil, nämlich von 23 Prozent bei Vermögen von 250 000 bis 499 999, auf 37 Prozent bei solchen bis zu einer Million. Unter den Millionären und Millionärinnen waren dann gar 56 Prozent patrizischer Herkunft.

Auch in Bern nahmen innerhalb der patrizischen Oberschicht einige Familien und Geschlechter einen gewissen Vorrang ein, allerdings weniger ausgeprägt wie in Zürich. So gehörten unter den 18 Steuerpflichtigen mit einem Millionenvermögen fünf zur Familie der von Wattenwyl und drei zur Familie der von Tscharner. Von den rund dreissig um 1900 in und um Bern existierenden Patriziergeschlechtern hatten zwölf einen Angehörigen unter den Millionären. Gesamthaft waren unter den beiden obersten Vermögenskategorien 21 Angehörige, Männer oder Frauen, dieser Familien zu finden. Mehr als die Hälfte (22) kam jedoch aus den sieben mehrfach vertretenen Familien: sechs gehörten zur Familie von Wattenwyl, je vier zu den von Tscharner und von Fischer und je zwei zu den von Graffenried, von Jenner, von Sinner sowie den Zeerledern. All diese Familien waren grösstenteils verwandtschaftlich sehr eng miteinander verbunden. In der Oberschicht, die sich aus den neuen Bürgern sowie den Niedergelassenen rekrutierte, waren solche Verwandtschaftskreise praktisch inexistent. Auch beschränkte sich die Zugehörigkeit zur Oberschicht auf einen Steuerpflichtigen und seine Familie. Eine Ausnahme bildete die Bankiersfamilie Marcuard, die 1805 bzw. 1821 das Burgerrecht erworben hatte, und mit sechs Angehörigen, drei Männern, zwei ledigen Frauen und einer Witwe, in den obersten Vermögenskategorien vertreten und auch mit Familien aus dem Patriziat und andern burgerlichen Familien verwandtschaftlich verbunden waren.

Die aristokratischen Angehörigen der Oberschicht unterschieden sich in Zürich von den Erwerbsgrundlagen her nicht grundlegend von jenen, die sich aus den übrigen Stadtbürgern und den Niedergelassenen rekrutierten. Auch war in allen drei Gruppen die Mehrheit aufgrund der Klassen- und Marktlage dem Wirtschaftsbürgertum zuzuordnen. In Bern war dies nur bei den Niedergelassenen und den Stadtbürgern der Fall, wo die Hälfte oder fast 70 Prozent zum Wirtschaftsbürgertum gehörten, das sich mehrheitlich aus im Laufe des 19. Jahrhunderts neu eingebürgerten Stadtbürgern und wenigen Niedergelassenen zusammensetzte und von gewerblichen Unternehmern sowie grösseren Detailhändlern dominiert war. Die patrizische Oberschicht dagegen hob sich deutlich von den beiden Gruppen ab und war im Gegensatz zu einem Grossteil der Zürcher Aristokratie keine «Bourgeoisie im eigentlichen Sinne». Industrielle oder gewerbliche Unternehmer[321], aber auch Kaufleute gab es innerhalb des reichen Berner Patriziates um 1900 nicht, auch in den untern Vermögenskategorien fehlten sie weitgehend. Die einzige Ausnahme bildeten jene Patrizier, die im Privatbankgeschäft tätig waren. Über 40 Prozent lebten als Privatier von ihren Einnahmen aus Renten, Grund- und Kapitalbesitz, nicht ganz die Hälfte, tendenziell eher die etwas Jüngeren, bezeichnete sich auch als Gutsbesitzer. Unter den beiden andern Gruppen war diese Lebensweise kaum verbreitet, und wenn beschränkte sie sich auf das hohe Alter.[322] Fast 40 Prozent der patrizischen Oberschicht gehörten zur Bourgeoisie des talents, wobei die meisten eine höhere technische Ausbildung als Ingenieur besassen und entweder freiberuflich oder in staatlichen Diensten tätig waren.

Tabelle 42     **Rechtlich-sozialer Status und Erwerbsgrundlage der vermöglichen Männer (ab 500 000) in der Stadt Bern um 1900.** [323]

|  | Patrizier | | Stadtbürger | | Einwohner | | Total |
|---|---|---|---|---|---|---|---|
|  | abs. | % | abs. | % | abs. | % | abs. |
| **Besitzbürgertum** | 12 | 43 | 1 | 4 | 1 | 10 | 14 |
| **Wirtschaftsbürgertum** | 5 | 18 | 17 | 68 | 5 | 50 | 27 |
| Kaufmann/Bankier | 4 | 14 | 4 | 16 | 1 | 10 | 9 |
| Industrieller Unternehmer | 0 | | 6 | 24 | 0 | | 7 |
| Bauunternehmer | 0 | | 3 | 12 | 1 | 10 | 4 |
| Gewerbetreibender | 1 | 4 | 4 | 16 | 3 | 30 | 7 |
| **Bourgeoisie des talents** | 11 | 39 | 7 | 28 | 4 | 40 | 22 |
| Arzt, Jurist, u. ä. | 3 | 11 | 3 | 12 | 0 | | 6 |
| Architekt, Ingenieur | 6 | 21 | 0 | | 2 | 20 | 8 |
| Professor, Pfarrer | 1 | 4 | 2 | 8 | 1 | 10 | 4 |
| Hoher Beamter, Magistrat | 0 | | 2 | 8 | 0 | | 2 |
| Leitender Angestellter | 1 | 4 | 0 | | 1 | 10 | 2 |
| **Total** | 28 | 100 | 25 | 100 | 10 | 100 | 63 |

Auch in der nächst unteren Vermögenskategorie (250 000–500 000) waren die Unterschiede zwischen den Angehörigen patrizischer Familien und den Steuerpflichtigen aus der übrigen Burger- und Einwohnerschaft noch immer auffallend gross. Auch in dieser Vermögensklasse übten Patrizier, Bankgeschäfte ausgenommen, keine industriell-gewerbliche oder kaufmännische Tätigkeit aus. Dagegen waren sie in der Bourgeoisie des talents jetzt noch stärker vertreten, wobei wiederum Berufe mit einer höheren technischen Ausbildung dominierten. So hatten unter den beamteten Patriziern ebenfalls mehrere eine Ausbildung als Ingenieur hinter sich.[324] Bei den Stadtbürgern und den niedergelassenen Einwohnern verschoben sich zwischen und innerhalb der beiden Gruppen die Gewichte im Vergleich zur obersten Vermögensklasse nur geringfügig. Der Anteil der freiberuflich tätigen Ärzte und Juristen nahm bei beiden Gruppen leicht zu, ebenso jener der Universitätsprofessoren, von denen in diesen obersten Vermögensklassen lediglich einer aus dem Patriziat stammte. In dieser untern Oberschicht tauchten erstmals auch bei den Einwohnern höhere Beamte des Bundes auf.

Tabelle 43      **Rechtlich-sozialer Status der Männer mit 250 000-499 000 Fr. Vermögen in der Stadt Bern um 1900.**

|  | Patrizier | | Stadtbürger | | Einwohner | | Total |
|---|---|---|---|---|---|---|---|
|  | abs. | % | abs. | % | abs. | % | abs. |
| **Besitzbürgertum** | 7 | 30 | 1 | 3 | 2 | 5 | 10 |
| **Wirtschaftsbürgertum** | 4 | 17 | 22 | 63 | 23 | 58 | 49 |
| Kaufmann, Bankier | 4 | 17 | 4 | 11 | 4 | 10 | 12 |
| Industrieller Unternehmer | 0 |  | 8 | 23 | 4 | 10 | 12 |
| Bauunternehmer | 0 |  | 2 | 6 | 5 | 13 | 7 |
| Gewerbetreibender | 0 |  | 8 | 23 | 10 | 25 | 18 |
| **Bourgeoisie des talents** | 12 | 52 | 12 | 34 | 15 | 38 | 39 |
| Arzt, Jurist, Notar | 1 | 4 | 5 | 14 | 3 | 8 | 9 |
| Architekt, Ingenieur | 3 | 13 | 2 | 6 | 1 | 3 | 6 |
| Professor, Pfarrer | 1 | 4 | 4 | 11 | 5 | 13 | 10 |
| Hoher Beamter, Magistrat | 7 | 30 | 1 | 3 | 4 | 10 | 12 |
| Leitender Angestellter | 0 |  | 0 |  | 2 | 5 | 2 |
| Total | 23 | 100 | 35 | 100 | 40 | 100 | 98 |

Wie stark die drei aufgrund ihrer rechtlich-sozialen Herkunft unterschiedlichen Gruppen innerhalb der drei bürgerlichen Klassen in der Oberschicht Berns und Zürichs um 1900 vertreten waren, zeigt Tabelle 44.

Tabelle 44      **Rechtlich-sozialer Status und Klassenlage der vermöglichsten Männer in Bern und Zürich um 1900.**

|  | Bern | | | | Zürich | |
|---|---|---|---|---|---|---|
|  | abs. | % | % | abs. | % | % |
| **Besitzbürgertum** | 14 | 100 | 22,2 | 32 | 100 | 24,2 |
| Aristokratie | 12 | 86 | 19,0 | 6 | 19 | 4,5 |
| Stadtbürger | 1 | 7 | 1,6 | 12 | 37 | 9,1 |
| Einwohner | 1 | 7 | 1,6 | 14 | 44 | 10,6 |
| **Wirtschaftsbürgertum** | 27 | 100 | 42,9 | 68 | 100 | 51,5 |
| Aristokratie | 5 | 19 | 7,9 | 17 | 25 | 12,9 |
| Stadtbürger | 17 | 63 | 27,0 | 30 | 44 | 22,7 |
| Einwohner | 5 | 19 | 7,9 | 21 | 31 | 15,9 |
| **Bourgeoisie des talents** | 22 | 100 | 34,9 | 32 | 100 | 24,2 |
| Aristokratie | 11 | 50 | 17,5 | 11 | 34 | 8,3 |
| Stadtbürger | 7 | 32 | 11,1 | 12 | 38 | 9,1 |
| Einwohner | 4 | 18 | 6,3 | 9 | 28 | 6,8 |
| Total | 63 |  | 100 | 132 |  | 100 |

In Zürich befanden sich die Nachkommen der alten Führungsgeschlechter in allen bürgerlichen Klassen in der Minderheit, am wenigsten in der Bourgeoisie des talents. Zusammen mit den Angehörigen des neuen und alten

Stadtbürgertums, den alteingesessenen Familien und den durch den Erwerb des Bürgerrechtes mit der Stadt ebenfalls enger verbundenen neuen Bürgern, bildeten sie weiterhin eine Mehrheit. Die Niedergelassenen dagegen, die gesamthaft achtzig Prozent der Bevölkerung ausmachten, waren auch um 1900 in der Oberschicht noch deutlich in der Minderheit. Noch mehr als für Zürich galt dies für Bern, wo Nachkommen patrizischer Geschlechter nicht nur innerhalb des wohlhabenden Besitzbürgertums klar dominierten, sondern auch die Hälfte in der obersten Schicht der Bourgeoisie des talents stellten. Nimmt man für Bern allerdings noch die nächste Vermögensklasse [325] dazu, so schwindet das Gewicht der Patrizier in allen drei Klassen, am stärksten in der Bourgeoisie des talents. Die Position der Burger bleibt in dieser Vermögenskategorie zunächst noch praktisch konstant, ausser im Wirtschaftsbürgertum büssen sie an Bedeutung ein. Der Anteil der niedergelassenen Einwohner dagegen nimmt, wie aufgrund der bürgerrechtlichen Bevölkerungszusammensetzung auch nicht anders zu erwarten ist, in allen drei Klassen zu. In Bern wie in Zürich dürfte sich diese Tendenz mit abnehmendem Vermögen noch verstärkt haben. Allerdings weist der relativ hohe Anteil von Stadtbürgern, die nicht aus dem alten Stadtbürgertum stammten, sondern das städtische Bürgerrecht erst neu erworben hatten, darauf hin, dass um 1900 neuen bürgerlichen Elementen auch in der Oberschicht ein grosses Gewicht zukam. Noch mehr galt dies für das gutsituierte mittlere Bürgertum und erst recht für die untern bürgerlichen Erwerbsklassen und Schichten.

### Die Verbürgerlichung der «Herren» durch Erwerb und Beruf

Wie die rechtlich-soziale Zusammensetzung der Oberschicht gezeigt hat, bewahrten sich in Zürich wie Bern überraschend viele Nachkommen der alten Herrengeschlechter in der Oberschicht eine recht starke Stellung und vermochten sich gegenüber dem neuen Bürgertum und seinem Reichtum durchaus zu behaupten. Anhand der Untersuchung der Erwerbsgrundlagen und Berufstätigkeit der männlichen Nachkommen dieser Familien in der zweiten Hälfte des 19. und anfangs des 20. Jahrhunderts soll nun abschliessend geklärt werden, wie weit die grosse Mehrheit der männlichen Nachkommen patrizischer und aristokratischer Geschlechter, die vom Besitz und Vermögen her nicht zur absoluten Spitze der Gesellschaft gehörten, sich den Erfordernissen und Chancen der neuen Zeit erfolgreich anzupassen und ihren sozialen Status einigermassen zu wahren wusste. In der Begrifflichkeit von Lepsius formuliert, geht es darum zu untersuchen, wie weit die «Herren» und ihre Nachkommen die neuen Markt-, Kompetenz- und Autoritätschancen, die der Industriekapitalismus und das wirtschaftliche Wachstum allgemein sowie die zunehmende Professionalisierung und Bürokratisierung auch ihnen eröffneten und denen die neuen bürgerlichen Klassen letztlich ihren wirtschaftlichen und

sozialen Aufstieg verdankten, für sich zu nutzen verstanden und sich so in die
bürgerlichen Berufs- und Sozialgruppen einfügten.

Methodisch bin ich dabei so vorgegangen, dass ich sowohl im Berner
Patriziat als auch in der Zürcher Aristokratie von je drei Generationen männlicher Nachkommen dieser Familien, nämlich für die Generation, die um
1860, um 1900 und um 1925 zwischen dreissig und fünfzig Jahre alt waren,
die Erwerbsgrundlage und den Beruf untersucht habe.[326] Der erste Querschnitt, in Bern um 1861, in Zürich um 1864, umfasst alle 1810–1835 geborenen und in der Schweiz im betreffenden Jahr noch lebenden männlichen
Nachkommen dieser Familien. Er zeichnet das Bild einer Generation, die
zwar noch fast unter Bedingungen des Ancien régime heranwuchs, die sich
dann aber, nachdem bereits ihre Eltern eine gewisse Verminderung ihrer Privilegien hatten verkraften müssen, ab 1830 mit soziopolitischen Verhältnissen
konfrontiert sah und arrangieren musste, die für ihre ganze weitere Lebensgestaltung, ihre Erwerbs- und Berufschancen, ihre Zukunftschancen von weittra-
gender Bedeutung sein konnten. Konkret bedeutete dies für die meisten, dass
nicht nur ihre Zukunftsperspektiven sehr unsicher waren, sondern dass auch
traditionelle, vorgeformte Karrieremuster nur noch beschränkt von Nutzen
waren. Dieser Bruch mit «unifomierten, systematisierten und planbaren Le-
bensläufen» (Kälin) erschwerte, soweit durch die selbstverständliche akademische Ausbildung nicht schon neue Regelmässigkeiten geschaffen worden
waren, für Eltern die soziale Plazierung ihrer Söhne und Töchter und machte
für Eltern wie Söhne die Karriere- und Berufswahl zu einem schwierigeren
Entscheidungsprozess, vor allem Ziel und Zweck der Ausbildung waren nicht
mehr so eindeutig wie ehemals. Der zweite und dritte Querschnitt, der die
1845–1870 bzw. 1870–1895 geborenen und um 1900 bzw. 1925 noch in der
Schweiz lebenden Nachkommen der alten Herrengeschlechter umfasst, gibt
dann das Bild zweier Generationen wieder, die mehr oder weniger von gegebenen sozioökonomischen und soziopolitischen Rahmenbedingungen ausgehen und auf bekannte, vorwiegend typisch bürgerliche Strategien zurückgreifen konnten, um ihren wirtschaftlichen und sozialen Status zu sichern, zu
erhöhen oder zumindest einen grössern wirtschaftlichen Abstieg zu verhindern. Dabei wurde sowohl in Zürich wie in Bern das Patriziat nicht als Einheit
genommen, sondern in spezifische Unterkategorien aufgegliedert, um so allfällige Unterschiede zwischen einzelnen Familien- und Geschlechtergruppen
nicht völlig zu verwischen.

Wegen ihrer unterschiedlichen wirtschaftlichen Basis und sozialen Orientierung wurden in Zürich die aristokratischen Geschlechter schliesslich in
zwei Kategorien aufgeteilt, in Geschlechter der Handelsaristokratie[327] sowie
in Junker- und Magistratenfamilien[328], zu denen jene Geschlechter gezählt
wurden, die im Ancien régime ihr ökonomisches Fundament vorwiegend im
Grund- und Vermögensbesitz hatten, vor allem staatliche und städtische Ämter
ausübten und die, wie dies besonders für die Junker galt, auf eine gewerbliche,

industrielle oder kommerzielle Tätigkeit weitgehend verzichtet hatten. Die Unterscheidung basiert im wesentlichen auf dem Schwergewicht der wirtschaftlichen Ressourcen der Mehrheit des betreffenden Geschlechtes am Ende des 18. Jahrhunderts, wobei eine eindeutige Zuordnung zur Handelsaristokratie bzw. zu den Magistratsfamilien aufgrund des Wechsels der wirtschaftlichen Basis und der grossen Vermischung zwischen den Familien dieser beiden Gruppen nicht möglich ist. Von den übrigen Geschlechtern klar abgegrenzt werden können nur die in der adeligen Gesellschaft zum Rüden zusammengeschlossenen Junker.[329] Für den dritten Querschnitt, der die zwischen 1870 und 1895 geborenen und um 1926 noch in der Schweiz lebenden Nachkommen erfasst, wurden die Angehörigen der Junker- und Magistratenfamilien allerdings nicht mehr berücksichtigt, denn bereits bis 1900 hatte sich die Anzahl der in dieser Kategorie vertretenen Geschlechter von 15 auf 10 vermindert, auch die Zahl der jeweiligen Nachkommen dieser teilweise schon im 18. und frühen 19. Jahrhundert kleinen Geschlechter war stark rückläufig. Einerseits starben einzelne Geschlechter in der männlichen Linie aus oder es lebte kein einziger männlicher Nachkomme mehr in der Schweiz, andererseits waren einzelne Geschlechter zu den ausgewählten Stichjahren nur mit Angehörigen vertreten, die nicht mehr oder noch nicht zur entsprechenden Generation gehörten.[330]

Wie weit diese Entwicklung, die zwar auch einzelne Familien der Handelsaristokratie, tendenziell aber ehemalige Junker- und vor allem Magistratenfamilien stärker betraf, direkt auf die Verknappung ihrer wirtschaftlichen Ressourcen sowie auf Schwierigkeiten in der Anpassung an die neuen soziopolitischen Verhältnisse und in der Wahrnehmung neuer Markt- und Ausbildungschancen zurückzuführen ist und somit auch auf eine gewisse erhöhte Abstiegsmobilität eines Teils dieser Geschlechter oder einzelner ihrer Zweige schliessen lässt, kann hier nur vermutet werden. Sicher ist einzig, dass neben andern sozialen und demographischen Faktoren die recht hohe Auswanderung die soziale Basis einzelner Geschlechter in der Schweiz so stark schwächte, dass sie Ende des 19. Jahrhunderts hier nicht mehr präsent oder zahlenmässig kaum noch von Bedeutung waren. Immerhin stammten aber doch um 1900 neun der 33 zur vermögenden Oberschicht zählenden Aristokraten aus sechs dieser Geschlechter, nämlich aus zwei Junker- und vier Magistratsfamilien. Neben zwei Universitätsprofessoren, einem Architekten und einem ehemaligen Ingenieur handelte es sich dabei um Kaufleute und Unternehmer. Fast alle waren mit einer Frau aus einer der handelsaristokratischen Familien verheiratet, typischerweise bildeten die beiden Universitätsprofessoren hier eine Ausnahme. Keiner hatte jedoch ein Vermögen über einer Million.

Die Nachkommen des Altzürcher Herrenstandes lebten aufgrund ihrer Erwerbsquellen in der zweiten Hälfte des 19. Jahrhunderts zum grössten Teil in bürgerlichen Verhältnissen und übten, wie Tabelle 45 zeigt, mehrheitlich einen bürgerlichen Beruf aus, die Nachkommen der Handelsaristokratie mit siebzig und mehr Prozent etwas ausgeprägter als jene aus Junker- und Magistratenfamilien, wo zum einen das Rentnertum etwas stärker verbreitet war, zum andern aber auch ein höherer Prozentsatz nicht mehr zum Bürgertum im engeren Sinne gehörte. So muss bei den Junker- und Magistratenfamilien ein Drittel der Generation von 1864 wegen ihrer beruflichen Tätigkeit im Handwerk und Gewerbe oder als mittlerer Angestellter und Beamter eher dem alten oder neuen Mittelstand als dem eigentlichen Bürgertum zugeordnet werden. Dabei ist jedoch besonders bei den Angestellten und Beamten zu beachten, dass darunter etliche waren, die aus Altersgründen – die jüngsten pro Generation waren erst dreissig, die ältesten dagegen bereits über fünfzig Jahre alt – noch am Anfang ihrer beruflichen Karriere standen. Unter diesen beiden Kategorien, mehr in der Kategorie der Handwerker als der Angestellten, dürften aber doch einige sein, die einen sozialen Abstieg hatten hinnehmen müssen. Dabei ist zu beachten, dass es in vielen Herrengeschlechtern immer einzelne Linien oder Angehörige gab, die vorwiegend in Handwerk und Gewerbe ihre materielle Basis hatten und den Aufstieg in die Aristokratie nicht mitvollzogen hatten oder wieder abgestiegen waren. So befanden sich z. B. in der Familie Schulthess um 1797 neben 17 Kaufleuten, vier hohen Offizieren, einem Gerichtsherren, sechs Pfarrern, je einem Professor, Arzt und Apotheker, drei Zuckerbäcker, je ein Büchsenschmied und ein Knöpfemacher sowie noch drei Landwirte ausserhalb der Stadt in Glattfelden.[331]

Tabelle 45       **Erwerbs- und Berufsstruktur der männlichen Nachkommen von Alt-Zürcher Familien um 1864, 1904 und 1926 (in Prozent).** [332]

| | Junker/Magistraten | | Handelsaristokratie | | |
|---|---|---|---|---|---|
| | 1864 | 1904 | 1864 | 1904 | 1926 |
| **Rentnertum** | **10,3** | **9,1** | **9,0** | **7,6** | **1,7** |
| Gutsbesitzer/Rentner | 10,3 | 9,1 | 6,2 | 7,6 | 1,7 |
| Ohne Angabe | | | 2,8 | | |
| **Bourgeoisie** | **34,5** | **24,3** | **42,4** | **38,2** | **28,9** |
| Bankier/Kaufmann/Unternehmer | 27,6 | 15,2 | 40,7 | 31,3 | 18,2 |
| Architekt/Bauunternehmer | 5,2 | 3,0 | 0,6 | 2,8 | 4,1 |
| Direktor/leit.Angestellter | 1,7 | 6,1 | 1,1 | 4,2 | 6,6 |
| **Bourgeoisie des talents** | **22,3** | **39,4** | **27,1** | **34,7** | **48,8** |
| Ingenieur/Chemiker | | 6,1 | 2,3 | 4,9 | 14,0 |
| Advokat/Jurist | 3,4 | 3,0 | 3,4 | 4,9 | 5,8 |
| Arzt/Apotheker | 6,9 | 3,0 | 6,2 | 11,8 | 9,9 |
| anderer akademischer Beruf | | | 0,6 | 2,1 | |
| Pfarrer | 3,4 | 9,1 | 7,3 | 4,9 | 5,8 |
| Professor/Gymnasiallehrer | 3,4 | 9,1 | 1,7 | 4,9 | 9,1 |
| Hoher Beamter | 1,7 | 6,1 | 4,5 | 0,7 | 1,7 |
| Künstler | 3,4 | 3,0 | 1,1 | 0,7 | 2,5 |
| Handwerk und Gewerbe | 17,2 | 27,2 | 11,3 | 7,6 | 2,5 |
| Angestellter/Beamter | 15,5 | | 9,0 | 8,3 | 9,9 |
| Anderer Beruf | | | 1,1 | 3,5 | 8,3 |
| **Total in der Schweiz (n)** | **58** | **33** | **177** | **144** | **121** |
| Anzahl Geschlechter | 15 | 10 | 20 | 20 | 15 |
| Nachkommen im Ausland | 33 | 37 | 68 | 80 | 78 |
| Prozent von n | 57 | 112 | 38 | 56 | 65 |

Besonders unter den Angehörigen ehemaliger Junker- und Magistratenfamilien befanden sich mit einem Anteil von 17 Prozent überdurchschnittlich viele Angehörige handwerklicher Berufe. In der Generation der 1845–1870 Geborenen betrug dieser Anteil gar 27 Prozent, was doch darauf hinweist, dass etliche in diesen Familien, so ist aufgrund der Berufszugehörigkeit wenigstens anzunehmen, ihren Stand nicht hatten halten können. Bei den Nachkommen der Handelsaristokratie, wo bei allen drei Generationen aufgrund der momentanen beruflichen Situation immer nur etwa ein Fünftel nicht mehr voll zum Bürgertum gezählt werden kann, hatte aber nur etwa die Hälfte handwerkliche und andere Berufe. Ein sozialer Abstieg auf Dauer dürfte hier höchstens bei zehn Prozent ausgemacht werden.

Vorwiegend als Gutsbesitzer, Offizier oder Rentner lebten 1864 in Zürich unter den Junker- und Magistratenfamilien schon von der ersten untersuchten Generation lediglich noch zehn Prozent, fast ebensoviele waren es um 1904 in der Generation der 1845–1870 Geborenen. Etwas tiefer lagen die Werte bei den Nachkommen der Handelsaristokratie, wo in der dritten Generation diese Lebensweise mindestens im Alter zwischen dreissig und fünfzig Jahren praktisch verschwunden war.

Zum Wirtschaftsbürgertum gehörte von der Erwerbstätigkeit her im Milieu der Junker- und Magistratenfamilen ein Drittel der 1810–1835 geborenen Generation, die meisten davon waren Kaufleute, nur drei oder fünf Prozent bezeichneten sich als industrielle Unternehmer. Da vor allem bei den Magistratsfamilien jedoch ein Wechseln zwischen Handelstätigkeit und Staatsdienst in beiden Richtungen auch im 18. Jahrhundert durchaus üblich und häufig war, ist es schwer abzuschätzen, wieviele in den dreissiger und vierziger Jahren des 19. Jahrhunderts nach dem Verlust der Privilegien in den Handel oder die Industrie um- oder eingestiegen sind. Klarheit könnten nur intergenerationelle Untersuchungen bringen. In der Generation von 1900 war nur noch ein Viertel in eindeutig wirtschaftsbürgerlichen Berufen tätig, vor allem der Anteil der selbständigen Kaufleute war stark zurückgegangen, eine Tendenz, die sich aber auch bei den Angehörigen der Handelsaristokratie feststellen lässt. Im allgemeinen Trend lag auch die Zunahme des Anteils der Manager, d. h. der Direktoren und leitenden Angestellten. Zählt man auch die Ingenieure und Chemiker, die ja wenigstens teilweise ebenfalls in leitenden Positionen der Privatwirtschaft arbeiteten, noch zu dieser Gruppe, so blieb in etwa die Verankerung im Wirtschaftsbürgertum bei dreissig Prozent.

Zur Bourgeoisie des talents zählte von der Generation von 1864 gut ein Fünftel. Darunter befand sich nur ein einziger Magistrat, zwei hatten einen künstlerischen Beruf. Besser vertreten waren Berufe mit einem grossen persönlichen Spielraum und relativ gesichertem Einkommen, wie dies bei Ärzten und Pfarrern sowie je nach Anstellungsbedingungen auch bei Professoren der Fall war. Eine der Magistratsfamilien, die im 19. Jahrhundert solche akademischen Berufe bevorzugte, war die Familie Rahn, wo sich im 19. Jahrhundert eine eigentliche Ärztedynastie ausbildete und der Apothekerssohn Johann Rudolf Rahn professorale Würden erlangte.[333] In der Generation von 1900 war das Gewicht dieser bildungsbürgerlichen oder akademischen Berufe dann fast doppelt so hoch, neben höheren technischen Berufen (Ingenieur) erhöhte sich vor allem die Zahl der Professoren und Pfarrer, auch höhere Beamte waren jetzt besser vertreten. Offensichtlich gewannen die akademische Ausbildung und die nur über sie zugänglichen Positionen in der Privatwirtschaft und beim Staat, aber auch die akademische Karriere bei Eltern wie Söhnen dieser Familien an Attraktivität. Auch dies lag im allgemeinen Trend. Im Vergleich zu den Nachkommen der Handelsaristokratie, die sich zunächst mehr liberalen Berufen zuwandten und erst in der dritten Generation vermehrt auch die akademische Karriere ergriffen, bevorzugten die Abkömmlinge der Rentnerfamilien eher den Staatsdienst. Sie blieben damit in gewissem Masse ihrer Vergangenheit treu, allerdings mit einem gewichtigen Unterschied. Über den Zugang entschied nicht mehr die standesgemässe Herkunft und die damit verbundene informelle Ausbildung, sondern der Besitz und Nachweis von bürgerlichem Leistungswissen.

Bei den Nachkommen der Handels- und Finanzaristokratie blieb die Verankerung in Industrie, Handel und Banken bis ins 20. Jahrhundert recht stark. Von den 1810–1835 Geborenen gehörten 1864 über vierzig Prozent zum Wirtschaftsbürgertum, davon waren die meisten von ihrer Berufsbezeichnung her vor allem als Kaufleute tätig, nur rund ein Viertel der Kategorie Bankier, Kaufmann und Unternehmer[334] war auch in der Produktion unternehmerisch engagiert. In der Generation der 1845–1870 Geborenen zählten um 1904 noch immer knapp vierzig Prozent zum Wirtschaftsbürgertum, wobei sich innerhalb dieser Klasse die Gewichte jetzt jedoch langsam zu verschieben begannen, nicht zuletzt auch infolge der zunehmenden Konzentrationsprozesse und Gründung von Aktiengesellschaften in Industrie und Handel. Die Unterkategorie der Bankiers, Kaufleute und Unternehmer fiel von vierzig auf gut dreissig Prozent, besonders die zahlenmässige Bedeutung der industriellen Unternehmer nahm noch mehr ab. 1904 kann aus der Berufsbezeichnung innerhalb dieser Unterkategorie nur noch bei 15 Prozent direkt auf eine Haupttätigkeit als Fabrikant, Fabrikbesitzer oder industrieller Unternehmer geschlossen werden. Dagegen nahm der Anteil der unselbständigen «Unternehmer», der Direktoren und leitenden Angestellten, leicht zu.

Nach der Jahrhundertwende scheint sich dieser Strukturwandel beschleunigt zu haben. Von der Generation der 1870–1895 Geborenen waren um 1926 dann nur noch 18 Prozent als selbständige Kaufleute und Unternehmer aktiv. Obwohl der Anteil der Architekten und Bauunternehmer sowie der «angestellten» Bourgeoisie auch in dieser Generation wiederum leicht angestiegen war, gehörten nach dem 1. Weltkrieg nicht einmal mehr dreissig Prozent zum Wirtschaftsbürgertum im herkömmlichen Sinne. Zählt man allerdings auch einen Grossteil der Ingenieure und Chemiker dazu, so liegt in der Generation von 1904 wie von 1926 der Anteil der Bourgeoisie wieder deutlich über dreissig Prozent. In bester ökonomischer und sozialer Ausgangslage mit einem riesigen Startvorteil gegenüber Männern, die nicht aus diesem oder einem vergleichbaren ländlichen Unternehmermilieu stammten, wussten die Nachkommen der Zürcher Handels- und Finanzaristokratie auch die neuen Markt- und Kompetenzchancen in Handel und Industrie, im Bank- und Versicherungswesen für ihre Karriere zu nutzen und besetzten wie eh und je in der Wirtschaft zentrale Positionen.

Zur Bourgeoisie des talents gehörte 1864 mehr als ein Viertel, wobei mehr als die Hälfte als Ärzte oder Pfarrer wirkten. Im Vergleich zu den Söhnen der Junker und Magistraten scheint eine akademische Ausbildung schon in dieser ersten Generation eine etwas höhere Attraktivität gehabt zu haben. Die zweite Generation wandte sich dann noch stärker akademischen Berufen zu, vor allem der Anteil der Ärzte verdoppelte sich fast. Keine grosse Bedeutung kam mit Ausnahme von Pfarr- und Professorenstellen an Universität und Kantonsschule dem Staatsdienst zu, sei dies als hoher Beamter oder als gewählter Magistrat. Von den Angehörigen der Generation von 1926, die sich vor und nach der Jahrhundertwende für eine bestimmte berufliche Karriere entschliessen mussten, machte die Mehrheit zunächst eine höhere Ausbildung, wobei jetzt sehr viele, fast ein Drittel, ein höheres technisches Studium absolvierten. Ebenfalls an Bedeutung gewann die juristische Ausbildung. Auch der Anteil der Pfarrer nahm nochmals leicht zu, ebenso jener der Professoren, wobei allerdings die Mehrheit 1926 (noch) als Gymnasiallehrer tätig war. Noch weniger verbreitet als bei den Nachkommen von Magistratsfamilien waren künstlerische Berufe.

Ein grosser Teil der Nachkommen dieser Geschlechter war im Ausland niedergelassen, bei den Junker- und Magistratenfamilien, wo um 1900 mehr männliche Nachkommen ausserhalb als in der Schweiz lebten, deutlich mehr als bei der Handelsaristokratie. Wie weit sie dauernd, möglicherweise bereits seit mehr als einer Generation, im Ausland lebten, oder wie weit es sich um eine zeitlich nur auf ein paar Jahre begrenzte Abwesenheit von der Schweiz handelte, geht aus den Eintragungen in den Bürgerbüchern nicht hervor.[335] Beruflich unterschieden sich die Nachkommen mit Wohnsitz im Ausland von denen in der Schweiz vor allem dadurch, dass der Anteil der Kaufleute sowie der Angestellten und teils auch der Handwerker im Ausland in der Regel höher lag und dass sich unter den ausländischen Nachkommen kaum Angehörige akademischer Berufe befanden.[336] Besonders viele Kaufleute, anteilsmässig mehr als in der Schweiz, gab es unter den im Ausland sich aufhaltenden Nachkommen der Junker- und Magistratenfamilien: 1864 waren es 33 Prozent, um 1900 sogar vierzig Prozent. In der Handelsaristokratie dagegen lag der Anteil der Kaufleute im Ausland 1864 noch unter demjenigen in der Schweiz, erst in der zweiten Generation lebten dann anteilsmässig mehr

Kaufleute dieser Geschlechter ausserhalb wie innerhalb der Schweiz. Ein Teil
dieser Kaufleute hielt sich wohl nur für bestimmte Jahre im Ausland auf, wo
sie entweder im eigenen oder im Unternehmen von Geschäftspartnern oder
Verwandten weitere geschäftliche Erfahrungen sammelten, wie dies damals
zur üblichen sehr praxisbezogenen kaufmännischen Ausbildung gehörte, oder
wo sie eigene Niederlassungen betrieben und dann eher länger abwesend
waren. Auch unter den Angestellten, mindestens unter den jüngeren Commis,
dürften viele ausser Landes gewesen sein, um ihre Ausbildung durch Aus-
landerfahrungen zu vervollständigen und nach einer gewissen Zeit wieder
zurückzukehren.

Wie die Erwerbs- und Berufsstruktur dieser drei Generationen von
Nachkommen der Zürcher Aristokratie vermuten lässt, fiel der überwiegen-
den Mehrheit rückblickend gesehen die Anpassung an die neuen Verhältnisse
ab 1830 mindestens in wirtschaftlicher und beruflicher Hinsicht offenbar nicht
schwer. Am ehesten in Schwierigkeiten gerieten wohl die Nachkommen von
Junker- und Magistratenfamilien, deren materielle Basis sich bereits mit der
Helvetik, unter anderm auch durch die entschädigungslose Aufhebung der
Gerichtsherrschaften, verschlechtert hatte. Unter ihnen dürften jene weniger
Probleme gehabt haben, deren Söhne dank engen verwandtschaftlichen Bezie-
hungen zu Kaufleuten und Unternehmern relativ leicht auf Industrie und
Handel umsteigen konnten.

Am wenigsten änderte sich für die Angehörigen der Zürcher Handels-
und Finanzaristokratie, die sich jetzt voll auf ihre wirtschaftlichen Betätigungs-
kreise und ihre Unternehmen konzentrierten. Die Aufhebung des städtischen
Handelsmonopols in der Helvetik war für sie ohnehin der wichtigere Einschnitt gewesen als der endgültige Verlust der politischen Privilegien nach der
liberalen Revolution von 1830. Mit der Einführung der Handelsfreiheit, die in
der Restauration nicht mehr rückgängig gemacht wurde, konnten nämlich
auch die Winterthurer Kaufleute sowie all jene Angehörigen der ländlichen
Oberschicht, die als Zwischenverleger schon im ausgehenden Ancien régime
zu Wohlstand gelangt waren, ihre unternehmerischen Aktivitäten voll entfalten. Auf dem Land entwickelte sich denn auch sehr rasch ein aus Verlegern
und Fabrikanten der Baumwoll- und Seidenindustrie sowie Besitzern mechanischer Spinnereien zusammengesetztes Unternehmertum. Obwohl ehemalige
Untertanen früh Textilhandelshäuser gründeten und sich erfolgreich auch in
den Grosshandel einschalteten, vermochte die städtische Handelsaristokratie,
ohnehin mehr Bourgeoisie als Aristokratie, ihre dominante Stellung im Grosshandel, aber auch auf dem Kapitalmarkt noch lange, teils bis über die Mitte
des 19. Jahrhunderts hinaus, zu behaupten. Neben den Privatbanken traten
seit den 1820er und 1830er Jahren auch Angehörige der städtischen Handels-
und Finanzaristokratie vermehrt als Kreditgeber an die ländlichen Unternehmer der Textilindustrie auf.[337] An der aufblühenden ländlich-dörflichen Industrie beteiligten sie sich jedoch nicht nur als Rohstofflieferanten, Abnehmer

der Endprodukte und Kreditgeber, sondern auch als Gründer oder Mitbegründer von Verlagsunternehmen und Fabriken. Das Schwergewicht ihrer Aktivitäten lag jedoch immer auf dem Handel und nicht auf der Produktion.

Ein illustratives, wenn auch nicht gerade typisches Beispiel dafür, wie erfolgreich Angehörige der städtischen Handelsaristokratie sich mit den neuen wirtschaftlichen Gegebenheiten arrangierten, bietet ein Zweig der Familie Bodmer, die Bodmer aus dem Windegg. Seit 1700 im Seidenhandel und Seidenverlag tätig, gehörten sie im 18. Jahrhundert fast alle dem Rate an und pflegten einen seigneurialen Lebensstil. Ihren wirtschaftlichen Vorrang – sie gehörten während des ganzen 19. Jahrhunderts zu den reichsten Zürchern – sollten sie und ihre Unternehmen allerdings erst nach 1800 erreichen, als sie politisch kaum noch direkt in Erscheinung traten. Wirtschaftlich am erfolgreichsten aus dieser Windegg-Linie waren Heinrich Bodmer-von Muralt und seine Nachkommen. 1787 übernahm er die alleinige Leitung der traditionsreichen, schon um 1610 gegründeten Seidenfirma Muralt an der Sihl, in die er bereits 1764 als Teilhaber seines zukünftigen Schwiegervaters Martin von Muralt eingetreten war. Im alleinigen Besitz der Firma entfalteten Heinrich Bodmer und vor allem sein im Geschäft ebenfalls tätiger Sohn Daniel mit ihrem Arbeitseifer und Gewinnstreben sowie mit ihrer kaltblütigen Beharrlichkeit und kühlen Berechnung eine Initiative und ein Geschäftsgebaren, wie sie bis anhin unter den Zürcher Kaufleuten unbekannt waren, aber bald die unternehmerische und kaufmännische Arbeitsweise im 19. Jahrhundert kennzeichnen sollten. Die meisten anderen Kaufleute und Unternehmer widmeten sich neben ihrer wirtschaftlichen Tätigkeit noch Staatsgeschäften, ihre Geschäftsräumlichkeiten verliessen sie jeweils schon um vier Uhr nachmittags, um im Klub, im Schützenhaus oder auf einer Zunftstube den Abend zu verbringen. Von morgens sechs Uhr bis abends spät im Geschäft tätig, zeigten Daniel Bodmer und seine Brüder «den noch in den Anschauungen der Zunftstadt lebenden Zürchern, was arbeiten» hiess. [338] Ihr Arbeitseifer und «Kaufmannsgeist» galt auch bei andern erfolgreichen Kaufleuten als ausserordentlich und unglaublich. So schrieb Johannes Escher im Felsenhof, selbst ein sehr erfolgreicher Kaufmann, anlässlich der Verlobung seiner jüngsten Tochter mit Heinrich Bodmer zur Arch, dem jüngsten Bruder von Daniel Bodmer, um 1810 in sein Tagebuch: «Erst seit dieser Verbindung erfahre ich, was echter Kaufmannsgeist seye und wie man Kinder zu diesem Berufe bilden kann, dass sie ihre einzige Glückseligkeit in unausgesetzter Arbeit finden.» [339] Wenn auch nicht vollumfänglich, so fand dieses Geschäftsgebaren doch bald eine gewisse Nachahmung, auch andere Kaufleute unterliessen den Besuch der Abendzirkel, um sich länger den Geschäften zuzuwenden.

Bereits am Ende des Ancien régime gehörte die Firma zu den drei grössten Exporthandelshäusern Zürichs. Der steile Anstieg dauerte auch im 19. Jahrhundert unter den Söhnen Daniels, Heinrich Bodmer-Stockar (1796–1875) und Martin Bodmer-Keller (1802–1880), an, so dass die Firma das

ganze Jahrhundert hindurch an der Spitze der Zürcher Seidenhandelshäuser
stand. Um 1840 gaben die beiden die Florettspinnerei und Seidenzwirnerei
auf und widmeten sich neben Bankgeschäften nur noch dem Rohseidenhan-
del, den sie praktisch monopolisierten. Nachdem infolge der Konzentration
der Spinnereien und des Baues von Alpentransversalen der Zwischenhandel
unwichtig geworden war, nahm die Firma 1883 unter Martin Bodmer-von
Muralt die Florettspinnerei und Seidenzwirnerei wieder auf, allerdings nicht
mehr in Zürich, sondern in Oberitalien, wo sich die Firma Bodmer-von
Muralt bald zum bedeutendsten Rohseidenproduzenten entwickelte. 1902
wurde das Unternehmen in die Aktiengesellschaft Banco Sete mit Sitz in Mailand umgewandelt, 1908 verkauften es die Nachkommen von Martin Bodmer-
von Muralt, die an der Weltfirma kein unternehmerisches Interesse mehr fan-
den.³⁴⁰ Neben diesem erfolgreichsten und grössten Unternehmen im Besitz
der Bodmer von Windegg existierten auch noch andere. Die um 1700 gegründete Firma, die nach den Revolutionswirren um 1810 wieder einen neuen
Aufschwung erlebte, bestand bis 1867. Im Unterschied zur Firma Muralt an
der Sihl, die in Italien Rohseide einkaufte und sie dann vorwiegend nach
Deutschland weiterverkaufte, handelte es sich dabei aber vor allem um ein
Verlagsunternehmen. Wie die Bodmer hatten auch die Nachkommen anderer
Altzürcher Familien wie etwa die Escher vom Glas, Schulthess, von Orelli, von
Muralt oder Pestalozzi keine Schwierigkeiten, sich an die neuen Gegeben-
heiten anzupassen und ihre wirtschaftlich Stellung zu behaupten. Mehr Bour-
geoisie als Aristokratie, waren sie darauf auch bestens vorbereitet.

Dem Berner Patriziat, das sich gestützt auf Grundbesitz und sicher angelegtes, angehäuftes Vermögen zum Regieren und Verwalten geboren sah und
jede Tätigkeit in Industrie und Handel³⁴¹ als nicht standesgemäss ablehnte,
musste die Anpassung und Umstellung an die neuen Verhältnisse fast zwangsläufig schwerer fallen. Bereits vor und in den revolutionären Umwälzungen
erlitten die patrizischen Familien wegen Verlusten durch den französischen
Staatsbankrott, wegen der Aufhebung der Untertanenverhältnisse, dem Hinfall
der Gerichtsherrschaften und der Verselbständigung ehemaliger Untertanengebiete sowie wegen Zahlungen an die Besatzungsmächte hohe finanzielle
Einbussen und eine Schmälerung ihrer materiellen Basis, die auch durch die
Restauration nur sehr beschränkt wieder etwas verbessert wurde. Der Wegfall
der Waadt und des Aargaus als Untertanengebiete hatte zur Folge, dass zwei
Drittel der vorher für die Patrizier reservierten Ämter verloren blieben. Sie
mussten deshalb vermehrt auf wenig einträgliche staatliche und städtische Ver-
waltungsposten zurückgreifen, die sie vorher meist den nicht-patrizischen
Burgern überlassen hatten. Zudem wurden 1815 auch die Besoldungen der
noch bestehenden Staatsstellen gekürzt. Ein Teil der Patrizier vermochte deshalb bereits vor 1830 die erhöhten Kosten ihrer gesteigerten Lebenshaltung
nicht mehr zu tragen. Sie verkauften ihre Landgüter und ehemaligen Herrschaften, deren Bewirtschaftung nach dem Hinfall herrschaftlicher Rechte

ohnehin kostspieliger geworden war, und verzichteten mit der standesgemässen Führung zweier Haushalte auf einen Lebensstil nach dem «Bild feudalen
Herrentums» (Gruner).[342] Zwar tasteten weder die Liberalen von 1830/31
noch später die Radikalen den Besitz und das Vermögen des Patriziates direkt
an, doch der Verlust ihrer Privilegien bei der Besetzung der noch verbliebenen
höheren staatlichen Ämter traf die Patrizier 1830 auch wirtschaftlich nochmals
recht schwer, besonders die standesgemässe Versorgung der Nachkommen war
durch die erneute Verminderung der wirtschaftlichen Ressourcen gefährdet.
Dazu kam noch, dass mit dem europaweiten Rückgang des Solddienstes das
Patriziat auf eine weitere, sehr wichtige Erwerbsquelle immer weniger zählen
konnte.

Wie stark sich diese Entwicklung bereits auf die Lebensgestaltung und
Karriereplanung der Patriziersöhne, die zwischen 1810 und 1835 geboren worden waren, auswirkte und wie diese auf die neue Situation reagierten, zeigt die
Erwerbs- und Berufsstruktur (Tabelle 46) der drei Generationen männlicher
Nachkommen des Patriziates. Die Kategorie A umfasst im Prinzip die Nachkommen jener 28 Geschlechter, die sich seit 1649 als wohledelveste, edelveste
und veste Familien bezeichnen durften. Darunter befanden sich auch die
sechs adligen Geschlechter sowie weitere Familien, die aufgrund des Gräf-
lichen Taschenbuchs und des Gothaer Taschenbuchs des Adels die Grafen-
oder Freiherrenwürde besassen und über ausländische Adelsdiplome und
Wappenbriefe verfügten. Die übrigen im Ancien régime zum Kreis der regierenden Familien gehörenden Geschlechter wurden der Kategorie B zugeordnet, wobei hier zu den anderen Burgergeschlechtern keine eindeutige Trennlinie gezogen werden kann. Aus ähnlichen Ursachen wie in Zürich war jedoch
auch in Bern die Anzahl der Geschlechter beider Kategorien von Generation
zu Generation rückläufig, im unteren Patriziat etwas weniger ausgeprägt als
im oberen, wo nicht nur einzelne Geschlechter in männlicher Linie ausstarben
oder zahlenmässig nur noch sehr schwach vertreten waren, sondern wo sich
im Verhältnis zu den männlichen Nachkommen in der Schweiz auch bedeutend mehr im Ausland aufhielten.[343]

Das Auffallendste an der Erwerbsstruktur der Berner Patrizier des
19. Jahrhunderts, aufgrund der bisherigen Resultate allerdings nicht weiter
verwunderlich, ist im Vergleich zu Zürich erstens der hohe Anteil des Besitzbürgertums, insbesondere der Gutsbesitzer und der Offiziere, zweitens ihre
geringe Präsenz in der Bourgeoisie, drittens die frühere und stärkere Hinwendung zu den freien Berufen, insbesondere zum Fürsprech (Advokat), Notar
und Sachwalter, aber auch viertens zu höheren technischen Berufen, fünftens
der in der Regel leicht höhere Anteil von meist mittleren Angestellten und
Beamten sowie sechstens der viel tiefere Anteil von Nachkommen des Patriziates in handwerklichen Berufen. Offenbar war ein sozialer Abstieg im Patriziat
noch weniger häufig als in den Altzürcher Familien, oder dann blieben jene,
die es betraf, weniger häufig am Ort und verliessen die Schweiz. Aufgrund des

hohen Anteils von Nachkommen im Ausland ohne Berufsangaben wäre dies ebenfalls denkbar. [344]

Von der Generation der 1810–1835 Geborenen lebten im oberen wie untern Patriziat noch um 1861 dreissig Prozent als Rentenbezüger und Gutsbesitzer, weitere 17 bzw. 14 Prozent waren Offiziere in Fremden Diensten gewesen und/oder nahmen eine höhere Funktion in der Schweizer Armee ein. Auch sie waren meist noch Gutsbesitzer, so dass sicher die Hälfte dieser jüngeren und mittleren Generation auch um 1860 noch in mehr oder weniger traditionellen Verhältnissen lebte. In der Generation von 1900 übten im oberen Patriziat immer noch fast dreissig Prozent keinen eigentlich bürgerlichen Beruf aus und selbst in der Generation von 1925 waren dies noch über zehn Prozent. Im untern Patriziat verlor diese Lebensform sehr viel rascher an Bedeutung: 16 Prozent um 1900 und fünf Prozent noch um 1925. Stark geschrumpft war von der ersten zur zweiten Generation auch der Anteil der Offiziere, bei denen es sich jetzt nur noch vereinzelt um (ehemalige) Offiziere in Fremden Diensten handelte.

Tabelle 46        **Erwerbs- und Berufsstruktur der männlichen Nachkommen des Berner Patriziates um 1861, 1900 und 1925 (in Prozent).** [345]

|  | 1861 | | 1900 | | 1925 | |
|---|---|---|---|---|---|---|
|  | A | B | A | B | A | B |
| **Rentnertum** 47,4 | 43,1 | 29,2 | 18,6 | 18,6 | 6,8 |  |
| Gutsbesitzer/Rentner | 23,1 | 23,5 | 13,5 | 11,6 | 10,5 | 2,3 |
| Offizier | 16,7 | 13,7 | 2,2 | 2,3 | 4,7 | 2,3 |
| Ohne Angabe | 7,7 | 5,9 | 13,5 | 4,7 | 3,5 | 2,3 |
| **Bourgeoisie** | 7,7 | 15,7 | 8,9 | 18,6 | 15,1 | 25,0 |
| Bankier | 1,3 | 7,8 | 4,5 | 4,7 | 1,2 | 2,3 |
| Kaufmann/Unternehmer | 5,1 | 3,9 | 2,2 | 11,6 | 11,6 | 13,6 |
| Architekt/Bauunternehmer | 1,3 | 3,9 | 2,2 | 2,3 | 2,3 | 9,1 |
| **Bourgeoisie des talents** | 35,1 | 25,5 | 46,0 | 51,2 | 61,6 | 52,4 |
| Ingenieur | 7,7 | 9,8 | 11,2 | 7,0 | 15,1 | 20,5 |
| Notar/Sachwalter/Jurist | 10,3 | 3,9 | 15,7 | 16,3 | 22,1 | 13,6 |
| Arzt/Apotheker | 3,8 | 3,9 |  | 4,7 | 8,1 | 9,1 |
| Pfarrer | 3,8 | 3,9 | 3,4 | 9,3 | 1,2 | 2,3 |
| Professor | 1,3 |  | 1,1 | 2,3 | 1,2 | 2,3 |
| Anderer akademischer Beruf | 2,6 | 2,0 | 3,4 | 2,3 | 2,3 | 2,3 |
| Hoher Beamter/Angestellter | 5,1 | 2,0 | 9,0 | 7,0 | 5,8 | 2,3 |
| Künstler | 2,2 | 2,3 | 5,8 |  |  |  |
| Angestellter/Beamter | 9,0 | 9,8 | 12,4 | 9,3 | 3,5 | 13,6 |
| Handwerker u. a. Berufe | 1,3 | 5,9 | 3,4 | 2,3 | 1,2 | 2,3 |
| **Total in der Schweiz (n)** | 78 | 51 | 89 | 43 | 86 | 44 |
| Anzahl Geschlechter | 22 | 15 | 17 | 14 | 14 | 11 |
| Nachkommen im Ausland | 48 | 19 | 57 | 24 | 43 | 10 |
| Prozent von n | 62 | 37 | 64 | 56 | 50 | 23 |

So ausgeprägt wie die Nachkommen vieler patrizischer Geschlechter in traditionellen Betätigungsfeldern verharrten und keiner direkten Erwerbs- oder Berufstätigkeit nachgingen, so zurückhaltend nahmen sie neue Erwerbs- und Marktchancen in Industrie und Handel wahr. Vielschichtige, ständische Vorurteile verstellten manchen Eltern und Söhnen den Blick auf die Vielfalt neuer Karrieremöglichkeiten, vor allem verhinderten sie ein Ausweichen auf industriell-gewerbliche Tätigkeiten und liessen sie ihre Anstrengungen eher auf traditionelle Bereiche konzentrieren. Grossgewerbliche und industrielle Unternehmer gab es in ihren Kreisen praktisch nicht, eine grosse Ausnahme in der ersten Generation bildete Karl Wilhelm von Graffenried-Marcuard. [346] Ausserhalb Berns und des patrizischen Milieus aufgewachsen und ausgebildet, waren seine berufliche Laufbahn, vor allem aber seine enge Verbindungen zu Alfred Escher und seinem Kreis für einen Mann seiner Herkunft sehr atypisch. 1863 gründete er mit der Spinnerei Felsenau die erste grössere Industrieanlage in Bern und engagierte sich dort bis 1898 als Delegierter des Verwaltungsrates, später war er auch Generaldirektor der Eidgenössischen Bank. Während in der zweiten Generation überhaupt keiner der Patrizier in dieser Richtung tätig war, nahmen dann in der dritten Generation drei unternehmerische Funktionen wahr. Eine gewisse Bedeutung erlangte auch das Baugewerbe, wo etliche als Architekten wirkten.

Auch dem Handel wandten sie sich nur vereinzelt zu, jene der vornehmeren Geschlechter eher seltener und später als die andern. In der dritten Generation bezeichneten sich dann aber doch in beiden Kategorien über zehn Prozent als Kaufmann, Handelsmann oder Weinhändler. Eine auch zahlenmässig relativ wichtige Rolle kam dagegen in der ersten wie zweiten Generation den Bankiers zu. Dabei handelte es sich meist um Teilhaber einer der Berner Privatbanken, [347] die in der zweiten Hälfte des 19. Jahrhunderts grösstenteils direkt von Angehörigen patrizischer Familien oder von, dem Patriziat sehr nahestehenden, burgerlichen Kreisen betrieben wurden. So bestand bei der Generation von 1861 wie von 1900 die Hälfte der gesamten in Bern ortsansässigen «patrizischen Bourgeoisie» jeweils aus Bankiers, etliche befanden sich ausserhalb der Schweiz, meist in Paris. [348]

Mehr als auf Handel oder Industrie setzten die Patrizier und ihre Nachkommen dagegen zunehmend auf die akademische und höhere technische Ausbildung, auf freie Berufe. Schon in der Generation von 1861, den 1810–1835 Geborenen, gehörte ein grosser Teil, nämlich 35 Prozent der Nachkommen aus den vornehmeren und 25 Prozent aus den übrigen Familien, von ihrem Beruf her der Bourgeoisie des talents an. Dabei machten Fürsprecher, Notare und Sachwalter sowie Ingenieure je die Hälfte aus. Von der zweiten Generation, den 1845–1870 Geborenen, ergriffen noch mehr diese Berufslaufbahn, besonders die Zahl der Juristen nahm sehr stark zu. Dieser Trend setzte sich bei den 1870–1895 Geborenen noch verstärkt fort, wobei jetzt vor allem auch das Ingenieurstudium noch mehr Patriziersöhne anzog. In der Generation von 1900 wie von 1925 waren bei den Nachkommen aus dem oberen Patriziat jeweils über ein Drittel in diesen beiden Berufsgruppen. 1925 galt dies auch für die Nachkommen der übrigen patrizischen Familien, nur waren hier die Verhältnisse umgekehrt, d. h. Ingenieure waren bedeutend stärker vertreten als Juristen, Fürsprecher und Notare. Eine grössere Bedeutung erlangten in der zweiten Generation auch höhere Stellen bei Bund, Kanton und Stadt oder in der Privatwirtschaft, meist bei Ersparniskassen und andern Bankinstituten sowie bei Versicherungen. Auch in mittleren Beamten- und Angestelltenpositionen waren recht viele Patrizier zu finden, vor allem bei den jüngeren, den dreissigjährigen bildeten diese mittleren Positionen in den meisten Fällen jedoch nicht den Endpunkt, sondern den Anfang ihrer Karriere. Von der Generation der 1845–1870 Geborenen hatten um 1900 rund dreissig Prozent, Pfarrer und Professoren eingeschlossen, solch sichere Stellen inne. Mit den vielen ebenfalls beim Staat angestellten Ingenieuren und Juristen[349] dürften es dann in der dritten Generation mindestens wieder soviel gewesen sein.

Mit der verstärkten Hinwendung zu akademischen und höheren technischen Berufen und der Aneignung bestimmter Leistungsqualifikationen, von Fach- und Sachwissen verschafften sich die patrizischen Nachkommen wiederum privilegierte Erwerbsmöglichkeiten, die ihnen neue Kompetenz- und Autoritätschancen eröffneten, wie sie solche vor 1830 aufgrund ihrer sozialen Herkunft und ständischen Privilegien ohne spezifische Fachausbildung wenigstens für staatliche Ämter und Funktionen besessen hatten. Allerdings waren diese neuen privilegierten Erwerbschancen, sei dies nun beim Staat oder in der Privatwirtschaft, sei es als höherer Angestellter und Beamter oder in einer freiberuflichen Tätigkeit, jetzt nicht mehr nur auf ihren Stand beschränkt. Da diese neuen privilegierten Erwerbsmöglichkeiten über den Markt vermittelt waren, standen sie wenigstens im Prinzip allen offen, die über die entsprechenden Qualifikationen und Leistungsausweise verfügten. Auch für die Patrizier galt nun das allgemeine Leistungs- und Konkurrenzprinzip. Um zu reüssieren, mussten sie sich der bürgerlichen Konkurrenz stellen.

Doch genau mit diesem neuen Konkurrenz- und Leistungsprinzip scheinen viele Patrizier aufgrund ihres Habitus, ihrer Mentalität, ihrer Wert- und Orientierungsmuster noch recht lange ihre Mühe gehabt zu haben. Dies galt nicht nur für die älteren Herren und die Angehörigen der mittleren Generation, deren Karriere wegen der liberalen Revolution jäh abgebrochen wurde. Ein grosser Teil auch der jüngeren Generationen blieb noch recht lange dem Ideal ständischer Ehre und Lebensführung verpflichtet und hing im Kern immer noch mehr einer adeligen als bürgerlichen Sozialmoral an. Dem bürgerlich-liberalen Individualismus und der utilitaristischen Lehre vom eigennützigen Individuum stellten sie ihr Ethos der Pflicht und Verantwortung entgegen, das wenigstens in der Theorie materielle persönliche Vorteile dem Gemeinnutz hintanstellte und schnöden «Mammonsdienst» verurteilte. Zur hohen Dominanz von Leistung, Arbeit, Beruf und Bildung im bürgerlichen Leben, aber auch zum Funktional-Rationalen bewahrten sie eine recht grosse Distanz. So forderte noch Ende der fünfziger Jahre, fast dreissig Jahre nach dem Verlust der politischen Vormachtstellung im Kanton, der 1822 geborene Otto von Büren in einer Versammlung jüngerer Herren seine Standesgenossen auf, nicht länger im Schmollwinkel zu verharren, sondern sich über Leistung eine neue Stellung zu verschaffen: «Wir sind nicht mehr, was wir sein sollten und gewesen sind. Wir haben den Impuls und den alten Geist verloren; welcher ist an seine Stelle getreten? Bequemlichkeit, Genusssucht, Unthätigkeit anstatt der einstigen Thatkraft und Tüchtigkeit. Wir müssen vor allem etwas leisten, dann machen wir uns eine Stellung – daran fehlt es aber!»[350] Otto von Büren selbst blieb allerdings von seinem wirtschaftlichen und gesellschaftlichen Hintergrund her noch sehr stark in der traditionellen patrizischen Lebensweise verankert, er hat nie einen eigentlich bürgerlichen Beruf ausgeübt. Wie schon sein Vater lebte er als Gutsbesitzer, war Offizier und betätigte sich ehrenamtlich in städtischen Ämtern. Seit 1849 sass er im Gemeinderat der Stadt Bern, 1864 wurde er Stadtpräsident. Auch seine Sozialisation und Ausbildung entsprach noch stark traditionell vorgeformten Karrieremustern. Ausgebildet in Privatschulen, besuchte er dann nach der Realschule jedoch als Zuhörer Vorlesungen an der Universität in Schweizergeschichte und Rechtswissenschaften, machte in Neuenburg einen längeren Studienaufenthalt und ging dann auf Bildungsreise nach Deutschland und Italien.

Wie schwer sich grosse Teile des Patriziates auf der Suche nach neuen Betätigungsfeldern und Erwerbschancen mit den neuen soziopolitischen Verhältnissen im Kanton abfinden konnten, wird aus einem Brief ersichtlich, den der vierundzwanzigjährige Albert Zeerleder[351] im Oktober 1862, einige Monate nach seiner Vermählung mit der einundzwanzigjährigen Emilie Cäcilie Bertha von Sinner, an seinen in Paris weilenden Vetter Karl Samuel Eugen Zeerleder schrieb. Er berichtet darin von verschiedenen andern Berner Patriziersöhnen und ihren Plänen, was sie tun und wo sie ihre Karriere beginnen wollten, um dann indigniert festzustellen: «C'est en verité ce que nos Bernois de bonne famille peuvent faire le mieux que d'aller chercher d'ailleurs la carrière que leur patrie ne leur accorde point, tandis que partout où ils iront, leur probité et leur assiduité au travail leur ouvrèront les portes. C'est un fait incontestable que la qualité de bourgeois de Berne est une barrière pour tous ceux qui voudraient entrer dans les affaires». Um den bürgerlich-freisinnigen Gegnern nicht länger Vorwände für die «systematische Ausschliessung» aus staatlichen Ämtern zu geben, fordert er den Verzicht auf die Privilegien, was jedoch die «vieilles perruques» gar nicht goutieren würden.[352] Albert Zeerleder selbst fand dann doch den Weg in staatliche Ämter. 1862 machte er das Fürsprecherpatent, 1864 schloss er sein Rechtsstudium mit dem Doktortitel ab. Ab 1862 betätigte er sich zunächst als Sekretär der städtischen Finanzkommission und als Stadtarchivar, 1870 wurde er Gerichtspräsident, 1874 Oberrichter und 1878 Professor an der rechts- und wirtschaftswissenschaftlichen Fakultät der Universität Bern.

Wie Albert Zeerleder kehrte doch ein grosser Teil der Patrizier wie auch der Zürcher Junker- und Magistratenfamilien über die akademische Ausbil-

dung wieder in ihre traditionellen Tätigkeitsbereiche in staatlichen oder para-
staatlichen Institutionen zurück. Finanziell zahlte sich diese Strategie jedoch in
der Regel nicht mehr so aus wie im Ancien régime, sie vermochte, meist allerdings nur zusammen mit andern Einkünften, aber doch immerhin den sozialen Status zu erhalten. Im Unterschied zur Zürcher Handelsaristokratie und
auch einzelnen Angehörigen aus Magistraten- und Junkerfamilien, die dank
ihrer starken Verankerung in Industrie, Handel und Finanz ihre wirtschaftlichen Ressourcen auch in der zweiten Hälfte des 19. Jahrhunderts teilweise
gewaltig vermehrten und mit dem übrigen, neu entstandenen bürgerlichen
Unternehmertum durchaus Schritt hielten, bezahlte das Berner Patriziat seine
Enthaltsamkeit in dieser Sphäre doch mit einem relativen Rückgang des Vermögens, vor allem auf gesamtschweizerischer Ebene geriet es dem neuen
Reichtum gegenüber in einen gewissen Rückstand. Doch dies war ein Rückstand, den es mit dem grösseren Teil der Angehörigen der Bourgeoisie des
talents teilte, die mehr auf sicheren als auf rasch vermehrbaren wirtschaftlichen Ressourcen sassen.

Die geringe Bereitschaft des Berner Patriziates sich aktiv am Wirt-
schaftsleben und besonders in den neuen industriellen und kommerziellen
Unternehmungsformen zu betätigen, wurde um die Jahrhundertmitte, als
mit dem konservativen Umschwung im Kanton auch die Patrizier auf kantonaler Ebene wieder zu mehr Einfluss gelangt waren, auch von radikaler
Seite immer wieder heftig kritisiert. So erinnerte die Berner Zeitung die Patrizier an ihre handwerklich-gewerblichen Wurzeln und forderte sie auf, «ein
ehrbares Handwerk, einen ehrbaren Beruf, einen ehrbaren Handel zu ergreifen und ihr Kapital zu ihrem und ihrer Mitbürger Nutzen in Industrien ein-
zulegen», statt in ihrer alten Weise fortzuleben und von ihren «Lehen- und
Zinsmannen» zu zehren. Zum Vorbild sollten sie sich die Basler und Zürcher
«Herren» nehmen: «In andern Städten, wie in Basel und Zürich, waren aus
gemeinen ehr-baren Handwerkern auch regierende Herren geworden, allein
daselbst betrieben dieselben das Gewerbe fort und wurden nicht zu vornehmen Müssiggängern, und deshalb sieht man heute die reichsten Handels-
und Gewerbsleute gerade in diesen Städten, deshalb herrscht dort gerade der
reichste Handel und die blühendste Industrie. Hätten die Bernerherren den
gleichen Weg eingeschlagen, hätten sie ihre alten Gewerbe fortgesetzt, hätten
sie sich nicht geschämt, neben dem Rathsherrenamte ein ehrbares Gewerbe,
einen redlichen Handel zu treiben, hätten sie ihr Vermögen statt in ausländische Fonds in einheimische Industrie und einheimischen Handel gelegt,
es stünde ganz anders um Bern; Bern würde und könnte Industriestadt wie
Zürich sein und wäre nach dem Verluste seiner politischen Herrschaft nicht
genöthigt, an dem todten Gerippe des 'geretteten' Vermögens zu zehren; statt
abzuleben, würde es blühen, schöner blühen als je zuvor.» 353 Auch der Handelsmann Th. Dönz aus Thun verwies in seiner Einsendung an die Berner
Zeitung «Ein freies Wort an die Herren Patrizier von Bern» auf das Beispiel

der Standesgenossen von Zürich und Basel, nannte dazu aber auch noch als näherliegenderes Vorbild die konservativ-liberalen Verbündeten in Burgdorf und Biel, die ihnen nicht nur die «Nützlichkeit industrieller Tätigkeit schlagend nachweisen», sondern sie auch «anweisen» könnten, «wo solche noch anzuwenden wäre.»[354]

Noch deutlicher wurde die Berner Zeitung in einer Kontroverse mit dem konservativen Oberländer Anzeiger über die Ursachen der wirtschaftlichen Rückständigkeit von Stadt und Kanton Bern im Vergleich zu einzelnen Kantonen der Ost- und Westschweiz. Für die Berner Zeitung war die Sachlage klar, die Schuld am geringen wirtschaftlichen Fortschritt und mangelnden Unternehmungsgeist trugen das «Nachtwächtertum» und das «Schlaraffenleben» der Berner Kapitalisten, womit der Autor des betreffenden Artikels, wahrscheinlich Jakob Stämpfli, die Patrizier und andere Angehörige des Besitzbürgertums meinte. Die Ursachen für die rückständigen Berner Verhältnisse, das «animalische Fortvegetieren», lagen für ihn eindeutig bei der alten Führungselite und ihrem Verhältnis zu Kapital und Leistung: «Daher aber kommt es: dass die Bernerkapitalisten sich einbilden, sie seien vornehm; dass sie sich des blödsinnigen Kastenvorurtheils, der wurmstichigen Tradition nicht entschlagen können, sie seien zum Regieren geboren und jeder andere Betrieb, jedes bürgerliche Gewerbe sei ihnen ein Makel. Sie wollen herrschen, das Volk soll Landbau treiben, ihrer Kapitalien bedürfen und sie fleissig verzinsen; sie wollen um sich herum eine agrikole Bevölkerung».[355]

In die gleiche Kerbe hieb eine Artikelserie unter dem Titel «Ein neugieriger Fremder in Bern». Auch darin wurden die geringen weltwirtschaftlichen Verbindungen, die stark autarkisch ausgerichtete Wirtschaft und die fehlende Ausbildung von Industrie und Handel kritisiert und die Ursachen letztlich in der «falschen», ständischen Mentalität des Patriziates und der Burgerschaft verortet: «Die Vornehmen senden ihre Söhne nach Neapel in den Kriegsdienst. Von diesem kehren sie gewöhnlich entnervt und abgelebt heim und sind ohne jeglichen Nutzen für ihre Heimath. Andere richten ihre Jungen nur auf Stadt- oder Staatsstellen ab, auf denen sie auch wieder nichts produzieren. Eine dritte Klasse bestimmt die Söhne zu einem angeerbten Familienberufe oder Handwerke und tröstet sie wie sich selbst mit dem Burgerholz, dem Feldgeld, dem Zunftgute und im bösesten Falle mit dem Spital.» Als Gegenmassnahmen und Heilmittel empfahl der «neugierige Fremde» den Bernern dem Grollen mit der neuen Zeit zu entsagen, den vornehmen Müssiggang aufzugeben, die Pfründen und Mushafen sowie die burgerlichen Pensionen aufzuheben, dafür technische Schulen zu errichten und Industrie anzusiedeln.[356] Noch konkreter und direkt auf die Berufs- und Karriereplanung ihrer Söhne bezogen, riet der Handelsmann den Patriziern: «Gebet der Erziehung Eurer Kinder eine praktischere Richtung, bringet sie dem Volksleben näher; lasset die Knaben Mechanik, Chemie studieren, dieses sind Fächer, die den jungen Mann ansprechen, seiner Intelligenz eine unbeschränkte Sphäre darbieten und ihn zu jeder Betheiligung an Unternehmen, wie die neueste Zeit sie darbietet, befähigen.» 357

Mit dem Vorbild der Kaufleute und Unternehmer der Ost- und West-schweiz vor Augen, sollten die Patrizier also endlich zu modernen Kapitalisten werden und dadurch dem wirtschaftlichen Fortschritt auch in Bern zum Durchbruch zu verhelfen. Doch die Patrizier, Väter wie Söhne, reagierten auch mehr als zwanzig Jahre nach dem Verlust ihrer Privilegien aber in der Regel nicht so, wie ihre liberalen oder radikalen Kritiker es von ihnen im Namen des Fortschrittes und Wachstums erwarteten. Sie entwickelten auch in der zweiten Hälfte des 19. Jahrhunderts kaum unternehmerische Aktivitäten. Dass die Patrizier in ihrer Lebensgestaltung und Karriereplanung mehrheitlich zu anderen Strategien griffen als die Angehörigen der Zürcher Handelsaristo-kratie oder das aufstrebende ländlich-dörfliche Unternehmertum hatte jedoch aufgrund ihres Habitus, ihrer Mentalität, ihrer Wert- und Orientierungs-muster, aber auch auf dem Hintergrund des wirtschaftlichen und gesellschaft-lichen Umfeldes, in dem sie sich bewegten, teils auch ein- und verschlossen, durchaus seine Folgerichtigkeit. Jedoch ist ebensowenig abzustreiten, dass dies seine Auswirkungen auf die wirtschaftliche Entwicklung der Stadt und des Kantons hatte.

Wie das übrige, untermehmerisch ebenfalls kaum aktive Besitzbürger-tum versuchten in der zweiten Hälfte des 19. Jahrhunderts jedoch auch viele Patrizier, die sich neu auf den Kapitalmärkten bietenden Möglichkeiten für die Anlage ihrer Vermögen zu nutzen. So erkundigte sich Albert Zeerleder im Herbst 1862 bei seinem in Paris weilenden Vetter Karl Samuel Eugen Zeer-leder nach der Hausse bei Crédit mobilier und berichtete gleichzeitig von Onkel Theodor Zeerleder, dass dieser auf Spekulationen verzichten und wie-der sichere Anlagen suchen wolle. Dem brachte der junge Patrizier bis zu einem gewissen Grade zwar Verständnis entgegen, er bemerkte jedoch gleich-zeitig, dass man jetzt das Kapital arbeiten lassen müsse – «De nos jours, il faut faire travailler le capital». Denn die Zeiten, in denen sichere Renten genügten, um die gewöhnlichen Ausgaben zu decken, seien vorbei. 358 Dass das «Börsen-fieber und die Sucht nach leichtem Gewinn» seit den fünfziger und sechziger Jahren auch die Berner Patrizier erfasst und die «frühere Ängstlichkeit» im Anlageverhalten teilweise verdrängt hatte, kritisierte auch Otto von Büren, jedoch gleichzeitig bekennen musste, sich zwar «nicht weit eingelassen», aber diesen «Boden» doch betreten zu haben. Zwar bezeichnete der tief religiöse und strenggläubige Patrizier die «Einwirkung» solcher Geschäfte auf «Gemüth und Herz und Sinn» als «giftigen Hauch», doch darauf verzichten konnte und wollte auch er nicht. Seine religiös-moralischen Bedenken veranlassten ihn jedoch, die Verwaltung seines Vermögens in «treue und kundige Hände» zu geben und bei unerwarteten Gewinnen jeweils einen grossen Teil zu christ-lichen Zwecken wegzuschenken. 359

Wie die Untersuchung dreier Generationen von männlichen Nachkommen patrizischer und aristokratischer Geschlechter gezeigt hat, vermochte die grosse Mehrheit der Nachkommen ihren sozialen Status mehr oder weniger zu wahren. Nur ein sehr kleiner Prozentsatz derjenigen, die weiterhin in der Schweiz lebten, musste offensichtlich einen grösseren sozialen Abstieg hinnehmen. Die neuen Markt-, Kompetenz- und Autoritätschancen, die der Industriekapitalismus und das allgemeine wirtschaftliche Wachstum sowie die zunehmende Professionalisierung und Bürokratisierung eröffneten, hatten auch die Nachkommen dieser Familien und Geschlechter sehr wohl zu nutzen gewusst. Was weiter auch nicht verwundert, denn, gleichgültig welche berufliche Karriere sie ergriffen, sowohl von der materiellen Ausstattung, den formellen und informellen Ausbildungsmöglichkeiten her, als auch aufgrund der sozialen Stellung der Eltern und Verwandten mit ihren in die verschiedensten Lebensbereiche gespannten Beziehungen und Einflussmöglichkeiten besassen sie vor andern Angehörigen ihrer Generation grosse Startvorteile. Am grössten waren sie wohl dort, wo der Sohn in die Fussstapfen des Vaters treten konnte und sich nicht in neue Bereiche vorwagen musste. Ganz besonders galt dies für jene Söhne oder auch Schwiegersöhne der Zürcher Handelsaristokratie, die ihren Vätern oder Schwiegervätern in Beruf und Geschäft nachfolgten. Sie konnten nicht nur das Kapital, die Produktionsmittel und Geschäftsbeziehungen übernehmen, was allein schon ein grosser Startvorteil war, sondern sie erhielten schon vorher eine auf ihre spätere Rolle abgestimmte Ausbildung, was ihre Marktchancen gegenüber Söhnen aus nicht-kaufmännischem Milieu, selbst wenn sie aus der gleichen Schicht stammten, nochmals stark verbesserte.

Gesamthaft gesehen hatten sich sowohl die Nachkommen der Zürcher Aristokratie als auch des Berner Patriziates, wenn auch mit unterschiedlichen Strategien, die sich weitgehend aus ihrer wirtschaftlichen Basis, ihrem Habitus und ihren Wertvorstellungen erklären lassen – die einen setzten mehr auf Industrie, Handel und Finanzen, auf die Marktchancen, die andern mehr auf akademische Berufe und staatliche Stellen, auf Kompetenz- und Autoritätschancen – bis Ende des 19. Jahrhunderts in die bürgerlichen Berufsgruppen und Erwerbsklassen eingefügt, in Zürich mit seiner «aristokratischen Bourgeoisie» früher als in Bern, wo aristokratische Lebens- und Orientierungsmuster die alte Führungsschicht nicht nur intensiver durchdrungen hatten, sondern auch der alte Standesstolz länger das Verhalten bestimmte, so dass sich die Verbürgerlichung erst gegen Ende des 19. Jahrhunderts wirklich voll durchgesetzt hatte. Um die Jahrhundertwende unterschieden sich die Nachkommen des alten Herrenstandes von den wirtschaftlichen Ressourcen wie den beruflichen Tätigkeitsfeldern her nicht mehr von den übrigen bürgerlichen Klassen, die sich zu einem kleineren Teil aus der übrigen städtischen Bevölkerung, vor allem aber aus der ländlich-dörflichen Mittel- und Oberschicht rekrutierten. Nicht zuletzt wegen ihres engen verwandtschaftlichen Zusammenhanges, auch über die eigene Stadt hinaus, scheinen sie neben dem erst im 19. Jahrhundert entstandenen ländlich-dörflichen und kleinstädtischen Wirtschafts-

und Besitzbürgertum einen der Kerne des schweizerischen Bürgertums gebildet zu haben.

Wie weit aufgrund der Angleichung der wirtschaftlichen Ressourcen und Tätigkeitsfelder auch die sozialen Trennlinien zwischen den Familien der alten Führungsschicht, dem Stadtbürgertum und dem neuen Bürgertum zu verblassen und sich aufzulösen begannen, lässt sich methodisch anhand der Heiratskreise der Söhne aus ehemaligen Herrenfamilien untersuchen, die zeigen, wie und wann die Annäherung so weit fortgeschritten war, dass auch verwandtschaftliche Verbindungen und nicht nur geschäftliche oder gesellschaftliche Beziehungen akzeptiert oder sogar gewünscht waren und auch entsprechend angebahnt wurden. Gleichzeitig gibt diese Untersuchung indirekt aber auch Aufschluss darüber, wie lange und wie stark in diesen Kreisen Sozialisation und Erziehung, geschlossene Geselligkeits- und Freundeskreise sowie elterliche Arrangements und Strategien von der geschickt inszenierten Tischgesellschaft bis hin zum kühlen Vertrag zwischen Kaufmanns- oder Unternehmerfamilien dafür sorgten, dass die Augen und Absichten des Sohnes auf die richtige Tochter fielen, dass die Tochter umgekehrt auch dem richtigen Partner Avancen machte.

### Eheliche Allianz und Gleichwertigkeit: Die Heiratskreise der «Herrensöhne»

Noch 1850 spottete die radikale Berner Zeitung mit klagendem Unterton, dass die Patrizier sich des Umganges mit dem gebildeten Mittelstand schämten, und die eheliche Vereinigung mit Bürgern und Bürgerinnen als eine «Mésaillirung» und «Encanaillirung» ansähen.[360] Auch Handelsmann Dönz aus Thun riet den Patriziern, ihren Frauen und Töchtern Gelegenheit zu geben einzusehen, dass «der Kontakt mit bürgerlichen Frauen und Töchtern kein schädlicher sei» und forderte sie auf, «nicht grundsätzlich gegen die Allianz» ihrer Kinder «mit auf gleich hoher Stufe geistiger Bildung stehenden Bürgerlichen» zu sein.[361] Tatsächlich waren in Bern, wie die Untersuchung der rechtlich-sozialen Herkunft der drei Generationen männlicher Nachkommen des Patriziates zeigt, die Heiratskreise im Patriziat auch in der zweiten Hälfte des 19. Jahrhunderts noch recht stark auf Angehörige des gleichen Standes beschränkt.

Von den vornehmeren Patriziern, die 1810-1835 geboren wurden, hatten 1861 62 Prozent eine Ehefrau, die ebenfalls aus dem Patriziat stammte, weitere sieben Prozent waren mit einer Frau aus der übrigen schweizerischen Aristokratie und zwei Prozent mit einer ausländischen Aristokratentochter verheiratet, so dass gesamthaft über siebzig Prozent innerhalb ihres sozialen Milieus ihre Frau gefunden hatten. Weitere zwölf Prozent hatten eine Bernburgerin geheiratet und nur gerade 16 Prozent waren eine Verbindung mit einer Tochter eingegangen, die entweder bloss in Bern wohnte oder von auswärts aus bürgerlichem oder bäuerlichem Milieu stammte. Fast drei Viertel aller Ehen dieser Generation wurden damit innerhalb des alten Stadtbürgertums geschlossen. Bei den übrigen Patrizierfamilien war es ähnlich, allerdings war hier der Anteil der Töchter aus patrizischem Hause etwas kleiner, dafür jener aus dem Milieu der Burger etwas höher.

Tabelle 47    **Heiratskreise der in der Schweiz wohnhaften männlichen Berner Patrizier 1861, 1900, 1925 (Herkunft der Ehefrauen in %).** 362

| Herkunft Ehefrau | 1860 | | 1900 | | 1925 | |
|---|---|---|---|---|---|---|
| | A | B | A | B | A | B |
| Patriziat Bern | 62 | 59 | 51 | 36 | 23 | 27 |
| Aristokratie Schweiz | 7 | 6 | 11 | 9 | 3 | 0 |
| Aristokratie Ausland | 2 | 0 | 10 | 3 | 2 | 5 |
| **Total Aristokratie** | **71** | **65** | **72** | **48** | **28** | **32** |
| Burgerin von Bern | 12 | 18 | 5 | 15 | 8 | 9 |
| Bürgerin des Kantons | 7 | 4 | 5 | 3 | 10 | 0 |
| Bürgerin übrige Schweiz | 7 | 9 | 6 | 15 | 31 | 36 |
| Ausländerin | 0 | 6 | 8 | 18 | 19 | 9 |
| unklar | 2 | 0 | 3 | 0 | 5 | 14 |
| Total (n) | 42 | 34 | 63 | 33 | 62 | 22 |

In der Generation von 1845–1870 waren die Heiratskreise sozial und räumlich etwas weiter und offener, besonders auch Heiraten mit Ausländerinnen wurden häufiger. Im oberen und mittleren Patriziat nahm vor allem der Anteil von Ehen mit Frauen aus der übrigen schweizerischen oder ausländischen Aristokratie zu, 363 so dass von dieser Generation um 1900 noch immer über siebzig Prozent eine durchaus standesgemässe Ehe eingegangen waren. Bei den weniger vornehmen Patriziern fiel der Anteil standesgemässer Ehen unter fünfzig Prozent. Ihr Heiratskreis weitete sich sowohl sozial als auch räumlich, vor allem der Anteil von Frauen mit Bürgerrecht ausserhalb des Kantons Bern wie auch der Ausländerinnen nahm stark zu, nämlich von 15 auf 33 Prozent. Darunter waren jedoch Ehen mit Töchtern aus dem industriellen und kommerziellen Unternehmertum des Kantons wie der übrigen Schweiz weiterhin sehr selten. Diese langsame Öffnung, die offenbar im letzten Viertel des 19. Jahrhunderts erfolgte, verstärkte sich anfangs des 20. Jahrhunderts dann rasch. Die sechs dem ausländischen Adel völlig gleichgestellten Patriziergeschlechter machten hier jedoch zunächst noch eine Ausnahme. Sie achteten am stärksten und am längsten auf standesgemässe Heiraten. Noch um 1900 hatten von den 18 Männern der 1845–1870 geborenen Generation dieser Familien 62 Prozent eine Ehefrau aus dem Patriziat, im gesamten hatten mehr als drei Viertel eine Frau aus ähnlichem Milieu geheiratet. Bei der nächsten Generation waren es noch immer über fünfzig Prozent, zusammen mit jenen, die eine Tochter aus einer der übrigen alten patrizisch-aristokratischen Familien geheiratet hatten, sogar über sechzig Prozent. Ansonsten glichen sich die Unterschiede auch innerhalb des Patriziates aus. In der Generation der 1870–1895 Geborenen hatte nicht einmal mehr ein Drittel innerhalb ihrer

Kreise geheiratet. Auch die Männer des mittleren Patriziates waren jetzt zur Hälfte mit Frauen verheiratet, die rechtlich entweder aus dem übrigen städtischen Bürgertum, der Einwohnerschaft der Stadt oder aus irgendeiner andern, wohl meist bürgerlichen Familie der Schweiz stammte. Fast ein Viertel, jene mit unklarem Heimatort dazugezählt, waren mit einer Frau ausländischer Herkunft verheiratet.

Wurden Söhne wenn möglich gleichrangig oder sogar noch in vornehmere Kreise hinein verheiratet, mussten Töchter eher mit einem, wenigstens von der familiären Herkunft her gesehen, tiefer gestellten Mann vorliebnehmen. Viel häufiger als die Söhne heirateten die Töchter ausserhalb ihres Standes: 24 bzw. 44 Prozent der Töchter hatten Männer mit dem Bürgerrecht aus einer andern Gemeinde des Kantons oder der Schweiz. So hatten von der mittleren Generation im höheren und mittleren Patriziat nur 59 Prozent einen Mann gleichen Standes geehelicht, im untern Patriziat waren sogar nur 29 Prozent der Patriziertöchter mit einem Sohn aus gleichem sozialen Milieu verheiratet. Von der beruflichen Stellung her scheinen jedoch die Schwiegersöhne durchaus dem Milieu entsprochen zu haben, mindestens unterschieden sie sich in der beruflichen Zusammensetzung nicht wesentlich von den Patriziersöhnen der gleichen Generation. Etwa ein Siebtel der Töchter nahm einen Gutsbesitzer oder höheren Offizier zum Mann. Etwas mehr als ein Achtel heiratete ins Wirtschaftsbürgertum hinein, mehr als die Hälfte hatte einen Mann, der über eine höhere Ausbildung verfügte. Sehr stark vertreten waren Ingenieure, Juristen und Pfarrer sowie etwas weniger häufig Ärzte.[364] Ein sozialer Abstieg über die Heirat scheint sehr selten gewesen zu sein. Bei nicht einmal zehn Prozent gehörte der Ehemann einer Patrizierstochter dem alten oder neuen Mittelstand an.

Tabelle 48     **Heiratskreis der in der Schweiz wohnhaften, 1845–1870 geborenen Töchter und Söhne aus patrizischem Hause (in Prozent). 365**

| Herkunft der Ehefrau / Herkunft des Ehemannes | A-Geschlechter | | B-Geschlechter | | Total | |
|---|---|---|---|---|---|---|
| | Töchter | Söhne | Töchter | Söhne | Töchter | Söhne |
| **Patriziat Bern** | 49 | 51 | 18 | 36 | 37,4 | 45,8 |
| Aristokratie Schweiz | 5 | 11 | 7 | 9 | 5,7 | 10,4 |
| Aristokratie Ausland | 5 | 10 | 4 | 3 | 4,9 | 7,3 |
| **Total Aristokratie** | 59 | 72 | 29 | 48 | 48,0 | 63,5 |
| Burger/in von Bern | 8 | 5 | 9 | 15 | 8,1 | 8,1 |
| Bürger übrige Schweiz | 24 | 11 | 44 | 18 | 31,7 | 14,6 |
| Ausländer | 3 | 8 | 18 | 18 | 8,1 | 11,4 |
| unklar | 6 | 3 | 0 | 3 | 4,1 | 2,1 |
| Total (n) | 78 | 63 | 45 | 33 | 123 | 96 |

Die Heiratskreise der Zürcher Aristokratie waren, verglichen mit jenen des Berner Patriziates, schon nach Mitte des 19. Jahrhunderts viel offener und auch räumlich-geographisch weitergezogen. Nur die Junkerfamilien scheinen sich, ähnlich wie in Bern die vornehmsten Familien, von den übrigen städtischen Bürgern sowie vor allem auch vor Söhnen aus dem erfolgreichen ländlichen Unternehmertum noch fast vollständig abgeschlossen zu haben. So soll noch in den 1830er Jahren einem wohlhabenden Goldschmied aus altburgerlichem Geschlecht, als er sich um die Tochter eines in finanziellen Schwierigkeiten geratenen Junkers bemühte, bedeutet worden sein, dass für eine Adelige nur ein Junker oder Patrizier in Frage komme.[366]

Tabelle 49      **Heiratskreise der in der Schweiz wohnhaften männlichen Nachkommen von Altzürcher Familien um 1864 (Herkunft der Ehefrauen in %).**[367]

| Herkunft der Ehefrau | Junker | Magistraten | Handelsaristokratie | |
|---|---|---|---|---|
| | | | A | B |
| **Aristokratie Zürich** | 64 | 18 | 41 | 29 |
| Aristokratie Schweiz | 9 | 3 | 2 | 1 |
| Aristokratie Ausland | 0 | 0 | 0 | 1 |
| **Total Aristokratie** | 73 | 21 | 43 | 31 |
| Stadtbürgerin | 9 | 24 | 10 | 21 |
| Kantonsbürgerin | 9 | 41 | 20 | 25 |
| Bürgerin übrige Schweiz | 9 | 6 | 18 | 13 |
| Ausländerin | 0 | 9 | 10 | 10 |
| Total (n) | 11 | 34 | 51 | 80 |

Tatsächlich waren um 1864 von der Generation der 1810–1835 geborenen Junker drei Viertel mit einer Frau aus einer aristokratisch-patrizischen Familie verheiratet, zwei Drittel hatten ihre Frau aus dem Kreis der altzürcherischen Familien gewählt. Eheliche Verbindungen mit Frauen aus dem neuen Unternehmertum existierten nicht. Am offensten war der Heiratskreis bei den Nachkommen ehemaliger Magistratsfamilien, die sowohl von ihrer Vermögens- und Einkommenslage als auch von ihrem Prestige und Einfluss her nicht mehr oder nur noch teilweise zu den besten Kreisen zählten. Über siebzig Prozent hatten Frauen geheiratet, die aus bürgerlichen oder mittelständisch-kleinbürgerlichen Kreisen stammten. Mindestens ein Zehntel war mit einer Tochter aus dem ländlichen Unternehmertum verehelicht.

Auch in der Handelsaristokratie waren die Heiratskreise im Vergleich zum Berner Patriziat sowie den Junkerfamilien schon seit den vierziger und fünfziger Jahren – dies waren die Jahre, in denen das Gros die Generation der 1810–1835 Geborenen ihre Partnerinnenwahl trafen – recht offen und zwar sozial wie räumlich. Auch mit dem neu aufgekommenen ländlich-dörflichen Bürgertum, vornehmlich mit dem Unternehmertum, das seinerseits über regional sich immer weiter ausdehnende Heiratskreise untereinander verwandt war, bestanden eheliche Verbindungen. Mindestens zehn Prozent der Ehefrauen kamen aus diesem Milieu. Bei den ehemals politisch wie wirtschaftlich führenden Familien Escher vom Glas, Hirzel, Nüscheler, von Orelli, Scheuchzer und Werdmüller war jedoch der Anteil der standesgemässen Ehen mit 43 Prozent noch relativ hoch, wobei in der zweiten Hälfte des 19. Jahrhunderts diese Familien ausser den Escher und von Orelli in Zürich ihre einstige Bedeutung stark eingebüsst hatten und teilweise nur noch mit weniger Angehörigen hier vertreten waren. Bei den Ende des Ancien régime mehr nur wirtschaftlich dominanten Familien wie Bodmer, Pestalozzi, von Muralt und Schulthess dagegen, die auch im 19. Jahrhundert ihre wirtschaftlichen und gesellschaftlichen Positionen behaupteten oder sogar ausbauten, hatte nicht einmal mehr ein Drittel eine Frau aus dem aristokratisch-patrizischen Umfeld geheiratet. Hier waren dagegen Verbindungen zu stadtbürgerlichen Geschlechtern recht häufig, wobei es sich durchwegs um Töchter aus gutbürgerlichem Hause, um Töchter von Kaufleuten, Ärzten, Bauunternehmern und Bankdirektoren handelte.368

Tabelle 50        **Heiratskreise von drei Generationen männlicher Nachkommen der Zürcher Handelsaristokratie um 1864, 1904 und 1926.**

| Herkunft der Ehefrau | 1864 | 1904 | 1926 |
|---|---|---|---|
| **Aristokratie Zürich** | **33,6** | **19,6** | **10,9** |
| Aristokratie Schweiz | 1,5 | 7,1 | 5,4 |
| Aristokratie Ausland | 0,8 | 0 | 0 |
| **Total Aristokratie** | **35,9** | **26,8** | **16,3** |
| Stadtbürgerin | 16,8 | 20,5 | 10,9 |
| Kantonsbürgerin | 22,9 | 17,9 | 12,0 |
| Bürgerin übrige Schweiz | 14,5 | 20,5 | 45,7 |
| Ausländerin | 9,9 | 14,3 | 15,2 |
| Total | 131 | 112 | 92 |

In der Generation der 1845–1870 Geborenen hatte dann nur noch ein Viertel eine Frau gleichen Standes geheiratet. Eine Ausnahme machten hier allerdings noch die Escher, wo auch in der zweiten Generation die Hälfte der Männer ihre Frauen in einer der altzürcherischen Familien fanden. Auch bei den Pestalozzi, die wie die Escher auch in der zweiten Hälfte des 19. Jahrhundert wirtschaftlich wie politisch noch immer eine grosse Bedeutung hatten, waren fünf (42 Prozent) der zwölf Männer dieser Generation mit Frauen ihres Standes verehelicht. Doch die Zeit der engen Allianzen untereinander war nun endgültig vorbei. Sie wurden nun, soweit man dabei noch von Allianzen sprechen kann, mehrheitlich mit Familien des neu aufgestiegenen und arrivierten Bürgertums innerhalb und ausserhalb der Stadt eingegangen. So waren in der Generation der 1870–1905 Geborenen nur noch 16 Prozent, innerhalb der altzürcherischen Familien sogar nur noch ein Zehntel eine standesgemässe Ehe im alten Sinne eingegangen. Auch die Ehen mit Stadtbürgerinnen, die in der zweiten Hälfte des 19. Jahrhunderts zunächst noch zugenommen hatten, wurden seltener, ebenso jene mit Bürgerinnen aus einer der übrigen Zürcher Gemeinden. Dafür verstärkten sich nun die ehelichen Verbindungen mit bürgerlichen Familien aus der übrigen Schweiz sowie aus dem Ausland. Bereits in der zweiten Generation waren rund 15 Prozent mit Frauen verheiratet, die aus dem Ausland stammten, teilweise jedoch in Zürich oder in der Schweiz lebten, aber sich nicht hatten einbürgern lassen. Beispiel einer früh in die alten wirtschaftlich führenden Kreise einheiratenden Familie waren die Trümpler von Küsnacht, die 1810/12 das Bürgerrecht der Stadt Zürich erworben hatten und Heiratsallianzen sowohl mit Angehörigen des neuen ländlich-dörflichen oder kleinstädtischen Unternehmertums als auch mit Angehörigen der städtischen Handelsaristokratie wie den Ott, von Muralt, Pestalozzi, Escher, Bodmer und Schulthess eingingen. 369

Die rechtlich-soziale Herkunft spielte offensichtlich praktisch keine bedeutsame Rolle mehr, standesgemäss waren nun auch jene Partien, wo die Klassenlage und der daran geknüpfte Lebensstil mehr oder weniger übereinstimmten. Selbst im innersten Kreis der bewusst die altzürcherische Tradition pflegenden Mitglieder der seit dem Spätmittelalter bestehenden Gesellschaft der Schildner zum Schneggen machte sich dieser Wandel im letzten Viertel des 19. Jahrhunderts immer stärker bemerkbar. Bis Mitte des Jahrhunderts hatten die Männer der in dieser Gesellschaft vertretenen altzürcherischen Familien fast ausschliesslich Frauen aus diesem Kreis oder Frauen, die zwar von auswärts, aber doch aus Familien von gleicher oder ähnlicher Herkunft und Vergangenenheit stammten, geheiratet. So hatten 1863 lediglich 22 Prozent der verheirateten Mitglieder eine Frau, die nicht aus altzürcherischer Familie stammte, sondern erst nach der Helvetik eingebürgert worden war. 1884 waren dies dann 29 Prozent, 1906 bereits 47 Prozent, 1917 war die Mehrheit (55 Prozent) mit Frauen aus nicht altzürcherischem Milieu verheiratet. Aber auch selbst bei den männlichen Mitgliedern erhöhte sich infolge zunehmender Übertragung der Mitgliedschaft, der sogenannten Schilde, in weiblicher Linie bzw. ausserhalb der Verwandtschaft der Anteil jener, die aus einer erst nach 1798 in Zürich eingebürgerten Familie stammten von fünf Prozent um 1863 auf immerhin elf Prozent um 1906. 370 Die steigende Zahl von ehelichen Verbindungen (Konnubium) zwischen aristokratisch-patrizischen und bürgerlichen Familien belegt, dass im letzten Viertel des 19. Jahrhunderts die alten Herrengeschlechter in zunehmendem Masse das Bürgertum als ebenbürtig und gleichwertig anerkannten oder unter dem Druck der neuen Verhältnisse nicht mehr anders konnten. Umgekehrt scheinen auf bürgerlicher Seite die teils politisch, teils sozial bedingten «Berührungsängste» und Aversionen, sofern sie überhaupt wie in Teilen des ländlichen, selbstbewussten Unternehmertums vorhanden waren, abgenommen oder sich aufgelöst zu haben.

# II  Lebensweise und Mentalität:
# Die kulturelle Konstituierung des Bürgertums

## 1  Familie und Verwandtschaft:
## Der Innenraum bürgerlicher Lebenswelt

Die bürgerliche Gesellschaft des 19. Jahrhunderts war trotz des Individualismus und trotz der Prinzipien der Freiheit und Chancengleichheit, die deren wirtschaftliche und soziale, rechtliche und politische Ordnung so sehr prägten und bestimmten, eine Familiengesellschaft. Auch wenn gerade im bürgerlichen familiären Leben das einzelne Familienmitglied zunehmend grössere Freiräume und Entscheidungsfreiheiten zugestanden erhielt und das Familieninteresse und die Familienehre nicht mehr so wie einst Vorrang hatten, so kam im Grunde doch die Familie vor dem Individuum. Familie und Ehe waren deshalb, wie Karin Hausen zurecht bemerkt, alles andere als «Nebenschauplätze» in der Geschichte des Bürgertums und der bürgerlichen Gesellschaft.[371] Mit Familie ist hier aber nicht nur die eigentliche Kernfamilie gemeint. Sie umfasst nicht nur jene Familienangehörigen, die unter dem gleichen Dach oder im gleichen Haushalt zusammenlebten. Nach dem zeitgenössischen bürgerlichen Gefühl gehörten sowohl die Grosseltern wie auch verheiratete und im eigenen Haushalt lebende Kinder noch zur engeren Familie. Die bürgerliche Familie gab es in der sozialen Realität nicht, sondern nur Familien, die in der Zusammensetzung flexibel und deren Grenzen durchlässig waren. Die Kategorien der historischen Familienforschung mit ihrer Bevorzugung des gemeinsamen Haushaltes oder Residenzortes greifen deshalb für die im folgenden behandelte Thematik zu kurz.[372]

Unter den Zeitgenossen bestand ein breiter weltanschaulicher und politischer Konsens darüber, dass die Familie und nicht das Individuum der «Grundpfeiler der Gesellschaft» war, auf dem Gemeinde und Staat, aber auch die Sittlichkeit ruhten. Für Konservative wie Liberale, Radikale und Demokraten bildete die Familie die «Keimzelle» der Gesellschaft. Wie kaum eine andere gesellschaftliche Institution genoss die Familie als ein «heiliges Naturverhältnis» weit über das Bürgertum hinaus eine religiöse Weihe ähnlich wie das Privateigentum oder das Vaterland. Vor der «Heiligkeit» der Familie, der Unantastbarkeit des familiären Raumes unter Herrschaft des Familienvaters fanden die emanzipatorischen Bestrebungen des Individualrechtes und des staatlichen Individualschutzes ihr vorläufiges Ende.[373] Wer die Unantastbarkeit von Ehe und Familie in Frage stellte oder ihre Veränderung oder gar

Abschaffung forderte, der rüttelte an den Grundfesten der sozialen Ordnung. Am weitesten gingen in der Heiligsprechung der Familie die traditionalistischen Konservativen. Die Statuten der «Gesellschaft vom Alten Zürich» von 1892 etwa forderten, dass die Mitglieder die «Pietät» hochhalten und niemals zustimmen sollten, «wenn der Eltern Nest von unwürdigen Nachkommen beschmutzt wird».[374] So gründete letztlich die Gesellschaft, die sich wie keine zuvor zur profitorientierten Konkurrenz- und Marktwirtschaft, zur individuellen Leistung des einzelnen, zur Freiheit und zum Prinzip gleicher Rechte und Chancen für alle bekannte, auf einer Institution, die sich zu all dem in schroffem Gegensatz befand.[375]

### Die Familie: «Ein Hort von Gütern» und «eine Oase der Harmonie und des Gefühls»

Die Familie im engeren und weiteren Sinne war in den bürgerlichen Klassen ein «materieller und symbolischer Wert» in einem, ein «Hort von Gütern», aber auch ein Name und eine «Blutlinie». Zusammengehalten nicht nur durch sachliche Bindungen, die «eiserne Kette von Reproduktion und Erbschaft» (Tilly), bildete die Familie ein Nest und ein Netzwerk zugleich, erfüllte sie die verschiedensten gesellschaftlichen Funktionen: Sie diente als Lebens- und Konsumgemeinschaft der alltäglichen Reproduktion und Rekreation. Sie stellte als «Hauptbühne des privaten Lebens» die «Figuren und Rollen, gab die Bräuche und Rituale, die Intrigen und Konflikte vor».[376] Sie verwaltete die Privatinteressen materieller wie immaterieller Natur. Sie produzierte den Nachwuchs, führte ihn über Sozialisation und Erziehung in das Normensystem der Klasse und der Gesellschaft ein und sorgte für dessen Bildung und Ausbildung. Sie plazierte die Söhne in der Erwerbs- und Geschäftswelt und die Töchter in einer standesgemässen Ehe. Sie gewährleistete die Weitergabe des Erbes von Generation zu Generation. In einer Zeit, wo sich aufgrund des wirtschaftlichen Wandels der Wohn- und Lebensbereich, der Ort der Reproduktion, immer stärker von den Stätten des Gelderwerbs und der öffentlichen Geschäfte allgemein abtrennte, und wo die Lebenswelt immer mehr in eine private und öffentliche Sphäre aufgeteilt wurde, war es die Familie, die hauptsächlich über die Männer, aber durch die Heiraten auch über die Frauen, den Kapital-, Güter- und Arbeitsmarkt, das heisst die durch Konkurrenz und Profit bestimmte Erwerbs- und Geschäftswelt, mit dem häuslichen Bereich der Rekreation und Reproduktion verband und zwischen der Öffentlichkeit, auch der politischen, und der privaten Sphäre vermittelte. Dies galt gerade und besonders auch in der republikanischen Schweiz. Wie schon Hermann Alexander Berlepsch in seiner «Schweizerkunde» um 1860 feststellte, war die Familie in der Schweiz nicht nur Grundlage des «gesunden Volkslebens, der Solidität der Zustände und ziemlich allgemeinen Wohlhabenheit», sondern sie griff ähnlich wie in England auch direkt ins politische Leben ein und war einer der bedeutsamsten Sammelpunkte des geselligen Lebens. Die Familie, im Sinne der Zugehörigkeit zu einem bestimmten Geschlecht oder einem bestimmten Zweig eines Geschlechtes, hatte «Gewicht», die «öffentliche Achtung und Bedeutung» hingen stark davon ab, auch und gerade im Bürgertum. [377]

Als Instrument zur Übertragung von Gütern und Rechten war die Familie in den bürgerlichen Klassen zuallererst eine Art «ökonomisches Verwaltungssystem» (Perrot), wobei die engere Familie im Sinne der Gattenfamilie und ihrer Kinder nur die «Kernzelle» (Hobsbawn) mehr oder weniger weitreichender Familien- und Verwandtschaftsverbindungen darstellte. Mit oder ohne grösseres Vermögen bildete die Familie in den bürgerlichen Klassen direkt oder indirekt, trotz Auflösung des sogenannten ganzen Hauses und einer mehr familienbezogenen Produktionsweise, weiterhin eine wichtige Stütze der Produktion und des Erwerbs, des Marktes und der Ökonomie allgemein. Das Familienvermächtnis erstreckte sich aber nicht nur auf materielle Güter und formale Rechte, denn verstärkt durch eine milieugemässe Sozialisation und Erziehung, erbten bürgerliche Söhne und Töchter auch ein hohes symbolisches Kapital, das sich andere, soweit dies überhaupt noch möglich war, erst mühsam erwerben mussten. Vor allem den bürgerlichen Söhnen, aber auch den Töchtern, brachte dieses symbolische Kapital in Form von Reputation und Zugangschancen, von sozialen und kulturellen Kompetenzen, von spezifischen Denk-, Verhaltens- und Handlungsmustern für ihre Zunkunfts- und Lebensgestaltung enorme Vorteile.

Besonders im Besitz- und Wirtschaftsbürgertum kamen der Familie für die Akkumulation und Weitergabe von Kapital und Know-how sowie für das Anknüpfen von Verbindungen und Beziehungen eminent wichtige ökonomische Funktionen zu. Unternehmensgeschichte war und blieb so trotz der zunehmenden Trennung des Familien- und Geschäftsbereichs und des Vordringens neuer Organisationsformen des Besitzes, insbesondere der Aktiengesellschaften, noch lange in hohem Masse Familien- und Verwandtschaftsgeschichte: «Das System der Familie war für die Unternehmer die ökonomische Basis und zugleich das Funktionsprinzip des Betriebs, Familiengeheimnisse waren Geschäftsgeheimnisse; Ehekontrakte mündeten in Zusammenschlüsse und Diversifizierung von Firmen. Tüchtige Erben, das bedeutete überlegte, ja, risikofreudige Geschäftstätigkeit; unfähige oder verschwenderische Erben zerrütteten den Besitzstand und lösten den Verfall einstmals mächtiger Clans aus. Selbst Finanzierungspraktiken trugen Züge von Familienstrategien. Kommanditgesellschaften, ideal in einer Zeit, in der Eigenfinanzierung dominierte, übertrugen familiale Strukturen auf die Geschäftswelt.» [378] Unter solchen Umständen verfügten grosse Familien oder weitverzweigte Familienclans über beachtliche wirtschaftliche Vorteile. Sie sicherten sich damit Kapitalien und nützliche Geschäftsverbindungen, vor allem aber zuverlässige und sich gegenseitig auch verwandtschaftlich verpflichtete Geschäftsführer und Geschäftspartner. Auch die Vermittlung von Lehrstellen und Stellen sowohl im In- als auch im Ausland lief vielfach über familiäre und verwandtschaftliche Beziehungen. Betrachtet man die wirtschaftliche Entwicklung und die Eigentums- und Machtverhältnisse im Zeitalter der Industrialisierung und des Kapitalismus unter diesem familiären und verwandtschaftlichen Aspekt, so gewinnt man leicht den Eindruck, dass sie sehr stark von Familien oder Familiendynastien, von Familien- und Verwandtschaftsclans geprägt und bestimmt waren, dass väterliche Ausbildungs- und Karriereplanung, familiäre und verwandtschaftliche Patronage, gegenseitige Begünstigung und Förderung, die allerdings im Sinne des Klientelismus auch Aussenstehenden zugute kommen konnten, eine ganz wichtige, wenn nicht oft die entscheidende Rolle spielten.

Ein von den Dimensionen und Auswirkungen her schon eher aussergewöhnliches Beispiel sind dafür die Anfänge der Karriere der beiden Söhne von Carl Abegg-Arter (1836–1912), der über den Seidenhandel und als erfolgreicher Bankier zu grossem Reichtum gelangt war und ab 1883 als Präsident der Schweizerischen Kreditanstalt wirkte. Indem er als guter vorausschauender Vater beide Söhne nicht nur zielgerichtet ausbilden liess, sondern sie noch in sehr jungen Jahren je mit einer eigenen Firma ausstattete, verschaffte er ihnen Startvorteile wie sie selbst andere Söhne von Unternehmern weder so leicht noch vor allem so früh schon erhielten. Für den älteren Sohn, Carl Abegg-Stockar (1860–1943), gründete er nach dessen Ausbildung zum Seidenkaufmann in Italien, den USA, im Fernen Osten (Japan, China, Ceylon) auf anfangs 1885 in Fortsetzung seines ehemaligen eigenen Rohseidenhandels ein neues Geschäft, das sich in der Folge zu einem der grössten Unternehmen in der Seidenbranche entwickelte. Den jüngeren Sohn, August Abegg-Rüegg (1861–1924), der als nicht besonders fleissiger Schüler das Gymnasium frühzeitig verlassen hatte und dann eine Handelsschule besuchte, bestimmte der Vater für eine Karriere in der Baumwollbranche. Mit Unterstützung des Baumwollindustriellen Johann Wild liess Carl Abegg für seinen knapp 19jährigen Sohn, der deshalb frühzeitig als volljährig erklärt werden musste, und einen etwas älteren Neffen Johann Wilds in der Nähe von Turin mit einem Gesellschaftskapital von einer halben Million Franken eine grosse mechanische Baumwollspinnerei erbauen, die 1882 unter der Leitung der beiden jungen Inhaber ihren Betrieb aufnahm und sich als voller Erfolg erwies. 379

Welch immense Bedeutung im 19. Jahrhundert und weit darüber hinaus gerade in der Schweiz der Familie und Verwandtschaft in Gewerbe und Industrie, Handel, Banken und Versicherungen zukam, dafür liefert die Geschichte der meisten Unternehmen, und zwar nicht nur der Familienunternehmen, sondern auch der Aktiengesellschaften, reichhaltiges Anschauungsmaterial. Familiäre Begünstigung und verwandtschaftliche Förderung konnten jedoch, selbst wenn sie weniger spektakulär ausfielen und sich nur auf die Übernahme des väterlichen Unternehmens bezogen, statt in einer Erfolgsstory in einem schleichenden oder totalen Niedergang einer Firma enden. In den veröffent-lichten Firmengeschichten bleiben die für die wirtschaftliche Entwicklung von Unternehmen negativen Seiten familiärer oder verwandtschaftlicher Patro-nage, Nachfolgeregelung und Weitergabe von Kapital oder Know-how aller-dings in der Regel ausgespart. Die negativen Folgen, die einem Unternehmen aus einer innerfamiliären Nachfolgeregelung im hohen Management erwach-sen konnten, lassen sich am Beispiel der Entwicklung der Zürcher Maschinen-fabrik Escher Wyss nach dem Tode ihres Gründers Hans Caspar Escher zum Felsenhof (1775–1859) gut illustrieren.

Sowohl Eschers Schwiegersohn, der Berner Patrizier Friedrich von May (1808–1875), noch mehr aber Karl August von Gonzenbach (geb. 1841) erwie-sen sich als nicht wirklich geeignete Nachfolger des so erfolgreichen Grün-ders. Karl August von Gonzenbach, Sohn des ehemaligen eidgenössischen Staatsschreibers und Führers der Berner Konservativen August von Gon-zenbach (1807–1887), hatte 1864 mit 23 Jahren das einzige Kind des früh ver-storbenen einzigen Sohnes von Hans Caspar Escher, Maria Olga Escher (1844–1891), geheiratet. Sie verfügte allein durch die Erbschaft fast eines Drit-tels des Nachlasses ihrer Grosseltern über ein Vermögen von mehr als 900 000 Franken. Ein grosser Teil dieses Kapitals war im Unternehmen investiert, wodurch Karl August von Gonzenbach nicht nur einer der Haupteigentümer des Unternehmens wurde, sondern auch in die Leitung eines der grössten Unternehmen der Maschinenindustrie einsteigen konnte. Was von Gonzen-bach dann auch tat. «Nur wenig mit dem Wesen einer Maschinenfabrik ver-traut» und auch nicht willens, «dem Werk all seine Zeit und all seine Kraft zu widmen» war dies allerdings, wie selbst die Firmengeschichte andeutet, nicht gerade zum Vorteil des Unternehmens.[380] Mehr als für die Leitung einer Maschinenfabrik interessierte er sich für die Verwaltung seines Schlossgutes Buonas am Zugersee, die Jagd, den geselligen Umgang mit seinen Gästen und für Auslandreisen. Zu diesem Gut gehörten drei Bauernhöfe mit gesamthaft 72 Hektaren Land und ein 1873–1877 im englisch-gotischen Landhausstil erbautes Schloss.[381] Karl von Gonzenbach ruderte, wie sein Vater einmal von sich selbst sagte, nicht gerne «im Schweisse seines Angesichts durch hohe oder niedere Wellen», sondern erfreute sich lieber einer «aristokratischen» Lebens-weise.[382]

«Unverhohlene Protektion und krasse Ungleichheit» durch Familie und Verwandtschaft in Form von Reputation, sozialem Status, von formellen und informellen Beziehungen und gegenseitigen Verpflichtungen spielte aber auch in Kreisen der Bourgeoisie des talents eine sehr grosse Rolle. Die Familie und das verwandtschaftliche Netz von Beziehungen, Verbindungen und Einfluss waren ein wichtiges «Mittel zum besseren Fortkommen im Leben» (Ber-lepsch). Sie erleichterten jenseits formaler Qualifikationen berufliche Karrie-ren in Gemeinde und Staat oder in privaten Unternehmen genauso, wie sie den Erfolg einer Anwalts- oder Arztpraxis begünstigten. So verdankte, um ein kleines Beispiel zu nennen, Friedrich Zeerleder (1841–1909) seine Wahl zum Stadtoberförster im Jahre 1869 vor allem seinem Schwiegervater, dem ehemaligen Regierungsrat Ludwig von Fischer von Reichenbach (1805–1884). Aber auch andere Mitglieder aus der Familie seiner Frau Blanka von Fischer (1848–1922), die er eben erst geheiratet hatte, betrieben, wie aus einem Brief einer Schwester Blankas hervorgeht, aktiv seine Wahl auf dieses recht hoch dotierte Amt. Nach Übermittlung der Glückwünsche an die zukünftige Frau Oberförsterin schrieb Therese von Wyttenbach-von Fischer, Gattin eines Arztes: «Du siehst also liebes Schwesterlein, dass unser guter 'Aetti' seine Sache recht eingefädelt hat. Mein Mannli will aber auch ein kleines Zipfelchen des Verdienstes, er ist auch fleissig herum gestiefelt, ich machte Samstag's Herrn Walthardt auch den Hof, bis er mir das Versprechen gab, Fred seine Stimme zu geben.» 383

Wie dieses und unzählige andere Beispiele belegen, hatte, wer dank seiner Familie über weite verwandtschaftliche und andere gesellschaftliche Beziehungen und Kanäle verfügte und deshalb auf Protektion von verschiedenster Seite zählen konnte, ungleich bessere Startbedingungen als jene, die sich vornehmlich auf ihre Ausbildung und ihren Leistungsnachweis stützen und solche Beziehungen erst aufbauen mussten. Diese durch die familiäre Herkunft gegebene, soziale Privilegierung, teils eine Art ständischer Überhang, verschaffte bürgerlichen Söhnen aber nicht nur bessere Start- und Zukunftschancen, sondern sie vermittelte auch mehr Sicherheit und wirkte so im bildungsbürgerlichen, noch mehr im wirtschaftsbürgerlichen Milieu als eine Art Schwimmgürtel, der ein Abtauchen nach unten verhindern konnte. Mit ihren sozialen Konsequenzen unterhöhlte diese Privilegierung aber auch das Leistungsprinzip. Sie relativierte die «bürgerliche Idee von der Klassenbildung durch Leistung» 384 und bewies damit, dass auch die bürgerliche Gesellschaft keine Gesellschaft war, wo zumindest alle Männer gleiche Rechte und Chancen besassen und allein die Leistung den sozialen Status bestimmte.

Entsprechend hoch war, besonders in mittelständisch-kleinbürgerlichen Kreisen, das Ansehen jener, denen sich die Pforten zu einem fast «mühelosen, raschen und glückhaften Vorwärtskommen» nicht einfach «durch Name und Stellung der Eltern, durch Erziehung und Ausbildung, durch den Einfluss hochgestellter Gönner» geöffnet hatten, sondern die sich aus «eigener Kraft» eine bürgerliche Existenz hatten aufbauen können, die durch «ihren Fleiss, ihre Energie, durch die Willenskraft der eigenen Persönlichkeit» das geworden sind, was sie waren. 385 Ein solcher «Mann der eigenen Kraft» war, so will es mindestens sein Nachruf glauben machen, der Zürcher Kaufmann Fritz Bodmer-Weber (1846–1917), der 1905 mit einem versteuerten Einkommen von 7000 Franken und einem Vermögen von 120 000 Franken den Aufstieg ins mittlere Bürgertum geschafft hatte. Fritz Bodmer stammte aus einer bäuerlich-gewerblichen Familie aus dem Zürcher Oberland. Sein Vater war Bauer, zeitweise zusätzlich noch Bäcker, früher hatte er sich auch als Baumwollfabrikant versucht. Nach der Primarschule und zwei Jahren Sekundarschule machte Fritz Bodmer von 1860–1862 eine kaufmännische Lehre in einem Appreturgeschäft, war dann als kaufmännischer Angestellter in einem Seiden-fabrikationshaus tätig, 1870 trat er als Verkäufer in eine Seidenagentur ein, wo er 1880 zuerst stiller, 1885 dann offener Associé wurde und mehrere geschäft-liche Reisen ins Ausland machte. 1893 eröffnete er mit seinem Bruder eine eigene Handelsfirma. Als Angestellter war Bodmer sehr aktiv im «Verein jun-ger Kaufleute» bzw. im «Kaufmännischen Verein» gewesen, wo er sich vor allem für das kaufmännische Bildungswesen eingesetzt hatte. Später betätigte er sich vor allem im Gemeinnützigen Verein des Bezirkes Zürich, dessen langjähriger Präsident er war. Politisch gehörte er der demokratischen Partei an, für die er von 1888–1916 auch im Grossen Stadtrat sass. Er war zudem Prä-sident des Verwaltungsrates der Züricher Post, des städtischen Parteiorgans der Demokraten. Um seinen Ausbildungsrückstand aufzuholen, seine Sprach-kenntnisse und seine Allgemeinbildung zu verbessern, betrieb er neben seiner Arbeit «mit Feuereifer» im Selbststudium französische Sprache und Allge-meinwissen. Weil er in diesen Jahren wie ein «junges Pferd» arbeitete, fiel er wegen Überarbeitung einmal für ein halbes Jahr ganz aus. Bodmer scheint der Typ des hartnäckigen und rastlosen Arbeiters gewesen zu sein. Seine Maxi-men waren: «Vorsicht ist die Mutter der Weisheit» oder «Dem Mutigen hilft Gott». Sein Ansehen gerade in mittelständisch-kleinbürgerlichen Schichten, denen er politisch und auch sozial ja trotz seines wirtschaftlichen Aufstieges auch weiterhin nahestand, beruhte nicht zuletzt auf seinem Einsatz für die Gemeinnützigkeit. Fritz Bodmer-Weber galt, so der Verfasser seines Nekro-loges in ideologischer Überhöhung, als «königlicher Kaufmann» und zwar nicht wegen seines aristokratischen Wesens, unermesslichen Reichtums, der riesigen Unternehmung, sondern weil er seinen Beruf nicht nur als Mittel zum Gelderwerb ansah, sondern auch als eine «Erweiterung des Gesichts-kreises und vor allem als Gelegenheit zur Hebung der Volkswohlfahrt und zur tätigen Mitarbeit an den Werken der Gemeinnützigkeit».[386]

Die bürgerliche Familie war aufgrund ihrer gesellschaftlichen Funktion und Bedeutung in der Gesellschaft des 19. Jahrhunderts aber mehr als ein Ort der Reproduktion und ein Instrument der Übertragung von Gütern und Rech-ten sowie der Vermittlung privilegierter Zugangschancen in der Privatwirt-schaft oder in staatlichen Stellungen. Sie war darüberhinaus ein sozialer Raum für die Entfaltung menschlicher Gefühle, für emotionale Befriedigung und psychische Absicherung ihrer Angehörigen. Auch deshalb fühlten sich Männer wie Frauen und Kinder der Familie in einem Mass verpflichtet wie keiner anderen sozialen Institution der bürgerlichen Gesellschaft gegenüber. Wie die Arbeit und die Religion oder manchmal auch die Kunst stiftete die Familie Lebenssinn, und zwar nicht nur für die Frauen, deren «Bestimmung» im Leben nach dem bürgerlichen Ehe- und Familienideal ja ohnehin in der Fami-lie lag, sondern, allerdings weniger ausschliesslich, auch für die Männer. So war Jakob Escher-Bodmer (1818–1909) ein «glückliches Familienleben immer als das Höchste erschienen, was einem Menschen beschieden sein könne und bei dessen Mangel alle Glücksgüter und Ehren keine volle Befriedigung zu leisten im Stande seien.»[387] Deswegen und auch aus Rücksicht auf seine Eltern entschied er sich in seiner Studienwahl für das Recht und verzichtete auf ein naturwissenschaftliches Studium und die Laufbahn eines Naturforschers, die ihn vor allem wegen der Reisen in tropische Regionen so lockte. «Ich wusste», so begründete er in seinen Erinnerungen nachträglich seine Entscheidung, «dass es meinen Eltern, denen bei den Gesundheitsverhältnissen meines jüngeren Bruders der Verlust eines Sohnes ziemlich sicher bevorstand, schmerzlich sein würde, wenn ich durch Reisen in entlegene Erdtheile längere Zeit mich von Hause entfernen und mich zugleich allerlei Gefahren aussetzen wollte. Auch erschien mir selbst als das Höchste, was der Mensch auf Erden erreichen könne, die Gründung eines glücklichen Familienlebens und ich fürchtete, ich könnte dieses Ziel verfehlen, wenn ich erst in vorgerückterem Alter mich in der Heimat festsetzen wollte.»[388] Und Adolf Ineichen hielt in seiner 1855 in Bern erschienenen «leichtfasslichen Staats-Lehre für das Schweizervolk» im Abschnitt «Der Mensch in der Familie» fest: «Die Familie ist es vornehmlich, welche dem Menschen ein auch über die Lebenszeit hinausreichendes Interesse gibt, ihm die Vergangenheit werth und die Zukunft wichtig macht.» Auch die »schönsten Genüsse, die reinsten Gefühle und Bestrebungen» waren für ihn an die Familie geknüpft.[389] Bürgerliche wie kleinbürgerliche Eltern sahen Sinn und Ziel ihres Lebens darin, dass es ihre Kinder einmal besser, keinesfalls aber schlechter haben sollten. Rastloses Erwerbs- und Gewinnstreben fand als Tätigkeit für die Familie und die Nachkommen seine Rechtfertigung. «Jeden Nerv anzuspannen, um höher zu steigen und damit der Familie für alle Zeiten gedient zu haben», war eines der Lebensziele, das der Unternehmer Samuel Dietrich Schindler (1856–1936) seinen Söhnen in einer Tischrede anlässlich seines Geburtstages mit auf den Weg gab.[390] Gerade in jenen bürgerlichen Kreisen, denen religiöse Antworten auf die letzten Fragen nichts oder nur noch wenig bedeuteten, drang die Familie in den «Rang von etwas Letztem, Sinnstiftendem» vor und wurde, zur «heiligen Familie» emporstilisiert, zu einem Religionsersatz.[391]

Die Familie und Familienbindungen erfuhren aber nicht erst im 19. Jahrhundert, sondern schon im ausgehenden 18. Jahrhundert mit dem aufkommenden neuen bürgerlichen Liebes- und Eheideal, das an das Gefühlsleben in Ehe und Familie neue Ansprüche stellte, eine starke emotionale Aufwertung: Beziehungen innerhalb und ausserhalb der Familie wurden als grundsätzlich unterschiedlich empfunden, der Wohn- und Lebensbereich wurde möglichst vom Geschäfts- und Erwerbsleben geschieden, das Familienleben galt nun als Privatsphäre. Dieses neue Familienmodell, das die Ehefrau zur «idealen Hüterin» des zum «Heim» emporstilisierten Haushaltes machte und aufs engste mit der Ausformulierung der Ideologie der Geschlechtscharaktere[392] verbunden war, fand denn auch zunächst eher in jenen bildungsbürgerlichen Verhältnissen Rückhalt, wo der ausserhäusliche Erwerb des Mannes die Beschränkung der Ehefrau auf die Haushaltsführung und Kindererziehung möglich machte. In der Schweiz war es insbesondere das protestantische Pfarrhaus, das dieses neue Familienideal, in dem «aufklärerische, reformpädagogische und pietistisch-sentimentale Ideologieversatzstücke zu einer untrennbaren Einheit verschmolzen», propagierte und vorlebte.[393] Je mehr sich infolge des wirtschaftlichen und sozialen Wandels im 19. Jahrhundert, besonders in der zweiten Hälfte, die Differenzierung der Gesellschaft in private, häusliche Lebensbereiche einerseits und in die Geschäfts- und Berufswelt andererseits verstärkte und gleichzeitig im Wirtschafts- und Geschäftsleben, in der Wissenschaft und im öffentlich-politischen Leben kühle Berechnung und Zweckrationalität immer stärker triumphierten, desto mehr steigerten sich die Ansprüche an das Gefühlsleben in Ehe und Familie, desto mehr wurde die Liebe als einigendes Band zwischen den Gatten wie den Generationen betont.[394] Die Familie wurde, eine Art «Gegenkonstruktion zu den Versachlichungsprozessen der Moderne»[395], zu einem Hort der Privatheit, einem Refugium erhoben, wo allein der Mensch noch Mensch sein und werden konnte und auch Raum für Intimität sein sollte. Diese Intimisierung der Familie hatte jedoch auch zur Folge, dass familienfremde Personen im bürgerlichen Haushalt zunehmend als Störung und Gefährdung, als Eindringlinge empfunden wurden. Der hohe Stellenwert von Privatheit und Intimität erklärt zum Teil auch, weshalb zum Beispiel Kaufleute und Unternehmer im 19. Jahrhundert ihre Angestellten zunehmend aus der häuslichen Sphäre ausgrenzten, weshalb in bürgerlichen Kreisen gegen Ende des 19. Jahrhunderts allgemein der Familienhaushalt dominierte. So lebten in bürgerlichen Haushalten, vom Dienstpersonal abgesehen, deutlich weniger fremde Personen oder entfernte Verwandte als etwa im gewerblichen oder neuen Mittelstand.[396]

Die Familie und die zum Heim aufgewertete Wohnung entwickelten sich auf diesem Hintergrund im 19. Jahrhundert zunehmend zu einem von der Aussenwelt abgeschotteten Raum privater Intimität, zu einer Art privaten Gegenwelt zu Wirtschaft und Gesellschaft: ein Rückzugsgebiet oder gar eine Fluchtburg für die in der Welt der Konkurrenz und Leistung tätigen und zunehmend stärker belasteten Männer – ein Schutz- und Schonraum für die Frauen und Kinder, die von der «bösen Welt» ferngehalten werden sollten. Die bürgerliche Lebenswelt zerfiel damit in eine äussere, männlich dominierte und eine innere, weiblich geprägte Sphäre mit einer entsprechend strengen geschlechtsspezifischen Arbeits- und Rollenteilung.[397] Das bürgerliche Heim galt als der «Ruhepunkt des Daseins», als «Hort» der Freude und Geborgenheit, wogegen ausserhalb dieses Schonraumes ein unerbittlicher «Kampf ums Dasein» tobte, wo nur der Tüchtigste überlebte, wo der bürgerliche Mann, um zu bestehen, sich keine Blössen geben und keine Gefühle leisten durfte, wo er ständig auf der Hut sein und sich bewähren musste. «Am häuslichen Herd»,

schrieb Georg von Wyss (1816–1893), dessen berufliche und politische Karriere durch seine konservative Haltung schwer beeinträchtigt wurde, «werde
ich die Ergänzung des Glückes finden, den Frieden, den die streitende Welt
nicht gewährt und dem man neue Kraft und Freudigkeit zum Kampfe abgewinnt.» 398 Zuständig dafür war «natürlich» vor allem die Gattin und Hausfrau. Sie war und sollte die Seele und der Mittelpunkt des Heims sein. Wie
sich die St. Galler Dichterin und Schriftstellerin Dora Schlatter (1855–1915) in
«Frauenwege und Frauenziele» unter dem Motto «Es ist schön, eine Frau zu
sein» ausdrückte, oblag der Frau die Pflicht, das Herz des Mannes zu erfüllen,
ihm ein Heim zu bieten, wo er sich vom öffentlichen Leben, von Sitzungen
und Ratsgeschäften, vom «jagenden Berufsleben» und den «ungemütlich überfüllten Konkurrenzverhältnissen» ausruhen und das «Frohe» und «Kindliche»
suchen konnte: «Wenn er müde heimkommt von des Tages Arbeit, will er seinen Kopf an ihre Achsel legen, will er sich in ihre Arme flüchten und sich trösten lassen, wie er als Knabe sich trösten liess von der Mutter linder Hand.» 399
Die Frau hatte für die physische und psychische Rekreation des Mannes
zu sorgen und ihm im Zuhause jenen emotionalen Rückhalt zu bieten, den er
für sein Selbstvertrauen und seine Aktivitäten draussen in der Welt der Wirtschaft, Wissenschaft und Politik so notwendig brauchte, um im harten Konkurrenzkampf des Berufs- und Wirtschaftslebens bestehen zu können. Die
Familie und das Heim waren und wurden so für das Leben und Schaffen der
bürgerlichen Männer zur wichtigsten Quelle der Energie. Im Zuhause liessen
sich aber auch, wie Eric J. Hobsbawn in seiner Beschreibung der Welt des
Bourgeois festhält, «die Probleme und Widersprüche der bürgerlichen Gesellschaft vergessen oder künstlich beseitigen. Hier nur hier konnte die bürgerliche und mehr noch die kleinbürgerliche Familie die Illusion harmonischen,
hierarchischen Glücks nähren, umgeben von den materiellen Gebilden, die
dieses Glück zum Ausdruck brachten und es zugleich erst ermöglichten.» 400
      Als ein Gegenpol zur feindlichen Aussenwelt, eine scheinbar von gesellschaftlichen Zwängen losgelöste «Oase der Humanität und des Gefühls» verstanden, war die bürgerliche Familie vordergründig auch tatsächlich, und aufgrund ihres wirtschaftlichen Funktionsverlustes, der sie eines Teils ihrer
ehemals produktiven Funktionen entledigte und sie zu einer Reproduktions-,
Erziehungs- und Freizeitgemeinschaft werden liess, immer mehr «ein gegen
andere gesellschaftlichen Bereiche weitgehend abgeschotteter Lebensraum»
(Rosenbaum). Im Unterschied zu anderen gesellschaftlichen Einrichtungen
oder auch noch zum «ganzen Haus» der alten ständischen Gesellschaft fehlte
der bürgerlichen Familie ein einheitlicher Zweck, dem sich, wie zum Beispiel
in einem Unternehmen, alle Beziehungen und Verhaltensweisen unterzuordnen hatten. Dies eröffnete den Familienmitgliedern bei allen wirtschaftlichen
Anforderungen, gesellschaftlichen Zwängen und Normen, denen sie im Ehe-
und Familienleben sowie der Berufs- und Partnerwahl unterworfen waren,
einen individuellen Spielraum in der Gestaltung des privaten Lebens. Dieser

wachsende individuelle Spielraum äusserte sich im Zusammenleben etwa in der räumlichen Abtrennung von individuellen Sphären genauso wie in der Berufs- und Studienwahl oder auch in der Partnersuche und Partnerwahl, wo individuelle Wünsche und Bedürfnisse, wo die Liebe mehr Berücksichtigung fanden: «Familienbeziehungen waren nicht über den Markt vermittelt, sondern – zumindest der Idee nach – Liebesbeziehungen, unbezahlte und unbezahlbare Leistungen und Gegenleistungen, durch die Qualitäten des menschlichen Lebens aktiviert wurden, die ausserhalb der Familie nicht gefragt waren und nicht gelebt werden konnten.» 401

Doch von den Zwängen und Strukturprinzipien, welche die Wirtschaft und Gesellschaft, die Welt, prägten, waren die bürgerlichen Familien nicht ausgenommen, auch die Frauen und Töchter nicht. Die Vorstellungen von der bürgerlichen Familie als «Oase der Humanität und des Gefühls» und als «Gegenwelt» waren zwar deswegen nicht einfach falsch, sie blendeten jedoch wie alle ideologischen Konstrukte bestimmte Elemente der häuslichen und familiären Wirklichkeit aus. So waren Familienbeziehungen bei aller sentimentalen Beschwörung ehelicher und familiärer Liebe und Harmonie im hohen Masse, manchmal auch ausschliesslich, Macht- und Herrschaftsbeziehungen, die auf Befehl und Gehorsam gründeten. Für die Beziehungen innerhalb der bürgerlichen Ehe und Familie waren weder Liebe und Freiwilligkeit noch Macht und Zwang konstitutiv: «Erst alle Momente zusammen machten die Familienrealität aus, wobei im konkreten Fall das eine oder andere überwiegen konnte.» 402 Dem Ideal der Liebesbeziehungen widersprach nicht zuletzt die hohe Bedeutung, die Besitz und Vermögen innerhalb der Familie, vor allem bei deren Gründung, weiterhin spielten. Der enge Zusammenhang, der zwischen der häuslich-privaten Sphäre der Familie und der öffentlichen Sphäre, Produktion und Markt eingeschlossen, bestand, wurde jedoch in den Vorstellungen über die bürgerliche Familie systematisch ausgespart. Auch wenn wegen der zunehmenden Trennung von Erwerbs- und Familienleben dieser Zusammenhang weniger offensichtlich war und aufgrund der hohen materiellen Ausstattung, wenigstens für Frau und Kinder, auch direkt weniger erfahren wurde, so war und blieb die bürgerliche Familie, besonders stark in den besitz- und wirtschaftsbürgerlichen Klassen, als ökonomisches Verwaltungs- und Plazierungssystem doch eng in die Wirtschaft eingebunden.

Das galt auch für die an sich auf den häuslichen Lebensbereich eingegrenzte bürgerliche Frau. Kapital, das sie in Form der Mitgift sowie ererbten oder zukünftigen Vermögens mit in die Ehe brachte und in der Regel dem Manne zur Nutzung überliess, bildete in vielen bürgerlichen Familien sowohl für die marktbezogenen männlichen Aktivitäten als auch für die standesgemässe Lebensführung einen wichtigen Faktor. Dieser produktive Beitrag der Frauen wurde jedoch wie die gesellschaftlichen und wirtschaftlichen Beziehungen, aus denen die Männer für ihre wirtschaftlichen und anderen öffentlichen Aktivitäten Nutzen zogen, tendenziell aus dem Bild von der Rolle der

Frau ausgeklammert und quasi dem Mann zugeschrieben. Ebenso wurden die häuslichen und repräsentativen Arbeiten und Aufgaben der Frauen im Unterschied zur marktbezogenen Erwerbs- und Geschäftstätigkeit der Männer nicht mehr als Arbeit anerkannt und bezeichnet. Weil die Frauen diese Arbeiten nicht gegen Bezahlung, sondern quasi aus Liebe zu Mann und Kindern verrichteten, wurden sie, ohne marktförmigen Wert, zur Schattenarbeit abgewertet und ihres produktiven Charakters entkleidet. Als ganzes betrachtet war die bürgerliche Familie und mit ihr der ganze häusliche Bereich so keine Gegenwelt, sondern jene Institution, die als Scharnier die sogenannte Privatsphäre mit der öffentlichen Sphäre des Marktes und der Politik verband. Sie gehörte nicht nur der Lebenswelt an, sondern sie war Teil beider Sphären, deren Trennung genauso ein ideologisches Konstrukt war wie die Vorstellungen von der Familie als «Gegenwelt»: «Public was not really public and private not really private despite the potent imagery of 'separate spheres'. Both were ideological constructs with specific meaning which must be understood as products of a particular historical time.» 404

## Die Heirat: Elterliche Arrangements und Kalkül, Vernunft und Liebe

Die Ehe als Grundlage zur Gründung einer Familie bildete wie kaum etwas anderes im bürgerlichen Leben für Mann und Frau ein von der Gesellschaft vorgegebenes Lebensziel. Die Heirat war denn auch für beide Geschlechter ein markanter, wenn nicht der markanteste Einschnitt in ihrem Leben. Erst mit der Eheschliessung, der Übernahme der ökonomischen und rechtlichen Verantwortung für seine Ehefrau und die zukünftigen Kinder erlangte der Mann in der bürgerlichen Gesellschaft seine Vollwertigkeit und Respektabilität, erst jetzt war er imstande, seine ihm zugedachte gesellschaftliche Rolle voll auszufüllen. Und auch die Frau erreichte erst eigentlich durch die Heirat den Status einer Erwachsenen, vorher war und blieb sie Tochter, wie alt auch immer sie sein mochte. Ein «erfülltes Leben» war ohne Heirat für Frau und Mann fast nicht vorstellbar. Wie der konservative Georg von Wyss (1816–1893) einem jüngeren Freund zur Verlobung schrieb, konnte nach seiner «tiefen Überzeugung» im Leben nichts dem Glücke gleichkommen, das der im «Aufblicke» zu Gott geschlossenen Ehe entsprang, die «allein alle Anlagen und Kräfte des äusseren und inneren Menschen zur Entfaltung bringt und die innersten Bedürfnisse des Gemüthes allein befriedigt.» Zu beklagen waren deshalb alle, «denen äussere Verhältnisse dieses Glück versagen, noch mehr diejenigen, die aus Mangel an Muth oder irgend welch anderen Motiven, wären es auch an sich ganz berechtigte, demselben freiwillig entsagen; denn äusserst selten werden diejenigen sein, welche freiwillig ihren Lebensweg einsam gehen und dabei nicht zuletzt sich vereinsamt, verengert, absterbend fühlen oder – ohne es zu wissen – wirklich egoistisch verknöchern.» 404

Wer ledig blieb und damit seine wichtigste gesellschaftliche Pflicht verletzte, musste dies mit einem Verlust an Status und Ansehen und einem Leben eher am Rande der bürgerlichen Gesellschaft bezahlen. Ledige Frauen und etwas weniger auch ledige Männer waren keine vollwertigen Mitglieder der bürgerlichen Gesellschaft. [405] Noch mehr als für den Mann, stellte für die bürgerliche Frau die Ehe die «einzig angemessene, sozial akzeptierte Versorgungs- und Lebensperspektive» dar. [406]

Die bürgerliche Ehe war, wie dies auch bei Georg von Wyss anklingt, nicht nur eine Güter- und Reproduktionsgemeinschaft, sondern sie sollte immer auch eine Gefühls- und geistige Gemeinschaft sein. Liebe und Treue hatte ihre Grundlage zu sein. Diese Auffassung von der Ehe war eine Folge der im 18. Jahrhundert mit der Aufklärung und dann der Romantik aufkommenden neuen Vorstellungen von Liebe und Ehe, die im wesentlichen die Liebe zur Voraussetzung der Ehe machten oder machen wollten. Dass sich Ehegatte und Ehegattin gegenseitig lieben sollten, war zwar ein alter christlicher Grundsatz. Doch diese Liebe war mehr Ausdruck von Solidarität als einer intimen Gefühls- und geistigen Gemeinschaft. Christlich eheliche Liebe meinte vor allem gegenseitige Zuneigung und Unterstützung zur Erfüllung der ehelichen Pflichten, insbesondere der «Erzeugung und gemeinschaftlichen Erziehung der Kinder, verbunden mit wechselseitiger Unterstützung zur Beförderung der häuslichen und bürgerlichen Wohlfahrt», wie das Zürcher Matrimonialgesetz von 1804 den Zweck der Ehe umschrieb. [407] Eheliche Liebe war nicht notwendigerweise Voraussetzung der Ehe, sondern sie bildete vielmehr ein Verhaltensgebot, eine Pflicht aufgrund der Eheschliessung. In ihrer einfacheren Deutung war sie nichts anderes als die Summe aller ehelichen und häuslichen Verhaltenspflichten der Eheleute und enthielt weder das Element der völligen seelischen oder psychischen Verschmelzung der Ehegatten noch das der Erotik. «Ehegenossen sollen gewissenhaft, dem Zweck ihrer Verbindung gemäss, mit Hinsicht auf gegenseitige Gesundheit, einander ehelich beywohnen, nie sich durch Untreu an einander vergehen, friedlich beysammen leben und das Hauswesen besorgen, einander nach ihren Kräften, besonders bey der Erziehung der Kinder, bey Krankheiten, und im Alter, beystehen: Sie sollen sich gegenseitig aller Tugenden befleissigen, die den häuslichen und bürgerlichen Wohlstand befördern und Segen ins Haus bringen; auch ihre eheliche Verbindung nicht eigenmächtig aufheben.» Von Liebe war im Zürcher Matrimonialgesetz nur bei den Pflichten der Frau die Rede. Dem Manne, der als «Haupt der Familie» ihr «Pfleger, Besorger, Beschützer, Vater, Vorbild» zu sein hatte, sollte sie «mit unverbrüchlicher Treu und Liebe zugethan» sein, um «durch Arbeitsamkeit, Sparsamkeit, Ordnung, häusliche Sitten» des Mannes «Achtung und Liebe» zu erhalten. [408]

Die «folgenreiche Umdeutung des ehelichen Verhältnisses» im Verlauf des 18. Jahrhunderts rückte nun das Gemüthafte und Seelische in den ehelichen Beziehungen stärker in der Vordergrund, sie machte zunehmend «eine

die gesamte Person engagierende psychische Disposition zum Wesen der Ehe
selbst».[409] Die Ehe wurde im Zeichen der Innerlichkeit als eine Gemütsver-
bindung auf der Grundlage von Gefühl, Empfindsamkeit, Freundschaft und
Zärtlichkeit gesehen.[410] Damit wurde die Liebe erstmals zur Voraussetzung
und zum Zweck der Ehe. Durch dieses neue Eheideal und die Aufwertung
der Liebe als einzig legitimer Grund der Wahl einer Ehepartnerin und eines
Ehepartners gerieten, zumindest auf ideeller Ebene und sozial zunächst eng
beschränkt auf gebildete bürgerliche Kreise, nicht nur die traditionelle, sehr
sachliche und nüchterne Einstellung zur Ehe, sondern auch die durch Sitte
und Brauch festgelegten Formen der Eheeinleitung sowie vor allem auch die
traditionellen Entscheidungskriterien für die Wahl einer Partnerin beziehungsweise eines Partners unter Druck. Waren diese bis anhin sehr stark von
sachlichen Überlegungen geprägt und im höchsten Masse eine rationale Angelegenheit – vor allem materielle Faktoren wie Besitz, Vermögen, Einkommen,
Beruf und berufliche Perspektiven, aber auch Prestige und Macht spielten in
der Entscheidung für die Wahl eines geeigneten Ehemannes und einer passenden Ehefrau eine vorrangige Rolle –, so sollten jetzt nicht mehr sachliche
Überlegungen bei der Wahl den Ausschlag geben, sondern die Liebe hatte das
zentrale ehestiftende Motiv zu sein. Handelte es sich bei dieser Liebe zunächst
noch stark um eine von der Aufklärung beeinflusste «vernünftige Liebe», die
auf der Vollkommenheit und Tugendhaftigkeit des geliebten Menschen gründete und nur mit den moralischen, nicht aber den äusserlichen Qualitäten der
geliebten Person in Verbindung gebracht wurde und die Sexualität noch aus-
sperrte, so wurde die Liebe, etwa mit der Aufwertung der physischen Natur
im Sturm und Drang, bald auch um sinnlich-leidenschaftliche Elemente erweitert oder umdefiniert.[411] Damit war das Ideal der Ehe als eine Gefühls-
und geistige Gemeinschaft sich in immerwährender Liebe und Treue ergebe-
ner Eheleuten, das die bürgerliche Ehe in der Folge so stark prägte, entworfen.

Die Romantik stellte schliesslich die traditionelle Auffassung der Ehe als
Zweckverbindung und mit ihr auch die herkömmlichen Entscheidungskriterien für die Wahl einer Partnerin, eines Partners am stärksten in Frage. Das
romantische Liebes- und Eheideal, das die Ehe als Einswerden von Mann und
Frau verstand, wertete die gefühlvoll-sentimentale oder leidenschaftlich-sinnliche Liebe – auch die Romantiker schwankten zwischen diesen Polen – zum
einzig legitimen Grund der Wahl einer Partnerin und eines Partners auf.
Damit setzte es die Partnerin- und Partnerwahl und theoretisch auch die Ehe
von allen familiären und gesellschaftlichen Zwängen frei und überliess sie
unter Missachtung aller realen Lebensumstände und ihrer Zwänge den individuellen Empfindungen, Gefühlen und Bedürfnissen von Mann und Frau.
Durch diese «Liebe als Passion» (Luhmann) wurde die Eheschliessung an
sozial nicht mehr kontrollierte und kontrollierbare Zufälligkeiten gekoppelt,
denn als eine Art «Code der Liebe» schuf die romantische Liebe eine neue
universale Form und eine für alle gleichermassen bereitgehaltene Möglichkeit

menschlicher Kommunikation und zwischenmenschlicher Beziehung. Dadurch wurde die Liebe zu einem Störfaktor für die bestehende soziale Ordnung. Tendenziell stände- und klassenübergreifend bedrohte sie die uneingeschränkte Dominanz sachlicher Überlegungen und vernünftiger Motive bei der Wahl einer Ehegattin oder eines Ehegatten und enthob dadurch auch die Eltern ihrer Einflussmöglichkeiten. Obwohl die romantischen Liebes- und Eheideale des ausgehenden 18. und frühen 19. Jahrhunderts von der Lebenswelt auch der bürgerlichen Klassen (noch) zu weit entfernt waren und schon deshalb scheitern mussten, liess sich die Liebesheirat als Leitvorstellung nicht mehr aus der Welt schaffen und wirkte, vor allem durch die Romanliteratur kultiviert, aber auch trivialisiert, während des ganzen 19. Jahrhunderts nachhaltig auf die Vorstellungen von Liebe und Ehe.[412]

Um der Liebe die für die bürgerliche Ehe und Familie als Güter- und Reproduktionsgemeinschaft gefährliche Spitze der Zufälligkeit und Vergänglichkeit zu nehmen, suchten die bürgerlichen Rechtsphilosophen und Rechtstheoretiker die Liebe mit Hilfe des Sittlichen zu objektivieren. Auffassungen von der Ehe als die «vollkommenste Darstellung der Menschennatur» und als «höchste Entfaltung der individuellen Liebe von Mann und Frau», jedoch gleichzeitig auch als «sittliche Quelle» der Familie und Nachkommenschaft, wie sie zum Beispiel J. C. Bluntschli formulierte, lehnten die Liebe zwar nicht ab, sie suchten die gefühlvolle und sinnliche Liebe aber durch Sitte und Recht in Ehe und Familie einzubinden, sie in eine «rechtlich sittliche Liebe» (Hegel) zu verwandeln.[413] Dass dies nicht nur eine Sache der Rechtstheoretiker war, sondern durchaus auch lebenspraktische Bedeutung hatte, lässt sich an Johann Caspar Bluntschli (1808–1881) aufzeigen, der dieses Verfahren als junger promovierter Rechtsgelehrter auch auf sich selbst und auf seine zugestandenermassen «sinnlichen Genuss» suchenden Liebesempfindungen anwandte. «Nirgends hört das Sinnliche so auf, sinnlich zu sein, wie in der Liebe», schrieb er am 8. August 1830, drei Monate nach seiner Verlobung, seinem Jugendfreund Johannes Zeller. Die Sinnlichkeit in der Liebe zwischen Mann und Weib, die «sich vereinen und zusammen einen höheren Leib bilden» und so «die Erscheinung des Menschen vollenden», war für ihn «daher etwas durchaus Sittliches, und gar wohl hat die Natur dafür gesorgt, indem ihre Macht Triebe schuf, welche die unvollkommene Einsicht der Menschen ersetzen sollten… So enge ist hier das Sinnliche mit dem Geistigen verschmolzen, dass keines von dem andern zu unterscheiden und zu trennen ist. Wo die Liebe vorhanden ist, da werden die sinnlichen Triebe von selbst vergeistigt, es braucht keine Vorbereitung, keine Obhut der Seele. Die Natur wirkt allgewaltig selbst.»[414] Aus der Stimmungslage der Empfindungen und den Niederungen der Geschlechtlichkeit und Sinnlichkeit wurde die Liebe dadurch nicht nur in die Höhe höchster sittlich-moralischer Lebenserfüllung gehoben, sondern sie verlor, zur immerwährenden sittlichen Pflicht erklärt, auch ihre für die Ehe als lebenslängliche Institution bedrohliche Vergänglichkeit. Die Ehe stand mit

ihrer sittlichen Erhebung auf ideeller Ebene wieder auf einer Grundlage, die
«das Vergängliche, Launenhafte und bloss Subjektive» (Hegel) aus ihr verschwinden liess. Doch auch in diesen im Grunde restaurativen Vorstellungen,
die im wesentlichen darauf hinzielten, Ehe und Familie wieder zu festigen
und zum Grundpfeiler der bürgerlichen Gesellschaft zu machen, war und
blieb die Ehe ihrem Wesen nach eine persönlich-innige Verbindung. Ähnlich
wie in der Romantik wurden die ehelichen und familiären Beziehungen verinnerlicht, mit dem Unterschied allerdings, dass sie mit Hilfe der Kategorie des
Sittlichen von der Vergänglichkeit und Zufälligkeit gefühlsmässiger und psychischer Dispositionen abgelöst und damit erneut institutionalisiert wurden, so
dass Verinnerlichung und Stabilität, im romantischen Ideal noch unvereinbar,
in Einklang gebracht waren.[415] Die Liebe war damit, wenigstens auf nor-
mativer Ebene, wieder voll in den Dienst der Ehe und Familie gestellt, und die
Sexualität blieb in die Ehe eingesperrt.

Die Vorstellung, dass die Ehe in ihrer Vollkommenheit auf Liebe beruhen und die Liebe deshalb für die Wahl einer Partnerin und eines Partners
wenn nicht den einzigen, so doch den wichtigsten legitimen Grund darstellen
sollte, war zwar schon im frühen 19. Jahrhundert, vor allem in der Welt der
Gebildeten, eine allgemein verbreitete Auffassung. Doch gleichzeitig herrschte
in bürgerlichen Kreisen auch die Meinung vor, dass Liebe als konfliktträchtige
und vergängliche Angelegenheit allein für das Funktionieren einer Liebesehe
nicht genügte oder nur, wenn auch viele andere Voraussetzungen erfüllt waren
und sich die Liebe als Grundlage und Zweck der Ehe mit anderen Grundpfei-
lern des Lebens eng verband. So vertrat zwar auch der 1846 in Bern erschienene «Führer an den Hochzeits-Altar» die Auffassung, dass für die Eheschliessung, die er als einen «freiwilligen Vertrag unter zwei Menschen» und eine
«gegenseitige heilige Zusage unveränderlicher Treue und Ergebenheit» bezeichnete, die Liebe die Grundlage sein sollte. Doch es sollte die «ächte, reine
Liebe» sein, die sich nicht unabhängig von den Umständen bewegt, die nicht
ein «Rausch» ist, sondern eine Liebe, die den Verstand zu Rate zieht und die
Verhältnisse so nimmt, wie sie sind und nicht wie sein könnten.[416] In dieser
wirklichkeitsnahen Auffassung «ächter Liebe», die weitgehend mit dem auf-
klärerischen Ideal der «vernünftigen Liebe» übereinstimmte, hatten sachliche
Überlegungen, insbesondere auch materielle Faktoren auf ideologisch-legi-
timatorischer Ebene noch immer ihre volle Berechtigung und Gültigkeit. Die
Wahl einer Ehegattin und eines Gatten war und blieb eine zu ernsthafte Angelegenheit, als dass die «unvernünftige Liebe» mit ihren Unwägbarkeiten und
Zufälligkeiten und mit ihrer Vergänglichkeit allein hätte Richtschnur für die
Entscheidung sein können. Auch für die «kluge und einsichtige Schweizerin
vom bürgerlichen Stande» war um die Mitte der sechziger Jahre noch selbstverständlich, dass der Entschluss zur Ehe, zum «wichtigsten Lebensakt», nicht
auf der «Macht der Anhänglichkeit und Zuneigung» allein beruhen oder gar
von der «Leidenschaft» diktiert sein sollte. Der bürgerlichen Tochter riet sie,

sich erstens nicht zu früh zu verheiraten, zweitens nicht eher zu heiraten, bis sie selbst «eine feste Ansicht des Lebens gewonnen» habe, und drittens nur zu heiraten, wenn ihre eigenen oder die finanziellen Verhältnisse ihres zukünftigen Gatten ein hinreichendes Auskommen für die Zukunft darbieten würden. Nichts als die Liebe konnte niemals genügen, denn «Sorgen sind das Grab der Liebe».[417]

Gegenseitige Zuneigung und Liebe stellten denn auch unter den Motiven und Gründen, aus denen in den bürgerlichen Klassen im 19. Jahrhundert Ehepartnerinnen und Ehepartner tatsächlich ausgewählt wurden, weiterhin meist nur einen Faktor unter anderen dar, und häufig waren sie nicht einmal der wesentlichste: «Der Weg zur Ehe – für alle (bürgerlichen) Menschen mit Ausnahme von Bohemiens und hoffnungslosen Romantikern das eigentliche Ziel der Liebe – war keine glatte, sei es rational kalkulierte, sei es leidenschaftlich gewagte Bahn. Vielmehr war er ein Schlachtfeld konkurrierender und widerstreitender Gefühle, von denen viele unbewusst waren. Die Sorge der Eltern um finanzielle Abgesichertheit und gesellschaftlichen Aufstieg konnte im Widerspruch stehen zum gebieterischen Verlangen der Kinder nach emotionaler Erfüllung, und im Gerangel familiärer Gefühlsbindungen und Spannungen stand der Ausgang keineswegs von vornherein fest. Nachgiebige Eltern mochten gnädig über die gesellschaftlichen Mängel ungeeigneter Partner für ihre Söhne beziehungsweise Töchter hinwegsehen, um Streit, Auftritte und Tränen zu vermeiden, oder, positiver ausgedrückt, sie mochten es der jüngeren Generation überlassen, den Weg zum Glück selber zu finden. Aber das Gegenteil war nicht weniger richtig und wahrscheinlich sogar häufiger: So mancher junger Mann, so manche junge Frau, zum Gehorsam erzogen und nicht gewohnt, häusliche Dekrete zu 'hinterfragen', beugte sich gehorsam dem elterlichen Gebot und versäumte, den im Rechtssystem des Landes vorgesehenen Schutz vor erzwungener Eheschliessung in Anspruch zu nehmen.»[418] Mit welch unterschiedlicher Mischung von Rationalität und Emotionen Ehen in den bürgerlichen Klassen angebahnt und eingegangen wurden, zeigen die folgenden Geschichten, die exemplarisch die ganze Bandbreite möglicher Eheanbahnung und Eheschliessung abdecken: von der reinen Geldheirat ohne oder fast keiner Liebe über die standesgemässe, sogenannte Vernunft- oder Konvenienzehe, wo Sympathie oder wohltemperierte Gefühle füreinander vollauf genügten, zur reinen Liebesheirat aufgrund der «grossen Liebe». Dass in der traditionellen bürgerlichen Eheanbahnung der Mann den aktiven Part zu spielen und sich nach einer geeigneten Frau umzusehen hatte, versteht sich aufgrund des herrschenden Verständnisses der Rolle von Mann und Frau von selbst, was allerdings nicht heisst, dass bürgerliche Töchter und ihre Eltern nicht auch aktiv an den Fäden zogen und Netze woben, mit denen neue eheliche Verbindungen gestiftet wurden.[419]

Wie mit Kalkül und nur auf materiellen Vorteil bedacht, Ehen angebahnt und geschlossen wurden, lässt sich am Beispiel des eidgenössischen

Staatsschreibers August von Gonzenbach belegen. Er heiratete, wie viele andere bürgerliche Männer, die auf konventionelle Weise in den Besitz einer Frau gelangt waren, vor allem eine «finanzielle Garantie, eine private Quelle des Reichtums und der Beziehungen» (Gay). August von Gonzenbach (1807–1887) entstammte einer bedeutenden St.Galler Handelsfamilie, nach einem Studium der Rechte schlug er die Beamtenlaufbahn ein, bereits 1833 erhielt er das Amt des eidgenössischen Staatsschreibers, das er dann bis 1847 ausüben sollte. 1836/37, nun bald dreissig Jahre alt, begann er, von seinem Vater darin bestärkt, dass allein die Ehe dem Leben den wahren Sinn und Gehalt geben könne, sich ernsthafter als bisher nach einer möglichen Ehefrau umzusehen. Seinem Vater, mit dem er die ganze Eheproblematik eingehend brieflich besprach, offenbarte er, dass seine Frau «gut, fromm, innig und noch einmal gut und sanft sein», dass sie aber auch «äusserlich angenehm und wenigstens wohlhabend» sein müsse. Alle diese Vorzüge glaubte er in der aus einer angesehenen und reichen Basler Familie stammenden Sophie Schönauer, die er während seiner Studienzeit als «ein sanftes, stilles Kind» kennengelernt, dann jedoch aus den Augen verloren und erst 1836 wieder getroffen hatte, vereinigt zu sehen. «Ihre Bescheidenheit, ihre Güte, ihr sanftes, stilles, anspruchsloses Wesen bei offenem Verstand, ihr Hang zu ernster Lektüre, ihr feines Benehmen», schrieb er seinem Vater, «ermangelten nicht, mich auf sie aufmerksam zu machen. Die Überzeugung, dass ihr unabhängiges Vermögen mir eine Freiheit gibt, die ich bisher noch nicht hatte, brachte in mir den Entschluss zur Reife, ihr einen Schritt entgegen zu tun.» [420] Im Herbst 1837 hielt er, nachdem die Eltern seine Wahl gebilligt hatten, um die Hand der Auserwählten an. Noch während er auf die Antwort aus Basel wartete, kamen ihm jedoch Bedenken an der Richtigkeit seines Handelns. Wie wiederum aus einem Brief an seinen Vater hervorgeht, war ihm nämlich klar geworden, dass er für Sophie Schönauer keine Liebe empfand: «Am besten dabei ist die partie oeconomique, die Aussicht auf einen sichern Hafen bei stürmischer See ... der sichere Hafen an und für sich ist schon eine angenehme Perspektive für einen, der nicht gerne im Schweisse seines Angesichtes durch hohe oder niedere Wellen rudert. Für das Herz ist freilich wenig dabei gewonnen, aber in unserm Jahrhundert kommt man mit dem Geldbeutel noch mehr in Berührung als mit dem Herzen.» Namentlich zweifelte er, ob er für eine «mariage de raison» tauge, denn «mit Leuten, welche mich nicht ansprechen, weiss ich mich kaum fünf Minuten zu unterhalten, geschweige das ganze Leben». [421] Auch als die Antwort aus Basel zunächst abschlägig war, weil die Mutter aus persönlicher Abneigung gegen den Bewerber ihre damals erst zwanzigjährige Tochter gegen deren Willen zwang, eine Absage zu erteilen, behielt der Gedanke an die «Partie oeconomique» die Oberhand. Dank Sophies Standhaftigkeit – die Gründe dafür sind unbekannt – und dem elterlichen Zuspruch aus St. Gallen kam die «Mariage de raison» dann 1839 doch noch zustande. Glücklich war Gonzenbach darüber nur bedingt: «Wäre Sophie so hübsch wie Minna (ihre

Schwester), so wäre ich ganz glücklich ... so aber empfinde ich zwar immer viel Achtung, aber mit der Liebe will es immer nicht recht gehen.» [422]

Dass August von Gonzenbach vor allem nach einer reichen Erbin Ausschau hielt, hing stark mit seiner langfristig unsicheren Stellung als Staatsschreiber zusammen, vor allem aber auch mit seinen Ambitionen und seinem an aristokratischen Vorbildern orientierten, aufwendigen Lebensstil, für den sein Gehalt allein nicht ausreichte. [423] Er war deswegen immer wieder auf die finanzielle Unterstützung seines Vaters angewiesen, der jedoch des Sohnes kostspielige «Lebensweise auf grossem Fusse» nicht akzeptierte und ihn mehrmals ermahnte, doch besser haushalten zu lernen, der es auch nie billigen konnte, dass sein Sohn nicht ohne einen Kammerdiener glaubte auskommen zu können. Auch wollte ihm nicht einleuchten, dass der eidgenössische Staatsschreiber zwei Pferde halten und zweispännig fahren müsse, wenn in Zürich gleichzeitig der schwerreiche Seidenherr Bodmer über keine Equipage verfüge und sich mit einem Reitpferd begnüge. [424] Zwar stellten sich Liebe und eheliches Glück im Hause Gonzenbach auch nach der mit grossem Aufwand gefeierten Vermählung und der ausgedehnten Hochzeitsreise nach Italien bis nach Neapel nicht ein, die «Partie oeconomique» hielt jedoch, was sie versprach. [425] Als August von Gonzenbach 1847 zwangsweise sein Amt als Eidgenössischer Staatsschreiber niederlegen musste, konnte er auf eine weitere bezahlte Tätigkeit verzichten.

Von solchen materiellen Faktoren oder anderen sachlichen Überlegungen stark dominiert war die Wahl einer zukünftigen Gattin und eines Gatten besonders im Wirtschafts- und Besitzbürgertum: Heiraten waren, vor allem über die Mitgift der Frau, ein wesentliches Mittel zur Beschaffung von Kapital, aber auch von Know-how, zur Ausweitung von Geschäftsverbindungen und -beziehungen, zur Rekrutierung von familienfremden Führungskräften sowie zur Ausschaltung von Konkurrenz. Heiraten hatten auch den Zweck, Geschäfts- und Kapitalbeziehungen durch familiäre Einbindung zusätzlich abzusichern und sich dadurch auch persönlich gegenseitig zu verpflichten. [426] Doch auch wenn Heiraten nicht direkt der Kapitalbeschaffung dienten, so konnte eine gute Partie die Kredit- und Vertrauenswürdigkeit erhöhen und dadurch nicht nur die Kapitalbeschaffung entscheidend erleichtern, sondern auch andere verschlossene Türen öffnen. Heiraten waren deshalb häufig weniger eine Sache zwischen Mann und Frau als vielmehr zwischen den beiden betroffenen Familien. So wurde im Glarner Unternehmermilieu, wo in der zweiten Hälfte des 19. Jahrhunderts rund die Hälfte der Unternehmertöchter Söhne von Unternehmern heirateten, auf die Neigungen und Gefühle des jungen Paares oft nur wenig Rücksicht genommen. Wie ein Fabrikant selbst erzählte, erschien es manchmal beinahe so, als ob die Eltern und nicht die Kinder geheiratet hätten. Oberstes Ziel der Eltern war es, dass ihre Töchter und Söhne eine erstens für das Geschäft günstige und zweitens eine standesgemässe Wahl trafen. Neben Töchtern und Söhnen aus etablierten Unternehmerfamilien kamen deshalb durchaus auch Verbindungen mit Honoratioren- und Akademikerfamilien in Frage. Die Dominanz sachlicher Motive und der hohe elterliche Einfluss schlossen im Normalfall aber Liebe, auch die «grosse Liebe», nicht aus. Standes- oder klassenspezifisch geschlossene Verkehrskreise, aber auch elterliche Arrangements wie private Einladungen oder Sitzordnungen an Hochzeiten und anderen Festen, sorgten in der Regel dafür, dass die Richtigen zusammenfanden oder sich die Liebe wenigstens sozial nicht auf Abwege verirrte. 427

Wie stark ökonomische Interessen und andere sachliche Überlegungen die Wahl einer Ehegattin und eines Gatten im wirtschaftsbürgerlichen Milieu auch dort prägten, wo die Eltern direkt wenig Einfluss ausübten, lässt sich am Beispiel von Carl Abegg (1836–1912) illustrieren. Er stammte aus der ländlichen Zürcher Oberschicht. Sein allerdings früh verstorbener Vater war in Küsnacht Tuchhändler und Teilhaber eines neu gegründeten Seidenunternehmens gewesen. Nach dem Besuch der Zürcher Industrieschule und einer kaufmännischen Lehre in Mailand nahm Carl Abegg mit Unterstützung seiner Mutter zielbewusst und planmässig seine Karriere als Kaufmann an die Hand. Ähnlich ging er die Brautwerbung an, die für ihn eine Angelegenheit war, in der wirtschaftlicher und sozialer Aufstieg, Geschäft und Karriere mit der Liebe aufs engste verbunden und wohl auch für ihn selbst nicht zu trennen waren. Das Objekt seiner Wünsche, Hoffnungen und Liebe war Emma Arter (1839–1909), die Tochter des begüterten Seidenfabrikanten Salomon Arter (1805–1861) von Hottingen, dessen Vater zusammen mit einem Bruder 1805 ein Seidenfabrikationsunternehmen gegründet und mit solchem Erfolg betrieben hatte, dass es bald zu den grössern Unternehmen gehörte und mit jenen der städtischen Handelsaristokratie durchaus zu konkurrenzieren vermochte. Carl Abegg kannte Emma Arter über seine Schwester Lina, die sich lange Zeit im gleichen Pensionat in Vevey aufgehalten hatte. Zudem verkehrten die Arters sowohl geschäftlich als auch privat mit der Familie des Seidenindustriellen Salomon Rütschi-Bleuler, bei dem Carl Abegg nach seiner Lehrzeit als noch nicht einmal zwanzigjähriger Mann in verantwortungsvoller Stellung ins Geschäft eingetreten war und in dessen Haus er auch wohnte. Für Carl Abegg boten sich an solchen Zusammentreffen unauffällige Gelegenheiten mit der wohlbehüteten Emma, die auch von reicheren und vor allem sozial höhergestellten Söhnen, als Carl Abegg es war, umschwärmt wurde, ins Gespräch zu kommen. Bei seinem Werben musste er vor allem mit dem Widerstand der Mutter rechnen, die für ihre Tochter hochfliegende Heiratspläne verfolgte – sie dachte wohl an Söhne aus der altzürcherischen Handelsaristokratie. Ohne der erklärten Liebe Emmas gewiss zu sein, hielt er, noch nicht einmal 23 Jahre alt, aber bereits seit zwei Jahren mit der Procura ausgestattet, im Februar 1859 Salomon Arter schriftlich um die Hand seiner einzigen Tochter an.

Der erhaltene letzte Entwurf des Briefes zeigt, wie eng bei Carl Abegg Liebe, Geld und Karriere miteinander verbunden waren. Der Stimme seines

Herzens folgend und im Bewusstsein, alles geprüft und reichlich überlegt zu haben, erklärte Carl Abegg dem Vater, dass die «Verbindung» mit dem «wertgeschätzten Fräulein Tochter der tief gefühlte Wunsch» seines Herzens sei. Er bat ihn, diesen seinen Entschluss mit der «verehrten Frau Gemahlin in Erwägung zu ziehen» und, falls sie als Eltern die Zustimmung geben würden, seinen Wunsch auch der Tochter vorzulegen. Dass auch die Arters bei ihrer Entscheidung wohl noch andere Gesichtspunkte berücksichtigen würden als die Zustimmung und Liebe der Tochter, sprach Carl in seinem Schreiben offen aus: «Ich darf beinah annehmen, dass Ihnen diese Zeilen nicht ganz unerwartet kommen werden und haben Sie vermutlich Gelegenheit gehabt, diejenigen Informationen zu erhalten, die man in solchem Fall haben muss. Sollten Ihnen indessen weitere Aufschlüsse erwünscht sein, so werden Sie mich zu deren Erteilung bereit finden.» Da eine Ablehnung auch prestigemässig einen grossen Gesichtsverlust bedeutet hätte, bat Carl Abegg um «gänzliches Stillschweigen über einen so delikaten Punkt» und ersuchte Salomon Arter, den Brief in diesem Falle zurückzugeben.[428] Am 22. März 1859 erhielt er die Zustimmung der Eltern wie der Tochter, damit verbunden die Einladung zum ersten Brautbesuch am Sonntag nach der Kirche. Im April bereits erfolgte die Verlobung und am 4. Oktober die Hochzeit.

Carl Abegg unterzeichnete nun stets mit dem Doppelnamen Abegg-Arter, auch nach aussen ein Zeichen dafür, dass diese «glückliche Verbindung», wie sein Biograph wohl eher ungewollt mehrdeutig schreibt, «seinem Dasein eine Erhöhung und Bereicherung geschenkt, wie er sie vollkommener und seinen Gaben angemessener nicht hätte wünschen können».[429] Mit dieser Eheschliessung konnte sich Carl Abegg seines weiteren wirtschaftlichen und sozialen Aufstiegs fast sicher sein. Egal ob er seine zukünftige Frau auch aus uneigennütziger Liebe heiratete oder nicht, mit Emma Arter, ihrer Mitgift und ihrem zukünftigen Erbe heiratete er eine «sichtbare finanzielle Garantie, eine private Quelle des Geldes und der Beziehungen».[430] Schon im Frühjahr 1861 machte sich Carl Abegg-Arter selbständig und gründete, erst 25 Jahre alt, zusammen mit dem ursprünglich aus Elberfeld stammenden, aber lange in den USA geschäftlich tätig gewesenen, 34jährigen August Rübel die auf den Handel mit Seidenstoffen und Rohseide spezialisierte Firma Rübel & Abegg. Zusätzlich engagierte sich die Firma auch im Wertpapierhandel und im Wechselgeschäft. Diese doch recht frühe Verselbständigung hatte verschiedene Gründe. Erstens sah Carl Abegg, der sich schon als 17jähriger Lehrling gegenüber einem Vetter zum Grundsatz «Suche deine Erfahrungen auf Rechnung anderer zu machen» bekannte und die Selbständigkeit klar vor Augen hatte, im Fabrikationsunternehmen Rütschi-Bleuler wegen der eigenen Söhne Rütschis für sich keine grosse Zukunft. Zweitens hatte er, vor allem auch während seines erfolgreichen Amerika-Aufenthaltes, gesehen, dass im Seidenhandel die grösseren Gewinnchancen als in der Fabrikation lagen, weshalb sich ihm auch deswegen eine Verschiebung seiner Aktivitäten aufdrängte. Drittens öffnete ihm der frühe Tod seines Schwiegervaters 1861 Zugang zu neuen Geldquellen. Im neuen Geschäft investierte er denn auch neben seinem eigenen Kapital von 150 000 noch 100 000 Franken seiner Frau.[431] Bei der Auflösung der Firma um 1884 wegen des flauen und zunehmend verlustreichen Rohseidenhandels konnte sich Carl Abegg-Arter ausser dem eingeschossenen Kapital von 250 000 mit 3,6 Millionen Franken zurückziehen. Ab 1883 übernahm er dann als Nachfolger Alfred Eschers das Präsidium des Verwaltungsrates der Schweizerischen Kreditanstalt, nachdem er bereits 1868 im Verwaltungsrat Einsitz genommen und dort schon bald zum führenden Kreis gehört hatte. Auch wenn Carl Abegg mit einer weniger guten Partie sicher ebenfalls eine glanzvolle Karriere gemacht hätte, so war seine Ehe mit Emma Arter doch für ihn nicht nur ein privates Glück, sondern in jeder Beziehung auch eine Bereicherung, eine Bereicherung an Kapital, Beziehungen und Prestige. Um 1900 versteuerte Carl Abegg ein Vermögen von 2,45 Millionen und ein Einkommen von 50 000 Franken. Carl Abegg war der Prototyp des Wirtschaftsbürgers. Verdienen stand in seinem Leben an vorderster Stelle. Auf dem Erwerb fusste seiner Haltung nach alles Übrige, der allgemeine Wohlstand, die Kultur und die Politik. Er galt denn auch als Super-Kapitalist, dessen «schöpferische Kraft» auch das sozialistische «Volksrecht» nach seinem Ableben lobend erwähnte. Carl Abeggs Söhne verehelichten sich dann mit Töchtern führender Zürcher Kaufleute und Industrieller, die einzige Tochter Emma heiratete in die Escher Familie hinein, über ihre Schwiegermutter traten die Abeggs auch in erste verwandtschaftliche Beziehungen mit den bedeutendsten Seidenindustriellen Zürichs, den Bodmers. Damit waren die Abeggs endgültig in die Spitzen der schweizerischen Gesellschaft vorgedrungen.

Die Entwicklung neuer unternehmerischer Rechtsformen wie zum Beispiel Aktiengesellschaften[432], vor allem aber auch die Ausbildung eines regionalen und nationalen Kapitalmarktes entlasteten die Heiratsverbindungen gegen Ende des Jahrhunderts teilweise von ihrer Bedeutung als einer vorrangig oder doch stark geschäftlich motivierten Transaktion. Dass aber Heiraten auch Ende des 19. Jahrhunderts und später noch immer sehr direkt geschäftlichen Zwecken dienten, und zwar selbst in neu aufkommenden Industriezweigen wie der Elektrobranche, zeigt die Geschichte von Walter Boveri (1865–1924), dem Ingenieur, der Ende der achtziger Jahre im festen Glauben an die grosse wirtschaftliche Zukunft der Elektrizität zusammen mit dem eng befreundeten Charles E. L. Brown (1863–1924), dem schöpferischen Elektroingenieur in der Maschinenfabrik Oerlikon, sich selbständig machen und ein neues elektrotechnisches Unternehmen gründen wollte. Nachdem er als Mann ohne eigenes Vermögen und ohne verwandtschaftliche und geschäftliche Beziehungen seit 1888 vergeblich bei bekannten Persönlichkeiten das notwendige Kapital von einer halben Million Franken aufzutreiben versucht hatte, lernte er auf der Suche nach Kapital 1890 den Zürcher Seidenindustriellen Conrad Baumann-von Tischendorf (geb. 1833) kennen. Dieser begriff die grossen Möglichkeiten der Elektrizität ebenfalls und erkannte auch die Fähigkeiten von Walter Boveri und Charles Brown. Die Sache ins Rollen brachte allerdings erst die Verlobung von Walter Boveri mit Conrad Baumanns Tochter Elisabetha Victoria (1865–1930). Das gab Baumann den Ausschlag, seinem zukünftigen Schwiegersohn das benötigte Kapital als Darlehen vorzustrecken. In die neugegründete Firma Brown, Boveri & Cie trat dann auch Conrad Baumann jun. (geb. 1866) ein, den sein Vater in richtiger Einschätzung der langfristigen Entwicklung in der Seidenindustrie zum Ingenieur hatte ausbilden lassen.[433]

Die Ehe zwischen Walter Boveri, «einer grossen, imposanten Erscheinung mit markanten Zügen», und Victoria Baumann, «klein, zierlich und von sprudelnd lebhaftem Wesen»[434], beruhte nicht eigentlich auf gegenseitiger Liebe, wenigstens lässt dies die Beschreibung des Verhältnisses der beiden zueinander durch ihren Sohn Walter durchschimmern: «Meine Mutter muss trotz zahlreichen Bekannten, die in unserem Hause ein- und ausgingen, mit ihren Gedanken viel allein gewesen sein, liess es mein Vater ihr gegenüber doch an jeglichen Äusserungen der Zärtlichkeit ermangeln, obwohl er zweifellos eine tiefe Zuneigung zu ihr hatte, die aber der Bewunderung, die meine Mutter für ihn hegte, nichts Gleichwertiges entgegenzusetzen vermochte.» Dieses kühle Verhältnis seines Vaters zur Mutter, der im übrigen für «weiblichen Charme eine grosse Schwäche hatte», erklärte sich der Sohn mit dem «zwingenden Gestaltungsdrang» seines Vaters, der die Person dahinter «ständig auslöscht». Kam aus der Sicht des Sohnes dazu, dass die Bestrebungen, die ihn am meisten beschäftigten, keineswegs seiner Person galten, «sondern einzig den Dingen, die ins Leben zu rufen er sich in den Kopf gesetzt hatte». Für die mangelnde Zuwendung ihres Gatten fand die Ehefrau «viel Ersatz» in ihrem herrlichen Garten: «Stundenlang konnte sie mit Herrn Süss, dem Obergärtner, einem Elsässer, der sehr gegen seinen Willen wegen seiner mächtigen Statur in jungen Jahren zur preussischen Garde einberufen worden war, die Anlagen des Parkes oder des Gemüsegartens durchwandern, um mit ihm die nächsten Anordnungen zu besprechen.»[435]

Sachliche, insbesondere materielle Motive und Gründe bestimmten zwar auch in sogenannten «Konvenienzehen», wie sie ein Grossteil der bürgerlichen Männer und Frauen miteinander schloss, die Wahl der Ehefrau und den Entscheid für den Ehemann, aber selten so vordergründig und eindimensional wie bei August von Gonzenbach. Dies schon deswegen nicht, weil sich eine «rechte» Mitgift bei einer konventionellen standesgemässen Ehe, wo die zukünftige Ehefrau aus ungefähr ähnlichen wirtschaftlichen und sozialen Verhältnissen stammen musste, praktisch von selbst verstand. Doch auch die Liebe war für eine solche Heirat keine entscheidende Voraussetzung. Was aber nicht heisst, dass sie bei vielen Überlegungen indirekt nicht doch mitspielte. Meist genügte es aber, wenn die mögliche Ehepartnerin und in geringerem Masse auch der zukünftige Gatte aufgrund ihrer charakterlichen Eigenschaften, ihrer

Art sich zu geben, ihrer Bildung, ihrer Fähigkeiten und Fertigkeiten die Voraussetzungen mitbrachten, die das Aufkommen von gegenseitiger Zuneigung oder gar «tiefer Liebe» begünstigten oder zumindest nicht ausschlossen. Auch ein gewisses Mass an Anziehung oder Sympathie war in der Regel eine Voraussetzung, vor allem die Frau sollte dem Manne auch «gefallen». Eine in diesem Sinne klassische Konvenienzehe ging der spätere Zürcher Oberrichter Johann Jakob Escher (1818–1909), der Sohn eines Zürcher Seidenfabrikanten, ein. In seinen handschriftlichen Erinnerungen, wo er ansonsten seine Probleme bei der Suche nach einer «passenden Lebensgefährtin» ausführlich schilderte, blieben materielle Faktoren denn auch unerwähnt. Aber auch über die Liebe fällt in diesem Zusammenhang direkt kein Wort.

Liebe war jedoch bei aller Sachlichkeit auch für Johann Jakob Escher, vor allem als Jüngling, weder ein unbekanntes Wort noch ein unbekanntes Gefühl: «Auch war ich von Jugend auf etwas sentimentaler Natur und sehr geneigt, in hübsche Mädchen, mochten sie auch älter sein als ich, mich zu verlieben, jedoch nur so, dass ich weder den Gegenstand meiner Verehrung noch irgend einen anderen Menschen etwas anmerken liess, sondern mich mit stiller Anbetung aus der Ferne begnügte.»[436] So ernsthaft verliebt, dass er dabei auch an Heirat, das Ziel aller respektablen bürgerlichen Liebe, dachte, scheint Jakob Escher, mindestens aufgrund seiner Autobiographie, nur ein einziges Mal gewesen zu sein. Und zwar geschah ihm dies als zwanzigjähriger Mann während eines Aufenthaltes auf der Rigi. Die Schilderung dieser zufälligen Begegnung und seines weiteren Verhaltens gibt einen Eindruck von der ihnen durch Sitte und Brauch auferlegten Zurückhaltung, mit der sich bürgerliche Söhne und Töchter vor Mitte des 19. Jahrhunderts begegnen durften und zeigt, wie schwierig es für einen Jüngling aufgrund dieser Konventionen war, sich einer Angebeteten zu nähern und ihr in irgendeiner Form, ohne sich zu sehr exponieren und möglicherweise eine peinliche Abfuhr erleben zu müssen, seine Gefühle und Absichten kundzutun, vor allem wenn aufgrund der eigenen Verhältnisse eine Eheschliessung in nächster Zeit noch kaum in Frage kam und deshalb eigentlich eine Werbung sich noch nicht gehörte: «Ein Mal, als ich im Alter von zwanzig Jahren mit meinen Eltern ein Reischen auf den Rigi machte, traf es sich, dass mir gegenüber an der Tafel des Rigikulm-Gasthauses ein Mädchen sass, das eben so sehr durch seine schöne, schlanke Gestalt als durch sein hübsches, regelmässiges Gesicht und die Anmuth seiner Geberden meine Augen auf sich zog. Ich dachte: wenn doch nur in Zürich so hübsche Mädchen zu finden wären! Wie sehr war ich darum nachher überrascht, von meinen Eltern zu erfahren, dass diese Liebenswürdige, welche mit ihren Eltern auf dem Rigi war, einer zürcherischen Bürgerfamilie angehöre. Ich konnte gar nicht begreifen, dass ich von der Existenz einer so anmuthigen Mitbürgerin noch gar nichts erfahren habe, und wünschte sehr mit derselben näher bekannt zu werden. Da dieselbe aber sehr zurückgezogen lebte und nicht in denjenigen Gesellschaftskreisen verkehrte, wohin ich kam, blieb mein

Wunsch unerfüllt, und von mir aus eine Annäherung zu suchen konnte ich um so weniger mich entschliessen, als ich ja noch mehrere Jahre meinen Studien widmen musste und daher an eine baldige Verbindung nicht denken konnte, während das erwähnte Mädchen ein Jahr älter war als ich. Immerhin schwebte mir das Bild meiner Angebeteten mit ihren freundlichen veilchenblauen Augen und dunkeln Haaren immer im Geiste vor Augen und da ich bei zufälligen Begegnungen auf der Strasse zu bemerken glaubte, dass auch sie mir Aufmerksamkeit schenke, hoffte ich auf eine spätere Erfüllung meiner Wünsche, bis auf ein Mal die Nachricht von der Verlobung der Erwähnten mit einem Andern meinem Traume ein Ende machte.» [437]

Damit war für Jakob Escher, wenigstens in seiner Autobiographie, das Thema Frau für die nächsten fünf Jahre abgeschlossen. Aktuell wurde es erst wieder, als er sich nach Vollendung seines Rechtsstudiums in Deutschland und nach einem Aufenthalt in Paris sowie einer längeren Reise nach England und Schottland wieder in Zürich niedergelassen hatte, und er sich nun ernsthaft auf die Suche nach einer «passenden Lebensgefährtin» machen musste. Denn auch seine Eltern wünschten jetzt, dass er sich möglichst bald verheiraten würde, vor allem, weil sein älterer Bruder infolge seiner längeren Abwesenheit in New York auch noch immer ledig war. Obwohl ihm auch von sich aus nichts lieber gewesen wäre, als den Wunsch der Eltern recht schnell erfüllen zu können, fiel ihm die Suche nach einer «passenden Lebensgefährtin» nicht leicht. Abgesehen davon, dass sich seine Auswahlmöglichkeiten im wesentlichen auf Töchter aus Altzürcher Herrenfamilien beschränkten und das Angebot an möglichen Partnerinnen deshalb ohnehin relativ klein war, hatten seine Schwierigkeiten, wie er in seiner Autobiographie selbst schildert, neben persönlichen Gründen wie seiner Zurückhaltung und Schüchternheit aber auch noch andere objektive Ursachen. Zum einen fehlten ihm Schwestern, die ihm über ihr Netz von Freundinnen den Zugang zur Mädchenwelt hätten erleichtern und in deren Verkehrskreisen er eine passende Partnerin hätte finden können. Schon als Knabe und Jüngling kam Jakob Escher deshalb mit Mädchen fast nie anders zusammen als beim Tanzunterricht und den nicht gar häufigen Kinderbällen, die nach Neujahr jeweils an einigen Abenden des Winters stattfanden. Doch während manchen anderen Söhnen seines Milieus diese Veranstaltungen für die Wahl ihrer späteren Lebenspartnerin eine Vorentscheidung brachten, waren sie für Jakob Escher wenig bedeutungsvoll; denn die meisten Mädchen, mit denen er tanzte, waren etwas älter als er, so dass die «liebenswürdigern von ihnen meist schon verheiratet waren», als er im Alter von 25 Jahren von seinem Auslandaufenthalt zurückgekehrt war und sich in diesen Kreisen nach einer zukünftigen Frau umsehen wollte. [438]

Zum andern kamen noch weitere Randbedingungen, die die Suche nach einer passenden Lebensgefährtin zusätzlich erschwerten. Weil seine Eltern kein geselliges Haus führten, war er im wesentlichen darauf angewiesen, sich auf den Bällen umzusehen. Doch auch hier gab es Probleme. Zunächst konnte er infolge des Todes seines jüngeren Bruders und der üblichen Trauer an solchen Belustigungen gar nicht erst teilnehmen. Und dann, als er dies endlich tun konnte, stand er sich selbst im Wege: «Und kam ich hin, so verstand ich es nicht, mich um neue Bekanntschaften umzuthun.» Jakob Escher war zwar kein «übler Tänzer», doch weil ihm die Gabe fehlte, mit ihm fremden Leuten Konversation zu treiben, und weil er sich schämte, vom Wetter und dergleichen zu reden, scheute er sich auch, Damen, mit denen er nicht bekannt war, zum Tanze aufzufordern. Doch dies war nicht das einzige Hindernis. Auch die anwesenden Töchter und Damen sprachen ihn in keiner Weise an, ein Hinweis darauf, dass Sympathie oder gar eine gewisse Anziehung bei aller vordergründigen Sachlichkeit und Überlegtheit doch ein nicht unwichtiges Kriterium darstellten: «Dazu kam, dass von allen heiratsfähigen Mädchen, die ich auf den Bällen traf, keine mich so einnahm, dass ich eine nähere Bekanntschaft zu machen gewünscht hätte. So geschah es, dass ich jedes Mal, wenn ich nach einem Balle meiner Mutter berichten sollte, was ich geleistet habe, ihr nur sehr unbedeutende Mittheilungen machen konnte.» 439

Da sich der Sohn in Liebesgeschäften zu wenig verstand, wurden nun seine Eltern etwas aktiver. Sie machten ihn auf die eben aus der Pension zurückgekehrte Tochter eines Freundes des Vaters aufmerksam, die sehr nett sei. Als gehorsamer Sohn schaute er sich die junge Dame dann auch an und fand sie «hübsch blühend», aber nicht «gerade geistreich». Er bedauerte es denn auch nicht, dass ein Nachbar sich mit dem Mädchen verlobte, ehe er Gelegenheit gefunden hatte, sich ihr zu nähern. Auch andere Leute aus dem Verwandten- und Freundeskreis der Eltern boten nun Jakob Escher wegen seiner «Schüchternheit und Unbeholfenheit» in der Partnerinwahl ihre Hilfe an, besonders eine Freundin seiner Mutter versuchte ihm als eine Art Heiratsvermittlerin verschiedene ihrer Schützlinge zu empfehlen. Sie alle sagten ihm aber nicht zu. Nun betätigten sich auch Freunde als Vermittler: «Im Jahre 1846 kam es ferner vor, dass, als zwei meiner Freunde sich verlobt hatten, ein Verwandter derselben, ebenfalls mein guter Freund, den Bräutigamen zu Ehren eine Malzeit veranstaltete und mich ebenfalls dazu einlud; ich wurde neben eine Schwester des einen Bräutigams gesetzt und in einem Toast wurde den noch unverheirateten Anwesenden gerathen dem Beispiele der glücklichen Verlobten zu folgen. Der Gastgeber machte mich nachher, um es nicht bloss bei einem Winke bewenden zu lassen, noch ausdrücklich darauf aufmerksam, dass meine liebenswürdige Tischnachbarin eine passende Partie für mich wäre.» Doch Jakob Escher mochte auch diesmal «dem erhaltenen Winke» nicht Folge zu leisten. Interessant und aufschlussreich dafür ist seine Begründung: «Theils sprach mich der in der Familie der betreffenden Dame herrschende Ton kleinstädtischer Fraubaserei (?) nicht an; theils und noch mehr schien mir bedenklich, dass die Mutter des erwähnten Mädchens an einer leicht erblichen Krankheit litt, so dass zu befürchten war, allfällige Nachkommen könnten leicht von Geburt an Krankheitskeime in sich tragen.»440

Doch der Druck, nun endlich ein Frau zu finden, stieg an, denn unterdessen hatte Jakob Escher, ohne dass «Aussicht auf eine Verehelichung sich zeigte», schon beinahe sein dreissigstes Lebensjahr zurückgelegt, ein Alter, in dem ein Mann langsam verheiratet sein und über einen eigenen Haushalt verfügen musste. Gerade noch rechtzeitig wurde ihm da von verschiedener Seite zugetragen, dass Karoline Bodmer, die zweite Tochter des Seidengrosskaufmannes Martin Bodmer (1802–1880), von ihrem längeren Aufenthalt in einem Pensionat in Mannheim zurückerwartet werde. Als «hübsch und liebenswürdig» geschildert, wurde ihm empfohlen, doch sie «ins Auge zu fassen». Was er dann auch tat. Welche Überlegungen seiner Entscheidung, sich um die rund zehn Jahre jüngere Karoline Bodmer zu bemühen, zugrunde lagen, schildert er in dürren Worten auf knapp einer Seite seiner Erinnerungen. Über ihren Charakter oder seine Empfindungen ihr gegenüber verlor er dabei, im Unterschied etwa zu seiner ersten Liebe vom Rigi, kein Wort. Nach seiner eigenen Darstellung war es vor allem ihre gute Bildung, die ihn dazu bewog, sich für sie zu entscheiden: «Da ich annahm, die Erziehung in einer berühmten deutschen Pension, welche damals von dem ausgezeichneten Fräulein Jung, Tochter von Jung-Stilling, geleitet wurde, werde den Zöglingen eine solidere Geistes und Gemüthsbildung schaffen, als es in den gewöhnlichen Mädchen-Pensionaten der französischen Schweiz der Fall sei, folgte ich diesem Rath.» Etwas Sorgen bereitete ihm der Altersunterschied, doch auf der anderen Seite wusste er, dass auch Karoline Bodmer aus sehr sachlichen Überlegungen heraus, seine Anfrage wohl positiv beantworten würde. Dass für Vater Martin Bodmer Jakob Escher ein geeigneter Schwiegersohn wäre, stand ausser Diskussion: «Zwar hätte der zwischen uns bestehende Altersunterschied, – ich nun fast 30, Karoline Bodmer erst gegen 19 Jahre alt – mir Bedenken erregen können, indessen hoffte ich, einen Abschlag nicht zu erhalten, da die älteste Schwester, Nanny Bodmer, bereits mit einem zehn Jahre älteren Manne, Oberstlieutenant Georg Bürkli, einem meiner 'Sonntagskameraden' in glücklicher Ehe lebte, auch (war) anzunehmen, Karoline werde gerne den Aufenthalt im väterlichen Hause mit einem eigenen Heim vertauschen, da in Folge von Ehescheidung die Mutter im Auslande lebte und der Vater ein ziemlich strenges Regiment führte. Allerdings hatte ich keine Gelegenheit, meine künftige Frau genauer kennen zu lernen, da ich sie nur auf Bällen und einige Male in Gesellschaften sah; indessen entschloss ich zu einer Anfrage und erhielt von Vater und Tochter das Jawort». Die Verlobung erfolgte am 2. Februar 1848, am 19. Juni 1848 dann die Eheschliessung. [441] Noch am selben Tag brach dann das junge Ehepaar zu seiner Hochzeitsreise über Wien nach Deutschland auf. Mit Karoline Bodmer lebte Jakob Escher, wie Conrad Escher in dessen Biographie schrieb, 61 Jahre in «glücklichster Ehe» zusammen. [442]

So nüchtern und überlegt war der Weg in die Ehe jedoch selbst bei jenen nicht immer, die sich bei der Partnerinsuche und Partnerinwahl mehr oder weniger an den durch die gesellschaftlichen Konventionen vorgegebenen

Rahmen hielten. Ein Beispiel dafür war Johann Caspar Bluntschli (1808–1881), der sich, mindestens aufgrund eigener Aussage, nur von der Liebe leiten lassen wollte und die Geschichte, wie er seine Frau Emilie Vogel (1808–1876) fand, ganz unter dieses Zeichen stellte: «Ich verwarf jeden Gedanken einer blossen Convenienzehe als meiner unwürdig. Nur die persönliche Liebe, nichts Anderes sollte mich leiten.»[443] Doch wie die meisten bürgerlichen Söhne, die ihrer Liebe folgten, verlor Johann Caspar Bluntschli dabei nicht den Kopf. Auch seine Motive waren bei aller Liebesschwärmerei und sinnlicher Anziehung gemischt. In näheren Kontakt mit seiner zukünftigen Frau kam Johann Caspar Bluntschli über die sogenannten «Weggenbälle», die einige Studenten zusammen mit ihren Schwestern im Zunfthaus der Bäcker, im Weggen, organisierten und die jeweils in «einer idealen Geselligkeit» eine «Anzahl studierender Jünglinge mit anverwandten oder befreundeten Töchtern aus guten Familien des Mittelstandes von Zeit zu Zeit zum Tanze und zu geselliger Freude» zusammenführte. Hier verliebte er sich in Emilie Vogel, die Tochter des Zuckerbäckermeisters und Zunftmeisters Jakob Vogel. Es gab im Kreise dieser jugendlichen Gesellschaft, die «ganz und gar ohne Aufsicht der Eltern sich selber überlassen» war, zwar «hübschere und stattlichere Mädchen», aber keine schien ihm so «anmutig und reizend».[444]

Doch der «unbewusste magnetische Zug der Seele», die Liebe, irritierte den jungen Rationalisten: «Ich fragte mich oft, wesshalb mir denn Emilie Vogel, die Freundin meines Herzens, so sehr und vor allen andern gefalle, und ich wusste dem prüfenden Verstand keine befriedigende Antwort zu geben… Sie war durchaus nicht redegewandt; nur mühsam konnte sie ihre wirklichen Gedanken und Gefühle aussprechen; man musste Verschwiegenes erraten. Ihre Bildung entsprach den gewöhnlichen Anforderungen der herkömmlichen bürgerlichen Erziehung und genügte meinen gesteigerten Ansprüchen nicht. Aber mein Instinkt spürte und ahnte die Vorzüge in ihrem Wesen, welche der kalten Kritik nicht klar waren. Ich fühlte, dass dieses Mädchen zu mir passe, dass ich in ihr die richtige Ergänzung und die treue Lebensgefährtin gefunden habe. Das Vermögen ihrer Eltern konnte mich nicht locken, es war geringer als das der meinigen; ihre Familie stand der meinigen ungefähr gleich. Ich lachte hell auf, als einst Jemand die Meinung äusserte, ich mache der Fräulein – oder wie man in Zürich sagte Jungfer – Vogel desshalb den Hof, weil ihr Onkel Ratsherr sei, und ich durch sein Patronat auf eine Anstellung hoffe.»[445] So wie Johann Caspar Bluntschli hier seine «kleine Freundin» und die Gefühle ihr gegenüber beschreibt, war es also die Liebe und nichts als die Liebe, die ihn zu ihr hinzog. Auch Emilie Vogel schien dem angehenden Rechtsgelehrten gewogen zu sein. Doch über seine Liebe sprach er nur mit seinem Freund Johannes Zeller und dessen Schwester, die jedoch eine Freundin seiner Geliebten war. Erst als Emilie Vogel vom Februar 1827 an für ein halbes Jahr in Genf ihren obligaten Welschlandaufenthalt verbrachte, bekannte er ihr brieflich seine Liebe, ohne von ihr jetzt schon die Erklärung der Gegenliebe zu verlangen. Gleichzeitig teilte er ihr mit, dass er die nächsten Jahre zur Vollendung seiner Studien nach Deutschland gehen werde und eröffnete ihr auch seinen Vorsatz, danach eine akademische Karriere zu beginnen. Nach ihrer Heimkehr aus Genf und vor seiner Abreise wollte er ihr Verhältnis zu einem klaren Abschluss bringen und sich dann mit Zustimmung der Eltern verloben, was angesichts des Alters der beiden und der noch lange nicht möglichen Eheschliessung eine, wie auch J. C. Bluntschli wusste, «ungewöhnliche Zumutung» darstellte, auf die Emilie Vogel, vorbehältlich allerdings der Zustimmung ihrer Eltern, aber einging. Während der Sommerferien besuchte er darauf ohne Wissen sowohl seiner wie auch ihrer Eltern Emilie in Genf, wo er sie zwar nie allein treffen, sondern einzig an einer Soirée eine Stunde lang neben ihr sitzen und ungeniert mit ihr reden konnte.[446]

Zurück in Zürich entdeckte Johann Caspar Bluntschli den Eltern seine Wünsche. Während diese der Verlobung ihres erst 19jährigen Sohnes mit der 18jährigen Emilie zustimmten, waren Emiliens Eltern «sehr ungehalten» über die «leichtsinnige Verbindung» und untersagten ihr jeden weiteren Kontakt mit dem Verehrer, vor allem Mutter Vogel, «eine kluge und geschäftsgewandte Frau mit herrischem Willen, aber in den engen Begriffen des städtischen Altbürgertums befangen», hatte, so glaubte J. C. Bluntschli zu wissen, keine Verständnis für seine «Natur» und sein «Streben». Für sie war er ein «thörichter, vielleicht sogar gefährlicher Idealist». Er dagegen wollte auf die Erziehung und Bildung seiner zukünftigen Frau Einfluss gewinnen, sie während seines Studiums im Ausland an seinem Geistesleben teilnehmen lassen und so mit ihr zusammen aus den «Niederungen des eng- und kleinbürgerlichen Wesens» auf «eine höhere Stufe emporsteigen». Weil Emilie sich dem Willen der Eltern unterwarf, zweifelte er nun auch an ihrer Liebe und erklärte ihr brieflich den Verzicht auf die Verlobung, bat sie aber gleichzeitig, ihm ihre Freundschaft zu erhalten. Dieser Brief gelangte in die Hände der Mutter, die in ihrer Antwort den völligen Bruch vermeiden und für die Zukunft, das heisst für die Zeit nach dem Studium, noch alles offen lassen wollte.[447] Ohne Emilie nochmals zu sehen oder gar zu sprechen, reiste Johann Caspar Bluntschli im Oktober 1827 dann ab nach Deutschland, wo er zunächst an der Universität Berlin, dann in Bonn sein Rechtsstudium, das er 1825 am Politischen Institut in Zürich begonnen hatte, fortsetzen und abschliessen wollte.

Zwar war er während dieser Zeit gegenüber Emilie Vogel frei von jeder Verpflichtung, dennoch schwankte er zwischen gänzlichem Verzicht und der Hoffnung auf Erneuerung der Liebe hin und her. Aus Zürich hörte er, dass Emilie selbst noch immer die Hoffnung auf Wiedervereinigung habe, dass ihre Mutter jedoch einen anderen Freier begünstige. Seine Eltern nahmen weiterhin für Emilie Partei, während seine Zürcher Freunde ihn hingegen eher in seinen Zweifeln bestärkten. In solch schwankender Stimmung verliebte er sich während seines Pariser Aufenthaltes vom Herbst 1828 bis März 1829, der seine Studienzeit abschliessen sollte, in Clementine von L., eine Rheinlände-

rin. Wie er seinem Tagebuch anvertraute, bewunderte er an ihr, als er sie
zuerst sah, ihren «hellen Verstand». Doch gerade dieser «scharfe, blendende
Verstand» machte ihn auch stutzig, weil er sonst diese Kraft nur an Männern
liebe und nicht geneigt wäre, bei der «Geliebten vorzüglich hervorragenden
und herrschenden Verstand zu suchen». Zudem wollte er, wie er einen eigenen Ausspruch unter jungen Männern dem Tagebuch anvertraute, um keinen
Preis eine Frau haben, die ihn an Verstand überträfe. Doch bald erkannte er in
ihrem Verstande eine «wohlthätige Schwäche», eine Art «zarte Scheu». Was
ihn aber vollends versöhnte und zu Clementine hinzog, war, dass er in ihr «ein
sanftes Gemüt und tiefes Gefühl zu entdecken glaubte», das sich «in ihrem
ganzen Äusseren, nicht bloss in hingeworfenen Worten» aussprach. Obwohl
Johann Caspar Bluntschli nun nicht «mehr ruhig war», wenn er an sie dachte,
und seine Gefühle in ihrer Nähe «erregt» wogten, verlor er nicht den Kopf,
sondern er sah sehr klar auch andere Vorteile einer Verbindung mit ihr: «Das
Hauswesen versteht sie zu führen. In der Litteratur ist sie trefflich bewandert
und spricht mit Geschmack von den Werken der Dichter. Sie ist auch eine
tüchtige Klavierspielerin. Sie weiss die Gesellschaft mit sicherem Takte zu lenken.» Sie entsprach damit, wie er zusammenfassend selbst festhielt, in hohem
Masse seinen Wünschen und war in all diesen erwähnten Punkten für ihn als
Frau geeigneter als Emilie. Denn, so lautete die Begründung für seine Wünsche, «ich bedarf einer Frau mit dem Grade von Bildung, der auf der Frauen-
seite der Stufe entspricht, auf der ich als Mann stehe. Es muss zwischen uns
ein Austausch der Gedanken möglich sein.»[448] Doch trotzdem kam er auch
gegen Ende seines Aufenthaltes nicht zu einer Entscheidung und erklärte sich
ihr auch nicht, als er kurz vor der Abreise «deutliche Zeichen» ihrer Liebe
gesehen zu haben glaubte. Doch von der Liebe allein mochte er sich nicht
leiten lassen, zuerst wollte auch Johann Caspar Bluntschli die materielle Situation geklärt haben: «Ihre errötenden Wangen und ihre süssen, liebeglühenden
Blicke reden deutlich. Vor allem muss ich jetzt nach Hause und mich umsehen, ob mir die Mittel geboten werden, sie in ein selbständiges Hauswesen
einführen zu können.»[449]

Doch als er in Zürich Ende März 1830 Emilie Vogel an einer Einladung
der Mutter zu Ehren seiner Rückkehr wieder sah, gefiel sie ihm sehr, «besser
vielleicht als jemals vorher», sie erschien ihm «sanfter und weiblicher». Auch
sein «prüfender Verstand» fand wenig auszusetzen: «Ihr Verstand ist durchaus
gesund und frisch, obgleich nicht glänzend noch blitzend. Als Hausmutter ist
sie gewiss vortrefflich.» Die Hauptfrage war für den selbstbewussten und von
sich überzeugten jungen Mann von knapp 22 Jahren nur noch: «Passt sie in
geistiger Beziehung zu meiner Individualität?»[450] Vom «Gefühl» her, so war
ihm bald klar, liebte er Emilie, in ihrer Nähe war er «selig». Clementine liebte
er mehr «mit dem Verstand». Doch auch anderes sprach gegen die «ausgezeichnete Dame voll Verstand und Bildung», wie er Clementine gegenüber
Emilie später einmal charakterisierte. Sie überragte Emilie zwar an Geistes-

kräften, doch diese war dagegen auch «frei von dem Stolz und der Anmassung geistreicher Frauen», die er «in Clementine erst hätte beugen müssen». Ob ihm dies auch gelingen würde, darüber schienen ihm doch einige Zweifel zu kommen, denn, wie er kritisch anmerkt, gab sie, wenn sie etwas verfocht, nicht nach, «wenngleich ihre Gründe schwach und widerlegt waren». Auch bezweifelte er, wohl zu Recht, ob ihr das «kleine Staatswesen und das bescheidene Privatleben» behagt hätte, nachdem sie lange in einem grossen Staat und in einer «reicheren Gesellschaft» gelebt hatte.[451] Damit war der Entscheid gefällt. Aufgrund seiner jetzigen sozialen Position war die «ausgezeichnete Dame» aus Paris eine Nummer zu gross. Am 17. April besuchte er Emilie Vogel in ihrer Wohnung, wo sie sich unter vier Augen beim Tee aussprechen konnten und Johann Caspar Bluntschli dann, wie es sich für den Mann gehörte, den alles entscheidenden Schritt zum glücklichen Ende tat: «Mächtig wogte das Gefühl in mir und suchte hervorzubrechen aus dem Verschluss des Schweigens. Endlich wagte ich's und sprach das entscheidende Wort. Dann ergriff ich ihre Hand, und auf ihren Lippen bebte mein Kuss. Ich hielt sie in festem Arm und schwur ihr ewige Liebe zu.»[452] Zwei Tage später waren sie verlobt, im Jahr darauf heirateten sie.

Keine konventionelle Heirat gingen Friedrich Heller (1847–1916), ausserehelich geboren und als Verdingkind bei verschiedenen Bauern aufgewachsen, dann immerhin zum Primarlehrer ausgebildet, und Margaretha Bürgi (1848–1918), ebenfalls Primarlehrerin, aber Tochter eines Berner Bauunternehmers ein. Als junger Primarlehrer lernte Friedrich Heller 1866 nach Antritt der ersten Stelle in seinem Heimatort Kirchlindach die ebenfalls neu dorthin gewählte Lehrerin kennen. Ihr Zusammentreffen scheint, wenigstens aufgrund seiner Erinnerungen, Liebe auf den ersten Blick gewesen zu sein: «Wie ich sie zum ersten Male sah von der Kirchhofshöhe aus, da hat ein Funke der Neigung eingeschlagen». Doch die gutsituierten Eltern und Geschwister der Braut suchten das sich entwickelnde Verhältnis zu zerstören – der arme Schlucker von Primarlehrer mit einem jährlichen Gehalt von 800 Franken entsprach ganz und gar nicht den Vorstellungen eines standesgemässen Ehegatten für eine Tochter aus dem oberen gewerblichen Mittelstand. Auch der «glühende Eifer und ein Streben nach Vervollkommnung und Weiterbildung», die den jungen Ehemann nach eigenen Worten erfüllten, zählten in der Baumeisterfamilie wenig.[453] Doch dessen ungeachtet heirateten die beiden im Herbst 1867 – er war gerade erst zwanzig Jahre alt geworden, sie war 19 Jahre alt. Auch vom Alter her fiel damit das Paar aus dem im bürgerlich-mittelständischen Milieu üblichen Rahmen. Auch nach der erzwungenen Heirat zeigten die Schwiegereltern weiterhin kaum «Verständnis und Liebe» für eine Verbindung, die in den Augen der Liebenden «doch zu schönen Hoffnungen berechtigte» und unterstützten die beiden in keiner Weise. Die junge Gattin, die nicht auch gleichzeitig eine Lehrstelle erhalten konnte, musste deshalb, wie Friedrich Heller seiner Enttäuschung über den prosaischen Liebesalltag

Ausdruck gab, nur «allzusehr nach Nebenverdienst» suchen, worunter «die Poesie» der jungen Verbindung schwer litt. Andererseits spornten diese Verhältnisse den jungen Mann an, «durch eisernen Fleiss und grosse Ausdauer» sich nebenbei zum Sekundarlehrer auszubilden. Es war dies für ihn das «nächstliegende und aus eigener Kraft am ehesten erreichbare Ziel». Wie Friedrich Heller noch im Rückblick mit Bitterkeit vermerkt, würde er schon damals seine Ziele höher gesteckt haben, wenn er von seiten der Eltern oder der gutsituierten Brüder seiner Frau «nur irgendwie Verständnis und Entgegenkommen gefunden hätte».454 Dies ein Hinweis darauf, dass möglicherweise auch Friedrich Hellers Liebe und Leidenschaft für Margaretha Bürgi nicht ganz so frei von sachlichen Motiven gewesen war, wie er selbst glauben machen oder glauben wollte. Einige Jahre später, ab 1874 fand Friedrich Heller dann auch tatsächlich im Baugeschäft seines Schwiegervaters und Schwagers eine besserbezahlte Beschäftigung, doch wurde er weiterhin als «Quantité négligeable» behandelt – er erhielt niemals die Prokura – und blieb trotz seiner leitenden Stellung auch finanziell gegenüber seinem Schwager benachteiligt. 1888 zog er sich deshalb zurück und amtierte bis 1895 im Gemeinderat der Stadt Bern als Vorsteher der Finanzverwaltung. 1895 eröffnete er ein eigenes Bauunternehmen, das er dann mit seinem Sohn zu einem recht erfolgreichen Unternehmen ausbaute. So hatte die Tätigkeit im schwiegerelterlichen Baugeschäft, indirekt auch seine Liebe zur Baumeisterstochter doch den Grundstein für seine weitere berufliche Karriere sowie seinen wirtschaftlichen und sozialen Aufstieg gelegt.

Einen Kontrast zur konventionellen Art der Wahl einer Partnerin und Entscheids für einen Partner, des Zusammenseins und Zusammenlebens vor Verlobung und Ehe, aber auch zur konventionellen Lebensgestaltung und Rollenverteilung nach der Heirat bilden Albert Heim (1849–1937) und Marie Vögtlin (1845–1916). Ihr Beispiel zeigt, welche Spiel- oder Freiräume im bürgerlichen, besonders im bildungsbürgerlichen Milieu, wo familiäre Abhängigkeiten häufig weniger stark ökonomisch zementiert waren, trotz der herrschenden klassenspezifischen Konventionen für starke Persönlichkeiten bestanden.455 Albert Heim, der Sohn eines Kaufmannes, 1872 mit 23 Jahren bereits Professor für Geologie am Polytechnikum, 1874 zusätzlich Extraordinarius, später Ordinarius an der Universität, und Marie Vögtlin, eine Pfarrerstochter, die gegen ihre aufgestörte Verwandtschaft und anfänglich auch gegen den Willen ihres Vaters als erste Schweizerin Medizin studierte, lebten alles andere als in einer konventionellen bürgerlichen Ehe. Zeitlebens führte Marie Vögtlin ihre 1874 eröffnete, rasch grossen Zuspruch findende Praxis, war Mutter zweier Kinder und einer Pflegetochter, organisierte den Haushalt und war darüberhinaus noch fürsorglich engagiert und Ende der neunziger Jahren am Aufbau der Pflegerinnenschule in Zürich beteiligt. Atypisch für das bürgerliche Milieu war aber nicht nur ihr Ehe- und Familienleben, sondern auch die unkonventionelle Art der Freundschaft der beiden vor der Verlobung und

Heirat. Albert Heim traf seine zukünftige Lebensgefährtin, die Medizin-studentin Marie Vögtlin, erstmals im Herbst 1868 im Hause einer ihrer Cousi-nen, wo seine Schwester privaten Sprachunterricht erteilte. «Etwa acht Tage später», so erzählt Heim, «traf ich sie zufällig auf einer Treppe im Polytech-nikum. Sie erkannte mich nicht wieder und ging an mir vorbei. Da überfiel mich plötzlich ein unbegreifliches und zuerst unverstandenes Herzklopfen mit Beklemmung, so dass ich zu Boden sank, und im Augenblick fuhr es durch mich: Diese wird meine Frau oder keine!» [456] Auch wenn diese zweite Begeg-nung prosaischer abgelaufen ist, so ist die Art und Weise, wie das Überspringen des «Funkens der Liebe» vom Rationalisten Heim beschrieben wird, nicht untypisch und findet sich auch in andern rückblickenden Geschichten des ersten Zusammentreffens. Im Hause der Cousine Maries ergaben sich weitere Zusammenkünfte, von grösserer Bedeutung für Marie Vögtlin war dann offen-bar die beiderseitige Teilnahme an einer gemeinsamen botanischen Exkursion im Mai 1869. Als Heim im Sommer 1869 vom Schweizerischen Alpen-Club den Auftrag erhielt, das Panorama vom Glärnisch zu zeichnen, begleitete ihn Marie Vögtlin, die sich im Klöntal zur Erholung aufhielt. Dass eine junge Frau einen jungen Mann auf eine solche Tour begleitete, war mehr als ungewöhn-lich, ja eigentlich unschicklich, noch ungehöriger war es aber, dass die beiden drei Tage von Sonnenaufgang bis Sonnenuntergang auf dem Gipfel des Glär-nisch zusammen waren und in einer Hütte übernachteten. Hier fanden sich die beiden in «weitgehender Übereinstimmung der Gesinnung», hier tausch-ten sie erstmals das Du aus und bezeichneten nachträglich diesen Tag als ihren «inneren» Verlobungstag. [457] Bis zur offiziellen Verlobung und Hochzeit lies-sen die beiden noch mehr als vier Jahre verstreichen. Auch dies war sehr un-gewöhnlich, denn in der Regel wurde kurz nach der Verlobung, zwei bis vier Monate danach geheiratet. Marie Vögtlin, die in der Nähe der Familie Heim ihr Zimmer hatte und deren engste Freundin bei den Heims wohnte, ver-kehrte jedoch schon vor der öffentlichen Verlobung sehr oft im Hause der Heims, von denen sie sehr freundlich aufgenommen wurde und bei denen es ihr «so durch und durch wohl» war wie nirgends sonst. [458] Ohne verlobt zu sein, waren die «Freunde», wie die Biographin Marie Vögtlin und Albert Heim in dieser Zeit bezeichnet, so recht oft zusammen, was für diese Zeit doch sehr aussergewöhnlich war. Die eigentliche Verlobung fand erst im August 1874 statt, die Heirat erfolgte im März 1875, ein Jahr nachdem Marie Vögtlin ihre Praxis eröffnet hatte und Albert Heim Professor an den beiden Zürcher Hoch-schulen geworden war.

Auch wenn in fast allen der eben geschilderten Geschichten von der Wahl einer Gattin und dem Entscheid für einen bestimmten Mann Liebe in irgendeiner Form mitspielte, so liessen sich viele in der Wahl und dem Ent-scheid doch mehr von sachlichen Überlegungen und Motiven als von ihren Gefühlen und Bedürfnissen leiten. Noch mehr galt dies für die Eltern. Ver-nunft- und Konvenienzehen hatten deswegen in den meisten bürgerlichen

Kreisen, ausser bei blauäugigen Anhängerinnen und Anhängern romantischer oder besser sentimentaler Liebes- und Eheideale, weder etwas Anrüchiges noch etwas Zynisches oder Hinterhältiges. Auch wenn zwischen den beiden Liebenden nicht alles, besonders was die Mitgift betraf, völlig offen ausgesprochen wurde und mehr eine Angelegenheit darstellte, die von den beiden Vätern oder zwischen Bräutigam und den Eltern diskret hinter dem Rücken der Braut geregelt wurde, so war letztlich doch allen klar, um was es ging. Die Männer erstrebten die Regelung, die ihnen am meisten Nutzen und Befriedigung versprach und die sie zu verdienen glaubten; die Familie der Braut konnte im Wissen und im Vertrauen auf die finanziellen Mittel und Zukunftsaussichten ihres künftigen Schwiegersohnes die Genugtuung haben, ihre Tochter wohlversorgt in die Ehe gegeben zu haben. Bürgerliche Eltern fanden deshalb nichts dabei, sich über die finanziellen Verhältnisse eines möglichen Ehepartners für ihre Tochter oder einer zukünftigen Frau für ihren Sohn zu informieren, und, sofern man dies aufgrund eines mehr oder weniger geschlossenen und regional überschaubaren Heiratsmarktes nicht ohnehin schon in groben Zügen wusste oder einfach den Betroffenen Glauben schenkte, noch genauere Erkundigungen einzuziehen. Diesem Zweck dienten unter anderem auch die Bürgerbücher, die über die Verwandtschaftsverhältnisse detailliert Auskunft gaben. Aber auch die im 19. Jahrhundert vielerorts noch öffentlichen und teilweise sogar gedruckten Steuerregister erlaubten erste diskrete Einblicke. Im überlokalen Rahmen halfen um die Jahrhundertwende auch die von privater Seite herausgegebenen Verzeichnisse der hohen Vermögen und Einkommen[459] fürs erste weiter. Mit der Ausweitung der Heiratskreise über die eigene Region hinaus wurden solche Erkundigungen, wollte man nicht später Überraschungen oder gar eine Blamage erleben oder riskieren, die Tochter oder den Sohn ins Unglück zu bringen, nicht nur notwendiger, sondern sie warfen auch grössere Probleme auf, vor allem weil solche Auskünfte ja möglichst ohne Aufsehen zu erregen erfolgen mussten. Ein schönes Beispiel schildert Fanny Sulzer-Bühler aus dem Umkreis des Winterthurer Bürgertums. So unterliess es Theodor Ziegler-Bühler, der Schwager ihres Vaters, geblendet vom Adelstitel des zukünftigen Verlobten seiner Tochter, sich genauer nach dessen Verhältnissen zu erkundigen. An seiner Stelle zog dann ihr Vater «unter der Hand» in Berlin Erkundigungen ein.[460]

Aber nicht nur die wirtschaftlichen Verhältnisse und beruflichen Aussichten des zukünftigen Gatten und die finanzielle Ausstattung der zukünftigen Gattin spielten neben der sozialen und familiären Herkunft auf dem Heiratsmarkt eine wichtige Rolle, sondern auch die Gesundheit. Um die Nachfolge sicherzustellen, wurde besonders auf die Gesundheit der zukünftigen Ehepartnerin geachtet. Begnügte sich Johann Jakob Escher noch mit der eigenen Einschätzung des Gesundheitszustandes seiner möglichen Ehepartnerinnen, so liess der Unternehmerssohn Adolf Guyer (1839–1899) über eine potentielle Heiratskandidatin, eine Tochter aus einer renommierten St. Galler

Unternehmerfamilie, Erkundigungen über deren Gesundheitszustand einziehen. Sein Freund sollte einen Cousin, der bei der betreffenden Familie Arzt war, fragen, wie es bei Fräulein N. «sanitarisch» stehe.[461] Mit der grossen Bedeutung, welche die Vererbung von Krankheiten aller Art in zeitgenössischen Vorstellungen hatte, verstärkt noch durch das Aufkommen sozialdarwinistischer Vorstellungen, fand neben allgemeinen gesundheitlichen Faktoren auch die Vererbung vermehrt Beachtung. Um sicher zu gehen oder auch um bei Ehen zwischen bereits mehrfach versippten Familien das Risiko von Schäden durch «Inzucht» zu vermeiden, wurden vorher häufig Mediziner zu Rate gezogen. Als sich ihre Tochter Luisa (1875–1951) mit ihrem Cousin Albert Zeerleder (1866–1955) verloben wollte, beriet sich ihre Mutter, Blanka Zeerleder-von Fischer, mit ihrem Hausarzt, der den Eltern dann trotz der nahen Verwandtschaft riet, die Wahl der Kinder gutzuheissen.[462] Auch Amelie Moser (1839–1925) und Albert Moser (1835–1869), deren Väter Brüder waren, gaben sich, bevor sie heirateten, Rechenschaft über mögliche Folgen ihrer nahen Verwandtschaft und kamen zum Schluss, dass keine gleichartigen Übel die Nachkommenschaft gefährden könnten.[463] Heinrich Fick (1822–1895), ein prominenter Zürcher Wirtschaftsanwalt und ein früher Verfechter der Lehre von Darwin trat sogar öffentlich dafür ein, dass man einen Vater, der bei der Verheiratung der Töchter in Anwendung der Prinzipien der Zuchtwahl und der Vererbung nicht allein den Bewerber, sondern auch dessen Eltern ansehe, nicht tadeln sollte.[464]

Sympathie, Zuneigung, Liebe und Leidenschaft blieben so im bürgerlichen Milieu eng an Besitz und Prestige, an die soziale Stellung und familiäre Herkunft gebunden. Geld und eine gute Partie behielten trotz des Modells der Liebesheirat auf dem bürgerlichen Heiratsmarkt auch in der zweiten Hälfte des 19. Jahrhunderts ihren hohen Wert, wenn nicht (mehr) bei den direkt beteiligten Söhnen und Töchtern, so dann doch (noch) bei den Eltern. Und von deren Haltung und Entscheidung hing weiterhin viel ab. Obwohl die erwachsenen Kinder zunehmend und meist das letzte Wort hatten, waren die Suche und schliesslich die Wahl einer Partnerin und eines Partners in bürgerlichen Kreisen nur beschränkt eine individuelle und persönliche Angelegenheit der heiratswilligen Söhne und Töchter. Sie blieben in hohem Masse, und mánchmal sogar ausschliesslich, eine Familiensache. Individuelle Erfüllung war häufig nicht das einzige und wichtigste Ziel. Schon sich gegen den erklärten Willen der Eltern zu verloben, geschweige denn zu verheiraten, kam für bürgerliche Söhne und Töchter kaum in Betracht, für Söhne, die bereits älter waren und eine gewisse berufliche Position erreicht hatten, noch eher als für Töchter, die ja in völliger Abhängigkeit von ihrem Elternhaus lebten. Der hohe elterliche, das heisst väterliche Einfluss zeigt sich vor allem in der Art und Weise, wie korrekt um die Hand einer Tochter angehalten werden musste. Bis über die Mitte des 19. Jahrhunderts hinaus, ging die Anfrage zuerst an die Eltern oder den Vater und über sie oder gleichzeitig auch an die Tochter.

Später erfolgte die Anfrage tendenziell zuerst an die Tochter und erst, wenn diese bereits ihre Einwilligung signalisiert oder offiziell gegeben hatte, auch an die Eltern. Generell scheint jedoch die Einwilligung der Tochter auch bei der ersten Konvention keine blosse Formalität gewesen zu sein. Auch die Söhne hatten selbstverständlich im Einvernehmen mit den Eltern zu handeln. Noch der bestandene, als Universitätsprofessor und Direktor der Irrenanstalt Burghölzli amtierende 34jährige Auguste Forel (1848–1931) empfand es als «Ungehorsam» seinen Eltern gegenüber, als er sich 1882 ohne deren Wissen mit der knapp 18jährigen Emma Steinheil verlobte. Und auch seine Eltern waren von seiner «eigenmächtigen» Verlobung «sichtlich gedrückt», obwohl sie über die Verlobung an sich – sie hatten schon jahrelang versucht, ihren Sohn zu verheiraten – erfreut waren.465 In der Regel sorgten aber Sozialisation und Erziehung, vorgegebene Verkehrs- und Geselligkeitskreise, gesellschaftliche Konventionen, elterliche Strategien und Arrangements, aber auch der Gehorsam oder die Rücksicht der Kinder dafür, dass solche Überraschungen ausblieben und die materiellen wie symbolischen Interessen der Eltern und der Familie wahrgenommen wurden.

Allein schon die Gelegenheiten, sich ausserhalb der verwandtschaftlichen Kreise mit anderen zu treffen und zu finden, waren für bürgerliche Söhne und Töchter örtlich und zeitlich recht beschränkt. Im Rahmen der lokalen Traditionen boten sich solche Gelegenheiten auf Einladungen, auf privaten oder offiziellen Bällen und an Veranstaltungen ähnlicher Art von Vereinen und Gesellschaften oder studentischen Verbindungen. Spontanere Anlässe sich kennen- oder gar liebenzulernen boten die auch deswegen so wichtigen Treffen auf dem Eisfeld oder bei Schlittenfahrten. Konzert- und Theatervorstellungen sowie Spaziergänge dagegen erlaubten in der Regel kaum mehr als Blickkontakte. Vor allem Bälle und ähnliche Festivitäten waren Anlässe, wo in kaum noch verhüllter Weise die jungen Frauen nicht nur zum Tanz, sondern auch auf den Markt geführt wurden, um sich den Herren in ihrer diskreten, aber doch reizvollen Weiblichkeit und Grazie zu präsentieren und ihr schickliches Benehmen unter Beweis zu stellen.466 In Bern waren es unter anderem die alljährlich stattfindenden Bälle der Museumsgesellschaft, welche bürgerliche Töchter und Söhne zusammenführten. So scheint der Museumsball vom 25. Februar 1888 für den Telegraphenbeamten Rudolf Otto Jäggi jenes Ereignis gewesen zu sein, das ihm seine zukünftige Frau Rosa Volz, die Tochter des Buchhalters der Ersparniskasse Karl Rudolf Volz, der Mitglied der Museumsgesellschaft war, näher brachte. Der spätere Sekretär der Obertelegrafendirektion und seine Frau bewahrten die Ballkarten mit den Eintragungen der Tänze sorgsam auf. Neben der Verlobungsanzeige vom August 1888 und der Hochzeitsvereinbarung vom 18. Mai 1889 sowie dem Menü des Hochzeitsessens und den Quittungen der Kosten der Hochzeitsreise waren dies die wichtigsten Dokumente, die das Ehepaar beziehungsweise Rudolf Jäggi-Volz ein Leben lang aufbewahrten.467

Vor allem die behüteten Mädchen und Töchter besassen aufgrund ihres elterlich begrenzten und kontrollierten Bewegungsspielraumes praktisch kaum eine Möglichkeit, überhaupt mit Männern ausserhalb ihrer eigenen sozialen Kreise in Kontakt zu kommen. Von Jugend auf verkehrten sie in mehr oder weniger geschlossenen, von den Eltern arrangierten oder kontrollierten Geselligkeits- und Freundinnenkreisen. Doch auch die männliche Jugend wurde frühzeitig auf die richtige Bahn zu bringen versucht. Bei den alten Herrenfamilien und den bessergestellten stadtbürgerlichen Familien Zürichs spielten dabei die von den Eltern initiierten und arrangierten «Sonntags-Gespielen», die «Kameradschaften» der Knaben und die «Vereinli» der Mädchen, eine wichtige Rolle in der Eheanbahnung. Über sie kamen sowohl Töchter wie Söhne über die Brüder und Schwestern ihrer Freundinnen oder Kameraden schon früh auch mit potentiellen Ehepartnerinnen und Ehepartnern in Berührung. Wie viele andere hatte Rudolf Alexander Pestalozzi (1815–1895), ein Pfarrerssohn, die Aufmerksamkeit seiner zukünftigen Frau Emilie Wiser (1818–1882) schon in frühen Jahren auf sich gezogen, gehörte er doch der Kameradschaft an, die oft mit den Gespielinnen der Schwestern Wiser gesellschaftlich zusammenkamen.[468] Im Berner Patriziat hatten insbesondere die sogenannten Mädchengesellschaften auch die Funktion eines Heiratsmarktes. Schon mit zehn oder elf Jahren fanden sich die Töchter verwandter oder befreundeter Familien zu einer solchen Gesellschaft oder einem Verein zusammen. An Sonntagen während der Wintersaison empfing dann jeweils eine der Töchter bei sich zu Hause ihre Freundinnen, dazu waren auch junge Herren geladen. Die Eltern hielten sich in der Regel fern. Wie die holländische Diplomatentochter Marie Reinhold aus den dreissiger Jahren des 19. Jahrhunderts berichtet, wurde auf diesen Sonntagsgesellschaften «etwas geschäckert, gepiept, geklimpert, gehüpft». Zu Beginn jedes Winters wurden jeweils neue solche «Jeunes sociétés» eröffnet. An die Empfänge dieser neuen Gesellschaften strömten dann nicht nur junge, sondern auch etwas ältere Herren aus anderen, älteren Sonntagsgesellschaften, wo aber keine Damen mehr waren, die ihnen recht gefallen wollten.[469] Solche, aber weniger formalisierte Einladungen hatten neben der Unterhaltung auch noch Ende des 19. Jahrhunderts den Zweck, mögliche Heiratspartner und -partnerinnen kennenzulernen. So veranstaltete Luisa Zeerleder (1875–1951) um 1896 jeweils am Sonntagnachmittag in Anwesenheit der Eltern einen sogenannten «Tee mixte» für ihre Freundinnen und junge Männer, an denen zuletzt auch noch ein Gläschen Champagner kredenzt wurde.[470] Frühe Kontakte zwischen sozial gleichgestellten Mädchen und Knaben mit manchmal vorentscheidender Bedeutung für die Wahl einer Ehepartnerin oder eines Ehepartners ergaben sich auch in den obligaten Tanzstunden und Tanzkursen der Jugendlichen. Eine ähnliche Funktion erfüllten schon die Tanzstunden der Kinder, die teils bereits mit sechs Jahren Tanzunterricht erhielten, und die privat oder in öffentlichen Sälen von Eltern organisierten Kinderbälle, die in allem ein getreues Abbild der Bälle der Erwachsenen darstellten und in der zweiten Hälfte des 19. Jahrhunderts sowohl in Bern als auch in Basel sowie anderen Schweizer Städten regelmässig während des Winters stattfanden. Noch unter direkter Kontrolle der Eltern bildeten sich hier die ersten fest abgeschlossenen oder weniger ausgewählten Kreise, ergaben sich erste Freundschaften, aber auch erste Feindschaften. [471]

So waren auch die Wege der Liebe für bürgerliche Söhne und Töchter durch Eltern und Verwandtschaft gut vorgespurt und durch Konventionen und Verbote «gut ausgeschildert und schwer bewacht». Doch Überraschungen waren möglich, auch Liebes- und Heiratsmotive persönlich-individueller Natur zählten, wenn sie nicht sogar Vorrang erhielten. Gegen Ende des 19. Jahrhunderts eher mehr als anfangs, wo sowohl gefühlvoll-schwärmerische als auch leidenschaftlich-sinnliche Liebe als Spielarten romantischer Liebe für wohlerzogene Töchter und Söhne «ein seltener emotionaler Luxus» waren. [472] Vor allem in der zweiten Hälfte des 19. Jahrhunderts erhielt die Liebe in all ihren Schattierungen bei der Wahl einer Gattin und dem Entscheid für einen Ehemann zunehmend einen höheren Stellenwert. Dies widerspiegelt sich um die Jahrhundertwende auch in der Ratgeber- und Aufklärungsliteratur, die auf die Liebe nun noch mehr Gewicht legte als früher. Sollte für die Ärztin Marie von Thilo «gegenseitige Neigung» in der Wahl des Ehemannes und der Ehefrau den Ausschlag geben, so war für Julie Burow «tiefe, herzliche, gegenseitige Liebe» für die Ehe die absolute Voraussetzung. Die Ehe durfte für sie kein Kontrakt sein, den zwei Menschen unter kluger Abwägung der Vor- und Nachteile miteinander abschlossen: «Sie soll das von Gott und der bürgerlichen Gesellschaft geheiligte Band sein, das Herzen, die sich in Liebe gefunden, zu einem Ganzen verbindet.» [473]

Der höhere Stellenwert der Liebe hing in hohem Masse mit den Veränderungen des Heiratsmarktes zusammen. [474] Unter dem Druck der sozialen Mobilität und einer gewissen Verwischung der teilweise noch ständisch geprägten Unterschiede zwischen den verschiedenen bürgerlichen Sozialmilieus sowie der durch Reisen, Studien- und Bildungsaufenthalte sowie Ferien höheren räumlichen Mobilität verloren die Heiratskreise in der zweiten Hälfte des 19. Jahrhunderts zunehmend sowohl ihre vormals teilweise enge regionale Begrenzung als auch ihre im lokalen Rahmen soziale Abgeschlossenheit. So haben sich zum Beispiel die Heiratskreise der aristokratischen und patrizischen Familien Zürichs und Berns in der zweiten Hälfte und vor allem gegen Ende des 19. Jahrhunderts recht ausgeweitet. [475] Die räumliche und soziale Öffnung der Heiratskreise, allerdings weitgehend auf den durch die Klassenzugehörigkeit und soziale Stellung vorgegebenen Rahmen beschränkt, liess für bürgerliche Söhne und Töchter einen überregionalen oder nationalen, teilweise sogar internationalen Heiratsmarkt mit einem nun viel höheren Angebot heiratswilliger und -fähiger Töchter und Söhne entstehen. Mit der grösseren Auswahl stiegen aber auch die Chancen, nicht nur eine Partnerin oder einen Partner zu finden, die oder der die geforderten materiellen Voraussetzungen erfüllte sowie den sozialen und kulturellen Ansprüchen genügte, sondern vielleicht gar auf die «grosse Liebe» zu treffen, oder doch zumindest auf jemanden, dem man Zuneigung entgegenbringen und mit dem man auf ein eheliches und häusliches Glück hoffen konnte. So dürfte diese Öffnung wesentlich dazu beigetragen haben, dass anfangs des 20. Jahrhunderts persönliche Wünsche und Bedürfnisse, dass die Liebe in welcher Form auch immer, die Partnerinsuche und die Wahl der zukünftigen Ehefrau sowie den Entscheid für einen bestimmten Mann viel stärker prägten oder bestimmten als in der ersten Hälfte des 19. Jahrhunderts.

Eine gute Möglichkeit und Gelegenheit, das begrenzte Angebot und die Geschlossenheit des lokalen oder regionalen Heiratsmarktes zu überwinden, boten Reisen, Kuraufenthalte und Ferien. Wie Erinnerungen und Biographien zu entnehmen ist, legten gemeinsame Aufenthalte, zufällig oder auch arrangiert, an einem Kur- oder Badeort, womöglich im gleichen Hotel, nicht selten den Grundstein für eine Bekanntschaft, die dann in eine Ehe mündete. Mit der zunehmenden Unübersichtlichkeit des grossstädtischen Heiratsmarktes und dem Mangel anderer ungezwungener Formen des Zusammentreffens erhielten Ferien und Reisen selbst für bürgerliche Söhne und Töchter aus der gleichen Stadt diese Funktion. Dass die bürgerlichen Söhne und Töchter um die Jahrhundertwende in der Wahl ihrer Lebenspartnerin und Partners tendenziell über einen grösseren persönlichen Entscheidungsspielraum verfügten als noch einige Jahrzehnte zuvor, hatte jedoch auch mit dem freieren gesellschaftlichen Verkehr und mit der höheren Rücksichtnahme auf die persönlichen Verwirklichungswünsche und Bedürfnisse der Kinder sowie mit einer gewissen Lockerung der elterlichen Aufsicht und Autorität über die erwachsenen Kinder zu tun. Zwar genossen die Söhne, die in der Suche nach einer geeigneten Partnerin ja von jeher den aktiven Part übernehmen mussten, weiterhin einen grösseren persönlichen Spielraum als die Töchter. Doch auch die jungen Frauen durften sich gegen Ende des Jahrhunderts zunehmend freier bewegen und kamen dadurch auch mit dem anderen Geschlecht in der Öffentlichkeit leichter in Kontakt, sei dies an gesellschaftlichen Veranstaltungen wie Konzerten, Theateraufführungen und Bällen, sei dies bei geselligen Anlässen wie Eislaufen oder Schlittenfahrten oder anderen sportlichen Betätigungen, sei dies in den Ferien oder auf Reisen. Noch mehr galt dies für jene Töchter und Frauen, die sich mit oder ohne direkte Berufung auf die Frauenemanzipation, um und nach der Jahrhundertwende vor allem auch im gesellschaftlichen Leben und Umgang mit Männern neue Freiräume erkämpften, wie sie Jahrzehnte vorher für respektable bürgerliche Töchter und Frauen noch undenkbar waren.[476]

Viele der behüteten bürgerlichen Töchter hatten jedoch auch um die Jahrhundertwende wenig oder kaum Gelegenheit ausserhalb vorgespurter und überwachter Wege der Liebe zu begegnen. Es waren aber gerade sie, die aufgrund ihrer Erziehung und Sozialisation, die sich weitgehend in einem Schonraum vollzog und sie mit materiellen Zwängen kaum direkt in Berührung brachte, häufig absoluten und idealen Liebes- und Eheauffassungen an- und nachhingen, wie sie ihnen in der Romanliteratur, zu deren hauptsächlichsten Leserinnen sie ja gehörten, vorgelebt wurden. In ihrer Wartezeit zwischen Pension und Heirat ersehnten sie die «grosse Liebe» als eine Art Grenzüberschreitung, «wo endlich ein freies Fliessen all der Gefühle möglich sein würde, die sonst durch Dämme und Schleusen kanalisiert und in festen Bahnen gehalten waren.»[477] Solche absoluten Liebesauffassungen mit ihren übersteigerten Erwartungen an sich selbst und potentielle Liebes- und Heiratspartner machten es den bürgerlichen Töchtern in der Praxis aber oft schwer festzustellen, ob sie nun tatsächlich der «grossen Liebe», dem «König des Herzens» begegnet waren. Auch vertrugen sich Zweifel und Vorbehalte oder sich nur allmählich entwickelnde Gefühle schlecht mit ihren sentimentalen und idealen Vorstellungen von der Liebe, die für ihre Ehe die Grundlage sein sollte. Ein Heiratsantrag brachte eine Tochter deshalb nicht selten in schwere Entscheidungsnöte, umso mehr als sie in der Regel vorher aus Gründen der Konventionen und der Schicklichkeit kaum Gelegenheit hatte, den betreffenden jungen Mann mehr als oberflächlich kennenzulernen oder gar mit ihm unter vier Augen länger zusammen zu sein.

Wie vielen anderen jungen Frauen kamen deshalb Fanny Sulzer-Bühler (1865–1945), die in ihrer Umgebung als etwas «mondän und emanzipiert» galt, Zweifel, als sie von August Sulzer (1859–1904) im Winter 1886 relativ überraschend – sie hatte die Zeichen seiner «ehrlichen Absichten» lange nicht richtig wahrgenommen – einen schriftlichen Heiratsantrag erhielt: «Ich bemerkte sofort, wie glücklich die Eltern darüber waren; ich mochte ihn gerne leiden und wusste, dass er ein tiptop gentleman und tüchtiger Mensch war, aber ich glaubte, es gehöre mehr Liebe und Leidenschaft zur endgültigen Bindung.» Ihr Jawort begründete sie in ihren Erinnerungen dann damit, dass ihr «Herz eigentlich frei war» und dass diese Verbindung die einzige Möglichkeit bot, in der Nähe der Eltern zu bleiben. Doch als sie dann bei der offiziellen Einladung zum Abendessen, die ihre Eltern für den zukünftigen Schwiegersohn gaben, mit ihm allein gelassen wurde und sie erstmals von einem «fremden Herrn» geküsst wurde, kamen ihr wieder schwere Zweifel: «Nachts im Bett erwog ich schwer, ob ich richtig gehandelt hätte und die Tränen, die ich vergoss, waren absolut keine Freudentränen.» Die Verlobungszeit, während der das Paar nun engeren Umgang haben durfte, liess dann bei Fanny Bühler jene Liebe entstehen, die nach gängiger Vorstellung die Grundlage einer Ehe sein sollte: «Die Sache besserte aber von Tag zu Tag und ich lernte Papa (die Erinnerungen sind an ihre Kinder und Enkel gerichtet) nicht nur immer mehr schätzen, sondern auch inniger lieben.»[478]

Noch mehr Zweifel und Nöte plagten Luisa Zeerleder (1875–1951). Im Unterschied zu ihrer Mutter Blanka Zeerleder-von Fischer (1848–1922), die ihren Mann Friedrich Zeerleder (1841–1909) im Jahre 1869 nicht aus Liebe, sondern aus Konvention und weil sie von zu Hause weg wollte, geheiratet hatte und für diesen Entscheid auch keine lange Bedenkzeit brauchte, fiel ihrer Tochter Luisa der Entscheid, sich mit ihrem Cousin Albert Zeerleder (1866–1955), der ihr im Sommer oder Herbst 1900 seine Liebe erklärt hatte, zu verloben, sehr schwer. Wie ihre Mutter aus dieser Zeit berichtet, wusste Luisa, trotzig und verzagt zugleich, je länger je weniger, was sie wollte und was sie sollte und war in «grosser Angst und Unruhe». «Alles wird wirr und kraus», beschreibt die Mutter den Seelenzustand Luisas, «und je länger je mehr werde ich irre an meiner klaren, wohlüberlegten Tochter, die sonst so gut wusste was werden sollte und die Fäden schon im voraus richtig zu legen verstand.» Erst im neuen Jahr konnte die Mutter dann beruhigt feststellen: «1901. Endlich wird es aber klar und sie (Luisa) kann ihr Geschick mit dem ihres Vetters vereinigen im festen Vertrauen dass sie beide auf dem Felsen standen der unbeweglich und unerschütterlich ist in alle Ewigkeit.» [479]

Eine infolge der Selbstzweifel und Unentschlossenheit der zukünftigen Braut schwere Zeit durchlebten Hans Bluntschli (1877–1962), ein Enkel von Johann Caspar Bluntschli, und Anna von Bavier (1880–1961). Hans Bluntschli, der seit 1904 als Assistent an der Universität Zürich arbeitete und sich 1906 dann mit einem Thema aus der vergleichenden Anatomie habilitierte, kannte Anna von Bavier, das einzige Kind des Ingenieurs Emil Bavier (1843–1920), von einem Studentenball her und blieb seither mit der Familie in gesellschaftlichem Kontakt. Im Sommer 1905 warb er intensiv um Anna und erklärte ihr schliesslich offen seine Liebe. Während der Ferien Annas in Lungern tauschten sie anfangs August ihre Bildnisse aus und verlobten sich inoffiziell. Zu dieser inoffiziellen Verlobung gratulierte Mutter Marie Bluntschli-Kriegk (1856–1940) ihrem Sohn mit den Worten: «Ich muss Dir zu allererst sagen, wie innig wir uns freuen, dass deinem Glücke nun nichts mehr im Wege steht, dass Ihr Euch, – nicht im Taumel der Leidenschaft sondern in ruhiger Prüfung – in freier Wahl gefunden habt!» [480] Doch was so vernünftig begonnen hatte, nahm schon bald eine tragische Wende. Die «überströmende Güte und Liebe», die der «liebe Hans» seiner «lieben, lieben Annie» in unzähligen Liebesbriefen und Gesprächen bewies, löste in ihr «unheimliche Zweifel», «Zaghaftigkeit» und grosse «Mutlosigkeit» aus. Hans Bluntschlis Mutter, die mit Annie deswegen viele ergebnislose Unterredungen führte, wurde bald einmal klar, dass Annie «nicht reif zur Ehe ist – vielleicht nie werden wird!» Denn «die Natur versagt ihr jeden Antrieb.» Auch glaubte sie nun zu erkennen, «dass nicht alles, was ich für Harmonie an ihr hielt – solche ist, sondern dass ihre Ruhe ein(e) gewisse Lethargie in sich birgt, die sie bindet.» [481]

Die Eltern Bavier erklärten dagegen, wie aus einem Brief an die Eltern Bluntschli hervorgeht, die Krise ihrer Tochter vor allem mit ihren zu hohen Erwartungen an die Liebe: «Unsere Tochter ist untröstlich über ihren unglückseligen Zustand des Zweifels und der Unentschlossenheit, der seit Monaten unsren Familien so viele Sorge verursacht und über die Unmöglichkeit, sich aus demselben zu befreien. Wir glauben, dass Annie sich von dem Bewusst-

werden einer Neigung eine viel zu grosse Umwälzung und plötzliche Bereicherung ihres Gefühlslebens und eine so grosse Freudigkeit vorstellte, wie sie
bei ihrem sonst doch ruhigen Wesen, vielleicht gar nicht möglich ist – so dass
diese nicht erfüllte Erwartung ihr den Mut u. die Sicherheit genommen u. sie
auf den Weg der vielleicht allzu strengen Selbstprüfung gewiesen; das Bewusstsein, Ihrem Herrn Sohn nicht eine so warme Neigung entgegenzubringen,
als sie von ihm empfunden wird, liess sie nicht froh werden u. liess sie die
Gefühle der Angst u. Scheu vor dem Neuen, das in ihr Leben getreten, – die ja
allerdings jede Braut durchmachen muss – doppelt schwer empfinden.» [482]
Wie sehr Annie von Bavier selbst ihre Empfindungen und Gefühle an einem
hohen Liebesideal mass, zeigt ihr Brief vom 4. November 1905, mit dem sie
zwischen sich und Hans Bluntschli endlich «Klarheit» schaffen wollte, in der
Hoffnung, dass er dadurch Frieden finden und seine Seele gesunden könne.
Sich selbst schildert sie erfüllt von «Mattigkeit und Mutlosigkeit»: «Wohl habe
ich mit allen Kräften nach Sicherheit und Freudigkeit gerungen – aber es ist,
als wenn in meinem Innern Alles verhüllet wäre, und alle Quellen versiegt.»
Und dann der für Hans niederschmetternde Satz: «Das Glück, das wir beide
für die Zukunft träumten, kann nicht Wirklichkeit werden, denn ich kann
Dich nicht so lieb haben so heiss so freudig, so über alles, dass wir glücklich
würden.» Auch in ihren Worten zur Bitte um Verzeihung kommt nochmals
ihr Leiden zum Ausdruck, Hans nicht so lieben zu können, wie er sie: «Kannst
Du mir verzeihen, dass ich Dir so weh getan, Dich so enttäuscht. Ach, wenn
ich daran denke, wie wenig ich Dir geben konnte, wie meine Briefe so arm,
mein Mund so stumm gewesen, dann kommt es mir erst so recht zum Bewusstsein, wie sehr Du gelitten hast und wieviel Geduld und Liebe Du für mich
hattest – und ich möchte Dir danken, vielmals danken für all die Treue und
Liebe und Dir immer wieder sagen: Verzeih mir, ich konnte nicht anders, es
tut mir ja selbst so weh Dir heute so zu schreiben, Dich so sehr zu betrüben,
aber ich musste es Dir ja sagen, ich bin Dir diese Offenheit schuldig – und Du
weisst, dass meine Gefühle für Dich stets dieselben bleiben, wenn es auch
nicht jene einzig beglückenden sein konnten, auf die wir ein gemeinsames
Leben gegründet hätten.» [483]
    Dieser Widerruf stürzte Hans Bluntschli in eine schwere seelische Krise,
die ihn daran denken liess, seinem Leben ein Ende zu setzen, und ihn dazu
veranlasste, sein Testament zu machen: «Mein Leben neigt sich dem Ende, wie
der Herbst erstarrt zum eisigen Winter. Und wenn die Blätter gefallen und die
grünen Zweige verdorrt, dann ruht die Natur, – so will auch ich ruhen. Einen
ewigen Tod giebt es nicht, aus der Asche werden neue Schosse treiben und
neues Leben wird aus ihr erspriessen, wie der Frühling des Winters Bann
bricht. Aber ein gebrochenes Herz kann nicht gesunden und wie der Vogel,
dem die Flügel beschnitten sind, nie wieder sich in die Lüfte erhebt um hei-
tere Töne zu schmettern, so das Herz des Unglücklichen der Liebe gesäet und
Einsamkeit geerntet hat.» Bei der Verteilung seiner wenigen Habe, erhielt

Annie Bavier das Buch Christi Worte sowie die Silberdisteln und blauen Enziane, die sie als «glückliche Menschen» in Flüeli, wo sie sich in den Ferien näher gekommen waren und sich auch verlobt hatten, zusammen gepflückt hatten.⁴⁸⁴ Doch Hans Bluntschli überwand auf einer Kur am Bodensee seine durch diesen Liebeskummer schwere Lebenskrise. Wie seine Mutter gehofft und gewünscht hatte, wies er «in würdevoll männlichem Schmerz der Verzweiflung stark die Türe» und bestand die «ernste Probe den Ernst des Lebens zu tragen».⁴⁸⁵ Und auch die Beziehung mit Anna von Bavier ging nicht in die Brüche, obwohl sie weiterhin zweifelte, der «überströmenden Güte und Liebe» ihres «lieben Hans» Gleichwertiges darreichen zu können, verlobten sie sich im Juli 1906 offiziell und heirateten dann am 11. Oktober 1906.

Aufgrund ihrer absoluten Liebesauffassungen und den übersteigerten Erwartungen an ihren «König des Herzens» waren auch die Gefühls- und Glückserwartungen höherer Töchter an die Ehe und das eheliche Zusammenleben sehr hochgestellt. Unterstützt wurden sie in dieser Haltung nicht nur durch die Romanliteratur, sondern auch durch die zeitgenössische Frauenratgeberliteratur, die den Frauen die Ehe als höchste Lebenserfüllung anpries, die Ehe selbst zu einem Mysterium und Heiligtum emporstilisierte und meist allein den Frauen die Aufgabe stellte, ihre Ehe auf jene idealen Höhen zu heben. Der Übergang in die Normalität der Ehe war für sie deshalb oft schwieriger zu vollziehen als für die jungen Männer, die, wie auch Dora Schlatter in ihrem mehrfach aufgelegten «Frauenbuch» hervorhebt, offenbar nicht so sehr «Traumbildern und Dichteridealen» nachhingen, von der Liebe und Ehe weniger erwarteten, mehr mit den Realitäten rechneten oder nach dem Grundsatz «Ich liebe zu Hause bequem» eher profanere Erwartungen an das eheliche Zusammenleben hegten.⁴⁸⁶ Noch mehr unter dem Widerspruch zwischen Liebesideal und ihrer eigenen Situation zu leiden hatten jene Töchter und teils wohl auch die Söhne, die eine sogenannte Vernunft- oder Konvenienzehe eingegangen waren. Mit dem Argument, die Liebe werde sich in der Ehe schon einstellen und wachsen, wurde all jenen, die sich der Vernunft und der reinen Konvention beugten, die Hoffnung gemacht, doch noch der allgemein gültigen Norm der Liebesheirat zu genügen. Von seiten der Eltern, aber auch in der Anweisungsliteratur wurde, vor allem den Frauen, Liebe nicht als unwiderstehlicher Trieb des Herzens oder gar der Sinne, sondern als eine Art «zu kultivierende Tugend» verkauft. Eheliche Liebe war in dieser profanen Ausgabe so etwas wie eine häusliche Fertigkeit und eheliche Pflicht, die bürgerliche Töchter ebenso lernen konnten, wie sie Buchführung, Klavierspielen oder eine Fremdsprache gelernt hatten. Es war dies letztlich nichts anderes als eine säkularisierte Form des alten christlichen Ehe- und Liebesideals.⁴⁸⁷

Am sichersten begegneten bürgerliche Söhne und Töchter in der Wahl ihrer Partnerin und Partners den Risiken der Liebe, wenn sie sich emotional nur mit einer Frau oder einem Mann einliessen, wo vorweg schon klar war, dass sie oder er den strengen, sachlichen Ansprüchen genügte. In den eigenen

Kreisen eingegangene oder nur wenig darüber hinauszielende emotionale Bindungen stiessen am wenigsten auf Widerstand der Eltern und Verwandtschaft.
An diese Erfahrung im Umgang mit der Liebe hielt sich denn auch die grosse
Mehrheit der bürgerlichen Töchter und Söhne noch im 20. Jahrhundert. Bei
den meisten geschah dies aufgrund ihrer Sozialisation, ihrer Verkehrskreise
und der gesellschaftlichen Konventionen, denen sie eng verhaftet waren, wohl
unbewusst, bei manchen dürfte es aber auch eine Art Einsicht in die Notwen-
digkeiten ihrer Klasse und ihres Milieus gewesen sein.

### Die Ehe: «Dem Manne das Weltgeschäft» –
### «Dem Weibe das Häusliche»

Ideal wie Realität der bürgerlichen Ehe und Familie, des bürgerlichen
Ehe- und Familienlebens hingen in hohem Masse mit der geschlechtsspezifischen Arbeits- und Rollenteilung bzw. mit den herrschenden Vorstellungen
über die Geschlechterrollen zusammen. Die wechselseitigen Abhängigkeiten
waren dabei so stark, dass schwer zu sagen ist, was letztlich was mehr geprägt
hat. Ehe und Familie hatten im Leben bürgerlicher Männer und Frauen
jedoch stärker als im 18. oder teilweise auch im frühen 19. Jahrhundert einen
sehr unterschiedlichen Stellenwert. Während der Mann mit der zunehmenden
Trennung von Erwerbs- und Familienleben und der damit verbundenen Differenzierung der Gesellschaft in eine Geschäfts- und Erwerbswelt einerseits und
eine private häusliche Sphäre andererseits immer mehr aus dem häuslichen
und familiären Lebensbereich hinaus in die Welt trat, war und wurde die bürgerliche Frau mehr auf Haushalt und Familie verwiesen. Ja infolge des Funk-
tionswandels von Familie und Haushalt, das heisst der wirtschaftlichen Funk-
tionsentlastung auf der einen und der Funktionsaufwertung im emotional-
psychischen Bereich, der «Erwärmung des häuslichen Binnenklimas» und der
«Aufwertung der Wohnung zum Heim» (Mesmer), auf der anderen Seite,
wurde sie sogar mehr als früher auf ihre Rolle als Hausfrau, Gattin und Mutter
festgelegt: «Während die 'weise Vorsteherin des inneren Hauswesens' zur
geschäftigen Haushälterin verkam, nahmen die 'zärtliche Gattin' und die 'bildende Mutter' an Bedeutung zu und wurden auch für die Selbsteinschätzung
der Frauen prägend.» [488] Mit der im 19. Jahrhundert fast ungebrochen herrschenden Ideologie der Geschlechtscharaktere, denen zu Folge von Natur aus
der Mann für die gesellschaftliche Produktion, für die Kultur, den öffentlichen
Bereich allgemein, die Frau jedoch als «Geschlechtswesen» (Marianne Weber)
für die private Reproduktion, den häuslichen Bereich ausersehen ist, fanden
die Domestizierung der Frauen, die Beschränkung weiblicher Betätigungsfelder auf Haushalt und Familie, und die Unterordnung der Frauen unter die
männliche Herrschaft auch eine neue Legitimationsgrundlage.
    Die neue Qualität der sich im letzten Drittel des 18. Jahrhunderts her-
ausbildenden Kontrastierung weiblicher und männlicher Geschlechtscharak-

tere bestand vor allem darin, dass nun der Geschlechtscharakter als «eine Kombination von Biologie und Bestimmung aus der Natur abgeleitet und zugleich als Wesensmerkmal in das Innere der Menschen verlegt» wurde. Während ältere Aussagen über Mann und Frau «Aussagen über den Stand, also über soziale Positionen und die diesen Positionen entsprechenden Tugenden» waren, traten mit dem Zerfall der ständischen Ordnung an die Stelle von Standesdefinitionen nun Charakterdefinitionen, mit denen nicht mehr nur Rechte und Pflichten sowie Eigenschaften des Hausvaters oder der Hausmutter, sondern des gesamten männlichen und weiblichen Geschlechtes angesprochen wurden. Als «historisch signifikantes Phänomen» kam es so zu einem Wechsel des für die Aussagen über den Mann und die Frau gewählten Bezugssystems. [489] Die neuen Aussagen über Geschlechtscharaktere zielten darauf ab, «naturgegebene», allerdings durch Bildung zu vervollkommnende kontrastierende «Gattungsmerkmale» von Mann und Frau festzulegen: «Als immer wiederkehrende zentrale Merkmale werden beim Manne die Aktivität und Rationalität, bei der Frau die Passivität und Emotionalität hervorgehoben, wobei sich das Begriffspaar Aktivität-Passivität vom Geschlechtsakt, Rationalität und Emotionalität vom sozialen Betätigungsfeld herleitet. Diese Hauptkategorien finden sich mit einer Vielzahl von Zusatzmerkmalen kombiniert, so dass jeweils eine Mischung traditioneller und moderner, physiologischer, psychischer und sozialer Eigenschaften das Wesen des männlichen und weiblichen Geschlechts ausmachen… Physis und Psyche der Frau werden primär nach dem Fortpflanzungs- bzw. Gattungszweck und der dazu sozial für optimal erachteten patriarchalischen monogamen Ehe bestimmt, die des Mannes hingegen nach dem Kulturzweck.» [490] Im Unterschied zur ständischen Ordnung wurde damit allein die Frau und nicht mehr auch der Mann durch die Familie definiert. Umgekehrt galt dies nun auch für Ehe und Familie, die ebenfalls nur noch durch die Frau bestimmt wurden. Auch steckten «jetzt die Prinzipien bzw. Ergebnisse der Natur, Geschichte und Sittlichkeit zusammen den Rahmen ab, innerhalb dessen hohe Weiblichkeit sich auszubilden und bei Strafe der Unnatur den Übergang beider Charaktere ineinander zu vermeiden» hatte. [491]

Diese Charakterologie und Psychologie der Geschlechter, die «den Menschen in seine männliche und weibliche Ausformung zerlegte und jeder Hälfte spezifische naturgegebene Wesenszüge und Charaktereigenschaften zusprach, die einerseits dem öffentlichen, andererseits dem privaten Bereich zugeordnet wurden», behielt während des ganzen 19. Jahrhunderts weitgehend ihre Überzeugungskraft. [492] Die einmal eingeführten Zuordnungsprinzipien blieben konstant. Sie wurden lediglich im Verlaufe des 19. Jahrhunderts durch die Medizin, Anthropologie, Psychologie und schliesslich die Psychoanalyse wissenschaftlich untermauert und mit leichten Akzentverschiebungen erfolgreich popularisiert. So erfuhr, eng verbunden mit der Emotionalisierung der Familie und der Aufwertung der Kindheit die mütterliche Liebe und Sorgepflicht

einen höheren Stellenwert im Leben der Frauen: «Der weibliche Geschlechtscharakter wurde angereichert durch die Vorstellung einer 'natürlichen Müt-
terlichkeit', einer angeborenen Aufopferungsfähigkeit gegenüber Betreuungs-
bedürftigen und Hilflosen.» 493

Wie stark diese Ideologie der Geschlechtscharaktere im Bürgertum des
19. Jahrhunderts schon bald zum Allgemeingut gehörte und die Vorstellungen
über die Rolle von Mann und Frau bestimmte, lässt sich besonders eindrücklich an der zeitgenössischen Anweisungs- und Aufklärungsliteratur 494 aufzeigen. Eine in der Argumentation wie in der verwendeten Begrifflichkeit fast
idealtypische Bestimmung der Geschlechtscharaktere findet sich in der 1866
in St. Gallen bereits in dritter Auflage erschienenen «Bildungsschule für das
männliche Geschlecht über den Charakter und die Bestimmung des Mannes».
Diese von einem Dr. Friedrich Ehrenberg verfasste «Festgabe für unsere Jüng-
linge und Männer» war mit dem vielsagenden Untertitel versehen: «Auf Männer setzt das Vaterland sein Vertrauen; in seinen Männern erblickt es seine
Vertreter und Beschützer» – dies ein Hinweis darauf, wie eng insbesondere
der männliche Geschlechtscharakter und das Männlichkeitsideal auf Staat und
Nationalismus bezogen waren.

Bevor Friedrich Ehrenberg in mehreren Kapiteln 495 näher auf das
Wesen, die Bestimmung, den Charakter und die Eigenschaften des Mannes
einging, skizzierte und begründete er im ersten Kapitel «Grundzüge zum
Ideale ächter Männlichkeit» die Lebenswelt und die Eigentümlichkeiten von
Mann und Frau: «In der bürgerlichen Gesellschaft ist dem Manne das Öffentliche angewiesen, dem Weibe das Häusliche – dem Manne das Allgemeine,
dem Weibe das Besondere – dem Manne das Umfassende und Grosse, dem
Weibe das Beschränktere und Kleinere, aber darum nicht minder Wichtige
und Ehrenwerthe – dem Manne, was Kraft und Muth, dem Weibe, was Innig-
keit und Geduld verlangt – dem Manne, was Anstrengung kostet, dem Weibe,
wozu stiller Fleiss gehört – dem Manne, was durch den tiefsehenden, viel-
umfassenden Verstand und entschlossenen Willen, dem Weibe, was durch
Gemüth und Klugheit entschieden wird – dem Manne das Erwerben, dem
Weibe das Verwenden – dem Manne das Weltgeschäft, dem Weibe die Angelegenheit der Familie – dem Manne das Ernste, dem Weibe das Heitre und
Schöne.» 496 Die Gründe für diese Aufspaltung der Menschheit in zwei
Geschlechter lagen für Ehrenberg, getreu dem dualistischen Weltbild, im dia-
lektisch gesehenen Wirken der Natur: «Wie die Natur in allen ihren Werken
das Leiden der Wirksamkeit, die Empfänglichkeit der Selbstthätigkeit ent-
gegensetzt, und beide wieder mit einander verbindet: so hat sie es auch in der
Menschheit gethan. In dem Einen Geschlechte sind Empfänglichkeit und
Leiden, in dem andern Wirksamkeit und Selbstthätigkeit das Vorherrschende.» 497 Aus diesem Grundcharakter ergaben sich für Friedrich Ehrenberg dann die entsprechenden «Eigenthümlichkeiten der Geschlechter»: Das
Weib ist körperlich schwächer als der Mann; die Umrisse der weiblichen

Gestalt sind weicher, mehr verfliessend, die der männlichen schärfer, ausdrucksvoller. Das Weib hat mehr Sinn, der Mann mehr Verstand – das Weib mehr Auge für das Einzelne und seine Verhältnisse, der Mann mehr Blick für das Allgemeine, Grosse, Weite, Unendliche – das Weib mehr Wärme, der Mann mehr Feuer – das Weib mehr zarte und innige, der Mann mehr lebendige und tiefe Empfindung – das Weib mehr Trieb des Gefühles, der Mann mehr Stärke des Willens – das Weib mehr Ergebung, der Mann mehr Entgegen- und Emporstreben – das Weib mehr Anhänglichkeit und Treue des Herzens, der Mann mehr Festigkeit des Denkens, Wollens und Handelns – das Weib mehr Zuversicht, der Mann mehr Stolz – das Weib mehr gestaltende, der Mann mehr schaffende Phantasie.» [498]

All diese Bestimmungen des Charakters und der Eigentümlichkeiten von Mann und Frau, die auch Ende des 19. und anfangs des 20. Jahrhunderts noch wenig an Überzeugungskraft und Gültigkeit verloren hatten, jedoch nicht mehr so uneingeschränkt und unhinterfragt galten wie ehedem, dienten zweifellos der legitimatorischen Absicherung männlicher Vorherrschaft, die durch die naturrechtliche Gleichheitsforderung und den aufkommenden Individualismus real bedroht war oder doch potentiell angezweifelt werden konnte. Unter diesem Blickwinkel lässt sich, wie Beatrix Mesmer im Anschluss an Karin Hausen festhält, der bio-psychologisch argumentierende Geschlechterdualismus auch als «Defensivstrategie zur Aufrechterhaltung des männlichen Dominanzanspruches» deuten. [499] Der Verweis auf die von Natur aus unterschiedlichen Geschlechtscharaktere und die Bestimmung der Ehe, so etwa durch Johann Caspar Bluntschli, den Verfasser des Zürcher Privatrechtlichen Gesetzbuches von 1854, als ein «organisches Verhältnis», wo der Mann, «obwohl die Frau seine Genossin ist und als solche geachtet werden muss», doch eine «überragende Stellung» einnimmt und deshalb «das Haupt der Ehe und der Familie» ist, setzten das naturrechtliche Prinzip der Rechtsgleichheit in Ehe und Familie wieder ausser Kraft. [500] Auch die Vorstellung von der Familie als natürlicher und sittlicher und deshalb unantastbarer Organismus stützten die männliche Herrschaft. Denn der damit verbundene Verweis des Rechts aus dem unantastbaren familiären Raum bedeutete weitgehend auch das Ende der emanzipatorischen Bestrebungen des Individualrechtes und den Rückzug des staatlichen Individualschutzes aus der Familie. Die Folge war eine unkontrollierte ehemännliche und elterliche Gewalt. [501] Der Entscheidungsvorrang oder gar das Entscheidungsmonopol des Mannes wurde damit nicht nur nicht angetastet, sondern auf eine neue legitimatorische Grundlage gestellt und eher verstärkt als geschwächt. Die in der Ideologie des Geschlechterdualismus oft kompensatorisch behauptete Gleichwertigkeit und Hochstilisierung der Frau änderte daran überhaupt nichts, im Gegenteil, auch sie dienten der Legitimation der in Familie, Gesellschaft und Staat untergeordneten Stellung der Frau.

Legitimiert durch diese Ideologie der Geschlechtscharaktere sowie die

«Heiligkeit der Familie» und gestützt auf die geschlechtsspezifische Arbeits-
und Rollenteilung in Gesellschaft und Familie war die bürgerliche Ehe und
Familie in der Schweiz wie andernorts auch hierarchisch-patriarchalisch orga-
nisiert. Gemildert und gleichzeitig überhöht wurde die Abhängigkeit der Frau
durch die gegenseitige eheliche Achtung, Zuneigung und Liebe, die ja das
Fundament einer bürgerlichen Ehe bilden sollte. Nach einer zeitgenössischen
Umschreibung aus der Mitte des 19. Jahrhunderts, die durchaus auch für die
Zeit um 1900 noch immer Geltung beanspruchen kann, ist der Ehemann und
Vater «vermöge seiner körperlichen und geistigen Überlegenheit das Haupt
der Familie, ohne aber das Recht zu despotischen Handlungen gegen Weib
und Kinder zu haben. Als Oberhaupt steht ihm vorzüglich die Ausübung der
älterlichen Gewalt und das Recht zu, das Hauswesen zu leiten. Der Mann ist
verpflichtet seine Frau zu lieben, ihr Schutz und einen seinem Stande und Vermögen entsprechenden Unterhalt zu verschaffen. Die Frau ihrer Seits soll
ihren Mann lieben und achten und seinen Befehlen, sofern sie nichts gegen
die weibliche Würde enthalten, sich unterziehen. Mann und Frau zusammen
liegt die Erziehung ihrer Kinder und die Führung der häuslichen Geschäfte
ob. Jedes arbeitet an dieser gemeinsamen Aufgabe nach Verhältniss seiner
Kräfte und Natur.» Diesen aufgrund der Rechtslage formulierten Ausführungen über die Stellung von Mann und Frau fügte der Verfasser der «Leichtfass-
lichen Staats-Lehre für das Schweizervolk» dann den bekannten und in diesem
Zusammenhang oft zitierten längeren Ausschnitt aus Schillers Glocke über die
Rolle von Mann und Frau an: Der Mann muss hinaus ins feindliche Leben –
Und drinnen waltet die züchtige Hausfrau. [502]
     Diese «sittlichen Gebote» widerspiegeln sich auch in den bis 1912 gel-
tenden kantonalen Rechtsordnungen. Alle, auch die unter liberaler Verantwortung entstandenen neuen Zivilgesetze, stellten «die verheiratete Frau unter die
Vormundschaft ihres Ehemannes und entzogen ihr die Verfügung über ihr ein-
gebrachtes Vermögen und ihre Einkünfte». [503] Sie wahrten damit das wirtschaftliche Interesse der Männer, möglichst uneingeschränkt über den Besitz,
das Vermögen und die Einkünfte der ganzen Familie verfügen zu können. Ein
typisches Beispiel dafür war auch der Entwurf für ein neues Zürcher Zivil-
gesetzbuch des Zürcher liberalen Führers F. L. Keller, der sich im Unterschied
zu Bluntschli, der in der Tradition der Historischen Rechtsschule stand, auf
die römische Rechtstradition berief und auf die persönlichen Wirkungen der
Ehe und die gegenseitigen Pflichten der Eheleute nicht weiter einging, weil
dies «der sittlichen Freiheit anheimfällt», im ehelichen Güterrecht dann aber
klar die Handlungsunfähigkeit der Frau zugunsten des Mannes «nach Art der
Minderjährigen» während der Ehe festlegen wollte. [504] An der Vormachtstellung des Mannes in Ehe und Familie änderte das Schweizerische Zivilgesetz-
buch von 1912 wenig. Obwohl der Gesetzgeber grundsätzlich um «des Geschlechtes willen keine Ungleichheit in der rechtlichen Behandlung von Mann
und Frau» zulassen wollte, war der Mann weiterhin das Oberhaupt der Fami-

lie und ihr Vertreter gegen aussen und die Frau blieb in ihrer Handlungsfähigkeit eingeschränkt. Eugen Huber rechtfertigte die Beschränkungen der Ehefrau in ihrer Handlungsfähigkeit mit dem Hinweis auf die «persönlichen Wirkungen» der Ehe, die «von vorneherein die Stellung der Ehefrau von derjenigen des Mannes verschieden gestalten».[505] So gründete die Dominanz des Ehemannes und Vaters auch weiterhin wesentlich darauf, dass der Mann das Geld, «diese Macht in substantieller Form» (Horkheimer), besass und über seine Verwendung bestimmte.

Ökonomie und Recht, Sitte und Moral machten den Mann in der bürgerlichen Gesellschaft und besonders in den bürgerlichen Klassen zum Oberhaupt der Familie und Repräsentanten gegen aussen, was ihn, wie schon die immer mehr übliche ausserhäusliche oder vom Familienleben klarer getrennte Erwerbs- und Geschäftstätigkeit, nicht nur aus der Familie und dem häuslichen Lebensbereich allgemein heraushob, sondern auch zur Folge hatte, dass er nur graduell wirklich als Teil der Familie gesehen wurde. Die innerfamiliale Arbeits- und Rollenteilung war stark auf seine Bedürfnisse zugeschnitten, aus ihnen ergab sich fast zwangs- und problemlos ein «paternalistischer Patriarchalismus» (Nipperdey) oder «Sekundärpatriarchalismus» (Marianne Weber). Das höhere Alter der Männer, bedingt auch dadurch, dass sie nach Sitte und Brauch erst dann heiraten durften, wenn sie gesicherte finanzielle Verhältnisse nachweisen konnten und einen eigenen Hausstand zu gründen fähig waren, verstärkte das patriarchalische Gefälle, zumindest in den ersten Ehejahren, noch zusätzlich. In der Regel waren die Männer im bürgerlichen Milieu fünf oder mehr Jahre älter als ihre Frauen. In Zürich lag 1893–1913 das durchschnittliche Alter der eheschliessenden ledigen Kaufleute zwischen 28 und 29 Jahren, bei den Beamten und den Angehörigen freier Berufe war es praktisch gleich hoch. Im Vergleich zu den Arbeitern und Angestellten, deren durchschnittliches Heiratsalter zwischen 26,5 und 28 Jahren lag, heirateten bürgerliche Männer damit etwas später. 1901–1913 heirateten lediglich 14 Prozent der Kaufleute unter 25 Jahren, unter 30 Jahren 62 Prozent. Bei den Beamten und Angehörigen freier Berufe waren es knapp 16 Prozent oder 63 Prozent unter 30 Jahren. Von den Angestellten und Arbeitern der Verkehrsanstalten sowie den Arbeitern in der Metallverarbeitung heirateten dagegen 33 oder 34 Prozent schon im Alter unter 25 Jahren, 84 oder 80 Prozent unter 30 Jahren.[506] Auch im Berner Patriziat waren die Männer in der 2. Hälfte des 19. Jahrhunderts meist gegen dreissig, wenn sie heirateten, die von ihnen erwählten Frauen waren dagegen meist nicht viel mehr als zwanzig Jahre alt.[507] Mehr als der blosse Altersunterschied war es jedoch die ganz andere soziale Ausgangslage, welche die die Machtposition der Männer zusätzlich stützte. Die höhere Schulbildung, die häufig noch mit Auslandaufenthalten verbundene Ausbildung mit ihren vielfältigen Möglichkeiten, sich auszuleben, sowie die berufliche und öffentliche Tätigkeit verschafften ihnen einen Vorsprung an Lebenskenntnis und Weltgewandtheit. Auch die Ehe zwischen Hermann Reiff und Emma Elise Franck war von dieser unterschiedlichen Ausgangslage geprägt. Als die einzige Tochter des reichen Kaffeezusatzfabrikanten Franck 1886 mit zwanzig Jahren den zehn Jahre älteren Kaufmann Hermann Reiff heiratete und ihn damit zu den vermöglichsten Zürchern machte, war sie, wie Riccarda Huch in den Erinnerungen an ihre Zürcher Jahre schreibt, nicht nur «ganz unerfahren, sondern auch geistig unentwickelt». Erst unter Anleitung ihres Mannes öffnete sich dann auch für Emma Elise Franck, die «streng erzogen und sehr zurückgehalten» worden war, die Welt: «Mit ihrem Mann und von ihm geleitet, hatte sie den ersten freien Schritt ins Leben getan, mit seinen Gedanken zuerst über das Leben und die Menschen nachgedacht. Sie hatte deshalb mit der Liebe vermischt ein dankbares Gefühl für ihn, wie es uns etwa ein Lehrer einflösst, der massgebenden Einfluss auf uns hatte, und diese Art der Verbundenheit beherrschte sie selbst dann noch, wenn sie sich einmal zu einem andern Manne hingezogen fühlte.» [508] Riccarda Huch (1864–1947), die mit dem Ehepaar Reiff-Franck eng befreundet war, verkörperte dagegen einen ganz anderen Frauentypus. 1887 aus Norddeutschland nach Zürich gekommen, um hier die Matura nachzuholen und zu studieren, war sie eine junge Frau, die mit der traditionellen Frauenrolle gebrochen hatte und ein selbständiges Leben führte.

Ein Mann, der dem von Recht, Sitte und Moral vorgegebenen männlichen Rollenverständnis mit wenigen Abstrichen, die mit seinem sozialen Aufstieg zusammenhingen, entsprach, war der Winterthurer Spinnerei- und Webereibesitzer Eduard Bühler-Egg (1833–1909). Nach dem Urteil seiner Tochter, die ihren «Papa» wie keinen anderen Menschen verehrte, sich ihn aber nur «mit ernster Miene im Geiste» vor sich sehen konnte, war ihr Vater «absolut rechtschaffen, gerecht und korrekt und dafür bekannt, hochgeachtet und geschätzt, aber auch gefürchtet. Es waren ihm keine Schwächen nachzuweisen und in seinen Behauptungen hatte er immer recht... Aber sein Selbstbewusstsein war trotzdem nicht aufdringlich. Er lebte sein eigenes Leben und das Urteil der Andern focht ihn nicht an.» Zu Hause war er «etwas tyrannisch», ein Verhalten, das die Mutter in den Augen der Tochter durch «ihre stete Bereitwilligkeit und Furcht vor seinem Verstande zu viel gefördert hatte». Zudem waren, wie entschuldigend vermerkt wird, «Galanterie, Höflichkeit, besonders Frauen gegenüber, nicht seine starke Seite». Fanny Bühler-Egg (1839–1919), die in «ihrem Eheherrn den Gebieter» sah, war, ebenfalls nach Aussage der Tochter, die «richtige Ergänzung»: «Im grossen Ganzen fiel ihr das Gehorchen nicht schwer; denn Papa war grosszügig und gewährte ihr z. B. in allen Dingen der Haushaltung und gegenüber der Dienerschaft freie Hand. Auch in Etikettensachen bei gesellschaftlichen Anlässen folgte er absolut ihren Anordnungen. Er war viel zu gescheit, um nicht einzusehen, dass er auf dem Lande dafür das Nötige nicht gelernt hatte und ein Fräulein Egg besser Bescheid wusste.» [509] Der Winterthurer Unternehmer besass offenbar alles, was in zeitgenössischer Sicht einen Mann ausmachte und ihn zum «natürlichen Beschützer» seiner Gattin und Haupt der Familie machte: Grössere körperliche und höhere geistige Kraft, Selbständigkeit und Freiheit, Entschlossenheit, Mut und Festigkeit. Er war ein Mann mit Willenskraft, ein Mann mit festen Grundsätzen und Überzeugungen.

Die ideale Gattin, gute Hausfrau und wahre Mutter dagegen hatte, wie der konservative Berner Schriftsteller Rudolf von Tavel (1866–1934) die herrschende Ansicht einmal treffend wiedergab, ganz im Geiste ihres Gatten zu wirken und zu leben: «Sie stützt, fordert, mildert, durchwärmt, vergoldet das Werk ihres Mannes und überzeugt so die Kinder, dass die Lebensführung im Geiste der Familie die richtige ist, sofern der rechte Gemeinschaftssinn zur Erhaltung des Vaterlandes wachsen soll.» [510] In geradezu idealer Weise scheint Sophie Widmann-Brodbeck (1836–1911), die Frau von Josef Viktor Widmann (1842–1911), der um die Jahrhundertwende als Dichter und noch mehr als Feuilletonredaktor der Berner Zeitung «Der Bund» nicht nur im kulturellen Leben der Schweiz, sondern im ganzen deutschen Sprachraum eine bekannte Persönlichkeit war, die Erwartungen an eine ideale Gattin erfüllt zu haben. Schon in zeitgenössischen Erinnerungsbildern wurde das Ehepaar Widmann-Brodbeck von vielen in aller Öffentlichkeit geradezu als die Erfüllung des bürgerlichen Liebes- und Eheideals gefeiert und gepriesen. So sah Charlot Strasser, wie er in seinen Erinnerungen an J. V. Widmann für die Zürcher Wochenschrift darlegte, nie eine «ruhigere, stillere Liebe, die sich ohne Worte, aus jeder Bewegung, jedem Blick verstand, als bei dem auf seiner Höhe innig vereinten, durch keine äusseren Einflüsse berührbaren Ehepaar.» Sinnbild für diese innige Vereintheit war ihm der Tod der Gattin kurz nach demjenigen ihres Gatten: «Sie ertrug den Verlust des Gatten nicht, ihr Leben hatte aufgehört mit dem seinen.» [511] Wie eine Zusammenfassung aus einer der unzähligen Schriften über das Wesen und die Bestimmung der Frau liest sich die folgende Charakterisierung von Sophie Widmann in der Vossischen Zeitung, verfasst von Helene Bettelheim-Gabilon: «Ihr ganzes Wesen zeigte so viel Wärme und Güte, so kluges Verstehen und mildes Beurteilen, dass man sofort empfand, sie sei nicht nur die liebende, sondern auch die verständnisvolle Kameradin ihres Gatten, und dieses Aufgehen in seinem Wesen durchstrahlte selbst ihre unscheinbarsten Äusserungen.» [512]

Auch für Carl Spitteler (1845–1924), den engsten Freund Widmanns, füllte Sophie Widmann-Brodbeck ihre Rolle als gute Hausfrau und Gastgeberin in idealer Weise aus: «Sie hat ihm, dem Geselligkeit Lebensbedürfnis war, im eigenen Heim die Gesellschaft der auserlesensten Männer zu bereiten gewusst. Wohl bildete er ja selber die Anziehungskraft, aber dass die Anziehungskraft Dauer behielt, dass wer ins Haus kam, immer wieder kommen mochte, das verdankte er der Mitanziehungskraft seiner Frau.» Noch mehr war sie ihrem Manne aber liebende Gattin und verständnisvolle Kameradin: «Endlich hat sie sich ihm geistig ganz und gar angeschmiegt, mit Aufgabe ihrer persönlichen Wünsche, sie hat ihm einen grossen Teil lästiger Arbeiten abgenommen, ihm die Druckbogen korrigieren helfen, ihm die Romane, die er rezensieren sollte, vorgelesen, unermüdlich, solange es ihr schwindendes Augenlicht zu leisten vermochte; sie hat, als er im Alter allmählich bequemer und einsiedlerischer wurde, sich ebenfalls, gegen ihre Natur, in die Einsamkeit zurückgezogen.» Für Freund Spitteler verwuchs sie mit ihrem Gatten «dergestalt, dass sie beide wie eine einzige Persönlichkeit lebten und fühlten».[513] Im Ehepaar Widmann war so die Aufspaltung des Menschen in eine weibliche und männliche Hälfte oder, wie es im Staatslexikon von 1847 so schön heisst, «in zwei sich gegenüberstehende Formen, in zwei gemeinschaftliche und doch verschiedene, sich ergänzende und zum Zusammenwirken für ihren Gesamtzweck vereinigende Hälften»[514] aufgehoben. Allerdings – man beachte den kleinen Unterschied – war es die Gattin, die mit dem Gatten verwuchs, und nicht umgekehrt. Auch hier noch, in der «harmonischen Vereinigung» und der Erfüllung ihrer höchsten Bestimmung, war die Frau durch den Mann bestimmt. Dennoch das Verhältnis der beiden Gatten untereinander scheint vergleichsweise partnerschaftlich geprägt gewesen zu sein. Dafür mag nicht ganz unwichtig gewesen sein, dass Sophie Brodbeck[515] vor ihrer Heirat mit dem damaligen Theologen und Dichter Josef Viktor Widmann – es war eine ausgesprochene Liebesheirat[516] – schon einmal verheiratet gewesen und auch einige Jahre älter war als ihr zweiter Mann.

Eine leicht andere Gewichtung der Anforderungen an die Gattin und Hausfrau nahm Max Huber-Escher (1874–1960), selbst Inbegriff eines vielbeschäftigten bürgerlichen Mannes, vor. Er legte, wie vor allem seine Äusserungen über seine Mutter, vor allem aber über seine eigene Frau zeigen, etwas mehr Wert auf Ergebenheit als auf Kameradschaft und harmonische Vereinigung. Was er sich unter einer idealen Gattin vorstellte, kommt besonders in der Charakterisierung seiner Mutter Nanny Huber-Werdmüller (1844–1911) und ihrer Ehe mit dem Unternehmer Peter Emil Huber (1836–1915) zum Ausdruck: Die «fromme, gottergebene Frau», die sich auf «dem Grunde ihres tiefen Glaubens» im Laufe ihres Lebens «selbst überwunden» und so «das Herbe, Stolze, Leidenschaftliche in eine warme Güte, leuchtende Fröhlichkeit, stille Ergebenheit» gewandelt hatte, stand während der ganzen Ehe, 47 Jahre lang, «in heitern und dunkeln Tagen dem Gatten als seine treueste, weitblickende Beraterin zur Seite … In ihrer reinen Fraulichkeit hatte sie eine tiefe Menschenkenntnis … Keine Arbeit war ihr zu viel, keine zu schwer. Sie war bereit überall Hand anzulegen, und so hatte sie über ihre Dienstboten, die jahre-, ja jahrzehntelang ihr treu blieben, etwas von einer fast mütterlichen Autorität».[517] Im Unterschied zu Nanny Huber-Werdmüller, die ein offenes Haus mit vielen Einladungen führte, scheint Luise Emma Escher (geb. 1883), Max Hubers eigene Frau, ganz im Schatten ihres Mannes gestanden und ihm mehr untergeordnet gewesen zu sein. Von Fritz Wartenweiler, der mit seinem Buch über Max Huber Einblicke in das «Leben und Wirken eines wahrhaft grossen und echten Schweizers» vermitteln wollte, wird sie als die «Zurückhaltung in

Person» geschildert, die «in schlichter Selbstverständlichkeit» von der Arbeit und den Abwesenheiten ihres Mannes sowie vom Leben ihrer Familie auf dem ländlichen Wohnsitz berichtete. Über ihre Persönlichkeit und ihre Verdienste schwieg sich Wartenweiler fast völlig aus und traute sich nicht mehr zu sagen, als was ihm Max Huber «manches liebe Mal in aller Stille» wiederholt hatte: «Was danke ich ihr! dieser Frau ohne Falsch, die aus Vornehmheit und Bescheidenheit eine Einheit macht. Hätte sie den in mir schlummernden Ehrgeiz aufgestachelt, anstatt alle Kräfte auf das Eine zu lenken, was not tut – ich wäre unglücklich geworden; ich wäre zugrunde gegangen.» [518]

Ganz so problemlos, wie Wartenweiler suggeriert, scheint für Luise Emma Huber-Escher das Leben an der Seite dieses Mannes nicht gewesen zu sein. Lapidar schliesst sein Neffe Hans Schindler nach einer Aufzählung all der Ämter und Stellungen von Max Huber und einem Hinweis auf die überwältigende und nicht unbedenkliche Autorität, die dieser über seine Neffen und Nichten ausübte, mit der Bemerkung, dass dessen Frau, die im Unterschied zu anderen Verwandten nicht weiter charakterisiert wird, oft von Depressionen geplagt gewesen sei. [519] Sie war nicht die einzige – auch vielen anderen bürgerlichen Frauen bereitete ihre dienende Rolle, die sie ganz selbstverständlich dazu zwang, ihre Bedürfnisse und Lebensgestaltung weitgehend dem Manne, seinen Geschäften und seiner Karriere unterzuordnen und, besonders in höheren bürgerlichen Schichten, als «Accessoires» des Mannes dessen Macht zu repräsentieren, grosse emotionale Schwierigkeiten. Die sowohl von aussen durch die gesellschaftlichen Erwartungen und Zwänge als auch von innen durch die Internalisierung des bürgerlichen Weiblichkeitsideals erzwungene Anpassung, die bis zur Aufopferung und Selbstaufgabe gehen konnte, bezahlten nicht wenige mit physischen und psychischen Leiden und Schmerzen. [520] Solche typische, heute als psychosomatische Krankheiten bezeichnete Frauenleiden waren neben Menstruationsbeschwerden besonders Kopfschmerzen und Migräne, häufige Übelkeit, allgemeine und nervöse Schwäche und nicht zuletzt auch die Hysterie. Andere fanden in der Religion und ihrer Religiosität, die von den Frauen ja ebenfalls ruhiges Dulden, Sanftmut und Aufopferung verlangten, einen gewissen Trost, der es ihnen erleichterte, sich zu fügen und nicht mit ihrem Schicksal oder besser Gottes Willen zu hadern. Dass Religion und Religiosität in den bürgerlichen Kreisen sehr viel stärker das Empfinden, Denken und Handeln der Frauen als der Männer beeinflusst zu haben scheint, dürfte möglicherweise im hohen Anpassungsdruck und Unterordnungszwang der Frauen eine Erklärung finden. [521]

Der Mann, «Gebieter» über Ehefrau und Kinder, war von Moral und Recht her in familiären Angelegenheiten die letzte Entscheidungsinstanz, er hatte quasi ein Entscheidungsmonopol. Dass dies in bürgerlichen Familien nicht nur vom Anspruch her, sondern auch in der Wirklichkeit die Regel war, belegen bei allen individuellen Schattierungen der ehelichen Machtverhältnisse Lebenserinnerungen, aber auch Briefwechsel recht deutlich. Ja manche

bürgerliche Männer führten sich als Despoten und Haustyrannen auf, die in
ihrer Unberechenbarkeit bei Frau und Kindern Furcht und Schrecken verbreiteten. Eine gewisse Mitsprache der Ehefrau selbst in Angelegenheiten, die
nicht direkt ihren eigentlichen Bereich, den Haushalt, betrafen, war im ehelichen Alltag trotz allem aber nicht ausgeschlossen und oft auch üblich. Dies
betraf manchmal sogar finanzielle Angelegenheiten, die an sich rechtlich vollständig oder doch grösstenteils im Kompetenzbereich des Mannes lagen.
Nicht zuletzt auch aufgrund der «heimlichen Macht der Frau» (Blosser/Ger-
ster) war die eheliche und familiäre Realität vielfältiger, als die gesellschaftlichen Normen dies vorsahen. Kam dazu, dass die bürgerliche Frau trotz ihrer
vorgegebenen Unterordnung gerade aufgrund des von ihr verinnerlichten
Weiblichkeits- und Frauenideals einen gewissen Anpassungs- und vor allem
Leistungsdruck auf ihren Mann ausüben und von ihm ein diesen Idealen auf
männlicher Seite entsprechendes Verhalten abfordern konnte.[522] Um sich
durchzusetzen, mussten die Frauen jedoch oft nicht nur ihre ganze Über-
redungskunst anwenden, sondern auch noch auf andere, die Gunst des Augen-
blicks jeweils nutzende «Listen der Ohnmacht» zurückgreifen.[523]

Wie Frauen in Entscheidungssituationen operierten, lässt sich am Berner
Ehepaar Zeerleder-von Fischer, das sich im Herbst 1889 überlegen musste, ob
es von einer Tante für den Sommeraufenthalt eine Villa ausserhalb der Stadt,
im Egghölzli vor Muri, kaufen sollte oder nicht, illustrieren. Während Friedrich Zeerleder (1841–1909) zögerte, drängten seine Gattin und die Kinder auf
den Kauf. In einem Brief vom September 1889 legte Blanka Zeerleder-
von Fischer (1848–1922) ihrem «lieben Mannli» – eine Anrede, die im Berner
Patriziat um diese Zeit verbreitet war und die Autorität des Mannes ebenfalls
relativierte oder zumindest liebevoll verkleinerte und verhüllte [524] – ausführlich die Gründe, die für den Kauf sprechen, dar, unter anderem die Enge ihrer
jetzigen, in der Villette gemieteten Wohnung und die Ängstlichkeit der Hausbesitzer wegen des Gartens, «ein Grund unaufhörlicher Spannung und Mühe».
Im weiteren versuchte sie mit Anspielungen auf den schönen Garten, ihrem
Manne die Übernahme der Villa schmackhaft zu machen, auch ironisierte sie
seinen Widerstand: «Ich liebe die Villa unendlich, bin überzeugt, dass Deine
finanzielle Lage Dir diesen Luxus erlaubt, dass keine absoluten Gründe dagegen zu erheben sind, wir haben ja alles besprochen, aber es thut mir leid, dass
es Dir ein Opfer ist, und ich fürchte in der That mit Deiner Gemüthsdispo-
sition wirst Du mehr Dornen als Rosen davon spüren.» Doch dies hängt, so
macht sie glauben, weniger mit der Villa als mit seiner Art zusammen, überall
immer mehr die Dornen als die Rosen zu sehen: «Mein liebes armes Mannli
wenn ich denken müsste mit der Villa werde Dein Leben wirklich 'ungfreuter'
so würde ich das Opfer das Du uns bringen willst nicht annehmen, aber wann
habe ich Dich zufrieden gesehen ohne Villa?» [525] Auch in anderen Fällen, wo
sich Blanka Zeerleder-von Fischer mit ihrem Manne schwertat, griff sie zu
Ironie und Spott, so etwa wenn sie ihn in ihren Aufzeichnungen über das

Familienleben als «zankenden, alten konservativen Adam» bezeichnete.[526] Offenen Widerstand scheint sie jedoch nie oder selten geleistet zu haben. Auch orientierte sie ihren Mann bei Abwesenheiten – er weilte öfters allein zur Kur – genauestens über die Vorkommnisse zu Hause und die getroffenen Entscheidungen.[527]

In Ausnahmefällen – etwa aufgrund individueller Stärken und Schwächen des Mannes oder der Frau oder eines grossen von der Ehefrau in die Ehe mitgebrachten eigenen Vermögens oder einer höheren sozialen Herkunft – konnte auch einmal die Frau den Ton angeben und eine Familie dominieren. Solche quasi verkehrten Machtverhältnisse herrschten in der Ehe und Familie des Seidengazeunternehmers Caspar Schindler (1828–1907). Wie Enkel Hans Schindler erzählt, war an der «Herrschaft» von Elise Schindler-Escher (1833–1918), einer «geborenen Gutsherrin, energisch, intelligent und selbstsicher, auch zu Lebzeiten ihres Mannes, nie zu zweifeln; sogar die Birnen im Garten wurden nach ihrer Familie genannt (Frau Escher-Birnen). Das Seidenbeuteltuchgeschäft ihres Mannes betrachtete sie als «mis Gwerb», weil es zu Beginn ihrer Ehe von ihrem Vater erworben worden war.»[528] Als die Ausnahme, welche die Regel bestätigte, entsprach diese offene Machtstellung der Frau jedoch allem anderen als den gesellschaftlichen Rollenerwartungen und Normen, sie stellte den Mann wie die Frau in ein schiefes Licht. Wenn schon, dann sollten Ehefrauen ihre Macht und Stärke eher heimlich und mehr indirekt äussern. So aussergewöhnlich die Verhältnisse im Hause Schindler-Escher auch gewesen sein mögen, so geben sie doch einen Hinweis auf die grosse Bandbreite ehelicher Beziehungen im Bürgertum. Auch in anderen bürgerlichen Ehen und Familien war das Verhältnis zwischen Mann und Frau nicht nur von reiner Über- und Unterordnung geprägt. Es gab in den gelebten ehelichen Verhältnissen viele Zwischentöne und graduelle Unterschiede. Denn trotz der fixen Rollenbilder und Erwartungen, trotz aller Rituale und gesellschaftlichen Zwänge waren der Vorrang des Mannes und die Unterordnung der Frau in Ehe und Familie nicht von Anfang an ein für allemal unveränderbar vorgegeben. Vorrang wie Unterordnung waren nicht einfach ein Zustand, sondern sie stellten, wenn auch nicht grundsätzlich, so doch in ihrer konkreten graduellen Ausgestaltung nicht nur in den ersten Ehejahren, sondern teilweise auch später noch einen wiederkehrenden Anlass zu innerehelichen Auseinandersetzungen dar.[529] Tendenziell scheint in (gross)bürgerlichen Kreisen, wo die Frauen wegen ihrer repräsentativen Funktionen mehr nach aussen orientiert waren, die Unterordnung der Ehefrauen weniger ausgeprägt gewesen zu sein, als etwa im dörflich-ländlichen und neuen städtischen Wirtschaftsbürgertum oder auch in Kreisen der Bourgeoisie des talents. Faktoren wie die unterschiedliche soziale Herkunft, Bildung und Vermögen der Ehepartner, die stille Mitarbeit der Ehefrau an der beruflichen Tätigkeit des Ehemannes – was in manchen bildungsbürgerlichen Berufen nicht selten war – oder häufige, geschäftlich bedingte Abwesenheiten des Ehemannes vermochten neben individuellen Persönlichkeitsmerkmalen und Einstellungen den «paternalistischen Patriarchalismus» der bürgerlichen Ehe je nachdem zu relativieren oder auch nur ein distanziertes Nebeneinanderherleben bewirken. Aber auch das «eheliche Band der Liebe», Gemeinsamkeiten, wechselseitige Anteilnahme und Abhängigkeit aus langjährigem Zusammenleben, gemeinsame Interessen im familiären und kulturellen Lebensbereich konnten das Verhältnis zwischen Ehefrau und Ehemann, wie im Falle des Ehepaares Widmann-Brodbeck, mehr partnerschaftlich prägen. Doch auch als «Gefährtin» und «Kameradin» oder «treueste Beraterin» ihres Mannes war und blieb die Frau in der bürgerlichen Ehe vom Mann her bestimmt.

Der Vorrang des Mannes und die Unterordnung der Frau gehörte im 19. Jahrhundert wie für die bürgerlichen Männer auch für die bürgerlichen Frauen, von Ausnahmen abgesehen, zu den gesellschaftlichen Selbstverständlichkeiten. Die von der Ideologie der Geschlechtscharaktere beherrschten Vorstellungen über das «Wesen und die Bestimmung des Weibes» hatten sie, vermittelt über Sozialisation und Erziehung, weitgehend verinnerlicht. Sie bildeten ein Kernstück ihrer Identität. Meist hatten sie das bürgerliche Weiblichkeits- und Frauenideal mit seinen Tugenden und Verhaltenserwartungen so gut internalisiert, dass ihnen das daraus abgeleitete und von ihnen eingeforderte Verhalten nicht mehr als ein anerzogenes, sondern als ein von der Natur vorgegebenes Verhalten, als eine naturgegebene Anlage erschien. Schon ein Infragestellen der herrschenden Vorstellungen über die Rolle der Frau, mehr noch ein offener Widerstand, kam deshalb einem «Kampf an zwei Fronten» gleich, nämlich «einem Kampf gegen äussere Rollenerwartungen auf der einen und gegen verinnerlichte Normen auf der anderen Seite».530 Wie sehr die bürgerlichen Frauen die an sie von der patriarchalisch strukturierten Gesellschaft gestellten Erwartungen und Anforderungen zu erfüllen gewillt waren, lässt sich anhand des Tagebuchs von Emilie Pestalozzi-Wiser (1818–1882) über die Ehe und die Rolle der Frau eindrücklich illustrieren. Ihre Einträge über die Ehe, die von ihrem Sohn, dem streng konservativ gesinnten Pfarrer am Grossmünster Ludwig Pestalozzi, für die unter dem Titel «Himmelan» veröffentlichten «Erinnerungen an unser liebe Mutter» zusammengestellt wurden, machen überdies deutlich, welch grosse Bedeutung die Religion für die Frauen in der Legitimation der Unterordnung erhalten konnte. Wie weit der Sohn aufgrund seiner eigenen religiösen Haltung durch seine Auswahl die religiös fundierte Unterordnung der Frau noch akzentuiert und die durchaus erwähnten Widerstände seiner Mutter gegen die Unterordnung etwas abgeschwächt hat, ist schwer zu sagen. In der Regel hat man jedoch den Eindruck, dass der Sohn seiner Mutter gerecht zu werden versuchte. Ihre Schwierigkeiten und Mühen etwa im Haushalt und mit der Kindererziehung verschwieg er nicht. Mit ausführlichen Zitaten liess er vor allem sie selbst sprechen.

Emilie Wiser, eine Tochter des Zürcher «Eisenherrn» Heinrich Wiser-Balber (1787–1879), die 1841 den bei ihrem Vater als Buchhalter angestellten

Pfarrerssohn Rudolf Alexander Pestalozzi (1815–1895) heiratete, war von der angeborenen Schwäche und Sanftmut der weiblichen Natur und dem Bedürfnis der Frau nach männlicher Stärke und männlichem Halt tief überzeugt. Über ihre Jahre vor der Ehe schrieb sie später ins Tagebuch: «Meine ächte, rein weibliche Natur fühlte sich nicht befriedigt im freien Schalten und Walten, im ungehemmten sich Freuen und Geniessen. Ein Oberhaupt fehlte, in dem das schwache Herz einen Halt finden sollte, an das es sich anlehnen durfte. Der Mann ist des Weibes Haupt. Das Weib fühlt, dass es gehalten werden muss durch einen Stärkern! Dies Bedürfnis lag unbewusst, aber tief in meiner Seele.» Trotzdem fiel Emilie Wiser dann in der Ehe die Unterordnung nicht immer leicht. Doch «wie entschieden auch mein Charakter war und wie schwer ich mich auch einer vielleicht irrigen Ansicht meines Gatten unterwarf, wie hart mich auch oft ein festes 'ich denke, der Mann ist Meister' angekommen ist, so fühlte ich doch immer das Bedürfniss, gehalten zu werden, sowie dasjenige der Angehörigkeit». Ein Gefühl, das sie über die Liebe setzte: «Was ist alle Liebe der Welt gegen das Bewusstsein, Jemandem ausschliesslich mit seinem ganzen Ich anzugehören?» [531]

Eine «Hauptsache beim Beginn der Ehe», sah Emilie Pestalozzi-Wiser denn auch darin, «dass die Frau vom Wahne abgehe, dass beide Ehegatten die gleiche Berechtigung haben einander die Fehler zu sagen, sich gegenseitig zu fördern, zu bilden». Das ungleichgewichtige Verhältnis zwischen Mann und Frau begründete sie vor allem mit der Bibel, nach der die Frau zu gehorchen, der Mann zu befehlen habe und die Frau höchstens in der Stille auf ihren Gatten Einfluss nehmen dürfe. Wie diese stille Einflussnahme der Frau auf den Mann zu geschehen habe, nahm in den Gedanken von Emilie Pestalozzi-Wiser über eheliches Leben einen breiten Raum ein. Trotz der Unterordnung der Frau stand für sie nämlich ganz klar fest, dass die Frau ihren eigenen Willen niemals ganz aufgeben und sich vom Gatten niemals willenlos leiten lassen dürfe, denn dies würde die Frau zur «Maschine» herabwürdigen und den Mann zum «Tyrannen» machen: «Hoffnung, unerschütterliche Hoffnung sollen wir haben, den Gatten für die Seligkeit zu gewinnen, aber die besten Waffen sind die eigene Tugend, damit Liebe und Achtung im Herzen des Gatten Wurzel fasse, und das Gebet, dass der Herr dasjenige am Gatten verrichte, was wir nicht selbst bei ihm zu Stande bringen. Sobald die Frau den Glauben oder die Hoffnung aufgibt, den Gatten zu veredeln, so ist der erste unglückliche Schritt in der Ehe geschehen, weil ein Aufgeben des eigenen Willens die Frau zur Maschine herabwürdigt. Vor allem aber erwarte die Frau nicht gleich Wunder von ihrem Einfluss auf den Mann und vom Gebete; rechne nicht nach Stunden und Tagen, sondern nach Jahren und nach Jahrzehnten.» [532]

Wie aber sollte sich die Frau im praktischen Leben einem «unvollkommenen Mann» gegenüber verhalten, auch darüber machte sich Emilie Pestalozzi-Wiser ausführlich Gedanken: «Soll sie ihrem eigenen Kopfe folgen, wo sie im Recht ist, sich widersetzen, wo sonst das Gute darunter leiden würde?

Oder bitten, oder schweigen und leiden?» Für Emilie Pestalozzi-Wiser, die,
wie ihr religiös und politisch konservativer Sohn Ludwig einmal kritisch
anmerkt, selbst immer das Bedürfnis hatte, alles zu erörtern, und, wenn man
kurz abbrach, Mühe hatte, auf das letzte Wort zu verzichten, war klar, dass
diese Strategien entweder nichts nutzten oder der Frau nicht erlaubt waren:
«Widersetzen darf sie sich nicht, weil es dem Worte Gottes widerstreiten
würde; bitten, das dürfte sie, aber in vielen Fällen und bei vielen Männern
nützt es nicht viel. Schweigen hiesse seine gute Sache aufgeben, und das soll
und darf nicht sein. Leiden, das bringt eine schwere Gemüthsstimmung in alle
Hausgeschäfte hinein und macht den häuslichen Herd drückend und für den
Gatten unangenehm.» Aber auch Gehorchen, ob aus Liebe oder Zwang, war
nicht die Lösung; denn Gehorsam aus Zwang gibt ein «trauriges eheliches
Verhältnis», Gehorsam aus Liebe wird schwer, «wo der Mann von der Gattin
oder Mutter etwas verlangt, das mit ihrem Pflichtgefühl streitet oder der übeln
Folgen wegen nicht gethan werden sollte.» [533]

Das Dilemma zwischen gehorchen und doch nicht schweigen, zwischen
dem christlich-religiösen Gebot, den Mann als Herrn zu anerkennen, und sich
doch nicht völlig aufzugeben, war für Emilie Pestalozzi-Wiser nur durch
«Gutmüthigkeit und Gutmüthigkeit und wieder Gutmüthigkeit» aufzuheben.
«Heiter» sollte die Frau sowohl Tadel als auch Vorwürfe oder Demütigungen
von seiten des Gatten hinnehmen und selbstbeherrscht und entschlossen nach
«erlaubten Umwegen» suchen, um das Zweckmässige und Richtige zu fördern. Die Dinge unter Zurücksetzung der eigenen Eitelkeit und mit Selbstbeherrschung nicht «allzutief und schwer aufzunehmen» war ihre Devise. Sich
selbst und anderen Frauen riet sie, was wohl nur mit schon fast übermensch-
licher Selbstbescheidung zu erreichen war: «Begnüge dich auch mit kleinerem
Glück. Nur nie verzagt, nie muthlos, aber heiter, um der unzerstörbaren Hoffnung willen; entschlossen, erst nach Jahren einige Erfolge der ausdauernden
Geduld und Liebe zu erwarten; gutmüthig, um des Gelingens willen; nachgie-
big, um uns zu üben, unsern Kopf zu brechen.» [534] Gab es Ärger oder Sorgen
wegen Problemen, denen auch mit den besten «Listen der Ohnmacht» nicht
beizukommen war, so sollte die Frau durch «viel Geschäfte», durch Kommissionen oder durch Memorieren einmal auswendig gelernter Lieder versuchen,
«zu verdämpfen» und sich wieder «auf den rechten Punkt zu setzen». Bei tie-
ferem Kummer empfahl sie, Arme zu besuchen, denn «ob der Sorge um sie
vergisst man am leichtesten seine eigene Noth». Bei «eigentlichem Leiden»
und «tiefem Kummer, die nie zu weichen scheinen», hiess es, fest hoffen und
an Gottes Macht nicht verzweifeln und sorgen. [535] Da für Emilie Pestalozzi-
Wiser grundsätzlich jede andere Rollenteilung in der Ehe ausgeschlossen war,
so vermochte letztlich nur die Religiosität der Frau noch zu helfen. Nur sie,
«die reine Liebe zum Herrn, die stündlich ins Gebet treibt», konnte der Selbstverleugnung und Selbstüberwindung der Frauen Sinn verleihen und so das
Leben in der Ehe erträglich machen. Aus der Sicht der Mutter, die, obwohl sie

aus einem eher liberalen Hause kam, ebenfalls der orthodoxen reformierten Richtung angehörte, waren es denn auch vor allem das Interesse für sein geistliches Studium sowie der angenommene «politisch-aristokratische Standpunkt», die den Sohn auch in Religionssachen zum Positiven trieben und nicht wie bei ihr Erlebtes. Ihr fehlte an ihm die Nächstenliebe, die das «Schroffe» ablehnt, die Selbstverleugnung und Selbstüberwindung übt, und «die reine Liebe zum Herrn, die stündlich ins Gebet treibt». Im Unterschied zu ihrem theologisch gebildeten Sohn war die Religiosität und Frömmigkeit der Mutter – getreu der Ideologie der Geschlechtscharaktere, die die Religion – selbstverständlich nicht die Theologie – ebenfalls mehr der Frau zuordnete – viel mehr emotional geprägt.[536]

Die Verhaltensregeln und Strategien, die Emilie Pestalozzi-Wiser in ihrem Tagebuch für das Verhältnis zum Ehegatten und die ehelichen Auseinandersetzungen entwickelte, stimmen in vielem mit den Ratschlägen und Vorschriften der zeitgenössischen schweizerischen Anweisungs- und Ratgeberliteratur überein, wobei jedoch religiöse Begründungen nicht diesen Stellenwert besassen und in der Regel mehr auf die Ideologie des Geschlechterdualismus sowie allgemein auf die herrschende Sitte und Moral Bezug genommen wurde. So gibt zum Beispiel in der «Schweizerischen Alpenrose», einem in St. Gallen in vielen Auflagen erschienenen «hauswirtschaftlichen Volksbuch für denkende Hausväter und besorgte Hausmütter» die Mutter an ihre Tochter am Tage ihrer Verlobung «den guten Rath»: «Lass nie einen Moment in deiner Ehe eintreten, wo du mehr als Mann erschienest als dein Gatte. Der Mann vergisst nie der Demüthigung, die er da erlitt, die Frau nie die Geringschätzung, die sie da ausdrückte. Überrascht ihn ein schwacher Augenblick, so verbirg Deine Stärke unter dem Schleier der Klugheit». Weiter riet sie ihr, sich nie in Dingen, die sie und ihren Gatten beträfen, jemandem anzuvertrauen, auch nicht einer Freundin: «Bist Du unglücklich, so dulde oder widerstehe, wenn es sein muss oder sein kann, aber schweige wie das Grab und bis an das Grab. Das Ehegericht ist die einzige Stelle, wo eine unglückliche Gattin über ihren Mann klagen darf.»[537]

Erhielt die Tochter von der Mutter damit bei aller Forderung nach «edler Demut», «zartester Sanftmut» und steter Liebenswürdigkeit wenigstens noch ein gewisses Recht auf Widerstand zugestanden, so verurteilten «Anrede und Rath eines Vaters an die Tochter nach geschehener Trauung» kategorisch jede Form von offenem Widerstand seitens der Frau gegenüber ihrem Gatten und liessen keinen Zweifel daran, dass die Frau sich in allem und jedem nach den Bedürfnissen und Interessen des Mannes zu richten habe: «Die erste Regel, welche du deinem Sinne tief einprägen musst, ist die, nie zu versuchen, deinen Gatten durch Widerstand, Ärger oder ein sonstiges Zeichen von Zorn zwingen zu wollen. Ein Mann von Verstand, Einsicht, tiefer Empfindung duldet keinen Widerstand irgend einer Art, der von einem zornigen Blick oder Ausdruck begleitet ist. Der Erguss seiner liebenden Empfindung stockt dann mit einem Male, seine Zuneigung wird geschwächt, er empfindet den tiefsten Verdruss, er ist in seinen Augen herabgesetzt, und glaube mir, das Weib, welches erst einmal dergleichen Gefühle in ihres Gatten Brust erregte, wird nie den festen Grund und Boden wieder erlangen, den sie bewahrt haben möchte und müsste; denn wenn er sie heirathet und ein guter Mann ist, so erwartet er eine freundliche, aber keine mürrische Miene von ihr, hofft in ihr kein Wesen zu finden, welches ihn meistert, ihm die Freiheit nimmt zu handeln, wie es ihm sein gesundes Urtheil eingibt, sondern das so viel Vertrauen in ihn setzt, zu glauben, dass nur seine Klugheit ihr bester Führer ist.» 538

Widerstand war aus der Sicht des ratenden Vaters unweiblich, ja ein Verstoss gegen die Natur selbst. Die schutzbedürftige Frau hatte, wie dies die herrschende Ideologie der biologisch legitimierten Geschlechtscharaktere so forderte, dem verständigeren Manne zu folgen, sich männlicher Stärke und männlichem Ernst zu fügen. Für die Männer erhob sich daraus die Forderung, auch wirklich ein Mann zu sein. Als einzige Ursache, einen Schwiegersohn zu verwerfen, nannte die ratende Mutter «Unmännlichkeit»: «Nie hätte ich Dich einem Manne gegeben, von dem ich nicht hätte erwarten können, dass er in den wichtigern Fällen des Lebens fester, kälter und zu entbehren williger und entschlossener sein werde als Du.» 539 Was Männlichkeit oder Unmännlichkeit so genau nun aber bedeutete, darüber schwiegen sich die «Alpenrosen», wie die vielfach mehr an das weibliche Lesepublikum gerichteten Familien- oder Lebensratgeber allgemein, jedoch weitgehend aus. Die Bestimmung und Rolle des Mannes war im Unterschied zur derjenigen der Frau, die in solchen Schriften in der Regel in aller Breite und mit eindeutigen Verhaltensvorschriften und Erwartungen abgehandelt wurde, fast nie ein explizites Thema. Da die weibliche Rolle jedoch aufgrund des Geschlechterdualismus immer in Abgrenzung oder Abhebung vom Mann bestimmt wurde und er damit als steter Bezugspunkt das Mass abgab, war der Mann zwar implizit allgegenwärtig, jedoch ohne dass an ihn und sein Verhalten in der gleichen konkreten Ausführlichkeit Anforderungen und Erwartungen formuliert worden wären. Schliesslich war es ja der Mann, der die Rolle der Frau zu bestimmen hatte und nicht umgekehrt! Eine grosse Ausnahme unter der im schweizerischen Raum verbreiteten Anweisungsliteratur bildete die bereits erwähnte «Bildungsschule für das männliche Geschlecht über den Charakter und die Bestimmung des Mannes» von Friedrich Ehrenberg. Ähnlich wie die Anweisungsliteratur für Frauen verfuhren übrigens auch die einschlägigen Lexika und Staatswörterbücher des 19. Jahrhunderts, wo das Stichwort «Mann» entweder fehlt oder nur der Verweis auf «Mensch» oder «Geschlecht» zu finden ist, während gleichzeitig unter «Weib» oder «Geschlecht» grössere Abhandlungen stehen, in denen dann auch das Wesen und die Bestimmung des Mannes ausführlich dargestellt wird. 540

Auch die anfangs des 20. Jahrhunderts vermehrt von Frauen für Bräute und junge Frauen verfasste Ratgeberliteratur 541 war mit ihren Ratschlägen und Verhaltensanweisungen in der Regel völlig auf den Mann und seine Bedürfnisse bezogen. Fast alle gingen wie Rosa Dahinden-Pfyl davon aus, dass «das Glück und die Dauer der ehelichen Liebe ... gewiss grösstenteils von dem guten und klugen Benehmen der Frau» abhängt. «Die Kunst mit Männern glücklich zu sein und die Liebe und Achtung derselben zu erwerben und zu erhalten» bestand unter anderem darin, dass sich eine Frau nie über wirkliche oder eingebildete Kälte ihres Ehemannes beklagte, an allem, was ihn betraf, zärtlichen Anteil nahm und ihn als Freund betrachtete, den sie zu «bewirten» hatte, dass sie ihm sein Haus angenehm zu machen suchte, ihn nicht durch unnütze Gespräche ermüdete, ihre Launen mässigte, seine Fehler nicht bitter tadelte, sich nicht in seine Geschäfte einmischte, sich in seine Liebhabereien schickte, und dass sie ihn immer als Gefährten betrachtete, dem sie immer zu gefallen und dessen Neigungen sie zu studieren hatte. Um als verheiratete Frau attraktiv zu bleiben, sollte sie in ihrer Zärtlichkeit Mass halten und in ihren Gunstbezeugungen auf Abwechslung und Entziehung als «Würze des Genusses» achten, sich immer nett und mit Geschmack kleiden, überhaupt auf ihre Schönheit und Gesundheit achten, aber auch den Geist und Charakter stets zu vervollkommnen suchen. Welkten die Reize, so sollte sie ihn mit Annehmlichkeiten und Bildung, durch Herz und Geist unterhalten, sich jedoch keinesfalls als Gelehrte aufspielen.[542]

Wie schon am Beispiel von Luise Huber-Escher oder auch Emilie Pestalozzi-Wiser deutlich geworden ist, bereiteten die von der Rolle als Gattin und Mutter vorgegebenen Anforderungen und Zwänge, Unterordnungen und Einschränkungen trotz oder gerade wegen der hohen Internalisierung des weiblichen Geschlechtscharakters vielen Töchtern und Frauen oft grosse Schwierigkeiten. Die Anpassung und Disziplinierung der eigenen Anlagen, Bedürfnisse und Wünsche, die von den bürgerlichen Töchtern und Frauen zu erbringen war, bewirkten nicht selten persönliche Krisen, Leiden und Schmerzen physischer wie psychischer Art. Am Beispiel von Blanka Zeerleder-von Fischer (1848–1922), der Tochter eines patrizischen Guts- und Bierbrauereibesitzers, sollen die Schwierigkeiten, die mit der Übernahme der bürgerlichen Frauenrolle verbunden sein konnten, etwas ausführlicher beschrieben werden. Ihre damit verbundenen seelischen Nöte vertraute sie einem Heft an, das sie während ihrer Pensionatszeit in Neuchâtel zunächst für die Religionsstunden benutzt hatte und das sie später dann für sehr persönliche Notizen weiter verwendete. Dieses Heft diente zunächst als eine Art Aufsatz- und Notizheft, in dem Blanche de Fischer auf vorgegebene Fragen, schriftlich antworten musste, in dem sie aber auch Interpretationen von Bibelzitaten sowie moralische Merksprüche notierte. Später folgen Notizen über die Ehe, das Glück und die Erziehung. Zudem enthält das Heft aus der Zeit nach 1875 in Briefform eine Schilderung ihrer ersten schwierigen Ehejahre sowie «quelques grains de verité» an einen Verlobten bzw. an solche, die es einmal waren.[543]

Schon der Abschied von der Kindheit und der Übergang zur Rolle der

«Demoiselle» fiel Blanka von Fischer sehr schwer. In ihrem «Plan de conduite pour l'avenir», den sie für ihren Religionslehrer im Pensionat in Neuchâtel als 16jähriges Mädchen verfasste, trauerte sie der mit der Pensionszeit 544 nun endgültig entschwindenden Kindheit nach: «J'aime trop être enfant, sauter, courir, grimper et d'être un peu sauvage, mais je devrais mettre fin à tout cela.» Sie verspricht daher, in Zukunft ihren kindlichen Neigungen abzuschwören und im Winter, wieder zu Hause, die Rolle der Demoiselle zu akzeptieren, häusliche Pflichten zu übernehmen und sich Zeit zu reservieren, «pour lire des beaux livres, pour écrire des lettres, pour étudier toutes les choses qu'une jeune demoiselle doit savoir, et pour travailler à l'aiguille». Mit dem Beistand von Jesus Christus hoffte sie, ihre Versprechen auch halten zu können. 545 Wie den weiteren Notizen aus dem Religionsheft zu entnehmen ist, diente die religiöse Unterweisung, in der eine Art Seelenerforschung, ein Sich-Selbst-Erkennen, betrieben und das Verhältnis zu Vater und Mutter, den Brüdern und Schwestern, sowie das zukünftige Verhalten als höhere Tochter, Gattin und Mutter eingehend thematisiert wurde, neben der Vorbereitung auf die Konfirmation vor allem auch dazu, Blanka in moralisch-religiöser Hinsicht von der Berechtigung und der Notwendigkeit der weiblichen Rolle und ihrer Anforderungen an das Verhalten, Fühlen und Denken zu überzeugen. Doch so leicht liessen sich Bedürfnisse, Wünsche und Vorstellungen, die zur Rolle der Frau und dem Weiblichkeitsideal in Widerspruch standen, nicht verleugnen. Auf die Frage ihres Religionslehrers «Quels sont mes principaux péchés?» nannte sie zunächst Fehler und Sünden wie mangelnde Ernsthaftigkeit, Eifersucht, Untätigkeit, Übellaunigkeit und Frechheiten gegenüber der Mutter sowie ihre nicht richtige Liebe zu Gott und der Religion, um dann ausführlicher ihr Hadern mit dem Schicksal als Frau zu gestehen: «Souvent je suis bien sauvage, j'aimerais être garçon, pouvoir étudier, chasser, voyager, aller à cheval, enfin être libre tout à fait libre. Et puis quand je vois des personnes qui sont bien libres, je pense de nouveau que c'est indigne et qu'il fait bien beau être jeune-fille. Les grands hommes ont fait parler d'eux, mais c'était presque toujours des hommes, je le sens bien une femme n'est pas faite pour la gloire, pour que son nom soit immortelle. C'est bien triste qu'après une vie pleine de peine on soit oublié pour toujours, mais pourtant qu'est-ce que cela me servirait si après ma mort on parlait de moi ... Je sens combien je suis mondaine à cela et à d'autres choses, mais je ne puis pas me séparer de ces idées.» 546 Wie Blanka von Fischer fanden sich auch andere Mädchen in der Zeit vor und während der Pubertät mit der weiblichen Rolle und ihren Einschränkungen schwer ab. Recht häufig fällt in Erinnerungen von Frauen an die Kindheit und späteren Jugendjahre die Bemerkung, dass sie damals eigentlich sehr gerne ein Knabe gewesen wären.

Schwierigkeiten mit der Frauenrolle und der damit verbundenen Unterordnung unter den Willen des Mannes bildeten auch in späteren Notizen von Blanka von Fischer über die Ehe, die Liebe und das Glück immer wieder das wichtigste Thema. Nur wenige Jahre nach ihrer Heirat mit Friedrich von Zeerleder (1841–1909) im Jahre 1869 stellte sie in ihrem ehemaligen Unterweisungsbuch die Verhaltensregel für sich auf, zehn Mal am Tage zu sagen: «Und du sollst deinem Manne unterthan sein.» Weiter forderte sie von sich: «Rechne nie mit deinem Mann: 'Soviel Liebe soviel Geduld so oft Vergeltung bist du mir schuldig'. Vergib jede Beleidigung, schweige zu jedem harten Wort, verberge jede Ungerechtigkeit, was hast du denn mehr gethan als deine Pflicht? Was kannst du verlangen! Gott ist Richter, er wird nicht fragen, was hat dein Mann gegen dich gefehlt, er wird fragen, wie hast du gehandelt. Denke nie, bin ich glücklich? Thut man mir, was man mir schuldet? Denke nur: Thue ich meinem Mann zu lieb, was ich kann, habe ich ihm keine bittere Stunde bereitet, habe ich nie durch Kälte oder Gereiztheit ihn in Versuchung geführt? Was willst du jammern: 'Hätte ich gewusst.' Der liebe Gott hat es alles gewusst und hat es so gut befunden für dich. – Nimm dein Kreuz auf dich und trage es fröhlich». [547]

In völliger Übereinstimmung mit dem Weiblichkeits- und Frauenideal forderte Blanka Zeerleder-von Fischer von der Frau Selbstaufgabe und Liebe, die «alles verträgt, glaubt, hofft und duldet» und «nur unter Thränen gelernt werden kann». Zusammenfassend meinte sie: «Summa. Will das Weib seine Bestimmung erfüllen, so muss es glücklich machen, dazu muss es glücklich sein. Glücklich sein kann aber kein Weib, das ein Ich besitzt, denn das Weib muss sich biegen und das Ich ist sehr empfindlich, es stösst an allen Ecken, es schmerzt bei jeder Berührung. Deshalb muss das Weib das Ich ganz überwinden, es muss allein im Freude bereiten Freude finden, im Opfern des eignen Wunsches und Willens Wonne empfinden. – Und daran wird's ihr nie fehlen.» [548] Doch in diese Rolle wuchs Blanka Zeerleder-von Fischer nur unter grossen psychisch-seelischen Schwierigkeiten hinein. Nach ihrem Pensionsaufenthalt in Neuenburg fühlte sich die 17jährige Blanche de Fischer, wie sie ihrem ehemaligen Pfarrer im Pensionat in einem fiktiven Brief anvertraute, zu Hause recht unglücklich. Das Verhältnis zu ihrer nervösen Mutter, die ihr ständig Vorwürfe machte und vor der sie sich fürchtete, war wie schon vorher sehr gespannt: «Mon ennemi c'était ma mère. Mon amour pour mon père et pour Clara (die ein Jahr jüngere Schwester) par contre était l'unique bonheur de ma vie.» Ihr Debut in der Gesellschaft und damit auch auf dem Heiratsmarkt brachte Blanche zusätzliche Pein: «En hiver j'allais dans le monde avec mes parents et Clara, et j'ose bien le dire ce malheureux monde fut alors ce qu'il fut toujours pour moi, une école d'humiliations comme je n'en avais jamais connu. Je ne plaisais pas, je dansais mal, et je ne savais pas causer, les bals me furent donc en horreur.» Als sich im Frühling 1866 ihre Lieblingsschwester Clara (1847–1884) verlobte und kurz darauf verheiratete, verlor sie ihre wichtigste Bezugsperson. Sie schloss sich nun an ihren ältesten Bruder Alexander (1836–1900) an, der in einer persönlichen Krise steckte und wie sie «cruellement angoissé» war. Doch auch er verlobte sich im Herbst 1866, was Blanche von neuem mit Trübsal erfüllte, umso mehr als im elterlichen Schloss für den jungen Haushalt Umstellungen vorgenommen wurden, denen viele geliebte Erinnerungen an die Kindheit zum Opfer fielen. Da die Mutter sich von einer Krankheit nur schwer erholte und ihre jüngere Schwester Rosa im Pensionat weilte, brachte ihr die Führung des elterlichen Haushaltes eine gewisse Genugtuung, zudem freute sie sich mit ihrer Schwägerin auf den kommenden Nachwuchs: «J'étais maitresse de la maison, Papa me témoignait beaucoup de confiance, Maman de l'affection, elle louait les soins que je lui avais donné, je sentais que j'avais une tâche à remplir et j'en étais fière et heureuse. Je m'accordais bien avec ma belle-soeur, nous nous réjouissions ensemble d'un petit être qui devrait mettre le comble à son bonheur. J'aimais ce petit neveu futur passionnément, c'était ma gloire, mon bonheur, mon espoir, toutes mes pensées s'en préoccupaient.» Doch mit dem Tod ihrer Schwägerin nach der Geburt eines toten Knaben sah sich Blanche erneut allein. Mit ihrer Mutter konnte sie auch weiterhin weder über ihre Sorgen noch über ihre Freuden sprechen. [549]

Die Heirat mit Friedrich Zeerleder (1841–1909), einem Freund ihres zweiten Bruders Max (1840–1907), im Juli 1869 schien eine Wende zu bringen. Auch wenn Blanka von Fischer dieser Heirat aus freien Stücken zugestimmt hatte, so war es weder Anziehung noch Liebe, was sie diesen Schritt machen liess. Aufgrund der sozialen Herkunft sowie zukünftigen Position des Antragstellers, der auch das Wohlwollen der Eltern genoss, und der Einstellung, dass sich auf ihrer Seite die Liebe in der Ehe dann schon einstellen werde, bestand jedoch kein vernünftiger Grund die Bewerbung abzulehnen: «J'avais consenti librement à ce mariage, pas par affection, mais j'avais été touché de l'affection de mon fiancé et puis je n'avais aucune raison pour refuser tout était là pour assurer notre bonheur.» [550] Doch das Glück wollte sich trotz aufkeimender Liebe zu ihrem Mann nicht einstellen. Die junge Ehefrau war oft krank, die Hoffnungen auf ein Kind zerschlugen sich mehrere Male. Die Trennung von Schloss Reichenbach und ihren Eltern sowie die Umstellung von einem aktiven Leben im dortigen grossen Haushalt auf Untätigkeit im eigenen kleinern Heim fielen ihr schwer. Sie fühlte sich von einer schrecklichen Leere umgeben, umso mehr als sie sich mit ihrem Mann, dessen Gefühle ihr gegenüber nach der Heirat rasch erkaltet waren, schlecht verstand: «Je pris une passion pour mon mari duquel j'exigeais qu'il comble ce terrible vide, qu'il remplaça tout ce que j'avais quitté pour lui, enfin qu'il m'aima comme je croyais l'aimer. Mais mon mari était bien moins enchanté de moi qu'on l'avait été à Reichenbach, et la passion chez lui avait eu le temps de passer jusqu'à ce que la mienne se fut réveillée. Il était très minutieux, peu témoignant et souvent d'humeur sombre, aussi me faisait-il souvent des remarques pour des choses que je n'étais point habituée à seulement trouvée digne d'un mot. Je tâchais de faire mieux, mais pas moyen d'atteindre à la perfection désirée; aussi si mon mari revenait d'une longue course, que joyeuse de le revoir je courais à sa rencontre, j'étais sure de trouver un visage sombre et d'entendre quelque remarque sur tel fenêtre qu'on avait oublié de fermer, tel bouton mal cousu, tel meuble déplacé etc – Cela me glaçait, m'indignait, me faisait un vif chagrin, je ne pouvais dire un mot et je retournais toute de suite à ma chambre pour pleurer Reichenbach et pour me représenter le retour de Papa toujours si affectueux que c'était une vraie fête pour nous. Cette vie m'écrasait, aimer passionnément sans trouver que bien passagèrement un retour de passion».[551] Die Abwesenheit des Gatten und Besuche brachten in ihr trauriges Eheleben – «notre triste tête à tête» – etwas Unterbrechung und liessen die junge Frau jeweils etwas aufatmen.

Eine Wende zum Besseren erfolgte erst 1872, im dritten Ehejahr, als die junge Frau von einem langen Kuraufenthalt traurig und im Glauben, dieses Leben nicht mehr länger ertragen zu können, zurückkehrte und ihren Ehemann, «plein d'affection et d'égards pour moi», wie verwandelt vorfand, so dass sie ihm nun ihren Ärger und Gram, ihre Sorgen und Freuden anzuvertrauen vermochte. Zwar trübten auch in den folgenden Jahren immer wieder einige Wolken das noch empfindliche eheliche Glück, doch mit der Geburt der ersten Tochter im Februar 1875 war Blanka Zeerleder-von Fischer überzeugt, nun nichts mehr fürchten zu müssen: «Mon mari ne me verra plus morne et triste, il n'aura plus à me reprocher que mon coeur était resté à Reichenbach et que lui n'y comptait pour rien.»[552] Was diese Wende im Verhalten ihres Mannes und in ihrer Ehe bewirkt hatte, darüber war sich Blanka Zeerleder-von Fischer vorerst völlig im unklaren. Dagegen stand für sie ausser Frage, dass die Gründe für das eheliche Unglück trotz des schwierigen Charakters ihres Mannes vor allem bei ihr gelegen haben mussten. Die von Selbstzweifeln erfüllten Überlegungen, die sie in ihren Aufzeichnungen anstellte, zeigen, wie sehr sie sich als Gattin für das eheliche Glück verantwortlich fühlte und deshalb nach Fehlern bei sich forschte und zunächst ihre Gesundheit, ihr falsches Verhalten ihrem Gatten gegenüber oder ihre Unfähigkeit, richtig zu lieben für die eheliche Misere verantwortlich machte: «Est-ce que vraiment une santé très ébranlée et suite de cela une vie désoeuvrée un changement d'habitudes complet, et le Heimweh après la maison paternelle pouvait avoir une influence contre laquelle ni bonne volonté, ni prières ne pouvaient lutter? – Ou-bien avais-je eu tort de faire voeux de ne jamais faire des reproches de ne jamais dire un mot vif à mon mari, est-ce que cette contrainte m'avait remplie d'amertume tout en laissant ignorer à mon mari tout ce qui m'émouvait? – Et pourtant une parole trop vive peut avoir des conséquences très fâcheuses. Ou-bien serait-ce donc si difficile d'aimer et si impossible de vivre heureuse sans amour? Que n'ai-je le vrai amour, que ne puis-je trouver le secret de puiser à l'abondante source d'amour dont les flots ne tarissent jamais?»[553]

Ein Jahr darauf, in einem Nachsatz aus dem Jahre 1876, glaubte sie einen Grund für ihr Unglück in der ihr fehlenden Demut gefunden zu haben: «C'est le manque d'humilité, je suis toujours persuadée d'avoir bien fait et même en cédant, en m'humiliant, je suis fier (sic!) de ma soumission.» Noch härter ging sie fünf Jahre später mit sich ins Gericht: «J'ai combattu, j'ai désespéré, je me suis révoltée, je voulais être heureuse à tout prix; je voulais m'humilier, je voulais ne plus être qu'un esclave sans volonté sans désirs et à ce prix être aimée de mon mari.» Doch all dies sollte nun ein Ende haben, sie wollte sich nun nicht mehr belügen und ihr Leben mit seinen Kämpfen, Kränkungen und Verletzungen, aber auch mit seinem neuen Lebensinhalt, den Kindern, so akzeptieren wie es war: «Je ne puis plus désirer la mort car une fille et 3 fils me font désirer la vie. Mon mari m'aime à sa façon, il ne me fait jamais avec intention du mal, il n'a aucun tort envers moi qui pourrait me faire désirer une séparation. Je ne puis même pas supporter cette idée et si souvent qu'elle me fut offerte je ne pourrais jamais l'accepter.» Ihre Selbstaufopferung für Ehemann und Kinder rechtfertigte und überhöhte sie vor und für sich selbst mit Gottes Willen. So war es in hohem Masse die Religion und ihre Religiosität, die es Blanka Zeerleder-von Fischer erleichterte, die Rolle der aufopfernden Gattin und Mutter zu übernehmen: «Je renonce au combat, à la révolte contre le sort qui m'est échu, Dieu me l'a donné je veux le supporter tel qu'il est. Je me mets pleinement à Son service, c'est pour Lui que je me soumet, celui qui me blesse ne le peut que par Dieu qui lui en a donné le pouvoir; Seigneur je suis ton serviteur, donne moi la force de déposer au pied de croix toute propre volonté. J'ai tout quitté ce qui m'est précieux père, frère, soeur pour rendre mon mari heureux, j'ai dénoncé à tous mes gouts à tous mes désirs pour atteindre à ce but auquel je sacrifierais avec plaisir ma vie, tu ne veux pas oh mon Dieu me laisser suivre mes propres chemins, que ta volonté soit faite, je t'offre ma vie.» 554

In vierseitigen Notizen – «Quelques grains de vérité à un fiancé et à ceux qui veulent le devenir et qui l'ont été» – äusserte sich Blanka Zeerleder-von Fischer in den Jahren 1876–1877 auch über den männlichen Geschlechtscharakter und die Rolle des Mannes in der Ehe sowie die gegenseitigen Ansprüche. Hervorstechendste Charaktereigenschaft des Mannes war für Blanka Zeerleder-von Fischer sein Egoismus: «Comme la locomotive sur ses railles, l'homme sur son égoisme traverse la vie, écrasant tout ce qui est sur son chemin, et ne s'en doutant pas seulement car l'homme est essentiellement égoiste. C'est incommode de renoncer à soi-même, c'est peu agréable de se mettre à la place de notre prochain, c'est pénible d'être seulement juste, aussi l'on préfère, ne pas réfléchir, ne pas voir et se laisser aller.» 555 Auch die Liebe des Mannes zu seiner Verlobten und zukünftigen Frau war stark von Egoismus geprägt: «C'est sur que vous êtes persuadé beaucoup aimer votre fiancée? Permettez que je vous dise qu'un homme se marie parce qu'il est sans intérieur, ni chez soi, puisque son état l'appelle hors de la maison paternelle, ou parce qu'il est la de dépendance dans laquelle il reste chez ses parents, et qu'il aimerait avoir un home (Heim) à sa façon, être maître chez soi. C'est donc par pur égoisme que les hommes aiment.»

Die Ichbezogenheit und die damit einhergehende Verkennung der weiblichen Bedürfnisse war es auch, die den Mann aus der Sicht der Berner Patriziertochter kaum daran zweifeln liessen, dass er eine Frau glücklich machen könne: «Mais croyez-moi ce n'est pas chose aussi facile comme vous l'imaginez. Il ne suffit pas pour le bonheur d'une femme qu'elle n'aît ni froid ni faim, qu'elle ne soit pas maltraité et que son mari lui soit fidèle; et pourtant un homme remplissant ces trois devoirs, s'il est très aimable, en faisant de temps à autre à sa femme le plaisir d'une visite chez ses amies ou d'une soirée passée au théâtre, croit suffir emplement au bonheur de sa femme.» [556] Mit einem «Tableau, fidèlement copié d'après nature» wollte Blanka Zeerleder-von Fischer zeigen, wie die Männer auf ihren Nutzen bedacht und vor allem im alltäglichen Zusammenleben ihrer Gattin nicht bereit waren, das zuzugestehen, was sie von ihr an Entgegenkommen und Liebeswürdigkeiten, an Diensten und Pflichten wie selbstverständlich forderten und auch erhielten. Die Beispiele, die sie aus ihrem eigenen Eheleben dazu anführte, aber als typisch für viele Ehepaare verstanden wissen wollte, illustrieren nicht nur die Unterordnung und dienende Rolle der Frau innerhalb des alltäglichen bürgerlichen Ehelebens. Die Schilderung ehelicher Misstimmigkeiten und Zwistigkeiten lässt auch durchblicken, wie sehr Blanka Zeerleder-von Fischer trotz ihrer traditionellen Vorstellungen über die Rolle der Frau die Ungleichheit und Unterordnung als ungerecht empfand und von den Männern mehr Rücksicht und Verantwortungsbewusstsein verlangte: «Un homme revient fatigué, c'est sur que cela l'excuse de ne pas dire mot, qu'il revienne gai que sa femme se garde de paraître harassée quand-même elle n'en pourrait plus de fatigue. Il revient ennuyé de ses travaux, ce n'est rien que naturel qu'il soit maussade, qu'il trouve défaut à tout, qu'il ne remarque pas la petite surprise, les petits égards qui devaient le réjouir à son retour, mais quand il revient content et que sa femme paraitrait triste, il se coirait en plein droit d'être impatienté et de mauvaise humeur. ... Vous trouveriez bien ennuyeux qu'elle sorte quand vous entendez passer la soirée chez vous, mais pour votre compte vous sortirez tant qu'il vous plaira, et vous resterez tant que vous trouverez bon. Votre femme est peu bien, c'est ennuyeux puisqu'il faut aller seul ici et là ou vous auriez aimé sa société, puisqu'il faut faire les repas seul, que le diner est négligé et le service est mal fait, vous vous en impatienté et vous montrez une figure sombre à votre femme avec la meilleure conscience du monde. – Mais quand vous avez un rhume, c'est tout naturel qu'elle excuse toute votre irritation pour cause de santé, qu'elle soit toujours disposée à être à votre service, affectueuse et de bonne grâce. Madame vous demandera un service qui ne vous coute qu'un mouvement de la main, vous le rendrez de bien mauvaise grâce, mais elle courra le grenier et la cave, la ville et la campagne pour vous rendre service sans que vous trouverez bon de lui donner le moindre signe de reconnaissance. Vous dépenserez inutilement tant que vous voudrez et vous lui ferez des difficultés pour chaque franc qu'elle dépense pour le plus indispensable.» [557]

Dass die Frauen trotzdem nicht alle unglücklich waren, hatte für Blanka
Zeerleder-von Fischer seinen Grund vor allem in der weiblichen Stärke, die
sich im Unterschied zum Manne nicht in direkter Herrschaft als vielmehr
in grosser Hinnahme- und Opferbereitschaft äusserte: «Non, Grâce à Dieu, la
femme ne dépend pas des caprices de son mari pour être heureuse, elle peut
posséder un bonheur que rien ne lui ravira, elle est plus forte que l'homme qui
la foule à ses pieds». Dennoch sollte sich der Mann, so schloss sie ihr «Körn-
chen Wahrheit» über die Ehe ab, der Verantwortung gegenüber der Frau mehr
bewusst sein und sich über jede Stunde, die seine üble Laune verdüsterte, über
jede Träne, die seinetwegen vergossen wurde, und über jede Freude, die er
verdarb, Rechenschaft geben. 558

## Gestrenge Väter, liebevolle Mütter und umsorgte Kinder: Autorität, Liebe und Erziehung

Kinder bedeuteten im Bürgertum mehr als eine soziale Selbstverständlichkeit. «Die Fortpflanzung und Erhaltung des menschlichen Geschlechts» ist,
wie der «Führer an den Hochzeits-Altar» von 1846 dem jungen Ehepaar ein-
dringlich erklärte, nur «ein Hauptzweck der ehelichen Verbindung». An diesen
Zweck, der, weil er mit «der Befriedigung sinnlicher Triebe verbunden ist»
und «Genuss und Vergnügen gewährt», zum Teil nicht einmal als «Verdienst
angesehen werden kann», knüpft sich ein zweiter nicht minder wichtiger
Zweck, «nämlich der, die Kinder zu vernünftigen, gesitteten, tugendhaften
und brauchbaren Menschen zu erziehen und auszubilden – sie glücklich zu
machen.» 559 Schon im ausgehenden 18. Jahrhundert hatten die Kinder mit
dem Aufkommen des bürgerlichen Familienideals, der Intensivierung und
Emotionalisierung der ehelichen und familiären Beziehungen und der sogenannten Entdeckung der Kindheit in den bürgerlichen Klassen für die Eltern
und die Familie einen anderen, höheren Stellenwert erhalten. Ihre Individualität fand grössere Beachtung, die Kinder, ihre Erziehung und Ausbildung
rückten stärker in den Mittelpunkt des Familienlebens. In «ehelicher Liebe»
gezeugt und immer weniger als eine unvermeidbare Folge ehelicher Beziehungen gesehen, liessen Eltern ihren Kindern mehr Aufmerksamkeit zukommen und mehr Fürsorge angedeihen, sie schenkten ihnen mehr Zuwendung
und Liebe, sie investierten mehr in ihre Ausbildung, sie setzten sie aber gleichzeitig auch mehr unter Druck und Kontrolle. 560 Diese Entwicklung brachte
einerseits «dem Kind mehr gefühlsmässige Zuwendung und entlastete es
von einer Erwachsenenrolle, die immer komplizierter wurde und das Kind
dadurch überforderte». Sie führte aber auch zu einer Verlängerung der Erzie-
hungs- und Sozialisationsphase, denn die eigentliche Einübung in die Erwachsenenrolle verschob sich von der Kindheit in die Jugendphase. Andererseits
verstärkten die höhere Zuwendung und intensiveren Erziehungsbestrebungen
der Eltern den «Zugriff auf die Psyche des Kindes». 561 Ihr Druck und ihre

Kontrolle erstreckte sich immer weniger nur auf das äussere Verhalten, sondern immer mehr auch auf das Innere, die Motive seines Verhaltens und Handelns.

So war das bürgerliche Zeitalter auch das Jahrhundert des Kindes: «In das Kind 'zu investieren' ... wurde geradezu ein allgemeines Gesellschaftsprogramm.» Kinder waren im Bürgertum zuerst einmal Teil der Lebenserfüllung einer jeden Frau wie auch eines jeden Mannes. So gewiss sie den Eltern auch zur Last und lästig werden konnten und deshalb auf Distanz gehalten und nicht verwöhnt werden sollten, so gewiss waren sie aber auch ein Glück, ein Objekt von spontaner Zuwendung, von Vergnügen und Entspannung. Kinder, die Söhne etwas mehr als die Töchter, waren der Stolz einer Familie und wichtig für das Selbstwertgefühl der Eheleute: «Das Kind, das einst der Erbe sein würde, verkörperte die Zukunft der Familie, war ... ihre Waffe gegen die Zeit und gegen den Tod.» [562] Kinderlosigkeit war die Ausnahme und ein Unglück nicht nur für die Frau, sondern auch für den Mann und zwar nicht nur, weil ohne Kinder die Erben oder ein Stammhalter fehlte. Galt doch die Zeugung von Kindern weiterhin als Beweis von Potenz und Leistungsfähigkeit der Männer. Kinderlosigkeit deutete aber auch auf Unfruchtbarkeit hin und beruhte demnach auf einem Defekt, der entsprechend sozial gewertet wurde. Für Blanka Zeerleder-von Fischer und ihren Mann war es deshalb eine Erlösung, als ihnen im fünften Ehejahr der «geheimnisvolle Kindesengel» endlich sein «Werde» zugeflüstert hatte und ihnen die langersehnte «grosse Gnade» einer Schwangerschaft ankündigte. «Da jubelten wir in unseren Herzen, der Zukunftspapa und die Zukunftsmama», notierte sie in ihren Aufzeichnungen über das Familienleben. Die Geburt ihrer Tochter Luisa wie auch die späteren Geburten ihrer vier Söhne beschrieb Blanka Zeerleder-von Fischer dann jeweils mit wenigen Worten ironisch distanziert oder nüchtern. [563] Mehrere, aber doch nicht zuviele Kinder zu haben, war in der zweiten Hälfte des 19. Jahrhunderts das Ziel fast aller bürgerlichen Eltern. Die Anzahl der Kinder, das heisst der Entscheid über Geburtenbeschränkung hing, aber nicht nur, von den ökonomischen Ressourcen und Interessen der Familie ab. So hatten Kaufmanns- und Unternehmerfamilien tendenziell eher mehr Kinder als andere bürgerliche Familien. [564]

Das Verhältnis zwischen Eltern und Kindern war sehr stark von der Ideologie der männlichen und weiblichen Geschlechtscharaktere gekennzeichnet. Der Vater sollte Strenge, Härte und Stärke, Autorität und Ehrfurcht, die Mutter dagegen Einfühlungsvermögen, Sanftmut und Weichheit, Wärme und Liebe verkörpern. Ganz diesem Muster eines von Respekt und Ehrfurcht, gelegentlich auch von Furcht geprägten Verhältnisses zum Vater und einem liebevollen-innigen Verhältnis zur Mutter entsprachen die Eltern-Kind-Beziehungen in der Unternehmerfamilie Schindler-Huber. Im Unterschied zu seinem «weichen, gemeinnützig denkenden, fast schwermütigen» Vater Caspar Schindler-Escher (1828–1902) war der Seidenfabrikant und spätere Direktor der Maschinenfabrik Oerlikon Samuel Dietrich Schindler (1856–1936) wie schon sein Grossvater, der nach Zürich übergesiedelte Unternehmer und ehemalige Glarner Landammann Dietrich Schindler (1795–1882), und auch sein Bruder Martin Schindler (1859–1929), Direktor der Aluminium-Industrie AG, sehr auf seine männliche und väterliche Autorität bedacht. «Autokratisch» herrschte er über seine Familie und jagte den Kindern wegen seinen manchmal «brutalen Eingriffen» Angst und Schrecken ein. Geprägt vom Vater, dem «harte Arbeit frühzeitig zum Selbstzweck» geworden war und der den Grundsatz vertrat, das Leben sei nicht zum Geniessen da, war die Stimmung in der Familie «fast immer gespannt, kaum je gelöst».565 Völlig anders erlebte Hans Schindler seine Mutter: «Meine Mutter war vergleichsweise gelöst, voll Verständnis und Liebe für ihre vier Kinder. Sie war eine intelligente, warmfühlende Frau, die nebenbei noch die Rolle einer reichen Dame mit weiten verwandtschaftlichen und freundschaftlichen Beziehungen zu spielen hatte. Sie war ihrem autokratischen Gatten nicht eigentlich soumise, dazu war sie zu sehr Persönlichkeit; aber sie beugte sich in vielem der Tyrannei des Mannes. Immerhin behielt sie ihren eigenen kritischen Sinn und ihre versöhnliche Haltung gegenüber Andersdenkenden und belehrte uns in diesem Sinne. Sie war gegen jede Zwängerei der Eltern gegenüber den Kindern eingestellt und gegen brutale Eingriffe, die sich der Vater gelegentlich gegenüber seinen Kindern erlaubte.»566 Über sein Verhältnis zu den Eltern schreibt Hans Schindler rückblickend: Wir waren behütete Kinder, nicht so sehr, weil man uns etwa peinlich überwacht hätte, aber weil wir Angst vor dem Vater hatten und doch auch die fürsorgende Liebe der Mutter nicht verletzen wollten. Das waren Einflüsse, die uns bis ins reife Alter hinein vor Abenteuern bewahrten, uns allerdings auch hinderten, Konventionen zeitig über Bord zu werfen.» Indem er die akademische Laufbahn ergriff – in der Wahl des Studiums liess der Vater seinen Söhnen die freie Wahl – , rettete sich der älteste der Söhne, Dietrich Schindler, «frühzeitig aus dem Herrschaftsbereich des Vaters». Obwohl die Mutter «entschieden» davon abriet, «einen Posten im Machtbereich des Vaters anzunehmen», liessen sich die beiden andern Söhne, Hans und Werner Schindler, nach Abschluss des Studiums vom Vater zum Eintritt in die Maschinenfabrik Oerlikon «verleiten».567

Durchaus positiv beschreibt hingegen Rudolf von Tavel (1866–1934) die übliche Rollenteilung zwischen seinem Vater, dem Burgerratsschreiber Alexander von Tavel (1827–1900) und seiner Mutter, Rosalie Julie Mathilde von Wattenwyl (1834–1913). Im Unterschied zum Unternehmer Schindler war der Patrizier allerdings kein so autokratischer und despotischer Herrscher, dennoch «vor Papa hatten wir gewaltigen Respekt, und wenn auch die Reitpeitsche, welche die älteren Geschwister bei Tisch wegen schlechter Haltung oder unziemlichen Manieren zu fühlen bekamen, schon bald nach meinem Eintreffen ausser Gebrauch gesetzt wurde, so wusste ich doch von Anfang an, wessen ich mich zu versehen hatte bei schlechter Aufführung. Ohrfeigen gab es immer noch, aber äusserst selten, und das war gut; denn in mir lösten sie die schlechtesten Wirkungen aus: Selbstbedauern, Bitterkeit, tiefinnere Auflehnung. Für die väterliche Strenge in den Kinderjahren kann ich Gott nicht genug danken. Was die Eltern in den Kinderjahren versäumen, wird nie wieder eingeholt. Das ist meine vollendete Überzeugung. Jede noch so schmerzhafte Korrektur in den Kinderjahren erspart einem bittere Erfahrungen im Jünglings- und Mannesalter. Dafür, dass die Strenge nicht zu hart empfunden wurde, sorgte in herrlicher Weise die unerschöpfliche Geduld und Güte meiner Mutter, die niemals Zuflucht versagte und doch nichts verdarb, weil sie selber Papa mit unerschütterlicher Hochachtung gegenüber stand und es für ein Sakrilegium gehalten hätte, seinen erzieherischen Massnahmen auch nur den leisesten Widerstand entgegen zu stellen.» [568]

Im Ideal wie in der sozialen Wirklichkeit der bürgerlichen Familie war der Vater als das «Haupt der Familie» die überragende Figur. Er verkörperte die Autorität. [569] In religiöser Überhöhung war er gar eine Art Stellvertreter Gottes. Er traf die wichtigen Entscheidungen, er sorgte dafür, dass die in der Familie und für die Familienmitglieder geltenden Normen und Regeln eingehalten wurden, und er vollzog in der Regel bei den gröberen Vergehen die Strafen. Er war die letzte Instanz überhaupt, gegen sein Wort war kein Einspruch mehr möglich. Ihm vor allem waren die Kinder Gehorsam schuldig. Als «Ernährer» der Familie bestimmte er aber zudem praktisch uneingeschränkt über Einkommen und Vermögen der Familie. Solange sie im elterlichen Hause lebten und ökonomisch von ihm abhängig waren, sei es direkt oder indirekt durch Mitarbeit in seinem Unternehmen oder im Hinblick auf künftige Erbschaft, waren und blieben die Kinder seiner Autorität weitgehend unterworfen. Denn er verfügte über das Geld, diese «Macht in substantieller Form» (Horkheimer), und besass damit auch ein machtvolles Instrument, nötigenfalls seinen väterlichen Anspruch auf Gehorsam der Söhne und Töchter durchzusetzen. Drohungen, ihnen die finanzielle Unterstützung für Ausbildung, Karriere und Heirat zu entziehen oder gar eine Enterbung ins Auge zu fassen, stellten denn auch in Konfliktfällen nicht selten ein Mittel dar, um von Söhnen und Töchtern Wohlverhalten zu erzwingen und sie auf den rechten Weg zu führen. So drohten etwa Glarner Unternehmer ihren Kinder schon vor wichtigen Examen, dass sie, wenn sie durchfallen sollten, eben in der Fabrik arbeiten müssten. [570] Die durch Beruf und andere ausserhäusliche Tätigkeiten bedingte Abwesenheit des Vaters mochte seine Autorität in alltäglichen Dingen zwar relativieren, sie schuf jedoch gleichzeitig auch mehr Distanz, was wiederum seine Autorität zusammen mit seinem Ansehen in der Aussenwelt tendenziell eher erhöhte als verminderte. Denn zu Hause umgab ihn eine Aura der Unnahbarkeit, des Geheimnisses und des Mehr-Wissens, vor allem wenn er sich, wie es meist üblich war, im Familienkreis über seine Tätigkeit in der Geschäfts- und Erwerbswelt in Verschwiegenheit hüllte und sich in eigene Räumlichkeiten zurückzog oder mindestens Schonung und

Ruhe verlangte. Eine solche Aura umfing auch Lukas Spörry (1821–1870), einen mittleren Beamten, der, wie Sohn Hans (1859–1925) sich erinnert, zu Hause vor allem seine Ruhe haben wollte, seine Kinder aber niemals schlug und von ihnen mit Ehrfurcht behandelt wurde: «Wir waren glücklich, wenn er sich mit uns abgab, und horchten gespannt auf, wenn er etwa nach seinen stillen Gedankengängen oder angestellten Beobachtungen vor sich hin, oder an die Anwesenden eine Bemerkung oder ein Urtheil verlauten liess.» [571]

War die Beziehung der Väter zu ihren Kinder oft distanziert und wenig liebevoll, so war umgekehrt das Verhältnis der Kinder zu ihren Vätern in den meisten Familien von Respekt und Ehrfurcht, aber auch Bewunderung geprägt. Als Oberhaupt und Ernährer der Familie und wegen seines Ansehens in der Aussenwelt musste der bürgerliche Vater den Kindern übermächtig vorkommen. Besonders für Töchter war dies eine nachhaltig prägende Erfahrung, denn im Unterschied zu den Söhnen hatten sie später weniger Gelegenheit dieses Vaterbild etwas zu relativieren, umso mehr als bei ihnen die Konkurrenz, wie sie zwischen Vater und Sohn häufig spielte, entfiel. [572] Ehrfurcht und Respekt konnten jedoch leicht in Furcht und Angst vor der fast absoluten Autorität des Vaters und seiner Gewalt und Unberechenbarkeit umschlagen. Viele Väter waren wegen ihrer harschen Zurechtweisungen und ihren wirklichen oder nur antizipierten heftigen Zornausbrüchen gefürchtet. Der Zorn war eine jener wenigen männlichen Gefühlsäusserungen, der Väter nicht selten mit einer Spontaneität nachgaben, wie sie aufgrund des männlichen Geschlechtscharakters, der unter anderem vom Manne vor allem Selbstbeherrschung der Gefühle und Regungen verlangte, eigentlich nicht anstand. [573] Trotz der Ambivalenz väterlicher Autorität wurden wohl die meisten Väter von ihren Söhnen und Töchtern zutiefst verehrt und auch geliebt. Im Verständnis und Fühlen der Väter wie wohl auch der Kinder waren Ehrfurcht und Respekt kein Gegensatz zur Liebe, vielmehr waren sie jene Form, in der sich die Liebe zum Vater äussern durfte und sollte. Umgekehrt waren die meisten Väter bei aller Betonung und allem Wertlegen auf Autorität und Strenge ihren Kindern in Liebe zugetan: «Wenn die Kinder ausser der Strenge auch die 'Liebe' spürten, waren die Voraussetzungen für eine enge Bindung und einen ins Innere gehenden Einfluss auf die Kinder gegeben.» [574] Vaterschaft bedeutete bürgerlichen Männern eine Verantwortung und eine Freude zugleich, – beide waren Teil der moralisch-sittlichen Verpflichtung eines Mannes. [575]

Viele bürgerliche Väter waren denn auch weniger tyrannisch und autokratisch wie der Unternehmer Samuel Dietrich Schindler, sondern entsprachen eher dem Typus des gestrengen und gefürchteten, aber doch auch gütigen und liebenden Vaters. Nach der Schilderung seines Sohnes war Jakob Escher-Bürkli (1864–1939), in jungen Jahren Gymnasiallehrer, dann Bibliothekar und Rentner, ein solcher Vater, dem vor allem Respekt und Ehrfurcht entgegengebracht wurde. Er war jedoch «etwas steif und trocken» und für man-

che Leute im Verhalten wegen seiner Nüchternheit und «äusseren Tugend»
ein «allzu fehlerloser» Mann: «Bei aller Bescheidenheit und Güte blieb er
doch stets das respektierte Familienoberhaupt, der Patriarch im guten Sinne
des Wortes». Seine Gefühlsäusserungen hielt er wohl verborgen: «nie sprach er
ein rohes Wort, nie Geschimpf oder herzlose Urteile über Menschen und Verhältnisse». Im äusseren Verhalten der Kinder achtete er wie bei sich selbst
streng auf die Einhaltung der «guten, alten Anstandsregeln». Andererseits
ehrte er, wie sein Sohn Konrad berichtet, «die Eigenart der Kinder, er flickte
nicht an uns herum, er forderte nicht Qualitäten, die uns fehlten. Er hielt sich
überhaupt im Hintergrund, wir merkten es kaum, wie er uns Schwierigkeiten
aus dem Wege räumte und es so einzurichten wusste, dass sich die Anlagen
der Kinder gut entfalten konnten ... Er schickte uns in die besten Schulen, er
liess uns freie Wahl beim Studium, er drängte nie auf Abschluss, er schickte
uns auf weite Reisen, was immer wir für unsere Bildung brauchten, wurde uns
gewährt. Die Verantwortung hat er uns dabei nicht abgenommen, es sei an uns
zu zeigen, was wir taugten, sagte er. Um unsere Schulleistungen pflegte er sich
kaum zu kümmern. Er sagte wohl: 'Wenn Du nicht nachkommst, kannst Du
mich ja fragen', doch haben wir ihn kaum je konsultiert, er war für uns zu
anspruchsvoll und zu genau. In meiner ganzen Schulzeit hat er nicht eine einzige meiner Arbeiten kontrolliert, die Zeugnisse, auch schlechte, kommentar-
los unterschrieben. Im Falle von Examenssorgen blieb er kühl, er sagte, das
gehöre halt dazu.» Kühl und zurückhaltend blieb er auch in andern Fällen: «Er
hat mich nicht ein einziges Mal gestraft. Er hat auch nicht gelobt, jedoch wir
spürten beides, im einen Falle eine stille Traurigkeit, im andern wohlgetarn-
ten, tiefen Stolz. Vor allem erzog er durch sein Beispiel, denn er war nicht nur
im öffentlichen Leben von allen hochgeachtet, sondern auch in der Familie
ein Vorbild.» Auf Respekt und Ehrfurcht bedacht, diskutierte er nicht gern:
«Was er sagte, hatte er sich überlegt, nun war es so.» Dies führte hin und wieder zu Reibungen und reizte die Kinder. Sie zahlten ihm seine Unnahbarkeit
und seine «dozierende Art» unter anderem dadurch heim, dass sie sich wenig
um seine gelehrten Arbeiten im Bereich der Orts- und Namensforschung
interessierten, was ihn zwar schmerzte, er sich aber nicht anmerken liess.
Doch auch dieser eher kühle Vater fertigte mit der Laubsäge Spielsachen für
seine Kinder an, eine Puppenstube und vor allem Zusammensetzspiele, mit
denen er sich selbst leidenschaftlich gerne beschäftigte. In den Sommerferien
in den Bergen unternahm er mit den Kindern jeweils auch «Fussreischen»:
«Man machte eine tüchtige Tagestour, dann ruhte man wieder nach Bedarf an
einem schönen Ort, er baute uns Taucher und Wasserräder, wir machten Feu-
erchen und änderten den Lauf der Bäche.» Als die Kinder älter geworden
waren, führte er sie auch in die Höhe, in Klubhütten, auf Gletscher und in den
Fels. Es scheinen diese Seiten Jakob Eschers gewesen zu sein, die ihn für seine
Kinder nicht nur «respektgebietend», sondern auch «wirklich liebenswert»
machten. [576]

Es gab jedoch auch weniger nur auf Respekt und Autorität bedachte
Väter. Einen eher untypisch liebevollen Vater, der viel Zeit für seine Kinder
hatte, erlebte Marie Pestalozzi-Stockar (geb. 1843). Zusammen mit einem
Schwager hatte ihr Vater Felix Stockar-Esslinger (geb. 1806) in jungen Jahren
die Kattundruckerei und Färberei seines Schwiegervaters zu übernehmen, die
dann nach schweren Verlusten für das Vermögen der beiden Frauen hatte
liquidiert werden müssen. Nachdem seine finanziellen Verhältnisse durch
zwei reiche Brüder und die Mutter so geregelt worden waren, dass die Familie
«anständig wohnen und leben» konnte, widmete sich der gescheiterte Unternehmer, dem damit auch eine öffentliche Betätigung verbaut war, neben
seiner Arbeit in einem kleinen Wollgeschäft eines Onkels nun vor allem den
Kindern. Im Unterschied zu seiner Frau, die dem Luxus, der Dienerschaft,
den Wagen und Pferden nachtrauerte, kränklich war und zur Strenge neigte, hatte Felix Stockar, «eine herzensgute, fröhliche Natur», mit seiner neuen
sozialen Rolle wenig Probleme, sondern nutzte sie, um mit den Kindern Spaziergänge zu machen, ihre Aufgaben zu überwachen und mit ihnen zu zeichnen und zu malen.[577] Einen eher unkonventionellen Umgang mit den
Kindern pflegte nach Aussagen des Sohnes auch der politisch liberal-konser-
vativ ausgerichtete Universitätsprofessor und Wirtschaftsanwalt Heinrich Fick
(1822–1895), in dritter Ehe verheiratet mit Helene Ihlée (geb. 1841). Den Kindern gegenüber wurde viel Nachsicht und Lob geübt, der Vater war wenig
autoritär und kümmerte sich nicht nur auf Spaziergängen, sondern auch sonst
relativ häufig um seine Söhne, denen er ein «guter Kamerad» war. Strenge und
Ernst waren in dieser Familie eher Sache der Mutter.[578]

Ein ebenfalls wenig autoritär distanzierter Vater war der Schriftsteller, ehemalige Lehrer und spätere Literaturpapst Josef Viktor Widmann
(1842–1911). Von ihm berichtete sein Freund Carl Spitteler, dass er mit den
kleinsten Kindern spielte und tändelte: «Sah er ein Kind im Zimmer, so
gehörte er zu allererst dem Kinde».[579] Widmann scheint sich denn auch, wie
sein Sohn erzählt, relativ intensiv mit seinen Kindern befasst zu haben, insbesondere in den Ferien, aber auch sonntags und teils auch an den Abenden: «Da
wurden an Sonntag-Nachmittagen Schlachten mit Bleisoldaten geschlagen,
abends auf dem Puppentheater Märchenspiele aufgeführt und an unzähligen
Winterabenden, wenn die Kinder längst in ihren Betten schliefen, zeichnete
Papa Widmann für sie in dicke Bücher mit phantasiebegabtem Stift ganze
Epen abenteuerlicher Ereignisse, lustige Robinsonaden, ... oder es wurde eine
abenteuerreiche Auswanderung der Familie Widmann nach Kanada oder Cali-
fornien ... in Zeichnungen dargestellt, die in die vielen Hunderte gehen und
sechs stattliche Bände füllen.» Im Sommer wie im Winter machte er mit den
Kindern Wanderungen, wo er ihnen «im Laufe der Jahre der Reihe nach
die schönsten Sagen des Altertums, den Inhalt der Shakespeare'schen Dramen
oder der Cooper'schen Indianerromane» erzählte. «Zuweilen wurde im Walde
ein romantisches Lager aufgespannt, mit altertümlichen, beim Grempler er-

standenen Pistolen oder Gewehren nach der Scheibe geschossen». Gelegentlich wurde auch im Freien abgekocht und übernachtet.[580] Dies alles Jahrzehnte bevor die Wandervogelromantik die bürgerliche Jugend in die «freie Natur» trieb. Wie der «Kindernarr» Josef Viktor Widmann oder der nüchterne und steife Jakob Escher waren auch andere bürgerliche Väter nicht nur unnahbare Respekts- und Autoritätsperson, die sich nur sehr selten oder gar nicht um die Kinder bemühten, sondern auch so etwas wie väterliche Freunde und Spielgefährten. So erzählte Alexander Largin, Direktor der Eidgenössischen Bank in Bern abends den Kindern anhand von Bildern Geschichten, zeichnete und malte mit ihnen oder baute mit Dominosteinen.[581] Selbst so gestrenge Väter wie der Gründer und Leiter einer konservativ-evangelischen Privatschule Theodor von Lerber (1823–1901), der sein und das Leben seiner Familie konsequent nach evangelisch-pietistischen Grundsätzen ausrichtete, beteiligte sich, insbesondere an den Sonntagabenden, wo sich die Familie zu Musik und Gesellschaftsspielen versammelte oder Charaden spielte, sowie in den Sommerferien, an Spielen, Belustigungen und Ausflügen seiner sechsköpfigen Kinderschar, die zusätzlich noch einen Pflegesohn und einige Pensionäre seiner Privatschule umfasste.[582]

Vielfach nahmen bürgerliche Väter am alltäglichen Familienleben aber nur wenig Anteil. Vor allem gegen Ende des 19. und anfangs des 20. Jahrhunderts gewinnt man aus Biographien und Lebenserinnerungen den Eindruck, dass für viele bürgerliche Männer die Bereitschaft oder der Zwang, ihre Zeit und Kraft immer mehr und fast ausschliesslich der Erwerbstätigkeit, der beruflichen und politischen Karriere zu widmen, die ohnehin schon schmale Brücke zur Familie noch schmaler werden liess. So sah Fanny Sulzer-Bühler ihren Vater, der nach einem minutengenau eingeteilten Tages- und Wochenplan lebte, jeweils bei den Mahlzeiten sowie zusätzlich noch an drei Abenden pro Woche, sofern die Eltern nicht an Einladungen gingen, dazu noch an den Sonntagen auf einer gemeinsamen Wagenausfahrt oder einem Spaziergang.[583] Besonders in wirtschaftsbürgerlichen Kreisen waren die Väter immer weniger präsent, gleichzeitig scheinen sie, wie dies unter anderen das Beispiel von Samuel Dietrich Schindler, der sich kaum mit seinen Kindern abgab, so treffend illustriert, teilweise gerade deshalb tendenziell mehr dem autokratischen Typ von Vater zugeneigt zu haben. Zusätzlich zur wachsenden geschäftlichen oder beruflichen Belastung, den höheren gesellschaftlichen Verpflichtungen und politischen Aktivitäten sowie teils auch höheren kulturellen Ambitionen, welche die für die Männer schwierige Balance zwischen Beruf und Familie deutlicher zugunsten der Erwerbs- und Berufspflichten verschoben, bewirkte auch die verstärkte Trennung von Wohn- und Arbeitsplatz, dass immer mehr bürgerliche Männer die längste Zeit des Tages und Abends ausserhalb der Wohnung verbrachten und auch weder mittags noch abends immer zum gemeinsamen Essen anwesend waren. Sich wenigstens für kurze Zeit um Frau und Familie zu kümmern, gehörte jedoch zu den Anforderungen eines guten

Ehemannes, Vaters und Bürgers. So schien es Eugen Escher (1831–1900), Stadtschreiber, später Direktor der NOB, unerlässlich, in den Lebenserinnerungen, die vor allem seinen Werdegang sowie seine berufliche und politische Karriere breit darstellten, eine «Abschweifung» in sein intimes Privat- und Familienleben zu unternehmen; einerseits um so sein «ganzes Wesen zu kennzeichnen», andererseits um darzutun, dass er «in den Geschäften nicht völlig aufging, sondern auch den innersten Herzensregungen stets zugänglich blieb» und sich um seine, ihm teure Familie kümmerte.⁵⁸⁴ Doch auch wenn vielbeschäftigte bürgerliche Ehemänner und Väter wie Eugen Escher oder Samuel Dietrich Schindler daheim waren, bewegten sie sich im Alltag, obwohl unbestritten das «Haupt der Familie», eher am Rande des Familienlebens.

Von den Unannehmlichkeiten des häuslichen Lebens und der alltäglichen Kindererziehung wurden und waren die meisten bürgerlichen Väter weitgehend verschont. Auch dort, wo sie noch zu Hause arbeiteten, waren sie im Alltag des Familienlebens und der Erziehung eine Randfigur. Haus und Familie, die «Oase im Getriebe der Welt», war ihnen so gleich in doppelter Weise ein Schonraum. Den von seinen ausserhäuslichen Tätigkeiten erschöpften Gatten und Vater zu schonen, ihm Ruhe und Erholung zu gönnen und ihn nicht mit Alltäglichkeiten des häuslichen und familiären Lebens zu belasten, war eine der wichtigsten Anforderungen an das Verhalten sowohl einer guten Gattin und Mutter als auch wohlerzogener Kinder. In gutsituierten häuslichen Verhältnissen bot das Rauch- oder Arbeitszimmer, die Bibliothek oder das Herrenzimmer die Gelegenheit, sich von der übrigen Familie zurückzuziehen. Aber auch ohne diesen räumlichen Rückzugsbereich lebten bürgerliche Ehemänner und Väter von Unannehmlichkeiten sorgsam abgeschottet. Ihre Autorität und Würde, je nachdem auch mehr ihre Launen und Unberechenbarkeiten, umgaben sie mit einer Aura der Unansprechbarkeit oder errichteten um sie gar eine Mauer des Schweigens und der Verschwiegenheit und enthoben sie dem Kleinkram des häuslichen Lebens und den kleinern familiären Konflikten, die nur dann zur Sprache kamen, wenn sie es zuliessen.

Wie sehr bürgerliche Väter freiwillig oder gezwungenermassen vom Familienleben ausgeschlossen waren, selbst dann, wenn sie teilweise zu Hause arbeiteten, lässt sich am Beispiel von Max Huber-Escher (1874–1960) illustrieren. Mit 29 Jahren war Max Huber, ein Sohn des Unternehmers Peter Emil Huber-Werdmüller (1836–1915), bereits Professor an der Zürcher Hochschule, 1903 kaufte er sich Schloss Wyden bei Andelfingen als zukünftigen Wohnsitz und heiratete 1904 Luise Emma Escher, eine der drei Töchter des Millionärs und Rentiers Conrad Escher. War Max Huber zu Hause, so spazierte er mit seinen Kindern jeweils am Abend eine halbe Stunde, länger am Sonntag. Er fragte sie dann, was sie treiben und denken; was sie in der Schule machen. Dann verschwand er jeweils wieder in seine Bücherwelt, oben im Turm des Schlosses. «Die Kinder lernen», wie Fritz Wartenweiler in seiner ehrfürchtigen Lebensdarstellung dieses «Mannes von aussergewöhnlicher Begabung» schreibt, «den Vater nicht zu stören in seinem Turm. Sie erfassen: er ist eine Respektsperson, zu der man aufblickt. Er ist oft in Gedanken vertieft. Sie wissen: er hat es nicht gern, wenn sie irgendetwas leichtsinnig zugrundegehen lassen. Das kann ihn aufbringen, wenn sie nicht Sorge tragen, Sorge zu den Dingen, Sorge zur Zeit! Er bastelt, wenn er kann: Babihüsli und Kochherde für die Töchter. Einmal im Jahr ist er völlig für sie da. An Weihnachten baut er ein ganzes Zimmer auf für sie, die Krippe zwischen Tannenbäumen, Märchenfiguren, Menschen, Tiere im Wald.» [585] Dieses Beispiel zeigt nicht nur, wie wenig vielbeschäftigte bürgerliche Väter mit ihren Kindern Umgang pflegten, sondern auch, wie als Gegengewicht zu diesen Tendenzen im Familienleben bestimmte Ereignisse und Riten einen höheren Stellenwert erhielten. Familienfeste wie Weihnachten und Geburtstage, aber auch Familienspaziergänge und grössere Familienausflüge sowie vor allem die gemeinsamen Ferien waren solche Ereignisse und Riten. Sie liessen die im Alltag wenig präsenten Väter mehr ins Zentrum des Familienlebens rücken, brachten die Familie allgemein wieder mehr zusammen und stellten so für sich und andere den Familienzusammenhalt wieder her. [586]

Für den emotionalen Zusammenhalt der Familie waren vor allem die Mütter verantwortlich. Denn mit der zunehmenden Trennung von Familie und Erwerbsleben sowie der erhöhten beruflichen Belastung der Väter im 19. Jahrhundert hatte die Rolle der Mutter im Familienleben eine Aufwertung erfahren, während gleichzeitig die Rolle des Vaters und mit ihr die Vaterpflichten tendenziell eher in den Hintergrund gerückt waren. Auch wenn die meisten bürgerlichen Mütter in der Betreuung der Kinder durch Dienstboten unterstützt wurden, so bildete nun die Sorge um die Kinder doch einen Hauptinhalt ihres Lebens und wurde auch zum wesentlichsten Gegenstand ihrer Befriedigung. Mutter zu sein war, wie es um 1865 in einem Festgeschenk an die «kluge und einsichtige Schweizerin vom bürgerlichen Stande» hiess, aber nicht nur die «erste und erhabenste Bestimmung des Weibes» [587], sondern sollte die wichtigste Aufgabe der Frau in ihrem Leben überhaupt sein. Der «Mutterberuf» war, wie es die Ärztin Marie von Thilo fast vierzig Jahre später in einer um 1901 in Zürich erschienenen Aufklärungsschrift an erwachsene Töchter ausdrückte, «der höchste und heiligste Beruf», den eine Frau überhaupt ausüben konnte. [588] Eine Mutter hatte, so verlangte es das bürgerliche Familienideal und die Ideologie des Geschlechterdualismus, für die Kinder zu leben, sie mit ihrer fürsorglich-zärtlichen Mutterliebe zu umfangen und ihnen einen emotionalen Rückhalt zu geben: «Aus Liebe sich selbst zu vergessen, alle ihre Mühe, alle ihre Sorge ohne Unterlass Andern zu weihen», ist das «süsse Geschäft» der Mutter. «Sie selbst gehört sich nicht.» [589]

Für Max Huber-Escher (1874–1960) entsprach seine Mutter Nanny Huber-Werdmüller (1844–1911) in idealer Weise diesen Anforderungen: «Sie vermochte ihren Kindern einen Hauch ihres Geistes zu geben, den Sinn für den herben Ernst des Lebens einzuprägen und so fest im Gewissen ihrer Kinder einzuwurzeln, dass diesen der Gedanke an sie Kraft gab, in Versuchungen und Stürmen, sich und dem der Mutter gegebenen Versprechen treuzubleiben».[590] Ihren Kindern gab sie «ein Gefühl der Ruhe, der Sicherheit, des Behütetseins»: «Sie war ernst, selten fröhlich, aber auch selten gedrückt, den Kindern gegenüber folgerichtig und unerschütterlich, ruhig. Sie sprach nicht viel, wirkte nicht durch Mahnungen, Scheltworte, Moralpredigten, sondern durch ihr Sein.»[591] Mütterliche Ideale verkörperte Nanny Huber-Werdmüller auch noch für ihre Enkel, die sie regelmässig um sich scharte und in Krankheitsfällen noch am ersten Tag aufsuchte. Auch sonst brachte diese «erstaunlich wirklichkeitsnahe Frau», die «gar nichts Schwärmerisches» an sich hatte, sondern von «erfrischender Deutlichkeit» war, ihren Enkeln ein «sehr grosses Einfühlungsvermögen» entgegen. In ihrem Hause fanden besonders die Kinder ihres Schwiegersohnes Samuel Dietrich Schindler jene gelöste Stimmung, die sie zu Hause wegen ihres gestrengen Vaters vermissten.[592] Wie im Hause Huber und Schindler war in der bürgerlichen Familie allgemein die Mutter für die Kinder in der Regel der sanftere Elternteil. Sie stand den Kindern in jeder Beziehung näher, vor allem deshalb, weil sie sich ständig oder doch häufig um die Kinder zu kümmern hatte, aber auch weil sie ebenfalls der Autorität des Mannes unterworfen war und durch ihr Beispiel die Kinder lehrte, sich der Autorität zu fügen.[593]

Die Aufwertung und Ausweitung der mütterlichen Sorgepflichten und Erziehungsaufgaben brachte vielen bürgerlichen Frauen, besonders in der ersten Hälfte des 19. Jahrhunderts, eine zusätzliche Belastung, die sie mit der noch aufwendigeren Haushaltsführung manchmal nur schwer in Einklang bringen konnten. So hatte Emilie Wiser-Pestalozzi, wie sie in ihrem Tagebuch immer wieder seufzend anmerkte, oft Mühe, sowohl den Anforderungen des Haushaltes als auch denjenigen der Kindererziehung vollauf zu genügen. «Im ganzen genommen», schrieb sie einmal gegen Ende der vierziger Jahre, «sind es drei gefreute Jungen, die mir aber viel zu schaffen geben, so dass mein Kopf, namentlich an stürmischen Wintertagen, wo sie keinen Augenblick zur Stube hinaus können, oft von lauter Reden, Mahnen und Freudemachen recht müde ist und, wie die Berner sich ausdrücken, ganz Sturm wird. Dann werde ich noch dazu ärgerlich über mich selbst, indem es mir vorkommt, ich sollte mit weniger Worten Ruhe und Ordnung schaffen können. Ich meine auch, ich sollte nicht so an der Arbeit hangen und sie mehr bei Seite legen können, um die lieben Buben anständig zu beschäftigen. Thue ich es aber und gebe mich mit ihnen ab, so bin ich des Abends beschämt über mein Nichtsthun und über meine wenige Arbeit im Vergleich mit dem, was Andere schaffen und was eine Frau von meinem Schlag, vom lieben Mittelstand, leisten sollte.»[594] Manche Schriften zur Rolle der Frau gingen in der Folge sogar so weit, die mütterlichen Pflichten und Funktionen den hausfraulichen Aufgaben, die früher absolut Vorrang gehabt hatten, voranzustellen. Auch die Anstellung von Dienstboten wurde mit den wichtigeren Pflichten der Mutter und Gattin legitimiert. So forderte etwa Marie von Thilo um die Jahrhundertwende die bürgerlichen Töchter dazu auf, als zukünftige Hausfrauen nicht zur «Haushaltungsmaschine» zu werden und nicht Dinge zu machen, die Putzfrauen und Wäscherinnen besser und rascher erledigen könnten.[595] Schwangerschaften und Mutterpflichten füllten denn auch oft zwanzig oder dreissig und, je nach Anzahl Geburten, allenfalls noch mehr Jahre des Lebens einer bürgerlichen Frau aus, vor allem wenn man bedenkt, dass vier bis sechs oder noch mehr Geburten in bürgerlichen Verhältnissen gegen Ende des 19. Jahrhunderts noch immer sehr häufig waren.

Wie sehr bürgerliche Frauen, auch wenn sie über Dienstboten verfügten, in ihren mütterlichen Pflichten aufgingen, gleichzeitig aber auch mit den häuslichen Pflichten zusammen kräftezehrend belastet waren, illustriert ein Eintrag von Emilie Pestalozzi-Wiser (1818–1882) in ihr Tagebuch am Neujahrstag 1852. Sie war damals seit elf Jahren verheiratet und hatte gerade im Jahr zuvor ihr fünftes Kind geboren. «Der Kindersegen ist eine schöne Sache und nichts macht mich zufriedener, als im Kreise meiner Kinderchen zu weilen, ihnen alles zu thun, mich ganz ihrer Pflege hinzugeben, für sie zu sorgen und zu denken, aber ebensosehr sind sie oft eine Hemmung für die Ausbildung unseres Geistes, und besonders ein kleines Kind lässt die Mutter nie lang in Ruhe. Dürfte ich wünschen und sagen, was eine Mutter glücklich macht, so gehört dazu gewiss ein mässiger Kindersegen, dass sie ihren geistigen und körperlichen Bedürfnissen selbst nachkommen kann, und ein gewisser, mässiger Wohlstand, dass man um der häuslichen Sorge willen nicht gezwungen ist, sich niemals Ruhe zu gönnen.»[596]

In bessergestellten bürgerlichen Familien, wo die Frau ja auch wichtige repräsentative Funktionen wahrzunehmen hatte, wurde denn auch die Mutter in hohem Masse in der Betreuung und Erziehung der Kinder durch Kindermädchen und andere Bedienstete unterstützt. In vornehmeren Familien überliess die Ehefrau die alltägliche Versorgung und Beaufsichtigung der Kinder zu einem grossen Teil, wenn nicht ganz, einer Amme oder Kinderfrau, einem Kinder- oder Dienstmädchen, eventuell später einer Erzieherin oder einem Privatlehrer. In vielen dieser reichern Familien verbrachte so die Mutter im Alltag nur einen recht kleinen Teil ihrer Zeit wirklich mit den Kindern, oft sogar nur zu ganz bestimmten Zeiten, wie etwa beim Mittagessen oder nach dem Nachmittagstee. Dennoch war die Mutter auch in diesem Milieu ebenfalls für die Erziehung verantwortlich und prägende Instanz für die Vermittlung standesgemässer Normen und Verhaltensweisen. Diese Entwicklung zu einem eher distanzierten Verhältnis zwischen Mutter und Kind begann vielfach schon nach der Geburt. Das Stillen des Kindes war in diesem Milieu auch um die Jahrhundertwende keineswegs üblich. Auch das Wickeln, das Essen geben und zu Bett bringen wurde, wie sich dies zum Beispiel auch aus den Aufzeichnungen von Blanka Zeerleder-von Fischer über das Leben in ihrer Familie ergibt, meist der Kinderfrau überlassen.[597] Unter solchen Umständen

entfiel von Anfang weg «eine gewisse, alltägliche mit Körperkontakt und Zärtlichkeit verbundene Intimität» zwischen Mutter und Kind. [598] Diese tenden-
zielle leichte Angleichung der Mutter- an die Vaterrolle dürfte es diesen Müttern erleichtert haben, gegenüber den Kindern hart zu sein und die auch von
ihnen in der Erziehung geforderte Konsequenz und Festigkeit unter Beweis
zu stellen.

Besonders in der Erziehung der Kinder, der Töchter, aber zunehmend
auch der Söhne wurden die Mütter bei wachsender Abwesenheit der Väter
mehr gefordert. Die Mutter sollte die «erste Lehrerin» ihrer Kinder sein.
Aus ihrem Munde sollten «die Worte der Tugend» und «die Lehren der
Liebe» zum «Herzen des Kindes fliessen». [599] Während noch im ausgehenden
18. Jahrhundert für die Erziehung der älteren Kinder vor allem der Vater
zuständig gewesen war, wurde nun die Mutter in der bürgerlichen Familie
eine zentrale Erziehungsinstanz. [600] Sie war, wie Friedrich Wyss in seiner
Tugendlehre die Rolle der Mutter umschrieb, das «Muster, das am beständig-
sten vor den Augen des Kindes steht». Sie ist in der Familie «der Magnet aller
Herzen und der Polarstern aller Augen. Immerfort wird sie nachgeahmt; sie
unterrichtet durch Handlungen und Beispiel. Dem Beispiel gegenüber ist die
Lehre nichts. Die Mutter hat auf das Thun und Treiben und die Charakterbil-
dung des Kindes weit mehr Einfluss, als der Vater; denn das Haus ist ihr Kö-
nigreich, wo sie alle Aufsicht führt. Ihre Gewalt auf die kleinen Wesen ist eine
unumschränkte. Der Mutter Gewohnheiten werden die der Kinder, ihr Charakter wiederholt sich sichtlich in ihnen.» [601] Im Aufgabenbereich der Mutter
lag neben der Pflege und Fürsorge nun nicht nur die ganze Früherziehung der
Kinder, sondern auch die moralisch-sittliche Erziehung der älteren Söhne und
Töchter. Sie war damit, wie es ihr als Frau aufgrund der Ideologie des Geschlechterdualismus ihrem Geschlechtscharakter angeblich auch mehr entsprach, trotz gestiegener Erziehungsaufgaben vor allem für den emotionalen
Bereich der Erziehung verantwortlich. Der Vater dagegen, der für die Kinder
teils die unbekannte und von ihnen ferngehaltene Welt verkörperte, war mehr
für den sachlichen Bereich, das heisst für all jenes, was mit der Welt zu tun
hatte, zuständig. [602] Verkürzt lässt sich die Rollenteilung im Umgang mit den
Kindern so zusammenfassen: Wenn Väter sich um ihre Kinder kümmerten, so
taten sie etwas mit ihnen, Mütter dagegen hatten die Kinder vor allem zu
umsorgen, für sie da zu sein.

Mit zunehmendem Alter gelangten die Söhne mehr unter Einfluss und
Aufsicht des Vaters. Ihm als Repräsentanten der Aussenwelt in der Familie
kam die Aufgabe zu, sie auf das zukünftige Leben draussen in der Welt hin-
zuführen. Besonders die Vorbereitung auf die zukünftige Erwerbs- und Berufstätigkeit fiel in seinen Zuständigkeitsbereich. So kümmerten sich die meisten
Väter sehr intensiv um die schulische und berufliche Ausbildung ihrer Söhne,
sie unterstützten und motivierten sie, sie kontrollierten ihren Einsatz und ihre
Fortschritte, ermahnten sie zu Fleiss, setzten sie aber auch unter mehr oder

weniger grossen Erfolgszwang. Sofern sie nicht in autokratischer Manier sowohl die Ausbildung als auch die Karriereplanung gleich selbst völlig unter ihre Kontrolle zu bekommen versuchten, berieten sie mit ihnen eingehend die Berufswahl und die weitere Karriere. Väter machten die Söhne aber auch sonst, etwa indem sie mit ihnen auf Reisen gingen, sie auf Spaziergänge, Ausflüge und Veranstaltungen mitnahmen und sie allgemein in die Welt der Männer einführten, mit der ausserhäuslichen sozialen Wirklichkeit vertraut. Im Unterschied zu den Söhnen blieben die Töchter dagegen aufgrund der geschlechtsspezifischen Rollenteilung gewöhnlich bis zur Heirat eher unter den Fittichen der Mutter.[603] Vereinzelt kümmerten sich die Väter, teils nur widerwillig und gegen ihr Verständnis von der eigentlichen Rolle der Frau, jedoch gegen Ende des Jahrhunderts vermehrt auch um die Bildung und Ausbildung ihrer Töchter.[604] Trotz Aufwertung der Mutterrolle und Hochstilisierung der Mutter zur ersten und wichtigsten Erzieherin des Kindes hatte in der Erziehung, erst recht in Fragen der Ausbildung, doch weiterhin der Vater das letzte Wort. Dies zeigte sich jeweils in Konflikten, so etwa, wenn der Sohn nach mehr Bewegungsfreiheit verlangte, wie dies Robert Faesi am Beispiel seines Bruders schildert: «Es kam zu Auseinandersetzungen, die Mutter legte sich ins Mittel und versuchte die starre Methode des Gatten, dem in jugendliche Gemüter sich einzufühlen nun einmal nicht gegeben war, zu mildern. Aber ihre angeborene, fast demütige Bescheidenheit auferlegte ihr Schranken, zumal in der gültigen Anschauung bürgerlicher Christlichkeit das Bibelwort 'Das Weib sei dem Manne untertan' noch deutlich nachhallte.»[605] Diese Beschreibung lässt gleichzeitig erahnen, wie weit weg manche bürgerliche Väter von ihren Kindern emotional waren, aber auch wie schwach die Position der Frau und Mutter in der Familie sein konnte, wenn sie eigentlich eine andere Haltung einnehmen wollte oder aufgrund ihrer mütterlichen Rolle eigentlich einnehmen sollte.

Wie sehr sich Väter um die Erziehung und Ausbildung ihrer Söhne bemühten, lässt sich am Briefwechsel illustrieren, den Johann Caspar Bluntschli (1808–1881) mit seinem Sohn ab dessen Eintritt ins Jünglingsalter führte. Alfred Friedrich Bluntschli (1842–1930) besuchte von 1855 bis 1858 das protestantische St.Anna-Gymnasium in Augsburg, 1858 wechselte er nach München, wo er aber in der Aufnahmeprüfung ans Gymnasium durchfiel, worauf, wie er in seiner Lebensskizze selbst schreibt, «beschlossen wurde», dass er sich nun mit Privatstunden und Kursen am Münchener Polytechnikum, einer Art Gewerbeschule, auf den Eintritt in das Polytechnikum in Zürich vorbereiten sollte, wo er dann schliesslich Architektur studierte. Die regelmässigen Berichte des Sohnes beantwortete der Vater öfters ausführlich und bemühte sich auch beharrlich, den Sohn auf höhere Zielsetzungen und ein zukünftiges Universitätsstudium hinzuweisen.[606] In einem Brief vom Oktober 1857 drückte er seine «grosse Freude» aus, dass der Sohn das Gymnasialexamen «mit gutem Erfolg» bestanden hatte, umso mehr als der «vorjährige Abgang» unter den

Erwartungen geblieben war. Im weiteren sprach er dem Sohn sein Vertrauen aus, dass er nun «mit frischem Muth» seine Gymnasialstudien fortsetze und «mit wissenschaftlichem Denken» so geübt und vertraut und so «heimatlich in den humanen Vorkenntnissen» werde, dass er «auf der Universität selbständig und frei der wissenschaftlichen Erkenntnis nachzugehen vermöge».
607 Immer wieder bat er seinen Sohn ihm mitzuteilen, was für Arbeiten er mache und was für Anregungen sein Geist gefunden habe. Auch während des Studiums in Zürich hielt Joh. Caspar Bluntschli mit seinem Sohn engen Kontakt und erteilte ihm freundlich-väterliche Ratschläge für seine Studien und dann die Wahl zwischen einem Ingenieur- und einem Architekturstudium, aber auch für die Gestaltung der Semesterferien oder der Kontakte, die er pflegen oder eher meiden sollte. 608 Im Februar 1861 riet er ihm mit der Begründung, dass eine Rückkehr ins «heimatliche Haus nach so kurzer Zeit» – Alfred Friedrich hatte eben sein erstes Semester am Polytechnikum absolviert – die «Entwicklung zur Selbständigkeit eher stören als fördern» würde, davon ab für die Semesterferien nach München zu kommen: «Viel besser ist's, Du benutzest die Ferienzeit zu freiem Privatstudium, da wo Du bist … In den Ferien hat man die Musse, sich selber umzusehen, Versäumtes nachzuholen, Neues anzustreben, an sich zu arbeiten. Daneben kann man auch der Erholung und dem Genuss einen Theil der freien Zeit gönnen und beide schmecken besser, wenn der Ernst der Arbeit die Unterlage bildet … Ich empfehle Dir, in den Ferien auch humane Wissenschaft zu treiben, Geschichte und schöne Literatur. Ohne diese Pflege, welche den Geist bereichert u. verschönert, wird Niemand ein echter gentleman. Später ist auch philosophisches Studium unerlässlich. Wer diese Bildung sich aneignet, kommt über die Sphaere des handwerksmässigen und bloss technischen Berufsbildung hinaus; wer darin zurück bleibt, kann ein recht brauchbarer und ehrbarer Mann sein, aber es fehlt ihm die geistige Taufe und Weihe, welche allein zu höheren Stufen des Lebens befähigt.» 609

Als Gegenleistung für die Fürsorge und Zuwendung verlangten die Eltern Ehrfurcht und Gehorsam. Ein für die zweite Hälfte des 19. Jahrhunderts schon eher extremes Beispiel kindlichen Gehorsams waren die 1846 geborenen Zwillinge Karl Rudolf und Sophie Johanna von Sinner. Die Eltern waren und blieben auch im Erwachsenenalter für die Geschwister, die ihrerseits untereinander eine sehr enge Beziehung 610 pflegten, der absolut wichtigste Bezugspunkt. Die beiden verliessen den elterlichen Haushalt, zu dem eine Stadtwohnung im eigenen Haus in der Gerechtigkeitsgasse und ein Sommersitz in Wabern (Aarbühl) gehörten, denn auch nie und blieben ledig. Beide lebten recht zurückgezogen, im Kreise der engern Familie und innerhalb des Kreises weiterer Angehöriger der Evangelischen Gesellschaft. In einem Brief an den Vater vom 30. Oktober 1879 wird die Unterordnung der erwachsenen Kinder und die offenbar von anderer Seite geäusserte Kritik am Brauch der Eltern, die beiden trotz ihres Alters noch immer als Kinder anzureden, offen thematisiert. Auf ein Lob des Vaters für ihre den Eltern entgegengebrachte hohe Wertschätzung, bemerkt Karl Rudolf: «Was Sie uns lobend schreiben, soll uns nur mehr antreiben, unsere Kinderliebe durch eifrigen Gehorsam und treue Pflichterfüllung zu beweisen, auch Alles zu vermeiden, was das von Gott geordnete schöne Verhältnis der Kinder zu ihren Eltern irgendwie trüben könnte. Dass wir, weil gross geworden, 'choquiert' seyn sollten, wenn Sie uns noch 'Kinder' anreden, davon ist keine Rede. Trotz einem gewissen Paragraphen der B.(Bundes)-Verfassung, der die Söhne und Töchter schon mit dem (wenn ich nicht irre) 17. Lebensjahre von der elterlichen Gewalt ganz entbindet – ja, trotz dem lassen wir uns Ihre Kinder nennen und als solche behandeln, so lange uns Gott die Gnade schenkt, so vortreffliche Eltern, wie Sie lieber Vater, und Sie liebe Mutter solche für uns sind, zu besitzen. Das lassen wir, weder H. (Hanna) noch ich, durch alle Fürsprecherkünste und Rechtsgelehrten-Auslegungen uns nicht rauben.» [611] Die hohe Autorität der Eltern und die ihnen geschuldete Gehorsamspflicht äusserte sich in dieser streng konservativen Familie, wie aus dem Brief ersichtlich ist, auch darin, dass die Eltern noch immer gesiezt wurden. Das war um diese Zeit in den meisten anderen patrizischen wie bürgerlichen Familien schon länger nicht mehr der Fall. Schon vor der Jahrhundertmitte sprachen die Kinder in Zürich wie Bern ihre Eltern in der Regel mit Du und in Koseformen wie Mama und Papa an, ein Zeichen für die emotionale Erwärmung des familiären Klimas im 19. Jahrhundert und für mehr Nähe zwischen Eltern und Kindern. [612]

Wie sehr Gehorsam und Ehrfurcht gegenüber den Eltern je nach Milieu auch noch in der zweiten Hälfte des 19. Jahrhunderts religiös begründet und rituell eingefordert wurden, illustrieren die Briefe, die Blanka von Fischer (1848–1922) ab dem achten Altersjahr jeweils auf Neujahr ihren Eltern schrieb. Verbunden mit der Anrufung Gottes, ihr zu helfen, stattete sie darin jeweils auch den Dank ab für das Gute, das ihr die Eltern erwiesen hatten. Am 1. Januar 1860 wünschte die knapp zwölfjährige Tochter ihren Eltern: «Oh dass Gott Euch noch lange gute Gesundheit schenken möge und Geduld mich immer wieder die rechten Wege zu führen, von denen ich so oft, aber ohne es zu wollen, abweiche. Verzeiht mir, liebe Eltern, ich will dies Jahr folgsam und besser sein. Gott wird meine Bitte erhören und mich ein gutes Kind werden lassen.» [613] Auch in der Tugend- und Pflichtenlehre von Friedrich Wyss für nicht-konfessionelle Schulen von 1874 bestanden die wichtigsten Pflichten der Kinder gegenüber ihren Eltern darin, ihnen zu gehorchen und ihr Andenken immer zu ehren. Die Eltern lieben hiess für die Kinder, die Eltern erfreuen, ihr Wohl fördern, ihr Leiden mildern, eigene Wünsche und Freuden für sie opfern und sie lieben, auch wenn sie einmal ungerecht waren. Den Vater sollten sie «von Herzen ehren», die Mutter – man beachte den entscheidenden Unterschied – sollten sie «lieben». [614] Gehorsam aus Ehrfurcht bildete, wie auch J. J. Schaffner in seiner Schrift über die Erziehung in Haus und Schule Eltern und Schüler belehrte, die höchste Stufe von Gehorsam, jener aus Liebe war etwas tiefer und am tiefsten jener, der «einer äusseren Macht um dieser selbst willen, also einer Autorität geleistet wird». Ehrfurcht stand demzufolge wohl auch höher als Liebe, womit die Hierarchie zwischen Vater und Mutter auch in der Art, wie sie zu lieben waren, gewahrt blieb. 615

Elterliche Fürsorge und Zuwendung, väterliche Strenge und mütterliche Liebe waren untrennbar mit der Erziehung der Kinder verbunden. Sie waren Teil all der Erziehungs- und Sozialisationsstrategien, mit denen die Kinder mehr oder weniger bewusst und aber auch unbewusst auf ihre Erwachsenenrolle vorbereitet wurden. 616 Kinder sollten nicht einfach aufwachsen oder sich entfalten können, sie mussten, ob sie nun als von der Erbsünde gezeichnete, als von Trieben und Affekten beherrschte oder als engelsgleiche, noch unschuldige Wesen angesehen wurden, unter Anwendung pädagogischer Leitbilder und bewusstem Einsatz erzieherischer Methoden zu ihrem Besten geführt, mit Liebe, Strenge und Konsequenz erzogen werden. Unabhängig davon, ob ihre Erziehung nun mehr konservativ und religiös oder mehr liberal ausgerichtet war, orientierten sich bürgerliche Eltern am Leitbild der bewussten Erziehung der Kinder von Geburt an. Für die bessere «Aufzucht» der Kinder, so der zeitgenössische Sprachgebrauch, wurde seit dem ausgehenden 18. Jahrhundert von Pfarrern, Ärzten und anderen selbsternannten Pädagogen eine «regelrechte pädagogische Kampagne» (Schlumbohm) geführt, die mit ihren Anweisungen den Eltern nicht nur viele Regeln und handfeste Ratschläge erteilten, sondern ihnen für ihre erzieherischen Massnahmen eine theoretische Basis und damit gleichzeitig auch ein gutes Gewissen lieferten. Aufzucht wurde zur Erziehung, zu einer Kunst oder, wie der Führer an den Hochzeits-Altar sich ausdrückte, zu «einem schweren Geschäft», zu einer besonderen Arbeit, die für die Zukunft der Familie und der bürgerlichen Gesellschaft von so fundamentaler Bedeutung war, dass die Eltern selbst und professionelle Pädagogen sich ihr widmen sollten. Keinesfalls durfte sie ohne strikte Anweisungen und Kontrolle einfach Ammen und Mägden überlassen werden. Was von der natürlichen und sozialen Umwelt zu welchem Zeitpunkt und in welcher Dosierung aber auf die Kinder einwirken durfte, sollten die Eltern möglichst unter ihrer Kontrolle zu halten versuchen, um so entscheiden zu können, was dem Erziehungs- und Bildungsgang dienlich und nützlich war. Für die Kinder wurde deshalb eine Art «pädagogische Provinz» (Schlumbohm) geschaffen, die zunächst vor allem die Familie, miteingeschlossen die ganze Verwandtschaft, umfasste, und dann durch Unterricht zu Hause und besonders in schulischen Institutionen eine Ausweitung erfuhr. 617

Bewusste Erziehung setzte aber eine gewisse Distanz zwischen Eltern und Kindern voraus. Eltern sollten sich deshalb dem Kind in der Regel nicht spontan zuwenden, sondern in ihrem Verhalten auf Abstand und Selbstkontrolle bedacht sein und sich konsequent von bestimmten erzieherischen Grundsätzen leiten lassen. Nur so glaubten die bürgerlichen Erziehungslehrer, dass die Normen vom Kind verinnerlicht und schliesslich selbständig angewendet werden könnten. Wer erzog, musste das eigene Verhalten kontrollieren und sich selbst disziplinieren. Erziehen hiess immer auch Vorbild sein. Vorbilder spielten allgemein in der bürgerlichen Erziehung eine sehr wichtige Rolle. Man war überzeugt, dass «Schilderungen von Muster-Charakteren als lebendige Ideale des Nachstrebens von der jugendlichen Seele am leichtesten erfasst werden».618 Von seiten der Eltern waren «feste, wohlgeprüfte Grundsätze, Selbstbeherrschung, Erfahrung, Umsicht, Geduld und noch manches Andere, dessen Nothwendigkeit sich im Gang des Geschäfts erst entwickelt» unbedingt erforderlich.619 Diese «pädagogische Distanzierung» (Schlumbohm) der erziehenden Eltern vom erziehungsbedürftigen Kind war auch in einem konkreten räumlich-körperlichen Sinne zu verstehen. Zwischen Eltern und Kindern bestand eine Art Tabuzone, die nicht nur in einer strikteren Trennung der innerhäuslichen Lebens- und Intimsphäre von Eltern und Kindern ihren Ausdruck fand, sondern auch darin, dass zärtliche körperliche Berührungen zwischen Eltern und Kindern, aber auch andere Liebesbezeugungen als problematisch empfunden wurden. Aufgrund des bürgerlichen Familienideals sollte aber dennoch die Liebe den Grundton im Verhältnis zwischen Eltern und Kindern angeben.620 Aus Erinnerungen und Aufzeichnungen über das Familienleben gewinnt man den Eindruck, dass viele bürgerlichen Eltern, sofern sie sich etwa aus spontaner Zuwendung nicht teilweise über die Warnung vor Verzärtelung und Verwöhnung hinwegsetzten und dem Zärtlichkeits- und Geltungsbedürfnis des Kindes wie wohl auch dem eigenen nachgaben, diese widersprüchliche Situation dadurch lösten, dass sie ihre Liebe kaum durch Worte und erst recht nicht durch Gesten der Zärtlichkeit zeigten, oder mindestens im Vergleich zu heute doch viel mehr versteckten und auf leise Andeutungen beschränkten. Dies war auch bei Albert Heim-Vögtlin (1849–1937), Professor für Geologie an den beiden Zürcher Hochschulen, und seiner Frau Marie (1845–1916), der ersten Schweizer Ärztin, der Fall, die sich beide in vielem nicht an herkömmliche Konventionen hielten und sich trotz ihrer Erwerbstätigkeit und Mithilfe einer Kinderfrau doch intensiv mit ihren Kindern auseinandersetzten. So beschäftigte sich nicht nur die Mutter, sondern auch der Vater häufig mit den Kindern. Albert Heim notierte das erste Lächeln, die ersten Laute und selbständigen Bewegungen seines 1882 geborenen Sohnes Arnold in sein Tagebuch, zeichnete ihn und spielte mit ihm. 1885 waren die Heims die ersten Eltern, die am Zürichberg mit ihrem Kleinen inmitten der übrigen Kinder schlittelten. Doch Liebkosungen und Zärtlichkeiten gab es auch im Kinderalter nicht viele, und wenn, dann vor allem verbaler Art.621

Höchstes Ziel aller Erziehung sollte nach vorherrschenden bürgerlichen Vorstellungen der von innen, von seinem Gewissen, durch Normen und Werte geleitete Mensch sein, der «vernünftige», mit einem «freien Willen» ausgestattete Mensch, der nur noch das tun will, was er darf, und was er tun soll. Religiös umschrieben musste Erziehung den Menschen dazu befähigen, dass er ein «selbsttätiges Leben im Geiste Christi» und «nach göttlichem Willen» zu führen imstande war. [622] Trotz inhaltlicher Unterschiede setzten beide Vorstellungen voraus, dass die Menschen im Laufe ihrer Erziehung und Sozialisation gewisse Normen, die bürgerlichen Werte und Tugenden, internalisierten und sich die Fähigkeit aneigneten, ihr Verhalten, Denken und Handeln durch Selbstzwänge zu regulieren und zu modellieren. [623] Dies erst machte die Kinder zu selbstgesteuerten und selbstverantwortlichen Wesen, zu vollwertigen erwachsenen Menschen, die sich durch äussere und innere Selbstbeherrschung von all jenen abhoben, die sich von ihren rohen Trieben, ihren unmittelbaren Neigungen und sinnlichen Bedürfnissen treiben liessen, anstatt ihr Leben nach moralisch-sittlichen oder auch religiösen Normen und Werten auszurichten, wie es das bürgerliche Leitbild der Selbständigkeit und individuellen Eigenverantwortlichkeit verlangte und je nachdem auch noch Gottes Wille war.

Selbstbeherrschung und Selbstüberwindung, das heisst Kontrolle und Regulierung der eigenen Bedürfnisse und Affekte, Gefühle und Triebe, der Sinnlichkeit allgemein, bildeten deshalb zusammen mit dem Gehorsam, der immer sowohl ein Ziel als auch eine Methode oder Mittel der Erziehung darstellte, die wichtigsten bürgerlichen Erziehungsprinzipien und zwar, allerdings oft mit etwas anderen Schwerpunkten, sowohl in der Theorie als auch in der Praxis. Vorrangige Aufgabe aller Erziehung war es deshalb, den Kindern, wie es in der zeitgenössischen Sprachregelung hiess, den «Eigensinn», den «Eigen- oder Mutwillen», die «Selbstsucht» und «Widerspenstigkeit» des Kindes zu «brechen». Zum einen ging es dabei selbstverständlich darum, das Verhalten und Handeln der Kinder dem Willen und der Kontrolle der Eltern zu unterwerfen, ihnen Gehorsam «anzugewöhnen». Zum anderen sollte dadurch das Kind aber auch lernen, sich selbst zu überwinden und zu beherrschen. Denn, wie Ferdinand Zehender (1829–1885), Rektor der höheren Töchterschule, dies in einem seiner Zürcher Rathaus-Vorträge über Fragen der Erziehung um 1879 formulierte, «hoch über dem mühsam erzwungenen steht der freiwillige und freudige Gehorsam, der nach und nach nicht mehr dem Gebot des Erziehers, sondern dem in seiner Wahrheit und Güte erkannten sittlichen Gebote gilt. Es ist ein Triumph für den Erzieher, wenn es ihm gelingt, die sittlichen Gebote so als sittliche Grundsätze in die Seele des Zöglings hineinzubilden, dass sie immer mehr den Willen ausschliesslich bestimmen, so dass der Mensch aus eigener Einsicht in ihre Trefflichkeit ihren Winken unbeirrt folgt.» Über die Internalisierung gewisser Normen, Tugenden, das heisst den Aufbau eines Über-Ichs, des Gewissens, die «Bildung und Stählung des selbständigen Willens und die Bekämpfung des Eigenwillens» sollte das Kind also jene «wunderbare Gewalt des wahrhaft freien Willens» entwickeln, die es zur Selbstbeherrschung, der «Kunst, sich durch die eigene Willenskraft zu regieren», befähigte. [624] Damit war dann der junge Mensch gerüstet, um fortan nach erlangter Selbständigkeit für die «weitere Fortbildung sein eigener, sein

Selbsterzieher» werden zu können.[625] So waren Gehorsam, Selbstbeherr-schung und freier Wille nach zeitgenössischer Vorstellung eng miteinander verbunden. Vor allem in der mehr weltlich ausgerichteten Erziehungs- und Anweisungsliteratur wurde deshalb neben dem Kult des Gehorsams in der Regel auch der freie Willen oder die geistige Freiheit gefeiert. Im «leichtfass-lichen Handbuch der Pädagogik» von Ignaz Thomas Scherr, das auch für «gebildete Eltern» gedacht war, heisst es dazu in klassischer Manier: «Geistige Freiheit tritt da ein, wo die geistige Thätigkeit sich aller Beschränkung der Sinnlichkeit entwunden hat. Der Mensch muss nur das, was er will, und wo das Wollen nicht mehr durch sinnliche Triebe, Neigungen und Begierden geleitet, sondern durch die Vernunftthätigkeit bestimmt wird, da hört aller Zwang auf, und des Menschen Willen wird frei.»[626]

Auch bei J. J. Schaffner, der 1875 in der Einladungsschrift zur Promo-tionsfeier der beiden Gymnasien und der Realschule Basel von einem stark religiös geprägten Standpunkt her Eltern und Schüler über die Erziehung in Haus und Schule belehrte, hatte die Erziehung ihr Ende dann erreicht und konnte der Selbsterziehung, das heisst «dem Ringen nach Ideal», dann Platz machen, wenn der «Zögling befähigt und geneigt ist, seine Lebensaufgabe zu erkennen und ihrer Verwirklichung zu leben». Aus diesem «allgemeinen Er-ziehungszweck» leitete er, durchaus in Übereinstimmung mit anderen zeit-genössischen Vorstellungen, folgende drei besonderen Zwecke ab: Erstens hat die Erziehung die «natürliche Entwicklung zu fördern». Zweitens muss das Kind, der «Zögling», dazu angehalten werden, «den Forderungen der Vernunft gemäss zu leben». Um zu erreichen, dass die «geistige Natur des Zöglings die Herrschaft über die physischen Tätigkeiten» verschaffen kann, muss zuerst jedoch die «noch mangelnde geistige Macht» des Kindes durch die Erzieher ersetzt werden. Diese sich «täglich erneuernde Nöthigung» führt dann drit-tens zur «sittlichen Gewöhnung», die ihren Zweck dann erfüllt hat, wenn das Kind sich «zur Erkenntnis seiner Bestimmung erhebt, und diese Erkenntnis das Wollen leitet». Damit war dann das Endziel jeder Erziehung, «die Erhe-bung zur Einsicht und Willensstärke», erreicht. Der Förderung der natürlichen Entwicklung entsprach die Pflege, der sittlichen Gewöhnung die Zucht und der Erhebung zur Einsicht und Willensstärke der Unterricht.[627] Ähnlich ar-gumentierte knapp zwanzig Jahre später der freisinnige Meinungsmacher und Staatsrechtprofessor Carl Hilty in seiner Schrift «Grundgedanken der schwei-zerischen Erziehung». Wichtig war ihm vor allem, dass in der Erziehung der feste Glaube an einen vom Körper unabhängigen und ihn beherrschenden Geist vermittelt wurde. Oberstes Ziel der Erziehung in der Familie, die den Grund für die Selbsterziehung legen sollte, war es einerseits die vorhandenen körperlichen Anlagen möglichst kräftig zu entwickeln, andererseits in der «erwachenden Seele des Kindes Wärme für alles Gute und Schöne, Abneigung gegen das Entgegengesetzte und einen kräftigen Willen zu erzeugen», der diese Neigungen auch gegen sich selbst durchzusetzen vermag. Sittlich Häss-

liches muss dem Kind auch geistig hässlich erscheinen und zuletzt sogar körperlichen Widerwillen verursachen: «Vorher, so lange das sittlich Verwerfliche
noch reizend erscheint und uns die Vernunft, oder das Gewissen, oder die
Autorität Anderer davon abhalten muss, diesem Reize zu folgen, ist der
Mensch noch nicht ganz Mensch. Denn das Menschenthum, im Gegensatz
zum Thier, besteht in dem vollkommen freiwilligen, zuletzt auch durch Neigungen nicht mehr behinderten Gehorsam gegen das, was Vernunft und
Gewissen als das Wahre und Gute anerkennen müssen.» Um die Kinder
soweit zu bringen, mussten ihnen folgende Tugenden und Gewohnheiten
anerzogen werden: Gehorsam, Aufrichtigkeit, Freundlichkeit, Freigiebigkeit,
Arbeitsamkeit, Selbstüberwindung, Abwesenheit von Klassenhochmut und
Menschenfurcht. Zu erreichen war dies durch «Gewöhnung», durch «einfaches, aber konsequentes Anhalten, Loben und Tadeln in der Familie», durch
das Beispiel der Eltern, Angehörigen und Dienstboten. [628]

    Auch wenn diese und andere pädagogischen Lehren in ihren verschiede-
nen Spielarten in hohem Masse nicht nur die Leitvorstellungen der bürgerlichen Klassen über die richtige Erziehung und Einstellung zum Kind prägten,
sondern zu einem erheblichen Teil auch das tatsächliche Erziehungsverhalten
beeinflussten, so war die Realität doch nur beschränkt ein Spiegelbild der
erzieherischen Grundsätze. Im alltäglichen Umgang mit den Kindern, im konkreten Erziehungsverhalten und besonders in der Anwendung der verschiedenen Erziehungsmittel herrschte eine gewisse Variationsbreite. Grosser Wert
wurde in der alltäglichen Erziehungspraxis vor allem auf Gehorsam und Aufrichtigkeit, Selbstbeherrschung und Pflichtbewusstsein, aber auch auf Tugenden wie Pünktlichkeit, Ordentlichkeit und Arbeitsamkeit gelegt. Kinder und
Jugendliche sollten sich an Anstand und Höflichkeit gewöhnen, also lernen,
ihren Körper und ihr Verhalten so zu beherrschen, wie es sich gehörte und wie
es die bürgerlichen Anstandsregeln und Lebensformen verlangten, sich in die
vorgegebene Ordnung mit ihren Regeln und Normen fügen und sie letztlich
zu den ihren machen. Zur inneren Haltung sollten sie so auch den äusseren
Schliff einer zivilisierten Persönlichkeit erhalten. Erziehung war deshalb
immer auch Zivilisierung, «gesellschaftlicher Zwang zum Selbstzwang» (Elias),
durch welche Eltern und andere Erwachsene «teils automatisch, teils ganz
bewusst durch ihre Verhaltensweisen und Gewohnheiten entsprechende Verhaltensweisen und Gewohnheiten bei den Kindern» erzeugten: «Der Einzelne
wird von der frühesten Jugend an auf jene beständige Zurückhaltung und
Langsicht abgestimmt, die er für die Erwachsenenfunktionen braucht; diese
Zurückhaltung, diese Regelung seines Verhaltens und seines Triebhaushaltes
wird ihm von klein auf so zur Gewohnheit gemacht, dass sich in ihm, gleichsam als Relaisstation der gesellschaftlichen Standarde, eine automatische
Selbstüberwachung der Triebe im Sinne der jeweiligen gesellschaftsüblichen
Schemata und Modelle, eine 'Vernunft', ein differenzierteres und stabileres
'Über-Ich' herausbildet, und dass ein Teil der zurückgehaltenen Triebregun-

gen und Neigungen ihm überhaupt nicht mehr unmittelbar zum Bewusstsein kommt.»629

Zuallererst mussten bürgerliche Kinder deshalb lernen, gehorsam zu sein, den Anordnungen der Eltern widerspruchslos nachzukommen, und die geltenden Anstands- und Verhaltensregeln einzuhalten. Wie Söhne und Töchter von Glarner Unternehmern übereinstimmend berichten, war das Verhalten der Kinder in ihrem Milieu um die Jahrhundertwende durch feste, eindeutige Regeln bestimmt. In all ihren Familien war immer völlig klar, «was man als Kind tun durfte und was nicht. Wenn die Eltern einmal etwas bestimmt hatten, gab es an dieser Entscheidung nichts mehr zu rütteln. Oft wurde den Kindern zwar erklärt, weshalb sie dieses oder jenes nicht tun durften, vielfach gaben die Eltern jedoch einfach strikte Anweisungen.» Das Verhältnis der Kinder zu den Eltern war von Achtung, Respekt und Ehrfurcht geprägt. Dem Vater offen zu widersprechen war in der Regel undenkbar, der Mutter gegenüber dagegen war dies schon eher möglich. Die Anpassung der eigenen Haltungen und Meinungen an diejenigen des Vaters wurde gewöhnlich nicht als etwas Aufgesetztes oder Erzwungenes erlebt, vielmehr hatten die Kinder die väterlichen Normen soweit internalisiert, dass sie auch selbst meist das wollten, was der Vater billigte.630 «Geschwätz, leichtfertige Kritik, unehrerbietiges Gerede» wurden den Kindern auch im Elternhaus von Jakob Escher-Bürkli (1864–1939), wo es «streng und spartanisch einfach» zuging, «früh fürs ganze Leben ausgetrieben». Die Eltern, der Spinnereiunternehmer Hans Jakob Escher-Escher (1819–1886) und seine Frau Johanna Louise (1832–1903), setzten die Erfüllung all der kleinen Erfordernisse, die Sitte, Brauch und Anstand stellten, «die zu befolgen aber den Kindern tief zuwider» war, durch. Bei Tisch vor Schluss der Mahlzeiten wegzulaufen war zum Beispiel völlig ausgeschlossen. Bei seinen eigenen Kindern hielt Jakob Escher dann, wie sein Sohn Konrad Escher (geb. 1899) aus eigener Anschauung berichtet, «streng auf die Befolgung der guten alten, alten Anstandsregeln»: Kritik an Speisen war nicht erlaubt, unsorgfältiges Sprechen und schlechter Dialekt wurden pedantisch korrigiert, die Lästermäuler der Kinder sofort abgestellt.631 Obwohl Albert und Marie Heim-Vögtlin aufgrund ihres naturwissenschaftlichen Weltbildes die Kleinkinder sich möglichst selbst entwickeln lassen wollten – sie sagten ihnen deshalb auch absichtlich nichts vor –, war Gehorsam auch bei ihnen das wichtigste «Losungswort» in der Kindererziehung. Gehorsam, Selbstüberwindung und Selbstbeherrschung galten bei ihnen als wesentliche Voraussetzung für unermüdlichen Arbeitseifer, Leistung und Pflichterfüllung. Besonders die Mutter konnte Sohn Arnold (geb. 1882) und Tochter Helene (geb. 1886) mit ihrem «Schneid» und «Überschneid» ganz gehörig zurechtweisen. Zaudern oder Widerspruch duldete sie nicht.632

Die aktive Erziehung auf Selbstbeherrschung und Gehorsam begann schon beim Säugling. Die Gewohnheiten der Säuglings- und Kinderpflege und erst recht die Anweisungen der Ärzte und Pädagogen für das Säuglings- und

Kinderalter legten grossen Wert auf Disziplin, Ordnung und Gehorsam, auf
Affekt- und Triebregulierung. Schon dem Säugling und Kleinkind sollten
durch einen starren Zeitplan für das Stillen sowie die Trink-, Ess- und Schlaf-
gewohnheiten sein Eigensinn ausgetrieben werden. Das Beruhigen des Säug-
lings durch Liebkosungen, Wiegen und Vorsingen waren verpönt. Bedürfnissen, Wünschen und Begehren der Kinder nachzugeben, sich durch Tränen,
Trotz oder Schmeicheleien erweichen zu lassen, galt als unvernünftig, als Verwöhnung und Verzärtelung, die zwangsläufig die Ausbildung eines festen und
willensstarken Charakters verhinderten und es dem Ich, dem «dunklen Des-
pot», «seine Herrschaft über Wille und Gesinnung» auszuüben erlaubten. [633]
Indem die Eltern schon früh dem Kind «alle grundlosen Launen und Grillen,
jedes falsche Begehr» fest und beharrlich abschnitten, sorgten sie dagegen
dafür, dass es dank dieser «richtigen und guten Gewöhnung» später «das Gute
und Rechte mit Bewusstsein und aus freiem Willen» tun könnte. [634] Entsprechend früh begann auch die Erziehung zur Reinlichkeit, zur Beherrschung der
körperlichen Ausscheidungen, ein Thema, das in der Anweisungsliteratur aus
Scham allerdings kaum direkt und eingehend behandelt wurde. [635] Blanka
Zeerleder-von Fischer setzte ihre 1875 geborene Tochter Luisa schon im zehnten Lebensmonat auf den Topf und bestrafte sie bei «böswilligen Unterlas-
sungssünden». Auch im Spielverhalten legte sie bereits beim Kleinkind Wert
darauf, dass es bald einmal «punkto Reinlichkeit in ein menschenwürdiges
Stadium» kam. Dies galt auch für das Essen. Am gleichen Tisch wie die
Erwachsenen durften die Kinder erst essen, wenn sie die geforderten Manieren einigermassen beherrschten. [636]

Schon von früh an sollten die Kinder auch an Pünktlichkeit gewöhnt
werden. «Pünktlicher Gehorsam» (Nägeli) war den Eltern ein Beweis und
Gradmesser für Gehorsam, Disziplin und Ordnung, für das Pflicht- und Verantwortungsbewusstsein ihrer Kinder. Besonders exakt mussten sie die Essens-
zeiten einhalten. Verspäteten sie sich um fünf oder zehn Minuten, so bekamen
Glarner Unternehmerkinder, und nicht nur sie, nichts mehr oder mussten
sonst eine Strafe gewärtigen. [637] Nicht von ungefähr wähnte sich die Unternehmertochter Fanny Sulzer-Bühler deshalb auf Schloss Hard in der Familie
ihres Onkels Theodor Ziegler-Bühler, wo die Kinder zum Essen kommen
konnten, wann es ihnen passte, bereits im «Schlaraffenland». [638] Bei aller Förderung von Spielen aller Art, von Basteln, Musizieren und Naturbeobachtung
waren auch dem Ehepaar Heim-Vögtlin für die Kinder die «richtige Wertung
und Ausnutzung der Zeit» (Siebel) sehr wichtig. So wurde schon beim kleinen
Arnold kontrolliert, wieviele Minuten der Hin- und Rückweg zur Schule in
Anspruch nahm. [639] Gehorsam und Pünktlichkeit waren, wie Marie Largin
rückblickend erzählt, auch im Hause des Direktors der Eidgenössischen Bank,
Alexander Largin, ein oberstes Erziehungsprinzip: «Wir wurden eigentlich zu
Hause ziemlich streng gehalten; wir wurden in keiner Weise verwöhnt, mus-
sten sehr gehorchen und Pünktlichkeit war unbedingte Pflicht.» So wenig ver-

wöhnt und streng gehalten, wie Marie Largin glauben macht, war die Erziehung im Hause Largin, wenn man andere Erinnerungen aus ihrer Kindheit berücksichtigt, trotz Pünktlichkeit und Gehorsam allerdings nicht. Wohl erhielten auch Marie und ihr Bruder Alexander nach einem Streich, der die Grossmutter sehr ängstigte, «tüchtige Schläge», wurden sie in ihre Betten befördert und bekamen sie einfachstes Essen, im allgemeinen scheinen sie in mancher Beziehung jedoch über einen vergleichsweise recht grossen Spielraum verfügt zu haben. [640]

Einen Gegenpol zur immer wieder kritisierten Verzärtelung und Verwöhnung der Kinder, gerade in besseren Kreisen, bildete die Abhärtung: «Das Erste und das Wichtigste, was ein Kind lernen muss, ist Leiden ertragen zu können.» [641] Eng damit verbunden war die Forderung nach Ordnung, Einfachheit und Mässigkeit, aber auch nach Betätigung und Arbeitsamkeit der Kinder vom frühen Alter an. Vor allem die Söhne, die ja für das Leben draussen, das immer als ein «Kampf» dargestellt und empfunden wurde, vorbereitet sein mussten, sollten, wie die «kluge und einsichtige Schweizerin vom bürgerlichen Stande» belehrt wurde, an ein «frisches, kräftiges und straffes Leben» gewöhnt werden. Sie sollten so erzogen werden, dass sich ihr Ehrgefühl gegen «jeden weichlichen Sinn, jede unzeitgemässe Bequemlichkeitsliebe, jede Schlaffheit» als «verachtungswürdige Schwächlingseigenschaft» stemmt und sträubt. [642] Die Forderung nach Abhärtung in der Erziehung erfuhr in den sechziger Jahren durch den Darwinismus noch eine zusätzliche Legitimation. So hielt Heinrich Fick, der ein engagierter Befürworter der Darwin'schen Theorie war und die Lehren von der «natürlichen Zuchtwahl» und der Vererbung [643] sehr direkt auf die menschliche Gesellschaft übertrug, geistige und körperliche Abhärtung auch deshalb für sehr wichtig. Denn der «wirkliche Krieg», der äussere zwischen den Nationen und der innere zwischen den Parteien, stellten für ihn eines der «wunderbaren Mittel» dar, deren sich die Vorsehung bedient, um «das Menschengeschlecht zu immer höherer Vollkommenheit heranzubilden». Die Fortsetzung fand diese natürliche Auswahl in der Gesellschaft in der «sexuellen Zuchtwahl», im «Wettkampf um das andere Geschlecht», der «dann erst recht veredelnd und vervollkommnend wirken muss, wenn durch die Sitte und das Ehrgefühl, und aushilfsweise durch stramme Strafjustiz die brutalen Kampfarten der List und Gewalt zur Unmöglichkeit geworden sind und daher vorwiegend nur wirkliche physische, moralische und ökonomische Vorzüge den Sieg in diesem Wettkampf verleihen können». [644] Dieses Ideal beinhaltete jedoch nicht starres Ausrichten nach konventionellen Verhaltensregeln, die Kinder Ficks galten denn auch eher als «unerzogen». Wenn freundliche Darlegungen und logische Überzeugungsversuche nichts fruchteten, gab es auch in diesem eher unkonventionellen Hause Schläge mit dem Meerrohr oder Ohrfeigen. Auch Flecken auf das Tischtuch wurden so geahndet. [645]

«Gewöhnung» durch Zwang und Strafen, die in irgendeiner Art meist

den Körper betrafen, gehörten in den ersten Lebensjahren, dem Säuglings-
und Spielalter zu den wichtigsten praktizierten Erziehungsmethoden. Auch
bewusstes Lob wie «ein Strahl erhöhter Freundlichkeit» und Belohnungen bei
Wohlverhalten spielten trotz ständiger Angst, das Kind könnte dadurch zu
sehr verwöhnt und eingebildet werden, eine nicht unwichtige Rolle. Sehr früh
schon lief Erziehung über die kognitiven Fähigkeiten, den Verstand und die
Vernunft des Kindes. Zur Gewöhnung trat nun die Belehrung, das zweite
Schlüsselwort bürgerlicher Erziehung, die allgemein sehr verstandesorientiert
war und wenig Wert auf Kreativität und Spontaneität legte. Mit fortschreiten-
dem Alter, wenn das Kind gewisse Gebote und Verbote verinnerlicht hatte
und sich in Ansätzen über einen selbständigen Willen im Sinne eines Über-
Ichs auswies, rückten Appelle an das Gewissen und die Einsicht als wichtige
Erziehungsmittel in den Vordergrund. Damit erhielt die Erziehung eine neue
Dimension. Sie versuchte nun nicht mehr nur, das Verhalten durch äussere
Eingriffe zu beeinflussen, sondern mehr und vor allem auf das Innere des Kindes einzuwirken. Entsprechend veränderten sich auch die Strafmethoden,
denn mit der Strafe sollte nicht mehr in erster Linie der Körper getroffen, sondern vielmehr die Einsicht gefördert, das Gemüt und das Gewissen angesprochen und im Sinne der Eltern beeinflusst werden. Beschämung, stumme
Rügen, Stillschweigen und andere Formen des Liebesentzuges bis zu Drohung
des Verstosses aus der Familie ergänzten und dominierten nun das Strafreper-
toire bürgerlicher Eltern. Obwohl im Diskurs um die richtige Erziehung
immer auch betont wurde, wie wichtig neben Liebe und Strenge das Vorbild
der Eltern und hervorragender Charaktere als «lebendige Ideale des Nachstrebens» im Erziehungsprozess sei, nahm das Strafen doch meist eine Schlüs-
selstellung ein. Welche Arten von Strafen zulässig und sinnvoll waren und wie
sie eingesetzt und dosiert werden sollten, darüber bestanden in der An-
weisungs- und Erziehungsliteratur gewisse Differenzen. Ganz besonders galt
dies für die Frage der verschiedenen Formen von Strafen, der Anwendung von
Körperstrafen, aber auch für die Frage, welche Bedeutung der Belohnung zukommen sollte und durfte.[646]

Im allgemeinen wurde zwar empfohlen «mehr mit Liebe, Aufmunterung und Belohnung, als mit Tadel und Strafe bei den Kindern seinen Zweck
zu erreichen».[647] Doch dass Fehlverhalten wie Zorn, Trotz, Lügen, Launen,
Maulen und anderes eigensinniges oder eigenwilliges Verhalten, wenn blosse
Ermahnungen nichts fruchteten, zumindest bei jüngeren Kindern mit der
Rute ausgetrieben werden sollten, darüber scheint in der zweiten Hälfte des
19. Jahrhunderts noch ein recht breiter Konsens geherrscht zu haben. Für
ältere Kinder wurden körperliche Züchtigungen als rohes Strafmittel eher
abgelehnt oder für extreme Fälle vorgesehen. Wenn gezüchtigt wurde, so
sollte, wie übereinstimmend in allen Anleitungen festgehalten wird, dies nie
im «Zorn» geschehen, sondern «ohne leidenschaftliche Aufregung» und «ohne
Übereilung», aber konsequent und angemessen. Auch sollte man das ältere

Kind davon zu überzeugen versuchen, dass es die Strafe verdient und es durch Reue und Besserung die Verzeihung der Eltern zu erflehen habe. [648] Diese Forderung nach Affektlosigkeit und Einsicht des Kindes hing sehr stark mit den Gefühlen zusammen, die kindliches Fehlverhalten beim Erwachsenen selbst auslösen konnten: «Durch 'gesetzmässiges', affektloses Strafen ersparte sich der Erwachsene die Scham- und Schuldgefühle, die mit einem Gefühlsausbruch verbunden gewesen wären.» [649] Für Ferdinand Zehender, den Rektor der höheren Töchterschule in Zürich waren Strafen, weil die Eltern als Erzieher die Pflicht hatten, «an die Stelle des willkürlichen Triebes das sittliche Gebot zu setzen und dafür Gehorsam zu verlangen, damit der Wille nicht in eine falsche Richtung einschlage», nicht nur berechtigt, sondern eine unerlässliche Pflicht: «Wo die Strafe als Erziehungsmittel verschmäht wird, da gewöhnt sich der unbändige Sinn daran, jedes höhere Gebot, das gegen seine Begierde streitet, zu verachten, jeder Lust und Laune nachzugeben, und öffnet sich damit den Weg ins sittliche Verderben.» Wichtig war Zehender, dass die Kinder die Strafe für ein Vergehen zum voraus kennen und dass der Erzieher dann auf seinen Anforderungen unerschütterlich und unerbittlich beharrt, denn sonst würde er die Autorität verlieren. Geeignete Strafmittel waren für ältere Kinder und Jugendliche – für die frühesten Kinderjahre und ernste sittliche Vergehen schloss er körperliche Strafen nicht aus – vor allem die «Nötigung», das heisst die Pflicht, das Versäumte noch einmal oder in gesteigertem Masse zu erfüllen. Bei ernsteren Vergehen wie Lügen, Gemeinheiten in Worten und Benehmen sollten Strafen angewandt werden, die an das Gefühl der Würde, Ehre und Anerkennung appellierten, zum Beispiel Ausschluss vom Umgang mit seinen Nächsten oder Freunden. Falls die «geistigeren Mittel» nichts fruchteten, sollte zu härteren Strafen wie äusserem Zwang geschritten werden. [650]

Für den Liebesentzug als wichtigstes Mittel, Ungehorsam zu bestrafen, plädierte J. J. Schaffner um 1875 in seiner Schrift über Erziehung in Haus und Schule. Voraussetzung dafür war jedoch, erklärte er den Eltern seiner Schüler, «dass die Liebe zum Erzieher im Herzen des Zöglings eine Wohnstätte gefunden» hat. Denn nur «so wirkt bei eintretendem Ungehorsam Entziehung der Liebe als Strafmittel, indem dadurch im Kinde das Gefühl erwachen wird, es habe durch seinen Ungehorsam das zwischen ihm und dem Erzieher bestehende Verhältnis gestört. Dieses Gefühl wird in ihm die Sehnsucht wecken, durch vermehrte Liebe das Zerstörte wieder aufzubauen.» [651] Für Schaffner waren jedoch, «gestützt auf die Erfahrung der bekanntesten Pädagogen», auch körperliche Züchtigungen nicht nur erlaubte Strafmittel, sondern unter Umständen sogar ebenso notwendig wie die «operativen Heilmittel in der Medizin». Wenn der Erzieher zu solchen Strafen genötigt war, sollte er jedoch das Kind fühlen lassen, wie sehr die Straferteilung ihm selbst schmerzlich ist. Im weiteren wandte er sich in der praktischen Erziehung, die er von der physischen und intellektuellen Erziehung unterschied, gegen «beständiges Tadeln

und Abkanzeln» sowie gegen «unverständiges Loben» und wies auf die
«erziehliche Macht des guten Beispiels» und auf die Notwendigkeit hin, bei
sich selbst das Gefühl für das Wahre, das Schöne und das Gute zu pflegen,
diese Gefühle aber auch zum Objekte der Erziehung zu machen. Denn nur so
könne erreicht werden, dass die Kinder nicht einfach aus Gehorsam all die
Tugenden wie «Ordnungsliebe, Reinlichkeit, Dankbarkeit, Bescheidenheit»,
sondern aus innerstem Bedürfnis, aus dem «Gefühl» heraus erfüllten.[652]

Das bewusst eingesetzte, wichtigste Erziehungsmittel bildeten Strafen
vor allem in jenen konservativ bürgerlichen Kreisen, wo die Unerbittlichkeit
christlich-religiöser Leitbilder die Erziehung prägte und die Kinder auch am
stärksten auf Distanz gehalten wurden. Die Liebe der Kinder sollte sich vor
allem in Ehrfurcht, Respekt und absoluter Anerkennung der elterlichen Autorität niederschlagen, jene der Eltern, insbesondere des Vaters, in Strenge und
Härte. Nach eigenem Selbstverständnis war dies Gottes Wille und zum Wohle
und Besten des Kindes unabdingbar. Die christlich-evangelische Erziehung,
die Christian Heinrich Zeller (1779–1860), einer der führenden Pädagogen
dieser Richtung, in seiner auch nach dem Tode weiter mehrfach aufgelegten
Erziehungslehre als die einzig wahre Erziehung bezeichnete, war geprägt von
der Vorstellung, dass alle Menschen der Sünde und durch die Sünde dem Tode
verfallen sind. Wegen der Erbsünde ist die menschliche Natur krank, die
menschliche Seele ist dem Irrtum unterworfen und dem Geist der Eigenheit
und Selbstsucht verfallen. «Naturgemässe Entwicklung» ist daher «Entwicklung der Sünde und des Todes». Wahre Erziehung soll die Menschen aber zum
ewigen Leben fähig machen, denn dazu sind sie geschaffen. Dazu benötigte
sie aber immer die übernatürliche Hilfe des Heilands.[653]

Die erste Pflicht der Erzieher bestand deshalb darin, die Kinder zur Bitte
und Fürbitte zu erziehen, sie die Kraft und Wirksamkeit des Gebetes einsehen
zu lernen. Ihr folgte die Pflicht der Aufsicht und Bewahrung der Kinder vor
Gefahren und Versuchungen. Die wichtigsten Erziehungsprinzipien bildeten
dann Gewöhnung und Entwöhnung sowie Arbeit und Beschäftigung, die auch
gegen die so gefährliche Phantasie eingesetzt werden sollten. Von klein auf
sollten die Erzieher die Kinder an Aufmerksamkeit, Gehorsam, Ordnung und
Reinlichkeit, Selbstverleugnung und Wahrhaftigkeit sowie an Fleiss und Arbeitsamkeit gewöhnen. Äusserliche Zucht allein genügte dafür allerdings
nicht, die bleibende Richtung zum Guten geschah letztlich nur durch die
höhere Einwirkung himmlischer Kräfte.[654] Die wichtigsten Erziehungsmittel
waren Bestrafung und Abschreckung. Von Aufmunterung und Belohnung hielt
Zeller nicht viel, denn sie würden letztlich nur die Fleisches- und Augenlust
fördern. Ausübung des Guten aber konnte nie ohne Selbstüberwindung
und Selbstverleugnung geschehen. Sie allein schwächten die «eigennützigen,
selbstsüchtigen Triebe» und stärkten die wohlwollenden. Wohlverhalten wurde aber von Gott belohnt. Irdisches und häusliches Wohlergehen war in
seinen Augen eine natürliche Belohnung für Gehorsam gegen Eltern und Vor-

gesetzte, Herrschaft, Genughaben und Weisheit die natürliche Belohnung des Fleisses. 655 Wie Gott die Menschen mit Züchtigungen und Strafen erzog, so sollten es auch die Eltern tun. Jüngere Kinder sollten mehr äussere und leibliche Strafen, ältere mehr seelische und geistige Strafen erhalten. Leibliche Strafen waren vor allem Schläge mit der Rute, Einsperren, Entzug von Speisen. Unter seelischen Strafen verstand Zeller Verweise, Demütigungen, Entziehung eines Vergnügens, Einsamkeit. Geistige Strafen beinhalteten Ermahnungen mit Hinweisen auf Gottes Allgegenwart, Gottes Wort und Gottes Gericht sowie den Ausschluss von der Teilnahme am gemeinschaftlichen Gebet. Körperliche Strafen waren Zeller sehr wichtig. Ein Verzicht auf körperliche Strafen war in seinen Augen eine «Unterlassungssünde des Unverstandes, der Weichlichkeit, der Schlaffheit und des Hochmuts». Die Rute hinter dem Spiegel gehörte für ihn zur Ausstattung jeder Kinderstube mit jüngeren Kindern. Wenn Eltern strafen, so sollten sie dies in der Regel nicht im Zorn tun, es sei denn ihr Zorn entsprang einer «reineren Quelle» als der Eigenliebe und Selbstsucht. Der Strafe sollten sie jeweils ein Gebet voraus- oder nachschicken. 656 Auch Theodor Christian Tischhauser (1839–1905), ein weiterer Vertreter christlich-pietistischer Erziehungsgrundsätze, sah in der Körperstrafe ein wichtiges Erziehungsmittel, auch wenn dies, wie er kritisch anmerkte, in «feinen Familien» nicht immer akzeptiert und von «liberalen Schwätzern» verdammt werde. 657

Doch für die allermeisten Kinder bürgerlicher Familien, ob sie nun in einem konservativen oder liberalen Milieu aufwuchsen, gehörten Strafen und fast noch mehr die Angst davor zu den frühen und bestimmenden Lebenserfahrungen. Um den Kindern ihre «Unarten» auszutreiben, ihren «Eigenwillen zu brechen» und sie zu zivilisieren, schreckte auch Blanka Zeerleder-von Fischer vor drastischen Mitteln und Methoden nicht zurück. Dem einjährigen Max versuchte sie, allerdings erfolglos, durch die «chaise de punition» oder, indem sie ihm die Händchen zusammenband, seine Freude am Schlagen zu verleiden. Weil er sich im Alter von vier oder fünf Jahren bei jedem Widerspruch auf den Boden warf und tobte, fesselte sie einmal fest die Füsse zusammen und erklärte ihm, «gelegt habe er sich nach seinem Gutdünken, aufstehen werde er erst», wenn sie es erlauben werde. Eine Stunde lang wälzte er sich wütend, bis er sich in sein Schicksal ergab und fünf Minuten ruhig zu liegen versprach. Mit der Uhr in der Hand zählte sie darauf die «verhängnisvollen Sekunden». In ihren Aufzeichnung stellte sie darauf befriedigt fest, dass Max nach dieser glücklich überstandenen Kur von «seiner Unart geheilt» war. Der zweijährige Alfred wurde, als er sich an einem Morgen weigerte, «seinem Papa» guten Morgen zu wünschen, zur Strafe zwischen die Türen des Esszimmers eingeschlossen. Auch andere Fälle von Ungehorsam ihrer Söhne im Kleinkinderalter bekämpfte Blanka Zeerleder-von Fischer jeweils mit handgreiflichen Mitteln. Vater Friedrich Zeerleder scheint zwar bei all diesen erzieherischen Massnahmen als letzte Autorität im Hintergrund gestanden zu haben, nach den Aufzeichnungen seiner Frau trat er jedoch nie selbst körperlich strafend in Aktion. [658] Sie scheint sich an den Rat der klugen und einsichtigen Schweizerin gehalten zu haben, das Oberhaupt der Familie nicht zu oft mit den Unarten und Fehlern der Kinder zu behelligen, weil ihn dies erstens verdriesslich mache, während doch «sein Geist klar und heiter erhalten» werden müsste, und weil die Frau sich so einer «köstlichen Reserve» berauben würde. [659] Selbst sehr aktiv in der Erziehung war dagegen Theodor von Lerber (1823–1901). Für den Gründer und Leiter der nach ihm benannten, evangelisch-pietistischen Lerberschule waren Strenge, Zucht und Unterordnung aufgrund seiner konservativ-religiösen Einstellung die zentralen Erziehungsmaximen. Die Bibel und das Kirchenlied bildeten die Basis seiner Erziehung. «Ehre Vater und Mutter» standen im Zentrum des Verhältnisses zwischen Eltern und Kindern. Um das Schlechte im Menschen zu bekämpfen, war der Gebrauch der Peitsche ebenso unersetzlich wie zwingend. Ansonsten herrschte im Haushalt der Familie Lerber eine «militärisch exakte Ordnung»: «10 Minuten nach der Tagwacht überzeugte sich Papa von Lerber persönlich, ob auch alles aufgestanden sei und sich gründlicher Waschung und überhaupt der Präperation für den kommenden Schultag befleissige. Sein: 'Faulpelz!' steckte keiner gerne ein, und der Unverbesserlichen wartete weitere Pönitenz.» [660]

Körperliche Strafen, allerdings ohne religiöse Legitimation, sowie Beschämung waren auch im grossbürgerlichen Hause des Brauereiunternehmers Heinrich Albert Hürlimann (geb. 1857) gängige Erziehungsmittel: «Der Knirps, der noch in die Hosen macht, muss Mädchenröckchen anziehen, oder die rauhen, kitzelnden Schandhosen. [661] Für andere Vergehen wird er eine Stunde in die 'Kiste' gesteckt, eine Art transportabler Holzkerker, etwa doppelt so hoch wie der kleine Verbrecher. … In etwas späterer Zeit musste hie und da auch der Popo entblösst werden, um die elterliche Züchtigung zu empfangen.» Den vier älteren Geschwistern war es nicht anders ergangen. All dies gehörte, wie Martin Hürlimann (geb. 1897) meint, zu den «ewigen Gesetzen einer geordneten Familie» und war «kein Anlass zur Entwicklung von Komplexen als Kern spätern Reformeifers», aber auch kein «Anlass, mir Liebe zur Gewalttätigkeit einzupflanzen». [662] Marie und Albert Heim-Vögtlin dagegen bestraften ihre Kinder, wie andere Eltern auch, zwar niemals mit Schlägen, doch auch sie griffen in den frühen Kinderjahren zu körperlichen Strafen. So wurde der kleine Arnold zum Beispiel für wildes Verhalten eingesperrt und bei Zwängerei auf den Boden gelegt. Im wesentlichen begnügten sie sich jedoch mit Belehrungen und Tadel sowie vor allem mit Liebesentzug. Für Arnold und Helene Heim war es «der grösste Schmerz und die ärgste Strafe, wenn Munte (so nannten sie ihre Mutter Marie Heim-Vögtlin) ihnen nicht gute Nacht sagte». [663]

Soweit die relativ schmale Basis von Kenntnissen über diesen intimsten Bereich bürgerlichen Familienlebens eine generelle Aussage überhaupt zulässt, scheinen im erzieherischen Alltag in dieser Beziehung jedoch, wie diese und andere Beispiele zeigen, recht grosse Unterschiede bestanden zu haben. Manche Eltern verzichteten, wenn nicht ganz auf körperliche Strafen, so doch auf Schläge, oder sie beschränkten körperliche Strafen in erster Linie auf die frühen Kinderjahre. Andere griffen auch noch bei Jugendlichen zur Rute, zum Stock oder zum Meerrohr. Wichtiger waren jedoch bei den älteren Kindern eindeutig Belehrungen, Appelle und Ermahnungen, Tadel, Strafpredigten und Beschämung, Drohungen mit Strafen und Verboten aller Art sowie die verschiedensten Formen von Liebesentzug. Aber fast immer gab es für Wohlverhalten, insbesondere für gute Leistungen, auch Belohnungen verschiedenster Art. Die teils direkt penetranten Mahnungen in den Erziehungsschriften an die Eltern, ihre Kinder nicht zu verwöhnen, sondern sie von früh auf abzuhärten sowie zeitgenössische Klagen, dass die «verzärtelnde, verweichlichende und versinnlichende Erziehung mindestens bei den Wohlhabenden vorherrschend» [664] geworden sei, noch mehr aber Eindrücke und verschlüsselte und offene Hinweise aus Briefen und Erinnerungen [665] relativieren das Bild von der so sehr oder vor allem auf Gehorsam und Autorität, Ordnung und Abhärtung bedachten bürgerlichen Erziehung. Dass die geübte Strenge und Härte bei Eltern auch etwa die Sorge auslöste, die kindliche Liebe zu den Eltern könnte darunter leiden, zeigt der folgende Ausschnitt aus einem Brief von Emilie Pestalozzi-Wiser an ihre Tochter Nanny, die in einer Genfer Pension ihr Welschlandjahr verbrachte: «Mein theures Kind, bleibe mir treu und behalte mich lieb, auch wenn ich von Dir viel zu fordern scheine im Vergleiche mit deinen Freundinnen, von denen man weniger verlangt, die viel Visiten machen dürfen, aber ich möchte Dich tüchtig machen für das Haus, für Deine Brüder, für Dich, dass Du selbständig und fest seiest, und das kommt nicht im Schlafe, dazu braucht es viele Uebung, ja sogar Jahre der Selbstbeherrschung, und Du musst Dich selbst bewachen, streng sein mit Dir, Dich nicht gehen lassen, bis Andere rufen, sondern selbst die Wichtigkeit zu Herzen nehmen von jedem einzelnen Fehler.» [666]

Vor allem gegen Ende des 19. Jahrhunderts gerieten die traditionellen auf Gehorsam und Strenge eingeschworenen Erziehungsmuster von verschiedenen Seiten zunehmend unter Druck und erfuhren eine gewisse Aufweichung und Auflockerung. Dies äusserte sich unter anderem darin, dass in manchen bürgerlichen Milieus die Kontrolle über die Jugendlichen im ausserhäuslichen Bereich schwächer und deren Freiräume, gerade was die Sport- und Freizeitaktivitäten sowie die Kontakte zwischen Mädchen und Jungen betraf, grösser wurden, dass Körperlichkeit und Sinnlichkeit nicht mehr derart verdrängt und gegenüber Kindern und Jugendlichen auch die Sexualität nicht mehr völlig verschwiegen wurde. So erschienen zum Beispiel um die Jahrhundertwende gleich mehrere Aufklärungsschriften für Eltern wie für Jugendliche, die in der Mehrzahl davon ausgingen, dass auch die Jugendlichen über die Geschlechtlichkeit des Menschen wenigstens teilweise informiert werden sollten, dass das Schweigen darüber nicht länger sinnvoll sei. Typisches Beispiel für diese neue Haltung waren die Aufklärungsschriften von Emma

Pieczynska (1901) sowie Marie Heim-Vögtlin (1904), die für frühe und recht-
zeitige Aufklärung der Kinder eintrat und dies zusammen mit ihrem Mann
auch so praktizierte. Dazu auch Schriften von Mary Wood-Allen, die 1902
und 1904 in Zürich auf Deutsch veröffentlicht wurden, oder die Vortragsserie
über die sexuelle Frage, die um die Jahrhundertwende in Zürich für die Studenten beider Hochschulen veranstaltet wurde und einen enormen Publikum-
saufmarsch zur Folge hatte. Das erste Referat hielt der Geologieprofessor
Albert Heim-Vögtlin. Auch die Rechte der Kinderseele traten mit dem Aufkommen der Kinderpsychologie stärker ins Bewusstsein, die Überforderung
und Übersättigung der Kinder in der Schule und deren einseitige Ausrichtung
auf geistige Fähigkeiten wurde kritisiert. In der öffentlichen Diskussion um
die Kleinkindererziehung erhoben sich um die Jahrhundertwende Stimmen,
die bei den kleinern Kindern den häufigen Gebrauch sowohl von Strafen als
auch von Belohnungen verwarfen. Da das Kind, so argumentierte Heinrich
Wegmann in einer Schrift von 1905 über die «Licht- und Schattenseiten der
häuslichen Erziehung», nicht sicher immer auf Belohnung oder Bestrafung
rechnen könne, halte die Wirkung dieser «Erziehungsmanier» auf Dauer nicht
an, sondern verunsichere das Kind so, dass sein Verhalten «keinen sichern
Stützpunkt» mehr habe. Im Kinde solle vielmehr das Bewusstsein gross-
gezogen werden, «dass es durch sein Wohlverhalten seinen Erziehern Freude
bereitet, ihnen lieb wird, durch Ungehorsam aber dieselben beleidigt und
betrübt.» Ein Kind solle das «höchste Glück» empfinden, «wenn seine Erzieher mit ihm zufrieden sind, seine höchste Strafe, wenn sein Benehmen ihnen
Kummer und Sorgen bereitet». Mehr als die «härteste äussere Strafe» vermöchte bei einem fehlbaren Kind «ein unfreundlicher Blick, eine betrübte
Miene, eine Träne» im Auge der Mutter auszurichten. Wegmann befürwortete
damit implizit auch für die Kleinkindererziehung die Anwendung des Liebe-
sentzugs als ein wichtiges erzieherisches Prinzip. Im wesentlichen vertraute er
ganz darauf, dass sich als «natürliche Folge einer guten Erziehung», die nie
«zudringlich» wird, keine «unbilligen Forderungen» stellt und bei allen Massnahmen nur das Wohl des Kindes im Auge hat, der Gehorsam von selbst
einstellen werde. [667]

Für eine gewisse Aufweichung herkömmlicher Erziehungsmuster plädierte anfangs des 20. Jahrhunderts auch der Zürcher Pfarrer Oskar Pfister
(geb. 1873), der sich unter anderem auch mit Schülerselbstmorden beschäftigt
hatte und als einer der ersten die Erkenntnisse der Freudschen Psychoanalyse
für die Erziehung umzusetzen versuchte. [668] Er forderte in einem kurzen Ausschnitt aus seinem Buch über «Die psychoanalytische Methode», der als Vorab-
druck in der Zürcher Monatsschrift «Wissen und Leben» erschien, die Eltern
auf, dem «Zärtlichkeits- und Geltungsbedürfnis ihrer Kinder Rechnung (zu)
tragen und es in vernünftiger Weise (zu) befriedigen». Doch auch er glaubte
durch Berufung auf seine psychoanalytischen Untersuchungen der «alten
Forderung», Kinder nicht allzu zärtlich und respektvoll zu behandeln, «neues

Gewicht verleihen zu können». Er warnte, dass Kinder, die «ohne wertvolle Leistung» und «ohne Anstrengung» mit Zärtlichkeit überhäuft würden, in ernste Gefahr gerieten, «durch neurotische Leiden jene süssen Genüsse unbewusst zu erschleichen». Auch würden solche Kinder dadurch zu eng an die Eltern gebunden und deshalb im Kontakt mit der «rauhen Aussenwelt» erschreckt ins «häusliche Kinderparadies» zurückflüchten, um sich dort durch «Neubelebung der einstigen Kinderfreuden autistische Lust zu verschaffen». Dennoch fast schlimmer als allzu weiche Eltern wirkte seiner Meinung nach die Verweigerung von Zärtlichkeit und Anerkennung: Denn das «Kind muss sein Liebesbedürfnis in der Wirklichkeit unterbringen lernen» und «auch die Liebe ist, wie Freud in einer unveröffentlichten Analyse sagt, eine Kunst, die gelernt werden muss.» Von der Verweigerung drohte dem Kind deshalb Introversion, die «Gefahr des Lebensüberdrusses, des Menschenhasses, der Verschlossenheit und Verschrobenheit» und die «sittliche Entwicklung, Entfaltung der Persönlichkeitswürde und Nächstenliebe» wurde «ernstlich gefährdet». Deshalb musste, so Oskar Pfister, in der Erziehung der Geist des Wohlwollens stärker zur Geltung gebracht werden.[669]

Ihre Kindheit und Jugendzeit verlebten die bürgerlichen Söhne und Töchter auch ausserhalb von Familie und Verwandtschaft weitgehend in einem Schonraum. Knaben und noch mehr Mädchen waren fast ständig einer gewissen Aufsicht und Kontrolle unterworfen.[670] Frei bewegen durften sie sich vielfach vor allem im häuslichen Bereich und im eigenen Garten. Sich auf der Strasse und der weiteren Umgebung zu tummeln, war den meisten untersagt. Dies galt in besonderem Masse für die Mädchen, bei denen die Toleranzschwelle dessen, was sich schickte, schneller erreicht war, als bei den Knaben. Noch anfangs des 20. Jahrhunderts durften sich Mädchen und Töchter ohne festes Ziel oder ohne einen bestimmten Zweck kaum allein in der Öffentlichkeit aufhalten. Sie wurden weitgehend auf einen Aktionsradius eingeschränkt, der in der schulfreien Zeit ohne Begleitung wenig über die häuslich-familiäre Sphäre hinausreichte. Auch die Ausbildungszeit nach der Schule, der Aufenthalt im Töchterpensionat, vollzog sich in einem gegen äussere Einflüsse abgeschirmten und behüteten, möglichst familienähnlichen Umfeld. Der Bewegungsspielraum der Söhne dagegen war, vor allem wenn sie älter wurden, sehr viel grösser. Um Eigenschaften wie Durchsetzungsvermögen sowie Eigenständigkeit und Selbständigkeit im Denken und Handeln, die im Hinblick auf ihre Rolle als Mann in der Gesellschaft unabdingbar waren, zu fördern, genossen sie in der Wahl der Spiele, der sportlichen Aktivitäten und anderer Freizeitbetätigungen sowie im Umgang und Verkehr mit Alterskameraden viel grössere Freiheiten und Freiräume. Mit dem Eintritt in offizielle Kadettenschulen oder freiwillige kadettenähnliche Vereinigungen wurden die Knaben früh schon auch auf ein militärische Tugenden förderndes Männlichkeitsideal verpflichtet und auf eine zukünftige Offizierslaufbahn eingestimmt. Schon als Knaben sollten sie sich unter Gleichaltrigen durchsetzen lernen. Deshalb durften sie eher auch einmal aggressive und sinnliche Impulse ausleben, sich «austoben» und «Dampfablassen».[671] Dennoch wuchsen auch die Bürgersöhne in der Regel recht behütet auf und kamen nur selektiv mit anderen sozialen Welten in Kontakt. Wie verschiedenen Biographien oder Erinnerungen zu entnehmen ist, wollten bürgerliche Eltern recht häufig ihrem Sohn, weil er, angeblich oder tatsächlich, von schwacher Konstitution oder kränklich war, den Besuch einer öffentlichen Schule und die Auseinandersetzung mit Knaben aus anderen sozialen Klassen nicht zumuten. Dies ein Hinweis auch dafür, wie sehr Theorie und Praxis bürgerlicher Erziehung, die auf Abhärtung und Einfachheit bei den Kindern soviel Gewicht legte, auseinanderklafften und wie relativ und ambivalent bürgerliche Erziehung in der Umsetzung ihrer Prinzipien sein konnte.

Hinter dieser Tendenz zur Abschliessung oder mindestens zur Errichtung eines Kontrollsystems mit möglichst wenig Löchern, die ihrerseits den Stellenwert der Familie und des häuslichen Rahmens für die Kinder, insbesondere die Töchter, erhöhte, stand als Motiv vor allem die Sorge der Eltern, dass die moralische Bildung ihrer Kinder auf der Strasse und im Kontakt mit Strassenkindern Schaden nehmen könnte. Auch sollten damit unerwünschte Kamerad- und Freundschaften verhindert werden. Viele bürgerliche Eltern achteten sehr stark darauf, dass ihre Söhne und Töchter in der schulfreien Zeit nicht mit sozial niedrigeren Kindern zusammenkamen und spielten. «Meine Mama liebte es von jeher nicht, wenn ich auf den Strassen herumstrolchte, dagegen durfte ich einen Kameraden nach Hause bringen, um den Kaffee mit uns zu trinken und im Garten zu spielen», berichtet Eugen Keller (1872–1941) in seinem am Ende der Mittelschule verfassten Curriculum vitae.[672] «Stark isoliert» wuchsen auch die vier Kinder der Unternehmerfamilie Schindler-Huber auf. Vor den «Gassenbuben», denen Hans Schindler (1896–1984) auf dem Weg in eine Privatschule jeweils begegnete, fürchtete er sich denn auch in den ersten Jahren.[673] Dies kam nicht von ungefähr, denn für die Kinder aus unteren Klassen galten die Kinder «besserer» Eltern gerade wegen ihres Behütetseins als verwöhnt und verweichlicht, was sie im Vergleich mit ihnen ja auch waren. Wie sehr bürgerliche Eltern den sozialen Verkehrskreis ihrer Kinder kontrollierten oder mindestens stark zu beeinflussen versuchten, ergibt sich aus vielen Erinnerungen und biographischen Beschreibungen der Jugendzeit. So machte auch die Mutter von Hans Schindler ihrem Sohn, allerdings mit grösster Mühe, begreiflich, dass ein Schulkamerad aus der Primarschule nicht zu ihm passe, jedenfalls nicht als Freund und mit gegenseitigen Besuchen.[674] Und der spätere Universitätsprofessor Hans Schinz (1858–1940), Sohn eines Eisenhändlers, hebt hervor, dass er als Knabe oft mit «Gassenjungen» vom Rennweg verkehrt hätte, dem die Eltern durch Einladungen von «Musterknaben» wenig erfolgreich Gegensteuer zu geben versucht hätten.[675] Kontakte und Freundschaften mit Kindern aus dem Mittelstand waren jedoch, besonders solange sie in der Primarschulzeit noch in die gleiche Schule gingen, nicht ausgeschlossen und wurden je nach Einstellung der Eltern auch nicht verhindert. Einer der besten Kameraden von Martin Hürlimann war der Sohn eines Briefträgers, den er auch zu Hause besuchte. Von seinen mittelständischen Mitschülern als Millionärssohn «abgestempelt», wurde Martin Hürlimann zwar nicht von seinen Klassenkameraden aber von seiten anderer Schüler wegen seiner Kleidung, die manchmal auf eine «ihm höchst peinliche Weise, von dem, was in der Enge sonst üblich war, abstach», mit Schimpfwörtern eingedeckt und auch mal mit Dreck beworfen.[676]

Doch auch in der republikanisch-demokratischen Schweiz war in der zweiten Hälfte des 19. Jahrhunderts in manchen städtisch-bürgerlichen Kreisen die Volksschule verpönt. Die soziale Durchmischung der Kinder aller sozialen Klassen war nicht nur unerwünscht, sondern galt nicht selten sogar als geradezu schädlich. «Ach! was könnte aus einer solchen öffentlichen Schule, die jedermann besucht, Gutes kommen!», liess Josef Viktor Widmann, einst Direktor der Einwohner-Mädchenschule in seinem Roman «Die Patrizierin» die junge Dame ausrufen, als sich der demokratisch gesinnte zukünftige Privatlehrer nach den Gründen erkundigte, warum der Sohn des Hauses nicht länger das öffentliche Gymnasium besuchen solle. Schlecht erzogene Kinder sollten nicht zufällige Miterzieher der eigenen Kinder werden und so alle Mühe, «die Kinder in höflicher, guter Lebensart zu erziehen, ihnen feinere Gefühle, weichere Empfindungen zur zweiten Natur zu machen», zerstören. Nicht zuletzt waren es der demokratisch-proletarische «Geruch» und die «gemeine Richtung», die der «Sinn» ihrer Kinder in den öffentlichen Schulen nehmen konnte, der viele bürgerliche Eltern an der Volksschule so störte.[677] So verliess Eugen Keller (1872–1941), der Sohn eines Kaufmannes, auf Wunsch seiner Mutter, der Tochter eines Stickereiexporteurs, nachdem er bereits in Paris um der «bessern Gesellschaft» wegen eine Privatschule besucht hatte, nach seiner Übersiedlung nach Zürich um 1880 die Volksschule, wo er die dritte und vierte Klasse besucht hatte, mit der aufschlussreichen Begründung: «Meine Kleider rochen nämlich ungemein demokratisch, sooft ich nach Hause kam, und das war ihr (der Mutter) ein Greuel.»[678] Keller trat darauf in die Privatschule Beust ein, die für ihre auf Anschauung und auf eigene freiwillige Arbeit der Schüler gegründeten Lehrmethoden bekannt war und besonders in neubürgerlichen Kreisen Zürichs einen guten Ruf hatte. Ende des Jahrhunderts befanden sich unter den Schülern und Freunden der Schule eine Vielzahl von Professoren beider Hochschulen, aber auch Industrielle und freiberuflich Tätige, darunter viele Angehörige wirtschaftlich und sozial aufgestiegener Familien vom Lande, jedoch keine Vertreter aus dem Milieu der Altzürcher Familien. Ziel dieser Schule war es, die Prinzipien der Fröbelschen Kindergärten auf die Schule zu übertragen, d. h. die Kinder durch unmittelbare Anschauung lernen zu lassen und sie nicht in erster Linie zu belehren. Vor allem im Mathematik- und Geometrieunterricht wurde mit Beschäftigungsspielen gearbeitet, die Heimatkunde war mit vielen Wanderungen und

Schulreisen verbunden. Wichtige erzieherische Übungen bildeten das Sammeln von Tieren und Pflanzen. Zum neuen erzieherischen Konzept gehörten auch Turnen, Baden und Schlitteln sowie der Handfertigkeitsunterricht. 679 Andere bürgerliche Kinder wie zum Beispiel Max Huber erhielten, weil ihnen die Eltern aus gesundheitlichen oder anderen Gründen die Volksschule nicht zumuten wollten, wenigstens zeitweise Privatunterricht. Wieder andere schickten sie in eine ihrer Weltanschauung und religiösen Ausrichtung sowie ihren erzieherischen Ansichten entsprechende Privatschule.

Diese klassen- oder standesspezifische Separierung der Kinder war in Zürich weniger ausgeprägt als in Bern. Mit der Schulreform von 1860 wurde auf Drängen der Niedergelassenen und der Liberalen auch in der Stadt eine einheitliche Schulorganisation aufgebaut. Die vorherige Trennung des städtischen Schulwesens in eine Bürgerschule für die Kinder städtischer Bürger und jener Niedergelassener, die das hohe Schulgeld bezahlen konnten, sowie in die zunächst auf privater Basis geführte, dann 1855 von der Stadt übernommene Armenschule im Brunnenturm wurde dadurch aufgehoben. 680 Der Grundgedanke dieser Reform war, wie Schulpräsident Paul Hirzel in seiner Rede zur Eröffnung der neuen Stadtschulen im Mai 1861 der versammelten Schülerschar in St. Peter erklärte, «dass die gesammte Schuljugend der Stadt Zürich, die Kinder Aller, der Armen und der Reichen, der sogenannten niedern und der sogenannten höhern Stände ihre erste, und allen gemeinsame Schulbildung in Einer gemeinsamen, einheitlichen, dem allgemeinen Gesetze unterstellten Volksschule erhalten sollen.» In der Einheitsschule sah Hirzel nicht nur die Möglichkeit allen Kindern das zu bieten, was bis jetzt nur der «glückliche Mittelstand» seinen Kindern geben konnte, nämlich eine «unversehrte, unzerrissene, friedliche, glückliche Kinderwelt», sondern auch die Erfüllung mittelständischer Ideale: «So haben wir alle jetzt in der Schule unserer Kinder geistiger Weise uns einen Mittelstand erobert, dem wir alle angehören, in dem wir alle eins sind.» Über und durch ihre Kindern gehörten nun alle, welches auch immer ihre soziale Stellung wäre, dem «gediegenen und glücklichen Mittelstand» an. Sehr arm und bedauernswert fand er deshalb Kinder wohlhabender Eltern, die durch deren Schwachheit und Torheit «das aufgeblasene Gefühl und das vorzeitige Bewusstsein des Reichseins» schon in ihrem Kindsein tragen würden. 681 In der Regel besuchten in der Folge in Zürich die meisten Kinder aus bürgerlichen wie aristokratischen Kreisen zusammen mit den Kindern aus den anderen Bevölkerungsklassen die städtische Primarschule. Dabei ist allerdings anzumerken, dass bis zu einem gewissen Grad die soziale Segregation der Bevölkerung Gross-Zürichs die soziale Durchmischung tief hielt. Die Kinder aus bessergestellten bürgerlichen Kreisen, die bis zur Eingemeindung vorzugsweise entweder in der Stadt oder in einzelnen Vorortsgemeinden wie Enge, Hottingen oder Fluntern wohnten, kamen, schon aufgrund ihrer Wohnlage und der entsprechenden Schule, die sie deshalb besuchten, mehrheitlich eher mit Kindern aus dem Mittelstand als mit Arbeiterkindern in Kontakt. Zudem waren sie dann in den weiterführenden höheren Schulen, insbesondere in der Mittelschule (Gymnasium und Industrieschule) weitgehend unter sich.

In Bern war die Aversion gegen die Volksschule nicht nur viel ausgeprägter, sondern sie hielt auch länger an. 1866 scheiterte ein erster Versuch der Radikalen, die städtische Schulorganisation zu vereinheitlichen und eine Primarschule für die «Kinder aller Stände» aufzubauen, am Widerstand der in der Stadt herrschenden konservativen Burgerschaft.[682] So führten bis zur Schulreform von 1880, als auch in Bern die städtischen Schulen vereinheitlicht und neu organisiert wurden, alle höheren Schulen der Stadt – die Lateinschule und später die Kantonsschule ebenso wie die städtische Realschule als Vorbereitungsschule auf das Polytechnikum und die konservativ ausgerichtete burgerlich-städtische Mädchenschule sowie die fortschrittlich-freisinnige Einwohner-Mädchenschule – eine eigene Elementar- oder Primarschule. Diese vorgelagerten Elementarschulen sollten verhindern, dass zukünftige Absolventen der höheren Mittelschulen (Latein- und Realschule bzw. Literar- und Realgymnasium) sowie zukünftige Absolventinnen der höheren Mädchenschulen die allgemeine Volksschule, die mit dem Geruch der Armenschule behaftet war und hohe Klassenbestände aufwies, besuchen und sich die ersten Kenntnisse und Fertigkeiten im Lesen, Schreiben und Rechnen zusammen mit den Kindern der kleinen Leute und der Arbeiterschaft erwerben mussten. Daneben bestanden auch noch eigentliche Privatschulen, meist konservativ-religiöser Ausrichtung wie zum Beispiel die Wenger- oder Bovetschule und die 1859 gegründete christlich-evangelische Lerber-Schule.[683] Auch nach 1880 steckten weiterhin sehr viele bürgerliche und patrizische Eltern ihre Kinder, sofern sie ihnen nicht sogar Privatunterricht zukommen liessen, in die Privatschulen. Eher konservativ-religiös gesinnte, bürgerliche und patrizische Familien bevorzugten dafür vorwiegend die 1892 in Freies Gymnasium umbenannte Lerber-Schule, die sowohl eine Elementarschule wie eine Gymnasialstufe umfasste.

Auch die fünf Kinder von Blanka und Friedrich Zeerleder-von Fischer besuchten fast ausschliesslich Privatschulen. Luisa (1875–1951) ging ab ihrem dritten Lebensjahr in die pietistisch ausgerichtete Bovet-Schule, wo sie zunächst Deutsch lernte und dann bis zu ihrem 15. Lebensjahr blieb. Daneben erhielt sie im Alter von neun Jahren zusätzlich Privatunterricht in Französisch, und auf eigenen Wunsch vom zwölften Altersjahr an auch in Latein. Gemeinsam mit sechs weiteren Mädchen aus guten Familien genoss sie nach dem Austritt aus der Bovet-Schule und vor dem obligaten Welschlandaufenthalt in einem Pensionat für höhere Töchter dreimal wöchentlich Privatunterricht. Die vier Söhne Theodor (1876–1899), Gotthold (1877–1949), Max (1880–1964) und Alfred (1890–1976) absolvierten ihre Elementarschule weitgehend und teilweise auch ihre übrige Schulzeit an der Lerber-Schule oder am Freien Gymnasium. Wegen mangelhaften Schulleistungen wurden Theodor, Max und

Alfred während ihrer Mittelschulzeit zeitweise auch in andere Privatschulen mit teilweise ganz anderer weltanschaulicher und pädagogischer Ausrichtung geschickt.[684] Alexander Largin (geb. 1873), der einzige Sohn des gleichnamigen Direktors der Eidgenössischen Bank in Bern, musste dagegen auf Anweisung des Vaters nach der privaten Kleinkinderschule in die Volksschule gehen. Wie seine jüngere Schwester berichtet, rief dieser Entscheid im Freundes- und Bekanntenkreis grosses Erstaunen aus: «Alle unsere Bekannten waren entsetzt über diesen Entschluss. Gleichaltrige Knaben gingen alle samt und sonders in eine Privatschule.» Der Vater allerdings, ein Anhänger der Radikalen, freute sich jeweilen, wenn sein Sohn von den Mitschülern erzählte. Zu Weihnachten durfte er die ganze Klasse zu sich einladen. Nach der Volksschule trat Alexander dann ohne Probleme in das Progymnasium über. Kritisch merkt seine Schwester dann noch an, dass ihr Bruder aus der Schule öfters Flöhe mitgebracht habe.[685] Marie dagegen besuchte auf Mutters Wunsch die von Caroline Appenzeller geführte Privatschule für «gutbürgerliche Kinder» an der Spitalgasse. Wie die Privatschule Beust in Zürich arbeitete Caroline Appenzeller mehr mit spielerischen Methoden, die Zeugnisse waren in Worten gehalten und enthielten keine Noten. Im Unterschied zur Volksschule waren die Nachmittage immer schulfrei. Obwohl die Lehrerin dem Naturell der Kinder freien Lauf liess, war ihr eine «gewisse harte Strenge, die oft an Pedanterie grenzen konnte», nicht abzusprechen. Auch verstand sie trotz ihrer anderen Methoden Disziplin zu halten. Wegen des Besuchs dieser Schule der «Vornehmen» wurde Marie von den Buben auf der Strasse oft angepöbelt.[686]

Aufgrund der so dominanten geschlechtsspezifischen Arbeitsteilung und der herrschenden Typologie der Geschlechtscharaktere war bürgerliche Kindererziehung und Sozialisation immer sehr stark geschlechtsspezifisch geprägt.[687] Knaben wurden auf Aktivität und Selbständigkeit, auf Aufgewecktheit und andere Eigenschaften «echter Männlichkeit» hin erzogen, Mädchen dagegen auf Passivität und Zahmheit, auf Furchtsamkeit und Fürsorglichkeit, Treue und Gewissenhaftigkeit, auf «wahre Weiblichkeit». Früh schon wurde das Interesse der Mädchen für das Häusliche und Mütterliche, für Küche, Kleidung und Kinder geweckt und das Zurückstecken, Verzichten und Ertragen eingeübt, später mussten sie etwa bei Abwesenheit der Mutter auch deren Rolle übernehmen. Vielmehr als bei den Knaben zielte deshalb bei den Mädchen das elterliche Erziehungsverhalten darauf ab, sie daran zu gewöhnen, spontane Gefühlsregungen und Triebimpulse zu dämpfen und zu beherrschen, sich gesittet und brav aufzuführen, sanft und artig, aber ja nicht laut und ausgelassen oder gar wild und kämpferisch zu sein, wie dies den Knaben vor allem bei Spielen im Freien erlaubt war und auch sonst eher nachgesehen oder doch milder beurteilt wurde. Auch gegenüber ihren Brüdern gerieten sie häufig schon früh in eine dienende Rolle. Wie Marie Heim-Vögtlin in einem Vortrag über die Aufgabe der Mutter in der Erziehung kritisch anmerkte, fühlten sich viele Knaben wegen dieser ungleichen Behandlung, gerade auch durch die Mütter, über ihre Schwestern erhaben und betrachteten diese als ihnen untergeordnete Wesen und nahmen sich deshalb das Recht heraus, sie zu plagen und zu tyrannisieren. Konsequenterweise forderte sie die Mütter dazu auf, an das Betragen der Kinder ohne Rücksicht auf das Geschlecht die gleichen Anforderungen zu stellen, um so auch verhindern zu helfen, dass eine «Nichtachtung des weiblichen Geschlechts» sich bei den Knaben einwurzle, die dann einen fruchtbaren Boden für die Entwicklung der Doppelmoral der erwachsenen Jahre abgebe. 688

Die ungleiche Behandlung von Knaben und Mädchen und die Fixierung der Töchter auf ihre zukünftige Rolle als Mutter kommt auch in einem zweiteiligen Brief von Blanka Zeerleder-von Fischer an ihre Kinder kurz vor der Geburt ihres fünften Kindes zum Ausdruck. Im Brief an die 15jährige Tochter Luisa vertraute sie dieser in Ermangelung anderer Hilfe während ihrer Abwesenheit für die Geburt die Mutterrolle mit den Worten an: «Was Gott auch über uns beschlossen hat, so zähle ich auf dich, um das kleine Geschwisterlein zu lieben und zu pflegen wie dein eigen Leben. Besonders deinem Papa sollst du dich in hingebender Liebe widmen und ihm zu Lieb thun was du kannst. Vergiss und veleugne dich ganz, suche allein im Dienste der Deinigen dein Glück, Gott wird dir helfen und in deiner Schwachheit mächtig sein.» Die Forderungen an die drei Knaben, damals im Alter von 14, 13 und zehn Jahren, waren dagegen allgemeiner gehalten, vor allem ging die Mutter bei ihnen nicht davon aus, dass sie ihre «neuen Pflichten» als selbstbeherrschte Männer und Beschützer schon kannten: «Ihr müsst eurer Schwester eine rechte Stütze und ein Trost sein, es gilt nicht mehr an sich denken sondern in allen Theilen das Glück und das Wohl des Nächsten ins Auge zu fassen.» Sie sollten ihren Egoismus zähmen, ihren «Eigenwillen» und «Eigensinn» fahren lassen und sich «wie Christen» benehmen. 689

Knaben und Mädchen auf die ihnen scheinbar natürlichen Geschlechtscharaktere hin zu formen und zu erziehen, war jedoch nicht selten mit grössern Schwierigkeiten verbunden. So charakterisierte Charlotte Rytz-Fueter (1804–1880) in ihrem «Kleinen Kinder Journal», das sie von 1828–1844 führte, ihren erstgeborenen Sohn als sanft, sensibel und zart, ihre erste Tochter dagegen als heftig, leidenschaftlich und stark, also Eigenschaften die eher einem Knaben als einem Mädchen anstanden. Das Dilemma löste sie so, dass sie den Knaben beschützend in ihr Herz schloss und gleichzeitig alles daransetzte, den ausgeprägten Willen und den Egoismus ihrer Tochter möglichst früh zu brechen und sie zu Selbstüberwindung und Gehorsam anzuleiten. Ihr Bestreben der Tochter ihr anmassendes Betragen abzugewöhnen, begründete sie in einem Eintrag vom 5. Juli 1836, sich selbst miteinschliessend, mit den Worten: «Sie ist ein Mädchen und wir müssen uns doch weit mehr auf's Leben wappnen als die Männer». Gleichzeitig fragte sie sich bei der Knabenerziehung dann aber gleichzeitig doch, ob «man nicht früh einem angehenden Tirännchen einen Zaum anlegen» sollte. 690 Ähnliche Äusserungen finden sich auch

bei Emilie Pestalozzi-Wiser, aber auch in der Anweisungsliteratur werden die
Frauen gemahnt, ihre Knaben nicht zu Haustyrannen und Egoisten zu erziehen. Die Mütter sollten sie früh schon «ahnen» lehren, «wie peinlich oft die
Stellung der Frau ist, welche Anforderungen an sie gestellt werden, welche
Opfer sie zu bringen hat.» [691] Auch Luisa Zeerleder, die einzige Tochter von
Blanka Zeerleder-von Fischer, entsprach als Mädchen lange nicht den Weib-
lichkeitsvorstellungen ihrer Mutter, die in ihrer Jugend selbst mit der Mäd-
chen- und Töchterrolle grosse Schwierigkeiten gehabt hatte. Als Kleinkind
war Luisa weder gefügig noch zahm, sondern widerspenstig. Mit fünf Jahren
entwickelten sich dann bei ihr doch, wie die Mutter befriedigt feststellte, die
«Eigenschaften der Mädchennatur, Puppenliebe und Furchtsamkeit etc. leider
aber keine Liebhaberei zur Handarbeit». Und noch als neunjähriges Mädchen
kosteten «jungfräuliche Beschäftigungen» sie «viele Tränen», denn lieber war
ihr weiterhin «das Lernen, Springen, Turnen etc., am liebsten Pferde, Garten
und Feld, auch fürchtet(e) sie keine Tiere». [692] Doch schliesslich scheinen die
weiblichen Erziehungs- und Sozialisationsmuster auch bei Luisa gegriffen zu
haben. Mit 16 Jahren hatte sie, so lassen die Aufzeichnungen ihrer Mutter und
das Vertrauen, das diese ihr für die Pflege des jüngsten Bruders entgegen-
brachte, glauben, nicht nur die weibliche Passivität, sondern auch die weibliche Fürsorglichkeit einer künftigen Ehefrau und Mutter internalisiert. [693]

Bürgerliche Erziehung hatte dem Anspruch nach immer den Zweck, die
Kinder zu fördern und die Söhne und Töchter möglichst gut auf ihre zukünftige Rolle im Erwachsenenleben vorzubereiten. Auch wenn dies häufig mehr
im Sinne der Eltern als der Selbstverwirklichung der Kinder geschah, so war
das Ziel aller Bemühungen doch, zumindest bei den Knaben, auf deren Selbst-
ständigkeit und Unabhängigkeit ausgerichtet. Sie sollten in Erfüllung des wohl
wichtigsten bürgerlichen Leitbildes fähig sein, ihr Schicksal selbst in die Hand
zu nehmen, das heisst ihr Leben innerhalb vorgegebener Normen und Werte
selbst gestalten zu können. Dazu gehörte auch, dass viele Söhne innerhalb
einer gewissen Bandbreite ihren zukünftigen Beruf mehr oder weniger selbst
wählen konnten, wobei dies in besitz- und bildungsbürgerlichen Kreisen ausgeprägter und auch früher der Fall gewesen zu sein scheint als in wirtschaftsbürgerlichen. Dank ihrer Erziehung und Ausbildung sowie der elterlichen
Förderung besassen bürgerliche Kinder, vor allem die Söhne, denn auch die
besten Startbedingungen für die Zukunft, ja im Bestreben ihnen all das zuteil
werden zu lassen, was sie selber nicht hatten verwirklichen können, räumten
viele Väter ihren Söhnen, oft zusammen mit anderen Angehörigen der Familie
oder der Verwandtschaft, alle Steine aus dem Weg, so dass sie kaum noch je
äussere Hindernisse zu überwinden brauchten. [694] Umso höher waren dann
häufig die Erwartungen und die Leistungsanforderungen und die Gefahr, dass
die Kinder diesem Druck nicht standhalten konnten und dann lebenslang darunter litten, nicht zu genügen. Von Belang für die bessere Ausgangslage im
Kampf um Erfolg, Prestige und Macht war aber nicht nur die schulische und

anderweitige Ausbildung, denn das konnten in zunehmendem Masse auch
etwas weniger gutgestellte Eltern ihren Kindern wenigstens teilweise mit auf
den Weg geben, sondern auch, dass bürgerliche Söhne und Töchter in der
Kunst, sich zu benehmen, sich Selbstzwänge aufzuerlegen und Haltung zu
bewahren, wohl geübt waren, dass sie sich dadurch in der bürgerlichen Gesellschaft in Kenntnis der in Fleisch und Blut übergegangenen Spielregeln gleichsam auf «natürliche» Weise und mit «natürlicher» Sicherheit bewegen konnten.[695] Trotz oder gerade wegen all den Zwängen und Erwartungen, aber
auch den Demütigungen, denen die meisten von ihnen zweifellos in Erziehung und Sozialisation ausgesetzt waren, vermochten bürgerliche Söhne wie
Töchter dank des emotionalen Rückhaltes im Schonraum der Familie und
dank der hohen elterlichen Ermutigungen und Unterstützung in der Regel
doch jenes Selbstvertrauen und jene Selbstsicherheit zu entwickeln, ohne die
der «Kampf ums Dasein» in der bürgerlichen Welt auf Dauer nur schwer zu
bestehen war.

### Der Kult der Familie: Die Pflege des Zusammenhaltes in Familie und Verwandtschaft

Verwandtschaft ist nichts, «was die Betroffenen lediglich in die Pflicht
nimmt und in bestimmte Rollen drängt. Zu ihr gehört auch ein aktives
Moment.» Indem die Menschen bestimmte Eheverbindungen anstreben,
andere meiden, indem sie bestimmte verwandtschaftliche Bande pflegen, andere vernachlässigen oder gar verdrängen, sind sie es selbst, die den Kreis der
Familie und Verwandtschaft bezeichnen und die Geschichte ihrer Familien-
und Verschwandtschaftsbeziehungen schreiben.[696] Gerade im bürgerlichen
Milieu sind deshalb die tatsächlich gepflegten Familien- und Verwandtschaftsbeziehungen von grösserem Interesse als die rein genealogische Verwandtschaft. Dies kommt auch in einem Brief von Johann Caspar Bluntschli
(1808–1881) an seinen Sohn Alfred Friedrich (1842–1930), der 1880 einen Ruf
an das eidgenössische Polytechnikum erhalten hatte, deutlich zum Ausdruck.
Unter den Gründen, die in seinen Augen gegen die Annahme der Professur
sprachen, nannte Vater Bluntschli neben den in Zürich im Ganzen unerfreu-
lichen geselligen Verhältnissen, die er als «teils pedantisch, teils wenig civi-
lisiert» bezeichnete, auch die Verwandten aus den beiden alten Stadtbürger-
familien Bluntschli und Vogel: «Die Familienbeziehungen sind mit einigen
Ausnahmen eher negativ und besser möglichst zu ignorieren.»[697] Es ist deshalb aber auch nicht weiter verwunderlich, dass angesehene und reiche Familien und Personen in der Regel einen grössern Kreis von aktiven Verwandten
haben, als soziale Aufsteiger oder auch ärmere Familien, die auch arm an
Verwandten sind. Ein typisches Beispiel dafür war der aus kleinbürgerlichen
Verhältnissen zum Kaufmann aufgestiegene und ledig gebliebene Hans Spörry.
Nach der Auswanderung seiner Mutter und Geschwister zum älteren Bruder

in New York verkehrte er kaum noch in verwandtschaftlichen Kreisen und aus seinem späteren Leben, das ihn für einige Zeit auch nach Japan führte, berichtet er in seinem ausführlichen Lebenslauf über familiäre Beziehungen kaum etwas, dagegen ausführlich über seinen Briefverkehr mit Freunden und Geschäftspartnern. Für den Tod seiner Geschwister um 1882 und den Aufenthalt seiner Mutter in einem Heim in Newark bis zu ihrem Tod im Jahre 1913 wendet er ganze fünf Zeilen auf und bemerkt lapidar, dass keinem seiner engsten Verwandten in den USA das erhoffte Glück beschieden war. 698

Familie und Verwandtschaft waren und sind in diesem Sinne nicht nur etwas, was man einfach hat und deren Geboten und Verboten man ausgeliefert ist, sondern auch etwas, woraus man aus den verschiedensten Gründen etwas macht oder es eben unterlässt, etwas zu machen. 699 Am offenkundigsten kam dieses aktive Moment im positiven Sinn bei den Heiratsstrategien und Heiraten zum Vorschein, im negativen Sinn, wenn einzelne Familienmitglieder wegen Fehlverhaltens oder Verstössen ausgeschlossen oder ihnen der Ausschluss angedroht wurde oder wenn die Beziehungen mit einzelnen Familienzweigen infolge sozialen Abstiegs abgebrochen wurden: «Familial inclusion and exclusion was a social principle around which female sexuality and reproduction, property and political status were organized.» 700 Familien- und Verwandtschaftsbeziehungen waren also etwas, das man, bewusst wie unbewusst, pflegte und reaktivierte oder eben vernachlässigte und vergass. So konnte es der ehemalige Oberamtmann Heinrich Escher (1789–1870), der sich der liberalen Bewegung angeschlossen hatte, dann in den dreissiger Jahren Redaktor der Neuen Zürcher Zeitung und Regierungsrat gewesen war und zweimal eine Frau aus ländlichen Kreisen geheiratet hatte – in zweiter Ehe Elisabetha Haupt, eine Schwester der Frau des erfolgreichen Zürcher Oberländer Industriellen Caspar Honegger – nicht leiden, wenn ihn Caspar Honegger in aller Öffentlichkeit als Schwager anredete und sich damit auf die gleiche soziale Stufe stellte. 701 Heinrich Eschers Sohn, der spätere Stadtschreiber und NOB-Direktor Eugen Escher (1831–1900), wies dagegen in seinen Lebenserinnerungen mit einigem Stolz auf diese Verwandtschaft hin, die in seinem Leben und für seine Karriere anscheinend aber weiter keine Rolle spielte. Gleichzeitig bedauerte er es dann aber, dass die politische Haltung seines Vaters, sein «hie und da exzentrisches und wenig ökonomisch angelegtes Wesen» und seine nicht standesgemässen Ehen die ganze Familie von den «angeborenen Familienbeziehungen» abgelöst hätten, so dass er und seine Geschwister, «statt in verwandten Zürcherfamilien ein erweitertes Heim zu finden, fast ganz auf das elterliche Haus beschränkt blieben und gleich den erstbesten Neuzugewanderten unsere Beziehungen in den bescheidenen Kreisen, mit denen zufällige Nachbarschaft uns zusammenführte, zu suchen hatten.» Trotz dieser Entfremdung von der städtischen Verwandtschaft erhielt Eugen Escher dann aber für sein Studium von einem reichen Onkel, Heinrich Escher im Wollenhof, sowie vom Escherschen Familienfonds finanzielle Unterstützung. 702

Bewusst bestätigt und gefestigt wurden verwandtschaftliche Beziehungen im aristokratisch-patrizischen wie neubürgerlichen Milieu auch über Patenschaften. Unter sozial gleichwertigen Familien waren Patenschaften nicht selten auch von erbschaftsstrategischen Überlegungen (Erbonkel und Erbtante) bestimmt.[703] In Bern wie Zürich wurden die zwei bis drei Paten bürgerlicher Töchter und Söhne, sofern mich mein Eindruck, der nicht auf systematischen Untersuchungen beruht, nicht täuscht, meistens aus der engeren oder weiteren Verwandtschaft bestimmt. So rekrutierten sich zum Beispiel die beiden Paten und die Patin der fünf Kinder des Ehepaars Zeerleder-von Fischer ausnahmslos aus der Verwandtschaft, es handelte sich dabei in der Regel um Onkel, Tanten, Vetter und Cousinen. Beim jüngsten Sohn war die 15 Jahre ältere Schwester Taufpatin.[704] Patenschaften kamen aber auch unter nicht verwandten, aber eng miteinander befreundeten Familien vor, hier dienten sie vielfach dazu, verwandtschaftsähnliche Verbindungen zu knüpfen. In Zürich etwa waren sogenannte Sonntagskameraden oder ebenfalls regelmässig zusammentreffende Frauen oft auch über gegenseitige Patenschaften miteinander verbunden. Dies galt zum Beispiel für den Kreis der «Gespielinnen», in den Bertha Meyer von Knonau-Held in Zürich aufgenommen wurde und der sich teils aus Schwestern von Sonntagskameraden ihres Mannes, des Historikers Gerold Meyer von Knonau, zusammensetzte.[705] Die Verwandten, insbesondere die Grosseltern, aber auch die Brüder und Schwestern der Eltern, die Onkel und Tanten, bei denen die Kinder öfters in den Ferien weilten und dort manchmal Freiräume genossen, die sie zu Hause nie hatten, spielten aber auch allgemein in Erziehung und Sozialisation eine wichtige Rolle, waren doch Verwandte neben den Eltern die wichtigsten Erwachsenen, mit denen die Kinder vornehmlich in Kontakt kamen. Die Verwandtschaft war als erweiterter Schonraum eine Art äusserer Mauerring gegen die feindliche Aussenwelt: «Und uns allen», schrieb Rudolf von Tavel (1866–1934) in seinen Kindheitserinnerungen, «kam immer vor, die ganze Verwandtschaft beiderseits bilde eine geschlossene Phalanx in gleicher Gesinnung und Lebensanschauung. Erst in den späteren Gymnasialjahren entdeckte man bei der Verwandtschaft etwa Meinungsverschiedenheiten, die jedoch nie sehr tief gingen.»[706] Von der Verwandtschaft ging auf die Kinder aber auch häufig ein hoher Anpassungs- und Erwartungsdruck aus, so etwa in der Unternehmerfamilie Schindler. Leistung, Einordnen in die Familientradition, Ablehnung persönlicher Freiheiten galten unbedingt, und zwar nicht nur beim autokratischen Vater, sondern in der ganzen weiteren Familie.[707]

Die engere und weitere Familie war so gewissermassen ein «moralisches Wesen», zusammengehalten durch die Überlieferung von Blut, Geld, Gefühlen, Geheimnissen und Andenken.[708] Wer zur engeren oder weiteren Familie oder nur zur Verwandtschaft gehörte, war nicht eindeutig. Die Zusammensetzung der Familien war flexibel und die Grenzen waren recht durchlässig, das heisst von den Gepflogenheiten der jeweiligen Familie abhängig. So gehörten nach zeitgenössischem bürgerlichen Gefühl in der Regel nicht nur die Angehörigen der eigentlichen Kern- oder Gattenfamilie, die unter dem gleichen Dach oder im gleichen Haushalt zusammenlebten, zur engeren Familie, sondern meist auch noch Grosseltern sowie verheiratete und im eigenen Haushalt lebende Kinder. Erst dann kam die eigentliche Verwandtschaft. Der Zusammenhalt der engeren wie weiteren Familie sowie der weiteren Verwandtschaft bedurfte jedoch einer intensiven Pflege der Kommunikation und Emotionen untereinander. Dafür sorgten gegenseitige Besuche und Einladungen, regelmässige Zusammenkünfte im engeren oder weiteren Familienkreis, gemeinsame Ausflüge und Besuche kultureller Anlässe, sommerliche Ferienaufenthalte bei oder mit Verwandten sowie feierliche Familienfeste im kleineren und grösseren Rahmen wie Weihnachten, Neujahr oder Ostern. Diese familiäre und verwandtschaftliche Beziehungspflege kostete nicht nur viel Zeit und verlangte nicht nur viel symbolische Arbeit, sondern je nachdem und im bürgerlichen Milieu zunehmend auch recht viel Geld. Bildeten doch Geschenke oder Ehrengaben zu bestimmten Gelegenheiten und Terminen wie Verlobung und Hochzeit, Geburts- oder Namenstag, Weihnachten oder Neujahr und Ostern ein zunehmend wichtigeres konstitutives Element der Verwandtschafts- und allgemeinen Beziehungspflege. Die Ausgaben für Geschenke aller Art waren in bürgerlichen Haushaltsrechnungen denn auch meist ein separater Posten. Noch mehr aber sind es die mit dem Schenken verbundenen Rituale, die anzeigen, wie sehr über Geschenke und deren Wertschätzung, im wörtlichen wie übertragenen Sinne, verwandtschaftliche Beziehungen und Verpflichtungen materialisiert und für alle symbolisch dargestellt wurden. Insbesondere galt dies für die Hochzeitsgeschenke, die in der Regel aus einer Wunschliste mit unterschiedlich wertvollen Sachen ausgewählt werden mussten und dann an der Hochzeit auf dem Gabentisch vor aller Augen ausgebreitet wurden. Der von Philipp Sarasin beschriebene «barbarische Brauch» im «patrizischen Hochzeitsritual» des Basler Bürgertums, der darin bestand, dass die erhaltenen Geschenke auf ihren Geldwert geschätzt wurden und die Dienstboten, welche die Geschenke ins Haus der Braut brachten, dann ein Trinkgeld im Gegenwert von zehn Prozent erhielten, war auch in altzürcherischen Kreisen verbreitet.[709] Wie weit dieser Brauch in dieser Art auch im patrizischen Bern so geübt wurde, ist mir nicht bekannt.

Ein besonders wichtiges Mittel zur Pflege und Aufrechterhaltung familiärer und verwandtschaftlicher wie auch freundschaftlicher Beziehungen bildeten Briefe und Karten. Über einen teils regelmässigen und intensiven Briefwechsel blieben die engeren Familienangehörigen und ein ausgewählter Kreis von weiteren Verwandten, vor allem über die lokalen Grenzen hinaus, aber nicht nur, im gegenseitigen Kontakt und waren so ständig über die verschiedensten persönlichen wie beruflichen Angelegenheiten und Ereignisse informiert. Je näher man einander stand, umso intensiver war die Korrespondenz. So mussten abwesende Söhne und Töchter oft wöchentlich oder in noch kürzeren Intervallen nach Hause schreiben. Ehepaare, die zeitweise getrennt waren, informierten sich alle zwei oder drei Tage über persönliche, familiäre und häusliche Zustände und Verhältnisse, über Gesundheit und Geldangelegenheiten, über alltägliche und besondere Ereignisse und Begegnungen. Trotz der Fülle von Mitteilungen ging es bei diesen Briefen jedoch nicht nur um die Neuigkeiten, sondern vor allem auch um die Aufrechterhaltung der Kommunikation an sich. Sie waren in der Regel auch nicht privat im engeren Sinne. Vielfach richteten sich die von Familienangehörigen und anderen Verwandten oder auch Bekannten erhaltenen Briefe nicht nur an die angeschriebene Person, sondern auch an ihr ganzes Umfeld. So wurden diese Briefe, auch solche von Verlobten, oft im Familienkreise vorgelesen und sogar in der Verwandtschaft herumgegeben.[710] Es kam sogar vor, dass Briefe von im Ausland sich aufhaltenden Söhnen, die darin über das fremde Land, seine Zustände und Sitten berichteten, an eine Zeitung weitergeleitet wurden. Deshalb suchten Liebende aber auch nach Mitteln und Wegen, um ihre Liebesbriefe über Vertrauenspersonen diskret, direkt und sicher an die geliebte Person zu bringen. Mit dem Vordringen einer individuellen Privatsphäre auch für Kinder, Töchter und Söhne gegen Ende des 19. Jahrhunderts scheint dies dann etwas leichter geworden zu sein.

Die Verantwortung für die Pflege des Verwandtschafts- und Bekanntschaftsnetzes verlagerte sich im Laufe des 19. Jahrhunderts immer stärker auf die Frauen[711], die aufgrund der ihnen vorgegebenen sozialen Rolle in ihren Aktivitäten ja fast ausschliesslich auf die «familiarisierte Öffentlichkeit» (Joris/Witzig) begrenzt blieben, das heisst auf einen Lebensbereich, der sich zwar nicht auf die Privatheit von Familie und Haushalt beschränkte, aber auch nur stellenweise in die von den Männern dominierte, sogenannte Öffentlichkeit hineinreichte und sich im wesentlichen über die Pflege des Verwandtschafts- und Bekanntschaftsnetzes konstituierte. Sie pflegten mit Besuchen und dem Austausch von Geschenken sowie über Briefwechsel mit getrennt lebenden Töchtern und Söhnen, mit verheirateten Kindern, mit Eltern und Grosseltern und anderen Verwandten den Kontakt und sorgten so in hohem Masse für den emotionalen Zusammenhalt. Vor allem bei ihnen liefen mündliche wie briefliche Informationen zusammen. Ganz so war es in der Industriellenfamilie Boveri-Baumann, wo, wie der Sohn Walter Boveri erzählt, «Mama» an ihrem Schreibtisch im Wohnzimmer, «eine Art Kommandobrücke für den gesamten Haushalt», lange Briefe an Anverwandte verfasste, «die in regelmässigen Zeitabschnitten über alles Geschehen in unserer Familie unterrichteten. Auch sie erhielt durch alle auswärtigen Teile der Familie über das Vorgefallene genauestens Bescheid.»[711] In vielen Familien hatten deshalb vor allem die Frauen die eigentliche Übersicht. Sie waren so auch besser in der Lage, aus diesen Beziehungsnetzen für sich, ihren Mann, für ihre Kinder und andere Verwandte in vielerlei Hinsicht Nutzen zu ziehen. Infolgedessen orientierte sich auch das Selbstverständnis und die Alltagsgestaltung der bürgerlichen Frauen stark an der Stellung und den Funktionen, die sie als Gattin und Mutter, Tochter oder Schwester sowie als Schwiegertochter und Schwägerin in dieser familialisierten Öffentlichkeit innehatten und wahrnahmen.[713] Allerdings bestanden jedoch gerade im bürgerlichen Milieu grosse Unterschiede und je nachdem waren und blieben die Männer auch noch in der zweiten Hälfte des 19. Jahrhunderts, nicht nur was die Kontaktpflege zu eigenen Bekannten und Freunden, sondern auch zu eigenen Kindern, zu Eltern oder Schwiegereltern und zu übrigen Verwandten betraf, weiterhin recht aktiv, vor allem dann, aber nicht nur, wenn es um Fragen des Geldes, der Ausbildung und beruflich-geschäftlichen Zukunft ging, allgemein wenn, wie dies gerade in bürgerlichen Verhältnissen oft der Fall war, Familiäres mit Beruflichem und Geschäftlichem eng verbunden war. So pflegte Carl Abegg sehr enge Beziehungen zu seinen Söhnen, er legte mit seinem Kapital, seinem Know-how, seinen Beziehungen und Verbindungen zu in- und ausländischen Wirtschaftskreisen nicht nur den Grundstock für deren sehr frühe und enorm erfolg- und umfangreiche geschäftliche Tätigkeit in Italien und Russland, sondern er beriet sie auch nachher in geschäftlichen wie privaten Dingen. Seine Söhne wie auch seine Töchter besuchte er sehr oft, später lud er seine Enkel regelmässig an seinen Mittagstisch ein, und zwar einzeln, damit er sich mit jedem persönlich beschäftigen konnte.[714] Das Umfeld und die Informationen für die männliche Beziehungspflege beruhte jedoch auch in solchen Fällen zunehmend auf Vorarbeiten und Arrangements ihrer Gattinnen.

Regelmässige Zusammentreffen im kleinern familiären Kreis sowie feierliche Zusammenkünfte von Familien- und Geschlechterclans waren nicht nur eine wichtige Kommunikationsform, sondern sie dienten zugleich immer auch der Bezeugung familiärer oder verwandtschaftlicher Zugehörigkeit und Einheit. Im Alt-Zürcher Milieu war es in vielen Familien üblich, dass sich alle in Zürich anwesenden Angehörigen des engeren Familienkreises – Söhne und Töchter mit ihren Familien – bei den Eltern einmal wöchentlich versammelten. Sehr verbreitet waren solche Zusammenkünfte auch allein für die Enkelinnen und Enkel bei den Grosseltern, das heisst bei der Grossmutter.[715] So versammelte in der Unternehmerfamilie Schindler-Huber «Grossmama» Huber-Werdmüller (1844–1911) jeden Dienstag ihre je zwei etwa gleichaltrigen Enkelinnen und Enkel zum Mittagessen und nach der Schule nochmals zum Tee mit Ausdehnung bis zum Abend. Für Hans Schindler gehörten diese Nachmittage in «unbeschwerter, selbstverständlicher, fragloser Atmosphäre» zum Schönsten, was er als Kind überhaupt erlebt hatte. Am Mittwochnachmittag war er dann jeweils zusammen mit mehr als einem Dutzend anderer Enkel und Enkelinnen sowie den Töchtern und Schwiegertöchtern bei der «Grossmutter» väterlicherseits, der «energischen, selbstsicheren und geborenen Gutsherrin» Elise Schindler-Escher (1833–1918), eingeladen. Gegen Abend wurden die jüngeren Enkelinnen und Enkel unter der Obhut der Dienstmädchen nach Hause geschickt. Die ältere Generation blieb jeweils noch zum Abendessen, wobei die grosse Sorge jeweils war, die Gästezahl über oder unter 13 zu halten. [716] Den verwandtschaftlichen Zusammenhang hielten auch die vielen gegenseitigen Besuche und Einladungen unter der Woche und an den Sonntagen aufrecht, wobei auch hier wie bei der schriftlichen Kontaktpflege wieder die Frauen und Töchter dafür sehr viel Zeit aufwandten und sehr viel symbolische Arbeit leisteten.

Wichtige Familienfeste und Anlässe zur Pflege gemeinsamer Verwandtschaft im engeren und grösseren Rahmen waren Weihnachten und Neujahr oder auch nur Neujahr. In Zürich gehörte gegen Ende des Jahrhunderts zu Weihnachten vielfach auch ein Besuch mit Weihnachtsfest bei den Grosseltern. Der eigentliche grosse Familien- und Verwandtschaftstag, wo man kurze Visiten machte und empfing sowie im weiteren Familienkreis zum feierlichen Mittag- oder Abendessen zusammenfand, war aber in der Regel der Neujahrstag, in manchen Familien auch der Silvesterabend wie zum Beispiel in der Winterthurer Unternehmerfamilie Egg. [717] Im frühen 19. Jahrhundert, teilweise bis über die Mitte des Jahrhunderts hinaus, hatte jeweils am Neujahrstag auch die Bescherung, die sich dann mit dem Aufkommen des Christbaumes auf die Weihnachtstage [718] vorverschob, stattgefunden. Geblieben war später davon die Verpflichtung, den Kindern einen Neujahrsbatzen und den Dienstboten, den täglichen Lieferanten, dem Briefträger und anderen, deren Dienstleistungen regelmässig in Anspruch genommen wurden, ein Trinkgeld zu geben. In Bern war zumindest in patrizischen Kreisen auch Ende des 19. Jahrhunderts Neujahr das wichtigere Familienfest, an Neujahr und nicht an Weihnachten fand auch weiterhin die Bescherung statt. [719] Weihnachtsfeste wie Neujahrstage waren aber auch jene Momente, wo in vielen Familien die Jugend, vom Kind bis zum heranwachsenden Jüngling und Mädchen, aufgefordert war, auf dem Klavier, der Geige oder Flöte vorzuspielen. Es war dies eine Art Prüfung, wo die Kinder vor der Verwandtschaft, den Grosseltern, Onkeln und Tanten, Cousinen und Cousins ihre neuesten musikalischen Fertigkeiten unter Beweis zu stellen hatten.

Dem familiären und verwandtschaftlichen Zusammenhalt diente jeweils auch das Weihnachtsfest in der Familie des Zürcher Seifenfabrikanten Friedrich Steinfels-Cramer (1837–1898), gleichzeitig liessen die verschiedenen damit verbundenen Feiern auch die herausgehobene soziale Stellung der Familie deutlich werden. Den Anfang der Feiern machte jeweils, wie Erica Sarauw, Tochter des Chemikers Alfred Sarauw und der Fabrikantentochter Luise Steinfels (geb. 1861), berichtet, die Bescherung der Arbeiterkinder in der Packerei der Seifenfabrik Steinfels, darauf folgte zu Hause die private Familien-Weihnachtsfeier und endlich die grosse Feier mit dem «reich bestückten Gabentische» im grosselterlichen Haus «Zum Untern Berg», zu der die Familie Sarauw-Steinfels mit der Kutsche abgeholt wurde. Auch das neue Jahr wurde von den Familien der Söhne und Töchter gemeinsam im «Untern Berg» angetreten. [720] Bereits eine Woche vor Weihnachten bereitete jeweils

Luise Sarauw-Steinfels für die in ihrem Haushalt zeitweise beschäftigten Wäscherinnen, Glätterinnen, Putzfrauen und Näherinnen eine «bescheidene Bescherung vor mit Kaffee à discrétion und frischgebackenem Zopf. Dazu lag ein solides Stück Unterzeug und ein Aufsatz Tirggel (Zürcher Gebäck) neben jedem Gedeck.» Zu diesem Anlass pflegte jeweils eine der Wäscherinnen ihre kleine Tochter, «ein farbloses, verschüchtertes kleines Ding» mitzubringen. An einer der Bescherungen brach «das Marie» ohne ersichtlichen Grund in Tränen aus, worauf die Gastgeberin ärgerlich wurde und nicht verstehen konnte, warum das Kind, das neben der vollen Tasse ein währschaftes Barchenthemd und dazu noch die Tirggel bekam, weinen sollte. Als die kleine Tochter Erica, die eher als die «nach gängiger Auffassung denkende Mutter» den Grund der Traurigkeit ahnte, das «schluchzende Wesen durch kleine Aufmerksamkeiten zu trösten versuchte, trug ihr diese Haltung den «durchaus nicht als Kompliment gemeinten Kommentar ein: Du bist einfach ein kleiner Sozialist.» [721]

Auch in der Industriellenfamilie Boveri-Baumann in Baden bestand das Weihnachtsfest, wie sich der 1894 geborene Walter Boveri erinnert, aus einer ganzen Reihe von Feiern: «Der Reigen derselben wurde zunächst durch eine Bescherung eröffnet, die meine Mutter unter Mithilfe der Armenschwester der Gemeinde für bedürftige Kinder in der Halle unseres Hauses veranstaltete und an der wir jeweils teilnehmen durften. Dann sangen die Kinder Weihnachtslieder vor dem Christbaum, unter dem eine alte Krippe aufgestellt war. Jedes erhielt einen nützlichen Gegenstand und überdies, der Kinderfreude mehr entsprechend, ein Spielzeug. Daneben fehlte es natürlich auch nicht an Dingen zum Naschen. Für uns wurde dadurch die Weihnachtserwartung erheblich gesteigert, um so mehr als uns der Salon bereits an diesem Tag verschlossen blieb, damit das Christkind dort in aller Ruhe seine Vorbereitungen treffen könne.» Am 23. Dezember fuhr die Familie Boveri dann meist für ein erstes Weihnachtsfest bei den Grosseltern mütterlicherseits nach Zürich, zu Conrad Baumann, einem Seidenfabrikanten, seiner zweiten Frau Eleonore von Tischendorf und ihrer Tochter. In «Grosspapas Studierzimmer, einem richtigen Herrenzimmer mit Ledermöbeln, das ständig von einem schwachen Parfüm schwerer Zigarren erfüllt war», gab es Tee und Kuchen, bevor dann im «Salon, einem recht steifen Raum mit schwarzen Möbeln, die mit grünem Plüsch bezogen» waren, die Bescherung stattfand. Beim anschliessenden Abendessen der Grossen durften die Kinder nicht mehr zugegen sein: «Es wurde uns in einem kleinen Zimmerchen von der Köchin Kathrine aufgetragen, worauf man uns ins Bett steckte.» Die wichtigere Feier war dann das «Badener Weihnachtsfest» in der elterlichen Villa. Da im Esszimmer die grosse Weihnachtstafel vorbereitet wurde, begann es mit Tee und Weihnachtsstollen im Wohnzimmer, wo sich die an diesem traditionellen Fest teilnehmenden Mitglieder der Familie versammelten. Dazu gehörten auch der ältere und jüngere Bruder der Mutter, der ebenfalls bei Brown Boveri tätige und nach Baden übergesiedelte Ingenieur Conrad Baumann-Stockar mit Tante Alice und ihren Kindern sowie der 1904 aus dem Fernen Osten zurückgekehrte Kaufmann Rudolf Baumann-Kienast mit Tante Anna sowie Tante Erika, die Halbschwester der Mutter. Nach dem Ertönen der Weihnachtsglocke betrat man den Salon und die angebaute Veranda, wo ein riesiger Christbaum strahlte und die zahlreichen Wachskerzen ihr flackerndes Licht auf die vielen Gabentische warf. Zur Eröffnung sang meist Tante Erika einige Weihnachtslieder, ansonsten enthielt die Feier kaum religiös-christliche Elemente, sondern sie war vor allem ein Familienfest mit der Bescherung und dem Essen im Mittelpunkt: «Kaum war der letzte Ton verklungen, eilten wir zu unseren Tischen, die wir längst erspäht hatten, trugen sie doch Gegenstände, die wir uns schon seit Monaten sehnlich wünschten. Rasch verging die Zeit mit dem Beschauen all der schönen, von meiner Mutter liebevoll ausgesuchten Sachen. Dann aber öffnete Joseph, in blauer Livree mit blau und weiss gestreiften Weste und weissen Baumwollhandschuhen, die breite doppelte Schiebetür zwischen Salon und Esszimmer. Begeistert überblickte man die lange, von silbernen Kerzenleuchtern bestrahlte Tafel, das handgemalte Meissnergeschirr und eine prächtige Blumendekoration, die in späteren Jahren, als unser eigener Gartenbetrieb es erlaubte, aus Schneeglöckchen und roten Tulpen bestand.»[722]

Ausser den Festen im Jahresablauf, den Geburtstagen, Hochzeiten und Beerdigungen gab es in vielen Familien, zunächst in aristokratischen Kreisen, später dann auch in neubürgerlichen Kreisen, regelmässig feierliche Treffen im grösseren Familien- und Verwandtschaftskreis, die nicht nur den Zusammenhalt fördern, sondern zugleich auch eine öffentliche Bezeugung der Zusammengehörigkeit und Einheit der Familie oder eines ganzen Geschlechtes darstellen sollten. In den alten städtischen Herrenfamilien von Zürich wie Bern förderten auch die teils hochdotierten Familienfonds und Stiftungen – in Bern die sogenannten Familienkisten – den Zusammenhalt der verschiedenen Familien eines ganzes Geschlechtes oder auch nur eines bestimmten Zweiges. So belief sich um 1870 der Familienfonds der Werdmüller auf 385 000, der grösste der Familie Escher auf 255 000 und jener der Schulthess auf 210 000 Franken. Der Familienfonds der von Muralt enthielt 101 000, dazu kam der Studienfonds mit einem Kapital von 183 000 und ein Witwenfonds mit nochmals 67 000 Franken. Über Fonds im Wert von über 100 000 Franken verfügten auch die Familien Gessner, Hirzel, Holzhalb, Nüscheler, von Orelli und Pestalozzi.[723] Teilweise besassen diese Familien- oder Geschlechterverbände mit einer streng patriarchalischen inneren Verfassung auch eine gewisse formale Organisationsstruktur mit einer Art Vorstand, zusammengesetzt aus einem Teil der volljährigen männlichen Familienglieder mit dem ältesten an der Spitze. Dieser Vorstand oder einzelne Mitglieder davon übernahmen jeweils auch die Organisation der regelmässig stattfindenden Geschlechtertreffen, wie sie zum Beispiel die Escher vom Glas durchführten. In den vierziger Jahren wurden diese Escherfeste gewöhnlich in der Winterzeit im

Kasino abgehalten und fanden ihren Abschluss mit Theater oder Essen. Später, in den achtziger Jahren fanden diese Familienfeste nur noch alle paar Jahre statt und zwar meist im Sommer oder Frühherbst, verbunden mit einem Ausflug, einer Fahrt per Schiff oder Bahn nach Männedorf oder Rapperswil, wo dann gemeinsam zu Abend gegessen wurde. Eingeladen per Rundschreiben der Fondsmitglieder an die «geehrten Herren und Freunde» – die Mitglieder sprachen sich mit Sie an – waren jeweils die erwachsenen Familienangehörigen sowie die Kinder ab schulpflichtigem Alter. Die Jubiläumsfeier vom 3. September 1885 zur Erinnerung an den 500. Jahrestag der Einbürgerung in die Stadt Zürich begann um zehn Uhr mit einer Festrede auf dem «Schneggen», dem Gesellschaftshaus einer traditionsreichen Altzürcher Vereinigung, um zwölf Uhr fuhr die grosse Familiengesellschaft mit dem Schiff zur Ufenau mit «Halt und Stärkung daselbst», dann weiter über Rapperswil nach Männedorf, wo um vier Uhr nachmittags im «Wilden Mann» das Mittagessen eingenommen wurde. Nach geselliger Unterhaltung kehrte die Gesellschaft um zehn Uhr nach Zürich zurück. Ein «Eingesandt» in der Neuen Zürcher Zeitung mit einem Glückwunsch auf die Familie machte auch die breitere Öffentlichkeit auf diesen Familienanlass aufmerksam. [724]

Wie bedeutsam verwandtschaftliche Beziehungen und das sich gegenseitige Versichern dieser Verwandtschaft war, äusserte sich auch in der hohen Bedeutung, die in vielen dieser Familien der Genealogie beigemessen wurde, aber auch allgemein in der Pflege der Geschichte der Familie und des Geschlechtes. In vielen dieser Familien, besonders im Kreis der alten Herrenfamilien, waren die Ahnen auch bildlich ständig präsent, so etwa in der Familie des Burgerratsschreibers Alexander von Tavel, wo die Wände des Esszimmers mit Familienporträts vollständig besetzt waren. «Die alten Damen und Herren hielten», wie Rudolf von Tavel (1866–1934) erzählt, «täglich Zwiesprache mit uns und es hat sich gefügt, dass sie bis auf den heutigen Tag meine Zimmergenossen blieben. Es ist nie einer von ihnen aus dem Rahmen gestiegen, nie hat einer den Mund aufgetan; aber ich fühle, dass sie mir auf die Finger schauen, und ihre Blicke halten mir vor, was ich ihnen schulde. Ich denke ihrer Leiden und Kämpfe, ihres Ringens um das Heil ihrer Seelen, um das Glück ihrer Kinder.» [725]

Sich selbst mit Genealogie und Familiengeschichte zu befassen oder zumindest jemanden zu beauftragen, sich eingehend damit zu beschäftigen, war unter den Altzürcher Familien jedoch viel ausgeprägter als im Berner Patriziat. Dies zeigt sich unter anderem schon darin, dass die wenigsten Berner Patrizierfamilien über so umfangreiche und repräsentativ ausgestattete Familiengeschichten in Buchform verfügten wie die aristokratischen Geschlechter Zürichs. Auch bürgerliche Familien eiferten anfangs des 20. Jahrhunderts zunehmend diesem Vorbild nach. Ab Ende des 19. Jahrhunderts erschienen denn auch recht viele, meist nach dem gleichen Muster angefertigte Familien- und Geschlechtergeschichten, die neben allgemeinen Ausführungen zur Herkunft und zum Aufstieg der Familie, ihrer wirtschaftlichen und politischen Bedeutung für Stadt, Kanton und Eidgenossenschaft teils recht ausführlich die Lebensgeschichte einzelner, meist männlicher Vorfahren enthielten. So errichtete um 1910 der Industrielle Samuel Dietrich Schindler (1856–1936) dafür eigens eine Schindler-Stiftung und liess nach dem Ersten Weltkrieg eine Familiengeschichte schreiben, deren Ausgangs- und Mittelpunkt sein Grossvater, der Glarner Landammann und später nach Zürich emigrierte Industrielle Dietrich Schindler, sein sollte. Wie Sohn Hans Schindler über das grossformatige, schwere Buch bemerkt, wurden in den Schilderungen der verschiedenen Charaktere zwar die Schattenseiten nicht ganz verschwiegen, «dem Lob der Schindler-Herren» waren «jedoch keine Grenze gesetzt».726 Diese Familien- und Lebensgeschichten hatten aber nicht nur die Funktion, sich der eigenen Herkunft zu vergewissern, um sich so in die Tradition der Väter, manchmal auch ehrwürdiger Mütter einzuordnen, sondern sie wurden auch dazu benützt, um den lebenden und zukünftigen Familienangehörigen Rollenmodelle und Leitbilder für ihre eigene Lebensbewältigung vorzugeben. Die Geschichte der Familie wie der einzelnen Personen war denn auch immer stark von der Kraft und Leistung oder auch einmal vom Versagen des einzelnen bestimmt. Wie aufgrund bürgerlicher Lebensanschauung die Gegenwart und Zukunft, so war eben auch die Vergangenheit von Menschen geprägt, die ihr Leben selbst in die Hand nahmen und ihre Geschicke selbst zu lenken versuchten. Von der Vererbungslehre stark beeinflusst, wurde jedoch oft auch auf bestimmte, wiederkehrende, typisch familiäre Charakterzüge und Verhaltensweisen geachtet, um so den Erfolg und den soziale Status der Familie auch noch biologisch-anthropologisch zu deuten. Beispielhaft kommt dies auch in der Gedenkrede von Max Huber-Escher (1874–1960) auf Samuel Dietrich Schindler-Huber zum Ausdruck. Er zeichnet darin seinen Schwager als Idealtyp des Unternehmers, dem eine «ausserordentliche Begabung zur wirtschaftlichen Führung», ein «ungewöhnliches Mass von Willenskraft» sowie von «Arbeitsfreude und Arbeitsernst» bereits in die Wiege gelegt wurde: Vom Vater, Caspar Schindler-Escher (1828–1902), der den Arbeiterwohnungsbau förderte, gewöhnte er sich nicht nur die «ernste, strenge Pflichtauffassung im Leben und Geschäft» an, sondern auch den «Sinn für die sozialen Pflichten» des Besitzes. Vom Grossvater, dem ehemaligen Glarner Landammann und Industriellen Dietrich Schindler (1795–1882), erbte er den «stahlharten Willen», die «kämpferische Natur», vom Grossvater mütterlicherseits, Kaufmann Martin Escher-Hess (1788–1870), der sich massgeblich am Bau der ersten Eisenbahnen beteiligte, «die Grosszügigkeit geschäftlichen Denkens».727

Nicht nur im politisch konservativen Milieu der alten Herrenfamilien und der in ihrem Umfeld befindlichen neubürgerlichen Familien, sondern auch in mehr liberal und demokratisch gesinnten bürgerlichen Kreisen wurde teils, gegen Ende des Jahrhunderts zunehmend, auf die Abstammung grosser Wert gelegt. Manche begannen, teils auf der Suche nach vornehmer oder gar

'adeliger' Herkunft, einen Ahnenkult zu treiben, der auf traditionsreiche
Familien lächerlich wirkte und in selbstbewussteren bürgerlichen Kreisen, die
weniger auf die Herkunft als auf die eigene Leistung achteten, auf Ablehnung stiess. So tat der erfolgreiche Zürcher Oberländer Unternehmer Caspar
Honegger (1804–1883), der in seinem Testament mit grossem Stolz vermerkte,
dass er die Gemeinde Rüti direkt und indirekt zu dem gemacht habe, was sie
gegenwärtig ist, das Bestreben, für ihn eine Herkunft aus adeliger Familie zu
konstruieren, mit der Bemerkung ab, eine solche Abstammung habe für ihn
keinen Wert, «da der Mensch nicht durch Geburt, sondern durch seine eigene
Seelenkraft geadelt werde».728 Im Unterschied zu Caspar Honegger empfand
der auf dem linken Flügel des Freisinns politisierende Bundesrat Emil Frey
(1838–1922) zeitlebens ein grosses Bedürfnis, «seine Basler Abstammung729
väterlicherseits ins hellste Licht zu rücken und manchen seiner Wesenszüge
damit zu erklären, dass er sie schon bei seinen Basler Vorfahren glaubte nachweisen zu können.» Vor allem galt dies für seine militärischen Neigungen,
aber auch für äussere Gewohnheiten, wie die guten Manieren, das Bedürfnis
nach Reinlichkeit und schönen Formen.730 Dass er sich, wo immer er wohnte,
mit den Bildern seiner Ahnen umgab, führte er auf seinen Stolz zurück, von
Männern abzustammen, «die schon seit vier Jahrhunderten als Soldaten und
Staatsmänner nachweisbar ihre Pflicht getan und sich während dieser langen
Zeit ohne Unterbrechung einer höheren Kultur erfreut haben». In einem langen Brief, in dem er die Verehrung seiner vornehmen Ahnen zu rechtfertigen
versuchte, bekannte er gegenüber seinem Freund Arnold Künzli (1832–1908),
dem unbestrittenen Führer der radikalen Linken im Nationalrat, selbstkritisch,
dass er sich von einem «gewissen tradionellen Hochmut», «der seinen Grund
darin habe, dass er nach bestimmten Richtungen höhere Ansprüche an sich
selbst stelle, als dies dem Durchschnittsmenschen an und für sich nahe liege»,
nicht ganz freisprechen dürfe, dass in ihm noch «ein letzter Bodensatz des
alten Standesbewusstseins» nachwirke. Seine Wertschätzung «ritterlicher Gesinnung oder Noblesse» rechtfertigte er damit, dass man diese «im Sinne von
Tapferkeit und Aufopferungsfähigkeit» häufig selbst unter den «gröbsten Kitteln» finde, «während sie bei den Gliedern der Oberschicht oft gar keine
Sache des Herzens, sondern blosse Äusserlichkeit bedeuteten».731

Wie die Pflege der Familiengeschichte und das Anlegen von Stammbäumen und Ahnengalerien, sollten auch Portraits oder Fotos der ganzen
Familie oder einzelner Familienangehöriger, die im Wohnzimmer auf Buffets
oder Kommoden aufgestellt oder an die Wände gehängt wurden, emotionale
Verbundenheit und familiären Zusammenhalt sichtbar machen. Als materielle
Symbole für die Zusammengehörigkeit dienten sie dem Andenken und der
Vergegenwärtigung der Vorfahren – in einem evolutionistisch gestimmten
Jahrhundert wie dem Neunzehnten, das Kontinuität durch das Ineinandergreifen der Generationen gesichert wähnte, war dies neben der historischen Legitimation von neuer und grosser Bedeutung. Die Familien- und Lebens-

geschichten hatten wie die Ahnengalerien im Treppenhaus und in Wohn-
zimmern oder die wiederkehrenden Familientage den Zweck, den «Familiengeist» und das «Familiengefühl» zu stärken und so das Bewusstsein zu vermitteln, dass man, wie dies in einer Tischrede an einem Hochzeitsfest der Zürcher Familie Schulthess formuliert wurde, «trefflicher Väter würdig sein und
Kindern und Enkeln einen guten Namen hinterlassen» soll.[732]

Ein schönes Beispiel für einen solchen Geschlechter- und Verwandt-
schaftskult ist das Gedicht «Die Escher am Rhein», das die Dichterin Nanny
von Escher auf dem Familienfest der Escher vom Glas in Kaiserstuhl am
9. September 1909 selbst vortrug.[733]

> «Denn damit ist es nicht getan,
> Ihr Söhne, dass Ihr stolz
> Und mit Begeist'rung sprecht vom Ahn
> Und denkt: «Aus diesem Holz
> Bin ich geschnitzt, nie geht es fehl,
> Was ich auch immer sei,
> Ein Escher bin ich!» Ohne Hehl
> Sag ich: Das ist vorbei!
> Ein Escher! ja, das gilt für Euch;
> Doch für die andern nicht -
> Im Gegenteil – viel strenger sitzt
> Die Mitwelt zu Gericht,
> Wenn Ihr mit Eurem Namen prahlt
> Und Eurer Väter Sinn
> Und selbst nur in der Menge steht,
> Ganz kläglich mitten drin.
> Ein Escher sein, heisst Grosses tun
> Der Stadt, dem Land zulieb,
> Den Namen führt Ihr nicht umsonst,
> Den die Geschichte schrieb
> Jahrhundertlang mit ihrem Stift
> Aufs feste Pergament,
> Er schätz' in ihm den Mann der Tat,
> Wer ihn den Escher nennt!
> Un weil ja heute Mann und Weib
> Erkämpfen gleiches Recht,
> So trägt dieselben Pflichten auch
> Das weibliche Geschlecht.
> Ihr jungen Mädchen denkt nicht klein
>
> Von Euerm Rang und Stand,
> Und reicht dem besten Manne nur

Als Gattin Eure Hand!
Und pflanzt Ihr fort den fremden Stamm,
Sei's Euch der schönste Lohn,
Wenn man Eurem Sprössling preist:
«Der Escherin ihr Sohn,
Das ist ein Zürcher noch fürwahr
Vom alten Korn und Schrot…»

Wie die ständischen Unterschiede innerhalb des Geschlechtes der
Escher – die Escher vom Luchs waren ritterlicher, die Escher vom Glas bürgerlicher Herkunft – nun als hinfällig betrachtet wurden, kommt im Trinkspruch
von Alfons Escher-Züblin auf Nanny von Escher, eine Angehörige der Escher
vom Luchs, zum Ausdruck. Gleichzeitig nahm er Bezug auf einen neuen
Adelsbegriff, der auch die bürgerlichen Escher zu Adeligen werden liess:

«Doch chunt hüt der Unterschied nied i Bitracht;
De Ritter de Bürger ietzt nüme veracht;
Mer ghöred ja alli zum gliche Gschlecht,»
…
«Au isch es numme wi i der alte Zit;
Der Adel ietzt meh i der G'sinnig lit;
Uf dä wemmer halte früeh und spaht,
So lang als der Escher-Stamm bistoht!»[734]

Wie wichtig das sich Versichern verwandtschaftlicher Beziehungen nicht
nur in den renommierten Familien, sondern auch in den übrigen stadtbürgerlichen Kreisen war, belegen nicht zuletzt auch die im 19. Jahrhundert in regelmässigen und sehr kurzen Abständen öffentlich publizierten Bürgerbücher,
die wie die Bibel zu den häufigst vorhandenen und auch oft benützten
Büchern in bürgerlichen Haushalten gehörten. In einem Festspiel mit dem
Titel «Bücherdeputation» anlässlich der Hochzeit von Hans Schulthess, Buchhändler und Verleger, und Helene Hünerwadel im September 1902 liess
Robert Faesi denn auch den «Bürgeretat» als Person auftreten, der sich zum
einen über das «erschröckli Ussersihl» aufregte, das die Bürgerschaft unmässig
aufblähte und die weitere Ausgabe in Frage stellte – der 1904 neu erschienene
Etat war denn auch der zweitletzte in Zürich, während das Burgerbuch der
exklusiveren Berner Burgerschaft weiter erscheinen konnte -, zum andern sich
aber darüber freute, wie häufig er, in den besten Familien auf einem Ehren-
platz aufbewahrt, konsultiert wurde, um etwa das Alter und die verwandtschaftlichen Beziehungen der einen oder andern Jungfrau abzuklären oder um
neue Verwandte zu entdecken.[735]
      Viele der ehemaligen Herrengeschlechter Zürichs bildeten Familien-
und Geschlechterverbände, die sowohl geschäftlich als auch durch enge ver-

wandtschaftliche Beziehungen unter- und miteinander verbunden waren. Dies galt in besonderem Masse auch für das Berner Patriziat, wo die Verwandtschaft ebenfalls ein konstitutives Element für den Zusammenhalt darstellte. Eng war der familiäre und verwandtschaftliche Zusammenhalt teils auch in neuaufgestiegenen Familien wie z. B. den Abeggs und andern von ihrer sozialen Herkunft her ähnlichen Familien wie Siber, Gysi und Wild, aber auch den Zürcher Oberländer oder Winterthurer Industriellenfamilien. Für die Konstituierung eines homogenen Bürgertums im Sinne einer sozialen Klasse waren solche Familien- und Geschlechterverbände, die sich zunächst auf lokaler und regionaler Ebene, dann vor allem in den oberen Sphären auch auf nationaler Ebene zu einem dichten und weit ausgebreiteten Netz von Verflechtungen, in denen Verwandtschaft bald nur noch einen Teilaspekt des Zusammenhaltes darstellte, entwickelten, von grosser Bedeutung.

Der hohe Stellenwert solcher Familien- und Geschlechterverbände für die Konstituierung des Bürgertums als soziale Klasse zeigt aber auch, dass über Erwerbstätigkeit und Beruf, über Einkommen und Vermögen sich die Markt- und Klassenlage oder die soziale Position eines Individuums, seiner Familie oder seines Haushaltes zwar weitgehend bestimmen lassen, dass seine soziale Stellung innerhalb der Gesellschaft, besonders innerhalb der konkreten regionalen oder städtischen Gesellschaft, damit aber noch lange nicht zwangsläufig festgelegt war. Die bürgerliche Gesellschaft war keine reine Klassengesellschaft, in der ohne Ansehen der Person allein die rein ökonomisch bestimmte Klassenlage und Interessenlage die soziale Stellung festschrieb, sondern sie war auch in der zweiten Hälfte des 19. Jahrhunderts, wenn auch in unterschiedlichem Masse, von ständischen Tendenzen und Formen der «Vergemeinschaftung» (Weber) geprägt. Zum einen bewahrten recht viele patrizisch-aristokratische Familien noch recht lange ein ständisches Bewusstsein, zum anderen entwickelten sich ähnliche Formen der Zusammengehörigkeit auch in regional oder städtisch begrenzten, neubürgerlichen Kreisen wie zum Beispiel unter den Zürcher Oberländer Fabrikherren oder im Winterthurer Wirtschaftsbürgertum. Ein ausgesprochen ständisches Bewusstsein herrschte auch im Glarner Unternehmertum. Um in die «Crème» der glarnerischen Gesellschaft aufgenommen zu werden, zählte der Geschäftserfolg erst in zweiter Linie, wichtiger war es, aus guter Familie zu stammen. In Gesellschaften wie dem Casino entwickelten die Unternehmer als die dominante Gruppe innerhalb des Glarner Bürgertums zusammen mit den übrigen Mitgliedern aus der Bourgeoisie des talents ein spezifisches Standesbewusstsein, «das sich auf gemeinsame Besitzinteressen, auf einen ähnlichen geistig-seelisch-kulturellen Hintergrund, auf für sie verbindliche Verhaltensweisen und auf eine ähnliche Haltung in bezug auf wirtschaftliche und soziale Fragen stützte. Verstärkt wurde dieses Standesbewusstsein noch durch enge verwandtschaftliche Verknüpfungen dieser Gruppe».[736]

Das Beispiel des Glarner Unternehmertums verdeutlicht, wie ständisches Bewusstsein und ständische Ehre, die ihren Ausdruck vor allem in der Zumutung einer spezifischen Art der Lebensführung und des Lebensstils fanden, sich mit der Klassenlage verbinden konnnten. Dass die Unterschiede der Klassen die mannigfaltigsten Verbindungen mit ständischen Unterschieden eingehen, und der Besitz als solcher nicht immer, aber doch ausserordentlich regelmässig auf die Dauer auch zu ständischer Geltung gelangt, postulierte auch Max Weber. Und er glaubte eine solche direkte Verknüpfung häufig gerade in demokratischen Gesellschaften wie der Schweiz erkennen zu können: «In der sogenannten reinen, d. h. jeder ausdrücklich geordneten ständischen Privilegierung Einzelner entbehrenden, modernen 'Demokratie' kommt es z. B. vor, dass nur die Familien von annähernd gleicher Steuerklasse miteinander tanzen (wie dies z. B. für einzelne kleinere Schweizer Städte erzählt wird).» [737] Wichtig zur Erklärung dieses Phänomens scheint mir der Hinweis Max Webers zu sein, dass «eine gewisse (relative) Stabilität der Grundlagen von Gütererwerb und Güterverteilung» die ständische Gliederung beziehungsweise ständische Tendenzen begünstigt, während «jede technisch ökonomische Erschütterung und Umwälzung sie bedroht und die 'Klassenlage' in den Vordergrund schiebt». [738] Dies dürfte in der Schweiz vor allem in den Phasen des erhöhten wirtschaftlichen Wachstums und beschleunigten wirtschaftlichen Wandels in den fünfziger und sechziger Jahren sowie den neunziger Jahren und anfangs des 20. Jahrhunderts der Fall gewesen sein.

Im Unterschied zum Ancien régime oder auch noch zur ersten Hälfte des 19. Jahrhunderts, wo ständische Unterschiede noch viel mehr alle gesellschaftlichen Bereich durchdrangen, wirkten sich diese ständischen Tendenzen jedoch ab Mitte des Jahrhunderts vor allem noch im gesellschaftlich-kulturellen Lebensbereich aus. Sie äusserten sich besonders darin, dass die rechte Herkunft, aber auch die richtige, eben standesgemässe Art der Lebensführung, spezifische Verhaltensweisen, Wert- und Idealvorstellungen unter Umständen wichtiger sein konnten als geschäftlicher Erfolg oder eine akademische Bildung, dass «man» zwischen Angehörigen alteingesessener Familien und zugezogenen Leuten, zwischen soliden Aufsteigern und reichen Parvenus recht genau zu unterscheiden wusste und dass trotz gleicher oder ähnlicher Markt- und Klassenlage die Aufnahme in bestimmte soziale Verkehrs- und Umgangskreise verweigert wurde. Am deutlichsten schlug sich ständisches Denken und Verhalten wohl in den Heiratsallianzen nieder. Aber auch im häufigen öffentlichen wie privaten Bezug auf die Herkunft, den familiären Hintergrund von jemanden, unabhängig von seiner erreichten Position, und der damit verbundenen Einteilung der Menschen in solche, die aus «guter Familie» oder aus «einfachen Verhältnissen» stammten, kamen ständische Tendenzen zum Tragen und zeugten davon, dass die ökonomisch-sozialen Unterschiede, die Marktbedingtheit der Klassen, von kulturell-sozialen, aber auch regionalen und konfessionellen Unterschieden überlagert und umgeben waren.

## 2 Lebenswelt und Kultur: Lebensführung und Lebensstil zwischen Wohlanständigkeit und Luxus

Um dem Bürgertum anzugehören, sich ihm angehörig fühlen zu können und, was noch mehr zählte, auch als zugehörig anerkannt zu sein, waren Besitz, ein bestimmtes Einkommen und Vermögen, die Ausübung einer selbständigen Erwerbstätigkeit oder eines freien Berufes zwar unabdingbare, aber nicht ausreichende Voraussetzungen: «Pour être admis comme bourgeois, il ne suffit pas de l'argent qui, à lui seul, ne donnerait qu'un parvenu; il faut encore présenter les signes extérieurs de ce milieu, se conformer à ses usages, adopter son train de vie, en un mot vivre en bourgeois. L'avoir sera ainsi le moyen de paraître, d'assumer ses frais de prestige qu'entraînent un logement quelque peu luxueux, un personnel de service et telles autres dépenses qui 'classent'.» 739 Bürgerlich war nur, wer sich auch eine entsprechende Lebensweise angeeignet hatte, wer einen bestimmten Lebensstil zu pflegen und die gestellten Aufwandsnormen zu erfüllen imstande war. Im sozialen Spiel der Distinktion, des Einschlusses und Ausschlusses, kam der Lebenshaltung und Lebensführung denn auch ein hoher Stellenwert zu. Die Art und Weise der Lebenshaltung, die Routine und die Rituale des täglichen Lebens waren, jenseits der Notwendigkeit, die elementaren Bedürfnisse zu befriedigen, Teil jenes ständigen individuellen wie familiären Bemühens, sich von anderen abzusetzen, den Rang in der Gesellschaft zu markieren, gleichzeitig aber auch die Aufwandsnormen des «konventionellen Standards der Wohlanständigkeit» (Veblen) zu erfüllen, damit Gemeinsamkeiten herzustellen, soziale Anerkennung und Bestätigung der Zugehörigkeit zu erlangen. Die spezifische Art der Lebenshaltung und Lebensführung war aber auch Teil jener Strategien und Rituale, mit denen das Bürgertum Macht und Einfluss auf die übrigen Klassen ausübte und seine kulturelle Vormachtstellung behauptete. Dass dieses Spiel der Distinktion nicht freiwillig war, braucht hier wohl nicht eigens betont zu werden. Der Begriff weist jedoch darauf hin, dass die Regeln dieses Spiels in manchen Bereichen Freiräume aufwiesen und Variationsmöglichkeiten zuliessen. Dies darf aber nicht darüber hinwegtäuschen, dass der Druck der Gesellschaft auf Individuum und Familien, zumindest die geforderten Aufwandsnormen zu erfüllen und das geforderte Aufwandsniveau zu halten, gross war. Verstösse zogen den Vorwurf des Geizes, Missachtung und Isolierung nach sich. Der konventionelle Standard der Wohlanständigkeit war jedoch in der Regel recht elastisch und liess sich, wie die bürgerlichen Klassen im 19. Jahrhundert deutlich demonstrierten, verändern und ausdehnen. Neben individuellen Vorlieben bot das Spiel der Distinktion – Thorstein Veblen nennt dies Wettbewerb zum Zwecke des neidvollen Vergleichs – genügend Anreize dafür. 740

## Lebenshaltung im Wohlstand:
## Die materiellen Grundlagen bürgerlicher Lebensweise

Über Einkünfte und Ausgaben wurde im 19. Jahrhundert in sehr vielen
bürgerlichen Haushalten genau Buch geführt. So finden sich in recht vielen
Nachlässen von Familien und Einzelpersonen der bürgerlich-aristokratischen
Oberschicht oder der bürgerlichen Mittelschicht sogenannte Kassa-, Rech-
nungs-, Haus- und Haushaltungsbücher, in denen neben Zusammenstellungen
über das Vermögen, aufgeteilt nach verschiedenen Rubriken, oft sehr detailliert die Einkünfte und Ausgaben eingeschrieben, wöchentliche oder monatliche Zusammenzüge sowie die jährliche Bilanz erstellt wurden. Hinter dieser Gewohnheit und dem Bedürfnis genau Buch zu führen, stand aber mehr
als nur der praktische Zweck, sich über Einnahmen und Ausgaben Klarheit
zu verschaffen und abzuklären, wie und wo Ausgaben vermindert und Einkünfte erhöht werden können, um so den Aufwand und Ertrag in Einklang
zu bringen oder Vermögen und Besitz zu mehren. Diese Rechenhaftigkeit
war tief in der bürgerlichen Mentalität verwurzelt, dem Streben nach einer
rationalen Lebensführung, wo Vernunft und Moral die Massstäbe setzen und
wo Sparsamkeit, Fleiss und Mässigkeit höchste Prinzipien sein sollten. Für
Marguerite Perrot bildet diese Rechenhaftigkeit gar das wichtigste Kriterium,
um Familien und Haushalte als bürgerliche zu qualifizieren.[741] Wie weit
wirklich in bürgerlichen Familien und Haushalten diesem Prinzip der Rechenhaftigkeit in vollem Umfang und konsequent nachgelebt wurde, muss offen
bleiben, mindestens als Anspruch und Norm war es jedoch in der zweiten
Hälfte des 19. Jahrhunderts allgegenwärtig und wurde den übrigen Bevölkerungsklassen als ein Vorbild und als ein Mittel zur Lösung der sozialen Frage
hingestellt.

Die eigentliche Wirtschafts- oder Betriebsrechnung des Haushaltes, das
Hauptbuch, das sämtliche Einkünfte und Ausgaben enthielt und in dem auch
die Bilanz erstellt wurde, führte in der Regel der Ehemann. Als praktisch
uneingeschränktes Oberhaupt der Familie verfügte er über sämtliches Einkommen und Vermögen, auch über jenes der Ehefrau. Monatlich oder auch in
kürzeren Abständen händigte er der Ehefrau einen gewissen fixen Betrag als
Haushaltsgeld aus. Diese auch von Ratgebern für eine bürgerliche Haushaltsführung propagierte Regelung scheint allerdings oft auch nur für einen Teil
der Haushaltsausgaben, etwa für die Nahrungsmittel, gegolten zu haben, so
dass das Geld für die übrigen Ausgaben jedesmal vom Mann separat verlangt
werden musste.[742] Je nachdem erhielt die Ehefrau auch noch Taschengeld
oder ein sogenanntes Nadelgeld, das in der Regel für die Kleidung, aber mangels eines separaten Taschengeldes auch für andere persönliche Zwecke verwendet wurde. Auch das Monatsgeld für die Kinder zahlte selbstverständlich
der Ehemann aus. Wie sehr diese finanzielle Verfügungsgewalt die männliche

Autorität stützte, wie aber auch alles, was damit in Verbindung stand, mit Ehrfurcht behandelt wurde, zeigt Rudolf von Tavels Beschreibung von seines Vaters Arbeitszimmer mit dem «reich beladenen Schreibtisch» in der Ecke und dem «mächtigen Sekretärschrank» in der Mitte: «Vor diesem Möbel hatten wir einen gewaltigen Respekt. Es enthielt neben ererbten Familienheiligtümern wie Tagebüchern, Briefen, Goldmünzen, Orden, Siegeln u. dgl. die tadellos geführten Rechnungsbücher Papas. Aus seinen Schublädchen empfing Mama das Haushaltungsgeld, wir Kinder unser bescheidenes und daher um so wertvolleres Taschengeld.» 743 Im Unterschied zum Berner Patrizier Alexander von Tavel (1827–1900) mischte sich der Winterthurer Unternehmer Eduard Bühler-Egg (1833–1909), Sohn eines ländlichen Spinnereibesitzers, weder in den Haushalt ein, noch kümmerte er sich um dessen Kosten. Hatte Fanny Bühler-Egg (1839–1919), die Tochter eines Winterthurer Kaufmannes, kein Geld mehr für den Haushalt, so brauchte sie nur ins Büro zu telefonieren. Dagegen mischte er sich – er war selbst immer gut angezogen – umso mehr bei Fragen der Kleidertoilette seiner Frau und Tochter ein: «Ein Kleid, das ihm nicht gefiel, musste schlankweg weggetan werden und es fiel Mama immer ein Stein vom Herzen, wenn die erste Schau günstig ausgefallen war.» 744

Das Haushaltsgeld, über dessen Verwendung die Ehefrau meist ein separates Buch führte, war für die Haushaltung im engeren Sinne bestimmt, vor allem die Ausgaben für die Ernährung und andere alltägliche Bedürfnisse wurden daraus bestritten. Meistens gehörten auch die Ausgaben für Kleidung und Schuhe, kleinere Hausgeräte, für Beleuchtung, Feuerung und Heizung sowie die Entlöhnung der Wäscherin, der Störarbeiterinnen und der Dienstboten in ihren Kompetenz- und Rechnungsbereich, ebenso die Ausgaben für Gesundheit, gesellige und kulturelle Bedürfnisse, für Schule und Musikunterricht, für Schreibmaterialien und Porti, für Geschenke, Trinkgelder und Almosen. Andere Ausgabeposten wie Anschaffung von Mobiliar, Instandhaltung der Wohnung, Miete und Steuern scheinen dagegen eher unter die Verantwortlichkeit des Mannes gefallen zu sein, dazu zählte meist auch der Einkauf des Weines. Wie weit der Kompetenz- und Rechnungsbereich der Ehe- und Hausfrau gesteckt war und wie die Zahlungsmodalitäten geregelt waren, lässt sich jedoch aufgrund der Haus- und Haushaltungsbücher nicht immer eindeutig feststellen. Offenbar gab es hier je nach ehelicher Rollen- und Machtverteilung recht unterschiedliche Regelungen. So enthält das Haushaltungsbuch des Zürcher Staatsarchivars Gerold Meyer von Knonau neben den für die einzelnen Familienmitglieder getrennt aufgeführten Ausgaben für Kleidung, Erholung und kulturelle Bedürfnisse unter den allgemeinen Haushaltsausgaben auch verschiedene Ausgabeposten für Nahrungsmittel sowie eine Rubrik Hausbuch. Das von der Hausfrau geführte Hausbuch diente dazu, die Ausgaben für jene Sachen (Milch, Fleisch, Gemüse) einzuschreiben, die laufend gekauft und bezahlt wurden. Bei den übrigen Posten handelte es sich um Nahrungsmittel, die wie Mehl, Kartoffeln, Obst, Salz, Erbsen u. ä. entweder in grösseren Mengen als Vorrat angekauft wurden oder für die man, wie z. B. Brot, anschreiben liess. Anschreiben lassen scheint allgemein üblich gewesen zu sein, nicht nur beim Bäcker und Metzger, auch beim Apotheker hatte man eine laufende Rechnung und zahlte jeweils in bestimmten Abständen. Das Haushaltungsbuch der Professorengattin Henriette Valentin dagegen führt ausser der Miete sämtliche Ausgaben des Haushaltes auf, auch die Kosten für die Schulgelder und den Lohn an die Köchin. So war es meist auch in den übrigen Haushalten, wo die eigentlichen Haushaltsausgaben für den Grundbedarf (Nahrung, Kleidung und Wohnung) wie auch für einen grossen Teil des Wahlbedarfs im Haushaltungsbuch der Ehefrau auftauchen und offenbar auch von ihr getätigt wurden.

Die materielle Ausstattung und die Herkunft der Einkünfte, die Lebenshaltung und der Lebensstandard lassen sich anhand dieser Haus- und Haushaltungsbücher jedoch sehr genau rekonstruieren. Die Verteilung der Ausgaben auf die verschiedenen Lebensbereiche und Bedürfnisse widerspiegelt aber nicht nur die konkrete Lebenshaltung, sondern sie gibt auch Auskunft über die für eine bürgerliche Lebensführung geltenden Aufwandsnormen. Am Beispiel einiger weniger Haushalte aus Zürich und Bern mit teils sehr unterschiedlicher materieller Ausstattung sollen im folgenden exemplarisch einige Charakteristika bürgerlicher Lebenshaltung skizziert werden.[745] Insbesondere interessiert dabei, wie sich die Ausgaben zwischen dem sogenannten Grund- oder Zwangsbedarf und dem Wahl- und Kulturbedarf verteilten, wie stark die bürgerlichen Familien und Haushalte sich von den unmittelbaren ökonomischen Zwängen, der «Notdurft des Lebens», hatten lösen können, wie sie den gewonnenen finanziellen Freiraum nutzten, welche Prioritäten sie in ihrem Aufwand setzten und welche Kosten für eine standesgemässe bürgerliche Lebensführung anfielen.

Wie wohl die meisten Angehörigen der bürgerlich-aristokratischen Zürcher Oberschicht führte auch der Zürcher Staatsarchivar Junker Gerold Meyer von Knonau (1804–1858) über die Einkünfte und Ausgaben seines Haushaltes sehr genau Buch. Er entstammte einer Magistraten- und Rentnerfamilie, sein Vater Ludwig Meyer von Knonau hatte allerdings zum liberalen Flügel gehört und war auch nach 1830 noch Mitglied der Regierung gewesen. Verheiratet war er mit Emerentia Cleophea Meyer, der Tochter eines Apothekers. Ihr einziges Kind war der 1843 geborene Sohn Gerold. Zum Haushalt gehörten noch die beiden Mägde Judith und Barbara Büchler. Die Wohnung der Familie befand sich im gleichen Gebäudeteil der Fraumünsterabtei wie das Staatsarchiv, sie wurde dem Staatsarchivar vom Kanton kostenfrei zur Verfügung gestellt. Die Familie war nicht reich, sie verfügte über keinen Grund- oder Hausbesitz mehr, lebte aber, wie auch die Höhe der Einkünfte belegt, in gut gesicherten Verhältnissen.

Die Einkünfte der Familie Meyer von Knonau rührten zu mehr als achtzig Prozent aus Kapitalerträgen, davon knapp ein Sechstel aus dem Vermögen der Ehefrau. Die Besoldung als Staatsarchivar, die lediglich jeweils rund 15 Prozent der Einnahmen ausmachte, deckte etwas mehr als ein Viertel der Ausgaben. Von den Einkünften konnte Meyer von Knonau um 1848 knapp fünfzig, 1852 knapp vierzig Prozent zurücklegen. Das Vermögen ist für diese Jahre aber nicht bekannt. 1855 betrug jenes der Frau 22 895 Franken, 1859, ein Jahr nach dem Tode ihres Mannes, 25 545 Franken, 1870, ein Jahr vor ihrem eigenen Tode, dann 42 697 Franken.[746] Das Vermögen des Staatsarchivars muss aufgrund seiner Zinserträge um 1852 mindestens bei 150 000 Franken gelegen haben. Für das Alter, aber auch für die Ausbildung des Sohnes war damit vorgesorgt.

Tabelle 51    **Die Einkünfte von Gerold Ludwig Meyer von Knonau um 1848 und 1852.** [747]

|  | 1848 (Gulden) | | 1852 (Franken) | |
| --- | --- | --- | --- | --- |
|  | abs. | % | abs. | % |
| Besoldung | 750 | 15,5 | 1750 | 16,0 |
| Kapitalerträge | 4064 | 84,0 | 9077 | 82,9 |
| Vermögen des Ehemannes |  |  | 7603 | 69,5 |
| Vermögen der Ehefrau |  |  | 1474 | 13,4 |
| Verschiedenes | 22 | 0,5 | 116 | 1,1 |
| **Total Einnahmen** | **4836** | **100** | **10943** | **100** |
| **Total Ausgaben** | **2430** | **100** | **6578** | **100** |
| Bilanz | + 2406 |  | + 4365 |  |

1860 jedenfalls verfügte Sohn Gerold nach der von seinem Vormund bei der Volljährigkeit erstellten Vermögensabrechnung über ein Gesamtvermögen von 269 448 Franken. Davon waren 258 442 Franken zinstragend angelegt. Bis Ende 1862 stieg sein Vermögen auf 293 760, was auf eine durchschnittliche Rendite von etwas unter sieben Prozent schliessen lässt. Nach Abzug der Kosten für Unterhalt, Kleidung und Erziehung im Betrag von 14 440 Franken, für Schulgelder, Steuern und Erholung (3149 Franken) sowie vermischter Ausgaben für 3292 Franken blieben ihm bei Antritt der Volljährigkeit im Jahre 1863 272 918 Franken.[748] Finanziell war er so für seine weitere Zukunft mehr als gesichert, ja er konnte damit rechnen, auch nach der Ausbildung noch mindestens über gewisse Jahre hinweg ganz oder doch teils ohne ein grosses Berufseinkommen standesgemäss leben zu können. Da Gerold Meyer von Knonau sich für das Studium der Geschichte und eine akademische Karriere entschied, durften diese Überlegungen in etwa auch seine gewesen sein. 1870 wurde er ausserordentlicher Professor für Geschichte an der Universität Zürich mit einem mehr symbolischen als zum Leben ausreichenden Gehalt, dafür aber viel Zeit für wissenschaftliche Tätigkeit. 1872 beförderte ihn der Regierungsrat dann zum ordentlichen Professor, was vor allem auch eine finanzielle Besserstellung brachte. 1878 betrug sein Gehalt 4000 Franken. Ohne seine Kapitaleinkünfte wäre damit aber eine standesgemässe Lebensführung auch jetzt noch unmöglich gewesen.[749]

Wie bei den Einkünften veränderte sich in den fünf analysierten Jahren auch die Ausgabenstruktur im Haushalt des Staatsarchivars nicht wesentlich.

Etwa die Hälfte der Ausgaben wandte die Familie für Nahrung, Kleidung, Wäsche und Wohnen auf, wobei die Amtswohnung die Kosten fürs Wohnen natürlich stark reduzierte. Mit acht Prozent der Ausgaben lagen diese Kosten denn auch mehr als zehn Prozent unter dem Anteil, den bürgerliche Haushalte in Deutschland oder Frankreich dafür aufbrachten. Entsprechend war allgemein der Aufwand der Familie des Staatsarchivars für den Grund- oder Zwangsbedarf um rund zehn Prozent tiefer. Die Ausgaben für Kleidung und Nahrung [750] entsprachen weitgehend denen französischer bürgerlicher Haushalte Ende des 19. Jahrhunderts. [751] Steuern, Arzt- und Arzneikosten abgezählt, gingen praktisch vierzig Prozent der Ausgaben in den Wahl- und Kulturbedarf. In der sehr viel kleineren Haushaltsrechnung einer Arbeiterfamilie waren dies zur gleichen Zeit knapp vier Prozent, absolut nicht einmal soviel wie Gerold Meyer von Knonau als Almosen an die Armen verteilte. [752]

Tabelle 52    **Die Ausgaben des Haushaltes von Gerold Ludwig Meyer von Knonau um 1848 und 1852.** [753]

|  | 1848 (Gulden) | | 1852 (Franken) | |
|---|---|---|---|---|
|  | abs. | % | abs. | % |
| Nahrung | 636 | 26,2 | 1637 | 24,9 |
| Wohnung inkl. Kochen | 211 | 8,7 | 474 | 7,2 |
| Kleidung | 348 | 14,3 | 893 | 13,6 |
| Wäsche | 105 | 4,3 | 218 | 3,3 |
| **Total Grundbedarf** | **1300** | **53,5** | **3222** | **49,0** |
| Persönliche Dienste | 74 | 3,0 | 195 | 3,0 |
| Büromaterial/Copisten | 50 | 2,1 | 243 | 3,7 |
| Gesundheit | 32 | 1,3 | 159 | 2,4 |
| Kulturausgaben total | 672 | 27,7 | 1819 | 27,6 |
| Erholung/Reisen | 186 | 7,7 | 718 | 10,9 |
| Taschengelder/Allerlei | 114 | 4,7 | 293 | 4,5 |
| Bildung/Kultur | 173 | 7,1 | 302 | 4,6 |
| Ehrenausgaben | 155 | 6,4 | 410 | 6,2 |
| Geschenke | 44 | 1,8 | 96 | 1,5 |
| Almosen | 49 | 2,0 | 89 | 1,4 |
| Rechtssachen | 12 | 0,5 | 252 | 3,8 |
| Steuern | 190 | 7,8 | 451 | 6,9 |
| Verschiedenes | 51 | 2,1 | 148 | 2,2 |
| **Total Ausgaben** | **2430** | **100** | **6578** | **100** |

Unter den Kulturausgaben fielen vor allem die Kosten für Ferienaufenthalte und Reisen einzeln und im Kreise der Familie stark ins Gewicht. Im Sommer hielt sich die Familie meist für etliche Wochen in der Innerschweiz auf, wo man sich meist in einem Privathaus einmietete, die guten Zimmer des Hauswirts bezog und mit dessen Familie auch speiste. Hoch waren mit einem Anteil von über sechs Prozent auch die sogenannten Ehrenausgaben. [754] Für Bildung und Kultur, darin enthalten die Ausgaben für Tagesblätter und Mitgliederbeiträge an Vereine und Gesellschaften, wurden, je nachdem wieviele Kunstsachen der Hausherr kaufte, ebenfalls fünf oder mehr Prozent aufgewandt. Die Löhne für die beiden Mägde schlugen lediglich mit drei Prozent zu Buche. Etwa gleichviel gab der Hausherr, der neben dem Archiv noch die Oberleitung über die Herausgabe der Sammlung der eidgenössischen Abschiede innehatte sowie weitere wissenschaftlich literarische Projekte verfolgte, für Büromaterial und die Bezahlung von Kopisten.[755]

Tabelle 53 **Die persönlichen Ausgaben von Ehemann, Ehefrau und Sohn in der Familie Meyer von Knonau.**

| | 1848 (Gulden) | | | 1852 (Franken) | | |
|---|---|---|---|---|---|---|
| | abs. | % | % | abs. | % | % |
| Persönliche Ausgaben | 656 | 100 | | 1566 | 100 | |
| **Ehemann** | **446** | **68,0** | **100** | **771** | **49,2** | **100** |
| Kleidung | 198 | 30,2 | 44 | 423 | 27,0 | 55 |
| Bildung/Kultur | 155 | 23,6 | 35 | 223 | 14,2 | 29 |
| Reisen/Erholung | 67 | 10,2 | 15 | 77 | 4,9 | 10 |
| Allerlei | 26 | 4,0 | 6 | 48 | 3,1 | 6 |
| **Ehefrau** | **131** | **20,0** | **100** | **468** | **29,9** | **100** |
| Kleidung | 112 | 17,1 | 86 | 321 | 20,5 | 69 |
| Bildung/Kultur | 8 | 1,2 | 6 | 14 | 0,9 | 3 |
| Taschengeld/Allerlei | 11 | 1,7 | 8 | 133 | 8,5 | 28 |
| **Sohn Gerold** | **79** | **12,0** | **100** | **327** | **20,9** | **100** |
| Kleidung | 39 | 5,9 | 49 | 150 | 9,6 | 46 |
| Schule | 0 | 0 | 0 | 65 | 4,2 | 20 |
| Taschengeld | 32 | 4,9 | 41 | 69 | 4,4 | 21 |
| Allerlei | 8 | 1,2 | 10 | 43 | 2,7 | 13 |
| Total Ausgaben | 2430 | 27,0 | | 6578 | 23,8 | |

Den grösseren Teil der persönlichen Ausgaben, bis 1852 meist über sechzig Prozent, beanspruchte der Hausherr. Zugunsten des heranwachsenden Sohnes ging sein Anteil dann jedoch zurück. Der Anteil der Ehefrau betrug nie mehr als dreissig Prozent, oft sogar weniger als zwanzig Prozent.[756] Selbst für die Kleidung gab der Hausherr bedeutend mehr aus als seine Ehefrau. So machte sein Aufwand 47 Prozent der gesamten Kosten für Kleidung aus. Dies dürfte zum einen mit seinem öffentlichen Amt als Staatsarchivar sowie seinen nebenberuflich bedingten Reisen und Verpflichtungen zu tun haben, zum andern zeigt es aber auch, wie sehr sich das Leben der Gattin auf Haus und Familie beschränkte und wie wenig gesellig-gesellschaftliche und repräsentative Verpflichtungen sie wahrnahm. Ihre Charakterisierung durch Rudolf Rahn, den engsten Freund von Sohn Gerold, bestätigt dies denn auch weitgehend: «Der erste Eindruck ist der eines nüchternen, fast hausbackenen Wesens und einer Zurückhaltung gewesen, die ich nicht bloss angeborener Passivität erklären zu sollen glaubte. Es gingen ihr auch die äusseren Reize ab, die Grazie und die Beweglichkeit geselliger Formen.»[757] Im Unterschied zu ihrem Gatten ging sie weder allein auf Reisen noch in eine Kur. Krass waren die Unterschiede auch bei den Ausgaben für Bücher, Kunstsachen und die Mitgliedschaft in Gesellschaften und Vereinen, wo fast drei Viertel der gesamten Ausgaben dem Hausherrn persönlich zugute kamen. Nicht klar ist allerdings, wie weit die Gattin kulturelle Bedürfnisse teilweise auch über ihr Taschengeld, zehn Franken pro Monat, deckte. Über fünf Franken Taschengeld pro Monat erhielt auch schon der fünfjährige Gerold, der seit seinem zehnten Lebensjahr über seine Ausgaben ebenfalls Buch zu führen hatte.

Die Lebenshaltung von Gerold Meyer von Knonau und seiner Familie dürfte auch für weniger vermögliche Familien des Zürcher Besitz- und Bildungsbürgertums, aber auch des Wirtschaftsbürgertums um die Jahrhundertmitte typisch gewesen sein. Kaufleute und Unternehmer waren jedoch materiell vielfach besser ausgestattet als der Staatsarchivar, vor allem verfügten sie eher über einen eigenen Wohnsitz. Dies galt, um ein extremes Beispiel anzuführen, auch für Hans Caspar Escher vom Felsenhof (1775–1859), den Gründer der mechanischen Spinnerei und Maschinenfabrik Escher Wyss. Dieser frühe, aus der städtischen Handelsaristokratie stammende industrielle Unternehmer, der zusammen mit den beiden Associés, seinem Schwager Hans Conrad von Muralt und seinem Schwiegersohn, dem Berner Patriziersohn Friedrich von May (1808–1875), das Unternehmen bis zu seinem Tode leitete, zählte mit einem Vermögen von drei Millionen Franken zu den reichsten Zürchern seiner Zeit. Etwas mehr als eine halbe Million (17,4 Prozent) gehörte allerdings seiner Frau Anna Barbara von Muralt. Fast zwei Drittel des gesamten Vermögens bestand aus seinem Anteil am Handelsguthaben des Unternehmens Escher Wyss und Co., dazu kamen noch Obligationen des Unternehmens im Wert von 114 000 Franken, so dass er gesamthaft knapp siebzig Prozent seines Vermögens in dem von ihm geführten Unternehmen investiert hatte. Lediglich knapp 13 Prozent waren in Form von Aktien, Obligationen und Schuldbriefen ausserhalb angelegt. Die Schuldbriefe lauteten auf rund 90 Schuldner, verteilt über den ganzen Kanton. Der geringste Wert eines solchen Schuldbriefes war ein Betrag von 93 Franken. 12 500 Franken waren in Aktien bei der Bank Leu angelegt, dazu kamen für 16 000 Franken Obligationen der Schweizerischen Nordostbahn. Der ausgedehnte Hausbesitz machte mit 358 000 Franken knapp zwölf Prozent seines Vermögens aus. Darunter befanden sich neben zehn Wohnhäusern und drei Hausanteilen auch sein städtischer Wohnsitz zum Felsenhof im Wert von 100 000 Franken sowie sein Land- und Weingut in der Schipfe bei Herrliberg am Zürichsee, das auf ebenfalls 80 000 Franken geschätzt wurde. Vergleichsweise gering war dagegen mit 36 000 Franken sein Besitz an Mobilien, wovon über 20 000 Franken auf den grossen Weinvorrat fielen. Das Mobiliar in der Winter- und Sommerresidenz wurde lediglich mit knapp 9000 Franken inventarisiert, ein Hinweis darauf, dass die Inneneinrichtung noch von einer vornehmen Einfachheit geprägt war. Der Rest setzte sich aus Silbergeschirr (4000 Fr.) sowie der Equipage, bestehend aus drei Pferden und zwei Wagen (2300 Fr.), zusammen. Besondere Kunstgegenstände enthält das Inventar nicht.[758]

Wie die Lebenshaltung in einem Haushalt aussah, wo man nicht nur über höhere Einkünfte als der Zürcher Staatsarchivar verfügte, sondern sich auch mehr auf das Ausgeben verstand, zeigt das Hauptbuch für die Haushaltung[759] von Josefine von Weiler, die 1851 den reichen Berner Patrizier

Johann Anton Tillier (1792–1854) geheiratet hatte. Tillier, der sich neben seinen politischen Aktivitäten vornehmlich als Geschichtsschreiber betätigte, war dank eines grossen Erbes[760] finanziell völlig unabhängig. Seine zweite, sehr zum Missfallen seiner Standesgenossen geschlossene Ehe mit der knapp dreissigjährigen Tochter eines badischen Staatsministers dauerte jedoch nur knapp drei Jahre. Im Februar 1854 starb er während eines Aufenthaltes bei seiner Schwiegermutter in München. Die Befürchtungen der patrizischen Kreise, dass mit dieser Heirat das grosse Vermögen über kurz oder lang dem Umlauf in Bern entzogen würde, bewahrheiteten sich damit.[761] Wie die erste Ehe war nämlich auch die zweite kinderlos geblieben, so dass das ganze Erbe an die Witwe fiel, die zwar weiterhin im Sandrain, dem Landgut Tilliers vor der Stadt, wohnte, sich aber schon 1855 mit einem auswärtigen Mann[762] wiederverheiratete. 1856 gebar sie eine Tochter Marie und 1858 einen Sohn, namens Victor. Die Haupteinnahmequelle des Haushaltes scheint aber auch weiterhin das hohe Kapitalvermögen Tilliers, das bei einer angenommenen durchschnittlichen Verzinsung von fünf Prozent bei über 300 000 Franken gelegen haben muss, gewesen zu sein.

Tabelle 54 **Die Verteilung der Ausgaben in einem herrschaftlichen Haushalt 1856–1865 (in Prozent der Gesamtausgaben).**[763]

| | 1856 | 1858 | 1860 | 1863 | 1865 | 1856/65 |
|---|---|---|---|---|---|---|
| **Total Einnahmen** | 15 294 | 15 573 | 23 736 | 28 859 | 25 912 | 22 306 |
| **Total Ausgaben** | 13 699 | 15 824 | 19 377 | 24 515 | 19 672 | 20 232 |
| Nahrung | 23,7 | 23,4 | 26,8 | 20,7 | 26,9 | 23,4 |
| Kleidung/Wäsche | 20,0 | 19,3 | 14,4 | 12,2 | 12,0 | 14,2 |
| Toilette Monsieur | 7,5 | 6,6 | 2,9 | 3,4 | 3,5 | 4,2 |
| Toilette Madame | 6,5 | 8,6 | 6,4 | 4,7 | 3,2 | 5,1 |
| Toilette Kind(er) | 3,8 | 1,7 | 2,8 | 2,0 | 2,8 | 2,2 |
| Wohnen/Garten | 14,2 | 15,7 | 25,5 | 23,0 | 15,3 | 22,2 |
| **Grundbedarf** | 57,9 | 58,4 | 66,7 | 55,9 | 54,2 | 59,7 |
| Gesundheit | 1,9 | 1,5 | 1,5 | 0,9 | 0,2 | 1,4 |
| Persönliche Bedienung | 13,6 | 15,6 | 12,0 | 11,1 | 14,3 | 12,5 |
| Equipage | 16,3 | 13,0 | 2,3 | 1,4 | 4,6 | 5,9 |
| Reisen | 0,2 | 5,1 | 6,4 | 14,3 | 8,4 | 7,8 |
| Theater/Konzerte | 0,4 | 0,4 | 1,4 | 0,3 | 0 | 0,3 |
| Porto/Zeitungen | 1,1 | 1,4 | 0,9 | 1,1 | 1,3 | 1,0 |
| Ausbildung Kinder | 0 | 0 | 0 | 0 | 3,1 | 0,4 |
| Verschiedenes | 8,5 | 4,7 | 8,9 | 15,0 | 13,0 | 11,0 |
| Angehörige Familie | 3 | 4 | 4 | 4 | 4 | |
| Dienstpersonal | 4 | 5 | 4 | 4 | 4 | |

Die Witwe Tilliers und ihr zweiter Mann führten im Vergleich zum Zürcher Staatsarchivar einen viel aufwendigeren und kostspieligeren Lebensstil. Ihre gesamten Ausgaben lagen ohne Steuern bis 1858 doppelt, dann meist dreimal so hoch. Allerdings waren auch ihre Einkünfte höher, jedoch nicht im gleichen Ausmass wie die Ausgaben. Vor allem für das Wohnen, die persönliche Bedienung und die Equipage wurden viel höhere Ausgaben getätigt. Ab 1859 hielt sich die Familie nämlich jeweils über längere Zeit in Frankreich auf, wo sie, wie aufgrund der Ausgaben für Miete und neues Mobiliar anzunehmen ist, wahrscheinlich in Nizza[764] oder in Paris noch zusätzlich ein Haus oder eine Wohnung gemietet hatte. Das Personal umfasste meist vier Personen, nämlich eine Köchin, eine Stubenmagd, einen Diener sowie eine Kinderfrau. Gesamthaft gesehen steigerten Tilliers Witwe und ihr zweiter Mann François ihre Lebenshaltungskosten von knapp 14 000 um 1856 auf über 19 000 Franken um 1860. Reisen und Auslandaufenthalte sowie Anschaffungen neuen Mobiliars liessen die Ausgaben dann bis auf 27 000 Franken an-steigen, 1864 und 1865 lagen sie dann wieder bei 20 000 Franken. Auch die Einkünfte erfuhren, nachdem 1858 und 1859 noch kleinere Defizite hin-genommen wurden, ab 1859 eine gewisse Erhöhung von durchschnittlich 15–16 000 Franken auf rund 25 000 Franken. Ob dies auf Umplazierungen und eine höhere Rendite des angelegten Kapitals, eine Erbschaft oder auf ein Erwerbseinkommen des zweiten Mannes zurückzuführen ist, muss hier offen bleiben.[765] Gesamthaft war die Bilanz positiv, allerdings betrug die durchschnittliche jährliche Zunahme lediglich 1220 Franken oder 5,5 Prozent der Einkünfte.

Knapp sechzig Prozent der gesamten Ausgaben wurden für Ernährung, Kleidung und Wäsche sowie Wohnen (Mieten, Unterhalt des Hauses und des Gartens, Beleuchtung, Heizung, Feuerung, Mobiliar) aufgebracht. Der Anteil der Kosten für die Ernährung lag mit durchschnittlich 23 Prozent[766] nur leicht unter jenem im Haushalt Gerold Meyers von Knonau, absolut gesehen waren die Kosten jedoch doppelt, ab 1860 dreimal so hoch. Einkommensschwächere bürgerliche Haushalte mussten gleichzeitig jedoch weit über dreissig Prozent für die Ernährung ausgeben. Die Kosten für Kleidung und Wäsche dagegen bewegten sich mit durchschnittlich 14 Prozent im üblichen Rahmen bürgerlicher Haushalte, wobei die Wäsche lediglich knapp drei Prozent beanspruchte. 1856 waren die Kosten für Bekleidung vor allem wegen der Neuausstaffierung von Ehemann François und der Anschaffung einer Babyausstattung überdurchschnittlich hoch, 1858 und 1861 wegen Madame und Monsieur gleichermassen, die wohl die Garderobe für ihre vorgesehenen Reisen und Auslandaufenthalte erneuerten. In sechs von zehn Jahren kostete die Toilette von Joséfine mehr als jene von François. Tendenziell ging mit dem Anstieg der Einnahmen und der Ausgaben der Anteil der Auslagen für die Toilette der Eheleute und Kinder jedoch zurück. Noch stärker als die Kosten für Bekleidung und Schuhe variierten die Auslagen fürs Wohnen. Wegen der zusätzlichen Miete eines Hauses oder einer Wohnung im Ausland erhöhte sich der Anteil dieser Ausgaben von 14–15 Prozent auf teilweise weit über zwanzig Prozent in den Jahren 1859–1863. 1859 und 1862 schlug zusätzlich der Kauf von neuem Mobiliar sehr zu Buche.

Der seigneuriale Charakter der Lebensführung zeigte sich auch im hohen Anteil der Ausgaben für die persönliche Bedienung, der mit über zwölf Prozent im Durchschnitt um einiges höher lag, als dies sonst in bürgerlichen Haushalten der Schweiz, Deutschlands und Frankreichs üblich war.[767] Dass sich unter dem Personal auch ein Diener befand, setzte noch einen besonders vornehmen Akzent. Sehr hoch waren bis 1858 auch die Auslagen für die Equipage, bedingt durch den eigenen Unterhalt von Pferden und Wagen[768] und die Anstellung eines Kutschers. Wohl infolge der Benützung der Eisenbahn gingen die Equipagekosten ab 1859 dann aber stark zurück, dafür stiegen nun die unter der Rubrik Reisen aufgeführten Ausgaben an, in Jahren, wo die Familie nach Paris, Nizza oder Deutschland reiste, auf zehn oder gar 16 Prozent ihrer gesamten jährlichen Auslagen. Für Kultur und Bildung im engeren Sinne scheint das Ehepaar, abgesehen von Theater- und Konzertbesuchen sowie dem Abonnement von Zeitungen, die aber die Rechnung nicht übermässig belasteten, relativ wenig aufgewendet zu haben. Recht hoch waren dagegen die vermischten Ausgaben, die im Durchschnitt zwölf Prozent ausmachten und sich im wesentlichen auf Auslagen für persönliche Bedürfnisse verschiedenster, teils auch kultureller Art sowie vor allem für Geschenke und Trinkgelder sowie Almosen[769] aufteilten.

Tabelle 55    **Die Ernährung in einem herrschaftlichen Haushalt um 1850 und einem Beamtenhaushalt um 1900.**[770]

| | 1852 | 1856 | 1858 | 1900 |
|---|---|---|---|---|
| **Esswaren** | **86,4** | **75,9** | **83,3** | **89,9** |
| Fleisch | 25,5 | 22,1 | 22,4 | 22,1 |
| Fische | 1,3 | 2,1 | 3,4 | |
| Geflügel/Wild | 0,5 | 2,1 | 2,5 | |
| Pasteten, Würste, Schinken | 3,2 | 2,0 | 2,0 | 3,8 |
| Brot | 15,1 | 13,9 | 11,7 | 10,0 |
| Mehl, Reis, Nudeln | 3,3 | 2,2 | 1,4 | 2,0 |
| Vorräte (u. a. Mehl) | 4,0 | 3,9 | 7,0 | |
| Fett, Butter, Eier, Käse | 6,6 | 6,1 | 9,1 | 14,5 |
| Milch, Rahm | 5,1 | 5,3 | 7,5 | 16,6 |
| Gemüse/Kartoffeln | 6,5 | 4,4 | 5,3 | 3,0 |
| Obst | 1,6 | 3,2 | 3,0 | 7,3 |
| Kolonialwaren (Zucker, Kaffee) | 9,0 | 5,9 | 4,9 | 6,0 |
| Übriges | 4,7 | 2,7 | 3,1 | 4,6 |
| **Getränke (Wein, Bier)** | **11,5** | **15,8** | **11,0** | **10,1** |
| **Desserts** | **2,1** | **8,3** | **5,7** | |
| Vorräte für feine Speisen | 0,9 | 0,9 | 0,8 | |
| Zuckerzeug, Desserts | 1,2 | 7,4 | 4,9 | |
| Total absolut | 1845 | 3250 | 3713 | 1460 |

Wie abwechslungsreich, aber auch reich an hochwertigen Lebensmitteln wie Fisch, Geflügel, Butter, Eiern, Milch, Gemüse und Obst in diesem sozial gehobenen Milieu die Ernährung um die Jahrhundertmitte war, lässt sich an der Aufteilung der Ausgaben auf die verschiedenen Lebensmittel sehen. Knapp dreissig Prozent entfielen auf Fleisch, wobei mit steigenden Ausgaben vermehrt Fisch, Geflügel und Wild auf den Tisch kamen. Auch der Verbrauch von Butter, Eier und Käse, von Milch und Rahm, von Gemüse und vor allem Obst nahm von 1852 bis 1858 zu, während die Ausgaben für Brot gleichzeitig anteilsmässig wie absolut zurückgingen und diejenigen für Mehl, Reis und Nudeln in etwa gleichblieben. Diese Verlagerungen in der Zusammensetzung der Lebensmittel lassen auf eine Verfeinerung in der Zubereitung, auf mehr

Zutaten und eine grössere Abwechslung in der Speisefolge schliessen. Deutlich in diese Richtung weist auch der höhere Anteil der Auslagen für Desserts und «Zuckerzeug», das wohl teilweise zum obligaten Tee oder Kaffee am Nachmittag serviert wurde.

Alles in allem entsprach die Verteilung der Ausgaben auf die verschiedenen Lebensmittel in ihren Grundzügen schon weitgehend jenem bürgerlicher Haushalte um die Jahrhundertwende. Wie reichhaltig, ja üppig im Hause Anton Tilliers gespiesen wurde, zeigt ein kurzer, oberflächlicher Vergleich mit den Nahrungsausgaben einer vierköpfigen Zürcher Beamtenfamilie [771] anfangs des 20. Jahrhunderts, die, obwohl sich die Preise nominal unterdessen mehr als verdoppelt hatten, für ihre Ernährung nicht einmal halbsoviel wie Josefine von Weiler für sich, ihren Mann und ihre vier Dienstboten ausgab. Anteilsmässig waren die Ausgaben für Fleisch im Beamtenhaushalt nur leicht höher als jene im herrschaftlichen Haushalt der Jahrhundertmitte, mengenmässig, auch pro Kopf der Haushaltsangehörigen, war der Fleischverbrauch aber viel grösser, ebenso der Anteil für Gemüse. Kleiner war jedoch der Anteil der Ausgaben für Milch, Butter, Käse und Eier sowie für Obst und Südfrüchte, während für Brot eher noch mehr ausgegeben wurde, was sicher auch mit der Verköstigung der vier Dienstboten zusammenhing, für die Brot und Kaffee wesentliche Bestandteile ihres Essens gewesen sein dürften. [772]

Von solch einem Aufwand für die Lebenshaltung, wie ihn sich Leute wie Anton Tillier und Josefine von Weiler leisteten, konnten höhere Beamte und Inhaber politischer Ämter, Professoren und andere Angehörige der Bourgeoisie des talents auch noch in den siebziger und achtziger Jahren vielfach nur träumen. Aber auch die sparsamere und weniger auf demonstrativen Konsum angelegte Lebensführung des Zürcher Staatsarchivars lag in der Regel nicht in ihrer Reichweite. [773] Wer nicht von Haus aus über ein gewissen Vermögen verfügte oder durch eine gute Heirat in den Genuss zusätzlicher Einkünfte gelangt war, musste mit weniger auskommen und wesentlich bescheidener leben. Nicht wenige suchten deshalb, wenn die Möglichkeit sich bot, durch nebenamtliche oder ergänzende Tätigkeiten ihr Gehalt aufzubessern, um so doch ein einigermassen standesgemässes bürgerliches Leben führen zu können. Vor allem höhere Beamte und Magistrate, aber auch Fürsprecher oder Advokaten und andere Angehörige in freien Berufen, die als soziale Aufsteiger aus weniger bemittelten Kreisen stammten, hatten deshalb meist Mühe, die ihrer beruflichen Stellung angemessenen Aufwandsnormen zu erfüllen und in der Lebensführung voll mitzuhalten. Dies galt sogar für Bundesräte. Wer nicht über weitere Einkünfte aus seinem Vermögen verfügte, konnte aufgrund des Gehaltes in der Lebensführung keinen allzu grossen Aufwand treiben, vor allem dann nicht, wenn eine grosse Familie zu versorgen war, für die standesgemässe Ausbildung der Kinder hohe Auslagen anstanden und zudem eine gewisse Vorsorge für das Alter vorgenommen werden musste.

So hatte Jakob Stämpfli nicht zuletzt auch aus finanziellen Erwägungen heraus zur Eidgenössischen Bank hinübergewechselt. Auch sein 1864 gewählter Nachfolger, der ehemalige Berner Pfarrer und Regierungsrat Carl Schenk musste mit seinen sieben Kindern wie schon als Regierungsrat auch als Bundesrat trotz seines jetzt höheren Gehaltes von 8500 Franken in seiner Lebensführung noch immer gewisse Abstriche machen. In der Wohnungseinrichtung blieb Schenk, wie er selbst feststellte, hinter dem Aufwand seiner Kollegen stark zurück, obwohl ihm eine Erbschaft den Bezug einer grösseren und standesgemässeren Wohnung, im «Böhlenhaus» am Aargauerstalden erleichtert hatte.[774] Noch anfangs des 20. Jahrhunderts vermochten Inhaber höherer kantonaler oder städtischer Ämter, noch mehr höhere Beamte, wenn sie über keine weiteren grösseren Einkünfte als die Besoldung verfügten, nur mit Mühe in allen Teilen ein standesgemässes Leben zu führen. Ohne Einschränkungen ging es vor allem dann nicht, wenn ein gewisser demonstrativer Aufwand für die politische Karriere entscheidend und aus Gründen der Glaubwürdigkeit und Respektabilität kaum zu umgehen war. So gab der 1896 in den Zürcher Stadtrat gewählte Robert Billeter (1857–1917), nach einer kaufmännischen Lehre zunächst Bankkassier, dann NZZ-Redaktor, sein Amt nach drei Jahren aus finanziellen Erwägungen heraus wieder auf, um die einträglichere Stelle eines Vizedirektors bei der Schweizerischen Kreditanstalt anzunehmen. Zum einen legte Billeter, der damals eine Familie mit vier Söhnen hatte, Wert auf einen standesgemässen Lebensstil, zum anderen glaubte er, so für die Ausbildung der Söhne und die soziale Vorsorge mehr zurücklegen zu können. Billeter kehrte allerdings bereits nach zwei Jahren wieder in den Stadtrat zurück, da ihm die neu angetretene Tätigkeit zwar eine ökonomische Besserstellung aber zu wenig Befriedigung, insbesondere einen geringeren Entscheidungsspielraum brachte.[775]

Die Lebenshaltung im materiell weniger gut ausgestatteten bürgerlichen Milieu soll im folgenden am Haushalt einer Berner Professorenfamilie sowie des in Winterthur lebenden Zürcher Malers und Schriftstellers August Corrodi gezeigt werden. Die Einkommens- und Vermögensverhältnisse von Gustav Valentin (1810–1883), Professor für Medizin an der Berner Hochschule, lassen sich leider nur rudimentär erfassen, auch über die gesamten Ausgaben des Haushaltes liegen keine Angaben vor. Vor allem fehlen die Auslagen für Miete und Steuern, aber auch die persönlichen Ausgaben des Hausherrn sowie die Kosten für die Ausbildung des einzigen Sohnes Adolf, der sich ab 1858 in einem Internat bei Stuttgart befand und später Medizin studierte. Dank des Haushaltungsbuches seiner Frau Henriette Samosch sind jedoch wenigstens die Ausgaben für den Grundbedarf bekannt und für jenen Teil des Kultur- und Wahlbedarfes, der in den eng gefassten Kompetenz- und Rechnungsbereich der Hausfrau fiel.[776] 1855, als der Haushalt neben dem Ehepaar die drei Kinder und eine Magd umfasste, betrugen diese Ausgaben 4989 Franken, 1860, nach dem Auszug des Sohnes Adolf, 4094 Franken.[777] Das maximale Einkommen eines ordentlichen Professors an der Berner Hochschule lag in den fünfziger und frühen sechziger Jahren jedoch bei 4240 Franken.[778] Gustav Valentins Einkünfte als Professor reichten demnach in der Regel nicht einmal aus, um die reinen Haushaltsausgaben zu bestreiten. Das professorale Gehalt war denn auch nicht seine einzige Einnahmequelle. Weitere 1000 Franken pro Jahr dürfte ihm sein Vermögen, das anfangs der fünfziger Jahre etwas über 20 000 Franken betrug, eingebracht haben. Um dieses Vermögen rascher zu vermehren und seine finanzielle Situation zu verbessern, liess sich Gustav Valentin Mitte der fünfziger Jahren, aber nicht gerade erfolgreich, auf Spekulationen mit amerikanischen Eisenbahnpapieren ein.[779] Wichtiger als die zusätzlichen Einnahmen aus seinem doch relativ geringen Vermögen dürften deshalb wohl seine Einkünfte aus der ärztlichen Praxis gewesen sein, denn Valentin betätigte sich neben seiner Professur auch noch als praktischer Arzt.

Tabelle 56    Die Verteilung der Ausgaben im Haushalt des Berner Professors Gustav Valentin um 1860 und des Zürcher Staatsarchivars Gerold Meyer von Knonau um 1852.[780]

|  | Valentin | | Meyer von Knonau | |
|---|---|---|---|---|
|  | absolut | % | absolut | % |
| Nahrung/Getränke | 1565 | 38,2 | 1637 | 29,9 |
| Kleidung/Wäsche | 903 | 22,1 | 1'111 | 20,3 |
| Wohnen/Einrichtung | 407 | 9,9 | 474 | 8,7 |
| **Total Grundbedarf** | **2875** | **70,2** | **3222** | **58,9** |
| Persönliche Dienste | 145 | 3,5 | 195 | 3,6 |
| Schulgelder | 75 | 1,8 | 65 | 1,2 |
| Kultur/Erholung | 408 | 10,0 | 955 | 17,4 |
| Portospesen | 98 | 2,4 | | |
| Geschenke | 136 | 3,3 | 506 | 9,2 |
| Trinkgelder/Almosen | 66 | 1,6 | 89 | 1,6 |
| Verschiedenes | 291 | 7,1 | 441 | 8,1 |
| **Total** | **4094** | **100** | **5473** | **100** |
| Familienmitglieder | 4 | | 3 | |
| Personen im Haushalt | 5 | | 5 | |

Um 1860, als der Haushalt neben dem Ehepaar die beiden Töchter Anna und Ida sowie eine Magd umfasste, wandte die Familie siebzig Prozent für den Grundbedarf auf, allein die Ernährung beanspruchte fast vierzig Prozent der Ausgaben. Dic Schulgelder für die beiden Töchter sowie den Lohn für die Magd abgezogen, blieben noch knapp 25 Prozent für den sogenannten Wahlbedarf. Mehr als die Hälfte davon ging für Geschenke, Trinkgelder, Almosen und für verschiedene kleinere persönliche Bedürfnisse sowie für Portospesen weg. Ein grosser Ausgabeposten war der Musik- und Klavierunterricht der beiden Töchter. Er verschlang zusammen mit den Auslagen für Konzertbesuche den grössten Teil der Ausgaben für Kultur und Erholung.

Vollständiger als die Lebenshaltung der Berner Professorenfamilie lässt sich jene des Ehepaars Corrodi-Haggenmacher dokumentieren. Beide führten über ihren Bereich genau Buch, wobei die Kompetenzen der Ehefrau, die auch die Steuern und die Miete aus dem Haushaltsgeld bezahlte, mit Ausnahme des Taschengeldes die gesamten Ausgaben umfassten. August Corrodi (1826–1885) und Marie Haggenmacher (1843–1877) hatten 1863 geheiratet. 1865 kam ihr erster, 1867 ihr zweiter Sohn zur Welt. August Corrodi, der einzige Sohn eines Pfarrers, war Maler und Schriftsteller, ab 1861 betätigte er sich zudem als Zeichenlehrer an den Winterthurer Stadtschulen. Die Familie wohnte zur Miete in einem Haus mit Garten, für dessen Unterhalt jeweils ein Gärtner eingestellt wurde. Wie es sich ziemte, gehörte zum Haushalt auch eine Magd. Corrodis Einkommen aus seiner Anstellung und seiner künstlerischen Tätigkeit reichten für eine solide bürgerliche Lebenshaltung nicht aus und ein eigenes grösseres Vermögen scheint er nicht besessen zu haben. Hingegen brachte die zwanzigjährige Marie Haggenmacher ein Vermögen von 37 891 Franken mit in die Ehe.[781] Angesichts seiner eigenen Einkommens- und Vermögensverhältnisse war dies für die materielle Sicherheit der Familie ein nicht unwesentlicher Betrag.

| Tabelle 57 | **Die Einkünfte von August und Marie Corrodi-Haggenmacher 1865 und 1875.** [782] | | | |
|---|---|---|---|---|
| | 1865 | | 1875 | |
| | abs. | % | abs. | % |
| Besoldung als Zeichenlehrer | 1895 | 41,4 | 2500 | 35,5 |
| Künstlerische Betätigung | 803 | 17,5 | 1965 | 27,9 |
| **Total Erwerbseinkommen** | **2698** | **58,9** | **4465** | **63,4** |
| Zinseinkommen von Privaten | 843 | 18,4 | 596 | 8,5 |
| Bankzinsen | 276 | 6,0 | 1564 | 22,2 |
| NOB-Aktienerträge | 325 | 7,1 | 135 | 1,9 |
| Beitrag aus Maries Einkommen | 240 | 5,2 | | 0 |
| Verschiedenes | 195 | 4,3 | 278 | 3,9 |
| **Total Einkommen** | **4577** | **100** | **7038** | **100** |
| Total Ausgaben | 4234 | 92,5 | 6945 | 98,7 |
| Überschuss | 343 | 7,5 | 93 | 1,3 |

1865 deckte seine Besoldung als Zeichenlehrer nicht einmal 45 Prozent der Lebenshaltungskosten, mit den zusätzlichen Einkünften als Schriftsteller und Maler waren es immerhin 64 Prozent der Ausgaben. Nur knapp sechzig Prozent der gesamten jährlichen Einnahmen stammten aus seinem Erwerbseinkommen, etwas mehr wie dreissig Prozent aus Zins- und Aktienerträgen. Der Rest kam aus verschiedenen kleinern Einkünften, darunter befand sich auch ein Beitrag aus dem Einkommen[783] seiner Frau. In den folgenden Jahren erfuhr nicht nur die Familie Zuwachs, auch die Ausgaben nahmen zu. Die Einnahmen hielten damit einigermassen Schritt, nicht jedoch die Besoldung, die trotz Erhöhung 1875 nur noch etwas mehr als ein Drittel der Einnahmen ausmachte. Da Corrodi aber durch seine künstlerische Betätigung als Maler und Schriftsteller nun deutlich mehr verdiente, deckte sein Erwerbseinkommen auch 1875 doch noch immer 64 Prozent der Lebenshaltungskosten. Knapp ein Drittel der Einnahmen des Haushaltes kam aus Zins- und Aktienerträgen, wobei jetzt im Unterschied zu 1865 der grössere Teil des Kapitals nicht mehr bei Privaten, sondern auf der Bank angelegt war.

Tabelle 58      Die Ausgaben im Haushalt von August und Marie Corrodi-Haggenmacher um 1865
und von Staatsarchivar Gerold Meyer von Knonau um 1852. 784

|  | Corrodi | | Meyer von Knonau | |
|---|---|---|---|---|
|  | abs. | % | abs. | % |
| Nahrung | 1503 | 35,8 | 1637 | 24,9 |
| Kleidung/Wäsche | 558 | 13,3 | 1111 | 16,9 |
| Wohnen | 751 | 17,9 | 474 | 7,2 |
| **Total Grundbedarf** | **2812** | **67,0** | **3222** | **49,0** |
| Persönliche Dienste | 321 | 7,7 | 195 | 3,0 |
| Gesundheit | 128 | 3,1 | 159 | 3,7 |
| Bildung/Kultur | 158 | 3,8 | 302 | 4,6 |
| Freizeit/Reisen | 55 | 1,3 | 718 | 10,9 |
| Geschenke/Ehrenausgaben | 128 | 3,1 | 595 | 9,0 |
| Steuern | 214 | 5,1 | 451 | 6,9 |
| Diverses inkl. Porto | 26 | 0,6 | 643 | 9,8 |
| Total Haushaltungsbuch | 3842 | 91,6 | | |
| Taschengeld Mann | 233 | 5,6 | | |
| Taschengeld Frau | 120 | 2,9 | 120 | 1,8 |
| Diverses | 39 | 0,9 | 173 | 2,6 |
| **Total Ausgaben** | **4234** | **100** | **6578** | **100** |

Zwei Drittel der gesamten Ausgaben gingen für den Grundbedarf weg, deutlich mehr als dies in reichern Haushalten in der Regel der Fall war. Vor allem der Anteil der Nahrungskosten war mit 36 Prozent überdurchschnittlich hoch, verursacht durch relativ hohe Ausgaben für Fleisch und für den Einkauf von Wein. [785] Steuern und Auslagen für Arzt und Apotheke abgezogen, blieb für den Wahl- und Kulturbedarf noch ein Viertel. Fast ein Drittel davon beanspruchte die Entlöhnung der Magd und einer Pflegerin, die während der Schwangerschaft und in den ersten Monaten nach der Geburt eingestellt worden war. Für Bücher und Zeitungen sowie für Musik – ob für Notenblätter oder den Besuch von Konzerten geht aus dem Haushaltungsbuch nicht hervor – wurden knapp vier Prozent ausgegeben, etwas weniger für Geschenke und Ehrenausgaben, noch weniger für Vergnügungen, wobei dafür wohl auch ein Teil des relativ grossen persönlichen Taschengeldes Verwendung fand. Im Vergleich mit besser situierten Familien hielten sich vor allem die Ausgaben für Ferienreisen und gesellige Anlässe, für Geschenke sowie für Diverses in engen Grenzen.

Auch materiell sogar noch weniger gut ausgestattete bürgerliche Familien wie die Berner Professorenfamilie oder die Corrodis waren bei allem Zwang zur Sparsamkeit und persönlichen Einschränkung doch stark privilegiert. Wie sehr auch sie sich in ihrer Lebenshaltung von der übrigen Bevölkerung abhoben, zeigt sich besonders klar, wenn man sie kleinbürgerlichen Verhältnissen gegenüberstellt, wie dies im folgenden anhand der Kindheitserinnerungen des unselbständigen Seidenkaufmanns Hans Spörry (1859–1925) geschehen soll, der aus sogenannt einfachen Verhältnissen stammte. [786] Hans Spörrys Vater, Lukas Spörry (1821–1870), war das einzige überlebende Kind des Wetzikoner Arztes und Gemeindepräsidenten Hans Heinrich Spörry (1762–1832) aus zweiter Ehe mit Anna Meili (1787–1826). Während der eine seiner beiden Stiefbrüder hatte Medizin studieren können, musste er, von seinen bereits erwachsenen Stiefgeschwistern nach dem Tode beider Eltern benachteiligt, eine Bäckerlehre machen. Danach war er für einige Zeit in neapolitanischen Kriegsdiensten. 1851 verheiratete er sich mit Anna Friederike Guggenbühl (1828–1913), der Tochter eines in Handelsgeschäften eher unglücklich tätigen, ehemaligen Müllers aus Küsnacht, die als sechzehnjähriges Mädchen im Gasthof ihres Onkels in Küsnacht als Hilfe in Küche und Haus gearbeitet hatte, dann wegen der hohen Arbeitslast, aber geringem Entgelt und schlechter Behandlung nach Zürich ging, um dort in einem Atelier den Beruf einer Schneiderin zu erlernen. Nach der Heirat betrieb Lukas Spörry zunächst eine eigene Bäckerei, die er wegen eines Leistenbruchs aber aufgeben musste. Gegen Ende der fünfziger Jahre erhielt er nach verschiedenen Tätigkeiten in Wetzikon bei der Nordostbahn eine Anstellung. 1860 wurde er dann der sauberen Handschrift sowie der Sprachkenntnisse in Französisch und Italienisch wegen, die er sich wohl in Fremden Diensten erworben hatte, Schreiber, «Oberschaffner», am städtischen Kornhaus. Die Familie hatte fünf Kinder, drei Knaben und zwei Mädchen. Eines der Mädchen war von der Mutter mit in die Ehe gebracht worden.[787]

Die häusliche Einrichtung dieser kleinbürgerlichen Familie, die zunächst am Rennweg, dann in den sechziger Jahren in einer Mietwohnung am untern Seilergraben wohnte, nahm sich bescheiden aus. In der Stube standen in der Mitte ein Tisch und Brettlisessel, der einen Wand entlang ein Kanapee, gegenüber eine Kommode, belegt mit einer gehäkelten, weissen Decke, darauf eine Standuhr und darüber ein rechteckiger Spiegel mit gekehltem Goldrahmen, am Fenster ein kleinerer Tisch mit Grünpflanzen sowie einer grossblühenden Papierblume und dem «Prachtexemplar» einer Asklepia, beides Erbstücke von der Grossmutter mütterlicherseits. An den Wänden hingen Stahlstiche in Goldleisten, meist Jahresprämien illustrierter Zeitschriften. Die einzige «Antiquität» bildete das «Hungertäfeli», ein Zinnmedaillon, das an die grosse Teuerung von 1817 erinnerte. Die Eltern hatten Federmatratzen-Betten, die Kinder, mindestens in den frühen sechziger Jahren, dagegen Laubsäcke. Als Bettvorlagen dienten selbstverfertigte Teppiche aus auf Sackleinwand aufgenähten Tuchresten. Als Essgeschirr benützte die Familie nie etwas anderes als einfache weisse Teller und Ohrentassen. Servietten gab es bei Tisch keine, auch keinen Tellerwechsel.

Gleichermassen einfach war die Lebenshaltung. Mit Aufbietung aller Kräfte galt es, «nicht über die vorhandenen bescheidenen Mittel zu leben», denn das Einkommen Vater Spörrys, der 1000 Franken versteuerte, betrug kaum viel mehr als 1500 Franken: «Man schränkte sich ein, um den Verpflichtungen gewissenhaft, wenn es auch nicht immer genau auf Verfall möglich war, nachzukommen. Man entbehrte, sparte, kümmerte für den immer wiederkehrenden Hauszins und die wachsenden Ausgaben für Kleider, Schuhe, Schulgelder und Lehrmittel aller Art.» Kleider für die Mädchen und sich

selbst machte die Mutter meist selbst, die Knaben trugen vom Störschneider
ab- und umgeänderte Kleider des Vaters oder älteren Bruders. Leib- und Bett-
wäsche wurde durch eigene Arbeit, oft in Nachtstunden, hergestellt. Vater wie
Mutter besassen eine Golduhr, die Mutter noch eine silberne Brosche. Alle
Toilettenbedürfnisse wurden aus eigenen Mitteln bestritten. Der Vater rasierte
sich immer selbst, nur der Haarschneider wurde von ihm in Anspruch genommen. Die Haare der Knaben schnitten der Vater oder die Mutter. Bei aller
Knappheit kam jedoch in der äusseren Erscheinung der Respektabilität und
damit indirekt auch der Abgrenzung nach unten ein hoher Stellenwert zu. So
wurden die Kinder oft wegen des «heillosen Schuhverschleisses» geschimpft,
dennoch war es ihnen nie erlaubt, barfuss auf die Strasse zu gehen.[788]

Zu Essen gab es morgens nie etwas anderes als eine Tasse Kaffee mit
Milch und altbackenem, mindestens eintägigem Brot, mittags immer sicher
eine Suppe mit Erbsen, Gerste, Teigwaren, Kartoffeln oder Lauch, dazu in
verschiedenen Varianten Kartoffeln oder auch Teigwaren. Mitunter auch nur
Suppe mit Brot. Das Abendessen bestand «die ganze Woche hindurch unabän-
derlich in Kaffee mit gerösteten Erdäpfeln, oder auch nur mit Brot.» Fleisch
war und blieb, insbesondere nach dem Tod des Vaters im Jahre 1870, die Ausnahme. Höchstens einmal in der Woche wurde Rindfleisch gesotten, als Ersatz
oft auch Innereien oder Würste. Eine Abwechslung brachten vor allem die
Sonntage, teilweise auch die allgemeinen Festtage, die mit landesüblichen Spe-
zialitäten[789] gefeiert wurden. Für Sonntagmittag bereitete der Vater etwa
einen Rinds-, Kalbs- oder Schweinsbraten mit allerlei Zutaten zu, wie er es
während seines Aufenthaltes im neapolitanischen Kriegsdienst gesehen hatte,
manchmal auch Schafsvoressen oder panierte Koteletten. Am Abend gab
es dann manchmal süsse Butter mit Konfitüre oder Schabzieger, seltener
Schwarztee oder Schokolade. Der Vater ass einen Teller Mittagssuppe, nebst
kaltem Fleisch oder Wurst, dazu ausnahmsweise etwas Wein. Von allem fiel
auch für die Kinder eine Gabel oder ein Löffel voll ab. An Vorräten wurden,
sofern es die räumlichen oder auch finanziellen Umstände gestatteten, vor
allem Kartoffeln und Sauerkraut eingekellert, dazu auch Äpfel und Hülsen-
früchte sowie Reis, Mehl und Teigwaren.[790]

«Den Verpflichtungen und Anforderungen des Lebensunterhaltes nachzukommen und von anderen Leuten unabhängig zu bleiben», war das oberste
Gebot der Haushaltsführung. Jede unnötige Ausgabe wurde gewissenhaft
erwogen. Dies galt ganz besonders bei Ausgaben für kulturelle und gesellige
Bedürfnisse. Als Zeitung hielt die Familie das «Tagblatt der Stadt Zürich», das
neben einer kurzen Rubrik «Übersicht der Tagesneuigkeiten» vor allem Inse-
rate und die amtlichen Anzeigen enthielt. Die damals schon führende «Neue
Zürcher Zeitung» war zu teuer – «z'tüür für euser gattig Lüt» – und Zeitungen wie der Grütlianer oder das demokratische Volksblatt kamen für den Vater
aufgrund seiner liberalen Ausrichtung nicht in Frage. Zur «Belehrung» hatten
die Spörrys die illustrierte «Gartenlaube» abonniert, die sie aufbewahrten und

nach Jahrgang einbanden. Alljährlich kauften sie zudem noch den ebenfalls bebilderten «Bürklikalender». Den «eisernen Bestand» der Hausbibliothek bildeten nebst dem Bürgeretat Friedrich von Tschudis «Thierleben der Alpenwelt» sowie die 1868 angeschafften, vor allem vom Vater immer wieder gelesenen «Sämtlichen Werke» Friedrich Schillers. Vereinzelt wurden noch aus Leihbibliotheken Romane bezogen. Die Mutter machte ganz selten einen Theaterbesuch, der dann noch für lange Zeit den Gesprächsstoff bildete. Die Kinder durften auf die jeweils bescheidenen Schulreischen und hin und wieder zu bekannten Bauersleuten in Küsnacht oder Birmensdorf in die Sommer- oder Herbstferien gehen, wo sie sich dann mit kleinen Arbeiten nützlich zu machen hatten.[791] Einzige Vorsorge war eine Lebensversicherung von 5000 Franken des Mannes, die dann auch nach dem frühzeitigen Tod des Vaters um 1870 mit 49 Jahren über die ersten Schwierigkeiten hinweg half. Sie erlaubte es aber auch, dass die Knaben, wie dies der Vater immer gewünscht hatte, gut geschult werden konnten, ohne dass die Familie, wie Hans Spörry hervorhebt, je von aussen hätte Unterstützung beanspruchen müssen. So konnte auch Hans Spörry 1871–1874 die Sekundarschule besuchen und danach 1874–1877 eine kaufmännische Lehre absolvieren. Die täglichen Ausgaben bestritt die Familie in dieser Zeit vor allem aus der Heimarbeit der Mutter und der beiden Schwestern, die Wollarbeiten anfertigten, während die Hausarbeiten den beiden jüngeren Knaben Edwin und Hans überbunden wurden.[792]

Selbständigkeit, Selbstverantwortlichkeit und eine gewissenhafte Lebensführung prägten Denken und Verhalten dieser kleinbürgerlichen Familie sehr stark. In Notsituationen pflegte die Mutter sich selbst, aber auch den Kindern mit Sprichwörtern, die diese Werte betonten, Mut zu machen. Dazu gehörten Sprüche wie: «Probiere gaht über studiere – Man muss sich nach der Decke strecken – Wie me si bettet so liit me – Degliche tha, ist nüd g'chüchlet – Wo gnueg ist, chan e Sau huse – Wäme ke Chalch hät, so thuet me mit Dreck mure».[793] Auch der erfolgreiche Sohn hielt sich an diese Maximen. Vom Tage an, da er ein Salär bezog, von 1877 bis 1888, führte er zu seiner eigenen Kontrolle ein genaues Kassabuch, denn «es bedingt Ordnung, gibt Übersicht und zeigt, wo Einschränkung in den Ausgaben geboten ist».[794]

Ein- und Beschränkungen dieser Art kannten der Berner Rentier Karl Eduard von Rodt (1810–1890) sowie sein Sohn, der Architekt Friedrich Karl Eduard von Rodt (1849–1926), nicht. Am Beispiel dieser beiden Familien aus der Berner Oberschicht lässt sich dank der vorhandenen Cassa- und Hausbücher eine bürgerliche Lebenshaltung über vierzig Jahre lang mit ihren vom Lebens- und Familienzyklus bestimmten Veränderungen verfolgen. Karl Eduard von Rodt[795] war nach einem abgebrochenen Studium der Rechte in Bern sowie der Mathematik und Mechanik in Genf 1829 nach Brasilien auf die Plantagen seines Onkels Rudolf von Graffenried ausgewandert. Nach dessen Tod um 1834 verwaltete er sie im Namen der Erben und seines Vaters als Mitbesitzer. 1837 erwarb er die Plantagen ganz für sich, um sie dann 1847 wieder zu verkaufen und 1848 nach Bern zurückzukehren. Noch im gleichen Jahr heiratete er Francisca Carolina Cäcilia Brunner (1822–1872). 1849 kam Sohn Eduard, 1855 Tochter Cécile zur Welt. Einer regelmässigen Erwerbstätigkeit ging von Rodt seit seiner Rückkehr nach Bern nicht nach, auch politisch betätigte er sich wenig. 1851 betrug der Wert seines Vermögens knapp 200 000 Franken, dazu besass er noch das Landgut St. Blaise. Nach dem Verkauf dieses Gutes belief sich sein Vermögen 1852 auf fast eine Viertelmillion Franken in Wertschriften, die er zunächst fast vollständig einem Vermögensverwalter anvertraute. Davon waren 1853 knapp 48 Prozent in der Schweiz selbst angelegt, 52 Prozent im Ausland, davon 4,9 Prozent in Amerika. 1856 lag der Anteil des im Inland angelegten Kapitals bei 55 Prozent, jener im Ausland bei 45 Prozent, davon 14 Prozent in Amerika.[796] Die durchschnittliche Rendite dieses Kapitals war 1853 bei 4,5 Prozent, auch in den frühen sechziger Jahren lag sie meist unter fünf Prozent, Mitte bis Ende der sechziger Jahre dann bei 5,2 bis 5,8 Prozent.[797]

| Tabelle 59 | Die Vermögensverhältnisse von Karl Eduard von Rodt-Brunner, 1852–1889. [798] | | | | |
|---|---|---|---|---|---|
| Jahr | Reinvermögen | Wertschriften | Einnahmen Verwalter | Einnahmen Mietzinse | Index Vermögen |
| 1852 | 246 391 | | 9712 | | 70 |
| 1856 | 266763 | 256 469 | | | 76 |
| 1860 | 351 484 | 343 941 | 12 647 | | 100 |
| 1864 | 376 121 | 311 137 | 16 117 | | 107 |
| 1868 | 421 051 | 222 883 | 12 491 | 4890 | 120 |
| 1872 | 434 321 | 131 608 | 9190 | 16691 | 124 |
| 1876 | 454 663 | 197 343 | 14 953 | 6497 | 129 |
| 1880 | 436 811 | 244 889 | 9711 | 5817 | 124 |
| 1884 | 469 876 | 283 137 | 15 338 | 5689 | 134 |
| 1888 | 504 915 | 293 185 | 12 387 | 5'38 | 144 |
| 1889 | 513 312 | 256 350 | | 5637 | 146 |

In den sechziger Jahren investierte von Rodt vermehrt in Grund- und Hausbesitz, so vor allem in eines der von der «Ersten Berner Baugesellschaft» geplanten und errichteten bürgerlichen Mietshäuser an der Bundesgasse.[799] 1869 erwarb er sich zudem ein Wohnhaus an der Junkerngasse.[800] Von 1869 bis 1876 übertrafen nun die Mietzinseinnahmen die Erträge aus dem von seinem Vermögensverwalter angelegten Kapital. Nur noch etwa dreissig bis vierzig Prozent seines Vermögens setzten sich zu dieser Zeit aus Wertschriften zusammen. 1875 und 1876 gingen dann infolge des Verkaufes des Hauses an der Bundesgasse die Mietzinseinnahmen stark zurück. Gleichzeitig erhöhte sich sein in Wertschriften angelegtes Kapital von 1874 bis 1877 um 120 000 Franken. 1878 reduzierte die Ausrichtung einer Ehesteuer an seinen Sohn das Vermögen um 40 000, weitere 18 000 Franken musste er in diesem Jahr wegen der Verluste bei den Aktien der Nordostbahngesellschaft abschreiben, so dass er in diesem Jahr erstmals einen grösseren Vermögensrückschritt hinnehmen musste. 1883 war sein Vermögen dann wieder auf dem Stand von 1877. Gegen Ende seines Lebens verfügte Karl Eduard von Rodt über ein Vermögen von rund einer halben Million, davon etwas mehr als die Hälfte in Wertschriften.

Die Erträge aus dem Kapitalvermögen und dem Hausbesitz sicherten Karl Eduard von Rodt nach Mitte der fünfziger Jahre regelmässig jährliche Einkünfte zwischen 20 000 und 30 000 Franken. Die Ausgaben für die Lebenshaltung, die mit dem Alter der beiden Kinder zunahmen und in den siebziger Jahren den Höchststand erreichten, nach dem Tod der Ehefrau um 1872 und dem Auszug des Sohnes dann zurückgingen, waren kaum jemals höher als 15 000 Franken. Neben dem Anstieg der Haushaltsausgaben bewirkten Abschreibungen am Aktienbesitz sowie Tilgung der durch die Hauskäufe erfolgten Schulden jedoch, dass ab Mitte der sechziger bis Mitte der siebziger Jahre die Mehreinnahmen auf unter einen Viertel der Einkünfte fielen, während vorher wie nachher jeweils fast die Hälfte der Einkünfte als Überschuss zum Vermögen geschlagen werden konnte.[801]

| Tabelle 60 | Die Ausgaben im Haushalt von Karl Eduard und Cäcilia von Rodt-Brunner 1856–1885.[802] | | | | | | | |
|---|---|---|---|---|---|---|---|---|
| | 1856 | | 1861–65 | | 1871–75 | | 1880 | 1885 |
| | abs. | % | abs. | % | abs. | % | % | % |
| Haushaltung | 3089 | 36,5 | 5001 | 45,5 | 5034 | 33,0 | 36,0 | 37,9 |
| Wohnen | 1183 | 14,0 | 1922 | 17,5 | 1486 | 9,7 | 13,6 | 5,8 |
| Steuern | 490 | 5,8 | 446 | 4,1 | 1334 | 8,7 | 2,8 | 4,3 |
| Verwaltung | 545 | 6,4 | 346 | 3,1 | 237 | 1,6 | 3,4 | 3,5 |
| **Persönliche Ausgaben** | **1608** | **19,0** | **1905** | **17,3** | **5223** | **34,2** | **28,1** | **33,0** |
| Ehemann | 882 | 10,4 | 1002 | 9,1 | 801 | 5,3 | 8,0 | 19,4 |
| Ehefrau | 726 | 8,6 | 730 | 6,6 | 146 | 1,0 | 0 | 0 |
| Sohn | 0 | | * | | 2426 | 15,9 | 0 | 0 |
| Tochter | 0 | | * | | 1850 | 12,1 | 20,1 | 13,6 |
| **«Luxusausgaben»** | **1548** | **18,3** | **1548** | **14,1** | **1942** | **12,7** | **16,2** | **15,4** |
| **Total** | **8463** | **100** | **10 996** | **100** | **15 256** | **100** | **12 129** | **10 639** |
| Familiengrösse | 4 | | 4 | | 4/3 | | 2 | 2 |

Für die Haushaltung verbrauchte die Familie von Rodt zwischen 33 und 46 Prozent der Ausgaben. Unter dieser Rubrik fasste von Rodt in seinen Cassa-Büchern die Ausgaben für Ernährung, Wäsche, für Beleuchtung, Feuerung und Heizung sowie für die Entlöhnung der Dienstboten[803], einer Köchin und einer Stubenmagd, zusammen. Dazu zählte er jeweils auch einen Teil der Kosten für Kleidung und Schuhe, vor allem jene der Kinder. Auch ihre Schulgelder ordnete er hier ein, ebenso die Auslagen für deren Musik- und Tanzunterricht. Später, nach Mitte der sechziger Jahre, führte er dann sowohl für sich selbst als auch für die Kinder die Rubrik persönliche Ausgaben, die aber nicht nur Ausgaben für Kleidung, sondern auch Ausbildungs- und Reisekosten, Taschengelder und ähnliches enthielt. Der höhere Anteil der Haushaltungskosten in den sechziger Jahren dürfte denn auch neben dem allgemein höheren Aufwand für die heranwachsenden Kinder auf deren Schulgelder und deren Auslagen für den Tanz- und Musikunterricht zurückzuführen sein, die 1864 zum Beispiel immerhin über fünf Prozent der gesamten Ausgaben ausmachten. Mit deren Anstieg vor allem infolge der hohen Ausbildungs- und

Ausstattungskosten für Sohn Eduard und Tochter Cécile sank der Anteil der Haushaltungskosten auf unter 35 Prozent. Absolut verharrten sie jedoch bis zum Auszug des Sohnes aus dem elterlichen Haushalt auf gleicher Höhe. Offenbar wurden die aus dieser Rubrik weggefallenen oder umgelagerten Kosten für die Kinder von den teilweise auch infolge der Teuerung höher ausfallenden Ausgaben für Ernährung, Dienstenlöhne und andere tägliche Bedürfnisse wieder ausgeglichen.

Die Ausgaben für den Wohnbedarf (Miete, Hausunterhalt, Einrichtung) waren mit 14 bis 18 Prozent ohne die unter die Haushaltungskosten fallenden Auslagen für Heizung, Beleuchtung und Feuerung zunächst eher hoch, danach eher tief. Bis 1869 wohnte die Familie an der Junkerngasse 166 zur Miete, verfügte im Wankdorf draussen aber bis Ende der sechziger Jahre noch über ein Landgut. Im Vergleich zur Miete von über 1000 Franken fiel dessen Unterhalt jedoch nicht stark ins Gewicht. Mit dem eigenen Haus an der Junkerngasse 45 reduzierte sich der Anteil der Wohnkosten dann beträchtlich. Wenn diese zeitweise doch zehn Prozent oder mehr betrugen, so waren dafür meist grössere Neuanschaffungen von Mobiliar oder bauliche Umänderungen verantwortlich. Der Unterhalt des ganzen Hauses benötigte selten mehr wie vier bis sechs Prozent. Weitere fünf bis zwölf Prozent der Ausgaben gingen für Steuern und Verwaltungskosten, die Entschädigung des Vermögensverwalters, die infolge der Umlagerung des Vermögens in den Hausbesitz in den siebziger Jahren vorübergehend leicht zurückging.

Die Kosten für Kleidung und Schuhe lassen sich nicht genau feststellen, denn die sogenannten persönlichen Ausgaben bezogen sich bei Ehemann und Ehefrau auch auf weitere Ausgaben für individuelle Kultur- und Freizeitbedürfnisse (z. B. Leihgebühren oder Kosten für Bücher, alleinige Reisen und Ferienaufenthalte, Wirtshausspesen).[804] Aus der gesonderten Auflistung dieser Ausgaben von 1861–1864 geht hervor, dass von Rodt ein Viertel seiner persönlichen Ausgaben für Kleidung aufwandte, 35 Prozent brauchte er für Reisen und die übrigen 40 Prozent gingen für Verschiedenes weg. Wieviel die Ehefrau von ihrem «Nadelgeld» für Kleidung sowie andere Zwecke und Bedürfnisse ausgab, wurde dem vom Ehemann geführten Cassa-Buch nicht anvertraut.[805] Ihre persönlichen Ausgaben waren aber durchwegs tiefer als jene des Mannes, was in erster Linie wohl darauf zurückzuführen ist, dass sich ihr Bewegungs- und Konsumspielraum ähnlich wie jener der Gattin des Zürcher Staatsarchivars in den fünfziger Jahren noch immer weitgehend auf die häusliche Sphäre beschränkte und sie wenig repräsentative Aufgaben zu erfüllen hatte.

Gesamthaft gesehen nahmen nach Mitte der sechziger Jahre die persönlichen Ausgaben infolge der steigenden Ausbildungs- und Ausstattungskosten der beiden Kinder sehr stark zu. Zuerst vor allem jene für Sohn Eduard, der nach einer Lehre bei Architekt und Baumeister Gottlieb Hebler[806] von 1869–1871 am Polytechnikum in Stuttgart studierte und anschliessend die für einen angehenden Architekten obligate Studienreise nach Italien unternahm.

Noch mehr als die Ausbildung kostete den Vater 1874/75 die Heirat des Sohnes. Zur Haushaltsgründung stattete er ihn, die Ausgaben auf zwei Jahre verteilt, mit einer Wohnungseinrichtung im Wert von über 8000 Franken aus. Sohn Eduards persönliche Ausgaben beanspruchten damit 1871–1875 über 16 Prozent der Ausgaben. Aber auch die jüngere Schwester, die um 1870/71 ins Alter einer «höheren Tochter» vorrückte, kostete jetzt mehr, im Durchschnitt jährlich 1850 Franken oder zwölf Prozent der gesamten Lebenshaltungskosten.[807] Die Ausgaben für Reisen und Ferienaufenthalte, für Bildung und Kultur, für Geschenke, Unterstützungen und Almosen sowie für verschiedene andere kleinere Alltagsbedürfnisse variierten in den untersuchten Jahren zwischen 13 und 18 Prozent. Absolut waren die «Luxusausgaben» nur in wenigen Jahren höher als 2000 Franken, so etwa 1865 und 1872/73, als ein Kinderball bzw. die Anschaffung eines Flügels für Cécile einen zusätzlichen finanziellen Aufwand brachten, oder 1874, als die Heirat des Sohnes Eduard die Luxusausgaben auf weit über 3000 Franken ansteigen liess.

Verglichen mit der Lebensführung der Witwe Tillier, die nur über leicht höhere Einkünfte verfügte, trieben von Rodt und seine Familie einen deutlich geringeren Aufwand. Dass dahinter auch das Bestreben stand, auf unnötigen Luxus zu verzichten und mit den Einkünften sparsam umzugehen, schimmert auch in den Kategorien durch, die von Rodt in seinem Cassa-Buch verwendete. So fasste er alle Ausgaben für Reisen und Kuraufenthalte, für Bildung und Kultur, für Geschenke und finanzielle Unterstützungen unter der Rubrik «Luxusausgaben» zusammen. Im Finanzgebaren scheint er seinem Berner Standesgenossen Emanuel Friedrich von Fischer nicht unähnlich gewesen zu sein. Der letzte Schultheiss des Alten Bern, der seine Bücher bis wenige Wochen vor dem Tode genau nachführte und in den vierzig Jahren seines Privatlebens nach dem Rückzug aus der Politik Hab und Gut beträchtlich vermehrte, hielt nämlich, wie sein Biograph zu berichten weiss, unverrückbar an drei Grundsätzen fest: «Dass jedes Vermögen, das sich nicht vermehre, zurückgehe, dass die Äufnung vor allem durch erspartes Einkommen erzielt werden müsse, und dass die sogenannten kleinen aber unnützen, täglichen Ausgaben die bedenklichsten seien.»[808] Mit seinem eigenen Einstieg in den Wohnungsmarkt und der Ausbildung seines Sohnes zum Architekten bewies von Rodt allerdings, dass er die Chancen neuer Anlage- und Erwerbsformen durchaus erkannt hatte und für sich und seine Familie auch zu nutzen wusste.

Friedrich Karl Eduard von Rodt (1849–1926), sein einziger Sohn, trat 1872/73 als Teilhaber in ein Baugeschäft ein.[809] 1874 verheiratete er sich im Alter von 25 Jahren mit Adelheid Anna von Mülinen (1853–1920). Da Eduard bereits von seinem Grossvater mütterlicherseits ein beträchtliches Vermögen geerbt und er von seinem Vater zur Hochzeit neben Mobiliar, Geschirr und etwas Wäsche im Wert von 9865 Franken eine Ehesteuer von 40 000 Franken sowie seinen Anteil an der Familienkiste im Wert von 14 552 Franken erhalten hatte, stand der neugegründete Haushalt von Anfang weg auf einer finanziell guten Basis. Was die Ehefrau ausser der Aussteuer mit in die Ehe brachte, ist nicht bekannt. Allein schon die väterliche Mitgift des Sohnes versprach Zinseinkünfte bis zu 3000 Franken jährlich.[810] Zwar führte auch der junge Architekt über seine Ausgaben ein Hausbuch, über die Entwicklung der Einkommensverhältnisse, die Höhe der jährlichen Einkünfte, die sich aus Erträgen von Aktien, Bahnobligationen, aus Zinsen von privaten Darlehen, Mieten sowie dem Berufseinkommen als Architekt zusammensetzten, lassen sich daraus jedoch keine Schlüsse ziehen. Aufgrund der Steuerverzeichnisse versteuerte Eduard von Rodt um die Jahrhundertwende ein Vermögen von 450 000 Franken und ein Erwerbseinkommen als Architekt von 4000 Franken.

Die Ausgaben für die Lebenshaltung stiegen Ende der achtziger Jahre teilweise sprunghaft an, 1894 waren sie um mehr als die Hälfte grösser wie 1877. Dies hing wohl grösstenteils mit den durch das Anwachsen der Familie zunehmenden Ausstattungs- und Ausbildungskosten zusammen. 1875 kam mit Emanuel Walter das erste, 1892 mit Hans Emanuel Bernhard das letzte der fünf Kinder zur Welt. Für die Haushaltung – Ernährung, Feuerung, Beleuchtung, Heizung, Wäsche und teils auch Kleidung, Dienstenlöhne – benötigte die Familie meist um die dreissig Prozent der gesamten Ausgaben. Das junge Ehepaar beschäftigte von der Haushaltsgründung weg eine Stubenmagd sowie eine Köchin, deren Entlöhnung[811] drei bis vier Prozent der Gesamtausgaben beanspruchte. Der Anteil der Wohnausgaben lag, solange die Familie im Hause des Vaters an der Junkerngasse zur Miete wohnte mit einem Zins von jährlich 1700 Franken, bei zwanzig Prozent. Mit dem Tod des Vaters ging das Haus in den Besitz des Sohnes über, wodurch die Wohnkosten auf vier bis fünf Prozent, die Ausgaben für den Grundbedarf ohne Kleidung auf unter vierzig Prozent fielen und trotz eines deutlichen Anstieges der Haushaltungskosten nach 1890 darunter blieben.

| Tabelle 61 | **Die Ausgaben im Haushalt des Architekten Eduard von Rodt, 1877–1894.** [812] | | | | | | | |
|---|---|---|---|---|---|---|---|---|
| | | 1877 | | 1884 | | 1890 | | 1894 |
| | | abs. | % | abs. | % | abs. | % | abs. | % |
| Haushalt | | 3274 | 30,4 | 4207 | 35,1 | 4025 | 28,7 | 5471 | 33,0 |
| Wohnen | | 1895 | 17,6 | 2475 | 20,7 | 659 | 4,7 | 665 | 4,0 |
| **Grundbedarf** | | 5169 | 48,0 | 6682 | 55,8 | 4684 | 33,4 | 6136 | 37,0 |
| **Persönliche Ausgaben** | | 1830 | 17,0 | 1546 | 12,9 | 3187 | 22,8 | 4045 | 24.4 |
| Ehefrau | | 1484 | 13,8 | 1000 | 8,3 | 1910 | 13,6 | 1615 | 9,7 |
| Ehemann | | 179 | 1,7 | 138 | 1,2 | 81 | 0,6 | 395 | 2,4 |
| Kind(er) | | 167 | 1,6 | 408 | 3,4 | 1196 | 8,6 | 2035 | 12,3 |
| Steuern/Abgaben | | 2016 | 18,7 | 1031 | 8,6 | 1843 | 13,2 | 3117 | 18,8 |
| Gesundheit | | 5 | 0,1 | 40 | 0,3 | 175 | 1,3 | 0 | 0 |
| Büroauslagen | | 160 | 1,5 | 58 | 0,5 | 87 | 0,6 | 63 | 0,4 |
| **Wahlbedarf** | | 1580 | 14,7 | 2619 | 21,9 | 4027 | 28,7 | 3238 | 19,5 |
| Freizeit/Kultur | | 372 | 3,5 | 220 | 1,8 | 850 | 6,1 | 577 | 3,5 |
| Reisen | | 200 | 1,9 | 1157 | 9,7 | 1120 | 8,0 | 1250 | 7,5 |
| Trinkgeld/Almosen | | 99 | 0,9 | 72 | 0,6 | 286 | 2,0 | 287 | 1,7 |
| Verschiedenes | | 909 | 8,4 | 1170 | 9,8 | 1771 | 12,6 | 1124 | 6,8 |
| Total | | 10 760 | 100 | 11 976 | 100 | 14 003 | 100 | 16 599 | 100 |
| Familiengrösse | | 3 | | 6 | | 6 | | 7 | |
| Haushaltsgrösse | | 5 | | 8 | | 8 | | 9 | |

Die persönlichen Ausgaben, die sich mit dem Heranwachsen der Kinder zwischen 1884 und 1894 fast verdreifachten, glichen diese Einsparungen bei den Wohnkosten jedoch schon bald wieder aus. Wieviel allein für Kleidung und Schuhe ausgegeben wurde, lässt sich aufgrund der Art der Buchführung nur schätzen, denn die persönlichen Ausgaben umfassten bei der Ehefrau und den Kindern auch noch andere individuelle Auslagen wie das Taschengeld und das Schulgeld[813], aber auch Reisespesen und andere Ausgaben für persönliche Bedürfnisse. Die Hälfte bis zwei Drittel müssen es jedoch gewesen sein. Rund sechzig Prozent ihrer Ausgaben dürfte die Familie von Rodt somit für Ernährung, Wohnen und Bekleidung aufgewandt haben, genausoviel war es in Familien der französischen Bourgeoisie. Nach Abzug der Auslagen für Steuern und Verwaltungskosten blieben für den Kultur- und Wahlbedarf um 1877 noch knapp 14 Prozent übrig, 1884 waren dies dank tieferer Steuerbeträge über zwanzig, 1890 nach dem Wegfall der Miete sogar fast dreissig und 1894 wieder zwanzig Prozent.

Ein Drittel bis mehr als die Hälfte der Ausgaben des Wahl- und Kulturbedarfes entfiel auf die Rubrik Verschiedenes, das heisst auf kleinere und grössere Auslagen für die unterschiedlichsten häuslichen und persönlichen Bedürfnisse: die Zigarren des Hausherrn, den Kauf eines Hundes oder wie 1890 die tausendfränkige Spende an die Lerber-Schule. 1884 und 1894 entsprachen diese Ausgaben etwa dem, was zu dieser Zeit ein Arbeiter in der Metall- und Maschinenindustrie im Jahr verdiente oder was eine vierköpfige mittlere Beamtenfamilie für ihre gesamte Ernährung ausgab. Dies zeigt, über welch grossen Konsumspielraum die Familie verfügte. In der gleichen Höhe bewegten sich teilweise auch die Ausgaben für Kuren, Geschäfts- und Ferienreisen, etwa ein Kuraufenthalt in Bad Schwefelberg oder eine Reise nach Oberammergau. Weniger wurde für Freizeit und Kultur ausgegeben. Erwähnung fanden die Jagdauslagen des Hausherrn oder die Kosten eines Reitabonnements für den ältesten Sohn, die Zeitungsabonnements – der konservativen Ausrichtung gemäss hatte von Rodt das Intelligenz-Blatt und den Berner Boten abonniert – und die Jahresbeiträge an die Grande Société oder den Historischen Verein, dann Theaterbesuche oder auch, wie 1890, die Miete eines Klaviers für 200 Franken. Für Trinkgelder und wohltätige Zwecke, die in praktisch allen Hausbüchern separat aufgeschrieben und typischerweise nicht einfach unter Verschiedenes summiert wurden, gaben die von Rodts lange nicht einmal ein Prozent aus. In den neunziger Jahren, nach dem Tod des Vaters, stiegen diese Ausgaben dann aber doch etwas an.

Einen weiteren Einblick in die bürgerliche Lebenshaltung Ende des 19. und anfangs des 20. Jahrhunderts erlauben die für einige Jahre erhaltenen Zusammenstellungen des Zürcher Stadtrates und Stadtpräsidenten Hans Konrad Pestalozzi (1848–1909) über seine Einkünfte, sein und seiner Frau Vermögen sowie die Haushaltausgaben. Pestalozzi, der Sohn des Rohseidenkauf-

mannes Salomon Pestalozzi (1812–1886), war wie Eduard von Rodt Architekt.
Er hatte an der ETH studiert, war bei Gottfried Semper in Wien Assistent
und gründete Mitte der siebziger Jahre im Hause seiner Eltern ein eigenes
Architekturbüro, um für private Auftraggeber Wohnhäuser und Villen zu
erstellen. 1876 heiratete er Maria Wilhelmine Stadler (1853–1941), die Tochter
von Baumeister August Stadler. 1881 trat er in den Stadtrat ein und gab seine
Tätigkeit als selbständiger Architekt auf. 1889 wurde Pestalozzi zum Stadtpräsidenten gewählt. Ab 1885 war er zudem Kantonsrat, ab 1890 auch noch
Nationalrat.

Tabelle 62 **Die Einkünfte von Hans Konrad Pestalozzi um 1887, 1889 und 1903.** 814

|  | 1887 | | 1889 | | 1903 | |
|  | absolut | % | absolut | % | absolut | % |
|---|---|---|---|---|---|---|
| Besoldung | 5000 | 22,3 | 5316 | 20,6 | 8192 | 20,8 |
| Kapitalzinse | 8415 | 37,6 | 9072 | 35,2 | 23 077 | 58,6 |
| Mietzinse | 8360 | 37,3 | 7774 | 30,2 | 7840 | 19,9 |
| Diverse | 612 | 2,7 | 3591 | 13,9 | 263 | 0,7 |
| Total | 22 387 | 100 | 25 753 | 100 | 39 372 | 100 |

Wie in vielen andern gutsituierten bürgerlichen Familien bildete das
Berufseinkommen bei Hans Konrad Pestalozzi nur einen Bruchteil seiner
gesamten Einkünfte. Die Besoldung als Stadtrat und Stadtpräsident deckte
in der Regel nicht einmal die Haushaltungskosten. Fast achtzig Prozent seiner
jährlichen Einkünfte stammten aus seinem und dem Vermögen seiner Frau,
wobei die Erträge aus der Vermietung von Wohnungen sich kaum veränderten, während sich die Kapitalzinsen von 1887 bis 1903 mehr als ver-
doppelten und auch die Besoldung um fast zwei Drittel erhöht wurde. Aufgrund eines Inventars vom Januar 1904 lässt sich zeigen, wie sich das Vermögen auf das Ehepaar und auf die verschiedenen Anlageformen verteilte.
Das Kapitalvermögen der beiden Ehepartner war mit je rund 330 000 Franken praktisch gleich gross. Dagegen war der Wert der Liegenschaften des
Mannes höher. Es handelte sich dabei um die beiden Häuser an der Thalgasse
61 und 63. Der Hausbesitz der Ehefrau bestand aus einem Anteil an ihrem
Elternhaus am Bleicherweg. Die durchschnittliche Rendite der Wertschriften lag, berechnet aufgrund der Erträge von 1903, bei 3,5 Prozent, jene
der Liegenschaften ohne Berücksichtigung der eigenen Wohnnutzung bei
2,5 Prozent.

Tabelle 63 **Das Vermögensinventar von Hans Konrad Pestalozzi und seiner Ehefrau
Maria Wilhelmine Stadler im Jahre 1904.** 815

|  | Ehemann | Ehefrau | Total | % |
|---|---|---|---|---|
| Liegenschaften | 250 000 | 100 000 | 350 000 | 34,0 |
| Wertschriften | 326 864 | 331 650 | 658 514 | 64,0 |
| Guthaben bei Banken | 10 715 | 7224 | 17 939 | 1,7 |
| Bargeld | 1776 | 96 | 1872 | 0,2 |
| Total | 589 355 | 438 970 | 1 028 325 | 100 |
| In Prozent | 57,3 | 42,7 | 100 | |

Noch mehr als die Einkünfte des Ehepaares vergrösserten sich zwischen 1887 und 1903 die Ausgaben für die Lebenshaltung. Zum einen musste Pestalozzi höhere Steuern bezahlen, zum andern gab er für repräsentative und für wohltätige Zwecke bedeutend mehr aus. Doch schon 1887 bewegten sich die Ausgaben des Ehepaars auf einem vergleichsweise hohen Niveau. Denn im eigenen Haus an der Thalgasse führte Frau Pestalozzi einen, wie man das nannte, «gepflegten Haushalt», dem selbstverständlich auch noch ein bis zwei Dienstboten angehörten.

Tabelle 64        **Die Verteilung der Ausgaben im Haushalt des Ehepaares Pestalozzi um die Jahrhundertwende. 816**

|  | 1887 | | 1889 | | 1894 | | 1903 | |
|---|---|---|---|---|---|---|---|---|
|  | abs. | % | abs. | % | abs. | % | abs. | % |
| Haushaltung | 5300 | 30,1 | 6500 | 24,0 | 7300 | 31,6 | 9900 | 27,4 |
| Wein-Conto | 135 | 0,8 | 941 | 3,5 | 585 | 2,5 | 408 | 1,1 |
| Kleider | 380 | 2,2 | 800 | 3,0 | 465 | 2,0 | 559 | 1,5 |
| Hausunterhalt | 1025 | 5,8 | 1069 | 3,9 | 646 | 2,8 | 943 | 2,6 |
| **Grundbedarf** | **6840** | **38,9** | **9310** | **34,4** | **8996** | **38,9** | **11 810** | **32,7** |
| Steuern/Abgaben | 4158 | 23,6 | 5333 | 19,7 | 6339 | 27,4 | 11 845 | 32,8 |
| Gesundheit | 113 | 0,6 | 174 | 0,6 | 155 | 0,7 | 180 | 0,5 |
| Bildung/Kultur | 434 | 2,5 | 499 | 1,8 | 481 | 2,1 | 341 | 0,9 |
| Theater/Konzert/Feste | 134 | 0,8 | 164 | 0,6 | 262 | 1,1 | 234 | 0,6 |
| Reisen/Freizeit | 4523 | 25,7 | 5977 | 22,1 | 3067 | 13,3 | 3183 | 8,8 |
| Reisen/Ausflüge | 2683 | 15,2 | 1575 | 5,8 | 1357 | 5,9 | 1541 | 4,3 |
| Wirtshaus | 292 | 1,7 | 332 | 1,2 | 141 | 0,6 | 83 | 0,2 |
| Reiten | 1548 | 8,8 | 4070 | 15,0 | 1569 | 6,8 | 1559 | 4,3 |
| Ehrenausgaben | 513 | 2,9 | 4355 | 16,1 | 1389 | 6,0 | 4192 | 11,6 |
| Geschenke | 251 | 1,4 | 587 | 2,2 | 1304 | 5,6 | 670 | 1,9 |
| Almosen | 622 | 3,5 | 626 | 2,3 | 1336 | 5,8 | 3418 | 9,5 |
| Verschiedenes | 146 | 0,8 | 203 | 0,8 | 88 | 0,4 | 467 | 1,3 |
| **Total Ausgaben** | **17 600** | **100** | **27 064** | **100** | **23 115** | **100** | **36 106** | **100** |
| Total Einnahmen | 22 387 | | 25 753 | | | | 39 372 | |
| A in % E | | | 78,6 | | 105 | | 91,7 | |

Wie «gepflegt» die Lebenshaltung tatsächlich war, zeigt sich sowohl in der Höhe als auch in der Verteilung der Ausgaben. So gab das Ehepaar Pestalozzi, das keine Kinder hatte, um 1890 für die Haushaltung (Ernährung, Beleuchtung, Feuerung und Heizung) zwei Drittel mehr aus als die achtköpfige Familie des Berner Architekten von Rodt. Absolut wie relativ tief waren dagegen die Ausgaben für Kleidung.[817] Gesamthaft wurde für Nahrung, Kleidung und Wohnen 33 bis 39 Prozent der gesamten Lebenshaltungskosten aufgewandt. Nach Abzug der Steuern, die ein Fünftel bis ein Drittel der Haushaltsrechnung ausmachten und damit etwa das Zehnfache der durchschnittlichen Steuerbelastung bürgerlicher Haushalte in Frankreich[818] betrugen, blieben für den Kultur- oder Wahlbedarf im schlechtesten Falle noch gut 34 Prozent.

Für Bildung und Kultur im engeren Sinne war der finanzielle Aufwand mit höchstens 2,5 Prozent oder 500 Franken jedoch relativ gering. Der grössere Teil dieser Auslagen war zunächst für Abonnemente von Zeitschriften «zum eigenen Gebrauch» und für Jahrgelder an Vereine und Gesellschaften bestimmt, später vor allem für Theater-, Konzert- und Festbesuche. 1887 und 1889 wurden für knapp dreissig Franken auch noch Bücher gekauft, später taucht dieser Ausgabeposten nicht mehr auf. Finanziell viel mehr ins Gewicht fielen die Ausgaben für Reisen und Ausflüge, wofür nach der Wahl zum Stadtpräsidenten aber offenbar weniger Zeit und Mittel eingesetzt wurden. Dies galt auch für die Wirtshausbesuche. In ähnlicher Höhe wie die Reisespesen bewegten sich auch die Auslagen fürs Reiten – Pestalozzi hielt sich ein eigenes Pferd. 1889 fällt der Kauf eines neuen Pferdes besonders stark ins Gewicht. Eine enorme Höhe erreichten in manchen Jahren die Ehrenausgaben, besonders 1889, im Jahr der Wahl Pestalozzis zum Stadtpräsidenten, oder 1903, wo er als Vorsitzender des Festkomitees das eidgenössische Turnfest zu leiten hatte. Aber auch in normalen Jahren wie 1894 beliefen sich diese aus gesellschaftlichen wie politischen Verpflichtungen und zu repräsentativen Zwecken erfolgten Ausgaben auf über 1300 Franken im Jahr. Was im Detail nach zeitgenössischem Verständnis alles darunter summiert wurde, ist unklar und wurde auch unterschiedlich gehandhabt. Dazu zählten bei Pestalozzi wohl die Auslagen für Feiern und Ehrenmähler in Gast- und Gesellschaftshäusern, eventuell auch für halboffizielle Empfänge und Einladungen im eigenen Hause und der damit verbundene grössere Aufwand an Bediensteten; auch die Stiftung von Preisen oder die Kosten für den äussern Schmuck des Hauses bei festlichen Anlässen in der Stadt dürften darunter gefallen sein.[819] Im Vergleich zu diesen Ehrenausgaben nahmen sich die Auslagen für Geschenke an Familienangehörige und andere Verwandte oder auch an Patenkinder und für besondere Anlässe wie Heiraten, Geburts- und Jahrestage eher tief aus. Auch Almosen und weitere Ausgaben für wohltätige Zwecke waren in der Regel höher. Sie scheinen nach der Wahl Pestalozzis zum Stadtpräsidenten tendenziell stark zugenommen zu haben. Fast neun Prozent seiner gesamten Einkünfte führte er 1903 wohltätigen Zwecken zu.

Im Unterschied zu diesem Haushalt grossbürgerlichen Zuschnittes befand sich der im folgenden skizzierte Haushalt eines kantonalen Zürcher Beamten und seiner Familie am untern Rande des Bürgertums. Einfachheit und Sparsamkeit prägten die Lebenshaltung und Lebensführung dieses Haushaltes, der ausser den Ehegatten noch aus zwei Kindern, einem Sohn und einer Tochter, bestand.[820] Das Paar hatte 1882 geheiratet, er war bei der Hochzeit 32, sie 30 Jahre alt, also leicht über dem im bürgerlichen Milieu üblichen durchschnittlichen Heiratsalter. Er stammte aus kleinbäuerlichen, sie aus städtisch-kleinbürgerlichen Verhältnissen. Im Herbst 1884 kam der Sohn, im Frühjahr 1886 die Tochter zur Welt. Die Besoldung des namentlich nicht bekannten Beamten betrug 1883 2800 Franken, ab 1889 3100, 1899 dann 4500, ab 1901 dann 5000 und ab 1908 schliesslich 5800 Franken. In den ersten beiden Jahrzehnten bezog er damit ein mittleres Gehalt, danach bewegte er sich an der untern Grenze höherer Besoldungen. Über weitere Einnahmen in nennenswertem Umfang verfügte die Familie nicht. Nach

Anschaffung des Hausrates war das Paar bei der Heirat praktisch vermögenslos gewesen. Erbschaften standen keine in Aussicht. Die Ehefrau ging aber zu keiner Zeit einem Erwerb nach. Lediglich in den ersten beiden, noch kinderlosen Ehejahren wurde zur Aufbesserung des Einkommens ein Pensionär aufgenommen. Kleine Nebeneinkünfte des Mannes oder der Frau, die aber nicht gesucht wurden, sondern sich jeweils ergaben, fielen kaum ins Gewicht. Ab 1908 brachten dann Lebenskostenbeiträge des Sohnes erstmals relativ hohe Einnahmeüberschüsse. Dank dieser Beiträge und geringeren Ausgaben konnten in den letzten drei Jahren gesamthaft fast 6000 Fr. auf die Seite gelegt werden.

| Tabelle 65 | **Die Einnahmen einer Zürcher Beamtenfamilie 1884–1909 (in Prozent).** 821 | | | | | |
|---|---|---|---|---|---|---|
| | 1884 | 1887 | 1894 | 1900 | 1904 | 1909 |
| Besoldung | 81,2 | 96,7 | 99,7 | 97,2 | 91,7 | 86,8 |
| Nebenerwerb | | 3,3 | 0,3 | | | |
| Kostgeld | 18,7 | | | | | |
| Beitrag Sohn | | | | | 4,1 | 10,8 |
| Diverses | | | | 2,8 | 4,2 | 2,4 |
| Total (Franken) | 3447 | 3050 | 3511 | 4940 | 6144 | 6682 |

Die Haushaltsführung dieser Beamtenfamilie war «sparsam, ohne unverhältnismässige Ausgaben nach irgend einer Seite, aber nicht engherzig». Die Eheleute waren, wie schon die regelmässige Führung der Haushaltsbücher durch die Ehefrau und der Vermögensrechnung durch den Ehemann zeigt, «überlegende und gute Wirtschafter». 822 Allein auf das zwar im Laufe der Jahre gestiegene Einkommen des Mannes angewiesen, vermochte die Familie nur ein geringes Vermögen zu akkumulieren. 1910, beim Tode des Mannes, war das Ergebnis der Vermögensrechnung nicht besonders «erfreulich». Gesamthaft übertrafen die Einnahmen von 1883 bis 1910 die Ausgaben um 8891 Franken. Zusammen mit den angelaufenen Zinsen war das Vermögen noch «ein paar tausend Franken» höher, es dürfte um 1910 bei etwas über 12 000 Franken gelegen haben. Dazu kam noch eine 1911 fällige Lebensversicherung im Betrag von 6000 Franken sowie Mobiliar mit einem versicherten Anschaffungswert von 6400 Franken. Die Familie geriet zwar nie in finanzielle Schwierigkeiten – lediglich der erneute Umzug in die Stadt und die hohen Ausbildungskosten des Sohnes brachten zeitweilig ein Defizit –, doch letztlich stand der Haushalt auf relativ «unsicherer Grundlage». Der positive Abschluss war nur der «Gunst des Schicksals durch Verschonung von Unglück» zu verdanken: «Die unermüdliche und nach bestem Vermögen geleistete Arbeit hat dem Hausherrn», so der zeitgenössische, bürgerliche Bearbeiter dieser Zürcher Wirtschaftsrechnung, «nicht soviel eingebracht, dass er sich, wenn er am Leben geblieben wäre, in einigen Jahren unabhängig hätte zur Ruhe setzen können.» Ein bürgerliches Lebensziel – ein sicheres Auskommen im Alter ohne Arbeit – wurde damit nicht erreicht. Auch konnten die Ersparnisse, die zu einem grossen Teil aus dem letzten Jahrzehnt stammten, nur auf

Kosten eines Lebensstils gemacht werden, der «berechtigte Kulturbedürfnisse» zurückdrängte. Gemeint waren damit unter anderem auch eine bessere Wohnung und ein Dienstmädchen.

Die Einnahmen dieses Haushaltes, die sich ja ausschliesslich auf das männliche Berufseinkommen stützen mussten, genügten nicht, um einen gutbürgerlichen Lebensstil pflegen zu können. Die den Zeitraum von 1883 bis 1910 umfassenden Haushaltsrechnungen dieser Beamtenfamilie widerspiegeln deshalb mehr mittelständische als bürgerliche Lebensverhältnisse. [823] Zwei Drittel bis drei Viertel der Ausgaben bezogen sich auf Nahrung und Kleidung, auf Wohnung, Heizung, Feuerung und Beleuchtung. Einzig 1904–1906 lagen diese Ausgaben unter sechzig Prozent. Der Grund dafür waren die für den Sohn getätigten Ausbildungs- und Ausstattungskosten, die überdurchschnittlich hohe Ausgaben zur Folge hatten. Verglichen mit Haushalten, die über ein Einkommen von 3000–5000 Franken verfügten, waren die Auslagen dieser Familie für den Grundbedarf damit um etwa zehn Prozent höher, bedingt vor allem durch die deutlich höheren Ausgaben für Wohnen und Kleidung, besonders in den Jahren, wo sie in der Stadt lebte. Die Ausgaben für Nahrung waren dagegen etwas tiefer. [824] Wie allgemein üblich ging mit dem steigenden Einkommen der Anteil der Ausgaben für Nahrungsmittel trotz des Heranwachsens der beiden Kinder aber zurück, während die Ausgaben für Kleidung eine Steigerung erfuhren. Da sich die Familie praktisch von Anfang weg in einer wirtschaftlichen Lage befand, wo die bessere Ernährung nicht mehr in erster Linie in einem grösseren Fleischverbrauch gesucht wurde, erhöhten sich mit dem steigenden Einkommen vor allem die Ausgaben für Gemüse, Obst, insbesondere für Gemüse und Früchte aus dem Süden.

Von der Heirat bis Ende April 1887 wohnte die Familie in der Stadt Zürich, danach in einer bäuerlichen Gemeinde des Zürcher Unterlandes mit 800 Einwohnern, ab Herbst 1898 wieder in der Stadt Zürich. Zunächst hatte sie sich in einer Zürcher Vorortsgemeinde (Kreis 5) in einer Wohnung mit vier Zimmern eingemietet, auf dem Lande lebte sie in einer Fünfzimmerwohnung, später in einem neu erstellten Haus und einer Wohnung von vier Zimmern mit Dachkammer und Gemüsegarten. Wie sehr die Familie trotz der beruflichen und wirtschaftlichen Verbesserung weiterhin am Rande des Bürgertums lebte, zeigt sich ganz besonders deutlich in ihren Wohnverhältnissen nach dem Rückzug in die Stadt im Jahre 1897. Die Familie mietete in einem älteren vierstöckigen Haus in guter Wohnlage (Kreis 7) eine Vierzimmerwohnung mit Mansarde und kleinem Ziergarten. Zur Küchenfeuerung wurde bis 1900 Holz, dann Gas verwendet, ebenso für die Heizung, wobei regelmässig nur die Stube geheizt wurde. Von ihrer unterdurchschnittlichen Ausstattung her entsprach diese Wohnung dem neu erreichten Status nur bedingt. Ein besonderes Badezimmer fehlte, ebenso der Salon, das Prunkstück gutbürgerlicher Wohn- und Lebenssitte.

| Tabelle 66 | Die Verteilung der Ausgaben einer Beamtenfamilie, 1884-1910 (in Prozent). 825 | | | | | |
|---|---|---|---|---|---|---|
| | 1884/86 | 1893/95 | 1899/1901 | 1904/06 | 1909/10 | 1883/1910 |
| Nahrung | 41,4 | 34,6 | 30,1 | 26,5 | 35,7 | 32,5 |
| Wohnung | 24,3 | 17,9 | 20,1 | 17,5 | 22,6 | 20,2 |
| Kleidung | 8,7 | 14,3 | 15,6 | 14,5 | 13,5 | 13,6 |
| **Grundbedarf** | **74,4** | **66,8** | **65,8** | **58,5** | **71,8** | **66,3** |
| Steuern | 2,5 | 2,9 | 3,1 | 5,6 | 6,9 | 3,9 |
| Gesundheit | 3,4 | 1,2 | 7,6 | 2,5 | 5,9 | 3,9 |
| Versicherungen | 3,9 | 9,8 | 8,1 | 7,0 | 1,8 | 6,1 |
| Persönliche Dienste | 0,9 | | 2,2 | | | 0,6 |
| Ausbildung | 3,0 | 14,9 | | 4,4 | | |
| **Bildung/Freizeit** | **12,1** | **14,7** | **7,2** | **7,1** | **9,3** | **10,3** |
| Zeitungen/Bücher | 0,9 | 0,5 | 1,5 | 1,6 | 1,5 | 1,2 |
| Vergnügen/Reisen | 0,2 | 3,7 | 2,6 | 2,7 | 2,4 | 2,2 |
| Taschengelder | 11,0 | 10,5 | 3,1 | 2,8 | 4,4 | 6,9 |
| Geschenke/Almosen | 1,9 | 3,2 | 2,3 | 2,3 | 4,8 | 3,0 |
| Diverses | 0,8 | 1,1 | 0,7 | 2,2 | 0,6 | 1,5 |
| **Total** | **3046** | **3096** | **4989** | **5727** | **5215** | **4114** |
| **Familiengrösse** | **3-4** | **4** | **4** | **4** | **4** | **4** |

Mit dem Umzug vom Lande in die Stadt, verbunden mit einer beruflichen Beförderung des Mannes, stiegen die Ausgaben für Kleidung und Wäsche an, auf eine gepflegte Erscheinung wurde nun offenbar mehr Wert gelegt. So beliefen sich die durchschnittlichen Kleidungskosten 1893–95 auf 439 Franken, 1899–1901 jedoch auf 779 Franken. Wegen der Ausstattung des Sohnes für seinen Studienaufenthalt im Ausland erreichte diese Rubrik 1904 mit 981 Franken ihren absoluten und mit 18,2 Prozent auch ihren relativen Höhepunkt. Während für die beiden Männer die Kleidung eingekauft wurde, fertigten Mutter und Tochter, abgesehen von den grossen Stücken, ihre Kleider selbst an. Für die monatliche Wäsche wurde jeweils für ein bis zwei Tage eine Wäscherin beigezogen.

Eine zunehmende Belastung des Haushaltsbudgets bildeten die Steuern, auch die Kosten für die soziale Vorsorge in Form einer Lebensversicherung für den Mann beanspruchten bis 1904 bis zu zehn Prozent der Ausgaben. Wegen der häufig kränkelnden Ehefrau fielen in manchen Jahren auch die Ausgaben für Gesundheit und Körperpflege mit über sieben Prozent relativ hoch aus. Auf ein Dienstmädchen verzichtete die Familie während der meisten Zeit. Einzig nach der Geburt des Sohnes und um die Jahrhundertwende war im Haushalt noch ein Mädchen, teils aus der Verwandtschaft, beschäftigt. Ihren finanziellen Spielraum nutzte die Familie vor allem für die Ausbildung der beiden Kinder, die damit in «den Stand gesetzt» werden sollten, ein besseres Auskommen zu finden als die Eltern. Die Investitionen galten vor allem dem Sohn, der die Kantonsschule und dann die Universität besuchen konnte. Auf ihn fielen fünf Sechstel der gesamten Ausgaben für die Ausbildung. 1905 gab die Familie mehr als ein Viertel (1740 Fr.) ihrer Ausgaben für die Ausstattung des Sohnes und seinen Studienaufenthalt im Ausland aus. Der mit einer Berufsausbildung verbundene Welschlandaufenthalt der Tochter liess dagegen die Ausgaben für Unterricht und Schulgeld lediglich von rund drei Prozent um 1901 auf knapp 13 Prozent um 1903 ansteigen. [826]

Wie die Ausgaben für kulturelle Bedürfnisse und Freizeitvergnügen zeigen, führte die Familie das «in keiner Weise hervortretende Leben des mittleren bürgerlichen Standes». [827] Der demonstrative Aufwand zur Darstellung bürgerlicher Respektabilität hielt sich in sehr engen Grenzen, er äusserte sich vor allem in korrekter Kleidung. Ein gesellig-gesellschaftliches Leben ausserhalb der Verwandtschaft wurde kaum gepflegt. Theater, Konzerte und Vorträge wurden nur selten besucht. Dagegen verursachten vor allem die jeweils mit einer Einkehr verbundenen, regelmässigen Sonntagsausflüge in die Umgebung sowie einzelne Ferienreisen und Ferienaufenthalte im Inland, aber auch die Besuche sportlicher Anlässe durch den Hausherrn, der sich bis 1898 als recht eifriger Schütze betätigte, grössere Ausgaben. Der Anteil der Auslagen für Zeitungen und Bücher, die auch in bessergestellten Kreisen meist ausgeliehen und nicht gekauft wurden, stieg mit dem Umzug in die Stadt und dem Heranwachsen der Kinder aber doch leicht an. Gering waren die Beiträge an Vereine, die ebenfalls unter der Rubrik Vergnügen eingeordnet wurden. Weitere Auslagen für gesellige und kulturelle Bedürfnisse, auch die Wirtshausbesuche, beglich der Hausherr aus seinem im ersten Ehejahrzehnt noch recht hohen Taschengeld, das aber auch für verschiedene andere kleinere Bedürfnisse und Ausgaben verwendet wurde. Mit der wirtschaftlichen Besserstellung nach 1905 erhöhte sich auch der Ausgabenanteil für Geschenke und Almosen.

Wie gross die Unterschiede in der Lebenshaltung innerhalb des Bürgertums um die Jahrhundertwende waren und wie nahe dagegen mittlere Beamte und Angestellte den kleinen Leuten und der gelernten Arbeiterschaft kamen, verdeutlicht der abschliessende kurze Vergleich des Beamtenhaushaltes mit jenem des Stadtpräsidenten.

Tabelle 67  **Die Lebenshaltung im obern und untern Bürgertum um 1886/87 und um 1903.** [828]

|  | 1886 Unten | | 1887 Oben | | 1903 Unten | | 1903 Oben | |
|---|---|---|---|---|---|---|---|---|
|  | abs. | % | abs. | % | abs. | % | abs. | % |
| Haushaltung | 1475 | 53 | 5435 | 31 | 2065 | 39 | 10 308 | 28 |
| Kleidung | 126 | 4 | 380 | 2 | 613 | 11 | 559 | 2 |
| Wohnen | 493 | 18 | 1025 | 6 | 720 | 14 | 943 | 3 |
| **Grundbedarf** | **2094** | **75** | **6840** | **39** | **3398** | **64** | **11 810** | **33** |
| Steuern | 87 | 3 | 4158 | 24 | 192 | 4 | 11 845 | 33 |
| Gesundheit | 115 | 4 | 113 | 1 | 367 | 7 | 180 | 1 |
| Kultur/Freizeit | 348 | 12 | 4957 | 28 | 693 | 13 | 3524 | 10 |
| Geschenke | 21 | 1 | 1386 | 8 | 166 | 3 | 8280 | 23 |
| Verschiedenes | 143 | 5 | 146 | 1 | 498 | 9 | 467 | 1 |
| **Total** | **2808** | **100** | **17 600** | **100** | **5314** | **100** | **36 106** | **100** |

1886/87 wie 1903 konnte die mittlere Beamtenfamilie für die gesamte Lebenshaltung nur gerade einen Sechstel der finanziellen Mittel eines gutsituierten bürgerlichen Haushaltes verbrauchen. Für die Ernährung, für Wohnen und Kleiden benötigte sie zwei Drittel bis drei Viertel ihrer Ausgaben, während der vornehme Haushalt bei dreimal höheren Ausgaben lediglich ein Drittel bis zwei Fünftel dafür aufbringen musste. Vor allem das Wohnen, aber auch die Kleidung, die für die symbolische Darstellung bürgerlicher Respektabilität so wichtig waren, belasteten die Rechnung unterer bürgerlicher Haushalte ungleich stärker, nämlich drei- bis fünfmal mehr als besser situierte Haushalte. Sehr viel grösser als beim Grundbedarf waren die Unterschiede allerdings bei den Ausgaben für Kultur, Bildung und Freizeit sowie für Geschenke, Spenden und soziale Wohltätigkeit. 1886 gab die Beamtenfamilie nicht einmal zehn Prozent jener Summe für gesellige und kulturelle Bedürfnisse aus, die das Ehepaar Pestalozzi dafür einsetzte. 1903 waren es wegen der hohen Ausbildungskosten für den Sohn dann immerhin zwanzig Prozent. Für Ehrenausgaben, Geschenke, Spenden und Almosen wandten Pestalozzi und seine Frau gar fünfzigmal mehr auf wie die Beamtenfamilie.

Nicht weiter verwunderlich zeigt sich bei den Kultur- und Wahlausgaben am klarsten, wie relativ eng einerseits der Wahl- und Konsumspielraum in untern bürgerlichen Schichten war und wie sehr ihnen die Mittel für eine wirklich bürgerliche Lebensführung fehlten, wie stark sich andererseits aber die obern bürgerlichen Schichten von den ökonomischen Zwängen gelöst hatten und dies mit ihrem demonstrativen Aufwand auch offen zur Schau stellten, teils aber auch hinter einer verschämten sozialen Wohltätigkeit zu verbergen suchten.

### *Wohnen und Kleidung: Distanzierung und Feinklassierung*

Im sozialen Spiel der Distinktion kamen dem Wohnen und der Kleidung hohe Bedeutung zu, umso mehr, als in der bürgerlichen (Klassen)gesellschaft die sozialen Beziehungen unter und zwischen den verschiedenen Schichten und Klassen neu definiert und dargestellt werden mussten. Die bürgerlichen Klassen verwandten deshalb zunehmend viel Energie und Geld darauf, Strategien und Rituale zu entwickeln, die soziale Distanz schaffen, ihren sozialen Rang sichtbar machen und ihrem Selbstbewusstsein Ausdruck verleihen sollten. Am deutlichsten kommt dies wohl in der Wohnlage zum Ausdruck, aber auch die Wohnformen und der Wohnstil widerspiegeln das Bestreben der bürgerlichen Klassen, durch räumliche Abtrennung und Entfernung soziale Distanz zu schaffen und damit gleichzeitig auch eine soziale Identität zu gewinnen. In der ständischen Gesellschaft, wo der Rang in der sozialen Hierarchie mehr oder weniger vorgegeben war und darüberhinaus patriarchalisch-klientelistische Beziehungen zwischen oben und unten soziale Stabilität garantierten, war dies noch weniger der Fall gewesen. Jeder wusste, ohne dass man dies durch räumliche Absetzung und Abtrennung noch immer zusätzlich unterstreichen musste, wo er sozial hingehörte. Die enge Nähe zu Angehörigen unterer Schichten bzw. Ständen war für die oberen Stände deshalb in der Stadt wie auf dem Land kein so gravierendes Problem, was allerdings nicht heisst, dass nicht auch in der ständischen Gesellschaft der Raum immer auch sozial unterteilt war und räumliche Absetzung eine grosse Rolle spielte.

Die Industrialisierung mit ihrem Wirtschafts- und Bevölkerungswachstum und der soziale Wandel veränderten vor allem in der zweiten Hälfte des 19. Jahrhunderts in den Städten, aber auch in den grösseren Dörfern die sozialräumliche Verteilung und trieben die funktionale und soziale Entmischung der Siedlungen voran. In Bern wie in Zürich kam es in der Folge zu einer zunehmenden Ausdifferenzierung und Neustrukturierung der städtischen Bevölkerung, zur Ausbildung von Wohnquartieren und Strassenzügen mit einer mehr oder weniger sozial homogenen Wohnbevölkerung und baulichen Ausgestaltung. Auch wenn es in Zürich wie in Bern anfangs des 20. Jahrhunderts weiterhin viele sozial durchmischte Strassenzüge und Quartiere gab, so spiegelte sich in der räumlichen Verteilung der Bevölkerung doch immer mehr die soziale Schichtung wider. Die räumliche und soziale Distanz zwischen den verschiedenen sozialen Klassen stimmten immer mehr überein. Die beiden Städte waren eine «gebaute Klassengesellschaft» geworden. Auf einen kurzen Nenner gebracht, galt für die sozialräumliche Verteilung im 19. Jahrhundert, die banale Formel: «Die Reichen wohnen, wo sie wollen, die Armen wo sie müssen.» [829] Beide Städte waren jedoch schon im 18. Jahrhundert und früher, wenn auch weniger ausgeprägt, ein sozial unterteilter und differenzierter Raum gewesen. Die Enge der noch von Mauern umgebenen Städte hatte jedoch zur Folge, dass sich die verschiedenen Stände räumlich noch sehr nahe waren.

In Bern bevorzugten die Patrizierfamilien auch im frühen 19. Jahrhundert noch immer einzelne Gassen, vor allem die Junkerngasse, die Kram- oder Gerechtigkeitsgasse. Auch in der zweiten Hälfte des 19. Jahrhunderts waren und blieben diese Gassen «gute Adressen». [830] Mit der Beseitigung der Wehranlagen, der Verschiebung des Zentrums in Richtung Bahnhof und dem allgemeinen Ausbau der Stadt nach 1860 kamen jedoch neue, prestigeträchtige Strassenzüge und Quartiere dazu: Zum Beispiel die Bundesgasse oder Schauplatzgasse mit ihren sonnigen und komfortablen Wohnungen in den neuerstellten, grossstädtischen Reihenhäusern, der Südhang des Stadtbachviertels, die Enge, die Hangkante des Rabbenthals, dann das Gryphenhübeli, das Kirchenfeld und die Schosshalde. [831] Lange jährliche Sonnenscheindauer, Windschutz, schöne Aussicht, erhöhte Lage und Nebelfreiheit waren jene Kriterien, die für die Standortwahl eine wichtige Rolle spielten. Über entsprechende Bauvorschriften wurde zudem darauf hingewirkt, dass solche Quartiere auch in der sozialen Zusammensetzung mehr oder weniger rein blieben, dass vor allem die unteren Schichten, mit Ausnahme natürlich der Dienstboten, von diesen bevorzugten Orten ferngehalten wurden. [832] Im Prozess der nach 1860 zunehmenden sozialen Entmischung und räumlichen Distanzierung – im Unterschied zu den früheren Verhältnissen in der Altstadt, wo verschiedene Stände und Schichten doch relativ nahe beieinander, teilweise im gleichen

Haus wohnten, vergrösserten sich vor allem auch die Distanzen zwischen den Bevölkerungsklassen – wurden in Bern die Unterschichten in die «zum Teil niedrig gelegenen, flussnahen, schattigen, stark überbauten, zum Teil überalterten und zentrumsfernen Quartiere» abgedrängt.[833] Das Fehlen von Angehörigen der Unterschicht war in der Stadt Bern denn auch für den Sozialcharakter der guten, teilweise auch neuen Wohnlagen in der Schosshalde und Enge, im Rabbental, Stadtbach, im Kirchenfeld und Gryphenhübeli typisch, während gewerblicher Mittelstand und bürgerlich-patrizische Oberschicht sich auch räumlich, wenigstens teilweise doch recht nahe blieben.[834] Ein typisches Beispiel dafür war das Haus der Witwe Julie von Tavel am oberen Ende der Spitalgasse. Neben der Hausbesitzerin und ihren beiden ledigen Töchtern wohnte die Familie des konservativen Grossrates und Burgerratsschreibers Alexander von Tavel-von Wattenwyl sowie der pensionierte Neapolitaneroberst August von Stürler darin. Im Erdgeschoss befand sich zudem noch ein Uhrengeschäft und ein Coiffeurladen sowie im Anbau eine Confiserie.[835]

Wohl noch ausgeprägter war die soziale Entmischung in Zürich. Nicht nur in der Stadt, sondern auch zwischen und innerhalb der sogenannten Ausgemeinden verschärfte sich die räumlich-soziale Segregation im Laufe des 19. Jahrhunderts zunehmend. Besonders die ehemalige Bauerngemeinde Aussersihl entwickelte sich zu einer grossen Arbeitervorstadt.[836] Gleichzeitig entstanden am linken und rechten Ufer des See, in der Enge und Riesbach, sowie an den südexponierten Hängen des Zürichbergs, in Hottingen und Fluntern mehr oder weniger geschlossene (gross)bürgerliche Villen- und Einfamilienhausquartiere, wo teilweise selbst der gewerbliche Mittelstand nur schwach vertreten oder doch in gebührender Distanz gehalten war. Mit Hilfe strenger privater Quartierbauordnungen, in Ergänzung der kantonalen Baugesetze von 1863 und 1893, schotteten sich nachbarschaftliche Allianzen von (gross)bürgerlichen Liegenschaftsbesitzern gegen unerwünschte Zuzüger und störende Gewerbebetriebe ab. Rückversetzte Baulinien, Beschränkungen auf eine maximale Gebäudehöhe oder die generelle Bauauflage, nur freistehende Villen inmitten einer Parkanlage zu errichten, sorgten dafür, dass in diesen bevorzugten Wohnlagen nur ein individuelles, standesgemässes Wohnen unter sich in Frage kam. So forderte das Baureglement für das Villenquartier Enge vom 2. Juli 1890 im Artikel 6, dass die Villen nicht mehr als ein Erdgeschoss und zwei Stockwerke erhalten dürften. Artikel 11 verbot «geräuschvolle, die Luft verunreinigende oder feuergefährliche Gewerbe» und schloss die Anlegung von Werkplätzen für Steinhauer, Zimmerleute und dergleichen mehr aus.[837] Gegen Ende des 19. Jahrhunderts trieb die Entstehung von kleineren Villenanlagen, noch mehr aber von Einfamilienhausquartieren[838] an der Peripherie oder in den Vororten, begünstigt durch den Ausbau der verkehrsmässigen Erschliessung der Aussenquartiere, zunächst durch die Pferdebahn oder andere Bahnen, dann das Tram, die soziale Entmischung stark voran, ja

von seiten bürgerlicher und mittelständischer Familien setzte eine eigentliche
Flucht aus der Stadt ein. Sie war nicht zuletzt auch Ausdruck der zunehmenden Grossstadtfeindschaft, gewährten doch die Villen und Einfamilienhäuser
mit Garten, in mehr oder weniger sozial homogen zusammengesetzten Quartieren gelegen, den bürgerlichen Klassen ein Wohnen unter ihresgleichen in
natürlicher Umgebung, fernab vom Getriebe und den sozialen Gegensätzen
der inneren Stadt.

Die Wohnlage wie die Wohnverhältnisse der bürgerlichen Klassen
waren und blieben jedoch trotz zunehmender Segregation uneinheitlich und
recht unterschiedlich. Das Spektrum reichte in der zweiten Hälfte des
19. Jahrhunderts von der nicht übermässig grossen, relativ einfachen, gemieteten Wohnung mit vier und mehr Zimmern in einem Reihen- oder alleinstehenden Mehrfamilienhaus bis zur prunkvollen Wohnung im eigenen Stadthaus, eventuell verbunden mit einem Sommersitz in der nähern oder weiteren
Umgebung der Stadt, oder zur schlossartigen Villa auf erhöhtem Standort in
der Stadt selbst oder in ihrer nächsten Umgebung. Der grössere Teil des städtischen Bürgertums wohnte weder in Zürich noch in Bern in Villen oder villenähnlichen Einfamilienhäusern, ja viele auch gutsituierte bürgerliche Familien besassen noch nicht einmal ein eigenes Haus. Um 1894 waren in der Stadt
Zürich knapp sechzig Prozent der Baumeister und Architekten Hausbesitzer.
Von jenen Männern, die im Handel, bei Banken und Versicherungen in höheren Positionen oder auch selbständig tätig waren, verfügten rund dreissig Prozent über Hausbesitz. Bei den in der Stadt wohnhaften Direktoren und
Fabrikbesitzern waren es 37 Prozent.[839] Ein grosser Teil des städtischen Bürgertums wohnte demnach Ende des 19. Jahrhunderts in Zürich, aber auch in
Bern nicht in den eigenen vier Wänden. Bürger waren nicht zwangsläufig
auch Hausbesitzer oder Hausherren im engeren Sinn des Wortes. Dies galt
allerdings, wenn auch in bedeutend geringerem Umfang, schon für das alte
Stadtbürgertum im ausgehenden 18. und frühen 19. Jahrhundert, wo selbst
unter den Familien der Aristokratie oder des Patriziates nicht alle in der Stadt
auch in eigenen Häusern oder Hausanteilen lebten.[840]

Mit dem Aufstieg des Bürgertums und der Verbürgerlichung der Aristokratie veränderten sich aber auch die Wohnformen, der Wohnstil der oberen
Klassen. Das Wohnen wie die Wohnung, das Heim, erhielten eine neue Qualität. Die städtische Oberschicht pflegte bis Mitte des 19. Jahrhunderts und
darüberhinaus zunächst ihren traditionellen Wohn- und Lebensstil weiter.
Dazu gehörte, wie schon im 18. Jahrhundert, ein Wohnhaus oder eine Wohnung in der Stadt sowie ein Sitz auf dem Lande für die Sommerzeit. So besassen viele Berner Patrizierfamilien neben ihrem Wohnhaus oder auch nur
Wohnung in der Stadt ein Schlossgut oder einen Landsitz, eine sogenannte
Campagne. Viele dieser Campagnes[841] befanden sich in der unmittelbaren
Nähe der Stadt, die von einem Ring solcher Landgüter umgeben war, die alle
aus einem von Park und Garten umgebenen Herrenhaus und einem Pachthof

bestanden, da und dort kamen noch eine Vorwerkscheune und ein Taglöhner-
haus dazu. Hier in ländlicher Umgebung und Idylle verlebten sie die
Sommermonate, die Winterszeit mit dem regeren gesellschaftlichen und
kulturellen Leben verbrachten sie dann in der Stadt. Auch in Zürich besassen
aristokratische Familien einen Wohnsitz sowohl in der Stadt wie auf dem
Lande für den Sommeraufenthalt. Die sogenannten «Lusthäuser» in der
Umgebung Zürichs, rechts und links des Zürichsees, waren allerdings in der
Regel schmuckloser und einfacher als die Campagnes der Berner Patrizier mit
ihrem, im Vergleich zur Zürcher Aristokratie, doch ausgeprägteren Hang zum
seigneurialen Lebensstil. [842]

Diesen Lebensstil mit dem saisonalen Wohnwechsel behielten patrizische
wie aristokratische Familien – etlichen fehlten dazu allerdings zunehmend die
finanziellen Mittel – zum Teil bis ins 20. Jahrhundert bei. So wohnten noch um
die Jahrhundertwende mehrere patrizische Familien nur während der Winter-
monate in der Stadt, während des Sommers residierten sie auf ihrem Landhaus
vor der Stadt. [843] Die mit der Verbürgerlichung gestiegenen beruflichen Verpflichtungen der Männer sowie die Schule setzten diesem Wechsel jedoch
zunehmend gewisse Grenzen und schränkten den Aufenthalt auf dem Land-
gute auf einige Wochen ein. Auch in bürgerlichen Kreisen fand dieser Brauch
des saisonalen Wohnwechsels in der zweiten Hälfte des 19. Jahrhunderts eine
gewisse Aufnahme. Meist zogen dann allerdings für längere Zeit nur Ehefrau
und Kinder sowie ein Teil des Dienstpersonals in ein Landhaus, während der
Ehemann weiterhin in der Stadt seinen Geschäften nachging, unter der Woche
in der Stadtwohnung übernachtete und nur für die Sonntage, eventuell noch
für einzelne Ferientage oder -wochen ebenfalls aufs Land kam. [844]

In Zürich lebten jedoch schon im 18. Jahrhundert teilweise auch Familien der aristokratischen Oberschicht in villenähnlichen, herrschaftlichen Häusern mit Gartenanlagen, die, im Vorgelände der Städte gelegen, als Winter-
und Sommersitz dienten. Wohlhabendere Zürcher Stadtbürger, meist Angehörige der Handelsaristokratie, liessen sich schon seit Ende des 17. Jahrhunderts in dem durch die neuen Festungswerke ausserhalb der alten Stadtmauern
gewonnenen Gelände, westlich der heutigen Bahnhofstrasse und oberhalb des
Nieder- und Oberdorfs, in freier Gartenlage sonnigere und luftigere Wohn-
plätze errichten, als die vielgeschossigen, schmalen und eingebauten Stadthäuser sie boten. Diese auf länglich rechteckigem Grundriss erbauten, neuen
Herrschaftshäuser standen nach allen Seiten frei. Im Äussern waren sie
schlicht gehalten, denn die prunkvolle Zurschaustellung des Reichtums war
in der Zürcher Handelsaristokratie eher verpönt. Lediglich mit den eisernen
Gittern der Hoftore und Oberlichter wurde ein gewisser prunkhafter Aufwand betrieben. Das schlichte Äussere kontrastierte mit einer reichen Ausstattung im Inneren, namentlich der Saal, aber auch kleinere Zimmer, Gänge und
Treppen waren mit Stukkaturen sowie gemalten oder gewobenen Tapeten ausgestattet. [845]

Gegen Mitte des 19. Jahrhunderts, vor allem nach dem Schleifen der
Befestigungswerke, verstärkte sich der Trend zum gleichen Wohnsitz für alle
Jahreszeiten. An die Stelle eines zweigeteilten Haushaltes trat für das reichere
Bürgertum zunehmend die Villa an bevorzugter Wohnlage in der Stadt selbst,
ihrer Peripherie oder in einer der Vorortsgemeinden. Die Villa vereinigte die
ursprünglich auf zwei Häuser und Haushalte verteilten Eigenschaften in
einem Haus. Sie bot, von einem Park und Garten umgeben, einen festen
Wohnsitz nahe oder in der Stadt, zugleich aber auch einen Aufenthalt in länd-
lich-natürlicher Umgebung. Mehr als dies beim mehr aristokratischen Landhaus etwa gegenüber der Pächterfamilie der Fall war, bauten die Parkanlagen
eine grosse räumliche Distanz zu anderen auf und grenzten mit ihren Mauern
und Hecken den Privatbereich deutlich ab.[846] Vor allem für die neu zu Reichtum gelangten industriellen Unternehmer, die Kauf- und Finanzleute der liberalen Ära wurde die Villa zu einem bevorzugten und typischen Wohnsitz.
Selbstbewusst gaben sie mit der Villa ihrem sozialen Status Ausdruck. In den
Villen manifestierte sich aber nicht nur ihr Streben nach sozialer Anerkennung, sondern auch ihr gesellschaftlicher Herrschaftsanspruch.

Erste solche Villen entstanden in Zürich bereits in den zwanziger und
dreissiger Jahren, dann vor allem in den fünfziger und frühen sechziger Jah-
ren.[847] Im letzten Viertel des 19. und anfangs des 20. Jahrhunderts nahm der
Villenbau stark zu. Architektonisch dominierten historisierende Stilformen:
Neu-Renaissance, Neu-Barock und Neu-Gotik, ab 1900 teilweise auch unter
Aufnahme einheimischer Formen (Riegelwerk und abgewalmte Dächer) der
Heimatstil. In Zürich wie in Bern erfuhren im nähern und weiteren Umfeld
der Stadt bereits bestehende Villenlandschaften eine gewisse Ausweitung und
Verdichtung, neue Villenviertel kamen dazu: in Zürich das Dolderquartier
oder das Rigiviertel, in Bern das Villenquartier am Thunplatz und an der
Brunnadern, wo die neubarocken Villen auf die patrizischen Landsitze aus
dem 18. Jahrhundert stiessen.[848] Jetzt entstanden aber zunehmend auch kleiner dimensionierte Villen für bürgerliche Kreise, die mit materiellen Gütern
weniger grosszügig ausgestattet waren als das reiche Besitz- und Wirtschaftsbürgertum. Im Unterschied zu den stark auf Repräsentation ausgerichteten
herrschaftlichen Villen des Grossbürgertums waren sie mehr auf die Bedürfnisse und die Annehmlichkeiten des Privatlebens zugeschnitten. Noch mehr
galt dies für die Einfamilienhäuser mit Garten, die gegen Ende des 19. Jahrhunderts architektonisch ohne grosse Übergänge aus dem Typus der kleineren
und mittelgrossen Villen entstanden und sich bald zum neuen Ideal bürgerlichen Wohnens entwickelten.[849]

Der Bau pompöser Villen, in deren äusserer Architektur mit ihrer teils
üppigen Ornamentik vermehrt schloss- und burgartige Elemente Eingang fanden und damit ihren Charakter als «äussere Hüllen der Macht» (Hobsbawn)
noch unterstrichen, zeigt deutlich, wie sehr gegen Ende des 19. und anfangs
des 20. Jahrhunderts die Zurschaustellung des Reichtums und die Inszenie-

rung des Luxus auch in der Schweiz zunahmen, wie sich im vermöglichen Bürgertum, gerade und besonders in den neu zu grossem Reichtum gelangten bürgerlichen «Mittelklassen», die Tendenz zur Arstokratisierung verstärkte. Aufwendige, sehr auf Repräsentation bedachte Gestaltung im Äussern wie im Inneren, mit dem Salon [850] als neuem Prunkstück, war deshalb bei den grösseren Villen des reichen Wirtschafts- und Besitzbürgertums meist wichtiger als Wohnlichkeit und ein funktional praktischer Innenausbau. Für die «niederen Arbeiten» im alltäglichen Leben hatte man ja Dienstpersonal, es entschädigte für die Unbequemlichkeit und Umständlichkeit vieler dieser Villen. Ein typisches Beispiel solch grossbürgerlicher Selbstdarstellung war die Villa «Sihlberg». Wieso der schwerreiche Bierbrauereibesitzer, Handelsrichter und Oberstleutnant der Kavallerie Heinrich Albert Hürlimann, der angeblich «persönlich immer anspruchslos blieb», ein «Schloss, nicht zu übersehen mit seinen roten Dächern und den beiden Türmen, triumphierend auf der höchsten Stelle der Moräne» im Villenquartier der Enge um 1896 hatte erbauen lassen, erklärte auch sein Sohn Martin Hürlimann vor allem mit den «Zeiten», die eben so waren, und weist entschuldigend auf die «kritischen Augenblicke» hin, die seine Eltern «durchmachten», als sie die ambitiösen Pläne des Architekten, eines Universitätsprofessors, auf «ein menschliches Mass» reduzierten. Doch den «Zeiten», die mehr auf klassenbewusste Zurschaustellung des Reichtums als auf Charme discret eingestellt waren, konnte oder wollte sich der Brauereibesitzer nicht entziehen. «Heute», so meinte sein Sohn siebzig Jahre später, «würde natürlich ein Mann wie mein Vater keinen solchen Bau mehr hinstellen – er würde ihn vielleicht genau so kostspielig bauen, aber diskret versteckt hinter Mauern und Bäumen, mit splendiden Ausblicken aus dem Verborgenen heraus, mit Schwimmbad, Picasso und allem, was heute so dazugehörig, aber jedenfalls nicht die herausfordernde Fassade.» [851]

Der äussere Zwang zur Repräsentation und der innere Drang, der «sozialen Höhe» der Familie, dem sozialen Status, auch nach aussen Ausdruck zu verleihen, gerieten in grossbürgerlichen Kreisen dabei zwangsläufig in Gegensatz zu den hochgehaltenen Prinzipien der Einfachheit und Mässigkeit, Enthaltsamkeit, Anspruchslosigkeit und Selbstbeherrschung. Bei der Hausräuke seiner türmchenbewehrten, im Stil der Neu-Renaissance erbauten Villa sprach Samuel Dietrich Schindler-Huber (1856–1936), Seidengazeunternehmer, später Generaldirektor der Maschinenfabrik Oerlikon und wie keiner dem Wahlspruch der Unternehmerfamilie Schindler «Vorwärts – Aufwärts» verpflichtet, den Wunsch aus, dass im neuen Hause, im Villenquartier von Riesbach gelegen, «ein Geist strenger Selbstzucht und gewissenhafter Pflichterfüllung, gepaart mit warmer Nächstenliebe herrsche». Schindlers Wunsch wurde insofern wahr, als infolge der Verbissenheit, mit der er seinen Grundsätzen nachlebte und diese auch seiner Familie, autoritär, wie er war, aufdrängte, das «Haus Wygisser» nicht von einem gesellschaftlichen Leben erfüllt wurde, wie das dem repräsentativen Äussern und Inneren der Villa, aber auch den grossbürgerlichen Kreisen, denen die Schindlers angehörten, entsprochen hätte. Nur kurz nach dem Einzug gab das Ehepaar Schindler-Huber seinem Freundeskreis auf der Terrasse ein grosses Abendessen, in dessen Verlauf sich jedoch, wie Sohn Hans Schindler berichtet, ein peinlicher Vorfall ereignete: «Während des Essens wurden die Rolläden des benachbarten Salons wie üblich rasselnd niedergelassen, ein Regiefehler, der auf die mangelnde Voraussicht der Gastgeber und den etwas sturen Gehorsam der Dienstmädchen hinweist.» Es dauerte dann über zehn Jahre, bis im Wygisser wieder ein grösserer gesellschaftlicher Anlass abgehalten wurde. Bezeichnenderweise handelte es sich dabei um einen Ball für die inzwischen heiratsfähige Tochter Gertrud. Wie fern auch sozial die Bewohner dieses Villenquartiers ihr Leben lebten, lässt sich daraus schliessen, dass der dort aufgewachsene Sohn Hans Schindler laut seinen Erinnerungen erst sechzig Jahre später erfuhr, dass das Villenquartier an der Zollikerstrasse von breiteren Bevölkerungskreisen «Millionenhügel» genannt wurde.[852]

Ein grosser Teil des vermöglichen alten wie neuen städtischen Bürgertums lebte jedoch in Zürich auch in der zweiten Hälfte des 19. Jahrhunderts nicht in der ländlich-natürlichen Parklandschaft eines Villenquartiers, sondern in einem freistehenden, villenähnlichen Stadthaus oder einem stattlichen Einzel- oder Reihenhaus mit der Vorderfront direkt an der Strasse. Viele dieser vor allem von Kauf- und Finanzleuten oder Industriellen im wirtschaftlichen Aufschwung nach der Jahrhundertmitte oder der neunziger Jahre erbauten Häuser waren Geschäfts- und Wohnhäuser in einem. Im Souterrain befanden sich Warenlager, im Parterre oder auch noch im ersten Stock Geschäftsräume, die übrigen Etagen enthielten eine oder mehrere Wohnungen, die aber über einen von den Geschäftsräumen separaten Eingang verfügten, so dass die Trennung der Geschäftssphäre vom privaten Wohnbereich doch gewahrt war. Die räumliche Aufteilung der Gesellschafts- und Wohnräume entsprach weitgehend jenen einer Villa, je nach Grösse waren die mehr repräsentativen Räume, Salon, Esszimmer und Herrenzimmer sowie Küche mit Dienstenzimmer, auf der untern Etage, die Wohn- und Schlafzimmer sowie das Kinderzimmer und weitere einzelnen Familienmitgliedern vorbehaltenen Zimmern im oberen Geschoss.[853]

Im Unterschied zu vielen europäischen Grossstädten gab es in der Schweiz als Ersatz für die Villa oder das Stadthaus nur wenige grossbürgerliche Mietpaläste, die luxuriöse, grossräumige Wohnungen mit Salon und Wohnzimmer, separatem Bad und Toilette, zwei Balkonen sowie mit zusätzlich zwei, drei oder noch mehr Zimmern enthielten. Eine Ausnahme bildeten in Zürich vor allem das «rote» und das «weisse Schloss» am Alpenquai[854], in Bern die 1894/95 erbaute, mächtige Häuserreihe am Falkenhöheweg, die sogenannte «Falkenburg», sowie der 1899/1900 errichtete «Palazzo Prozzo» am Falkenplatz, wo die geplanten Achtzimmerwohnungen allerdings schon während der Bauzeit wegen mangelnder Nachfrage unterteilt wurden.[855] Die grössere Anzahl bürgerlicher Familien lebte jedoch in weniger luxuriösen Wohnungen, sei es in einer Wohnung im eigenen Stadthaus, oder, und immer häufiger, als Ersatz in einer gemieteten Wohnung in einem Stadthaus, einem alleinstehenden Mehrfamilienhaus oder einem Reihenmiethaus direkt an der Strasse, zunehmend ab der Jahrhundertwende auch in einem Einfamilienhaus mit Garten.

Mit ihrer Gliederung und Anordnung der Räume entsprachen die zwei oder dreigeschossigen Villen in meist idealer Weise dem Modell bürgerlichen Wohnens, das sich seit dem ausgehenden 18. Jahrhundert entwickelt und die Wohnung immer mehr als materielles Fundament der Familie und Stütze der Gesellschaftsordnung zu einem privaten Reich, zum Heim, zu einer Eigen- und Gegenwelt zur feindlichen Welt des Erwerbs- und öffentlichen Lebens aufgebaut hatte.[856] Ein Kernstück dieses Modells war die Schaffung von familiären und individuellen Rückzugsbereichen durch räumliche Trennung der verschiedenen Lebens- und Individualbereiche. Die privat-intime war von der gesellig-öffentlichen Lebenssphäre zu trennen. Dies galt ganz besonders für den Schlaf- und Wohnbereich, die Bereiche der Eltern und Kinder, ja teilweise auch des Mannes und der Frau sowie selbstverständlich der Dienstboten. Dieses bürgerliche Ideal und Modell des Zusammenlebens wurde in den Villen so durchgesetzt, dass die Zimmer, in denen sich das familiäre und privat-intime Leben abspielte, von den Räumlichkeiten mit mehr gesellig-öffentlichem und repräsentativem Charakter, zu denen neben Verwandten und Freunden teilweise auch Gäste und fremde Personen Zutritt hatten, meist nach Stockwerken geschieden waren.[857] Die privaten Räume befanden sich im ersten und zweiten Stockwerk, die mehr öffentlichen im Erdgeschoss, in dem auch die Küche und weitere dem Dienstbotenbereich zugehörige Räume untergebracht waren. Repräsentativen Charakter hatten der Empfangsraum oder die Empfangshalle mit Vorraum, dann natürlich der besonders prestigeträchtige Salon, in dem auch meist der Flügel oder als billigere Variante das Klavier stand. Hier fanden Einladungen, gesellschaftliche Empfänge und kulturelle Anlässe wie eine Lesung oder musikalische Soirée, aber auch grössere Familienzeremonien statt. Der Salon stand für zwei der wichtigsten bürgerlichen Leitwerte, nämlich Urbanität und Geselligkeit, wie kein anderer Raum der bürgerlichen Wohnung war er damit ein Symbol der Klassenzugehörigkeit. Zu den repräsentativen Räumen zählten dann auch das Ess- oder Speisezimmer, das Herrenzimmer, das dem Hausherrn öfters auch als Arbeitszimmer diente, aber auch als Rauchzimmer für männliche Gäste benützt wurde, sowie je nachdem noch eine Veranda oder ein Wintergarten. Gelegentlich verfügte mit dem Boudoir auch die Dame des Hauses im Erdgeschoss über ein eigenes Zimmer. Über einen repräsentativ gestalteten Treppenaufgang gelangte man in den ersten Stock. Hier und je nachdem im zweiten Stock lagen ein oder zwei Wohnzimmer, die im alltäglichen Leben untags und am Abend gewöhnlich den eigentlichen Aufenthaltsraum darstellten, wo gelesen und Handarbeiten gemacht und auch nahestehende Besucherinnen und Besucher empfangen wurden, wo auch die Kinder spielten und die Mädchen- oder Bubeneinladungen stattfanden. Neben Bad und Klosett befanden sich hier auch die Schlafzimmer der Eltern und Kinder sowie eventuell noch ein separates Kinderspielzimmer. Die Kinder hatten auch in grossbürgerlichen Verhältnissen nicht immer ein eigenes Zimmer, teils waren bloss Mädchen und Knaben getrennt. Die Individualität und Rückzugsmöglichkeiten der Kinder wurden noch bis anfangs des 20. Jahrhundert nicht so hoch veranlagt wie für die Erwachsenen. Noch in den achtziger Jahren finden sich gutbürgerliche Haushalte, wo Kinder mit dem Dienstmädchen das Zimmer teilten.

Die Dienstboten waren entweder im Erdgeschoss, im Bereich der Küche oder dann in Zimmern oder Mansarden des meist niedrigeren zweiten oder auch dritten Stockwerkes untergebracht. Ihr Lebensbereich war damit von jenem der Herrschaft klar abgetrennt. Eine Ausnahme machten etwa die Kinder, deren Zimmer sich teilweise im gleichen Stock befanden. Auch untertags wurde darauf geachtet, die Dienstboten, wenn sie in den privaten Räumen keine Arbeiten zu erledigen hatten oder für Handreichungen benötigt wurden, möglichst von sich fernzuhalten. Mittel zum Zweck war die Klingelschnur, eine Neuerung, die nicht nur in den Villen, sondern bald auch in anderen bürgerlichen Wohnungen rasch Eingang fand. Die Klingel war jedoch mehr als ein Mittel zum Zweck, sie wurde gleichsam zum Symbol für die nach Mitte des 19. Jahrhunderts auch im schweizerischen Bürgertum feststellbare, zunehmende Empfindsamkeit gegenüber dem Zusammensein mit den Bediensteten als Angehörigen der niederen Schichten und für das Bedürfnis, den höheren sozialen Rang durch eine strikte räumliche Distanzierung demonstrativ herauszustellen.858

Der Zutritt zu den verschiedenen Zimmern und Räumen war aber nicht nur für die Dienstboten, sondern auch für die Kinder streng geregelt, noch mehr aber für aussenstehende Personen. Ihnen waren die eigentlichen Privaträume praktisch verschlossen, aber auch die repräsentativen Räume, selbst der Haupteingang, standen nicht allen offen. Lieferanten von Waren etwa hatten einen Nebeneingang, eben den Lieferanteneingang, der direkt in den von den repräsentativen Räumen abgetrennten Dienstleistungsbereich der Villa führte, zu benützen. Dienstmädchen, die einen Brief oder ein Billett zu überbringen hatten, mussten auf der Treppe vor dem Eingang warten. Aber auch Gäste, Besucherinnen und Besucher wurden, je nach ihrem sozialen Rang und der Nähe zur Familie, sortiert. Die repräsentativen Räume, der Salon, das Herren- und Speisezimmer, das Boudoir und auch das Wohnzimmer, waren nur Leuten zugänglich, die dessen auch als würdig erachtet wurden. In der Regel kamen sie aus Kreisen, die einem dem eigenen Milieu gleichen oder doch einem ähnlichen sozialen Umfeld angehörten. Nicht weiter verwunderlich, denn ihnen galt ja letztlich auch die Selbstdarstellung, die mit dem repräsentativen Aufwand in der Ausstattung dieser Räume getrieben wurde. Dienstreglemente für Mägde und Etikettenbücher zeigen, dass sich bis gegen Ende des Jahrhunderts differenzierte Zutritts- und Besuchsrituale ausgebildet hatten, die genau regelten, wer wie zu behandeln, wohin geführt und wo zu empfangen war. Die einen wurden nur in den Vorraum gebeten, andere direkt in den Salon oder das Wohnzimmer geführt. Nach der Jahrhundertwende scheinen sich diese Regeln dann erstmals etwas gelockert zu haben. Wie Hans Schindler in seinen Erinnerungen bemerkt, war seine Mutter 1920 «so weit», ein Dienerehepaar zum Anstellungsgespräch im Salon zu empfangen, wo sonst nur «rechte Leute», wie man im Hause des Grossindustriellen Samuel Dietrich Schindler-Huber seinesgleichen bezeichnete, Zutritt hatten.[859]

Die Inneneinrichtung bürgerlicher Wohnungen wurde nach der Jahrhundertmitte, vor allem ab den sechziger und siebziger Jahren zunehmend von Fülle und Überladenheit geprägt. Das Puritanisch-Einfache altbürgerlicher Lebenshaltung oder die behaglich trauliche Häuslichkeit des Biedermeierstils, die in der ersten Hälfte des 19. Jahrhunderts der Inneneinrichtung der Wohnungen nicht nur der bürgerlichen Mittelklassen, sondern teilweise durchaus auch der aristokratisch-patrizischen Oberschicht eine gewisse Schlichtheit und Zweckmässigkeit gegeben hatten, verloren sich ab den sechziger und siebziger Jahren immer stärker in einer bis anhin auch in vornehmen Kreisen nicht gekannten, erdrückenden Fülle von Gegenständen: wuchtige Ess- und Arbeitstische, ausladende Bücherschränke und Vitrinen, viel Polster und Plüsch für die Sitzmöbel, mächtige Kronleuchter und schwere Decken, alles in historistischem, häufig in durchmischtem Stil – das Arbeits- oder Herrenzimmer im Renaissance-Stil, der Salon im Stil von Louis XVI., Diwan und Ottomane gaben dem Interieur oft einen orientalischen Einschlag. Der Wintergarten, aber auch Palmen und bildliche Darstellungen in anderen Räumen fingen exotisch-domestizierte Natur[860] ein und verwandelten sie in malerische Landschaften. Die Dekoration war von der Angst vor der Leere regiert, keine Wand und kein Fussbreit Boden sollte unbedeckt bleiben, kahle Wände und nackte Böden wurden zu Insignien der Armut: farbige Tapeten, Vor- und Behänge, Überwürfe mit Fransen und Troddeln in schweren Materialien und dunkeln Farben, eine Vielzahl von kleineren Einrichtungsgegenständen und Zutaten aus Silber, Kristall und Porzellan, Vasen, Felle, Büsten, Bilder – Landschaften, Historien, Genre und Drucke –, viel Kunstgewerbliches, auch Selbstgefertigtes und überall Deckchen – keine Oberfläche ohne Deckchen und irgendeinem Gegenstand darauf. Alle Einrichtungsgegenstände kunstvoll gearbeitet und verziert: kein Bild ohne vergoldeten, ziselierten, ornamentierten oder samtüberzogenen Rahmen, kein Stück Holz, das nicht durch die Hände des Drechslers gegangen wäre. Abgesehen davon, dass das teure Material und die kunstvolle Verarbeitung den Geld- und damit auch den Prestigewert dieser Gegenstände steigerten, erhielten sie durch die Verzierungen auch eine höhere Weihe, denn Schönheit – in bürgerlicher Sicht wegen ihrer vermeintlichen Zweck- und Interesselosigkeit Ausdruck der «höheren, geistigen Dinge des Lebens» – war nach dem herrschenden bürgerlichen Geschmack jener Zeit von der Ornamentik nicht zu trennen.

«Alles war», wie Thomas Nipperdey diesen neuen Wohnstil auch für schweizerische Verhältnisse treffend zusammenfasst, «theatralisch, überfüllt, nicht zweckmässig, die Funktionen überdeckend und verschleiernd; die Einrichtung ein Dschungel von Einzelstücken, überwältigte den Raum, das war historistische Dekorationskultur. Insgesamt lief das alles hinaus auf die Einkapselung des Privaten in einer historisierten und prächtigen Gegenwelt zur Prosa der eigenen Zeit und der Arbeitswelt.» [861] Die Inszenierung dieser teuren schönen Gegenwelt, ein demonstrativer Akt der Verschwendung und Vergeudung [862], machte sichtbar, dass man den wirtschaftlichen Zwängen, den Niederungen des alltäglichen Lebens entrückt und in die Sphäre der Freiheit vorgedrungen war. Zweckfreier Luxus und zur Schau gestellte Verschwendung brachten die Distanz von wirtschaftlicher Macht und Reichtum dem Zwang des Ökonomischen gegenüber zur Geltung, sie bekräftigten damit auch den Anspruch, all jenen überlegen zu sein, die, weil dazu unfähig, von den Interessen und Nöten des Alltags stärker beherrscht blieben. [863]

Schwere Fülle und dekorative Üppigkeit, Plüsch und Polster waren denn auch weitgehend eine Folge des um die Mitte des 19. Jahrhunderts einsetzenden wirtschaftlichen Wachstums und des dadurch erzielten höheren materiellen Wohlstandes, der die Aufwandsnormen und die damit verbundenen Luxus- und Komfortbedürfnisse, zunächst besonders des Wirtschaftsbürgertums, hatte ansteigen lassen. Sie prägten aber nicht nur das Interieur der Wohnungen jener kleinen, sehr reichen Minderheit [864] innerhalb des schweizerischen Bürgertums, die sich in pompösen Villen oder grosszügigen Stadtwohnungen eine Inszenierung des Luxus leisten konnten und auch leisten wollten, sondern in geringerem Ausmass auch die Wohnungseinrichtung der weniger vermöglichen bürgerlichen Kreise. Allerdings gab es aber daneben auch in den oberen und mittleren Klassen weiterhin Familien, die in altmodischem Verharren an aristokratischer Vornehmheit und Gediegenheit oder altbürgerlicher Schlichtheit und Zweckmässigkeit festhielten und das «Luxurieren» nur sehr beschränkt mitmachten. Wenn mein Eindruck aus Biographien und Erinnerungen nicht trügt, scheint jedoch allgemein auch im schweizerischen Bürgertum ab den sechziger und siebziger Jahren für die Wohnungsausstattung ein grösserer Aufwand betrieben und auf die Befriedigung sogenannter Komfort- und Luxusbedürfnisse mehr Wert gelegt worden zu sein. [865] Die Wohnung, seit der Aufklärung als Hort harmonischen Lebens und Glücks zum Heim emporstilisiert und dem harten und gefühllosen Erwerbsleben als Gegenwelt gegenübergestellt, war bei aller Idealisierung als Sphäre der Privatheit und Intimität, der Behaglichkeit und Geborgenheit eben doch, und mit der Ausbildung der Klassengesellschaft noch verstärkt, auch ein Schaukasten für die Welt, ein Ort des demonstrativen Konsums, des verschwenderischen und ehrenvollen Aufwandes. Das Mobiliar, die Inneneinrichtung als ganzes wurden nicht mehr nur nach ihrer Zweckmässigkeit, sondern vermehrt auch nach ihrem Prestigewert bewertet. Sie dienten der Selbstvergewisserung wie der Selbstdarstellung für die anderen. Wohlanständigkeit und Respektabilität einer Familie drückten sich nicht zuletzt auch im Standard der Wohnung und ihrer Einrichtung, ihrer Behaglichkeit, ihrer Annehmlichkeiten und ihres Luxus aus.

Wie sehr der in der Villa so rein verkörperte, repräsentative bürgerliche Wohn- und Lebensstil auch unter räumlich beengteren Verhältnissen einzuhalten versucht wurde, zeigt die folgende Beschreibung des Prozederes bei Einladungen im Elternhaus von Robert Faesi. Der 1883 geborene Robert Faesi, jüngster Sohn eines nicht sonderlich erfolgreichen Kaufmannes, wuchs in einer Mietwohnung in einer stattlichen Anlage von vier Wohnhäusern mit Garten an der Westendterrasse in Zürich-Selnau auf. Die nicht luxuriöse, aber doch recht grosse Wohnung erstreckte sich auf zwei Stockwerke, die intern allerdings nur durch eine offenbar etwas enge Wendeltreppe verbunden waren: «Unten lag nebst den Schlafzimmern auch der bestausgestattete, aber gerade darum am seltensten gebrauchte Raum, der Salon. Er dämmerte vor sich hin mit herabgelassenen Storen und weissen Überzügen über dem weitläufigen Plüschsofa und den dazugehörigen Stühlen, auf deren roten, hohen, mit Messingnägeln gesäumten Polstern man immer ein wenig kleben blieb, wogegen die geschweiften Lehnen keinen behaglichen Halt bieten wollten. In diesem nicht ganz stillosen, vielmehr im repräsentativen und anspruchsvollen Geschmack der Troisième République gehaltenen Raum, unter den goldgerahmten Stichen nach Raffael, wurden Besuche empfangen und vollzogen sich die Teevisiten meiner Mama.» Das Esszimmer befand sich dagegen im oberen Stock. Bei den selten gegebenen Diners, eine «umständlich geplante und vorbereitete Staatsaktion», der sich der Hausherr «mit Sorgen um die Sitzordnung und die Weinfolgen» nur ungern unterzog, mussten deshalb die Gäste jeweils nach dem Empfang im Salon «unter Entschuldigungen durch das Wendeltreppchen ins Esszimmer hinauf-, und die Damen nach dem Dessert zum schwarzen Kaffee wieder hinuntergeschleust» werden, während die Herren an der Tafel sitzen bleiben und sich nun ihren obligaten Zigarren widmen durften. Spielte sich das gesellschaftlich-repräsentative Leben vorwiegend in Esszimmer und Salon ab, so bildete das Wohnzimmer auch bei Faesis den Mittelpunkt des Familienlebens. Hier spielten die Kinder, hier hatten Mutter und Tochter ihren Nähtisch. [866]

Das Modell bürgerlichen Wohnens und das Ideal des trauten Heims erhielt für die übrigen sozialen Klassen Vorbildcharakter, zunächst vor allem für kleinbürgerlich-mittelständische Familien. Schon aus Kostengründen liessen sich Anspruch und Wirklichkeit jedoch selten zur Deckung bringen. Alles war deshalb viel einfacher und eingeschränkter. Auch die räumliche Trennung der verschiedenen Lebensbereiche war in klein- und mittelbürgerlichen Verhältnissen nur beschränkt umzusetzen. So konnten Kochen, Essen und Wohnen meist räumlich nicht klar getrennt werden. Wie sehr bürgerliche Vorbilder jedoch gegenwärtig waren, zeigte sich in der wenig benutzten, aber teuer eingerichteten «guten Stube». Wohnzimmer und Salon in einem, erhöhte sie zwar die Respektabilität, schränkte dafür aber den alltäglich nutzbaren Wohnraum oft so sehr ein, dass die Küche als Wohnzimmer-Ersatz dienen musste. Auch die Möblierung und Dekoration richtete sich, wenn auch mehr punktuell, nach bürgerlichen Vorbildern. Sie blieben jedoch lange traditionell einfach. Solidität ging vor, für dekorative Schönheit, für Fülle und Üppigkeit fehlte schlicht das Geld.

Schwere Fülle und überladene Dekoration, Plüsch und Polster prägten den bürgerlichen Wohnstil bis weit ins 20. Jahrhundert hinein. Bei bürgerlichen Trendsettern hielt jedoch schon ab der Jahrhundertwende mit dem Aufkommen des Jugendstils, später im Namen der sogenannten Sachlichkeit ein neue Einfachheit Einzug. Die Innenausstattung wurde wieder leichter und heller, zweckmässiger und bequemer, die Dekoration sparsamer. Pomp und Fülle traten in der geschmackvollen neuen Luxusinszenierung etwas in den Hintergrund. Wohnliche Annehmlichkeit und Funktionalität erhielten gegenüber der mehr auf Repräsentation ausgerichteten Aufteilung und Ausstattung der Räume wieder stärker Vorzug. Besonders galt dies für die neu errichteten bürgerlichen Einfamilienhäuser, wo der Salon immer öfter mit dem Wohnzimmer verbunden wurde und auch die Trennwände zwischen dem Ess- und dem Wohnzimmer fielen. Räumlich von den unteren sozialen Schichten weitgehend getrennt und unter seinesgleichen lebend, liess das Bedürfnis nach den Annehmlichkeiten des Lebens und nach Diskretion den Drang, den sozialen Status, den Reichtum und den Herrschaftsanspruch im Inneren wie Äussern offen zu demonstrieren, zurücktreten.

Wie die Wohnlage und der Wohnstil spielte auch die Kleidung im sozialen Spiel der Distinktion eine grosse Rolle. Über die äussere Erscheinung und das Auftreten den sozialen Rang sichtbar zu machen und sich so über eine standesgemässe Lebensführung auszuweisen, war für die bürgerlichen Klassen – nicht nur für sie – sowohl im gesellschaftlich-kulturellen Leben als auch in der Geschäftswelt bedeutsam, vor allem dort, wo man im Detail über den wirtschaftlichen und finanziellen Hintergrund noch wenig wusste. Ein schönes Beispiel dafür, wie wichtig die Kleidung für die soziale Einordnung in solchen Momenten war, erzählt die Unternehmerstochter Fanny Sulzer-Bühler in ihren Lebenserinnerungen: Um als Generaldirektor der Winterthur Unfall an Konferenzen in Deutschland, wo jeder kleine Direktor einen Pelz trug, «standes- und stellungsgemäss» auftreten zu können und nicht unterschätzt zu werden, musste sich ihr Mann um 1900 einen «pelzgefütterten Mantel bauen» lassen. Pelzmäntel sah man zu diesem Zeitpunkt in der Schweiz aber eher selten. Fanny Sulzer-Bühler selbst erhielt dann zwei oder drei Jahre später eine Persianerjacke, um die sie dann, wie sie mit Befriedigung feststellen durfte, allgemein beneidet wurde. Auch sonst zwangen die häufigen

Auslandreisen den Generaldirektor aus Winterthur, sich der «feineren Mode» anzupassen.[867] Kleidung war aber viel mehr als nur ein Beweis der Zahlungsfähigkeit. Kleidung signalisierte auch Zugehörigkeit und Absetzung. Was sich in der Kleidung, in der äusseren Erscheinung allgemein gehörte, was «schicklich» war, bestimmten die Regeln des Geschmackes und der Wohlanständigkeit, die sich immer wieder neu im Spiel der Distinktion und unter dem Druck des wechselnden Modediktates ausbildeten und umformten. Abgesehen davon, was diese Regeln gerade im Detail an modischen Trends vorschrieben, war in bürgerlicher Sicht von grundlegender Bedeutung, dass die Kleidung, in der man sich öffentlich zeigte, nicht nur auf einen gewissen Wohlstand, sondern auch auf die Befreiung vom persönlichen Kontakt mit körperlicher Arbeit, handwerklicher, gewerblicher oder industrieller Art, hinwies. Nur dann war sie untadelig, eben wohlanständig. Noch mehr galt dies für elegante und entsprechend teure Kleidung. Die Frauenkleidung allgemein, aber auch die Lackschuhe, das blütenweisse Leinen, der glänzende Zylinder und der Spazierstock der Männer signalisierten nicht nur, dass die Damen und Herren in der Lage waren, relativ grosse Werte zu konsumieren, sondern auch, dass sie über Musse verfügten, dass sie, wenn nicht immer, so doch zeitweise, es nicht nötig hatten, einer Beschäftigung nachzugehen, die einen unmittelbaren Nutzen bringen sollte.[868]

Mit ihrem Variations- und Nuancenreichtum bot die Kleidung jedoch darüberhinaus eine Vielzahl von Möglichkeiten, nicht nur die groben, sondern auch die feinen Unterschiede innerhalb und zwischen den verschiedenen Klassen symbolisch darzustellen. Von allen Arten des Konsums und der Verhaltensformen, die eine Art Code darstellen, erfüllt Kleidermode, weil am sichtbarsten, die Funktion von Gleichmachen und Absetzen, von Trennung und Verbindung am besten. Denn als ein «Prozess, in dem sich Individualisierung mit Imitation verbindet» bewirkt die Kleidermode, obwohl sie «paradoxerweise gerade den Willen ausdrückt, die eigene Partikularität durch das Streben nach grösstmöglicher Unterscheidung zu unterstreichen», gleichzeitig auch ein «Sich-Gleichmachen».[869] In der bürgerlichen Gesellschaft, wo die ständischen Unterschiede an sich nicht mehr galten und prinzipiell alle Menschen gleich waren, wo sich aber gleichzeitig neue, allerdings weniger stabile und differenziertere soziale Hierarchien bildeten, die nach einer symbolischen Darstellung der Klassen- und Geschlechtszugehörigkeit im persönlichen Erscheinungsbild verlangten, erhielt die Mode jetzt für die Gesellschaft eine grössere, aber auch eine neue und allgemeinere Funktion und Bedeutung. Aufgrund der wachsenden sozialen und kulturellen Ausdifferenzierung der Gesellschaft wie auch der bürgerlichen Klassen, diente sie, vor allem ab Mitte des 19. Jahrhunderts, immer mehr der «sozialen Feinklassierung» (Bausinger) und weniger der Charakterisierung vergleichsweise grober und stabiler ständischer Unterschiede.[870]

Gleichzeitig liess die grosse «Scheu vor der Auffälligkeit» (Sennett), die im 19. Jahrhundert das Auftreten gerade auch der bürgerlichen Menschen in der Öffentlichkeit sehr stark prägte, die Kleidung homogener und einförmiger als in der Romantik oder im Ancien régime werden. [871] Durch «übertriebene Einfachheit» aufzufallen, war ebenso schlimm wie durch Luxus. So heisst es in einem Brief, den Amelie Moser (1839–1925), die Tochter eines Unternehmers, aus Aachen an ihre Eltern in Herzogenbuchsee sandte: «Ich habe nun glücklicherweise weder Freude noch Hang, mich wie eine Puppe herauszuputzen, aber man kann durch übertriebene Einfachheit ebenso sehr auffallen, wie durch Luxus.» [872] «Solid» und «elegant» war in bürgerlichen Kreisen für die äussere Erscheinung die weitverbreitete Devise. Aber auch die Übernahme bürgerlicher Kleidungssitten durch die mittleren und unteren Bevölkerungsklassen, zum Beispiel von Hut und Krawatte in der Männerbekleidung, bewirkte eine gewisse Homogenisierung und Nivellierung. Im Spiel der Distinktion und Zugehörigkeit wurden infolgedessen die «feinen Unterschiede» im Material und seiner Qualität, in der Machart der Kleidung und in der Art, sich zu kleiden und aufzutreten, immer bedeutungsvoller, nicht nur in und zwischen den oberen Klassen und bürgerlichen Kreisen. Es waren oft feine Nuancen, die anzeigten, wo ein Mann oder eine Frau sozial genau einzustufen war, ob jemand wirklich zur gleichen Klasse gehörte oder nicht, wie vornehm jemand tatsächlich war. So sagte die Krawatte als solche Ende des Jahrhunderts kaum noch etwas über die soziale Zugehörigkeit aus. Schon eher war es der Krawattenknoten, der anzeigte, ob jemand eine gute Kinderstube hatte oder nicht. Das Binden der Krawatte wurde so zu einer «vertrackten Ausdrucksleistung». [873] Solche Nuancen konnten in ihrer vollen Bedeutung aber nur noch von einem bestimmten Kreis voll erkannt und richtig gedeutet werden. Sie dienten deshalb in erster Linie der Feinklassierung und nicht der Absetzung von den untern Schichten.

### Hausfrau und Dame:
### Die Rolle der Frau im bürgerlichen Haushalt

Die Ehefrau, wie auch die Töchter waren in bürgerlichen Kreisen wichtige Repräsentantinnen der standesgemässen Lebensführung. Die Rolle der bürgerlichen Frau war denn auch sehr stark durch die geltenden Aufwandsnormen einer wohlanständigen bürgerlichen Lebensführung geprägt. Dass die bürgerliche Frau keiner ausserhäuslichen Erwerbstätigkeit nachging, war im 19. Jahrhundert fast eine Selbstverständlichkeit. Auch der Tätigkeitsbereich der Unternehmerfrauen, die in der ersten Hälfte des 19. Jahrhunderts noch teilweise im Geschäft des Ehemannes aktiv mitgearbeitet hatten, beschränkte sich in der zweiten Hälfte mit der nun stärker vollzogenen Differenzierung der Gesellschaft in private, häusliche Lebensbereiche einerseits und in die Geschäfts- und Berufswelt andererseits fast völlig auf rein häusliche Arbeiten, die zudem tendenziell ihres produktiven Charakters entleert und immer mehr

zur reproduktiven Arbeit wurde.[874] «Nicht-Arbeit» der Ehefrau, im Sinne von
Nicht-Erwerbsarbeit, wurde so im 19. Jahrhundert zu einem der sichtbarsten
und wichtigsten Merkmale und Symbole für bürgerliche Wohlanständigkeit,
für Bürgerlichkeit und damit auch für die Zugehörigkeit zum Bürgertum. Sie
demonstrierte nach aussen die relative Freiheit der bürgerlichen Familien und
Ehemänner von ökonomischen Zwängen. Damit grenzte man sich gegen
unten ab, auch gegen den alten Mittelstand, wo die Frauen im Geschäft ja teilweise aktiv beteiligt blieben, gleichzeitig rückte man dem Ideal vornehmer
Lebensführung, wo demonstrativer Müssiggang und demonstrativer Konsum
in der Ökonomie des Haushaltes und der Familie einen viel höheren Stellen-
wert einnahmen, etwas näher. Um diesem Ideal näherzukommen, genügte die
Freistellung der Ehefrau sowie der Töchter von ausser- oder innerhäuslicher
Erwerbstätigkeit oder Mitarbeit im Geschäft des Ehemannes allein noch nicht.
Erst die völlige oder mindestens eine gewisse Freisetzung der bürgerlichen
Frauen von körperlicher Arbeit im Haushalt sowie auch die Abgabe eines
Teils ihrer Erziehungspflichten brachten hier die entscheidende Annäherung.
Sie erst machten die bürgerliche Frau zur Dame, die, losgelöst vom Zwang zu
produktiver Arbeit und Gewinn, mit ihrem Müssiggang und ihrem gehobenen
Konsum, ihren feinen Umgangsformen, ihrer kultivierten Gastlichkeit und
ihrer zweckfreien Pflege der schönen Künste den Wohlstand und den sozialen
Status der Familie, die ökonomische Prosperität und Stabilität der Geschäfte,
des Einkommens und Vermögens ihres Ehemannes symbolisch zur Darstellung brachte.

Auch wenn, gerade in der Schweiz, nur eine kleine Minderheit innerhalb der bürgerlichen Klassen diesem Ideal nachzuleben vermochte, so strahlte
es doch, besonders in der zweiten Hälfte des 19. Jahrhunderts, zunehmend
auch auf breitere bürgerliche Schichten aus. Symbol dafür war und wurde das
Dienstmädchen. Mindestens eine Magd oder, wie man sich gegen Ende des
19. Jahrhunderts vornehmer ausdrückte, ein Dienstmädchen zu haben, war
auch für eine gutbürgerliche Lebensführung praktisch eine unabdingbare Voraussetzung. Über Dienstboten für die Mithilfe im Haushalt zu verfügen, war,
wenn nicht ein Merkmal der Zugehörigkeit zum Bürgertum, so doch ein
Gradmesser für Bürgerlichkeit.[875] Im Ideal der Dame, im Grad der Entlastung oder Freisetzung der bürgerlichen Frauen von häuslichen Arbeiten
und Pflichten durch Dienstpersonal wiederum äusserte sich, ähnlich wie im
Wohnstil, die partielle Aufgabe der doch eher bescheidenen und massvollen
bürgerlichen Lebensführung des späten 18. und frühen 19. Jahrhunderts und
die verstärkte Ausrichtung des vermögenden Bürgertums an vornehm-aristokratischen Lebensidealen. Besonders in der zweiten Hälfte des 19. Jahrhunderts wurden deshalb die bürgerlichen Hausfrauen zunehmend von körperlicher (Mit)Arbeit im Haushalt freigestellt. Die ihr verbliebenen haushäl-
terischen Tätigkeiten verlagerten und beschränkten sich immer mehr auf
Organisation und Kontrolle der anfallenden häuslichen Arbeiten, gleichzeitig

hatten sie jedoch, zu Damen emporgehoben, mehr symbolische Arbeiten zu erbringen, was letztlich nichts anderes hiess als die wirtschaftliche Potenz und die Stabilität der Einkünfte und Geschäfte des Ehemannes, den Wohlstand und den sozialen Status der Familie darzustellen.

Noch Mitte des Jahrhunderts legten aber in Zürich sogar im aristokratisch-bürgerlichen Milieu die Hausfrauen wenigstens teilweise noch immer selbst bei häuslichen Arbeiten Hand an. So ist von Anna Bodmer-Stockar, der Frau eines der reichsten Zürcher Seidenkaufleute, die im grossen Haushalt mehrere Mägde und eine Erzieherin beschäftigte, bekannt, dass sie sich noch nicht aufs Kontrollieren beschränkte: «Sie ist gar nicht so eine subtile Dame», berichtete die Erzieherin Magdalena Werdmüller ihrer Mutter, «sondern greift alles selbst an in der Küche und überall.» [876] Im patrizischen Milieu Berns scheint dies jedoch zur gleichen Zeit nicht der Fall gewesen zu sein. Wie sehr die körperliche Mitarbeit der Hausfrau gerade in dieser Zeit auch schon in bürgerlichen Kreisen dem sozialen Prestige abträglich war, wie sehr die Freistellung der Hausfrau als «demonstrative Musse» das Prestige erhöhte, zeigt die tadelnde Kritik, die in den fünfziger Jahren eine Bundesratsgattin wegen ihrer Hausarbeit auf sich zog. Der ehemalige Winterthurer Anwalt Jonas Furrer (1805–1861), der aus dem gewerblichen Mittelstand stammte, behielt auch als Bundesrat eine relativ einfache Lebensführung bei – allein vom Gehalt her war dies auch gar nicht anders möglich. Mit seiner Familie wohnte er in Bern an der Laupenstrasse in einer Mietwohnung (La Villette), wo seine Frau zum Erstaunen der Damen des Berner Patriziates, aber auch des bürgerlichen schweizerischen Gesandten in Paris, Johann Conrad Kern, die Hausgeschäfte selbst besorgte. Bei einem Besuch fand Kern die Gattin des Bundespräsidenten sogar eigenhändig die Kreuze auf dem Boden wichsen, ein Verhalten, das ihm laut einem Brief an seine Frau dann «doch zuviel Tätigkeit und zu niedrig für eine Bundespräsidentin» schien. [877]

Fünfzig Jahre später war je nach wirtschaftlicher und sozialer Stellung der Familie die Hausfrau von der eigentlichen körperlichen Mitarbeit dank des Dienstpersonals weitgehend entlastet oder gar ganz befreit, so dass sich ihre körperliche Tätigkeit im Haushalt meist auf ein paar wenige Verrichtungen mit hohem symbolischen Gehalt beschränkte wie etwa das Einräumen der Wäsche, das Probieren der Speisen oder das Anfertigen spezieller Gerichte unter ihrer direkten Anwesenheit und Mitarbeit, womit sie gleichzeitig ihre Kontrollfunktionen wahrnahm, aber auch ihre hausfraulichen Qualitäten unter Beweis stellte. So war im grossbürgerlichen Haushalt des Bierbrauereiunternehmers Hürlimann, wo an «dienenden Geistern» kein Mangel war – zur achtköpfigen Familie kamen ein Gärtner, ein Hausknecht, eine Köchin und Stubenmädchen –, stets die Mutter die «Oberköchin». Symbol für diese Oberleitung war das Kochbuch, das sie im Elternhaus und in der Pensionszeit angelegt hatte und ständig durch neue exquisite Rezepte erweiterte. [878] «Äusserst gewissenhaft und mit grossem Geschick» verstand Victoria Boveri-

Baumann, die 1865 geborene Gattin des Industriellen Walter Boveri, ihren wegen der grossen «gesellschaftlichen Betriebsamkeit» aufwendigen Haushalt mit Hilfe der Haushälterin Marie, die ihr schon als Stubenmädchen gedient hatte, und weiterem Hauspersonal sowie eines Gärtners und Kutschers, zu lenken und den ständig schwankenden Belastungen anzupassen. Der Schreibtisch im Erker des Wohnzimmers der Villa in Baden war, wie ihr Sohn treffend bemerkt, eine Art «Kommandobrücke für den gesamten Haushalt». Dort schrieb sie die Haushaltungsbücher, in denen selbst die kleinsten Ausgaben verzeichnet wurden. [879]

Diese Freisetzung der Frauen im bürgerlichen Haushalt von körperlicher Arbeit wäre, ausser in den vermöglichsten Kreisen, wo die Anzahl der Dienstboten von den Kosten wie ihrer Unterbringung her kaum ein Problem darstellte, ohne die ökonomischen Veränderungen im Haushalt selbst nicht möglich gewesen. Infolge der Kommerzialisierung der Lebensbedürfnisse, der Expansion des Kleinhandels und Verbrauchsgüterindustrie verringerte sich im Verlaufe des 19. Jahrhunderts, besonders in der zweiten Hälfte, die traditionelle Vorratswirtschaft immer mehr. An die Stelle der Eigenherstellung und die aufwendige Weiterverarbeitung von Produkten trat zunehmend der Einkauf von gebrauchsfertigen sowie frischen und täglich wieder erhältlichen Waren, wodurch der Arbeitsaufwand im Haushalt beträchtlich abnahm, sich teilweise aber auch auf vermehrt notwendige ausserhäusliche Gänge verlagerte. [880] Das Einkochen von Obst und Gemüse sowie das Einlagern von Kartoffeln und Obst blieb jedoch noch durchaus üblich. Die Kleidung wurde, besonders in gutbürgerlichen Kreisen, zunehmend nicht mehr im Hause selbst angefertigt, sondern in Auftrag gegeben. Dies galt vor allem für die Männerkleidung. Frauen- und Kinderkleidung hingegen wurden, besonders in mehr mittelständischen Kreisen, noch häufig selbst hergestellt, meist mit Hilfe von Schneiderinnen und Näherinnen, die ins Haus der Kundin kamen, das heisst auf die Stör gingen, und vor allem billiger als Atelierschneiderinnen waren. Die Vorratswirtschaft ging am stärksten in jenen Kreisen zurück, wo die Familie nicht oder nicht mehr über einen ausgedehnten Wohnsitz, möglicherweise sogar einen getrennten Winter- und Sommersitz verfügte, sondern in einer gemieteten Luxus-Etagenwohnung lebte. Hier war die bürgerliche Haushaltung bald nur noch eine reine Konsumwirtschaft. In bürgerlichen Familien mit eigenem Haus, sei dies nun ein Stadthaus mit noch anderen Haushalten oder eine Villa, wurde allerdings auch anfangs des 20. Jahrhunderts mit dem Einkauf und Einlagerung von Grundnahrungsmitteln (Kartoffeln, Gemüse, Früchte) in grösseren Quantitäten und allfälliger Weiterverarbeitung (Konfitüre) eine gewisse Vorratshaltung und Vorratswirtschaft betrieben, auch eine gewisse Eigenherstellung bzw. die Ergänzung der Wäsche und Kleidung im eigenen Haushalt scheint weiterhin üblich gewesen zu sein. [881] Noch mehr war dies für das Umändern sowie Flicken von Kleidern und Wäsche der Fall, wobei auch hier die männliche Kleidung eher nach aussen gegeben wurde und weniger durch Störarbeiterinnen erledigt wurde. Neue Infrastrukturen wie Gas, fliessendes Wasser, Ende des 19. Jahrhunderts elektrisches Licht sowie technische Neuerungen bei Haushaltsgeräten brachten ebenfalls eine gewisse Erleichterung in den anfallenden häuslichen Arbeiten, allerdings weniger für die Hausfrau, die ja, wenn nicht ganz so doch teilweise, von direkter körperlicher Arbeit entlastet war, als vielmehr für das Dienstpersonal. Längerfristig sollten alle diese Neuerungen dann allerdings die Folge haben, dass damit nicht nur Dienstpersonal eingespart werden konnte, sondern dass viele bürgerliche Hausfrauen die verbliebenen körperlichen Arbeiten selbst übernahmen oder infolge der steigenden Lohnkosten selbst übernehmen mussten.

Anfangs des 20. Jahrhunderts hatte die bürgerliche Haushaltung weitgehend nur noch reine Reproduktionsfunktionen wahrzunehmen, sie war in hohem Masse eine reine Wohn-, Konsum- und Freizeitgemeinschaft geworden. Es ist jedoch fraglich, ob der häusliche Arbeitsaufwand dank der Aufgabe der Vorratswirtschaft und den technischen Neuerungen in der bürgerlichen Haushaltsführung gesamthaft gesehen wirklich in der zweiten Hälfte des 19. Jahrhunderts so entscheidend abgenommen hat. Zwar brachten diese Veränderungen eine gewisse Verminderung des innerhäuslichen Arbeitsaufwandes, gleichzeitig hatten jedoch die neuen Komfort- und Luxusbedürfnisse, die Verfeinerung des Wohn- und Lebensstils sowie die steigenden Repräsentationsaufgaben auch neue Anforderungen an die Haushaltsführung und einen Mehraufwand an häuslichen Arbeiten zur Folge. So bewirkte in bessergestellten bürgerlichen Haushalten allein schon der allgemein mehr auf Repräsentation bedachte Wohn- und Lebensstil – die üppige und dekorative Inneinrichtung genauso wie der neue Brauch, anstelle von gesellig-ungezwungenen Anlässen im Familien- und Freundeskreis im Salon eine «Gesellschaft zu geben» – einen beträchtlichen Mehraufwand auch an praktischen häuslichen Arbeiten, etwa fürs Kochen, Aufräumen, Abstauben, Reinigen. Dem Funktionsverlust im produktiven und den Erleichterungen im reproduktiven Bereich standen eine Ausweitung und Aufwertung der mehr soziokulturellen Funktionen, insbesondere im repräsentativen Bereich gegenüber. Den Zeit- und Arbeitsaufwand dafür hatten aufgrund der geschlechtsspezifischen Rollenverteilung selbstverständlich die Ehefrauen und Töchter sowie das Dienstpersonal zu erbringen.

Der Funktionswandel im Haushalt und die höheren Anforderungen an die Frauen für repräsentative Zwecke änderten jedoch grundsätzlich wenig an der Rolle der bürgerlichen Hausfrauen [882]. Die eigentliche Führung des Haushaltes lag im aristokratisch-patrizischen wie im bürgerlichen Milieu im Normalfall im Zuständigkeitsbereich der Ehefrau, bei Krankheit oder Tod wurde sie durch eine Tochter oder Haushälterin ersetzt. Sie hatte, ob sie nun selbst jeglicher körperlicher Arbeit enthoben war oder nicht, weiterhin die strenge, tüchtige und klar blickende Verwalterin des Hauses zu sein. «Dass die Ausgaben jederzeit im gehörigen Verhältnisse zu den Einnahmen stehen», war

und blieb in bürgerlicher Sicht das wichtigste Prinzip in jeder Haushaltsführung. Das vielfach aufgelegte Anweisungsbuch «Die kluge und einsichtige
Schweizerin vom bürgerlichen Stande», erstmals 1865 erschienen, hielt dies
gleich im ersten Satz des Kapitels über den Wirtschaftsplan einer «tüchtigen
Hausfrau» fest. Zu erreichen war dieses Ziel auch im Hauswesen nur durch
Ordnung, «die Seele und die Grundbedingung aller Dinge». Im «Palast und
in der Hütte» sollten «der Hausfrau schönste Tugenden, Häuslichkeit, Ordnung, Sparsamkeit, Wirthlichkeit» gleichermassen glänzen. Auch bei «günstigen Vermögensverhältnissen», womit in unserem Sinne bürgerliche Verhältnisse gemeint waren, «muss Alles gehörig eingetheilt, es muss ein Wirtschaftsplan, ein Etat entworfen werden, der nicht überschritten werden darf, es müssen, mit einem Wort, die Ausgaben von der Summe der Einnahmen abhängig
gemacht werden.» Auch wenn eine vermögliche Hausfrau «nicht so sehr auf
Sparen und Einschränken zu sinnen» hatte, so sollten doch auch «Arbeitsamkeit und häusliche Thätigkeit in ihrem Leben herrschen», denn «bei
Unthätigkeit, insbesondere wenn sie mit Genusssucht in Verbindung steht,
geht bald auch grosses Vermögen darauf». Gerade die reichere Hausfrau, die
«mit den Ihrigen kostbarer dahergehen und in Allem besser sich einrichten
darf», sollte sich befleissen, «Anstand und Würde in einem höheren Grade sich
eigen zu machen» und vom Reichtum «einen vernünftigen und würdigen
Gebrauch» zu machen, zwar Sparsamkeit zu üben, aber nicht geizig zu sein,
sondern «nebenbei auch Wohltaten» zu vollbringen, «Mutter der Armen und
Nothleidenden zu sein». [883]

Wie aber sah nun der häusliche Tätigkeitsbereich der bürgerlichen
Hausfrauen – ihre Aufgaben und Funktionen als Mutter und Gattin interessie-
ren hier nicht – konkret aus? Die grosse Mehrheit der bürgerlichen Haushalte
in der Schweiz beschäftigte Ende des 19. Jahrhunderts höchstens eine Magd
oder ein Dienstmädchen. Die meisten bürgerlichen Hausfrauen waren deshalb
gezwungen, etwa beim Kochen, Putzen, Flicken oder auch durch teils selbst-
getätigte Einkäufe in Begleitung des Dienstmädchen auch selbst Hand anzulegen, und konnten sich nicht aufs Anordnen und Kontrollieren beschränken
und ihre Zeit vor allem für ihre Aufgaben in der Erziehung, der Repräsentation und der gemeinnützigen Tätigkeit oder für kulturelle Betätigungen,
familiäre und gesellschaftliche Verpflichtungen verwenden. Lediglich in grossbürgerlichen Haushalten [884] mit zwei und mehr Dienstboten – dazu gehörte
in der Regel auch eine Köchin – war die Arbeit der Hausfrauen nur noch rein
organisatorischer Natur: Festlegung der Menus und eventuell der Einkäufe,
sofern dies nicht durch die Köchin in Eigenregie geschah, Überwachung der
täglich wiederkehrenden Arbeiten der Dienstboten wie das tägliche Aufräumen und Wischen, Betten und Lüften, Ausbürsten getragener Kleidung und
was sonst noch alles an zu erledigenden Arbeiten für die Herrschaften und ihr
Wohlbefinden anfiel, Kontrolle der verschiedenen, wöchentlich oder saisonal
vorgenommenen Putzarbeiten wie das grosse samstägliche Putzen oder die im

Frühjahr vorgenommene «Hausputzete». Wegen übertriebener Hygienestan-
dards, aber auch unter dem Zwang der Norm der rastlosen Beschäftigung, der
auch die bürgerlichen Hausfrauen unterworfen war, ging dieses aufwendige
Putzen nicht selten in eine eigentliche Putzwut über, die den Hausfrauen,
noch mehr aber dem Dienstpersonal wohl nicht selten mehr Arbeit machte als
eigentlich nötig gewesen wäre. Aber gerade in seiner Übertreibung, die bis zur
Funktionslosigkeit gehen konnte, erhielt das Putzen auch symbolischen Wert
und trug damit seinen Teil zur Selbstüberhöhung des Lebensstils der bürgerlichen Familie bei. Etwas von dieser Überhöhung klingt auch in der folgenden
Forderung des Ratgebers für «die kluge und einsichtige Schweizerin vom bürgerlichen Stande» mit: «Nicht minder muss Reinlichkeit und Ordnung sich
bei höheren Ständen und bei vermöglicheren Familien dem Beobachter in
einem noch weit höheren Grade offenbaren, als in niedern Ständen und bei
dürftigen Familien, weil Unordnung und Unreinlichkeit bei kostspieligen Einrichtungen viel greller in's Auge fallen, als bei armseligen Haushaltungs-
geräthen.» [885]
　　Aufwendig für die bürgerlichen Hausfrauen war die Organisation der
grossen Wäsche, wobei zunächst ganz-, halb- oder vierteljährlich gewaschen
wurde, Ende des 19. Jahrhunderts waren die meisten Haushalte auf einen vier-
bis sechswöchigen Rhythmus übergegangen. Die eigentliche Arbeit besorgten
meist eigens dafür engagierte Wäscherinnen und Glätterinnen sowie allenfalls
Näherinnen für das Ausbessern kleinerer Schäden an Wäsche und Kleidung.
Zwar war auch hier die bessergestellte bürgerliche Hausfrau im Unterschied
etwa zu mittelständisch-bürgerlichen Hausfrauen, die durchaus noch selbst
mitanpackten, vom Waschen selbst enthoben, die Vorbereitung der Arbeiten
mit dem eigenen Dienstpersonal, die Koordination der Arbeiten selbst sowie
die Organisation der Verpflegung für die eingestellten Hilfskräfte brachten
jedoch auch der leitenden und überwachenden Hausfrau einen bedeutenden
Zeit- und Arbeitsaufwand. Eine weitere grössere organisatorische Leistung
mussten jene Hausfrauen erbringen, die im Frühjahr jeweils den Umzug von
der Stadtwohnung oder dem Stadthaus auf den Sommersitz auf dem Land und
im Herbst wieder die Rückkehr zu bewerkstelligen hatten, wie das sowohl in
Bern wie in Zürich auch anfangs des 20. Jahrhunderts noch in vielen gutbürgerlichen Familien, vor allem patrizischer oder aristokratischer Herkunft
der Fall war. Der Übergang zum ständigen Leben in der Villa mit Garten oder
Park in der nähern Umgebung der Stadt, der gegen Ende des 19. Jahrhunderts
auch in diesen Kreisen immer mehr aufkam, brachte hier dann eine Entlastung. An die Stelle des Sommeraufenthaltes im eigenen Landhaus trat der
längere Kur- oder Ferienaufenthalt an bekannten Orten des In- und Auslandes, der, wenn auch mit geringerem Aufwand, zu organisieren war.
　　Diese im eigentlichen Sinne häuslichen Arbeiten und Funktionen bildeten aber zunehmend, besonders in vermögenderen Kreisen, nur noch den
kleineren Teil der Arbeiten und Pflichten der Hausfrau oder besser der Dame

des Hauses. [886] Gesellschaftliche, kulturelle und sozialfürsorgliche Aufgaben und Verpflichtungen bestimmten mit wachsendem materiellem Wohlstand immer mehr den Lebensinhalt der bürgerlichen Frauen. Mehr als früher musste die bürgerliche Ehe- und Hausfrau – ähnlich wie die Wohnung, die Villa oder die Dienerschaft – mit ihrer Kleidung, ihrem Auftreten, ihrem allgemeinen äusseren Aufwand und mit ihren verschiedenen Betätigungen nach aussen den sozialen Status des Ehemannes und das soziale Prestige der Familie sichtbar machen und verstetigen. Hauptaufgabe der Gattin des Zürcher Stadtpräsidenten Hans Pestalozzi war es denn auch, «mit Verständnis und Zurückhaltung» ihren Mann zu unterstützen und ihm durch «die Schaffung eines gutbesorgten, wohlgemuten Daheims seine Tätigkeit» zu erleichtern. Dazu gehörte auch die «Pflege einer der Stellung entsprechenden Repräsentation im eigenen Hause», die ihr, wie es in einem Nachruf heisst, «Freude und Lasten zugleich bereitete». [887] Verstärkt kam so in diesem Milieu der Frau die Funktion zu, Wohlanständigkeit oder gar einen vornehmen, am Vorbild der internationalen, aristokratisch-grossbürgerlichen Haute volée orientierten Lebensstil zu repräsentieren.

All dies bewirkte zunächst einmal, dass für die bürgerlichen Frauen Kleidung und Schmuck [888] eine grössere und teils auch andere Bedeutung erhielten als in der ersten Hälfte des 19. Jahrhunderts. So sollten und wollten sie mit ihrer Kleidung und ihrer äusseren Erscheinung nicht mehr nur den höheren materiellen Wohlstand, sondern, ähnlich wie die Damen der Aristokratie, zunehmend auch ihre Freisetzung von produktiver Arbeit sichtbar machen. Bereits nach der Jahrhundertmitte, noch mehr im letzten Viertel des Jahrhunderts erhöhte sich denn auch der Aufwand der bürgerlichen Frauen für eine «gepflegte Erscheinung» und eine «passende Garderobe» mit all ihren Accessoires. Die Abhängigkeit von der Mode nahm zu, auch dann, wenn nicht die neueste, sondern, wie dies in eher arriviert-bürgerlichen Kreisen der Fall war, die gestrige Mode bevorzugt und der neueste Schrei eher neureichen Damen oder der Demimonde überlassen wurde. [889] Die ehrbaren Damen hatten zwar ebenfalls einen gewissen Spielraum für die neuesten Modetendenzen doch nur innerhalb bestimmter Konventionen, denn sonst bestand die Gefahr, dass man sich, die Familie und den Ehemann, in zu gewagter Kleidung blamierte. Immer mehr wurde es üblich und zwingend, zu bestimmten Gelegenheiten, Tageszeiten, Wochentagen und Anlässen auch eine besondere Kleidung zu tragen. Der Zwang zur passenden Garderobe war mit einem ständigen Wechsel der Kleidung verbunden und erforderte jedesmal eine eigentliche Toilette. Die Damenmode selbst wurde wie die Inneneinrichtung [890] üppiger und überladen mit Ornamenten und Accessoires, besonders galt dies für Ball- und Abendtoiletten, aber auch für die Hüte tagsüber. Die Beschäftigung mit Kleider- und Modefragen – Anfertigung, Einkauf, Instandhaltung und Umänderungen der Kleidung, Studium von Modejournalen und Besprechungen mit der Schneiderin – wurde so viel mehr als früher zu einem wichtigen Lebensinhalt auch bürgerlicher Frauen. Während also die Garderobe der Frauen immer aufwendiger an Zeit und Geld wurde und die Kleidung mit ihrem Schnitt und der erforderlichen Korsettierung ihre Bewegungsfreiheit noch stärker einengte, wurde gleichzeitig die Männerbekleidung unauffälliger und eintönig dunkel in den Farben – einfache Korrektheit und ausgeprägte Steifheit («Vatermörder», vorgeknöpfte Hemdenbrust, Manschetten) waren das Symbol männlich-bürgerlicher Würde und Rationalität. Auch der Zwang zum ständigen Garderobewechsel war für die Männer nicht so ausgeprägt. Der Tagesanzug war für verschiedene Gelegenheiten passend, lediglich für grössere und wichtigere gesellschaftliche Anlässe hatten sie zum Frack zu greifen.

Sehr viel Energie und Zeit in Anspruch nahmen auch die gesellschaftlichen Verpflichtungen mit all ihren aufwendigen Konventionen und Ritualen, die für das Ansehen der Familie, vor allem aber des Mannes, so wichtig waren: kürzere und längere Besuche und Gegenbesuche, teils auch nur unter Frauen, Einladungen zum Mittagessen, zum Nachmittagstee, zu einer Soirée oder einem Diner und zu Bällen. Dazu kam allgemein die Pflege der verwandt- und freundschaftlichen Beziehungsnetze sowie der übrigen gesellschaftlichen Kontakte, für die ebenfalls in hohem Masse die Frauen verantwortlich waren. Zum sich ausweitenden repräsentativen Aufgabenbereich der Frauen gehörte auch die «interessiert-dilettierende Teilnahme am öffentlichen Kulturleben» (Frevert): der Besuch von Ausstellungen, von Theater, Oper und Konzert, allgemein eine gewisse Pflege der Künste, vor allem der Literatur und Musik, weniger der Malerei – diese war, vor allem wenn es sich ums Sammeln handelte, mehr Männersache. Natürlich spielten bei all diesen repräsentativen und symbolträchtigen Tätigkeiten und Aufgaben eigene Bedürfnisse und Neigungen eine wichtige Rolle, doch sie waren gleichzeitig auch immer, bei allem dabei durchaus vorhandenen Spielraum, ein Erfordernis des standesgemässen Aufwands, eines standesgemässen Lebensstils. Aus Gründen der Respektabilität konnte auf sie nur schwer verzichtet werden. Um den Schein der Standesgemässheit im äusseren Leben aufrecht zu erhalten, waren nicht wenige bürgerliche Familien aus ökonomischen Gründen in alltäglichen Dingen und der Befriedigung elementarer Bedürfnisse zu äusserster Sparsamkeit gezwungen. Nur mit einem grossen persönlichen Arbeitsaufwand, der aber nicht nach aussen dringen durfte, vermochten weniger vermögliche Frauen etwa in der Kleiderausstattung mitzuhalten.

Pflege der Kultur, der schönen Künste, die als Ausdruck der höheren Werte im Leben keiner weiteren Rechtfertigung bedurften, scheint in der zweiten Hälfte des 19. Jahrhunderts im bürgerlichen Milieu immer mehr zu einer Domäne der von Erwerbs- und teilweise auch von Hausarbeit freigesetzten Ehe- und Hausfrauen, aber auch der Töchter sowie bis zu einem gewissen Grade auch der noch nicht erwerbstätigen Söhne geworden zu sein. Diese Arbeits- und Rollenteilung schlug sich in der Erziehung und Sozialisation der bürgerlichen Töchter nieder: Musik (Klavier), Sprachen, Kenntnisse in Literatur und Kunst sowie anderes reines Bildungswissen rückten immer mehr in den Vordergrund. Sowohl durch den Anspruch auf ein männliches geistiges Monopol in der öffentlichen Sphäre als auch durch die Verweigerung einer der männlichen ebenbürtigen weiblichen Bildung und Ausbildung wurden die bürgerlichen Frauen und Töchter jedoch trotz dieser Aufwertung in ihren kulturellen Betätigungen und Funktionen in der Regel auf den Konsum, die dilettantische Pflege und die Präsentation von Kultur und Bildung eingeschränkt. Die Frau war und sollte eine Art «sekundäre Kulturträgerin» sein, mehr nicht. [891] Dennoch bestimmten, besonders in wirtschaftsbürgerlichen, weniger in bildungs- und besitzbürgerlichen Kreisen, die Frauen in hohem Masse das kulturelle Niveau einer Familie. So pflegte, um ein Beispiel aus dem neuen Wirtschaftsbürgertum anzuführen, Annie Abegg-Stockar (1868–1969), die Tochter des Seidenfabrikanten Julius Stockar und Gattin des Grossindustriellen Carl Abegg (1860–1943), ein offenes Haus für Persönlichkeiten aus Kunst und Literatur. Ihre eigenen künstlerischen Interessen und Aktivitäten galten vor allem der Malerei und der Musik – sie malte selbst, sang und spielte Klavier. [892] Wie Annie Abegg-Stockar pflegten nach der Jahrhundertwende auch andere grossbürgerliche Frauen ein Mäzenatentum grösseren Stils, so zum Beispiel Nanny Wunderly-Volkart (1878–1962) in Meilen, die unter anderem mit Rainer Maria Rilke enge Beziehungen unterhielt, oder Renée Schwarzenbach-Wille (1883–1959), die Tochter Ulrich Willes und Gattin des Seidenindustriellen Hans Schwarzenbach. Einzelne Frauen nahmen auch direkter auf das öffentliche Kulturleben Einfluss. Henriette Bodmer-Pestalozzi (1825–1906), aus altzürcherischem Unternehmermilieu und Gattin des Seidenindustriellen Henry Bodmer (1812–1885), wirkte seit den frühen siebziger Jahren als grosszügige Gönnerin und Förderin des Zürcher Musiklebens und gehörte zum beständigen Kern des Zürcher Konzertpublikums. [893] Mit ihren kulturellen Aktivitäten wie mit ihrem Kulturkonsum trugen die bürgerlichen Frauen und Töchter aber nicht nur wesentlich zum Sozialprestige ihrer erwerbstätigen Männer und der ganzen Familie bei, sondern sie halfen damit vielfach auch das bestehende bildungs- und kulturmässige Gefälle zwischen den verschiedenen bürgerlichen Klassen auszugleichen und förderten so die Vergemeinschaftung und Vergesellschaftung, die Konstituierung der bürgerlichen Klassen zu einem homogenen Bürgertum.

Die Musse der bürgerlichen Frauen musste jedoch mit dem herrschenden und nach wie vor auch für die obersten Klassen geltenden Arbeits- und Leistungsethos in Einklang gebracht werden. Sie versteckte sich deshalb «fast immer hinter der Maske irgendeiner Arbeit, entweder hinter Haushalts- oder gesellschaftlichen Pflichten, die bei genauerem Zusehen allerdings keinen oder kaum einen anderen Zweck verfolgen als den zu beweisen, dass die Frau es nicht nötig hat, sich mit irgendeiner gewinnbringenden oder nützlichen Arbeit zu beschäftigen». [894] Symbol für das Gebot steten Beschäftigtseins und weiblicher Rastlosigkeit, die das Leben der bürgerlichen Frauen beherrschten, waren die kunstvollen Handarbeiten, mit denen Frauen und Töchter allein oder in Gesellschaft ihre Stunden der Musse verbrachten und damit nicht nur ihre weiblichen Fähigkeiten unter Beweis stellten, sondern auch ihrem künstlerischen Flair Ausdruck verliehen. Verbunden mit dem Gebot des steten Beschäftigtseins war die Forderung nach Regelmässigkeit und Ordnung auch im weiblichen Tagesablauf. Auch ihre Pflichten und Verpflichtungen sollten einem «Lebens- oder Geschäftsplan» folgen und nicht einfach von «Stimmungen» und dem eigenen Gutdünken abhängig sein. Um die Jahrhundertwende scheint in grossbürgerlichen Kreisen, wo sich im inneren wie äusseren Lebensstil ein gewisser Zug ins Hedonistische und eine Tendenz zur Exklusivität stärker bemerkbar machten und mit dem Aufkommen neuer Freizeitvergnügungen sich auch der öffentliche Bewegungsspielraum vor allem der Töchter erweiterte, dieses Gebot jedoch etwas von seinem Zwang verloren zu haben.

Ein weiterer wichtiger Aufgabenbereich bürgerlicher Frauen, besonders aus den oberen und mittleren Kreisen, stellte die Tätigkeit im Rahmen der privaten Gemeinnützigkeit und Wohltätigkeit dar. Sie machten in entsprechenden Vereinen, Institutionen und Stiftungen mit, engagierten sich in firmeneigenen Sozialwerken, leisteten direkte Hilfe, indem sie Arme selbst besuchten, ihnen finanzielle oder andere Unterstützung zukommen liessen, und widmeten sich der Erziehung der Dienstboten und der Bedürftigen.[895] Je nach moralisch-religiöser Haltung und sozialer Einstellung variierte der Aufwand an Geld und Zeit dafür beträchtlich. Wie sehr Wohltätigkeit selbst darin nicht besonders engagierte Frauen beschäftigte, illustriert folgende Zusammenstellung aus dem Tagebuch der Zürcher Kaufmannsgattin Cécile Däniker-Haller (geb. 1816) vom Januar und Februar 1862: 13. Januar: Besuch bei Frau Vögeli-Holzhalb, die sie für den Beitritt in den Verein zum Schutze für entlassene Züchtlinge gewinnen möchte. 14. Januar: Besprechung der Statuten dieses Vereins mit Frau Vögeli. 22. Januar: Zusammentreffen auf der Strasse mit Frau Mousson, die sie auffordert mit ihr in die Suppenanstalt zu kommen, um dort den Armen «mit grossem Interesse» über 200 Portionen Suppe zu servieren. 4. Februar: Begleitete sie Tochter Emma ins Krankenasyl und dann zu einer armen Familie in Riesbach. 19. Februar: Servierte sie mit ihrer Tochter wiederum die Suppe in der Anstalt. Nicht wenige bürgerliche Frauen schufen sich durch ihre Wohltätigkeit, ansonsten auf Haus-, Familien- und Repräsentationspflichten reduziert, einen grossen öffentlichen Wirkungskreis und leisteten dafür einen Aufwand, der weit über das hinausging, was als standesgemäss eingefordert wurde. Zwar waren auch bürgerliche Männer in der privaten Wohltätigkeit und Gemeinnützigkeit engagiert, bei den bürgerlichen Frauen waren sie jedoch unmittelbar Ausfluss ihrer Rolle als Hausfrau und Mutter. Aufgrund der herrschenden dualistischen Geschlechterideologie und der damit legitimierten geschlechtsspezifischen Aufgabenteilung in Familie und Gesellschaft bildeten sie eine Ausweitung und Verlagerung der häuslichen und mütterlichen Pflichten auf und in die Öffentlichkeit. Sie blieben völlig innerhalb der weiblichen Sphäre als Raum selbstlosen, personenorientierten, hingebungs- und liebevollen Handelns.

Die wohltätigen Aktivitäten der bürgerlichen Frauen waren aber nicht einfach nur ein selbst- und kostenloser Dienst an der Allgemeinheit zur Linderung oder gar vermeintlichen Lösung der sozialen Frage und der Sicherung des sozialen Friedens, sondern sie waren auch ein konstitutiver Bestandteil bürgerlicher Lebensführung. Wie die ausgewerteten Haushaltsrechnungen zeigen, variierte das Ausmass der finanziellen und anderweitigen Aufwendungen für die Wohltätigkeit aber beträchtlich. Ob sie subjektiv aus religiöschristlicher oder moralisch-ethischer Verpflichtung heraus geschahen, ein Akt des Mitleids oder eine Art Beschäftigungstherapie für zur Untätigkeit verurteilte bürgerliche Frauen waren oder nur aus Prestigegründen und unter Zwang [896] erfolgten, letztlich dienten sie immer auch der Legitimation des eigenen gesellschaftlichen Status. Die Wohlhabenden dokumentierten damit Gemeinsinn und zeigten, dass sie nicht nur am eigenen Wohlergehen interessiert waren. Bürgerliche Wohltätigkeit, jene der Frauen wie der Männer, enthielt gleichzeitig aber auch «ein Moment der Verdrängung des eigenen Reichtums und seiner Verschleierung hinter der Fassade der Bescheidenheit». [897]

Die wohltätigen und gemeinnützigen Aktivitäten wie auch der Diskurs darüber, die beide in der zweiten Hälfte des 19. Jahrhunderts eine enorme Ausweitung erfuhren, hatten über ihre erzieherischen und sozialdisziplinierenden Funktionen hinaus immer auch den Zweck, den Blick vom eigenen Luxus weg auf die Bedürftigkeit der anderen zu richten. In Basel spielte dieses Moment der Verdrängung vor allem bei den patrizischen Grossbürgerfamilien eine grosse Rolle, in Zürich und Bern vor allem in jenen aristokratisch-patrizischen beziehungsweise neubürgerlichen Kreisen, die sehr stark religiös geprägt waren oder anderweitig begründete moralisch-ethische Grundsätze (z. B. Wohltätigkeit als Pflicht der Besitzenden gegenüber den Besitzlosen) umzusetzen versuchten. Ein Beispiel dafür waren in Zürich Hermann und Emmi Reiff-Franck, die zu den reichsten Zürcher Familien gehörten. Reiff, durch die Heirat der Tochter des Besitzers der Kaffeezusatzfabriken Franck reich geworden, übte keine direkte berufliche Tätigkeit mehr aus. Er betrieb, wie dies etwa auch bürgerliche Damen und Frauen taten, Wohltätigkeit fast als Beruf. So verwandte er sehr viel Zeit und Sorge darauf, Fälle zu finden, wo die Unterstützung und die Mühe dafür sich lohnten. Denn grundsätzlich half er nur jenen, bei denen seine Investitionen an Geld und Zeit gut angelegt waren und die er dadurch «in die Höhe zu bringen» hoffte. Das Ehepaar war wie schon Vater Heinrich Franck der Meinung, der reiche Mann müsse sich als den Verwalter seines Reichtums zugunsten seines Volkes ansehen, seine Pflicht sei es, sich persönlich im Genusse des Reichtums zu beschränken, um den Bedürftigen in vernünftiger Weise davon zukommen zu lassen. Riccarda Huch, die während ihres Zürcher Aufenthalts mit den Reiffs sehr eng verbun-

den war, nannte sie deswegen mit ironischem Unterton die «edlen Reiffs».
Huch fand diese Grundsätze zwar schön, aber die Art und Weise wie sie umgesetzt wurden, empfand sie angesichts des überall spürbaren Reichtums und
trotz des in der Kleidung relativ einfachen, aber gediegenen Auftretens als
widersprüchlich, so etwa wenn Emmi Reiff-Franck zu armen Frauen ging und
mit ihnen darüber ratschlagte, wie sie es anstellen sollten, mit 80 Rappen im
Tag auszukommen, während sie für ihren Haushalt für jene schlicht unvor-
stellbare Summen ausgab. [898]

Die standesgemässe Lebensführung mit ihrem demonstrativen Luxuskonsum und Müssiggang, ihrer demonstrativen Kulturbeflissenheit und Wohltätigkeit bildeten Ende des 19. und anfangs des 20. Jahrhunderts für bürgerliche Frauen einen ihrer wichtigsten Lebensinhalte. «Wir waren», wie sich
Fanny Sulzer-Bühler später ausdrückte, «zu einem Drohnen-Dasein verdammt», das immer wieder damit begründet wurde, «man solle den wirklich
auf Verdienst Angewiesenen nicht das Brot wegnehmen». [899] All diesen
demonstrativen Pflichten und Betätigungen der bürgerlichen Ehefrauen und
Töchter haftete jedoch aufgrund der männlichen Vorherrschaft in Familie und
Gesellschaft der Charakter einer Stellvertretung für die Männer an, deren
Musse- und Konsumkapazitäten aufgrund der Erwerbs- und Geschäftätigkeit
eingeschränkt waren, und denen deshalb quasi die Zeit fehlte, durch Musse,
Aufwand und Konsum ihre wirtschaftliche Macht selbst symbolisch darzustellen – zeitgenössisch galant formuliert hiess dies, die Frau sollte dem Manne
zum Schmuck und zur Zierde gereichen. Nirgends war dies so augenfällig wie
in der Kleidung: «Eingehüllt in kostbare Stoffe und Spitzen, eingepasst in eine
als ideal erklärte Form, sollte die Frau die Beschäftigung mit dem Schönen zur
Schau stellen, womit die ganze Familie geadelt wurde.» [900] Wohl mehr noch
als für die Familie galt dies für den Ehemann, dessen «Hab und Gut» sie war.
Auf Hochzeiten und anderen gesellschaftlichen Anlässen wurde diese «Zier-
funktion» der Frau oft direkt an- und ausgesprochen. So verglich César Cour-
voisier auf einem Hochzeitsfest der Familien Schulthess (Zürich) und Bernoulli (Basel) die Damen, «les fleurs gracieuses et parlantes», nicht nur mit den
schönsten Blumen der Natur, sondern nannte sie gleich direkt auch «le plus
beau décor de cette salle». [901]

So zeigt sich gerade im demonstrativen Konsum und Müssiggang, wie
sehr die dienende Funktion der Frauen sich nicht nur auf den reproduktiven,
den häuslichen Bereich, sondern auch auf das gesellschaftliche und öffentliche
Leben erstreckte. [902] Legitimiert wurde diese Rolle der bürgerlichen Frauen
durch den letztlich biologisch begründeten weiblichen Geschlechtscharakter,
der «von Natur aus» die Frau nicht nur für die Familie und das Häusliche, für
die private Reproduktion zuständig machte, sondern ihr auch den Sinn für
das «Heitre und Schöne», für «Geschmack und Genuss» zuordnete. [903] Für
die repräsentativen und kulturellen Pflichten und Betätigungen waren sie
damit natürlich prädestiniert, ja sie entsprachen, auch wenn damit die Frauen

über die häusliche Sphäre hinaustreten mussten, voll und ganz dem weiblichen Wesen.

### Fremde im Haus: Die bürgerliche Familie und die Dienstboten

Dienstboten waren für bürgerliche Haushalte und Familien bis ins 20. Jahrhundert hinein aus funktionalen wie repräsentativen Gründen unersetzlich. Sie bildeten in der Schweiz wie in Deutschland oder anderswo «die Stütze der bürgerlich geselligen, ästhetischen und gebildeten Kultur.»[904] Ohne die Mithilfe von mindestens einer Magd für die gröberen Hausarbeiten, für die Küche und die Kinder und ohne den temporären Beizug von Putz- und Waschfrauen, von Büglerinnen und Näherinnen war es praktisch unmöglich, den Anforderungen einer bürgerlichen Haushalts- und Lebensführung nachzukommen. Vor allem die bürgerlichen Frauen und Töchter hätten ohne eine gewisse Arbeitsentlastung und Freistellung in ihren hausfraulichen und mütterlichen Pflichten ihre besonders in der zweiten Hälfte des 19. Jahrhunderts wachsenden kulturellen und repräsentativen Funktionen kaum erfüllen können. Über ihre konkreten Tätigkeiten und Handreichungen hinaus waren Dienstboten, und zwar zunehmend, ein Statussymbol, Zeichen sowohl eines gewissen Wohlstandes und Reichtums als auch der Zugehörigkeit zum Bürgertum. Wenigstens ein Dienstmädchen zu halten, war deshalb auch aus Gründen des Sozialprestiges für einen bürgerlichen Haushalt um die Jahrhundertwende fast unerlässlich.[905] Das bürgerliche Familienideal und die damit verbundenen, steigenden Ansprüche auf eine Privat- und Intimsphäre im Inneren des Hauses, aber auch die Hygienebewegung mit ihrer neuen Reinlichkeits- und Reinheitsethik bewirkten jedoch gleichzeitig, dass Dienstboten in den bürgerlichen Familien nicht nur als Entlastung, sondern auch als eine gewisse Belastung, als eine gewisse Störung und Gefahr empfunden wurden.

Um die Mitte des 19. Jahrhunderts scheinen die Dienstboten – es handelte sich schon damals vor allem um Mädchen und jüngere Frauen – selbst in städtisch-bürgerlichen Kreisen vergleichsweise noch wenig auf Distanz gehalten und von oben herab behandelt worden zu sein. Mindestens gilt dies für Zürich. So vermisste Eliza Wille-Sloman, aus der Hamburger Oberschicht an die scharfe Trennung von Herrschaft und Dienstboten gewöhnt, an in ihrem neuen Zürcher Wohnort eben diese Distanz, aber auch einen Mangel an diskret-geräuschlosem Auftreten und Selbstverleugnung der Dienstboten. In einem ihrer ersten Briefe aus dem Lande ihres Exils, 1851 zu abendlicher Stunde geschrieben, kommt denn auch ihr Erstaunen über die in bürgerlichen Haushalten Zürichs bestehenden Verhältnisse zum Ausdruck: «Diesen Augenblick, wo alles stille ist, tönt mir aus dem Souterrain, wo die Küche ist, ein feierlicher Gesang entgegen, Knecht und Mägde unterhalten sich mit Gesang. Es ist gut, wenn die Leute vergnügt sind, aber dies Singen ist mir doch zu bemerkbar, und ich werde sie bitten, ihre Übungen einzustellen. Denk Dir nur, dass die mehrsten Leute hier ihre Dienstboten an den Tisch nehmen!»[906] Diese zunächst noch fast allgemein verbreitete, relativ hohe Integration der Dienstboten in die Familie blieb in mittelständisch-gewerblichen Verhältnissen auch in der zweiten Hälfte des 19. Jahrhunderts und später weitgehend erhalten.[907] Auf familiäre und individuelle Privatheit und Intimität, auf räumlich-soziale Distanz wurde in diesem Milieu nicht so grosser Wert gelegt. Die Mahlzeiten wurden weiterhin gemeinsam eingenommen: die Magd war dabei, wenn am Mittags- oder Abendtisch die Dinge des Alltags besprochen und entschieden wurden. Zu den Kindern bestanden meist enge Beziehungen, teilweise schliefen sie mit Dienstmägden im selben Raum. Diese höhere Integration hing auch damit zusammen, dass die Dienstmägde besonders im gewerblichen Milieu mehr zur Entlastung und Unterstützung der Hausfrau als zu ihrer Freistellung von allen sogenannten niedrigen Arbeiten angestellt und zudem teilweise auch zur Mitarbeit im gewerblichen Bereich angehalten wurden. Die Hausfrau legte hier noch weiterhin völlig selbstverständlich selbst Hand an und beschränkte sich nicht auf lediglich symbolische Tätigkeiten.

In besser gestellten bürgerlichen Familien nahm dagegen seit den fünfziger und sechziger Jahren die Tendenz zu, die Bediensteten, die ja in der Regel aus einer unteren sozialen Schicht kamen und von ihrem ganzen Habitus, ihren Erfahrungen, ihrer Bildung und ihrer Mentalität her der Herrschaft meist recht fernstanden, von der eigentlichen Familie zu separieren und sich von ihnen stärker zu distanzieren.[908] Am ausgeprägtesten setzte sich diese Tendenz in jenen bürgerlichen Kreisen durch, wo die häuslich-familiäre Sphäre von der Geschäft- und Erwerbstätigkeit nicht nur weitgehend getrennt war und die Dienstboten deshalb ausschliesslich für persönliche Dienste gebraucht wurden, sondern wo sich zudem das Sich-Bedienen-Lassen nach aristokratischem Vorbild ein wesentliches Element standesgemässer vornehmer Lebensführung entwickelte. Die Bediensteten – je nachdem eine Köchin und eine Küchenmagd, ein Zimmer- und Kindermädchen sowie ein Gärtner und Kutscher – wurden und waren in diesen Kreisen soweit als möglich auf Distanz gehalten und von der Familie abgegrenzt, das heisst die noch in vielen bürgerlichen Familien bis um die Jahrhundertmitte und darüber hinaus bestehende Wohn- und Tischgemeinschaft wurde, soweit als dies erwünscht und möglich war, aufgehoben: Die Unterkünfte der Dienstboten, meist dürftig eingerichtete Zimmer, in städtischen Verhältnissen oft Mansarden, wurden von den Räumen der Familie klarer abgegrenzt. Vom gemeinsamen Tisch wurden sie entfernt, zunächst vor allem, wenn Gäste anwesend waren, dann aber auch bei den gewöhnlichen Mahlzeiten. Meist assen sie nun von der Herrschaftsfamilie getrennt in der Küche oder in einem Vorzimmer und erst, nachdem diese bereits gegessen hatten. In vielen, vor allem «besseren» Häusern erhielten sie zudem eine einfachere und billigere Kost oder sie mussten ihr Essen mit einem Teller an der herrschaftlichen Tafel holen. Damit unterstrich die

Hausfrau, gerade wenn sie mit der eigentlichen Zubereitung der Mahlzeiten direkt nichts zu tun hatte, ihre klare Verfügungsgewalt über das, was auf den Tisch kam.[909] Eine weitere Strategie, die Dienstboten auszugrenzen und sie gleichzeitig auch sozial herabzusetzen, bestand darin, in ihrer Anwesenheit zu schweigen oder jede Kommunikation, die über das Erteilen von Befehlen und Anweisungen hinausging, zu verweigern. Aber auch despektierliches Reden und Anspielungen auf die niedrigere soziale Herkunft verfolgten diesen Zweck oder hatten zumindest diese Wirkung.[910] So etwa wenn Blanka Zeerleder-von Fischer über ein Kindermädchen, das sich nicht bewährte und deshalb bald wieder entlassen wurde, notierte: «Das arme Ding ist aber erst 16 Jahre alt und grad aus dem Kuhstall heraus sodass sie viel Arbeit gibt und viel zu lernen hat.»[911] In den sechziger Jahren scheint auch das familiär-patriarchalische Duzen der Dienstboten teilweise durch das distanziertere «Ihr» oder «Sie» ersetzt worden zu sein. In seinem ausführlichen Referat über «das Verhältnis zwischen Herrschaft und Dienstboten» von 1864 behauptete der damalige Rechtskonsulent der Stadt Zürich Johann Bernhard Spyri (1821–1884) sogar, dass in Zürich das «Du» im Umgang mit erwachsenen Dienstboten in dieser Zeit praktisch verschwunden und dass es nur jungen Mägden gegenüber die gebräuchliche Anrede geblieben sei.[912] Anfangs des 20. Jahrhunderts wurden die Dienstboten meist mit dem Vornamen und «Sie» oder je nach Landesgegend mit «Ihr» angesprochen. Auch das einseitige Duzen war aber noch immer gebräuchlich, vor allem bei den Kindern, die langjährige Dienstboten oft duzten.[913] In manchen vornehmen Haushalten wurde es auch üblich, die verschiedenen Dienstboten je nach ihrer Funktion immer nach dem gleichen Rufnamen zu benennen oder ihnen sonst einen gerade genehmen Namen zu verpassen, womit ihnen, um der Bequemlichkeit der Herrschaft willen, gar die eigene Individualität abgesprochen wurde.

Besonders stark auf Absetzung und Distanz bedacht scheinen um die Jahrhundertwende vielfach jene bürgerlichen Familien gewesen zu sein, für die sich bedienen zu lassen eine neue Errungenschaft und ein Statussymbol ersten Ranges darstellte. Indirekt lässt sich dies einer Schrift von Robert Deyhle über die Ursachen und Hebung der Dienstboten-Not aus dem Jahre 1899 entnehmen. Er weist darauf hin, dass «im Grunde doch ungebildete Streber und Emporkömmlinge» sowie «gerne besser als andere sich fühlende und gebärdende Angehörige des Beamten- und besseren Mittelstandes» und blasierte Angehörige der «höheren Gesellschaftsregionen» in ihrem «protzigen Eigendünkel» die Dienstboten als minderwertig betrachteten und sie «unbewusst oder absichtlich dementsprechend von oben herab» als «gefühllose Menschen» und «Lohnsklaven» behandelten. Als Vorbild stellte Deyhle in Übernahme des neuen Aristokratieideals diesen «Hochstehenden und Gebildetseinwollenden» das «gütige Wohlwollen» und die «menschenfreundliche Behandlung» der «wahrhaft Vornehmen» gegenüber, deren äussere Vornehmheit sich angeblich mit dem «Adel der Gesinnung und Gesittung» in Übereinstimmung befand.⁹¹⁴ Auch ehemalige Hausangestellte berichten aus der Zeit um die Jahrhundertwende, dass sie von alteingesessenen bürgerlichen Familien oft besser behandelt worden seien als bei sogenannten Neureichen.⁹¹⁵ Über ihre «nette Stelle» bei einem Juristen und seiner Frau, einer Tennisspielerin, die «nur» eine Etagenwohnung hatten, aber noch ein Zimmermädchen beschäftigten und jeweils bei Bedarf noch zusätzlich eine Wäscherin und Glätterin kommen liessen, erzählt eine ehemalige Haushälterin: «Wir hatten es also sehr schön, und die Leute waren sehr nett. Sie waren aus einer alten bürgerlichen Familie, das ist halt ein Unterschied, wenn sie aus guten Verhältnissen sind. Die Neureichen, das hat mir auch eine Freundin erzählt, verstehen es, einem auszubeuten. Da kann man nicht genug arbeiten für wenig Geld.»⁹¹⁶ Teils hing dieses positive Image der Alteingesessenen auch damit zusammen, dass die Diskrepanz zwischen dem, was man von sich selber forderte oder sich selber gönnte, und dem, was man von den Dienstboten verlangte und zu geben gewillt war, im alltäglichen Leben infolge der gepflegten Sparsamkeit etwas weniger gross war. Eine Hausangestellte, die lange Jahre in reichen Altzürcher Familien gedient hatte, fasste dies so zusammen: «In Zürich sind die altein-gesessenen Familien sparsam, auch mit sich selber, die Neureichen sparen nur an den Angestellten.»⁹¹⁷

Konservative bürgerliche Zeitgenossen wie der bereits erwähnte Jurist und spätere Stadtschreiber Johann Bernhard Spyri (1821–1884), Gatte der Jugendbuchautorin Johanna Spyri, sahen in dieser Tendenz zur Separierung und Distanzierung der Dienstboten eine bedrohliche Lockerung der Familie und des Familienzusammenhaltes und interpretierten sie als eine Folge der «modernen Ideen von Gleichheit und Freiheit», die in «ihrer Wahrheit und in ihrem Missverständnis» auch den «Gegensatz von Herr und Knecht» wie andere Ungleichheiten zu nivellieren trachteten. In seinem Referat vor der Gemeinnützigen Gesellschaft des Kantons Zürich forderte J. B. Spyri 1864 dazu auf, durch eine «Stärkung des Familienbandes» und «Wiederbelebung des Familiensinnes» oder, gestützt auf Wilhelm Heinrich Riehl, mit der «Herstellung des ganzen Hauses» dem äusserlich und innerlich loser gewordenen «Dienstbotenverhältnis» entgegenzutreten und es als ein «Familienverhältnis» aus der «Brandung der Zeit» zu retten und so die «alte familia der Römer auf den neu errungenen Grundlagen der Freiheit und Humanität neu aufzubauen und wieder zum Bewusstsein zu bringen». Die Dienstboten sollten deshalb auch wieder an den «Tisch gezogen» und überhaupt «auf jede Art an das Haus gefesselt» werden, denn «Gesinde bedeutet nichts anderes als Begleitung, Gefolge» und gehört daher vor allem ins Haus. In Haus und Familie muss aber, so Spyri, zuerst «Ordnung sein und Jeder wissen, woran er ist», es muss »ein Herr sein, der an der Spitze steht und diese Ordnung handhabt. ... Die Dienstboten sind durchaus nicht auf gleicher Stufe mit dem Herrn und seiner Familie, sie stehen in einem Abhängigkeitsverhältnis und es ist kranke Sentimentalität, diese natürliche Unterordnung beseitigen oder abschwächen zu

wollen.» Nur in der von Autorität und Pietät beherrschten Familiengemein-
schaft «mit ihrer Gliederung, mit ihrer Verschlingung von Rechten und Pflichten, mit ihrer holden Mischung von Über- und Unterordnung wird alles an
den rechten Platz gestellt und es kann dabei den Ansprüchen der Neuzeit für
Humanität und individuelle Freiheit gleichwohl alles Recht widerfahren.»
[918]Und nur durch ein «kräftiges Hausregiment», das den Dienstboten aber als
«Hausgenossen mit allen Rechten und Pflichten eines solchen» akzeptiert, war
seiner Ansicht nach zu verhindern, «dass die Dienstboten alle als gleichsam
unterdrückter geschlossener Stand den Herrschaften gegenüber stehen und in
allseitiger Verunglimpfung, Ausbeutung und Übervorteilung ihrer Herrschaften ihre Lust suchen.» Da für Spyri der Wechsel an sich ein Nachteil war, der
den «Herrn» wie den «Knecht» degeneriert und so die Familie und mit ihr die
soziale Ordnung erschüttert, war er auch bereit, über «gewisse Gewohnheiten,
Freiheiten und Bequemlichkeiten», die sich langjährige Dienstboten gerne
erlauben und die für viele Herrschaften ein Grund waren, ihre Bediensteten
häufig zu wechseln, hinwegzusehen.[919]

Um wieder das «rechte soziale Verhältnis von Herrschaft und Dienst-
boten» zu finden, setzte Johann Bernhard Spyri neben der «Stärkung und
Neubelebung des Familiensinnes» auf die christliche Religion und ihre Ethik.
Das Dienstverhältnis war für ihn nicht «bloss ein Hausgenossenverhältnis, sondern ein Lebensverhältnis, in das Herrschaft und Dienstboten gesetzt sind, um
darin ihre höhere Bestimmung zu erkennen und zu erreichen». Indem das
Christentum verkündigte, dass die «Knechte nicht den Menschen, sondern
Gott dienen, und dass vor Gott zwischen Herren und Knechten kein Unterschied sei», liess es, so Spyri, das Dienstverhältnis als menschliche Einrichtung
zwar stehen, nahm ihm aber seinen Stachel und seinen Druck und überwand
es innerlich: «Der Gedanke, dass er Gott diene und von ihm erkannt sei,
weckt im Dienstboten das rechte Pflichtgefühl, die rechte Treue und den rechten Gehorsam und lässt auch in schweren Verhältnissen alles willig und freudig ertragen und die Herrschaft, welche das lebendige Bewusstsein hat, dass
ihre Dienstboten vor Gott ebenbürtig und ihr nur als Knechte Gottes zu ihrem
Dienste anvertraut seien, wird nicht bloss diese Dienste gut behandeln, sondern ein rechtes Herz fassen für deren ganzes leibliches und sittliches Wohl
und von dem Gefühl einer grossen Gewissensverantwortlichkeit für die An-
ver-trauten erfüllt werden.»[920] Letztlich diente diese religiöse Argumentation,
obwohl sie den Dienstherrschaften gewisse fürsorglich-patriarchalische Pflichten auferlegte und so der kalten Ausbeutung gewisse Schranken setzen wollte,
aber nicht nur wie eh und je dazu, die Unterordnung der Dienstboten, ihre
Unmündigkeit und Unselbständigkeit zu rechtfertigen, sondern, indem sie die
Legitimität dieser Unterordnung neu zu bekräftigen versuchte, auch dazu, die
idealen und universalen Prinzipien der bürgerlichen Gesellschaft, nämlich individuelle Freiheit und Rechtsgleichheit für alle, zugunsten der bürgerlichen
Herrschaften und ihrer Interessen zu unterlaufen und zu relativieren.

Das Verhältnis zwischen Herrschaft und Dienstboten blieb jedoch, trotz dieser von J. B. Spyri kritisierten und bei aller auch von anderen Zeitgenossen[921] festgestellten «Lockerung» und «Entpersönlichung», bis weit ins 20. Jahrhundert hinein noch immer stark durch eine unterschiedliche «eigentümliche Mischung von sozialer Distanz und persönlicher Bindung, von Ausbeutung und Patriarchalismus»[922] mit seiner bevormundenden Fürsorge charakterisiert. Nach dem Prinzip «Leistung nach Bedürfnis» (Ottmüller) hatten die Dienstboten fast rund um die Uhr zur Verfügung zu stehen. Aber nicht nur das. Rechtlich in ihrer Verfügungs- und Kontrollgewalt kaum Einschränkungen unterworfen, erhoben die Herrschaften bei ihren Bediensteten nicht nur auf die Arbeitskraft, sondern gewissermassen auf die ganze Person Anspruch. Die meisten hielten es für ihr selbstverständliches Recht, das Privatleben ihrer Dienstboten, sofern sie ihnen überhaupt eines zugestanden, zu kontrollieren und auch sonst mit ihren Vorschriften, Disziplinierungs- und Erziehungsversuchen massiv in die Privat- und Persönlichkeitssphäre[923] ihrer Untergebenen einzugreifen, sie damit weitgehend zu bevormunden und in Unmündigkeit zu halten. Hohe persönliche Abhängigkeit und Willkür, Bevormundung und Entmündigung waren denn auch jene Umstände, welche die Rekrutierung[924] von einheimischem Dienstpersonal, je mehr sich nach 1850 in der Fabrikindustrie und im Gewerbe Alternativen boten, erschwerten. Zusammen mit dem Funktionswandel des bürgerlichen Haushaltes erklären sie auch die totale Verweiblichung der Dienstbotentätigkeit.[925] Mit dem moralisch-ethischen Appell an die Herrschaften, insbesondere an die Hausfrauen, Dienstboten nicht als «Haussklaven», sondern als Menschen zu behandeln, in ihnen den Menschen achten und daran zu denken, dass man zu ihnen in einem «gegenseitig verbindenden Vertragsverhältnis» stehe, versuchte man in der Anweisungsliteratur für Hausfrauen wie für Dienstboten, aber auch in den öffentlichen Diskursen um die Dienstbotenfrage diese Abhängigkeit und Willkür zu mildern und so dem negativen Bild des häuslichen Dienstes entgegenzuwirken.[926] Doch die Realität sah meist anders aus. Dienen hiess weiterhin: Mit Leib und Seele immer für jemand anderes da sein. Am sinnfälligsten äusserte sich dieser Anspruch auf die ganze Person in den Zudringlichkeiten und sexuellen Übergriffen, denen Dienstmädchen etwa von seiten des Hausherrn oder auch der Söhne ausgesetzt waren. Dass dies «nicht selten» vorkam, gestand auch der Leitfaden des Bundes schweizerischer Frauenvereine ein. Bei «Angriffen auf die Mädchenehre» wurden die «Dienstboten» aufgefordert, der Frau des Hauses Mitteilung zu machen, vor allem aber «dem Anfang zu wehren, da die allermeisten Männer sofort die Frau respektieren, welche sich ihrer zu erwehren versteht, wenn sie es mit ihr 'probieren' wollen». Im Falle, dass die Hausfrau ihr Dienstmädchen nicht schützen wolle oder könne, wurde ihm geraten, den Dienst so rasch als möglich zu quittieren. Auch der Hinweis, dass Mädchen, die solche «Proben» nicht zu bestehen vermöchten, nie auf «gute und ehrenhafte Ehemöglichkeiten» rechnen dürften, schob die eigentliche Verantwortung dem Dienstmädchen zu. In einer Fussnote wurde zudem der Ratschlag erteilt, sich vor Antritt einer Stelle zu vergewissern, ob die Schlafzimmertüre von innen abgeschlossen werden könne. [927]

Aber auch aufgrund ihrer Funktionen im und für den bürgerlichen Haushalt waren Dienstboten mehr als nur eine Arbeitskraft, die gegen Entlöhnung bestimmte Leistungen und Handreichungen erbringen mussten. Als ein wichtiges Statussymbol hatten Dienstmädchen und anderes persönliches Dienstpersonal, und zwar mit den zunehmenden Repräsentationspflichten der bürgerlichen Lebensführung immer mehr, auch verschiedene repräsentative Funktionen wahrzunehmen. Besonders an gesellschaftlichen Anlässen und im Kontakt mit der Aussenwelt mussten sie auf den Ruf und die Ehre ihrer Herrschaft bedacht sein. Ungeschicklichkeiten und taktloses Auftreten der Dienstboten im Umgang mit Besuchen, bei Empfängen oder Diners fielen als gesellschaftliche Blamage auf die Herrschaften zurück und wurden deshalb jeweils auch hart geahndet. Besonders gefürchtet waren Ungeschick und Pannen beim Empfang der Gäste und beim Servieren, konnten sie doch den reibungslosen und stilgerechten Ablauf eines Diners ruinieren. Aber auch das Auftreten ausserhalb des Hauses unterlag je nach der effektiven oder angestrebten sozialen Stellung der Herrschaften mehr oder weniger hohen repräsentativen Zwängen: «Gutsituierte Arbeitgeberinnen gaben nämlich viel darauf, dass die soziale Distanz zwischen ihnen und ihren proletarischen Untergebenen an der Öffentlichkeit durch gebührende Distanz symbolisiert wurde. Hierzu, wie auch zur Demonstration der ihrem sozialen Rang angemessenen Freistellung von körperlicher Arbeit, bot sich vor allem der Gang auf den Markt an.» [928] Meist hatte die begleitende Magd ihrer Herrin in einem bestimmten Abstand zu folgen, beim Einkauf in Distanz zu warten und dann auf ein bestimmtes Zeichen hin den Korb hinzuhalten und die von der Herrin eingekauften Waren in Empfang zu nehmen. Auch der Brauch, sich selbst oder vor allem die Töchter und Kinder jeweils bei Besuchen bei anderen Familien oder kulturellen Anlässen vom Dienstpersonal abholen und heimbegleiten zu lassen, hatte nicht nur konkrete Gründe (Licht tragen, Sicherheit), sondern auch eine symbolische Bedeutung. Wie die Begleitung des Dienstmädchens zum Einkaufen diente auch dieser Brauch der Darstellung des sozialen Status. Selbstverständlich durften das Auftreten, das Aussehen und die Kleidung der Dienstboten bei solchen und ähnlichen Anlässen, aber auch im Alltag über ihre untergeordnete und dienende Rolle keine Zweifel aufkommen lassen. Die Kleidung und die äussere Erscheinung mussten zwar gewissen bürgerlichen Standards genügen, doch durften sie gleichzeitig die Klassen- oder Standesunterschiede nicht verwischen, sondern sollten diese gerade erkennbar machen, auch um peinliche Verwechslungen, etwa der Köchin oder des Dienstmädchens mit der Hausfrau oder einer Tochter des Hauses, möglichst auszuschliessen. Sofern sie nicht gar in eine Art Tracht gesteckt wurden, hatten sich zum Beispiel Dienstmädchen in der Kleidung und Kopfbedeckung an bestimmte «standesgemässe» Vorschriften (Schürze, Kopftuch, Häubchen und ähnliches) zu halten. Sie sollten vor allem ordentlich und sauber erscheinen, sich aber nicht «aufputzen», sondern schlicht und bescheiden auftreten. Auf diese Weise sollte der niedrigere Sozialstatus gleichzeitig gezeigt und verborgen werden. [929]

Die unterschiedlichen Aufgaben und Pflichten der meisten Dienstboten, aber auch die persönliche Nähe waren mit ein Grund dafür, weshalb bürgerliche Herrschaften bei ihren Bediensteten oft mehr Wert auf einen sogenannt guten Charakter und ansprechende Manieren als auf hauswirtschaftliche oder andere Qualifikationen legten. Dienstboten mit gutem Charakter waren jene, die sich vor allem durch Gehorsam oder, um einen noch aussagekräftigeren zeitgenössischen Ausdruck zu gebrauchen, durch «Willigkeit» auszeichneten. Damit war die Bereitschaft gemeint, den Anordnungen und Befehlen der Herrschaft ohne Widerrede nachzukommen, insbesondere die Befehls- und Kontrollgewalt der Hausfrau und Hausherrin unbedingt zu anerkennen, ja den eigenen Willen zugunsten einer fast bedingungslosen Unterordnung aufzugeben und sich in Selbstverleugnung zu üben. Selbst die relativ liberal-fortschrittlichen «Richtlinien für das tägliche Leben eines Dienstboten», die der Bund schweizerischer Frauenvereine 1913 in einem «Leitfaden für Dienstboten» zusammenstellte, sahen in der willigen Unterordnung die vornehmste Pflicht eines Dienstboten: «Das Dienstverhältnis erfordert in allererster Linie die Unterordnung unter die Wünsche und den Willen der Herrschaft. Wer diese nicht aufbringen kann oder will, verdirbt sich seine Stellung zum vorneherein. Wenn man nach längerer Prüfung die Unvereinbarkeit seiner eigenen Ansichten mit denen der Herrschaft festgestellt hat, so bleibt ja immer noch der Wechsel offen, ohne dass man vorher durch Auflehnung und Widersetzlichkeit sich die Dienstzeit verdorben hat.» Als «grosse Untugend», die jeden Dienstboten «unleidlich macht», galt auf der anderen Seite die «stete Widerrede; sie verträgt sich nicht mit der Unterordnung und hat meist den Charakter der Empfindlichkeit oder des unvernünftigen Denkens». [930] Auch viele andere dem Dienstpersonal abverlangte Tugenden, nämlich Fleiss, Ordentlichkeit, Pünktlichkeit und Genauigkeit, Bescheidenheit und Redlichkeit, Ehrlichkeit, Treue und Dankbarkeit bezogen sich nur beschränkt auf die eigentlichen Arbeiten und Pflichten, sondern zielten im Kern auf Unterordnung, auf Respekt vor dem höheren sozialen Status der Herrschaft sowie auf die Anpassung an bürgerliche Verhaltensweisen und die Anerkennung bürgerlicher Normen und Werte. Dasselbe galt unter umgekehrten Vorzeichen aber auch für die meisten der in der Anweisungsliteratur so beklagten Untugenden wie Widerrede und Widersetzlichkeit, Eigenwilligkeit und Unbelehrbarkeit, Neid und Lügenhaftigkeit sowie Putz- und Vergnügungssucht als Elemente vermeintlicher sexueller Freizügigkeit und Unsolidität. Auch die Berufung auf eigene Rechte war vielen Herrschaften suspekt und wurde als Zeichen von

Renitenz und Frechheit angesehen. Gefordert wurden in erster Linie also bestimmte Einstellungen, Haltungen und Verhaltensweisen. Letztlich war dieser Katalog von Tugenden und Untugenden nichts anderes als der «Entwurf einer Rolle», der den Dienstboten genaue Anweisungen gab, welche Stellung ihnen in bürgerlichen Familie zukam und wie sie ihren abhängigen Part zu spielen hatten.

Mit diesen Anforderungen und Tugenden sahen sich in der zweiten Hälfte des 19. Jahrhunderts Hunderttausende von Mädchen und jungen Frauen vor allem aus den ländlichen unteren und mittleren Bevölkerungsschichten konfrontiert. Auch wenn sie sich den Ansprüchen und Zumutungen, den Erziehungs- und Disziplinierungsbestrebungen ihrer bürgerlichen Herrschaften, wie dies die vielen Klagen über die Untugenden des Dienstpersonals belegen, in manchem zu widersetzen versuchten und sich in ihrem Verhalten nur teilweise anpassten, so trugen die bürgerlichen Haushalte, insbesondere die Hausfrauen mit ihrer Erziehung doch viel zur allgemeinen Verbreitung bürgerlicher Werte und Normen sowie städtischer Lebensformen bei. Mit ihren Ansprüchen und Erwartungen an die Dienstboten, ihrer direkten und indirekten Erziehungsarbeit, die im Diskurs um die Erziehung der Dienstboten durchaus auch als sozialpolitische Aufgabe erkannt und auch als im Interesse der Dienstboten und ihres besseren Fortkommens etwa im Sinne erhöhter Heiratschancen legitimiert wurde, trieben sie die Sozialdisziplinierung oder Verbürgerlichung der unteren Klassen voran und leisteten damit nicht zuletzt auch einen wesentlichen Beitrag zur Stabilisierung der bürgerlichen Gesellschaft. Doch dies war nicht ihr erster und eigentlicher Zweck. All diese Erziehungsziele waren zunächst darauf ausgerichtet, dass die Dienstboten den an sie gestellten Ansprüchen und Erwartungen ihrer Herrschaft genügen konnten und so den bürgerlichen Familien eine standesgemässe Lebensführung garantierten. Schon durch ihre blosse Anwesenheit und Existenz dienten sie aber auch der «sozialen Selbstversicherung» (Wierling) der bürgerlichen Klassen. Insbesondere galt dies für die bürgerlichen Hausfrauen und Töchter. Stellte doch der Haushalt den einzigen Bereich dar, in dem die bürgerliche Frau offen herrschen durfte, ja herrschen sollte. Es war dies auch der einzige soziale Ort, wo sich ihr die Möglichkeit bot, sich ihres höheren Status im konkreten Umgang mit Angehörigen unterer Klassen zu versichern. Daraus erklärt sich teilweise auch, warum soviele bürgerliche Frauen, deren einziger Arbeits- und Zuständigkeitsbereich der Haushalt war, ihren Dienstmädchen mit Überheblichkeit und dünkelhaft-herrschaftlichem Gebaren begegneten und so «böse», «launisch» und «herrisch» kontrollierten und herumkommandierten, während ihre meist abwesenden Ehemänner sich dem Dienstmädchen gegenüber in der Regel eher leutselig gaben und ihre patriarchalische Autorität nur gelegentlich voll spielen liessen. [931]

Die bürgerlichen Herrschaften glaubten aber nicht nur wegen den Untugenden und Widersetzlichkeiten, der mangelhaften Erziehung und dem

fehlenden Anstand vor ihren Bediensteten auf der Hut sein zu müssen, sie
ständig kontrollieren und erziehen zu müssen. Dienstboten lösten auch deshalb Unbehagen und Misstrauen aus, weil sie bei aller Notwendigkeit für eine
bürgerliche Lebensführung gleichzeitig einen anderen wesentlichen Bestandteil von Bürgerlichkeit, nämlich die Privatheit und Intimität von Familie und
Individuum, bedrohten. Als Personen minderer Herkunft, die sich inmitten
der häuslich-familiären Lebenssphäre bewegten, wurden sie, je mehr das Bedürfnis nach Aus- und Abgrenzung gegen unten in bürgerlichen Kreisen
wuchs und die familiäre Einbindung der Bediensteten sich lockerte, als fremde
Eindringlinge in das Heiligtum der Familie oder um die Jahrhundertwende
gar als potentielle «Klassenfeinde»[932] empfunden. Zum einen fühlten sich die
bürgerlichen Familienangehörigen schon allein durch die Anwesenheit eines
Dienstboten in ihrer familiären oder individuellen Privatsphäre gestört. Die
«dienenden oder dienstbaren Geister», wie man in zeitgenössischer Rede die
Dienstboten ebenfalls gerne bezeichnete, hatten im Idealfall deshalb möglichst
geräuschlos, diskret, takt- und stilvoll aufzutreten. Sie sollten zwar immer in
Reichweite, aber wenn möglich nicht persönlich zugegen sein. Bei Angelegenheiten, wo ihre Anwesenheit nicht mehr notwendig war, sollten sie sich
sofort wieder zurückziehen. Auch die Anstandsregeln, an die sich die Dienstboten bei ihrer Arbeit und im alltäglichen Umgang mit ihrer Herrschaft halten
sollten und die nicht selten in sogenannten Dienstreglementen schriftlich festgelegt waren, sollten verhindern, dass den Herrschaften der notwendige
Respekt versagt wurde oder dass sie sich gestört fühlen mussten. Darunter
befanden sich Vorschriften wie «Du sollst deiner Herrschaft zuerst guten Morgen sagen. Du sollst anklopfen, ehe du ins Zimmer trittst. Du sollst leise auftreten und deine Arbeit so geräuschlos wie möglich verrichten. Du sollst deiner Herrschaft immer den Vortritt lassen. Du sollst nicht laut lachen und nur
bei geschlossener Küchentüre singen. Du sollst dir beim Gähnen, Niesen oder
Husten die Hand vor den Mund halten.»[933] Auch schlechte Stimmungen und
Launen hatten die Bediensteten selbstverständlich möglichst zu verbergen.
Schmollende Gesichter, verstocktes Schweigen, etwas zu laut zugeschlagene
Türen und andere Verhaltensweisen, mit denen sie die häusliche Harmonie
störten, galten als Reaktion auf Vorhaltungen und Kritik und wurden als
Impertinenz bewertet.

Zum anderen lösten Dienstboten Misstrauen, ja Ängste aus, weil sie
durch ihre Anwesenheit und Tätigkeit zwangsläufig Einblick in Angelegenheiten und Ereignisse erhielten, die vor Aussenstehenden verborgen bleiben
und nicht an die Öffentlichkeit gelangen sollten. Dienstboten waren eine
Lücke in der Mauer, mit der die bürgerliche Familie sich zum Schutze ihrer
Privat- und Intimsphäre und zur Wahrung ihrer öffentlichen Reputation
umgab. Die Angst durch Dienstbotenklatsch in Verlegenheit zu kommen, den
guten Ruf oder gar das Gesicht zu verlieren, war recht gross. Dies belegen
auch die vielen Mahnungen in der Anweisungsliteratur für Dienstboten, sich

nicht über die Herrschaft auszulassen. Konkret fürchtete man etwa, dass über Geschichten der Dienstboten, die ja über andere Dienstboten sowie über Händler an eine breitere Öffentlichkeit gelangen konnten, die Heiratschancen einer Tochter oder die Kreditwürdigkeit des Hausherrn Schaden nehmen könnten. Diskretion und Verschwiegenheit, Ehrlichkeit, Treue und Redlichkeit[934] waren deshalb den bürgerlichen Herrschaften sehr wichtig. Sie waren und wurden ihnen umso wichtiger, je mehr die Dienstboten zur persönlichen Bedienung gebraucht, gleichzeitig aber aus der Familie ausgegrenzt wurden und nicht mehr am Familienleben teilhatten, damit aber auch nicht mehr zur Familiensolidarität oder Familienloyalität verpflichtet werden konnten. Um aus der Privatsphäre dennoch nichts nach aussen dringen zu lassen, sollten die Bediensteten ihre «Zunge zügeln» und nicht der «Plaudersucht» und «Schwatzhaftigkeit» verfallen. Gleichzeitig wurde das Ausplaudern von privaten oder gar intimen Angelegenheiten und Begebenheiten der Familie als Untreue und als Verstoss gegen die Redlichkeit ausgelegt. «Verletzung der Pietät gegen den Herrn oder sein Haus» war denn auch nach Zürcherischem Privatrecht einer der wichtigsten Gründe zur rechtmässigen Entlassung.[935] Für die Dienstboten bildeten das «Schwatzen und Reden» über ihre Herrschaft hingegen neben dem Wechsel der Stelle eines der wichtigsten Mittel, sich Luft zu verschaffen, sich den Zumutungen der Herrschaft indirekt zu widersetzen und sich für schlechte Behandlung zu rächen.

Auch die geforderte Ehrlichkeit diente in hohem Masse dem Schutz der Privatsphäre. Ehrlichkeit meinte nicht nur, dass die Herrschaft weder belogen noch bestohlen werden wollte, sondern auch rückhaltlose Offenheit und Verzicht auf Geheimnisse vor der Herrschaft. Sie verbot Bündnisse und gebot Denunziation. Wie widersprüchlich diese Forderung werden konnte, zeigte sich nicht nur in alltäglichen kleinen Unehrlichkeiten wie dem Verleugnen der Herrschaft bei unerwünschten Besuchen, sondern auch im Kampf gegen Klatsch und Tratsch. Hier kam Loyalität vor Ehrlichkeit. Schweigenkönnen war wichtiger, zu grosse Offenheit, weil möglicherweise für die Herrschaft unangenehm, eine Sünde, ja Bedienstete mussten für ihre Herrschaft auch mal lügen können.[936] Vertrauen in die Loyalität ihrer Dienstboten genügte aber vielen Herrschaften im Kampf um den Schutz ihrer Privatsphäre und ihren guten Ruf nicht. Viele versuchten Aussenkontakte der Bediensteten möglichst zu unterbinden oder zu überwachen, zum Beispiel auch indem sie deren Briefverkehr kontrollierten und den Kontakt mit anderen Dienstboten verboten.[937] Die Anweisungsliteratur sah auch in der Selbstkontrolle der Familienangehörigen und der Ausgrenzung der Dienstboten einen Schutz vor Klatsch. Sie riet den Hausfrauen zu gewissen Vorsichtsmassnahmen, um so der gefürchteten «Klatschsucht» ihrerseits keinen Vorschub zu leisten. Sie sollten selbst mit gutem Beispiel vorangehen und sich in Gegenwart der Dienstboten nicht abschätzig über andere Personen äussern oder über Privat- und Familienverhältnisse sprechen, den Dienstboten aber auch nicht gestatten, ihnen Neuigkeiten und Schwätzereien zuzutragen. Zudem sollten sie sich hüten, mit den Dienstboten zu grosse Vertrautheit zu pflegen und ihnen Geheimnisse anzuvertrauen. 938

Die Angst vor Indiskretionen oder gar Verleumdungen, vor «dem Öffentlichmachen bürgerlicher Privatsphäre» (Wierling) bildete jedoch nicht den einzigen Grund, weshalb viele Herrschaften glaubten, ständig vor den Bediensteten auf der Hut sein zu müssen. Die Anwesenheit fremder, «unterklassiger» Personen und der relativ enge Kontakt mit ihnen und ihren Untugenden löste auch noch in direkterer Weise Unbehagen und Ängste aus. Die vor allem gegen Ende des Jahrhunderts immer dringlicher erhobene Forderung an die Dienstboten, nicht nur im Haushalt und im Umgang mit den Kindern, sondern auch in der eigenen Körperpflege streng auf Reinlichkeit zu achten, entsprang nicht nur einfach dem schon länger ausgeprägten bürgerlichen Ordentlichkeits- und Sauberkeitssinn. Dahinter standen und verbargen sich, geschürt durch die Hygienebewegung, für die nicht nur gewisse Stoffe, sondern auch der Mensch selbst und seine Ausdünstungen die Gesundheit bedrohten, auch neue Empfindlichkeiten, Ekelgefühle und Ängste. Bei manchen entwickelte sich daraus ein fast schon physischer Widerwille gegen den sogenannten Armleutegeruch, der nicht nur Armut, sondern auch Widersetzlichkeit signalisierte. 939 Und beides, den Geruch wie die Widersetzlichkeit, wollte man im eigenen Heim keineswegs dulden. «Zur Reinlichkeit», so hielt etwa der Leitfaden des Bundes schweizerischer Frauenvereine in einer Fussnote fest, «gehören auch saubere, kurzgeschnittene Fingernägel, reinliche, gepflegte Zähne, sauberer Haarboden, die Hautpflege durch Waschungen und Bäder». Damit sollten der «Schweissfuss und der Schweissgeruch» vermieden werden, denn «ein unreinliches Mädchen errichtet zum vorneherein eine Scheidewand zwischen sich und seiner Herrschaft». 940 Je mehr die bürgerlichen Hausfrauen gegen Ende des 19. Jahrhunderts die neue Reinlichkeitsethik der Hygienebewegung übernahmen und zu den eifrigsten Befürworterinnen und Trägerinnen dieser Bewegung wurden, umso mehr wuchs in ihnen auch die Angst, durch zu nahen Kontakt oder gar Berührung mit Angehörigen der unteren Klassen, ihre und die Gesundheit der Familienmitglieder zu gefährden. Denn die unteren Klassen, und dazu gehörten aufgrund ihrer sozialen Herkunft ja meistens auch ihre Dienstmädchen und Köchinnen, wurden als potentielle Schmutz- und Krankheitsträger angesehen. Doch nicht nur das. Reinlichkeit hatte in bürgerlicher Sicht auch eine hohe moralische Qualität. Sauberkeit und Rechtschaffenheit gehörten zusammen. Dienstmädchen und andere Dienstboten schienen für die bürgerlichen Herrschaften deshalb gleich auf dreifache Weise mit Schmutz behaftet zu sein, nämlich durch die schmutzige Arbeit, die sie verrichteten, sowie durch die «schmutzigen» Gewohnheiten und die «schmutzigen» Gesinnungen, die sie aufgrund ihrer niedrigeren sozialen Herkunft mitbrachten. Bedrohlich wirkte also nicht nur die spezifische Körperlichkeit der Dienstboten, sondern auch die physische

Nähe von Menschen mit einer anderen, nicht akzeptablen Lebensweise und Mentalität, mit einer «fremden Kultur», die ihnen allerdings eher als Unkultur denn als Kultur erschien.[941] Das Paradoxe an den Vorschriften zur Körperpflege und zum Aussehen war dann aber, dass viele Herrschaften aus Geiz und Berührungsängsten den Dienstboten oft sowohl die Zeit als auch die Mittel dazu (heisses Wasser, Benützung der Badewanne) verweigerten.[942] Berührungsängste, aber auch das Bedürfnis nach sozialer Distanzierung sprechen aber auch aus jener, vor allem in grossbürgerlichen Haushalten gängigen Regel, dass Dienstboten ihrer Herrschaft alles ohne direkte Berührung, auf dem Tablett oder mit Handschuhen, zu überreichen hatten.

Auch in der zweiten Hälfte des 19. und anfangs des 20. Jahrhunderts gab es jedoch bürgerliche Familien, wo das Dienstpersonal oder wenigstens jene Bediensteten, die schon länger im Haushalt in Stellung waren, relativ stark integriert waren, wo sie teils weiterhin am gleichen Tisch assen und auch in die Ferien mitgenommen wurden, wo die Dienstherrschaft bei Krankheit oder sogar im Alter für sie aufkam. So etwa in Berner Patrizierhaushalten, wo Dienstboten manchmal, meist war dies die Haushälterin oder ein Knecht, über Jahre und Jahrzehnte bei der gleichen Familie in Stellung waren und in einigen Fällen auch von den Eltern auf die Kinder vererbt wurden.[943] Dies galt aber weniger für Mägde und Dienstmädchen, die sehr häufig wechselten, sondern mehr für Köchinnen oder Haushälterinnen, allenfalls auch für Kinderfrauen oder Erzieherinnen sowie für Gärtner und Kutscher. Sie wurden teilweise auch noch im Dienst behalten, wenn sie sich zu heiraten erlaubten. Dies hing allerdings davon ab, dass beide, zum Beispiel als Gärtner und Köchin, im Haushalt beschäftigt werden konnten. Dienstboten, die einen solchen Status genossen, stellten allerdings eine Ausnahme dar. Ihre Arbeitsverhältnisse waren zudem nicht viel besser wie die des übrigen Dienstpersonals. Auch sie hatten kaum ein Privatleben und mussten bei niedriger Entlöhnung nach dem Prinzip «Leistung nach Bedürfnis» (Ottmüller) fast rund um die Uhr zur Verfügung stehen. Teils dürfte ihre Abhängigkeit von der Herrschaft sogar eher höher gewesen sein. Bis zu einem gewissen Grade galt dies allerdings auch für die Herrschaft, insbesondere für Familien, wo das Verhältnis zu den Dienstboten noch immer sehr stark patriarchalisch geprägt war und den Dienstboten gegenüber gewisse Verpflichtungen nicht nur ein leeres Wort blieben. So hatte der Zürcher Universitätsprofessor Gerold Meyer von Knonau (1843–1931) grosse Hemmungen, die «getreue Sophie», die ihm nach dem Tode der Mutter den Haushalt weitergeführt hatte, nach seiner Heirat im Jahre 1873 mit der mehr als zehn Jahre jüngeren Bertha Held (1854–1945) zu entlassen, und dies obwohl ihm klar war, dass diese für seine junge Frau einen «Factor» darstellte, der «nicht leicht zu behandeln» und dass «auf die Länge das Verhältnis nicht haltbar» war. Für beide war es nach vier Jahren dann eine Erleichterung, als Sophie eine Ehe einging und ihre Stellung freiwillig verliess. «Immerhin», bemerkt Gerold Meyer von Knonau in seinen Erinnerungen, «blieben die Beziehungen, da man nicht in Unfrieden von einander geschieden war, freundliche, weil ihre guten und treuen Dienste nie von uns vergessen wurden, und so erhielt auch das einzige Kind der Ehe von der Pathin den Namen Bertha.»[944] Nicht nur das Ehepaar Meyer von Knonau, sondern auch viele andere bürgerliche Familien blieben mit ehemaligen Dienstboten in mehr oder weniger lockerer Verbindung. Aus Dienstverhältnissen entwickelten sich so nicht selten relativ feste klassenübergreifende Beziehungen und Beziehungsnetze. Wie bei der Verbreitung bürgerlicher Werte und Normen waren es wiederum in erster Linie die bürgerlichen Hausfrauen, die diese klassenübergreifende Funktion wahrnahmen und damit der Tendenz zur Klassengesellschaft entgegenwirkten.

Die Balance zwischen persönlicher Nähe und sozialer Distanz wurde auch in der Erziehung zu einem Problem, und zwar sowohl für die Kinder als auch für die Dienstboten, am meisten jedoch für die Eltern. Vor allem zu eigens engagierten Kindermädchen oder Kinderfrauen, aber auch zu Dienstmädchen, Köchinnen oder Haushälterinnen, die während vieler Jahre oder gar ein Leben lang bei der gleichen Familie dienten, entwickelten die Kinder eine gewisse Vertraulichkeit.[945] Oft hatten sie zu ihren beruflichen Betreuerinnen, die sich tagaus und tagein um ihre Pflege und Versorgung kümmerten und zu denen sie im Kleinkindalter einen viel engeren Körperkontakt als zur Mutter hatten, sogar ein innigeres Verhältnis als zu den Eltern. Manche dieser Frauen waren den Kindern eine zweite, wenn nicht sogar die eigentliche Mutter. Dies galt besonders in jenen bürgerlichen Kreisen, wo die Mütter der alltäglichen Sorge um die Kinder weitgehend enthoben waren und sich vorwiegend den vornehmeren Erziehungsaufgaben widmeten. So war Verena Baldinger aus Zurzach für die Söhne und Schwiegertöchter von Ludwig Meyer von Knonau (1769–1841) zeitlebens eine solche zweite Mutter. Sie arbeitete und lebte von 1804 bis zu ihrem Tode um 1852 im Hause der Meyer von Knonau und ersetzte dann dem Enkel Gerold Meyer von Knonau die Grosseltern im Elternhause. Über das Verhältnis seiner Söhne zur «treuen Dienerin» schreibt Ludwig Meyer von Knonau: «Gleich wie schon in der zartesten Kindheit, sind meine Söhne als Männer unveränderlich ihr so zugethan, dass sie dieselbe wie eine Mutter behandeln, ihres Rathes in Scherz und Ernst pflegen und so auf sie horchen, dass viele Tausende von Müttern sich einer solchen Aufmerksamkeit nicht erfreuen können. Zu diesem Ansehen trägt nicht wenig bei, dass sie über grössere Begebenheiten, über das, was sie lesen hört oder zu lesen bekommt, ein sehr richtiges Urteil ausspricht. – Das Merkwürdigste ist, dass die drei Schwiegertöchter ihr eben so zugethan wurden und ihr unbedingtes Vertrauen schenken, und wirklich geht diese Neigung meiner ganzen Familie so weit, dass der Vater, wenn er thöricht sein wollte, Stoff hätte eifersüchtig zu werden, weil seine Worte in der Regel lange nicht so kanonisch sind, wie die der Adoptiv-Mutter und Vertrauten aller Kinder.»[946] Und auch der kleine Rudolf von Tavel (1866–1934) hing, wie er in seinen Erinnerungen erzählt, sehr am Kindermädchen, dem Mädeli, und nicht viel fehlte, so hätte in seinem Herzen die ihn verwöhnende Magd den ersten Rang erstritten: «Das ging, bis ich einmal Mädeli unter den Dienstboten Mamas Schelten nachahmen hörte. Da war das Verhältnis für immer zurechtgerückt, obschon ich der Magd bis an ihr Ende zugetan blieb.»[947] Dies galt aber auch umgekehrt. Wie Marie Looser-Largin (geb. 1870) erzählt, blieb ihr die Amme Pauline, von der sie betreut und verwöhnt wurde, «treu und anhänglich» und schenkte ihr «eine blinde Zuneigung» bis ins höhere Alter.[948]

Der oftmals enge Umgang zwischen den Kindern und den sozial tieferstehenden Dienstboten erfüllte viele Eltern mit Misstrauen oder auch mit Eifersucht. Vor allem aber weckte er ihnen Ängste vor schlechten Einflüssen auf ihren Nachwuchs in moralischer und sprachlicher, aber auch in hygienischer und sexueller Hinsicht. Sie fürchteten, dass ihre Kinder von den Dienstboten «Unarten» lernen oder durch sie Unpassendes und Unschickliches erfahren und mit fremden Verhältnissen in Kontakt kommen könnten, die auf das kindliche Gemüt einen verderblichen Einfluss hätten. In der Anweisungsliteratur, in Erziehungsratgebern und Schriften über die Dienstbotenfrage wurden die Eltern denn auch gemahnt, das Verhältnis der Kinder zu den Dienstboten sorgfältig zu überwachen und bei Kindern wie Dienstboten auf die Einhaltung einer angemessenen sozialen Distanz zu achten.[949] So warnte der anonyme Verfasser eines 1846 in Bern erschienenen «Führers zum Hochzeits-Altar» die zukünftigen Eltern nachhaltig vor den Dienstboten: «Schon auf die eigentliche Kinderstube müssen die Aeltern aufmerksam sein; denn nicht selten wird schon da zu dem physischen und moralischen Verderben der Kinder der Grund gelegt. Leider sind die Beispiele nichts weniger als selten, dass liederliche, gewissenlose Ammen den kleinen Säuglingen den verderblichsten Krankheitsstoff einimpfen, dass unzüchtige und unverständige Wärterinnen durch unanständige Behandlung oder reizerzeugende Berührungen bei den Kindern den Kitzel der Wollust erwecken, um sie zu unterhalten und zu beschwichtigen, dass sie dieselben auf unsittliche Gegenstände aufmerksam machen und sie, wenn sich ihr Verstand auszubilden anfängt, mit unsittlichen und zweideutigen Reden unterhalten und sich darüber freuen, wenn die Kinder Gefallen daran finden.»[950] Stets von neuem mahnte auch der Redaktor des Schweizerischen Familien-Wochenblattes in den achtziger Jahren seine Leserinnen und Leser vor den Gefahren, die für die Kinder von den Dienstboten, die ihnen absichtlich, aus Leichtsinn oder Unwissenheit «allerhand schlimme Dinge vor Augen führen oder zu hören geben», ausgehen würden, und forderte «jeden strengen Vater» und «jede sorgliche Mutter» dazu auf, die Kinder «so wenig als irgend möglich mit den Dienstboten allein zu lassen».[951]

Um eine zu enge Bindung an die Kinderfrau oder Kindermädchen zu verhindern, war ein Wechsel in der Betreuung nicht selten recht willkommen oder wurde auch bewusst vorgenommen. So teilte Blanka Zeerleder-von

Fischer (1848–1922) ihrem Mann, dem Berner Forstmeister und Gutsbesitzers Alfred Eduard Friedrich Zeerleder (1841–1909) in einem Brief von Mitte Juli 1890 mit, dass die Kinderfrau, die bis anhin das Baby, den in diesem Jahr geborenen Sohn Viktor Alfred, gepflegt hatte, den Haushalt verlassen würde, weil der Kleine sich sonst zu sehr an sie gewöhnt hätte. Die Pflege wurde der neuen Magd Emma übergeben. Die Klage über die mangelnde Erfahrung der neuen Wärterin, welche die Hausfrau und Mutter dazu zwang, immer dabei zu sein, enthüllt gleichzeitig, wie wenig sich Blanka Zeerleder-von Fischer und erst recht ihr Mann um die alltäglichen Dinge der Kinderpflege kümmerten und wohl auch bei den vier älteren Kindern gekümmerte hatten: «Emma kennt die Kinderpflege absolut nicht und scheint nicht ein Phönix zu sein, sie stellt sich so ungeschickt an wie ich oder Du sich anstellten würden.» 952 Wie aus den Aufzeichnungen von Blanka Zeerleder-von Fischer über das Familienleben hervorgeht, blieben in ihrem Haushalt die Kinderfrauen oder -mädchen, später die Erzieherinnen mehrere Male jeweils nur sehr kurze Zeit. Das mag allerdings auch noch andere Gründe gehabt haben als die Angst vor zu starker Bindung. Zu einzelnen Kinderfrauen hatten jedoch auch die Zeerleder-Kinder offenbar ein enges Verhältnis. So weilte der achtjährige Theodor 1884 für drei Wochen bei der ehemaligen Kinderfrau Julie Visard, die 1882 infolge Heirat den Haushalt verlassen hatte, in den Ferien, wo er eine «herrliche Zeit» verbrachte und sich dann, wie die Mutter kritisch vermerkt, nur schwer wieder in die «Schranken einer civilisierten Haushaltung» zu fügen verstand. 953

Wie Blanka Zeerleder-von Fischer hatten die meisten bürgerlichen Eltern in die erzieherischen Fähigkeiten und Erziehungspraktiken ihrer Dienstboten kein allzu grosses Vertrauen. Vor allem verdächtigten sie die Dienstboten, dass sie ihre Erziehungsgrundsätze zu wenig beachten oder durch ihr Fehlverhalten sogar unterlaufen und damit ihre Kinder verderben könnten. Die «verständigen» Dienstboten wurden deshalb in Erziehungsfragen dazu aufgefordert, nie den Eltern und Lehrern entgegenzuwirken, auch nicht in Kleinigkeiten. 954 Sie sollten sich ganz an die Pflege- und Erziehungsvorschriften der Eltern halten und sich dementsprechend nicht von eigenen Auffassungen und Gefühlen leiten lassen. Um die Kontrolle über die Erziehung der Kinder zu behalten, erteilten die Eltern den Dienstboten in der Regel auch keine Strafgewalt über das Kind. Dieser Entzug einer eigentlichen Machtbefugnis diente nicht zuletzt auch dem Zweck, im Verhältnis zwischen Dienst- oder Kindermädchen und Kind eine gewisse soziale Distanz zu erreichen oder zu erhalten. Dennoch konnten die wenigsten Eltern verhindern, dass die Söhne und Töchter trotz all ihrer Vorsichtsmassnahmen und Vorschriften für die Betreuung und Erziehung über die Dienstboten Normen und Verhaltensweisen kennenlernten, die jene ihrer Eltern nicht nur relativierten, sondern punktuell sogar unterliefen. Meist gingen Kinderfrauen und Kindermädchen, aber auch andere Dienstboten mit den Kindern weniger streng um, als die Eltern dies aufgrund ihrer Erziehungsgrundsätze, die mehr auf Unterdrückung der Sinnlichkeit und Förderung der Selbstbeherrschung ausgerichtet waren, eigentlich verlangten. So neigten sie eher dazu, die Kinder durch körperliche Nähe, Liebkosungen und Nachsichtigkeit zu verwöhnen. Wenn sie ungehorsam waren, etwas angestellt oder gelogen hatten, nahmen sie die Kinder meist auch schneller wieder an als die Eltern, die viel mehr Wert auf Respekt und Autorität, Disziplin und Erfüllung der von ihnen gesetzten Regeln legten und auf Verstösse mit Strafen und längerem Liebesentzug reagierten. Die grössere Nachgiebigkeit des Dienstpersonals hing jedoch auch damit zusammen, dass es in der Regel über keine Strafgewalt verfügte und sich deshalb mit den Kindern auch eher arrangieren musste, umso mehr als sich in Konflikten die Eltern tendenziell auf die Seite ihrer Kinder stellten. Weil sie keine Strafkompetenzen besassen, vertrauten die Kinder dem Dienstmädchen oder der Köchin jedoch auch eher Missetaten und Missgeschicke an, die man den strengeren Eltern lieber verschwieg, die vom Dienstmädchen dann je nachdem auch stillschweigend wieder in Ordnung gebracht wurden.955 Das Straftabu hatte umgekehrt zur Folge, dass das Dienstpersonal den Unarten und Schikanen der Kinder ausgeliefert war. Kinder waren denn auch häufig der Anlass für einen Stellenwechsel. Die leitenden Grundsätze des Bundes schweizerischer Frauenvereine machten deshalb die Eltern darauf aufmerksam, gegen «diesbezügliche Unarten» so «unerbittlich» zu sein, wie wenn sie ihnen gegenüber geschähen.956 Im Idealfall sollten sich die Kinder dem Personal gegenüber höflich und zuvorkommend, ja hilfsbereit zeigen, aber immer auch auf Distanz halten und sich nicht gedankenlos bedienen lassen.

Über die Dienstboten, allenfalls noch über Erzieherinnen und Privatlehrer kamen die im familiären Rahmen behüteten bürgerlichen Knaben und Mädchen, vor allem wenn sie nicht die Volksschule besuchten, mit anderen sozialen Welten in Kontakt. Mit ihrer Herzlichkeit und lebhaften Art glich zum Beispiel im Elternhaus von Jakob Escher-Bürkli (1864–1939) eine alte Dienerin, Julie Maurer aus Schaffhausen, die «Trockenheit des Zürchermilieus» aus. «Treu bis zum Grab, originell, geliebt und wegen ihrer Launen auch gefürchtet», verwöhnte und betete sie den «kleinen Jaqueli» an, dessen Eltern ihre «Herzenswärme» und ihr «liebevolles Verständnis für die Bedürfnisse der Kinder» unter einer «nüchternen und sachlichen Aussenseite» verbargen.957 Im Berner Patrizier-Milieu, wo teilweise noch im letzten Viertel des 19. Jahrhunderts im familiären Umgang französisch gesprochen wurde, lernten manche Kinder sogar die deutsche Sprache, das heisst den Berner Dialekt, zuerst von den Dienstboten.958 Wegen ihres nahen Kontaktes mit den Dienstboten wurden die Kinder im Leitfaden für Dienstboten, um 1910 vom Bund Schweizerischer Frauenvereine herausgegeben, sogar als eine Art «Bindeglied zwischen sozialen Gegensätzen» bezeichnet. Begründet wurde dies damit, dass in einer Zeit «der sich verschärfenden Klassengegensätze» manches Mädchen der Hausfrau aus «Neid und Voreingenommenheit» mehr mit «misstrauischen Vorurteilen» gegenübertreten würde als den Kindern. 959

Durch die Anwesenheit und den Umgang mit den Dienstboten gewöhnten sich die bürgerlichen Knaben und Mädchen aber vor allem an das Oben und Unten einer «täglichen Herrschaftsbeziehung» (Nipperdey) und an die Vorteile, gewisser unangenehmer Verrichtungen enthoben zu sein. Wie Joh. Heinrich Labhart-Hildebrandt um 1878 in einer in Stäfa erschienenen Schrift über die häusliche Erziehung kritisierte, lernten die Kinder der «grössten Mehrzahl der bemittelten bürgerlichen Familien» so schon in zartester Jugend, «dass es Arbeiten gibt, die nur von einer untergeordneten Klasse der menschlichen Gesellschaft, von «gemeineren Leuten», verrichtet werden sollen», und die sich deshalb für einen «jungen Herrn» und ein «Dämchen» nicht geziemen. 960 Von früh auf erfuhren sie, was es hiess, mehr und etwas Besseres als andere zu sein, wie man sich Untergebenen gegenüber verhielt, und wuchsen so in ihre zukünftige soziale Rolle als Angehörige einer höherstehenden Klasse hinein. Im Hause Schindler-Huber, wo zwei Dienstmädchen, eine Köchin und ein Gärtner angestellt waren, hatten, wie Hans Schindler berichtet, schon die Kinder zum Dienstpersonal ein distanziertes Verhältnis: «Wir waren uns unserer Stellung als Kinder einer höherstehenden Schicht bewusst, was nicht verhinderte, dass ich jahrelang mit dem Gärtner während der Gartenarbeit völlig unfruchtbare Gespräche führte. Die Distanz zum Dienstpersonal hatte ich mir so angewöhnt, dass ich noch als etwa 35jähriger Mann sehr schockiert war, als bei einer auswärtigen Abendeinladung einer der Gäste vom dort bedienenden Dienstmädchen als 'Fräulein' sprach. Das fand ich unmöglich. Ich musste über 60 Jahre alt werden, um beim Eintritt in ein Büro oder beim telefonischen Anruf die Sekretärin richtig zu begrüssen.» 961 Während bei den kleinern Kindern die Eltern in der Regel nicht nur den vertraulichen Umgang mit dem Kindermädchen, sondern meist auch mit anderen Dienstboten duldeten oder zwangsläufig dulden mussten, erschien ihnen bei den grösseren Knaben und Mädchen die soziale und emotionale Nähe zum Dienstpersonal zunehmend problematisch, verhinderte sie doch, dass die Jugendlichen frühzeitig in ihre Herrschaftsrolle hineinwuchsen, die ja für bürgerliche Männer und Frauen einen wesentlichen Teil ihrer Erwachsenenrolle ausmachte. Dies galt ganz besonders für die Töchter, der ja in ihrer zukünftigen Rolle als Hausfrau in erster Linie die Befehlsgewalt über das Dienstpersonal zukam. Spätestens im Pubertätsalter legten sie deshalb grossen Wert darauf, dass sich nun auch zur engsten ehemaligen Betreuerin eine gebührende Distanz einstellte. Sowohl den älteren Kindern als auch den Bediensteten fiel dies mitunter jedoch recht schwer und gelang auch nicht immer so, wie dies die Eltern und die soziale Stellung eigentlich verlangten. 962

Wie distanziert oder nahe, wie patriarchalisch oder versachlicht das Verhältnis zwischen Dienstboten und Herrschaft auch sein mochte, der Gegensatz der sozialen Stellung der Dienstmädchen und anderer Dienstboten zum bürgerlichen Lebensideal der Selbständigkeit und Unabhängigkeit war mehr als offenkundig. Für die meisten bürgerlichen Dienstherrschaften stellte dies jedoch weiter kein ernsthaftes Problem dar. Als eine Selbstverständlichkeit bedurfte ihr Anspruch auf häusliche Bedienung weder besonderer Erklärungen noch Rechtfertigungen. Einem gewissen Legitimationszwang, der sich mit der zunehmenden Emanzipation der unteren Klassen in der zweiten Hälfte des 19. Jahrhunderts und der damit zusammenhängenden sogenannten sich ebenfalls verschärfenden Dienstbotennot noch erhöhte, sahen sie sich aber dennoch ausgesetzt. Wie noch auf ganz traditionell religiöse Weise und in eher konservativen bürgerlichen Kreisen die Stellung der Dienstboten legitimiert und das Lob des Dienens gesungen wurde, zeigt das um 1868 in Bern erschienene Büchlein «Rath zur That für Dienstboten und auch für Herrschaften». Mit seiner eindeutig antimodernen und konservativen Stossrichtung liest es sich über weite Strecken als Schrift gegen die Auflösung christlich-religiös bestimmter Wert- und Verhaltensmuster, gegen den Zerfall traditioneller Bindungen und Hierarchien und gegen die freiheitlich-individuellen Prinzipien der modernen bürgerlich-liberalen Gesellschaft.

Die Ratschläge des anonymen Verfassers richten sich denn auch, wie er anfangs ausführlich erklärt, nicht an jene Dienstboten, die «genügsam, anspruchslos, ohne Hochstreben» wie eine «Art Maschine» oder wie ein «Lastthier», das «stumm und willig seine Pflicht thut», zufrieden sind, «wenn sie nur zu leben haben», sondern an jene «unglücklichen Naturen» unter den Dienstboten, deren «Sinn und Streben» zu sehr auf «selbständiges Leben und Handeln angelegt» ist.[963] Ihnen wollte er durch «Verständigung», durch «Aufklärung und Erleuchtung über sich und die Lebensverhältnisse» den «Kopf zurechtsetzen» und den «Verstand regliren». Seine Schrift sollte sie davon überzeugen, dass sie sich zu Unrecht und aus «wirklich grundlosem Stolze» über das Dienen und die Rolle der Bediensteten beklagten. Weder hätten Dienstboten im Leben eine besonders schwere Last zu tragen, noch war ihre «untergeordnete Stellung» und ihre «Abhängigkeit von dem Willen eines Anderen» ihm Grund genug, dass sie das Dienen als eine «Erniedrigung und Herabwürdigung» oder gar «Schande» ansehen dürften. Jeder Mensch, so argumentierte er zunächst, habe eine Last zu tragen, der eine grössere, der andere eine kleinere. Und mancher mache sich die Last durch seine Fantasie, seine Laune oder seinen Unverstand auch selber. Mit Hinweis auf die grosse Last eines Schulmeisters oder Pfarrers, eines Rechtsanwaltes oder Arztes – in dieser Reihenfolge – sowie der Reichen und Hochgestellten allgemein, «denen, in grösserm oder geringerm Masse, die Sorge für die gute Ordnung im Lande anvertraut ist», versuchte er den Dienstboten klarzumachen, dass nicht sie die schwerste Last zu tragen hätten, sondern dass im Gegenteil die Aufgaben ihrer Herrschaften meistens gar viel schwerer seien als ihre eigenen, dass allgemein die Last grösser sei, je höher einer stehe.[964] Auch die untergeordnete Stellung und die Abhängigkeit wollte er nicht als ein standes-

oder klassenspezifisches Problem verstanden wissen, sondern als ein allgemein menschliches Phänomen: «Wo ist der Mensch, der sich schlechthin frei und unabhängig nennen könnte? und welches die Stufe der gesellschaftlichen Leiter, welche unbedingt vorzuziehen wäre?» Selbst die «höchsten Regierungsbeamten» waren es seiner Meinung nach nicht, denn auch sie «können nicht nach ihrem Belieben über ihre Kraft und ihre Zeit verfügen». Und auch «viele Reichen befinden sich, trotz ihres Goldes, das sie besitzen, in einer Gebundenheit und Abhängigkeit, wie kein Dienstbote, ja kein Sklave gebundener heissen kann».965 Den Einwand, dass solche Herren, so sehr sie auch gebunden seien, doch «in weit grösserer Freiheit und Achtung und Ehre als ein Dienstbote» stünden, versuchte der konservativ gesinnte Verfasser, ähnlich wie dies auch J. B. Spyri tat, dann mit einer Argumentation zu entkräften, die sich noch sehr stark auf religiös-christliche Werte abstützte.

Wahr an diesem Einwand war für ihn einzig, dass die «Stellungen der Menschen im Staate und in der bürgerlichen Gesellschaft sehr verschieden sind und dass nicht Jeder ein Ratsherr oder Beamter sein kann oder will». Dies war für ihn, bezeichnenderweise, so unveränderlich und so wahr wie die Tatsache, «dass eine Frauensperson nie und nirgends die gleiche Stellung einnehmen kann wie eine Mannsperson, weil der heilige Gott dem Weibe eine andere Kraft und Bestimmung als dem Manne gegeben hat.» Die unterschiedliche Stellung der Menschen wie von Frau und Mann fand ihre letzte Begründung in der von Gott gegebenen sozialen Ordnung: «Die Ordnung Gottes lässt sich gar nicht ändern: es können nicht Alle Herren und nicht Alle Dienstboten sein; es muss Dienstboten und muss Herrschaften geben, beide einander zur Ergänzung und darum beide gleich nothwendig und nützlich». «Unser Glück auf Erden» hing für ihn aber in der Hauptsache nicht von der sozialen Stellung ab: «Nicht auf die äussere Stellung und nicht auf den Glanz der Welt kömmt es an, um glücklich zu sein, sondern darauf, dass einer seine Stellung, so niedrig sie auch immer sei oder scheine, recht einnehme, seinen Platz gut ausfülle, seine Pflicht thue.» Um dies seinen Leserinnen und Lesern zu veranschaulichen, verglich er die menschliche Gesellschaft mit dem «Organismus des Menschenleibs» und seinen ebenfalls verschiedenartigen Gliedern mit je einer eigenen Bestimmung, wo ebenfalls die Tätigkeit aller, auch der geringsten, zum Wohle des Ganzen notwendig waren. Nicht die «äusserliche Ehre», sondern die «innere Würde», das Bewusstsein, nicht unnütze Glieder des gesellschaftlichen Organismus zu sein und nach Kräften die Pflicht zu erfüllen, zählte.

Alle Klagen über die niedrige Stellung waren deshalb nur «neidisches Missvergnügen», «thörichte Einbildung von Mangel an gebührender Ehre» und Resultate «fauler und falscher Gedanken». Denn mit ihren verschiedenen Gaben waren alle einander zu dienen bestimmt, alle machten eine «grosse Familie» aus, «deren oberster Hausvater kein anderer als Gott selbst ist.» 966 Deshalb sollte auch keiner je vergessen, «dass jedes gute und achtungswerthe

Glied der menschlichen und bürgerlichen Gesellschaft» ein Untergebener ist. Denn jeder, «auch der allerhöchste Staatsbeamte, zumal in einem 'Freistaate', ist ein Untergebener, er kann nicht frei seinem Sinn und Willen leben, sondern steht unter dem Gesetze und noch mehr unter Gott, dem er verantwortlich für sein Thun und Lassen ist.» Wer sich nun aber am «Gedanken des Unterthanseins» stösst, «der wird geneigt sein, nicht nur das Joch der Menschen abzuschütteln, sei es das Joch der Gesetze, sei es das Joch einer Person, sondern er wird auch nichts von der Herrschaft Gottes wissen wollen.» Wer dies aber tat, war ein «Thor», ja ein «Narr» und konnte nicht «bei gesunden Sinnen» sein. Jeder Mensch war aber nicht nur ein Untergebener, sondern auch ein Dienender. Um den «grossen Gottesgedanken» zu erfüllen, «dass derjenige der grösste sei, welcher am meisten dienet», sollte jeder im Notfalle des andern Diener sein.[967] Doch so wie alle Menschen letztlich Untergebene und Diener waren, so konnte auch «jeder Dienende ein Regierender» genannt werden. Bei den Dienstboten war dies allerdings, wie der Verfasser selbst einräumte, nicht ein «Selbstherrschen», aber doch ein «Mitregieren», sei es, dass ein Dienstbote von sich aus ergänzen muss, was der Herrschaft mangelt, sei es, dass die Herrschaft sich gar in Beratungen mit dem Bediensteten einlässt und guten Rat annimmt. Und selbst dort, wo solche Vertraulichkeit nicht bestand, war seiner Ansicht nach noch immer ein grosses Feld, in der Küche oder auch sonst im Haus, zur Betätigung des eigenen Willens. Vor allem bei weiblichen Dienstboten sah er keinen Grund oder Anlass, sich über einen Mangel an Freiheit zu beklagen, denn «für das Kleine und Kleinste im Hause zu sorgen» war schliesslich die «von Gott selbst dem Weibe gesetzte Bestimmung».[968] Aufgrund all dieser Klarstellungen sollte der «vernünftige Dienstbote», so glaubte wenigstens der anonyme Verfasser, nach nur einigem Nachdenken einsehen, «dass sein Stand kein an und für sich zu beklagender ist, sondern der Vorteile vor andern Lagen und Verhältnissen gar manche besitzt und bietet».[969]

Viel pragmatischer, im Grundsatz noch immer religiös, aber ohne die Betonung frommer Gläubigkeit und Gottergebenheit, argumentierte P. Tschudi, der Direktor der Pestalozzi-Stiftung in Schlieren, in einem Referat, das er um 1875 vor der Gemeinnützigen Gesellschaft gehalten hatte und das dann zusammen mit andern Schriften zur Dienstbotenfrage in deren Zeitschrift erschien. Wie schon für J. B. Spyri waren für ihn Befehlende und Dienende vereint in der «Kindschaft Gottes». Doch das schloss nicht aus, «dass wir das Kind beim rechten Namen nennen und Dienstboten sein lassen, was sie sind, wie auch Herren, denen es gegeben ist, zu befehlen und den Meisterstab zu führen. Das Verflachen der Begriffe führt zum Verwischen derselben, zu Anmassung und Überschätzung.»[970] Tschudis erste Forderung bestand deshalb darin, «den Dienstbegriff nicht zu verwischen, sondern festzustellen und in ehrende Klassifikation zu bringen» und sich nicht zu betonen scheuen, «dass ein gehöriges 'Dienen', Dienstbote zu sein, gar nicht zu den unangenehmsten Dingen in der Welt gehört». Dienstenbildungsanstalten und Fort-

bildungsschulen sollten zukünftigen Dienstboten wieder einen richtigen
Begriff vom Dienen vermitteln und sie vor allem zu «einsichtigem Dienen»
erziehen. [971] Denn der Dienstbote ist für Tschudi nur «dann gut, wenn in
ihm jederzeit ein inneres Pflichtgefühl aufquillt, wenn er Freude und Wonne
darüber empfindet, seinen Beruf treulich geübt zu haben, wenn er seine
Dienstleistungen nicht nach dem Lohne abwägt, sondern mit dem Gewissens-
bewusstsein erfüllt: das muss gethan sein; es ist meine Sache; ich will es thun.
Diese Gewissenhaftigkeit ist die Grundlage alles Dienens und ohne sie gibt es
keine rechten Dienstboten, sondern nur Miethlinge, die unter Umständen
Herr und Frau im Stich lassen, stets bemüht sind, Erkundigungen nach besseren Plätzen einzuziehen und nichts von einem Familientypus annehmen». [972]
Die «innere Erfüllung» reichte jedoch auch nach Tschudis Ansicht nicht mehr,
«um dem Dienstboten seine soziale Lebensstellung zu einer befriedigenden»
zu machen. Er trat denn auch für eine bessere Bezahlung der guten Dienstboten ein und forderte ausser guter Kost und Unterkunft noch andere «Auf-
munterungszeichen», sei es in Form von Sach- und Geldgeschenken, Trink-
geldern, sei es durch Gewährung von Weiterbildungsmöglichkeiten, eines
freien halben Tages oder eines Besuches bei den Eltern. [973]

Angesichts des allgemeinen «Zugs nach Freiheit und Unabhängigkeit»
und den «Vorzügen der Fabrikarbeit» – Tendenzen, die um 1910 vom Bund
schweizerischer Frauenvereine als wesentliche Ursachen der Dienstbotennot
gesehen wurden [974] – genügten traditionelle, christlich-religiöse Normen und
Bilder als wichtigste oder gar einzige Legitimation des Dienstbotenver-
hältnisses mit seiner hohen persönlichen Abhängigkeit gegen Ende des
19. Jahrhunderts immer weniger. Mit dem Appell, sich willig und opferbereit
in die von Gott gegebene soziale Ordnung einzufügen und die einem zuge-
wiesene Rolle pflichtbewusst auszufüllen, liessen sich weder die Dienstboten-
not noch die Schwierigkeiten im Umgang mit den anderen und höheren
Ansprüchen der Dienstboten beheben. In einer Zeit, wo, wie der Bund
schweizerischer Frauenvereine feststellte, «die intellektuellen Resultate unserer allgemeinen Volksschulbildung und die unaufhaltsam fortschreitende
Demokratisierung» das Selbstbewusstsein des einzelnen Menschen entwickeln
und «langsam aber sicher die früher so scharfen Grenzen zwischen Hoch und
Niedrig, zwischen Befehlenden und Gehorchenden, zwischen Meister und
Knecht, zwischen Frau und Dienstmädchen» verwischen, bedurfte die Unentbehrlichkeit des «Dienstbotenstandes» für die Gesellschaft zusätzlicher,
moderner Rechtfertigungen, nicht zuletzt auch deshalb, weil das traditionelle
christliche Weltbild in weiten bürgerlichen Kreisen selbst keine oder nur noch
beschränkte Gültigkeit hatte. [975]

Die beiden 1912 und 1913 vom Bund schweizerischer Frauenvereine
herausgegebenen kurzen Leitsätze für Dienstboten und Hausfrauen enthielten
sich denn auch jeder religiös-christlichen Argumentation in der Legitimation
der Dienstbotenverhältnisse. Die «leitenden Grundsätzen für Hausfrauen»

forderten diese angesichts der sozialen Veränderungen sogar dazu auf, ihre
eigenen, möglicherweise veralteten Anschauungen zu überprüfen und sich in
die «neue Zeit» zu schicken. Vor allem sollten sie die Bestrebungen der
Dienstboten, «sich ebenfalls eine soziale, womöglich gesetzlich geordnete
Besserstellung erringen zu wollen», als Teil der Frauenfrage begreifen und
entsprechend auch die «höheren Ansprüche der modernen Dienstboten in
Bezug auf Lohn, Lebensstellung und gesellschaftliche Einschätzung» anerkennen.[976] Im Katalog der ethischen Pflichten für den Umgang mit Dienstboten hiess es denn auch unter anderem: «Beute die leibliche und geistige Kraft
eines Dienstboten nicht einzig zu deinem Vorteile aus, wie wenn er nur eine
Arbeitsmaschine wäre; gib ihm Gelegenheit zu praktischer, intellektueller und
sittlicher Weiterbildung. Lass ihn womöglich an den gemeinsamen Mahlzeiten
teilnehmen; dies wirkt erzieherisch und mancher Punkt der Unordnung wird
dadurch von vornherein verhütet.» Zudem wurden die Hausfrauen aufgefordert, «ihr Dienstmädchen nicht als Untergebene, sondern als Hausgenossin»
zu betrachten und, «frei von Hochmut, Rücksichtslosigkeit und Härte», die
«nützliche Arbeit» eines Dienstboten aufrichtig zu achten. Wie die Reaktion
auf das Erscheinen dieser Leitsätze zeigt, gingen diese Forderungen den meisten bürgerlichen Frauen allerdings viel zu weit. Ihre eigenen Emanzipa-
tionsbestrebungen wollten sie denn doch nicht mit der Situation ihrer Dienstmädchen in Verbindung gebracht sehen.[977] Auf diese Widersprüchlichkeit
wies unter anderen schon der Basler Gerichtspräsident A. Huber-Burckhardt
in seinem Beitrag zur Dienstbotenfrage hin. Auch für ihn hingen die Frauen-
und Dienstbotenfrage eng miteinander zusammen, aber gerade deshalb sollte
die Emanzipation der Frau ihre Grenzen haben: «Wenn die Frauenbewegung
die völlige Gleichberechtigung der Frauenwelt anstrebt, ja womöglich die
Herrschaft der letzteren über die Männerwelt und dabei den Grundsatz zu
zerstören sucht, dass der Mann das Haupt der Familie, wenn sie negirt, dass
die Frau dem Manne Disziplin schuldig sei, von Gehorsam wollen wir nicht
reden, welchen Eindruck macht das auf das Mädchen? Die Disziplin, welche
der weibliche Dienstbote der Dienstherrschaft schuldet, wird dadurch sicher-
lich nicht gefördert.» Er fürchtete deshalb, dass infolge der Frauenemanzipation, insbesondere die Gleichstellung der Frau im Erwerbsleben,
keine Frau einer anderen mehr dienen wolle, so dass dann die «Männer selbst
werden genötigt sein, die Hausgeschäfte zu verrichten».[978]

Doch trotz dieser Schwierigkeiten und Widersprüchlichkeiten wurde
das Dienstbotenverhältnis – angesichts der nun praktisch ausnahmslos weiblichen Dienstboten nicht weiter verwunderlich – auch im «Leitfaden für
Dienstboten», der sich vor allem an Dienstmädchen richtete, in erster Linie
mit dem Wesen und der Bestimmung der Frau begründet. Für die Frauen des
Bundes schweizerischer Frauenvereine war es eine «unumstössliche Wahrheit
und Tatsache», dass die «unpersönliche Arbeit im Dienst der Maschine der
Natur der Frau und ihrem innersten Wesen in keiner Weise zu entsprechen»

vermöchten, dass umgekehrt die «Arbeit im Dienste einer fremden Familie»
wohl Fesseln und Gebundenheit bringen, dafür aber die «ganze Natur der
Frau» umfangen würde. Zudem wurde das mehrjährige Dienen für das
«Mädchen aus dem Volke» als die «billigste und zweckmässigste Vorbereitung
für ihr späteres Leben als Hausfrau und Mutter» angepriesen.[979] Eine zweite
höhere Weihe erhielt die Tätigkeit der Dienstboten im Leitfaden durch den
Nationalismus und das Familienideal. Denn, so wurde erklärt, weil sie am
«Gedeihen einer Familie und eines Heimes» mitarbeiten würden und der Staat
wiederum auf «geordneten Familien» beruhen würde, hälfe er durch seine
«treue Arbeit» mit, «das Wohl des Landes zu fördern».[980] Eine weitere Begründung für die Notwendigkeit des Dienens, die in den Grundsätzen des
Bundes schweizerischer Frauenvereine jedoch nicht explizit aufgegriffen
wurde, lieferte das Prinzip der gesellschaftlichen Arbeitsteilung.[981] Für das
Lob des Dienens waren damit zwar neue Begründungen gefunden worden, an
der sozial untergeordneten Stellung und realen Entmündigung der Dienstboten änderten sie aber wenig, doch auch die Dienstbotennot, im Sinne des
Dienstbotenmangels, konnte damit nicht behoben werden.

Der offenkundige Gegensatz zwischen der hohen persönlichen Abhängigkeit der Dienstboten und dem bürgerlichen Selbständigkeitsideal wurde in
bürgerlichen Kreisen am ehesten noch jenen zum Problem, die an der univer-
sellen Gültigkeit der Prinzipien des bürgerlichen Sozialmodells festhielten und
ihnen grundsätzlich auch in allen sozialen Klassen Nachachtung verschaffen
wollten. Wie sich diese zur Legitimation der persönlichen Bedienung und zur
Lösung der Dienstbotenfrage stellten, lässt sich exemplarisch an der 1898
veröffentlichten Schrift «Die Dienstbotenfrage und die Hausfrauen» von Friedrich Wilhelm Foerster (1869-1953)[982] aufzeigen. Der deutsche Pädagoge
Foerster war ein Anhänger und führendes Mitglied der 1896 in Zürich
gegründeten Schweizerischen Gesellschaft für ethische Kultur[983], einer
linksbürgerlichen Bewegung, die auf der Grundlage von Humanität und Individualität für eine von allen Dogmen unabhängige, allgemein gültige Ethik
und Moral eintrat. Für Foerster widersprach der «Beruf des persönlichen
Dienstes» denn auch wegen der «stärksten Einschränkung des eigenen Willens» und der völligen Abhängigkeit von der «Willkür eines Menschen»
anstelle von «allgemeinen Gesetzen des Zusammenwirkens» wie keine andere
Tätigkeit fundamental dem von ihm hochgehaltenen, für alle Menschen gültigen (bürgerlichen) Ideal beruflicher Selbständigkeit und persönlicher Unabhängigkeit: «Überall da aber, wo die persönliche Willkür eines Einzelnen an
die Stelle natürlicher und sozialer Gesetze der Arbeitsleistung tritt, überall da
hört auch die Thätigkeit auf, das Ergebnis des eigenen vernünftigen Erkennens
und Wollens zu sein. Sie wird Ergebnis eines fremden Willens. Und hier
beginnt die schwerste Gefährdung des Ehrgefühls und der Selbstachtung.»
Denn das «Charakteristische» an der Tätigkeit der Dienstboten war in seinen
Augen ja gerade, dass sie «beständig der persönlichen Initiative eines Andern

und oft sogar der blossen Laune ihren eigenen Willen opfern müssen, sodass fast alle ihre Arbeit sozusagen von einem andern Gehirn innerviert wird». Im Unterschied etwa zu den Fabrikarbeitern, war ihre Tätigkeit nicht von einem «System streng bestimmter und ungeteilter Leistungen» abhängig, das ihnen erlaubt hätte, sich «wenigstens dieses System geistig zu eigen (zu) machen und so einen gewissen Grad von Selbständigkeit (zu) verwirklichen». Die Folgen der «Herabdrückung ihres persönlichen Wollens» waren für Foerster «all die bekannten schlechten Eigenschaften der Dienstboten», insbesondere die «knechtische» Haltung auf der einen und ein «krampfhaftes und anmassendes Selbstgefühl» auf der anderen Seite.[984] Auch für Robert Deyhle, von dem kurz nach Foersters Beitrag ebenfalls eine Schrift über die Ursachen und die Hebung der Dienstboten-Not erschien, war die Unselbständigkeit der Arbeit das zentrale Problem der Dienstboten, wobei er jedoch, und wohl zu Recht, darauf hinwies, dass diese Unselbständigkeit der Dienstboten in den sogenannten «höheren Ständen» und im «besseren Mittelstand» besonders ausgeprägt sei, dass sich der Dienende in diesen Kreisen deshalb auch mehr als solcher fühle und «überhaupt zu sehr als solcher behandelt» werde. Er begründete dies zum einen damit, dass in diesen Haushalten die Tätigkeit der Dienstboten «viel weniger auf eigenem Denken und Selbständigkeit» beruhe oder «aus eigener Initiative» hervorgehe und «auch weniger an bestimmte, zeitbegrenzte Verrichtungen» gebunden sei als in einfacheren Haushalten. Zum anderen herrschte seiner Ansicht nach «oben» nicht selten die «Launenhaftigkeit» der «infolge Untätigkeit gelangweilten Herrin oder gar mehrerer weiblicher Wesen».[985]

Für Foerster stand aufgrund seiner Analyse fest, dass die Tätigkeit der Dienstboten in einer Zeit, wo auch in den unteren Klassen das «Gefühl der Selbständigkeit und Selbstachtung» immer mehr zum Durchbruch gelangt, nur durch ein neues «sittliches Wechselverhältnis», das die «Herabdrückung ihres persönlichen Wollens» durch die Herrschaft in irgendeiner Weise aufhob und ihnen eine gewisse Selbständigkeit zurückgab, zu rechtfertigen war. Bis zu einem gewissen Grad hoffte er allerdings auch, dass die technologische Entwicklung in der Haushaltung die häuslichen Dienstleistungen teilweise oder ganz überflüssig machen und so die Frauen gesamthaft von der «abstumpfenden Arbeit der Küche und des Waschfasses» (Kropotkin) befreien könnte. Er ging jedoch auch davon aus, dass der «Wunsch nach Individualisierung» der Maschine in manchen Dingen Grenzen setzen würde und konnte sich vor allem im Bereich der Kinderpflege keine Lösung ohne Hilfskräfte vorstellen.[986] Dieses «sittliche Wechselverhältnis», das von der noch bestehenden Unmündigkeit[987] der Dienstboten als eine der unteren Klassen ausging und deshalb zunächst vor allem von der Herrschaft, insbesondere der Hausfrau, eine Änderung im Verhalten verlangte, bestand darin, dass sie den Dienst nicht mit dem «ganzen Bewusstsein ihrer herrschaftlichen Überlegenheit» belastet, sondern «die Bedienung selber mit einem Gefühl heiliger Scheu vor der

Demütigung des Dienenden entgegennimmt und diesen stets spüren lässt, dass man die Unterordnung seines Willens unter das persönliche Belieben eines Andern als ein Opfer betrachte, das nicht durch Bezahlung, sondern auch nur durch eine Selbstentäusserung und eine geistige Leistung ausgeglichen werden könne. Diese Selbstentäusserung besteht dann eben in dem konsequenten Verzicht auf jeden Ausdruck des Machtgefühls gegenüber dem Dienenden und in der vollendeten Zartheit, mit welcher seiner Menschenwürde in jeder Situation Rechnung getragen wird.» Die Herrschaft sollte den Dienstboten mit dem «richtigen Takte» begegnen, das heisst sie sollte ein Gegengewicht zu den Demütigungen der persönlichen Abhängigkeit herstellen, deren Selbständigkeit achten oder wecken, äusserst sparsam mit Befehlen sein und durch die Art der Anweisungen in dem Dienenden das Gefühl der Erniedrigung verhüten. [988] Zum richtigen Takt gehörte ebenso, dass «man sich nicht selbst verwöhnt in der Annahme beständiger kleiner Dienstleistungen, sondern möglichst vieles selbst thut und durch solche Bescheidenheit die Dienstboten merken lässt, dass man zu gut wisse, wieviel Menschenseele in der persönlichen Bedienung auf dem Spiel stehe, als dass man zu oft danach verlangen könne.» [989] Auch «unerzogene oder verwilderte Dienstboten» sollten mit «Schonung und Selbstbeherrschung» behandelt werden. Selbst «unheilbare Fälle» durften für die Hausfrau kein Grund sein, «auch ihrerseits zu verwildern und den Klassenkampf im Hause in offene Flammen ausbrechen zu lassen». [990]

Die Herrschaft, insbesondere die «feinfühlende Hausfrau», sollte auf diese Weise durch ihre eigene Haltung und die Feinheit, mit der sie die Dienstboten behandelte, diesen «das Gefühl der Berührung mit einer höheren Bildung geben und damit eine neue Art der Ehrerbietung pflanzen an Stelle der dumpfen Unterordnung, welche heute durch die geistige Emanzipation der unteren Volksklassen unrettbar zu Ende geht.» Die Leistungen der Dienstboten «mit all ihrer täglichen Entsagung» sollte die Herrschaft nicht nur mit Geld, sondern mit der «persönlichen Gegengabe des edelsten Taktes mit all seiner täglichen Selbstüberwindung» entgelten. So wurde das «ganze Verhältnis in jene Höhe der Menschlichkeit gehoben, die über allem Staube des Klassenkampfes steht». Dann wurde, und darauf kam es Foerster besonders an, «der Dienende in eine Sphäre der sozialen Gegenseitigkeit gestellt, in der seine Persönlichkeit an Würde und Selbstachtung nicht nur nicht verlieren, sondern noch gewinnen wird.» [991] Doch dies allein genügte Foerster noch nicht, um die dienenden Klassen mit ihrer Lage zu versöhnen. Um seelisch nicht aus dem Gleichgewicht zu kommen, sollten Dienstboten auch gewahren können, dass sie ihrer Herrschaft mit ihren Leistungen einen wirklichen Dienst erweisen würden. Der Dienende musste – und hier zeigt sich auch, wie sehr für Foerster nur höhere Kultur und Bildung die gesellschaftliche Arbeitsteilung rechtfertigten – die Gewähr haben, dass er durch «die Verrichtung der groben Hausarbeit» seine Arbeitgeber nicht einfach entlastet, sondern sie damit zur «höheren Bildung frei» macht: «An der Behandlung ...

muss er spüren, dass er nicht bloss arbeitet, damit die Andern faulenzen, sondern damit ihre Seelen emporsteigen können in das Licht reineren Menschentums, um dann wieder auszustrahlen auf die, welche im Schatten arbeiten.»[992]

Für Foerster lag die Lösung der Dienstbotenfrage, wie auch der soziale Frage[993], zunächst fast ganz allein in der Hand der oberen Klassen. Durch Selbstbeherrschung und Selbstüberwindung – bürgerliche Tugenden par excellence – sollten sie die Selbständigkeit ihrer Untergebenen fördern und ihre Persönlichkeit achten und so das Dienstbotenverhältnis auf eine neue sittliche Grundlage stellen. Wie er selbst bedauernd feststellte, würden die meisten Herrschaften jedoch im «Respekt vor der persönlichen Würde der Dienenden eine revolutionäre und kulturgefährliche Sentimentalität» erblicken. Statt bei ihren Dienstboten das Gefühl der Selbständigkeit zu begünstigen, würden viele Hausfrauen zur Wohltätigkeit und mütterlichen Fürsorge greifen und mit verschiedenen «Gutherzigkeiten» täglich die «Verbrüderung der Klassen» zu feiern versuchen. Den «wachsenden Selbständigkeitsdrange der dienenden Klassen» würden die «Herrschenden» als eine «schwere Kulturgefahr» sehen und sich fragen, wer denn noch dienen und die gröberen Arbeiten erledigen wolle, wenn einmal allen Menschen die Würde ihrer Persönlichkeit heilig geworden sei. Für Foerster war dieses «aufreizende Zugeständnis» ein Beweis, dass das Dienstbotenverhältnis eigentlich auch von dieser Seite als unvereinbar mit der Würde des Menschen eingestuft und nur von «Untermenschen» eingegangen wurde.[994] Die Emanzipation der unteren Klassen, die das «Grausen all derjenigen erregt, welche ihre Lebensgewohnheiten und ihren Lebensunterhalt von der geistigen und sozialen Unmündigkeit der Anderen abhängig glauben», zu akzeptieren und gar zu fördern, war seiner Ansicht nach jedoch nicht nur aus ethischen und sozialpolitischen Gründen notwendig, sondern sie lag, vor allem wegen der Kinder, auch im Interesse der Herrschaften. Denn «haben wir nicht alle lieber ein Wesen voll Ehrgefühl zum Hausgenossen und Hüter unserer Kinder als ein stumpfes Arbeitstier aus einer anderen Welt, in der man all dem entsagt, was uns als das edelste Erbteil der Menschennatur erscheint?» Und «wenn ein Dienstbote die sozialen Ungerechtigkeiten lebhaft empfindet, statt sie stumpfsinnig hinzunehmen, wenn er Ehrgefühl zeigt und empfindlich ist gegen jede Demütigung, können wir ihm da nicht unsere Kinder mit ganz anderer Gewissensruhe anvertrauen, als wenn sein inneres Leben keine Verwandtschaft zeigt mit allem, was wir selbst hochhalten und in unseren Kindern gepflegt sehen wollen?» Ja er fragte sich, ob es nicht vielleicht auch deshalb soviel «Knechtseligkeit in der Welt» gebe, «weil die meisten Menschen (!) in den Zeiten ihrer zartesten Empfänglichkeit so viel Umgang mit 'Knechten' gehabt haben». Denn «wieviel feige Heimlichkeit wird in die Kinderseelen gesenkt durch den Verkehr mit würdelosen Dienstboten, die alle Untugenden der Unterdrückten ausathmen». Nur die Emanzipation der Dienstboten konnte verhindern, dass das «vernachlässigte Hinterhaus» am «Vorderhause bis ins dritte und vierte Glied» Rache nimmt.[995] Da für Foerster die Dienstbotenfrage eng mit der Frauenfrage, die er im «tiefsten Grunde» als eine «Männerfrage» verstand, verbunden war, sollte die bürgerliche Frau jedoch nicht nur um ihrer Kinder, sondern auch um ihrer selbst willen das bestehende Dienstbotenverhältnis als «eine verderbliche Versuchung ihrer eigenen Klasse bekämpfen». Für die «geistige und sittliche Aufrichtung der Dienenden» zu wirken war aber nicht nur eine soziale Pflicht, sondern für die Frau auch die «folgenreichste Schule des Taktgefühls und der Selbstbeherrschung». Denn dadurch erzeugte sie in sich jene «sittlichen Kräfte», die «ihr selber einst die volle Befreiung sichern» würden. [996]

Mit seiner am bürgerlichen Sozialmodell orientierten Analyse der Dienstbotenfrage verdeutlicht Friedrich Wilhelm Foersters Schrift zur Dienstbotenfrage, wie stark die bürgerliche Familie und der bürgerliche Haushalt eine Institution darstellten, die mit ihrer hierarchischen Ordnung und den persönlichen Abhängigkeiten wesentliche Elemente eben dieses Modells, wie persönliche Unabhängigkeit oder Freiheit und prinzipielle Gleichheit der Rechte und Chancen, ausser Kraft setzte oder doch sehr stark einschränkte. Die Entmündigung und Unterordnung der Dienstboten, die durch die soziale Herkunft, die Klasse, teils auch durch das jugendliche Alter und immer mehr vor allem durch die Zugehörigkeit zum weiblichen Geschlecht vorgegeben war und legitimiert wurde, zeigt aber auch, dass die Bürger, im häuslichen Rahmen auch die bürgerlichen Frauen, nicht nur, wie sie selbst glaubten, selbständige Menschen waren, denen ausser Gott und Staat niemand zu befehlen hatte, sondern dass sie ihrerseits Befehle erteilten und Gehorsam einverlangten, ja dass sie eine neue «herrschende Klasse» darstellten. Dass sie sich dessen auch bewusst waren, ja sich dessen im Umgang mit Dienstboten auch vergewisserten, beweist der Klassen- und Standesdünkel, der um die Jahrhundertwende auch in bürgerlichen Kreisen der Schweiz das Verhältnis zu den Dienstboten mehr oder weniger stark prägte und von gutmütiger Herablassung bis zur offenen sozialen Diskriminierung und sozialen Verachtung reichte. Nicht nur in den höheren, sondern auch in weniger vornehmen bürgerlichen Kreisen wurden die Dienstboten anfangs des 20. Jahrhunderts, wie eine Glarner Unternehmertochter sich ausdrückte, «sehr von oben herab behandelt; sie durften sich ja nichts anmassen und waren eigentlich eine andere Klasse.» [997]

## Lebens- und Freizeitgestaltung: Schöne Künste, Ferien und Sport

Was die verschiedenen bürgerlichen Erwerbs- und Berufsklassen auf kultureller Ebene miteinander verband und von andern Klassen unterschied, waren nicht nur eine auskömmliche Lebenslage, wenn nicht gar Wohlstand, und eine gewisse Art der Lebenshaltung. Zur gemeinsamen Kultur, verstanden als «ein bis in die Alltäglichkeit hineinreichendes Zusammenspiel von Normen und Formen» 998, gehörte mit ihrem ostentativen Luxus und Müssiggang auch die äussere Lebens- und Freizeitgestaltung. Wie der Wohnstil, die Kleidung und die äussere Haltung bildeten auch die Pflege und der Konsum von Literatur, Musik und darstellender Kunst ein wichtiges Mittel der Selbstdarstellung und Selbststilisierung, sie vermittelten aber auch Identität und dienten der Bestätigung der Zugehörigkeit. Ganz besonders galt dies für die mehr passiven, aber umso sichtbareren Formen der Kulturpflege, den Besuch von Theater und Konzerten, von Kunstausstellungen sowie öffentlichen Vorträgen, ebenso für die aktive und besonders die passive Mitgliedschaft in Gesangs- und Musikvereinen, Kunst- und Lesegesellschaften. 999 All die verschiedenen Formen kultureller Betätigung waren für die bürgerlichen Klassen, und wurden im Laufe des 19. Jahrhunderts immer mehr, ein Statussymbol ersten Ranges. Denn was für Funktionen die schönen Künste 1000 auch haben mochten – Lebensorientierung, Sinngebung und Selbstverwirklichung; Repräsentation und Rechtfertigung, Überhöhung und Verklärung des eigenen Lebens; Darstellung einer Gegenwelt, der «aus der Realität vertriebenen Gehalte eines tieferen Lebens, einer grösseren Welt, eines un-entfremdeten Daseins»; «Zuflucht angesichts eines zerspaltenen wie eines formlosen Lebens» 1001 – immer bildeten sie einen wesentlichen Bestandteil jener symbolischen Formen und Zeichen, die den Bürgerlichen im gesellschaftlichen Leben ein gegenseitiges Sich-Erkennen und Sich-Verständigen ermöglichten, es ihnen aber auch erlaubten, soziale Ausgrenzungen und Distanzierungen vorzunehmen.

Die überhöhende Funktion der Kunst lässt sich an Aphorismen des Zürcher Gymnasiallehrers Jakob Bosshart (1862–1924) sehr schön illustrieren: «Kunst ist die höchste Offenbarung des Geistes.» – «Wer die Kunst nicht als Befreiung und als Erweiterung seiner Lebenssphäre erfasst, kennt ihr Wesen nicht. Sie befreit uns von der Wirklichkeit und verdoppelt gleichzeitig unser Dasein.» – «Das Geheimnis aller Kunst steckt in den Worten Wahrheit und Schönheit.» – «Rolle der Kunst: Überwindung der Alltäglichkeit.» – «Die Poesie, die Kunst sollte immer im Festgewand einherschreiten.» – «Die Poesie, die Kunst überhaupt, ist dazu da, den Menschen von den extremen Zeitströmungen abzulenken, damit das wahre Menschtum nicht durch einseitige Entwicklung erdrückt werde. Unsere Kunst sollte demnach dem Materialismus entgegenarbeiten, Materialismus natürlich aufgefasst als Jagd nach materiellen Machtmitteln.» 1002 Für Bosshart wie für viele andere erhielt und hatte Kunst mit der Abschwächung oder dem Schwinden kirchlicher und religiöser Bindungen den Stellenwert einer Ersatzreligion. Kunst war Gottesdienst, stiftete Lebenssinn. Es entwickelte sich eine «säkulare Kunstfrömmigkeit, eine quasi-religiöse Verehrung der Kunst», aber auch der Künstler, der Genies. Vor allem die unsterblich gewordenen Künstler der Vergangenheit gehörten zu den Heroen der Menschheit, deren Werken mit Andacht zu begegnen war. 1003 Ganz besonders galt dies für die Musik und die Musiker: «Auch ich hatte die Empfindung,», schreibt der Zürcher Tonhalle-Dirigent und Komponist Fried-

rich Hegar (1841–1927) an seine Gönnerin und «Freundin» Henriette Bodmer-Pestalozzi (1825–1906), «dass unsere Feier eine würdige gewesen sei und
ich freue mich herzlich darüber, dass das was mich dabei durchdrungen hat,
auch auf die Andern übergegangen ist. Das Oberste dabei ist aber nicht mein
Verdienst und ich kann mich dabei nur als Medium betrachten. Die Aufführung der Matthäuspassion war eigentlich keine Aufführung, sondern ein
langes, feierliches Gebet. Der Geist, der darüber schwebte, war jenes un-
beschreibliche heilige Etwas, das uns über uns selbst emporhebt und dem
Augenblicke jene Weihe verleiht, in der wir uns reiner und besser fühlen als
sonst. Jenes Sichbewusstwerden, dass das, was wir mit unseren menschlichen
Sinnen empfinden nur ein Kleines und Begrenztes ist; jenes Sehnen nach dem
Überirdischen.» [1004]

Auch für jene, die Kunst nicht dermassen verabsolutierten und keine
humanistische Bildung genossen hatten, waren und wurden Literatur, Musik
und darstellende Kunst, wenigstens teilweise und im Anspruch, zu integralen
Bestandteilen ihrer Identität, ihres Selbstverständnisses und ihrer Lebensweise.
Genauso wie eine gewisse Wohlhabenheit gehörte es zu einer standesgemässen bürgerlichen Lebensführung, sich im privaten wie im öffentlichen Bereich
mit hoher Kultur zu befassen, sie zu schätzen und zu pflegen wissen. In der
ersten Hälfte des 19. Jahrhunderts waren in Familien der bürgerlichen Mittelklassen der Beschäftigung mit Literatur, Musik und Kunst aber aufgrund der
doch häufig angespannten materiellen Grundlagen noch gewisse Grenzen
gesetzt. Die kulturellen Ambitionen und Interessen hielten sich jedoch ebenfalls, sofern sie überhaupt in höherem Masse vorhanden und die persönlichen
wie familiären Anstrengungen nicht ganz auf den wirtschaftlichen Aufstieg
ausgerichtet waren, noch in einem entsprechend engeren Rahmen. Im bürgerlich-aristokratischen Milieu Zürichs, weniger im Berner Patriziat nahmen
künstlerische und wissenschaftliche Interessen und Aktivitäten jedoch bereits
in dieser Zeit einen wichtigen Platz im häuslich-privaten Familienleben ein,
allerdings noch meist mehr im Leben der Männer als der Frauen. Ausgeprägt
der Fall war dies im Hause des Zürcher Rohseidenhändlers Salomon Pestalozzi (1812–1886), dem Vater des späteren Stadtpräsidenten Hans Konrad
Pestalozzi. Begeistert von der griechischen Sprache hatte er in jüngeren Jahren
das neue Testament ins Deutsche übersetzt, er war Mitglied eines philo-
logischen Kränzchens. Naturwissenschaftlich war er ebenfalls stark interessiert, so legte er eine Schmetterlings- und Käfersammlung an. Ölbilder und
Aquarelle – vornehmlich Landschaftsbilder – sowie kunstgewerbliche Werke
zierten die Wohnung. Auch verfügte er über eine «gutzusammengestellte
Bibliothek». Seine besondere Vorliebe galt jedoch der Musik. Lange Jahre war
er aktives Mitglied der Allgemeinen Musikgesellschaft und spielte in deren
Orchester Flöte, so auch in den Konzerten, die Richard Wagner anfangs der
fünfziger Jahre während seines Aufenthaltes in Zürich dirigierte. Die drei
Söhne und die Tochter erhielten dann ebenfalls Musikunterricht. Seinem Sohn

Hans schenkte er, kaum hatte dieser die ersten Anfangsschwierigkeiten überwunden, eine von Stradivari gebaute Geige. Während der junge Geiger nie auf die Höhe seines Instrumentes gelangte, brachten es sein älterer Bruder und die Schwester auf dem Piano doch zu einiger Virtuosität. Von der Gattin und Mutter, Cleophea Margaretha Hirzel (1819–1881), wird lediglich überliefert, dass sie trotz eines «ausgeprägten konservativen Zuges» keinen hemmenden Einfluss auf die neuen Interessen ausübte».[1005]

Von einer solchen Vielfalt kultureller Aktivitäten und idealer Interessen konnte im Hause des rund zwanzig Jahre älteren Seidenfabrikanten Heinrich Escher (1790–1867) und seiner 1793 geborenen Frau Regula Luise Escher noch keine Rede sein. Wohl hatte Heinrich Escher vom «Wollenhof» in seiner Jugend etwas Griechisch und Latein gelernt, doch diese Anfänge der klassischen Bildung gingen bald grösstenteils wieder vergessen. Seine Interessen waren mehr auf das «Praktische» als auf das «Ideale» gerichtet, sie galten dem Schützenwesen und der Jagd sowie seinem Garten und seiner Sammlung seltener Pflanzen. Die Abende verbrachte er, wie sein Sohn, der spätere Oberrichter Johann Jakob Escher (1818–1909) berichtet, fast alle ausser Haus in Männergesellschaften, die sich regelmässig in verschiedenen Wirtschaften versammelten. Mit Literatur beschäftigte er sich sehr wenig. Überhaupt war, zum Erstaunen des Sohnes, sein Bedürfnis nach «geistiger Nahrung, wie sie in Büchern zu finden ist», gering: «Zwar las er etwa Bücher, welche in den Schachteln eines Lesezirkels allwöchentlich ins Haus kamen, allein andere Werke blieben ihm fast gänzlich fremd. Zuweilen kaufte er ein Buch, das ihm interessant schien, legte es jedoch ungelesen bei Seite, um, wenn er später ein Mal durch Krankheit ans Zimmer gefesselt werde, Stoff zum Lesen zu haben.»[1006] Nur eine sehr mangelhafte Bildung besass Luise Escher. Sie war auf einem Landgut in Obermeilen aufgewachsen und dort von einem Hauslehrer, einem Kandidaten der Theologie, unterrichtet worden, «der selbst nicht viel wusste oder doch nicht verstand seine Kenntnisse Andern mitzutheilen». Luise Escher litt denn auch zeitlebens unter der «vernachlässigten Bildung», die ihr eine «gewisse Unbeholfenheit im schriftlichen Ausdrucke» und eine «weitgehende Schüchternheit im Umgange mit feiner Gebildeten» eintrug. Wegen Sticheleien ging sie auch bald nicht mehr in Damengesellschaften und lebte sehr zurückgezogen. Wegen ihrer Bildungsmängel scheute sie auch lange davor zurück, in die Vorsteherschaft eines gemeinnützigen Vereins oder einer Mädchenschule einzutreten. Auch fanden deswegen im Wollenhofe nur selten Gesellschaften statt. Luise Escher war zwar, wie ihr Sohn Jakob festhielt, «sehr verständig und eine vortreffliche Hausfrau, welche auch ihre Haushaltsrechnung ganz gut führte», den gestiegenen Bildungsansprüchen und kulturellen Normen ihres sozialen Milieus genügte sie jedoch nicht mehr. Da ihr auch die «Gabe, Spöttereien und hämische Bemerkungen Anderer mit guten Einfällen abzuwehren oder mit Gleichmuth hinzunehmen», fehlte, reagierte sie mit Schüchternheit und Rückzug.[1007] Im Unterschied zur Mutter erhielten

die drei Söhne eine umfassende Bildung. Immer wieder ermunterte der Vater
sie, noch neben der Schule in allen möglichen Fächern, zu denen sie Lust hätten, Privatunterricht zu nehmen. Ausgenommen davon war lediglich die
Instrumentalmusik, und zwar deswegen, weil ein Bekannter in den Augen
Heinrich Eschers allzuviel Zeit mit dem Erlernen eines Instrumentes und später mit der Ausübung seiner dilettantischen Kunst verloren hatte. Die Söhne
genossen denn auch ausgedehnten Privatunterricht im Schönschreiben, Gesang, Zeichnen und in Französisch sowie im Tanzen, Fechten und Reiten. [1008]
     Eine Bildungs- und Kulturbeflissenheit, wie sie in manchen aristokra-
tisch-bürgerlichen Zürcher Haushalten in den dreissiger und vierziger Jahren
anzutreffen war, legten teilweise auch schon Familien aus dem Umfeld der
neuen bürgerlichen Klassen an den Tag. Nur der Ehrgeiz und die Ange-
strengtheit, mit der etwa guter Geschmack oder Bildungswissen dargestellt
wurden, wiesen, besonders in besitz- und wirtschaftsbürgerlichen Kreisen,
bisweilen noch auf eine gewisse kulturelle und bildungsmässige Rückständigkeit und auf einen Mangel an selbstverständlicher Zwanglosigkeit hin.
Ein illustratives Beispiel dafür ist der Aargauer Seidenfabrikant Friedrich Feer-
Heusler (1790–1865), Sohn eines Pfarrers und Vater von Carl Feer-Herzog
(1820–1880), einem der liberalen «Bundesbarone». Im Unterschied etwa zu
vielen andern erfolgreichen Fabrikanten und Unternehmern der ersten Generation orientierte sich Friedrich Feer in seiner Lebensführung, obwohl auch
er nicht lange zur Schule gegangen war, sondern eine kaufmännische Lehre
absolviert hatte, sehr stark an bildungsbürgerlichen Idealen und Zielen: Sein
Haus, der Schlossgarten in Aarau, war vornehm eingerichtet. «Seine distinguierte Lebensweise kam seinen Mitbürgern geradezu fürstlich vor. Stets war er
bemüht, seine Bildung zu vervollkommnen. Er sprach verschiedene Sprachen
und las etliche europäische Klassiker im Originaltext. Allwöchentlich hielt
er in seinem Hause literarische Abende ab, denen seine Familie beiwohnen
musste und zu denen oft die bedeutendsten Köpfe Aaraus, etwa Heinrich
Zschokke und Augustin Keller, erschienen. Auch seinem Garten und der Aufzucht seltener Pflanzen schenkte er seine Aufmerksamkeit. Nur die Musik
wurde wenig gepflegt.» Hier stiess der Kultur- und Bildungseifer Friedrich
Feers offenbar an seine Grenzen. Alle Feers galten in der Folge als unmu-
sikalisch. [1009]
     Auch in weniger vermöglichen Kreisen der bürgerlichen Klassen er-
fuhren Literatur, Musik und Kunst gegen und vor allem nach Mitte des
19. Jahrhunderts eine Ausweitung und Aufwertung. Ganz besonders galt dies
jeweils für die zweite und noch mehr die dritte Generation der aus den bürgerlichen Mittelklassen stammenden oder von noch weiter unten aufgestiegenen Familien. [1010] Dass Kultur auch in Kreisen des ländlich-dörflichen Bürgertums einen sehr hohen Stellenwert einnehmen konnte, lässt sich am Beispiel
der beiden Familien Moser in Herzogenbuchsee, insbesondere von Amelie
und Albert Moser-Moser und ihrer Tochter illustrieren. Besonders deutlich

wird an diesem Beispiel jedoch auch, wie sehr private bürgerliche Kultur von Frauen getragen wurde. Amelies Vater, Samuel Friedrich Moser (1809–1891), führte ein Handelshaus und eine Seidenbandweberei, betrieb nebenbei auf seinem erworbenen Bauerngut als «Musterlandwirt und praktisch gemeinnütziger Volkswirtschafter» noch Studien und Versuche über landwirtschaftliche Reformen, unter anderem auch über eine rationellere landwirtschaftliche Buchführung. Seine Frau Amalia Gugelmann (1808–1881) war die Tochter eines Arztes. [1011] Die beiden ältesten Söhne Emil (1837–1903) und Robert (1838–1918) besuchten ab 1853 in Zürich die Kantonsschule. Amelie Moser (1839–1925), die älteste Tochter, ging ab Herbst 1854 für ein Jahr in ein Pensionat nach Boudry, um dann im grossen elterlichen Haushalt der Mutter an die Hand zu gehen. Als älteste Tochter von zehn Geschwistern recht stark mit häuslichen Pflichten belastet, fiel es ihr schwer, ihren Bildungshunger mit den Pflichten der Haustochter in Einklang zu bringen und sich durch Lektüre von Klassikern und Werken zur Geschichte und Kunstgeschichte, aber auch der Philosophie und Theologie weiterzubilden. Meist stand sie dafür am Morgen eine Stunde früher auf. Aber auch freie Stunden benützte sie, um sich, wie sie ihrer Schwester schrieb, lieber den Büchern als einer Gesellschaft zu widmen, wo geschwatzt wird, nur um zu schwatzen. [1012] Zusätzlich machte sie in einem literarischen Verein mit, wo mit verteilten Rollen Schiller, Shakespeare und andere Klassiker gelesen und diskutiert wurden. Nachdem ihre Mutter 1863 ein Klavier angeschafft hatte, begann sie noch mit 24 Jahren, Klavierunterricht zu nehmen. [1013] Aus ihrer Sicht gab es «in diesem Zeitalter für vernünftige Leute nur einen Rangunterschied der Bildung und des Charakters, ob reich oder von Adel» war für sie Nebensache. [1014]

Amelie Mosers Vetter und Mann Albert Moser (1835–1869) stammte ebenfalls aus der dörflichen Oberschicht. Sein Vater Felix Moser (1800–1867) war in Bankgeschäften tätig, seine Mutter, Elise Mühlemann (1796–1869), die Tochter eines Bandwebfabrikanten, in dessen Haus in Heimberg zusammen mit Thuner Musikfreunden sehr viel musiziert worden war, führte das Detailgeschäft des Handelshauses Moser. Als fünfzehnjähriger Jüngling wurde Albert Moser zur sprachlichen und musikalischen Ausbildung nach Vevey geschickt, wo er als begabter Musiker in einem Kammerensemble Klavier und Bassgeige spielte und an verschiedenen Konzerten mitwirkte. Nachdem er auf Drängen seines Musiklehrers mit einer Künstlerkarriere geliebäugelt hatte, entschied er sich dann jedoch für eine kaufmännische Lehre, die er bei seinem älteren Bruder Rudolf absolvierte, der durch seine Heirat mit Verena Näf Teilhaber am grossen Ostschweizer Textilunternehmen von Matthias Näf in Niederuzwil geworden war. Im Auftrag dieser Firma weilte Albert Moser von 1857–1861 in Konstantinopel, dann bis zur Heirat und nachher wieder in Indien. Seine musikalischen Leistungen kamen ihm auch in der Fremde zunutze, erleichterten sie ihm doch ungemein den Zugang in dortige gesellschaftliche Zirkel. Neben der Musik war Albert Moser jedoch, wie aus dem sich häufig auf ge-

lesene Werke beziehenden Briefwechsel mit Amelie hervorgeht, auch literarisch sehr interessiert. [1015]

Auch nach dem Tod Albert Mosers um 1869, nur ein Jahr nach der
Heirat, behielten Literatur, Musik und Kunst im privaten Leben und öffentlichen Wirken von Amelie Moser trotz ihrer umfangreichen wohltätigen und
gemeinnützigen Aktivitäten eine sehr hohe Bedeutung. Ihr «einfaches Bieder-
meierhaus am Dorfplatz» barg eine erlesene Bibliothek, im Musikzimmer
stand ein «wohlklingender Kaimflügel». Im Andenken an ihren Mann legte sie
in der Erziehung und Ausbildung ihrer Ende 1868 geborenen Tochter Amy
vor allem auf die Musik grossen Wert. Ab 1872 veranstaltete sie regelmässig
Musikabende und Soireen für kleine Kinder. 1875 schaffte sie für ihre sechs-
jährige Amy ein Pianino an, 1876 weilte der junge Ferdinand Hodler in ihrem
Hause und malte unter anderem das Bildnis des Töchterchens. Ab Mitte der
achtziger Jahre wurde ihr Haus nach der Rückkehr ihrer Tochter aus dem
Welschland bald ein beliebter Treffpunkt von Musikfreunden, wo Kammermusik gespielt und an «musikalischen Abenden» Einblicke in das Leben und
Werk bedeutender Komponisten gegeben wurde. Unter diesen Musikfreunden befanden sich immer auch Berufskünstler, wie zum Beispiel der Sohn des
Oberlehrers, der in einem Pariser Orchester als Geiger spielte, oder eine von
Amelie Moser finanziell unterstützte junge Konzertsängerin. Beide verkehrten vor allem in den Ferien fast täglich im Hause und stellten sich zusammen
mit Amelies Tochter auch im Dorf für öffentliche Konzerte zur Verfügung.
Zur Weiterbildung wurden zudem regelmässig Sprachstudien abgehalten, Vorlesungen des Sekundarlehrers in Geschichte gehört und mit verteilten Rollen
klassische Werke gelesen. Ein englisches Kränzchen diente ebenfalls der Lektüre. «Wer ein Ziel in Kunst und Wissenschaft, wer überhaupt einen geistigen
Inhalt hatte», war in ihrem offenen Hause willkommen. Gern gesehene Gäste
waren neben den Führerinnen der Frauenbewegung und vielen anderen etwa
der Berner Chirurg Theodor Kocher, der Basler Kapellmeister Dr. Alfred
Volkland, der Maler Cuno Amiet, die Reiseschriftstellerin Lina Bögli oder
die Tochter des russischen Schriftstellers Turgenjew sowie die promovierte
Schweizer Historikerin und Schriftstellerin Maria Waser-Krebs, die, zehn
Jahre jünger als Amy Moser und in der Nachbarschaft aufgewachsen, schon als
Kind im Hause der «grossen Frau» verkehrte, die mit ihren Eltern, einem
Arztehepaar, eng zusammenarbeitete und befreundet war. [1016]

Die Intensität und Ernsthaftigkeit, mit der im Haus der «grossen Frau»
den Ansprüchen bürgerlicher Kulturideale nachgelebt wurde, war aussergewöhnlich, nicht nur in Herzogenbuchsee. Dennoch, auch in den Glarner
Unternehmerfamilien der zweiten Hälfte des 19. Jahrhunderts äusserte sich,
im Unterschied zu jenen in der ersten Hälfte, ein vermehrtes Interesse für
Kultur und für Wissenschaft, nicht nur naturwissenschaftlicher Ausrichtung.
In ihren kulturellen Ansprüchen orientierten sie sich dabei vorwiegend an den
jeweils herrschenden Bildungs- und Kunstleitbildern. Die gesammelten Werke

von Goethe, Schiller und Lessing, Jeremias Gotthelf, C. F. Meyer und Gottfried Keller, die ja schon zu ihren Lebzeiten zu schweizerischen Nationaldichtern erhoben worden waren, durften in keiner Hausbibliothek fehlen. Auch an Musik und Malerei zeigte man sich interessiert. Konzerte wurden besucht und Bilder angesehener Künstler erworben. Viele Unternehmer waren grosse Sammler, vor allem von Briefmarken und Lithographien. [1017] In besitz- und bildungsbürgerlichen Kreisen, wo auch aufgrund der Ausbildung die besseren Voraussetzungen bestanden, dürfte dagegen die Beschäftigung mit Literatur, Musik und Kunst zeitlich nicht nur früher eine gewisse Bedeutung erlangt, sondern, sofern die materiellen Verhältnisse dies überhaupt zuliessen, im privaten wie gesellschaftlichen Leben auch ein grösseres Gewicht gehabt haben.

Das Lesen schöner Literatur, allein oder in trauter Gemeinsamkeit, spielte im privaten bürgerlichen Leben, vor allem im Leben der Frauen und Töchter sowie der noch nicht voll erwerbstätigen Söhne mit ihrer grösseren Musse, meist eine recht wichtige Rolle. Um den Ansprüchen einer standesgemässen Lebensführung im literarischen Bereich einigermassen zu genügen, reichte allerdings eine Hausbibliothek mit Klassikern und anderen zum Bildungskanon gehörenden Büchern sowie ein gewisses Interesse an neuerer Literatur. Weil sie «die sinnlichen, sogenannten rohen Genüsse verdrängt und durch höhere geistige ersetzt», stellte gute Literatur in bildungsbürgerlicher Sicht eine der höchsten Formen des Genusses [1018] dar. Lektüre war allgemein Inbegriff der Bildung, der idealen Zwecke und Ziele des Lebens. Sie bildete einen wichtigen Gegenstand geselliger Unterhaltungen wie ernsthafter Gespräche, sie diente, besonders in der Jugend und im frühen Erwachsenenalter, der Selbsterkenntnis und Selbstinterpretation, der Lebensorientierung und Problembewältigung. Viele Tagebücher und Erinnerungen enthalten denn auch Bemerkungen und Gedanken zu gelesenen Werken, manchmal auch Zusammenfassungen oder Sammlungen von Sentenzen. So nimmt auch Amelie Moser, um ihre Lebensgestaltung zu überdenken, in ihrem Tagebuch immer wieder Bezug auf vergangene oder gegenwärtige Lektüre und auch in ihren Briefen an ihren Verlobten, den sie auch mit Büchern versorgte, setzte sie sich mit Literatur auseinander und teilte ihrem Verlobten ihre Eindrücke mit. [1019]

Ihren aktuellen neueren Lesestoff bezogen auch gutbürgerliche Familien noch bis gegen Ende des Jahrhunderts zu einem grossen Teil aus privaten oder vereinseigenen Leihbibliotheken, wie sie in Zürich zum Beispiel die Museumsgesellschaft oder der Lesezirkel Hottingen führten, sowie teilweise auch aus öffentlichen Bibliotheken. [1020] Dies galt besonders auch für die bei Frauen und Töchtern so beliebte und viel gelesene Romanliteratur. In ihren Kindheitserinnerungen erzählt Marie Looser-Largin, wie sie in den achtziger Jahren in Bern jeweils mit ihrer «Mamma», der Gattin des Direktors der Eidgenössischen Bank Alexander Largin, in die Burgdorfersche Leihbibliothek mit ihrem Geruch von «muffigen Büchern, Schokolade und Eau de Cologne» ging und dort jeweils die «Fliegenden Blätter» anschaute, während die Mutter sich neue Literatur besorgte. [1021] Noch um 1900 bezogen die sich am Leihverkehr beteiligenden Mitglieder der Museumsgesellschaft Zürich, die sich zu fast neunzig Prozent aus bürgerlichen Kreisen zusammensetzte, im Durchschnitt pro Jahr 53 Bücher oder ein Buch pro Woche. An der Spitze der Autorinnen und Autoren, deren Bücher am meisten ausgeliehen wurden, standen Natalie von Eschstruth und Paul Heyse mit 354 bzw. 339 Ausleihen. Es folgten Bücher von Ganghofer, Fontane, Tolstoi, Spielhagen, Eckstein, Sudermann, Georg von Ompteda und Heiberg. [1022] Grosse private Bibliotheken, die nicht direkt beruflichen Zwecken dienten, waren deshalb noch Ende des 19. Jahrhunderts auch in bürgerlichen Haushalten eher die Ausnahme als die Regel. So besass auch der reiche Zürcher Rentier Conrad Escher (1833–1919), obwohl er viel las und Freude an Büchern hatte, eine «verhältnismässig kleine Bibliothek», denn die «Bücher der Stadtbibliothek waren ihm so lieb, wie wenn es seine eigenen gewesen wären». [1023] Nicht nur Bücher, auch Kultur-Zeitschriften sowie Familien- und Unterhaltungsblätter, die zur beliebtesten Lektüre gehörten und Neues aus Wissenschaft und Technik sowie Zugang zu den bildenden Künsten und der Literatur verschafften, wurden teilweise über Lesemappen bezogen, die von Lesegesellschaften oder ähnlichen Vereinigungen zusammengestellt wurden und dann unter den Haushalten der Mitglieder zirkulierten. So verzichteten vor der Jahrhundertwende in Zürich noch selbst vermögliche Kreise aufgrund der hohen Kosten darauf, verschiedene solche Zeitschriften zu abonnieren und zogen es vor, sie gegen eine Sondergebühr sofort nach Erscheinen in einer Lesemappe des Lesezirkels Hottingen lesen zu können. Damit konnten zwei Drittel bis drei Viertel der Kosten gespart werden. [1024]

Neben dem Lesen bildete auch die Musik einen wichtigen Bestandteil der privaten Familien- und Geselligkeitskultur. Besonders intensiv gepflegt wurde sie etwa im Haus des Zürcher Seidensensals Adolf Steiner (1843–1930), der seit 1867 während Jahren im Orchester der Zürcher Tonhalle-Gesellschaft mitwirkte und von 1878 bis 1907 für die Neue Zürcher Zeitung Musikkritiken schrieb, und seiner Gattin Elisabeth Schweizer (1848–1898), die seit ihrer Mädchenzeit eine «Pianistin von nicht gewöhnlichem Können» war. [1025] «Die Steinerschen Musikabende, wo Streichquartette mit Klaviersoli der Hausfrau oder des Pianisten Freund oder Kirchners abwechselten, boten herrliche Genüsse. Der Hausherr war ein trefflicher Violinist. Er pflegte die zweite Geige zu spielen; mit Direktor Hegar, Konzertmeister Kahl und dem Cellisten Ruhoff oder Julius Hegar ergab sich ein wundervolles Zusammenspiel.» [1026] Mit Ausnahme des gastgebenden Ehepaares handelte es sich bei allen Mitwirkenden jedoch um in Zürich ansässige, oft aus Deutschland zugezogene Berufsmusiker und nicht um musikbegeisterte Laien. [1027] Regelmässige Kammermusik in den eigenen vier Wänden war jedoch auch in

Zürich eher eine Ausnahme. Dagegen war es für bürgerliche Familien in der zweiten Hälfte des 19. Jahrhunderts auch in der Schweiz eine gesellschaftliche Notwendigkeit, ein Klavier zu haben. Es nahm im wörtlichen wie übertragenen Sinne in vielen Haushalten einen grossen Platz ein. Da jedoch wie Lesen auch Klavierspielen in hohem Masse von Töchtern und Ehefrauen gepflegt wurde, kam im durchschnittlichen bürgerlichen Haushalt den weiblichen Familienangehörigen auch in der Musik meist der aktivere Part als den Männern zu. In Häusern, wo auf die musikalische Erziehung besonders Wert gelegt und auch das gemeinsame Musizieren gepflegt wurde, erlernten und spielten zwar auch die männlichen Familienangehörigen ein Instrument. Doch konnten sie im Unterschied zu den Mädchen oder Frauen, die aus Gründen der Schicklichkeit weitgehend auf das Klavier verwiesen waren, auch andere Instrumente, insbesondere Geige oder Cello, wählen. Klavierspielen entwickelte sich so ab Mitte des 19. Jahrhunderts auch in der Schweiz für bürgerliche Töchter zu einem gesellschaftlichen Muss. Eine Tochter, die ordentlich Klavierspielen konnte, stand in einem guten Ruf, stellte sie doch damit öffentlich ihre gute Erziehung unter Beweis. So bildete die Virtuosität einer Tochter auf dem Flügel oder Klavier als Teil der «ästhetischen Mitgift» ein wichtiges Element der elterlichen Verheiratungsstrategie. [1028]

Zu einer standesgemässen bürgerlichen Lebensführung gehörte auch ein gewisses Kunstverständnis, das sich zunächst vor allem in einer entsprechenden Ausstattung der Wohnung mit «guten Bildern» abzubilden hatte, sich aber auch im Besitz von vor- oder halbwissenschaftlichen Büchern zur Malerei und Bildhauerei in der Hausbibliothek sowie im Lesen von Kunstzeitschriften und allenfalls noch im Sammeln von Bildern und Kunstgegenständen aller Art ausdrückte. [1029] Manche, wie zum Beispiel der Zürcher Rentier Conrad Escher, begnügten sich jedoch nicht damit, Bilder nur für sich zu erwerben, sondern machten, meist als Mitglied einer Künstler-Gesellschaft oder eines Kunstvereins, auch noch grössere Ankäufe zum Zwecke der Schenkung an deren Sammlungen. [1030] Das Sammeln von Kunst- und anderen Wertgegenständen, die nicht in erster Linie zur Geschichte der eigenen Familie gehörten, kam vor allem in der zweiten Hälfte des 19. Jahrhunderts vermehrt auf. Die wachsende Kunstbeflissenheit bürgerlicher Kreise äusserte sich aber auch darin, dass diese sich nun vermehrt in Künstlergesellschaften oder Kunstvereinen engagierten und im ganzen Kunstbetrieb neue Akzente setzten. Ein typisches Beispiel dafür waren die Ereignisse rund um die Gründung der Zürcher Kunstgesellschaft um 1895. Die schon 1787 durch den Dichter Johann Martin Usteri gegründete «Künstlergesellschaft» war bis in die neunziger Jahre des 19. Jahrhunderts hinein eher ein kleiner Verein, der sich zu fast neunzig Prozent aus kunstinteressierten Laien aus gutsituierten und etablierten Kreisen des städtischen Wirtschafts- und Bildungsbürgertums rekrutierte, dazu gesellten sich einige Kunsthändler und Kunsthandwerker sowie Künstler, die sich aber ausser an den geselligen Anlässen

am Gesellschaftsleben kaum aktiv beteiligten. Die Aktivitäten der Gesellschaft, die im 1846 erstellten Sammlungsgebäude auch eine recht bescheidene Gemäldegalerie betrieb, beschränkte sich im wesentlichen auf «Vorwei-
sungen von kunstverständigen Sammlern» und den Vorträgen der Kunst-
dozenten beider Hochschulen sowie der Organisation von kleineren Ausstellungen. [1031]

Den Anstoss zur Wandlung gab das Bild «Braut von Korinth» von
Gabriel Max, das vom reichen Seidenfabrikanten Gustav Henneberg, einem
bekannten Zürcher Sammler moderner Kunst, der Gesellschaft für die Weih-
nachtsausstellung von 1894 zur Verfügung gestellt, aber von der Kunst-
kommission zusammen mit zwei weiteren Bildern aus moralischen Gründen abgelehnt wurde. Darüber kam es zur Sezession, wobei die Protagonisten jedoch Mitglied der «Künstlergesellschaft» blieben. Mit dem her-
ausfordernden Motto «Freie Kunst im freien Lande» kam es zur Neugründung eines neuen Vereins für bildende Kunst, dem «Künstlerhaus
Zürich», das im Restaurant des Hotel Baur au Lac, einem beliebten Treffpunkt
neubürgerlicher Kreise, als erstes eine erfolgreiche Ausstellung moderner
Gemälde organisierte und schon nach wenigen Monaten über 400 Mitglieder
zählte. Ebenso grossen Erfolg hatte die neue Vereinigung mit einem Jahr-
marktfest verbunden mit einem Basar und einer Kunstauktion, an der Heinrich Angst, Seidenkaufmann, Direktor des Landesmuseums und selbst eifriger Sammler, 90 Bilder versteigerte und damit 33 000 Franken Erlös
einbrachte. [1032] Da die alte Künstlergesellschaft nicht mehr zu halten war,
fusionierten die bei-den Gesellschaften 1896, zusammen noch mit einer seit
1886 bestehenden Künstlervereinigung, zur «Zürcher Kunstgesellschaft».
Wichtigstes Ziel war die Planung und Errichtung eines grossen Kunsthauses.
Die neue Gesellschaft vermochte in der Folge vor allem auch neubürgerliche
Kreise anzusprechen, die der eher konservativ beherrschten «Künstlergesellschaft» ferngeblieben waren. Auch Frauen konnten nun Mitglied werden. Sie stellten 1905 rund ein Viertel aller Mitglieder. Wie sehr besitz- und
wirtschaftsbürgerliche Kreise sich um diese Zeit für Kunst interessiert zeigten,
lässt sich an der sozialen Zusammensetzung der Gesellschaft ablesen. Auch
bei den auswärtigen Mitgliedern handelte es sich zu einem grossen Teil
um Unternehmer und Kaufleute. Rund ein Viertel der Mitglieder gehörten
aufgrund ihres Einkommens und Vermögens dem Grossbürgertum an. So
waren etwa ein Drittel aller Steuerpflichtigen in der Stadt Zürich mit einem
Vermögen über 500 000 Franken und ein Viertel derjenigen mit einem
Vermögen zwischen 250 000 und 500 000 Franken Mitglied in der Kunstgesellschaft. [1033] Männer und Frauen aus mittelständischen Verhältnissen
fanden dagegen kaum den Weg in diese Vereinigung gutbürgerlicher Kunst-
interessierter.

Tabelle 68    **Soziale Struktur der Mitglieder der Künstlergesellschaft bzw. Kunstgesellschaft Zürich und der Bernischen Künstlergesellschaft (in Prozent).** 1034

| | Zürich | | | Bern | |
| --- | --- | --- | --- | --- | --- |
| | 1875 | 1905 | | 1880 | 1897 |
| | Männer | Männer | Total | Männer | Männer |
| **Besitzbürgertum** | 2,5 | 6,1 | 15,0 | 7,1 | 4,5 |
| **Wirtschaftsbürgertum** | 39,8 | 28,0 | 26,1 | 12,6 | 11,0 |
| Kaufmann/Unternehmer | 34,7 | 25,5 | 23,2 | 8,8 | 5,7 |
| Baumeister | 3,4 | 1,6 | 1,2 | 1,6 | 3,8 |
| **Bourgeoisie des talents** | 44,1 | 43,5 | 36,9 | 56,6 | 57,2 |
| Arzt/Apotheker | 1,7 | 5,5 | 4,7 | 4,4 | 6,4 |
| Advokat/Dr. iur. | 0,8 | 3,1 | 2,8 | 3,8 | 2,3 |
| Professor/Dr. phil. | 14,4 | 8,4 | 7,3 | 14,8 | 14,0 |
| Architekt/Ingenieur | 6,8 | 9,5 | 7,6 | 14,3 | 11,4 |
| Künstler | 12,7 | 9,9 | 8,2 | 7,7 | 9,4 |
| Hoher Beamter/Direktor | 6,0 | 5,6 | 5,1 | 8,7 | 9,9 |
| **Bürgertum total** | 86,4 | 78,4 | 78,0 | 76,4 | 72,7 |
| **Alter Mittelstand** | 9,3 | 5,2 | 4,2 | 11,5 | 16,3 |
| **Neuer Mittelstand** | 1,7 | 3,8 | 2,9 | 8,8 | 7,6 |
| Ohne Angabe | 2,5 | 12,4 | | 3,3 | 3,4 |
| **Witwen/Töchter ohne Beruf** | | | 5,6 | | |
| **Total (n)** | 118 | 618 | 834 | 182 | 264 |

Auch die 1813 gegründete Bernische Künstler-Gesellschaft, die als ihren Zweck die «frohe Mitteilung und Unterhaltung über alle Gegenstände der Kunst» sah, erlebte einen gewissen Mitgliederzuwachs.[1035] Während sie in ihren ersten Jahrzehnten neben tätigen Künstlern zunächst vor allem von vermöglichen, kunstinteressierten Stadtbürgern und Patriziern, den potentiellen Auftraggebern und Käufern, getragen wurde, vereinigte die Gesellschaft im letzten Viertel des 19. Jahrhunderts dann zunehmend Männer aus fast allen bürgerlichen Erwerbs- und Berufsklassen, aber auch verschiedener sozialer Herkunft. Rund ein Zehntel der Mitglieder stammte aus patrizischen Kreisen. Mehr als die Hälfte gehörte der Bourgeoisie des talents an, besonders Architekten, Hochschulprofessoren, Gymnasiallehrer sowie hohe Beamte und zunehmend Ärzte waren in relativ grosser Zahl an Kunst interessiert. Mit etwa einem Fünftel der Mitglieder waren mittelständische Kreise noch stärker vertreten als das in Bern ohnehin kleine Wirtschaftsbürgertum. Darunter waren jedoch etliche, die einen kunstgewerblichen Beruf ausübten und die wie die Künstler, aber auch Kunsthändler und Sammler, auch aus beruflichen Gründen einer solchen Gesellschaft nicht fernbleiben konnten.

Aus naturwissenschaftlicher Begeisterung und Interesse wurden aber schon in der ersten Hälfte des 19. Jahrhunderts auch Pflanzen, Insekten und andere naturwissenschaftliche Objekte gesammelt. So baute, um ein extremes Beispiel zu nennen, Heinrich Escher-Zollikofer (1776–1853), Alfred Eschers Vater, ab 1820 eine Insektensammlung auf, die über 22 000 Insektenarten in 66 300 Exemplaren aus aller Welt umfasste.[1036] Der Zürcher Rentier und Stadtrat Johann Heinrich Landolt (1831–1885), ein «tüchtiger Kunstkenner», sammelte dagegen vor allem Kupferstiche. Rund 60 000 Franken liess er sich seine Sammlung, die schliesslich aus über 11 000 Blättern bestand, kosten.

Wie er im Testament festhielt, war dies in seinem Leben der «grösste Luxus» gewesen. [1037] Das Sammeln von Gemälden und Stichen, Münzen und Medaillen, von Porzellan oder anderen Kunstgegenständen auf privater Basis gewann in bürgerlichen Kreisen vor allem um und nach 1870/80 an Beliebtheit und Prestige. Besonders galt dies für das Sammeln von Kunst- und Kulturdenkmälern, sogenannten Altertümern, die mit der in bürgerlichen Kreisen zusehends stärkeren Hinwendung zur Tradition und Geschichte eine Aufwertung erfuhren und nun nicht mehr aus einer tiefen Fortschrittsgläubigkeit heraus verachtet und einfach nur als wertloses Gerümpel und historische Überbleibsel einer überwundenen Vergangenheit gesehen wurden. [1038] Auf literarischer Ebene thematisierte J. C. Heer (1859–1925), bis 1899 Leiter des Feuilletons der Neuen Zürcher Zeitung, die in neubürgerlichen Kreisen verbreitete Verachtung von Altertümern in seinem 1901 erstmals erschienenen Roman «Felix Notfest», in dem ein altes Kloster einem Fabrikneubau weichen soll, was den Helden dann zum Vorkämpfer für die Gründung eines Nationalmuseums werden lässt. Heer, nach der Jahrhundertwende einer der vielgekauften Unterhaltungsautoren, lag mit diesem Roman mit seiner eindeutigen Kritik am liberalen, einzig dem wirtschaftlichen Fortschritt und dem Materialismus verpflichteten Wirtschaftsbürgertum ganz auf der Linie der um 1900 in bildungsbürgerlichen Kreisen und wohl auch bei seinen Leserinnen stark verbreiteten Kritik am Materialismus und Industrialismus mit seinen negativen Auswirkungen auf Gesellschaft und Kultur.

Nicht von ungefähr waren es in dieser Zeit der verstärkten Hinwendung zur Tradition nun vermehrt auch Männer aus dem wirtschaftlich und sozial neu aufgestiegenen Bürgertum, die teils mit Leidenschaft historische Kunst- und Kultgegenstände oder Gemälde der Gegenwartskunst aufzukaufen begannen. Mit der Verwandlung ihres Reichtums in kulturelles Kapital bestätigten und legitimierten sie sich selbst und ihrem sozialen Umfeld gegenüber ihren hohen Status und befriedigten so ihr Bedürfnis nach kulturellem Prestige, aber auch nach Gleichrangigkeit mit der alten Elite. Ein klassisches Beispiel dafür ist der erfolgreiche Zürcher Oberländer Unternehmer und spätere Beherrscher der Nordostbahn Adolf Guyer-Zeller (1839–1899), der sich 1870 in Zürich niederliess und auch den Geschäftssitz in den folgenden Jahren vom elterlichen Fabrikbetrieb im Neuthal bei Bauma in die Hauptstadt verlagerte. Schon 1870 trat er der Antiquarischen Gesellschaft bei, zeigte als privater Kunstliebhaber stets «grosses Interesse» für «Altertümer und Kunstereignisse» und half auch «manchem bedürftigen Künstler aus der Not». [1039] Andere bedeutende Sammler waren in Zürich zum Beispiel der aus Schlesien zugewanderte reiche Seidenkaufmann Gustav Henneberg (1847–1918), der sich in seinem 1898 am Alpenquai neu erbauten Palais für seine Kunstsammlung eine Kunstgalerie einrichtete. 1903 versteigerte er in München seine Sammlung, begann dann aber erneut neue Kunst (Hodler) zu kaufen. Auch der ursprünglich aus Deutschland zugezogene Arzt Adolf Friedrich Hommel, der sich in

Hottingen eingekauft hatte und mit neuartigen Medikamenten ein grösseres Vermögen gemacht hatte, baute in seinem um 1902 neu errichteten Haus «Dem Schönen» im Obergeschoss eine Kunstgalerie für alte Meister ein. Weitere neureiche Sammler waren Fritz Meyer-Fierz (1847–1917), der seinen in Sumatra erlangten Reichtum teils in alter holländischer Kunst anlegte, aber auch Hodler und van Gogh kaufte, sowie der Eisenhändler Richard Kissling, dessen Vater aus dem Badischen stammte und 1870 das Zürcher Bürgerrecht erworben hatte. [1040] Auch Walter Boveri (1865–1924), zusammen mit Charles Brown Gründer des Elektrounternehmens Brown Boveri in Baden, benützte geschäftliche Reisen etwa nach München dazu, um in bekannten Kunsthandlungen ein Bild zu erwerben, «von dem sich später manchmal herausstellte, dass es nicht mit Gewissheit von dem Meister stammte, dem es die Kunsthändler, die wie ganz seriöse Grosskaufleute auftraten, zuschrieben». [1041]

Wie Adolf Guyer-Zeller gehörte auch der Seidenkaufmann und leidenschaftliche Altertumssammler Heinrich Angst (1847-1922), einer der wichtigsten Befürworter des Landesmuseums und dann auch dessen erster Direktor, weder aufgrund seiner Herkunft aus der ländlich-dörflichen Oberschicht und seiner verwandtschaftlichen Beziehungen – Angst war mit einer Engländerin verheiratet, die er während seiner Anstellung in London kennengelernt hatte – noch aufgrund seines Vermögens und Einkommens zu den arrivierten bürgerlichen Kreisen. Auch politisch stand er als Anhänger der Demokraten den tonangebenden bürgerlichen Kreisen fern. Sein Sammel- und Kaufeifer, der sich zuerst nur auf alte schweizerische Keramik bezog, sich dann aber bald auch auf farbintensive Scheiben, seltene Waffen, reichgeschnitzte Möbel sowie kirchliche und weltliche Goldschmiedekunst erstreckte, stiess denn auch bei vielen Zürcher Bürgern auf Skepsis, teils auf offene Ablehnung. Sie sahen in ihm weniger einen Sammler als vielmehr in erster Linie einen Händler oder gar Spekulanten. Sie konnten sich, wie Heinrich Angst sich gegen solche Vorwürfe verteidigend meinte, nicht oder nur schwer vorstellen, dass man für solche Gegenstände sein gutes Geld ausgibt, bloss weil man Freude an dessen Besitz hat. Allerdings war Angst, wie auch sein ihm wohlmeinender Biograph Robert Durrer festhält, in zweiter Linie auch wirklich ein guter Händler und zwar einer, der den meisten Berufsantiquaren überlegen war. [1042]

Der wohlhabende Berner Burger Friedrich Bürki (1819–1880) dagegen stand zwar der alten Oberschicht schon recht nahe, doch auch er stammte aus einer Familie, die das Burgerrecht der Stadt Bern erst 1793 erhalten hatte, aber dank des grossen Reichtums seines Grossvaters, wahrscheinlich aus Bank- und Handelsgeschäften, bis zu einem gewissen Grade in den «Kreis der Auserwählten» aufgenommen worden war. Vater Samuel Bürki (gest. 1836) gehörte 1831 dann jedoch zu jenen wenigen Männern aus dem Umfeld des Patriziates und der vermöglichen Burgerschaft, die sich nach der liberalen Revolution aktiv am neuen Regiment beteiligten. [1043] Er amtierte im Regierungsrat als Vorsteher des Baudepartementes, was ihm und seiner Familie in patrizischen

Kreisen trotz seines Rücktrittes nach nur einjähriger Amtszeit geschadet haben
dürfte, jedoch nicht verhinderte, dass sowohl seine einzige Tochter als auch
der ältere Sohn, der Banquier Karl Ludwig Samuel Bürki (1805–1853), durch
Heirat mit patrizischen Familien in enge verwandtschaftliche Beziehung traten. [1044] Friedrich Bürki selbst blieb unverheiratet. Als Sammler von allerlei
exquisiten Raritäten trat er erst seit Beginn der siebziger Jahre an die Öffentlichkeit. Er bedachte ab und zu eine öffentliche Sammlung mit einer Schenkung und rettete verschiedene kirchliche Glasgemälde auf seine Kosten. Auch
liess er einen Teil der Burgunder Teppiche restaurieren, spielte sich allgemein
als Mäzen auf und versicherte mündlich und schriftlich, dass er seine Schätze
einst durch die Gründung und Stiftung eines historischen Museums der
Öffentlichkeit hinterlassen werde. Im Vertrauen darauf überliessen ihm Ge-
meindevorsteher zu relativ günstigen Preisen Kirchenscheiben sowie Kultus-
gegenstände, aber auch Private, zum Beispiel geldbedürftige Patrizier, hatten
deswegem weniger Skrupel, ihm Schätze, die «ein stolzes Familienbewusstsein
eifersüchtig gehütet hatte», zu verkaufen. Bis 1880 hatte er eine Sammlung
schweizerischer Altertümer zusammengekauft, wie sie in bürgerlichen Händen in der Schweiz kaum je bestanden hatte. Dabei dürften ihm nicht zuletzt
auch seine verwandtschaftlichen, gesellschaftlichen und politischen Beziehungen zu patrizischen Kreisen – Bürki sass als Vertreter der Konservativen
im Grossen Rat und Grossen Stadtrat – zustatten gekommen sein. Ohne
zu bestimmen, was mit seiner Sammlung geschehen sollte, beging Friedrich
Bürki dann jedoch im Sommer 1880 Selbstmord. Auf Anordnung der «lachen-
den Erben», zwei reichen Neffen, der eine «ein berühmter Pferdekenner
und grosser Kutschierer vor dem Herrn», gelangte die Sammlung in Basel
zur Versteigerung, die einen Gesamterlös von über 300 000 Franken einbrachte. [1045] Das Anlegen von Sammlungen naturwissenschaftlicher Objekte, von
Kunst- und andern Wertgegenständen war im wesentlichen eine Domäne der
Männer. Frauen verstanden sich in bürgerlich-männlicher Optik höchstens auf
das Aufbewahren von Nichtigkeiten, von rührenden Erinnerungsstücken und
ähnlichen Andenken, aber nicht auf das Sammeln von Objekten, die in
naturwissenschaftlicher oder in historischer wie künstlerischer und damit auch
in finanzieller Hinsicht wertvoll waren. Das private Sammeln als eine Form
des gepflegten Müssigganges entsprang über das Bedürfnis hinaus, den
wirtschaftlichen und sozialen Status auch kulturell sichtbar zu machen, unterschiedlichen Interessen, Wünschen und Motiven. Rein finanzieller Natur
waren sie wohl nie, auch wenn gerade bei Gemäldesammlungen und anderen
Kunstgegenständen dem Geld selbstverständlich eine entscheidende Rolle
zukam; denn schliesslich lag der Wert dieser Objekte ja darin, dass mit ihnen
ökonomisches Kapital in kulturelles Kapital überführt und allenfalls auch
wieder zurückverwandelt werden konnte. Abgesehen von der Befriedigung
individueller Sammelleidenschaft hofften viele, sich mit dem Anlegen einer

Sammlung in eine Tradition zu stellen, ihre Vergänglichkeit zu bannen und eine Spur ihres Daseins zu bewahren. Nicht zuletzt deshalb vermachten diese Sammler ihre Sammlungen öffentlichen oder privaten Institutionen, z. B. städtischen oder staatlichen Museen und Bibliotheken, oder sie errichteten Stiftungen. Um sich selbst und ihr kulturelles Prestige zu verewigen, versuchten sie so zu verhindern, dass nach ihrem Tode die Objekte ihrer Sammelleidenschaft wegen verständnisloser Erben in alle Winde verstreut würden. So überliessen sowohl Heinrich Escher bzw. sein Sohn Alfred Escher als auch der Zürcher Stadtrat Joh. Heinrich Landolt, dessen Ehe kinderlos geblieben war, ihre Sammlungen dem Eidgenössischen Polytechnikum.

Eine weitere, besonders in altbürgerlichen Kreisen Zürichs, recht verbreitete Freizeitbeschäftigung für Männer war eine wissenschaftliche Betätigung. Die meisten dieser dilettierenden Gelehrten oder gelehrten Dilettanten waren allerdings in irgendeiner Art historisch-antiquarisch ausgerichtet.[1046] So legte Jakob Escher-Bürkli (1864–1939), der alte Sprachen studiert hatte, einige Jahre als Gymnasiallehrer, dann in Teilzeitbeschäftigung als Stadtbibliothekar arbeitete und ab 1909 schliesslich vor allem in öffentlichen Ämtern der Kirche und Schule wirkte, bis ins 14. Jahrhundert zurückreichende Ahnentafeln von seiner und der Familie seiner Frau an, errechnete den Ahnenanteil verschiedener Geschlechter und erstellte eine Kartothek mit biographischen Notizen. Seine grösste und wichtigste wissenschaftliche Arbeit bildete jedoch seine Sammlung der Ortsnamen der Schweiz, die über 163 000 Namen umfasste. Zudem füllte er 135 Zettelkästchen mit einigen hunderttausend Familien- und Personennamen.[1047] Vor allem die Beschäftigung mit der Geschichte spielte bei solch wissenschaftlicher Betätigung eine wichtige Rolle. Das Interesse galt oft der eigenen Familien- oder Geschlechtergeschichte, der Genealogie allgemein oder der Lebensgeschichte verstorbener, verdienstvoller Männer aus dem eigenen sozialen Umfeld oder gar aus dem eigenen Freundes- und Verwandtschaftskreis. Ein Abbild davon geben die Neujahrsblätter der verschiedenen Zürcher Gesellschaften mit ihrer Vielzahl von Biographien, die alle den Kult der Persönlichkeit und der selbst erbrachten Leistungen pflegen, sich aber in der Regel auf ein ausgiebiges Studium des Nachlasses stützen. Typischerweise findet sich diese Art auch in die Öffentlichkeit getragene Beschäftigung mit der eigenen Vergangenheit in den patrizischen Kreisen Berns sehr viel weniger oder gar nicht. Der Kult der Persönlichkeit und ihrer Leistung wurde nach aussen wenig gepflegt und auch als Sammler oder dilettierende Wissenschafter betätigte man sich in diesen Kreisen nur ausnahmsweise. Die höhere Selbsteinschätzung, der Anspruch auf einen höheren sozialen Status und dessen Legitimation gründeten offenbar noch viel unmittelbarer auf Herkunft und Tradition und weniger auch auf Leistung und Bildung.

Auch das mehr öffentliche Kulturleben war und blieb in der ersten Hälfte des 19. Jahrhunderts sowohl in Zürich als auch in Bern in hohem Masse noch recht lange eine Angelegenheit bürgerlich-aristokratischer oder patrizischer Kreise. Vor allem galt dies für die Pflege der instrumentalen, klassischen Musik. So rekrutierten sich in Bern die aktiven wie passiven Musikliebhaber und Musikliebhaberinnen der 1815 gegründeten Musikalischen Gesellschaft vor allem aus dem Patriziat und der wohlhabenderen Burgerschaft, unterstützt durch meist aus Deutschland zugezogene Musiklehrer und andere Berufsmusiker, die ihren Lebensunterhalt auch mit Tanzmusik verdienen mussten. Auch das Publikum in den von den Aktiven der Gesellschaft gegebenen Konzerten stammte weitgehend aus diesem Umfeld. Der Zusammenbruch der alten Ordnung um 1830/31 führte in der Folge für mehr als zwei Jahrzehnte zu einem Niedergang des Konzertlebens. Die Musikgesellschaft geriet in einen desolaten Zustand. Die Abonnements für die Konzerte gingen zurück. Vor allem waren die Damen aus dem Patriziat nicht mehr geneigt, im Frauenchor in einem Konzertsaal zu singen, wo auf den besten Plätzen nun vermehrt bürgerliche Frauen «mit schlechtem Geschmack und mangelhafter Bildung» sassen, ebensowenig waren sie gewillt, mit diesen als Zuhörerinnen die Plätze zu teilen. Von 1838 bis 1846 musste die Musikgesellschaft ihre Konzerte dann sogar ganz einstellen. [1048]

Nicht so abhängig vom Patriziat und von seinem Rückzug auch weniger betroffen war das Theater. So gab es ab 1837 im Berner Theater, dem Hôtel de Musique, wo seit 1798 meist französische oder deutsche Wandertruppen aufgespielt hatten, ein stehendes Ensemble. Zur gleichen Zeit setzte sich in Bern nun das deutschsprachige Theater durch. [1049] Kurz zuvor, um 1834, hatte auch Zürich mit dem Umbau der Barfüsserkirche in ein privat finanziertes Aktientheater eine ständige Theatertruppe erhalten. Die Trägerschaft bestand aus kulturell aufgeschlossenen Männern aus den ehemaligen Herrengeschlechtern, wohlhabenden Kaufleuten aus stadtbürgerlichen Familien sowie liberaler Prominenz aus den bürgerlichen Mittelklassen. [1050] Wie die Künstler-Gesellschaften der beiden Städte führte auch das Theater bildungs- und kulturbewusste Konservative eher gemässigter Richtung aus der alten Führungsschicht mit ebensolchen Männern aus dem liberalen Bürgertum zusammen. [1051] Ein grosser Teil der konservativ wie auch protestantisch-puritanisch gesinnten Zürcher Aristokratie blieb dem Theater als einem Ort des Luxus, der Eitelkeit und aufreizenden Sinnlichkeit jedoch noch über Jahrzehnte fern. So beklagte sich 1844 die bis 1843 in Zürich wirkende Direktorin des Theaters Charlotte Birch-Pfeiffer einem Mäzen gegenüber, dass die Hälfte oder zwei Drittel der Zürcher Millionäre und Vornehmen Pietisten seien, die das Theater als eine Erfindung des Teufels verabscheuten, und dass die wenigen, die es besuchten, sich mit einem Logenplatz begnügen würden. [1052] Für Teile der bürgerlichen Mittelklassen scheint dagegen das Theater schon in den dreissiger und vierziger Jahren ein beliebter und bevorzugter Ort der Unterhaltung und Bildung, aber auch der gesellschaftlichen Repräsentation gewesen zu sein, ein Ort, wo man etwas erleben und geniessen, erfahren und lernen, aber auch sich zeigen und gesehen werden und so seine Dazugehörigkeit oder doch seinen Anspruch darauf demonstrieren konnte. Trotzdem behielt das Theater bis gegen Ende des Jahrhunderts seinen leicht zweifelhaften Ruf. Man billigte ihm in bürgerlichen Kreisen je nach Zusammensetzung und Gewichtung des Spielplanes zwar bildenden und kulturellen Wert zu oder unterstützte es aus Prestigegründen allenfalls als eine Art «edler Luxus», unterschied es aber im allgemeinen nicht von gewöhnlichen Vergnügungen. [1053] Nur in gelegentlichen Rezensionen wurden ab den sechziger Jahren hie und da Stimmen laut, die ihm in der Erziehung und Bildung eine besondere Mission wie der Schule und Kirche zusprachen oder dies von ihm forderten. So stiessen insbesondere die beim Publikum so beliebten und für die Theaterleitungen auch aus finanziellen Gründen wichtigen Operetten und andern Werke des leichtern Genres bei unterhaltungs- und genussfeindlichen, (klein)bürgerlichen Moralisten und Idealisten auf Kritik. [1054] Für sie sollte das Theater im Sinne Schillers eine sittlich-moralische Bildungsanstalt sein, wo das Wahre, Gute und Schöne zur Darstellung kommen und wo dem Schauspiel, das beim Publikum wenig geschätzt und deshalb auch wenig auf den Spielplan gesetzt wurde, mehr Gewicht beigemessen werden sollte. Doch auch die Vorsteherschaft und die Aktionäre des Theaters traten mehrheitlich für die Oper und Operette ein und liessen Mitte der achtziger Jahre auf einen entsprechenden Wunsch der städtischen Behörden hin, doch das Schauspiel mehr zu fördern, diese wissen, dass dann die Stadt die Subventionen von privater Seite übernehmen müsste, denn diese würden vor allem für die Oper und nicht für das Schauspiel gesprochen. [1055]

Zu einer Selbstverständlichkeit und wesentlichen Bedingung des Dazugehörens entwickelte sich die repräsentative Beschäftigung mit den schönen Künsten in den bürgerlichen Klassen dann vor allem in der zweiten Hälfte des 19. Jahrhunderts, als Repräsentation und Genuss allgemein einen höheren Stellenwert einzunehmen begannen und der Besuch von Konzerten, Opern oder Operetten den Rang einer gesellschaftlichen Verpflichtung erhielten. Schon ab den vierziger und fünfziger Jahren führten die zunehmenden Kultur-, Bildungs- und Geselligkeitsbedürfnisse zu einem Aufschwung der Gesangs-, Musik- und Kunstvereine, Lese- und Museumsgesellschaften [1056] sowie des Theater- und Konzertlebens allgemein. In den sechziger und siebziger Jahren, verstärkt wieder gegen Ende des 19. und anfangs des 20. Jahrhunderts, trieben sie dann auch den Ausbau kultureller Institutionen voran, die von ihrer Trägerschaft her zwar weiterhin noch auf der Basis von Vereinen oder Aktiengesellschaften organisiert blieben, jetzt aber finanziell höhere städtische und kantonale Unterstützung erhielten. Am Konzertleben lassen sich diese Entwicklungen besonders gut aufzeigen. In Zürich wie in Bern entstand um 1860 ein öffentliches Konzertwesen im Abonnementsbetrieb mit regelmässigen, von einem ständigen Orchester dargebotenen Konzertaufführungen. Damit verbunden setzte aufgrund des höheren Zeitaufwandes und Anspruchs an das Können der Musiker eine Professionalisierung der städtischen Orchester ein. Die Laien, die bis anhin in den Orchestern dominiert und nicht nur bei Konzerten, sondern auch bei den Opern im Theater mitgewirkt hatten, wurden nun zunehmend durch Berufsmusiker ersetzt. [1057] Gleichzeitig wurden mit dem Aufbau von Musikschulen, die einen Stab von Berufsmusikern vereinigten, auch die Möglichkeiten zur musikalischen Ausbildung, die bis anhin allein auf der Basis des privaten Unterrichtes bei Musiklehrern erfolgt war, verbessert, zunächst vor allem für die Laien, insbesondere für bürgerliche Töchter und Söhne, später mit der Erweiterung in Konservatorien auch von künftigen Berufsmusikern. In Bern wurde bereits 1858, in Zürich dann 1876 eine solche Musikschule gegründet. [1058] Auch die räumliche Infrastruktur erfuhr in Zürich zu dieser Zeit eine Verbesserung, allerdings nicht nur für die Konzerte des Orchesters, sondern auch für jene der grossen Männer- und Frauenchöre, denen im damaligen musikalischen Leben ja eine sehr grosse Bedeutung zukam. 1867/68 wurde das alte Kornhaus in eine Tonhalle umgebaut. Bereits knapp dreissig Jahre später, um 1895, wurde sie durch die neue grössere Tonhalle ersetzt, für deren Bau die Stadt der Neuen Tonhalle-Gesellschaft den Boden abtrat und eine Subvention von 300 000 Franken zukommen liess. [1059] Mit dem Übergang zum Abonnementsbetrieb entwickelten sich die Konzerte ähnlich wie das Theater zu einem wichtigen neuen Mittelpunkt des gesellschaftlich-kulturellen Lebens. Ein Konzertabonnement zu haben und regelmässig Konzerte zu besuchen, scheint ab den siebziger Jahren für eine standesgemässe bürgerliche Lebensführung fast so etwas wie eine Verpflichtung geworden zu sein, der auch weniger musikbegeisterte bürgerliche Kreise nachkamen und so bei der Entstehung eines festen Konzertpublikums mitwirkten, das sich während einer Saison, aber auch über Jahre hinaus immer aus den gleichen Leuten, den Abonnenten oder ihren Angehörigen, zusammensetzte. In Zürich waren dies in den siebziger Jahren jeweils etwas über achtzig Prozent des gesamten Publikums, ab den neunziger Jahren, als sich die Zahl der Abonnementsplätze von 885 in der Wintersaison 1890/91 auf 1351 im Winter 1900/01 erhöhte, jeweils sogar um die neunzig Prozent. [1060]

Ende des Jahrhunderts gehörten die schönen Künste, das heisst die interesselose, ästhetische Kultur, in allen bürgerlichen Kreisen, wenn auch in durchaus unterschiedlicher Ausprägung, zu jenen hohen Gütern des Lebens, die man schätzen sollte und von denen man etwas verstehen musste. Man musste sich darüber unterhalten können, man musste, wenn man die Kunst und ihre Werke auch nicht unbedingt selbst zu kennen brauchte, doch mindestens aus anderer Quelle wissen, was man darüber wissen sollte. Kunst wurde, jenseits von individuellen Bedürfnissen und Motivationen, im Sinne einer ernsten und höheren Lebensführung oder auch nur aus Mode zur gesellschaftlichen und kulturellen Pflicht: «Auch der Unmusikalische muss Musik schätzen, auch der 'Unpoetische' die Poesie.» [1061] Weil Kunst zur Pflicht wurde, nahm vor allem in der zweiten Hälfte des 19. Jahrhunderts mit dem

wachsenden Umfang und Wohlstand der bürgerlichen Klassen die Zahl der
«Kunstmitläufer» (Nipperdey) entsprechend zu. Sie waren es, die den sich
ausweitenden, immer mehr kommerziell organisierten Kulturbetrieb unter-
hielten und den kulturellen Veranstaltungen und Institutionen das grosse
Publikum zuführten. Sie und nicht allein die Kunstkenner füllten mit ihren
Abonnements die Theater und Konzertsäle, sie stellten die grosse Mehrheit
der passiven Mitglieder in Musik- und Kunstvereinen, in Lesegesellschaften
und andern kulturellen Vereinigungen, aber wohl auch das Gros der Besucherinnen und Besucher von Ausstellungen in den gegen Ende des 19. Jahrhunderts gegründeten Museen. Dies alles blieb nicht ohne Auswirkungen auf die
Kunst: das Klassische verlor an Lebendigkeit, sie wurde auf den Sockel und in
die Vitrine gestellt; das Alte erhielt einen Vorrang vor dem Neuen, die Seh-,
Hör- und Lesegewohnheiten verfestigten sich und erzeugten einen kräftigen
Traditionalismus; die Trivialisierung der Kunst nahm zu und es entstand eine
Art vulgäridealistische Ästhetik. Mit dem Avantgardismus und der zunehmenden Tendenz zum Elitären und Esoterischen erwuchsen dem Traditionalismus
und der Trivialisierung jedoch starke Gegenbewegungen. [1062]
Der allgemeine Ausbau der kulturellen Infrastruktur [1063] vor allem
gegen Ende des 19. und anfangs des 20. Jahrhunderts sollte jedoch, mindestens
dem Anspruch nach, nicht nur den bürgerlichen Klassen zugute kommen.
Die Welt des Theaters oder der Kunstmuseen war und blieb jedoch eine
der Arbeiterschaft weitgehend verschlossene Welt, ein Tempelbezirk, der den
«besserens und «gebildeten» Leuten vorbehalten war. Daran änderten auch die
in Zürich um 1900 als Gegenleistung für die städtischen Subventionen eingeführten, billigeren Volksvorstellungen, die breitere Bevölkerungsschichten zu
einem regeren Theaterbesuch animieren sollten und dies bis zu einem gewissen Grade auch tatsächlich erreichten, wenig. Das punktuelle Eindringen eines
minderen Publikums liess jedoch den elitär-bürgerlichen Charakter umso
klarer hervorscheinen. Deutlich wird dies etwa in einem Bericht der Neuen
Zürcher Zeitung über die Jahrhundertfeier von Schillers Tell: «So hatte denn
das Haus ein seltsames Aussehen: wo sich sonst elegante Damen und befrackte
Herren manierlich, gemessen bewegen, sah man diesmal wetterharte oder von
schwerer Arbeit ausdruckslos erstarrte Gesichter». [1064] Wie sehr im Umgang
mit Kunst auch aus bürgerlicher Optik zwischen den Klassen ein tiefer
Graben bestand, illustriert eine Skizze in der bürgerlichen Monatszeitschrift
«Wissen und Leben», die den Besuch eines Arbeiters im Kunsthaus schildert
und diesen als ein kulturell völlig verkümmertes Wesen darstellt: Schon «ein
wenig beklommen» betrat dieser den «Bezirk der anderen Hälfte der Menschheit», inmitten der «geputzten» Leute von «tadellosen Gewändern und polier-
tem Benehmen» verlor er dann vollends den Mut und verliess nach einem
«vergeblichen Kampf um Erleuchtung» den Musentempel wieder. Der
«Kampf der Genossen» hatte dem Arbeiter zwar, so der bürgerliche Autor dieser Skizze, mehr freie Zeit verschafft, ihm fehlten nun aber noch immer die

«Organe, mit denen er zu den Genüssen am anderen Ufer des Stromes zu gelangen vermochte. Diese Organe, das Auge, die Hand und die Einfühlungskunst in das, was andere geschaffen, waren seit Generationen verkümmert. Eine Welt trennte ihn von den Leuten im Kunsthaus. Ein Strom floss dazwischen, so breit und so tief, dass kein Ton mehr herüberdrang, so sehr er auch horchte und lauschte.» [1065]

Kultur, vor allem die interesselose, ästhetische Kultur, war, wenig anders als in Frankreich oder Deutschland, auch in der Schweiz für die bürgerlichen Klassen nicht nur ein wichtiges Statussymbol. Kultur, verstanden als Stilisierung der Lebenshaltung, als Wertlegen auf Ästhetik, auf Geschmack, das Betonen von Bildung, Wissen und höheren Werten schufen auch Distanz und stifteten zugleich Identität. Sie bildeten die Grundlage des Umganges miteinander, dienten damit aber auch der Abhebung von der übrigen Bevölkerung und förderten trotz der feinen Unterschiede, die sich daraus gerade auch innerhalb der bürgerlichen Klassen beziehungsweise zu mittelständischen und kleinbürgerlichen Schichten ergaben, den Zusammenhalt. Selbst ländliche Unternehmer zeigten sich kunst- und kulturbeflissen, und sei es, wie in anderen bürgerlichen Gruppen auch, nur aus Gründen des Prestiges und nicht aus «innerem Bedürfnis». Wie stark Geschmack, höhere Werte, die Stilisierung des Lebens, eben Kultur nicht nur die wirtschaftliche Position und die Losgelöstheit vom Zwang des Ökonomischen symbolisch darstellten, sondern auch Teil bürgerlichen Selbstbewusstseins und bürgerlicher Identität waren, macht ihre Funktion in der Abgrenzung von der organisierten Arbeiterschaft deutlich. Wo es der Arbeiterschaft entgegenzutreten und ihre Ansprüche, die als ungerechtfertigte Begehrlichkeiten abgetan wurden, zurückzuweisen galt, zogen sich nicht nur bildungsbürgerliche Meinungsmacher und Kulturträger auf idealistische Positionen zurück und trugen einen «rebsteckendürren Idealismus» (Carl Spitteler) zur Schau. [1066] Ihren Persönlichkeits-, Sittlichkeits- und Bildungsidealen, ihrer Kunstfrömmigkeit und ihrem Ästhetizismus stellten sie in ideologischer Fixierung den (proletarischen) Massenmenschen in seiner interessenverhafteten Existenz, mit seinem Materialismus, seiner ethischen Minderwertigkeit, Oberflächlichkeit, seinem mangelnden Pflicht- und Verantwortungsbewusstsein, seiner Unwissenheit und Halbbildung gegenüber. Der Rohheit, Gefühlsarmut und generellen Kulturfeindlichkeit der Proletarier sowie allen anderen dem Materialismus verfallenen Menschen, auch Bürgern, setzten sie den Sinn für das Schöne und Erhabene, die Empfindsamkeit für künstlerische Werke und Werte entgegen. [1067]

Für die bürgerlichen Männer waren Pflege wie Konsum der schönen Künste allerdings etwas, und zwar in zunehmendem Masse, was nur nebenbei geschehen konnte und durfte. So entgegnete der Zürcher Rentier und Stadtrat Joh. Heinrich Landolt, der eine vielseitige Bildung mit Auslandaufenthalten genossen, aber keinen akademischen Abschluss gemacht und sich nach traditionellen Vorstellungen auf eine öffentliche Tätigkeit vorbereitet hatte, auf die

Aufforderung hin, doch seine poetische Ader mehr zu pflegen: «Nein, handeln und in's Leben hinein, wo es am dichtesten ist; weit fort mit den zerstreuenden Reimereien, die den Menschen gleichsam zur Pfeife oder Fiedel machen, wonach die Andern tanzen können, wenn es ihnen beliebt.» [1068] Lediglich in der Jugendzeit, vor dem eigentlichen Eintritt in das Erwerbs- und Berufsleben, durften Literatur, Musik und Kunst bei Männern einen ebenso hohen Stellenwert einnehmen wie bei Frauen und Töchtern, die ja auch aufgrund der bürgerlichen Geschlechterideologie als zuständig für die höheren und idealeren Dinge des Lebens erklärt wurden. [1069] Vor allem gegen Ende des Jahrhunderts, als die zunehmende berufliche Belastung vor allem den Kaufleuten und Unternehmern, aber auch den höheren Beamten und Freiberuflichen die ihnen für künstlerische oder auch wissenschaftliche Aktivitäten freie Zeit noch mehr einschränkte, dürfte diese geschlechts- und altersspezifische Rollenverteilung noch ausgeprägter geworden ein. Tendenziell verfügten Männer der oberen Klassen zwar auch in der zweiten Hälfte des 19. Jahrhunderts noch vielfach über mehr Zeit als Männer anderer Klassen, vor allem aber, und dies war oft noch entscheidender, bestimmten sie weitgehend selbst über ihre Zeit. Wirtschaftliche und betrieblich-geschäftliche Anforderungen schränkten den Freiraum jedoch immer stärker ein. So fällt auf, dass gegen Ende des Jahrhunderts private Treffen von Männern im geselligen Kreise – Stammtische, sonstige wöchentliche oder monatlich regelmässige Treffen in Wirtschaften oder auch privat – auf den spätern Nachmittag und dann gegen Ende des Jahrhunderts zusehends auf den Abend oder dann auf den Samstag oder Sonntag verschoben wurden. Auch Vorstandssitzungen von Vereinen und Gesellschaften verlagerten sich in die Randstunden. Ein Hinweis darauf, dass immer mehr Männer, vor allem aus der Geschäfts- und Bankenwelt, aber auch die Beamten tagsüber nicht mehr so abkömmlich waren wie ehedem. Für künstlerische oder auch wissenschaftliche Aktivitäten, wie sie etwa noch Salomon Pestalozzi pflegte, blieb nicht mehr soviel Zeit. Auch für bürgerliche Männer wurde Zeit ein immer knapperes Gut. Die Anforderungen an ihr Zeitbudget wuchsen, die Zeitabhängigkeit und das alltägliche Tempo, im Laufe des Tages wie im Laufe der Tage, nahmen im Zeichen allgemeiner Beschleunigung, steigender Hektik und Nervosität zu. Damit wuchsen aber auch die Bedürfnisse und Wünsche nach einer Unterbrechung der alltäglichen Lebensweise und nach einem Ausgleich zum «Gehäuse» der industriell-kommerziellen oder bürokratisieiten Arbeitswelt der stärker städtisch geprägten modernen Zivilisation. [1070]

Die Suche nach dem Anderen, nach Abwechslung, das Bedürfnis und der Wunsch nach Ausgleich, nach Unterbrechung, nach Erholung und Ruhe von den Mühen des Erwerbslebens und der Haushaltspflichten bewirkten zusammen mit dem steigenden Wohlstand und der damit verbundenen Neigung das aristokratische Lebensmodell nachzuahmen, dass im Laufe des 19. Jahrhunderts Ferienaufenthalte auf dem Lande und Reisen in andere Länder auch in breiteren bürgerlichen Kreisen immer mehr Verbreitung fanden und als eine notwendige Abwechslung gesehen wurden. Vor allem nach Mitte des 19. Jahrhunderts gehörten Sommerferien zu jenen festen Riten bürgerlicher Lebensgestaltung, die den Ablauf des Jahres und damit sowohl das gesellschaftliche wie private Leben des Bürgertums prägten. Im festen Wechsel mit der Arbeitszeit und dem Alltagsleben gab es von nun an die sommerliche Ferienzeit, die Zeit für Reisen, Natur und Vergnügungen. Auch in wohlhabenden Familien ergänzten und ersetzten Ferien in Kur- und Badeorten zunehmend die mehrwöchigen oder gar mehrmonatigen Aufenthalte auf dem ländlichen Sommersitz. [1071] Eine beliebte und sehr verbreitete Form von Urlaub und Ferien waren meist mehrwöchige Aufenthalte in Bade- oder Luftkurorten, die teilweise aber auch zur völligen Genesung nach einer Krankheit oder deren Behandlung durch Bäder, Spaziergänge und vieles andere mehr dienten. [1072] Je nachdem was man sich leisten wollte oder konnte, residierte man im Grand Hotel oder gab sich mit einer Pension zufrieden. Bei allen Unterschieden waren die sommerlichen Landaufenthalte und Ferien, teils auch die Kuren, jedoch für alle eine Zeit grösserer Freizügigkeit und Ungezwungenheit. Die andere soziale Atmosphäre und der Sommer mit seiner Leichtigkeit weichten die strengen Regeln der Konvention, auch jene zwischen den Geschlechtern, etwas auf und verliehen dem Leben einen eigenen Glanz. In den Bade-, Kur- und Ferienorten herrschte denn auch meist ein reges geselliges Leben mit Spaziergängen, Konzerten, Bällen, dramatischen oder lyrischen Aufführungen, mit Spielen und vielen anderen Vergnügungen. Orte mit internationalem Publikum wie die grossen ausländischen Thermalbäder und Badeorte, aber auch einzelne der gegen Ende des 19. Jahrhunderts immer mehr aufkommenden Schweizer Kur- und Ferienorte wie Ragaz, Vevey, Montreux, Interlaken, Luzern, St. Moritz waren Zentren des mondänen Lebens und attraktive Referenzen für jene, die gerne sehen und gesehen werden, aber auch neue Beziehungen anknüpfen und alte festigen wollten.

Wie wohlhabende bürgerliche Familien um die Mitte und am Ende des 19. Jahrhunderts ihre Ferien gestalteten, soll kurz am Beispiel von zwei Zürcher Familien illustriert werden. Der Zürcher Oberrichter Johann Jakob Escher (1818–1909), der über die Reisen, Ferien- und Kuraufenthalte eine Zusammenstellung hinterliess, und seine Frau Karoline Bodmer (geb. 1829) verbrachten im Sommer 1852 drei Wochen auf Rigi-Kaltbad, 1853 in Horn am Bodensee, 1854 und 1855 waren sie wieder für drei Wochen auf Rigi-Kaltbad. 1855 reisten sie im Anschluss an diese Ferien noch nach Mailand. 1857 weilten sie zunächst 14 Tage in Paris, dann am Kanal im französischen Seebad Dieppe. 1858 waren sie von Ende Juni bis Mitte Juli in Luzern, dann bis zur ersten Augustwoche in Interlaken, im Sommer 1859 fünf Wochen in der Innerschweiz, dazu noch im Oktober zwei Wochen nach London. In den folgenden Jahren sahen die Ferien in etwa ähnlich aus, das Ehepaar ging jedoch zunehmend getrennt in die Ferien oder in die Kur. So waren sie 1883 über Ostern gemeinsam in Berlin und Nürnberg, im Sommer in Bad Ragaz, im Oktober weilte Frau Escher-Bodmer nochmals zwei Wochen zur Kur in Baden, während Herr Escher in den Bergen Wanderungen unternahm. [1073] In die Berge zog es in den «langen Ferien» mitunter auch die Familie des Bierbrauereibesitzers Heinrich Albert Hürlimann. Sie pflegte ihre Sommerferien jeweils entweder in Graubünden oder auf Wunsch der Gattin, die Badeferien als gesünder betrachtete, am Meer in der Bretagne mit «ihren zwischen pittoresken Felsen gelegenen Sandstränden und dem Hintergrund ihrer Dolmen und der keltischen Folklore» zu verbringen. Wie Sohn Martin Hürlimann berichtet, hatten die Eltern aber auch grosse Freude am Reisen. Eine der ersten Reisen übers Meer führte Hürlimann Senior nach Ägypten. 1908 fuhr das Ehepaar Hürlimann-Hirzel auf einem komfortablen Dampfer der Norddeutschen Lloyd nach Ceylon, 1911 nach Japan und mit der Transsibirischen Eisenbahn nach Moskau. Der Sohn legitimiert diese Reisen auch damit, dass sie für den «Tag und Nacht von seinen Geschäften absorbierten Vater» die einzige Möglichkeit gewesen seien, sich «ausser Reichweite seiner Mitarbeiter zu entspannen und seine Stellvertreter an eigene Verantwortung zu gewöhnen». [1074] Auch wenn die meisten bürgerlichen Familien sich solche Ferien und Reisen wie die Familien Escher oder Hürlimann nicht leisten konnten und ihre Ferien prosaischer und auch kürzer ausfielen, so waren sie dennoch gegenüber den übrigen Bevölkerungsklassen in der Stadt wie auf dem Land privilegiert. Urlaub nehmen und auf Reisen gehen zu können waren anfangs des 20. Jahrhunderts, mit Ausnahme der auch kleineren Beamten und Angestellten der öffentlichen Verwaltung und eines grossen Teils der kaufmännischen Angestellten in der Privatwirtschaft, weitgehend ein Klassenprivileg. [1075] In den wenigen Artikeln, die zu diesem Thema in der Arbeiterpresse nach 1900 überhaupt erschienen, wurden denn auch Ferien als ein Klassenmerkmal empfunden und dargestellt. So liess der Sommer, wenn die feineren Leute mit ihren Ferien die «Flucht in die Freiheit» (Volksrecht) antraten, die Klassengegensätze sichtbarer werden und, mindestens bei den Schreibern solcher Ferienbetrachtungen, stärker ins Bewusstsein treten. [1076]

Beliebtes Ziel der «Flucht in die Freiheit», der Suche nach dem Anderen der Alltags- und Arbeitswelt, nach Freiheit von den Normalzwängen, nach dem Unmittelbaren, Einfachen oder Elementaren, Abenteuerlichen oder Fremden war, besonders in der zweiten Hälfte des 19. Jahrhunderts, die Natur, waren Landschaften und Gegenden mit pittoresker, idyllischer oder grandioser Szenerie: Berge, Seen und das Meer. Der Wunsch, das Lebensgefühl zu steigern und ausserhalb des gewohnten Lebensraumes in der Natur bereichernde und neue Erfahrungen zu machen, spielte bei solchen Ferienaufenthalten eine wichtige Rolle. Sie waren Ausdruck der Suche nach dem Anderen im Elementaren, des Aufkommens eines neuen Körpergefühls, einer gewissen Sehnsucht und Hinwendung zu Natur und Natürlichkeit. Wie das traute Heim stand die wilde Natur im Gegensatz zum Getriebe, zur Hektik und Nervosität der industriell-kommerziellen Lebenswelt und der städtisch-bürgerlichen Zivilisation.

Sich in unberührter Natur aufzuhalten und sich in den Anblick eines Panoramas oder eines Sonnenunterganges zu versenken waren aber nicht wie das traute Heim einfach ein Rückzug, sondern vielmehr auch so etwas wie eine rituelle Rückkehr in eine mystische Vergangenheit, in ein wirklicheres und unmittelbareres, ein «natürlicheres Leben». Paradox an dieser Gefühlshaltung war, dass sie, selbst Resultat einer grösseren Entfremdung und Entfernung von der Natur, gleichzeitig eben diese wilde Natur noch mehr zähmte und zu einem (Luxus)konsumobjekt machte, sie durch Literatur, Kunst und Fotografie einfing und auf Landschaftsgemälden, Panoramen und Büchern in die Wohnung verfrachtete. [1077] Wie Wissenschaft und Technik führte letztlich so auch die Sehnsucht nach unverfälschter Natur zu einer Beherrschung der Natur.

Die Hinwendung zur unverfälschten und unberührten Natur gab im schweizerischen Bürgertum der Alpenbegeisterung Auftrieb und bewirkte, dass sich Bergexkursionen und Bergtouren unter den Männern – die Frauen waren bis Ende des 19. Jahrhunderts von solchen Unternehmungen weitgehend ausgeschlossen – einer immer grösseren Beliebtheit erfreuten. Wanderungen über Land, in die Berge und über Pässe bildeten in der vermöglichen Oberschicht, vor allem für ältere Knaben und jüngere Männer, allerdings schon im frühen 19. Jahrhundert eine recht verbreitete Form aktiver Feriengestaltung. Aber auch viele Väter aus der bürgerlich-aristokratischen Oberschicht unternahmen in den Ferien jeweils mit ihren Söhnen längere Fussreisen. Die Strapazen solcher Unternehmungen zu ertragen, sich selbst zu überwinden und so gleichzeitig die innere wie äussere Natur zu bezwingen, bildeten einen wichtigen Teil der bürgerlichen Erziehung zur Männlichkeit, des Kults männlicher Askese, männlichen Erfolgs- und Leistungsstrebens. So machte Jakob Escher (1818–1909) schon als elfjähriger Knabe im Sommer 1829 zusammen mit seinem Vater, dem Seidenfabrikanten Heinrich Escher im Wollenhof, sowie einem Hauslehrer und seinem Bruder seine erste grosse Fussreise über Luzern nach Thun und ins Gurnigelbad, wo seine Mutter zur Kur weilte, dann nach Freiburg, durchs Simmental wieder nach Thun, über die Scheideggen, die Grimsel und Furka zum Gotthard. [1078] Aus solchen Fussreisen wurden dann bald eigentliche Bergtouren. Zusammen mit Alfred Escher sowie den beiden Medizinstudenten Albert Kölliker und Karl Sinz unternahm Jakob Escher im Sommer 1839, begleitet von drei Trägern und örtlichen Bergführern, dann eine über dreiwöchige Bergwanderung im Wallis, die unter anderem über sechs Pässe rund um den Monte Rosa führte. In seiner Selbstbiographie widmete Escher diesem «Reischen» volle 45 Seiten und auch Kölliker beschrieb es in seinen Erinnerungen ebenfalls ausführlich – ein simpler, aber aussagekräftiger Hinweis auf die tiefen Eindrücke und den hohen Erlebnisgehalt, den solche Ausflüge in die «unverfälschte Natur» bürgerlichen Männern brachten. [1079] Jakob Escher, der auch in seinem späteren Leben als Oberrichter und mehrfacher Millionär immer wieder, oft mit einem seiner

Söhne, auf grössere Bergtouren ging und auch seine Ferien allein oder mit Familie häufig in den Bergen verbrachte, war damit wie die alpenbegeisterten englischen Gentlemen und auch andere Schweizer aus der bürgerlich-aristokratischen Oberschicht eine Art Trendsetter.[1080]

In der zweiten Hälfte des 19. Jahrhunderts eiferten dann immer mehr Männer und Söhne ihrem Vorbild nach und folgten ihren Spuren in die Alpen. Die Höhe und Einsamkeit der Gipfel, die Majestät der Berge waren aber mit Ausnahme der Führer und Träger in der Regel jenen vorbehalten, die sich auch schon sozial in höheren Sphären bewegten. Alpinismus war ohne grösseres Vermögen und Einkommen nicht möglich: Bergsteigen kostete einiges an Geld und vor allem auch an Zeit. Wie sehr der Alpinismus deshalb meist Männern aus der vermöglichen oder wohlhabenden Oberschicht vorbehalten war, zeigt die soziale Zusammensetzung des 1863 gegründeten Schweizer-Alpen-Clubs (SAC), der bis in die zwanziger Jahre des 20. Jahrhunderts hinein eine exklusive Vereinigung darstellte und in breiteren Bevölkerungsschichten entsprechend als «Eliteverein» oder eine «aristokratische Gesellschaft» angesehen wurde. 1873 waren von den 1745 Mitgliedern mehr als ein Drittel Akademiker.[1081] 1898 stammten über drei Viertel der Mitglieder der Berner und Zürcher Sektion aus dem Wirtschaftsbürgertum oder der Bourgeoisie des talents, darunter eine sehr grosse Anzahl Kaufleute sowie relativ viele Architekten und Ingenieure, Ärzte und Universitätsprofessoren. Die übrigen Mitglieder setzten sich aus mittleren Beamten sowie Lehrern und einigen Angehörigen des gewerblichen Mittelstandes zusammen.[1082] Auch die Teilnahme am regen, immer wichtiger werdenden Vereinsleben – in der Berner Sektion die offiziellen monatlichen Sitzungen am Mittwoch im Casino mit Vorträgen und Berichten über Besteigungen sowie weitere wöchentliche Zusammenkünfte im Klublokal, Jahresfeste mit Abendbanketten, gemeinsame Exkursionen – hatte einen bürgerlichen Hintergrund zur Voraussetzung. Noch mehr galt dies für die Anwesenheit an den mehrtägigen Centralfesten. Ebenso auf Exklusivität angelegt waren die Aufnahmebestimmungen, die zunächst eine mündliche, später eine schriftliche Empfehlung von einem oder gar zwei Mitgliedern verlangten.[1083] Eine gewisse Verbreiterung seiner sozialen Basis, verbunden mit einer markanten Zunahme der Mitglieder, erfuhr der SAC erst um 1920, als vermehrt Angestellte und Beamte, Handwerker und sogar Arbeiter in manche Sektionen drängten und vermehrt auch Aufnahme fanden.[1084]

Ferien und Reisen waren aber nicht nur eine Zeit, wo man in der Natur nach einem Ausgleich strebte, in guter Luft und gesunden Wassern Ruhe und Erholung oder im geselligen Leben der Bade- und Kurorte nach Vergnügungen und Unterhaltung suchte. Vor allem die Reisen sollten, sofern es sich nicht in erster Linie um Geschäftsreisen handelte, immer auch der Bildung, der Hinwendung zur Kultur anderer Regionen und Länder dienen. Sich durch den Besuch von Museen, Kultur- und Kunstdenkmälern allgemein zu bilden, war auf Reisen eine soziale Pflicht. Ganz besonders galt dies für die Bildungsreisen

der jungen Männer, wie sie zum Beispiel der junge Patrizier Otto von Büren
(1822–1888) in Begleitung seines Freundes Friedrich von Goumoens im Jahre
1845 von März bis Ende Juli über Lyon, Marseille nach Rom unternahm. Um
sich die «unvergängliche Schönheit des klassischen Ideals» zu erschliessen,
suchte Otto von Büren in Rom gewissenhaft ab, was das damalige Reisehand-
buch von Förster empfahl, und notierte ebenso gewissenhaft die Eindrücke in
sein Tagebuch. Von Rom führte die Reise nach Neapel, wo die beiden im
Kreis der Offiziere des dortigen Berner Regimentes Aufnahme fanden, dann
über Rom nach Florenz, Mailand, Venedig und Verona schliesslich über
Bozen, Innsbruck über Zürich zurück nach Bern. Die Kosten dieser «durch
Freundschaft, Natur- und Kunstgenuss verklärten Wochen» lagen bei über
2000 alten Schweizer Franken. Die Reise kostete damit rund die Hälfte dessen, was der Zürcher Staatsarchivar für seine gesamte Lebenshaltung ausgab.
Vom Vater hatte Otto von Büren einen Betrag von 1600 alten Franken erhalten, dazu kamen einige hundert Franken aus der Kasse seiner Mutter und
Grossmutter. [1085]

Das Ideal dieser schon in der ersten Hälfte des 19. Jahrhunderts nicht
nur in patrizisch-aristokratischen, sondern auch in besitz- und bildungsbürgerlichen Kreisen weit verbreiteten Bildungsreisen bestand darin, durch den
Besuch anderer Regionen und Länder, besonders auch grösserer Städte wie
Paris, Berlin oder auch London, den eigenen Horizont zu erweitern, ihre Kultur und Sprache, aber auch ihr gesellschaftlich-geselliges Leben kennen, sich
auf fremdem gesellschaftlichen Parkett und in der Welt allgemein bewegen zu
lernen und so nicht nur selbsttätig die Bildung zu vertiefen, sondern überhaupt seine «Menschen- und Weltkenntnis» (Jakob Escher) zu erweitern, sich
eine gewisse Weltgewandtheit anzueignen und an Selbstsicherheit zu gewinnen. [1086] Während ihrer Ausbildung oder ihres Studiums erhielten bürgerliche Söhne so eine gewisse Zeit der Musse zur individuellen Selbstverwirklichung und Ausformung der gesamten Persönlichkeit zugestanden. Vor allem
bei angehenden Akademikern gehörten solche Bildungsreisen und längeren
Auslandaufenthalte in kulturellen Zentren, in der Regel kombiniert mit einigen Auslandsemestern, gewöhnlich zum Studium. Dies galt auch für technische Berufe wie Ingenieure oder insbesondere für Achitekten. So wandte
sich Hans Konrad Pestalozzi (1848-1909), nachdem er am Polytechnikum bei
Gottfried Semper Architektur studiert hatte, 1869 in seinen Wanderjahren
zunächst Paris zu, wo er Beschäftigung in einem Architekturbüro suchte und
sich daneben vor allem Leichtigkeit im Gebrauch der französischen Sprache
aneignen sowie «seine Lebensauffassung» erweitern und von den «vielfachen
Bildungsgelegenheiten» der französischen Metropole profitieren wollte. Wie
andere Schweizer verkehrte er in Paris im Hause des schweizerischen Gesandten Kern und verbrachte seine Freizeit mit anderen in Paris weilenden Zürchern. Nach einem Arbeitsaufenthalt in der französischen Provinz kehrte er
1870/71 zurück, reiste dann im Spätherst 1871 nach Wien, wo er ebenfalls im

Kreise anderer junger Schweizer Architekten verkehrte. Nach einer Beschäftigung bei einem böhmischen Architekten eröffnete sich ihm die Aussicht in das Baubüro Sempers eintreten zu können. Zuvor machte er von März bis Mai jedoch eine Studienreise durch Italien. Nach Abschluss seiner Tätigkeit bei Semper im Herbst 1873 ging er nochmals nach Italien, wo er in Rom den Winter 1873/74 verbrachte.[1087]

Neben dem Erwerb von Fach- und Leistungswissen sowie der Pflege und dem Aufbau von Beziehungen dienten solche Auslandaufenthalte und Reisen der Aneignung von Bildungs- und Kulturwissen, der Selbstverwirklichung durch Bildung, aber auch mit dem Einüben einer bürgerlich-disziplinierten Lebensführung der selbständigen praktischen Lebensbewältigung – alles Dinge, die man weder zu Hause noch direkt im Kolleg lernen konnte, die aber für die spätere berufliche und soziale Stellung sehr entscheidend sein konnten.[1088] Ohne anderweitige Unterstützung, wie sie zum Beispiel Eugen Escher (1831–1900) durch den Familienfonds der Escher vom Glas und einen reichen Onkel erhielt, blieben solche Möglichkeiten Söhnen aus weniger bemittelten Verhältnissen wegen des zusätzlichen hohen finanziellen Aufwandes für den Aufenthalt und die Ausstattung meist verschlossen. Noch um die Jahrhundertwende erforderten sie selbst in mittelständischen Verhältnissen von seiten der Eltern, wie die Haushaltsrechnung einer Zürcher Beamtenfamilie um die Jahrhundertwende deutlich belegt, grosse finanzielle Opfer. Auch die Reisen und Auslandaufenthalte der Söhne aus dem Wirtschaftsbürgertum liessen in vielen Fällen noch Raum für kulturelle Aktivitäten und dienten ebenfalls nicht nur der rein fachlichen Aus- und Weiterbildung, auch wenn diese, wie Unternehmerbiographien aus der zweiten Hälfte des 19. Jahrhunderts belegen, offensichtlich viel mehr im Vordergrund stand als im akademischen Milieu.

Die Möglichkeit, eine solche Bildungsreise unternehmen und sich für längere Zeit im Ausland aufhalten zu können, war jungen bürgerlichen Frauen bis Ende des Jahrhunderts weitgehend verschlossen, oder dann höchstens für kürzere Zeit in Begleitung älterer Familienmitglieder oder von Verwandten erlaubt. Einen gewissen Ersatz bot ihnen neben der Pensionszeit dann ab Mitte des 19. Jahrhunderts die in gut- und grossbürgerlichen Kreisen übliche, mehrwöchige Hochzeitsreise, die ebenfalls als eine Art Bildungs- und Kulturreise konzipiert war und fast immer ins Ausland, in grössere Städte und zu anderen kulturellen Kultstätten führte. Eine Bemerkung des Kunsthistorikers und spätern Professors an der Zürcher Hochschule und dem Eidgenössischen Polytechnikum Johann Rudolf Rahn (1841–1912) über seine ehemaligen Herisauer Kameraden aus dem dörflich-ländlichen Bürgertum – Rahn weilte von 1844–1855 bei einer mit einem Fabrikanten verheirateten Schwester seiner Mutter – zeigt, wie sehr der Besuch von Kunst- und Baudenkmälern in bürgerlicher Sicht zu einer Hochzeitsreise gehörte, wie wichtig aber auch allgemein die Wertschätzung von Kultur in seinen (bildungsbürgerlichen)

Kreisen war. Bei einem Besuch um 1860 wusste Rahn, der sich zu dieser Zeit nach Abbruch der Industrieschule und einer kaufmännischen Lehre auf einer Bildungsreise durch das Welschland auf die Matura vorbereitete, nur noch wenig mit ihnen anzufangen. Deren Gespräche kamen über «Persönliches und Geschäftliches» nicht hinaus. Kartenspiel war ihnen am wichtigsten, von Kultur und Altertümern hielten sie nichts. Einer von ihnen verzichtete auf der Hochzeitsreise nach Köln, wie Rahn missbilligend notierte, gar auf die Besichtigung des Domes. [1089]

Ganz anders verfuhr dagegen Johann Rudolf Rahns Freund Gerold Meyer von Knonau (1843–1931). 1872 in Zürich zum ordentlichen Professor für Geschichte ernannt, nutzte er die Hochzeitsreise im Frühling 1873 dazu, seiner bei der Heirat erst 19jährigen Gattin Bertha Held (1854–1945) verschiedene deutsche Städte zu zeigen und sie gleichzeitig seinen Freunden, Bekannten und Verwandten in Deutschland vorzustellen. Die Reise begann in Torgau in Sachsen, wo seine Frau gewohnt und wo auch die Trauung stattgefunden hatte, und ging über Dresden, wo für Bertha noch ein Klavier eingekauft wurde, nach Leipzig, Halle, Weimar, Erfurt, Eisenach, Göttingen, Kassel, Koblenz, Köln, Aachen, Metz, Speyer, Heidelberg, dann durch das Siebengebirge nach Freiburg, Basel und von dort über Schaffhausen nach Zürich. Wie den Lebenserinnerungen Gerold Meyers von Knonau zu entnehmen ist, meisterte die junge Frau die für sie wohl vor allem aufgrund der prüfenden Blicke und Fragen von seiten der Freunde und Bekannten auch psychisch sehr anstrengende Reise zur vollen Zufriedenheit ihres professoralen Gatten: «Bertha hatte bei der Reise, wo sie so viel Neues sah, so vielen neuen Persönlichkeiten vorgestellt wurde, ganz vorzüglich gewandt und aufnahmsfähig sich gezeigt, und ebenso hatte sie bewiesen, dass sie auch, wenn ihr so viel Neues geboten und auch mancher weitere Spaziergang ihr zugemuthet wurde, alles mit Freude durchführte.» [1090] Mehr Feriencharakter dürfte dagegen die Hochzeitsreise des Zürcher Architekten Alfred Friedrich Bluntschli (1842–1930) und seiner ebenfalls viel jüngeren Gattin Maria Anna Kriegk (1856–1940) gehabt haben. Sie reisten in Etappen von Frankfurt, wo Bluntschli damals noch an einem Architekturbüro beteiligt war, über Mainz, Köln und Paris «nach den schönen Städten und Gegenden der Provence, von da nach Marseille und die lieblichen Küstenorte der Riviera», dann nach Genua, über Turin, Genf und Freiburg im Breisgau wieder nach Hause und verbrachten so insgesamt «fünf sorglose, genussreiche Wochen, da und dort Station machend und uns an Natur und Kunst und unseres Lebens erfreuend». [1091] Allgemein übte in der zweiten Hälfte des 19. Jahrhunderts neben Grossstädten der Mittelmeerraum die grösste Anziehungskraft aus. Besonders Italien galt wegen des milden Klimas, der schönen Landschaft, den Kunststätten und der sinnlichen Atmosphäre als ideales Ziel für Hochzeitsreisen. Meist brach das junge Ehepaar noch am Tage der Vermählung während der Hochzeitsfeier auf und verbrachte seine erste gemeinsame Nacht im Hotel. In weniger begüterten

Kreisen fand die Hochzeitsreise gegen Ende des Jahrhunderts ebenfalls Verbreitung, hier musste sich das Paar allerdings mit einer kurzen, nur ein paar Tage dauernden Schweizerreise begnügen.

Wie Ferien und Reisen schufen auch andere Formen aktiver Freizeitgestaltung Distanz zur übrigen Bevölkerung und förderten zugleich den Zusammenhalt. Eine neue Freizeitbeschäftigung und gleichzeitig wichtiges Distinktionsmittel bildete im ausgehenden 19. Jahrhundert der Sport, vor allem Reiten und Tennis kamen in der (gross)bürgerlichen Jugend immer mehr auf. Reiten wurde nicht mehr nur für angehende Offiziere, sondern auch für höhere Töchter eine sozial akzeptierte Freizeitbeschäftigung und galt, anders als noch in den siebziger und frühen achtziger Jahren, nicht mehr als «fürstlicher Luxus», der von «solider Schweizerart» ablenkte. [1092] Wie sehr das Interesse am Reiten in den beiden letzten Jahrzehnten des 19. Jahrhunderts in bürgerlichen Kreisen stieg, zeigen zum Beispiel die 1881 erfolgte Gründung des Zürcher Reitclubs, dessen Mitglieder vornehmlich aus dem neuen, reichen Wirtschaftsbürgertum stammten, oder die Errichtung einer neuen repräsentativen Reithalle in Bern um 1897. Noch mehr als das Reiten fand das Tennis bei beiden Geschlechtern Anklang. So wurden in den achtziger Jahren manche Rasen in den Gärten bürgerlicher Villen nicht mehr nur zum Flanieren, sondern auch zum Lawn-Tennis benutzt. [1093] Auch der reiche Bierbrauereiunternehmer Hürlimann liess kurz nach der Jahrhundertwende im Garten der Villa «Sihlberg» für seine Töchter und Söhne einen Tennisplatz einrichten. [1094] Bereits 1889 entstand in Zürich einer der ersten Tennisklubs in der Schweiz. Er zählte um 1902 rund fünfzig Mitglieder, sein Vorstand setzte sich vorwiegend aus Angehörigen der Jeunesse dorée zusammen. [1095] Um 1900 war Tennisspielen für die Töchter aus bestem Hause bald so unabdingbar, wenn nicht sogar wichtiger, als das Klavierspielen. Auch neue Wintersportarten wie Skifahren und Bobfahren fanden neben dem allseits schon länger beliebten Eislaufen in der bürgerlichen Jugend der Jahrhundertwende ihre ersten Anhänger. Als aktive Lebensgestaltung entsprach Sport in hohem Masse der allgemeinen bürgerlichen Mentalität, allerdings jetzt verlagert auf den Freizeitbereich. Der Sport war zwar, mindestens für die Männer, eine Art Gegenwelt zum Beruf, zur Erwerbstätigkeit oder auch nur zum Studium mit seinem ohnehin grossen Gestaltungsspielraum. Mit seiner Betonung der Leistung und des Wettbewerbs war er aber auch ein Abbild der bürgerlichen Leistungswelt. Selbstbeherrschung und Selbstdisziplin waren ebenso sein Markenzeichen, wie Musse und zweckfreie Betätigung.

Das Aufkommen des Sports bei jungen Männern und Frauen aus bürgerlichen Kreisen blieb nicht ohne Auswirkungen auf das allgemeine gesellschaftlich-kulturelle Leben. Vor allem die Musik verlor gegenüber dem Sport an gesellschaftlicher Bedeutung. Dies behauptet zumindest Eduard Fueter, der sich in einem Bericht aus Zürich an die Frankfurter Zeitung um 1908 eingehend mit den Folgen des Sports auf das Musikleben auseinandersetzte. Die

Ausführungen Fueters hielt Carl Hilty für so bedeutsam und zutreffend, dass
er sie in seiner Chronik der schweizerischen Politik und Kultur im Politischen
Jahrbuch ausführlich wiedergab und durch eigene Betrachtungen noch
ergänzte. Infolge der zunehmenden Verbreitung des Sportes war die «goldene
Zeit» der Musiklehrer und Musiker für Fueter anfangs des 20. Jahrhunderts vorbei. Aber nicht nur das. Weil der «alles revolutionierende Sport»
dem Musikbetrieb die «halb und ganz Unmusikalischen», die bis jetzt der
Mode wegen mitmachten, den Musiklehrern Arbeit brachten und die grossen
Konzertsäle füllten, immer mehr entziehen würde, sah Fueter allgemein die
Fundamente des Musikbetriebes «unterwühlt». Begonnen hatte diese Entwicklung seiner Meinung nach schon in den achtziger Jahren, als das Radfahren den Violinlehrern die Knaben wegnahm, dann, nachdem Radfahren in den
oberen Kreisen wieder aus der Mode gekommen war, verlor die Musik mit
der Ausbreitung der neuen Sportarten Tennis, Reiten, Fussball und Automobilfahren noch mehr an Attraktivität. Einen eigentlichen «Einbruch» ins Musikleben bewirkte schliesslich der Wintersport, denn Musik und Kunst beherrschten das öffentliche gesellschaftliche Leben im Winter nun nicht mehr
uneingeschränkt: «In der Gesellschaft sprach man mehr von der letzten Skitour und dem aufregenden Bobsleighrennen als von dem Klaviervirtuosen der
Abonnementskonzerte.» Auch wenn Fueter die Bedeutung des Sportes in bürgerlichen Kreisen überschätzte, so weisen seine Bemerkungen doch darauf
hin, dass nach der Jahrhundertwende der Musikausbildung weniger Gewicht
beigemessen wurde und der Konzertbesuch als gesellschaftliches Ereignis
ersten Ranges an Bedeutung einbüsste. Noch vor zehn oder zwanzig Jahren
hatte man damit rechnen können, dass «jeder nicht ganz hoffnungslose
Mensch» in der Jugend seine Musikstunden, so gut wie seine Tanzstunden,
über sich ergehen lassen musste und dass, wer zur Gesellschaft gehörte, in
regelmässigen Zeiträumen seinen Platz im Abonnementskonzert einnahm.
Dies galt nun nur noch beschränkt, vor allem für die junge Generation: «Sie
hält es für einen grösseren Mangel in der Erziehung, wenn ein junger Herr
oder eine junge Dame nicht Tennis spielt oder Ski fahren, als wenn sie nicht
Klavier pauken kann, und findet musikalische Ausbildung nur dann angebracht, wenn Begabung vorhanden ist.» Eine gewisse Umorientierung konstatierte Fueter auch bei bürgerlichen Eltern. Aus Gründen der körperlichen
Gesundheitserziehung wollen auch sie immer weniger, dass ein Kind, das unter der Schullast seufzt, in seinen Nerven noch durch Musikstunden geschädigt wird. Statt der Geige gab es deshalb immer häufiger Skis auf dem Weihnachtstisch, statt zum Musiklehrer floss das Geld in die Kasse der Tennis- und
Fussballklubs. [1096]
     Carl Hilty selbst, der von Prestige und Luxus diktierte, äusserliche Bildung ablehnte und für den «die vielen Klavier spielenden Fräuleins» deshalb
ein «öffentliches Unglück» darstellten, bewertete diese Tendenzen, sofern der
Sport nicht übertrieben werde, wie dies beim Bergsteigen, dem Automobil-

und Radfahren leider oft der Fall sei, grundsätzlich positiv. Aus der Sicht des Hilty, der als kulturkritischer Moralist ansonsten jeden mondänen Lebensstil ablehnte, war es für die jungen Töchter des Landes besser, «in frischer Luft» zu leben und «dem unschuldigen Verkehr mit den jungen Männern, nach dem sie doch auch verlangen», zu frönen, als «Nächte hindurch in einem überheizten Ballsaal und in einer oft bedenklichen Toilette» zu tanzen. Dass die Töchter auf den Lawn-Tennis-Plätzen, den Skifeldern und Gletschern der sozialen Kontrolle der Mütter und Tanten entrinnen konnten und sich ihnen so mit dem Sport ein grösserer Bewegungsspielraum eröffnete, nahm Hilty gelassen in Kauf. Der Sport sollte aber nicht «in englischer Weise dahin ausarten, dass man im Grunde nur noch für ihn lebt, und aus ihm einen eigentlichen, im Ganzen dann doch sehr kläglichen, Lebensberuf macht».[1097] Reiten, Tennis oder Wintersport bildeten aber nicht nur eine neue Freizeitbeschäftigung, ein kurzfristiges Entrinnen aus der schnöden Alltagswelt. Einen teuren Sport zu treiben, war für die grossbürgerliche Jugend auch ein bevorzugtes Mittel, Musse und Reichtum zu demonstrieren. Dies galt in ganz besonderem Masse für das Automobil, das sich um die Jahrhundertwende zu einem Statussymbol und Distinktionsmittel par excellence entwickelte.

Der Besitz eines Automobils war in den ersten Jahrzehnten dem wohlhabenderen Bürgertum vorbehalten. Von den 1910 in der Schweiz zugelassenen 2276 Personenwagen befanden sich dreissig Prozent im Besitz von Industriellen, Hoteliers oder Gewerbetreibenden, weitere 21 Prozent gehörten Kaufleuten oder Bankiers, 13 Prozent Privatiers, elf Prozent Ärzten oder Zahnärzten, sieben Prozent Ingenieuren, Baumeistern und Architekten.[1098] Noch exklusiver war die soziale Zusammensetzung des Automobil-Clubs der Schweiz (ACS). Die Mitgliederliste der Sektion Zürich von 1915 liest sich streckenweise wie eine Zusammenstellung der Männer von Rang und Namen in Handel, Industrie und Gewerbe von Stadt und Kanton Zürich. Lediglich die Altzürcher Familien stellten auffallend wenig Mitglieder. Es ist anzunehmen, dass sie aufgrund ihrer mehr konservativen Lebenshaltung diesem mondänen Sport teilweise mit mehr Vorbehalten begegneten und auf den Kauf eines Autos oder zumindest einen Beitritt zum ACS verzichteten. Stark vertreten waren dafür Männer aus dem neuen Wirtschafts- und Besitzbürgertum der Stadt und den Seegemeinden (Baumann, Schwarzenbach, Wunderli u.a.), aus den Handels- und Industriellendynastien von Winterthur (Sulzer und Reinhart) und dem Zürcher Oberland. Gesamthaft gehörten um 1915 fünfzig Prozent der über 400 Mitglieder zum Wirtschaftsbürgertum. In der Mehrzahl handelte es sich dabei um Kaufleute, ein Drittel waren Unternehmer. Weitere 33 Prozent kamen aus der Bourgeoisie des talents, darunter mehr als ein Drittel Ärzte und ein knappes Drittel Architekten oder Ingenieure sowie einige Direktoren und Advokaten. Hohe Beamte oder Professoren gab es unter Mitgliedern mit wenigen Ausnahmen keine. Rund zehn Prozent waren vermögende Rentner. Aus eher mittelständisch-gewerblichen Kreisen kamen

lediglich acht Prozent der Mitglieder.[1099] Fast gleich war die soziale Zusammensetzung in der 161 Mitglieder zählenden Sektion Bern. Der Anteil
der mittelständisch-gewerblichen Autobesitzer war mit zwölf und der Bourgeoisie des talents mit 36 Prozent etwas höher, jener der Rentner mit sieben
Prozent und des Wirtschaftsbürgertums mit 42 Prozent etwas tiefer. Knapp
zehn Prozent der Mitglieder der Sektion stammten aus ehemals patrizischen
Familien.[1100]

Vielmehr als andere Statussymbole oder Distinktionsmittel wurde in der
Schweiz Automobilfahren, der «Herrensport», von unten als ein Symbol für
das Aufkommen einer neuen Herrenklasse wahrgenommen. In den untern
und teils aber auch mittleren Bevölkerungsklassen riefen das Automobil und
seine Besitzer recht grosse Aversionen hervor. In ihren Fahrten in der Stadt
und über Land erregten die Automobilisten in der Schweiz bis zum Ersten
Weltkrieg und teilweise noch lange darüber hinaus nicht nur Aufsehen und
Bewunderung, sondern sie ernteten auch Spott und Schimpfe oder mussten
gar tätliche Angriffe auf ihre Person und die Karosserie fürchten. 1905 fassten
deshalb zehn ausländische Automobil-Clubs auf einer Delegiertenversammlung in Paris den Beschluss, ihre Mitglieder vom Besuch der Schweiz abzuhalten.[1101] Auch die Zürcher Automobilisten sahen sich nach der Jahrhundertwende einer wachsenden Feindseligkeit ausgesetzt. So stellte der Jurist Dr.
Ernst Bircher, ein Vorstandsmitglied der Zürcher Sektion des ACS, an einem
Vortrag um 1909 fest, dass die Böswilligkeit gegen das Automobil in letzter
Zeit ganz bedeutend zugenommen habe. Ein Wunsch, blumengeschmückte
Automobile für einen Kinderhilfstag in Zürich zur Verfügung zu stellen,
wurde 1911 deshalb abgelehnt, da man die bei solchen Anlässen zu erwarten-
den Beschimpfungen und Feindseligkeiten den Mitgliedern nicht zumuten
wollte.[1102] Das Auto, für seine Besitzer Ausdruck ihrer Wohlhabenheit und
Unabhängigkeit, stellte für die übrige Bevölkerung ein unerreichbares Status-
und Luxusprivileg dar. Das Auto war ein Symbol dafür, wie sehr sich auch in
der republikanischen, in der Öffentlichkeit mehr auf Egalität bedachten
Schweiz, wenigstens teilweise eine gegen unten abgeschottete, vermögende
bürgerliche Oberschicht, ein Grossbürgertum, ausgebildet hatte.

### Sparsamkeit und Luxus, aristokratische Tendenzen und elitäres Bewusstsein

Die Ähnlichkeiten und Gemeinsamkeiten in der bürgerlichen Lebensführung erstreckten sich nicht nur auf die äussere Lebenshaltung und Lebensgestaltung. Ebenso wichtig war die Übereinstimmung in den «Tugenden», den
Werten und Normen, die hinter der bürgerlichen Lebensführung standen und
sie prägten. All dies schuf Distanz gegen unten, stiftete zugleich aber
auch Identität und bildete eine Grundlage des Umganges untereinander. Ganz
besonders galt dies für den Anspruch und die Überzeugung, dass nur die

bürgerliche Art der Lebensführung auch eine rationale Lebensführung darstellte. Einer der wichtigsten Grundsätze dieser rationalen Lebensführung war die Sparsamkeit, der haushälterische Umgang mit Geld, mit materiellen Ressourcen allgemein. Oft gleichgesetzt mit Rechenhaftigkeit war sie in der alltäglichen Lebenshaltung ein Prinzip, das auch und gerade in den kleinsten Dingen seine volle Gültigkeit haben sollte. Nirgends schlug sich dies so eindrücklich nieder wie in der Buchführung, wo vielfach auch die geringsten Ausgaben einzeln notiert wurden. Wie weit der haushälterische Umgang mit dem Geld und die Kontrolle der Ausgaben getrieben wurde, zeigt sich etwa bei Jakob Escher-Bürkli (1864–1939), der aus einer reichen Zürcher Unternehmerfamilie stammte. In den Abrechnungen an die Mutter über seine Ausgaben während der Genfer Studienzeit führte Jakob Escher jeweils auch so kleine Auslagen wie den Kauf der Zeitung «La Tribune» für 10 Rappen und ein Almosen von 5 Rappen separat auf.[1103] Der haushälterische Umgang mit Geld war schon in der Erziehung der Kinder ein wichtiger Punkt. Um das Einteilen und Ansparen, den Verzicht auf gegenwärtige Genüsse zugunsten zukünftiger Freuden zu lernen, erhielten sie im Alter von sechs Jahren oder noch früher Taschengeld, meist für einen ganzen Monat. Bald wurden sie wie Gerold Meyer von Knonau junior dann auch dazu angehalten, über ihr Taschengeld genau Buch zu führen, um sich so selbst und den Eltern über die Ausgaben Rechenschaft abzulegen. Denn wichtig im Umgang mit dem Geld war ja nicht in erster Linie, Ausgaben an sich zu vermeiden, sondern das Geld rational, überdacht und gezielt einzusetzen und zwar bei kleinen wie grossen Ausgaben, ob für den alltäglichen Bedarf oder für besondere Zwecke und Bedürfnisse. «Lieber warten und zusammensparen und dann etwas wirklich Schönes» kaufen, war die Maxime von Hch. August Sulzer (1859–1904), Direktor der «Unfall Winterthur», der, wie sich seine Frau Fanny Sulzer-Bühler (1865–1948) ausdrückte, »schöne Dinge liebte». Das Ehepaar Sulzer-Bühler verzichtete auf gegenseitige Geburtstags- und Weihnachtsgeschenke und legte das so gesparte Geld in einen Fonds, um sich daraus dann Bilder zu kaufen.[1104]

Sparsamkeit bedeutete im bürgerlichen Wertesystem aber immer mehr als nur die Aufforderung, Verschwendung und unnötige Ausgaben zu vermeiden. Eng verbunden mit Tugenden wie Mässigkeit und Enthaltsamkeit, Voraussicht und Planmässigkeit, die alle hohe Selbstbeherrschung und Selbstkontrolle verlangten, waren Sparsamkeit und Rechenhaftigkeit in bürgerlicher Sicht Inbegriff der sogenannten rationalen Lebensführung. Sparsamkeit erstreckte sich deshalb nicht nur auf die Haushaltsführung und die Gestaltung der persönlichen Ausgaben, sondern sie bezog sich als ein sittlicher Lebensgrundsatz auch auf andere Lebensbereiche. Ganz besonders stark wirkte sich das umfassende Prinzip der Sparsamkeit auf den Umgang mit der Zeit aus. Der einzelne Tag, das Jahr genauso wie die gesamte Lebenszeit eines Menschen unterlag, wenigstens dem Anspruch nach, einer strengen Zeitökonomie.

Wie für das Geld galt das Gebot des sparsamen Umganges auch für die Zeit, die ebensowenig vergeudet und verschwendet werden durfte. Auch sie war in planmässiger Voraussicht einzuteilen, auch über ihre Verwendung sollte man sich Rechenschaft ablegen oder gar Buch führen. Zur Sparsamkeit trat im Umgang mit der Zeit als zweiter fundamentaler Grundsatz die Regelmässigkeit. Wie sehr die geforderte Zeitökonomie und Regelmässigkeit tatsächlich auch das private bürgerliche Leben bestimmte, belegen unter anderem nicht nur die Tagebücher, sondern auch die privaten Tageseinteilungen und die Arbeitsprogramme, die sich Männer wie Frauen jeweils für eine bestimmte Zeit setzten. [1105]

Klar zum Ausdruck kommt diese Grundhaltung in einer Abiturientenrede des spätern Berner Gymnasiallehrers Rudolf Ischer (1869–1920), der die Elementarschule und auch das Gymnasium der Lerber-Schule besuchte und seine Lebensauffassung in seiner Rede als bester Maturand folgendermassen umschrieb: «Unablässige Tätigkeit zum Wohle der andern, rastlose Arbeit an meiner eigenen Läuterung und Durchbildung stellen mir genügende Aufgaben. Im Kleinen treu sein und das wirklich Grosse und Wichtige doch als höchstes Ziel erstreben, das soll der Inhalt meines Lebens sein.» [1106] Rudolf Ischer hielt sich dann auch streng an diese Lebensgrundsätze. Planmässigkeit und Regelmässigkeit in der Lebensgestaltung mit «unerbittlicher Strenge» gegenüber sich selbst schlugen sich auch in seiner äusserst sorgfältigen Vorbereitung des Schulunterrichtes nieder, noch mehr aber in einem persönlichen Arbeitsprogramm, das er jedes Jahr für sich aufstellte. Über seine Lektüre erarbeitete er grosse Auszüge und legte eine Sammlung von 19 101 Sentenzen aus der Literatur an. Sein Arbeitsethos hielt er in einem 1918 niedergeschriebenen Gedicht fest: «Klar muss dir sein, was dir das Leben ist ... Behutsam wäge, was dir blieb an Kraft, / und geize mit der karg bemessenen Zeit, / dass noch dein Geist ein gutes Teil erschafft / vom Werke, dem das Leben du geweiht. / Nicht Gelderwerb und nicht der Kampf ums Brot / sei wichtig dir, noch minder der Genuss. / Das sei dein Ziel, dass nach dem Tod / dein Wesen noch lebendig wirken muss.» [1107]

Sparsamkeit oder die Vorstellung von der Knappheit aller Ressourcen prägte auch das Verhältnis zu sich selbst, besonders den Einsatz der geistigen und körperlichen Kräfte, den Umgang mit seiner Sexualität [1108], seinen Regungen, Wünschen und Gefühlen. Die eigene Energie und die Emotionen sollten wie das Geld und die Zeit nicht unnötig und nutzlos verausgabt, sondern sparsam, das heisst ziel- und zweckgerichtet, eben rational oder ökonomisch, eingesetzt werden. «Wer gesund bleiben will und soll», riet eine Ärztin in einer Aufklärungsschrift den zukünftigen Gattinnen und Müttern, «muss sich für seine Arbeiten und Beschäftigungen gleichsam ein Budget aufstellen, wie man es für seine Einnahmen und Ausgaben macht.» [1109] Hinter dieser Ökonomie der eigenen Kräfte steht letztlich die Vorstellung und der Wille, durch Selbstkontrolle und Selbstdisziplin mehr materielle Sicherheit zu gewinnen, die wirtschaftliche Selbständigkeit und Unabhängigkeit zu erhöhen und damit auch möglichst autonom über sein Leben und Schicksal bestimmen zu können. Um «etwas Rechtes im Leben zu werden» und die Einhaltung seiner durch «beständiges Nachdenken und Gebet» gefassten Vorsätze zu überprüfen, begann auch Heinrich Angst (1847–1922) [1110] am Neujahrstag 1870 «eine Art Selbstschau oder Tagebuch» zu schreiben, wo er neben seinen Tätigkeiten vor allem auch über sein Verhalten, seine Stimmungen, seine Ziele und Wünsche sowie sein Verhältnis zu den Menschen in seiner Umgebung sich Rechenschaft ablegte. Nach einem ziel- und erfolglosen Studium (Abbruch des Gymnasiums, Vorkurs und Übergangsexamen für das Polytechnikum, Eintritt in die mechanisch-technische Abteilung, dann nach einem Jahr Wechsel in die Bauschule, Aufgabe des Architekturstudiums in Berlin und Beginn eines Chemiestudiums), das sein Vater nun nicht mehr länger finanzieren wollte, war ihm klar geworden, dass es nun an der Zeit war, «allmählich ein Mann mit ernstem Willen und ernsten Zielen» zu werden, ein Mann, der seine Zeit nicht mehr «arg verplemperte» und sich auch nicht mehr gehen liess. [1111]

Als Resultat ernster Reflexion auf der Fahrt mit dem Dampfschiff von Horgen nach Zürich notierte sich sich am 20. Februar 1870 folgende Lebensregel: «Ich will mir im Leben ein hohes Ziel setzen, aber vom Leben selber wenig verlangen, einfach werden in meinen Bedürfnissen, gerade vor mich hinschauen auf das Ziel, weder rechts noch links abschwenken, aber wenn es die Umstände mir erlauben, die Hand offen halten für die Leiden der armer Mitmenschen.» Am 23. Februar beklagte er sich über seine mangelhafte Selbstkontrolle: «Es fällt mir ungeheuer schwer, meine zeitweise Zerstreutheit abzulegen; auch denke ich noch immer nicht genug beim Sprechen, spreche zu nachlässig und lasse meine Gefühle zu stark regieren.» Auch um seinen «gewissen aufschneiderischen Ton», den er sich in seinen Studienjahren als Mitglied einer schlagenden Polytechnikerverbindung angewöhnt hatte, abzulegen, glaubte er, noch viel an sich selber arbeiten zu müssen. Zwei Tage später forderte er von sich ein zielbewussteres Verhalten und Handeln: «Ich muss entschiedener auftreten, entschiedener Denken, entschiedener sprechen, entschiedener schreiben.» Auch erlangte er die Gewissheit, sich den Mitmenschen stets zu stark untergeordnet, sein «gutes Recht» zu wenig gewahrt zu haben. Zukünftig wollte er sich nicht mehr durch allerlei Einflüsse von aussen bestimmen lassen. [1112]

Das Ziel war, wie er am 12. März notierte, klar: «Ich muss mich wirklich bestreben, in jeder Beziehung Herr über mich selber zu werden, denn wie lästig und unerträglich der Umgang mit Menschen ist, die sich im Denken, Reden und Handeln einfach gehen lassen, habe ich täglich vor Augen.» Nicht länger wollte er deshalb mit «zu viel Bedenken, Zweifeln und manchmal mit einem gewissen Phlegma hinter die Arbeit» gehen, wo er «einfach frisch und munter zugreifen sollte. Zur Selbstbeherrschung gehörte auch, den «Standpunkt des richtigen Sparens» zu erreichen, sich ans Einschränken zu gewöhnen und das Geld nicht mehr gering zu achten, wie er das vor allem in seiner Berliner Zeit im Umgang mit reichern Studienkollegen zum Leidwesen und Entsetzen des sparsamen Vaters getan hatte. Nicht nur gegenüber sich selbst, sondern auch anderen gegenüber wollte er mehr als Herr auftreten. Er nahm sich deshalb vor, mit Untergebenen bestimmter zu reden, mehr zu befehlen und weniger so viele abschwächende Wörtchen zu gebrauchen. «Ruhig denken und überlegen und dann erst sprechen, dann aber bestimmt und nichts zurücknehmen», das sollte die Devise sein. Da das Leben, wie ihm recht klar zu werden begann, ein Kampf ums Dasein ist, galt es, nicht mehr zu vergessen, dass man «zuerst der eigenen Person Rechnung tragen muss».[1113] Einige Tage später fragte er sich, wie der Zufall sich zu «den Plänen und dem Schaffen des Einzelnen» verhalte: «Ich glaube, man muss sich immer ein festes Ziel setzen und das verfolgen mit allen Mitteln, den Zufall nur da anerkennen, wo man dazu gezwungen ist, dann aber seine Fügung hinnehmen, ohne Murren und ohne nutzloses Grübeln. Hat man getan, was in den eigenen Kräften lag, hat man nichts versäumt und sich nichts vorzuwerfen, so kann man die Hand des Zufalls über sich ergehen lassen, sei sie nun Bote einer höhern Macht oder blosse Kombination menschlicher Verhältnisse. Nie dem Zufall etwas überlassen, ist gewiss der rechte Weg für den Mann.»[1114] Besser könnte man die zentrale bürgerliche Vorstellung, selbst Herr und Meister seines Schicksals zu sein, nicht umschreiben.

Heinrich Angsts Selbsterziehung scheint erfolgreich gewesen zu sein. So erinnerte sich ein Arbeitskollege, der Zürcher Kaufmannssohn Hartmann Friedrich Blass, der mit ihm als Volontär in der Londoner Niederlassung eines Basler Geschäftshauses arbeitete, dass sich Angst mit seiner «Tüchtigkeit und Energie» im Bürobetrieb rasch durchgesetzt habe. Mit der Bemerkung, auch sein «rücksichtsloser Charakter, mit welchem er vieles vollführen konnte, was andern nicht gelang», sei schon damals voll entwickelt gewesen, erkannte und benannte Hartmann Friedrich Blass aber auch klarsichtig die Kehrseite von Heinrich Angsts Streben nach Selbständigkeit und Unabhängigkeit.[1115] Heinrich Angst selbst war, wie er in einer Art Selbstschau am Neujahrsmorgen des Jahres 1872 in seinem Tagebuch festhielt, mit seiner Arbeit und Leistung zufrieden. Er glaubte, dem Berufe gegenüber seine Pflicht getan zu haben, sich eine ehrenwerte Stellung verschafft und damit auch allen gezeigt zu haben, dass ihr Urteil, er wolle und könne nicht arbeiten, unbegründet und ungerecht war. Er zweifelte jedoch noch immer an seiner Selbstdisziplin und «Willensfestigkeit» sich selbst und den andern gegenüber: «Wie oft täglich, stündlich lasse ich es daran mangeln, mir selbst und andern gegenüber! Ich schiebe auf, was ich sofort tun sollte, ich kann mich nicht fest zu etwas entschliessen, ich halte nicht, was ich mir vorgenommen – kurz gegen mich selbst ist meine Energie noch immer nicht stark genug. Es ist erlaubt, seinen Mitmenschen gegenüber die eigene Willenskraft geltend zu machen, wenn die des andern dadurch nicht geschädigt werden, wenn im Gegenteil das Bestehen auf einem Vorhaben meine guten Zwecke fördert. Hier muss ich noch mehr gegen meine Natur ankämpfen». Auch was an Selbstüberhebung noch immer an ihm klebte, wollte er im neuen Jahr abzulegen versuchen und getreu dem Vorbild seiner Mutter nach sittlicher Vervollkommnung trachten: «Ich will im neuen Jahre leben und wirken zur Ehre Gottes und meiner selbst. Keine Minute verlieren, arbeiten und beten. Energie gegen mich und andere, Liebe und Wohlwollen für alle meine Mitmenschen, Ausbildung von Seele und Leib, und alle die Tugenden des guten Bürgers: Wahrheit, Redlichkeit und Treue, Ordnung und Sparsamkeit.» [1116] Da Heinrich Angst glaubte, dass Charakterschwächen wie Flüchtigkeit und Oberflächlichkeit, Mangel an Widerstandskraft und zu leichte Beeinflussbarkeit mit der körperlichen Konstitution zusammenhängen würden, nahm er sich auch vor, der körperlichen Ausbildung mehr Aufmerksamkeit zu schenken und sich mindestens eine Stunde täglich körperlichen Übungen zu widmen, um so das Gleichgewicht zwischen Geist und Körper zu wahren. Er nahm in der Folge Turnstunden, ritt fast täglich aus. Auch das gesellschaftlich-gesellige Leben pflegte er wie eh und je ebenfalls ausgiebig. Die Vervollkommung der gesellschaftlichen Formen, die sich Angst allerdings schon während seiner Gymnasial- und Studienzeit bei seinem Aufenthalt in der Pension Sartori, der ihn mit Amerikanern und Engländern sowie Österreichern aus höheren Gesellschaftskreisen, die in Zürich die Universität oder das Polytechnikum besuchten, zusammenbrachte, schon angeeignet hatte, gehörte mit zur «tüchtigen Ausbildung». [1117]

Ein bürgerliches Leben führen hiess, knapp und einfach formuliert, nicht wie der besitzlose Proletarier von der Hand in den Mund noch in den Tag hinein zu leben, sich aber auch nicht wie aristokratische Müssiggänger im Luxus zu verausgaben, sondern selbst etwas aus seinem Leben zu machen. Wer ein Bürger war, liess sich nicht treiben, er hielt «das Steuer seines Lebens» selbst in der Hand, so wie dies Max Huber seinem Schwiegervater Conrad Escher (1833–1919), einem reichen Zürcher Partikular, im Nachruf attestierte. Dem Schwiegersohn zufolge lebte Escher geradezu vorbildhaft nach den Prinzipien der rationalen Lebensführung: «Weise Ausnützung der Zeit und kluge Ökonomie der Kräfte» beherrschten sein tägliches Leben, das von «einer festen Regelung» und einer «planmässigen Einteilung der Zeit» geprägt war – Escher stellte sich noch im hohen Alter jeweils Jahr für Jahr ein Arbeitsprogramm auf. Improvisation lehnte er ab: «Auch die Stunden der Erholung, die Bewegung im Freien, die Reisen und Aufenthalte waren nicht der Laune anheimgegeben.» In seinem bis ins hohe Alter geführten Tagebuch übte er besonders an Jahreswechseln und Geburtstagen Kritik an sich, fasste neue Vorsätze und Entschlüsse. Auch die äussere Erscheinung und die Art sich zu geben, entsprachen dem Bild des vollendeten (konservativen) Bürgers: In den Augen des sehr traditionsbewussten und ebenfalls liberal-konservativen Schwiegersohnes vermied Escher alles Auffallende, alles, was «blosser Luxus» war. «Die Diktate der Tagesmode in den Fragen der Lebenshaltung, der Kleidung, der Kurorte, der Geselligkeit, der künstlerischen Tageshelden, alles dies existierte für ihn nicht.» Auch sein Auftreten hatte stets etwas «Gemessenes», er beherrschte sich stets und vergass sich nie in Worten. Dass diese «gemessene und sichere Haltung» Conrad Eschers von andern als «Kälte oder Stolz» – man könnte wohl auch von Standes- oder Klassendünkel sprechen – wahrgenommen wurde, entging zwar auch Max Huber nicht. Doch für ihn waren dies «oberflächliche Beurteiler», die nicht in der Lage waren, das Verhalten seines Schwiegervaters richtig zu entschlüsseln und zu deuten.[1118]

Die in Lebensbeschreibungen wie dieser oder auch in Erinnerungen von wohlhabenden Bürgern immer wieder betonte Sparsamkeit und damit einhergehende Einfachheit der Lebenshaltung ist allerdings, wie schon die Auswertung der Haushaltsrechnungen gezeigt hat, sehr relativ aufzufassen. In vermöglichen Kreisen stellte sie oft weniger eine soziale Realität als vielmehr eine Reverenz an das republikanisch-demokratische oder mittelständische Ideal der Einfachheit dar und entsprang einer in der Selbstdarstellung des schweizerischen Bürgertums fast stereotyp geübten Untertreibung des eigenen Wohlstandes und Lebensstandards. Einfach war die bürgerliche Lebenshaltung nur im Vergleich zu dem, was potentiell möglich gewesen wäre oder was in mehr auf äusseren Luxus bedachten, höchsten Gesellschaftskreisen, weniger der Schweiz als des Auslandes, für ein Aufwand getrieben wurde. Gemessen an dem, was in untern, aber auch mittleren Schichten zum Leben ausgegeben werden konnte, hielten sich die Einfachheit in der Lebensführung und Zurückhaltung im Luxusaufwand vor allem im Wirtschafts- und Besitzbürgertum, weniger in bildungsbürgerlichen Schichten, wo schon die finanziellen Mittel den Rahmen viel mehr einschränkten, doch in Grenzen. Was Einfachheit oder Luxus, Sparsamkeit oder Verschwendung für die Haushalts- und Lebensführung im bürgerlichen Milieu jeweils konkret bedeutete, hing im wesentlichen vom örtlichen oder regionalen bürgerlichen Milieu, von den sozialen Verkehrskreisen und den darin geltenden Aufwandsnormen ab. iese bestimmten, was bürgerliche Wohlanständigkeit und Respektabilität an Aufwand verlangten, was als verschwenderischer oder als «vernünftiger Luxus»[1119] anzusehen war. Individuellen und familiären Gepflogenheiten, Bedürfnissen und Interessen liessen die Aufwandsnormen jedoch in vielen Lebensbereichen einen recht breiten Spielraum. Im wohlhabenden Wirtschafts- und Besitzbürgertum bildete ein luxuriöser Lebensstil das eine Extrem, eine tatsächlich geübte, relative Einfachheit und Zurückhaltung im Prestige- und Luxuskonsum, oft noch verbunden mit einem gewissen Tiefstapeln, das andere Extrem des gesellschaftlich akzeptierten und geforderten Aufwandverhaltens. Das Protzen mit dem neu erlangten Wohlstand und Reichtum, wie es besonders in der Gründerzeit, aber auch um die Jahrhundertwende den sogenannten Neureichen zum Vorwurf gemacht wurde, sowie die in Geiz übergehende Sparsamkeit und Einfachheit im Lebensaufwand überschritten dann jedoch die Schwelle des standesgemässen Luxus oder

1 Haus Martin Bodmer-von Muralt an der Sihl, städtisches Herrenhaus in Zürich, erbaut um 1856–1859 (ETH-Festschrift, S. 418).

2 Haus Westend-Terrasse in Zürich Selnau, erbaut 1870–72, gutbürgerliches Wohnhaus, Robert Faesi wuchs hier auf (ETH-Festschrift, S. 418).

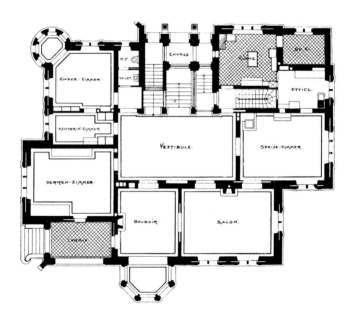

3  Villa Hürlimann in Zürich-Enge mit Grundriss vom Erdgeschoss (Laserkopie,
Schweizerische Bauzeitung BD. XXXV, 1900, S. 138).

4  Interieur von Schloss Reichenbach, dem Elternhaus von Blanka Zeerleder-von Fischer
(Foto Burgerbibliothek Bern).

5 Salon mit Blick ins Esszimmer in der 1837–1849 erbauten Villa Rosenbühl an der Kreuzbühlstrasse 26, Foto von 1912 (Baugeschichtliches Archiv Zürich).
6 Wohnzimmer im 1900 erbauten historischen Wohn- und Geschäftshaus an der Freigutstrasse 2 (Baugeschichtliches Archiv Zürich).

7 Wohnzimmer in der 1905 erbauten Villa an der Kurhausstrasse in Zürich-Hottingen
(Foto vom 9.1.1909, Baugeschichtliches Archiv Zürich).
8 Herrenzimmer in der 1905 erbauten Villa an der Kurhausstrasse in Zürich-Hottingen
(Foto von 1909, Baugeschichtliches Archiv Zürich).

9  Esszimmer mit gedecktem Tisch in der 1894 erbauten, neubarocken Doppelvilla an der
   Seestrasse 129 (Baugeschichtliches Archiv Zürich).
10 Wintergarten in der 1894 erbauten, neubarocken Doppelvilla an der Seestrasse 129
   (Baugeschichtliches Archiv Zürich).

11 Küche im Wohn- und Geschäftshaus Uraniastrasse 12, erbaut um 1900 (Foto von 1903, Baugeschichtliches Archiv Zürich).
12 Bad im Wohn- und Geschäftshaus Uraniastrasse 12, erbaut um 1900 (Foto von 1903, Baugeschichtliches Archiv Zürich).

13

14

13  Der Familientisch im Sihlberg, Familie Hürlimann, Dienstmädchen im Hintergrund, (Hürlimann, S. 32).
14  Weihnachtsfeier in bürgerlichem Haus in St. Gallen um 1900. (Damals in der Schweiz, [Sammlung Walter Binder, Zürich] S. 91).

5

16

17

18

15  Blanka von Fischer als junge Frau mit ihren zwei Schwestern Clara und Rosa (Burgerbibliothek Bern).
16  Ehepaar Friedrich und Blanka Zeerleder-von Fischer (Burgerbibliothek).
17  Blanka Zeerleder-von Fischer mit Tochter Luisa (Burgerbibliothek).
18  Friedrich von Zeerleder mit Sohn Gotthold oder Max (Burgerbibliothek).

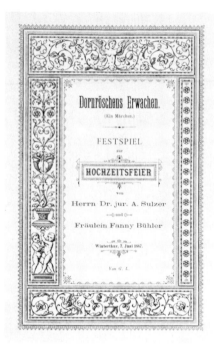

19 Brautbild von Fanny Bühler und August Sulzer (Erinnerungen S. 173).
20 Dornröschens Erwachen, Festspiel an der Hochzeitsfeier von Fanny Sulzer (Erinnerungen, S.177).
21 Einladungskarte der Eltern an August Sulzer (Erinnerungen, S. 173).
22 Fanny und August Sulzer-Bühler auf dem Kahlenberg bei Wien, Hochzeitsreise mit Bertha und Jakob Ziegler-Sulzer (Erinnerungen, S. 177).

23  Hochzeitsnacht im bürgerlichen Milieu (Geschichte des privaten Lebens, S. 253).

24 Lawn-Tennis im Garten der Villa an der Lindstrasse, erbaut 1867–69, dem Elternhaus von Fanny Sulzer-Bühler (Erinnerungen, S. 151).

25 Promenade im Bad, Zeichnung von Oscar Bluhm für «Über Land und Meer» (in: W. Trapp [Red.], Sommerfrische, Die touristische Entdeckung der Bodenseelandschaft, Rorschach, 1991, S. 52).

26

27

26  Reitclub Zürich: Frühjahr 1883, Fünfzig Jahre Reitclub Zürich, 1881–1931, Zürich 1931
    (Festschrift, S. 6).
27  Reithalle Bern, Eröffnungsbild von 1897 (Eidg. Amt für Denkmalpflege, INSA-Archiv).

28

28 Lesezirkel Hottingen: Kränzchen von 1898 (Landesbibliothek Bern)

MUSIK HALL

TINGEL TANGEL

PAVILLON TONHALLE

EST

Z. ZÜRICH

29 Museums Gesellschaft Bern, Einladung zur 50jährigen Jubiläumsfeier mit Menu des
Festessens (Landesbibliothek Bern, Laserkopie).

der standesgemässen Sparsamkeit und wurden gesellschaftlich auch entsprechend getadelt und geächtet.

Eine gewisse Zurückhaltung im Aufwand oder gar Neigung zum Tiefstapeln war jedoch in grossen Teilen des schweizerischen Bürgertums sehr verbreitet, so vor allem im konservativen Milieu der wohlhabenden Altzürcher oder Altbasler Familien. Aber auch neubürgerliche Kreise, insbesondere die ländlich-dörflichen Unternehmerfamilien, wo vor allem die erste, teilweise auch noch die zweite Generation auf Statussymbole und Luxuskonsum wenig Wert legte, pflegten einen recht bescheidenen Lebensstil ohne grossen demonstrativen Aufwand. [1120] Im ihrem unmittelbaren sozialen Umfeld hatten sie dies allerdings auch gar nicht nötig, ihr sozialer Vorrang war ja allen bekannt und wurde nicht in Zweifel gezogen. Sobald sich mit ihrem wirtschaftlichen Erfolg auch die geschäftlichen wie sozialen Verkehrskreise ausweiteten, orientierten sie sich in ihrer Lebensführung und Lebensgestaltung verstärkt an bürgerlichen Leitbildern und glichen in diesem Prozess kultureller Verbürgerlichung auch ihren Aufwand für Repräsentation und Kultur dem des städtischen Bürgertums an: Die symbolische Darstellung ihres wirtschaftlichen und sozialen Status in Kleidung und Wohnung wurde ihnen wichtiger, auch kulturelle Ansprüche und Interessen schlugen sich in ihrem Lebensstil nun stärker nieder. Dies galt für die Seidenindustriellen aus den Zürcher Seegemeinden genauso wie für die Zürcher Oberländer Unternehmer oder auch die Glarner Unternehmer. [1121] Noch mehr war dies der Fall, wenn ehemals ländliche oder kleinstädtische Unternehmerfamilien, wie das im letzten Viertel des 19. Jahrhunderts recht häufig der Fall war, ihren Wohnsitz in die Stadt oder mindestens mehr in deren Nähe verlegten. [1122] Nicht nur im Unternehmermilieu, sondern auch in den andern bürgerlichen Familien verloren Einfachheit und Sparsamkeit als höchste private Lebensregeln mit wachsendem Wohlstand jeweils an Wirksamkeit und Bedeutung. Vor allem gegen Ende des 19. Jahrhunderts bestimmten Annehmlichkeiten oder gar Luxus und eine auf Repräsentation des sozialen Status bedachte Prachtentfaltung den Lebensstil der bürgerlichen Klassen stärker als früher, wo die Knappheit der Mittel den Spielraum noch mehr eingeschränkt hatte, gleichzeitig aber auch das «Ideal der bescheidenen, massvollen, dem äusseren Glanze abholden Lebensführung und der Konzentration auf die inneren Werte» dominierte. Besonders für Neureiche wurde weniger das Sparen als vielmehr das Geldausgeben zum Problem. Der Drang und Zwang zu Luxus, Glanz und Pomp, zu Vornehmheit und Exklusivität nahm zu. So verkehrte sich bei manchen die bürgerliche Maxime «Mehr sein als scheinen» wenigstens teilweise in ihr Gegenteil. [1123]

Der sich Ende des 19. und anfangs des 20. Jahrhunderts im wohlhabenderen Bürgertum verstärkende Trend zu einem vornehmeren und luxuriöseren Lebensstil setzte allerdings schon früher ein. Bereits Mitte des Jahrhunderts stand eine kleine Minderheit wohlhabender Kaufleute und Unternehmer aus dem neuen Bürgertum, etwa im Umfeld der sogenannten Bundesbarone,

in der Lebensführung und im Lebensstil den reichen aristokratisch-patrizischen Herrenfamilien kaum mehr nach. Ein illustratives Beispiel dafür ist
Carl Feer-Herzog (1820–1880), ein Sohn des Aarauer Seidenfabrikanten
Friedrich Feer-Heusler (1790–1865) und einer der herausragendsten Vertreter
der «arbeitseifrigen Patrioten» der «hohen Gesellschaft des schweizerischen
Manchestertums». Noch mehr als sein Vater pflegte er, nachdem er 1849 die
reiche Erbtochter Caroline Herzog (1821–1890) geheiratet hatte, eine Lebenshaltung, die jener der wohlhabendsten Altzürcher Kaufleute oder Berner
Patrizierfamilien in nichts nachstand. Wie Alfred Escher in keiner festen
beruflichen Stellung engagierte sich Carl Feer aber vor allem in Politik und
Wirtschaft, kulturelle Aktivitäten scheinen in seinem späteren Leben keinen
grossen Raum eingenommen zu haben. Immerhin hatte er sich jedoch schon
in jungen Jahren eine kleinere Gemäldesammlung angelegt. 1862 liess er sich
wie andere reiche Unternehmer eine pompöse Villa mit einem grossen Gar-
tenpark errichten. 1872 versteuerte Carl Feer-Herzog allein Mobiliar im Wert
von 50 000 Franken. Die eigentliche Haushaltsführung verschlang in den siebziger Jahren um 25'000 Franken jährlich, dazu kamen 20 000 Franken Auslagen für die vier teils in der Ausbildung stehenden Söhne und die einzige
Tochter, sowie neben anderem noch Reisespesen von 8000 Franken. Gesamthaft betrugen seine jährlichen Ausgaben Mitte der siebziger Jahre 62 000
Franken, dies bei einem Einkommen von über 100 000 Franken in guten Jahren. [1124] Bei allem Reichtum und Luxus war und blieb Carl Feer-Herzog, vor
allem auch in seinen letzten Lebensjahren, einem streng calvinistischen
Arbeits- und Leistungsethos verpflichtet. Allein die Arbeit und die Entsagung
vor Gott und den Menschen rechtfertigte das menschliche Leben: «Nur derjenige hat das Recht des Daseins», schrieb er 1878 in seinem Testamentsentwurf,
«der ein nützliches Glied der menschlichen Gesellschaft ist. ... Abgesehen von
dem Wechsel des äusserlichen Besitzes, der die Arbeit unter Umständen zur
Notwendigkeit machen kann, verdient unter allen Umständen derjenige, der
nichts arbeitet und für seine nähere oder weitere Umgebung nichts leistet, die
Wohltat des Lebens nicht.» [1125] Angesichts des äusseren Lebenslaufes der
Söhne entbehren diese Aussagen allerdings nicht einer tragischen Ironie.
Scheiterten doch Carl Feer-Herzogs Bemühungen, seine Söhne zu arbeitseifrigen und leistungswilligen, dynamischen und fähigen Männern zu erziehen, um so die Generationsfolge in der Familie aufrechtzuerhalten, gründlich. Die Söhne waren beruflich wenig erfolgreich, alle Kinder blieben unverheiratet und lebten später ausnahmslos vom väterlichen und mütterlichen
Erbe. So ging Sohn Carl (1854–1923), der ein Jusstudium begonnen, aber nie
abgeschlossen hatten, ganz seinen schöngeistigen Neigungen nach. Als grosser Kunstfreund war er mit Künstlern wie Ferdinand Hodler, Cuno Amiet und
Albert Welti befreundet und betätigte sich als Konservator der kantonalen
Gemäldesammlung. [1126]

Wie sehr die Moral der Genügsamkeit und Enthaltsamkeit, der Mässigung und Sparsamkeit mit wachsendem Wohlstand und Erfolg in Widerspruch mit den Aufwandsnormen und Realitäten der Lebensführung geraten konnte, wird auch bei Theodor Kocher (1841–1917), dem Berner Medizinprofessor und Nobelpreisträger, deutlich. Von seiner Mutter im Geist der pietistischen Herrenhuter erzogen, entfernte sich Kocher dann nach dem Studium zwar etwas von diesem Frömmigkeitsmilieu. An den Grundüberzeugungen des Christentums, an der Sündhaftigkeit des Menschengeschlechtes, an Christi Erlösungstod und an einem Weiterleben im Jenseits, hielt er jedoch auch als einer der grossen Chirurgen seiner Zeit fest. Er bekannte sich auch öffentlich dazu und besuchte neben den Gottesdiensten der Landeskirche weiterhin auch jene der Brüdergemeinde. Auch Kochers Gattin Marie Witschi, die Tochter eines Grosskaufmannes, stammte aus den Kreisen der pietistischen Brüdersozietät. Die frommen Redensarten vom Sündenbewusstsein und von Reue legte sie nach der Heirat und mit der erfolgreichen Berufslaufbahn ihres Mannes jedoch ab und zeigte sich den Annehmlichkeiten des Wohlstandes gegenüber sehr aufgeschlossen. Das Ehepaar pflegte denn auch zunehmend einen grossbürgerlichen Lebensstil mit vielen Einladungen von Kollegen, Freunden und Bekannten Kochers aus dem In- und Ausland zur Mittags- oder Abendtafel in ihrer Wohnung in der Villette, einem Etagenhaus mit Park an der Laupenstrasse. Für grosse Empfänge anlässlich von Ärztetagen und anderen Kongressen diente Kocher später die heute nach ihm benannte Villa an der nahen Schlösslistrasse – er und seine Familie wohnten jedoch weiterhin in der Etagenwohnung ihres Wohnhauses an der Laupenstrasse.[1127] Dieser Lebensstil, der weitgehend eine Auswirkung seines beruflichen Erfolges und der dadurch wachsenden gesellschaftlichen Verpflichtungen war, aber vor allem die Gattin beanspruchte, irritierte Kocher, der seine Arbeit im Beruf über alles setzte und jede andere Beschäftigung wie Lektüre von Zeitungen oder Literatur, wie Reisen oder den Besuch von Kunstmuseen und Opern als Zeitvergeudung ablehnte, zuweilen sehr stark. Der entfaltete Wohlstand stand völlig im Gegensatz zu seinen Ansichten von einer einfachen Lebensführung und zu seinem auch der Gattin gegenüber immer wieder geäusserten Wunsch, dass «sein Heim eine Stätte des Friedens, der Stille, der anspruchslosen und bescheidenen Freude» sein sollte. Auch störte ihn, dass seine Frau, die in der Organisation des komplizierten Hauswesens mit einer Schar Dienstboten völlig aufging, die ihrem Gatten aber auch alle Kleinigkeiten des Alltags abnahm und alle Zudringlichkeiten, die sich aus seiner Stellung ergaben, von ihm fernhielt, zu wenig Zeit für ihn und die «Dinge des ewigen Lebens» hatte. «Hilf mir», beschwor er seine Frau in einem seiner Briefe, «den Ballast über Bord zu werfen, der unser Schiffchen hindert, seiner Devise Excelsior gemäss emporzustreben. Gemeinsam müssen wir uns von den kleinlichen Sorgen um Behagen und Genuss losmachen und an der Quelle aller Kraft Mut und Energie schöpfen, um Gutes zu wirken, so lange unser Tag währt.» Dem «Götzen 'Convenienz'» musste jedoch auch Theodor Kocher sein Opfer darbrin-

gen.[1128] Die gesellschaftlichen und familiären Zwänge, aber auch der berufliche Ehrgeiz und das Leistungsstreben Theodor Kochers waren um vieles
stärker. Allein durch diese frommen Wünsche liessen sich die Widersprüche
zwischen der Moral und den religiösen Überzeugungen Kochers und der Realität seiner Lebensführung nicht lösen.

Etwas einfacher hatte und machte es sich Konrad Wilhelm Kambli, einer
der führenden freisinnigen Theologen, in seiner 1890 erschienenen Abhandlung über die sittliche und soziale Bedeutung des Luxus. Für den sozial
engagierten Pfarrer war Luxus, als Verwendung des Eigentums über die
Grenze des Notdürftigen hinaus sowie als Gebrauch des Angenehmen und des
Genuss-Gewährenden umschrieben, von der reformiert-christlichen Ethik her
durchaus gerechtfertigt. Ein solcher Luxus konnte in Kamblis Sicht nur für
Bornierte eine Sünde sein, aber auch bloss ein sittliches Übel war er nicht. Im
Gegenteil, «augenscheinlich eine unausbleibliche Wirkung der Kultur und
selbst wieder ein sehr bedeutendes Förderungsmittel derselben», war Luxus
für Kambli der «gebildeten Welt unentbehrlich». Denn Völker ohne Luxus
sind, wie er lapidar feststellte, meist Barbaren. Für den freisinnig-reformierten
Theologen kam es einzig darauf an, «den rechten, erlaubten Luxus von dem
falschen, verwerflichen zu unterscheiden». Den Massstab dafür sah er im «notwendigen ständischen Aufwand». Dieser wiederum war an die «herrschende
Sitte» gebunden, über die man sich nicht hinwegsetzen konnte, ohne damit
seine ganze Stellung und seinen ganzen Einfluss zu schädigen.[1129] Mit dieser
ebenso salomonischen wie realistischen Bewertung des Luxus hatte Pfarrer
Kambli die Widersprüche zwischen der Moral der Sparsamkeit und Mässigung
und den steigenden Aufwandsnormen wohl nicht nur für sich weitgehend
entschärft.

Illustrativ für das Bestreben, die Mitte zu halten und Anstrengung mit
Genuss zu verbinden, ist auch eine kleine Episode, die der Zürcher Unternehmerssohn Hans Schindler (geb. 1896) aus den Ferien mit seinen Eltern, Grosseltern und anderen Verwandten im Engadin erzählt. Mit den Worten «Man
muss auch einmal sein Leben geniessen können» lud «Grosspapa» Peter Emil
Huber-Werdmüller (1836–1915), Mitbegründer der Maschinenfabrik Oerlikon und Aluminium-Industrie AG, seine Enkel in das neue Grand Hotel
St. Moritz zu einem «eleganten Tee» ein. Der knapp zehnjährige Enkel Hans
wagte aus Folgsamkeit zwar gegen diese Einladung nicht zu opponieren, hatte
innerlich aber Vorbehalte und fand die asketische, durch ernste Arbeit, strenge
Pflichterfüllung und strikte Sparsamkeit bestimmte Haltung seines Vaters
Samuel Dietrich Schindler richtiger. Rückblickend interpretierte er die Einladung seines lebensfreudigeren, aber nicht weniger erfolgreichen Grossvaters
als einen Versuch, seine Enkel «etwas von der Schindlerschen Pflichtbesessen-
heit» abzulenken und ein Gegengewicht zum Vater zu setzen, der «überall
Pflichten» sah, «Angst vor den Versuchungen des leichten, üppigen Lebens»
hatte und «seine Söhne durch strenge Erziehung davor bewahren» wollte.[1130]

Auch andere leisteten sich in den Ferien und auf Reisen mehr als sonst. Es war dies auch wegen der geringeren sozialen Kontrolle eine der Gelegenheiten, seinen Luxusbedürfnissen etwas mehr nachzugeben. So geschah es vor allem auf Reisen, dass der Bierbrauereiunternehmer Heinrich Albert Hürlimann, durchaus zur Genugtuung der genussfreudigeren Söhne, «gelegentlich auch ohne die expansive Mama einen Ausweg aus der von Mutter Hürlimann-Müller geprägten Nüchternheit und Sparsamkeit zu finden wusste.» Den Beweis dafür lieferte ihnen der Vater unter anderem einmal damit, dass er in den Erzählungen über seine Ägyptenreise auch von einem Champagner-frühstück mit Reitkameraden berichtete. [1131]

Das Nebeneinander von Zurückhaltung und Luxus, von Sparsamkeit und Grosszügigkeit blieb aber dennoch ein wichtiges Element bürgerlicher Haushalts- und Lebensführung. [1132] Wie der hohe Anteil der sogenannten Ehrenausgaben in den Budgets und der Aufwand, der für das gesellschaftliche Leben innerhalb und ausserhalb des Hauses, für die sogenannten gesellschaftlichen Verpflichtungen getrieben wurde, gezeigt hat, bevorzugten die bürgerlichen Familien bei den Ausgaben über den lebensnotwendigen Bedarf hinaus den sichtbaren Konsum. So herrschte zwischen dem nach aussen abgeschirmten häuslich-privaten Alltagsleben und dem mehr sichtbaren öffentlichen Leben in vielen bürgerlichen Familien und Haushalten teilweise eine recht grosse Diskrepanz. «Die Scheidung in zwei Lebensformen, die alltäglich-einfache und die als Ausnahme sie überhöhende festlich-gastliche» war laut Robert Faesi im altzürcherischen Bürgertum sowohl «uralt» als auch «allgemein». [1133] Aber nicht nur für die altbürgerlichen Kreise, sondern auch für das neue Wirtschafts- und Bildungsbürgertum war dieses Nebeneinander von Sparsamkeit und Grosszügigkeit, von Einfachheit und Luxus typisch. Im familiären und häuslichen Bereich äusserte sich diese Diskrepanz besonders in der Ernährung, etwas weniger im Wohnen und in der Kleidung. So gelangten zum Beispiel in vielen, auch in reichen Bürgerfamilien Konfitüre oder Butter bis gegen Ende des 19. Jahrhunderts nicht zusammen oder überhaupt nicht regelmässig auf den Morgentisch. [1134] Dagegen gehörten bei Einladungen und Diners opulente, mehrgängige Essen mit verschiedenen Weinen, vor allem in der zweiten Hälfte des 19. Jahrhunderts, allgemein zum guten Ton. Die in manchen wohlhabenden Haushalten demonstrativ geübte Sparsamkeit und Einfachheit – kleine Einschränkungen im Essen oder bei andern Gelegenheiten – entbehrte angesichts des sonst überall durchschimmernden Reichtums und im Kontrast zum hohen Luxus- und Prestigekonsum nicht einer gewissen Lächerlichkeit und dünkelhaften Kleinlichkeit. [1135]

Mindestens in der Öffentlichkeit zwangen aber auch die geltenden bürgerlich-mittelständischen Werte und Normen die grossbürgerlichen Kreise dazu, sofern es sich nicht schon von selbst verstand, sich eine gewisse Zurückhaltung zu auferlegen. Im Vergleich zur internationalen Haute volée waren die Aufwandsnormen denn auch in wohlhabenden bürgerlichen Kreisen eher tiefer angesetzt. Die Stilisierung der Lebenshaltung, der Glanz und Pomp im privaten und gesellschaftlichen Leben hielten sich in der Regel auch mit wachsendem wirtschaftlichen Wohlstand und Erfolg in gewissen Grenzen. Noch um 1912 erschien dem französischen Diplomaten Jules d'Auriac deshalb die Schweiz in einem Vergleich des Lebensstils der höheren Klassen der beiden Republiken als «pays du confort simple et discret» und nicht wie Frankreich als «terre de luxe, où chacun se préoccupe surtout de l'effet produit».[1136] Wie andernorts gewannen der monarchische Glanz und Pomp, der luxuriöse und mondäne Lebensstil des reichen Adels und der internationalen Geldaristokratie, die Standards und Verhaltensweisen der Leisure class oder Haute volée aber gegen Ende des 19. und anfangs des 20. Jahrhunderts auch in der Schweiz auf die bürgerliche Lebensführung und Lebensgestaltung an Anziehungskraft und Einfluss. Anzeichen für solche aristokratischen Tendenzen im Lebensstil, die man grösstenteils ebensogut als grossbürgerlich oder plutokratisch bezeichnen kann, waren die Steigerung und Verfeinerung des Luxus, die höhere Stilisierung der Lebenshaltung mit neuen Formen des ostentativen Müssigganges, der Freizeitgestaltung und Freizeitaktivitäten, der mehr auf Repräsentation bedachte Wohn- und Lebensstil, der Erwerb von Landgütern, aber auch die Aufwertung der bürgerlichen Frauen und Töchter zu Damen sowie die Gründung exklusiver Klubs, wo weniger Herkommen und Besitz als vielmehr Geld und Reichtum, woher auch immer sie kamen, die Grundvoraussetzung und das wichtigste Kriterium für die Zugehörigkeit bildeten.

Wie sehr aristokratische Vor- und Leitbilder auch in der republikanisch-demokratischen Schweiz den Lebensstil bürgerlicher Familien beeinflussen konnten, lässt sich am Beispiel des Winterthurer Unternehmers Theodor Ziegler-Sulzer (1825–1900) sehr schön aufzeigen. Die Familie Ziegler-Sulzer lebte während des Sommers jeweils auf Schloss Hard bei Ermatingen – der Vater allerdings meist nur übers Wochenende. In «regem Verkehr» mit den Baronen der umliegenden Schlösser pflegte man einen Lebensstil, der Fanny Sulzer-Bühler, die in ihren Mädchenjahren dort einmal 14 Tage bei ihren Vettern in den Ferien war, wie ein «richtiges Schlaraffenland» vorkam, wo nicht wie zu Hause auf strikte Ordnung und Pünktlichkeit geachtet wurde und trotz Erzieher und Gouvernante das ganze Sommerschulsemester «geschwänzt» wurde und wegen der vielen «Abhaltungen» kein «richtiges Arbeiten» aufkam. Wegen des schlechten Einflusses dieses «Herrenlebens» liess Mutter Fanny Bühler-Egg (1839–1919) ihre Tochter nie mehr dorthin und behauptete, Monate gebraucht zu haben, um ihrer Tochter den «Schlendrian aus Kopf und Gliedern» wieder zu vertreiben. Durch dieses «Barönlitum» von «solider Schweizerart» abgelenkt, ging einer der Söhne Theodor Zieglers dann nach Ulm zu den gelben Dragonern, wurde Offizier und Deutscher und erwarb sich in Montenegro einen Adelstitel. Tochter Johanna verlobte sich gleich nach der Konfirmation zur Freude ihrer Eltern mit einem Baron Bodo von Bodenhausen, einem Korpsbruder ihrer Brüder. Die Verlobung wurde dann jedoch

aufgelöst, als Erkundigungen der Verwandtschaft – die Eltern hatten sich ganz
auf das Urteil der Söhne verlassen – über das Vorleben und die Verhältnisse
des Barons einen «niederschmetternden Bericht» ergaben. Die Blamage veranlasste die Familie, nach Zürich überzusiedeln. [1137] Eine ähnlich verunglückte
Verlobung findet sich auch in Josef Viktor Widmanns Roman «Die Patrizierin» aus dem Jahre 1888. Widmanns Geschichte – eine junge Patrizierin lehnt
einen bildungsbürgerlichen Aufsteiger (Gymnasiallehrer/Dr. phil.) zugunsten
eines deutschen adligen Offiziers ab, der sich dann als Schwindler entpuppt –
stützte sich auf Berner Geschehnisse aus den fünfziger oder sechziger Jahren.
Dieses Ereignis war den bernischen Lesern bekannt, dementsprechend erkannten sie auch die involvierten Personen. Wie leicht sich auch andere aufstrebende bürgerliche Familien jeweils zum Amusement jener, welche die
Zeichen besser zu deuten verstanden, von adeligem Auftreten blenden liessen,
zeigen verschiedene Fälle von Hochstapeleien. So fiel um 1880 die bessere
Gesellschaft Berns auf eine junge russische Gräfin herein, die standesgemäss
mit Kammerdiener auftrat und in verschiedenen Familien Berns verkehrte, bis
sie sich als Hochstaplerin entpuppte. Ein gleicher Fall trug sich übrigens zur
gleichen Zeit in Zürich zu. [1138]
    Diese aristokratischen Tendenzen, die sich sowohl in der Nachahmung
eines entsprechend luxuriösen und mondänen Lebensstils als auch in einem
nicht selten devoten Bestreben [1139], mit adelig-aristokratischen Kreisen Europas in gesellschaftliche oder gar verwandtschaftliche Beziehungen einzutreten,
äusserten, beschränkten sich im wesentlichen auf die wohlhabenderen Kreise
des Besitz- und Wirtschaftsbürgertums, auf die Familien von reichen sogenannten Partikularen, von Finanz- und Kaufleuten, von Unternehmern der
Industrie und des Baugewerbes, von Privatbankiers, Direktoren von Versicherungen und Banken sowie von einigen wenigen Angehörigen freier Berufe.
Diese neue Oberklasse, die auch viele wohlhabende Angehörige der alten
Herrengeschlechter, aber mehrheitlich neubürgerliche Kreise umfasste, be-
diente sich im Spiel der Distinktion, der Abschliessung und Eingrenzung zwar
der Mechanismen der Aristokratie und anderer ähnlicher Eliten, sie blieb aber
trotz Nachahmung adeligen Lebensstils und aristokratischer Attitüden nicht
nur im Ökonomischen, sondern auch in der Lebenshaltung und Lebensführung, in ihren Werten und Verhaltensweisen letztlich doch bürgerlich, grenzte
sich nach unten aber schärfer ab und gab sich in wachsendem Masse elitär und
autoritär. Wenigstens teilweise gaben manche bürgerliche Kreise ihren bis anhin geübten «Charme discret» in der Lebensführung und im Lebensstil auf
und stellten Reichtum und Macht, aber gerade auch ihre soziale und kulturelle
Überlegenheit bedenkenloser und herausfordernder zur Schau.
    Aristokratische und elitäre Tendenzen traten aber auch in der Armee
stärker in Erscheinung. Sie äusserten sich, verbunden mit der Übernahme der
preussisch-deutschen Militärkonzeption für die Schweizer Armee, vor allem in
den Forderungen nach einem  Standesbewusstsein der Offiziere [1140] und dem

Aufkommen «aristokratischer Herrenattitüden» im schweizerischen Offizierskorps, die, vor allem nach mehreren Einsätzen der Armee in Streiks, nicht
wenig zur Verschärfung der Klassenspannungen zwischen Bürgertum und
Arbeiterschaft beitrugen. Dazu gehörte, dass die Offizierslaufbahn auch in der
Schweiz nach deutschem Muster zunehmend als eine Art «pseudofeudale Auslese» (Gruner) funktionierte. [1141] Von 1875–1945 finden sich denn auch im
schweizerischen Generalstabskorps kaum Offiziere aus den mittleren Bevölkerungsschichten. Die Rekrutierung des Offizierskorps beschränkte sich weitgehend auf die bürgerlichen Klassen. So waren zwischen 1875 und 1945 beim
Eintritt in den Generalstab lediglich 2,3 Prozent der gesamthaft 852 Offiziere
in Gewerbe, Handwerk oder der Landwirtschaft tätig. Von diesen wenigen
waren mit einer Ausnahme alle selbständig erwerbend, darunter vorwiegend
grössere Gewerbetreibende, besonders viele Bauunternehmer. Unter den
Vätern der Generalstabsoffiziere war der Anteil aus Gewerbe, Handwerk und
Landwirtschaft mit rund zwanzig Prozent allerdings deutlich höher, darunter
auch 5,6 Prozent Unselbständige sowie 3,1 Prozent Landwirte. Söhne aus diesen Kreisen gelangten nur dank einer im Verhältnis zu ihrer Herkunft überdurchschnittlichen schulischen Ausbildung und einem sozialen Aufstieg über
freie Berufe oder über eine Angestelltenlaufbahn ins Generalstabskorps. Ein
möglicher weiterer Aufstiegskanal war eine Karriere als Berufsmilitär. Mehr
als ein Viertel der Berufsmilitärs im Generalstabskorps stammte aus gewerblich-bäuerlichen Kreisen. [1142] Was für den Generalstab galt, traf anfangs des
20. Jahrhunderts auch weitgehend für das übrige Offizierskorps zu. Offiziersanwärter aus Handwerker- oder unteren Angestelltenkreisen, aber auch
Bauern wurden, wie Hans Schindler, Direktor der Maschinenfabrik Oerlikon,
aufgrund von Erzählungen seines ältesten Bruders Dietrich Schindler, dem
späteren Professor für Völkerrecht, rückblickend kritisch anmerkte, in der
Regel nicht zur Aspirantenschule zugelassen. Hans Schindler erwähnte diese
Episode, um aufzuzeigen, wie sehr «Standesunterschiede», obwohl darüber in
der Regel nicht gesprochen wurde, in der Praxis eine Rolle spielten und wie
naiv und «snobistisch» er selbst war, weil er dies, der er so gerne «ein richtiger
Demokrat» gewesen wäre, «unbegreiflich und ungehörig» fand. [1143]
      Elitäre oder aristokratische Vorstellungen und Leitbilder äusserten sich
ausserhalb der Armee besonders im Antisozialismus sowie in der Angst vor
der Gleichheitsgesellschaft der Massendemokratie, vor dem zur Masse herabgesunkenen Volk. Direkt greifbar werden sie aber vor allem auch in der nach
1900 von rechter Seite neu einsetzenden Kritik an der schweizerischen Demokratie, der vorgeworfen wurde, dass sie die Freiheit des einzelnen und der
kleinen Gruppe bedrohen und sowohl die Anonymität als auch die Ausrichtung auf ein Mittelmass fördern würde. [1144] Aber auch die Kritik am herrschenden Materialismus und am fehlenden Idealismus des Bürgertums, wie
sie, teils unter dem Einfluss von Jakob Burckhardts Kulturkritik, vor allem in
bildungsbürgerlichen Kreisen und in der zeitgenössischen schweizerischen

Romanliteratur geübt wurde, war vielfach von elitären oder aristokratischen Leitbildern und Vorstellungen geprägt.[1145] Eine «kulturkonservativ gefasste sittliche Aristokratie» und Nietzsches «ästhetisch-aristokratischer Radikalismus» waren laut Rüdiger vom Bruch die beiden Brennpunkte der nach 1900 grassierenden Kulturdiskussion. Aristokratie wurde dabei zum Schlüsselbegriff, der sehr Verschiedenes meinen konnte, gemeinsam war allen die Projektion eines neuen Menschen, jenseits der existierenden Aristokratie und des zeitgenössischen Bürgertums.[1146]

Auch der Berner Staatsrechtsprofessor und Nationalrat Carl Hilty (1833-1909), Herausgeber des Politischen Jahrbuches und als vielgelesener Autor moralisch-ethischer Erbauungsschriften das moralische Gewissen des Freisinns, stellte in seiner chronikalischen Darstellung der schweizerischen Verhältnisse verschiedentlich die Forderung nach einer neuen «sozialen Aristokratie» auf.[1147] Vom Bürgertum, das die «einfachen Tugenden und Gewohnheiten» aufgegeben hätte, war er enttäuscht und hielt sich mit Kritik an seiner eigenen Klasse nicht zurück. Aufgrund ihres «Mangels an Willenskraft», wegen der «Fadheit der Charaktere» und ihrer «Weichlichkeit» auch in den Antipathien (kein «Hassen von Herzen») befand sich für Hilty ein Teil der «schweizerischen Bourgeoisie» schon 1889, vor allem in einzelnen Städten und industriellen Kantonen, auf den Bahnen der Aristokratie von 1789. Als Beleg dafür führte er den luxuriösen Lebenswandel von Söhnen aufgestiegener Unternehmer an, den er, voll von Klischees und Aversionen gegen jeden Luxus, wie folgt charakterisierte: «Der Grossvater war ein ehrsamer Handwerker oder Bauer, der Sohn baute aus der Mühle eine Fabrik und eine schöne Villa daneben, der Enkel ist nervös, lebt meistentheils in Paris, oder in Berlin (zeitweise auch in Monaco oder Bayreuth) und hält als Lebensberuf Jagdhunde und Reitpferde.»[1148] Auch wenn die «Bourgeoisie» für Carl Hilty nicht mehr «frisch» war und eine «starke Veredlung der oberen» Not tat, zur Abdankung reif, wie die Sozialdemokratie glaubte, war sie aber seiner Meinung nach trotzdem noch lange nicht.[1149] 1905 bezeichnete er die bürgerlichen «Herren», die für ihn angesichts des herrschenden Materialismus nicht einmal «richtige Herren», sondern «blosse Aktionäre», «Anarchisten oberster Klasse» waren, als eine «geldgierige, genusssüchtige Bourgeoisie, die im beständigen Kriege mit den unteren Volksklassen lebt». Weil das Bürgertum, seine Klasse, auf die er lange alle Hoffnung gesetzt hatte, seine höhere Verantwortung nicht wahrgenommen und seine Sendung damit verfehlt hatte, in Egoismus und «Herzenskälte» erstarrt und auch die «Veredelung der Massen» durch die Demokratie gescheitert war - der aufkommende Sozialismus war ihm Beweis dafür -, suchte Hilty mit der Forderung nach einer neuen, wirklich vornehmen Elite Zuflucht in einer Aufgliederung der Gesellschaft nach dem Verantwortungsgefühl und der Leidensfähigkeit für die Gemeinschaft. Eine «soziale denkende, wirklich edle, durchgebildete und zur Arbeit, nicht zum Genuss, erzogene Aristokratie» sollte neben und in der Form der

Demokratie das Regierungssystem der Kulturstaaten werden. Diese elitäre
Haltung rechtfertigte er damit, dass «etwas ganz Grosses» nur durch Leute aus
«einer etwas oberen Klasse» geschehen kann und nicht von «blossen Parvenus
des Geldes» oder «völligen selfmade men». Hierin sah er auch den einzigen
richtigen Kern im «Wahnsinn» von Nietzsches Herrenrecht und Übermen-
schentum. «Geborene Herren und Edelmenschen» bedurften nach Hiltys Meinung aber der beständigen Kontrolle durch die Religion und vor allem durch
«strenge Arbeit». Die soziale Aristokratie war für Carl Hilty ein durch Rück-
besinnung und Rückkehr zu den alten Tugenden geläutertes Bürgertum, das
dadurch wieder die Berechtigung zur politischen Herrschaft erhielt, die ja
nicht das Recht einer Klasse, sondern ein «ernstes Amt» darstellte. [1150]

Im Unterschied zu Carl Hiltys sozialer Aristokratie waren andere elitäre
Vorstellungen in dieser Zeit sehr viel stärker individualistisch ausgerichtet und
zeichneten sich vor allem auch dadurch aus, dass sie nicht nur einem hohen
Persönlichkeitsideal verpflichtet waren, sondern einen eigentlichen Persönlichkeitskult trieben. [1151] Vor allem in der Generation der nach 1880 Geborenen
scheinen solche Leitbilder auf einen fruchtbaren Boden gefallen zu sein und
das Lebensgefühl vieler geprägt zu haben. Wie einzelne Einträge in seinem
Tagebuch zeigen, war auch der junge Ernst Gagliardi (1882–1940) stark von
einer solchen Geisteshaltung geprägt. Die Beschäftigung mit Sozialem fand er,
tue ihm zwar gut, aber nicht zuviel, denn dies führe nur zu «Brechreiz», «elen-
dester Stimmung» und «Welthass». Sozialist glaubte er schon deshalb nicht
werden zu können, weil er sich selbst viel zu sehr als Individualist verstand.
Den Sozialismus mochte er als notwendige Grundkraft des modernen Lebens
akzeptieren, jedoch nur solange dieser lediglich die äussere Ungleichheit aufheben wolle, aber nicht mehr, «wo er auch das Geistige in seinen Kreis einbe-
ziehen will und alles auf ein bestimmtes Niveau herabzuziehen bestrebt ist.»
Der junge Gagliardi war denn auch sehr bestrebt, der Masse zu entrinnen und
sich von ihr abzuheben. In sein Tagebuch schrieb er um die Jahrhundertwende:
«Es gibt in den sogenannten Kulturstaaten kein 'Volk' mehr, die Masse ist
geistig gesunken, verächtlich geworden.» Die Schuld daran gab er vor allem
der Demokratie: «Die demokratischen Bestrebungen haben ironischerweise am
meisten dazu beigetragen, das Volk, das sie materiell hoben, geistig zu verblen-
den. Man hat der Masse die Minderwertigkeit alles Überlieferten und den
Wert alles Neuen aufgeschwatzt, sie mit platt rationalistischen, Gemüt und
Charakter gänzlich vernachlässigenden Volksschulen beglückt, an Stelle der
Agrar- eine schmutzige Fabrikwirtschaft gesetzt, und staunt, wenn man es
überhaupt bemerkt, dass die Menschen um ein weniges klüger und um vieles
flacher und gemütsroher und gemeiner geworden sind.» Die populäre Literatur, die volkstümlichen Lieder, der Geschmack der Leute allgemein waren ihm
Belege für das «mutwillige Fahrenlassen überlieferter Güter» und die «gänzliche Impotenz, neue zu schaffen, wenn nicht materielle». [1152]

Mit dieser Kritik an der Moderne und der Demokratie stand Ernst Gagliardi nicht alleine. Er befand sich damit vor allem auch im Einklang mit einer Gruppe welscher Intellektueller, die sich um die 1904 gegründete Genfer Kulturzeitschrift «La Voile latine» gesammelt hatten und fast ausnahmslos aus grossbürgerlichen oder aristokratischen Familien stammten. Zu ihnen gehörten unter anderen auch Robert de Traz, Sohn eines Genfer Ingenieurs, und der Freiburger Aristokrat und Literat Gonzague de Reynold, der in seinen Hymnen an die heroische Vergangenheit und die unberührten Landschaften der vorindustriellen Schweiz die patrizisch-bäuerliche Eidgenossenschaft des Ancien régime mit ihrer organischen Weltordnung heraufbeschwor, wo die Menschen noch nicht an einer «aufgeblähten Demokratie» zu leiden hatten. Die Intellektuellen und Künstler dieses Kreises entwarfen aber nicht nur ästhetische Gegenwelten zur Moderne, durch die Auseinandersetzung mit der «Action française» und ihrer neokonservativen Doktrin stärker politisiert, entwickelte sich aus diesem Kreise Teile jener «reaktionären Avantgarde» (Jost), aus der schliesslich auch in der Schweiz eine neue Rechte entstehen sollte. Wie andere seiner Genfer Gesinnungsfreude fand Gonzague de Reynold (1880-1970) an der Doktrin der «Action française» insbesondere wegen ihrer nationalen, traditionalistischen und autoritären Ausrichtung sowie des unerbittlich geführten Kampfes gegen die Ideen von 1789 Gefallen. Die Klage über die «demokratischen Irrtümer» und den «demokratischen Aberglauben» sowie die heftigen Attacken gegen die Demokratie, die er als «Tyrannei der Masse» und «Herrschaft der Mittelmässigkeit» verunglimpfte, machten den jungen Freiburger Aristokraten schon um 1910 zu einem der profiliertesten Kritiker der Demokratie.[1153] «Da die Demokratie aus Prinzip keine Superiorität anerkennen kann», war sie für Gonzague de Reynold «allein dadurch die Gegnerin jeglicher Eliten: sowohl der intellektuellen und moralischen Elite» als auch «der gebürtigen Aristokratie, die von ihr geschaffen wurde». Der freisinnig-demokratischen Bundesstaates erschien ihm als ein «Misswuchs» und Irrweg der Geschichte, als ein Verrat an der natürlichen hierarchischen Gesellschaftsordnung und ein «Widerspruch zu den Erfordernissen und Regeln des Lebens».[1154]

Die «Entwicklung kräftiger, zielbewusster Individualitäten in idealistischer Richtung» war auch das erklärte Ziel der 1907 vom Zürcher Universitätsprofessor Ernest Bovet (1870–1941) gegründeten Zeitschrift «Wissen und Leben», die Beiträge zu den brennendsten kulturellen und politischen Problemen der Zeit bringen, durch kritische Standortbestimmungen und Diskussionen klärend wirken und zwischen den politisch-weltanschaulichen Gegensätzen vermitteln wollte. Obwohl Ernest Bovet im Unterschied zu anderen Autoren in «Wissen und Leben» dem Persönlichkeitskult weniger huldigte, sprach auch er im einführenden Artikel zu Ziel und Zweck der Zeitschrift davon, dass in dieser Zeit der Krise und der «allgemeinen Erwartung einer grossen Wandlung» das «erlösende Wort der Neuordnung von kräftigen Individualitäten» ausgehen, dass aber die Masse «mit elementarer Kraft den Rahmen» zersprengen würde. [1155] Unter dem Eindruck des 1. Weltkrieges legte hingegen der Zürcher Wirtschaftsanwalt und Gründer der Zürcher Treuhand-vereinigung Eugen Keller-Huguenin (1872–1941) in einer Rede über «Bürger und Staat» vor Studenten im Februar 1919 ein eigentliches Bekenntnis zur Per-sönlichkeit als neuem Lebensideal ab: «Der neue Glauben aber heisst die Per-sönlichkeit. Sie zu erfüllen, das wäre die Frömmigkeit der neuen Zeit, aus ihr erwüchse der neue Bürger, gebildet an dem Vorbild dessen, der aus der Kraft seines Hirns und Herzens, oft auch aus der Freiheit seiner wirtschaftlichen Stellung die heilige Pflicht ableitet, dem Ganzen zu gehören, und dem es gelingt, eigene Wünsche und Pflichten so klar zu trennen, dass er dem Ganzen so gehört, dass alle fühlen: ecce homo.» Der Bürger, der sich «als Opfer seines barbarischen Arbeitswahnsinns nicht nur vom Staat», sondern vom «Metaphysischen überhaupt» getrennt hatte und «ungeistig» geworden war, sollte nicht mehr bloss ein «Arbeitsmensch» sein, sondern wieder «gei-stig» werden. Die Oberschicht, die alle anderen beeinflusse und von der alles abhänge, sollte wieder die Fähigkeit erlangen, sich über die «nackte Realität» zu erheben. [1156] Sich selbst sah Eugen Keller-Huguenin, der in seiner Heidel-berger Studienzeit einem exklusiven Corps angehörte, als «Tatmensch» mit ethischer Verpflichtung. An der Schweiz kritisierte er den Mangel an «Män-nern mit Haltung, Würde, Bewusstsein des eigenen Werts», ebenso wie die geringe Wertschätzung der «geistigen Leistung», die seiner Meinung nach auch bei den Schweizer Industrie- und Finanzleuten ausserhalb ihres Vorstel-lungsbereiches lag. Aber auch das Vordringen der «im Grunde geistig und sozial ganz passiven Kleinbürger» in der Demokratie reizte ihn immer wieder zu Ausfällen und abschätzigen Urteilen und trieb ihn in den dreissiger Jahren freiwillig ins Exil nach Florenz. [1157] Laut Aussagen seines Freundes Gerhard Boerlin versuchte er auch in seinem Lebensstil neue Vorstellungen zu ent-wickeln. Sein «grösstes Anliegen» sei es gewesen, dass das Leben, das er mit seiner Familie im Sommer auf dem Landsitz Farnbühl bei Zug führte, «einen festen Stil erhalte, dass auf sicherer wirtschaftlicher Grundlage eine gehobene, geistig angeregte, geschmackvolle Daseinsform sich bilde, gleichweit entfernt von Protzen- und Neureichtum wie von einem halbtoten, nur von den Erin-nerungen zehrenden Patriziertum.» [1158]

Ein bezeichnenderes Abbild des in manchen bürgerlichen Kreisen gepflegten elitären Persönlichkeitskultes, der in idealistischer Verkennung oder ideologischer Verbrämung die Bedeutung ökonomischer Zwänge und sozialer Unterschiede für die Entwicklung der Persönlichkeit nicht wahrneh-men konnte oder wollte, gibt in «Wissen und Leben» ein Artikel mit dem Titel «Gegen den sozialen Staat». Darin attackiert der Verfasser H. von Spre-cher nach einem Seitenhieb auf den herrschenden Materialismus und die verhängnisvolle Atomisierung und Spezialisierung des Menschen den beste-henden Staat als «unpersönliches Wesen», als «Zwangs-Institution» und als «Inkarnation des Sozialismus», zwar «noch nicht des Sozialismus als Partei, aber des Sozialismus als Weltanschauung, als Gesellschaftslehre». Schon der liberal-freisinnige Staat ist deshalb für ihn «nach Begriff und Bestimmung die Negation der Persönlichkeit». Seine Tendenz «geht nicht auf Fortentwicklung, sondern auf Vernichtung der Persönlichkeit.»[1159] Doch «wenn das Leben einen Sinn hat, so kann sein Zweck aber nur die Entwicklung der Persönlichkeit sein», und alle Einrichtungen, auch der Staat, sollen nur Mittel sein, um die «freie Persönlichkeit» zu fördern. Denn das Ziel kann nur sein, «die Menschen zum freien sittlich-sozialen Handeln zu führen, zu einem Handeln, das allen Zwang überflüssig macht, und damit auch die Staatengemeinschaft.» Wenn der Individualismus sich der «Gleichmacherwalze des Sozialismus, Zentralismus, Etatismus» entgegenstemmt und sich dem «Moloch» Staat zu entziehen versucht, so verteidigt er dabei «das Edelste und Kostbarste, überhaupt das einzige Lebenswerte: die Persönlichkeit, und mit ihr die Zukunft des Menschengeschlechts». Konkret im Visier hatte H. von Sprecher die freisinnige Sozialpolitik, die mit ihren «sozialen Geschenken» in der Arbeiterschaft die «Entwöhnung von eigener Anstrengung» fördert, das «Anlehnungs- und Unterstützungsbedürfnis» weiter um sich greifen lässt und so um «einiger kümmerlicher materieller Zuwendungen willen» einer «ganzen Bevölkerungsklasse ihre Arbeitslust, ihre Unabhängigkeit und ihr Selbstbewusstsein schmälert». Aber nicht nur die «Beschenkten und mit ihnen die Volkskraft überhaupt» werden durch diese «unbegreifliche soziale Politik» geschädigt, «sondern nebenbei auch noch ein weiteres grosses und unentbehrliches Kapital der Arbeitsfreudigkeit und Initiative: dasjenige des Unternehmertums.» Ja indem «bürgerliche Sozialpolitik» als «bewährte Handlangerin» der Sozialdemokratie den Unternehmern Arbeit und Beruf verleidet und so den «Unternehmerstand» dezimiert, leistet sie der «kommunistischen Produktion Vorschub». Verloren geht durch die «wachsende Sozialisierung der Gesellschaft» aber auch die «ethische Grundlage des menschlichen Zusammenlebens», das «soziale Pflichtbewusstsein der Menschen», denn wegen des durch den Staat vorgenommenen ökonomischen Ausgleichs zwischen den Klassen fühlen sich die «Glieder der Gemeinschaft», gemeint waren damit unter anderem wohl vor allem die Arbeitgeber, von weiteren Leistungen frei und ihrer sozialen Pflichten enthoben.[1160]

Viele der elitären und tendenziell auch autoritären Vorstellungen waren mehr oder weniger direkt von sozialdarwinistischen Lehren verschiedenster Ausrichtung inspiriert und geprägt. Dies galt bis zu einem gewissen Grade auch für den Winterthurer Grossunternehmer Eduard Sulzer-Ziegler (1854–1913), den Präsidenten des Arbeitgeberverbandes der Maschinenindustriellen, der den Unternehmer als «Wikingernatur» begriff und in ihm das Ideal der schöpferischen Persönlichkeit verkörpert sah. Dem von der «marxistischen Lehre» und seinen «Gläubigen» gezeichneten Bild des Unternehmertums als «Popanz» und als «eine verderbenbringende, die Welt ausbeutende Macht, die an allem Elend dieser Welt schuld sein soll», stellte er das

Bild des Unternehmertums als «Diener» und «unentbehrliches Glied der menschlichen Gesellschaft» gegenüber, dem die «gewaltigen technischen und damit kulturellen Fortschritte des Jahrhunderts zu verdanken sind, das mit seiner «geistigen Arbeit und dem von ihm angeregten Erfindungsgeist» eine «mächtige Kulturmission» erfüllt hat und immer noch erfüllt, und dessen «Ausschaltung einem Brachlegen der besten Kräfte gleichkäme». 1161 Der Vorrang des Unternehmertums war für Eduard Sulzer-Ziegler aber nicht nur wirtschaftlich gerechtfertigt, sondern aufgrund seiner christlichen Grundeinstellung auch religiös legitimiert. Das Unternehmertum sah er als eine mit einer besonderen Mission betraute und mit einer göttlichen Autorität versehene Elite. Den von ihm im eigenen Unternehmen wie im Arbeitgeberverband eingenommenen und in der Öffentlichkeit vehement vertretenen «Herr im Hause» Standpunkt des Unternehmers begründete er jedoch nicht nur auf diese traditionelle Weise, sondern in Anlehnung an Alexander Tilles Elitetheorie auch damit, dass erfolgreiche Unternehmer, die er als «Elite-Naturen» begriff, sich ihren Aktivitätsspielraum nicht einengen lassen dürften, und dass es für den Kampf gegen die Gewerkschaften und den Sozialismus «Ausnahme-Menschen» brauchen würde. 1162 Nach diesen von ihm selbst entworfenen Bildern 1163 der idealen Unternehmerpersönlichkeit wurde er in einem Nachruf in der Zeitschrift «Wissen und Leben» von Redaktor Albert Baur (geb. 1877) denn auch selbst als «Kämpfer und Herrenmensch» charakterisiert, der nicht nur über eine seltene «Universalität der Kenntnisse» und «klare Überzeugtheit seiner Weltanschauung» verfügt hatte, sondern auch über den «starken Willen, nicht nur Vorteile seiner selbst und seiner Kaste, sondern für Ideen als Kämpfer in die Bresche zu treten». 1164 Bezeichnend für seine elitäre Haltung war auch seine Kritik an der Volksschule, die im Vorwurf gipfelte, sie bringe den Schülern die Überzeugung bei, alle Menschen seien einander gleichgestellt: «Durch die Schule soll Gleichheit geschaffen werden, womöglich auch im spätern Leben. Welcher Blödsinn!» Das Talent sollte ausgebildet, das Starke entwickelt werden. 1165 Die Formen der direkten Demokratie lehnte Eduard Sulzer mit dem Argument ab, nicht die kleinen Geister, sondern die geistig Hochstehenden sollten in der Politik Macht und Einfluss haben. 1166

Von sozialdarwinistischen Vorstellungen stärker geprägt waren manche Vertreter jener neuen Rechten, die sich anfangs des 20. Jahrhunderts zunächst stärker in der Romandie, aber vereinzelt dann auch in der deutschen Schweiz offener zu artikulieren und zu formieren begann. 1167 Mit Verweis auf die körperlich und geistig unterschiedlichen Anlagen der Menschen bezeichnete etwa Eugen Bircher (1882–1956), Arzt und hoher Militär, um 1914 in einer Artikelserie zur Totalrevision der Aargauer Verfassung den demokratischen Grundsatz der politischen Gleichheit als einen naturwissenschaftlichen Unsinn, der zwar zur politischen Befreiung, aber auch «zur Einengung der persönlichen Tüchtigkeit» geführt habe. Der Einfluss des Einzelnen im staatlichen

Leben, so folgerte Bircher, könne nur entsprechend seinen geistigen Funktionen und Fähigkeiten erfolgen. Die Französische Revolution war in seinen Augen bei der Zerstörung der Erb-Aristokratie zu weit gegangen. Auf die Gefahr hin, wegen seiner ketzerischen Gedanken, wie er selbst abschliessend meinte, als «reaktionär» oder «Vollblutaristokrat» verschrieen zu werden, forderte der Enkel eines Volksschullehrers und der Sohn des angesehenen Chefarztes des Aarauer Kantonsspitals dann aufgrund seiner Einsichten aus der Beschäftigung mit Friedrich Nietzsches Herrenmenschen-Philosophie und der Eugenik von Francis Galton: «An die Stelle der Erb-Aristokratie muss die Sozial-Aristokratie treten. Die Tüchtigsten, die Fähigsten müssen den entscheidenden Einfluss erhalten».1168 Sozialdarwinistische Vorstellungen waren jedoch nicht nur in diesen neokonservativen, nationalistischen Kreisen verbreitet.

Im Glauben an die Losung «Freie Bahn dem Tüchtigen», deren Gültigkeit der Bürger in seinem eigenen Werdegang bestätigt sah – am stärksten nicht selten bei sozialen Aufsteigern –, aber auch im durchgängig vorhandenen Gefühl vom Kampf ums Dasein, das ja auch im Ideal der bürgerlichen Familie als einer Oase seinen Widerhall fand, war der Darwinismus nämlich, «noch bevor er als wissenschaftliche Lehrmeinung formuliert wurde, schon längst als Weltanschauung vorhanden und blieb auch hinterher ebensosehr Weltanschauung wie Wissenschaft.»1169 Aber auch der Persönlichkeitskult, der in den bürgerlichen Klassen allgemein betrieben wurde, sowie der weitgeteilte Glaube, dass im «gemeinen Kampf ums Dasein» letztlich immer der persönlich Tüchtige obsiege, weisen darauf hin, dass darwinistisch geprägte Vorstellungen und Denkmuster, wenn häufig auch in gemilderter oder versteckter Form, schon vor der Jahrhundertwende weit verbreitet waren, jetzt aber im Zeichen des verstärkt wahrgenommenen und wohl auch real erhöhten Konkurrenzkampfes noch mehr ins Bewusstsein traten und den «Kampf ums Dasein» zu einer «Schlüsselmetapher der Epoche» (Widmer) machten.1170 Wie sehr Elemente des Sozialdarwinismus im Denken bürgerlicher Kreise allgemein Eingang gefunden hatten, zeigt insbesondere auch die zeitgenössische Diskussion um die Frage, wie man die positive Selektion eines besonders qualifizierten Nachwuchses fördern, beziehungsweise wie man verhindern könne, dass die Wirtschaft von minderwertigem Nachwuchs überschwemmt werde.1171

Bürger sein – die männliche Form ist bewusst gesetzt – bedeutete nämlich nicht nur selbständig und unabhängig, sondern auch den anderen überlegen zu sein. Der Bürger im vollsten Sinne war ein Mann, dem ausser Gott und allenfalls noch der Staat nicht nur niemand zu befehlen hatte, sondern er war auch ein Mann, der seinerseits Befehle erteilte und Gehorsam erwarten konnte. Dies galt oder sollte zu Hause genauso gelten wie im Geschäft und im Betrieb oder im Büro und auf dem Amt. Der Bürger war auch in der republikanischen Schweiz ein «Herr». Ganz besonders galt dies für die Unterneh-

mer, von denen in der Regel, vor allem in ländlichen Industrieregionen, mit
Ehrfurcht und ganz ohne klassenkämpferischen Unterton als den «Herren»
gesprochen wurde. [1172] Auch im zeitgenössischen Roman «Der Fabrikant» von
Robert Wehrlin (1871–1920) war der ideale Unternehmer ein Herr, dessen
Überlegenheit von allen anerkannt wurde, der sich aber auch seiner patriar-
chalischen Verpflichtungen bewusst war. «So wünsche ich mir unsere Arbeiter
und so unser Verhältnis zu ihnen», lässt freisinnige Kantonsrat und Redaktor
Wehrlin den Fabrikanten Rudolf Cramer seinem Neffen gegenüber erklären,
«im Geschäft: Arbeitstreue, Pünktlichkeit ihrerseits – unserseits Billigkeit und
Streben darnach, ihnen gerecht zu werden! Aber daneben, und auch im
Geschäft müssen sie den Menschen in uns sehen können, den überlegenen
Menschen jawohl, aber auch den, der sie achtet und ihre Gefühle versteht». [1173] Befehlsgewalt und Autorität prägten das Bild des Bürgers, und dies
gerade in einer Zeit, wo infolge erhöhter Arbeitsteilung und Entpersönlichung
in den Unternehmen wie der Verwaltung Selbständigkeit und Unabhängigkeit
im Erwerbsleben auch für bürgerliche Berufs- und Erwerbstätige eher ab- als
zunahmen. Mit Ausnahme Angehöriger freier Berufe und freischwebenden
Intellektuellen und Künstlern, beschäftigten die meisten Bürger Arbeiter und
Angestellte oder hatten wenigstens einzelne Untergebene. Nicht nur im kaufmännischen und industriellen Bereich fühlten sich deshalb die meisten als eine
Art «Prinzipal». Doch selbst bei jenen, die nicht oder nur über einzelne Unter-
gebene herrschen konnten, war dieses Autoritätsprinzip keineswegs abwesend:
«Im Auftreten des kontinentaleuropäischen Universitätsprofessors der alten
Schule begegnete man ihm genausogut wie im Gebaren des selbstherrlichen
Mediziners, des Dirigenten oder des launenhaften Kunstmalers.» [1174]
     Die eigene Überlegenheit setzte jedoch Unterlegenheit der anderen vor-
aus. Und diese wurde aufgrund des bürgerlichen Dogmas von der Eigen- und
Selbstverantwortlichkeit im Kampf ums Dasein häufig gleichbedeutend mit
individueller Schwäche und moralisch-sittlicher Minderwertigkeit verbunden,
denn weil «Erfolg in Persönlichkeitswerten seinen Ursprung hatte, konnten
Misserfolg und Versagen folgerichtig nur im Fehlen solcher Persönlichkeits-
werte ihren Grund haben. Die traditionelle bürgerliche Ethik, ob religiös oder
weltlich ausgerichtet, sah hier weniger einen Mangel an intellektuellen Fähigkeiten als vielmehr seelische oder moralische Schwäche, denn es lag ja auf der
Hand, dass man nicht viele Geistesgaben benötigte, um Erfolg in Geschäften
zu haben, und umgekehrt garantierte Verstand nicht immer Wohlstand oder
gar den Besitz 'gesunder' Überzeugungen.» [1175] So sahen die Glarner Unternehmer, und nicht nur sie, Fleiss, Sparsamkeit, Hartnäckigkeit, Aktivität, An-
passungsfähigkeit an sich ändernde Umstände, nüchterne Risikobereitschaft,
aber auch Kreativität, Seriosität und Solidität als die wesentlichsten Wurzeln
ihres Erfolgs an. [1176] Verdankte der Unternehmer seinen Erfolg vor allem sich
selbst, so trug umgekehrt auch der Arbeiter an seiner Lage in hohem Masse
selbst die Schuld. Die beiden in zeitgenössischen Traktaten und Schriften aller

Art so oft zitierten Lebensregeln «Hilf dir selbst, so hilft dir Gott» und «Jeder ist seines Glückes Schmied» galten eben für alle. 1177 Überzeugt vom bürgerlich-liberalen Credo, dass jeder Erwachsene «sein Schicksal als sein eigenes Werk auf sich zu nehmen und seine Wohlfahrt selbst zu erkämpfen hat», warf denn auch der am Polytechnikum in Zürich lehrende Nationalökonom Victor Boehmert, den Arbeitern vor, die Ursachen ihres Unglückes und des sozialen Elendes «mehr ausser sich, als in sich selbst» zu suchen. 1178 Das christliche Gebot «Ihr müsst von Neuem geboren werden» war für ihn auch «ein wirtschaftliches Grundgesetz»: «An jedem Morgen müssen wir wieder mit der Arbeit an uns selbst beginnen und den Kampf gegen die angeborene Trägheit und Bequemlichkeit, gegen Neid und Missgunst, gegen Selbstsucht und Hoffahrt entschlossen aufnehmen. Wem die Arbeit eine Pflicht und ein innerer Lebenstrieb geworden ist, der wird auch jeder Zeit freudig an sein Tagewerk gehen und nach dem Masse seiner Kraft mehr leisten, als der missmuthige Genosse, der ohne inneren Halt und sittliche Willenskraft die Arbeit nur als eine Last betrachtet.» Böhmert war zutiefst davon überzeugt, dass «heutzutage jeder Schlosser den Schlüssel zum Maschinenfabrikanten in seiner Tasche trage», dass dem «tüchtigen Arbeitnehmer» die ganze Welt offen stehe und «dass Tausende täglich aus den untern Klassen zu Wohlstand emporsteigen durch eigenes Verdienst, und Tausende aus den sogenannt höheren Klassen herabsteigen durch eigene Schuld». Und wenn soviele «in der Rennbahn der wirtschaftlichen Concurrenz» zurückblieben, so war daran «gewiss nicht das so viel angefeindete Capital schuld, sondern nur die eigene unzulängliche Kraft und Ausbildung, die nicht gelernt hat, sich durch technische und wirthschaftliche Tüchtigkeit das Capital dienstbar» zu machen. 1179 Wer deshalb die Ursachen seines Unglücks in sich selbst suchte und der eigenen Initiative vertraute, für den waren Misserfolge und Entbehrungen sogar die «heilsamsten Vorstufen» für sein späteres Glück. 1180 Dass die Industrie «vielen aus den Arbeiterkreisen» die Gelegenheit bot, «in bessere und höhere Stellen emporzusteigen, wenn sie durch Intelligenz und Fleiss, verbunden mit entsprechenden Charaktereigenschaften, sich über den Durchschnitt» erheben konnten, sollte auch aus der Sicht des Industriellen Heinrich Sulzer-Steiner für «denkende Arbeiter» Grund genug sein, sich von den «Irrlehren» der Sozialisten nicht verführen zu lassen. «Freilich», so schränkte er ein, «können nicht alle Offiziere sein, es braucht auch Soldaten. Die geistigen und moralischen Eigenschaften sind von der Vorsehung nicht gleichmässig verteilt, das war allezeit so und wird immer so bleiben. Aber auch der gewöhnliche Arbeiter, welcher nicht das Zeug in sich trägt, in höhere Stellung sich emporzuringen, befindet sich in unserm Land, zwar in bescheidener, aber keineswegs trauriger Lage, wenn er mit seinem Verdienst gut haushaltet, solid und sparsam lebt.» 1181

Solche Einstellungen und Leitbilder mit ihrer ausgeprägten Überbewertung der individuellen Fähigkeiten und der gleichzeitigen Unterbewertung der klassenmässig vorgegebenen Startvorteile machten es Theorien biologischer Klassenüberlegenheit leicht, sich als neue Legitimationsideologien bürgerlicher Vorherrschaft zu etablieren. Sie gewannen denn auch zusätzlich zum Leistungsstreben und Leistungsprinzip an Bedeutung und drückten der bürgerlichen Weltanschauung gegen Ende des 19. Jahrhunderts immer stärker ihren Stempel auf: «Ihnen zufolge wurde Überlegenheit als Ergebnis natürlicher Zuchtwahl im Erbgut weitervermittelt. Wenn auch nicht gerade Exemplar einer anderen Gattung Mensch, so gehörte der Bourgeois doch zumindest einer höheren Rasse an, repräsentierte ein höheres Evolutionsstadium und war also deutlich abgehoben von den unteren Schichten, die allgemein historisch wie kulturgeschichtlich gesehen auf der Stufe von Kindern oder allenfalls Heranwachsenden verharrten.» [1182] Der bürgerliche Herrschaftsanspruch forderte deshalb im Idealfall, dass die Überlegenheit bejaht und die Unterordnung willentlich vollzogen wurde, wie es beispielsweise auch die Ideologie der natürlichen Geschlechtscharaktere von der Frau verlangte. Wie für die Frauen bestand in dieser Sichtweise auch für die Arbeiterschaft und Angestelltenschaft die moralische Verpflichtung zu Ergebenheit und Zufriedenheit. Dies galt im alltäglichen Umgang genauso wie im kulturellen Leben, noch mehr aber in der Politik. Aktive Vorkämpfer oder potentielle Anführer der Arbeiterklasse konnten schon deshalb zum Aufwiegler werden, nur weil sie die Ergebenheit vermissen liessen oder auch nur in Frage stellten und auf ebenbürtiger Behandlung beharrten. Die aristokratischen Tendenzen im Lebensstil und die erhöhte Zurschaustellung des Reichtums sowie die elitären Vorstellungen und Leitbilder liessen gegen Ende des 19. und anfangs des 20. Jahrhunderts auch in der Schweiz die Klassenunterschiede und vor allem deren Wahrnehmung als unüberwindbare Klassengegensätze klarer hervortreten. Sie erhöhten damit die sozialen und politischen Spannungen und heizten sowohl den Klassenkampf von oben als auch von unten an.

## 3   Geselligkeit, Gesellschaften und Vereine: Zusammenhalt und Abgrenzung

Die Entstehung und Entwicklung der bürgerlichen Gesellschaft war eng mit dem Aufkommen von Gesellschaften und Vereinen sowie neuen Formen der Geselligkeit verbunden. Traditionelle Bindungen und Fesseln zwischen den Menschen lockerten sich, neue soziale Freiräume und Zwischenräume entstanden, die nicht nur den Prozess der Individualisierung vorantrieben, sondern gleichzeitig auch die soziale Organisation der Gesellschaft veränderten. An die Stelle der sich auflösenden ständisch-korporativen Organisationen, denen man durch Geburt und Stand zugehörte und die den Status und die Rechte ihrer Mitglieder meist umfassend bestimmten, traten zunehmend die freien Assoziationen, die Vereine und Gesellschaften. Sie boten den neu sich äussernden Bedürfnissen der Individuen nach «diskutierender Selbstverständigung und gemeinsamem Handeln» Raum und brachten gleichzeitig in die sich öffnenden sozialen Zwischenräume, die Unsicherheit und Freiheit, Risiko und Freiraum zugleich bedeuteten, eine neue Struktur. Das Wichtigste an dieser neuen Organisationsform war, dass sie auf einem freiwilligen Zusammenschluss von Personen, zunächst meist nur Männern, beruhte, die selbstgesetzte Ziele und Zwecke verfolgten und sowohl über die Aufnahme als auch den Ausschluss eines Mitglieds aufgrund selbstgesetzter Regeln und Kriterien bestimmten. Aus kleinen Anfängen im späten 18. Jahrhundert wurden sie bis zur Mitte des 19. Jahrhunderts, besonders und gerade auch für die bürgerlichen Klassen, zu einer «sozial gestaltenden, Leben und Aktivität der Menschen prägenden Macht».[1183] Vereine und Gesellschaften sowie informelle Zirkel mit den unterschiedlichsten Zielen und Zwecken bildeten bald ein dichtes Netzwerk, in das jeder, aber nicht jede – oft gleich mehrfach – eingebunden war. Zuerst und ganz besonders galt dies für die bürgerlichen Klassen. Bürgerliche Kultur, das heisst Literatur und Kunst, Musik und Theater, Bildung und Wissenschaft, aber auch Geselligkeit und Unterhaltung, wurde in hohem Masse von Vereinen oder vereinsähnlichen Zirkeln gepflegt und getragen. Aber auch das öffentliche Wirken, die gemeinnützigen und religiösen Bestrebungen, die wirtschaftliche und politische Willensbildung sowie die Durchsetzung wirtschaftlicher und politischer Ziele, liefen, in der Schweiz mit ihrer geringen Staatlichkeit und hohen gesellschaftlichen «Selbstregierung» in besonderem Masse, über das Vereinswesen, aus dem sich im Zuge der wachsenden Spezialisierung und Differenzierung der bürgerlichen Gesellschaft und kapitalistischen Wirtschaft dann ja auch die Parteien und Wirtschaftsverbände als spezifische Organisationen entwickelten. Im politischen wie soziokulturellen Bereich bildete das rege Vereinsleben, gerade auch mit seinen regelmässigen kantonalen und nationalen Festen, zusammen mit der Presse ein enges Kommunikationsnetz. Die Vereine wirkten so als wichtiges Medium der Vermittlung von in der Regel bürgerlichen Vorstellungen und Haltungen, aber auch von nationalen Leitbildern und legten so zumindest die Eliten über die regionalen und kantonalen, die sprachlichen und konfessionellen Grenzen hinweg auf gemeinsame Muster von Werten und Normen fest.[1184]

Die Gesellschaften und Vereine, aber auch die neuen Formen der Geselligkeit vereinen gerade im kulturellen Bereich von Anfang weg gegensätzliche Tendenzen in sich. Dienten sie doch in der bürgerlichen Gesellschaft, die sich als eine differenzierte und spezialisierte Berufs- und Klassengesellschaft mit vielen ständischen Überhängen, aber auch als eine Gesellschaft der Einzelnen entfaltete, sowohl der Integration als auch der Distanzierung der Individuen, Gruppen und Klassen. Die neue Geselligkeit und die Vereine wirkten gemeinschaftsbildend und trennend zugleich, sie förderten den Zusammenhalt ihrer Mitglieder und grenzten sie gleichzeitig gegen andere ab. Manche Vereine und Gesellschaften übten damit eine gewisse Kontrolle über den sozialen Auf- und Abstieg aus und bestimmten über die Zuteilung von sozialem Prestige. Geselligkeit und vor allem Vereine geben deshalb, gerade weil sie auf den Prin-

zipien der Freiwilligkeit und der selbstgesetzten Regeln in der Aufnahme und
Ausschliessung von Mitgliedern gründeten, sehr genau Aufschluss darüber,
wer wen in der sozialen Hierarchie noch als gleichwertig anerkannte, wer mit
wem in Verkehr treten und wer sich in welchen Kreisen bewegen konnte oder
wollte. Von Anfang weg stand damit der dem Vereinsprinzip innewohnenden
egalitären Tendenz, nicht bei allen Typen von Vereinen und Gesellschaften
gleich, eine elitär-differenzierende gegenüber, die dem Bedürfnis nach sozialer
Abgrenzung und einer gewissen Homogenität des Lebensstils, der Bildung
und der Interessen im gesellschaftlichen Verkehr und Umgang miteinander
entsprang und die Differenzierung, Spezialisierung und Partikularisierung der
bürgerlichen Gesellschaft, deren Resultat sie gleichzeitig war, weiter voran-
trieb. An der Vervielfältigung und Vervielfachung der Vereine und Gesellschaften lässt sich diese Entwicklung der bürgerlichen Gesellschaft sehr genau ablesen. Bis gegen Ende des 19. Jahrhunderts nahm das Vereinswesen einen so
gewaltigen Aufschwung, dass, besonders im städtischen Umfeld, fast jedem
erdenklichen Zweck ein eigener Verein entsprach. [1185] Bei allen Unterschieden
in Ziel, Zweck und sozialer Zusammensetzung war allen Vereinen die Freiwilligkeit der Mitgliedschaft, die satzungsmässige Verfasstheit mit ihren selbstgesetzten Zielen und Spielregeln, die formale Gleichheit unter den Mitgliedern und die am Modell der idealen republikanischen Staatsform orientierten,
vereinsinterne Demokratie mit ihrer Trennung der Gewalten sowie der
Rechenschaftspflicht und Kontrolle der Vereinsleitung gemeinsam. Was den
Verein von allen anderen Arten informeller Gruppenbildung unterschied, war
ein Vereinsleben, das auf Kontinuität und Traditionsbildung und damit auf
Berechenbarkeit ausgerichtet war, das aber auch eine gewisse vereinsinterne
Öffentlichkeit entwickelte.

### *Geselliges und gesellschaftliches Leben:*
### *Soirée, Kränzchen und Stammtisch, Bälle und Konzerte*

Von der elitär-differenzierenden Tendenz besonders geprägt war die
Geselligkeit. Wie die Gesellschaften und Vereine, bildete auch sie ein Übungs-
feld oder einen sozialen Raum für sich neu eröffnende Kommunikations- und
Interaktionsmöglichkeiten, für neue soziale Verhaltens- und Handlungswei-
sen, für nützliche und notwendige gesellschaftliche Fähigkeiten und Tugenden. Im geselligen Zusammensein erwarben sich die bürgerlichen Männer und
Frauen, Mädchen und Knaben Sicherheit und soziale Kompetenz im Umgang
mit anderen, sie lernten jene kulturellen Regeln zu beherrschen, die darüber
entschieden, ob man dazugehörte oder eben ausgeschlossen war. In diesem
Sinne waren die Geselligkeit und das Vereinsleben mit seinen geselligen
Aspekten von ihrer gesellschaftlichen Funktion her, wie Georg Simmel dies
einmal nannte, eine Art «Spielform der Vergesellschaftung». Im Unterschied
zu den Vereinen, die der sogenannten Öffentlichkeit angehören, ist die Gesel-

ligkeit jedoch weder der privaten noch der öffentlichen Sphäre zuzuordnen. Geselligkeit, verstanden als soziale Kompetenz, bestimmte Bindungen einzugehen, sich in selbst gewählten Gemeinschaften zu bewegen und sie zu pflegen, hatte in der bürgerlichen Gesellschaft ähnlich wie die Familie vielmehr eine überbrückende Funktion: Sie verband zwischen dem Individuellen und dem Gesellschaftlichen, zwischen der mehr familiären oder privaten Lebenswelt und der mehr öffentlichen Welt. Geselligkeit war ein sozialer Raum, wo auch Empfindungen und Gefühlen Ausdruck verliehen werden konnte. Doch im Unterschied zur Freundschaft oder gar Liebe hatte die Geselligkeit mehr stets eine «kontrollierte und kalkulierte Komponente». Sie hielt im Umgang mit anderen mehr auf Distanz. Im sozialen Raum der Geselligkeit waren alle mehr darauf bedacht, ihr Gesicht nicht zu verlieren. [1186]

Einmal abgesehen vom Wirtshausleben der Männer spielte sich das gesellige Leben in bürgerlichen Kreisen, zumindest der deutschen Schweiz, bis weit über die Mitte des 19. Jahrhunderts hinaus zu einem grossen Teil im engeren privaten Rahmen von Familie und Verwandtschaft ab. Der Deutsche Johannes Scherr (1817–1886), der in den frühen dreissiger und vierziger Jahren sowie nach 1848 im Kanton Zürich lebte, bezeichnete das gesellige Leben in der Schweiz im Vergleich zum «gemüthlichen Gesellschaftsleben Süddeutschlands», dem «neckischen, spirituösen Norddeutschlands» und dem «cordialen der Universitäten» als «vornehmlich häuslich» und deshalb für Deutsche zunächst eine «völlig unbekannte Sache», vor allem auch weil die Schweizer wie die Engländer sich «exklusiv zu halten» versuchten. Und auch das Wirtshausleben, das die Schweizer Männer so aktiv pflegten, trug zur Enttäuschung Scherrs und anderer Deutscher mehr eine «französische als deutsche Färbung»: «Das Treiben an öffentlichen Orten ist jenes unausstehlich nüchterne französische Kaffeehausleben mit obligatem Billardkugellärm und Dominosteingerassel. Will man sich auf diesen Kaffee's nicht zu Tode langweilen, muss man eines der genannten Spiele spielen oder zur Zeitungslektüre greifen; denn jene jovialen, gemüthlichen Kneipereien, wie wir sie in unsern Sommergärten und Bierkellern geniessen, kennt man hier nicht.» [1187] Wie auch Johann Caspar Bluntschlis Erinnerungen zu entnehmen ist, gab es in den zwanziger Jahren und auch später in Zürich kaum «offene Privathäuser, welche die Gesellschaft empfingen». Nur höchst selten wurden ausser den Familiengenossen auch noch Freunde und Bekannte eingeladen. [1188] Auch in den folgenden Jahrzehnten blieb die Familie und das Familienleben nach aussen recht stark abgeschlossen. Fremde wurden, wie Theodor Mügge im Vergleich mit Deutschland noch um die Jahrhundertmitte feststellte, kaum nach Hause eingeladen, vor allem die Frauen konnte ein Fremder kaum kennenlernen: «Alles sperrt sich in der Schweiz ab: am meisten das Familienleben». «Gesellige Salonkreise», wo «Herren und Damen vereint im bunten Wechsel über Theater und Kunst, neue Bücher, Dichter, Tageserscheinungen und Vorfälle jeder Art» diskutierten, existierten um die Mitte des Jahrhunderts in

Zürich wie Bern nicht oder waren doch selten.[1189] Auch andere Deutsche,
etwa Professoren der Hochschulen in Zürich wie Bern, beklagten sich
über die familiäre Abgeschlossenheit des gesellig-gesellschaftlichen Lebens.
Hermann Köchly, der von 1850–1864 Professor für Philologie an der Zürcher
Hochschule war, nannte die Schweizer und Schweizerinnen «ganz unseelige
Haustiere» und beklagte sich, dass die Geselligkeit nur in «Tee- und Kaffee-
feten mit viel Kuchen, aufgedonnerten Hauben und Kleidern und gehörigem
Klatsch» bestand, viel Geld kostete und langweilig war.[1190] Vor allem seiner
Gattin fehlte es in den ersten Jahren an «einem zweckmässigen Frauenum-
gang», die wenigen Hausfreunde konnten ihr manchmal keine volle Entschädigung für das reiche Dresdener Leben bieten. Die deutschen Professoren
und ihre Gattinnen verkehrten denn auch in Bern wie Zürich weitgehend
unter sich.[1191]

In einer Zeit, wo sich aufgrund des wirtschaftlichen Wandels der Wohn-
und Lebensbereich, der Ort der Reproduktion, immer stärker von den Stätten
des Gelderwerbs und der öffentlichen Geschäfte allgemein abtrennte und die
Lebenswelt immer mehr in eine private und öffentliche Sphäre aufgeteilt
wurde, wirkte die Familie im gesellig-gesellschaftlichen Leben, obwohl sie
dem bürgerlichen Familienideal zufolge der Privatsphäre zugeordnet wurde,
wie keine andere gesellschaftliche Institution als ein Scharnier zwischen diesen beiden Sphären. Ein sogenannt «offenes Haus», das Männer und Frauen
aus verschiedenen Kreisen regelmässig zusammengeführt hätte, war sowohl im
patrizischen Bern wie im aristokratisch-bürgerlichen Zürich in der ersten
Hälfte des 19. Jahrhunderts und auch noch später selten. In Bern veranstalteten einzelne wohlhabende Patrizierfamilien jeweils im Winter regelmässig
Soiréen mit musikalischen oder auch theatralischen Darbietungen, teils wurde
aber auch nur gesprochen oder Karten gespielt. Bis 1830 waren es meist die
beiden Schultheissenfamilien, die abwechselnd am Dienstag eine solche
Abendgesellschaft mit rund vierzig Damen und Herren gaben.[1192] Weniger
offiziell waren die Soiréen, die etwa ab Jahrhundertmitte bis in die siebziger
Jahre im Haus von Sophie von Diesbach-von Tavel (geb. 1823) stattfanden. Ihr
Salon war ein gesellschaftliches Zentrum, wo sich regelmässig die Spitzen der
Berner Gesellschaft mit Diplomaten, Gelehrten und Künstlern trafen, wo
gespielt, gelesen, musiziert und getanzt wurde.[1193] Nach der Jahrhundertmitte
waren es vor allem einzelne Ausländer und Ausländerinnen, die für das gesellig-kulturelle Leben im häuslichen Rahmen neue Massstäbe setzten. In Zürich
machten vor allem der Seidenkaufmann Otto Wesendonck und seine Frau
Mathilde sowie François und Eliza Wille-Sloman ihr Haus zu einem gesellschaftlich-kulturellen Mittelpunkt, wo sich zu einem festeren Kreis, dem mehrere deutsche Professoren der beiden Hochschulen angehörten, sich jeweils für
längere oder kürzere Zeit auch immer wieder Gäste aus Wissenschaft und
Kunst, unter anderem auch Richard Wagner, Gottfried Semper oder Georg
Herwegh, aber auch die Schweizer Gottfried Keller oder C. F. Meyer gesell-

ten. [1194] In Bern war es in den siebziger Jahren Professor Nahida Lazarus, dem es als einem der wenigen ausländischen Hochschulprofessoren gelungen war, sowohl mit patrizischen wie bürgerlichen Kreisen Berns in Kontakt zu kommen. Er versammelte in seinem Haus Bekannte und Freunde aus Hochschul- und Regierungskreisen, aus Burger- und Patrizierhäusern. Dass er dazu gehörte, zeigte sich an seiner Mitgliedschaft in der Berner Sektion des Schweizerischen Alpen Clubs sowie der Künstlergesellschaft, noch mehr aber daran, dass er am Samstagnachmittag häufig am sogenannten «Regierungskaffee» teilnahm, wo die Regierungsräte in der Regel die Regierungsgeschäfte der vergangenen und kommenden Woche besprachen, wo aber auch etwa über Literatur, Kunst und Wissenschaft diskutiert wurde. [1195]

Um eine nicht auf die Familie und einige wenige Bekannte beschränkte häusliche Geselligkeit pflegen zu können, mussten jedoch bestimmte materielle Voraussetzungen erfüllt sein, denen selbst in der zweiten Hälfte des 19. Jahrhunderts noch längst nicht alle bürgerlichen Familien nachzukommen vermochten. Gerade in bildungsbürgerlichen Familien fehlte es für anspruchsvollere Formen der Geselligkeit nicht nur an genügend finanziellen Mitteln, sondern auch an der dazu erforderlichen räumlichen Ausstattung. Dennoch entfalteten auch weniger bemittelte bürgerliche Familien gesellig-kulturelle Aktivitäten, die den engeren Rahmen der sonst üblichen häuslich-familiären Geselligkeit weit überschritten. So gründete der Redaktor und Zeitungsverleger Salomon Bleuler-Hausheer (1829–1886), ein ehemaliger Pfarrer, anfangs der sechziger Jahre zur «Hebung und Veredelung des gesellschaftlichen Lebens» in Winterthur ein «Sonntagskränzchen», das seine Mitglieder aus den gebildeten, aber nicht den höheren Kreisen der Stadt rekrutierte. Die ein Dutzend und mehr Leute umfassende Gruppe – auch die Ehefrauen gehörten dazu – traf sich im Winter monatlich, um mit Musik, theatralischen Aufführungen, Tanz und Gesellschaftsspielen den Abend gemeinsam zu verbringen. Beim gemeinschaftlichen Souper hielt Salomon Bleuler jeweils «launige Reden». Der damals bereits führende Kopf der demokratischen Bewegung leitete auch die Aufführungen und setzte dabei seinen Willen fast «despotisch» durch. Aufnahme fand nach den Statuten, die sich diese Gesellschaft typischerweise selbst für ihre häusliche Geselligkeiten gegeben hatte, nur, wer einstimmig von den Mitgliedern akzeptiert wurde. Aus diesem Kränzchen entwickelte sich dann in den achtziger Jahren der Dramatische Verein von Winterthur. [1196]

Im letzten Viertel des 19. Jahrhunderts, teilweise schon vorher, formalisierte sich das private gesellige Leben zusehends: Gesellschaften geben, auf Einladungen gehen, Besuche absolvieren gehörten besonders bei vornehmeren bürgerlichen Familien immer mehr zum guten gesellschaftlichen Ton. In manchen Familien verging kaum ein Tag, an dem nicht Besucher kamen oder Besuche gemacht wurden. Der Kreis der Besucherinnen und Besucher scheint sich dabei, besonders im Laufe der zweiten Hälfte des 19. Jahrhunderts, immer mehr von Verwandten auch auf befreundete und bekannte Familien und Personen ausgeweitet zu haben. Wie wichtig diese gegenseitigen Besuche waren, lässt sich Familienbriefen und Tagebüchern entnehmen. Eine Zusammenstellung der Besuche und Einladungen, die Cécile Däniker-Haller (geb. 1816), Gattin des Überseekaufmannes Joh. Heinrich Dänikers (geb. 1795), im Februar 1862 erhielt, möge dies kurz illustrieren. Zu beachten ist dabei jedoch, dass sie, von ihrem langjährigen Aufenthalten in Südamerika her an offenere und an weniger starre Konventionen gebundene gesellschaftliche Verhältnisse gewöhnt, ein intensiveres gesellschaftliches Leben pflegte, als es sonst in bürgerlichen Zürcher Kreisen üblich war, und dass sie sowohl in altzürcherischen wie neubürgerlichen Kreisen verkehrte. 12. Februar: Besuch bei Familie Rüsch, Dr. Frei und Familie Röhr. Abends kam das Ehepaar Otts zu einem «Lobster-supper». 15. Februar: Besuch bei Frau von Struwe, abends bei Otts. 16. Februar: Besuch von Prof. Mousson und Frau, am Abend bei Rübels. 18. Februar: Besuch von Frau Reinhard-Hess, danach ein Konzert von Clara Schumann. 19. Februar: Besuch in Kilchberg, bei Major Ott den Kaffee, Soirée bei Baumanns, an der unter anderen die Herren Zollinger, Wunderli und Bavier teilnahmen. 21. Februar: Besuch bei Bodmer-Stockars. 23. Februar: Mittagessen bei Finslers. 25. Februar: Soirée bei Moussons. 26. Februar: Soirée zu Hause mit 27 Personen unter anderen mit dem Ehepaar Vögeli-Bodmer, Baumann und Schön. [1197]

Gegenseitige Besuche und Einladungen unter seinesgleichen, im Kreis von Verwandten, zunehmend auch unter befreundeten Familien, waren die wichtigsten beiden Formen, die häuslich-familiäre Geselligkeit zu pflegen. Einen sehr hohen Stellenwert nahm diese Art der Geselligkeit im gesellschaftlichen Leben des Berner Patriziates ein. Ganz besonders galt dies auch für die Sommermonate, wenn sich viele von ihnen auf ihren Landsitzen vor der Stadt oder auf dem weiteren Lande zurückgezogen hatten und Besuche eine willkommene Abwechslung ins geruhsame Landleben brachten. Auch für die Kinder bildete die Verwandtschaft einen Mittelpunkt ihres geselligen Lebens, besonders in der Ferienzeit, wo sie öfters zu den Grosseltern, Onkeln und Tanten für mehrere Tage oder Wochen in die Ferien gingen. Wie enorm wichtig die Verwandtschaft für das gesellige Leben im Berner Patriziat war, lässt sich am Beispiel von Alexander von Tavel (1827–1900), seiner Frau Rosalie von Wattenwyl (1834–1913) und ihren Kindern illustrieren. So weilten Rudolf von Tavel (1866–1934) und seine Geschwister jeweils bei ihres Vaters älterem Bruder Rudolf (1821–1891) und seiner Frau Sophie von Werdt (1831–1900) im alten Schlösschen zu Gerzensee oder auf Schloss Hünigen bei Vaters ältester Schwester Julie (1820–1884) und ihrem Mann Alfred von May, wo es trotz des Onkels »strengem Regiment« dank der Söhne und Töchter, die von der Stadt her viel Besuch mitbrachten, recht lebhaft zu und her ging. Fast am meisten genossen die Tavel-Kinder aber die Aufenthalte in Oberhofen am Thunersee, beim jüngeren Bruder des Vaters, dem Kupferstecher und Maler

Franz von Tavel (1829–1888) und seiner aus nichtpatrizizischem Milieu stammenden Frau Elisa Maria, geb. Ritschard (1833–1893), denn hier in dem «rebenumsponnenen, kleinen Häuschen» wohnte, wie Rudolf von Tavel vielsagend schreibt, «die Freiheit». Noch engere Kontakte bestanden zur Verwandtschaft der Mutter, besonders zur jüngeren Schwester Katharina Julie von Wattenwyl-von Wattenwyl (1825–1902), die im alten Herrschaftsgute ein offenes Haus nach der «schlichten, frohen Art des bernischen Landjunkertums» führte, sowie zu Mutters jüngstem Bruder Friedrich Albert von Wattenwyl (1831–1921), seiner Frau Claire von Wattenwyl (1840–1916) und ihren drei Kindern. Mit dieser Familie war «man nicht nur verwandt, sondern gut befreundet». Beide Familien unternahmen häufig auch gemeinsame Ausflüge in die weitere Umgebung Berns. Mittelpunkt des gesellig-verwandtschaftlichen Lebens mütterlicherseits bildete aber das Haus der Grosseltern von Wattenwyl. [1198]

Auch das gesellige Leben Otto von Bürens (1822–1888), des späteren langjährigen Stadtpräsidenten, spielte sich wie das der meisten Patrizier und erst recht der Patrizierinnen um die Jahrundertmitte vorwiegend unter verwandten und befreundeten Familien aus dem Patriziat ab; später, ab 1857, bewegte sich Otto von Büren vor allem auch in seinem Freundeskreis in der Evangelischen Gesellschaft, die ihn auch mit einfacheren Leuten vermehrt in Kontakt brachte. [1199] Überhaupt bildete in pietistisch oder orthodox reformiert orientierten Familien das gemeinsame religiöse Bekenntnis und dessen Pflege eine wichtige Basis für ihr gesellschaftlich-geselliges Leben. Ein Sammelbecken dieser in Bern vergleichsweise recht starken Strömungen von Anhängern und Anhängerinnen des «positiven Glaubens», wie dieser um Mitte des 19. Jahrhunderts erfolgte religiöse Zusammenschluss von Orthodoxie und Pietismus genannt wurde, war vor allem die 1831 gegründete «Evangelische Gesellschaft». Diese verstand sich als eine Vereinigung von Gläubigen, die sich im Schosse der evangelisch-reformierten Landeskirche für die «Aufrechterhaltung der reinen Lehre des Evangeliums» und die «Ausbreitung des Reiches Gottes im Allgemeinen» einsetzte. [1200] Innerhalb des schweizerischen Protestantismus, in dem sich seit der Mitte des 19. Jahrhunderts drei Richtungen unterscheiden lassen, gehörten die Mitglieder der «Evangelischen Gesellschaft» zur Richtung der konservativen, orthodoxen Rechten. In Erneuerung der pietistischen Traditionen hingen die Orthodoxen, die sich selbst als Positive bezeichneten, einer Erweckungsfrömmigkeit an. Sie vertraten einen neuen fundamentalistischen Biblizismus, der die Bibel als persönlich gesprochenes und buchstäblich zu nehmendes Wort nimmt, und wandten sich gegen die aufklärerische Auflösung des Christlichen ins allgemein Vernünftige und Menschliche, gegen die idealistisch-liberale Neuinterpretation des protestantischen Glaubens und den Ausgleich mit der Moderne durch die Reformer. Ihnen gegenüber stand der liberale, später freisinnig genannte Flügel: Seine Anhänger sahen sich als Reformer und Vertreter eines freien Christentums und propagierten eine Vernunftreligion. Die dritte Richtung waren die sogenannten Vermittler, die Kritik an den Extremen auf beiden Seiten übten und einen Mittelweg zu gehen versuchten. [1201] Tonangebend und feder-führend in der «Evangelischen Gesellschaft» und vor allem im leitenden Comité waren bis in die siebziger Jahre vor allem Angehörige des Patriziates. Erst 1871 nahmen auch «Brüder vom Land» im ständigen Comité Einsitz, dessen Mitglieder sich wöchentlich einmal trafen, teils sogar zu ganztägigen Sitzungen. [1202] Neben der «Evangelischen Gesellschaft» gab es aber auch noch Vereinigungen wie die «Freie Gemeinde», die sich ausserhalb der Landeskirche stellten. Die Zugehörigkeit zu solch religiösen Vereinigungen, deren Anhän-gerschaft sich sozial uneinheitlich zusammensetzte, wirkte zum einen sozial integrierend, zum anderen grenzte sie aber auch, besonders im Patriziat, wo einzelne Familien oder Familienzweige diesen Richtungen anhingen, diese von der grossen Mehrheit der patrizischen Familien aus. Nicht zuletzt auch deshalb, weil sie aufgrund ihrer Frömmigkeit und antifortschrittlichen, konser-vativen Grundhaltung sich dem gesellschaftlichen und kulturellen Leben häu-fig weitgehend entzogen, weder an Bällen und ähnlichen Festivitäten teil-nahmen noch Theater- und Konzertbesuche machten. [1203]

Mehr als im patrizischen Bern war die verwandtschaftliche und familiäre Geselligkeit in Zürich bis gegen Mitte des 19. Jahrhunderts und teilweise auch weit darüber hinaus von einer sehr strikten Geschlechtertrennung bestimmt – ein weiteres Zeichen für die ausgeprägtere Bürgerlichkeit der Zürcher Herren-familien. So hatten die Männer zu den Kaffee- und Teegesellschaften, zu denen Frauen und Töchter meist mit dem Strickstrumpf in Privathäusern zusammenkamen, keinen Zutritt, Knaben durften jedoch «schön geputzt» ihre Aufwartung machen. Auch war es einem Bräutigam hinwieder erlaubt, seine zukünftige Frau in einer solchen Damengesellschaft abzuholen. Auch Jüng-linge und Mädchen konnten nur schwer zu geselligen Anlässen zusammen-kommen: «Wie in der Kirche die Männer in ihren Stühlen von den Bänken der Frauen getrennt waren, so war», wie J. C. Bluntschli vom geselligen Leben in Zürich berichtet, «auch im Privatleben die Scheidung der beiden Ge-schlechter die Regel. Die Knaben schon hatten an Sonntagen Abends ihre Kameradschaften, die Mädchen ebenso ihre Gespielenverbände. Ein geselliges Leben, welches die beiden Geschlechter zusammen führte, gab es fast nur innerhalb einer Familie unter Verwandten.» [1204] Die von J. C. Bluntschli und seinen Studienfreunden zusammen mit deren Schwestern gegen Ende der zwanziger Jahre organisierten Bälle und geselligen Anlässe für Jugendliche beiderlei Geschlechts, die zudem erst noch ausser Haus und ohne Beisein der Eltern auf dem Zunfthaus der Bäcker, dem «Weggen», stattfanden, waren als Neuerungen Zeichen einer langsam einsetzenden Öffnung und Lockerung, die sich auch in anderen gesellschaftlichen Kreisen zeigten. [1205] So besuchte Paul Carl Eduard Ziegler (1800–1882) auch nach seiner Heirat regelmässig die Bodmersche Familiengesellschaft, an der jeweils am Donnerstag die Frauen aus dem Verwandtenkreis der Bodmer an der Sihl zusammenkamen. Später wurde es dann Übung, auch weitere Herren der Familie einzuladen, manche fanden sich allerdings trotz Einladung nie ein. Die einzigen gemischten Gesellschaften waren in der ersten Hälfte des 19. Jahrhunderts lange Zeit die sogenannten Soiréen. Besonders wenn der Stand Zürich als eidgenössischer Vorort amtierte und sich in der Stadt auch die eidgenössische Kanzlei und mit ihr ein Teil der Mitglieder fremder Gesellschaften befand, suchte dann auch die bessere Gesellschaft Zürichs ihre «höhere Bildung durch Französischsprechen darzuthun». [1206]

Die häuslich-private Geselligkeit war und blieb auch von ständischen Prinzipien recht stark geprägt. Bis gegen Ende des 19. Jahrhunderts und darüber hinaus verkehrten viele der aristokratisch-patrizischen, aber auch der bürgerlichen Familien vorzugsweise unter ihresgleichen, im Berner Patriziat länger und stärker als in der Zürcher Aristokratie. Dies galt nicht nur für die Erwachsenen, sondern ebenso und fast noch mehr für die Kinder und Jugendlichen. In Zürich sorgten sowohl die im Altzürcher Milieu wie in den neubürgerlichen Kreisen verbreiteten und nach Geschlechtern getrennten Knaben- und Mädchengesellschaften, in denen untereinander befreundete oder verwandte Mütter ihre ungefähr gleichaltrigen Söhne und Töchter zusammenbrachten, auch noch in der zweiten Hälfte des 19. Jahrhunderts recht lange dafür, dass freundschaftliche Beziehungen und der gesellige Anschluss an Altersgenossen nicht dem Zufall oder allein den Schulbekanntschaften überlassen wurden. Die schon älteren Knaben einer solchen «Kameradschaft», in der Regel etwa ein Dutzend, versammelten sich wöchentlich oder alle vierzehn Tage am Sonntagnachmittag oder Sonntagabend abwechselnd im Hause eines der Teilnehmer zum gemeinsamen Essen und Spiel, zu Spaziergängen, im Sommer etwa auch zum Schwimmen oder zu Bootsfahrten. Im Unterschied zu den Kameraden waren die «Gespielen», wie die Mitglieder einer solchen Mädchengesellschaft in der ersten Hälfte des 19. Jahrhunderts genannt wurden, in ihrer Geselligkeit mehr an das Haus gebunden. Gemeinsam besuchten die Kameraden und Gespielen auch den obligaten Tanzunterricht. Im fortgeschritteneren Jugendalter organisierten die Kameradschaften dann zusammen mit einer sozial entsprechenden Mädchengesellschaft in Privat- oder Zunfthäusern auch Bälle, zu denen je nachdem auch noch ausgewählte weitere Jünglinge und Jungfrauen eingeladen wurden. [1207] Im Berner Patriziat schlossen sich mit zehn oder elf Jahren die Töchter verwandter oder befreundeter Familien ebenfalls zu einer Mädchengesellschaft zusammen. Auf der männlichen Seite waren die Knaben in einem «Leist» organisiert, der sich ebenfalls abwechselnd bei einem der Mitglieder versammelte. In Zürich wie Bern scheinen sich diese traditionellen jugendlichen Geselligkeitsformen vor allem in der zweiten Hälfte des 19. Jahrhunderts ihren brauchsmässigen Charakter zunehmend eingebüsst zu haben und durch mehr individuellere Formen ersetzt worden zu sein, die auch zahlenmässig eher kleiner waren und individuellen Vorlieben und Interessen grösseren Raum gaben.

Solche mehr lockere Formen privater Geselligkeit wurden vor allem auch in den neuen bürgerlichen Klassen gepflegt. So kamen nun auch die bürgerlichen Mädchen regelmässig, in einem sogenannten Kränzchen oder «Vereinli» zusammen, meist war dies wöchentlich im elterlichen Hause eines der Mädchen. Neue solche Kränzchen ergaben sich häufig auch aus dem Besuch des gleichen Internates. Teilweise hielten diese Freundinnen auch trotz grosser räumlicher Entfernung ihre enge Freundschaft aufrecht. So lebte von den «Vereinli-Freundinnen» der Mutter von Erica Sarauw eine in Japan, eine andere in Oslo, sie selbst in Messina. [1208] Die so geschlossenen engen freundschaftlichen und geselligen Beziehungen hielten oft ein Lebenlang. Maria Pestalozzi-Stadler (1853–1941), die Frau des Zürcher Stadtpräsidenten, pflegte gleich zwei solche Kreise von Freundinnen, nämlich die «Gspylen», die Freundinnen aus der Mädchengesellschaft ihre frühen Mädchenjahre, sowie die «Branden», einen Kreis von Frauen, die sich nach dem Pensionat Brand benannten, wo sie zusammen die Welschlandzeit verbracht hatten. [1209] Sozial etwas mehr durchmischte und die eigenen Interessen und Bedürfnisse besser abdeckende Kameradschaften und Freundeskreise ergaben sich bei den Knaben und jungen Männern in der zweiten Hälfte des 19. Jahrhunderts zunehmend aus dem gemeinsamen Besuch der Kantonsschule, des Gymnasiums oder der Industrieschule, sowie dem damit verbundenen Dienst bei den Kadetten. Dies galt zum Beispiel für die Kameradschaft des spätern Zürcher Staatsarchivars und Universitätsprofessors Paul Schweizer (1852–1932), des Sohnes von Alexander Schweizer, dem Grossmünsterpfarrer, und Rosine Hürlimanns, der einzigen Tochter des Industriellen Hans Jakob Hürlimann von Richterswil. Zu seiner Kameradschaft, beruflich zusammengesetzt aus Akademikern philosophisch-historischer Richtung, Geistlichen, Ärzten, Juristen, Bankiers, Industriellen und höhern Offizieren, gehörten sowohl Angehörige der städtischen Aristokratie und des alten Stadtbürgertums als auch einzelne Vertreter des neu aufgestiegenen städtischen wie ländlichen Bürgertums. In Kontakt mit den «vornehmen» Familien war Paul Schweizer, der aus einem altem, aber nicht einem regierendem Bürgergeschlecht der Stadt stammte, zuerst über die Dienstmädchen seiner Eltern gekommen, die früher in solchen Häusern gedient hatten, dann aber vor allem durch den Besuch der Kantonsschule. Die Bekanntschaften mit dem neuen Bürgertum ergaben sich über seine Mutter, die mit etlichen Unternehmerfamilien am See verwandt war. [1210]

Aus vielen dieser Kameradschaften der Knaben bildeten sich in der Folge auch bei den Männern Freundeszirkel, die sich regelmässig über Jahrzehnte hin weiter trafen, im Unterschied zu den Frauen aber nicht nur im privaten Kreis, sondern öfters auch in öffentlichen Lokalen. So veranstaltete Rudolf Escher, ein Schulkamerad von Hans Pestalozzi aus der Zeit des gemeinsamen Besuchs der Industrieschule, während seines Studiums, das er drei Jahre später als seine Freunde antrat, immer wieder Zusammenkünfte der ehemaligen Schulkameraden. Hans Pestalozzi selbst hatte sich schon früh, wie Rudolf Escher berichtet, «nach hiesigem Gebrauch» nach seiner Rückkehr nach Zürich mit einer Anzahl Alters- und Schulgenossen in einer «Sonntags-Kameradschaft» zusammengefunden. Die Mitglieder dieser Kameradschaft, die sich nach Abschluss der Lehr- und Wanderjahre neu zusammengefunden hatten, trafen sich jeden Winter einige Male im Hause des einen oder andern bei «einem opulenten Mahle». Wichtigster Gesprächsstoff an diesen männlichen Abendgesellschaften bildete zunächst der Militärdienst, später rückten Kunst, Politik und anderes mehr in den Vordergrund. Die Frauen waren praktisch ausgeschlossen, obwohl die Zusammenkunft im Hause eines der Kameraden stattfand, auch über familiäre Verhältnisse und Probleme wurde nicht diskutiert: «Merkwürdigerweise», so wunderte sich Rudolf Escher in seinen Erinnerungen, «blieben uns die Familienverhältnisse unserer Kameraden fast unbekannt und wenn sich nicht hie und da die freundliche Wirtin an den Tisch gesetzt hätte, so möchte man wohl glauben, man behandle in unserer Heimat die häuslichen Verhältnisse ebenso discret wie bei den Orientalen.» [1211]

War und blieb in der bürgerlichen Lebenswelt schon die häusliche Geselligkeit recht stark von der Geschlechtertrennung geprägt, so war es das öffentliche gesellig-gesellschaftliche Leben noch viel mehr. Vor allem die Frauen waren von der Geselligkeit, die sich in Wirtschaften und Kaffees, in vornehmeren Kreisen auch in Hotelrestaurants und anderen ähnlichen halböffentlichen Lokalen oder auch in Lokalitäten, die Gesellschaften und Vereinen selbst gehörten oder doch ständig für sie reserviert waren, entfaltete, praktisch vollständig ausgeschlossen. Für die bürgerlichen Männer waren diese öffentlichen und halböffentlichen Lokale dagegen ein bevorzugter Ort zur Pflege der Geselligkeit, zum Trinken und zum Zusammensein, zum Reden und Spielen, aber auch ein Ort, wo Familien- und Stadtgeklatsch ausgetauscht, Heiratsallianzen besprochen, Geschäfte und Politik gemacht wurde. Als Treffpunkte jeweils bestimmter Kreise spielten in Bern wie Zürich auch die als Wirtschaft geführten alten Zunftstuben eine wichtige Rolle. Teilweise bewirkten die politischen Gegensätze, dass sich das Wirtshausleben streng nach den politischen Farben ausrichtete und in bestimmten Lokalen vielfach nur Männer der gleichen politischen Einstellung zusammenkamen. Ja manche Wirtshäuser waren, vor allem solange die Parteien noch keine feste organisatorische Struktur besassen, als Sammel- und Treffpunkt politisch Gleichgesinnter eine Art informelle Parteizentrale, wo sich der harte Kern einer «Partei» regelmässig traf und die wesentlichen politischen Geschäfte vorbehandelt wurden. Auch hier funktionierte die Geselligkeit häufig als Vorstufe zur festeren Organisation in Form eines politischen Vereins oder einer politischen Partei. Wer sich mit wem wo in geselliger Runde traf, hing deshalb neben der sozialen Herkunft und Stellung häufig auch von der politischen Haltung und weltanschaulichen Einstellung ab.

Überhaupt war die Tendenz, innerhalb dieser Wirtshaus-Öffentlichkeit mehr oder weniger abgeschlossene Kreise zu bilden, sehr gross. Vielfach handelte es sich dabei bloss um Stammtische oder ähnlich lose Vereinigungen, andere solche Männerzirkel entwickelten sich zu einer Art geschlossenen Gesellschaft mit einer oft sogar auch statutarisch festgefügten Ordnung. Eine solch gesellige, zunächst lockere Männerrunde war in Bern die «Gesellschaft zum Kreuztisch». Sie entstand im Spätherbst 1872, als der Wirt Arnold König einige seiner Freunde bei der Eröffnung seines «Café Bären» an einen ovalen Marmortisch mit einem weissen Kreuz zusammensetzte und so den Grundstein für eine Gesellschaft legte, die dann bis 1935 bestehen sollte. Der Freundeskreis von Arnold König traf sich in der Folge bis 1896 regelmässig am Abend an diesem Tisch und wuchs auf 23 Mitglieder an. 1896 musste dann das Lokal gewechselt werden. Jetzt gab sich die Vereinigung, die bis anhin ohne Statuten, Vorstand und Mitgliederlisten ausgekommen war, eine gewisse Organisationsstruktur. Die meisten Mitglieder stammten aus bürgerlich-mittelständischen Kreisen, darunter sehr viele Händler und Kaufleute, aber auch einige Notare oder Fürsprecher, wenige höhere Angestellte oder Beamte sowie ein Ingenieur, ein Baumeister und ein Fabrikant. [1212]

Auch wenn sie Jahrzehnte überdauerten, behielten die meisten solcher Zirkel von Freunden, die sich aufgrund gemeinsamer kultureller oder geselliger Interessen oder ähnlicher politischer Ausrichtung gebildet hatten und sehr oft Männer aus verschiedenen bürgerlichen Berufen zusammenbrachten, ihren rein informellen Charakter. Viele der Freundeszirkel trafen sich regelmässig an einem bestimmten Wochentag, oft war es der Samstag, es konnte aber je nach dem sozialen und beruflichen Umfeld auch am spätern Nachmittag oder Abend eines gewöhnlichen Wochentages sein. Die Mitglieder des Berner «Kaffeeklubs», auch «Schwefelbande» genannt, dem Bundesrat Karl Schenk, Fürsprecher Christian Sahli, Ständerat und Führer der städtischen Radikalen, Fabrikdirektor Wilhelm von Graffenried, der Arzt Adolf Vogt, Josef Viktor Widmann, Direktor der Mädchenschule und späterer Feuilletonredaktor des «Bund», sowie jeweils auch ein bis zwei Universitätsprofessoren – in den sechziger Jahren waren dies Nahida Lazarus und Gustav Vogt – und weitere Männer von «erquicklichem Freisinn» (Widmann) angehörten, kamen zum Beispiel jeden Samstagnachmittag bei einem der Mitglieder zum schwarzen Kaffee zusammen. Teilweise verlagerte man die Diskussionen dann am spätern Nachmittag in ein Bierhaus, wo gemeinsam ein Imbiss eingenommen und mit Würfeln gespielt wurde. In den frühen sechziger Jahren entstanden, wurden bis 1870 aus Bern wegziehende Mitglieder jeweils durch neue ersetzt, danach blieb dieses «Samstagskränzchen», das bis in die neunziger Jahre hinein existierte, praktisch ein geschlossener Kreis. [1213]

Dies galt in Zürich zum Beispiel auch für die «Samstagsgesellschaft», die sich um die führenden Liberalen Alfred Escher und Johann Jakob Rüttimann gruppierte, der aber auch der eidgenössische Schulratspräsident Karl Kappeler und Gottfried Keller angehörten. [1214] Mehr oder weniger geschlossene Gesellschaften dieser Art pflegten in Zürich vor allem auch die dort niedergelassenen Deutschen. Ein solch geselliger Kreis war zum Beispiel das «Stündli» im Restaurant Gambrinus, der sich um gemässigte Achtundvierziger wie Heinrich Fick und François Wille gruppiert hatte. Im «Stündli» eingeführt zu werden und als Mitglied aufgenommen zu werden, galt als grosse Ehre. Persönliche Sympathie und gleiche Anschauungen waren nicht unbedingt ausschlaggebend, eine gewisse Mannigfaltigkeit war durchaus erwünscht. Dispute und Meinungsverschiedenheiten bis an die Grenzen des Erlaubten waren an der Tagesordnung. Als Regel galt, dass Schnödigkeiten und persönliche Angriffe zu unterlassen waren. Wie sehr solche geselligen Kreise das Leben bürgerlicher Männer bestimmte, lässt sich am Mitbegründer des «Stündli» Heinrich Fick (1822–1895), Professor und Wirtschaftsanwalt, aufzeigen. Ausser dem «Stündli» besuchte er regelmässig den sogenannten «L'Hombreklub», der das Hombre-Spiel pflegte, dazu kam noch die allwöchentliche Erheiterung und Zerstreuung in zwei Kegelklubs. [1215] In der Regel versammelten sich die Mitglieder solcher Gesellschaften in einem öffentlichen Lokal, teilweise allerdings in eigens dafür reservierten Räumen. Beliebter Treffpunkt war bei den eher vornehmeren Kreisen das Hotel Baur.

Noch mehr unter sich waren die Männer, die sich regelmässig in einem besonderen Raum eines Gasthauses trafen oder die Mitglied einer jener Gesellschaften waren, die als eine Art Club über eigene Räumlichkeiten verfügten. Wie viele Angehörige der alten Herrengeschlechter verkehrte zum Beispiel auch der Zürcher Seidenfabrikant Heinrich Escher (1790–1867) fast ausschliesslich in verschiedenen, geschlossenen Verkehrskreisen. Abends oder schon am späteren Nachmittag trafen sich diese Männer meist ausser Haus in Wirtschaften, Kaffees oder clubähnlichen Räumen. Man trank dort «seinen Schoppen Wein, rauchte seine Pfeife dazu und unterhielt sich über Politik, über Tagesneuigkeiten und Stadtgeklatsch; daneben wurde auch Billard und mit Karten gespielt doch nie um hohe Beträge.» Zuweilen brachten Gäste, die speziell eingeführt wurden, etwas Abwechslung. [1216] Am häufigsten besuchte Heinrich Escher die sogenannte «Baugartengesellschaft», in deren Clublokal, im Sommer der Baugarten, im Winter das Zunfthaus zur Zimmerleuten, später das Hotel Baur, er regelmässig seine Abende verbrachte. Diese 1802 gegründete Gesellschaft war von Stadtzürcher Kreisen dominiert. Nach der liberalen Revolution von 1830/31 konnte jedoch die soziale Geschlossenheit und Einheitlichkeit nur noch beschränkt aufrecht erhalten werden: Auch Männer ohne städtisches Bürgerrecht durften sich jetzt um die Mitgliedschaft bewerben und für die Aufnahme genügte anstatt des Dreiviertelmehrs neu das absolute Mehr. Daraus ergab sich für die nächsten Jahrzehnte ihres Bestehens – sie wurde nach dem Niedergang ab den achtziger 1904 dann aufgelöst – eine «gewisse innere, durch Besetzung bestimmter Plätze auch äusserlich wahrnehmbare Scheidung» in drei Gruppierungen. Die erste Gruppe setzte sich aus

ehemaligen Militärs zusammen, die in der Gesellschaft die gute alte Zeit suchten und fanden. Die zweite war eine stärker wechselnde Gruppe aus vorherrschend akademischen Kreisen, gelehrten Berufen und einzelnen Kaufleuten,
die politisch unterschiedlichen Lagern angehörten und vor allem die Ereignisse auf allen möglichen Gebieten miteinander besprachen. Die dritte
Gruppe bestand aus Männern, die vor allem heiteres Spiel und Erholung
suchten. In teils bestimmter, teils zufälliger Gruppierung fanden sie sich um
die Spieltische, die Billards oder die Kegelbahn. [1217]

Wie die private und mehr öffentliche Geselligkeit war und blieb auch
das kulturelle gesellschaftliche Leben in Bern wie Zürich stark von ständischen Unterschieden geprägt. Vor allem die Angehörigen der ehemaligen
Herrenfamilien hielten auf Absetzung von den neuen bürgerlichen Klassen
grossen Wert. In Bern hatte die Kluft, die im gesellschaftlichen Leben zwischen dem Patriziat und den bürgerlichen Einwohnern, das übrige Stadtbürgertum miteingeschlossen, bestand, bis 1830 die politischen Privilegien des
Patriziates noch zusätzlich verschärft. Die meisten Patrizier besuchten die
Zunftstuben schon seit dem ausgehenden 18. Jahrhundert nicht mehr, sondern
bildeten auch in ihrem gesellig-gesellschaftlichen Leben eine geschlossene
Gesellschaft. Mit seinem Lebensstil, der sich in der Lebenshaltung, dem Vergnügen, der Mode und Literatur ganz nach dem französischen Vorbild ausrichtete, sowie mit dem Gebrauch des Französischen auch als Umgangssprache
stellte das Patriziat seine Besonderheit und Abgeschlossenheit demonstrativ
zur Schau. Theater, Konzerte und Tanz vereinigten die Angehörigen des Patriziates im Hôtel de musique. Im Zentrum des gesellschaftlichen Lebens standen die Frauen, auch dies unterschied den Stand von den aufkommenden bürgerlichen Mittelklassen, wo die Frauen vor allem von der sich ausbildenden
öffentlichen Geselligkeit praktisch vollständig ausgeschlossen waren. Als weiteres trennendes Element kam die sorgfältige Ausbildung der Söhne und
Töchter durch Privaterziehung dazu, die damit von den Altersgenossen aus
bürgerlichen Kreisen schon in frühester Jugend abgesondert wurden. «Das
Gefühl politischer Überlegenheit, verbunden mit dem Wunsch nach höherer
Geselligkeit in geschlossenem Kreise, gaben dem Patriziate jenes besondere
Gepräge, das von Aussenstehenden als Stolz und Eigendünkel gebucht wurde.
Lebensart und gesellige Verhältnisse bestimmten oft mehr den Rang als das
politische Vorrecht.» [1218]

Auch noch Jahrzehnte nach dem Verlust der politischen Privilegien
gaben sich die patrizischen Familien im gesellschaftlich-kulturellen Leben,
teils zum Leidwesen der bürgerlichen Kreise, die sich dadurch herabgesetzt
fühlten, sehr reserviert. Illustriert wird dies durch ein Intermezzo aus dem
Jahre 1850, das kurz vor den kantonalen Wahlen als Stimmungsmache gegen
das Patriziat nicht von ungefähr in der radikalen Berner Zeitung aufgegriffen
wurde. Anlässlich eines Konzertes unter der Leitung des Berner Musikdirek-
tors Adolf Methfessel, das fast ausschliesslich von Angehörigen des Patriziates

besucht worden war, soll einer der patrizischen Besucher erklärt haben: «Das war doch gestern ein schöner Abend, wir waren wieder einmal so entre nous. In das Theater mochten wir diesen Winter nicht gehen; man konnte da nie allein sein.» Was ihn und seine Standesgenossen laut Berner Zeitung im Theater, wo den patrizischen Familien die Sperrsitze vorbehalten waren, gestört hatte, waren Bundesräte, Nationalräte und anderes «solches Zeug», die es ebenfalls ins Theater drängte. [1219] Grosse Teile des Patriziates blieben offenbar dem gesellschaftlichen Leben ganz fern und besuchten das Theater nach 1848, als Bern Bundeshauptstadt geworden war, nicht mehr so oft wie früher. Abgestossen und gekränkt fühlte sich aber auch die bürgerliche Gegenseite. Vor allem die Radikalen und ihre politische Elite, die vornehmlich aus dem gewerblichen oder bäuerlichen Mittelstand stammte und an der Universität ein Rechtsstudium absolviert hatte, sahen die Patrizier noch immer in erster Linie als Vertreter einer Kaste, als Herren und nicht als Bürger: «Zu Bürgern schaffen wollen wir die Herren von nicht, sondern wir wollen einfach warten, bis sie von sich aus Bürger werden, dann sollen sie uns trotz des Spielzeugs des adelichen von willkommen sein. So lange sie sich aber des Umgangs mit dem gebildeten Mittelstand schämen und unter sich eine Kaste bleiben, so lange die eheliche Vereinigung mit Bürgern und Bürgerinnen als eine Mesaillance, als eine Encanaillirung … angesehen wird, … wenn unsere öffentlichen Schulen von ihnen nicht besucht werden, um sich mit dem Bürgerpack nicht gemein zu machen, so lange sie über unsere höchsten eidgenössischen Magistratspersonen hochmüthig als über roture die Nase rümpfen, und die vornehmen Damen bei unausweichlichen Anlässen von den Frauen der angesehensten Eidgenossen jede Berührung scheuend wegsitzen usw. so lange wird man es gnädigst verzeihen, wenn wir diese Kaste nicht tragen und heben helfen wollen, sondern vor ihr warnen.» [1220]

Auch wenn sich gerade bei gesellschaftlich-kulturellen Veranstaltungen die noch immer vorhandenen ständischen Unterschiede offenbarten und das Patriziat mit seinem Standesdünkel die bürgerlichen Mittelklassen ihre gesellschaftliche Inferiorität spüren liess, so waren es gleichzeitig doch auch wieder vor allem solche Veranstaltungen, die eine gewisse Gemeinsamkeit aufkommen oder die beiden «Stände» wenigstens zusammenkommen liess. Eine hohe Integrationsfunktion erhielt dabei vor allem die Musik. Um anlässlich des schweizerischen Musikfestes in Bern den «Messias» von Händel aufführen zu können, musste der gemischte Chor «Cäcilienverein», der sich im Winter 1840/41 um den Direktor der Einwohnermädchenschule Gustav Frölich gebildet hatte, bedeutend erweitert werden. Zum ersten Mal gelang dabei das für Bern bedeutende Ereignis, «dass Patrizier, Burger und Einwohner durch die Kraft der Musik vereinigt wurden zum weihevollen Gesang». [1221] Fünf Jahre später waren es dann wieder zwei für das Ansehen der Stadt wichtige Grossanlässe, nämlich die Industrieausstellung und das damit verbundene eidgenössische Schützenfest, die dazu beitrugen, dass auf Intervention einiger in Politik oder Kultur prominenter Männer unterschiedlicher sozialer Herkunft die Querelen innerhalb der Musikszene Berns zwischen der wiedererwachten «Musikgesellschaft» und dem «Altklassischen Verein» beigelegt wurden, dass aber auch der Zwiespalt im Publikum überbrückt und die «Musikgesellschaft» reorganisiert werden konnte. Unterzeichner des Aufrufs zur Versöhnung vom 10. Dezember 1856 waren neben anderen Bundesrat Jakob Stämpfli und der eidgenössische Kanzler J. Schiess sowie die beiden Regierungsräte Schenk und Sahli, aber auch drei Patrizier sowie Theodor von Hallwyl, der Präsident des Altklassischen Vereins, sowie Vertreter der Burgerschaft, aber auch drei Lehrer und zwei Professoren.[1222] In der Folge war die Musikgesellschaft einer der wenigen Vereine, wo sowohl im Vorstand als auch unter den Mitgliedern neben den Bürgerlichen die Patrizier vergleichsweise sehr stark vertreten waren.

Tabelle 69        Soziale Zusammensetzung der Berner Musikgesellschaft bzw. des regelmässigen Berner Konzertpublikums, 1862–1910.[1223]

|  | 1862 | 1880 | 1899 | 1899 | 1910 | 1910 |
|---|---|---|---|---|---|---|
|  | Männer | Männer | Männer | Frauen | Männer | Frauen |
| **Besitzbürgertum** | 20,0 | 5,6 | 4,3 | 39,6 | 3,2 | 5,6 |
| **Wirtschaftsbürgertum** | 8,0 | 13,7 | 19,6 | 8,3 | 14,7 | 2,6 |
| Bankier/Kaufmann | 8,0 | 9,8 | 12,0 | 6,2 | 11,7 | 1,1 |
| **Bourgeoisie des talents** | 50,7 | 57,3 | 67,4 | 31,3 | 58,1 | 15,3 |
| Arzt/Apotheker | 4,0 | 5,6 | 10,9 | 2,1 | 8,8 | 1,8 |
| Advokat/Dr. iur. | 12,0 | 11,3 | 19,6 | 2,1 | 14,1 | 1,5 |
| Architekt/Ingenieur | 4,0 | 7,2 | 6,5 | 4,2 | 7,3 |  |
| Pfarrer/Professor | 10,7 | 16,1 | 17,4 | 2,1 | 11,1 | 3,7 |
| Gymnasiallehrer/Dr.phil. | 6,7 | 2,4 | 2,2 |  | 6,2 | 3,7 |
| Hoher Beamter/Direktor | 10,7 | 13,7 | 10,8 | 20,8 | 8,5 | 4,1 |
| **Bürgertum total** | 78,7 | 76,6 | 91,3 | 79,2 | 75,9 | 23,5 |
| **Alter Mittelstand** | 6,5 | 2,2 |  | 4,1 | 1,5 |  |
| **Neuer Mittelstand** | 9,3 | 4,8 | 6,5 | 14,6 | 16,4 | 14,6 |
| Beamter/Angestellter | 8,0 | 4,0 | 5,4 | 10,4 | 13,5 | 1,5 |
| Ohne Angabe/Hausfrauen | 12,0 | 12,1 |  | 6,3 | 3,5 | 60,4 |
| **Total (n)** | 75 | 124 | 92 | 48 | 341 | 268 |
| Anteil der Patrizier | 38,7 | 18,5 | 21,7 | 16,7 | 5,6 | 9,3 |

Um 1862 kurz nach der Gründung eines Berufsorchesters und der Aufnahme eines geregelten Konzertbetriebes im Abonnement waren in der Berner Musikgesellschaft 39 Prozent der Mitglieder Patrizier, auch Ende des 19. Jahrhunderts lag ihr Anteil immer noch bei rund 20 Prozent, was angesichts ihres sehr geringen Anteils an der Bevölkerung enorm hoch war. Offensichtlich lag den patrizischen Familien am regelmässigen Konzertbesuch sehr viel, denn die Musikgesellschaft war von 1858/1862 an vor allem eine Vereinigung der Abonnenten, die allein das Recht hatten, für sich und ein weiteres Familienmitglied sowie für eine dritte Person ein Billett zu lösen. Konzert- und auch Theaterbesuche waren damit, wie dies auch die soziale Zusammensetzung des Berner Konzertpublikums anhand der Abonnenten zeigt, jene gesellschaftlichen Anlässe, wo die alte Elite sich zuerst und auch am häufigsten mit dem ebenfalls nach höheren Kunstgenüssen strebenden Bürgertum zusammenfand. Doch die Musik und die Unterhaltung allein dürften es nicht gewesen sein, die diese Anlässe für beide «Stände» so attraktiv machten. Konzerte waren immer auch ein Ort, wo das Spiel der Distinktion inszeniert und die feinen Unterschiede sichtbar gemacht wurden, nicht zuletzt in den Roben der Damen und der Kleidung der Frauen.

Die Musikgesellschaft und das Konzertleben erfuhren dann vor der Eröffnung des neuen Casinos im Jahre 1910 eine Reorganisation. Schon um den neuen grossen Konzertsaal, der mit 1400 Plätzen rund 400 Sitze mehr anbot, als bis anhin für grosse Konzerte zur Verfügung gestanden hatten, auch wirklich füllen zu können, musste aus finanziellen Gründen der Konzertbesuch «aus allen Kreisen der Bevölkerung» eine Steigerung erfahren. Dazu sollte vor allem der Bezug von Abonnements erleichtert und verbilligt werden. Die Gesellschaft senkte deshalb den Mitgliederbeitrag von 60 auf 10 Franken und erleichterte zudem die Bedingungen für die Mitgliedschaft, indem sie diese nicht mehr an die Übernahme eines Konzertabonnements mit zwei ersten Plätzen band. Konzertabonnements für Nichtmitglieder waren aber weiterhin ausgeschlossen. Mit dieser Reorganisation hoffte die Gesellschaft ihre Mitgliederzahl, die unterdessen auf den Stand des Jahres 1867 zurückgefallen war, wieder steigern und breitere Kreise als bis anhin ansprechen zu können. Dies gelang dann auch. [1224] Bereits 1910 zählte die Gesellschaft 609 Mitglieder. 44 Prozent waren Frauen, die damit ihren Anteil unter den Mitgliedern nochmals hatten steigern können. Um 1900 waren 34 Prozent und um 1880 gar erst 17 Prozent der Mitglieder Frauen gewesen. [1225] Diese trockenen Zahlen belegen nicht nur, wie stark das Konzertpublikum vor allem ein weibliches Publikum war, sondern auch dass im kulturellen und gesellschaftlichen Leben die Frauen nun häufiger als eigenständige Personen und nicht mehr nur am Arm ihres Gatten in Erscheinung traten. Auch sozial gelang eine gewisse Öffnung nach unten, indem nun auch vermehrt Leute aus der mittleren Beamten- und Angestelltenschaft sich am Konzertleben beteiligten.

Unter den wichtigeren geselligen Vergnügungen und Unterhaltungen ausser Haus für Männer und Frauen kam besonders dem Tanzen eine grosse Bedeutung zu. Bälle und andere Tanzanlässe bildeten Höhepunkte im gesellschaftlichen Leben und bestimmten vom Herbst oder ab Neujahr bis in den Frühsommer in hohem Masse den Festkalender der bürgerlichen Klassen. Im Unterschied zu Konzert und Theater war die soziale Durchmischung bei Tanzanlässen jedoch viel geringer. Viele Bälle fanden im völlig geschlossenen Kreis statt, oft auch in Privathäusern, teils waren sie aber auch mehr oder weniger öffentlich, wobei durch den Veranstalter, eine Gesellschaft, ein Verein oder eine Studentenverbindung, sowie durch den geforderten Aufwand der soziale Kreis der Teilnehmer und Teilnehmerinnen, innerhalb einer gewissen sozialen Bandbreite vorgegeben war. Frei und unbegrenzt war der Zugang und der Umgang an solchen Veranstaltungen in der Regel nur, wenn die Klassen-

oder wenigstens Bildungsschranken zum voraus mehr oder weniger klar gezogen waren und deshalb auch keine Gefahr für Mesaillancen drohten. Denn
das Tanzen, das wie kaum eine andere Form bürgerlicher Geselligkeit den
Körper miteinbezog, räumte wenigstens andeutungsweise ein, «dass die Basis
einer Geschlechtsgemeinschaft nicht nur Geld und Besitz ist, sondern auch
körperliche Zu-Neigung.» [1226] Sich auf und neben dem Tanzparkett so bewegen zu können, wie es sich ziemte, war für die Teilnahme am gesellig-gesellschaftlichen Leben eine fast unabdingbare Notwendigkeit. Schon kleine Kinder wurden deshalb früh ins Tanzen eingeführt, das ja immer auch der
Schulung der körperlichen Haltung und der Einübung bürgerlicher Anstandsregeln diente. Auf Kinderbällen konnten sie dann nicht nur ihre tänzerischen,
sondern bereits auch die geforderten sozialen und kommunikativen Fähigkeiten erstmals unter Beweis stellen. Wie andere Unterhaltungen, etwa das
gemeinsame Musizieren oder Singen, das gemeinsame Lesen und Diskutieren,
hatte das Tanzen neben seinem Wert als Zerstreuung und Abwechslung so
auch die Funktion, die Ausbildung der Persönlichkeit in Einklang mit sozialen
Fähigkeiten zu bringen. Vor allem für die jüngeren Männer und Frauen im
ehefähigen Alter bildeten Bälle und andere Tanzveranstaltungen als eine Art
institutionalisierte Heiratsmärkte wichtige Ereignisse im Leben, aber nicht nur
für sie. Auch für die anderen Männer und Frauen stellten sie eine der wenigen
von der Gesellschaft zugestandenen Gelegenheiten dar, dem anderen Geschlecht ohne grösseres Aufsehen und mit den entsprechenden Komplikatio-
nen begegnen zu können.

      Wie sehr solche Bälle zwischen «angstvoller Überwachung und Locke-
rung konventioneller Gebote» schwankten, lässt sich am Beispiel der Berner
Professorenbälle in den sechziger und siebziger Jahren illustrieren, deren
Atmosphäre Josef Viktor Widmann in seiner Novelle «Die Patrizierin» ein-
gefangen hat. Wie wenige andere Veranstaltungen und gesellschaftliche Ereignisse brachten sie eine gewisse soziale Annäherung zwischen dem Patriziat
und den neuen bürgerlichen Klassen. Die Vermischung mit den bürgerlichen
Kreisen ging aber nach Widmanns Schilderung eines solchen Professorenballes
«nicht wesentlich weiter als bis zur gemeinsamen Benützung desselben Tanz-
saales. Es gab, wie in einem Parlamente, eine Linke und eine Rechte, nur
dass zufälliger Weise die sich vornehm dünkende Gesellschaft ihre Sitze an
der linken Wand des Saales einnahm, während die schlichteren Leute auf der
rechten Seite sich zusammenhielten. Die Professoren mit ihren Familien verkehrten nach rechts und nach links, einige fast mit zu viel Bemühung nach
links. Die Damen der Aristokratie aber tanzten nur mit Ihresgleichen; sie
hatten es so einzurichten gewusst, dass ihre Tanzkarten schon in der ersten
Viertelstunde ausgefüllt waren mit den Namen ihrer Standesgenossen. Wenn
dann irgend einer der jungen Männer, Privatdozenten oder Studenten bürgerlicher Herkunft, sich ein Herz fasste und einer der patrizischen Frauen oder
Fräulein sich vorstellte, so erwiderte dieselbe mit einem gewissen feinen

Lächeln und mit fast spöttisch zwinkernden Augenlidern dem Kühnen, sie
habe schon alle Tänze des Abends vergeben. Die Herren der Aristokratie freilich nahmen es nicht so genau; ein 'Ritter' darf ja selbst mit Bauernmädchen
tanzen und sie seiner Gewogenheit versichern, ohne sich damit etwas zu vergeben.» 1227 Im Unterschied zu den Patriziersöhnen holte sich denn auch Dr.
phil. Hans Allmeneuer, der bürgerliche Held der Novelle, von der schönen,
aber stolzen Patrizierin Dougaldine Fininger, deren Vater, aus Selbstbewusstsein und seiner hohen Bildung wegen, auf das «Von» vor dem Namen verzichtete, obwohl seine Familie zu den ältesten Geschlechtern der Stadt gehörte,
einen Korb.

Ein wichtiger Ort der Kontaktpflege und Geselligkeit waren aber
auch die Ferien- und Kuraufenthalte. Oft besuchte Bäder wie Bad Stechelberg
oder Baden, Kur- und Ferienorte etwa im Engadin, Berner Oberland oder
in der Innerschweiz, später auch Seebäder trugen wesentlich zu einer Vergemeinschaftung und Vergesellschaftung der verschiedenen bürgerlichen
Kreise und Klassen bei. Die in grösseren Orten jeweils veröffentlichten sogenannten Kurlisten, auf denen alle Kur- oder Feriengäste namentlich und noch
mit weiteren, zur sozialen Verortung notwendigen Angaben (Herkunftsort,
Beruf oder Titel) aufgeführt waren, erleichterten die Kontaktnahme, zeigten
aber auch an, wer wo logierte und verkehrte. Auch wenn von bestimmten
bürgerlichen Kreisen und Klassen bestimmte Orte bevorzugt und andere wiederum kaum besucht wurden, so waren an solchen Orten doch die Verkehrskreise offener: Industrielle Unternehmer oder Kaufleute, ihre Frauen, Töchter
und Söhne trafen hier auf Ärzte, Advokaten oder Professoren und ihre
Angehörigen, neu zu Wohlstand und Reichtum gelangte Bürgerfamilien
kamen in Kontakt mit Familien der ehemaligen Herrengeschlechter. So
wurden bei solchen Aufenthalten neue geschäftliche, politische wie familiäre
und freundschaftliche Beziehungen geknüpft, alte gefestigt. Kur- und Ferienorte waren aber auch einer jener Orte, wo Eltern ihre Töchter und Söhne auf
dem Heiratsmarkt anboten, wo Töchter und Söhne ihren Marktwert einzu-
schätzen lernten, wo sich Liebschaften entwickelten und Heiraten angebahnt
wurden. Denn hier lernte man neue Leute seines oder auch höheren Standes
kennen, bewegte man sich aber auch unter befreundeten und verwandten
Personen und Familien aus andern Orten der Schweiz. So trafen zum Beispiel
die liberalen Führer Alfred Escher, Jonas Furrer, Johann Jakob Blumer
und Jakob Dubs mit ihren Familien in den sechziger Jahren regelmässig bei
ihren Ferienaufenthalten im Berner Oberland zusammen. Der Griechischlehrer und Rektor des Berner Literargymnasiums Georg Finsler (1832–1916)
weilte um die Jahrhundertwende jeweils in Sils, wo er regelmässig auch
mit führenden Unternehmern wie den Sulzers aus Winterthur Kontakt
pflegte. 1228
Wie sehr das gesellschaftliche Leben in den Ferien verschiedene bürgerliche Kreise miteinander verband, illustriert ein Brief von Friedrich Hegar,

dem aus Basel stammenden Komponisten und Dirigenten des Zürcher Ton-
halle-Orchesters, an seine Gönnerin, die Zürcher Unternehmersgattin Henriette Bodmer-Pestalozzi (1825–1906), deren Namen er auf der Kurliste von
St.Moritz vergebens gesucht hatte. Über seinen Aufenthalt in Sils-Maria, im
Hotel Alpenrose, schreibt er: «Wir sind nun seit bald 14 Tagen hier oben und
haben uns recht eingewöhnt. ... Die Gesellschaft besteht beinahe vorwiegend
aus Baslern. Namen wie von der Mühl-Merian, Laroche-Merian, Hofmann,
Lichtenhahn u.s.w. klingen mir zugleich respectvoll (die Hegars waren zugewanderte Basler Bürger) und heimatlich in den Ohren, und wenn ich auch zu
lange von Basel fort bin um in die genauere Genealogie eindringen und sie
verfolgen zu können, so weiss ich doch, dass die Träger solcher Namen ehrwürdigen Familien angehören. Leider kann ich das sehr freundliche Entgegenkommen dieser Herrschaften nicht so erwidern, wie ich möchte, indem ich
gezwungen bin mich etwas abseits zu halten von allem Treiben, was sich ja
unwillkürlich auch an den ruhigsten Orten einstellt, sobald sich die Menschen
erst genauer kennen gelernt haben.» 1229 Weniger positiv und mit einem anti-
semitischen Beiklang äusserte er sich zwei Jahre später aus seinem Kuraufenthalt in Tarasp-Vulpera über die andern Gäste: «Wer mehrmals in Tarasp war
trifft hier immer bekannte Gesichter. Leider vergesse ich immer von den meisten Leuten die Namen wodurch man unhöflich erscheint, was eigentlich gar
nicht in meiner Art liegt; wenigstens muss mich Jemand schon stark gereizt
haben, wenn ich es absichtlich bin. Wie immer und überall sind auch in diesem Jahre die Kinder Israels stark vertreten; bis jetzt nicht von der unangeneh-
men Seite. Dagegen muss man sich immer wieder an das lärmende Auftreten
und schnorrende Sprechen der Norddeutschen gewöhnen; der erste Eindruck
ist in der Regel ein recht unangenehmer.» 1230

### *Vereine und Gesellschaften:*
### *Egalitäre Integration und elitäre Distanzierung*

Vielmehr als die Geselligkeit mit ihrer mehr informellen Struktur und
ihrem hohen Grad an Privatheit wirkten Vereine und Gesellschaften verbin-
dend und trennend zugleich. Sie bildeten damit eines der entscheidenden
Medien, in denen sich die verschiedenen bürgerlichen Berufs- und Erwerbsklassen, aber auch das neue und alte Bürgertum über einen gemeinsamen
Lebensstil, über gleiche Normen, Werte und Interessen allmählich zu einem
Bürgertum konstituierten, das mehr als nur ein Konstrukt darstellte. Integration und Distanzierung lagen aber gerade bei Vereinen im kulturell-
gesellschaftlichen Bereich nahe beieinander. Die meisten der das kulturelle
und gesellschaftliche Leben prägenden Vereine standen zwar prinzipiell allen
(Männern) offen und waren nicht mehr von einer bestimmten sozialen Herkunft abhängig. Um in bestimmten Vereinen und Gesellschaften mit geselligen und kulturellen Zielsetzungen mitmachen zu können, spielten aber

bestimmte persönliche Fähigkeiten und Eigenschaften sowie vor allem eine gewisse Interessiertheit eine entscheidende Rolle. Diese persönlichen Kriterien, die den Ausschluss der Nichtwürdigen und Desinteressierten garantieren sollten, errichteten jedoch gleichzeitig auch neue Klassen- und Milieuschranken, die als solche aber meist nicht wahrgenommen wurden, sondern als Folge individueller Unterschiede interpretiert und so individualisiert ins Innere verlagert wurden. Vermittelt über die Interessiertheit, aber auch ganz direkt bewirkten Bildung, Besitz und Lebensstil eine neue Differenzierung, gerade und besonders auch bei den Bildungs- und Geselligkeitsvereinen. Wie in der bürgerlichen Gesellschaft wurde die prinzipielle Gleichheit durch die persönlichen und sozialen Unterschiede sowie das Bedürfnis nach Abgrenzung und sozialer Homogenität im Umgang miteinander wenn nicht gar aufgehoben, so doch wieder stark relativiert.

Ein typisches Beispiel für einen Verein, der eine Art «Mikrokosmos» der bürgerlichen Gesellschaft bildete, war die Berner «Museumsgesellschaft». Als ein «Verein von Gebildeten aller Stände» war ihr erklärter Zweck die «gesellschaftliche Vereinigung und Unterhaltung, sowie Gründung und Pflege einer umfassenden Leseanstalt von Zeitungen und Zeitschriften».[1231] Diese in den ersten Statuten genannte Zweckbestimmung entsprach ganz den Intentionen der 17 Männer, die im Herbst 1846 im Intelligenzblatt der Stadt Bern zur Gründung einer «Museums-Gesellschaft» aufriefen. Die 17 Initianten waren mehrheitlich Burger, aber auch einige Einwohner befanden sich darunter. Ausgangspunkt der Bewegung war der «Männer Zofinger Verein», die Altherrenvereinigung der Studentenverbindung «Zofingia», wo vor allem Lehrer Ludwig Lauterburg (1817–1864), der auch zu den führenden Persönlichkeiten des 1846 gegründeten «Historischen Vereins des Kantons Bern» gehörte, energisch für eine Gesellschaft nach dem Vorbild der Lese- und Museumsgesellschaften in Basel, Solothurn, Genf, Neuenburg, Brugg, Zofingen und Zürich eintrat. Auch in Bern sollte ein solch «grösseres Institute» entstehen, «wo, abgesehen von Herkunft, politischer Farbe und bürgerlicher Stellung jedem der Zutritt offen steht, der ein Bedürfnis nach dem Genusse einer gerade durch ihre Mannigfaltigkeit bildenden und lehrreichen Gesellschaft hat, wo vereinte Kräfte auf zeitgemässe Weise durch politische und wissenschaftliche Zeitschriften u.s.w. für geistige Unterhaltung sorgen und alle diejenigen Einrichtungen getroffen sind, welche zur Befriedigung auch geselliger Genüsse dienen.» Eingangs ihres Aufrufes beklagten die 17 Initianten den «Geist der Absonderung», der in Bern die gesellschaftlichen Verhältnisse beherrschte und zur Folge hätte, dass der «Fremde», das heisst der zugezogene Einwohner «einsam in der Mitte zahlreicher aber geschlossener Vereinigungen» stände, während der «Einheimische» einem «der vielen engern Kreise» angehörte, die sich gegenseitig wenig kennen würden.[1232]

Mitglieder des Museums konnten alle «ehrenhaften, im Kanton Bern angesessenen Personen» über 18 Jahren werden. Gemeint waren allerdings nur

Männer. Wie in den Statuten von 1848 eigens angemerkt wurde, waren auch
Studenten sowie von ihren Lehrherren empfohlene Handlungsdiener zugelassen. Ab 1869 konnten ohne besondere Einführung alle Mitglieder der Bundesversammlung und des Grossen Rates das Museum besuchen und seine Infrastruktur benützen, ebenso die Offiziere, die in Bern Dienst taten. Mit 16 alten
Schweizerfranken, später 25 Franken, war das jährliche Beitragsgeld recht
hoch. Aufnahme fand, wer durch ein ordentliches Mitglied schriftlich beim
Präsidenten angemeldet wurde. [1233] 1891 waren ein «guter Ruf» und «bürgerliche Ehrenfähigkeit» die einzigen Voraussetzungen für die Aufnahme, die nun
durch schriftliche Anmeldung des Anwärters selbst und nicht mehr auf Empfehlung erfolgte. Gleichzeitig setzte man das Alter auf zwanzig Jahre hin-
auf. [1234] Der Vorstand des Vereins bestand neben dem Präsidenten und seinem
Sekretär aus dem «Verwaltungskomite», dem mehrheitlich Männer aus dem
Wirtschaftsbürgertum oder dem gewerblichen Mittelstand angehörten, sowie
dem «litterarischen Komite», das in der Regel mit Professoren und Lehrern,
eventuell einem Pfarrer, einem höheren Beamten oder einem freiberuflich
tätigen Akademiker besetzt war. Bis in die sechziger Jahre wurde das «litterarische Komite» meist zuerst aufgeführt, danach erhielt das ausgebaute «Verwaltungskomite» Vorrang.

Tabelle 70    **Soziale Struktur der Berner Museumsgesellschaft 1848–1904 (in Prozent).** 1236

|                             | 1848  | 1859  | 1870  | 1886  | 1904  |
|-----------------------------|-------|-------|-------|-------|-------|
| **Besitzbürgertum**         | **5,8**  | **5,4**  | **8,1**  | **8,3**  | **9,7**  |
| **Wirtschaftsbürgertum**    | **3,8**  | **3,9**  | **15,1** | **14,6** | **20,3** |
| Kaufmann/Bankier            | 1,0   | 0,9   | 9,8   | 8,8   | 13,5  |
| Unternehmer                 | 1,0   | 1,1   | 2,5   | 2,8   | 3,4   |
| Baumeister/Architekt        | 1,6   | 1,9   | 2,8   | 3,0   | 3,4   |
| **Bourgeoisie des talents** | **34,8** | **38,3** | **33,1** | **44,9** | **48,9** |
| Arzt/Apotheker              | 6,8   | 5,8   | 5,1   | 5,2   | 5,1   |
| Advokat/Dr. iur.            | 9,6   | 8,4   | 6,2   | 6,6   | 4,6   |
| Ingenieur/Chemiker          | 1,8   | 1,3   | 1,4   | 2,8   | 2,5   |
| Professor/Dr.phil.          | 5,6   | 8,6   | 6,3   | 13,4  | 12,9  |
| Hoher Beamter               | 5,8   | 8,8   | 7,0   | 9,4   | 16,5  |
| Direktor                    | 1,4   | 2,8   | 3,7   | 3,9   | 5,1   |
| **Bürgertum total**         | **44,4** | **47,5** | **56,2** | **67,8** | **78,9** |
| **Alter Mittelstand**       | **30,0** | **28,2** | **20,2** | **15,7** | **10,5** |
| Negotiant/Gewerbe           | 22,6  | 22,0  | 12,8  | 11,3  | 7,6   |
| Handwerksmeister            | 7,4   | 6,2   | 7,4   | 4,4   | 2,9   |
| **Neuer Mittelstand**       | **12,6** | **16,1** | **15,8** | **13,2** | **10,5** |
| Lehrer                      | 7,0   | 4,3   | 2,8   | 2,2   | 1,3   |
| Beamter/Angestellter        | 5,6   | 11,8  | 13,0  | 11,0  | 9,3   |
| Ohne Angabe                 | 13,0  | 8,2   | 7,8   | 3,3   |       |
| **Total**                   | **500**  | **465**  | **857**  | **363**  | **237**  |

Von ihrer rechtlich-sozialen Herkunft her setzten sich die Mitglieder der
Museumsgesellschaft von Anfang weg mehrheitlich aus Einwohnern zusammen, deren Anteil lag 1848 bei 53 Prozent, jener der alten Burger- und Patrizierfamilien bei 39,4 Prozent. Der Rest der Mitglieder, 7,6 Prozent, waren
Burger, die erst nach 1800 das Bürgerrecht erhalten hatten. Ihr Anteil nahm in

den nächsten Jahrzehnten ständig zu, während jener der alten Burgerfamilien stetig zurückging. [1235] Auch wenn die Mitgliedschaft in der Museumsgesellschaft mit der Aufnahme in die Burgergemeinde nicht direkt zusammenhängen musste, so war sie doch sicher ein Beweis für Respektabilität und Wohlanständigkeit, vor allem aber brachte sie einbürgerungswillige Einwohner mit Burgern in Kontakt. Auch von der sozialen Zusammensetzung her umfasste die Museumsgesellschaft ein relativ breites Spektrum der städtischen Bevölkerung. 1848 und 1856 stammten sehr viele der Mitglieder aus dem mittelständischen Handel und Gewerbe, aber auch viele Beamte und Angestellte sowie Lehrer hatten sich aufnehmen lassen. Die bürgerlichen Klassen im engeren Sinne stellten nicht einmal die Hälfte aller Mitglieder und die eigentlichen Spitzen der Berner Gesellschaft fehlten fast ganz. Nur etwas mehr als ein Drittel waren akademisch Gebildete.

Die Museumsgesellschaft war damit bis zu einem gewissen Grad wirklich so etwas wie ein Verein der «Gebildeten aller Stände», wobei «gebildet» noch sehr weit aufgefasst wurde und vor allem ein Interesse an Bildung bedeutete. Noch mehr aber als die konkreten Bildungsangebote wie Zeitungen und Zeitschriften oder die Ausleihbibliothek zählte die Geselligkeit. Denn im Leben der Gesellschaft standen bis Ende der achtziger Jahre die gesellig-gesellschaftlichen Interessen und Bedürfnisse der Mitglieder stark im Vordergrund. Von 1847–1869 hatte die Gesellschaft ihren Sitz im Zunfthaus zu «Webern», wo den Mitgliedern unter anderem separate Räume zum Lesen von Zeitungen und Zeitschriften sowie zum Billardspiel zur Verfügung standen, wo sie aber auch in eigenen Lokalitäten Essen und Trinken konnten und ein separates Café geführt wurde. In den fünfziger Jahren veranstaltete die Gesellschaft während einiger Winter auch öffentliche Vorträge, die später dann jedoch von der Universität in eigener Regie übernommen wurden und fortan unterblieben. Grossen Anklang, vor allem auch bei den Frauen und Töchtern, fanden die regelmässigen Abendunterhaltungen mit musikalischen und literarischen Darbietungen einzelner Mitglieder sowie die bald schon traditionsreichen und häufig abgehaltenen Bälle. Auch das Gründungsfest nach Neujahr vereinigte alljährlich eine grosse Anzahl Mitglieder zu «gutem Trunk, auserwähltem Essen, zu fröhlichen Reden und Liedern, die' auf den Anlass gedichtet, gedruckt und im Chor gesungen wurden». [1237] Die errichtete Leseanstalt, die um 1850 knapp siebzig Zeitungen, darunter auch etliche deutsche und französische, und 145 Zeitschriften aus allen Wissensgebieten führte, sowie eine eigene Bibliothek für schöne Literatur, die zunächst gar nicht vorgesehen war, aber bereits 1857 über 4000 Bände umfasste, waren mehr ein «ergänzender Anhang» der gesellschaftlichen Interessen. [1238] Schon in den fünfziger Jahren machte die Gesellschaft Überlegungen und Pläne für den Erwerb oder Bau eines eigenen Gesellschaftshauses. 1862 beschloss man grundsätzlich die Errichtung eines neuen Museums. «Getragen von wohlmeinenden und idealen Plänen» für die Gesellschaft und im Glauben, dass sich das gesamte gesellschaftliche, wissenschaftliche und künstlerische Leben der Stadt in einem repräsentativen Gebäude zusammenfassen liesse, beschloss die Gesellschaft Mitte der sechziger Jahre, bei dem durch Aktienkapital der Berner Baugesellschaft finanzierten Bau eines solchen Hauses am Bärenplatz mitzumachen und sich für 8000 Franken jährlich dort einzumieten. Am 1. April 1869 zog die Museumsgesellschaft in den «Staatspalast am Bärenplatz», dem heutigen Hauptsitz der Berner Kantonalbank am Bundesplatz. 1239 Für kurze Zeit erfüllten sich die Hoffnungen der Gesellschaft mit dem Bezug des neuen grossen Gesellschaftshauses auch zum absoluten gesellschaftlichen Mittelpunkt der Bundesstadt zu werden. Die Zahl der ordentlichen Mitglieder stieg von 396 um 1869 auf 873 um 1870. Damit gehörten mehr als acht Prozent der erwachsenen Männer der Stadt Bern der Museumsgesellschaft an. Zusammen mit den ausserordentlichen Mitgliedern zählte die Gesellschaft über 1000 Mitglieder. Eine überdurchschnittliche An-ziehungskraft übte das neue, nun viel repräsentativere Gesellschaftshaus auf patrizische und vor allem auch auf wirtschaftsbürgerliche Kreise aus. Auch zwei der sieben Bundesräte waren nun Mitglied, ebenso etliche Attachés. Die Museumsgesellschaft erfuhr damit eindeutig eine Erweiterung nach oben. Da-neben gehörten aber weiterhin viele Handwerksmeister, mittlere oder kleine Beamte und Angestellte, ja auch ein Schriftsetzer zum Verein.

Doch der Reiz des Neuen verflog bald, die gehoffte Beteiligung anderer grosser Vereine blieb weitgehend aus. Auch erwies sich das Haus nicht als ideal. Die Räume waren entweder zu gross oder dann wieder zu klein, der Mietzins für die Gesellschaft und vor allem für die Wirte war zu hoch. Schon 1871 entwickelten sich die Mitgliederzahlen rückläufig, besonders stark von 1872–1874 und 1879–1883, 1884 erreichten sie mit 331 Mitgliedern einen Tiefpunkt. 1240 Die hohen finanziellen Verpflichtungen zwangen die Gesellschaft gleichzeitig ihre Leistungen an die Mitglieder einzuschränken, unter anderem musste auch der Lesestoff reduziert und einzelne Lokalitäten mussten abgetreten werden. Unter neuem Präsidium nahm das gesellschaftliche Leben dann ab Mitte der achtziger Jahre einen «neuen, frischen Aufschwung», um für einige Jahre nochmals gesellschaftliches Zentrum Berns zu werden. Vor allem die während des Winters veranstalteten Familienabende, die nach musikalischen und dramatischen Darbietungen jeweils in einem «allseitig begrüssten Tanze den Höhepunkt» erreichten, und die wieder eingeführten Museumsbälle erfreuten sich «allgemeiner Teilnahme». In Verbindung mit der «Liedertafel», dem bedeutendsten und grössten Männerchor der Stadt, und dem «Orchesterverein» wurden nun auch Sommerfeste veranstaltet. Ein Schach- und ein Kegelclub wurden gegründet und ein besonderes «Billardkomite» ernannt, das berühmte ausländische Billardspieler zu Vorstellungen einlud. Billard-, Schach- und Kegelturniere wurden arrangiert und jeweils mit «belebten Banketten» abgeschlossen. [1241] Diese Veranstaltungen scheinen allerdings mehr den bürgerlichen als den mittelständischen Mitgliedern entsprochen zu haben, denn deren Anteil an den Mitglieder ging deutlich zurück. Die Kündigung – das «Museum» war nach Auflösung der Baugesellschaft in die Hände einiger weniger Finanzleute gelangt – und die Rückkehr in die bescheideneren Räumlichkeiten in der «Webern» machten diesen gesellschaftlichen Aktivitäten dann ein Ende. Grössere Festlichkeiten wurden nicht mehr veranstaltet. Damit verlor die Museumsgesellschaft aber ihren gemeinbürgerlich-egalitären Charakter, was sich auch in einem weiteren Rückgang des Anteils der mittelständischen Mitglieder klar niederschlug.

Schon im Wissen um die Notwendigkeit, über kurz oder lang das «schöne Haus» am Bärenplatz verlassen zu müssen, war in den Statuten von 1891 die «gesellschaftliche Vereinigung und Unterhaltung» als wichtigster Zweck weggelassen worden. Erklärter Zweck war nun bloss noch «litterarische und gesellige Unterhaltung». Dazu sollte die Gesellschaft ein «Lesezimmer, eine Bibliothek und angemessene Räume und Einrichtungen für gesellige Unterhaltung» bereit stellen. [1242] Die Museumsgesellschaft erhielt nun mehr den Charakter einer Lese- und Bibliotheksgesellschaft, was ihren schleichenden Niedergang ab 1891 jedoch nicht aufhalten konnte. In seiner Denkschrift zum 50jährigen Bestehen der Gesellschaft erklärte Gustav Tobler dies vor allem damit, dass unterdessen die Gasthöfe und Wirtshäuser selber «halbe Museen» geworden waren, dass viele ebenfalls Zeitungen auflegten und auch Gelegenheit zum Billardspiel boten. Dazu kam die Konkurrenz durch ähnliche Einrichtungen von staatlichen Institutionen oder anderen Vereinen. Den Bundesangestellten war mit dem grossen Lesezimmer und der Bibliothek im Bundesratshause gedient, die Hochschulbibliothek und die Stadtbibliothek mit ihrer reichhaltigen Auflage wissenschaftlicher Zeitschriften entzogen ihr die Studenten und Professoren. Zudem verfügten zunehmend auch andere Vereine und Gesellschaften über die spezifische Literatur für ihr Fachgebiet und für schöne Literatur besass die Lesegesellschaft eine «ausgesucht feine Bibliothek». Eine weitere wichtige Rolle spielte für Tobler aber auch «die entsetzliche Zersplitterung der Einzelkraft durch Inanspruchnahme von seiten der zahllosen Vereine». [1243] Im breiten Spektrum spezialisierter Vereine und Institutionen verlor die Berner Museumsgesellschaft damit bald auch ihre Existenzberechtigung.

Eine Museumsgesellschaft existierte auch in Zürich, und zwar bereits seit 1834. Dabei handelte es sich allerdings nicht um eine völlige Neugründung, sondern um eine Zusammenlegung der Bibliothek der «Kaufmännischen Lesegesellschaft» und des Lesezimmers der «Gesellschaft auf der Chorherrenstube», das den städtischen Geistlichen und Ärzten sowie gebildeten Laien offenstand und mit der Eröffnung der neugegründeten Hochschule auch den Professoren zugänglich gemacht wurde. Schon bei der Gründung zählte sie knapp 400 ordentliche und ausserordentliche Mitglieder, von denen täglich rund 100 die Lesezimmer aufsuchten. 1850 umfasste sie 500 und um 1875 rund 750 Mitglieder. Laut Statuten von 1836 definierte sich die Zürcher Museumsgesellschaft ebenfalls als «Verein gebildeter Personen aller Stände», der «eine umfassende Leseanstalt» unterhalten und gebildeten Männern «den Genuss geselliger Unterhaltung» gewähren sollte. 1244 Doch trotz dieser doppelten Zweckbestimmung war sie von Anfang weg vor allem ein «Leseinstitut», dessen Mitglieder und Gäste eine grosse Anzahl politischer Zeitungen aus der Schweiz und dem Ausland (Deutschland, Frankreich, England) vorfanden, wo sie bald über 200 Zeitschriften aus allen wissenschaftlichen Fachgebieten sowie zu Kunst und Literatur lesen konnten. 1245 Damit verbunden war eine grosse Ausleihbibliothek für «schöne und sogenannt gesellschaftliche Literatur»: Novellen und Romane, vorzugsweise Novitäten, einerseits, Reisedarstellungen, Memoiren, Bücher über Kunst und Geschichte sowie die Zustände der Gesellschaft und des Verkehrs andererseits, wobei diese Werke vor allem «interessant» sein und bei ihrem Erscheinen Aufmerksamkeit erregt haben mussten. 1246 Alle diese Dienstleistungen hatten die Mitglieder mit einem Jahresbeitrag von 24 Franken um 1850, später dreissig Franken zu entgelten. Zur geselligen Unterhaltung gab es anfänglich ein Konversationszimmer sowie eine Wirtschaft, die aber schon 1843 mangels Erfolg eingestellt wurde. Besondere gesellige Anlässe wie in Bern fanden keine statt. 1865 wurde dann das gesellige Moment auch als Vereinszweck aufgegeben. Um die wachsenden Raumbedürfnisse befriedigen zu können, beschloss die Gesellschaft im gleichen Jahr, für über 400 000 Franken an der Marktgasse ein eigenes Museumsgebäude zu errichten. Gegen Ende des 19. und anfangs des 20. Jahrhunderts bekam auch die Zürcher Museumsgesellschaft die Konkurrenz ähnlicher städtischer oder staatlicher Institutionen zu spüren, so eröffnete zum Beispiel 1879 das Polytechnikum ein eigenes Lesezimmer, was vor allem junge Akademiker vom Beitritt abhielt und in den achtziger Jahren zusätzlich zur schlechten Wirtschaftslage, die direkt etliche Austritte zur Folge hatte, zu einem leichten Rückgang der Mitgliederzahlen führte. Einen gewissen Ersatz bot 1894 die Öffnung der Gesellschaft auch für Frauen, die vorher über die Mitgliedschaft ihrer Männer oder Väter lediglich als indirekte Benützerinnen der Ausleihbibliothek in Betracht gefallen waren. Noch 1898 gab jedoch der Bibliothekvorstand seinem Erstaunen Ausdruck, «dass die gebildeten Damen Zürichs sich der Vorteile immer noch in bescheidenem Masse» bedienten, obwohl ihnen das Museum «reichere Geistesnahrung» hätte zur Verfügung stellen können als die privaten Leihbibliotheken. 1907 erhielten dann die Gattinnen der ordentlichen Mitglieder das Vorrecht zum Besuch der Lesesäle. 1910 waren dann immerhin etwa ein Sechstel der Mitglieder Frauen. 1247

Tabelle 71     Soziale Struktur der Mitglieder der Zürcher Museumsgesellschaft 1875 und 1905
(in Prozent). 1248

|                          | 1875 | 1905 |
|--------------------------|------|------|
| **Besitzbürgertum**      | 7,3  | 4,6  |
| **Wirtschaftsbürgertum** | 28,0 | 26,3 |
| Kaufmann                 | 21,5 | 23,0 |
| **Bourgeoisie des talents** | 36,6 | 56,6 |
| Arzt/Apotheker           | 3,4  | 11,4 |
| Advokat/Dr.iur.          | 2,8  | 6,1  |
| Architekt/Ingenieur      | 2,0  | 5,5  |
| Pfarrer                  | 3,1  | 2,7  |
| Professor/Dr. phil.      | 18,2 | 23,5 |
| Beamter/Direktor         | 6,3  | 5,4  |
| **Bürgertum total**      | 72,0 | 87,5 |
| Alter Mittelstand        | 6,5  | 1,4  |
| Neuer Mittelstand        | 10,4 | 3,8  |
| Ohne Angabe              | 10,1 | 7,1  |
| Total                    | 642  | 703  |

Von der sozialen Zusammensetzung her war die Zürcher Museumsgesellschaft von Anfang weg eine ausgesprochen bürgerliche Vereinigung, in ihren ersten Jahrzehnten und auch um die Jahrhundertwende mehr als etwa Mitte der siebziger Jahren. Denn damals gehörten neben einigen Männern aus dem Detailhandel und dem Gastgewerbe, nicht aber aus dem Handwerk, recht viele mittlere Beamte und Angestellte sowie Primar- und Sekundarlehrer der Gesellschaft an. Zusammen stellten sie immerhin etwa ein Viertel der Mitglieder. Um 1900 kamen nicht einmal mehr sechs Prozent der jetzt über tausend Mitglieder aus dem alten oder neuen Mittelstand. Mehr als die Hälfte der Mitglieder waren Akademiker, darunter sehr viele Professoren und Ärzte. Doch auch Kaufleute und Unternehmer, die sich ausser für bestimmte Fachzeitschriften wohl vor allem für die ausländischen Zeitungen interessiert haben dürften, waren mit rund dreissig Prozent der Mitglieder recht stark vertreten. Die Museumsgesellschaft brachte aber nicht nur akademisch Gebildete, insbesondere Professoren, Pfarrer, Ärzte und andere freiberufliche Akademiker, mit Kaufleuten und Unternehmern in Kontakt, sondern sie vermochte damit über ihre Dienstleistungen für Wissenschaft und Bildung sowie ihre Vermittlung von allgemeinem Sachwissen über Wirtschaft, Gesellschaft und Politik von Anfang an auch Männer unterschiedlicher politischer Einstellung und sozialer Herkunft zu vereinen. Denn neben den besonders zahlreich vertretenen Angehörigen der Zürcher Magistraten- und Kaufmannsgeschlechter verschiedener Generationen und anderen sozial aufgestiegenen Stadtbürgern befanden sich unter den Mitgliedern schon 1840 auch etliche neu eingebürgerte Bürger vom Lande sowie weitere Einwohner in gehobener sozialer Stellung und mit bürgerlichen Berufen. Im Unterschied zur Berner Museumsgesellschaft, die dank ihrer Ausrichtung auf Geselligkeit mittelständische Kreise viel stärker ansprach und zu integrieren vermochte, grenzte die Spezialisierung der Zürcher Museumsgesellschaft auf die Führung eines Leseinstitutes und einer Ausleihbibliothek diese Kreise eher aus, förderte damit aber gleich-

zeitig die Integration der verschiedenen bürgerlichen Berufs- und Erwerbsklassen zu einem kulturell homogenen Bürgertum.

Distanzierung und Integration lagen wie bei den Museumsgesellschaften
auch bei den Gesangsvereinen nahe zusammen. An der Geschichte dreier
Berner Gesangsvereine, der «Liedertafel», dem «Männerchor» und dem «Liederkranz-Frohsinn», soll im folgenden exemplarisch dargestellt werden, wie
sich Klassenlage und Bildung, kulturelle Fähigkeiten, Bedürfnisse und Interessen gemeinschaftsbildend und trennend zugleich auswirkten. Vor allem die
Geschichte der «Liedertafel» lässt dabei gleichzeitig nachvollziehen, wie sehr
sich der soziale Aufstieg der bürgerlichen Klassen auch in wachsenden kulturellen Ambitionen niederschlug. Die Gründung des Männerchors «Liedertafel» erfolgte im Juli 1845, teils auch als eine Reaktion auf das Einschlafen der
Musikgesellschaft, die lange Zeit das musikalische Leben der Stadt geprägt
hatte. Der Zweck war laut den ersten Statuten «die Beförderung der ästhetischen Bildung und geselligen Harmonie ihrer Mitglieder durch die Tonkunst».
Der Kern der ersten Mitglieder stammte aus dem Männerchor des «Cäcilien-
vereins», einem gemischten Chor, der im Winter 1840/41 von Gustav Frölich,
dem Direktor der Einwohnermädchenschule, gegründet worden war. Er war es
auch, der den neuen Chor präsidierte und gleichzeitig auch als Musikdirektor
betreute. Von der Leitung und wohl auch der sozialen Zusammensetzung her
war die Liedertafel vor allem unter den niedergelassenen Einwohnern der
Stadt verankert. Politisch gehörte der junge Verein ins liberal-radikale Lager
und galt in den herrschenden Kreisen der Stadt deshalb als nicht «gesell-
schaftsfähig». [1249] So erhielt die «Liedertafel» von der radikalen Kantonsregierung 1846 und 1848 eine finanzielle Unterstützung, währenddem sich die
städtischen Behörden ihr gegenüber gleichzeitig sehr abweisend zeigten und
ihr 1846/47 nicht einmal die Benutzung des Kasinosaales erlaubten. Dem Verein wurden von rechter Seite gar «kommunistische Tendenzen» nachgesagt.
Ab 1847 gelang es dann jedoch die «Grundlosigkeit der über die Liedertafel
herrschenden Vorurteile» zu zerstreuen. Im Protokoll des Vereins wurde denn
auch im Rückblick auf ein Wohltätigkeitskonzert im Jahre 1847 für die
Armen, das nun im Kasinosaal stattfinden durfte, mit Genugtuung festgehalten, dass das Konzert sogar von «Herren und Damen aus den bessern Ständen»
besucht worden sei. [1250] Möglicherweise hing dies auch damit zusammen, dass
schon 1847 Ziel und Zweck des Vereins neu umschrieben und die rein musikalischen Bestrebungen stärker betont wurden. Wichtigste Aufgabe des Vereins
war es nun, «seinen Mitgliedern eine möglichst kunstgerechte Gesangbildung
zu vermitteln; in weitern Kreisen den Sinn für Musik zu werben und auszubilden; durch diese Bestrebungen und Leistungen veredelnd auf das gesellige
Leben einzuwirken.» Auch die Prüfung der gesanglichen Fähigkeiten durch
den Musikdirektor als Vorbedingung für die Aufnahme eines neuen Mitgliedes
weist in dieselbe Richtung. Neu war nach den Statuten von 1847 auch, dass
nun zwei Kategorien von Mitgliedern, Aktive und Passive, geschaffen wurden,

womit auch Nicht-Sänger, das heisst Gönner und Sympathisanten in den Verein aufgenommen und integriert werden konnten.

Die heftigen politischen Auseinandersetzungen nach dem Sturz der radikalen Regierung um 1850 verknüpft mit Differenzen wegen «der fortwährenden Aufnahme neuer Mitglieder, denen grösstenteils die nötigen musikalischen Fähigkeiten und der wünschbare Bildungsgrad mangelte», die dafür aber, so ist diese Aussage wohl zu deuten, die richtige, das heisst eine radikale Gesinnung aufwiesen, führten die «Liedertafel» in eine schwere Krise, die 1854 schliesslich zu ihrer Auflösung führte.[1251] Doch schon kurz danach konstituierte sich eine neue «Liedertafel», deren provisorische Statuten die Aufnahme von einer geheimen Abstimmung mit Einstimmigkeit – in der alten «Liedertafel» genügte das absolute Mehr – abhängig machte. Auch erfolgte zunächst kein Beitritt zum kantonalen und eidgenössischen Sängerverein. Ein anderer Teil der Mitglieder der ehemaligen «Liedertafel» bildete den Männerchor «Frohsinn», der sich in der Folge als Volksgesangsverein verstand und sich 1871 dann zugunsten des Berner Männerchors auflösen sollte. All dies lässt vermuten, dass sich die neue «Liedertafel» aus jenen Mitgliedern des alten Chores rekrutierte, die in Absetzung nach unten und im Streben nach Höherem sowohl auf musikalische Fähigkeiten als auch auf einen gewissen Bildungsgrad Wert legten und auch politisch eher eine liberale oder gemässigt radikale Haltung einnahmen. Schon 1855 milderte eine Statutenänderung die rigiden Aufnahmebedingungen, indem sie die Einstimmigkeit durch die Dreiviertelmehrheit ersetzte. Gleichzeitig trat der Verein wieder dem von den Liberalen kontrollierten Eidgenössischen Sängerverein bei.

Konflikte ähnlicher Art hatten zur selben Zeit auch die zwei grossen Zürcher Männerchöre. Im «Sängerverein Harmonie», den «Männer des Fortschrittes» 1841 gegründet hatten und dem vor allem Kaufleute, Handwerker und Gewerbetreibende sowie Lehrer und Studenten aus der städtischen Einwohnerschaft, aber kaum Stadtbürger angehörten, kam es in der Folge von Auseinandersetzungen zwischen den «Sängern», die sich mehr dem Kunstgesang widmen wollten, und den «Gesangsfreunden», die mehr auf den Volksgesang und die Geselligkeit Wert legten und keine höheren musikalischen Ambitionen hegten, fast zu einer Spaltung. Mit der Übereinkunft, dass der Volksgesang durch die Kunstsänger nicht gedrückt werden sollte, konnte sie dann aber vermieden werden. Neben der «Betätigung von Kunstsinn, Vaterlandsliebe und edler Geselligkeit» setzten die Statuten von 1854 deshalb als weiteren wichtigen Zweck die Pflege eines «gediegenen Männergesanges» und überhaupt die Hebung und Ausbildung des Volksgesanges fest. Dennoch wurden ab 1860 an die Sänger höhere Anforderungen gestellt, jeder Eintrittswillige hatte sich nun über seine Singfähigkeit auszuweisen. Gleichzeitig legte der Verein auch auf Respektabilität und Ehrenhaftigkeit seiner Mitglieder mehr Wert. So musste jeder Kandidat von zwei Vereinsmitglieder angemeldet werden, die über ihn Aufschluss geben konnten. Bis anhin geschah die Aufnahme durch offenes Stimmenmehr und ohne Bemerkungen über den Aufzunehmenden. Nach 1878 erfolgte ein neuer Professionalisierungsschub, der die Eintrittsbarrieren nochmals erhöhte. Kandidaten mussten nun vor der Prüfungskommission eine Probe ihres Könnens ablegen und danach in einer obligatorischen Chorschule ihre Fähigkeiten noch vervollkommnen. Begabtere Sänger erhielten jetzt zudem Privatstunden. Mit all diesen Massnahmen erhoffte sich der neue Direktor Gustav Weber eine weitere Leistungssteigerung, um damit den «gemütlichen Liedertafelstil» überwinden und sich in den lichteren Höhen des Kunstgesanges, in die der Sängerverein bereits 1875 noch unter Friedrich Hegar vorgestossen war, behaupten zu können. 1252 Wie auf die gesanglichen Fähigkeiten, so legte die Vereinsleitung, indem sie nachteiligen Gerüchten über Mitglieder nachspürte, auch auf deren Ehrenfähigkeit ein strengeres Augenmerk. Der Aufstieg im musikalisch-gesanglichen Bereich führte dann auch in der sozialen Zusammensetzung zu einer zunehmenden Verengung auf die bürgerlichen Klassen, unter den aktiven Sängern weniger als unter den passiven Mitgliedern. Rekrutierten sich 1869 lediglich 51 Prozent der über 350 Mitglieder aus den bürgerlichen Klassen, vornehmlich aus wirtschaftsbürgerlichen Kreisen, so waren es von über 1300 Mitgliedern um 1906 knapp 63 Prozent. 1253

Auch der 1826 von Hans Georg Nägeli, dem Schweizer Sängervater, gegründete «Männerchor Zürich», von dem sich der «Sängerverein Harmonie» 1841 abgespalten hatte, weil die darin dominierenden «Speerträger des Rückschrittes» auch die «Indifferenten gegenüber einem gesunden Fortschritt im Gesangswesen» 1254 waren, durchlebte in den fünfziger Jahre eine Krise wie die Liedertafel, wobei politische Gegensätze jedoch wie im Sängerverein wegen der hohen politischen Homogenität keine Rolle spielten. Die Hauptursache des Konfliktes bestand darin, dass viele die Geselligkeit nach den Proben als Hauptaufgabe des Vereins sahen. «Die fortschrittliche Forderung des Direktors», so der Chronist der Vereinsgeschichte, «und anderer kunstsinniger Mitglieder, die gesanglichen Leistungen zeitgemäss zu leben, stiess bei der in jeder Hinsicht konservativen Mehrheit des Vereins auf Widerstand.» 1862 verliessen zwanzig der besseren und zielbewussteren Sänger den «Männerchor» und gründeten den nach ihrem Direktor genannten Baumgartnerschen Männerchor. 1867 vereinigten sich die beiden Chöre dann allerdings wieder und erlangten am Sängerfest in Neuenburg um 1870 unter ihrem neuen Direktor Carl Attenhofer den ersten Preis der Kunstgesangsvereine. 1255 In den folgenden Jahrzehnten war und blieb der «Zürcher Männerchor» dann einer der führenden Kunstgesangsvereine der Schweiz, mit Konzerten auch im Ausland. Weit mehr als im liberal-demokratischen «Sängerverein Harmonie» gaben im eher liberal-konservativen «Männerchor» gutbürgerliche Kreise den Ton an. Von den 180 Sängern gingen fast 59 Prozent einem bürgerlichen Beruf oder Erwerb nach, während dies beim Sängerverein höchstens 46 Prozent waren. Dass der «Männerchor Zürich» dem bürgerlichen Geschmack mehr entsprach, lässt sich auch an der sozialen Struktur seiner Passivmitgliedern ablesen, die sich 1906 zu über 71 Prozent aus diesem sozialen Umfeld rekrutierten.[1256]

Im Unterschied zu den beiden Zürcher Vereinen gelang der Berner «Liedertafel» schon kurz nach der Beilegung des Konfliktes der musikalische Aufstieg. Bereits am Eidgenössischen Sängerfest von 1858 in Zürich etablierte sie sich in der höchsten Kategorie, dem Kunstgesang. 1864 übernahm der Verein, der sich damit als einer der führenden Schweizer Chöre ausgewiesen hatte, die Organisation des Eidgenössischen Sängerfestes. Ab 1872 kam die «Liedertafel» mit dem Gemischten Chor «Cäcilienverein» und der Musikgesellschaft überein, im Winter jeweils drei gemeinsame Aufführungen «grösserer Tonwerke für gemischten Chor und Orchester» zu organisieren. Wie bedeutsam dieser musikalische Aufstieg langfristig auch in gesellschaftlicher Hinsicht war, lässt sich auch aus einer Bemerkung in der Denkschrift zum 50jährigen Bestehen erschliessen. So wird festgestellt, dass nun zunehmend Männer aus «Klassen der Gesellschaft, in welchen die Liedertafel in früheren Zeiten wohl nie hätte wagen dürfen, Vereinsgenossen zu suchen», dem Verein als passive oder gar aktive Mitglieder beitraten.[1257] Dass die «Liedertafel» in jeder Hinsicht ein respektabler Verein geworden war, zeigt auch die soziale Zusammensetzung seiner Mitglieder.

Tabelle 72    **Soziale Struktur der Mitglieder der Berner Liedertafel 1863, 1886 und 1904 (in Prozent).** 1258

| | | 1863 | | | 1886 | | 1904 |
| | Total | Aktiv | Passiv | Total | Total | Aktiv | Passiv |
|---|---|---|---|---|---|---|---|
| **Besitzbürgertum** | **1,0** | | **1,3** | **2,2** | **1,7** | **1,0** | **1,9** |
| **Wirtschaftsbürgertum** | **24,6** | **18,8** | **26,6** | **25,6** | **22,9** | **12,4** | **26,2** |
| Bankier/Kaufmann | 21,7 | 17,5 | 23,1 | 20,9 | 15,6 | 8,8 | 17,7 |
| Fabrikant/Unternehmer | 1,6 | 1,2 | 1,7 | 1,9 | 5,4 | 2,6 | 6,3 |
| **Bourgeoisie des talents** | **32,4** | **30,0** | **33,2** | **35,5** | **34,0** | **35,8** | **33,4** |
| Arzt/Apotheker | 7,1 | 8,8 | 6,6 | 9,1 | 7,4 | 8,8 | 6,9 |
| Advokat/Dr. iur./Notar | 6,8 | 6,3 | 7,0 | 8,0 | 6,5 | 8,8 | 5,8 |
| Architekt/Ingenieur | 3,6 | 1,2 | 4,4 | 4,4 | 5,9 | 3,1 | 6,8 |
| Professor/Gymnasiallehrer | 2,6 | 3,8 | 2,2 | 2,8 | 2,8 | 5,7 | 1,7 |
| Hoher Beamter/Offizier | 6,8 | 1,2 | 8,7 | 5,5 | 4,4 | 0,5 | 5,6 |
| Leitender Angestellter | 0,6 | 1,2 | 0,4 | 3,3 | 4,0 | 4,7 | 3,6 |
| **Bürgertum total** | **57,9** | **48,8** | **61,1** | **63,4** | **58,7** | **49,2** | **61,6** |
| **Alter Mittelstand** | **18,4** | **17,5** | **18,8** | **13,7** | **15,2** | **8,8** | **17,2** |
| **Neuer Mittelstand** | **22,0** | **32,5** | **18,3** | **22,3** | **24,0** | **40,9** | **18,8** |
| Lehrer | 5,2 | 11,3 | 3,0 | 3,0 | 5,9 | 14,0 | 3,4 |
| Beamter/Angestellter | 16,8 | 21,3 | 15,3 | 12,9 | 18,2 | 26,9 | 15,4 |
| Ohne Angabe | 1,7 | 1,2 | 1,7 | 0,6 | 2,1 | 1,0 | 2,4 |
| **Total** | **309** | **80** | **229** | **363** | **815** | **193** | **622** |

So gehörten von den passiven Mitgliedern um 1863 wie anfangs des 20. Jahrhunderts über sechzig Prozent von ihrer Erwerbs- oder Berufstätigkeit her wirtschafts- oder bildungsbürgerlichen Kreisen an. Der Verein war und blieb jedoch mit rund 36 Prozent auch im neuen und alten Mittelstand sozial recht stark verankert. Von den aktiven Sängern, von denen aufgrund ihres Alters viele erst am Anfang ihrer beruflichen Karriere standen, war sogar knapp die

Hälfte diesen Kreisen zuzuordnen. Darunter befanden sich sehr viele mittlere Angestellte und Beamte, aber auch Lehrer. Um 1863 stellten sie ein Drittel der Sänger, 1904 gar über vierzig Prozent.

Mit dem künstlerischen Aufstieg scheint der vor allem von den Einwohnern der Stadt getragene Verein auch in burgerlichen Kreisen an Respektabiliät und Ansehen gewonnen zu haben. Schon 1863 waren Alt- und Neuburger mit 21% unter den Passivmitgliedern mehr als doppelt so stark vertreten, wie es ihrem Anteil an der städtischen Bevölkerung entsprochen hätte. 1864 übernahm mit Notar Ludwig Hahn auch erstmals ein Stadtburger das Präsidium des Vereins. Um 1904 war die Übervertretung der Burger noch ausgeprägter, vor allem unter den Passivmitgliedern, wobei es sich im Unterschied zu 1863 nun vor allem um Neuburger handelte. [1259] In den patrizischen Kreisen fand die «Liedertafel» jedoch weiterhin kaum Anklang. Von einzelnen, teils politisch motivierten Ausnahmen abgesehen, waren um 1904 keine Patrizier in der «Liedertafel» als aktive oder passive Mitglieder eingeschrieben, auch aus der reichen Bankier- und Industriellenfamilie Marcuard nicht. [1260] Ähnlich war es in Zürich, auch hier befanden sich bis anfangs des 20. Jahrhunderts selbst unter den passiven Mitgliedern der beiden grossen Kunstgesangsvereine, dem «Männerchor Zürich» und dem «Sängerverein Harmonie», praktisch keine Männer aus dem Kreis der alten Herrenfamilien. Weniger zurückhaltend zeigten sich dagegen die Angehörigen aus dem neuen reichen Wirtschaftsbürgertum, sie liessen sich vor allem beim politisch konservativeren «Männerchor» als passive Mitglieder gewinnen. Der Männerchorgesang mit seiner im künstlerischen Bereich wie im Vereinsleben ausgeprägten gemeinbürgerlich-egalitären Tendenz schien die mehr auf soziale Distanz bedachte, alte gesellschaftliche Elite eher abzuhalten. Wichtiger dürfte allerdings gewesen sein, dass die Männergesangsvereine für diese Kreise wegen ihrer Nähe zum Liberalismus und ihrer oft engen Verbundenheit mit dem herrschenden Freisinn politisch zu sehr belastet waren. In ausgeprägtem Masse war dies auch bei der Berner «Liedertafel» der Fall. So gehörten seit den sechziger Jahren viele politisch prominente Männer, etliche Bundesräte, National- und Ständeräte, Regierungsräte, Oberrichter, Chefbeamte oder Direktoren als Passivmitglieder zum Verein, die Bundesräte Jakob Dubs und Carl Schenk waren sogar Ehrenmitglieder. Um 1904 waren von den zehn städtischen Grossräten ebenfalls vier Mitglied der «Liedertafel», darunter auch ein Sozialdemokrat des rechten Flügels seiner Partei, nämlich der anerkannte Anwalt Dr. Alfred Brüstlein (1853–1924), der für Baselstadt auch im Nationalrat sass.

Dass die vielen passiven Mitglieder auch in das Vereinsleben eingebunden wurden, dafür sorgten die verschiedensten Anlässe. So veranstaltete der Verein ausser den öffentlichen musikalischen Abendunterhaltungen regelmässig sogenannte Tafelrunden, an denen die Aktiven auf «angemessene Weise Gesang, Spiel, Vorträge ernsten und scherzhaften Inhalts» darboten. [1261]

Ebenfalls eingeladen waren die Passivmitglieder ab 1858 an die sogenannten Cäcilienfeiern, die, noch mit einem mehrgängigen Bankett verbunden, ähnlich verliefen und an denen oft 260–400 Männer teilnahmen. Zu diesen reinen Männerveranstaltungen kamen mit der Zeit noch gemischte Tafelrunden mit anschliessendem Ball, die sich dann zu eigentlichen Abendunterhaltungen entwickelten. Nach 1900 fanden nur noch gemischte Tafelrunden statt. Dies löste um 1912 Diskussionen darüber aus, ob die Tafelrunde ganz der «Jeunesse dorée» ausgeliefert und zum reinen Ball umfunktioniert werden sollte. Vor allem die Frage des Balltoilettenzwanges und das Problem der gleichen Robe für zwei bis drei Tafelrunden erhitzte die Gemüter, waren damit doch für manche zu hohe finanzielle Belastungen verbunden. Für den Zusammenhalt unter den Vereinsmitgliedern sorgten auch noch Neujahrsfeiern, Lotto-Abende und Familienausflüge in die nahe Umgebung. [1262] Viele dieser Anlässe waren nicht nur im Vereinsleben, sondern auch im gesellschaftlichen Leben Berns Höhepunkte. Ganz besonders galt dies für den ab 1900 regelmässig durchgeführten «Bundesabend», eine Abendunterhaltung, die in der Dezembersession zu Ehren der Mitglieder der eidgenössischen Räte und des Bundesrates veranstaltet wurde und die «Bundesväter» mit den aktiven und passiven Mitgliedern der «Liedertafel» sowie anderen Freunden der Musik zusammenbrachte. Das Programm bestand jeweils aus Chorliedern, Soli, Duetten und weiteren musikalischen Darbietungen sowie anderen ernsten und heiteren Einlagen. Der offizielle Zweck dieses gesellschaftlichen Ereignisses ersten Ranges lag, wie der Vereinspräsident Prof. E. Röthlisberger anlässlich des ersten Bundesabends in seiner Tischrede erklärte, darin, den Räten ihren Aufenthalt in der Bundesstadt während des Winters wenigstens etwas «gesellschaftlich angenehmer» zu machen. Sie sollten darüberhinaus jedoch auch «das patriotische Moment pflegen, das alle Eidgenossen und in erhöhtem Masse die Räte über alle trennenden Faktoren hinweg verbinden soll», und die «Harmonie zwischen Behörden und Volk und die Harmonie in den grundlegenden Anschauungen über das Wohl des gemeinsamen Vaterlandes» fördern. [1263]

Wie in ihren Anfängen die «Liedertafel» oder auch der Zürcher «Sängerverein Harmonic» war auch der 1870 gegründete «Berner Männerchor» von einer gemeinbürgerlich-egalitären Grundhaltung geprägt. Ziel und Zweck war nämlich die «Förderung und Veredelung des Volksgesanges». Der Verein war von seinen Promotoren her eigentlich als Zusammenschluss der verschiedenen kleineren bestehenden Volksgesangvereine (Frohsinn, Liederkranz, Fidelia, Grütli-Männerchor, Handwerker-Männerchor, Studentengesangverein und Typographia) gedacht und sollte im gesanglichen Leben Berns, wo seit dem Aufstieg der «Liedertafel» ein grosser Volksgesangverein fehlte, eine Lücke füllen. Doch diese Vereinigung kam nicht zustande. Nur der Frohsinn löste sich 1871 zugunsten des neuen Chors auf. Auch aus den anderen Vereinen traten jedoch viele Mitglieder über. 1891 hob der Chor die Beschränkung auf den Volksgesang in seinen Statuten auf und nannte als Zweck nun die «Ausbil-

dung und Veredelung des Männergesanges». Nach einer ziemlich schweren
Krise förderte die neue Leitung ab 1895 bewusst das «Streben nach den
Höhen des Kunstgesanges» und erlebte damit auch einen grossen Aufschwung
bei den aktiven Sängern, noch stärker bei den passiven Gönnern. [1264] Bereits
1897 gab der Chor sein erstes grösseres Orchesterkonzert mit Werken von
Max Bruch. 1899 trat der Männerchor der Kategorie «Leichter Kunstgesang»
bei, neben neuerer Musik von Bruch, Grieg und Hegar wurde der Volksgesang
jedoch weiterhin gepflegt. Mit dem Übertritt in die Kategorie «Schwieriger
Kunstgesang» um 1905 hatte der Männerchor den Aufstieg aus den Niederungen des Volksgesanges in die Höhen des Kunstgesanges abgeschlossen.
Trotzdem veranstaltete der Verein auch danach noch volkstümliche Konzerte,
so 1911 ein Programm mit Schweizerliedern, 1912 ein «Röseligartenlieder-
Konzert». [1265] Pflege und Förderung der Vaterlandsliebe, der Freundschaft
und edlen Geselligkeit blieben aber wichtige Vereinsziele. Weihnachts-
feiern, Vereinsbälle, gemischte Tafelrunden, Herrenabende, Sonntagsausflüge,
«Picnic-Feste», Garten- und Waldfeste, Spielabende und Jahrschlussfeiern
stärkten den Zusammenhalt zwischen Sängern und Passivmitgliedern und
integrierten teilweise auch die übrigen Familienangehörigen ins Vereinsleben.
Politisch fühlte sich der Chor eindeutig der liberal-radikalen Richtung
zugehörig. Von Anfang seines Bestehens an nahm der Männerchor an Schlach-
tenfeiern, Schützenfesten, Denkmalfeiern, Offiziers- und Turnfesten teil
und beteiligte sich an Demonstrationen wie zum Beispiel 1872 zugunsten
der neuen Verfassung, 1898 am Volkstag für die Eisenbahnverstaatlichung
oder 1907 für die neue Militärorganisation. Analog zum «Bundesabend» der
«Liedertafel» organisierte der «Berner Männerchor» ab 1902 zu Ehren des
Grossen Rates, der Regierung und des Obergerichtes eine Abendunterhaltung. [1266] Auch im gesellschaft-lichen Leben präsentierte sich der Chor damit
auf einem höheren Niveau, die Hierarchie zur «Liedertafel» blieb aber auch
hier gewahrt.

Nochmals eine Stufe tiefer stand der «Liederkranz-Frohsinn», der sich
als «Volksgesangverein» verstand und 1899 aus dem Zusammenschluss des
«Liederkranzes» mit dem «Männerchor Frohsinn» entstanden war. An Sänger-
festen traten jeweils beide Vereine in der Kategorie «Volksgesang» auf. Die
Väter des 1849 gegründeten «Liederkranzes» waren vier Handwerker, nämlich
die beiden Schuhmacher Niklaus Schweizer und Friedrich Schatzmann, der
Lackierer Franz Schluep und der Müller Johannes Schweizer. Niklaus Schweizer war zunächst Mitglied des Schuhmacher-Gesangsvereins gewesen, nach
dessen Auflösung infolge des Sonderbundskrieges und der Abreise mehrerer
Mitglieder trat er 1848 der «Liedertafel» bei und besuchte mit ihr auch das
Eidgenössische Sängerfest. Doch Schuster Niklaus Schweizer fühlte sich unter
den Sängern der Liedertafel nicht so wohl: «Wiewohl die künstlerisch ausgezeichneten Leistungen der Liedertafel meine musikalischen Wünsche vollkommen befriedigten, so fand ich in bezug auf das gesellschaftliche Leben

einen zu grossen Abstand von dem, was ich gesellig nennen konnte, was mich veranlasste, anderswo die Unterhaltung zu suchen.» [1267] Der von kleinen Leuten dominierte und meist von einem Lehrer geleitete «Liederkranz» stand in enger Verbindung mit Harmonie-Musikgesellschaften, pflegte aber auch Kontakte zum Grütliverein. Eher selten trat der «Liederkranz» auch mit der «Liedertafel» und dem «Männerchor» auf, so zum Beispiel 1875 zugunsten eines Künstlerstipendiums. Höhepunkte des Vereinslebens waren die Teilnahme an den eidgenössischen und kantonalen Gesangsfesten sowie die alljährlich wiederkehrenden Abendunterhaltungen. Die Pflege «aufrichtiger und treuer Freundschaft», damit «jeder Einzelne sich im Sängerkreise wohl und zu Hause fühlt», war neben dem Volksgesang der wichtigste Zweck des 1881 gegründeten «Männerchor Frohsinns». [1268] Neben dem üblichen Vereinsleben organisierte der Verein im Sommer meist mehrtägige gemeinsame Reisen. National gesinnt, nahm der Verein jeweils auch an patriotischen Versammlungen teil, so etwa 1895 zugunsten der neuen Militärartikel.

So unterschiedlich wie die Stellung im Gesangswesen, so verschieden war um 1900 auch die soziale Zusammensetzung der Sänger und passiven Mitglieder der drei Vereine. In der renommierten «Liedertafel» gaben eher die arrivierten Bürger den Ton an, im «Männerchor» dagegen, der sich zu dieser Zeit auch künstlerisch noch nicht voll etabliert hatte, stellten Angestellte, Beamte und Lehrer die grösste soziale Gruppe, auch einige wenige Männer aus der Arbeiterschaft gehörten dazu. Damit umfasste der Männerchor sozial ein viel breiteres Spektrum als die «Liedertafel». Der «Liederkranz-Frohsinn» war wie hundert andere, dem Volksgesang verpflichtete Männergesangsvereine ein typisch kleinbürgerlich-mittelständisch geprägter Verein, der auch bessergestellte Arbeiter in seinen Reihen hatte und damit wenigstens bis zu einem gewissen Grad die Arbeiterschaft in die bürgerliche Gesellschaft integrierte. Für Angehörige des Bürgertums verloren solche Vereine dadurch jedoch jede Attraktivität und lagen ausserhalb ihrer gesellschaftlichen Verkehrskreise.

Tabelle 73     **Soziale Zusammensetzung der aktiven und passiven Mitglieder der grössten Berner Männerchöre um 1900 (in Prozent).** [1269]

|                           | Liedertafel | Männerchor | Liederkranz |
|---------------------------|-------------|------------|-------------|
| Besitzbürgertum           | 1,7         | 1,3        | 0,7         |
| Wirtschaftsbürgertum      | 22,9        | 12,4       | 11,2        |
| Bourgeoisie des talents   | 34,0        | 15,6       | 3,3         |
| **Total Bürgertum**       | **58,7**    | **29,2**   | **15,2**    |
| **Alter Mittelstand**     | **14,7**    | **28,6**   | **34,9**    |
| Gastgewerbe               | 3,4         | 7,3        | 10,2        |
| Detailhandel u. ä.        | 5,3         | 7,9        | 10,6        |
| Handwerk                  | 6,0         | 13,3       | 14,0        |
| **Neuer Mittelstand**     | **24,0**    | **35,1**   | **36,4**    |
| Lehrer                    | 5,9         | 5,2        | 0,2         |
| Beamte/Angestellte        | 18,2        | 29,8       | 36,2        |
| **Arbeiter**              | **0,5**     | **5,8**    | **13,5**    |
| Ohne Angabe               | 2,0         | 1,3        | 0,1         |
| **Total**                 | **815**     | **630**    | **605**     |

Wie diese drei, für städtische Verhältnisse sowohl in künstlerischer Hinsicht wie auch von der sozialen Zusammensetzung her typischen Gesangsvereine zeigen, hatte in der zweiten Hälfte des 19. Jahrhunderts auch im Gesangswesen die elitär-differenzierende Tendenz die vormals stärkere gemeinbürgerlich-egalitäre Tendenz in den Hintergrund geschoben. Hauptsächlich in Städten und grösseren Ortschaften waren die Gesangsvereine sozial sehr differenziert. Die kantonalen und eidgenössischen Sängerfeste, die in kurzen Abständen regelmässig stattfanden und deren Besuch im Vereinsleben einen hohen Stellenwert einnahm, rückten die gemeinbürgerlich-egalitäre Tendenz des Gesangswesens dann wieder etwas in den Vordergrund. Auch wenn sie die in hohem Masse über die musikalischen Fähigkeiten und Leistungen der Chöre vermittelte, soziale Differenzierung nicht aufzuheben vermochten, diese im Gegenteil durch die verschiedenen Leistungskategorien und die Gesangswettbewerbe noch zusätzlich verstärkten, so förderten sie doch gleichzeitig den Zusammenhalt. Denn die allen gemeinsame, hohe Wertschätzung des Gesangs und die Festgemeinschaft hoben die soziale Differenzierung doch bis zu einem gewissen Grade wieder auf. Sie machten dadurch, wie andere solche Anlässe auch, den kulturellen Zusammenhang der bürgerlichen und kleinbürgerlichen Klassen sichtbar und erlebbar. Damit erhielten sie für den Zusammenhalt der bürgerlichen Gesellschaft, aber auch für Staat und Nation eine ganz wichtige Integrationsfunktion: «Grosse nationale Feste gehören zu den vornehmsten und edelsten Bildungselementen der Eintracht und Einheit eines Volkes. Unter ihnen nehmen in ideeller Hinsicht die Gesangsfeste den ersten Platz ein. Aus allen Gauen strömen da die Sänger in der Hauptstadt oder einer andern grösseren Stadt des Vaterlandes zusammen. Wenn dann unter freiem Himmel oder in der geräumigen Halle die Massenchöre mächtig und erhebend brausen, ergiesst sich in die Herzen der Sänger eine sonnige Feststimmung. Die kleinen und grossen Sorgen des Alltags sind vergessen, die Mühsale des Lebens verschwunden, die sozialen und politischen Gegensätze und Zwistigkeiten bestehen nicht mehr. Voll und ganz lebt man dem Augenblicke, der so schön ist. In der Seele aller Teilnehmer strahlt und funkelt der erhabene menschliche Gedanke der Liebe! Sie sind Brüder geworden, vereint und vereinigt durch die unendliche Macht der Musik, des Gesanges.» [1270] Tausendfach in Tisch- und Eröffnungsreden beschworen, lösten sich an solchen Festen, zumindest in der ideologischen Überhöhung der Festrhetorik, soziale Unterschiede und Gegensätze der bürgerlichen Gesellschaft trotz Wettbewerb und Leistungssystem in der Harmonie des gemeinsamen Gesanges und der geselligen Festgemeinschaft auf. So wurde über die Harmonie im Gesang die Harmonie der Klassen hergestellt, und die mehrheitlich aus den bürgerlichen und mittelständischen Bevölkerungskreisen stammenden Sänger wurden zum Volk.

Noch mehr als in Bern die «Museumsgesellschaft» oder die «Liedertafel» prägte in Zürich um die Jahrhundertwende der «Lesezirkel Hottingen» das gesellschaftliche Leben des Bürgertums. Er war aber auch deshalb so wichtig, weil er wie keine anderer Verein in Zürich als eine Art Schmelztigel der bürgerlichen Klassen funktionierte. Der im Herbst 1882 in Hottingen, einer Zürcher Vorortsgemeinde, gegründete Lesezirkel war zunächst eine Art Lesegesellschaft, wie es in der Schweiz viele andere auch gab. Wie die beiden Initianten, der Statistiker Wilfried Treichler und der Mechanikerlehrling Hans Bodmer, in einem Zirkular an ihren Freundeskreis mitteilten, war es Ziel und Zweck des Vereins, sich «in freier Vereinigung, mittelst Abonnement erster Zeitschriften, die regelmässig zirkulieren, durch Beschaffung gediegener Bücher den einzelnen mit den Meisterwerken und neuesten Erscheinungen unserer Literatur, mit nützlichen wissenschaftlichen Kenntnissen zu befreunden.» In Aussicht genommen wurde auch die Gründung einer Bibliothek, um überhaupt «auf dem Weg der Lektüre zur Veredlung von Geist und Gemüt dasjenige beizutragen, was die Turnerei zur Stählung der Kraft.» [1271] Mit einem Lesezirkel wollte der bildungseifrige, kleinbürgerliche Gründerkreis [1272] dem «längstgefühlten Übelstand», dass nur «wenige Bevorzugte» wirklich das für ihre Ausbildung tun könnten, was ihren Wünschen entsprechen und ihnen nützlich sein würde, abhelfen und dafür sorgen, dass die grössere Zahl in ihren Bildungsbestrebungen nicht länger «mehr oder minder auf den Zufall, auf äussere, spärliche Mittel» angewiesen war. Der Vereinszweck wurde dann bereits 1883 auf «nützliche Belehrung und Unterhaltung» für die Mitglieder und ihre Angehörigen ausgedehnt. Damit rückte der häusliche Kreis stärker ins Zentrum als eigentlich vorgesehen war. Im Hause, im Familienkreis sollte das «Gute und Schöne», sollten die «guten Sitten» erblühen. Ziel war es, mit der zirkulierenden Lesemappe und der Ausleihe von Büchern zum «geistigen Mittelpunkt» der Familie zu werden. Die erste Lesemappe, die 1884 an 64 und 1886 an 128 Mitglieder ging, umfasste denn auch in erster Linie Familienzeitschriften. Um die «Früchte wissenschaftlicher Forschung in breite Schichten des Volkes zu bringen», organisierte der Zirkel ab 1887 auch Vorträge populären Inhalts. 1891 eröffnete er zudem ein eigenes Lesezimmer. Ab 1888 erhielten gesellige Anlässe, Wald- und Sommerfeste, Maikäferausflüge und vor allem die sogenannten Kränzchen mit ihren dramatischen Aufführungen einen höheren Stellenwert.

Durch diese mehr öffentlichen Aktivitäten verlor jedoch der Lesezirkel seine beschränkte lokale Bedeutung, aber auch seinen bis Ende der achtziger Jahre noch stark familiären Charakter eines Vorstadtvereins. Zusehends entwickelte sich er zu einem Verein für die eben in dieser Zeit auch politisch geeinte Grossstadt Zürich. Immer mehr schlossen sich ihm nun zahlreiche Mitglieder an, die weniger an den Lesemappen oder der Bibliothek, sondern vielmehr am Vereinsleben mit den verschiedenartigen literarischen, künstlerischen und historischen Veranstaltungen interessiert waren. Dem trug 1896 auch der neue weit gefasste Zweckartikel Rechung. Aufgabe des Vereins war es nun ganz allgemein «durch geeignete Veranstaltungen den Sinn für Literatur zu pflegen». [1273] Die Volksbildung rückte in den Hintergrund; das Lesezimmer wurde in der Folge aufgegeben und an die Pestalozzigesellschaft, die sich mit ihren Bildungsbemühungen explizit an die mittleren und unteren Bevölkerungsschichten richtete, abgetreten. Dafür legte der Lesezirkel, der sich 1896 den Untertitel «literarische Gesellschaft in Zürich» gegeben hatte, nun deutlich mehr Wert auf die Pflege der gehobeneren Literatur. 1895/96 wurden deshalb auch die populären Vortragsabende durch die anspruchsvolleren und auch künstlerisch ambitiösen «literarischen Abende» ersetzt, die nun in der Tonhalle und im Stadttheater stattfanden und nicht mehr nur aus Vorträgen oder Vorlesungen bestanden, sondern auch dramatische oder rezitative Einlagen und musikalische Darbietungen umfassten. [1274] Zusätzlich zur bisherigen Lesemappe mit Familienzeitschriften wurde eine exklusivere literarische Lesemappe in Zirkulation gesetzt. Auch die Ausleihbibliothek wurde noch stärker auf die Belletristik ausgerichtet, vor allem auf den Roman; Lyrik und Drama wurden dagegen absichtlich vernachlässigt. Aber nicht nur der Lesezirkel, sondern auch Hans Bodmer, treibende Kraft und Mitbegründer des Vereins, machte sich in diesen Jahren in höhere kulturelle Sphären auf: Der ehemalige Mechaniker studierte nämlich nun Literatur.

Mit diesen Veränderungen in der Zielsetzung und den Aktivitäten veränderte sich auch die soziale Zusammensetzung des Vereins nachhaltig. In seinen kleinen Anfängen setzte er sich aus bildungsbestrebten jungen Turnern aus eher kleinbürgerlichen Kreisen zusammen, dem sich dann ausser gesetzten Hottinger Bürgern und Familienvätern aus gewerblich-handwerklichem Milieu nach und nach hauptsächlich Angestellte und Beamte sowie Lehrer, dann aber vor allem auch Ärzte, Professoren – das nahe den beiden Hochschulen gelegene Hottingen war eine ihrer bevorzugten Wohngegenden – und andere Vertreter akademischer Berufe, aber auch hohe Beamte und Angestellte sowie Künstler anschlossen und so den Verein nicht nur sozial anhoben, sondern auch zunehmend zu dominieren begannen. So gehörten von den Männern, die zwischen 1882 und 1894 dem «Lesezirkel» beitraten, über vierzig Prozent bildungsbürgerlichen oder freien Berufen an. Nur gerade etwas mehr als ein Zehntel kam aus dem handwerklich-gewerblichen Mittelstand. Auch wenn sich das soziale Spektrum unterdessen deutlich nach oben verschoben hatte, so war der «Lesezirkel» um 1895 aber noch immer eine Vereinigung mit einer recht starken gemeinbürgerlich-egalitären Tendenz. Die «Vermischung der verschiedensten Stände und Berufsklassen» fiel bei der «Musterung dieser fröhlichen Vereinigung» vor der Abfahrt nach Regensberg anlässlich des Sommerfestes von 1895 auch dem Berichterstatter der Neuen Zürcher Zeitung auf. Was in seinen Augen für Zürich etwas Neues bedeutete und dem Lesezirkel ein «eigentümliches Gepräge» gab. Ihn deswegen gleich als «volkstümlich» zu bezeichnen, entsprach dann allerdings einer etwas gar idealisierenden Sichtweise oder einem sehr eng gefassten Volksbegriff, denn immerhin fehlten bei der folgenden Aufzählung etwa zwei Drittel der Zürcher Bevölkerung: «Die Wissenschaft war bei diesem Feste glänzend vertreten, und wenn dem Extrazuge ein Unglück zugestossen wäre, hätten sicher am folgenden Tage weder in der Universität noch im Polytechnikum Vorlesungen abgehalten werden können. Daneben sah man die Vertreter der verschiedenen gelehrten und künstlerischen Berufsarten, und neben dem Lehrstande fehlte nicht der Nährstand. Der Lesezirkel ist eine volkstümliche Einrichtung geworden; neben dem würdigen Herrn Professor schreitet vergnüglich der Krämer und Handwerker mit seiner Familie, der Buchbinder, der ihm die Einbände für seine Bücher anfertigt, der Schuhmacher, der schon Hans Sachsen zu Liebe literarische Neigungen verspürt, der Kaufmann, der gerne dabei ist, wo sich allerlei Volk mischt. Ja, aus der Alt-Stadt waren einige Sprossen alter Patriziergeschlechter gekommen, die sich sichtlich wohl fühlten, einmal in einem freiern Kreise sich bewegen zu können. Hier bist du Mensch, hier darfst du's sein.» [1275]

Die Verlagerung der Aktivitäten auf öffentliche Veranstaltungen kultureller und geselliger Art wie diese Sommerreise brachten dem «Lesezirkel» dann ab 1895 einen enormen Zulauf. Wer einzutreten wünschte, hatte dem Vorstand lediglich eine schriftliche Beitrittserklärung einzureichen, die von einem Mitglied mitunterschrieben sein musste. Auch die Eintrittsgebühren und der Jahresbeitrag waren relativ tief angesetzt. [1276] Innerhalb weniger Jahre verdreifachte er seine Mitgliederzahl, nämlich von 444 Mitgliedern um 1894 auf 1232 um 1897. Um 1900 zählte er 1508 Mitglieder, 1906 waren es dann mit 1591 nur wenig mehr. [1277] Wie auch der Vorstand erkannte, hatte der «Lesezirkel», gemessen an der Einwohnerzahl und dem bürgerlichen Potential der Stadt, damit eine gewissen Sättigungsgrad erreicht. Tatsächlich waren um 1900 von den Steuerpflichtigen der Stadt Zürich, die ein Einkommen von 2000 Franken und mehr versteuerten, theoretisch knapp zwanzig Prozent Mitglieder des «Lesezirkels», bezogen auf die Einkommen ab 3100 Franken, was aufgrund der beruflichen Zusammensetzung realistischer ist, gar fast vierzig Prozent. [1278] Und auch im Vergleich zu anderen grossen Vereinen schwang der «Lesezirkel» weit obenaus. So zählte die wesentlich ältere Museumsgesellschaft zur gleichen Zeit nur rund 900 Mitglieder und auch die 1896 neu entstandene «Zürcher Kunstgesellschaft», die ebenfalls das mittlere und obere Bürgertum ansprach, besass 1905 nur 834 Mitglieder, wovon etwas mehr als ein Drittel auch dem «Lesezirkel» angehörte. Attraktiv wurde der Verein mit seinen neuen Aktivitäten jetzt vor allem für das Wirtschaftsbürgertum, besonders Kaufleute sowie industrielle Unternehmer, Baumeister und Hoteliers drängten in den «Lesezirkel». Aber auch aus bildungsbürgerlichen Kreisen blieb der Zulauf gross. Die Beitrittswilligkeit von Gewerbetreibenden und selbständigen Handwerkern, nach 1896 auch von mittleren Angestellten und Beamten, ging dagegen deutlich zurück. Die ambitiöseren, aber auch mehr auf Repräsentation bedachten Veranstaltungen und Darbietungen grenzten die kleinbürgerlichen Bevölkerungsschichten offenbar zunehmend aus oder schreckte sie zumindest ab.

Tabelle 74            **Soziale Struktur der neu eintretenden männlichen Mitglieder des Lesezirkels**
**Hottingen 1882–1907 (in Prozent).** 1279

|  | 1882–1894 | 1895–1896 | 1897–1900 | 1901–1907 |
|---|---|---|---|---|
| **Besitzbürgertum** | 3,8 | 5,8 | 2,9 | 5,0 |
| **Wirtschaftsbürgertum** | 28,3 | 42,1 | 45,9 | 40,3 |
| Kaufmann | 24,8 | 36,7 | 38,7 | 33,3 |
| **Bourgeoisie des talents** | 41,0 | 30,6 | 36,0 | 36,6 |
| Arzt/Apotheker | 7,6 | 4,7 | 7,8 | 6,4 |
| Advokat | 3,5 | 4,7 | 4,1 | 3,3 |
| Architekt/Ingenieur | 5,7 | 9,0 | 7,5 | 8,3 |
| Professoren/Dr. phil. | 13,3 | 6,1 | 9,2 | 6,7 |
| Künstler | 3,2 | 1,8 | 1,3 | 3,1 |
| Hoher Beamter/Direktor | 3,2 | 2,2 | 4,9 | 7,8 |
| **Total Bürgertum** | 73,0 | 78,4 | 84,5 | 81,9 |
| **Alter Mittelstand** | 11,4 | 7,9 | 7,6 | 7,3 |
| **Neuer Mittelstand** | 13,3 | 12,2 | 5,7 | 4,7 |
| Lehrer | 3,5 | 3,6 | 1,8 | 0,7 |
| Beamte/Angestellte | 9,8 | 8,6 | 3,9 | 4,0 |
| Ohne Angabe | 2,2 | 1,4 | 2,2 | 3,8 |
| **Total (n)** | 315 | 278 | 825 | 424 |

Wer in bürgerlichen Kreisen jedoch etwas auf sich hielt und dazu gehören wollte, der musste um die Jahrhundertwende dem «Lesezirkel Hottingen» beitreten. Das Mitgliederverzeichnis mit Name, Beruf, Adresse und Eintrittsjahr, das, wie dies bei fast allen grösseren Vereinen ebenfalls die Regel war, dem gedruckten Jahresbericht beigefügt war, liest sich denn auch über weite Strecken als eine Zusammenstellung von Männern und Frauen, deren Namen in bürgerlichen Kreisen Zürichs nicht nur bekannt, sondern auch einen guten Klang hatten. Welchen Ruf der Lesezirkel genoss, zeigte sich auch daran, dass es als schick galt, auf die Visitenkarte den Vermerk «Mitglied des Lesezirkels» drucken zu lassen. 1280 Auch regional erfuhr die Mitgliederschaft deshalb eine Ausweitung über die Stadt hinaus. So waren um 1907 unter den Mitgliedern auffallend viele auswärtige Kaufleute, vor allem viele Unternehmer von den Industriegemeinden an den Ufern des Zürichsees, aus dem Zürcher Oberland und dem Kanton Glarus. Diesem Sog konnten sich auch die altzürcherischen Kreise nicht entziehen. Rund fünf Prozent der Mitglieder stammten 1906 aus ehemaligen Herrenfamilien; 1896 waren es erst ein bis zwei Prozent gewesen. Seine grösste Anziehungskraft übte der «Lesezirkel» jedoch ohne Zweifel auf neubürgerliche Bevölkerungskreise und bürgerliche Zuzüger aus. 1895 waren rund 22 Prozent der Mitglieder erst im letzten Viertel des 19. Jahrhunderts nach Zürich gekommen. Insbesondere deutsche Zuwanderer betätigten sich gerne im Zirkel, der ihnen wie kaum ein anderer Verein half, sich in Zürich zu assimilieren. Auch Ricarda Huch, die in den neunziger Jahren in Zürich studierte, machte über den Lesezirkel die Bekanntschaft mit Exponenten des Zürcher Grossbürgertums. Vor allem mit Hermann und Emmi Reiff-Franck verband sie und ihre studentischen Freundinnen bald eine enge Freundschaft. Der reiche Rentier und seine Frau verkehrten ansonsten ausschliesslich in Kreisen der Zürcher Hochfinanz. Wie

Ricarda Huch, die jahrelang jede Woche einen Abend beim Ehepaar Reiff verbrachte, sich erinnerte, war die damit verbundene Geselligkeit für die beiden ebensosehr eine Belastung wie ein Vergnügen: «Es waren wohl gute Freunde darunter; aber die Beziehung ohne Konvention, der Umgang der Wahl, die Freunde des Herzens waren wir.»[1281] Attraktiv war der «Lesezirkel» für die neubürgerlichen Kreise vor allem deshalb, weil in ihm eine Form von Geselligkeit gepflegt wurde, die sich zwar selbst als gehoben verstand, die sich aber nicht an bestehende Kreise und Gesellschaften mit ihren hohen Schranken und steifen Formen band. Der Lesezirkel wurde so zu einem Zentrum jener Kreise, die sich im weiteren Sinne als gebildet bezeichneten. Was sie zusammenhielt war ihr Bedürfnis nach kultivierter Geselligkeit und kultureller Selbstdarstellung, aber auch ihre Interessiertheit an Literatur und Musik, ihre Bildungsbeflissenheit und Kulturgläubigkeit.

Der Erfolg des «Lesezirkels» hing aber auch damit zusammen, dass die Frauen stärker als in anderen Vereinen miteinbezogen waren. Von Anfang an wurden sie als eigenständige Mitglieder aufgenommen. Vor allem die Lesemappen fanden bei ledigen wie verwitweten Frauen ein sehr grosses Interesse. Weil gerade diese Frauen aus Gründen der Schicklichkeit nicht ohne männliche Begleitung an Wirtshausversammlungen teilnehmen konnten, wurde 1890 der Besuch der Generalversammlung als nicht mehr obligatorisch erklärt. Dass die Frauen damit faktisch von der Mitbestimmung in Vereinsangelegenheiten ferngehalten waren, störte offenbar weiter nicht. Um 1896 bestand knapp ein Viertel der Vereinsmitglieder aus Frauen. Mit der Öffnung des Vereins zu einem Forum gesellschaftlicher Repräsentation sank der Anteil dann jedoch auf einen Fünftel. Auch wenn die Frauen an vielen festlichen Veranstaltungen und kulturellen Darbietungen sehr präsent waren und zu den eifrigen Leserinnen der Zeitschriften aus der Lesemappe sowie von Büchern aus der vereinseigenen Ausleihbibliothek gehörten, von der direkten Mitgestaltung der Vereinsaktivitäten waren sie auch im «Lesezirkel» ausgeschlossen. Mit Ausnahme der Bibliothekskommission hatten sie in den leitenden Gremien, dem Vorstand und den verschiedenen Kommissionen, keinen Einsitz. Auch der 1902 gegründete exklusive «literarischen Klub», dessen Abende vom «arbeitsamen Ernst bis zum studentisch-parodistischen Ulk» reichten und in dessen Runde zeitgenössische prominente Dichter und Erzähler oft und gerne zu Lesungen erschienen, war auf Herren beschränkt.[1282] Dennoch stellten die öffentlichen Veranstaltungen des Lesezirkels, Vorträge, Lesungen, musikalische und dramatische Darbietungen für viele Frauen eine der wenigen Gelegenheiten dar, allein ohne männliche Begleitung an öffentlichen Veranstaltungen teilzunehmen.

Höhepunkte des Vereinslebens waren ab 1895 neben den literarisch-künstlerischen Abenden in der Tonhalle oder dem Stadttheater die grossen Feste. An ihnen lässt sich der Funktionswandel des Vereins besonders gut ablesen. Während die früheren Jahresfeste mehr Familienfeste waren und mit

ihren kleineren künstlerischen Darbietungen aller Art kaum über die üblichen
Formen der Kränzchen oder der Vereinsmeierei hinauskamen, so entwickelten
sich die Feste jetzt zu eigentlichen Grossanlässen. Grösse und republikanischer
Pomp waren gefragt und wurden auch ausgiebig gepflegt. Ihre Liebe zum
Pathos und zur grossen Geste, aber auch zur Idylle konnten die Mitglieder an
diesen Festen voll ausleben. Denn bildeten bei den literarisch-künstlerischen
Veranstaltungen die Gegenwart und ihr Schaffen den Schwerpunkt, so waren
die grossen Feste eher von der Welle des Historismus getragen, die dazu
gedruckten Einladungskarten und Programme dagegen dann allerdings wieder
eher vom Jugendstil. Allen lag jeweils ein bestimmtes Thema zugrunde, das
dann den Stil der Dekorationen der Räume und der Kostüme, der eventuellen
Veranstaltungen und kleineren Publikationen bestimmte. Der Lesezirkel
suchte dem «Ideal eines Gesamtkunstwerkes nachzukommen, indem er durch
Kulisse, Kostüm, Dichtung und Musik eine historische Begebenheit, eine
literarische Welt so intensiv als möglich erleben und damit Gegenwart» werden liess. [1283] Die Festbesucher sollten sich mitten in Zürich wie in Holland,
am Rhein, im Orient, an einer Bauernkirchweih oder auch wie in Gottfried
Kellers Seldwyla fühlen. Das Kostümfest «Eine Frühlingsmesse in Seldwyla»
machte 1895 den Anfang dieser Grossanlässe, ihm folgte 1896 ein grosses
Trachtenfest unter dem Motto «Bilder aus dem schweizerischen Volksleben»,
das nicht nur eine lokale Festivität, sondern auch vom Anspruch her ein
«vaterländisches Unternehmen» darstellte. Sollten doch einmal, wie Hedwig
Bleuler-Waser in ihrer idyllisierenden, für die Geisteshaltung im Lesezirkel
aber typischen Darstellung dieses Festes schrieb, «alle die alten Trachten,
Tänze, Spiele, Feste, Sitten unseres völkerbunten Vaterländchens in Fleisch
und Blut, Leben und Farbe den Heimatgenossen vor Aug' und Seele» gestellt
werden. Der neue grosse Tonhallesaal, in dem sonst die grossen Konzerte des
städtischen Orchesters und der grossen Kunstgesangsvereine stattfanden,
wurde dazu in eine Alpenszenerie verwandelt. Vor das «ärgste Gold» stellte
man ein «paar währschafte Tannen, einen halben Bergwald mit Felstrümmern
und in seinen Schatten ein heimeliges Berneroberländerhaus mit Trepplein
und Lauben, mit ländlichen (sic!) Steinen auf dem Dach und leuchtenden Blu-
mengehängen am Sims». Hier strömten die aus verschiedenen Gegenden der
Schweiz eingeladenen Gruppen, darunter auch Stadtleute, zum grossen alle-
gorischen Schlussbild mit Mutter Helvetia zusammen. Ihre Gefühle angesichts all der «schlichten Mannen und Weiblein», die auf des Lesezirkels Einladung hin «halb scheu und halb zutraulich von Berg und Tal» hergekommen
waren, um den «Freunden in der Stadt ihre alten Gewändlein und Künste
zu zeigen», fasste Hedwig Bleuler-Waser dann mit den Worten zusammen:
«Nie ist es republikanischer, herzlicher, freier und fröhlicher bei uns zugegan-
gen, nie war der Lesezirkel einer grossen Schweizerfamilie gleich.» Im
Unterschied zu den «weniger vornehmen Leuten», aber idyllischen Gestalten wie «Zigeunern, Bettlern, Landstreichern» waren die weniger vornehme

Verwandten aus der Stadt bei diesem ländlich-städtischen Familientreffen nicht eingeladen. 1284

Wie dieses erste grosse Fest waren auch die weiteren, meist handelte es sich dabei auch um Masken- und Kostümfeste, von einem «idyllischem Realismus» bestimmt, der alles nur unter ästhetischen und idealen Gesichtspunkten wahrnahm und fremde Welten, den Orient wie die ländlich-dörfliche Schweiz, zur volkskundlich-musealen Idylle emporstilisierte, ja der diese Welten nach idealen eigenen Vorstellungen neu erschuf. Nicht von ungefähr bildete Gottfried Kellers Seldwyla als Inbegriff einer noch überschaubaren Welt für den Lesezirkel immer wieder einen wichtigen Bezugspunkt. Das «Seldwylern» war ein «Zurück zum Biedermeier, eine Art Heimweh nach der sich zusehends verlierenden Vorstadtidylle von Hottingen». Es hatte die Funktion, die Erinnerung an die Heimeligkeit des Lesezirkels der frühen Jahre und die damalige Geborgenheit zu erhalten und zu pflegen. Darin lag jedoch ein gutes Stück Pose und Epigonentum, denn gleichzeitig waren die Ansprüche höher und grossstädtisch in der Allüre. 1285 Diese jeweils im März stattfindenden, zweitägigen Feste waren für Zürich jeweils ein gesellschaftlicher Höhepunkt, ganz besonders auch für Leute aus dem Umfeld des zugezogenen neuen Bürgertums. Ein weiteres, aber nur für die Mitglieder gesellschaftliches Ereignis bildeten die Sommerfeste oder Sommerfahrten des Lesezirkels. Auch sie waren in den Anfängen Familienfeste, an denen auch Kinder teilnahmen. Später erhielten sie ebenfalls ein Motto (Tellenfahrt, Burg- oder Klosterfest) oder waren mit einer Dichtergedenkfeier (Hans Sachs, Klopstock, Schiller, Salomon Gessner) und verloren ihren familiären Charakter. Für die «Vergemeinschaftung» und «Vergesellschaftung» der aufgrund ihrer Klassenlage unterschiedlichen bürgerlichen Berufs- und Erwerbsklassen zu einem kulturell homogenen Bürgertum mit gemeinsamen Werten und einem ähnlichen Lebensstil erhielten sie damit jedoch eher eine noch grössere Bedeutung. Auf solchen Veranstaltungen fanden die bürgerlichen Klassen real und symbolisch zusammen und konstituierten sich als Bürgertum.

Bei aller Tendenz zur Abgrenzung war der «Lesezirkel Hottingen» doch prinzipiell ein offener Verein. Weder die Eintrittsbedingungen noch die finanziellen Belastungen setzten zumindest kleinbürgerlichen Familien unüberwindbare Schranken, selbst bessergestellten Arbeitern wäre eine Mitgliedschaft aufgrund der formalen Voraussetzungen durchaus möglich gewesen, nicht aber aufgrund ihres kulturellen Habitus. Wie andere Vereine im kulturellen Bereich auch, so etwa Museumsgesellschaften und zunehmend auch Kunstgesellschaften, setzte er trotz seiner Spezialisierung auf das Ziel, «den Sinn für Literatur zu pflegen», auf die Universalität der Bildung und der zweckfreien Kultur. Mit ihr wollte man der Prosa des Lebens, der Einseitigkeit der Berufs- und Geschäftswelt, der Beschränktheit auch des bürgerlichen Daseins begegnen, um der wahren Humanität näherzukommen. Neben solchen Vereinen oder Gesellschaften, die damit mindestens vom Anspruch her am gemeinbürgerlich-egalitären Prinzip des Vereins festhielten, gab es jedoch im gesellig-kulturellen Bereich nicht nur viele Gesellschaften mit einer ausgesprochen elitär-differenzierenden Tendenz aufgrund ihrer hohen Spezialisierung, sondern auch aufgrund eines starken ständischen Überhangs.

Eine neuen bürgerlichen Kreisen, vor allem der bürgerlich-freisinnigen Elite, auch anfangs des 20. Jahrhunderts noch immer fast ganz verschlossene oder von ihnen gemiedene Gesellschaft war in Bern die «Grande Société». Sie war am 8. April 1759 von zwölf patrizischen Herren gegründet worden und umfasste bereits am Ende dieses Jahres 103 Mitglieder, von denen die meisten der Regierung angehörten. Wie während des ganzen 19. Jahrhunderts setzte sich die Gesellschaft auch noch 1909 mit fast erdrückender Mehrheit aus patrizischen Herren zusammen. Nur wenige Männer, von typischen Ausnahmen abgesehen, kamen aus der übrigen Burgerschaft. Zu diesen typischen Ausnahmen gehörten sechs Männer, nämlich drei Bankiers, zwei Unternehmer und ein Instruktionsoffizier, aus der erst anfangs des 19. Jahrhunderts eingebürgerten Bankierfamilie Marcuard, die aber mit den patrizischen Kreisen schon lange eng verbunden war. Auch andere Angehörige aus Familien, die erst im 19. Jahrhundert in Bern das Burgerrecht erhalten hatten, aber aus eher vornehmerem Milieu stammten, hatten Zugang gefunden, so Angehörige der Familien von Grenus, de Pourtalès, de Mestral, von Gonzenbach, von Linden. Männer aus nichtpatrizischen, aber älteren burgerlichen Familien waren dagegen kaum vertreten, eine grosse Ausnahme war Eduard Wildbolz-Marcuard, der Waffenchef der Kavallerie.[1286] Viele der Mitglieder waren eng miteinander verwandt oder verschwägert. Die sechs partizischen Familien von Wattenwyl, von Muralt, von Tscharner, von Fischer, von Ernst und Thormann und die Bankierfamilie Marcuard stellten mit je vier oder mehr Angehörigen vierzig Prozent der Mitglieder. Die Hälfte der Mitglieder stammte aus lediglich elf Familien. Am stärksten vertreten waren die Familie von Wattenwyl mit neun, von Muralt, von Tscharner und Marcuard mit je sechs, von Fischer und von Ernst mit je fünf, Thormann mit vier, von Wurstemberger, von Steiger, von Bonstetten, Zeerleder mit je drei Mitgliedern. Angesichts ihrer Grösse nur schwach vertreten waren mit zwei Angehörigen dagegen die Familie von Graffenried. Aufschlussreich für die Verkehrskreise innerhalb des Patriziates war auch das Fehlen der von Erlach, von Diesbach, von Fellenberg und von Tavel. Gesamthaft waren lediglich 16 Prozent der festen Mitglieder weder patrizischer Herkunft noch zumindest Burger von Bern. Etwa ein Viertel dieser nichtburgerlichen Mitglieder kamen aus vornehmen Familien der übrigen Schweiz. Bundesräte oder andere Angehörige der liberal-bürgerlichen Elite waren unter den rund 100 einheimischen Mitgliedern keine vertreten. Dagegen verkehrten aufgrund einer langen Tradition auch viele Herren der ausländischen Gesandtschaften in der «Grande Société», darunter waren wiederum die meisten adelig-aristokratischer Herkunft. Um 1909 waren dies rund dreissig Herren. Unter den 103 festen Mitgliedern befanden sich mindestens

12 Rentner oder Gutsbesitzer. Knapp ein Drittel, das heisst 33 Mitglieder, die
13 Direktoren und leitenden Angestellten von Versicherungen und Banken
mitgezählt, kamen aus wirtschaftsbürgerlichem Umfeld. Mehr als die Hälfte
von ihnen waren entweder Privatbankiers oder sonst an hoher Stelle im Bankgeschäft tätig. Weitere 45 Mitglieder waren freiberuflich oder in hoher staatlicher Stellung tätig, darunter sehr viele Advokaten oder andere Juristen, etliche Ingenieure, hohe Beamte oder Offiziere sowie einige Ärzte. Ledglich
zwei waren Professoren der Universität. [1287]

Wie andere in der zweiten Hälfte des 18. Jahrhunderts in Bern entstan-
dene Zirkel oder sogenannte «Leiste» [1288] war die «Grande Société» eine sehr
exklusive Gesellschaft und blieb es auch während des ganzen 19. Jahrhunderts.
Ihre Mitglieder trafen sich in Absetzung zur traditionellen Geselligkeit auf
den Zunftstuben, wo alle Burger Zutritt hatten, ganz unter Ausschluss der
Öffentlichkeit in eigens für sie reservierten Räumlichkeiten zum Kartenspiel,
Diskutieren und Lesen. Wie in englischen Clubs wurden auch Getränke und
Speisen gereicht. Die Clubräumlichkeiten befanden sich im Hôtel de Musique,
wo die Gesellschaft bis Mitte des 19. Jahrhunderts zwei Etagen mit je zwei
Sälen belegte. 1859 wurde, wohl infolge des Rückganges der Mitglieder von
197 um 1845 auf 130 um 1863 die obere Etage aufgegeben. Um 1890 belegte
die Gesellschaft drei Zimmer beziehungsweise Säle. Ein Abkommen über die
gegenseitige Berechtigung des Zutrittes als Gast bestand mit dem «Cercle de la
Terrasse» in Genf und dem «Unions Klub» in Basel. [1289] Der Beitritt zur
«Grande Société» war formal nur an wenige Kriterien gebunden. Der Kandidat durfte weder «sous tutèle» noch «curatèle» stehen, das Eintrittsalter lag
zunächst bei 18, später bei 23 Jahren. Umso wichtiger waren informelle Kriterien und Beziehungen. Wer Mitglied werden wollte, musste dies mindestens
acht Tage vorher durch ein Mitglied ankündigen lassen, das den versammelten
Mitgliedern dann auch den Auszug aus dem Geburtsregister vorlegte. Die
Kandidaten wurden darauf einem geheimen, auf äusserste Diskretion bedachten, schriftlichen Wahlverfahren unterzogen und zwar aufgrund einer vorge-
druckten Liste, wo ihre Namen positiv mit einem Kreuz, negativ mit einer
Null gekennzeichnet werden mussten – dies sollte wohl gewährleisten, dass
selbst die Stimmenzähler im unklaren blieben, wer wen abgelehnt hatte. Das
Weglassen des Kreuzes wurde ebenfalls als positive Äusserung gewertet. Nicht
aufgenommen war jener, der gleich viele oder mehr negative Stimmen hatte
als dies einem Viertel der anwesenden Mitglieder entsprach. Beschlussfähig
war die Gesellschaft bei Anwesenheit von 20 Mitgliedern. Nur fünf negative
Vermerke konnten demnach einem Kandidaten den Zutritt verwehren. Dieses
Verfahren mit seiner negativen Selektion verhinderte, dass Kandidaten keine
Aufnahme fanden, die nur ein paar wenigen Mitgliedern nicht als gesell-
schaftswürdig erschienen. [1290] Wie sehr die Mitglieder auch Ende des
19. Jahrhunderts mehrheitlich ihre Exklusivität bewahren wollten, zeigte 1895
die Diskussion um die Frage, ob neue Mitglieder aktiv geworben und ob zu

diesem Zwecke auch ein Ball veranstaltet werden sollte. Beides wurde abgelehnt. [1291]

Eine noch exklusivere Vereinigung als die «Grande Société» war die «Gesellschaft der Schildner zum Schneggen» in Zürich. In ihren Ursprüngen reichte sie bis ins Spätmittelalter zurück und wurde früher auch «Gesellschaft der Böcke zum Schneggen» genannt. Die Anzahl der Mitglieder dieser von Max Huber als «Gemeinschaft des Blutes» bezeichneten Gesellschaft, die als wichtigste formale Voraussetzung das Zürcher Bürgerrecht besitzen mussten, beschränkte sich auf die 65 Inhaber eines Schildes. Die Schilde wurden in der Regel in männlicher Erbfolge weitergegeben. Fehlten Söhne oder wollte keiner den Schild übernehmen, so konnte er auch auf die ‹Tochtermänner› übergehen. Wollte auch von diesen oder deren männlichen Nachkommen keiner den Schild übernehmen, so kam die Reihe an den ältesten Bruder des Verstorbenen. Schon bei Lebzeiten oder durch letztwillige Verfügung war es zudem möglich, den Schild auf irgend einen anderen in voller Ehre stehenden Bürger der Stadt zu übertragen und diesen dadurch zu ermächtigen, sich um die Aufnahme in die Gesellschaft zu bewerben. Über die endgültige Aufnahme musste aber nach der Verordnung von 1890 in jedem Falle die Gesellschaftsversammlung mit Zweidrittelsmehrheit entscheiden.

Bis gegen Ende des 19. Jahrhunderts setzten sich die Schildner mehrheitlich aus Angehörigen der altzürcherischen Herrengeschlechter zusammen. Um 1900 stammten 14 Prozent aus Junkerfamilien, weitere 37 Prozent verteilten sich auf andere sieben Herrengeschlechter, die jeweils zwei und mehr Schilde in ihrer Familie besassen. [1292] Die Ausweitung der Heiratskreise [1293] sowie die Zunahme der Übertragung der Schilde ausserhalb der Verwandtschaft [1294] führten jedoch ab Ende des 19. Jahrhunderts zu einer gewissen Öffnung. Stellten die alten, vor 1798 eingebürgerten Familien um 1884 noch immer 94 Prozent der Schildner, so waren es 1906 89 Prozent und 1917 noch 87 Prozent. Die Schildner, die sich erst nach 1800 in Zürich eingebürgert hatten, waren jedoch mit wenigen Ausnahmen über ihre Frau oder Mutter ins Altzürcher Milieu eingebunden. [1295] Diese zunehmende Tendenz der Weitergabe an Tochtermänner, die zudem immer häufiger aus nicht-altzürcher Familien stammten, erschien Max Huber mittel- und längerfristig als bedenklich, obwohl sein Vater ebenfalls auf diese Weise zu einem Schild gekommen war. Er trat deshalb 1929 für gewisse Änderungen in der Sukzessionsordnung ein, um so «die Art und das Tempo dieser für den Charakter der Gesellschaft entscheidenden Erneuerung» nicht von den Töchtern der Schildner, sondern von der Schildnerschaft selbst bestimmen zu lassen. [1296] Von der sozialen Zusammensetzung her dominierten bis weit ins 19. Jahrhundert hinein Berufsoffiziere und Kaufleute. Um 1898 bestand mehr als die Hälfte (53,8 Prozent) der Schildner aus Kaufleuten, Unternehmern und Bankiers, nur noch vier (6,2 Prozent) waren Berufsoffiziere. Die restlichen vierzig Prozent setzten sich aus Professoren und hohen Beamten, Ärzten und Juristen, Ingenieuren oder

Architekten, Pfarrern sowie einem Maler und Dichter, nämlich C. F. Meyer zusammen. [1297] Im frühen 20. Jahrhundert erhielten vor allem Juristen und Ingenieure mehr Gewicht. Durch die Aufnahme prominenter Liberaler wie Ulrich Meister oder Paul Usteri erfuhr in der politischen Zusammensetzung das liberale Element unter den überwiegend konservativ bis sehr konservativ gesinnten Mitgliedern gegen Ende des 19. und anfangs des 20. Jahrhunderts eine leichte Verstärkung.

Die Erweiterung durch neubürgerliche Kreise ging nicht ganz ohne innere Konflikte ab. Bezeichnenderweise war es die Aufnahme eines Mannes aus dem ländlich-dörflichen Unternehmertum, die um 1890 zu einer Auseinandersetzung zwischen der Vorsteherschaft unter Obmann «Junker Professor Georg von Wyss» und einer Minderheit von Schildnern um den erzkonservativen Johann Conrad Nüscheler (1826–1910), k. k. österreichischer Generalmajor, führte. Konkret ging es um den Seidenfabrikanten Konrad Baumann-von Tischendorf (geb. 1833), der, von Horgen gebürtig, erst seit 1853 in Zürich das Bürgerrecht besass. [1298] Nach Meinung von Joh. Conrad Nüscheler strebte Konrad Baumann, der «als Chef eines grossen Handelshauses und Millionair, auch als Mitglied des Freimaurer-Bundes» sich «in vielen Kreisen Ansehen und Einfluss verschafft» hätte, die Aufnahme in die Gesellschaft der Schildner an, «weil diese Gesellschaft, trotz aller demokratischer Umwandlungen der politischen und sozialen Verhältnisse, ihren auf historischer Grundlage aristokratischen Charakter bewahrt hatte, und als eine Elite Vereinigung der Nachkommen altzürcherischer Familien angesehen wurde, daher es seiner Ambition schmeicheln musste, derselben anzugehören». Nüscheler fürchtete, dass mit der Aufnahme des «bezeichneten Herrn», der «sowohl nach seiner Abstammung als nach seinen Grundsätzen und Denkungsart für die die Traditionen der Gesellschaft nicht das mindeste Interessen haben konnte», ein den Überlieferungen der Schildner «fremdartiges neues Element» in die Gesellschaft eingeführt würde. Für ihn war dies der Anfang «zur Preisgebung ihres Fundamentes und ihres bisher noch bewahrten altzürcherischen Charakters. Die «unausbleibliche Folge» würde sein, dass die Gesellschaft «allmählig zu einem der zahlreich bestehenden cosmopolitischen Unterhaltungs- und Vergnügungsvereine verflachen werde». Mit sieben weiteren Kandidaten wurde Konrad Baumann jedoch mit 22 gegen 13 Stimmen trotzdem aufgenommen. Joh. Conrad Nüscheler, der sich nach der Wahl nochmals gegen den Beitritt ausgesprochen und dem nach eigener Darstellung darauf Obmann «Junker Professor Wyss in leidenschaftlicher und unaufrichtiger Weise» mit «persönlichen beleidigenden Ausfällen» entgegnet hatte, entschloss sich darauf den Zusammenkünften der Gesellschaft nicht mehr beizuwohnen, solange dieser noch an deren Spitze stehen würde. [1299] Zu den weiteren Aufgenommenen gehörte auch Hans Ulrich Meister (1838–1917), einer der Führer der Zürcher Liberalen, der ebenfalls vom Land kam und sogar erst seit 1875 Zürcher Bürger war. Gegen ihn hatten die Wahrer der Tradition allerdings auch dies ist

symptomatisch – nichts einzuwenden. Er erbte den Schild seines Schwiegervaters Franz Hagenbuch (1819–1888), bis 1869 Mitglied der liberalen Regierung, 1872–1885 Vizedirektor schweizerischen Rentenanstalt.

Für ihre regelmässigen Zusammenkünfte, u. a. zwangslos jeweils am
Samstagnachmittag zum Kaffee, besassen die Schildner ein eigenes Gesellschaftshaus, ab 1866 das neu eröffnete «Haus zum Schneggen», wo bis zu ihrer
Auflösung um 1879 auch die «Adelige Gesellschaft» zur Untermiete niedergelassen war. Die schönen Räume standen anderen Gesellschaften, aber auch
der Regierung für ihre Anlässe und Bankette zur Verfügung. Vor allem durften
sie aber auch die Schildner und ihre Verwandten für ihre grösseren Familientreffen und Familienfeste benutzen. Waren im 19. Jahrhundert bis ins letzte
Drittel die äusseren Formen kaum von altzürcherischen Benennungen und
Ausdrücken geprägt – die Gesellschaft wurde schlicht Verein und der «Bott der
Schildner» Generalversammlung genannt –, so erfuhren die Formen im letzten
Drittel eine eigentliche Ritualisierung und Historisierung, aber auch im Zweck
wurde die Pflege der Tradition stärker betont. Nach der neu gefassten Ordnung von 1910 war es der erklärte Zweck der Gesellschaft, «zürcherische
Überlieferungen zu pflegen und die geselligen Beziehungen der Mitglieder zu
erhalten und zu fördern» und «ihren Besitz an Wertschriften und barem Gel-
de, ihr Haus zum Schneggen und sonstiges Eigentum» zu verwalten. [1300]

Um das gesellschaftliche Leben auf dem «Schneggen», das zunehmend
unter Ortsabwesenheit oder Alter und Krankheit vieler Schildner litt, «überhaupt neu zu beleben» und die Gesellschaft etwas zu erweitern, wurde um
1898 die Institution der «Stubenhitzer», eine Art ständiger Gast ohne Schild,
eingeführt. Die Stubenhitzer, deren Zahl sich auf maximal zwanzig Stadtbürger beschränken sollte, genossen alle Vorteile der Schildner, sie waren
jedoch weder passiv noch aktiv wahlberechtigt und konnten weder an den
geschäft-lichen Beratungen noch an den Aufnahmefeierlichkeiten beim «Grossen Bott», der Hauptversammlung, teilnehmen. Zugelassen waren zum einen
in Zürich wohnende Brüder, Söhne und Schwiegersöhne von Schildnern, zum
anderen «in ihrer Vaterstadt lebende Zürcher, welche nach Charakter, Lebensstellung und ihrem öffentlichen Wirken der Gesellschaft genehm» waren.
Angefragt wurden sie aber nur, wenn mindestens drei Viertel der im betreffenden «Bott» Anwesenden zustimmten und sie vorgängig in einer schriftlichen Anfrage an alle Schildner mindestens zwei Drittel der Stimmen all
jener, die auf die Anfrage antworteten, erhalten hatten. [1301] Zunächst war
sogar geplant ge-wesen, dass die Stubenhitzer geborene Zürcher sein und
einstimmig akzeptiert werden müssten. Nach diesen Kriterien hätten jedoch
lediglich acht der vor-geschlagenen 41 Männer als Stubenhitzer eintreten können. Um die Zu-sammenkünfte der Mitglieder noch zusätzlich zu beleben,
wurden nun auch Soirées mit Damen sowie weitere festliche Anlässe mit
Prologen, Theaterstücken und Musik, dargeboten meist von Schildnern und
deren Angehörigen, eingeführt. [1302]

Eine ähnlich exklusive Vereinigung von Männern vornehmlich altzürcherischer Herkunft war auch die im 16. Jahrhundert entstandene «Gesellschaft der Bogenschützen zu Zürich», die nur 25 Mitglieder zählte und deren 25 Becher als Symbol der Mitgliedschaft ebenfalls entweder erblich oder durch Zession weitergegeben wurden. Für den Zusammenhalt der Altzürcher Familien hatte sie aber sowohl aufgrund ihrer Grösse als auch ihrer geringeren gesellschaftlichen Aktivitäten – von 1860–1890 wurde auch das Bogenschiessen nicht mehr gepflegt – nicht die gleich grosse Bedeutung wie die Gesellschaft der Schildner oder auch die verschiedenen Zünfte.[1303] Eine weitere auf Stadtzürcher Bürger beschränkte Gesellschaft war die in Fortsetzung der ehemaligen «Gesellschaft der Gelehrten auf der Chorherrenstube» 1837 gegründete «Gelehrte Gesellschaft». Die Anzahl der Mitglieder war um 1844 von 18 auf 24, um 1894 dann auf vierzig erhöht worden. Hauptzweck war die jährliche Herausgabe eines sogenannten Neujahrstückes, zu dem jedes Mitglied sich verpflichten musste. In der Regel sollte es sich dabei um eine Biographie eines Mannes, der sich um Wissenschaft und Jugendbildung oder durch seine gemeinnützige Tätigkeit in Staat und Kirche verdient gemachte hatte, handeln. Grössere gesellschaftliche oder gesellige Aktivitäten entfaltete die Gesellschaft nicht, ihre Mitglieder trafen sich meist nur zweimal im Jahr, das eine Mal am Karlstag zum Vortrag des Neujahrstückes mit Aussprache und danach zu einem «einfachen Nachtessen» mit launigen Reden neu aufgenommener Mitglieder.[1304] Völlig unter Ausschluss der Öffentlichkeit spielte sich auch das im wesentlichen aus Vorträgen oder Übungen der Mitglieder bestehende Vereinsleben der 1765 gegründeten «Mathematisch-Militärischen Gesellschaft» ab. Sie war allein höheren Offizieren zugänglich und machte die Neuaufnahme von der Berufung seitens der Mitglieder abhängig. Bis gegen Ende des 19. Jahrhunderts dominierten die Offiziere aus Altzürcher Familien. 1863 fanden aber erstmals auch Männer Aufnahme, die das städtische Bürgerrecht erst einige Jahre zuvor erworben hatten, vor allem nach 1880 fanden dann höhere Offiziere aus dem neuen Bürgertum zunehmend Eingang in die Gesellschaft, meist handelte es sich dabei um ehemalige Absolventen der Eidgenössischen Technischen Hochschule. Sozial gesehen gehörten die Mitglieder fast ausnahmslos der wirtschaftlichen und gesellschaftlichen Elite an.[1305]

Exklusive Kreise gab es in Zürich auch für die männlichen Jugendlichen, so etwa die «Heraldika», die «Gesellschaft für Zürcher Heraldiker und Historiker», die einst als Jugendorganisation der «Gesellschaft vom alten Zürich»[1306] gegründet worden war, sich dann aber in den achtziger und neunziger Jahren von dieser Gesellschaft abgelöst und verselbständigt hatte. Die «Heraldika» war trotz ihres Namens keine Vereinigung von Historikern und Heraldikern, sondern eine Art von Verbindung für konservativ gesinnte Absolventen des Gymnasiums und der Industrieschule sowie für angehende Kaufleute und Industrielle. Die meisten Mitglieder stammten aus altzürcherischen Familien oder kamen aus Kreisen, die sich von diesem gesellschaftlichen Milieu und

seinen Traditionen angezogen fühlten und sich ihnen anschliessen wollten.
[1307] Zweck der «Heraldika» war die Pflege altzürcherischer Tradition. Der
Kult des Alten und Antiquarischen war jedoch in der Erinnerung von Robert
Faesi mehr Vorwand als Selbstzweck: «Er gab dem Kult der eigenen Jugend
die Sanktion. Und darüber hinaus das Cachet, das Kolorit. ... Es ging ums
Konservieren, nicht Produzieren.« Das historisch-antiquarische Interesse
bezog sich vor allem auf Kupferstiche, Siegel und Wappen, auf Familien- und
Lokalgeschichte, auf die Sechseläutengebräuche. Der Freundeskreis der Heraldika traf sich allwöchentlich am Montagabend zunächst auf der «Bude» der
Gesellschaft, wo ein Mitglied die politische Wochenschau abhielt, der eine
Diskussion und sodann ein Vortrag über ein historisches, militärisches, politisches oder auch künstlerisches Thema folgte. Danach zog man sich in den
reservierten ersten Stock eines Restaurantes zum gemütlichen Teil zurück, der
aufgrund der gesungenen Lieder und der Trinkgebräuche weitgehend dem
studentischen Komment entsprach. Ausser am Montagabend fanden sich die
Heraldiker an Sonntagnachmittagen zum Kaffee zusammen, machten Spaziergänge oder gingen gemeinsam Eislaufen. Taufen, Waldkneipen und das jährliche Stiftungsfest bildeten neben dem Familienabend und einem grossen Ball,
dem Pfingstausflug, Teeabenden und Ausflügen ebenfalls in weiblicher Begleitung die geselligen Höhepunkte des Vereinsjahres. Zu allen Anlässen konnten
sich auch Ehemalige einfinden, so dass sich jeder seine Freunde nicht nur
unter Gleichaltrigen, sondern auch unter erheblich Jüngeren und Älteren auswählen konnte. Dies half vor allem jenen, die nach einem längeren Auslandaufenthalt wieder nach Zürich zurückkehrten, leicht wieder gesellschaftlichen Kontakt zu finden und alte Beziehungsnetze wieder neu zu knüpfen. [1308] Zudem schlossen sich ehemalige Mitglieder der Heraldika häufig
nach ihrem Rücktritt als Aktive zu neuen informellen oder formellen Zirkeln
zusammen. So blieb zum Beispiel der Kreis der Heraldiker, dem Eduard Rübel
(1876–1960) angehört hatte, als «Rotes Nägeli» auf Lebenszeit zusammen und
trafen sich jeden Montagabend auf der Zunft zur «Saffran». [1309]

Den Kult des Alten pflegte auch der aus dem Umfeld eines Freundes-
und Verehrerkreises um die Dichterin Nanny von Escher 1898 von Paul Ganz,
Max Huber und Hans Schulthess gegründete «Club zur Weissen Rose». Ziel
und Zweck dieses bei aller Verehrung für die Dichterin doch reinen Männer-
clubs war es, die geselligen Zusammenkünfte dieses literarisch-historisch
interessierten Freundeskreises aus dem Wirtshaus an einen würdigeren Ort zu
verlegen, um den Gedankenaustausch unter sich ungestörter pflegen zu können, so sollte aber auch ein Zeichen gegen die «Verflachung» des gesellschaftlichen Lebens durch die drastische Bevölkerungszunahme und die vor kurzem
vollzogene Eingemeindung gesetzt werden. [1310] Laut Clubsatzungen von 1903
ging es um die Förderung des gesellschaftlichen Lebens «auf der Grundlage
der altzürcherischen Tradition unter Anpassung an die Anschauungen der
Gegenwart» und unter Verfolgung einer «national-schweizerischen Tendenz».

Wer ordentliches Mitglied werden wollte, hatte nachzuweisen, dass nicht nur er das schweizerische Aktivbürgerrecht besass, sondern dass schon der väterliche oder mütterliche Grossvater dies besessen hatte. Die eigentliche Aufnahme war so geregelt, dass unliebsame Kandidaten keine Chance hatten; denn bevor jemand aufgenommen werden konnte, musste er mindestens während eines Monates als temporäres Mitglied den Club besucht haben, danach hatten zwei Mitglieder ihn dem dreiköpfigen Vorstand, dem Dreierausschuss, zur Vorwahl durch die Mitgliederversammlung anzuzeigen. Wer in dieser Vorwahl die absolute Mehrheit der abgegebenen Stimmen erlangte, wurde dann auf die Kandidatenliste genommen. Frühestens nach Ablauf eines Monates, aber vor Ablauf von zwei Monaten hatte darauf der Dreierausschuss die Abstimmung über die eigentliche Aufnahme anzuordnen. Bei dieser Abstimmung entschied wiederum das absolute Mehr, wobei abwesende Mitglieder den Ausschuss schriftlich über ihre Stimme instruieren konnten und, was wichtiger war, eine ablehnende Stimme drei zustimmenden gleichgestellt wurde. Auch der Ausschluss von Mitgliedern wurde ausführlich geregelt. So hatten vier Mitglieder jederzeit das Recht, schriftlich den Ausschuss eines Mitgliedes zu beantragen, nach einer Diskussion über die Ausschliessung, an der das kritisierte Mitglied teilnehmen konnte, hatten die Mitglieder dann schriftlich mit namentlicher Zeichnung abzustimmen. Der Club verfügte über ein «Lokal» im Hotel Baur au Lac und umfasste 1903 34 Männer, davon waren mindestens zwei Drittel Zürcher Bürger, nur knapp die Hälfte stammten aus ältern Zürcher Bürgergeschlechtern. Beruflich handelte es sich mehrheitlich um Juristen und Kaufleute, vereinzelt gehörten auch Chemiker und Ingenieure, Verleger und Akademiker der philosophisch-historischen Richtung dazu.[1311] Sehr viele Mitglieder rekrutierten sich aus dem Kreis der «Heraldika».

Auf Exklusivität bedacht waren jedoch nicht nur traditionsbewusste Männer aus den ehemaligen Herrengeschlechtern oder auf aristokratische Exklusivität erpichte soziale Aufsteiger. Mit der Gründung ebenfalls sehr exklusiver und spezieller Vereinigungen, die typischerweise aber weniger kultureller Zwecke im engeren Sinne verfolgten, sondern mehr die Freizeitgestaltung und den Sport (Klettern, Tennis, Golf, Reiten und Autosport) betrafen, pflegten insbesonders die mehr wohlhabenderen bürgerlichen Kreise eigene Formen der Abschliessung. Ein Beispiel dafür war der auf Initiative von elf jungen Kavallerie- und Artillerieoffizieren im Hotel Baur au Lac um 1881 gegründete «Reitclub Zürich». Erklärter Zweck des Clubs war es, den Mitgliedern Gelegenheit zu geben, sich im Schul- und Campagnereiten zu üben. Es handelte sich aber nicht um einen eigentlichen Reitsportclub, sondern mehr um einen Zirkel von Reitfreunden, denen «die Intimität des Clublebens» sehr wichtig war. Die Gedenkschrift zum fünfzigjährigen Bestand spricht gar von einem «klettenartigen Aneinanderhängen von Leuten, die im Leben oft den entgegengesetztesten Interessen» nachgingen. Öffentlich trat der Club denn auch kaum in Erscheinung. Bahnreiten und gemeinsame Ausritte sowie Reiseritte nach ausgewählten Zielen bildeten die wichtigsten gemeinsamen Aktivitäten der «Reitclubisten». Sie organisierten jedoch auch Bälle und andere ähnliche Festivitäten.[1312] Die Mitgliedschaft beschränkte sich bis 1906 auf Offiziere, danach bestand die Möglichkeit, auch «Zivilisten» aufzunehmen. Bis 1900 taten die meisten «Reitclubisten» in der Artillerie (53 Prozent) Dienst, nach 1900 rekrutierten sich die Mitglieder vornehmlich aus der Kavallerie (72 Prozent).[1313] Der Reitclub war in hohem Masse eine Vereinigung von Männern und Söhnen aus eher grossbürgerlichen Kreisen, vorwiegend aus dem reichen Wirtschaftsbürgertum: Über sechzig Prozent der Mitglieder waren um 1900 Kaufleute oder Unternehmer, bei den übrigen handelte es sich um Akademiker wie Ärzte, Juristen und Ingenieure sowie um einen Berufsoffizier und einen Gutsbesitzer. Obwohl einige Mitglieder noch relativ jung waren, versteuerten 62 Prozent der Mitglieder, die ihren Wohnsitz in der Stadt Zürich hatten, um 1905 ein Vermögen von mindestens 250 000 Franken. Ein Viertel waren Millionäre. Die meisten «Reitclubisten» kamen aus städtischen und ländlichen Familien, die erst im Laufe des 19. Jahrhunderts in die Spitzen der Gesellschaft aufgestiegen waren. Über die Hälfte der Mitglieder besass zwar das Zürcher Bürgerrecht, doch mehrheitlich hatten sie es erst im 19. Jahrhundert erlangt. Nur ganz wenige, nämlich sieben Prozent aller Mitglieder, entstammten einem der alten Zürcher Herrengeschlechter.[1314] Im Reitclub assimilierte also nicht die Aristokratie die bürgerlichen Elemente, sondern das reiche Bürgertum wohlhabende Angehörige der Aristokratie. Das gesellschaftliche Prestige orientierte sich nicht mehr an Herkommen und Besitz, sondern an Geld und Reichtum. Der spätere General Ulrich Wille, seit 1885 Mitglied dieses Reitclubs, bezeichnete selbstbewusst um 1912 die «Gesellschaft der Schildner zum Schneggen» als «einen ziemlich unbedeutenden Zirkel alter Herren» und riet davon ab, einen Empfang für den Deutschen Kaiser im Haus zum Schneggen stattfinden zu lassen.[1315] Die neuen «Herren» wollten den Kaiser nicht bei den «alten» Herren feiern.

# III  Soziale Identität und «Klassenbewusstsein»: Die politische Konstituierung des Bürgertums

## 1  Der Aufstieg des Bürgertums: Die «Mittelklassen» an der Macht

Das Bürgertum gelangte in der Schweiz relativ leicht und uneingeschränkt an die Macht. Seinen Aufstieg verdankt es aber weniger einer aussergewöhnlichen Durchschlagskraft als vielmehr denkbar günstigen sozialen und politischen Voraussetzungen, der frühen Entfeudalisierung und Kommunalisierung sowie der damit zusammenhängenden strukturellen Schwäche der im 18. und frühen 19. Jahrhundert herrschenden Führungsschichten. Im Unterschied zu den meisten europäischen Staaten und Regionen hatte in den Länderorten und Städten der Alten Eidgenossenschaft der Adel schon im 15. Jahrhundert jede wirtschaftliche, soziale und politische Bedeutung verloren. Seine Autorität war gebrochen, die herrschaftliche Verfassung durch die von Stadtbürgern oder Bauern getragene gemeindliche Ordnung ersetzt.[1316] Angehörige der städtisch-bürgerlichen oder der ländlich-bäuerlichen und gewerblichen Ober- und Mittelschichten übernahmen die politische Führung. Aus ihrer Mitte sollte sich dann eine neue, privilegierte Herrenschicht formieren.

### Bürger und Herren zugleich: Die Führungsschicht im Ancien régime

Im Laufe des 17. und 18. Jahrhunderts vermochte in den regierenden Städten wie in den Länderorten eine zunehmend beschränktere Anzahl Geschlechter und Familien die Räte, die wichtigen Verwaltungsämter und hohen Offiziersstellen weitgehend für sich zu monopolisieren und erblich zu besetzen. Aus regimentsfähigen und regierenden Familien und Geschlechtern meist bürgerlicher oder bäuerlich-gewerblicher Abkunft entwickelte sich so schliesslich eine neue Aristokratie.[1317] Ihre Herrschaft, die auf Besitz und Bildung, auf Geburt und Herkommen beruhte, war aber weder politisch so legitimiert noch rechtlich so abgesichert, wie dies für die Aristokratie feudalmonarchischer Staaten mit dem Hof als Herrschaftszentrum und ihren zudem ausgeprägteren ständischen Gesellschaftsordnungen der Fall war. Ohne stehendes Heer fehlten ihr auch die Möglichkeiten, mittels direkter Gewalt notfalls den Gehorsam zu erzwingen. Sie war dafür entweder auf die übrige Bürgerschaft und die eigenen Untertanen oder die Hilfe anderer eidgenössischer Orte und ihrer Truppen angewiesen.

Am ausgeprägtesten erfolgte diese Abschliessung und Aristokratisierung in den Städteorten Bern, Freiburg, Solothurn und Luzern, wo sich mit dem Patriziat eine auch von den übrigen Bürgern der Stadt fast völlig abgekapselte Sozialgruppe ausbildete, die sich Regieren und Verwalten als ihr exklusives Recht aneignete. Die regimentsfähige Bürgerschaft zerfiel trotz oft und öffentlich beschworener Einheit in sogenannte Herren und Bürger. Wurde um die Mitte des 17. Jahrhunderts die Bezeichnung Patrizier amtlich noch für alle regimentsfähigen Familien verwendet, so zählten im 18. Jahrhundert nur noch jene Familien zum Patriziat, die dauernd zu den wirklich regierenden Familien gehörten und mehrere Generationen hindurch im Grossen Rat und den höheren Staatsämtern vertreten waren. [1318] In Solothurn kam die Bezeichnung Patrizier ebenfalls im 17. Jahrhundert auf, im Unterschied zu Bern war sie jedoch nicht sehr gebräuchlich. [1319] In Bern schrumpfte die Anzahl dieser regierenden Familien von 110 um 1680, auf 80 um 1735 und schliesslich auf 73 um 1785. 1790 wurde dann die Anzahl der im Grossen Rat vertretenen Geschlechter auf mindestens 76 festgesetzt. Noch mehr schmolz die Bürgerschaft zusammen, Neuaufnahmen ins städtische Bürgerrecht kamen im 18. Jahrhundert praktisch nicht mehr vor, ein Zeichen dafür, dass sich auch die Bürgerschaft gegenüber der übrigen städtischen Bevölkerung immer stärker abschloss. Gab es 1694 noch 420 regimentsfähige oder bürgerliche Familien, so waren dies 1790 lediglich noch 158. [1320] Bereits 1764 machte die städtische Bürgerschaft nur noch knapp dreissig Prozent der gesamten Einwohnerschaft Berns aus. [1321] Mit mehr oder weniger Grund- und Kapitalbesitz sowie Herrschaften und Herrschaftsrechten versehen, lebten die Patrizier von den hohen Staats- und Verwaltungsämtern in der regierenden Hauptstadt sowie auf der untertänigen Landschaft. Im weiteren bekleideten sie in Fremden Diensten hohe Offiziersstellen und/oder waren als Solddienstunternehmer tätig. Um ihre führende Stellung in den Räten zu sichern, errichteten sie Familienstiftungen und Fideikommisse und kauften sich Landsitze und Gerichtsherrschaften. In der Erziehung und Bildung, im Lebensstil allgemein orientierten sie sich immer stärker am Adel, meist allerdings in relativ bescheidenem Mass. Auch versuchten sie ausländische Adelsbriefe und Adelstitel zu erhalten oder zu erwerben. [1322] Erwerbstätigkeit im Handel und Bankwesen oder in der Industrie war verpönt und nicht standesgemäss, einige Jahre Offiziersdienst dagegen galten als beste Lebensschule. Indem sich 1649 in Bern die 28 einflussreichsten Familien das Recht zuerkannten, ihrem Stande nach die Adelspartikel «Wohledelvest», «Edelvest» und «Vest» zu tragen, schafften sie sich auch rechtlich einen Abstand zu den übrigen Stadtbürgern. Wohledelvest waren die sechs adeligen Geschlechter von Bonstetten, von Diesbach, von Erlach, von Luternau, von Mülinen und von Wattenwyl. Zu den edelvesten Familien gehörten die May, Lombach, Muralt, Manuel, Gingins, Gross, Steiger (weiss) und Tscharner. Die 14 vesten Geschlechter waren die Graffenried, Daxelhofer, Kirchberger, Tillier, von Büren, Frisching, Morlot, Stürler, Willading, Wurstemberger, Thormann, Zehender, Lentulus und Sinner. [1323] Wie in Bern existierte auch in Freiburg, wo die Trennungslinie zwischen dem Patriziat und den übrigen Bürgern schärfer gezogen war als in den übrigen Patrizierstädten, ein innerer Kreis bessergestellter, adeliger Familien und Geschlechter. Im Unterschied zu Bern waren die 15 vom Staat als adelig anerkannten Familien jedoch nicht zu allen höchsten Ämtern zugelassen, so dass sie trotz ihres grösseren Reichtums und ihrer höheren sozialen Stellung gegenüber den übrigen Patriziern benachteiligt waren. [1324] Um innerhalb der regierenden Geschlechter und Familien äussere Gleichheit herzustellen, erhielten 1782 alle Freiburger Patrizier, 1783 alle regimentsfähigen Berner Geschlechter das Recht, vor ihre Namen das Adelsprädikat «von» zu setzen. In der gleichen Absicht hatten Erlasse in Bern schon 1747 und 1761 allen Regimentsfähigen die Auszeichnung «Wohledelgeboren» verliehen. [1325]

Etwas weniger weit ging die Aristokratisierung in den Zunftstädten Basel, Zürich, Schaffhausen und St. Gallen. [1326] Hier vermochten die in den Räten vertretenen Familien sich einfachen Handwerksmeistern und vor allem erfolgreichen Aufsteigern gegenüber nie völlig abzuschliessen. Dennoch etablierte sich im späten 17. und 18. Jahrhundert auch in diesen Städten, vor allem in Basel und Zürich, eine neue Aristokratie von Rentnern, reichen Grosskaufleuten und Textilverlegern. In Zürich ging die Anzahl der regierenden Geschlechter von 94 um 1671 auf 87 um 1730 und schliesslich auf 76 um 1762 zurück, um sich bis 1790 wieder auf 84 auszuweiten. Viel stärker schrumpfte die Anzahl der regimentsfähigen Geschlechter. Wie in Bern und allen andern Städten schloss sich auch in Zürich die der untertänigen Landschaft sowie den übrigen städtischen Einwohnern gegenüber privilegierte Bürgerschaft immer stärker ab: 1671 waren es 402, 1730 noch 320, 1762 noch 274 und 1790 noch 241. Gleichzeitig erhöhte sich die Dominanz der Rentner und Kaufleute in den Räten: Um 1637 stellten sie im Grossen Rat zusammen 95 (45 Prozent) der 212 Mitglieder, bereits 1671 waren es 120 (57 Prozent), 1730 114 (68 Prozent) und 1790 gar 167 (79 Prozent). Während im 17. Jahrhundert auch die Junkerfamilien, die bewusst auf den Erwerb aus handwerklicher, kommerzieller oder freiberuflicher Berufstätigkeit verzichteten und von den Erträgnissen aus ihrem Grundbesitz, aus Landgütern, Gerichtsherrschaften, Zinsen von Kapitalien und Gewinnen aus Investitionen sowie von den Einkünften aus staatlichen und städtischen Ämtern lebten, ihren Einfluss auszuweiten vermochten, rückten im 18. Jahrhundert fast ausschliesslich nur noch Kaufleute, die wiederum meist aus Handwerkerfamilien stammten, ins Regiment vor: Im Kleinen Rat mit fünfzig Mitgliedern stieg ihr Anteil von 22 Prozent um 1671 auf 36 Prozent um 1790, im Grossen Rat mit 212 Mitgliedern von 19 Prozent um 1671 auf 30 Prozent um 1730, schliesslich auf 36 Prozent um 1790. Da auch der Anteil der Rentner, die aus dem Kaufmannsstand stammten, von acht Prozent um 1730 auf 17 Prozent um 1790 anstieg, besassen die Kaufleute am Ende des Ancien régime im Grossen Rat die Mehrheit. [1327]

Ihren Lebensstil glichen diese Kaufleute nach erworbenem Reichtum zunehmend dem Vorbild einer «herrenmässigen» Lebensweise an: Sie errichteten stattliche Wohnbauten in den Vorstädten mit gepflegten Gartenanlagen, sie kauften sich Landgüter und Gerichtsherrschaften. Schon mit vierzig Jahren zogen sie sich aus dem Geschäft zurück und übergaben es den Söhnen oder Schwiegersöhnen, um sich ganz dem Staatsdienste zu widmen oder auf Landsitzen das Leben eines Rentners zu führen. Gefördert wurde diese Aristokratisierung der Kaufleute auch durch die Vorschrift, dass Kaufleute mit Sitz im Kleinen Rat nicht mehr selbst Messen besuchen durften und sich von den Geschäften lösen mussten. [1328] Um sich Weltgewandtheit anzueignen, gingen die Söhne, wie dies im Adel üblich war, auf Bildungsreise. Vermehrt betätigten sich auch schon die Söhne früh im Staatsdienst oder traten sogar in fremde Kriegsdienste ein. [1329] Trotz der Orientierung an einer «herrenmässigen» Lebensweise und der Übernahme eines seigneurial geprägten Lebensstils bewahrte ein Grossteil der Kaufleute einen stark bürgerlichen Habitus. Es gab für sie im Unterschied zu den Patriziern und Junkerfamilien «keine höher geehrte oder sozial mehr geachtete Stellung als die erwerbende Arbeit im Grosshandel, im Bankwesen oder in der Industrie». [1330] Der wahrhaft vornehme Mann musste deshalb auch nicht unbedingt ein Gutsbesitzer und Gerichtsherr sein. Vor allem in ihrer wirtschaftlichen Gesinnung, ihrem wirtschaftlichen Verhalten waren sie, soweit sie im aktiven Geschäftsleben verblieben, wettbewerbs- und leistungsorientiert, für sie zählten Innovation und Expansion. Die direkten Einkünfte aus den Staats- und Verwaltungsämtern waren für sie relativ bedeutungslos, sie profitierten unmittelbar vom wirtschaftlichen Protektionismus der Hauptstadt, der ihren Bürgern unter anderem auch die Handels- und Verlagstätigkeit vorbehielt. Attraktiv waren die staatlichen Ämter vor allem um des gesellschaftlichen Prestiges und der Herrschaftsattribute willen, die damit verbunden waren.

Eine neue Aristokratie, zusammengesetzt aus reichen Verlegerkaufleuten (grands négociants) und Marchand-Banquiers, welche die Ratsstellen ebenfalls als erblichen Privatbesitz ihrer Klasse betrachteten, herrschte trotz formaler Souveränität der Bürgerversammlung auch in der Republik Genf. Da der Zugang in diese Machtelite auf wirtschaftlichem Erfolg beruhte, also stark leistungs- und marktbezogen war, stand sie Aufsteigern mit grossen Vermögen, teilweise auch Persönlichkeiten aus Wissenschaft und Religion offen. Im Lebensstil wie im öffentlichen Auftreten und Herrschaftsgebaren richtete sich diese Genfer Haute Bourgeoisie aber sehr stark, noch mehr als die Patrizier, denen dafür die finanziellen Mittel in der Regel nicht ausreichten, nach dem französischen Adel, mit dem sie durch Bankgeschäfte ohnehin engen Umgang pflegten. Wie in keiner andern Stadt wurde die politische Herrschaft dieser reichen Handels- und Finanzaristokratie von den aufstrebenden Mittelklassen innerhalb der übrigen Bürgerschaft, dann auch der politisch rechtlosen «Natifs» und «Habitants» im Laufe des 18. Jahrhunderts immer stärker in

Frage gestellt und angegriffen. Letztlich vermochte sie ihre Vormacht nur dank verschiedentlicher militärischer Unterstützung durch Bern und Zürich sowie Frankreich zu behaupten.[1331]

Eine Oligarchisierung, verbunden mit einer gewissen Aristokratisierung im Lebensstil, allerdings meist bedeutend weniger ausgeprägt als in Städten wie Bern oder Genf, lässt sich seit Mitte des 17. Jahrhunderts ebenfalls in den Länderorten feststellen. Wohlhabenheit und Abkömmlichkeit waren auch hier für die Ausübung der höheren Ämter unabdingbare Voraussetzungen. Sie sorgten dafür, dass der Zugang zu politischen Ämtern, hohen Verwaltungs- und Offiziersstellen den Angehörigen einzelner Geschlechter und Familien vorbehalten blieb. Ausgesprochen scharfe Formen nahm die Oligarchisierung im 18. Jahrhundert in Uri an. In die wichtigsten Ämter, die sogenannten Vorsitzenden Ämter, gelangten jeweils nur die Männer aus ein paar wenigen Familien oder Geschlechtern. Die sieben bedeutendsten Familien oder besser Familienclans stellten 77 Prozent aller Vorsitzenden Herren. Ihre Vertreter waren im Vergleich zu den Angehörigen aus den übrigen zwölf Geschlechtern, die zu diesen Ämtern überhaupt den Zugang fanden, länger im Amt und stiegen auch sehr viel häufiger ins höchste Landesamt auf. Oftmals wurden die Ämter trotz Landsgemeinde subjektiv als erblicher Familienbesitz, ja als Privateigentum betrachtet. Die Herrschaft dieser wenigen beruhte auf einem «lukrativen Geflecht von Amtstätigkeit, Pensionenwesen und Solddienst». Dieses lukrative Geflecht entschädigte die Inhaber dieser Ämter nicht nur für die Übernahme der schlecht besoldeten und mit hohen Auflagen an die Landleute verbundenen Staatsämter, sondern erlaubte ihnen auch eine beträchtliche Vermögensbildung. Verwandtschaft und eng begrenzte Verkehrs- und Heiratskreise, aber auch die räumliche Konzentration im Hauptort formten aus diesen Magistratenfamilien eine mehr oder weniger kompakte, gegen unten abgeschlossene, aber für aufsteigende Familien nicht völlig undurchlässige Oberschicht. Die gemeinsame Ehre, das gleiche Prestige, ein gleicher Lebensstil mit ähnlichen Wertorientierungen und Verhaltensmustern sorgten für einen festen sozialen und kulturellen Zusammenhalt und für eine klare Abgrenzung gegen unten.[1332]

Im reformierten Appenzell Ausserrhoden, wo Fremde Dienste keine grosse Rolle spielten und auch keine einträglichen Ämter in eigenen oder gemeinsamen Untertanengebieten zu vergeben waren, wo dafür Handel und Industrie seit Ende des 17. Jahrhunderts einen grossen Aufschwung genommen hatten, befanden sich in der Führungsschicht sehr viele Kaufleute, Verleger und Händler, vereinzelt auch Ärzte. Dazu traten noch Angehörige der gewerblich-bäuerlichen Oberschicht. Mindestens einer der beiden Landammänner war im 18. Jahrhundert immer ein Kaufmann oder ein Fabrikant. Obwohl auch in Ausserrhoden mehrere Familien über verschiedene Generationen hinweg ebenfalls immer wieder in die höchsten Ämter gelangten, waren Oligarchisierung und Abschliessung nach unten weniger ausgeprägt als

in den katholischen Orten.[1333] Einige wenige Kaufleute und Verleger wies
auch die Führungsschicht von Evangelisch-Glarus auf.[1334]

Dieser neue Herrenstand in den regierenden Städten und Ländern stellte
zwar, mehr oder weniger ausgeprägt, so etwas wie eine Aristokratie dar, zu
einem grossen Teil besass er aber einen stark bürgerlichen Charakter, am
wenigsten traf dies auf die Patriziate und die junkerlichen Rentnerfamilien zu.
Der Wohlstand, das Ansehen, die politische Stellung besonders der Handels-
und Finanzaristokratie beruhten auf wirtschaftlichem Erfolg, auf Kapital sowie
einer spezifischen bürgerlichen Art von Wissen und Fähigkeiten, also auf
Grundlagen, die markt- und leistungsbezogen waren; Geburt, Herkunft, Land-
besitz und Herrschaftsrechte, für den Adel die typischen Quellen von Prestige
und Macht, hatten für sie nicht den gleich hohen Stellenwert. So entwickelte
sich innerhalb dieser neuen Herrenschicht in der Schweiz schon im Ancien
régime eine aus Kaufleuten, Verlegern, Unternehmern und Bankiers zusammengesetzte Bourgeoisie, die, gestützt auf die Ausweitung des Handelskapita-
lismus, die Protoindustrialisierung und den Aufschwung des Bankwesens, der
Privatbanken, auch politisch an die Macht gelangte, vor allem in Genf, Basel
und Zürich, aber auch in den Länderorten Appenzell Ausserrhoden und Glarus sowie im Fürstentum Neuenburg. Diese Bourgeoisie identifizierte sich
jedoch – aufgrund ihrer Interessenlage und politischen Stellung auch nicht
weiter verwunderlich – weitgehend mit den bestehenden soziopolitischen
Verhältnissen. Am Vorabend der Revolution, Ende des 18. Jahrhunderts, war
sie denn auch genausowenig zu grundsätzlichen Veränderungen der politischen und wirtschaftlichen Ordnung bereit wie die Rentner und Patrizier,
die mehr zu verlieren hatten. Begrenzten Reformen und einem gewissen Entgegenkommen andern wohlbestallten Vertretern des Dritten Standes gegenüber waren manche Angehörige dieser Bourgeoisie aber doch etwas weniger
abgeneigt.

## *Revolution und Reaktion:*
## *Helvetik – Mediation – Restauration*

Im Unterschied zur aristokratischen Bourgeoisie in den regierenden
Städten sowie zu den Kaufleuten und Verlegern der Länderorte sympathisier-
ten grosse Teile des Besitz-, Wirtschafts- und Bildungsbürgertums in den
Munizipalstädten, aber auch viele Angehörige der besitzenden und arrivierten
ländlich-dörflichen Oberschicht auf der untertänigen Landschaft, besonders,
aber nicht nur in den heimindustriellen Regionen, mit den revolutionären
Forderungen nach Freiheit und Gleichheit. Wirtschaftlich benachteiligt, sozial
zurückgesetzt und politisch als unmündig erklärt, erhielten sie durch die Französische Revolution nicht nur neue Massstäbe zur Beurteilung der allgemeinen gesellschaftlichen und politischen Zustände vermittelt, sondern sie sahen
dadurch auch ihre eigene soziale Stellung, ihre Aufstiegs- und Einflusschancen

in einem neuen Licht. Immer weniger waren sie deshalb gewillt, auf wirtschaftliche Freiheit und politische Gleichberechtigung zu verzichten. Exemplarisch lässt sich dies am Beispiel Aaraus und der Zürcher Landschaft zeigen.

In Aarau setzten sich die «Patrioten», die führenden Verfechter liberaler und aufklärerischer Ideen, vorwiegend aus Verlegern und Kaufleuten zusammen, nämlich aus dem Seidenfabrikanten Johann Rudolf Meyer sowie den Baumwollverlegern Hunziker, Frey und Rothpletz, dazu traten noch ein Pfarrer, J. G. Fisch, sowie der Messerschmied Daniel Pfleger. Zwischen «entschlossener Auflehnung, halbherziger Zurückhaltung und dulderischer Kapitulation» schwankend, schreckten diese «wohlbestallten Vertreter des dritten Standes» vor dem Einsatz direkter Gewalt zurück.[1335] Auch auf der Zürcher Landschaft verfolgten nicht nur die in der Verlagsindustrie in einer, wenn auch von der Stadt abhängigen, unternehmerischen Funktion tätigen und wohlhabend gewordenen Gewerbeleute mit grosser Anteilnahme die Ereignisse in Frankreich, sondern auch Vertreter der gewerblich-bäuerlichen Ober- und Mittelschicht, Wirte und Müller, Landhandwerker, aber auch Landärzte und Chirurgen. Unter ihnen waren nicht wenige, die eines der den ländlichen Untertanen zugänglichen höheren Ämter wie Untervogt oder Landschreiber ausübten.[1336] Schon im Stäfner Handel von 1794/95, drei Jahre vor der Helvetischen Revolution, forderten Vertreter dieser recht wohlhabenden und teils gebildeten ländlich-dörflichen Oberschicht Handels-, Gewerbe- und Studierfreiheit, den Zugang zu Offiziersstellen, die Einführung einer allgemeinen Steuer, die Loskäuflichkeit der Grundlasten, eine Konstitution, die auch die Landbevölkerung miteinschliesst, sowie die Gewährleistung der alten verbrieften Rechte und Freiheiten. Nicht länger sollten ihnen «trotz selbsterworbenem Wohlstand, selbsterworbener Bildung, Weltoffenheit und urbaner Kultur» wirtschaftliche Handlungsspielräume, soziale Anerkennungssymbole und politische Rechte vorenthalten werden. Ihren «Geist des Misstrauens gegen die gute Obrigkeit» und ihre «förmliche Aufkündigung des schuldigen Gehorsams» bezahlten die Anführer mit lebenslänglicher Haft und Konfiskation ihrer Vermögen.[1337]

Männer aus diesem kleinstädtischen oder ländlich-dörflichem Umfeld waren es denn auch, die ab Mitte der neunziger Jahre nicht nur im Kanton Zürich immer stärker wenn nicht auf Revolution, so doch mindestens auf wesentliche Reformen der politischen und wirtschaftlichen Ordnung drängten. Mit Unterstützung kleinbürgerlicher und bäuerlicher Bevölkerungsschichten vermochten sie vielerorts, so in Basel, der Waadt, im Aargau, in Schaffhausen, Luzern, Zürich, der Fürstabtei St. Gallen, im Thurgau, Rheintal, in Sargans und Werdenberg, noch vor dem Einmarsch der französischen «Befreiungstruppen» anfangs März 1798, aber bereits unter dem Druck einer drohenden Intervention Frankreichs, in unblutigen Revolutionen die alte Ordnung zu beseitigen und in den neuen, provisorischen Regierungen Einsitz zu nehmen.[1338] Die Besetzung und die auf Frankreichs Geheiss hin und in

seinem Sinne errichtete Helvetische Republik machten den patrizisch-aristokratischen und oligarchischen Familien- und Geschlechterherrschaften dann
aber vollends ein – vorläufiges – Ende. Ohne Unterschiede erhielten jetzt alle
bürgerlichen und bäuerlichen Schichten, auch jene, die bis anhin von der politischen Mitwirkung auf kantonaler und eidgenössischer Ebene ausgeschlossen
geblieben waren, gleiche Rechte und Pflichten zugesprochen; denn mit der
Aufhebung aller Untertanenverhältnisse und aller andern ständischen und örtlichen Vorrechte, mit der Einführung der Volkssouveränität, Gewaltenteilung
und Rechenschaftspflicht sowie der Garantie der Rechtsgleichheit und der
bürgerlichen Freiheiten, d. h. der Glaubens-, Presse-, Vereins- und Gewerbefreiheit sowie des Eigentums, kamen durch die helvetische Verfassung auch in
der Schweiz die Prinzipien der bürgerlichen Staats- und Gesellschaftsordnung
erstmals, mindestens auf dem Papier, voll zur Geltung.

Die neue politische Elite, die sich zu etablieren versuchte und in der helvetischen Republik neben einigen «aufgeklärten» Angehörigen der alten herrschenden Familien die wichtigen Staats- und Verwaltungsämter übernahm,
bestand vornehmlich aus Männern aus dem kleinstädtischen oder dem ländlich-dörflichen Besitz-, Wirtschafts- und Bildungsbürgertum sowie der bäuerlichen Oberschicht.[1339] Die meisten Angehörigen dieser Elite gehörten zur
«Partei» der sogenannten Republikaner, die bei aller Befürwortung der revolutionären Prinzipien einen gemässigten, frühliberalen Kurs vertraten und die
Revolution im Unterschied zur «Partei» der Patrioten mit ihrem eher kleinbürgerlichen und bäuerlichen Anhang nicht zu weit vorantreiben wollten.
Den ungebildeten Männern der breitern Bevölkerungsschichten grössere politische Rechte und Einflussmöglichkeiten zu geben, schien diesen gemässigten
Kräften, weil sie sich vor den unberechenbaren Wünschen und Forderungen
der breiten Massen fürchteten, zu gefährlich. Zudem waren sie überzeugt, dass
die Mitwirkung des kleinen Mannes den Fortschritt ohnehin bloss hemmen
würde und sie deshalb zu dessen Bevormundung berufen seien. Im Gefolge
der Auseinandersetzungen um für die breite Bevölkerung so zentrale Fragen
wie die Zehntaufhebung, die Einführung von Steuern oder die Ausgestaltung
der politischen Rechte, vor allem aber auch infolge der Kriegs- und Bürger-
kriegswirren zeigten sich Teile dieses vermögenden und gebildeten Bürgertums, nicht zuletzt um der Ruhe und Ordnung willen, durchaus auch bereit,
mit gemässigten Vertretern der alten Ordnung zusammenzuarbeiten und den
aristokratischen Kräften entgegenzukommen. So wurden bereits nach dem
Staatsstreich vom 7. Januar 1800, der die radikaleren Verfechter der helvetischen Revolution ausschaltete, in die neu gebildete Regierung auch gemässigt
aristokratische Vertreter aufgenommen.[1340]

Von aussen wie innen heftig umkämpft, völlig in der Abhängigkeit
Frankreichs und seiner Interessen hatte die junge Republik, deren Verfassung
vielfach reines Programm blieb, kaum je eine echte Überlebenschance, auch
ihre neue politische Elite, die sich vorwiegend aus wohlbestallten Vertretern

des dritten Standes zusammensetzte, vermochte sich nie fest zu etablieren. Den gemässigten wie radikalen Kräften, auf nationaler Ebene untereinander noch wenig oder gar nicht verbunden, fehlte der notwendige Rückhalt in der breiten Bevölkerung und dort, wo diese Unterstützung auf regionaler Ebene anfänglich durchaus vorhanden war, ging sie im Verlaufe der wirren politischen und sozialen Zustände sehr bald weitgehend verloren. Nach dem Rückzug der französischen Besatzungstruppen brach die helvetische Republik 1802 endgültig in sich zusammen. Mit der Mediation von 1803 sowie der Restauration von 1814/15 wurde die alte Ordnung in zwei Etappen zwar nicht vollständig, aber doch weitgehend wiederhergestellt. Das Prinzip der Volkssouveränität galt, wenn überhaupt, nur noch sehr beschränkt, Tradition und Religion legitimierten erneut ständische und örtliche Vorrechte und Privilegien. Zwar blieben die alten Untertanenverhältnisse aufgehoben und auch die aus ehemaligen Untertanengebieten neugeschaffenen Kantone St. Gallen, Thurgau, Aargau, Waadt und Tessin konnten sich behaupten, doch in allen Kantonen war der Staat mehr oder weniger ausgeprägt – in den neuen Kantonen etwas weniger als in den alten – wieder fast so etwas wie ein privatrechtliches Eigentum der Obrigkeit, ein Monopol der besitzenden und gebildeten oberen Schichten, waren dies nun die alten patrizischen und aristokratischen Familien oder bloss reiche Grund- und Kapitaleigentümer bürgerlicher oder bäuerlicher Herkunft. Die Herrschaft beider gründete trotz ständischer Unterschiede auf der Vereinigung wirtschaftlicher, sozialer und politischer Macht, wie dies auch die Herrschaft der Notabeln im nachrevolutionären Frankreich kennzeichnete.

In den neuen Kantonen, die in der Regel eine etwas freiheitlichere Ordnung mit einer repräsentativen Verfassung besassen, sorgten ein hoher Zensus und weitere einschränkende Bestimmungen für das aktive und passive Wahlrecht sowie lange Amtsperioden dafür, dass in den Räten und Gerichten die wohlhabenden Grund- und Kapitalbesitzer dominierten. Damit war sichergestellt, dass, wie die Alliierten und die restaurativen Kräfte im Innern es 1814 verlangten, «Geisteskultur, nützliche Kenntnisse, Erfahrung in öffentlichen Geschäften und auch das Vermögen, besonders das Landeigenthum, den gehörigen, für das allgemeine Beste wünschbaren Einfluss in die Regierungsverwaltung auf eine wirkliche und dauerhafte und beruhigende Weise erhalten möge».[1341] Das Regime in diesen Kantonen war aber nicht erst 1813/14, sondern schon ab 1803, wenn auch weniger ausgeprägt, vollständig in Händen der reichen Grund- und Kapitalbesitzer konzentriert, wozu auch Kaufleute, Unternehmer, Händler und Angehörige freier Berufe wie Notare, Advokaten, Ärzte und Apotheker zählten. Ein Teil des landstädtischen Besitz-, Wirtschafts- und Bildungsbürgertums konnte somit zusammen mit der ländlichen Oberschicht die dominante Stellung, welche es teilweise schon während der Helvetik eingenommen hatte, nicht nur beibehalten, sondern sogar noch ausbauen.

Wie sehr der Staat zum Monopol der reichen Eigentümer wurde, zeigen die wirtschaftlichen Voraussetzungen, die ein Bürger in diesen Kantonen

erfüllen musste, um das aktive und passive Wahlrecht für die Wahl der Mitglieder des Grossen Rates ausüben zu dürfen. Im Aargau war nach der Mediationsverfassung von 1803 – in den andern neuen Kantonen war es gleich oder
sehr ähnlich geregelt – das aktive Wahlrecht auf Eigentümer und Nutzniesser
einer Liegenschaft im Wert von Fr. 200 oder an Besitzer von Schuldtiteln im
Wert von Fr. 100 beschränkt. Mit der Verfassung von 1814 wurde dieser Kreis
dann noch enger gezogen. Voraussetzung bildete jetzt ein schuldenfreies Vermögen von mindestens tausend Franken. Noch mehr sorgten Vermögenslimi-
ten beim passiven Wahlrecht dafür, dass in erster Linie nur Wohlhabende zum
Zuge kamen: Die 48 von den Bürgern in ebensovielen Wahlkreisen direkt
gewählten Mitglieder des Grossen Rates mussten ab 1814 mindestens dreissig
Jahre alt sein und über ein schuldenfreies Vermögen von Fr. 5000 verfügen.
1803 hatte es noch genügt, dreissig Jahre alt zu sein. Bei den je drei von den
48 Wahlkreisen vorgeschlagenen Kandidaten, aus denen der Grosse Rat
dann 52 auswählte, mussten 1814 zwei ein schuldenfreies Grundeigentum von
Fr. 15 000 aufweisen. Auch durften diese Kandidaten nicht innerhalb des
Wahlkreises wohnhaft sein. Von den restlichen fünfzig Grossräten, die durch
ein Wahlkollegium bestehend aus je dreizehn Mitgliedern des Kleinen und
Grossen Rates sowie des Appellationsgerichtes ernannt wurden, hatten zwei
Drittel ebenfalls ein Vermögen von Fr. 15 000 zu besitzen. 1803 hatten von
den durch die Wahlkreise lediglich zur Auswahl vorgeschlagenen Kandidaten
144 mindestens 25 Jahre alt zu sein und ein Vermögen von Fr. 20 000
zu besitzen, bei weiteren 96 Kandidaten genügte zwar ein Vermögen von
Fr. 4000, doch durften sie dafür nicht unter fünfzig sein.[1342] Im Kanton
Waadt bewirkten solche Regelungen, dass in der Restaurationsperiode die
rund 25 000 wahlberechtigten Männer (14,3 Prozent der Bevölkerung) mehr
als die Hälfte der Mitglieder des Grossen Rates aus einem Kreis von nur tausend Herren mit mindestens 10 000 Francs Vermögen auswählen konnten.[1343]
      In den alten Städteorten holten sich die patrizischen und aristokra-
tischen Familien erst mit der Restauration ihre alte Vormachtstellung wieder
ganz zurück. Doch trotz der gegenüber der Mediationszeit noch verstärkten
Zurücksetzung des Landes und der noch grösseren Bevorzugung der Hauptstadt erhielten das Land und die übrigen Städte in Grossen Räten weiterhin eine gewisse Vertretung zugesprochen. Wie während der Mediation beschränkte sich die politische Partizipation aber weitgehend auf das reiche und
gebildete Besitzbürgertum der Landstädte sowie die wohlhabende ländliche
Oberschicht. Zensusbestimmungen und umständliche Wahlverfahren wie beschränkte Direktwahl, Wahl durch Wahlversammlungen mit beschränkter
Teilnahmeberechtigung, Wahl eines Teils der Räte durch den Grossen Rat im
Sinne der Selbstergänzung sowie sehr lange Amtszeiten bewirkten eine entsprechende Auswahl der ländlichen und kleinstädtischen Repräsentanten.
      Im Kanton Zürich sorgten während der Mediationszeit ein kompli-
ziertes Wahlverfahren und ein hoher Vermögenszensus dafür, dass die 11 000

Stadtbewohner mit 75, die 182 000 Landbewohner jedoch nur mit 120 Mitgliedern vertreten waren. Die Verfassung von 1814 setzte den Vermögenszensus für das passive Wahlrecht dann zwar herab, das ebenfalls vereinfachte Wahlverfahren brachte der Landschaft jedoch in der Praxis nochmals eine Verschlechterung ihrer Position. Nachdem alle nach und nach vorzunehmenden Wahlen abgeschlossen waren, verfügte die Landschaft 1817 im Grossen Rat über lediglich 79 der 212 Sitze.[1344] Auch von den höheren Stellen in Gericht, Verwaltung und Militär sowie den Pfarrstellen blieben die Landbewohner weiterhin ausgeschlossen. Studierfreiheit wurde ebenfalls keine gewährt.

Im bernischen Grossen Rat sassen ab 1815 neben den 200 Vertretern der Hauptstadt, von denen rund 170 patrizischen Familien angehörten, 99 Repräsentanten der Landstädte und der Ämter. Die Patrizier im Rat ergänzten sich selbst. Die Landgrossräte mussten, um wählbar zu sein, das 29ste Altersjahr zurückgelegt haben und im Besitz von Grundeigentum im Wert von 10 000 Livres oder Eigentümer eines bedeutenden Manufaktur- oder Handelsgeschäftes sein, oder seit fünf Jahren in obrigkeitlichen Ämtern gedient oder eine Offiziersstelle bekleidet haben. Gewählt, besser ernannt, wurden sie von Wahlkollegien, die sich aus den örtlichen und regionalen Würdenträgern zusammensetzten. Mehr als ein unbedeutendes Anhängsel des alten Rats der Zweihundert bildeten die Grossräte des Landes jedoch nicht, für die gewöhnlichen Sitzungen wurden sie nicht einmal eingeladen.[1345]

### Die Mittelklasse ist der Souverän: Der Sieg des Liberalismus

Revolutionen oder revolutionsähnliche Bewegungen setzten 1830/31 in mehreren Kantonen die restaurative Ordnung wieder ausser Kraft und führten zu einer Öffnung des politischen Systems und einer Ausweitung der politischen Partizipation auf breitere Bevölkerungskreise. Teils genügten Volksversammlungen, sogenannte Volkstage, um die Obrigkeit zum Nachgeben und zu einer Verfassungsrevision zu veranlassen, teils musste aber auch zu offener Gewalt gegriffen werden, um den Forderungen nach Reformen zum Durchbruch zu verhelfen. Den aktiven Kern dieser liberalen Bewegungen und Revolutionen bildeten die sogenannten Mittelklassen, die sich im wesentlichen aus der kleinstädtischen und ländlich-dörflichen Ober- und Mittelschicht rekrutierten. Dazu gehörten neben Bauern, Händlern und andern Gewerbetreibenden auch Verleger, Fabrikherren und Kaufleute aus dem kleinstädtischen und ländlich-dörflichen Unternehmertum, das sich mit der Ausweitung der Textil- und Uhrenindustrie auf verlags- wie fabrikmässiger Grundlage in manchen Regionen (Ostschweiz, Aargau, Baselland, Oberaargau, Jura) zahlenmässig verbreitet und an wirtschaftlicher Macht gewonnen hatte. Eine besonders aktive Gruppe bildeten Männer mit akademischer Bildung und andere Intellektuelle: Juristen, Notare, Journalisten, Publizisten, Ärzte, Professoren, Pfarrer und andere Universitätsabsolventen. Diese meist jüngeren Männer aus der

gebildeten Mittelschicht, teils auch aus der städtischen Oberschicht, dominierten die liberale Bewegung sehr stark. Juristen kam vielerorts, ganz besonders
auch in Zürich, eine führende Rolle zu. In Zürich waren praktisch alle führenden radikalen Liberalen Juristen, so die Stadtzürcher Friedrich Ludwig Keller,
David Ulrich und Wilhelm Füssli oder Jonas Furrer aus Winterthur. Weniger
ausgeprägt war dies in Bern, wo eine liberal-juristische Oppositionspartei, wie
sie sich in Zürich in den zwanziger Jahren ausgebildet hatte, in diesem Ausmass fehlte. Doch auch hier standen mit Samuel und Karl Schnell aus Burgdorf Juristen an der Spitze der liberalen Bewegung. Politisch-ideell orientierten sich diese liberalen Bewegungen an den Prinzipien der Französischen
Revolution und der Helvetik, aber auch am deutschen Idealismus sowie teilweise an der Landsgemeindedemokratie. Vor allem in der Westschweiz stützte sich der Liberalismus auch auf die Staats- und Gesellschaftslehre von Benjamin Constant, der eine repräsentative Demokratie mit Beschränkung des
Wahlrechtes auf gebildete und besitzende Schichten befürwortete und einen
individualistischen Freiheitsbegriff vertrat, der auch auf die Interessen und
Bedürfnisse der wirtschaftlich selbständigen und gebildeten Männer zugeschnitten war.

Die Massenbasis der liberalen Bewegungen setzte sich aus Bauern,
Handwerkern, Kleinfabrikanten und Heimarbeitern zusammen, denen es im
Unterschied zu den Mittelklassen, die politische Forderungen wie repräsentative Volksvertretung und bürgerliche Freiheiten in den Vordergrund rückten,
mehr um soziale und wirtschaftliche Forderungen ging wie die Aufhebung
indirekter Steuern, die allgemeine Entlastung von Abgaben und Gebühren,
Reform des Hypothekarwesens und Herabsetzung der Zinsen, Erleichterung
der Loskaufbedingungen von Zehnten und Grundzinsen oder die Aufhebung
des Zunftzwanges, aber auch wie im Zürcher Oberland um die Abschaffung
der mechanischen Webmaschinen. Überall, wo sie sich auf die Unterstützung
breiter Bevölkerungskreise abstützen konnten, in allen Mittellandkantonen
von St. Gallen bis zur Waadt, war die liberale Bewegung erfolgreich und er-
kämpfte sich die Einführung der repräsentativen Demokratie, der Rechtsgleichheit und der bürgerlichen Freiheitsrechte sowie den Schutz des Eigentums.

Die durch Geburt und Herkommen, durch Besitz und Bildung privilegierten Führungsschichten – von ihren liberalen Gegnern als «Herren» oder
«Aristokratenzöpfe» apostrophiert – verloren damit in den regenerierten Kantonen ihren sozialen und politischen Vorrang. Mit dem Ausbau der Justiz, der
Neuordnung der Staatsfinanzen durch die Einführung von Vermögenssteuern
anstelle der Zehnt- und Grundzinsabgaben und der Aufhebung zünftischer
Bestimmungen durch die Handels- und Gewerbefreiheit legten die Mittelklassen mit den liberalen Bewegungen und Revolutionen nicht nur die weiteren
notwendigen Grundlagen für den Aufbau des modernen, bürgerlich-liberalen
Staates, sondern sie verhalfen auch dem Modell der bürgerlichen Gesellschaft,
ihrem Leistungs- und Konkurrenzsystem zum Durchbruch. Sich selbst öffne-

ten und sicherten sich die Mittelklassen mit der neuen staatlichen Ordnung einen besseren und leichteren Zugang zu staatlich-institutioneller Macht und Herrschaft. Wirtschaftlich und sozial schafften sie ihrem individuellen Erwerbs- und Leistungsstreben erweiterte Handlungsspielräume und gewannen so, wie der führende liberale Theoretiker Wilhelm Snell dies in seinem Naturrecht ausführte, jene «innere und äussere Freiheit», ohne die der Mensch den in ihm gelegenen «Zweck der Vervollkommnung durch Selbstbestimmung» nicht erreichen könnte. [1346]

Im Bewusstsein und mit dem Anspruch im Interesse aller Menschen und Bevölkerungsklassen zu handeln, verstanden sich die Mittelklassen als der eigentliche Souverän. Ihre Vertreter scheuten sich nicht, dem in aller Öffentlichkeit auch Ausdruck zu geben. So begründete ein Abgeordneter aus einer der Seegemeinden im Zürcher Grossen Rat die Einführung von Sekundarschulen mit dem Argument, dass die «sogeheissene Mittelclasse», die auf solche Anstalten dränge, schon deshalb Rücksicht verdiene, weil sie «der eigentliche Souverain» sei. [1347] Eindeutig drückte sich auch der Burgdorfer Hans Schnell, einer der Führer der Berner Liberalen, in der Debatte über die Zehntfragen aus: «Ich habe in meiner ganzen Carriere immer eher zu denen Sorge getragen, welche etwas gehabt, als zu denen, welche nichts hatten. Wenn ich vom Volke rede, so meine ich die Vermöglichen darunter.» [1348] Wie die meisten Liberalen der dreissiger Jahre neigte auch der Arzt und Zürcher Regierungsrat Hegetschweiler dazu, das allgemeine Wohl des Staates, den Fortschritt mit den Anliegen und Interessen seiner Klasse gleichzusetzen. 1837 erklärte er unumwunden: «Die Mittelklasse muss regieren.» [1349] Letztlich war und blieb ihr Verhältnis breiteren Bevölkerungsschichten gegenüber von tiefem Misstrauen geprägt. Fortschritt in ihrem Sinne war, vor allem im Bildungs- und Rechtswesen, nur mit den gebildeten Mittelklassen zu erreichen und musste nicht nur gegen den Widerstand der konservativ-aristokratischen Herren, sondern auch gegen die ungebildeten Massen durchgesetzt werden. So stemmten sich in Zürich 1836/37 gerade die radikalen Führer aus der Stadt gegen eine weitere Demokratisierung und versuchten sie durch allerlei künstliche Mittel illusorisch zu machen. Nur notgedrungen und mit Widerwillen gab ihr unumstrittener Führer Friedrich Ludwig Keller der Forderung der ländlichen Liberalen nach einer proportional zu ihrer Bevölkerungszahl gleichmässigen Vertretung der städtischen und ländlichen Wahlkreise seine Zustimmung. «Vor sechs Jahren», so erklärte er vor dem Grossen Rat, «haben wir den Kampf gegen die Aristokratie und Privilegien gekämpft, die nächsten sechs Jahre werden wir den Kampf gegen die Roheit und Pöbelherrschaft zu kämpfen haben. ... Unsere Haupttendenz seit 1830 war, zu zeigen, dass auch auf freiem Boden zuerst alles Wahre, Schöne und Gute gedeiht. ... Dass die Masse zwar diese Notwendigkeit nicht fühlt, ist leicht zu begreifen: aber wer die Masse das Volk nennt, der ist unwiederbringlich verloren. Einzelne Petitionen, welche vorliegen, beweisen es, dass der Unverstand und die Bosheit, Intriganten und

Schreier diese Masse zum Unsinne führen, wer aber in ihnen das Volk er-
kennt, für den gibt es kein Heil; alle Verständigen müssen sich die Hand bieten und die Reste von Korruption und Verdorbenheit, die einem Volke ankle-
ben, das ein Jahrhundert in aristokratischen Banden gelegen, austilgen. Nur
wenn wir besser zusammenhalten, als es bisher geschah, werden wir die Torheit und den Pöbel besiegen.» [1350]

Vor einer direkten Beteiligung des ganzen oder doch wenigstens der
grossen Mehrheit des (männlichen) Volkes am staatlichen Leben schreckten
viele Liberale denn auch trotz allen öffentlichen Beschwörungen des Prinzips
der Volkssouveränität zurück. Dieses hatte für sie stark legitimatorischen Charakter und erstarrte leicht zur Legitimationsfloskel, die darüber hinweg-
täuschte, dass letztlich eben doch Bildung und Besitz Vorrang haben sollten.
Der Liberalismus erklärte zwar das Volk als mündig, gleichzeitig machte er
jedoch die politische Mitwirkung direkt oder indirekt von bestimmten ökonomischen und sozialen Voraussetzungen, die ihm als Garantie für materielle
und geistige Unabhängigkeit, Sachkenntnis und Bildung notwendig erschienen, abhängig und teilte so das Volk in Aktiv- und Passivbürger auf. Im Unterschied zur Zeit vor 1830 sollten aber nicht mehr in erster Linie Geburts- und
Standeskriterien, sondern Besitz und Bildung, die nach liberaler Vorstellung
ja grundsätzlich von jedermann erworben werden konnten, für die Erteilung
politischer Rechte massgebend sein, womit mindestens theoretisch der Kreis
der aktiven Bürger offen blieb. [1351] Teilweise enthielten deshalb auch die liberalen Verfassungen einen Zensus und eine gewisse Privilegierung der Hauptstadt und ihres gebildeten und besitzenden Bürgertums, was implizit mehr
oder weniger auf eine reine Klassenherrschaft hinauslief. Dass sich die politischen Rechte im Kanton und noch mehr auf Gemeindeebene auf die eigenen
Kantonsbürger beschränkte, verstand sich für die meisten Liberalen zunächst
fast von selbst. So blieben in der Regel die niedergelassenen Schweizer aus
andern Kantonen in den regenerierten Kantonen von jeder politischen Mitwirkung ausgeschlossen. Erst recht galt dies für die sogenannten Aufenthalter,
zu denen vor allem Knechte, Handwerksgesellen sowie andere gewerbliche
Arbeiter, Fabrikarbeiter und kleine Angestellte gehörten. [1352]

In der liberalen Zürcher Verfassung von 1831 wurde der Zensus zwar
abgeschafft, doch indem der Stadt weiterhin ein Drittel aller Grossratsmandate
überlassen blieb, behielt sie und damit das besitzende und gebildete Stadtbürgertum gegenüber dem Land einen gewissen Vorrang. Auch die Regelung,
dass der Grosse Rat neben den 179 von den Wahlzünften der Städte und des
Landes gewählten Mitgliedern noch 33 weitere Mitglieder durch Selbstergänzung bestimmen konnte, begünstigte die Besitzenden und Gebildeten. [1353]
1838 verlor dann die Stadt mit der Einführung der Repräsentation nach der
Volkszahl allerdings ihre Sonderrechte und das Selbstergänzungsrecht des
Grossen Rates beschränkte sich noch auf elf Mitglieder. Zudem erhielten nun
auch niedergelassene Schweizerbürger aus andern Kantonen in kantonalen

Angelegenheiten das Stimm- und Wahlrecht, jedoch nur Bürger aus jenen Kantonen, die Gegenrecht hielten. Im Kanton Bern enthielt auch die liberale Verfassung noch immer Zensusbestimmungen. Nicht ortsansässige Berner Kantonsbürger erhielten das aktive Wahlrecht nur, wenn sie entweder über Grundeigentum oder Kapital im Wert von 500 Franken verfügten oder eine Pacht bzw. eine Miete mit einem Zins von 200 Franken bezahlten, oder wenn sie Beamte waren oder einen wissenschaftlichen Beruf kraft eines erhaltenen Patentes ausübten. Schweizerbürger aus andern Kantonen, die, sofern ihr Heimatkanton Gegenrecht hielt, ebenfalls stimm- und wahlberechtigt waren, mussten zusätzlich mindestens seit zwei Jahren im Ort ansässig sein. Noch deutlicher kam der Vorrang von Besitz und Bildung bei der Wählbarkeit in den Grossen Rat zum Ausdruck. Wählbar war nur, wer Grundeigentum oder grundpfändlich abgesichertes Kapital im Wert von 5000 Franken besass. Von dieser Bescheinigung eines Vermögens waren «die vom Staate angestellten Professoren und diejenigen, welche für die erste Classe eines wissenschaftlichen Faches patentiert sind», jedoch enthoben.[1354] Offenbar fehlte diesen Bildungsbürgern das notwendige Vermögen, ein Indiz dafür, dass Besitz und Bildung nicht mehr so eng miteinander verbunden waren und eine gebildete Schicht am Entstehen war, die in ihrer Bildung über das einzige grössere, einsetzbare und verwertbare Kapital verfügte.

Die liberale Bewegung von 1830, in der zunächst eher die gemässigten Kräfte der gebildeten und besitzenden Mittelklassen dominiert hatten, war weder in ihren politischen Zielen noch aufgrund ihrer sozialen Zusammensetzung eine homogene Bewegung. Unter der Führung einer meist jüngeren Generation von Intellektuellen entwickelten sich teilweise schon 1830/31 innerhalb der Bewegung radikalere Strömungen und Gruppierungen, die sich zunächst vor allem gegen den Widerstand der Liberalen richteten, den Staatenbund rücksichtslos auch unter Missachtung des rechtlichen Weges, das heisst der Bestimmungen des Bundesvertrages von 1815, in einen nationalen Staat umzuwandeln. Die nationale Einigung blieb über die Anfänge hinaus die wichtigste Forderung des Radikalismus, eine Forderung, die unter den gegebenen Macht- und Mehrheitsverhältnissen an der Tagsatzung zwangsläufig revolutionären Charakter annehmen musste. Schon in den dreissiger Jahren, noch mehr in den vierziger Jahren bewirkte das Aufkommen radikaler Strömungen eine mehr oder weniger offene Spaltung der Bewegung in einen gemässigten liberalen und einen radikalen Flügel, der bald nicht mehr nur die nationale Einigung erzwingen, sondern auch die Umgestaltung der politischen, sozialen und wirtschaftlichen Ordnung weiter vorantreiben wollte. Die Legitimation für seine letztlich revolutionäre Politik schöpfte der Radikalismus aus der «Heiligkeit der Nation» (Troxler) und der Volkssouveränität. Gestützt auf die Lehre Rousseaus, des Naturrechtes oder Hegels besass das Volk in radikaler Sichtweise als der eigentliche Souverän ein höheres Recht, es stand als oberster Gesetzgeber über jeder Verfassung, über allen Gesetzen und Verträgen. Volk

und Nation bildeten so die Eckpfeiler seiner Ideologie. So sah Ludwig Snell
im Wesen des Radikalismus das Bestreben, den Geist in neueren angemessene-
ren Formen als den bisherigen geltend zu machen und zwar in durchgreifen-
der Weise, mitunter auch mit Gewalt. Henri Druey betrachtete die Mehrheit
gar explizit als Instrument des Hegelschen Weltgeistes. [1355] Die Radikalen
bauten aber auch auf eine «sozusagen unbeschränkte Perfektibilität menschlicher Einrichtungen und der menschlichen Natur» und sahen im Glauben an
das Ideal der Humanität und die «Fürsorgepflicht für die untern Klassen» in
der vom Staat getragenen und geförderten allgemeinen Volksbildung ein Mittel, das von selbst auch eine allgemeine sittliche Hebung des Volkes zur Folge
haben werde. [1356] Überzeugt von der politischen Mündigkeit aller Männer
und der absoluten Gültigkeit des demokratischen Mehrheitsprinzips [1357], forderten die Radikalen konsequenter, als der Liberalismus dies getan hatte, die
Durchsetzung der Volkssouveränität sowie der Rechtsgleichheit in allen politischen und öffentlich-rechtlichen Angelegenheiten. Konkret hiess dies Einführung des allgemeinen Männerwahlrechtes, d. h. gleiche politische Rechte
für Orts- und Kantonsbürger sowie für niedergelassene Schweizer. Dazu
kamen bereits auch Forderungen nach Volkswahl der Exekutive und der Gerichte sowie nach direkter Mitbestimmung in Sachfragen, teils durch sogenannte Volkstage für wichtige politische Fragen, teils durch die Einführung
eines Vetos oder Referendums bei Gesetzen sowie der Möglichkeit der Gesetzesinitiative. [1358] Auf nationaler Ebene traten sie für einen zentralistischen
Bundesstaat ein, der die Kompetenz erhalten sollte, Freiheit und Gleichheit
auch überall dort durchzusetzen, wo die konservativen Kräfte, die Aristokratie
und die Kirche, dies bis jetzt hatten verhindern können. Volkssouveränität,
eingeschlossen das Recht des Volkes auf Revolution im Dienste der nationalen
Einigung, Egalitarismus und Antiklerikalismus bildeten die programmatischen
Eckpfeiler des Radikalismus.

    Dieser radikale Liberalismus gewann rasch an Bedeutung und Gewicht.
Sein Kern bestand aus meist vermögenslosen, freiberuflich tätigen Intellektuellen kleinbürgerlicher oder bäuerlicher Herkunft. Ideelle Vorstellungen und
materielle Beweggründe waren auch bei ihnen eng miteinander vermischt.
Rechtsgleichheit, freier Zugang zu allen staatlichen Stellen und Ämtern, Aufhebung ihrer Ehrenamtlichkeit und feste Besoldung waren für sie auch deshalb so wichtig, weil sie ihre Aufstiegsmöglichkeiten verbesserten oder ihnen
bei dem damaligen noch bescheidenen Einkommen freier Berufe überhaupt
erst eine einigermassen bürgerliche Existenz gewährten. Wie Theodor Mügge
auf seinen Reisen durch die Schweiz beobachtete, setzte sich denn auch die
Anhängerschaft der Radikalen vorwiegend aus jungen Männern, die durch
»Studien und Rechtsgefühl», «Ehrgeiz und Gesinnungsmuth» angetrieben
waren, und jenem Teil der «Mittelklassen» und des «Landvolkes» zusammen,
das seinen «alten Hass gegen die Städter, gegen die Herren» nicht vergessen
hatte. [1359] Besonders im Kleinbürgertum, bei den Handwerkern und kleinen

Gewerbetreibenden wie auch bei den reformierten Bauern, fand der radikale Liberalismus breiten Anklang. Im gewerblich-agrarisch geprägten westlichen Mittelland sowie in der Uhrenarbeiterstadt Genf entwickelte er sich in recht deutlicher Abkehr von den frühen Liberalen zu einer eigenständigen politischen Bewegung. Mitte der vierziger Jahre übernahmen die Radikalen in der Waadt, in Bern und Genf die Macht und drängten nun noch stärker auf die Lösung der nationalen Frage, d. h. auf die Revision des Bundesvertrages von 1815 und die Schaffung eines Einheitsstaates.

Das Erstarken der Radikalen steigerte die politischen Spannungen. Der wachsende Druck auf die konservativen Kantone und Kräfte, sich gegen Reformen nicht weiter zu sperren, und die Gegenreaktionen der katholisch-konservativen Kantone und politischen Kräfte lösten dann jenen Konflikt aus, der schliesslich mit der Errichtung des neuen Bundesstaates enden sollte. Die Aufhebung der Klöster im Aargau, die Freischarenzüge nach Luzern zugunsten der Liberalen, die Berufung der Jesuiten nach Luzern, aber auch das Liebäugeln mit der Unterstützung der konservativen Grossmächte, vor allem mit Österreich, verschärften den Konflikt und liessen vor allem die konfessionellen Gegensätze wieder stärker hervortreten. Die Zuspitzung des Konfliktes auf die Jesuitenfrage, die Gründung eines Sonderbundes durch die konservativen Kantone sowie das Ersuchen dieser Orte um Hilfe aus dem Ausland nützten letztlich vor allem den reformerischen Kräften: Zum einen gelang es ihnen durch die Kirchen- und Jesuitenfrage breite reformierte Bevölkerungskreise zu mobilisieren, zum andern stärkten der ausländische Druck auf die Schweiz von seiten der konservativen Grossmächte und die schwache Gegenreaktion der von den konservativen Kantonen beherrschten Tagsatzung das Nationalbewusstsein.

Die Gründung des Sonderbundes, das Ersuchen um Hilfe von aussen machten den Konflikt zwischen konservativen und liberal-radikalen Kantonen zu einer Frage der nationalen Existenz. Der Protestantismus oder die antijesuitische Mobilisierung und der Nationalismus, der damit auch in der Schweiz zu einer wichtigen Triebkraft der bürgerlichen Revolution wurde, schweissten die reformerischen Kräfte mit ihren unterschiedlichen wirtschaftlichen und politischen Interessen und Forderungen, die Radikalen der Westschweiz sowie des Mittellandes mit den Liberalen im stärker industrialisierten Osten zusammen. Sie einten die radikalen Kleinbürger im Westen und die radikalen Bauern mit dem liberal-radikalen Unternehmertum der Ostschweiz und seinem Anhang, sie drängten aber auch das liberale und zögernde obere Bürgertum im Westen wie Osten an die Seite der radikalen Kräfte. Als sich bis Ende 1847 der Konflikt so weit zugespitzt hatte, dass die Forderung der liberal-radikalen Kantone nach Auflösung des Sonderbundes zum Bürgerkrieg führen musste, vermochten der Nationalismus und die antijesuitische Mobilisierung föderalistische Bedenken und den Partikularismus schliesslich zu überwinden und den geeinten reformerischen Kräften, die wirtschaftlich und bevölkerungsmässig eindeutig viel stärker waren, zu einem raschen militärischen Sieg über die Sonderbundskantone zu verhelfen. [1360]

### Arbeitseifrige Patrioten und Herren:
### Die neue bürgerliche Elite

Mit der Gründung und Errichtung des Bundesstaates nach der Revolution von 1847 gelangten die Mittelklassen nun auch auf eidgenössischer Ebene an die Macht. Der Radikalismus mit seiner starken Verankerung im mittelständischen Bürger- und Bauerntum hatte der siegreichen Reformbewegung zwar die Dynamik und Massenbasis geliefert, in der konkreten Ausgestaltung der neuen staatlichen Ordnung setzten sich dann jedoch die liberalen und gemässigt radikalen Kräfte aus dem Besitz- und Bildungsbürgertum, aus dem Handels- und Industriebürgertum stärker durch als die Vertreter des radikalen Kleinbürgertums und der Bauern. So blieben zentrale radikale Forderungen wie der Einheitsstaat, die direktere politische Beteiligung des Volkes und konkrete sozialstaatliche Kompetenzen für den Bund unerfüllt. Mit der Rechtsgleichheit, der Vereinheitlichung der Zölle, der Münzen und Gewichte, der Post und der damit gelungenen Schaffung eines nationalen Wirtschaftsraumes sowie der politischen Stärkung nach aussen erfüllte die neue Staatsordnung politisch und wirtschaftlich jedoch praktisch alles, was die liberalen Kräfte der Mittelklassen erwarteten, um Industrie, Handel, Banken und Verkehrsmittel jetzt so ausbauen zu können, wie es ihnen, solange die «Aristokratenzöpfe» und «Herren» ihren Einfluss besassen, unmöglich erschien. Auch die erste Bundesversammlung repräsentierte, wie Anton Philipp von Segesser, einer der wenigen Vertreter der Konservativen im Nationalrat, rückblickend schreibt, «beinahe in ihrer Totalität den politischen und wirthschaftlichen Liberalismus, der in den Dreissigerjahren gross gewachsen war. Die alte Demokratie und der neue Radicalismus waren darin nur durch wenige Glieder und in untergeordneter Stellung vertreten.» [1361]

Die neue politische Elite, die in den nächsten Jahrzehnten im jungen Bundesstaat bestimmen sollte, rekrutierte sich denn auch zu einem grossen Teil aus den liberalen und gemässigt radikalen Kräften der Mittelklassen. Dominiert wurde sie aber bald einmal durch einen engeren Kreis von Männern, die alle Initiative in den öffentlichen Angelegenheiten in ihren Händen vereinigten, in der Regel aber nicht selbst in den Bundesrat eintraten: «Ces gens n'entrent pas au Conseil fédéral, mais ils le gouvernent (sans responsabilité) et tiennent à en éloigner les hommes qui ne seraient pas dans leurs mains. Ces hommes appartiennent presque tous au parti radical modéré; ils représentent des intérêts divers, mais ils se font des concessions.» [1362] Schon früh titulierte man diese innere Machtelite, «da sie meistens gut situiert oder auf dem Wege waren es zu werden und sich mit besonderm Selbstbewusstsein bewegten», als «Bundesbarone». [1363] Das Signet dieser «hohen Gesellschaft des schweizerischen Manchestertums» war durchaus kapitalistisch. «Sie war ein Unternehmertum, das auf städtischem Boden erwachsen war oder von der industrialisierten Landschaft, aus der dortigen Industrie selbst herkam, eine kapitalkräftige Schicht, die ihre materiellen und intellektuellen Mittel schaffen und werben liess in den modernen Unternehmungsformen (Industrie, Bahnen, Banken, Versicherungen) und mit jenen die Massen und die Politik beherrschten.» [1364] Durch persönliche Bekanntschaft, durch freundschaftliche, politische und geschäftliche Beziehungen zusammengehalten, stand die «hohe Gesellschaft», dem Leistungsprinzip und der Selbst- und Eigenverantwortlichkeit des Individuums verpflichtet, Aufsteigern aus dem Kleinbürgertum oder dem gewerblichen und bäuerlichen Milieu durchaus offen. Vor allem unter den Radikalen waren recht viele, die, meist kleinbürgerlicher oder bäuerlich-gewerblicher Herkunft, nach einem Studium über die Politik einen sozialen und wirtschaftlichen Aufstieg machten. Die politische Tätigkeit und Karriere bildete aber nicht nur für Aufsteiger, sondern auch für andere Angehörige der neuen politischen Elite ein Sprungbrett in unternehmerische Aktivitäten, vor allem im Bereich des Eisenbahn-, Banken- und Versicherungswesens tat sich hier nach 1850 ein weites, lukratives Tätigkeitsfeld auf.

Wie sehr dieses Bild der neuen politischen Elite der Wirklichkeit entsprach, belegt die berufliche und soziale Herkunft der freisinnigen Nationalräte in den ersten beiden Jahrzehnten des Bundesstaates. In den fünfziger Jahren setzte sich ein Viertel der radikalen und liberalen Nationalräte, die als Linke zusammengefasst bis 1860 mehr als zwei Drittel der Nationalräte stellten, aus Unternehmern oder Direktoren grösserer Unternehmen zusammen. Ein weiteres Viertel übte einen freien Beruf aus. In der Mehrzahl handelte es sich dabei um Advokaten. Knapp zehn Prozent waren Kleinunternehmer, Händler oder Handwerksmeister. Rund dreissig Prozent lebten von einer amtlichen Funktion in Bund, Kanton oder Gemeinde. Unter den Nationalräten der Mitte (Altliberale und gemässigte Konservative), die von 1848 bis 1851 und von 1854 bis 1860 nur jeweils zehn der 120 Sitze umfasste, befanden sich 1848 vier Unternehmer, drei Freiberufliche, ein Gutsbesitzer und ein Professor sowie ein Magistrat. 1857 bestand die Hälfte der Nationalräte der Mitte aus Gutsbesitzern und Rentnern, dazu kamen zwei Freiberufliche, ein Professor und zwei Magistrate.

In den sechziger Jahren, als sich auf der Linken neue demokratische Oppositionsgruppen bildeten und gleichzeitig ein Teil der Liberalen und Radikalen (Typus Escher) stärker in die Mitte des Parteienspektrums, ins sogenannte Zentrum, rückten, änderte sich an der beruflichen Zusammensetzung der Linken, die jetzt nur noch die Hälfte der Nationalräte umfasste, wenig. Der Anteil der freiberuflich tätigen Nationalräte sowie der Professoren und Staatsangestellten nahm leicht zu, derjenige der Unternehmer und Gewerbetreibenden ging leicht zurück. Stärker rückläufig war der Anteil der Magistrate. Im Zentrum dagegen, das nun zwischen 35 und 40 Nationalräte umfas-

ste, veränderte sich die berufliche Zusammensetzung sehr stark. Durch den
Zuzug eines Teils der Liberalen wurde das Zentrum stärker zum eigentlichen
Hort der «hohen Gesellschaft des schweizerischen Manchestertums». Fast die
Hälfte waren Industrielle, Kaufleute, Bankiers, Direktoren oder Kapitalrentner. Der Anteil der Freiberuflichen sowie der Gutsbesitzer ging dagegen zurück, während jener der Magistrate zunahm. [1365] Die «hohe Gesellschaft» war
aber auch auf der Linken, d. h. in der radikalen Fraktion, weiterhin fest verankert. Dies zeigt sich nicht zuletzt daran, dass weiterhin die Hälfte aller von
Nationalräten besetzten Verwaltungsratssitze von Industrieunternehmen, Banken, Versicherungen und Eisenbahngesellschaften sowie Vorstandssitze von
Verbänden von Angehörigen dieser Fraktion eingenommenen wurden. In den
fünfziger Jahren, als die Liberalen vom Typus Escher, die sogenannten Bun-
des- und Eisenbahnbarone, noch nicht zum Zentrum übergegangen waren,
fanden sich auf der Linken sogar zwei Drittel der Verwaltungsrats- und Vorstandssitze. [1366]

Dass diese «hohe Gesellschaft» Aufsteigern aus dem gewerblich-hand-
werklichen und bäuerlichen Milieu durchaus offen stand, lässt sich an den
Berufen der Väter der National- und Ständerate von 1848 bis 1872 aufzeigen.
So hatten auf der Linken lediglich 15 bzw. 16 Prozent der National- und
Ständeräte einen unternehmerisch tätigen oder akademisch gebildeten Vater.
Dagegen waren 22 Prozent der Väter Handwerker oder Arbeiter gewesen und
24 Prozent stammten aus bäuerlichen Verhältnissen. Vier Prozent kamen aus
einer Lehrerfamilie, sechs Prozent aus dem Beamtenmilieu. Etwas weniger
soziale Aufsteiger fanden sich im Zentrum. Hier hatten zwanzig Prozent einen
akademisch gebildeten Vater, 24 Prozent waren Unternehmersöhne. Hand-
werker- oder Arbeiterväter hatten dagegen bloss 16 Prozent. Wie bei der Linken stammten 24 Prozent aus bäuerlichem Milieu. In den beiden nächsten
Perioden (1872–1896, 1896–1919) nahmen bei der Linken wie im Zentrum die
Handwerker- und Arbeitersöhne stets ab. Die Zentrumsleute kamen zunehmend aus dem Unternehmermilieu und der Landwirtschaft. Bei der freisinnigen Linken stammten immer mehr Räte aus akademischem und unternehme-
rischem Milieu, nach 1896 nahm auch der Anteil der Bauernsöhne nochmals
zu, ebenso stieg der Anteil der Lehrer-, Beamten- und Angestelltensöhne. [1367]

Wirtschaft, Politik und Staat waren für die Repräsentanten der bürgerlichen Mittelklassen wie für diese selbst keine getrennten Sphären. Besitz,
Bildung, unternehmerische Aktivitäten und persönlicher Erfolg waren in ihren
Augen von erspriesslichem, dem Allgemeinwohl von Gesellschaft und Staat
dienenden politischen Wirken, von gemeinnütziger Leistung nicht zu trennen,
ja sie bedingten sich wechselseitig. Überspitzt formuliert konnte letztlich dem
Staat nur wirklich nützlich sein, wer über Besitz und Bildung, über wirtschaft-
liches und symbolisches Kapital verfügte. So etablierte sich auf eidgenössischer
Ebene, ähnlich wie vorher in den liberalen Kantonen, eine neue «Kaste», eine
«Aristokratie» nicht mehr der Herkunft, sondern des Reichtums und der aka-

demischen Bildung, bestehend vor allem aus den «vermöglichen Elementen» zu Stadt und Land, sowie der Mehrzahl der Intellektuellen, aber unter weitgehendem Ausschluss der ehemals privilegierten Familien. 1368 Ideell besass sie ein «recht uneinheitliches und vermischtes Gepräge; sie war optimistisch, weltbejahend, bildungsfreundlich und -eifrig, aber hierin doch schon ganz eklektisch. Darüber hinaus war sie grossbürgerlich und national, bei aller geschäftlich-internationalen Beweglichkeit». 1369 Nach dem eigenen Selbstverständnis umfasste diese Schicht, wie sich der Aargauer Industrielle Carl Feer-Herzog ausdrückte, die «Elemente der Gesellschaft, die durch Arbeit, Bildung und Verdienst sich eine Stellung errungen» haben. 1370

Idealtypisch verkörperte sich diese gleichzeitig in Wirtschaft wie Politik mit «zupackender Schaffenskraft» (Wehrli) und nie erlahmendem Arbeitseifer tätige bürgerliche Elite in den Männern, die zu den sogenannten «Bundes- oder Eisenbahnbaronen» gehörten. Im wesentlichen setzte sich dieser Kreis mehr oder weniger miteinander befreundeter Männer aus einigen Unternehmern der Textilindustrie sowie Juristen und Magistraten zusammen, die sich über ihren engern Wirkungsbereich hinaus vor allem in der Finanzierung und Organisation des Eisenbahnbaues und der Eisenbahngesellschaften hervortaten, aber auch im Bank- und Versicherungsgeschäft aktiv wurden. Neben Alfred Escher gehörten namentlich dazu: Friedrich Peyer im Hof (1817–1900), ursprünglich Tuchhändler, Mitbegründer der Rheinfallbahn und der schweizerischen Industriegesellschaft Neuhausen, Verwaltungsrat der Nordostbahn; Carl Feer-Herzog (1820–1880), Industrieller; Daniel Wirth-Sand (1815–1901), Präsident der Schweizerbahnen, Gründer der Versicherungsanstalt Helvetia; Heinrich Fierz (1813–1877), Textilunternehmer; Heinrich Hüni (1813–1876), Textilunternehmer; Rudolf Stehli-Hausheer (1816–1884), Seidenindustrieller; Rudolf Wäffler (1804–1867), Handelsmann; Alphons Koechlin-Geigy (1821–1893), Bandfabrikant, Mitbegründer der Basler Handelsbank, Verwaltungsrat der Centralbahn; Johann Conrad Kern (1808–1882), Jurist, Direktor Nordostbahn, später Gesandter in Paris; Eduard Häberlin (1820–1884), Anwalt, Staatsanwalt, Oberrichter; Johann Jakob Rüttimann (1813–1876) Universitätsprofessor für Privatrecht; Johann Jakob Blumer (1819–1875), Jurist, Privatgelehrter; Joachim Heer (1825–1879), Jurist, Grundbesitzer; Johann Jakob Stehlin-Hagenbach (1803–1879), ursprünglich Bauunternehmer und Architekt, ab 1853 hauptamtlich Politiker. 1371

Herausragende Figur und eine der dominantesten Persönlichkeiten innerhalb der «hohen Gesellschaft des schweizerischen Manchestertums» war ohne Zweifel Alfred Escher (1819–1882). Er stammte zwar aus einem der führenden aristokratischen Geschlechter Zürichs, seine unmittelbaren Vorfahren waren jedoch seit seinem Urgrossvater und Grossvater, die beide wegen persönlichem und geschäftlichem Fehlverhalten ihr Vermögen und ihr Ansehen verloren hatten, darauf ins Ausland hatten gehen müssen und der familiären Ächtung verfallen waren, aus dem Regiment wie dem wirtschaftlichen und gesellschaftlichen Leben Zürichs ausgeschieden. Alfred Eschers Vater Heinrich kam dann nach einem legendenumwobenen Aufstieg in den Vereinigten Staaten als sehr reicher Mann nach Zürich zurück, ohne sich hier aber wieder einzugliedern. [1372] Alfred Escher gehörte damit trotz seines Namens und des grossen familiären Reichtums zu einer angefochtenen, am Rand der herrschenden Kreise Zürichs befindlichen Familie. Für seine politische Laufbahn auf seiten der Liberalen und Radikalen sollte dies sehr entscheidend sein.

Nach der Schulung durch Hauslehrer und dem Besuch des oberen öffentlichen Gymnasiums absolvierte Alfred Escher in Zürich, Bonn und Berlin ein Studium der Rechte, das er 1842 bei Friedrich Ludwig Keller mit einer Dissertation abschloss. Während des Studiums war er sehr aktiv in der liberalen Studentenverbindung Zofingia, danach vor allem in der 1842 gegründeten Akademischen Mittwochsgesellschaft, die er im Laufe der Jahre immer mehr beherrschte. Im Sommer 1843 machte er einen Bildungsaufenthalt in Paris. Beruflich schwankte er in dieser Zeit noch zwischen einer wissenschaftlichen Karriere und einer praktisch-juristischen Laufbahn, politisch verharrte er in einer «interessierten Unverbindlichkeit». [1373] 1844 wurde er Privatdozent für Zivilprozess an der Universität Zürich, liess sich aber auch in den Grossen Rat wählen. Im Zusammenhang mit den Freischarenzügen, der antijesuitischen Mobilisierung und dem liberalen Umschwung von 1845, der nach dem Rücktritt konservativ-liberaler Regierungsräte die Liberalen auch im Kanton Zürich wieder an die Macht brachte, trat der noch nicht einmal dreissig Jahre alte Alfred Escher unter den Liberalen immer mehr in den Vordergrund [1374] und damit auch in offene Opposition zu den in der Stadt herrschenden, aristokratisch-konservativen Kreisen, denen er sich nun politisch wie gesellschaftlich noch mehr entfremdete. Auch seine weitverzweigte Verwandschaft ging noch mehr auf Distanz. «Für einen grossen Teil der Escher» war er «so radikal, dass sie nicht mehr mit ihm zusammen sein wollten». Die Feste des Escher-Fonds, die jeweils im Winter das ganze Geschlecht vereinten, wurden in der Folge, nachdem auch eine andere Familie wegen schlechter Geschäfte nicht mehr teilnahm, nicht mehr abgehalten. [1375] Im Zeichen der nationalen Einigung rückte Alfred Escher dann schon bald zum Führer des durch radikale Kräfte erneuerten zürcherischen Liberalismus auf: 1845 wurde er zum dritten Tagsatzungsgesandten und in wichtige Kommissionen gewählt, 1846 wurde er Vizepräsident des Grossen Rates, 1847 avancierte er zum Staatsschreiber, 1848 wurde er zum Amtsbürgermeister und Regierungsrat des Kantons Zürich gewählt und in den Nationalrat entsandt.

In der in der fünfziger Jahre so beherrschenden Eisenbahnfrage, die mit dem Eisenbahngesetz im Juli 1852 zugunsten des Privatbaus entschieden wurde, war er einer der prononcierten Befürworter der privaten Lösung, nicht zuletzt auch aus regionalpolitischen Gründen. So hielt er jenen, die Konzessionen an militärische Rücksichten und an die Bedingung knüpfen wollten, dass die Bahnen dem gemeinsamen Wohl der Eidgenossenschaft entsprechen müssten, entgegen: «Wir, d. h. Zürich und die Ostschweiz liegen ein wenig abseits und können uns nicht in den patriotischen Mantel hüllen, wie jene in der Mitte der Schweiz. Wir wollen aber nichts als volle Freiheit für alle.» Weiter erklärte er, die östliche Schweiz sei eben besonders an Eisenbahnen interessiert, wenn der Bund nichts tun wolle, so könne sie auf seine Unterstützung zwar verzichten, aber gehemmt werden wolle sie nicht. Hinter den Auseinandersetzungen um den staatlichen oder privaten Eisenbahnbau standen denn auch in erster Linie regionale Interessenunterschiede zwischen Zürich und der Ostschweiz auf der einen, Bern auf der anderen Seite. Dass Escher in grosser Übereinstimmung mit der industrialisierten Ostschweiz handelte, wird auch aus einem Brief von Nordostbahndirektor M. Escher-Hess an Alfred Escher deutlich: «...denn wenigstens in unserm Kanton und dem ganzen Osten der Schweiz will alles, dass Eisenbahnen gebaut werden, und sieht wohl ein, dass wir keine erhalten würden, wenn der Bund und die Kantone dieselben erstellen sollten». [1376] Unmittelbar nach dem Entscheid auf Bundesebene übernahm Escher in Zürich die Initiative. Unter seiner Regie kam es 1853 zur Fusion der Nordbahn mit der von Escher präsidierten Zürich-Bodensee-Bahn und zur Gründung der Nordostbahngesellschaft. Schon Ende der fünfziger Jahre bestand mit der Verknüpfung der Linien der Nordostbahn und der Vereinigten Schweizer Eisenbahnen in der Ostschweiz ein umfassendes und gut zusammenhängendes Verkehrssystem mit Zürich als Dreh- und Angelpunkt. Zürichs weiterer wirtschaftlicher Aufschwung war damit sichergestellt. [1377] Escher selbst, der bisher vor allem als radikaler Politiker aufgetreten war, wandte sich mit seinem totalen Engagement für das Eisenbahnwesen nun immer mehr direkt der Wirtschafts- und Finanzwelt zu: 1855 bis 1872 wirkte er als Direktionspräsident der Nordostbahngesellschaft; 1856 gründete er die Schweizerische Kreditanstalt; von 1858 bis 1873 sass er auch im Aufsichtsrat der Lebensversicherungs- und Rentenanstalt; ab 1863 war er sehr aktiv an den Vorbereitungen für den Bau der Gotthardbahn beteiligt und amtierte von 1872 bis 1878 als deren Direktionspräsident.

Schon ab Ende der vierziger Jahre bestimmte Alfred Escher die Zürcher Politik fast uneingeschränkt. 1855 trat er zwar aus der Regierung aus, blieb aber bis zu seinem Tode im Jahr 1882 im Kantonsrat und lenkte von nun an bis zum Sturz des «Systems» durch die demokratische Bewegung im Frühjahr 1868 die Zürcher Politik von seiner wirtschaftlichen Schlüsselposition aus als Chef der Nordostbahn und der Kreditanstalt: Er beherrschte den Grossen Rat, der die Regierung nach seinen Vorschlägen wählte. Diese wiederum wählte teils auf Lebenszeit die Bezirksbeamten, welche die Wahlen in den Grossen Rat leiteten. Die wichtigsten Entscheidungen wurden trotz der republikanischen Formen meist im engsten Kreise und ausserhalb der Regierung oder des Grossen Rates getroffen. Ein wichtiges informelles Machtzentrum war die «Akademischen Mittwochsgesellschaft», wo Alfred Escher die Anhänger um sich scharte: «Hier präsentierten sich seine Adepten, die Anschluss an das herr-

schende System und eine aussichtsreiche Karriere suchten; hier wurden alle
politischen Angelegenheiten besprochen und die Personenfragen gelöst; hier
hielt der Princeps Cercle. Im Grossen Rat ging dann meist Alles wie am
Schnürchen. ... Alles erschien als im voraus bestimmt und abgemacht und die
ganzen Beratungen vielfach als Formalien. Tatsächlich herrschte der Mann,
dem auch Stadt- und Regierungspräsident nur mit Unterwürfigkeit nahten,
und für einen strebsamen Bürger gab es keine grössere Auszeichnung, als
Direktions- oder Verwaltungsratsmitglied von Nordostbahn oder Kreditanstalt
zu werden.» [1378]

Als gemässigter Radikaler und Zentralist in den Nationalrat gewählt,
gehörte der «Diktator» (Gagliardi) Zürichs auf eidgenössischer Ebene von
Anfang weg zu den dominanten Figuren innerhalb der neuen politischen Elite.
1848/49 war er Vizepräsident des Nationalrates, 1849/50 erstmals dessen
Präsident. Im «zeitweiligen Zusammenwirken» [1379] mit dem Berner Jakob
Stämpfli galt er als unbestrittener Führer aller freisinnig-fortschrittlichen
Kräfte. Mit der Ausweitung seiner wirtschaftlichen Tätigkeitsbereiche, vor
allem aber in den heftigen eisenbahnpolitischen Auseinandersetzungen um die
Oronbahn und den Rückkauf der Eisenbahnen geriet Escher als Eisenbahnba-
ron par excellence ab Mitte der fünfziger Jahre immer mehr in Gegensatz zum
radikalen Flügel des Freisinns, insbesondere auch zu Stämpfli und seinen Par-
teigängern. Mit einem Teil der Liberalen und Radikalen rückte er in der Folge
immer mehr in die Mitte des Parteienspektrums und war bis in die siebziger
Jahre, als die Eisenbahnkrisen und die enormen Kostenüberschreitungen beim
Gotthardeisenbahnbau seine wirtschaftliche wie politische Stellung erschütter-
ten, das Haupt des liberal-radikalen Zentrums. Hinter ihm stand ein Grossteil
der in den industrialisierten Kantonen massgeblichen Männer, im besonderen die Textilunternehmer der Ostschweiz. Bissig, aber nicht unzutreffend
beschrieb der Luzerner Konservative Philipp Anton von Segesser den Kreis
um Alfred Escher: «Um ihn scharten sich die Männer der hohen Finanz und
Industrie, die ihre Nasen hoch trugen und in den feinen Genüssen des Lebens
schwelgten, jene modernen Feudalherren, welche bei nicht geringerm Appetit
als der ihrer Vorfahrern auf den Schlössern war, sich den Anstrich von Wohl-
tätern der Menschheit geben, dann auch solche, die in dieser Interessengesell-
schaft die Chancen eigenen Vorwärtskommens erblickten, hungrige Professoren und Literaten aus aller Herren Ländern, feile Zeitungsschreiber –
selbstverständlich aber auch viele anständige Leute, welche ihre Ruhe und
Lebensannehmlichkeit durch Herrn Escher besser gewahrt glaubten als durch
dessen Gegner.» [1380]

Steht Alfred Escher für jene führenden Liberalen und Radikalen, die aus
reichem oder doch eher gutsituierten Verhältnissen stammten, so Jakob
Stämpfli, der Führer der Berner Radikalen für jene, die, meist kleinbürgerlicher oder bäuerlich-gewerblicher Herkunft, über die Politik einen sozialen
und wirtschaftlichen Aufstieg machten oder zu machen hofften. Über Stämpfli

und seinen Kreis schreibt Segesser: «Stämpfli war nicht in den bevorzugten Verhältnissen aufgewachsen wie Escher. Beschränkt in seinen Hülfsmitteln war er ohne Gymnasialstudien an der bernischen Hochschule zum Fürsprecher gebleicht worden, aber was ihm an regelmässigem Studiengang abging, ersetzte ein grosses Talent, unermüdliche Arbeitskraft und unbeugsamer Wille. Kalt, stolz und etwas roh in seinem Auftreten, fand er Freunde ohne sie zu suchen; er war diesen eben so treu als er unerbittlich war gegen alle, die ihm im Wege stunden. Der Kreis seiner Anhänger bildete sich aus weniger hochstehenden Elementen als derjenige Eschers, Leuten, die eine minder delikate Behandlung erforderten und eine direktere Berücksichtigung ihrer Interessen verlangten als jene. Während der eine vorzüglich von Millionären umgeben war, hingen dem Andern mehr solche an, die es erst werden wollten.» [1381] Auch wenn diese Charakterisierung etwas überzeichnet sein mag, Jakob Stämpfli war der «typischste Exponent» der radikalen Gründergeneration: «Seine bäuerliche Herkunft, sein einfaches Auftreten und seine direkte Sprache machten ihn zu einem Mann des Volkes, zu einer Identifikationsfigur für jene neuaufsteigenden Schichten, die seit der Regeneration die Mitbestimmung erlangt hatten.» [1382] Doch trotz grosser Unterschiede in der Herkunft, im Auftreten, in der politischen Ausrichtung und im wirtschaftlichen wie politischen Erfolg weist der Verlauf der Karriere Eschers und Stämpflis, wie unschwer zu erkennen ist, durchaus auch grosse Gemeinsamkeiten auf.

Jakob Stämpfli, 1820 in Wengi im Amtsbezirk Büren geboren, war der mittlere von drei Söhnen des von Schwanden bei Schüpfen stammenden Bauern Hans Stämpfli, der mit fast zwanzig Hektaren Boden einen recht grossen Hof besass. Nach dem Besuch der Volksschule und einem Welschlandaufenthalt machte er von 1836–1839 beim Amtsnotar und Amtsgerichtsschreiber in Büren eine Lehre. Danach arbeitete er als erster Substitut auf der Amtsgerichtsschreiberei. Im Herbst 1840 nahm er an der Universität Bern das Studium der Rechte auf, unter anderem auch beim radikalen Staatsrechtler Wilhelm Snell. Zusammen mit Niklaus Niggeler, dem Sohn eines Bauern und Rechtsagenten, Studienfreund und zukünftiger Mitkämpfer, gehörte Stämpfli zum engsten Kreis um Snell, zur sogenannten «jungen Schule vom Land». [1383] Beide wohnten auch in dessen Haus und heirateten nach dem Studium eine seiner Töchter. Durch Niggeler wurde Stämpfli im November 1840 in die radikale Studentenverbindung «Helvetia» eingeführt, deren Präsident er zweimal war. Aus ihr rekrutierte sich später seine politische Hausmacht, die sogenannte «Männer-Helvetia», die Vereinigung ehemaliger Helveter. 1844 schloss Stämpfli als Fürsprech ab und eröffnete ein eigenes Advokaturbüro. Ab 1845 gab er die von ihm mit Gesinnungsgenossen neu gegründete und von der «Helvetia» ebenfalls unterstützte Berner Zeitung heraus, die er nicht nur auch selbst redigierte, sondern von der er neben seiner Tätigkeit als Advokat und Politiker auch weitgehend lebte. Nach heftigen Auseinandersetzungen mit der liberalen Regierung im Gefolge des Freischarenzuges, an dem auch Stämpfli teilgenommen hatte, und der Abberufung Snells fasste er die radikalen Kräfte im bernischen Volksverein zusammen, der sich mit der Berner Zeitung als Sprachrohr rasch zu einer stosskräftigen Parteiorganisation auswuchs und auf eine Revision der Verfassung von 1831 drängte. [1384]

Die Verfassungsrevision von 1846, die er als Sekretär des Verfassungsrates wesentlich mitgestaltete, und der Wahlsieg der Radikalen öffneten Stämpfli ähnlich und zur gleichen Zeit wie Escher den Einstieg in öffentliche Ämter. 1846–1850 wurde er in den Grossen Rat und dann zum Regierungsrat gewählt. Nach der Niederlage der Radikalen in den Wahlen von 1850 infolge ihrer Finanz- und Hochschulpolitik und dem konservativen Umschwung wirkte er wieder als Redaktor und Advokat und leitete mit heftigen Pressekampagnen die Opposition gegen die konservative Regierung unter Eduard Blösch. 1854 übernahm er in der sogenannten Fusionsregierung der Konservativen mit den Radikalen das Vizepräsidium. Bereits Ende 1854 wurde er jedoch als Ersatz von Ulrich Ochsenbein, der das Vertrauen vieler Liberalen wie vor allem auch der Berner Radikalen verloren hatte, in den Bundesrat gewählt.

Auf eidgenössischer Ebene trat Stämpfli erstmals 1847 als Tagsatzungsgesandter in Erscheinung, für den Feldzug gegen den Sonderbund stellte er der Tagsatzung aus der bernischen Staatskasse einen hohen Vorschuss zur Verfügung. Die neue Bundesverfassung lehnte er jedoch wie die Berner Radikalen allgemein ab, weil sie ihm zu stark föderalistisch geprägt war. Trotzdem gehörte er seit 1848 dem Nationalrat an und war auf radikaler Seite eine der dominantesten Figuren. In der Eisenbahnfrage von 1852 befürwortete Stämpfli, der wie Escher Mitglied der vorbereitenden Kommission war, die staatliche Lösung, ohne sich jedoch im Parlament dafür noch verbal einzusetzen. [1385] In den folgenden Jahren, besonders ab 1856, entwickelte er sich mit seiner offensiven, nationalistischen Haltung in der Aussenpolitik (Neuenburg und Savoyerhandel), vor allem aber auch als Befürworter einer staatlich gelenkten Eisenbahnpolitik und vehementer Kämpfer gegen die Eisenbahnmagnaten und die von ihnen beherrschten privaten Eisenbahngesellschaften zum Antipoden Eschers und geriet mit dem wirtschaftsliberalen, eher grossbürgerlich dominierten Flügel des Freisinns in heftige Opposition. Dieser Konflikt bestimmte über Jahre hinaus die eidgenössische Politik sehr stark. Setzte er sich in der Frage des Anschlusses der Westschweiz an das übrige Eisenbahnnetz mit seiner Variante der Berglinie über Oron-Freiburg gegen Escher durch, so erlitt er in der Frage des Rückkaufes der Eisenbahnen, die er 1862 in einer Denkschrift lancierte, eine Niederlage. Aber auch viele andere von ihm propagierte und unterstützte Pläne zum Bau von Eisenbahnen, die mit staatlicher Förderung und Finanzierung gebaut werden sollten, gediehen entweder nicht bis zur Realisierung oder endeten schliesslich in einem finanziellen Misserfolg.

Stämpflis Eintreten für eine aktive staatliche Verkehrs- und Infrastrukturpolitik hatte sicher sehr viel mit seinem grundsätzlich interventionistischen

Staatsverständnis zu tun, doch sein Staatsverständnis wie seine konkrete Politik hingen auch stark damit zusammen, dass Stämpfli und seine radikale Partei die Interessen einer agrarisch geprägten, industriell und kommerziell aber rückständigen Region vertraten und ihre wirtschaftliche und soziale Basis grösstenteils in gewerblich- bäuerlichen Bevölkerungsschichten besassen, dass die intellektuellen Führer wie Stämpfli meist aus zwar nicht besitzlosen, aber doch eher weniger begüterten Verhältnissen stammten, so dass sie von ihrer Klassenlage her weder über eigenes Kapital noch über den Zugang zu grösseren Finanzquellen im In- oder Ausland verfügten. Diesen Mangel an Kapital oder auch nur die fehlende Bereitschaft einheimischer Kapitalisten, in neue Investitionsfelder vorzustossen, sollte der Staat durch seine Aktivitäten beheben und so dem Fortschritt zum Durchbruch verhelfen. Nicht zuletzt auch deshalb setzten die Radikalen auf das Primat der Politik und versuchten den Staat in ihre Hände zu bekommen. Verständlich wird auf diesem Hintergrund auch der hohe Stellenwert, den Besoldungsfragen gerade für die Berner Radikalen einnahmen. Der Staat sollte eben nicht nur Garant des Fortschrittes und der sozialen Wohlfahrt sein, sondern mit einer ausreichenden Besoldung auch dafür sorgen, dass jeder Bürger ein öffentliches Amt annehmen konnte, ohne im Besitze eines grösseren Vermögens sein zu müssen.

1863 trat Stämpfli aus dem Bundesrat zurück und übernahm das Präsidium der von französischen Finanzkreisen gegründeten Eidgenössischen Bank. Stämpfli unternahm damit jenen Schritt in die praktische Wirtschafts- und Finanztätigkeit, den Escher bereits Mitte der fünfziger Jahre vollzogen hatte und so erfolgreich mit seinen politischen Aktivitäten zu verbinden wusste. Diesen für einen vehementen Vorkämpfer gegen die Eisenbahn- und Bankenbarone doch erstaunlichen Schritt in die Finanzwelt begründete er hauptsächlich mit seinen angespannten ökonomischen Verhältnissen und der Notwendigkeit, nach zwanzig Jahren vorwiegend politischer Tätigkeit jetzt in erster Linie für seine Zukunft und die seiner zahlreichen Familie zu sorgen. Die Beschreibung seiner Verhältnisse macht denn auch deutlich, mit welchen Schwierigkeiten soziale Aufsteiger wie Stämpfli, die aus mittelständischen Verhältnissen stammten, zu kämpfen hatten, um einen bürgerlichen Lebensstandard zu erreichen und den Ansprüchen bürgerlicher Respektabilität zu genügen: «Seit zwanzig Jahren ungefähr habe ich mich als Publizist oder als Beamter den öffentlichen Geschäften gewidmet. Als ganz junger Mann und unmittelbar von meinen Studien weg kam ich dazu; ererbtes Vermögen nach Bestreitung meiner Studienauslagen verblieb mir sehr wenig; meine Einnahmen als Publizist und Beamter reichten hin zum Unterhalte; meine Besoldung [1386] war später grösser, aber auch meine Familie; ich zehrte auf, was ich verdiente, so dass ich zur Stunde noch in meinen ökonomischen Verhältnissen so zu sagen auf nichts reduzirt bin.» Doch wie Escher, dem dies von radikaler Seite allerdings zunehmend abgesprochen worden war, glaubte Stämpfli, auch in seiner neuen Stellung weiterhin «in wahrhaft nationalem und vaterlän-

dischen Sinne wirken» und beweisen zu können, dass ihm «nationale Selbständigkeit auch auf dem materiellen Gebiet über Alles» gehe. [1387] Schon kurz
vorher hatte er zur Verteidigung der Eidgenössischen Bank erklärt, dass mit
einer «kräftigen Finanzanstalt», die im Lande selbst organisiert und von
Schweizern mit dem «Herz am rechten Fleck» verwaltet wird, trotz ausländi-
schem Kapital das «Geläufe nach auswärtigen Hauptstädten, um sich Kapitalien zu verschaffen und dadurch auswärtige Influenzen sich aufdrängen zu
lassen, wesentlich verschwinden zu machen» wäre, vor allem wenn eine solche
Anstalt unter radikale Verwaltung käme. [1388] Stämpflis weitgehende Hoffnungen erfüllten sich jedoch nicht, in seiner Zeit als Bankpräsident musste die
Eidgenössische Bank eine Reihe von Verlusten hinnehmen, 1874 gab er die
Leitung auf und 1877 trennte sich die Bank endgültig von Stämpfli, der sich
beruflich nun wieder als Advokat betätigte. Wie angekündigt blieb er nach seinem Rücktritt aktiv in der Politik: 1863–1878 beeinflusste er als Mitglied des
bernischen Grossen Rates wieder sehr stark die bernische Politik und war bis
zu seinem Tode im Jahre 1879 auch wieder im Nationalrat. [1389]

Staatlicher Einfluss und wirtschaftliche Interessen flossen aber nicht nur
bei «Bundesbaronen» wie Jakob Stämpfli oder Eisenbahn- und Finanzmagna-
ten wie Alfred Escher völlig ineinander über. Die enge Verbindung von Politik
und Wirtschaft entsprach den Zielen und Interessen der bürgerlichen Mittelklassen, im besonderen denjenigen des dominanten Wirtschaftsbürgertums.
Was sie mit der politischen und gesellschaftlichen Umgestaltung wollten und
auch erreichten, waren optimale Voraussetzungen für die Verwertung ihres
realen wie symbolischen «Kapitals», waren Freiräume für berufliche und
unternehmerische Aktivitäten sowohl für sich selbst als auch für «Begabungen
von oberhalb und unterhalb ihres eigentlichen gesellschaftlichen Kerns»,
womit sie diese nicht nur an sich zu ziehen, sondern sich auch die politische
Unterstützung eines beträchtlichen Teils der übrigen Klassen und eine hohe
Legitimation zu sichern vermochten. [1390] Zwar misstrauten die Liberalen wie
die Liberal-Konservativen aus den bürgerlichen Mittelklassen den «ungebildeten Massen» und fürchteten die «Pöbelherrschaft» meist ebenso wie die
konservativ-aristokratischen «Herren», trotzdem fühlten sie sich selbst durchaus zum Volk gehörig und verstanden sich weder als besonderer Stand noch als
Klasse, sondern als Teil der «alle umfassenden Bürgerschaft» oder des «dritten
Standes». [1391] In ihrem Glauben an die prinzipielle Offenheit der bürgerlichen
Gesellschaft wollten sie aber von fundamentalen Interessengegensätzen zwischen den Mittelklassen und den übrigen Bevölkerungsklassen, dem gewerblich-bäuerlichen Mittelstand, der ländlichen und städtischen Arbeiterschaft, in
der Regel nichts wissen. «Il n'y a pas, en Suisse, de classe ouvrière proprement
dite, car, dans ce pays, les ouvriers ne forment point une catégorie distincte de
l'ensemble de la nation. La vie publique et démocratique y confond sans cesse
les divers rangs de la société et efface ces lignes de démarcation qui, ailleurs,
élèvent des barrières regrettables entre concitoyens de diverses positions socia-

les. Tout Suisse peut, avec de l'intelligence et du patriotisme, prétendre aux charges les plus élevées, aux fonctions les plus honorables; il y peut parvenir sans que la naissance ni la fortune lui soient pour cela d'un secours nécessaire», umriss der Genfer Philanthrop Gustave Moynier in seinem Bericht für die Weltausstellung von 1867 in Paris die liberale Sicht vom Bild der schweizerischen Gesellschaft. 1392 So wie es keine Arbeiterklasse mit besonderen politischen Interessen gab oder geben durfte, so existierte trotz aller durchaus anerkannten wirtschaftlichen und sozialen Unterschiede auch kein Bürgertum, sondern letztlich nur das ganze arbeitende Volk.

Was für Aktivitäten die arbeitseifrigen Männer aus den bürgerlichen Mittelklassen, an Reichtum und Macht der alten Herrenschicht schon bald ebenbürtig, wenn nicht gar überlegen, auch immer entfalteten, sie taten dies in der Überzeugung, damit nicht allein einen privaten Nutzen zu verfolgen, sondern ebensosehr dem allgemeinen Besten zu dienen und den wirtschaftlichen und sozialen Fortschritt allgemein zu fördern. Sie handelten im unerschütterlichen Glauben, dass ihre Forderungen im Interesse aller Klassen lägen und dass sie mit den gleichen Grundrechten, der Rechtsgleichheit und Rechtssicherheit auch allen Menschen die gleichen Erwerbs- und Aufstiegschancen bescheren würden. Auch wenn ihre wirtschaftlichen und politischen Aktivitäten sich in einem weitgehend selbstbestimmten Raum abspielten und zunächst vor allem ihnen selbst und ihren Familien Nutzen brachten, waren individuelle Leistungen, weil sie letztlich der Gesellschaft als ganzer zugute kamen, in ihren Augen keine blosse Privatsache, sondern immer auch gesellschaftliche Leistungen, für die sie breite Anerkennung erwarteten und bis zum Aufkommen der demokratischen Bewegung kurz vor der Mitte der sechziger Jahre auch meist uneingeschränkt erhielten.

### Kleine Bürger gegen grosse Bürger: Die demokratische Bewegung

Schon im mittelständisch-kleinbürgerlich geprägten Radikalismus der vierziger und fünfziger Jahre mit seiner starken Betonung der Gleichheit kamen Misstrauen und Abneigung Besitz und Bildung gegenüber zum Tragen, zum Teil bereits mit Tönen klassenkämpferischer Färbung. Kaum an der Macht sahen sich die Männer der neuen politischen Elite des Bundesstaates, die sich nach eigenem Selbstverständnis nicht nur zum Bürgertum, sondern grösstenteils mit Stolz auch zum «arbeitenden Volk» rechneten und sich als prädestiniert und legitimiert betrachteten, zum Wohl des Volkes zu wirken, schon bald einmal als Bundes- oder Eisenbahnbarone betitelt und zu Geldaristokraten abgestempelt. Nicht nur von der frühen Arbeiterbewegung um Johann Jakob Treichler und Karl Bürkli, sondern auch von radikaler Seite wurden sie damit unversehens in die Nähe der von ihnen eben noch bekämpften Aristokratie gerückt und als «Herren» verunglimpft.

Noch mehr als die Liberalen beschworen Radikale, Demokraten und
frühe Sozialdemokraten unter Ausgrenzung einer Geburts- und Geldaristokratie die Einheit und Übereinstimmung von Bürgern und Volk. Für sie gehörten
alle «Leute, welche arbeiten und sich ehrlich durch die Welt bringen», zu den
Bürgern. [1393] Diese fast alle Bevölkerungsschichten umfassende Definition von
Bürger und Bürgertum fiel in einem Artikel der radikalen Berner Tagespost
gegen den konservativen Handels-Courier, der nach dem Zürcher Tonhalle-
Krawall von 1871 berichtet hatte, dass auch in Bern der «Auswurf», nebst den
«ungebildeten Klassen» mit den Franzosen sympathisiere. Die Tagespost wies
diese Begrifflichkeit für die untern Klassen als «ekelhaft», «suffisant» und «aristokratisch» zurück. Als «Pöbel» oder «Auswurf» wollte sie nur Sträflinge und
notorische Gauner und sogenannte Vaganten verstanden haben. Die Vorgänge
in Zürich machten laut Tagespost aber gleichzeitig auch deutlich, dass «durch
den fortwährenden Kampf um's Dasein ein Theil der schweizerischen Arbeiterbevölkerung immer noch zum Proletariat gehört», dass das «schweizerische
Volk noch nicht auf der Höhe der Bildung steht, wie es sein sollte». [1394] Der
eigentliche Kern des Volkes und damit auch die wichtigste Stütze von Gesellschaft und Staat waren auch in radikaler wie demokratischer Sichtweise [1395]
meist die Mittelklassen oder der Mittelstand.

Wie sehr in diesem sozialen Umfeld die bürgerlich-mittelständische
Arbeits- und Leistungsmoral, aber auch auf Respektabilität bedachte Denk-
und Verhaltensmuster die Sicht auf die Gesellschaft sowie die Interpretation
der sozialen Unterschiede prägte und damit die Abgrenzung nach oben, aber
auch nach unten bestimmte, lässt sich exemplarisch an Johann Jakob Vogt [1396],
einem ehemaligen Primar-, später Sekundarlehrer, aufzeigen. In seiner
umfangreichen Arbeit über die Armenfrage von 1853 unterschied der Berner
Radikale, von den Besitzverhältnissen und der Bedeutung der Arbeit ausgehend, acht verschiedene Klassen. Die «äusserste Reichtumsstufe» bildete das
«müssige Herrentum». Dazu zählte er alle, die «ihre Güter vorwaltend als
Mittel ansehen zur Befriedigung sinnlicher Lust und Leidenschaft», die als
«moderne Epikuräer» und «usurpite Lebensaristokrazie» ein «Leben voll vornehmen Schlenderians, zivilisierter Tändeleien und 'nobler Verirrungen'»
führen und sich «durch vernünftige Beschäftigung verunehrt» glauben, «im
Grund aber zu Nichts tauglich» sind. [1397] Die zweite Reichtumsstufe war der
«übermässige Besiz», wo zwar Arbeitsamkeit vorhanden ist, aber nur der
«unersättlichen Leidenschaft der Eigentumsgier» dient und in «ihrer extremen
Ausbildung des Lebens Aufgabe zum trockenen Rechnungsexempel ernied-
rigt», wo Gold als «einziges Zauberwort» der «Seele Fibern in Spannung» setzt
und auch der ausschliessliche Massstab zur «Schäzung des Lebens und dessen
Verhältnisse» ist. [1398] Diese beiden obersten Klassen, die ohne Unterscheidung
Rentner und Kapitalisten aristokratischer wie bürgerlicher Herkunft umfassten, waren für Vogt auf der «Grundlage christlicher Lebenskultur und nach
denjenigen Prinzipien, die sich unmittelbar aus der durch Schrift und Vernunft

gesezten menschlichen Bestimmungen» nicht «zulässig».1399 Erst die dritte
Reichtumsstufe, die Klasse der «Wohlhabenheit», widersprach nicht der durch
die «geläuterte Vernunft» anerkannten «sittlichen Weltordnung». Ihr gehörten
alle an, denen ihr Besitz «ohne besondere Anstrengung», jedoch nicht «ohne
Tätigkeit auf gutem Fusse zu leben» erlaubte.

Diesem oberen Mittelstand, der sich aus der «grösseren Zahl der Begüterten», den «arbeits-fleissigen soliden Naturen» ohne Besitzgier, sowie «tüchtigen Geschäftsmännern und Beamten» zusammensetzte, folgte als vierte
Reichtumsstufe der untere Mittelstand, die Klasse der «einfachen Vermöglichkeit», deren Angehörige zwar über Besitz verfügten, aber im allgemeinen «nur
mit Mühe und beharrlicher Tätigkeit» dessen Bestand bewahren und sich der
Verarmung erwehren konnten. Im wesentlichen rechnete Vogt die «bessergestellten Gewerbs- und Berufsleute» sowie den grössern Teil der Bauern
dazu. Der «Vermöglichkeit» schloss sich als erste Klasse im «Reiche der
Armut» die «Mittellosigkeit» an. Sie umfasste die grössere Zahl der gewöhnlichen Handwerker, die verschuldeten Bauern sowie die Mehrzahl der kleinen
Beamten und Angestellten, die Arbeiter, also alle Leute, die durch ihren täglichen Verdienst ihren Lebensbedarf in der Regel hinreichend decken, aber
nichts auf die Seite legen konnten. Den eigentlichen Kern der Armut bildete
die sechste Gruppe, die Klasse der «Dürftigen», die, weil sie sich oft auch beim
besten Willen durch Arbeit nicht den allernötigsten Lebensbedarf zu verschaffen vermochte, zugleich die letzte Stufe der nach christlicher Lebensverfas-
sung zulässigen Armut darstellten. Die beiden untersten Klassen waren das
«Bettlertum» und die «Vagabundität».1400 Sie standen wie die zwei obersten
Reichtumsklassen als «sündliche Auswüchse des gesellschaftlichen Lebens»
ausserhalb der sittlichen Weltordnung. Vogt nahm damit nach unten wie nach
oben eine klare Abgrenzung vor.1401 Arbeitsscheue Bettler und frech for-
dernde Vaganten sowie müssige Herren und geldgierige Kapitalisten stellte er
jedoch auf die gleiche moralische Stufe, ja sie wiesen in ihrer «psichischen
Gestaltung» trotz aller äusserlichen Gegensätzlichkeit eine «vollendete innere
Parallele» auf. Der übermässige Besitz stimmte in der Spekulation auf fremdes
Eigentum mit dem Bettelgewerbe überein und die Vagantität mit dem müssi-
gen Herrentum im ungezügelten Genusse. Beide Extreme zogen aus seiner
Sicht ihre Existenz aus den drei Mittelklassen: «Alle drüken, die Einen von
oben, die Andern von unten, belastend auf die Mittelstufen, konsumiren ohne
zu produziren, und erndten, wo sie nicht gesäet haben.»1402

Nach 1860 erfuhr die zunächst noch diffuse Kritik oppositioneller Strömungen an den bestehenden politischen und sozialen Verhältnissen eine
bestimmtere Stossrichtung und Zielsetzung. In verschiedenen Kantonen der
Schweiz, zuerst in Baselland und Genf, dann auch im Aargau, in Bern und
Zürich sowie im Thurgau geriet die Herrschaft der liberalen und radikalen
Mittelklassen unter Druck der sogenannten demokratischen Bewegungen,
welche die bestehende staatliche Ordnung mit ihrem repräsentativen System

in Frage stellten und nach einer Erweiterung und Stärkung der Volksherrschaft verlangten. [1403] Die Devise der bürgerlichen Mittelklassen «Alles für das Volk» sollte durch das Motto «Alles durch das Volk» ersetzt werden. Die demokratische Bewegung nahm damit Forderungen auf, die sowohl die Radikalen, besonders in Genf und der Waadt, als auch die Katholisch-Konservativen in Anlehnung an die Landsgemeindedemokratie bereits in den dreissiger Jahren aufgebracht und teilweise sogar schon durchgesetzt hatten. In St. Gallen, Solothurn, Luzern und im Aargau hatten sich schon in den dreissiger Jahren katholisch-konservative Gruppierungen für die Ausweitung der Volksrechte, die Einführung des Vetos, später des Referendums eingesetzt. Sowohl die neuen Führer bäuerlich-gewerblicher Herkunft als auch Angehörige der traditionellen Magistratsfamilien hatten nach 1830 rasch erkannt, dass sie die verlorene politische Macht nur durch ein «mutiges Überholen der Liberalen» (Gruner), durch den Ausbau der repräsentativen zur direkten Demokratie mit allgemeinem Männerwahlrecht, Volkswahl der hohen Beamten und Richter sowie mit dem Referendum wiedergewinnen und dann auch behaupten könnten. Die direkte Mitwirkung des männlichen Volkes an der Gesetzgebung durch die Einführung des obligatorischen Referendums und der Initiative war dann auch die Hauptforderung der Demokraten. Weitere Forderungen zur Überwindung des Repräsentativsystems waren die direkte Wahl der Exekutive und anderer Behörden (Richter) durch die Stimmbürger, das Abberufungsrecht gegenüber der Legislative, das Referendum gegen Finanzbeschlüsse. Dazu kamen in den meisten der betroffenen Kantone noch unterschiedliche Postulate wirtschafts- und sozialpolitischer Natur: Neuregelung des Konkurswesens, insbesondere eine Verbesserung der Rechte der Konkursiten, Gründung von Kantonalbanken, Reduktion des Salzpreises, strengere Steuersysteme (Progressivsteuer), Unentgeltlichkeit des obligatorischen Volksschulunterrichtes sowie Arbeiterschutzgesetze. [1404]

Die Führer der Bewegung waren fast ausschliesslich in bürgerlichen Berufen tätig. Meist handelte es sich um Angehörige der Intelligenz, um ehemalige oder noch amtierende Pfarrer, um Ärzte, Juristen und Lehrer in höheren Bildungsanstalten, vereinzelt auch um Sekundarlehrer. Von den führenden Zürcher Demokraten waren Salomon Bleuler, Gottlieb Ziegler und Salomon Vögelin Pfarrherren, Theodor Ziegler war Anwalt, Friedrich Scheuchzer war Arzt, Rudolf Zangger, Tierarzt und Leiter der Tierarzneischule, Caspar Sieber war Sekundarlehrer. In Bern dagegen dominierten wie schon bei den Radikalen der vierziger Jahre die Juristen. Sowohl die führenden Köpfe der neuen «Jungen Schule», Gustav Vogt und Jakob Leuenberger, als auch die Führer der unabhängigen Demokraten, Rudolf Brunner und Gustav König, waren Fürsprecher. Eine herausragende Rolle spielten die Verleger und Redaktoren der demokratischen Presse. Salomon Bleuler war Verleger des Winterthurer Landboten, des führenden demokratischen Parteiorgans, Friedrich Scheuchzer, sein Freund und Schwager, Verleger und Redaktor der Bülach-Regensberger Wochenzeitung.

Sehr viele leitende Männer gehörten gleichzeitig auch dem damals ebenfalls noch stark mittelständisch-kleinbürgerlich orientierten Grütliverein [1405] an. Sozial stammten die führenden Demokraten mehrheitlich aus eher kleinbürgerlichen oder auch bäuerlichen Verhältnissen, regional rekrutierten sie sich eher aus kleinern Städten oder vom Lande als aus der Hauptstadt. Einige waren aber durchaus gutbürgerlicher Herkunft. Den breitern Rückhalt der Bewegung bildeten vor allem die «kleinen Leute» aus dem gewerblich-handwerklichen und dem bäuerlichen Mittelstand, dazu kamen etwa im Kanton Zürich auch schon grosse Teile der ländlichen und städtischen Arbeiterschaft. [1406]

Nicht nur von ihrer sozialen Zusammensetzung her, sondern auch in ihrer ideologischen Ausrichtung war die demokratische Bewegung stark mittelständisch geprägt. Bei allen Unterschieden in ihren konkreten Zielsetzungen und der Reichweite ihrer Forderungen in den verschiedenen Kantonen stand hinter dem Hauptpostulat nach direkter Demokratie doch überall die Vorstellung, dass über die Ausweitung der politischen Partizipation die wirtschaftlich, sozial und politisch benachteiligten Bevölkerungsklassen ihre Interessen stärker durchzusetzen vermöchten. Doch obwohl die Demokraten die Existenz der sozialen Frage prinzipiell akzeptierten, war mit den unteren Bevölkerungsklassen jedoch noch nicht in erster Linie die Arbeiterschaft, sondern vor allem der gewerblich-bäuerliche Mittelstand gemeint, der in demokratischer Sicht «eine der festesten Stützen des Landes» darstellte und dessen «Los zu erreichen das Ziel und die Hoffnung des Arbeiters ist und dessen ruhige, bescheidene Existenz stets der sicherste Wall war für den Besitz». [1407] Mit ihrer Forderung nach direkter Beteiligung des Volkes verwarf die demokratische Bewegung das «Dogma von der staatsmännischen Überlegenheit und der politischen Unentbehrlichkeit des Besitzes und der schulmässigen Bildung». [1408] Die patrimoniale Herrschaft der «arbeitseifrigen Patrioten» (Fueter) vom Typus eines Escher, aber auch eines Stämpfli lehnten die Demokraten ab und setzten auf «das Ehrgefühl, die Billigkeit und die Vaterlandsliebe, die auch unter dem Kittel des Arbeiters und Taglöhners wohnt». [1409] Das Regiment der «Ungebildeten» erfüllte sie nicht wie die Liberalen mit Schrecken, sie glaubten an die politische Erziehung des Volkes durch die direkte Demokratie. Manche der führenden Verfechter der reinen Demokratie vertrauten als Anhänger einer teils von Rousseau, teils von Hegel und der deutschen Romantik beeinflussten Verklärung der demokratischen Staatsidee ganz auf den «Volksgeist» und den «Volkswillen». Die Quelle aller richtigen Anschauungen und berechtigten Bedürfnisse war für sie das Volk und nur das Volk. [1410] Dieser Volksgeist war allerdings auch bei den Demokraten nicht unabhängig vom Wirken gebildeter Männer. So betonte Friedrich Bernet, einer der führenden demokratischen «Theoretiker», sehr stark die organische Gliederung des Volksgeistes. Die Mündigkeit des Volkes beruhte weitgehend auf jener der Oberschicht, die das Vertrauen der übrigen genoss. Wie er sich das Wirken des Volksgeistes konkret vorstellte, ergibt sich aus der grossen

Bedeutung, die er dem täglichen Verkehr der gebildeten Männer mit dem «gemeinen Mann» beimass und seiner Erklärung, dass dieser sich in politischen Dingen gerne die Meinung der Gebildeten zu eigen mache, wenn man ihm nur die Ehre erweise, ihn darüber zu belehren. [1411]

Wie unterschiedlich in ihrer Reichweite und Konsequenz die demokratischen Bewegungen waren, zeigen die Beispiele von Zürich und Bern. Im Kanton Zürich stellten die Demokraten, die Ende 1867 nach vier grossen Volksversammlungen eine Initiative zur Verfassungsrevision einreichten, ein ganzes Bündel staatsrechtlicher sowie wirtschafts- und sozialpolitischer Forderungen auf, die allerdings kein geschlossenes Programm, sondern mehr eine Sammlung verschiedenartiger und teilweise widersprüchlicher Forderungen aus den verschiedenen Bevölkerungskreisen mit keineswegs gleichgerichteten wirtschaftlichen und politischen Interessen darstellten. [1412] Postulate wie Gesetzesreferendum, Gesetzesinitiative, Abberufungsrecht, Beseitigung der indirekten Grossratswahlen und jeder Lebenslänglichkeit der Ämter, kurze Amtsdauer, Verminderung der Zahl der Beamten, Hebung der Gemeindefreiheit, Beschränkung der Befugnisse des Staatsanwaltes, Abschaffung des Sportelunwesens, fixe Besoldung, Freigabe der Advokatur und Abschaffung der Todesstrafe zielten darauf, die Macht von Regierung, Parlament, Verwaltung und Justiz zu beschränken, den Staatsapparat allgemein zu entbürokratisieren und einer grösseren Kontrolle zu unterwerfen. Eine zweite Gruppe von Forderungen, in der Proklamation an das Zürcher Volk unter dem Titel «Hebung der Intelligenz und Produktionskraft des Landes» zusammengestellt, verfolgte vor allem wirtschafts- und sozialpolitische Ziele. Die Einführung von Progressiv- und Erbschaftssteuern sowie die Beseitigung indirekter Steuern hatte eine Neuverteilung der Steuerlasten zugunsten kleinerer Vermögen und tieferer Einkommen zum Zweck. Die Gründung einer Kantonalbank sollte zudem Bauern und Handwerkern den Zugang zum Kapitalmarkt erleichtern. Zugunsten der mittleren und untern Bevölkerungsschichten sollte die Volksschule verbessert und der Unterricht unentgeltlich werden. Das Strassennetz sollte ausgebaut und die Verkehrsmittel allgemein staatlich gefördert werden. Ziel und Zweck der «gründlichen Revision des Schuldbetreibungs- und Notariatswesens, der Aufhebung der entehrenden Folgen unverschuldeter Zahlungsunfähigkeit» war es, die sozialen und politischen Auswirkungen für die mehrheitlich dem bäuerlichen und gewerblichen Milieu angehörenden Konkursiten zu mildern, ihre Ehrenfähigkeit nach einer gewissen Zeit wiederherzustellen und ihnen auch die politischen Rechte wieder zukommen zu lassen. Die Forderung nach «freier Presse und uneingeschränktem Vereinsrecht» schliesslich sollte bestehende Einschränkungen der Presse- und Versammlungsfreiheit, wie sie mit dem Maulkratten- und Koalitionsgesetz besonders gegenüber «Kommunisten», Arbeiterorganisationen allgemein in Kraft waren, aufheben. [1413]

In der von den Stimmbürgern am 26. Januar 1868 mit 50 000 gegen 7000 Stimmen beschlossenen Verfassungsrevision von 1868 vermochten die

Demokraten, die im Verfassungsrat über eine erdrückende Mehrheit verfügten, ihre staatsrechtlichen Forderungen auf der ganzen Linie durchzusetzen und den Kanton Zürich in eine direkte Demokratie umzuwandeln. Mit der Ausweitung der Volksrechte verbunden war auch eine konsequentere Gleichstellung der Bürger in ihren staatsbürgerlichen Rechten und Pflichten – als «Bürger» wurden gleichbedeutend mit «Citoyens» nun alle im Kanton wohnhaften Schweizer verstanden. Um die wirtschaftlich und sozial abhängigeren Bürger in der Ausübung ihrer politischen Rechte vor Kontroll- und Druckversuchen zu schützen, hatten auf kantonaler Ebene nun alle Wahlen und Abstimmungen in geheimer Wahl mittels Urne stattzufinden. Auch die sozial- und wohlfahrtsstaatlich ausgerichteten Forderungen – Kantonalbank, Progressivsteuer, tiefer Salzpreis, Unentgeltlichkeit des Volksschulunterrichtes, unentgeltliche militärische Erstausrüstung – wurden in der neuen Verfassung weitgehend berücksichtigt. [1414] Artikel 23 auferlegte dem Staat zudem die Aufgabe «die Entwicklung des auf Selbsthülfe beruhenden Genossenschaftswesens» zu fördern und zu erleichtern sowie auf dem «Wege der Gesetzgebung die zum Schutze der Arbeiter nötigen Bestimmungen» zu erlassen. Die ursprüngliche Fassung dieses Artikels durch die Kommission des Verfassungsrates, die von der Aufgabe des Staates «das Wohl der arbeitenden Klasse» zu fördern sprach, scheiterte am heftigen Widerstand der Liberalen und eines Teils der ländlichen Demokraten, die unter anderem damit argumentierten, dass diese Formulierung das Ehrgefühl der Arbeiter verletze und im Widerspruch zum allgemeinen Grundsatz des gleichen Rechtes für alle Bürger stehe, da letztlich ja alle Bürger auch Arbeiter seien. Eine weitere, von Salomon Bleuler formulierte und von einem Teil der Liberalen akzeptierte Fassung ersetzte das «Wohl der arbeitenden Klasse» dann durch die Formulierung, dass «der Staat auf dem Wege der Gesetzgebung für das geistige und leibliche Wohl der arbeitenden Klassen» zu sorgen habe. Damit war zum einen für staatliche Interventionen ausdrücklich der Weg der ordentlichen Gesetzgebung vorgeschrieben, zum anderen wurde dem Artikel mit der Auswechslung des Ausdruckes «Klasse» durch «Klassen» der Makel des Sonderprivilegs für gewerbliche Lohnarbeiter genommen. Doch auch diese Fassung fand schliesslich keine Gnade. Den Liberalen ging sie wegen den damit sich eröffnenden staatlichen Interventionsrechten in den Bereich der Wirtschaft zu weit, die Demokraten hingegen waren der Auffassung, dass man den Arbeitern etwas bieten müsse, was nur sie allein angehe. Die schliesslich angenommene Formulierung «Schutz der Arbeit» kam beiden entgegen, so dass doch erstmals auch gewisse Forderungen der Arbeiterbewegung Berücksichtigung fanden. [1415] Am 18. April 1869 nahmen die Zürcher Stimmbürger die neue Verfassung mit 35 000 gegen 22 000 Stimmen an. Die neue Regierung setzte sich ausnahmslos aus Demokraten zusammen und auch im Kantonsrat verfügten die Demokraten über eine ansehnliche Mehrheit. Dem Systemwechsel war damit auch ein Machtwechsel gefolgt.

Im Kanton Bern, wo die Bürger seit 1846 neben dem Wahlrecht auch das Recht der Abberufung des Grossen Rates besassen und die Regierung von sich aus und freiwillig bestimmte Fragen dem Stimmvolke vorlegen konnte, davon aber nie Gebrauch machte, hielt sich die Bewegung in relativ engen Grenzen und beschränkte sich im wesentlichen auf die Forderungen nach Einführung des obligatorischen Gesetzes- und Finanzreferendums. [1416] Sozialpolitische Forderungen wurden zwar ebenfalls erhoben, sie spielten aber in den Auseinandersetzungen um die Ausweitung der Volksrechte keine entscheidende Rolle. [1417] Im Unterschied zu Zürich, Baselland oder auch Genf erzwang die Berner Bewegung, die in hohem Masse auch von konservativen Kreisen getragen wurde und die breite Bevölkerung nach dem «Aarberger Sturm» von 1861 kaum noch zu mobilisieren vermochte, auch keinen Machtwechsel. Unter dem Einflusse Stämpflis stellten sich die regierenden Radikalen zunächst zwar sowohl gegen ein fakultatives Gesetzesreferendum als auch gegen ein vor allem von konservativer Seite gefordertes Finanzreferendum und lehnten 1864 entsprechende Anträge ab. Auf die Wahlen von 1866 hin nahmen sie dann jedoch unter dem Einfluss der Jungradikalen das Referendum in ihr Programm auf und vermochten so auch die unabhängigen Demokraten um Rudolf Brunner, die zunächst weder den Radikalen noch den Konservativen zuzuordnen waren und im neuen grossen Rat mit seinen unsicheren Mehrheitsverhältnissen das Zünglein an der Waage spielten, zu integrieren und die Entstehung einer eigenständigen demokratischen Partei zu verhindern. Auch die Arbeiterschaft blieb fest eingebunden. So trat im Sommer 1868 auch der Verein der städtischen Liberalen der «Allgemeinen Arbeitergesellschaft der Stadt Bern» bei, zu der sich im April bestehende Arbeitervereine mit dem Ziel der Hebung des Arbeiterstandes im Rahmen der gesetzlichen Ordnung zusammengeschlossen hatten. Für Elie Ducommun (1833–1906), einen der Initianten, war damit in Bern «die Unterscheidung zwischen Arbeiter und Bourgeois als dahingefallen» zu betrachten. [1418] Auf Antrag der radikalen Regierung und mit Zustimmung eines grossen Teils der Konservativen wurde 1869 schliesslich das obligatorische Gesetzes- und Finanzreferendum auf dem Gesetzeswege eingeführt. [1419] Gleichzeitig wurde der Stimmzwang aufgehoben und die bisherigen Versammlungen der Bürger nach Wahlkreisen für kantonale Wahlen und Abstimmungen wurden durch das Urnensystem ersetzt, womit auf kantonaler Ebene die Unabhängigkeit in der Ausübung des Stimm- und Wahlrechtes mindestens formal gewährleistet war.

Die Kämpfe um grössere Volksrechte waren, besonders im Kanton Zürich, aber nicht nur dort, immer auch eine Art «demokratische Klassenkämpfe» [1420]. Mehr politische Freiheiten und Rechte waren in diesem Sinne nicht Selbstzweck, sondern «nur das Mittel, um zur sozialen Gleichberechtigung zu gelangen». [1421] Erklärtes Ziel der demokratischen Bewegungen war es, «die Koterieherrschaft zu beseitigen, die neue Geldaristokratie zu stürzen und an ihre Stelle die wahre, ehrliche Volksherrschaft zu setzen, die Demokratie im besten Sinne des Wortes, bei welcher alles für, aber auch alles durch das Volk geschieht».[1422] Ebensosehr wie für die Überwindung des bestehenden repräsentativen Systems, kämpften die Demokraten gegen die Träger dieses «Systems», gegen die «Cliquenherrschaft, gegen die Herrschaft der «Bundesbarone», der «Eisenbahnbarone», der «Geldaristokratie», der neuen «Herren» und gegen «überwuchernde Bürokratie und Geldmacht». Sie forderten, dass «die materielle Ausbeutung der Kleinen durch die Grossen, der Feudalismus der Geldaristokratie, der Triumph der Eigensucht» aufhöre.[1423] «Die Kette jener systematischen Herrschaft charakterschwacher Geldmatadoren, die den unabhängigen Mann und geraden Charakter in's Joch beugen will»[1424], sollte gebrochen, dem «übermächtigen Einfluss des Grosskapitals»[1425] auf die Regierungsgewalt ein Ende bereitet werden. Neben diesen deutlich antikapitalistischen Zügen wies die demokratische Bewegung wie schon der frühe, ebenfalls kleinbürgerlich-mittelständisch geprägte, linke Radikalismus der vierziger und fünfziger Jahre auch bildungsfeindliche Tendenzen auf mit einem mehr oder weniger offen artikulierten Misstrauen gegen die akademisch Gebildeten. Dies äusserte sich unter andern auch darin, dass die Bestrebungen der Juristen und Ärzte zur Professionalisierung verstärkt Widerstand erfuhren oder bereits erreichte Sonderstellungen wieder aufgehoben wurden. So machten im Kanton Zürich die siegreichen Demokraten die staatliche Regulierung der Advokatur für einige Jahrzehnte rückgängig. Im Aargau zeigten sich diese Tendenzen in der Opposition gegen die Erhöhung der Lehrergehälter und die Einführung des Maturitätszwanges, in Forderungen nach Einfachheit des Schulplanes, nach Aufhebung der Juristenzunft, der Umgestaltung des Medizinalwesens bzw. der Zulassung der Homöopathie.[1426]

Die demokratische Bewegung war aber, wenn auch mit unterschiedlicher Durchsetzungskraft[1427], nicht nur auf kantonaler, sondern auch auf nationaler Ebene erfolgreich. Die Revision der Verfassung von 1874 brachte auch im Bund eine «plebiszitäre Öffnung» (Neidhart) des politischen Systems, die allerdings mit der blossen Einführung des fakultativen Gesetzesreferendums bedeutend weniger weit ging, als dies die Demokraten gewünscht hatten und im Revisionsvorschlag von 1872 auch noch vorgesehen gewesen war. Das Referendum nützte ihnen auf eidgenössischer Ebene allerdings wenig. Die konservativen Kräfte dagegen erhielten mit dem Referendum nun ein wirksames Mittel in die Hand, reformerische Massnahmen im Sinne der liberal-radikalen Mehrheit, der auch die Demokraten angehörten, über eine Volksabstimmung abzublocken. Mindestens indirekt vermochten sie so auf Bundesebene wieder verstärkt in die politischen Entscheidungsprozesse einzugreifen. Für die bis anhin dominanten bürgerlichen Mittelklassen liberaler und radikaler Ausrichtung erhöhte die plebiszitäre Öffnung den Legitimationsdruck und den Zwang zur Konsensbereitschaft mit den übrigen sozialen und politischen

Kräften, letztlich wohl mit mehr jenen auf der rechten, als auf der linken Seite des politischen Spektrums. Der Ausbau der Volksrechte förderte aber auch, vor allem auf kantonaler Ebene, die Integration der «kleinen Leute», des handwerklich-gewerblichen Mittelstandes sowie der Bauern, aber auch der Arbeiter in den Staat und in die bürgerliche Gesellschaft. Mittelständisch-kleinbürgerliche Leitbilder und Werte erhielten dadurch in der politischen Öffentlichkeit sowie im gesellschaftlichen und kulturellen Leben ein noch höheres Gewicht, als sie es ohnehin schon hatten. Dies schlug sich auch in den Anforderungen nieder, die ein Volksvertreter zu erfüllen hatte. Er musste nicht nur strebsam, unabhängig, ehrlich und solid sein, sondern auch die als typisch schweizerisch empfundenen Charaktermerkmale der Einfachheit und Bescheidenheit aufweisen, die «Schlichtheit des Bürgers aus dem Volke» verkörpern, sonst geriet er in den Geruch des Aristokraten oder Herrenpolitikers. [1428]

Die Hoffnung der demokratischen Bewegung mit der konsequenten Ausweitung des Prinzips der Volkssouveränität, die soziale Frage lösen können, mit dem Mittel der politischen Freiheit, zur sozialen Gleichberechtigung zu gelangen und damit dem Ideal einer klassenübergreifenden Volksgemeinschaft oder einer klassenlosen Gesellschaft, in der alle, unabhängig von ihrem wirtschaftlichen und sozialen Status, also auch die Arbeiter, freie und gleichberechtigte Bürger – citoyens und bourgeois in einem – sein würden, näher zu kommen, erfüllten sich nicht. [1429] Die Widersprüche und Grenzen des Modells der bürgerlichen Gesellschaft traten im letzten Viertel des 19. Jahrhunderts auch in der republikanisch-demokratischen Schweiz immer klarer zutage. Auch sie entfernte sich vom bürgerlichen Sozialmodell einer sich selbst steuernden Gesellschaft freier und gleicher Bürger eher, als dass sie sich ihm annäherte. Die «bürgerliche Gemeinschaft», aus der Sicht des St. Galler Demokraten Friedrich Bernet die «allseitigste, die gerechteste und zugleich die mächtigste aller Assoziationen», erwies sich nicht als der «beste Hort der Unterdrückten» und als der einzig «wirksame Schutz gegen das Faustrecht der Geldaristokratie». Sie vermochte weder die verschiedenen Interessen zu versöhnen noch zu verhüten, dass «die Kluft zwischen Besitz und Nichtbesitz immer grösser» wurde, dass «Misstrauen und egoistische Zerfahrenheit» die «Bande des Gemeinwesens» lockerten und so den «Patriotismus» untergruben. [1430] Die Entwicklung der bürgerlichen Gesellschaft hin zur Klassengesellschaft war durch die direkte Demokratie nicht aufzuhalten.

## 2    Die «Mittelklassen» und die «Herren»: Bürgertum und Aristokratie nach 1830

Der Gegensatz zwischen Herren und Volk oder Herren und Bürgern, zwischen Herrentum oder Aristokratie auf der einen, Bürgertum und Volk auf der andern Seite bildete vor und nach den liberalen Revolutionen in Gesellschaft und Politik der Schweiz eine wichtige Trenn- oder Klassenlinie. Sowohl in den liberalen Revolutionen als auch im Radikalismus sowie in der demokratischen Bewegung der sechziger und siebziger Jahre spielten diese Gegensätze eine entscheidende Rolle. Wo die soziale Trennlinie zwischen Herren und Bürgern durchlief, welche sozialen und politischen Gruppierungen eher den Herren, welche dem Volk und dem Bürgertum zugehörten, war aufgrund des sozialen und politischen Wandels nach 1830 jedoch schon bald nicht mehr so eindeutig wie vorher; denn mit der aufbrechenden ständischen Gesellschaftsordnung zerbrach auch der gesellschaftliche Konsens über die soziale Stellung der einzelnen Stände und Klassen und deren Legitimation. Die sozialen und politischen Auseinandersetzungen waren in der Folge immer auch ein Kampf der sozialen Klassen und politischen Kräfte um die gültige Benennung der Gliederung der sozialen Welt, ein Kampf um die Definition und Rechtfertigung der eigenen Stellung sowie der Stellung der andern in der Gesellschaft.

Die Begriffe «Herren» oder «Aristokraten», «Volk» und «Bürgertum» wurden so Teil jener symbolischen Strategien, mit denen vor und nach 1830 die politischen Akteure – zunächst die Liberalen, dann vornehmlich die Radikalen und Demokraten, bald aber auch die Konservativen – nicht nur um eine neue gesellschaftliche und staatliche Ordnung und Neuverteilung gesellschaftlicher Ressourcen und Positionen kämpften, sondern auch ihre Sicht sowohl von der bestehenden als auch der zukünftigen Ordnung als die gültige und richtige Sicht durchzusetzen versuchten. Vor allem die Bezeichnungen «Herren» und «Herrentum» sowie die vielfach als Synonyme verwendeten Begriffe «Aristokraten» und «Aristokratismus» [1431] erfuhren als Kampfbegriffe nach 1830 jedoch eine Ausweitung und Anpassung an die veränderten gesellschaftlichen und politischen Verhältnisse. Immer mehr dienten sie nicht mehr nur dazu, die Angehörigen der städtischen oder ländlichen Herrengeschlechter zu kennzeichnen und sie mit ihrer meist abwertenden Besetzung vom Bürgertum, noch mehr vom Volk ab- und auszugrenzen, sondern sie wurden immer mehr auch politischen Gegnern bürgerlicher Herkunft angehängt, die sich auf diese Weise in die Nähe der alten Herren gerückt und als «neue Aristokratie», als «Geldaristokratie» verunglimpft sahen. Aus der Sicht ihrer Gegner gehörten sie damit wie die ehemaligen Herren nicht mehr zum Bürgertum und, soweit Bürgertum und Volk nicht als identisch angesehen wurden, schon gar nicht zum Volk. Erst gegen Ende des 19. Jahrhunderts wurde «aristokratisch» oder «Aristokrat» dann vermehrt, gerade mit dem Aufkommen neuer elitärer Vorstellungen auch in bürgerlichen Kreisen, wieder mit positiver Besetzung gebraucht. Auch der Begriff «Volk» erfuhr ab 1830 in soziopolitischer Hinsicht eine Ausweitung nach unten, konkret äusserte sich dies in der Diskussion um die politische Mündigkeit und die Erteilung der politischen Rechte an einen zunehmend grösseren Anteil der erwachsenen männlichen Bevölkerung. Gleichzeitig wurde der Begriff durch die Verabsolutierung der Volkssouveränität in den «demokratischen Klassenkämpfen» immer stärker ideologisch aufgeladen. [1432] In den politischen Auseinandersetzungen erhielt das Volk als oberste Legitimationsquelle und theoretisch letzte Entscheidungsinstanz sowohl von radikal-demokratischer als auch von konservativer Seite her eine höhere Weihe. Wie von konservativ aristokratischer Seite in Beiträgen zu einem liberalen Wörterbuch ironisch-kritisch angemerkt wurde, war «Volk» in liberal-radikaler Sichtweise gleichbedeutend mit «herrschender Partei im Volke», auch schlossen «ökonomische Unabhängigkeit oder selbständige Denkart» von der Zugehörigkeit zum Volke aus. [1433]

Drei Beispiele mögen den Gebrauch dieser politischen Begriffe kurz illustrieren. Sie lassen gleichzeitig auch deutlich werden, wie von unten her gesehen die Unterschiede zwischen den alten Herrengeschlechtern und den neuen Herren aus den bürgerlichen Mittelklassen, der «hohen Gesellschaft des schweizerischen Manchestertums» (Dürr), im letzten Drittel des 19. Jahrhunderts zunehmend verblassten. Auf der ersten grossen Volksversammlung der Berner Konservativen von 1850 in Münsingen, an der auch sehr viele Patrizier anwesend waren, übernahm der altliberale Oberst Straub den Vorsitz mit den Worten, dass er schon 1831 an diesem Orte gestanden habe, um gegen die «alte Aristokratie» zu kämpfen und nun gleiches tun wolle gegen die «neue Aristokratie», womit er Jakob Stämpfli und andere Führer der herrschenden Radikalen meinte. [1434] Wie «Aristokrat» bei den Liberal-Konservativen um 1850 als politisches Schimpfwort eingesetzt wurde, zeigt ein Flugblatt zu den Berner Nationalratswahlen von 1851, worin die radikalen Kandidaten als Schwätzer und Maulhelden, Flüchtlingsschlecker, radikale Aristokraten, politische Heuchler, Terroristen und Mordliedsänger und anderes mehr tituliert wurden. [1435] Eine scharfe Linie zwischen Aristokratie und Volk zog jener «Landmann», der im Zusammenhang mit den Auseinandersetzungen um die Konkurrenz zwischen der Centralbahn und der Ostwestbahn in einem Artikel der Berner Zeitung die Rolle der Aristokratie im Kanton um 1830 und 1858 miteinander verglich. Indem er dabei die Patrizier der fünfziger Jahre als Geldaristokraten bezeichnete, stellte er sie nicht nur auf die gleiche Stufe wie die bürgerlichen Eisenbahnherren, sondern er behaftete sie gleichzeitig auch mit einem doppelten Makel, jenem der aristokratischen Herkunft und jenem der reichen Herren, der Grosskapitalisten. «Da die Herren sehen, dass ihnen das Regieren nicht mehr glücken, oder besser gesagt, das Volk nichts mehr von ihnen will, so möchten sie jetzt auf diesem Wege [1436], im Bunde mit Ihresgleichen von andern Kantonen, Herr und Meister werden und das Land aussaugen. Das Bernervolk lässt sich aber von den Geldaristokraten in Bern und Zürich nicht in Eisen schmieden, sondern es wird ihnen noch zu rechter Zeit gehörig auf die Finger klopfen und ihnen begreiflich machen, dass die frühern Zeiten vorbei sind, wo die Herren nur zu befehlen, das Volk hingegen nur zu gehorchen hatte.» [1437]

Wie der Gegensatz Herren gegen Volk in Wahlkämpfen im letzten Viertel des 19. Jahrhunderts eingesetzt wurde, lässt sich exemplarisch an der Charakterisierung der beiden Kandidaten in einer Ersatzwahl in den Zürcher

Regierungsrat von 1882 zeigen. Die Liberalen stellten den Juristen Dr. Conrad Escher auf, der als Angehöriger eines ebenso reichen wie angesehenen Zweiges der Escher vom Glas aus besten Altzürcher Verhältnissen stammte und auch selbst über ein sehr hohes Vermögen verfügte. [1438] Escher hatte erfolglos in den Gesamterneuerungswahlen von 1869, 1872 und 1875 für den Regierungsrat kandidiert, 1869 und 1872 war er allerdings von den Liberalen gegen seinen Willen vorgeschlagen worden. Im Unterschied zu den ersten drei Kandidaturen, wo sich die Angriffe kaum gegen ihn persönlich gerichtet hatten, sah er sich 1882 einer heftigen Polemik gegen sich und seine Herkunft ausgesetzt. So bezeichnete ihn der Winterthurer Landbote als typischen Vertreter der konservativen «Stadtherren», aber auch des von Alfred Escher beherrschten «Systems». Das demokratische Blatt empfand es als Zumutung, dass die Liberalen mit einem Kandidaten antreten würden, der vom Volke schon dreimal «mit Bewusstsein» als «unannehmbar» zurückgewiesen worden sei und zwar deshalb, weil «es seinen Diener nur in seinen Reihen und nicht in den Familien der Geburts- und Geldaristokratie, nicht im alten Escher-Regimente suchte». Weiter fragte der Landbote: «Will das Zürchervolk, die Bauernsame, der Handwerker, der Arbeiter sich durch die eigene Stimme dem Interesse einiger Stadtherren überliefern? Hat das Zürchervolk sich in zehn Jahren so geändert, dass es nicht mehr seine Söhne, sondern lieber die Herren vom alten System als seine Leiter will?» [1439] Conrad Escher, von der Neuen Zürcher Zeitung als Mann, «der, ohne nach links oder rechts zu schauen, seinen geraden Weg geht und mit dem grössten Fleiss und mit der grössten Gewissenhaftigkeit tut, was ihm seine Pflicht gebietet», empfohlen, verfehlte auch diesmal die Wahl. [1440] Er unterlag dem Gegenkandidaten Pfarrer Joh. Emanuel Grob, von den Demokraten als ein Mann angepriesen, der aus dem Volke hervorgegangen sei und stets mit dem Volk und für das Volk gefühlt und gearbeitet habe, mit 21 334 gegenüber 26 634 Stimmen. So gross, wie die Wahlpropaganda glauben liess, waren die Unterschiede der beiden Kandidaten in der Herkunft allerdings nicht. Pfarrer Grob kam zwar nicht aus den vornehmsten und reichsten altzürcherischen Kreisen wie Escher, doch auch er stammte, wie Gottfried Keller in einem Artikel einen Tag nach der Wahl anhand der Bürgerverzeichnisse spöttisch nachwies, aus dem Umfeld der alten Magistratsfamilien. Die Polemik gegen Escher und die Empfehlung von Grob als ein Mann aus dem Volke hatte Keller veranlasst, sich öffentlich zu fragen, was denn «aus dem Volke» eigentlich heisse: «Wir schlugen daher, da uns Herr Pfarrer Grob längst als Bürger von Zürich bekannt war, die Bürgerverzeichnisse nach, welcher armen Holzscheiter- oder Turmwächterfamilie neuesten Datums der Extra-Volksentsprossene eigentlich angehöre: denn dass das Volk par excellence heutzutage nicht über diesen Stand hinausreichen darf, ist selbstverständlich.» [1441]

Wie im folgenden dargelegt werden soll, war die Abgrenzung gegen die Aristokraten, die Angehörigen der ehemaligen städtischen und ländlichen

Herrengeschlechter auch für die soziale und politische Identität der bürgerlichen Mittelklassen liberaler und radikaler, und selbst konservativer Ausrichtung bis in die sechziger Jahre und darüberhinaus von grosser Bedeutung.
Zumindest gilt dies für die beiden alten Städteorte Bern und Zürich. Mit der
liberalen Revolution hatten zwar in beiden Kanton die Herren, das Patriziat
oder das aristokratische Stadtbürgertum, ihre Privilegien und damit auch ihre
politische Vormachtstellung verloren, trotzdem stellten sie, deren Besitz und
Vermögen direkt unangetastet blieb, auch nach Errichtung der neuen Ordnung
einen wichtigen Machtfaktor dar, umso mehr als sie mit ihrem wirtschaftlichen Potential und ihrem Sozialprestige nicht nur die städtische Bürgerschaft, sondern teilweise sogar auch die übrige Einwohnerschaft hinter sich zu
sammeln wussten, ja unter Umständen auch Teile der ländlich-dörflichen Bevölkerung zu ihrer Unterstützung zu mobilisieren vermochten. So behaupten
die ehemaligen Herren in den beiden Städten Bern und Zürich, unter anderem auch dank der Beschränkung des kommunalen Wahl- und Stimmrechtes
auf die steuerzahlenden und besitzenden Einwohner oder die Bürgerschaft,
auch nach 1830 ihre politische Herrschaft noch für einige Jahrzehnte. [1442] Ihre
Haltung gegenüber der neuen politischen Ordnung und Elite schwankte in
beiden Kantonen zunächst zwischen offenem Widerstand mit Verweigerung
jeder Beteiligung an den neuen staatlichen Institutionen und konstruktiver
Mitarbeit an der Ausgestaltung der neuen Ordnung aus taktischen Überlegungen oder aus einer mehr oder weniger positiven Einstellung zum Liberalismus.

Der Kampf gegen die aristokratischen konservativen Herren und ihren
Anhang, besonders unter der städtischen Bürgerschaft, bestimmte deshalb
auch nach 1830 die politische Haltung und das politische Handeln der bürgerlichen Mittelklassen sehr stark und legitimierte ihre Politik im Namen und im
Interesse des Fortschrittes und des ganzen Volkes. Der Kampf gegen die aristokratischen Herren hielt sie zusammen und förderte ihren Zusammenhalt
untereinander. Er verband sie mit den übrigen Bevölkerungsklassen und half
so, die Gegensätze, die sich sowohl innerhalb der bürgerlichen Klassen und
Fraktionen als auch zwischen ihnen und den übrigen Bevölkerungsklassen aufgrund unterschiedlicher sozialer, wirtschaftlicher oder auch regionaler Interessen und politischer Ausrichtung auftaten, zu überbrücken. Die Auseinandersetzungen zwischen den alten Herren und den liberalen oder radikalen
bürgerlich-bäuerlichen Mittelklassen waren sowohl in Bern als auch in Zürich
sehr stark überlagert vom Gegensatz zwischen Stadt und Land. Um die wirtschaftliche und soziale Stellung der alten Herren zu schwächen, ihnen jeglichen Rückhalt in den übrigen Klassen der Bevölkerung zu nehmen und ihre
Macht und ihren Einfluss so möglichst klein zu halten, mussten die Mittelklassen die Rechte der Stadt, der städtischen Bürger- und Einwohnergemeinde sowie der städtischen Korporationen beschneiden. Mit der Schwächung der Stadt
und ihrer Rechte innerhalb des Kantons sollten deshalb immer auch das Patriziat oder die städtische Aristokratie und die Bürgerschaft getroffen werden.

Wie stark und wie lange der Gegensatz Aristokraten oder Herren gegen Bürger und Volk in den politischen Auseinandersetzungen die Haltung der bürgerlichen Mittelklassen auch nach der liberalen Revolution bestimmte, welche politische Rolle die alten Führungsgeschlechter nach dem Verlust ihrer Vorrechte noch zu spielen vermochten, wie sich ihr Verhältnis zu den verschiedenen bürgerlichen Kräften und Parteien entwickelte, soll im folgenden zuerst auf kantonaler Ebene am Beispiel Berns und Zürichs aufgezeigt werden. Das Schwergewicht liegt dabei auf den Berner Verhältnissen. Aufgrund der relativ starken Abschliessung des Patriziates war im Kanton Bern die Trennlinie zwischen den mehrheitlich eindeutig konservativen, aristokratischen Herren und den bürgerlich-bäuerlichen Mittelklassen vor und nach der liberalen Revolution von 1830/31 nicht nur schärfer gezogen, sondern sie blieb auch länger virulent und prägte dadurch die politische Kultur des Kantons bis ins letzte Viertel des 19. Jahrhunderts nachhaltig. Im Kanton Zürich äusserte sich der Gegensatz zwischen den Herren aus den alten Magistratsfamilien sowie der Handels- und Unternehmeraristokratie und den bürgerlichen Mittelklassen dagegen nach 1831 vornehmlich im Gegensatz zwischen Stadt und Land bzw. zwischen Stadt und Kanton, die direkte Konfrontation zwischen konservativen Stadtherren und liberal-radikalen bürgerlichen Gruppierungen scheint schon in den vierziger Jahren ihre soziale Brisanz stark eingebüsst zu haben. Früher als im Kanton und in der Stadt Bern kam es zu einer Annäherung der tendenziell noch immer eher konservativ oder zumindest gemässigt liberal gesinnten städtischen Herren und eines Teils der liberalen ländlich-dörflichen Mittelklassen, wobei die ähnliche Klassenlage, insbesondere der städtischen und ländlichen Kaufleute und Unternehmer hier eine nicht unwesentliche Rolle gespielt haben dürfte.[1443] Die Verschiebung der Klassenlinie durch die demokratische Bewegung nach unten, welche die alte Geburts- und die neue Geldaristokratie auf die gleiche Stufe stellte, liess dann den alten Gegensatz vollends verblassen und bewirkte, dass sich selbst konservativ gesinnte Angehörige der ehemaligen städtischen Aristokratie und Teile der arrivierteren Mittelklassen auf kantonaler Ebene in der liberalen Partei politisch miteinander verbanden. In der «Gesellschaft vom alten Zürich» besassen jedoch auch konservativ aristokratische und stadtbürgerliche Kreise Zürichs bis anfangs des 20. Jahrhunderts einen gesellschaftlichen und politischen Sammelpunkt.

Welche Stellung die alten Herrengeschlechter im neuen Bundesstaat von 1848 allgemein noch einnahmen, wie der alte soziale wie politische Gegensatz zwischen den ehemaligen aristokratischen Herren und dem Bürgertum sich allgemein veränderte und seine soziopolitische Bedeutung in den späten achtziger Jahren fast gänzlich verlor oder sich nur noch als einer unter vielen andern, wichtigeren Gegensätzen wie beispielsweise Konservative versus Freisinn manifestierte, soll abschliessend noch kurz thematisiert werden.

## Bern: Der lange Kampf der Liberalen und Radikalen
## gegen das Patriziat und die Stadt

Die liberale Revolution von 1830/31 war im Kanton Bern weitgehend das Werk jener städtischen und ländlich-dörflichen Mittelklassen, die mit ihrem «bürgerlichen, auf fachwissenschaftliche Bildung, Geschäftserfahrung, politische Einsicht und Wohlstand gegründeten Selbstbewusstsein» [1444] die sozialen und politischen Privilegien des Patriziates nicht mehr akzeptieren wollten und stattdessen im Namen der Volkssouveränität und Rechtsgleichheit forderten, dass «die Verfassung die Regierung in die Hände der Tüchtigsten und Würdigsten lege, seien sie aus der Stadt oder nicht». [1445] Mit der Abdankung des Patriziates am 13. Januar 1831, der Wahl eines Verfassungsrates, der Ausarbeitung einer liberalen Verfassung, ihrer Annahme in öffentlichen Volksabstimmungen am 31. Juli 1831, dem Sieg in den ersten Grossratswahlen im August und September aufgrund der neuen Verfassung und der Übernahme der Regierung am 21. Oktober 1831 gelangten die städtischen bürgerlichen Mittelklassen und die mit ihnen verbundene bäuerlich-gewerbliche Oberschicht vom Lande, angeführt vornehmlich von Juristen und andern Vertretern akademischer Berufe aus den Munizipalstädten und der nichtpatrizischen Bürgerschaft, an ihr Ziel.

Ein hoher Zensus für die Wählbarkeit in den Grossen Rat und das indirekte Wahlverfahren über Wahlmänner, welche die breite Masse der Männer von der direkten politischen Mitwirkung ausschlossen, sicherten die eben erst errungene Vormachtstellung der liberalen kleinstädtischen und ländlichen Honoratioren auch für die Zukunft ab. Die Beschränkung der Ratsmitglieder mit Wohnsitz in der Stadt Bern durch Artikel 43 der Verfassung auf höchstens einen Drittel der Mandate sollte dagegen vor allem dafür sorgen, dass die Hauptstadt, insbesondere das Patriziat zusammen mit der übrigen städtischen Bürgerschaft nie mehr in die Lage kommen könnte, über die Wahl in ländlichen Bezirken und durch die vierzig über Selbstergänzung bestimmten Räte [1446] im Grossen Rat doch wieder eine Mehrheit zu gewinnen. Diese Bestimmung war eindeutig eine Spitze gegen die nichtpatrizische Bürgerschaft, die zu einem grossen Teil zwar die Forderungen der liberalen Bewegung unterstützt hatte, deren wichtigste Vertreter aber in der Verfassungsdebatte für den Grossen Rat das Kopfzahlprinzip abgelehnt hatten und mit dem Korporationsprinzip für ein Übergewicht der Städte, insbesondere der Hauptstadt, sowie für eine noch stärkere Bevorzugung von Besitz und Bildung eingetreten waren. [1447] Die Streichung aller städtischen Vorrechte bewirkte neben andern Unterschieden in der politischen Haltung, dass die nichtpatrizischen Bernbürger und ihre Vertreter zu den Liberalen vom Lande unter der Führung der beiden Brüder Karl und Hans Schnell aus Burgdorf noch mehr auf Distanz gingen. Sie fanden sich in der Folge mit dem gemässigten Flügel des Patriziates im sogenannten Juste-milieu zusammen. Zu den vorrevolutionären Zuständen wollten die Anhänger des Juste-milieu zwar nicht mehr zurückkehren; doch sollten Besitz und Bildung im Grossen Rat wie in der Regierung eine unbedingte Vorherrschaft zukommen; die Aristokratie der Geburt sollte durch die Elite der Begüterten und Gebildeten, «eine Aristokratie der Bildung», ersetzt werden, um so auch die Kluft zwischen «der politisch wichtigsten Klasse der Staatsbürger», wie der Jurist und Bernbürger Hahn [1448] das abgetretene Patriziat bezeichnete, und den neuen liberalen Machthabern aus dem Besitz- und Bildungsbürgertum sowie dem Kreis der ländlichen Honoratioren zu überwinden. Die Unterschiede in der sozialen und regionalen Herkunft, in Lebensstil und Mentalität, besonders aber in der politischen Ausrichtung, die zwischen dem Patriziat und dem oberen Besitzbürgertum bestanden und sich nur sehr langsam abschwächten, verhinderten jedoch bis 1850 und darüber hinaus, dass sich diese beiden Gruppen trotz ähnlicher materieller Basis und Interessen zu einem gleichgerichteten politischen Handeln zusammenfanden. Von patrizischer wie liberaler Seite unter Druck, vermochte das Juste-milieu in den folgenden Jahren trotz seiner Mitwirkung und recht starken Stellung in der 17 Mitglieder umfassenden Regierung keine sehr erfolgreiche Politik zu betreiben. In entscheidenden Fragen musste es sich jeweils der liberalen Mehrheit im Grossen Rat, dem auch im neuen System noch immer eine den andern Gewalten übergeordnete Stellung zukam, und der von den Liberalen aus den Munizipalstädten und vom Lande beherrscht war, beugen.

Für die Liberalen stand dagegen in den dreissiger Jahren vor allem die unmittelbare Absicherung ihrer Revolution im Vordergrund. Es galt unter allen Umständen zu verhindern, dass das Patriziat wieder an die Macht gelangen könnte. Um dies zu erreichen, sahen die Liberalen ihre vordringlichsten Ziele darin, die Sonderrechte der Hauptstadt aufzuheben und sie unter ihre politische Kontrolle zu bringen, die wirtschaftliche Basis des Patriziates zu untergraben und dessen Einfluss zu schwächen. Aufgrund dieser Stossrichtung musste sich der Konflikt zwischen den Liberalen und dem Patriziat zunächst fast zwangsläufig und hauptsächlich an der Stellung der Stadt Bern im neuen Staat entzünden. Ohne künftige kantonale Regelungen über die Organisation und Kompetenzen der Gemeinden abzuwarten, gab sich die Stadt bzw. die Bürgerschaft im Sommer 1831 eine neue Ordnung und liess sie sich noch von der alten patrizischen Regierung genehmigen. Diese neue Ordnung sprach ausschliesslich der Bürgerschaft das Recht zu, die Einwohnerschaft zu vertreten und die Stadt zu verwalten. Patriziat und Bürgerschaft beanspruchten damit für die Stadt Bern, die sie als ihr Eigentum betrachteten, weiterhin ein Sonderrecht. Die nichtbürgerlichen Einwohner, die grosse Mehrheit der städtischen Bevölkerung, waren von jeder politischen Mitwirkung ausgeschlossen. Damit blieb die Vormachtstellung des Patriziates wenigstens in der Stadt gesichert. Der neue 140 köpfige Stadtrat war nach den ersten Wahlen fest in patrizischer Hand. Schon im Januar 1832 wurde aber deutlich, dass von der

liberalen Regierung die neue Gemeindeordnung und die neu konstituierte
Verwaltung der Stadt nicht anerkannt würden.

Mit dem Dekret des Grossen Rates über die Gemeindebehörden vom
19. Mai 1832, das, ohne direkt auf die Stadt Bern einzugehen, die Grundsätze
skizzierte, nach denen das Gemeindewesen neu geordnet werden sollte, und
insbesondere den Gemeindedualismus, d. h. die Einführung von Einwohner-
und Bürgergemeinden, begründete, gingen die Liberalen in die Offensive.
Patriziat und übrige Bürgerschaft, welche vor allem die Bildung einer Einwohnergemeinde verhindern wollten, setzten diesen Bestrebungen organisierten Widerstand entgegen. «Um auf die Rechte und das Eigentum der Bürgerschaft von Bern … zu wachen und dieselben im Namen des Stadtrates durch
alle zum Zwecke führenden, der Kommission zu Gebote stehenden Mittel zu
verteidigen», ernannte der Stadtrat zu diesem Zwecke eine Spezialkommission
von sieben Mitgliedern, der vier Patrizier, darunter alt Schultheiss von Fischer,
und drei Bürger angehörten. [1449] Als Antwort auf die offenen und geheimen
Aktivitäten dieser Siebnerkommission, die unter anderem auch die Bildung
und Bewaffnung einer Bürgerwache vorbereitete und dafür sowohl Waffen
wie Munition beschaffte, die im Erlacherhof, dem Sitz der Stadtverwaltung,
einlagert wurden, erliess der Grosse Rat am 7. Juli ein Gesetz gegen Hochver-
rat, das Anwerbungen, Aufruhr und Ansammlungen von Waffen und Kriegs-
vorräten verbot und für Zuwiderhandelnde wenigstens sechs Monate Gefan-
genschaft vorsah.

Ihren ersten Höhepunkt erreichten die Auseinandersetzungen, als die
liberale Regierung am 28. August das Werbekomplott [1450], einen angeblich
von drei jüngeren Patriziern mit angeworbenen Helfern geplanten Putsch zur
Wiedereinsetzung einer aristokratischen Regierung, auffliegen liess und darauf am 31. August durch eine im Erlacherhof erfolgte Hausdurchsuchung die
Pulvervorräte entdeckt wurden. Die Liberalen gingen in der Folge davon aus,
dass zwischen dem Werbekomplott und den Aktivitäten der Siebnerkommission eine enge Verbindung bestünde, dass die sieben Mitglieder dieser stadträtlichen Kommission die Leiter einer weitverzweigten Verschwörung gegen die
neue Regierung seien. Die Siebner dagegen bestritten diese in der Folge von
den Liberalen hartnäckig festgehaltene, jedoch nicht belegbare These von der
«Konnexität» des Werbekomplottes mit den Aktivitäten der Siebnerkommission und beharrten darauf, dass ihre Bestrebungen einzig die Wahrung der
Rechte der Stadt und keineswegs einen Umsturz zum Ziele gehabt hätten.
Aufgrund ihres Verdachtes griff die Regierung gegen die Mitglieder der
Siebnerkommission als angebliche Leiter der sogenannten «Erlacherhofverschwörung» hart durch. Sie wurden zunächst unter Hausarrest gestellt, dann
jedoch, ohne dass Beweise vorgelegen hätten, gefangengesetzt und schliesslich
des Hochverrates angeklagt. [1451]

Nach diesen Ereignissen hatte sich in den Augen der Liberalen das ganze
Patriziat mehr denn je ins gesellschaftliche und politische Abseits gestellt. Die

Patrizier standen nun vollends ausserhalb des neuen gesellschaftlichen Konsenses, auch ausserhalb der bürgerlichen Gesellschaft. Die Polemik und Verfemungen in der zeitgenössischen Presse, aber auch die von den Liberalen befolgte Pressepolitik, die aufgrund eines neuen Pressegesetzes Angriffe auf die Behörden verbot und praktisch die Unantastbarkeit der liberalen Regierung und Verfassung erklärte, sprechen hier eine deutliche Sprache. So waren für Hans Schnell die Patrizier «Leute mit bösem Gewissen und schlechten Triebfedern», gegen die nur unerbittliche Strenge etwas fruchtete. Sie waren «von Gott als Geiseln auf die Erde gesetzt .., um den Leuten das Blut unter den Nägeln hervorzudrücken, ihnen das Herz aus dem Leibe zu reissen».[1452] Der sich schliesslich über acht Jahre hinwegziehende Hochverratsprozess gegen die Urheber des Werbekomplottes und die Siebner, der von massiven Eingriffen der liberalen Regierung und des Grossen Rates in die Rechtssprechung begleitet war, ja eine Art Schauprozess gegen das Patriziat darstellte und schliesslich auch für die Siebner mit Gefängnisstrafen von einem bis zwei Jahren endete, trug ebenfalls kaum etwas dazu bei, die Gegensätze zwischen Patriziat und Liberalen zu mildern und den weit aufgerissen Klassengraben einzuebnen.

Auch gegen die Stadt ging die kantonale Regierung nun schärfer vor. Sie hob am 5. September die Stadtverfassung auf und erklärte den Stadtrat für abgesetzt. Der Stadtrat und die Zünfte verwahrten sich zwar gegen die Eingriffe des Kantons, fügten sich aber schliesslich den kantonalen Anordnungen. Zur Enttäuschung der Liberalen und zur Überraschung des Patriziates vermochte dieses jedoch auch in der Verwaltung der neu gebildeten Einwohnergemeinde seine Vorherrschaft zu behaupten.[1453] Der Kampf zwischen Staat und Stadt konzentrierte sich in der Folge um das umfangreiche Korporationsgut der Bürgerschaft, das in Staatseigentum übergeführt werden und damit dem allgemeinen Nutzen zugute kommen sollte. Dass dabei gleichzeitig auch das Patriziat in seiner wirtschaftlichen Basis getroffen werden sollte, war ein offen erklärtes Ziel der Liberalen. Bei der Neuverteilung im «Geist der Gerechtigkeit» ging es auch darum, «die auf Freiheit des Volkes gerichtete Mordmaschine der Aristokratie der Schmiere zu entblössen, die dieselbe bei der ersten besten Gelegenheit gangbar machen würde».[1454] Im sogenannten Dotationsstreit[1455] wie der damit zusammenhängenden Affäre um die Schatzgelder[1456] versuchten die Liberalen, der Stadt, das heisst der Bürgerschaft und Bürgergemeinde, ihr Vermögen, ihre Stiftungen und Güter zu entziehen, um sie dem Staat zuzusprechen oder sie mindestens unter seine Kontrolle zu bringen. Der langwierige Konflikt um das bürgerliche Korporationsgut fand am 23. Juni 1841 mit einem Vergleich, in dem die Bürgergemeinde auf einen Teil des Vermögens und der Güter verzichtete und der Staat das Aufsichtsrecht über die grössten Stiftungen erhielt, einen vorläufigen Abschluss. Erstmals war damit der tiefe Riss zwischen Liberalen und Patriziern überbrückt worden.[1457] Eine mehr symbolische Schwächung hatte die Stadt mit der 1834 vom

Kanton beschlossenen Schleifung der Stadtmauern hinzunehmen, die aus Sicht
der Liberalen nur noch den Zweck hätten, «das für Erringung grösserer Freiheit sich erhebende Landvolk im Zaume zu erhalten und in gebührende
Unterthänigkeit zurückzuweisen», so das «erhebende Gefühl der Rechtsgleichheit» trübten und ein «gegenseitiges Annähern und gutes Einverständnis»
zwischen den Bewohnern der Stadt und des Landes verhinderten. [1458]

Eine weitere Massnahme, um die neue Ordnung zu festigen und gleichzeitig der Macht und dem Einfluss des Patriziates die wirtschaftliche Basis zu
entziehen, bildete die Verstaatlichung der Post im Sommer 1832. Sie traf in
erster Linie die Angehörigen jenes Zweiges der Familie von Fischer, die seit
dem 17. Jahrhundert die Post als Pacht besassen. Mit dem Postunternehmen
verfügten diese über eine Einkommensquelle, die nicht nur regelmässig, sondern meist auch reichlich Gewinn abwarf. Die Angehörigen der Postpächterfa-
milie gehörten denn auch grösstenteils zu den bessergestellten Patriziern. [1459]
Eine ähnliche Doppelfunktion hatte auch die 1834 erfolgte Gründung der
Kantonalbank. Die Leitung dieser neuen Institution oblag allein staatlichen
Stellen und für die Finanzierung wurde der Beizug von Privataktionären ausdrücklich ausgeschlossen, womit wohl verhindert werden sollte, dass die Bank
unter Einfluss vermöglicher Patrizier oder Bernbürger geraten könnte. Laut
Dekret des Grossen Rates vom 6. Juli 1833 hatte die Staatsbank den Zweck,
«den Zinsertrag des Staatsvermögens zu vermehren, die Landesindustrie durch
Vorschüsse aufzumuntern und die Transaktion zu erleichtern». [1460] Hinter diesem erklärten Zweck steckte aber auch die Absicht, Gewerbe und Handel
dadurch aus der Abhängigkeit privater Geldgeber zu lösen. Gemeint waren
damit vor allem auch die Patrizier und die bestehenden, patrizisch kontrollierten Privatbanken. Eine ähnliche Stossrichtung verfolgten 1846 dann die
Radikalen mit der Gründung der Hypothekarkasse, die vor allem die Bauern
bei der Kapitalbeschaffung aus der Abhängigkeit privater Geldgeber befreien sollte.

Direkt gegen das Patriziat als Stand richtete sich das 1837 erlasse
Gesetz gegen die sogenannten Familienkisten. Dabei handelte es sich um
testamentarisch mit Kapital und Grundbesitz versehene, unauflösliche Familienfonds, die den Familiengeist fördern und der standesgemässen Bildung und
Erziehung von weniger bemittelten Geschlechtsangehörigen dienen sollten.
Das Gesetz tastete zwar diese Institution nicht direkt an, es hob aber das Prinzip der Unteilbarkeit der Kisten auf. Jedes männliche Familienmitglied erhielt
ab dem 20. Altersjahr nun das Recht, seinen ihm zukommenden Anteil aus
dem Fonds herauszulösen. Begründet wurde dieser Verstoss gegen den von
den Liberalen ansonsten hochgehaltenen Grundsatz der Unantastbarkeit des
Eigentums unter anderem mit dem Argument, das in den Kisten verlorene
und tote Kapital müsse zu produktiven Zwecken dem allgemeinen Wirt-
schaftskreislauf wieder zugeführt werden. [1461]

Der andauernde Kampf gegen die reale oder vermeintliche Gefahr einer

«patrizischen Reaktion» und einer Restauration der alten Ordnung drückte
der Politik der Liberalen bis Ende der dreissiger Jahre den Stempel auf. Er
absorbierte ihre politischen Kräfte so sehr, dass sie sich in dieser Zeit bald
mehr mit der Absicherung ihrer Revolution als mit der konkreten Ausgestaltung der neuen Staats- und Gesellschaftsordnung beschäftigten. Dass mit Ausnahme des Bildungswesens die meisten der versprochenen und im Sinne einer
liberalen Gesellschafts- und Staatsordnung auch notwendigen Reformen etwa
im Bereich der Rechtsordnung, der Organisation des Gemeinde- und Armenwesens sowie der Staatsfinanzierung, d. h. der Ablösung der Grundlasten und
der Errichtung eines modernen Steuerstaates, auf halbem Wege stecken blieben oder gar über erste Anfänge nicht hinauskamen, [1462] hing aber zumindest
nach der Aufdeckung der sogenannten Erlacherhofverschwörung sowie des
Werbekomplottes und den gegen ihre Urheber getroffenen harten Repres-
sionsmassnahmen nicht mehr in erster Linie mit dem hinhaltend starken
Widerstand des Patriziates als vielmehr mit den unterschiedlichen Interessenlagen und gegensätzlichen Zielsetzungen innerhalb der liberalen Bewegung
selbst zusammen. Gerade so zentrale Fragen wie der Loskauf und die
Umwandlung der Zehnten und Bodenzinsen [1463], die eine zentrale Forderung
der bäuerlichen Vertreter und Anhänger der liberalen Bewegung darstellten
und auch in die Verfassung aufgenommen wurden, oder auch die Regelung
der Eigentums- und Sonderrechte städtischer und ländlicher Bürgergemeinden
und anderer Korporationen liessen die inneren Differenzen zwischen den
besitz- und bildungsbürgerlichen Liberalen der Kleinstädte und den bäuerlich-gewerblichen Liberalen vom Lande offen zutage treten.

Zudem geriet die Allianz des besitzenden und gebildeten Bürgertums
der Munizipalstädte mit der besitzenden bäuerlich-gewerblichen Oberschicht
vom Lande immer mehr unter Druck der breitern ländlich-dörflichen Bevölkerung, so vor allem durch den 1835 entstandenen Verein der Rechtsamelosen. Im Namen der Rechtsgleichheit und der Freiheit forderte dieser Verein,
der bald über 40 000 Mitglieder zählte, die sogenannten Rechtsamen, das
heisst die Vorrechte in der Allmend- und Holznutzung sowie in der Nutzung
anderer Gemeingüter aufzuheben und damit die Bürger oder Einwohner einer
Gemeinde im Genuss der Gemeingüter gleichzustellen. Die Bewegung richtete sich damit in erster Linie gegen die alteingesessenen Angehörigen der
ländlichen Ober- und Mittelschicht, die ihre bürgerlichen Vorrechte und Privilegien als Privateigentum betrachteten und die «wohlerworbenen Rechte»
mit den Rechtsamelosen, die in ihren Augen als eine Art Bauernproletariat
eine Staatsgefahr darstellten, keineswegs zu teilen gedachten. Die heftige
Reaktion der Liberalen gegen die Rechtsamelosen, die sich erkühnten, «die
politischen persönlichen Rechte mit den wohlerworbenen Eigentumsrechten
zu verwechseln» [1464] und damit den heiligen privatrechtlichen Besitz antaste-
ten, legt die ganze Widersprüchlichkeit eines grossen Teils der Liberalen den
korporativen Eigentumsrechten gegenüber bloss. Während die korporativen

Eigentumsrechte der ländlichen Ober- und Mittelschicht zum Privateigentum
und damit als unantastbar erklärt wurden, erfolgte gleichzeitig der Angriff auf
die Familienkisten der Patrizier und die Eigentumsrechte der privaten Zehnt-
besitzer oder der städtischen Bürgerschaft.

Die unversöhnliche Abwehrhaltung dem Patriziat gegenüber, die Beschwörung der Gefahr einer «patrizischen Reaktion» hatten deshalb immer
mehr auch die Funktion, die liberale Bewegung zusammenzuhalten, den
Stadt-Land-Gegensatz und die unterschiedlichen Interessen und Zielsetzungen, die innerhalb der liberalen Bewegung zwischen den Führern und ihrer
sozialen Basis bestanden, zu überwinden, die Liberalen aber auch der Unterstützung breiterer Bevölkerungskreise zu versichern und damit die Legitimität
ihrer neuen Ordnung und Herrschaft zu erhöhen. Dies war umso notwendiger, je mehr die breitere ländliche Bevölkerung mit ihren materiellen Forderungen die bürgerlich-bäuerlichen Mittelklassen unter Druck setzte und die
Gefahr wuchs, dass das Patriziat in den unzufriedenen, von der politischen
Mitwirkung weitgehend ausgeschalteten unteren Bevölkerungsschichten eine
Basis finden könnte.

Die Patrizier reagierten auf den Machtverlust und die Ausgrenzungsstra-
tegien ihrer bürgerlich-liberalen Gegner mehrheitlich mit Verweigerung und
dem Rückzug aus der kantonalen Politik, und zwar galt dies sowohl für die
Fraktion der Vermittler, die gegenüber der liberalen Bewegung ein gewisses
Entgegenkommen befürwortet und schliesslich auch die «freiwillige» Abdankung durchgesetzt hatten, als auch für die Fraktion der Ultras, die als «ortho-
doxe Aristokraten» einen harten unnachgiebigen Kurs vertreten hatten. Durch
seine offene Opposition gegen die von den Liberalen vorgenommenen und
vorgesehenen Veränderungen sowie durch seine latente Abwehr- und Verwei-
gerungshaltung beeinflusste das Patriziat, wenn auch fast nurmehr indirekt,
das politische Geschehen dennoch sehr stark. Seine intransigente Haltung trug
so das Ihre dazu bei, dass die politischen und sozialen Gegensätze in ihrer
ganzen Härte erhalten blieben. Vor allem die Ultras, die nicht nur auf den von
selbst erfolgenden Zusammenbruch des liberalen Systems hofften, sondern
teilweise auch eine Wiederherstellung der alten Ordnung durch Gewalt
wenigstens verbal, aber nicht nur, befürworteten, verschärften mit ihren
gegenrevolutionären Äusserungen und Aktivitäten die Spannungen.

Nach den ersten, aufgrund der neuen Verfassung erfolgten Wahlen in
den Grossen Rat, die von den Liberalen weitgehend gelenkt wurden und
ihnen einen grossen Sieg brachten, schlug die Hälfte der lediglich 36 in den
Grossen Rat gewählten Patrizier die Wahl aus. Einige der Ablehnenden waren
von den Wahlmännern gegen ihren Willen gewählt worden, andere verdankten ihre Wahl offenbar entsprechenden Instruktionen der Liberalen. Während
einige Patrizier mit der Annahme der Wahl noch zögerten, gaben die Ultras,
die jegliche Mitwirkung ablehnten und auf den baldigen Zusammenbruch des
neuen Regimes setzten, das Ausschlagen der Wahl als verpflichtende Standes-

losung aus. Mit grosser Unterstützung der Frauen setzten sie die Gewählten unter einen enormen persönlichen und gesellschaftlichen Druck, um sie von der Annahme der Wahl abzuhalten. Widerspenstigen oder Zaudernden drohte man mit Verfemung. Dass sie damit weitgehend Erfolg hatten, belegt, wie geschlossen letztlich doch das Patriziat noch immer war: «Die Vorstellungen von Standeseinheit und Standesehre, die Idee standesgemässen Verhaltens und gemeinsamen Unterganges brachten die Einwände einzelner zum Verstummen.» [1465]

Auch wenn bei der Ablehnung der Wahl verschiedene Motive mitspielten, so bestand unter den Ablehnenden doch Übereinstimmung darin, dass der Systemwechsel einen klaren Rechtsbruch darstellte, eine Revolution, die sie nicht nachträglich durch ihre Mitwirkung noch legitimieren wollten und deren Grundsätze sie nicht akzeptieren konnten. Eine Annahme der Wahl war deshalb in ihren Augen mit ihrer Ehre und ihrem Gewissen nicht zu vereinbaren. Auch glaubten die meisten nicht daran, unter den bestehenden Machtverhältnissen im neuen Grossen Rat eine wirksame Politik betreiben zu können. Dies waren auch die Gründe, die einen der beiden letzten Schultheissen der Stadt und Republik Bern, Emanuel Friedrich von Fischer, der einen gemässigten Kurs vertreten hatte, dazu bewogen, die Wahl nach langem Zögern doch abzulehnen. Was seinen Entscheid bestimmte, waren, wie er in einem Brief an den Alt-Schultheiss von Mülinen, der ihn zur Annahme der Wahl aufgefordert hatte, «nicht nur die schlechten ersten Wahlen, noch weniger die Scheu und der Ekel mit Leuten, die ich allerdings verachte, zusammenzusitzen, sondern vor allem die Abneigung gegen die eidliche Verpflichtung, eine Verfassung, die durch ein verwerfliches Intriguensystem die Demoralisation aussäen wird, sieben Jahre lang erhalten zu helfen, eine Verfassung, welche an die Stelle einer gesetzlichen eine abusive und willkürliche Gewalt setzt, und die Gerechtigkeit vernichtet, indem sie die Gerichte von dem, was man Volk zu benennen beliebt und nur ein Intrigantenhaufe ist, abhängig macht. Ferners die Gewissheit, dass es äusserst schwierig sein wird, die Ordnung wieder herzustellen, und unmöglich, die Hoffnungen zu erfüllen, die man hinterlistig erregt hat, und dass man gegen jene, die aus Pflicht sich dem widersetzen müssten, wieder Alles aufhetzen wird. ... Gutes wirken kann man nicht, so lange die eigentliche Macht ausserhalb der amtlichen Behörden in der Hand einiger Volkstribunen und Wühler sein wird, welche ungestraft alle Leidenschaften ausbeuten können.» [1466] Schon einige Monate später bedauerte Fischer allerdings in einem Brief den Entscheid, «de s'abstenir du nouvel ordre de choses», als grossen Fehler. Auch andere bezeichneten das Verhalten des Patriziates als verhängnisvollen Irrtum. Anton von Tillier, der sich selbst der liberalen Bewegung angeschlossen hatte, sprach gar vom «Selbstmord des Patriziates». [1467]

Die Liberalen schmähten die Haltung der Ablehnenden in der Öffentlichkeit als Trotzreaktion und Zeichen dafür, dass sie auf den Zusammenbruch

des neuen Systems hofften, und rechneten ihnen die Ablehnung der Wahl als
Pflichtvergessenheit und Eigennützigkeit, als Mangel an Vaterlandsliebe und
Feindschaft zum Lande an. Noch mehr wurde dies den hundert patrizischen
und bürgerlichen Offizieren vorgeworfen, die im Januar 1832 den von der
liberalen Regierung ihnen abgeforderten Eid auf die Verfassung verweigerten.
Die Motivation war auch hier unterschiedlich. Besonders bei den älteren Offizieren war wohl die Scheu vor dem Missbrauch des Eides, der für sie etwas
Heiliges bedeutete und den sie deshalb für eine Verfassung, die sie aus Überzeugung ablehnten, nicht leisten wollten, ausschlaggebend. Den jüngeren ging
es mehr um eine demonstrative Opposition, teils in der Hoffnung, die Soldaten würden dem Beispiel folgen. Andere wiederum ordneten sich der
Standesparole unter, um der Verfemung durch die Standesgenossen zu entgehen. Als passiver Akt des Widerstandes war die ganze Aktion jedoch ein
Schlag ins Wasser. Die Verweigerer kamen damit der Absicht der liberalen
Regierung, die Vormachtstellung der Patrizier in der Leitung der Truppen zu
brechen, entgegen. Die ihr als Offiziere nicht genehmen und genug vertrau-
enswürdigen Patrizier konnte sie so leicht loswerden und gleichzeitig Platz für
Offiziere mit liberaler Einstellung und bürgerlicher Herkunft schaffen. Entsprechend hart ging sie gegen die Verweigerer vor, die entweder aus der
Dienstpflicht entlassen oder degradiert wurden. [1468] Noch mehr als vorher
stand das Patriziat damit im gesellschaftlichen und politischen Abseits und
wurde, wie sich Rudolf von Wattenwyl beklagte, zu einer Art «Pariakaste»
gestempelt. Die Aufdeckung des Werbekomplottes und die sogenannte Erlacherhofverschwörung machten das Patriziat dann vollends zu einem Stand
ausserhalb der bürgerlich-liberalen Gesellschaftsordnung.

Nur eine sehr kleine Minderheit des Patriziates anerkannte die neue
Ordnung und ihre Prinzipien oder konnte sich doch wenigstens entschliessen,
in den neuen Institutionen mitzuarbeiten. Dazu gehörten jene wenigen, die
sich teils schon unter dem alten System als «Demokraten» am äussersten linken Flügel des Patriziates bewegt und mit den liberalen Führern auch in enger
Verbindung gestanden hatten. [1469] Ihr Bekenntnis zum Liberalismus und zum
Bruch mit den aristokratischen Einrichtungen öffnete ihnen den Weg in die
höchsten Ämter. Befürworter der demokratischen Lehre waren auch die meisten der freikirchlich-evangelisch gesinnten Patrizier, die aus Glaubensgründen
die Härte der obrigkeitlichen und kirchlichen Autorität noch in den zwanziger
Jahren hatten persönlich erfahren müssen und teils sogar aus dem Kanton ver-
bannt worden waren. Sie setzten sich voll für die neue Verfassung ein, die
ihnen die Glaubensfreiheit garantierte, und übernahmen im neuen System
auch verschiedene Ämter. [1470] Zur Mitarbeit bereit fand sich auch ein Teil
jener gemässigten Patrizier, die schon 1830 gewisse Reformen befürwortet
hatten, aber einen völligen Bruch mit der alten Ordnung hatten vermeiden
wollen und nun auf das neue Regime mässigend einwirken zu können hofften.
Die meisten von ihnen fanden sich mit Vertretern der nichtpatrizischen Bür-

gerschaft im Juste-milieu zusammen. [1471] Auf Anerkennung von seiten ihrer Standesgenossen konnten alle, die in irgendeiner Form und mit welchen Motiven auch immer am neuen Staat mitwirkten, nicht hoffen. Im Gegenteil, sie wurden als Abtrünnige behandelt, gesellschaftlich kaltgestellt und allgemein mit Verachtung und Geringschätzung bestraft. So wurde auch von der «Grande société», dem Mittelpunkt des gesellschaftlichen Lebens des Patriziates, die Losung ausgegeben, die Abtrünnigen an keine Bälle oder andere gesellschaftlichen Anlässe mehr einzuladen und die Schwelle ihrer Häuser nicht mehr zu betreten. Selbst beim Zusammentreffen in der Öffentlichkeit grüsste man sie nicht mehr. Die schärfste Ablehnung erfuhren sie von den Frauen und Töchtern. [1472]

Ab 1834 versuchten dann jedoch zunächst vor allem jüngere Patrizier, die sich «nach einem bestimmten, ihrem Ehrgeiz entsprechenden Wirkungskreis» und «nach fruchtbarer Arbeit, die weniger unbefriedigend ist als die Arbeit in Gemeinde- und Bürgersachen» sehnten, auf legale Weise innerhalb der bestehenden liberalen Verfassung wieder politischen Einfluss zu gewinnen. [1473] 1834 initiierte ein Kreis jüngerer Patrizier in Zusammenarbeit mit Vertretern des Juste Milieu eine Petition zugunsten einer Verfassungsrevision, die unter anderem die Ersetzung der indirekten Wahlen durch direkte forderte, allerdings unter Ausschluss kantonsfremder Einwohner. Sie setzten damit erstmals zum Zwecke der Wiederkehr an die Macht offen auf demokratische Mittel, bzw. auf eine mögliche Allianz mit breitern Bevölkerungsschichten gegen die liberale Elite aus dem kleinstädtischen Besitz- und Bildungsbürgertum und der ländlich-dörflichen Ober- und Mittelschicht. 1835 beteiligte sich der gleiche Kreis jüngerer Patrizier an den Grossratswahlen. Der Erfolg blieb jedoch selbst in der Stadt Bern aus. Die Mehrheit des Patriziates war den Wahlen ferngeblieben und damit den Ultras gefolgt, die aus innerster Überzeugung noch immer jede Mitwirkung am neuen Staatswesen ablehnten und ihre Hoffnungen auf eine «gewaltsame, wenn auch nur durch wenige auszuführende Reaktion zur Verbesserung der Lage» setzten. [1474]

1836 liessen sich als Folge des Ansturms der Liberalen auf das bürgerliche Vermögen der Stadt im sogenannten Dotationsstreit und der Bestrebungen, die privaten Zehnten in der Loskäuflichkeit den staatlichen gleichzusetzen, auch Teile der Ultras dazu herbei, die neuen politischen Mittel und Organisationsformen zu benützen, um die verlorene Macht zurückzuholen oder doch direkter und wirksamer auf die politischen Entscheidungen Einfluss zu nehmen. Als Gegengewicht zu den liberalen Schutzvereinen, die im wesentlichen die indirekten Wahlen im Sinne der Liberalen zu organisieren hatten und so das liberale Regime stützen sollten, gründeten sie 1836 zusammen mit Patriziern aus dem Juste Milieu sowie nichtpatrizischen Gegnern der Liberalen den sogenannten Sicherheitsverein zum Schutz der Sicherheit der Personen und des Eigentums vor Zugriffen der liberalen Machthaber. Obwohl grosse Teile der Ultras weiterhin abseits blieben und auch jetzt noch jede

Beteiligung am neuen Staatswesen ablehnten, näherten sich in dieser Zeit die verschiedenen Fraktionen innerhalb des Patriziates wieder etwas an. So wurde 1836 der sich zum Liberalismus bekennende Anton von Tillier, der 1840 dann sogar in die Regierung eintrat, wieder an einen Ball eingeladen, nachdem vorher die liberalen Patrizier von der grossen Mehrheit ihrer Standesgenossen gesellschaftlich geschnitten worden waren. [1475] Neben dem offen deklarierten Zweck sollte der Sicherheitsverein mit seinen ländlichen Sektionen vor allem dazu dienen, sich auf dem Lande im Hinblick auf die nächsten Wahlen sowie die 1837 erstmals mögliche Verfassungsrevision einen grossen Anhang zu schaffen und ihn zu organisieren. Mit der Forderung nach der Einführung direkter Wahlen, ohne die, wie einer der führenden Ultras erklärte, «Demokratie ein leeres Wort» sei, wurde versucht, vor allem die unteren Bevölkerungsklassen für sich zu mobilisieren.

In manchen Regionen scheinen die Organisationsbemühungen so erfolgreich gewesen zu sein, dass die Liberalen ihre Vorherrschaft bedroht sahen. Da sie ein Zusammengehen mit dem 1835 gegründeten Rechtsamelosenverein, der für die Aufhebung bürgerlicher und anderer korporativer Vorrechte und Güter und ein allgemeines Kantonsbürgerrecht eintrat, fürchteten, sahen sie sich deshalb zu repressiven Gegenmassnahmen herausgefordert. Gegen den Widerstand der linken Liberalen, die sich im Nationalverein sammelten und ebenfalls direkte Wahlen forderten, sowie der Vertreter des Juste Milieu und der Regierung wurden die Sicherheitsvereine auf Antrag der den Grossen Rat beherrschenden Brüder Schnell im März 1837 als «gemeinschädliche Assoziation» verboten. Argumentiert wurde von seiten der liberalen Führer unter anderem damit, dass nicht einmal das Volk die Erlaubnis habe, den jetzigen Zustand, wenn er ihm nicht mehr passe, abzuschütteln. Die Anwendung von zweierlei Recht – die liberalen Schutzvereine durften selbstverständlich bestehen bleiben – wurde mit der simplen Notwendigkeit der Machterhaltung und mit dem Hinweis darauf, dass die liberale Gesinnungsgemeinschaft eben auch eine Interessengemeinschaft sei, begründet. [1476] So verhinderten schliesslich nicht zuletzt auch die Liberalen, die sich im wesentlichen auf das kleinstädtische Besitz- und Bildungsbürgertum von Burgdorf, Biel, Thun und andern Landstädtchen sowie die vermöglichen Bauern stützten, mit ihrer strikten Abwehrhaltung, die sich 1837 mit dem Verbot der Sicherheitsvereine zu einer «liberalen Despotie» (Gruner) steigerte, die Mitwirkung des Patriziates an der neuen Ordnung.

Mit dem als Nachfolgeorganisation des Sicherheitsvereins gegründeten Vaterländischen Verein, der sich im wesentlichen auf die Wahlpropaganda und die Werbetätigkeit für eine Verfassungsrevision beschränkte und zu diesem Zweck, vor allem in der Forderung nach dem allgemeinen direkten Wahlrecht, auch mit den Nationalen übereinstimmte, versuchten Teile des Patriziates weiterhin auf die kantonale Politik direkt Einfluss zu nehmen, wenn auch mit beschränktem Erfolg: 1838 wurden in der Stadt Bern immerhin auch einige altgesinnte Patrizier in den Grossen Rat gewählt. Mehr als zehn Vertreter vermochte der Verein jedoch nie in den Grossen Rat abzuordnen. Auf die in Eingaben gewünschte Verfassungsrevision – Einführung des direkten Wahlverfahrens anstelle des Wahlmännersystems, Abschaffung des Zensus und der Selbstergänzung des Grossen Rates – trat der Grosse Rat nicht einmal ein. Die Isolationspolitik der Liberalen wie das anhaltende Abseitsstehen eines grossen Teils der Patrizier, aber auch die Unmöglichkeit mit einer ansprechenden Ideologie für die Rückkehr des Patriziates eine soziale Basis zu finden, führten dazu, dass in den frühen vierziger Jahren das Patriziat in der kantonalen Politik nur noch wenig in Erscheinung trat. Der Einfluss des Patriziates beschränkte sich im wesentlichen auf die Stadt.

Auf liberaler Seite hatte sich unterdessen die Furcht vor einer «patrizischen Reaktion» gelegt. Gerüchte über Putschpläne und ähnliche Machenschaften des Patriziates zur Wiedererlangung der Macht verloren in der breiten Öffentlichkeit zunehmend an Glaubwürdigkeit. Das Bild vom Patriziat als grosser Gegner aller freiheitlich und vaterländisch gesinnten Bürger, als «Klassenfeind», nutzte sich als Instrument der Mobilisierung der Anhänger immer mehr ab und vermochte die wachsenden inneren Differenzen immer weniger zu überbrücken, denn je länger je mehr geriet die herrschende liberale Elite aus dem oberen Besitz- und Bildungsbürgertum der Kleinstädte unter Druck einer aufstrebenden neuen Gruppe von jüngeren Männern, die meist aus den mittleren Schichten der ländlich-dörflichen Bevölkerung stammten. Diese, wie sie sich selbst nannte, «junge Schule vom Land» rekrutierte sich vorwiegend aus angehenden Juristen und eben patentierten Fürsprechern aus dem Umkreis des an der Berner Universität bis im Mai 1845 lehrenden, dann aber aus dem Kanton ausgewiesenen Wilhelm Snell. Im wesentlichen forderte sie vor allem eine konsequentere Durchsetzung der Gewaltenteilung sowie der rechtlichen, politischen und sozialen Gleichberechtigung und Gleichheit. Um dies zu erreichen, sollte der Staat nicht nur regulativ, sondern direkt in die Wirtschaft und Gesellschaft eingreifen dürfen.[1477] Die Vertreter und Anhänger dieser jungen Schule gruppierten sich zunächst um die von Jakob Stämpfli gegründete und ab anfangs 1845 erscheinende Berner Zeitung. National gesinnt, traten sie auf Bundesebene für ein offensives Vorgehen gegen die konservativen Kantone und die «aristokratisch-jesuitische Verschwörung» ein. Etliche unter ihnen nahmen denn auch Ende März am zweiten Freischarenzug gegen Luzern teil. Nach dem Misserfolg der Freischarenzüge sowie infolge der von der liberalen Regierung gegen die Freischärler verhängten Sanktionen konzentrierte sich die junge Schule mehr auf die kantonalen Angelegenheiten, der Antijesuitismus und die Frage der nationalen Einigung traten fürs erste etwas in den Hintergrund. Mit einer entschieden freisinnigen Politik wollten die Vertreter der jungen Schule zeitgemässen Reformen, d. h. der endgültigen Regulierung der Feudallasten, der Revision des Armenwesens, der Vereinfachung des Zivilprozesses, der Beschleunigung der Verwaltungsgeschäfte und der Vereinfachung der Staatsverwaltung zum Durchbruch verhelfen. Ende Mai 1845 gründeten sie dazu den bernischen Volksverein, einen Monat später lancierten sie bereits den Vorschlag für eine Verfassungsrevision, ab Dezember 1845 entwickelte die radikale Bewegung einen solchen Druck, dass die Liberalen ihren Widerstand gegen eine Revision aufgaben und nach einer die Revision bejahenden Volksabstimmung im Februar 1846 sogar die verfassungsrechtlich nicht vorgesehene Wahl eines Verfassungsrates in direkter Wahl und ohne Zensus zugestehen mussten. [1478]

Die Verfassungsrevision selbst war dann weitgehend das Werk der jungen Schule und des von ihr geführten Volksvereins. Unterstützt wurden sie im Verfassungsrat von den jurassischen Liberalen, aber auch von einem Grossteil der ländlich-dörflichen Notabeln, die sich von den Liberalen ab- und dem Radikalismus zugewandt hatten. [1479] Ihren wichtigsten sozialen Rückhalt hatten auch die Radikalen in den bürgerlich-bäuerlichen Mittelklassen, im Unterschied zu den Liberalen vermochten sie jedoch auch breitere Bevölkerungskreise zu mobilisieren. Unter der zielstrebigen Führung Jakob Stämpflis gelang es den Radikalen, ihre Anhänger nicht nur in einer Vereinigung auf Zeit und zu einem bestimmten Zweck zu organisieren, sondern sie zu einer Partei im modernen Sinne zu formieren und so eine gewisse Kontinuität in der Interessenartikulation und Interessendurchsetzung auch nach Erreichen der Ziele sicherzustellen. Obwohl auch die Radikalen sich selbst als die eigentlichen Vertreter des Volkes sahen und deshalb den Namen Partei vermieden, die andern aber als «Volksfeinde» schmähten, setzte sich schon gegen Ende 1846 die Bezeichnung Partei auch in den eigenen Reihen immer mehr durch. [1480] Wie die Kämpfe um die Verfassungsrevision sowie die ersten Grossratswahlen nach dem neuen direkten Wahlsystem sehr rasch zeigten, verfügten die Gegner auf der bürgerlich-bäuerlichen Seite, die Liberalen um Karl Neuhaus und die Liberal-Konservativen um Eduard Blösch, nicht über ähnliche Organisationen und waren auch nicht in der Lage eine Gegenpartei aufzubauen. Auch mit dem Patriziat kam es noch zu keiner Übereinkunft, obwohl es bereits erste Anzeichen für eine Annäherung gab. So wurde 1845 der «Volksfreund», das Organ der Burgdorfer Liberalen, mit der «Allgemeinen Schweizer Zeitung», die dem Patriziat nahestand, zusammengelegt. Über die «Gefährlichkeit» des Radikalismus und seines Programmes wusste sich ein grosser Teil der Altliberalen und Konservativen mit dem Patriziat einig. Der «Berner Volksfreund», das Blatt der Burgdorfer Liberalen, als auch die «Allgemeine Schweizer Zeitung», das Organ des Patriziates, sahen in den Radikalen Jakobiner oder Putschisten, diffamierten sie als Winkelpolitiker und Kneipenbesucher, als Vertreter eines Neuherrentums der Agenten, Kessler, Schulmeister und Pintenwirte und stellten sie in die Nähe des Kommunismus. Liberale wie Patrizier fürchteten um Religion und Kirche und sahen sich von einer Revolution bedroht, wie sie die Waadt eben erst erlebt hatte. [1481] Doch ein Zusammengehen mit den Altliberalen oder Liberal-Konservativen kam für die

Mehrheit des Patriziates aus sachlichen wie persönlichen Gründen noch nicht in Frage – sachlich, weil dies implizit auch die Anerkennung der liberalen Ordnung von 1831 verlangt hätte, persönlich, weil damit eine Zusammenarbeit mit Leuten verbunden gewesen wäre, die 1830/31 das Patriziat abzudanken gezwungen hatten und gegen die ehemaligen Herren in den folgenden Jahren eine feindselige, teils verleumderische Stimmung erzeugt hatten und auch jetzt noch aufrecht erhielten. Im umgekehrten Sinne galt dies auch für die Liberalen von 1830/31, die sich grösstenteils eine Zusammenarbeit mit den «Herren», mit der Reaktion nicht vorzustellen vermochten oder sie, um den Radikalen nicht Anlass und Gelegenheit zu geben, sie mit den Aristokraten in den gleichen Topf zu werfen und zu verunglimpfen, aus taktischen Gründen ausschlossen. Wie sehr auch nur die Andeutung einer Übereinkunft zwischen dem Patriziat und den Altliberalen diesen schaden konnte, zeigt eine kleine Episode kurz vor der Abstimmung über die Verfassungsrevision. Zufällig kam im «Intelligenzblatt der Stadt Bern» unter eine Erklärung von Neuhaus und andern acht Regierungsräten gegen das von den Radikalen vorgesehene Verfahren der Revision eine im gleichen Sinne verfasste Empfehlung von patrizischen Grossräten zu stehen. Die radikale Presse griff dies sofort auf und konstruierte daraus eine Allianz zwischen den Liberalen um Neuhaus, den Burgdorfer Liberalen und den Aristokraten, um den Volkswillen zu unterdrücken. Für den radikalen Regierungsrat Schneider war nach diesem Zufall klar, dass die Radikalen in der Abstimmung nun sicher den Sieg davontragen würden.[1482] Liberale wie Hans Schnell wären aber angesichts der zunehmenden Radikalisierung der liberalen Bewegung bereits um 1846 zur Versöhnung bereit gewesen. Die Klassenlinie zwischen dem Patriziat sowie dem besitzenden und gebildeten Bürgertum liess sich jedoch nicht so leicht überwinden. So spielte das Patriziat auch bei diesem erneuten Systemwechsel keinen aktiven Part, es musste sich weitgehend auf die Rolle eines Zuschauers beschränken.

Vier Jahre radikale Herrschaft genügten, dass sich die konservativen Kräfte der Hauptstadt und ein Teil der Altliberalen des Landes, die Burgdorfer Liberalen, annäherten und sich unter der Führung Eduard Blöschs zu einer neuen liberal-konservativen Partei formierten, die ihren organisatorischen Rückstand gegenüber den Radikalen vor den Wahlen von 1850 rasch aufholte und auch im Patriziat einen grossen Rückhalt fand. Besonders die jüngeren Patrizier, die am 25. März 1850 auch an der Volksversammlung der Konservativen auf der Leuenmatte in Münsingen teilnahmen und damit wenigstens indirekt die neue Ordnung anerkannten, stellten sich voll auf die Seite der konservativen Partei, die im wesentlichen unter dem Ruf nach «Freiheit und Ordnung» die besitzenden Schichten zu Stadt und Land vereinte und nach dem Sieg in den Grossratswahlen von 1850 die Radikalen für vier Jahre aus der Regierung verdrängte. Diese politische Allianz zwischen Patriziat und den bürgerlich-bäuerlich konservativen Kräften darf jedoch nicht darüber hinwegtäuschen, dass auch die bürgerlichen Liberal-Konservativen in der Regel be-

strebt waren, zum Patriziat eine gewisse Distanz zu halten. So versuchte
Blösch bei Regierungsantritt denn auch alle Bedenken zu zerstreuen, es drohe
eine Reaktion, eine Rückkehr zur Patrizierherrschaft. Im wesentlichen lässt
sich diese Distanz aus ihrer sozialen Herkunft und politischen Haltung
erklären. Die meisten führenden Konservativen stammten aus dem städtischen
Besitz-, Wirtschafts- und Bildungsbürgertum oder aus der wohlhabenden
ländlichen Oberschicht, die dem Patriziat keine politischen und sozialen Privilegien mehr zubilligen wollten und sich vom patrizischen Standesstolz, der
leicht zum Dünkel verkam, abgestossen fühlten. Ihre politische Haltung
basierte trotz konservativer Ausrichtung weitgehend auf den gemässigt liberalen Prinzipien von 1830/31. Grundsätzlich anerkannten sie in ihrem Programm von 1850 sowohl die radikale Verfassung von 1846 als auch die neue
Bundesverfassung von 1848. Sie wollten dort fortfahren, wo der Fortschritt
im Namen der Freiheit und besonders der Gleichheit um 1831 ihrer Ansicht
nach auf eine falsche Bahn geraten war. [1483]

All dies galt auch und besonders für Eduard Blösch, den Führer der konservativen Partei. Beruflich und politisch wuchs der aus Biel stammende Advokat aus dem Kreis der Burgdorfer Liberalen um die Brüder Ludwig, Karl und
Hans Schnell heraus. Bei seinem 1838 erfolgten Eintritt in den Grossen Rat
wurde er denn auch als «Nachfolger» des zurückgetretenen Hans Schnell gesehen. [1484] Obwohl er im Unterschied zu andern Altliberalen, die auch noch
1850 vor der Wahl von Patriziern warnten, dafür eintrat, dem Patriziat wieder
den Anteil an der öffentlichen Verwaltung einzuräumen, der ihm «der höhern
Intelligenz, dem Güterbesitz und der frühern historischen Stellung nach selbst
unter der Herrschaft des Prinzips voller politischer Gleichberechtigung gebührt», blieb er zum Patriziat in Distanz. Mit Angehörigen des Patriziates trat
er auch ab 1850, als er in Bern Wohnsitz nahm, äusserst selten in persönliche
Berührung. Das alte Bern kannte und verstand er nicht. Einerseits beklagte er
oft den Verfall des Patriziates und bedauerte, dass es sich «dem englischen
Adel gleich nicht an die Spitze der geistigen Bewegung des Volkes» stellte, um
«dem Volke durch wahre Liberalität voranzuleuchten», sondern es stattdessen
vorzog, «die neue Staatsorganisation grämlich anzufeinden» und mit Ausnahmen jede Fähigkeit zum Regiment verloren hätte. Andrerseits scheint
er gleichzeitig, sofern Anton Philipp von Segesser sich nicht täuschte, von
der Furcht nicht frei gewesen zu sein, dass das Patriziat, das ihn ab 1850
unterstützte, nicht doch nach «ungebührender politischer Stellung trachten
möchte». [1485]

Ähnliche programmatische wie soziale Vorbehalte bestanden allerdings
auch auf patrizischer Seite noch immer. Angehörige der älteren Generation
wie etwa alt Schultheiss Emanuel Friedrich von Fischer sahen in den bürgerlichen Konservativen auch weiterhin die Revolutionäre von 1831. Die Radikalen waren für sie die Söhne der Liberalen und die Fortsetzer der liberalen
Revolution. [1486] Dennoch standen die Patrizier, die nach den Wahlen von 1850

rund dreissig Grossräte stellten, am entschiedensten hinter der konservativen Regierung. Sie waren es aber auch, die auf einen härteren und konsequenteren Kurs der radikalen Opposition gegenüber drängten und innerhalb der aus den verschiedensten Gruppierungen und Fraktionen bestehenden konservativen Bewegung am geschlossensten auftraten. Von den bürgerlichen Konservativen, den Männern von 1831, fühlten sie sich aber mehr «geduldet» als anerkannt. Zusammen mit den konservativen Bernbürgern bildeten die Patrizier im Grossen Rat denn auch bald einmal eine besondere stadtbernische oder aristokratische Fraktion, als deren Haupt alt Schultheiss von Fischer angesehen wurde, der die Wahl unter anderem auch deshalb angenommen hatte, weil dadurch der «rückhaltlose Anschluss des Patriziates an die Mehrheit beglaubigt werden sollte». [1487] Die Unterschiede in der politischen Ausrichtung und die gegenseitigen Vorbehalte bewirkten jedoch, dass das Patriziat auch innerhalb der konservativen Bewegung doch noch relativ isoliert blieb. Wie weit der Graben zwischen dem Patriziat und dem konservativ-liberalen Bürgertum noch immer offen stand, zeigte sich 1853 auch an der Feier der fünfhundertjährigen Zugehörigkeit Berns zum Bund. Als «Kundgebung bernischen Selbstbewusstseins und wohlberechtigten Stolzes auf eine grosse und ruhmvolle Geschichte, wie auch als Manifestation alter bundesbrüderlicher Treue und guteidgenössischer Gesinnung» inszeniert, sollte das grosse Fest unter anderem auch die Zweifel an der bundesstaatlichen Zuverlässigkeit der konservativen Regierung Berns zerstreuen. Die «vornehmen Geschlechter der Stadt» blieben dieser Feier jedoch grösstenteils fern. Der alte Bund war für sie längst zerbrochen und zum neuen Bundesstaat wollten sie sich im Unterschied zu den bürgerlichen Konservativen (noch) nicht bekennen. [1488]

Die Allianz des Patriziates mit den bürgerlichen Konservativen und Altliberalen um Eduard Blösch veranlasste die Radikalen um Jakob Stämpfli dazu, das Patriziat mehr als je zuvor zum gefährlichen politischen Gegner hochzustilisieren, um so den immer noch bestehenden Stadt-Land Gegensatz für die eigene Bewegung fruchtbar zu machen, die konservativ-liberalen Gegner wegen ihrer Zusammenarbeit mit den «Herren» zu kompromittieren oder doch bei ihrer Anhängerschaft in Verlegenheit zu bringen. Die Radikalen versuchten damit, einen Keil in die Allianz zwischen dem Patriziat und dem übrigen konservativ-liberalem Besitz- und Bildungsbürgertum sowie vermöglichen Bauern und Gewerblern zu treiben und die gemässigteren besitzenden und gebildeten bürgerlichen Schichten auf ihre Seite zu ziehen, um so die innere Einheit des Bürgertums wie der Bauernschaft zu bewahren, aber auch den Zusammenhalt der beiden neu zu festigen, allgemein das «Volk» gegen die «Herren» zusammenzuhalten.

Wie die Radikalen das Feindbild der «Herren» benützten, um ihre (klein)bürgerliche und bäuerliche Anhängerschaft zu mobilisieren, zeigte sich bereits in den heftig umstrittenen Grossratswahlen von 1850, noch mehr aber nach ihrer Niederlage und dem nachfolgenden Machtwechsel zu den Konservativen. Die ehemaligen Aristokraten, die sich auf der Seite der Konservativen und Altliberalen an den Wahlen beteiligten, waren für die Radikalen lediglich «Wölfe im Schafspelz» und noch immer keine «wahren Patrioten». [1489] Dass in der neuen konservativen Regierung lediglich ein Patrizier, Ludwig von Fischer von Reichenbach, Einsitz nehmen konnte, sollte in den Augen der radikalen Berner Zeitung nicht darüber hinweg täuschen, dass die Patrizier, die knapp dreissig Grossräte stellten, in der «bunt zusammengewürfelten Mehrheit» das einzige «feste Element», das «zusammenhängende Korps einer geschlossenen Kaste» darstellten und dass «von dem Augenblicke an, wo das Patriziat der Regierung die Unterstützung entzieht, .. sich die Mehrheit auflösen und die Regierung ihren natürlichen Boden verlieren» würde. Auch war es für die Radikalen eine ausgemachte Sache, dass das Patriziat «die hauptsächlichsten Hebel» angelegt hatte, «um die schöne Bewegung flott zu machen, um die Hetzblätter in alle Winkel des Kantons zu schleudern, um das Proletariat in Flüssigkeit zu bringen und die Wahlen zu beherrschen». [1490] Für die Radikalen stand fest, dass der Sieg der Konservativen, der Schwarzen, in der «widernatürlichen Allianz» mit dem «irregeleiteten Proletariat» zu suchen sei und dass dahinter letztlich das Patriziat stünde.

Tatsächlich war es den konservativen Kräften gelungen, das 1846 von den Radikalen eingeführte allgemeine Wahlrecht voll zu nutzen und einen grossen Teil der neuen Wähler aus den untern Bevölkerungsschichten für sich zu mobilisieren. An den Wahlversammlungen von 1850 nahmen mit 70 000 Wählern mehr als doppelt so viele teil wie 1846. [1491] Die Berner Zeitung lag deshalb sicher richtig, wenn sie feststellte, «dass am 5. Mai zum ersten Mal das Proletariat in Massen auf den Wahlplatz gekommen ist, während es früher fast nur die Mittelklassen gewesen sind, die sich betheiligt haben, und dass diess Proletariat in überwiegender Mehrzahl der Aristokratie und dem Pfaffenthum sich dienstbar gezeigt hat». [1492] Die Erklärung, wie und warum es zu dieser Allianz kam, wirft zugleich ein Licht auf das Verhältnis der radikalen Vertreter der Mittelklassen zum Patriziat wie zu den untern Bevölkerungsklassen, in deren Namen sie 1846 das allgemeine Wahlrecht gefordert und eingeführt hatten. Die untern Bevölkerungsklassen wurden weitgehend als Opfer oder willenlose Instrumente der «Reaktionspartei» dargestellt, die deren Armut, Abhängigkeit und Ungebildetheit für ihre «freiheitsfeindlichen Zwecke zu benutzen» suchte und seit 1846 alle ihre Bemühungen und Anstrengungen darauf ausrichtete, die «ärmere ungebildetere Masse zu bethören, aufzustacheln und gegen die herrschende Ordnung ins Feld zu führen» und sie mit «Versprechungen von goldenen Bergen» an sich band oder notfalls jenen, die nicht mithalten wollten, die Arbeit entzog oder sie schlicht kaufte. So interpretierte der Verfasser – es handelte sich dabei wohl um Jakob Stämpfli – die Geschichte aller Widerstände, welche die radikale Politik schliesslich scheitern liessen, als ein Resultat reaktionärer und konservativer Machenschaften. Die erste Spur erblickte er bereits im Teuerungskrawall vom Oktober 1846, in dem «das Patriziat so sichtbar mit denen liebäugelte, die es sonst als «Pöbel» nicht genug verachten konnte», aber auch darin, dass die Teuerung von 1846 allgemein als die «Strafe für die Sünden der Radikalen» ausgegeben und die Schuld für etwas, das «von aller menschlichen Gewalt unabhängig ist», der radikalen Regierung zugeschoben wurde. Auch der Zellerhandel mit seinem «Geschrei über die Religionsgefahr» wegen der Berufung des Tübinger Privat-dozenten Eduard Zeller, eines Schülers von David Friedrich Strauss, als Profes-sor für Exegese des Neuen Testamentes hatte nach radikaler Lesart in solchen Machenschaften seine Wurzeln. [1493]

Doch trotz dieser «konsequenten Aufwiegelung der untern Klassen» wollte der Verfasser des zweiteiligen Artikels über die Allianz der Schwarzen mit dem Proletariat sich in seinen demokratischen Überzeugungen nicht irre machen lassen und das allgemeine Wahlrecht deswegen nicht in Frage stellen. Im Gegenteil, er hoffte und glaubte, dass den untern Klassen allmählich die Augen über den mit ihnen gespielten furchtbaren Betrug aufgehen und sie sich wieder dahin neigen würden, «wo sie ihr eigenes Recht und ihr eigenes Interesse vertreten und gewahrt finden». Dass dies eigentlich nur die Mittel-klassen, insbesondere die Radikalen sein könnten, darüber bestand kein Zwei-fel. Nur bei den «Freigesinnten» und der konsequenten Entwicklung der Grundsätze der radikalen Verfassung von 1846 war die Garantie für eine «wirkliche Verbesserung des Loses auch der untern Klassen» zu finden und nicht etwa in «den falschen und Vorspiegelungen und lügnerischen Versiche-rungen, die von der Aristokratie dem Proletariat gemacht worden sind, um sich auf dem Rücken des einst mit Füssen getretenen Volks wieder empor-zuschwingen». [1494]

Die Begründungen, die für die Übereinstimmung der Interessen der radikal-liberalen Mittelklassen mit jenen des «Proletariates», d. h. der untern bäuerlichen und gewerblich-handwerklichen Bevölkerung sowie der Arbeiter-schaft, und die Parteilichkeit der Aristokratie angeführt wurden, widerspiegeln anschaulich den Anspruch der Mittelklassen mit ihrer Politik, ihren Prinzipien der bürgerlichen Gesellschaft, die Interessen der Allgemeinheit zu vertreten: «Ist es die Aristokratie gewesen, die das Prinzip der Gleichberechtigung auf-gestellt und auch die arbeitende nicht besitzende Klasse auf den Wahlplatz geführt, auf dem diese am 5. Mai am Gängelbande der 'Herren' gestimmt hat? Nein, unter der Aristokratie ist das Proletariat politisch rechtlos gewesen, es hat als eine verachtete Klasse gelebt, die im Schweisse des Angesichts sich abmühen mochte, aber mit dem Henkersschwert bedroht war, wenn es von Freiheit reden wollte. Ist es die Aristokratie gewesen, die Arbeit geehrt und das Verdienst über alles gesetzt hat, die den Söhnen des ganzen Landes eine freie Bahn geöffnet hat? Nein, unter der Aristokratie hat nur der Vornehme und der Reiche seinen Weg machen können, den 'Armen' ist der Riegel geschoben gewesen. Hat die Aristokratie an eine gerechte Vertheilung der Lasten gedacht und die Abgaben im Verhältnis des Vermögens und Einkommens zu regeln gesucht? Nein, die Aristokratie hat aus dem Staat nur den Vortheil gezogen, sie hat sich selbst von allen Lasten zu befreien gewusst, und auch dem Ärmeren aufgebürdet, was nur der Reiche tragen sollte. Hat die Aristokratie dahin gestrebt, Bildung und Aufklärung, die Quelle des Wohlstandes Aller ist, auch dem Untersten im Volke zugänglich zu machen? Nein, die Aristokratie hat den Unterricht als ein Vorrecht der höheren Klassen angesehen, sie hat den gemeinen Mann in der tiefsten Unwissenheit gelassen, sie hat die Dummheit des Volkes zur Regierungsmaxime gehabt. Hat die Aristokratie endlich das Christentum zu einer Wahrheit gemacht, hat sie die Religion einer allgemeinen Liebe und Duldung gepredigt? Nein, die Aristokratie hat den Menschen vom Menschen geschieden, sie hat Hass und Misstrauen zwischen den verschiedenen Ständen hervorgerufen, sie hat Stolz und Übermuth bei den Grossen und knechtische Demuth bei den Niedrigen gepflanzt, sie hat die Religion nur als ein Bändigungsmittel betrachtet und von dem Glauben des Volks selbst nichts geglaubt.» [1495]

Dass die neue konservativ-liberale Regierung die von den untern Volksklassen an sie gestellten Erwartungen nicht erfüllen wollte, zeigte sich bereits im Herbst 1850, als sie die Forderungen mehrerer Hilfsvereine für eine «durchgreifende Verbesserung des Schicksals der untern Klassen», zum Beispiel durch die höhere Besteuerung ausländischer Artikel, die Aussetzung von Prämien auf die Einführung neuer Industriezweige, die Überlassung von Land an dürftige, aber fleissige Arbeiter, die Revision des Steuergesetzes und die Besteuerung von Erbschaften, unter anderem mit der Begründung ablehnte, dass man sich «vor der Idee hüten» müsse, der Staat sei verpflichtet, «nicht nur die Armen zu erhalten, sondern auch allen Handwerkern und Gewerbetreibenden durch diese oder jene Mittel aufzuhelfen; denn auf diese Weise würde der Staat über kurz oder lang zu einem grossen Spital werden». Zwar bekräftigte die konservative Regierung in ihrem Bericht, dass die Verbesserung des Schicksals der untern Klassen eine der wichtigsten Aufgaben sei, doch über die traditionelle Armenfürsorge hinaus wollte sie keine sozial- und wohlfahrtsstaatliche Massnahmen ergreifen. [1496]

Die weitere Politisierung der untern Volksklassen liess sich dadurch vorerst jedoch nicht mehr aufhalten. Im Oktober 1850 entstand in der Stadt Bern der sogenannte Reformverein, der in Ansätzen die erste parteipolitische Organisation der kleinen Selbständigen und der Arbeiter in Handwerk und Gewerbe darstellte. Durch Volksversammlungen dehnte er seine Aktivitäten auch auf das Land aus und vermochte so auch in der wenig bemittelten ländlichen Bevölkerung Fuss zu fassen. Bis Juli 1851 wuchs der Reformverein zu einer Bewegung an, die immerhin rund 10 000 Männer zu mobilisieren vermochte. Das Programm, das Forderungen der Hilfsvereine wieder aufnahm, verlangte zum einen die Abschaffung aller indirekten Abgaben sowie die Einführung einer progressiven Vermögens- und Erbschaftssteuer, wie sie in ähnlicher Form auch von den Radikalen schon erwogen worden waren, zum andern enthielt es aber mit dem Grundsatz des Rechts auf Arbeit und der Organisation der Arbeit sowie der staatlichen Unterstützung genossenschaftlicher Vereine auch staatssozialistische Elemente auf der Grundlage der Theorien von Louis Blanc. Mit dem Leitbild des kleinen Selbständigen vor Augen wies die Organisation der Arbeit jedoch sowohl im Bereich der Landwirtschaft, wo eine Beschränkung des Grundbesitzes sowie eine Zuteilung von Pflanzland gefordert wurde, als auch in Gewerbe und Handel sehr starke mittelständische Tendenzen auf. Weitere Programmpunkte waren durchgreifende Verbesserungen im Schulwesen, insbesondere der unentgeltliche Unterricht von der Primarstufe bis zur Hochschule, die Erhöhung der Primarlehrerlöhne und die Herabsetzung der Pfarrlöhne, sowie die totale Abschaffung aller noch verbliebenen Vorrechte.

Mit diesem Programm, das in den wesentlichen Zügen bereits im November 1850 feststand und dann auf der Volksversammlung in Schönbrunnen am 25. März 1851 von den rund 2000 Anwesenden genehmigt wurde, versuchte der Reformverein den Interessen der besitzlosen städtischen und ländlichen Unterschicht wie auch der Handwerker, Gewerbetreibenden und Kleinbauern gerecht zu werden und sie zu einer Aktionseinheit zusammenzuschweissen. [1497] Der Erfolg des Reformvereines, dem es die mit den beiden Parteien unzufriedenen untern Volksklassen zu mobilisieren gelungen war und sich zur eigenständigen dritten Kraft zu entwickeln drohte, forderte sowohl die Radikalen wie die Konservativen heraus. Beide übernahmen in abgeschwächter Form gewisse Forderungen des Reformvereins und versuchten ihm so die Massenbasis wieder zu entziehen und die untern Volksklassen in die eigene Bewegung zu integrieren. Die Radikalen, die dem Reformverein und seinem Programm relativ nahe standen – das Recht auf Arbeit lehnten sie allerdings ebenso vehement ab wie die Konservativen – begnügten sich jedoch nicht nur damit, einzelne Forderungen aufzunehmen. Im Hinblick auf die Nationalratswahlen Ende Oktober 1851 versuchten sie vermehrt direkt auf die Versammlungen Einfluss zu nehmen, um sich dann mit der Organisation eigener Volkstage selbst an die Spitze der Bewegung zu stellen. Bereits im Sommer 1851 entglitt dem Reformverein die Kontrolle über die Bewegung. Seine wirtschaftlichen und sozialen Ziele wurden verwässert und durch die von radikaler Seite erneut aufgeworfene Schatzgelderangelegenheit [1498] und die Forderung nach einer Neuverteilung des städtischen Dotationskapitals in den Hintergrund gedrängt. Schliesslich ging die Bewegung weitgehend in der radikalen Wahlkampagne auf und auch der Reformverein verschwand nach den Wahlen klanglos von der politischen Bühne. [1499]

Die eidgenössischen Wahlen brachten den Konservativen zwar wiederum Gewinne, die Radikalen schwangen jedoch im Unterschied zu den Grossratswahlen von 1850 deutlich obenaus. Sie errangen mehr als doppelt soviele Nationalratssitze wie die Konservativen und dies mit einer um rund 10 000 Männer höheren Wahlbeteiligung als 1850. [1500] Mit der Übernahme eines Teils der Forderungen des Reformvereines sowie mit der Schatzgelder-

angelegenheit und der Dotationsgeschichte, die unter Aktivierung der traditionellen Gegensätze zwischen Herren und Bürgern, zwischen Hauptstadt und
Land einmal mehr das Patriziat und die Bürgerschaft der Stadt Bern diskreditieren und den Eindruck erwecken sollten, dass der Staat, sofern er alle ihm
rechtmässig zustehenden Gelder eintreiben könnte, auch mehr für die soziale
Wohlfahrt zu unternehmen imstande sei, war es den Radikalen jetzt offensichtlich gelungen, ihre Anhänger nicht nur stärker zu mobilisieren, sondern
auch einen grössern Teil der untern Volksklassen, die 1850 noch konservativ
gewählt hatten, auf ihre Seite zu ziehen. Altliberale und Konservative dagegen
operierten im Verlaufe dieser Auseinandersetzungen immer mehr mit dem
Gespenst des Sozialismus und Kommunismus. Eine neue soziale Trennlinie
erschien damit am politischen Horizont. So wurde Stämpfli wegen seines in
einer Debatte über die Auswanderung im Februar 1849 gefallenen Vorschlages, an besitzlose Familienväter ein Stück Pflanzland abzugeben und ein Maximum an Güterbesitz festzustellen, immer wieder als Kommunist bezeichnet.
In den Grossratswahlen von 1850 stellten dann vor allem die Liberalen um
Ulrich Ochsenbein, die sich selbst «Partei der weissen Demokratie» nannten,
die Radikalen unter Sozialismusverdacht ins politische und nationale Abseits.
Ähnlich wie schon die liberalen Mittelklassen der dreissiger Jahre sahen sie
sich als einzige «ächt schweizerische Partei», die im Grunde die Nation selbst
darstellte. Rechts stand in ihrer Optik die geächtete «schwarze Demokratie»,
links die «rote Demokratie, die neue unschweizerische Partei, die unter dem
furchtbar missbrauchten Namen der Radikalen und Freisinnigen die Schweiz
dem Abgrunde der ausländischen Sozialdemokratie entgegenführt». [1501] Auch
auf die Übernahme einzelner Forderungen des Reformvereines, der Wiederaufnahme der Schatzgelderfrage sowie der Dotationsgeschichte reagierten die
konservativ-liberalen Gegner mit dem Vorwurf, dass Sozialisten und Kommunisten an manchen Orten den Kern der Stämpfliander bildeten, dass die Radikalen mit den Sozialisten und Kommunisten im Bunde seien, und dass sie
«unter Anlehnung an kommunistische Tendenzen die materiellen Begehrlichkeiten der allerschlimmsten Art in den untersten Klassen des Volkes zu reizen
und für den Radikalismus in die Schranken zu rufen» versuchten. Der Sozialismusverdacht allein hatte jedoch offenbar noch wenig Zugkraft, denn gleichzeitig wurden die Radikalen um Jakob Stämpfli von konservativ-altliberaler
Seite her auch «neue Aristokraten» geschimpft. [1502]

Auch wenn vor allem von konservativ-liberaler Seite um die Jahrhundertmitte im politischen Diskurs Abgrenzungen gegen unten wie gegen links
an Bedeutung gewannen und von der konservativen Regierung auch Massnahmen [1503] in dieser Richtung ergriffen wurden, so verlief die wichtigste
soziale und politische Trennlinie doch noch immer zwischen «Herren» und
«Bürgern». Dies zeigte sich in den Grossratswahlen von 1854 wieder deutlich,
wo die radikale Seite den Gegensatz zwischen der Hauptstadt und der Landschaft, zwischen Patriziat und Bürgerschaft auf der einen und den bürgerlich-

bäuerlichen Mittelklassen auf der andern Seite voll ausspielte und damit auch
Erfolg hatte. Einmal mehr verwies Stämpflis Berner Zeitung in der Wahlkampagne auf die Dominanz des Patriziates innerhalb der Konservativen und
belegte dies mit Hilfe des Mitgliederverzeichnisses des konservativen Bernervereins der Stadt und des Amtsbezirkes Bern. Von 766 Mitgliedern dieser
konservativen Parteiorganisation gehörten 156 oder zwanzig Prozent dem
Patriziat an, weitere 251 Mitglieder bzw. 33 Prozent besassen ebenfalls das
Bürgerrecht der Stadt. Alle übrigen Mitglieder waren laut der Analyse und
Interpretation der Berner Zeitung entweder Angestellte in städtischen, auf
kantonalen oder eidgenössischen Büros oder gehörten «zur Klasse der Handwerker und Arbeitsleute», waren «also fast alles Leute, die von der Herren
Kundsame oder der Herren Brod» lebten und die deshalb gewiss mehr aus
materieller Abhängigkeit als aus «freiem innerem Entschluss und Überzeugung» Mitglied waren. Weil sich aus der Mitte des städtischen Bernervereins,
dem auch die Inhaber der höchsten Regierungs- und Gerichtsämter angehörten, angeblich auch das «Centralkomite» als der «leitende, anregende,
wühlende und jagende Herd der konservativen Partei» zusammensetzte, galt
als ausgemacht, dass nicht nur der «städtische Bernerverein von den Patriziern
und Bernbürgern, oder da letztere zu den vornehmen Herren auch in unter-
geordnetem Range und Einfluss sind, vorherrschend nur von den Patriziern
geleitet» wird, sondern dass die Patrizier und Bernbürger auch die «geheimen
Leiter der kantonalen Politik» waren. Den Bernervereinen und «konservativen
Ehrenmännern vom Lande» wurde gleichzeitig zugebilligt, im guten Glauben
zu stehen, «dass die Patrizier ihnen und nicht sie den Patriziern nachgehen».
[1504] Einmal mehr versuchten die Radikalen damit das konservative Besitz- und
Bildungsbürgertum der Landstädte sowie die bäuerlich-gewerbliche Oberschicht auf dem Lande durch eine nach oben klar markierte Klassenlinie auf
ihre Seite zu ziehen und damit die Allianz der besitzenden bürgerlichen und
bäuerlichen Schichten mit dem Patriziat und der stadtbernischen Bürgerschaft
aufzubrechen.

Um den Gegensatz zwischen der Hauptstadt und ihrer alteingesessenen
Bürgerschaft auf der einen und Angehörigen der aufstrebenden Mittelklassen
vom Lande auf der anderen Seiten ging es auch in dem von radikaler Seite heftig kritisierten, zum Wahlkampfthema gemachten ungleichen Zugang zu mittleren und höheren staatlichen Stellen in Verwaltung, Gericht, Kirche und
Militär. So prangerte die Berner Zeitung in einer mehrteiligen Serie unter
dem Titel «Die Bernbürgerei» mit detaillierten Angaben über die bürgerrechtliche Herkunft der Stelleninhaber und die Höhe ihrer Besoldung auf die
hohe und seit 1850 angeblich sogar noch zunehmende Übervertretung der
4800 Bernbürger gegenüber den 450 000 übrigen Kantonsbürgern an und
beklagte das «bedeutende Übergewicht, welches dadurch die Mitglieder
dieser aristokratischen Korporation in den Angelegenheiten des Kantons
erhalten». [1505] Gesamthaft ging nach den Berechnungen der radikalen Zeitung

rund die Hälfte, knapp eine halbe Million Franken, des gesamten Besoldungs-
budgets des Kantons an Stelleninhaber, die das Bürgerrecht der Stadt Bern
besassen. Von den wichtigsten vierzehn Stellen auf der Zentralverwaltung
waren zehn von Bürgern besetzt, auch die Sekretäre der einzelnen Direk-
tionen waren vielfach Bürger. Nur Bürger fanden sich in den Beamtungen des
rund 50 000 Einwohner zählenden Amtsbezirkes Bern. Von den 211 angestellten Pfarrern und Helfern der reformierten bernischen Landeskirche waren
ebenfalls fast die Hälfte (105) Stadtberner. [1506] Aus der Bürgerschaft stammten
auch überdurchschnittlich viele Advokaten sowie Amtsnotare, dagegen kein
einziger der sogenannten Rechtsagenten, die meist nur für ein Jahr nach Bern
kamen, um die Vorlesungen über bernisches Recht anzuhören, und aus Mangel an Vorbildung, Geld und Zeit kein Studium absolvieren konnten. [1507]

Für die Berner Zeitung waren die Ursachen für diesen «enorm grossen
Vorsprung, den die Bernbürgerei vor dem Landbürgerthum» im Zugang zum
«Zehrstand», dem sie alle zurechnete, die bloss mit der Feder und der Zunge
arbeiteten, nichts Materielles produzierten und in der einen oder andern
Weise vom Geld anderer Leute zehrten, in erster Linie in den Vorrechten der
Hauptstadt und ihrer Bürger zu suchen, die vom Staat die Schulen und Profes-
soren vor die Türe gestellt bekamen und für ihre studierenden Söhne damit
die hohen Lebenskosten ausser Haus sparen konnten. [1508] Die Radikalen forderten deshalb gleiche Bedingungen für die Land- und Stadtbürger, Vorberei-
tungsschulen auf dem Lande wie in der Stadt, Mittelschulen in verschiedenen
Landesgegenden, um so den «fähigeren Köpfen vom Lande» ebenfalls die
Gelegenheit zu einer wissenschaftlichen Bildung zu geben.

Mit der «Versöhnung» nach den Wahlen von 1854, der sogenannten
Fusion, in der die Konservativen anfangs in der Regierung wie auch im Grossen Rat zwar noch die Mehrheit besassen, sich aber unter dem Druck ihrer
bürgerlich-bäuerlichen Basis zur Zusammenarbeit mit den fast gleich starken
Radikalen verstehen mussten, verloren die Auseinandersetzungen zwischen
bürgerlichen Konservativen und Radikalen zumindest auf kantonaler Ebene an
Schärfe. Die Gegensätze zwischen Radikalen und Konservativ-Liberalen ver-
wischten sich zunehmend. Die Grossratswahlen von 1858, die den Radikalen
wieder eine Mehrheit von über fünfzig Sitzen brachten, bedeuteten dann das
Ende der Fusion und besiegelten gleichzeitig den Niedergang der konservativen Partei. In der Regierung behielten die Konservativen vorerst aber noch
ein oder zwei Sitze.

Diese Annäherung der bürgerlichen Kräfte erfolgte jedoch weitgehend
unter Ausschluss der Patrizier, die sich der Fusion grösstenteils widersetzten
und die Wahl Stämpflis zusammen mit drei andern Radikalen in den Regierungsrat als einen «absichtlichen Bruch» der bürgerlichen Konservativen mit
dem Patriziat auffassten. [1509] Eduard Blösch sah im Widerstand der patrizischen Konservativen die Bestätigung seiner Ansicht, dass die ehemals allein
regimentsfähigen Geschlechter für die neue Zeit alle Fähigkeit zum Regieren

eingebüsst hätten: «So zerstört das Patriziat, nachdem es seine politischen Vorrechte verloren hat, immer mehr auch die natürlichen Vorzüge, welche bei verständigem Verhalten, Vermögen, Bildung und geschichtlicher Erinnerung ihm erhalten würden. Offenbar fehlt es an jeglicher Einsicht und mehr noch an Vaterlandsliebe! – die Leute haben völlig den Kompass verloren.» [1510] Auf kantonaler Ebene standen die Patrizier damit wieder grösstenteils im politischen Abseits. Ihr Einfluss beschränkte sich im wesentlichen nur noch auf die Hauptstadt. [1511] Doch auch in der Stadt Bern geriet die politische Vormacht des Patriziates nach 1860 zunehmend unter Druck der in städtischen Belangen minderberechtigten Einwohner. Die soziale Trennlinie verlief hier jedoch nicht mehr in erster Linie zwischen «Herren» und «Bürgern» als vielmehr zwischen der Bürgerschaft, d. h. dem alteingesessenen Stadtbürgertum, wozu auch das Patriziat zählte, und der übrigen (bürgerlichen) Einwohnerschaft.

Dass das Patriziat als soziale Gruppe, unabhängig von der politischen Ausrichtung, im Kanton nach 1858 nicht mehr direkt grossen politischen Einfluss ausüben konnte, lässt sich an seiner Vertretung im Grossen Rat ablesen. Lediglich während des konservativen Intermezzos von 1850 bis 1854 konnte das Patriziat mehr als zehn Prozent der Grossräte stellen. Bis in die achtziger Jahre vermochte es aber doch jeweils um die zehn Sitze zu halten, danach reduzierte sich seine Anwesenheit auf ein paar wenige Vertreter.

Tabelle 75    **Anzahl der Patrizier im Grossen Rat des Kantons Bern 1838–1910/14.** [1512]

|        | Total Räte |        | Patrizier | Stadt Bern |        | Patrizier |
|--------|-----------|--------|-----------|-----------|--------|-----------|
|        |           | absolut | %         | Räte total | absolut | %         |
| 1838   | 240       | 17     | 7         | 10        | 5      | 50        |
| 1846   | 200       | 13     | 7         | 10        | 6      | 60        |
| 1851   | 226       | 29     | 13        | 13        | 7      | 54        |
| 1855   | 226       | 18     | 8         | 13        | 6      | 46        |
| 1860/62| 225       | 8      | 4         | 13        | 5      | 38        |
| 1871   | 235       | 15     | 6         | 14        | 6      | 43        |
| 1878/82| 252       | 12     | 5         | 18        | 6      | 33        |
| 1890/94| 271       | 7      | 3         | 23        | 1      | 4         |
| 1898/1902| 212     | 5      | 2         | 19        | 3      | 16        |
| 1910/14| 235       | 3      | 1         | 26        | 2      | 8         |

Obwohl das Patriziat nach 1858 aufgrund seiner zahlenmässig schwachen Stellung im Grossen Rat als politischer Faktor direkt keine bedeutende Rolle mehr spielte, blieb die Klassenlinie zwischen Aristokratie und Bürgertum, zwischen Herren und Volk noch weiter bestehen und wurde auch auf kantonaler Ebene immer wieder aktualisiert. So spielte der alte Gegensatz auch in der Berner Staatskrise von 1877/78, deren Ursache in der abenteuerlichen Finanz- und Eisenbahnpolitik der freisinnigen Regierung lag, eine wichtige Rolle. Wegen der Verwerfung des Finanzplanes und der Missbilligung der sogenannten Vorschussmillion in der Volksabstimmung mit einer Mehrheit von zwei Dritteln im August 1877 trat die Regierung dann zurück. Der Grosse Rat akzeptierte den Rücktritt jedoch erst auf die Neuwahlen im Mai 1878. In diesen Wahlen versuchten die Radikalen das verlorene Vertrauen dadurch zurückzugewinnen, indem sie die konservative Opposition als Rückschrittspartei hinstellten, die aristokratische Parteizwecke verfolgen würde. Wie sehr die aristokratischen Parteileiter auf bürgerlich-liberaler Seite noch immer oder jetzt nach dem relativen Wahlsieg der Konservativen, die nun immerhin 106 der 252 Grossräte stellten, erst recht verpönt waren, zeigte sich in den Regierungsratswahlen. Die Radikalen waren zwar bereit, den Konservativen drei Sitze zu überlassen, sie sollten aber nicht an extreme Parteigrössen wie die patrizischen Parteileiter Otto von Büren, Eduard und Rudolf von Sinner sowie Alexander von Tavel gehen. Gewählt wurden schliesslich die beiden Patrizier Albert von Wattenwyl, Regierungsstatthalter von Bern, und Pfarrer Edmund von Steiger.

Besonders in Wahlkämpfen setzte der Freisinn die alten Gegensätze zwischen Herren und Bürgern bis weit in die achtziger Jahre hinein taktisch immer wieder zur Mobilisierung seiner Anhänger ein, in der Stadt genauso wie auf dem Lande. So hiess es in einem Flugblatt, das die «Vereinigten Freisinnigen» der Stadt Bern, ein seit 1881 bestehender Zusammenschluss des «Liberalen Vereins» mit dem Grütliverein und den Arbeitervereinen, zu den Verfassungsratswahlen von 1883 verbreiten liessen: «Dagegen wollen wir nicht, dass die bernische Staatsverfassung den Stempel pietistisch-reaktionärer Ausschliesslichkeit und Selbstüberhebung trägt, nicht, dass sie als Attentat erscheine auf die in der Bundesverfassung gewährleisteten Rechte und Freiheiten. Wir wollen nicht, dass unsere Verfassung zum Steigbügel werde für das noch immer nach Herrschaft lüsterne Patriziertum, wir wollen überhaupt nichts von dem vom Muristalden her gepredigten Regiment!» [1513] Angespielt wurde damit nicht nur auf die recht starken pietistischen und reformiert-orthodoxen Kräfte innerhalb des Patriziates, sondern auch innerhalb der bürgerlichen Konservativen. Ähnlich tönte es in den Grossratswahlen von 1886: «Seit Jahren sucht eine von den Herren Patriziern in Bern unterstützte Presse in ihrem Auftrag und Interesse den gesunden Sinn des Berner Volkes zu trüben und dasselbe von den Zielen abzulenken, die es sich gesteckt hat. Heute glauben jene Leute, die Zeit sei gekommen, um einen Hauptschlag gegen das freisinnige Bern zu führen. Unfähig den demokratischen Gedanken zu begreifen, dass eine Volksvertretung aus dem Volke hervorgegangen sein muss, schlagen sie Euch überall da, wo sie ihrer Sache einigermassen sicher zu sein glauben, fremde Männer zur Wahl, Männer, die von ihren Patriziersitzen am Muristalden aus seit 1846 nicht aufgehört haben, gegen das Berner Volk zu eifern, Männer, die dem Volke fern stehen und nur um ihrer Politik willen mit ihm zu verkehren geruhen, Männer, deren einzige Leistung darin besteht, den freisinnigen Kanton Bern seit Jahren verlästert zu haben.» [1514] Auch in den ersten Gemeindewahlen in der Stadt Bern nach der neuen Gemeindeordnung von 1888 wurde von liberaler Seite her der Wahlkampf noch als ein Prinzipienkampf um «die alten Gegensätze der Demokratie und Aristokratie, des Fortschritts und des ängstlichen, engherzigen Festhaltens am Alten, des Stillstandes» geführt, in dem sich die Freisinnigen gegen die «Wiederaufrichtung patrizischer Geschlechterherrschaft» wandten.[1515] Auch die Beschreibung der Mitglieder der «Vereinigten Konservativen», denen konservative und liberal-konservative Patrizier sowie bürgerliche Konservative angehörten, spielte auf eine patrizische Dominanz an, wenn von ihnen gesagt wurde, sie würden sich vornehmlich aus «höheren Sphären» rekrutieren bzw. neben einigen Vertretern des Gewerbestandes vor allem Angehörige des Rentnertums umfassen.

Der Aristokratenschreck wurde von freisinniger Seite bis in die neunziger Jahre ebenfalls gegen die konservativen Regierungsräte immer wieder propagandistisch eingesetzt. Vor allem Edmund von Steiger warfen die Freisinnigen, wenn sie ihn empfindlich schädigen wollten, seine aristokratische Herkunft vor, insbesondere seine Abstammung aus dem extrem reaktionären bzw. altgesinnten Hause der Steiger von Riggisberg und seine nahe Verwandtschaft mit andern extrem konservativ gesinnten Patriziern.[1516] Von Steigers Vater, Franz von Steiger, hatte zwar tatsächlich zu den Hardlinern im Patriziat gehört und war 1832 auch im Zusammenhang mit der sogenannten Erlacherhofverschwörung in den Hochverratsprozess verwickelt gewesen, Edmund von Steiger selbst hatte sich jedoch schon im Laufe seiner Gymnasialzeit und seines Theologiestudiums dem aristokratisch-orthodoxen Milieu stark entfremdet. Theologisch gehörte er zu den Vermittlern und auch politisch trat von Steiger für eine Annäherung von Konservativen und Freisinnigen und für die Bildung einer starken Mittelpartei ein.[1517]

Aber nicht nur der Freisinn, sondern auch die 1882 gegründete, vor allem in gewerblich-bäuerlichen Kreisen stark verankerte, konservative Volkspartei um Ulrich Dürrenmatt legte grossen Wert darauf, sich in der Öffentlichkeit von den aristokratischen Stadtkonservativen klar abzugrenzen und so zu vermeiden, in den Ruf einer Herrenpartei zu gelangen: «Wir müssen recht sorgfältig allen aristokratischen Schein meiden sowie den Namen conservativ», meldete einer der Führer, der Lehrer am evangelischen Gymnasium Dr. Gottlieb Beck dem Zürcher Aristokraten Friedrich von Wyss, einem prominenten Mitglied des reformiert-konservativen «Eidgenössischen Vereins», nach Zürich.[1518] Dies hinderte die Volkspartei aber nicht an der Zusammenarbeit mit den patrizisch dominierten Stadtkonservativen und der von Edmund von Steiger geführten Partei der Unabhängigen, die sozial ebenfalls stark patrizisch eingefärbt war. All dies belegt, wie wirksam in Bern der Aristokratenschreck im politischen Tageskampf noch immer war, welche Bedeutung der Klassenlinie zwischen Herren und Bürgern noch immer zukam.

## Zürich: Aristokratie und Stadtbürgertum
## nach der liberalen Revolution

Die liberale Verfassung von 1831 verschob auch im Kanton Zürich die politischen Gewichte innerhalb des Kantons eindeutig zugunsten des Landes. Die Stadt, mit ihr vor allem die städtische Aristokratie und das übrige Stadtbürgertum behielten jedoch vorderhand einen gewissen Vorrang. 71 der 212 Sitze im Grossen Rat blieben der Stadt Zürich vorbehalten. 1832 sassen im 212 köpfigen Grossen Rat gesamthaft 72 Stadtbürger, davon stammten 51 aus den ehemaligen Führungsgeschlechtern. 61 Stadtbürger waren von den städtischen Wahlzünften direkt gewählt worden. Neun weitere Aristokraten sowie zwei Stadtbürger kamen über Selbstergänzung in den Grossen Rat. Die Angehörigen der alten Herrengeschlechter stellten damit noch immer knapp ein Viertel des Grossen Rates. [1519] Eine gewisse Sonderstellung nahm die Stadt auch in der Bezirksverwaltung ein: Von den für die Wahlen der Bezirksbehörden zuständigen 200 Wahlmännern erhielt sie deren 90 zugesprochen. Die von der konservativ-aristokratischen Partei geforderte Unabhängigkeit in der Verwaltung der Stadt wurde jedoch von der ländlich-liberalen Mehrheit des Grossen Rates abgelehnt. [1520] Auch in der neuen Kantonsregierung waren zehn der 19 Mitglieder Stadtbürger. Darunter neben dem liberal-radikalen Juristen Conrad Melchior Hirzel nicht nur gemässigte Stadtliberale wie Paul Usteri und Ludwig Meyer von Knonau oder Anhänger der gemässigten Mittelpartei wie der ehemalige Staatsschreiber Ferdinand Meyer, sondern auch Männer von mehr oder weniger ausgeprägt konservativer Richtung wie der bisherige Bürgermeister David von Wyss, der ehemalige Staatsrat Conrad von Muralt, der ehemalige Oberamtmann Heinrich Escher-Schulthess, Hans Conrad Rahn-Escher, C. Hirzel-Escher und Sigmund Spöndlin. Zu Amtsbürgermeistern wählte der Grosse Rat David von Wyss und Paul Usteri, der jedoch kurz nach seiner Wahl starb und durch Conrad von Muralt, ebenfalls ein Stadtbürger, ersetzt wurde.

Doch trotz dieser recht hohen Kontinuität, dem mehrheitlich aus Konservativen und gemässigten Liberalen zusammengesetzten Regierungsrat und der aktiven Teilnahme auch der konservativ-aristokratischen Partei an den neuen kantonalen Institutionen stand die Stadt politisch fortan in starker Opposition sowohl zur konservativ-liberalen Regierung als auch zur liberal-radikalen Mehrheit im Grossen Rat, denn in der Stadt selbst gaben weiterhin die konservativ-aristokratischen Kreise den Ton an. Die grosse Mehrheit der städtischen Bürgerschaft stand der neuen Ordnung und den neuen staatlichen Institutionen trotz sehr deutlicher Annahme der Verfassung auch in der Stadt – 1791 Ja gegen 138 Nein – weiterhin ablehnend gegenüber, denn dass die Stadt, insbesondere das Stadtbürgertum, durch die Revolution verloren hatte, war für alle offensichtlich und auch von liberaler Seite nicht zu leugnen.

Zwar waren auch in der Restauration die höchsten Würden den gemeinen Stadtbürgern verschlossen geblieben, mancherlei andere Vorteile und Bedienstungen waren jedoch auch den übrigen Familien zugute gekommen. «Das politische Übergewicht der Stadtbürgerschaft hatte», wie auch die Neue Zürcher Zeitung in einem Artikel im Spätherbst 1831 zur Stimmung in der Stadt feststellte, «die meisten der gemeinen Bürger veranlasst, sich für eine Art Aristokraten zu halten» und die nun, was ihre Missstimmung verständlich macht, «nicht ohne Grund vermuteten, dass noch manches Unangenehme nachkommen werde, dass die weitere Entwicklung der in der Verfassung niedergelegten Grundsätze noch mancherlei Änderungen zum Nachteile der Stadt hervorbringen müsse.»[1521] Das Gros der Bürgerschaft hörte deshalb auf die vom erzkonservativen Oberstleutnant und Stadtrat David Nüscheler angeführte aristokratisch-konservative Opposition und des von ihr weitgehend kontrollierten Stadtvereins, der am 23. November 1830, einen Tag nach der Volksversammlung in Uster, auf einer von vier- bis fünfhundert Männern besuchten Versammlung im Schützenhaus gegründet worden war. Hatten an der Gründungsversammlung auch noch Stadtliberale wie Friedrich Ludwig Keller teilgenommen, so entwickelte sich dieser Verein, von den meisten Stadtzürchern als eine Art Schutzwehr gesehen, zum Sammelbecken der städtischen Opposition. Im Einklang mit dem Stadtrat übernahm er praktisch die Kontrolle über die Stadt. Die Vorsteherschaft setzte sich aus fünf konservativen Offizieren zusammen mit dem ehemaligen niederländischen Generalmajor Jakob Christoph Ziegler an der Spitze. Die Bildung einer vom Stadtrat im Oktober 1831 beschlossenen Bürgergarde, die der Landschaft einmal mehr die feindselige Haltung der Stadt gegenüber der neuen Ordnung bestätigte, untersagte der Regierungsrat dann jedoch. So war ausgemacht, dass bei einer Volksbewegung gegen die Stadt sowohl der Befehlshaber der Stadtgarnison als auch die Wächter auf den Türmen nur auf den Befehl von General Ziegler und seiner vier Mitvorsteher zu achten hätten.[152]

Die Stadtliberalen, die unter der Führung Paul Usteris die ländlich-liberale Bewegung zunächst mitgetragen und so als verbindendes und vermittelndes Element zwischen den Liberalen vom Lande und der städtischen Führungsschicht gewirkt hatten, spalteten sich nach dem Ustertag zunehmend in einen linken Flügel, der sich voll auf die Seite des Landes stellte und einen rechten Flügel, der sich je länger je mehr der städtisch-konservativen Opposition zuneigte. Die Linken erkannten sehr rasch, dass weiterer Widerstand gegen die Forderungen der Liberalen und Radikalen[1523] vom Lande nutzlos war. Um ihre Ziele und Interessen durchzusetzen, stellten sie sich an die Spitze der Revolution und der sogenannten Bewegungspartei, die in der Folge zwar von den juristisch gebildeten, radikal-liberalen Stadtzürchern um Friedrich Ludwig Keller, David Ulrich, Wilhelm Füssli, Conrad Melchior Hirzel und Heinrich Schulthess sehr stark dominiert wurde, sich aber im wesentlichen auf die liberalen ländlichen Grossräte stützte. Ihr Rückhalt in der städtischen Bürgerschaft dagegen war minim, die meisten Stadtbürger brachen jeden gesellschaftlichen Verkehr mit ihren radikal-liberalen Mitbürgern ab. Die städtischen Liberal-Radikalen, die sich teils aus vornehmen Familien rekrutierten, wurden auf der Strasse nicht mehr gegrüsst und waren auch sonst immer wieder Belästigungen ausgesetzt. Dies galt auch für die Radikalen vom Lande, die sich im Grossen Rat immer wieder über Belästigungen und Verfolgungen von seiten der städtischen Bevölkerung beklagten. [1524]

Die gemässigten Stadtliberalen, erschrocken über ihre zur Revolution gewordenen Reformbestrebungen, befürworteten zwar weiterhin gewisse Reformen, einen revolutionären Bruch mit der bestehenden Verfassung und Ordnung lehnten sie jedoch ab und waren bestrebt, die Tätigkeit der liberal-radikalen Mehrheitspartei um Friedrich Ludwig Keller zu bremsen, gleichzeitig aber auch der aristokratischen Opposition, die sich überhaupt mit keinen Reformen einverstanden erklären wollte, entgegenzutreten. Auch der rechte Flügel der Stadtliberalen, der sich zunächst um Heinrich Nüschelers «Schweizerischer Beobachter», dann vor allem um die Regierungsräte Ferdinand Meyer und Johann Jakob Hottinger sowie Joh. Caspar Bluntschli und ihr Organ «Vaterlandsfreund» sammelte, hatte wegen seiner schwankenden Kompromisspolitik in der städtischen Bürgerschaft einen schweren Stand. Er näherte sich denn auch immer mehr den gemässigten Konservativen, die sich 1831 ebenfalls an der neuen Regierung beteiligten und deshalb in der Stadt ebenfalls eher scheel angesehen wurden. Die Gemässigten beider Richtungen erschienen nicht wie die aristokratische Partei im «Glorienschein einer mannhaften Verteidigung der Stadt», deren Interessen durch die «brutale Übermacht der Landschaft» bedroht waren. [1525] Unter dem Druck der herrschenden Liberal-Radikalen neigten sie sich ab 1831 immer mehr der konservativ-aristokratischen Opposition zu, ohne allerdings darin aufzugehen. Die so entstandene konservativ-liberale Mittelpartei, die sich oft «in gewollter Verkennung der Staatsinteressen als entschieden einseitige Vertreter der Stadt» aufspielte, erhielt in der Folge in der Stadt zwar das politische Übergewicht, im Kanton blieb das Juste milieu [1526] dagegen in der Minderheit; denn eine Ausweitung seines Einflusses auf die Landschaft gelang ihm in den früher dreissiger Jahren noch nicht. In der Staatskrise vom März 1832, in deren Verlauf die beiden konservativen Amtsbürgermeister und sechs weitere Regierungsräte konservativer und gemässigter Richtung zurücktraten und dann unter der Regie Kellers ausnahmslos durch Liberal-Radikale ersetzt wurden, verloren diese gemässigten Kräfte im Kanton noch zusätzlich an Gewicht. Gleichzeitig wurden sie in der Stadt durch ihr Ausscheiden aus der Regierung noch stärker in die konservativ-aristokratische Opposition eingebunden. Dies äusserte sich auch darin, dass ihr Blatt «Der Vaterlandsfreund» sich schon einige Monate nach der Gründung im Frühjahr 1831 immer mehr zum Meinungsträger der konservativ-aristokratischen Stadtpartei entwickelte. Auslöser der Staatskrise war die von radikaler Seite vorangetriebene Gründung eines kantonalen

Schutzvereines, des «Bassersdorfer Vereins», der die liberale Ordnung sichern und eine «kompakte liberalen Masse» formen sollte, welche die «erlegte Aristokratie», wenn sie je wieder ihr Haupt emporstrecken sollte, «im ersten Atemzuge zu erdrücken imstande wäre».[1527]

Die Polarisierung und die Annäherung der gemässigten Stadtliberalen an die konservativ-aristokratische Opposition beschleunigten sich nach dem Tod von Paul Usteri, der seit 1803 die liberale Opposition angeführt hatte und sowohl bei den radikalen Juristen als auch den gemässigt Konservativen der Stadt und den liberalen Führern der Landschaft in hohem Ansehen stand. Es fehlte nun jene allseits geachtete Persönlichkeit, die mit ihrem politischen Realitätssinn und einer auf Ausgleich und Vermittlung bedachten Politik die weiter vorwärtsdrängenden Kräfte zu bremsen, die politischen Leidenschaften der radikalen Romantiker zu dämpfen und das konfliktträchtige Verhältnis zwischen Stadt und Land zu entkrampfen und zu entschärfen vermochte. Auf Dauer hätte allerdings auch Usteri der zunehmenden Polarisierung nicht Einhalt gebieten können, bald einmal wäre er, wie andere Vertreter des Juste milieu auch, in «den Ruf der Aristokratengesinnung» (Bluntschli) gekommen.[1528] Nach Usteris Hinschied im April 1831 nahm auf dem Land das Misstrauen gegenüber der Stadt und die Furcht vor einer aristokratischen Restauration zu, damit wuchs gleichzeitig aber auch die Bereitschaft der ländlichen Liberalen, die Hauptstadt und die konservativ-aristokratische Opposition noch mehr in Schranken zu halten. Nationale Ereignisse und Probleme wie die Frage der Intervention in die gewalttätigen Parteikämpfe in Basel, Schwyz und Neuenburg, wie der Beitritt zum Siebner-Konkordat und die Bundesrevision, die in der publizistischen Öffentlichkeit, aber auch im Grossen Rat leidenschaftlich geführte Auseinandersetzungen auslösten, heizten das politische Klima noch zusätzlich an. Im Kanton selbst waren es vor allem die Auseinandersetzungen um die militärische Zentralinstruktion, die Aufhebung des Chorherrenstiftes und des Direktorialfonds sowie das Schleifen der städtischen Festungswerke, die ab Herbst 1831, vor allem aber 1832 den Graben zwischen Kanton und Stadt weiter vertieften und die Gegensätze zwischen der im Kanton herrschenden liberal-radikalen Mehrheitspartei und der städtischen Opposition erneut verschärften. In ihren konkreten Auswirkungen wie vom symbolischen Gehalt her waren diese Fragen sowohl für die Stadt als auch für den Kanton oder die Landschaft von grosser Tragweite. Dass sie letztlich alle im Sinne der herrschenden Partei entschieden wurden, liess die Stadt und die konservativ-aristokratische Opposition die politische Übermacht der Landschaft deutlicher denn je spüren.

Die Abschaffung der militärischen Zentralinstruktion, vom radikalen «Republikaner» als «aristokratisches Alumnat» bezeichnet, gehörte bereits auf dem Ustertag und in weiteren über vierzig Petitionen zu einer der wichtigsten Forderungen der Landschaft. Mit der neuen Militärorganisation sollte nun der von allen Rekruten verlangte dreiwöchige Dienst in der Kaserne von Zürich

aufgehoben und durch die Ausbildung auf sogenannten Trüllplätzen in den
Gemeinden ersetzt werden. Fast alle höheren und höchsten Offiziere, alle
Stadtzürcher und der politischen Gesinnung nach Angehörige der konservativ-
aristokratischen Stadtpartei, sprachen sich für die Beibehaltung des Kasernen-
dienstes aus. [1529] Aus Protest gegen die vom Grossen Rat knapp beschlossene
Aufhebung legten zehn höhere konservative Offiziere ihre Kommandos nieder, darunter auch der 1831 in den Stadtrat gewählte Oberstleutnant Eduard
Ziegler, dessen Vater, General Jakob Christoph Ziegler, den Stadtverein «be-
fehligte».

Auf heftigen Widerstand von seiten der städtischen Opposition traf auch
der von Friedrich Ludwig Keller bereits im Dezember 1831 in einer Motion
gestellte Antrag, das altehrwürdige Chorherrenstift, das aus einem Kollegium
von zwölf Chorherren bestand, die über ein Vermögen von etwa einer Million
Gulden verfügten und grossen Einfluss auf Kirche, Schulen und Staat ausübten, aufzulösen. Zwar stritten auch die heftigsten Befürworter die Reform-
bedürftigkeit dieser Institution nicht ab, die Auflösung betrachteten sie jedoch
als «frevles Attentat» auf eine heilige, unantastbare Körperschaft. Die im April
1832 von der liberal-radikalen Mehrheit durchgesetzte Aufhebung des Chor-
herrenkollegiums machte den Weg frei für die Umgestaltung des höheren
Schulwesens. Mit dem Stiftungsgut, das der Kanton ausschliesslich für kirchliche Zwecke und den höheren Unterricht verwenden durfte, wurden auch die
finanziellen Mittel flüssig gemacht, die für die anschliessende Gründung der
Kantonsschule und der Hochschule notwendig waren. [1530]

Die nächste von der konservativ-aristokratischen Opposition der Stadt
ebenso heftig bekämpfte, wie von den Liberal-Radikalen ebenso heftig befürwortete Massnahme bildete die Schleifung der städtischen Befestigungs-
anlagen. [1531] Vom Lande, vor allem aus den Seegemeinden, setzte 1832 ein
eigentlicher Petitionssturm gegen die städtische Befestigung ein. Neben der
Schleifung der Schanzen wurde zunächst auch die Verteilung der Kanonen,
der schweren Geschütze auf die Landschaft verlangt, eine Forderung, die
infolge der Schwierigkeiten einer sachgemässen Einlagerung und Wartung
dann aber wieder in den Hintergrund trat. Für die Landschaft wie die Stadt
besassen diese Anlagen neben ihrer allfälligen militärischen Funktion und
ihrer Bedeutung für innere Sicherheit der Stadt einen hohen symbolischen
Gehalt. Unter den neuen politischen Verhältnissen standen sie nicht mehr nur
für jene Besonderheiten, die eben eine Stadt seit Jahrhunderten vom Land
unterschieden und auszeichneten, sondern sie waren auch immer stärker zum
Symbol des gegenseitigen Misstrauens geworden. Die Liberalen der Landschaft sahen in den Schanzen weniger Bollwerke gegen einen äusseren Feind
als vielmehr ein Bollwerk der reaktionären Stadtpartei, das ihre Freiheit
bedrohte, und fürchteten, dass sie der Stadt wie in Basel dazu dienen könnten,
die innere Macht wieder zu erringen. In der städtische Bürgerschaft hatten die
Befestigungswerke erst nach der liberalen Revolution und hauptsächlich dank

einer Broschüre von Oberstlieutenant David Nüscheler, dem «konsequente-
sten Verfechter des Alten» und «eifrigsten Mitglied der konservativ-aristokratischen Oppositionspartei», wieder an Wertschätzung gewonnen. Seit Ende des
18. Jahrhunderts hatten sie eher als unzweckmässig gegolten, auch war schon
verschiedentlich verlangt worden, sie niederzureissen. Obwohl die städtischen
Gegner einer Schleifung der Schanzen vor allem die militärische Funktion
sowie die hohe Bedeutung für die Sicherheit der städtischen Einwohner vor
gewaltsamen und räuberischen Überfällen in den Vordergrund rückten, war
ihre Verteidigung der Schanzen doch letztlich vor allem politisch begründet.
Während für Ultras wie Nüscheler, der auf eine Wiederherstellung der alten
Ordnung hoffte und die Festigungswerke mit Grund als den «Waffenplatz seines Systems» betrachtete, «weil er nur durch sie einem Andrange vom Lande
widerstehen, nur unter ihrem Schutze eine Reaction einleiten und Hülfe von
aussen her erwarten konnte» [1532], die Schanzen durchaus auch eine konkrete
politisch-militärische Funktion hatten, stand bei andern Verteidigern aus der
städtischen Aristokratie mehr die symbolische Bedeutung im Vordergrund.
Der ehemalige Amtsbürgermeister Hans von Reinhard etwa sah im Schleifen
der Schanzen wie im Bestreben, die Bürgergemeinden in Einwohnergemeinden umzuwandeln, nichts anderes als den Versuch, das städtische Prinzip zu
vernichten, die Stadt zu einem offenen Dorf verkommen zu lassen. [1533] Radikale aus dem Stadtbürgertum wie Friedrich Ludwig Keller erkannten aber
gerade in dieser Öffnung die «Möglichkeit einer freien, lebendigen Entwicklung für alle Zukunft», eine Chance für Zürich zur «grossartigen Hauptstadt
eines blühenden Landes» und zum «Herz des Landes» zu werden, «worin alles
Gute und Schöne, das aus dem Volk hervorgeht, sich sammle und wieder aus-
ströme Licht und Wärme über das ganze Land». Die Tatsache, dass sich die
Regierung hinter Mauern und Wällen abgeschlossen an einem Ort befinde,
«wo die der bestehenden Ordnung der Dinge abgeneigte und ihr widerstre-
bende Partei ihren Hauptsitz und an physischer Gewalt die Oberhand hat»,
war zwar auch für Keller ein «Übelstand», doch lag für ihn darin kein Grund,
die schnelle Schleifung zu verlangen. [1534] Nach einem zwölfstündigen Kampf
beschloss der Grosse Rat schliesslich am 30. Januar 1833 mit 131 gegen
53 Stimmen die Demolierung. Die Hoffnungen gemässigter Kreise in der
Stadt wie auf der Landschaft, dass mit den Schanzen auch das Misstrauen zwischen Stadt und Land beseitigt würde, erfüllten sich vorerst aber noch nicht.
Infolge der politischen Missstimmung weigerte sich die Stadt sogar vom Kanton das kostbare Schanzengebiet zu übernehmen, was in spätern Jahren ausserordentlich bedauert wurde.

   Der letzte der drei die Interessen der Stadt betreffenden, wichtigen Ent-
scheide war der Vergleich des Kantons mit der städtischen Kaufmannschaft
über die Auflösung und Verteilung des aus den Erträgen des Postwesens
erwachsenen kaufmännischen Direktorialfonds von rund 1,8 Millionen Franken. Bereits die helvetische Liquidationskommission hatte 1804 diesen Fonds,

der vom kaufmännischen Direktorium, einem Ausschuss der Kaufleute, verwaltet wurde, als Kantonaleigentum erklärt. Der Kanton verzichtete bis Ende
der zwanziger Jahre jedoch darauf, den Fonds unter seinen direkten Einfluss
zu ziehen. Noch die alte Regierung verlangte dann Ende September 1830, dass
das Direktorium der Regierung über die Verwaltung des Fonds Rechenschaft
abzulegen habe. Mit dem Verweis darauf, dass der Fonds ein Korporationsgut
der Kaufmannschaft sei, verwahrte sich das Direktorium gegen jede Einflussnahme des Staates. Mit der im Sommer 1831 an die Hand genommene Revision des gesamten Staatshaushaltes verschärfte sich der Kampf um den Fonds.
Aus Angst schliesslich den ganzen Fonds zu verlieren, willigte die Kaufmannschaft 1833 in eine vertragliche Lösung ein. Auch der Grosse Rat stimmte am
17. Dezember 1833 grundsätzlich einem Vergleich mit der Kaufmannschaft zu
und verzichtete darauf, den Fonds ungeteilt als Staatsgut zu erklären. Die Ra-
tifikation des zu diesem Zeitpunkt ausgehandelten Vertrages, der, ausgehend
von einem Fondsvermögen von 1,1 Millionen Franken, dem Kanton 400 000
Franken zugesprochen hätte, lehnte der Grosse Rat jedoch mit 110 gegen
72 Stimmen ab und beauftragte den Regierungsrat, einen für den Staat günsti-
geren Vergleich abzuschliessen. Die definitive Regelung vom 12. März 1834,
die von fünf ländlichen Mitgliedern des Regierungsrates und dem Stadtzürcher Heinrich Escher noch immer abgelehnt wurde, weil sie zuwenig berück-
sichtige, dass der Fonds Staatsgut sei, sprach schliesslich der Kaufmannschaft
aus dem Fonds 700 000 Franken zu und verpflichtete sie gleichzeitig dazu, mit
diesen Geldern in der Stadt verschiedene Bauten, unter anderem eine zweite
Brücke (Münsterbrücke) über die Limmat, ein Kauf- und Warenhaus mit
Magazinen und Lagerhallen vornehmen zu lassen und die Waag- und Lager-
gebühren zu senken. Der Staat dagegen erhielt nach dieser Übereinkunft ein
Vermögen von 1,1 Millionen Franken, aus dem dann der spätere Industrie-
fonds für die Förderung des Strassen- und Brückenbaus gespiesen wurde. [1535]
    Das letzte Privileg der Hauptstadt fiel mit der Teilrevision der kantona-
len Verfassung von 1837/38. Die Hauptforderung der vor allem von den ländlichen Liberalen vorangetriebenen Revision, die gleichmässige Vertretung im
Grossen Rat nach der Kopfzahl der Bevölkerung, traf in der Hauptstadt im
Unterschied zur Aufhebung des Chorherrenstiftes, des Direktorialfonds und
der Schleifung der Schanzen kaum noch auf offenen Widerstand. Die konservative «Freitagszeitung» wünschte zwar die Beibehaltung der gegenwärtigen
Repräsentation, trat aber gleichzeitig für die Einführung des Vetos [1536] ein.
Der «Schweizerische Konstitutionelle», das Organ der konservativ-aristokratischen Opposition, dagegen wollte nicht auf einer privilegierten Vertretung der
Stadt beharren und hatte gegen die Gleichstellung der Stadt mit den übrigen
Gemeinden prinzipiell nichts mehr einzuwenden, er äusserte aber Bedenken
gegen die direkte Wahl aller Grossräte, da dadurch zum Schaden des Staates
früher oder später der materiellen Richtung im Gegensatz zu den höhern
geistigen zu sehr Vorschub geleistet werde. [1537] Eine ähnliche Haltung nahm

auch der zur «Juristenpartei» abgestempelte, radikale Flügel der noch herrschenden, aber in sich schon stark entzweiten liberal-radikalen Mehrheitspartei ein. Die Radikalen, wegen ihres «Formalismus» im Gerichtswesen sowie
wegen ihrer Bildungspolitik seit 1834 nicht nur von konservativer, sondern
auch von liberaler Seite heftig unter Beschuss, gingen nur widerwillig auf die
Forderungen der liberalen Führer der Landschaft und der Stadt Winterthur
nach einer weiteren Demokratisierung ein. «Der Republikaner», ihr Zeitungs-
organ, befasste sich weder 1835 noch 1836 mit den in andern Zeitungen
bereits eingehend diskutierten Revisionswünschen. Zwar unterstützten sie im
März 1837 die Hauptforderung der ländlichen Liberalen, sie versuchten dann
aber durch eine dreifache Wahlart der Mitglieder des Grossen Rates (direkte
Wahlen, Wahlen durch Wahlmänner auf Bezirksebene, Wahl durch den Grossen Rat) die direkten Volkswahlen zu beschränken und Wahlmechanismen
einzubauen, die «talentvollen Männern», wenn sie in direkten Wahlen nicht
zu reüssieren vermochten, doch den Einzug in den Rat ermöglichen sollten.
Auch die Totalerneuerung des Grossen Rates nach jeweils vier Jahren anstelle
der Partialerneuerung alle zwei Jahre lehnten sie ab. [1538] Diese Haltung der
Radikalen hatte vor allem damit zu tun, dass sie ihre Reformpolitik durch die
«unverständigen» Massen, die sie antiwissenschaftlichen und bildungsfeindli-
chen Strömungen gegenüber als sehr anfällig einschätzten, direkt bedroht
sahen. Sie befürchteten, dass mit einer weiteren Demokratisierung «die Torheit und der Pöbel» an die Herrschaft gelangen und ganz allgemein «ochlokra-
tisch-materialistische Tendenzen» (Wettstein) zunehmen könnten. [1539]

Die 1837 vom Grossen Rat schliesslich beschlossene Teilrevision schaffte
die Überrepräsentation der Stadt Zürich einmütig ab. Der Grosse Rat wurde
nun proportional zur Bevölkerung zusammengesetzt, auf 1200 Seelen gab es
ein Mandat. Sofern ihr Heimatkanton Gegenrecht hielt, wurden die kantonsfremden Schweizerbürger in ihren politischen Rechten auf kantonaler Ebene
den Kantonsbürgern gleichgestellt. [1540] Damit erhielten sowohl die kantonseigenen als auch ein Teil der kantonsfremden Niedergelassenen in der Stadt
das Wahlrecht. Bis anhin hatten die kantonseigenen Niedergelassenen selbst in
kantonalen Angelegenheiten in der Stadt selbst ihr Stimm- und Wahlrecht
nicht ausüben können, sie hatten sich dafür jeweils in ihre Herkunftsgemeinde
begeben müssen und waren deswegen schlechter gestellt gewesen als die
Niedergelassenen auf dem Lande, die, sofern sie in der Wohngemeinde über
Grundbesitz verfügten oder mit ihrer Familie ansässig waren, in kantonalen
Dingen das Stimm- und Wahlrecht in ihrer Wohngemeinde wahrnehmen
durften. [1541] Die von radikaler Seite befürwortete Einführung von indirekten
Bezirkswahlen wurde verworfen, die indirekten Wahlen durch den Grossen
Rat dagegen beibehalten, aber von 33 Mitgliedern wie bis anhin auf elf redu-
ziert. Die völlige Abschaffung der indirekten Wahlen scheiterte an der Allianz
der Radikalen mit den Konservativen. [1542] Nach dem neuen Wahlsystem
konnte die Stadt Zürich statt wie bisher 71 noch 13 Vertreter in den Grossen

Rat entsenden. Die ganze Stadt bildete nun einen Wahlkreis, die Zünfte waren als Wahlkörper für den Grossen Rat aufgehoben. Acht Jahre nach der liberalen Revolution hatte damit die Stadt Zürich ihre Sonderstellung innerhalb des Kantons vollständig eingebüsst. Mit ihr hatte auch das Stadtbürgertum auf alle seine Privilegien verzichten müssen.

An der Gleichstellung der Stadt mit den übrigen Gemeinden des Kantons änderte auch der «Züriputsch» vom 6. September 1839 nichts, der die erste liberale Ära, «die Sturm-Drang-Zeit des Zürcher Liberalismus» (Craig), abrupt beendete und für knapp sechs Jahre eine konservative Regierung an die Macht brachte. Die konservative Gegenrevolution [1543], der letztlich vor allem deshalb ein so rascher und sicherer Erfolg beschieden war, weil nach ersten gewalttätigen Auseinandersetzungen zwischen regierungstreuen Truppen und dem in die Stadt eingerückten ländlichen Landsturm die städtischen Behörden und die städtische Bürgerwache mit Stadtpräsident Eduard Ziegler an der Spitze sich voll auf die Seite des Aufstandes stellten, hob jedoch für einige Jahre die politische Isolation der Hauptstadt und damit auch der städtischen Aristokratie auf. Mit dem Arzt Hans Konrad Rahn-Escher befand sich unter den führenden Männern des sogenannten Glaubenskomitees, das eine Art konservative Gegenregierung darstellte, auch ein Vertreter der städtischen Aristokratie. Im Unterschied zum Präsidenten, dem Industriellen Johann Jakob Hürlimann-Landis aus Richterswil, zählte er eher zu den Scharfmachern. Im Putsch selbst spielte er ebenfalls eine wichtige Rolle. Er war es, der, nachdem Pfarrer Bernhard Hirzel in Pfäffikon hatte Sturm läuten lassen, durch zwei überstürzte und eindeutig falsche Bulletins über eine bevorstehende Invasion ausserkantonaler, liberaler Truppen an die konservativen Bezirksvereine den Aufstand gegen die liberale Regierung mitauslösen half. Er war dann auch Anführer der zweiten unbewaffneten Kolonne des in die Stadt einrückenden Landsturmes. Nach der Septemberrevolution rückten die städtischen Konservativen, Anhänger der konservativ-aristokratischen Fraktion sowie vor allem auch Vertreter der liberal-konservativen Mittelpartei um Joh. Caspar Bluntschli in Allianz mit Altliberalen und Liberal-Konservativen vom Lande, die sich vor allem um Johann Jakob Hürlimann-Landis sammelten, im Kanton wieder zur bestimmenden Kraft auf. In den Grossratswahlen nach dem Septemberputsch von 1839 wurden verschiedene Stadtbürger auch in ländlichen Wahlkreisen gewählt, so dass zwanzig Grossräte den alten Führungsgeschlechtern angehörten. Das Zürcher Stadtbürgertum war 1840 gesamthaft mit 32 Angehörigen vertreten. Die Stadt konnte aufgrund ihrer Bevölkerungszahl direkt nur 12 Sitze beanspruchen, die mit sieben Aristokraten, vier Stadtbürgern und einem Niedergelassenen besetzt waren. [1544] Abgesehen von der Reduktion der Mitglieder des Regierungsrates (13 statt 19) und des Obergerichtes (9 statt 11) und weiterer kleinern Retouchen rührten die «Septembermänner» nicht an der Verfassung. Eine Totalrevision in ihrem Sinne vorzunehmen, wagten die von ihrer sozialen Basis wie ideologischen

Ausrichtung her sehr uneinheitlich zusammengesetzten Konservativen trotz
ihrer überwältigenden Mehrheit im Grossen Rat nicht. Ihr Rückhalt in der
ländlichen Bevölkerung wie ihre Mehrheit im Grossen Rat schmolzen schon
nach kurzer Zeit dahin, schon in den Neuwahlen von 1842 errangen die Liberalen und Radikalen wieder fast ebensoviele Sitze wie die Konservativen.
Bereits 1845 kamen die Liberalen wieder an die Macht, angeführt von Männern wie Jonas Furrer und Alfred Escher, «deren visionärer Weitblick nicht
weniger entwickelt war als der ihrer Vorgänger, deren Denken jedoch weniger
romantische Züge aufwies, mehr auf materialistisch verstandenen Fortschritt ausgerichtet und von einem stärkeren politischen Realitätssinn geprägt
war».[1545]
     Die Hauptstadt geriet damit erneut in Opposition zu der im Kanton
herrschenden liberal-radikalen Mehrheit. Die städtische Aristokratie und das
übrige Stadtbürgertum verharrten nämlich bis in die sechziger Jahre mehrheitlich in einer konservativen Grundhaltung. Die städtischen Räte und Behörden[1546] blieben fest in der Hand der auf das Stadtbürgertum gestützten konservativen Kräfte und auch die städtischen Grossräte stammten, obwohl in
kantonalen Wahlen die niedergelassenen Kantonsbürger ebenfalls wahlberechtigt waren, weiterhin mehrheitlich aus dem konservativ-aristokratischen Lager.
Dem nach 1845 liberal dominierten Regierungsrat gehörten dagegen nur noch
vereinzelt auch Angehörige der konservativ-aristokratischen, städtischen
Opposition an. Wer auf kantonaler oder eidgenössischer Ebene in höhere politische Ämter oder auf staatliche Stellen gelangen wollte, dem blieb im «System
Escher» praktisch gar keine andere Wahl, als sich in irgendeiner Form mit den
herrschenden Liberalen und mit Alfred Escher zu arrangieren. Ausgesproche-
nen Vertretern konservativer Prinzipien blieb eine politische Karriere auf kantonaler wie eidgenössischer Ebene deshalb nach 1846 wieder weitgehend verbaut. Dass Alfred Escher Männer aus den konservativen altzürcherischen
Kreisen sowie allgemein «die Personen mit steifem Rücken und die Charaktere» nicht schätzte und «seine Werkzeuge»[1547] lieber vom Lande holte, bekamen Georg und Friedrich von Wyss, zwei Söhne von Bürgermeister David
von Wyss, am stärksten zu verspüren. 1847 wurde Georg von Wyss, seit 1842
Staatsschreiber, nach der Wahl Eschers und Sulzers zu Staatsschreibern entlassen. 1855 und 1856 scheiterte er zweimal mit dem Versuch, zum Regierungsrat gewählt zu werden, am Widerstand der herrschenden liberalen Partei.
Beim zweiten Male unterlag er seinem Freund Friedrich Salomon Ott, einem,
wie Wyss selbst schrieb, «minder berüchtigten Mitgliede der conservativen
Partei». Die Wahl von Wyss wäre in den Augen des liberalen Führers Jakob
Dubs einer «selbstmörderischen Handlung» gleichgekommen. Eine neue
Zurückweisung durch die Liberalen erlebte von Wyss bei den Ersatzwahlen in
den Nationalrat von 1866, als ihm im dritten Wahlgang ein Grossindustrieller
aus dem Umkreis von Alfred Escher vorgezogen wurde. 1853 verhinderte
Alfred Escher, der Georg von Wyss seit der Jugendzeit – sie waren praktisch

gleich alt – persönlich abgeneigt war, auch dessen Wahl in das Direktorium
der Nordostbahn. Wyss war Direktor der mit der Ostbahn 1853 fusionierten
Nordbahn gewesen. Auch die akademische Laufbahn, auf die Georg von Wyss
sich in der Folge verlegte, verlief nicht nach Wunsch. Nachdem er 1858 ausserordentlicher Professor für Geschichte an der Universität Zürich geworden
war, erhielt er seine Beförderung zum Ordinarius erst 1870, als nicht mehr die
Liberalen, sondern die Demokraten an der Macht waren. [1548] Diese heftigen
Parteigegensätze unter den Erwachsenen übertrugen sich auch noch lange auf
die Söhne. Noch Mitte der fünfziger Jahre zerfielen selbst die untern Klassen
des Gymnasiums, in denen sich die Söhne aus den alten herrschenden Familien mit jenen des liberalen städtischen und ländlich-dörflichen Bürgertums
zusammenfanden, in «Aristokraten» und «Demokraten». Die «aristokratisch»
ausgerichteten Gymnasiasten, die sich ab 1858 in der «Heraldika» organisierten, mussten bei der Aufnahme geloben, «sich durch eine echt konservative
Gesinnung und durch den Hass aller radikalen und sozialistischen Prinzipien,
als welche das Recht mit Füssen treten und die wahre Wohlfahrt jedes ihnen
huldigenden Staates untergraben, als guter Bürger Zürichs erweisen zu wollen». 1883 wurde der «Hass der radikalen Prinzipien» dann durch den mildern
Ausdruck «Bekämpfung aller radikalen Prinzipien» ersetzt. [1549]

Wie sehr und wie lange die Stadt nach 1845 eine Hochburg der konservativen und liberal-konservativen Opposition blieb, lässt sich an der Zusammensetzung der städtischen Grossräte ablesen. 1846 stammte die Hälfte der
zwölf städtischen Grossräte aus aristokratischen Familien, neben vier weiteren
Stadtbürgern vertraten noch zwei Niedergelassene die Stadt im Grossen Rat.
Aufgrund der zunehmenden politischen Abstinenz [1550], vor allem der Niedergelassenen, gelang es ihnen in den fünfziger Jahren, ihre Position sogar noch
zu verstärken. Von 1850 bis zum Sturz des liberalen Systems stellten die alten
Herrengeschlechter jeweils zwei Drittel der städtischen Grossräte der Stadt.
1850 kamen zu den neun von zwölf Grossräten aristokratischer Herkunft noch
zwei weitere Stadtbürger sowie ein Niedergelassener. 1858 setzte sich die städtische Delegation der 14 Grossräte aus zehn «Herren» und noch vier weiteren
Stadtbürgern zusammen. Die Niedergelassenen, die über zwei Drittel der
städtischen Wahlberechtigten bildeten, an den Wahlversammlungen aber
praktisch nicht mehr teilnahmen, verfügten bis 1866 über keinen direkten
Vertreter mehr. Mit der Einführung der Urnenwahl durch die demokratische
Verfassung von 1869 und dem Anstieg der Wahlbeteiligung auf über 75 Prozent veränderte sich die soziale Zusammensetzung der städtischen Kantons-
ratsdelegation. 1870 kamen noch sieben der 16 Kantonsräte aus aristokratischen Familien, vier waren jetzt Niedergelassene. Zehn Jahre später waren
noch vier der 14 Kantonsräte aristokratischer Abkunft. Sechs Stadtbürger und
vier Niedergelassene vervollständigten die städtische Abordnung.

Nach der politischen Ausrichtung dominierten nach 1845 zunächst
ebenfalls noch die Konservativen, aber schon in den sechziger Jahren verscho-

ben sich dann die Gewichte immer mehr zugunsten der Liberalen. 1850
gehörten alle städtischen Grossräte der konservativen Richtung an, wobei zwei
bis drei eher gemässigte Positionen vertraten. Darunter auch die beiden Alt-
Bürgermeister des konservativen Zwischenspiels Hans Konrad von Muralt und
Joh. Heinrich Mousson, sowie Hans Konrad Rahn-Escher, einer der Führer
des Septemberputsches, und Paul Karl Eduard Ziegler, der als Stadtpräsident
dem Putsch massgeblich zum Erfolg verholfen hatte, 1840 Regierungsrat
wurde und nach 1845 als einziger der konservativen Regierungsräte auch in
der zweiten liberalen Ära bis 1866 im Amt blieb. Auch die beiden später
führenden Konservativen Georg von Wyss und Bernhard Spyri gelangten 1850
erstmals in den Grossen Rat. Einer eher gemässigt konservativen Richtung
gehörten vor allem Johann Kaspar Ulrich sowie Johann Georg Finsler an. 1858
befand sich unter den 14 städtischen Grossräten mit Franz Hagenbuch auch
ein Liberaler. Er war noch 1850 nur durch indirekte Wahl in den Rat gelangt,
jetzt entsandten ihnen die städtischen Wähler selbst in den Rat. Dazu kamen
etwa vier Grossräte mehr liberal-konservativer Richtung. 1862 stellten die
Liberalen, darunter auch zwei Angehörige ehemaliger Herrengeschlechter,
bereits mehr als einen Viertel der städtischen Delegation, die streng Konservativen dagegen waren nun eher in der Minderheit. In den Wahlen von 1866
erhielten die Liberalen mindestens fünf der 16 städtischen Grossratsmandate.
Etwa gleich stark waren auch die Liberal-Konservativen und die Konservativen vertreten, die fast ausschliesslich aus Familien der ehemaligen führenden
Geschlechter stammten. 1551 Eine eigentliche Wende im Verhältnis der vorwiegend aus dem wohlhabenden und gebildeten Stadtbürgertum stammenden
Konservativen zum liberalen Bürgertum in der Stadt und auf dem Land
brachte dann der Sturz des liberalen «Systems» durch die demokratische
Bewegung. Zur Beseitigung der «Monarchie Escher» konnten die Demokraten, wie die Ergebnisse der Wahlen 1552 in den Verfassungsrat vermuten lassen,
auch auf eine gewisse indirekte Unterstützung von konservativer Seite zählen;
denn für zurückgesetzte Konservative wie die Brüder von Wyss bestand kaum
Veranlassung, dem von ihnen seit langem als «Plutokratie» und «Ausschliesslichkeitssystem» kritisierten liberalen Regiment in seinem Existenzkampfe
beizustehen. Schon 1862 beschrieb Georg von Wyss in einem Brief an
François Forel das Eschersche Regiment als «une monarchie démagogique qui
se fonde sur la puissance de l'argent», als «un système Napoléon» und bezeichnete Escher als «notre prince». 1553 Die meisten politischen und sozialen Forderungen der Demokraten stiessen bei den Konservativen dann aber auf
genauso vehementen Widerstand wie bei den Vertretern des liberalen
Systems. Mit Ausnahme etwa des Referendums lehnten auch die Konservativen die durch die Verfassungsrevision von den Demokraten schliesslich in
ihrem Sinne durchgesetzte neue politische Ordnung als «Demokratisierung
bis zum Exzess» ab. 1554
    Der umfassende Sieg der Demokraten, der «kleinen Leute», bewirkte so,

dass sich alte und neue «Herren» trotz teilweise grosser persönlicher Animositäten gegenseitig noch stärker annäherten, dass angesichts des gemeinsamen
Gegners auf der Linken die alten politischen und sozialen Gegensätze noch
mehr, als dies bereits in den sechziger Jahren 1555 der Fall war, an Bedeutung
verloren und sich die Positionen in kantonalen Angelegenheiten doch weitgehend anglichen. Dies galt bald auch für die eidgenössische Ebene, wo bis 1893,
dem Übertritt Ulrich Meisters in die radikal-demokratische Fraktion, alle liberalen Zürcher Nationalräte dem zunehmend nach rechts rutschenden Zentrum
angehörten, welches in den achtziger Jahren ausser den Zürcher Liberalen
vorwiegend reformierte Konservative aus Basel, Bern, Waadt und Genf umfasste. Die demokratischen Nationalräte dagegen waren in der radikalen Fraktion. Konservative und Liberale rückten in der Folge zusammen und gingen
bereits die Wahlen in den Kantons- und Regierungsrat vom Sommer 1869
gemeinsam an. Sie erreichten denn auch, dass sämtliche Sitze, die der Stadt im
Kantonsrat, der kantonalen Legislative, zukamen, an die nun beide Gruppierungen umfassende liberale Partei fielen. 1556 Die bis in die sechziger Jahre
hinein noch von eher konservativen Kreisen beherrschte Hauptstadt bildete ab
1869 die eigentliche Hochburg der neuen, in die politische Mitte und nach
rechts gerutschten liberalen Partei. Etwa zwölf der 16 Sitze fielen 1869 an
Liberale 1557 oder Liberal-Konservative. Die eigentlichen Stadtkonservativen,
darunter auch Georg und Friedrich von Wyss, belegten noch vier Sitze. Gegen
Ende der siebziger Jahre sassen in der liberalen Fraktion des Kantonsrates noch
drei, in den neunziger Jahren noch zwei konservative städtische Vertreter.

Als eine eigenständige politische Kraft auf kantonaler und kommunaler
Ebene hörten die Konservativen damit ab Ende der sechziger praktisch zu existieren auf. Selbst innerhalb der altzürcherischen Ober- und Mittelschicht hatten sie seit den sechziger Jahren an Rückhalt verloren. Dies war nicht zuletzt
auch eine Folge des Generationenwechsels. Schon unter den zwischen 1830
und 1840 geborenen Männern aus dem Umkreis der ehemaligen städtischen
Handels- und Finanzaristokratie und dem übrigen wohlhabenden und gebildeten Stadtbürgertum näherten sich, sofern sie sich nicht in vornehmer Zurückhaltung übten und sich weder aktiv parteipolitisch betätigten noch in städtische oder kantonale Ämter wählen liessen, zunehmend den Liberalen an
oder schlossen sich, vor allem nach der Machtübernahme der Demokraten,
sogar der liberalen Partei an. Ein Beispiel unter anderen dafür ist Conrad
Escher, der sich in der Krise «aus äussern und innern Gründen» auf die Seite
des liberalen Systems stellte. 1558 Zu diesen innern Gründen dürfte sein
Wunsch gehört haben, «in irgend einer Weise in das administrative Gebiet»
hineinzukommen und «Staatsmann» zu werden. 1559 Mit Alfred Escher, der
innerhalb der Escher ja wegen seiner «radikalen» Einstellung in Ungnade war,
arbeitete Conrad Escher dann bereits als Sekretär des städtischen Baukollegiums zusammen. Ähnlich verhielten sich auch Liberalkonservative wie der
nachmalige Stadtpräsident und Nationalrat Melchior Römer. Noch stärker galt

dies dann für Männer späterer Generationen, die trotz tendenziell eher konservativer Grundhaltung auf kantonaler Ebene der liberalen Partei angehörten
und sich in der Bundespolitik nach dem sogenannten Zentrum und seiner
Nachfolgeorganisation, der liberal-demokratischen Fraktion, aber auch nach
der 1894 gegründeten Freisinnig-demokratischen Partei ausrichteten. [1560]

Aber auch von der Generation der nach 1840 geborenen Männer aus
dem Umkreis der Altzürcher Familien war eine Minderheit noch nicht willens, sich mit dem liberalen «Zeitgeist» in irgendeiner Weise zu arrangieren.
Sammelbecken dieser «neuen» Konservativen war bis Ende der achtziger und
anfangs der neunziger Jahr die «Gesellschaft vom alten Zürich» bzw. die Zürcher Sektion des «Eidgenössischen Vereins», der im wesentlichen streng refor-
miert-konservativ und föderalistisch gesinnte Angehörige der Aristokratie von
Basel, Bern und Zürich vereinigte. [1561] Die «Gesellschaft vom alten Zürich»
entstand 1856, als sich elf junge Männer [1562], sämtliche im Alter von 17–18
Jahren und aristokratischer Herkunft, zu einer «adelige Gesellschaft» benannten Vereinigung zusammenfanden. Erklärtes Ziel der 1860 bereits rund vierzig
Mitglieder [1563] zählenden Gesellschaft war es, die nach dem Berner «Restaura-
tor» Karl Ludwig von Haller definierte Revolution zu bekämpfen und das alte
Stadtbürgertum wiederzubeleben. Die beste Form der Republik sah Ludwig
Pestalozzi [1564], einer ihrer geistigen Führer, der jedoch selbst nicht direkt aus
den ehemals herrschenden Kreisen entstammte, noch Ende der sechziger Jahre
in der «Aristokratie, wo die durch ihre sociale Stellung, durch geschichtliche
Überlieferungen, unabhängige Lage, gesellige Stellung, Besitz, Erziehung und
Bildung hervorragenden Geschlechter angemessenen Einfluss besitzen, als
Vertreter, Schutz und Wehr für die Bevölkerung einstehen». Die «reine Demokratie» dagegen entfesselte in seinen Augen nur allzu leicht alle Leidenschaften, war zudem schwerfällig und unbeholfen. Das «Naturgemässe» mochte sie
allenfalls dort sein, «wo Gleichartigkeit der Bevölkerung ist», wo der Zweck
des Lebens darin bestand, «Kühe zu hüten und Käse zu machen». Den «kom-
plicirteren Staatsverhältnissen» schon besser angepasst war die repräsentative
Demokratie, wo eine «gewisse Aristokratie der Intelligenz und des Geldes»
immerhin eine «ruhige Erwägung» der Probleme gewährleistete. Eine «wirkliche Repräsentation» des Volks kam aber nur zustande, wenn «man das Volk
nach seinem natürlich-sittlichen Instinkte wählen lässt» und «die natürlichen
Berufsinteressen den Wahlentscheid geben», jedoch nicht, wenn «eine atomi-
sirte Masse in zufällig zusammen gewürfelten Kreisen ohne Kantonal-, Ge-
meinde-, Standesbewusstsein wählt» und «allgemeine politische Phrasen» eine
Rolle spielen. Dann bestand die grosse Gefahr, dass die Interessen der verschiedenen Teile des Volkes nicht zum Ausdruck kommen, und dass «eine
Majorität gewöhnlich rücksichtslos die Minorität zu erdrücken sucht». [1565]
Doch auch die beste Form der Republik hatte ihre Nachteile. Um ihnen zu
entgehen, galt es, «den Geist des Junkerthums, den Kastenstolz, den müssig-
gängerischen, übermüthigen Verbrauch verdienstlos empfangener Stellung, das

nackte Gebahren des Eigennutzes, die Stumpfheit für ideale Ziele» zu bekämpfen und die aristokratischen Geschlechter an ihre Verpflichtung zu mahnen, den «adelichen Geist der Ehrfurcht gegen die Familienerinnerung, der
Tradition von hohem Beruf und hoher Pflicht, der ritterlichen Ehre und Sitte»
hochzuhalten. [1566]

Im Vordergrund der Aktivitäten dieser jugendlichen «Geheimgesell-
schaft» standen in den ersten Jahren des Bestehens jedoch mehr die gesellige
Pflege ihrer «romantisch-aristokratischen Neigungen», die sich auch in den
Ritualen an den Sitzungen und bei der Aufnahme neuer Mitglieder, der
Freude an Wappen und Pokalen niederschlugen, und eine «unfruchtbare
Phantasie-Politik» [1567] als die konkrete Tagespolitik, deren Bedeutung dann
jedoch in den sechziger Jahren mit dem Alter der Mitglieder zunahm. Poli-
tisch aktiver wurde die Gesellschaft, die sich gegen aussen völlig abgeschirmt
hatte und erst 1873 durch Eintrag ins Adressbuch aus der Anonymität heraus-
trat, in der Öffentlichkeit aber erst gegen Mitte der siebziger Jahre, als sie sich
an der 1873 in Basel entstandenen konservativen «Allgemeinen Schweizer
Zeitung» beteiligte und ihre Mitglieder dann 1875 zusammen mit älteren
Konservativen wie den beiden Professoren Georg und Friedrich von Wyss,
Professor A. von Orelli, Stadtschreiber Bernhard Spyri und Antistes Georg
Finsler die zürcherische Sektion des «Eidgenössischen Vereins» mitbegründeten und fortan von den Mitgliedern wie von der Finanzierung her den eigentlichen Rückhalt der Sektion bildeten. Auch auf kantonaler und kommunaler
Ebene trat die Gesellschaft nie selbst direkt als politische Organisation auf und
wollte auch keine solche sein, sondern ihre Mitglieder wirkten immer nur
innerhalb bestehender Vereinigungen mit, denen jeweils auch Liberalkonservative und Liberale angehörten. Während des ganzen Zeitraumes ihres Bestehens bildeten die Besprechung von Arbeiten der Mitglieder und die Pflege der
Geselligkeit unter Gleichgesinnten – die Mitglieder trafen sich wöchentlich –
die Hauptaktivitäten.

Selbst in ihrer besten Zeit, von Ende der sechziger bis Mitte der achtziger Jahre, vermochte die «Gesellschaft vom alten Zürich» trotz ihrer seit 1858
bestehenden Nachwuchsorganisation «Heraldika» in den vor allem angesprochenen altzürcherischen Kreisen, erst recht in der übrigen stadtbürgerlichen
Bevölkerung, nur eine kleine Minderheit für sich zu gewinnen. Vor allem die
«eigentliche goldene Jugend, die Sprossen Millionäre», worunter sich ja auch
viele Aristokratensöhne befanden, hielten sich weitgehend fern. [1568] Die
extrem konservative Haltung und die streng religiöse Ausrichtung der Gesellschaft verhinderten dies weitgehend. So verpflichteten noch die den «Verhältnissen» angepassten Grundsätze von 1892 alte wie neue Mitglieder auf «christ-
lich-conservative Anschauungen» und auf ein «ständisches» Ideal der Gesellschaft. Sie hatten, wie der erste Grundsatz dies vorschrieb, auf dem «Boden
des evangelischen Bekenntnisses» [1569] zu stehen und in der Welt «weder ein
Spiel des Zufalls noch ein nach blos mechanischen Grundsätzen sich ent-

wickelndes Naturgebilde, sondern die Schöpfung eines persönlichen Gottes» zu erblicken und als Richtschnur ihres Tuns die «sittliche Weltordnung» zu anerkennen. Im Unterschied zum Liberalismus, der allzusehr die «Macht der Sünde» missachten und an einen «beständigen Fortschritt des menschlichen Strebens» glauben würde, sah dieser religiös fundierte Konservativismus in der Welt «das Böse mit dem Guten kämpfen und die Menschheit in ihrer Mehrheit unfähig, aus sich selbst ihre Kräfte richtig zu entfalten». Der Mensch bedurfte deshalb der «Eingliederung in einen gottgewollten socialen und staatlichen Organismus», er bedurfte des «Gesetzes und der Strafdrohung als Zuchtmeister zum Guten».[1570] Anerkannt wurde nur die Gleichheit der Menschen vor Gott und seinen Geboten, die «der Natur und Erfahrung zuwiderlaufende Lehre von der absoluten Gleichheit aller Menschen und die darauf gegründete Forderung, dass die gleichen Gesetze und Einrichtungen durchaus für alle Einwohner eines Landes» Geltung haben müssten, wurde jedoch strikte abgelehnt. Insbesondere galt dies auch für das «Kopfzahlsystem», denn «wie am Leibe die einzelnen Glieder verschiedene Aufgaben zu erfüllen haben und verschiedener Werthschätzung geniessen, so haben auch die einzelnen Menschen und die einzelnen Stände verschiedene Aufgaben, und in der geordneten Bewegung ihrer Kräfte kommt allein die reiche Gestalt des menschlichen Gesellschafts-Organismus zum Ausdruck.» Je höher die gesellschaftliche Stellung war, je mehr «Gaben und Güter» einem Menschen «anvertraut» waren, desto mehr sollte er, quasi als Ausgleich, die Pflicht haben, von «solchen Vorzügen den gewissenhaftesten Gebrauch zum Wohl der Nächsten, zum Wohl der Gemeinschaftskreise, in die Gott» ihn «gestellt» hatte, zu machen.[1571]

Ab Mitte der achtziger Jahre erfasste der «Auflösungs- und Erschlaffungsprozess» (Pestalozzi) der konservativen Kräfte um den Eidgenössischen Verein auch die «Gesellschaft vom alten Zürich». Die ehemaligen Mitglieder der «Heraldika» schlossen sich ihr nur noch vereinzelt an.[1572] Wie Friedrich Otto Pestalozzi in einem larmoyanten Vortrag über die so im Argen liegende Erziehung zum öffentlichen Leben auch in bürgerlichen Kreisen klagte, fielen die jungen Männer der «Jeunesse dorée und non dorée» nun dem «ordinären Freisinn» zu oder sie ignorierten «kalt, stumpf und selbstsüchtig alle höhern Ziele des Lebens».[1573] Die Mitglieder der «Gesellschaft vom alten Zürich» und der Zürcher Sektion des «Eidgenössischen Vereins» bildeten zwar weiterhin den Kern der städtischen Konservativen, auf die städtische wie kantonale Politik vermochten sie aber, insbesondere nach der Stadtvereinigung und ihrem Ausschluss aus dem neu gegründeten freisinnigen Stadtverein sowie dem Austritt der beiden verbliebenen konservativen Kantonsräte aus der liberalen Fraktion kaum noch grössern Einfluss zu nehmen.[1574] Die Pflege der Geselligkeit unter gleichgesinnten Männern hielt insbesondere die «Gesellschaft vom alten Zürich» jedoch noch einige Jahre zusammen. Wichtigster Zweck war nun wieder der gleiche wie in den Anfängen, nur waren die Män-

ner, die sich wie eh und je wöchentlich trafen, unterdessen in die Jahre
gekommen und hatten ihren jugendlichen Schwung verloren. Die Zürcher
Sektion des «Eidgenössischen Vereins» bestand ab 1897 nur noch als informelle Gruppierung älterer Herren weiter. 1910 löste sich die «Gesellschaft
vom alten Zürich» infolge Mitgliederschwund und Teilnahmslosigkeit auf, drei
Jahre später folgte ihr die Zürcher Sektion des Eidgenössischen Vereins. 1914
stellte auch die von diesen Kreisen 1889 übernommene Zürcherische Freitagszeitung ihr Erscheinen ein. 1916 erschienen auch die von F. O. Pestalozzi
und der Zürcher Sektion herausgegebenen «Schweizerblätter» zum letzten
Mal. [1575] Mit der «Gesellschaft vom alten Zürich» verloren jene Kreise aus
Aristokratie und Stadtbürgertum, die nach 1870 eine gewisse Distanz zum
liberalen Bürgertum gehalten hatten, ihren letzten Sammelpunkt. In ihrer
Sicht verschwand mit der Gesellschaft der «einzige enger geschlossene konservative Männerverband», die letzte Vereinigung all jener Altzürcher, die
wider allen Zeitgeist eine «geschichtliche und konservative Anschauungs-
weise» pflegten und für sich den Anspruch erhoben, «wirklich gute Bürger
Zürich's zu sein». [1576]

### Die ehemaligen «Herren» und der freisinnige Bundesstaat: Von der Ausgrenzung zur Integration

«Aristokrat» sein war im Bundesstaat von 1848 eine schwer abzahlbare
Hypothek. War mit der aristokratischen Herkunft noch eine ausgeprägt konservative Grundhaltung verbunden, so konnten Männer wie Philipp Anton
von Segesser oder Georg von Wyss gar zur Unperson werden. So zitierte
Alfred Escher im Nationalrat P. A. von Segesser von 1848–1882 nie mit
Namen, wenn er auf dessen Interventionen einging. Stets hiess es nur: Man
hat gesagt, man entgegnete oder man meinte. [1577] «Durch Dekret des ganzen
schweizerischen Radikalismus bin und bleibe ich bis an mein seliges Ende ein
fürchterlicher Aristokrat, und dennoch kenne ich blutwenig von dem, was ich
als Aristokrat die erste Pflicht hätte, zu kennen», schrieb von Segesser 1857 in
einem Brief an den Zürcher Junker Gerold Meyer von Knonau. [1578] Tatsächlich standen die Angehörigen der «Altschweizer Eliten» (Müller-Büchi) refor-
mierter wie katholischer Herkunft, die sich nicht zum Liberalismus oder Radikalismus bekannten oder sich nicht zumindest mit den herrschenden
Liberal-Radikalen in irgendeiner Weise arrangierten, im politischen Leben des
frühen Bundesstaates im Abseits. [1579] Ganz besonders galt dies für die mit dem
«Makel von Sonderbündlern und unzuverlässigen Patrioten» (Altermatt) be-
hafteten Katholisch-Konservativen [1580], so auch für den patrizisch-aristokratischen Freundeskreis um Philipp Anton von Segesser und Nazar von Reding-
Biberegg, die «in Schrift, Wort und Tat einen schnurgeraden Gegensatz zum
ungläubigen und revolutionären Radikalismus» bilden wollten und «jede
Akkommodation mit den Grundsätzen und Häuptern» der neuen Zeit ablehn-

ten.[1581] Mit ihren auch in der «Schwyzer Zeitung» geäusserten Hoffnungen
auf eine ausländische Intervention zugunsten der alten Ordnung stellten sich
Teile der Katholisch-Konservativen aristokratischer wie bürgerlich-bäuerlicher
Herkunft allerdings auch selbst noch bis Mitte der fünfziger Jahre ausserhalb
der neuen Bundesordnung. Besonders galt dies auch für patrizische und
andere konservative Kreise in Freiburg. Im Neuenburger Handel standen
dann jedoch auch die ehemaligen Sonderbundskantone und ihre politische
Elite weitgehend hinter dem neuen Staat. Der Nationalismus, der bis 1848 vor
allem die Liberalen und Radikalen zusammengeschweisst hatte, führte nun
zunehmend auch die Besiegten und Sieger des Sonderbundes zusammen.
Weniger suspekt waren die Reformiert-Konservativen, die den revolutionären
Bruch mit der alten Ordnung zwar ebenfalls verurteilten, dem neuen Staatswesen jedoch von Anbeginn loyal gegenübergestanden waren und an eine
eigentliche Restauration nicht dachten. So schrieb Friedrich von Wyss aus
einer Sommerreise ins restaurierte Preussen, verbunden mit einem Besuch bei
seinem ehemaligen Lehrer Savigny, an den Basler Professor Joh. Schnell: «So
manches, das in der restaurierenden Theorie ganz hübsch aussieht, macht sich
doch anders, wenn man es in wirklicher Ausführung in der Nähe betrachten
kann.» Die Staatsphilosophie der Restauration schätzte er «im Negativen über-
zeugender als im Positiven». Schnell bezeichnete denn auch die Reise seines
Freundes als eine gute Kur, «um alle Miserabilitäten, die zu Hause drücken,
wieder besser ertragen zu können».[1582] Neben diesen loyalen Gruppierungen
gab es jedoch im Berner Patriziat und vor allem in der Neuenburger Aristokratie reaktionäre Kreise, die Interventionen befürworteten und allenfalls auch
zu illegalen Aktionen bereit waren.[1583]

Auf nationaler Ebene vermochten die städtischen wie ländlichen Aristokraten und Honoratioren sich einzig im militärischen Bereich einigermassen
zu behaupten. Obwohl sie nach 1830 auch in den Offizierskorps von Männern
aus dem aufstrebenden liberalen Bürgertum bedrängt und durch sie ersetzt
wurden, konnten sie im Unterschied zum politischen Bereich auch im neuen
Bundesstaat doch weiterhin höchste Führungsstellen besetzen. Von einer konservativ-aristokratischen Machtstellung in der Armee konnte aber im neuen
Bundesstaat keine Rede mehr sein.[1584] Die Armee, besonders der Generalstab,
war jedoch eine jener Institutionen, wo die neue Elite aus dem Unternehmertum und der Bourgeoisie des talents einesteils ihre Gleichwertigkeit mit den
ehemaligen Herren dokumentierte und andernteils der fortschrittlich-vater-
ländischen Gesinnung Ausdruck verlieh.[1585] Obwohl eine spezifische Lebensführung nach den Kriterien des aristokratischen Standes in der zweiten Hälfte
des 19. Jahrhunderts keine ausreichende Voraussetzung mehr bildete, um dem
Generalstab anzugehören, so spielte diese Art der Lebensführung als Attitüde,
als Gestus und Habitus eine nicht zu unterschätzende Rolle. Dem Generalstabskorps vor dem Ersten Weltkrieg wurde denn auch nachgesagt, es sei «vom
Parfum der Aristokratie durchdrungen». Es war aber mehr das Parfum, das auf-

fiel, und weniger die Aristokratie, auch wenn patrizische Familien wie die von Erlach und von Wattenwyl nach 1875 im eidgenössischen Generalstabskorps sehr stark vertreten waren. [1586] Kaum Zugang hatten die Angehörigen der alten Herrengeschlechter dagegen zur neuen, sich erst entwickelnden Bundes-bürokratie. Die in den siebziger Jahren geschaffenen Stabsstellen wurden fast ausschliesslich von Mitgliedern der freisinnigen Mehrheitspartei eingenommen. Da sich dies in vielen Kantonen wiederholte, ergab sich auch daraus gerade für die Hochschulabsolventen aus den alten Familien ein gewisser Zwang zur politischen Anpassung an das neue Bürgertum. [1587]

In den protestantischen Stadtkantonen verfügte die ehemalige patrizisch-aristokratische Führungsschicht mit Ausnahme von Baselstadt, wo nach der Abtrennung des Landes die politische Herrschaft des wohlhabenden und gebildeten Stadtbürgertums ähnlich wie in den Städten Bern und Zürich bis in die siebziger Jahre hinein erhalten blieb, ab 1848 nur noch über einen sehr beschränkten Zugang und Einfluss auf die eidgenössische Politik. Während die grosse Mehrheit, insbesondere die Männer der vor 1830 geborenen Generation, auch nach 1848 weiterhin eine konservative oder zumindest liberal-konservative Haltung einnahm und damit, von wenigen Ausnahmen abgesehen, aus höheren Ämtern in Bund und Kanton ausgeschlossen war, näherte sich ein Teil der Angehörigen der jüngeren Generationen, sofern sie sich in der Politik überhaupt noch öffentlich engagierten, zusehends den bürgerlichen Liberalen an. Auf eidgenössischer Ebene politisierten die wenigen, die aus diesen dem Liberalismus zugeneigten Kreisen ins Parlament gelangten, dann meist auf dem rechten Flügel des Freisinns, dem sogenannten liberalen Zentrum, das im wesentlichen das Grosskapital und den Besitz vertrat und dem auch die wichtigsten Schlüsselgestalten der Wirtschaft (Alfred Escher, Conrad Cramer-Frey, Hans Wunderli-von Muralt) angehörten. 1893 schlossen sie sich meist der aus Bruchstücken des Zentrums entstandenen liberal-demokratischen Fraktion an. [1588] Eher selten gehörten sie der 1894 gegründeten freisinnig-demokratischen Partei und der radikal-demokratischen Fraktion an. [1589]

Die patrizisch-aristokratischen Herren konservativer Ausrichtung aus den reformierten Orten waren auf nationaler Ebene zwar aus den herrschenden Kreisen ausgeschlossen, sie verfügten aber im neuen Parlament doch noch über eine gewisse, wenn auch sehr schwache Präsenz. So gehörten zu den wenigen reformiert-konservativen National- und Ständeräten jeweils auch einige Angehörige der alten Herrengeschlechter. Die Reformiert-Konservativen vermochten sich jedoch weder in den fünfziger noch in den sechziger Jahren, obwohl sie in einzelnen Kantonen (Baselstadt, Bern, Schaffhausen, St. Gallen, Graubünden, Neuenburg und Genf) in politischen Vereinen organisiert waren und bis in die sechziger Jahre auch über eigene kämpferische Zeitungen verfügten, eine die kantonalen Grenzen übergreifende Organisation zu geben. Eine Ausnahme bildete der in den fünfziger Jahren für einige Zeit bestehende, als Freundeskreis locker gefügte «Zuger oder Schweizer Verein», der sowohl katholische wie reformierte Konservative bürgerlicher wie aristokratischer Herkunft, darunter auch einige jüngere Berner Patrizier wie Otto von Büren und Alexander von Tavel, umfasste. [1590]

Die erste und einzige sehr stark aristokratisch geprägte politische Gruppierung, die sich mit einer parteimässigen Struktur zu einer wichtigeren politischen Kraft zu entwickeln vermochte, war der 1875 in Olten als Gegenkraft zum freisinnigen «Volksverein» gegründete reformiert-konservative «Eidgenössische Verein». Er stützte sich im wesentlichen auf die konservativ-aristokratischen Kreise der Städte Basel, Bern und Zürich, wo schliesslich auch die einzigen Sektionen ins Leben gerufen werden konnten. Mit Verbindungen zu gleichgesinnten und gleichgestellten Männern in Graubünden, St. Gallen, Schaffhausen, im Aargau, in Neuenburg und in Genf, aber auch zur katholisch-konservativen Führerschaft der Innerschweiz, insbesondere zu Philipp Anton von Segesser, ging die Reichweite dieser Vereinigung jedoch über die drei organisatorischen Stützpunkte in den drei städtischen Patriziaten hinaus. Der «Eidgenössische Verein» war eine typische Honoratiorenpartei, ein «Verein ohne Volk». [1591] Die altväterischen Grundsätze, die stark religiöse Ausrichtung und die elitäre Haltung dieser Männer, aber auch ihre Vorbehalte demokratischen Staatsformen gegenüber und ihre Ablehnung kollektivistischer Politik im Sinne der Massenbeeinflussung verhinderten letztlich, dass daraus eine breiter abgestützte Wahl- und Parteiorganisation entstehen konnte. Sie blieb eine Vereinigung untereinander meist direkt oder indirekt auch freundschaftlich verbundener Männer, die mit ihrer auf den protestantischen Glauben positiver oder pietistischer Richtung begründeten Politik in erster Linie auch eine konservative Lebenshaltung verteidigten und für die Erhaltung einer christlich-sittlichen Ordnung in Gesellschaft und Staat kämpften. Im Unterschied zu den Katholisch-Konservativen fehlte dem «Eidgenössischen Verein» aber nicht nur das «Volk», sondern es mangelte ihm auch an der tatkräftigen Unterstützung und dem Zuwachs neuer Mitglieder aus den vornehmlich angesprochenen aristokratischen und konservativen besitz- und bildungsbürgerlichen Kreisen. Zusammen mit der katholisch-konservativen Opposition und in Anlehnung an bäuerlich-gewerbliche Bewegungen, wie zum Beispiel an die vor allem im Oberaargau stark verankerte bernische Volkspartei, vermochte diese konservative Vereinigung nach 1874 aber doch eine Zeitlang erfolgreich das Referendum gegen freisinnige Reform- und Zentralisierungsbestrebungen einzusetzen und so im Namen des Antietatismus und Föderalismus das Fortschrittstempo zu bremsen. Schon nach 1886 erlebte der Eidgenössische Verein aber einen schleichenden Niedergang. [1592] 1890 stellte die Basler Sektion, lange Zeit die stärkste regionale Gruppierung, ihre Tätigkeit ein, 1895 hörte der Verein als Dachorganisation verschiedener protestantisch-konservativer Gruppierungen zu existieren auf, ab 1897 funktionierte auch die Zürcher Sektion nurmehr als informelle Gruppierung. Nach dem Niedergang des «Eidgenössischen Vereins» traten konservativ gesinnte Männer aus den

Kreisen der ehemaligen städtischen Aristokratie als eigenständige Gruppierung
in der politischen Öffentlichkeit nicht mehr in Erscheinung. Eine Ausnahme
bildeten bis zu einem gewissen Grad die um die Jahrhundertwende gegründeten liberalen Parteien in Genf, der Waadt, Neuenburg und Basel, wo
ihnen zusammen mit liberal-konservativen bürgerlichen Kreisen der Neuauf-
bau einer parteimässigen Organisation ausserhalb des Freisinns gelang. 1913
schlossen sich diese neuen Parteien dann zur liberal-demokratischen Partei der
Schweiz zusammen. [1593]

In den katholischen Kantonen der Innerschweiz spielten die alten Herrengeschlechter, gestützt auf ihren Reichtum, ihr Ansehen und die Tradition,
dagegen auch nach 1848 weiter eine dominierende gesellschaftliche und politische Rolle. Insbesondere in den Landsgemeindekantonen vermochten die
traditionellen Magistratsfamilien ihr Quasi-Monopol auf die wichtigsten kantonalen und eidgenössischen Ämter zu behaupten. Über die «alte Demokratie» (Segesser) sicherten sie sich die Gefolgschaft der Landleute und pflegten
weiterhin ihren paternalistisch-autoritären Herrschaftsstil. So gehörten in Uri
acht der neun eidgenössischen Parlamentarier zwischen 1848 und 1872
den Altdorfer Häuptergeschlechtern an. [1594] Anders lagen die Verhältnisse in
Luzern, wo die konservative Opposition den vor allem in der Hauptstadt fest
verankerten Liberalen erst 1871 die Herrschaft wieder zu entreissen vermochte. Hier befanden sich unter den führenden Konservativen nach 1848
zwar ebenfalls Patrizier wie z. B. P. A. von Segesser. Ein Grossteil des ehemaligen städtischen Patriziates neigte jedoch eher jenem elitären Liberalismus
zu, der die erste liberale Ära Luzerns von 1830 bis 1841 geprägt hatte. Die
konservative Elite dagegen rekrutierte sich vornehmlich aus der gewerblich-
bäuerlichen Ober- und Mittelschicht des Landes. [1595] In Freiburg, wo die Konservativen nach dem kurzen, durch die Sieger erzwungenen liberalen Intermezzo 1856 die Macht wieder errungen hatten, wurde die konservative Politik
ebenfalls bis in die achtziger Jahre weiterhin sehr stark vom ehemaligen städtischen Patriziat getragen. Ihre eigene privilegierte Stellung, die durch die politischen Ideen und Forderungen des Radikalismus und durch den sozialen
Wandel gleichermassen bedroht waren, verteidigten die ländliche Aristokratie
der Urkantone wie das Freiburger Patriziat als Teil einer «gottgewollten Ordnung und verstanden ihre Vorzugsstellung in erster Linie als Verpflichtung an
der Res publica». [1596] Innerhalb der Konservativen begann sich allerdings nach der «Kata-
strophe des Sonderbundes» (Müller-Büchi) verstärkt eine neue Elite bürgerlich-bäuerlicher Herkunft zu etablieren, die sich im wesentlichen aus dem
1841 gegründeten, katholischen «Schweizerischen Studentenverein» rekrutierte. Aus diesen Kreisen entwickelte sich dann auch in den fünfziger Jahren
die sogenannte «Junge Schule», die, unbelasteter von der direkten Mitwirkung
und «Schuld» am Sonderbund, der neuen bundesstaatlichen Ordnung offener
entgegentrat und bereits im Neuenburger und Savoyerhandel in die Welle

nationaler Begeisterung einstimmte, während altkonservative Aristokraten wie
Reding oder Segesser kühl blieben und die nationale Euphorie sie nur in
ihrem Pessimismus bestätigte, dass «von der alten Schweiz nichts mehr zu retten ist». Die gleiche Haltung nahm auch der reformiert-konservative Joh.
Schnell ein, während Friedrich von Wyss «im Einklang mit Tausenden des
Vaterlandes wieder normal sich freuen» konnte und sich nicht mehr in «ver-
einsamter Klause» verschliessen musste. Dass er sich damit auch zur Demokratie bekannte, war ihm klar, war ihm aber auch ein Zeichen dafür, dass «wir
endlich einmal aus der Revolution herausgekommen sind». [1597] Mit der Anerkennung des Bundesstaates bejahte diese neue konservative Elite auch einen
gemässigten Zentralismus, von der rein oppositionellen, manchmal obstrukti-
onsartigen Politik der klerikalen und föderalistischen Kreise nahm sie Abstand
und strebte langfristig die Regierungsfähigkeit im Bundesstaat an. Die sehr
kantonal ausgerichtete konservative Politik, die inneren Gegensätze und der
Antizentralismus hinderten die Katholisch-Konservativen aber bis Ende des
19. Jahrhunderts daran, eine Partei mit einer modernen Organisationsstruktur
aufzubauen. Selbst Versuche, wenigstens die politische Elite überkantonal
zusammenzubringen, waren bis in die achtziger Jahre nicht von Dauer. Die
konfessionalistischen Konservativen mit sowohl stark antiradikaler wie anti-
protestantischer Ausrichtung dominierten vor allem in Freiburg und im Wallis
sowie unter den Diaspora-Katholiken. Mehr föderalistisch und weniger kon-
fessionell ausgerichtet waren die Konservativen der drei Länderorte, wo die
alten Magistratsfamilien den Ton angaben, die ihrerseits von den Konfessio-
nalisten der Diaspora als «aristokratische Hochgeier, Schmerbäuche, Coupon-
abschneider» auf die andere Seite der Klassenlinie gestellt wurden. [1598] In
Referendumskämpfen nach 1874 konnten die Katholisch-Konservativen aber
dennoch auf «ihr Volk» zählen. Ein eng miteinander verschränkter Konfes-
sionalismus und Antimodernismus, der letztlich darauf hinzielte, die katholischen Kantone und Regionen vor den sozialen und politischen Auswirkungen des wirtschaftlichen Wandels abzuschirmen, ihre noch stark bäuer-
lich-gewerblich geprägte Wirtschaftsstruktur zu erhalten, die traditionellen
Lebensformen und ihre intakten herkömmlichen sozialen und politischen
Hierarchien – Symbol dafür war die katholisch-kirchliche Religion – zu
bewahren, verband die breite bäuerlich-gewerbliche Bevölkerung sowohl mit
den alten Herrengeschlechtern als auch mit der neuen bäuerlich-bürgerlichen
Elite. [1599]
    Ende der achtziger Jahre hatten die alten Herrengeschlechter auch in
den meisten katholischen Kantonen ihre führende Stellung verloren. Zum
einen reichten sie immer weniger als Rekrutierungsbasis für die konservativ-
katholische Elite aus, zum andern genügten informelle Bildung und Abkömmlichkeit als ausschliessliche Grundlagen einer Honoratiorenstellung nicht
mehr. Die Tendenz zur Verbürgerlichung oder Professionalisierung der politischen Elite verstärkte sich, gefragt war nicht mehr nur Herrschaftswissen,

sondern auch Sach- und Fachwissen, wie es nur durch eine formale Ausbildung zu erlangen war. An die Seite von Männern aus der alten Elite traten deshalb neben begüterten Bauern, vermehrt Advokaten und Beamte aus der Mittelschicht, die mit dem Besuch einer der bekannten Klosterschulen, einem Jus-Studium und der Zugehörigkeit zum katholischen Studentenverein und schliesslich dem Eintritt in ein konservatives Advokaturbüro den Grundstein für ihren sozialen und wirtschaftlichen Aufstieg, aber auch für eine politische Karriere legten. Ähnlich wie die traditionellen Honoratioren verfügten sie über die notwendige Zeit und die materiellen Ressourcen, zusätzlich aber auch über die Infrastruktur und das notwendige Sachwissen, um die meist noch ehrenamtlich ausgeübten politischen Ämter in Kanton und Bund übernehmen zu können. [1600] Da von ihrer Ausbildung, ihrer beruflichen Tätigkeit, ihrem Lebensstil und ihrer Mentalität her die Männer aus den alten Herrengeschlechter ebenfalls weitgehend verbürgerlicht waren, dürften Ende des 19. Jahrhunderts auch in der «katholischen Sondergesellschaft» (Altermatt), die unter dem äussern Druck ohnehin soziale Unterschiede zumindest ideologisch einzuebnen oder zu harmonisieren trachtete, zwischen alter und neuer Elite kaum noch grosse Gegensätze bestanden haben. Eine gewisse Ausnahme machte hier der Kanton Freiburg, der aufgrund seiner Wirtschaftsstruktur und der verbreiteten antiindustriellen und antimodernen Mentalität wie der Kanton Wallis in der Schweiz eine Art «Insel des Traditionalismus» (Mattioli) darstellte. In der von Georges Python beherrschten «christlichen Republik» (1881–1913) hatte das Patriziat zwar nur noch eine relativ geringe politische Bedeutung, es blieb jedoch noch über Jahrzehnte die gesellschaftliche Bezugsklasse. Das Freiburg des «Fin de siècle» rettete damit die Aura eines «Versailles des schweizerischen Patriziates» [1601] ins 20. Jahrhundert hinüber. Bezeichnend dafür war die Stammbaumaufbesserung für Georges Python. Obwohl der «Diktator» aus grossbäuerlichen Verhältnissen stammte, wurde er im genealogischen Verzeichnis der guten Freiburger Gesellschaft von 1898 zum Nachkommen einer Patrizierfamilie emporstilisiert. Auch scheinen sich im Freiburger Patriziat noch anfangs des 20. Jahrhunderts viele Familien mit den Verhältnissen im freisinnig-demokratischen Bundesstaat nicht abgefunden zu haben. Einige hofften noch immer, wie zum Beispiel die Eltern von Gonzague de Reynold, der sich zu einem der führenden Köpfe der autoritären Rechten in der Schweiz des 20. Jahrhunderts entwickeln sollte, auf eine Restauration des alten patrizischen Regimentes. [1602]

## 3    Politische Gleichberechtigung und Partizipation: Der Weg in die bürgerliche Gesellschaft

Mit der Bundesverfassung von 1848 war in der Schweiz zwar das allgemeine Stimm- und Wahlrecht für alle Schweizerbürger eingeführt worden, in der konkreten Ausführung dieses wichtigsten Grundrechtes eines demokra-

tischen Staates war es in Bund und Kantonen, am meisten jedoch in den
Gemeinden noch lange nicht zum Besten bestellt. Selbst auf eidgenössischer
Ebene waren um 1854 gesamthaft knapp ein Fünftel der volljährigen Schweizer vom Wahlrecht ausgeschlossen, in manchen Kantonen bis zu einem Viertel. 1878 waren durchschnittlich noch immer über zwölf Prozent nicht in die
Stimmregister eingetragen. [1603] Auf allen drei staatlichen Ebenen, am stärksten
in den Gemeinden, blieb auch nach 1848 eine mehr oder weniger offene Tendenz bestehen, das Stimmrecht auf die alteingesessenen Ortsbürger oder doch
zumindest auf die schon seit Jahren am Ort sesshaften Kantons- und Schweizerbürger zu beschränken, andere Niedergelassene und vor allem Aufenthalter
jedoch von den politischen Rechten auszuschliessen. So gewährleistete die
Bundesverfassung von 1848 zwar jedem Schweizerbürger das allgemeine
Stimm- und Wahlrecht sowie die freie Niederlassung. Den kantonsfremden
Schweizerbürgern erteilte sie aber nur in eidgenössischen und kantonalen
Angelegenheiten die gleichen politischen Rechte wie den Kantonsbürgern,
nicht jedoch in Gemeindeangelegenheiten, wo sie von der Gleichstellung aus-
drücklich ausgenommen wurden. [1604] Da sie jedoch gleichzeitig die praktische
Regelung der Niederlassung den Kantonen überliess, überdies die Niederlassung selbst an restriktive Auflagen wie ein Zeugnis über sittliche Aufführung,
Ausweis über Vermögen, Beruf oder Gewerbe band sowie die Rechte der Aufenthalter überhaupt nicht festschrieb, beraubte sie indirekt alle, die bei einem
Ortswechsel die geforderten Bedingungen an eine Niederlassung nicht erfüllten und deshalb nur den Aufenthalterstatus erhielten, des Stimmrechts oder
machte es den Kantonen und den Gemeinden zumindest sehr leicht, unliebsame Zuwanderer zu diskriminieren. So wurden bis 1874 vielerorts die
Niedergelassenen und vor allem die Aufenthalter überhaupt nicht oder nur
unter vielen Erschwernissen in die Stimmregister eingetragen. Dies betraf
nicht nur kantonsfremde Zuwanderer, sondern teilweise auch solche aus dem
gleichen Kanton.

Niederlassung und Aufenthalt [1605] waren je nach Kanton, sofern überhaupt eine Unterscheidung vorgenommen wurde, unterschiedlich definiert.
Tendenziell galten nach einer Umschreibung des Bundesrates von 1874 folgende Personen als Aufenthalter: 1. Personen, die sich nur kürzere Zeit an
einem Ort aufzuhalten gedachten, 2. Personen, die sich zwar für länger an
einem Ort niederliessen, aber wegen ihrer «vereinzelten» und «abhängigen
Lebensstellung» in ungesicherten Verhältnissen lebten. Darunter fielen neben
den Studierenden insbesondere unverheiratete Dienstboten, Gesellen und
Fabrikarbeiter. «Innere Unterschiede» gab es aus bundesrätlicher Optik für die
unterschiedliche Behandlung von Niedergelassenen und Aufenthaltern
nicht. [1606] Aufenthalter waren oft auch jene, die bestimmte Bedingungen, die
an die Niederlassung gebunden waren, nicht erfüllen konnten, z. B. wenn
jemand nicht beweisen konnte, dass er durch Vermögen, Beruf oder Gewerbe
sich und seine Familie zu ernähren vermochte, oder wenn der Leumund nicht

befriedigte. Tendenziell handelte es sich bei den Niedergelassenen deshalb eher um verheiratete Personen mit gesichertem Einkommen. Wie umfangreich die Kategorie der Aufenthalter war, ergibt sich aus der eidgenössischen Volkszählung von 1860, die diese Kategorie separat erhob. In der Stadt Bern waren danach 29,5 Prozent der Bevölkerung Aufenthalter, in Zürich 32,2 Prozent.

Das Hauptziel all dieser rechtlichen und verwaltungstechnischen Beschränkungen und Hindernisse war es, Neuzuzüger so lange als möglich vom politischen Leben am neuen Ort fernzuhalten. Dass es bei der Diskriminierung der Niedergelassenen und insbesondere der Aufenthalter vor allem darum ging, die «flottanten Elemente» von der politischen Mitwirkung auszuschliessen, geht offen auch aus einem Kreisschreiben des Bundesrates von 1872 hervor, in dem dieser ausdrücklich daraufhinwies, dass «jeder Handwerker, Arbeiter, Taglöhner, Angestellter usw.» an dem Ort stimmen darf, «wo er sich zur Zeit aufhält, und dass nichts darauf ankommen darf, ob jemand Niedergelassener oder Aufenthalter ist».[1607] Eine im gleichen Jahr durchgeführte Revision des eidgenössischen Wahlgesetzes versuchte denn auch, der Diskriminierung der Aufenthalter dadurch ein Ende zu bereiten, dass das Stimmrecht der Aufenthalter ausdrücklich festgeschrieben und jede Gemeinde verpflichtet wurde, jeden dort wohnhaften Schweizerbürger von Amtes wegen in die Stimmregister aufzunehmen.[1608] Alle weiteren, im Anschluss an die Bundesverfassung von 1874 erfolgten Versuche des Bundesrates, das eidgenössische, kantonale und kommunale Stimm- und Wahlrecht zu vereinheitlichen, um so allen Schweizerbürgern, insbesondere den Aufenthaltern, im Bund, aber vor allem in den Kantonen und Gemeinden die gleichen politischen Rechte zukommen zu lassen, scheiterten aber entweder in der Volksabstimmung oder dann schon im Parlament. Die Kantone waren damit auch nach 1874 nicht verpflichtet, den blossen Aufenthaltern die Stimmberechtigung in kantonalen und kommunalen Angelegenheiten zu gewähren. So blieben sie in manchen Kantonen auch weiterhin politisch rechtlos oder erhielten ihr Stimmrecht erst nach einer relativ langen Wartezeit.[1609]

Der Ausschluss vom Stimm- und Wahlrecht gründete jedoch nicht nur auf solch objektiven Gründen, dazu traten noch von Kanton zu Kanton ebenfalls unterschiedlich geregelte subjektive Gründe, die sich nicht auf generell erforderliche Erfordernisse wie Alter, Wohnsitz oder Aufenthaltsart abstützten, sondern in der Person des Einzelnen begründet lagen. Diese subjektiven Erfordernisse zielten in erster Linie darauf hin, alle jene Männer auszuschliessen, die in sozialer und moralischer Hinsicht nicht den festgesetzten Normen der «Ehrenfähigkeit» entsprachen. Die wichtigsten Ausschlussgründe dieser Art waren die Einstellung in der bürgerlichen Ehrenfähigkeit, die Bevormundung, der Bezug von Armenunterstützungen oder die Almosengenössigkeit.[1610] Die Einstellung in der Ehrenfähigkeit ging dabei sehr viel weiter als heute. Sie erfolgte bei einer strafgerichtlichen Verurteilung, bei Konkurs oder fruchtloser Pfändung, teils auch als Nebenfolge von nicht bezahlten Steuern und einem Wirtshausverbot. Auch diese subjektiven Gründe der Ausschliessung zu vereinheitlichen gelang dem Bundesrat nicht. Mit all seinen Bestrebungen, die Almosengenössigkeit und den Konkurs oder die Pfändung als Auschliessungsgründe aufzuheben oder doch zu mildern, vermochte er nicht durchzudringen. Ökonomisches Missgeschick wie im Falle der Konkursiten oder die «Unfähigkeit», ohne öffentliche Unterstützung ein Auskommen zu finden, waren und blieben vor allem in der deutschen Schweiz und nicht nur in konservativen Kreisen Grund genug, jemanden als politisch unmündig zu betrachten und ihm deshalb das Stimmrecht abzuerkennen. Ehrenfähig und damit stimmberechtigt konnte und sollte nur sein, wer seine Angelegenheit selbst zu besorgen in der Lage war und persönlich unabhängig war.

Hinter diesen rechtlichen und faktischen Beschränkungen des Stimm- und Wahlrechtes stand letztlich die Angst der Alteingesessenen, der Sesshaften und Besitzenden allgemein vor den «flottanten Elementen». Mobilität, besonders jene der besitzlosen Bevölkerungsschichten, betrachteten sie als ständige Bedrohung ihrer gesellschaftlichen und politischen Stellung, ihrer herkommensmässig begründeten Privilegien. Vor allem auf kommunaler Ebene, gerade auch in städtischen Gemeinden, glaubten die Alteingesessenen und Besitzenden, sich vor den «flottanten, steuerfreien Elementen» schützen zu müssen, um zu verhindern, dass sie von «ganz unbekannten, flottanten Gesellen» 1611 überstimmt werden könnten, dass diese «auf die Parole einiger Streber luxuriöse und unproduktive Ausgaben» beschliessen könnten, die dann durch sie als besitzende Minderheit hätten bezahlt werden müssen. Alle im Anschluss an die Bundesverfassung von 1874 unternommenen Versuche von liberal-radikaler und demokratischer Seite ein für alle Schweizer gleiches und möglichst uneingeschränktes Stimm- und Wahlrecht zu schaffen, stiessen deshalb bei Alteingesessenen und Besitzenden, und zwar nicht nur bei jenen, die stramm konservativ gesinnt waren und alle Massnahmen des Bundes in dieser Richtung bereits als einen «halben administrativen Kommunismus» 1612 betrachteten, auf hartnäckigen und letztlich erfolgreichen Widerstand. 1875 wurde das im Anschluss an die Bundesverfassung von 1874 ausgearbeitete Stimmrechtsgesetz, das unter anderem das Stimmrecht auf allen drei staatlichen Ebenen vereinheitlicht sowie Almosengenössigkeit und Konkurs als Ausschliessungsgründe abgeschafft hätte, verworfen, ebenso eine gemilderte Form um 1877. 1882 gelangte ein weiterer Entwurf nicht einmal vor die Räte. Ein vierter Entwurf zur Regelung des Stimmrechtes wurde 1885 von den Räten abgelehnt. Auch hier richtete sich der Widerstand vornehmlich gegen die Eingriffe des Bundes in die Gestaltung des Stimmrechtes auf kantonaler und kommunaler Ebene. Weitere Versuche in dieser Richtung wurden um 1893 aus den Traktanden der Räte gestrichen. Auch der Versuch, die Benachteiligung der Konkursiten über ein eidgenössisches Konkursgesetz aufzuheben, schlug fehl. Die Gesetzgebung über die Ehrenfolgen eines Konkurses musste infolge des harten Widerstandes von konservativer Seite den Kantonen überlassen bleiben. 1613

Auch wenn es dem Bund nach 1874 nicht gelang, die Ausschliessungsgründe für das eidgenössische, kantonale und kommunale Stimmrecht zu vereinheitlichen, so gewährleistete doch die neue Bundesverfassung dem niedergelassenen Schweizerbürger an seinem Wohnsitz alle Rechte der dortigen Kantonsbürger und mit diesen auch alle Rechte der Gemeindebürger. 1614 Damit war jener für den Bundesrat schon 1865 «bei der Bewegung unserer Zeit täglich unhaltbarer» werdende, «im höchsten Grade stossende Zustand», dass «in den Gemeinden bloss das sogenannte Burgerthum herrscht und die ganze nichtgemeindebürgerliche Einwohnerschaft nur ein steuerpflichtiges Unterthanenthum ist», und dass sonst ehr- und stimmfähige Schweizerbürger als Niedergelassene ihrer «republikanischen Rechte in der Gemeinde beraubt» sind, noch lange nicht abgeschafft. 1615 Doch wie sehr auch immer durch die kantonale Gesetzgebung 1616 die politischen Rechte der Niedergelassenen aus dem gleichen Kanton eingeschränkt sein mochten, denjenigen Männern, denen es gelungen war, «am Niederlassungsorte eine Existenz zu gründen und diese mit Ehren zu behaupten», konnten die Kantone und Gemeinden nach 1874 auf die Dauer nur noch schwer «einen gewissen Einfluss auf den Gang der Gemeindeangelegenheiten» versagen. 1617 Zwar war die Ausschliessung von der politischen Partizipation in der Gemeinde schon vor 1874 nie bloss eine Frage der rechtlichen Herkunft gewesen, d. h. ob einer Bürger seiner Wohnsitzgemeinde oder einer andern Gemeinde des Kantons war, oder ob er aus einem andern Kanton stammte, doch mit der Regelung von 1874 hing der Ausschluss von den politischen Rechten aber immer mehr, wenn auch nicht ausschliesslich, von der klassenspezifischen Stellung ab; denn faktisch wurde jetzt das Stimm- und Wahlrecht nur noch Männern aus den untersten sozialen Schichten vorenthalten. Um die Mitte des 19. Jahrhunderts war dies, vor allem auf der Ebene der Gemeinden, noch nicht so. Dies galt auch für die beiden Städte Bern und Zürich.

Bis weit über die Mitte des 19. Jahrhunderts hinaus wahrte im lokalen Rahmen das Stadtbürgertum, die Aristokratie und die übrige alteingesessene Bürgerschaft, seine politische Vormachtstellung. Meist ehrenamtlich besetzte es, in Zürich bis Mitte der siebziger Jahre, in Bern bis Mitte der achtziger Jahre, die wichtigsten Ämter und hatte in städtischen Angelegenheiten praktisch allein das Sagen. Beschränkungen des Stimm- und Wahlrechtes auf die alteingesessene Bürgerschaft oder die steuerzahlenden Einwohner und andere restriktive Regelungen und Verfahren sorgten dafür, dass die grosse Mehrheit der städtischen männlichen Bevölkerung auf kommunaler Ebene entweder über keine politischen Rechte verfügte oder sie nur unter erschwerten Bedingungen auch tatsächlich ausüben konnte.

Diese politische und rechtliche Privilegierung der alteingesessenen Bürgerschaft gegenüber den übrigen städtischen Bewohnern und ihre damit verbundene Bevormundung schloss auf städtischer Ebene nicht nur die meisten Männer aus den untern sozialen Schichten, sondern auch Angehörige des neuen Bildungs- und Wirtschaftsbürgertums von der politischen Partizipation aus. Es waren denn auch zunächst vor allem liberale, mehr noch radikale und demokratische Kräfte aus diesen bürgerlichen und kleinbürgerlichen Kreisen, die eine Ausweitung der politischen Rechte forderten, die Vormachtstellung der Alteingesessenen in Frage stellten und auf Reformen in der städtischen Gemeindeordnung und Verwaltung drängten. Orientiert am mehr oder weniger konsequent zu Ende gedachten Ideal der bürgerlichen Gesellschaft, in der alle Männer, unabhängig von ihrem rechtlichen, wirtschaftlichen und sozialen Status gleichberechtigte Bürger sind, erhielt ihr Kampf um Demokratisierung, um politische Gleichberechtigung und Partizipation unbestritten einen emanzipatorischen Charakter. Ihre Eigeninteressen deckten sich dabei noch durchaus mit jenen der übrigen unterprivilegierten städtischen Einwohner, insbesondere auch mit den bis in die sechziger Jahre «politisch stummen Massen der hochmobilen Lohnabhängigen»(Gruner). Sie konnten deshalb in der Frage des Ausbaus der formalen Demokratie auch weitgehend auf deren Unterstützung zählen. Mit ihrer Forderung nach politischer Gleichberechtigung gelang es ihnen denn auch, ihr Abstimmungspotential um die von ihnen neu aktivierten und mobilisierten Stimm- und Wahlberechtigten zu vergrössern und so in städtischen Angelegenheiten mehr Einfluss zu gewinnen, ja dank dieser Strategie der Öffnung die alten Eliten immer mehr aus ihren Machtpositionen zu verdrängen und schliesslich selbst die Macht zu übernehmen.

Auch wenn die untern Mittelschichten und die Arbeiterschaft miteinbezogen waren, so fanden die wichtigsten Auseinandersetzungen aber doch weitgehend innerhalb des in verschiedene politische Fraktionen – Konservative, Liberale, Radikale und Demokraten – aufgesplitterten Bürgertums und ihres jeweiligen Anhanges im gewerblichen Mittelstand und in der Arbeiterschaft statt. Die politischen Frontlinien verliefen dabei quer durch die verschiedenen bürgerlichen Sozialgruppen und Klassen, sie trennten, gerade auch im Bürger- und Kleinbürgertum im wesentlichen Alteingesessene von Neuhinzugezogenen. Nicht die sozioökonomische Klassenlage, sondern die rechtliche Stellung innerhalb der städtischen Gesellschaft und die allgemeine politische Haltung bestimmten über die Zugehörigkeit zu einer der Fraktionen. Nur im Falle der alten aristokratisch-patrizischen Führungsschicht waren die soziale und politische Trennlinie praktisch identisch, weshalb besonders in den frühen Auseinandersetzungen zwischen Alteingesessenen und Neuzugezogenen die alte Trennlinie zwischen «Herren» und «Bürgern», «Herren» und «Volk» eine wichtige Rolle spielte.

Am Beispiel der beiden Städte Bern und Zürich soll im folgenden aufgezeigt werden, wie sich die Stellung des Stadtbürgertums innerhalb der gesamten städtischen Bevölkerung veränderte, wie sich die alte Rechtsgemeinschaft der Bürgerschaft einerseits zu einer Korporation einer kleinen Minderheit

entwickelte und wie sie andererseits in der allgemeinen Stadtbürger- oder besser städtischen Staatsbürgergesellschaft aufging, wie sich innerhalb dieser neu
entstandenen städtischen Gesellschaften und Gemeinden Macht und Herrschaft verteilten. Dabei stehen drei Problembereiche im Vordergrund: Erstens
die verfassungsrechtliche, insbesondere die wahlrechtliche Entwicklung und
die damit verbundenen Auseinandersetzungen zwischen der alteingesessenen
Bürgerschaft und den übrigen Einwohnern; zweitens die Gemeindeordnung
und Organisation der städtischen Verwaltung und deren Veränderungen, insbesondere der Aufbau einer modernen städtischen Verwaltung, die Professionalisierung zumindest der Exekutivämter und die damit verbundene Abkehr von der Honoratiorenverwaltung; drittens die soziale und politische
Zusammensetzung der politischen Elite, der Inhaber städtischer Ämter und
städtischer Ratsstellen, das Sozialprofil der regierenden politischen Klassen der
beiden Städte.

## 3.1  Bern: Von der konservativen «Kastenherrschaft» zur freisinnigen «Volksherrschaft»

### Burger und Einwohner: Stadtbürgertum und städtische Gesellschaft

Das alte Stadtbürgertum, die sogenannte Bürgerschaft, bildete in Bern
schon Mitte des 18. Jahrhunderts nur noch ein Minderheit. Seit dem ausgehenden 16. Jahrhundert hatte die Bürgerschaft die Aufnahme ins städtische
Bürgerrecht erschwert, um sich dann ab Mitte des 17. Jahrhunderts gegenüber
den übrigen Bewohnern, den Hintersassen, denen im Unterschied zu andern
Städten in Bern jedoch praktisch alle wirtschaftlichen Tätigkeitsfelder offen
standen, fast völlig abzuschliessen. 1764 besass lediglich noch rund ein Drittel
der Bevölkerung das städtische Bürgerrecht. Nimmt man noch die Bevölkerung der Aussenbezirke dazu, so fällt der Bürgeranteil gar auf unter dreissig
Prozent. [1618] Über die Hälfte aller Haushaltsvorstände (52,3 Prozent) waren
Hintersassen. Zwar gehörte auch in Bern die grosse Mehrheit dieser Hintersassen zur städtischen Unterschicht, doch recht viele waren auch in einträg-
licheren Berufs- und Erwerbszweigen tätig. So waren rund 27 Prozent der als
Marchands, Kauf- oder Handelsleute bezeichneten Haushaltsvorstände Hintersassen, bei Specierern, Händlern und Wirten betrug ihr Anteil fünfzig Prozent. 87 Prozent aller Industriellen und Fabrikanten sowie hundert Prozent
aller Bankiers waren Hintersassen. Auch unter den freien, besonders den
künstlerischen Berufen waren sie stark vertreten. [1619] Dies bewirkte bereits im
Ancien régime nicht nur eine Unterschichtung, sondern auch eine gewisse
Überschichtung der nichtpatrizischen Bürgerschaft durch Hintersassen. Diese
wirtschaftliche Mittel- und Oberschicht der Hintersassen wurde von der
gewöhnlichen Bürgerschaft denn auch zunehmend als Konkurrenz aufgefasst.

Im späten 18. und frühen 19. Jahrhundert ging, absolut wie relativ, die zahlenmässige Bedeutung der Bürgerschaft an der städtischen Einwohnerschaft noch weiter zurück. 1808 machte das alte Stadtbürgertum nur noch knapp zwanzig Prozent der gesamten Bevölkerung aus. Um 1830 waren es bereits nur noch rund 14 Prozent. [1620] Nach 1803 wurden zwar wieder neue Bürger aufgenommen, doch den natürlichen Rückgang durch das Aussterben oder den Wegzug bürgerlicher Geschlechter vermochte die leichte Lockerung der Abschliessung der Bürgerschaft nicht aufzufangen. Dies war allerdings auch nicht das Ziel der weiterhin sehr kostspieligen und restriktiv geregelten Aufnahme ins Bürgerrecht der Stadt. Die Aufnahme sollte sich auf «rechtschaffene, fähige und wohlhabende Personen» beschränken. [1621] So gab es denn auch nur wenige Neuaufnahmen. Zwischen 1803 und 1814 wurden lediglich zwanzig neue Bürger aufgenommen. Dabei handelte es sich durchwegs um Notabeln und gutsituierte Einwohner, teilweise um Leute, die eigentlich schon im Ancien régime zur Aufnahme vorgesehen waren und mit dem Patriziat oder den übrigen Bürgerfamilien bereits durch enge gesellschaftliche und verwandtschaftliche Beziehungen verbunden waren. 1815 bis 1830 gab es dann 41 erbliche Aufnahmen, wobei auch in der Restaurationszeit vornehmlich Notabeln das Bürgerrecht erhielten, nämlich zwölf erfolgreiche Handelsleute, zwei Bankiers, zwei Juristen, ein Arzt und ein Offizier sowie Männer, die sich im Staatsdienst, in der Kirche oder an der Akademie bewährt hatten. [1622] Darüber hinaus erhielten alle Grossräte vom Land das persönliche Bürgerrecht, damit so die Fiktion aufrecht erhalten werden konnte, die Herrschergewalt sei der Stadt nach 1814 wieder völlig zurückgegeben worden.

An der sozialen Gliederung der städtischen Bürgerschaft veränderte sich deshalb in den ersten Jahrzehnten des 19. Jahrhunderts wenig. Allerdings dürfte durch die Neuaufnahme wohlhabender und gebildeter Hintersassen ins Bürgerrecht die Überschichtung der nichtpatrizischen Bürgerschaft durch Hintersassen doch etwas abgebaut worden sein. An der Spitze der Bürgerschaft und damit auch der Einwohnerschaft der Stadt stand auch im frühen 19. Jahrhundert weiterhin das Patriziat, das sich auch nach 1803 im wesentlichen den Staatsgeschäften widmete, dessen Angehörige aber infolge ihrer sich verknappenden Ressourcen vermehrt auch nach Staats- und Stadtämtern trachteten, die vor 1798 den gewöhnlichen Bürgern überlassen worden waren. Auf das Patriziat folgten als obere und mittlere Schicht der nichtpatrizischen Bürgerschaft die Geistlichkeit, die sich meist aus Bürgern rekrutierte, die Inhaber staatlicher oder städtischer Ämter, Professoren der Hohen Schule sowie Juristen und andere Angehörige freier Berufe. Dazu kamen einige grössere und mittlere gewerbliche Unternehmer sowie Offiziere in Fremden Diensten. Die übrige Bürgerschaft setzte sich im wesentlichen aus Handwerkern und Kleinhändlern zusammen. Wie in der ganzen rechtlich und sozial privilegierten Bürgerschaft herrschte auch in dieser untern Schicht im Verhalten und Handeln eine Art Versorgungsmentalität vor: «Die meisten Handwerker, die das Bürgerrecht besassen, waren zu stolz und zu bequem, den Beruf tüchtig auszuüben; sie trösteten sich, im Notfalle entweder durch ihre Gesellschaft (Zunft) hinlängliche Unterstützung zu finden, oder als Spital-pfründer ihre Tage beschliessen zu können.» Ihr Ideal und Ziel war und blieb es, im Staatsdienst ein nicht zu anstrengendes Pöstlein besorgen zu können. [1623]

Da die Zünfte bzw. die Gesellschaften in Bern als Unterabteilungen der Bürgerschaft vor allem für die Besorgung der Armenpflege sowie des Vor-mundschaftswesens zuständig waren und die bürgerlichen Handwerker und Gewerbetreibenden infolge der bestehenden Handels- und Gewerbefreiheit auch keine wirtschaftliche (zünftische) Vorzugsstellung genossen, kam dem bürgerlichen Handwerk und Gewerbe innerhalb der gesamten städtischen Wirtschaft jedoch nur eine untergeordnete Stellung zu. Abgesehen von jenen neuen Bürgern, die aufgrund ihrer wirtschaftlichen Stellung das Bürgerrecht erhalten hatten, gingen auch in der ersten Hälfte des 19. Jahrhunderts weder vom Patriziat noch von der Bürgerschaft wesentliche wirtschaftliche Impulse aus: «Genügsam, knapp, unfähig sich aufzuraffen, lebte man in den Tag hin-ein.» [1624] Handel, Handwerk und Gewerbe blieben sehr stark von der übrigen Einwohnerschaft, den sogenannten Einsassen, die Hintersäss- und Einzugs-gelder zu leisten hatten, und den Aufenthaltern, dominiert; meist waren es aus dem übrigen Kantonsgebiet, aus andern Kantonen der Schweiz oder aus dem Ausland zugewanderte Handwerker oder Gewerbetreibende, welche die neuen Erwerbs- und Marktchancen wahrnahmen, es dann zu etwas brachten und dann auch oft Aufnahme in die Bürgerschaft fanden. Auf diese Weise blieb nicht nur die städtische Oberschicht, sondern auch die besitzende und gebildete Mittelschicht über die Mitte des 19. Jahrhunderts hinaus sehr stark bürgerlich geprägt.

Trotz des Verlustes eines Teils der Kompetenzen an die Einwohnerge-meinde vermochte so die Bürgerschaft ihre gesellschaftliche und politische Vormachtstellung auch nach der liberalen Revolution in der städtischen Gesellschaft und Politik zu wahren. Die Bürgerschaft musste zwar auf den Anspruch verzichten, weiterhin die ganze Stadtgemeinde zu repräsentieren, das städtische Vermögen blieb jedoch bis zur Aufteilung des Vermögens auf die Bürger- und Einwohnergemeinde um 1852 im Besitz und unter der Ver-waltung der Bürgergemeinde. Auch die Bürger und Bürgerinnen genossen weiterhin ihre privilegierte Stellung. Neben der bürgerlichen Vormundschafts- und Armenpflege profitierten sie vom Bürgernutzen aus Feld und Wald. Ins Gewicht fiel dabei vor allem der Bezug von Holz. Zudem waren die Bürger bis 1846 in der Stadt von direkten Abgaben befreit und mussten auch bei einem Grundstückerwerb keine Abgaben leisten. Im Unterschied dazu hatten die Einsassen aus dem übrigen Kantonsgebiet bis 1846 und den übrigen Schweizer Kantonen bis 1848 an die Bürgergemeinde Hintersäss- und Ein-zugsgelder zu entrichten. Diese Gelder, die der Bürgergemeinde recht hohe

Einnahmen bescherten, wurden für den Armenfonds verwendet, der aber nur für die Bürger ausgeschüttet wurde. [1625]

Obwohl der Anteil der Bürgerschaft an der städtischen Bevölkerung weiter abnahm, blieben die Aufnahmebedingungen auch nach 1830 restriktiv. Um die Jahrhundertmitte hatte sie, in absoluten Zahlen gesehen, zwar wieder den Stand zur Zeit der Mediation erreicht, doch bezogen auf die ganze Stadtbevölkerung betrug ihr Anteil nicht einmal mehr zwölf Prozent. Rund zwei Drittel der Bevölkerung waren in einer andern Gemeinde des Kantons Bern beheimatet. 17 Prozent stammten aus der übrigen Schweiz, sechs Prozent waren ausländischer Herkunft. Bis 1870 blieb der Anteil der Bürgerschaft an der städtischen Bevölkerung relativ stabil. Doch mit der nach 1860 einsetzenden verstärkten Zunahme der übrigen städtischen Bevölkerung vermochte die Bürgerschaft dann immer weniger Schritt zu halten.

Auch nach der Trennung von Bürger- und Einwohnergemeinde und der Ausscheidung ihrer Güter um 1852 brachte das Bürgerrecht seinen Inhabern und Inhaberinnen Vorteile, vor allem im Bereich der sozialen Vorsorge. Sie hatten das Anrecht auf Unterstützung durch die gutdotierte bürgerliche, über die Zünfte organisierte Armen- und Vormundschaftspflege, auf die Nutzung der bürgerlichen Stiftungsgüter wie das Waisenhaus und das Bürgerspital. Bis um 1888 profitierten sie zudem vom direkten Bürgernutzen, der Abgabe von Holz und der Entrichtung eines sogenannten Feldgeldes. [1626] Die Bürgerschaft entwickelte sich so nach der Schaffung von Einwohnergemeinden und der Einführung des Gemeindedualismus noch mehr zu einer Korporation einer sehr kleinen Minderheit innerhalb der städtischen Einwohnerschaft.

In den fünfziger und besonders den sechziger Jahren, teilweise parallel zur demokratischen Bewegung, wurden die Bürgergemeinden verschiedentlich in Frage gestellt. Auch innerhalb der Berner Bürgergemeinde kam es zu Diskussionen über Massnahmen zur Vermehrung der Bürgerschaft durch die Öffnung des Bürgerrechtes. So trat 1861 auch Eduard Blösch für eine Öffnung der «spiessbürgerlich abgeschlossenen Bürgerrechte» ein und war unter gewissen Umständen sogar bereit, eine Teilung der Bürgergüter hinzunehmen, wie dies auch von Rudolf Brunner, der zu der Zeit noch als konservativ galt, vorgeschlagen worden war. [1627] Ein weiterer Reformvorschlag stammte vom Patrizier Eduard von Wattenwyl, der mit einer Öffnung vor allem das gutsituierte Wirtschaftsbürgertum und die Angehörigen bildungsbürgerlicher und freier Berufe in die Bürgerschaft führen wollte. So sollte jedem ehrenfähigen Schweizer die Aufnahme erleichtert werden, der im Besitze eines Hauses von 10–15 000 Franken war und seit fünf Jahren in der Stadt wohnte, oder der ebenfalls seit fünf Jahren in Bern Wohnsitz hatte, einen wissenschaftlichen Beruf ausübte oder ein höheres Gewerbe betrieb und ein Vermögen von 20–30 000 Franken Vermögen besass, oder der sich zwar über kein Vermögen ausweisen konnte, dafür aber eine städtische Gemeindestelle, eine Lehrstelle oder eine geistliche Stelle im Kanton Bern innehatte. [1628] Doch alle auch noch so moderaten Vorstösse zur Erleichterung der Aufnahme ins Bürgerrecht, zerbrachen an der grossen Mehrheit der Bürgerschaft, die sich allen Neuerungen beharrlich verschloss, ja, wie auch der Konservative Eduard Blösch mit Enttäuschung feststellen musste, nicht einmal die Wünschbarkeit von Reformen anerkennen mochte. [1629] Immerhin kam es Mitte der sechziger Jahren aufgrund dieser Diskussionen zu vermehrten Aufnahmen ins Bürgerrecht, so dass die Bürgerschaft wenigstens absolut wieder leicht zunahm. [1630] 1878 erfolgte dann wenigstens eine Zusammenstellung der gültigen, komplizierten Regelungen für die Bürgeraufnahme. Gleichzeitig erhielten 1878 bis 1881 41 neue Geschlechter das Bürgerrecht.

Zu neuen, heftigen Auseinandersetzungen um die Rolle und Funktion der Bürgergemeinden kam es 1883/84 im Rahmen der Verhandlungen um eine neue Kantonsverfassung. Mit dem Motto «Man muss die Bürger auf den Aussterbeetat setzen» gab Rudolf Brunner, jetzt einer der Führer des Freisinns, aber selbst ein Bernbürger, die Richtung und den Weg für eine neue Regelung der Gemeindeverhältnisse an. Die Radikalen wollten die Einwohnergemeinden zur einzigen öffentlichen Körperschaft machen, die Bürgergüter sollten aufgehoben werden. Da die Gemeindefrage eng mit dem Armenwesen verbunden war, verlangten sie gleichzeitig die staatliche Armenpflege. Für alle Bürger sollte damit auch die gleiche Armen- und Vormundschaftsbehörde zuständig sein. Damit glaubten die Radikalen den durch die hohe Mobilität und die Niederlassungsfreiheit veränderten Lebensverhältnissen am besten Rechnung zu tragen. Gegen diese Regelung liefen die Konservativen, deren Anhänger meistens zu den alteingesessenen Bürgern gehörten und von den Bürgergütern selbst profitierten, Sturm. In einer Eingabe an den Verfassungsrat protestierten 1500 in der Kirche von Herzogenbuchsee versammelte Bürger «gegen die Aufhebung der Bürgergüter als gegen eine gewalttätige Verletzung titelfesten, verbrieften Eigentums». [1631] Die Bürgergemeinde war für die Konservativen ein «Garant des Rechts und einer auf Tradition beruhenden unentbehrlichen sozialen Ordnung», sie war «eine erweiterte Familie, dazu berufen, das Individuum durch die Bindung an die Scholle und die Stärkung des Heimatgefühls vor dem Versinken in die proletarische Masse zu bewahren». [1632]

Eine vermittelnde Position [1633] nahmen dagegen die im Verein der Unabhängigen zusammengeschlossenen Konservativ-Liberalen um Regierungsrat Edmund von Steiger ein. Auch sie waren gegen die Aufhebung der Bürgergemeinden und die Zuteilung des Bürgergutes an die Einwohnergemeinden: «Abschaffung der Bürgergemeinden heisst nichts anderes als Zerstörung des Heimatgefühls, dieser innersten Wurzel aller wahren und starken Vaterlandsliebe. Auslieferung des Vermögens an diejenigen, welche gestern hierher gekommen sind und morgen wieder fortgehen, heisst nichts anderes als rasche Verschleuderung dieser Gemeindegüter mit Kapital und Zinsen zu Gunsten solcher, die davon zu profitieren verstehen.» [1634] Ihr Hauptziel war die Aufwertung der bestehenden Orts- oder Einwohnergemeinde zu einer Heimatgemeinde, die nicht wie die Einwohnergemeinde einfach nur eine Ansammlung aller zufällig an einem Ort anwesenden Menschen und teilweise «flottanten Elementen» darstellen, sondern alle umfassen sollte, die in der Gemeinde dauernd niedergelassen sind. Damit sich in dieser Heimatgemeinde, die neu Hinzugezogenen mit den Alteingesessenen möglichst schnell assimilieren könnten, sollten Einwohner nach sechs- oder zehnjähriger Ortsanwesenheit und unter Ausweis eines Vermögens zum heimat- und unterstützungsberechtigten Bürgern erhoben werden. Neben dieser Heimatgemeinde sollte die alte Bürgergemeinde, sofern sie lebensfähig war, erhalten bleiben. Ihre finanziellen Mittel sollten allerdings ausschliesslich im Dienste der Öffentlichkeit verwendet werden, also nicht mehr privilegierten Nutzniessern zufallen und unter Umständen «träge Naturen dazu verleiten, statt etwas zu unternehmen, zu Hause zu bleiben». Das Bürgergut sollte allein für die Armen- und Vormundschaftspflege benutzt werden. [1635]

Zwar vermochten die Radikalen ihre Vorstellungen zur Regelung der Gemeindeverhältnisse im Verfassungsrat weitgehend durchzusetzen, in der Volksabstimmung fand der Entwurf jedoch vor allem wegen der Gemeinde- und Armenreform eine deutliche Ablehnung. Die Konservativen bauschten im Abstimmungskampf die Aufhebung der Güter bereits als ersten Schritt auf dem Weg zum alles verstaatlichenden Kommunismus auf. In der Stadt Bern erfolgten nach der erfolgreichen Abwehr der Reformen von oben nun aber auf Druck des konservativ-liberalen Vereins der Unabhängigen um Regierungsrat Edmund von Steiger und Professor Albert Zeerleder doch innere Reformen. Der direkte Bürgernutzen wurde abgeschafft, womit dem bisher stichhaltigsten Argument der Gegner, dass sich der Bürger von fetten Pfründen ernähre und man darum die Bürgergüter auflösen müsse, der Boden entzogen wurde. [1636] Die Bürgergemeinde hatte von nun an das Vermögen ganz in den Dienst kultureller Aufgaben zu stellen. Gleichzeitig wurde, indem das Bürgerrecht nicht mehr an die Aufnahme in eine der dreizehn Gesellschaften gebunden war, auch die Aufnahme ins Bürgerrecht erleichtert.

Doch die Hoffnungen der konservativ-liberalen Reformer, durch diese Öffnung der Bürgerschaft allen sesshaften und achtbaren Elementen der Einwohnerschaft den Zutritt in die Bürgergemeinde zu erleichtern, erfüllten sich nicht. Obwohl in der Folge von 1889 bis 1892 überdurchschnittlich viele neue Geschlechter aufgenommen wurden, kam es zu keinen Masseneintritten. [1637] Die Kreise der Bürger und Bürger liessen sich nicht mehr zur Deckung bringen. Einerseits nahm die Sesshaftigkeit innerhalb der Bürgerschaft weiter ab, andererseits hielt sich die Anziehungskraft der bürgerlichen Gesellschaften und der Bürgerschaft selbst auf Angehörige des neuen Wirtschaftsbürgertums oder der Bourgeoisie des talents in Grenzen. Trotzdem war auch um die Jahrhundertwende in der Oberschicht Berns die Bürgerschaft noch immer sehr stark übervertreten. So gehörten achtzig Prozent der Angehörigen der beiden

obersten Vermögenskategorien zur Bürgerschaft, darunter hatte allerdings ein
Viertel ihr Bürgerrecht erst im Laufe des 19. Jahrhunderts erhalten. Auch in
der Kategorie mit einem Vermögen zwischen 250 000 und 500 000 Franken
hatten die Bürger mit sechzig Prozent noch immer eine sehr starke Position.
Doch bereits im mittleren Bürgertum gehörte nur noch eine Minderheit zur
Bürgerschaft. [1638]

Gesamthaft nahm der Anteil der Bürgerschaft an der städtischen Bevölkerung nach 1880 aber weiter ab. Bis 1888 sank er auf acht Prozent, 1900 lag
er noch bei sechs Prozent. 1910, nach einem neuen Bevölkerungsschub, gehörten dann noch fünf Prozent zur städtischen Bürgerschaft. Weitere sechzig
Prozent waren Kantonsbürger mit dem Bürgerrecht einer andern bernischen
Gemeinde. Auch ihr Anteil war damit, vor allem nach 1888, zurückgegangen.
Ein Viertel der Bevölkerung besass jetzt das Bürgerrecht einer Gemeinde ausserhalb des Kantons Bern. Vor allem ab den siebziger Jahren hatte diese Bevöl-
kerungskategorie überdurchschnittlich zugenommen. Knapp elf Prozent – fast
doppelt soviele wie 1850 – waren 1910 ausländischer Herkunft.

| Tabelle 76 | **Die Bevölkerung der Stadt Bern nach dem Bürgerort.** [1639] | | | | | | | | | |
|---|---|---|---|---|---|---|---|---|---|---|
| Jahr | Stadt Bern | | Kanton Bern | | übrige Schweiz | | Ausland | | | Total |
| | abs. | % | abs. | % | abs. | % | abs. | % | | absolut |
| 1764 | 3869 | 35,1 | 5686 | 51,6 | | | 1476 | | 13,3 | 11 022 |
| 1809 | 3147 | 19,5 | 8815 | 54,2 | 3047 | 18,8 | 1159 | | 7,2 | 16 178 |
| 1818 | 3067 | 17,5 | 10 362 | 59,0 | 3239 | 18,4 | 884 | | 5,0 | 17 552 |
| 1846 | 2909 | 11,6 | 16 832 | 66,9 | 4030 | 16,0 | 1387 | | 5,5 | 25 158 |
| 1850 | 3160 | 11,5 | 18 181 | 65,5 | 4549 | 16,5 | 1668 | | 6,0 | 27 558 |
| 1860 | 3163 | 10,9 | 19 601 | 67,6 | 4616 | 15,9 | 1636 | | 5,6 | 29 016 |
| 1870 | 3677 | 10,2 | 23 294 | 64,7 | 6345 | 17,6 | 2685 | | 7,5 | 35 452 |
| 1880 | 3709 | 8,4 | 28 152 | 63,9 | 8602 | 19,5 | 3624 | | 8,2 | 43 197 |
| 1888 | 3680 | 8,0 | 29 655 | 64,5 | 9296 | 20,2 | 3378 | | 7,3 | 46 009 |
| 1900 | 3936 | 6,1 | 40 534 | 63,0 | 14 172 | 22,1 | 5585 | | 8,7 | 64 227 |
| 1910 | 4295 | 5,0 | 51 377 | 60,0 | 20 700 | 24,2 | 9279 | | 10,8 | 85 651 |

Dass jedoch trotz des geringen Anteils der Bürgerschaft und der hohen
Zuwanderung ein grösserer Teil auch unter der nichtbürgerlichen Einwohnerschaft Berns schon über längere Zeit hier sesshaft war und sich deshalb zu
Recht ebenfalls in einem gewissen Sinne zu den Alteingesessenen zählen
konnte, lässt sich wenigstens teilweise aus der Aufschlüsselung der Bevölkerung nach ihrem Geburtsort schliessen. [1640] So war 1860, obwohl lediglich
elf Prozent der Einwohner das Bürgerrecht der Stadt besassen, doch knapp ein
Drittel aller Einwohner in der Stadt Bern geboren worden. 1888 waren es bei
einem Bürgeranteil von acht Prozent sogar über vierzig Prozent, 1910 nur
zwei Prozent weniger. Vor allem unter den städtischen Einwohnern, die aus
dem übrigen Kantonsgebiet stammten, scheinen sich viele in der Stadt häuslich niedergelassen zu haben. So waren 1860 zwar fast 68 Prozent der Bevölkerung in einer der übrigen Gemeinden des Kantons Bern beheimatet, aber
nur rund die Hälfte der Einwohnerinnen und Einwohner war auch im übrigen
bernischen Kantonsgebiet geboren worden. 1888 waren die Unterschiede

noch deutlicher: 65 Prozent waren Kantonsbürger, aber lediglich 40 Prozent hatten ihren Geburtsort im übrigen Kantonsgebiet. Wie umfangreich dieser Kreis der Alteingesessenen und Sesshaften, die den Kern der städtischen bürgerlichen Gesellschaft ausmachten, jedoch war, lässt sich aufgrund dieser Angaben nicht sagen.

### Die Stadtgemeinde zwischen Staat und Burgerschaft, 1798–1853

Stadt und Staat waren im alten Bern bis 1798 eins. In der Helvetik erhielt die Stadt erstmals eine vom Staat getrennte Regierung und Verwaltung, zugleich erfolgte auch eine Trennung von Einwohner- und Bürgergemeinde. Aktivbürger und damit wahlberechtigt waren in der Einwohnergemeinde, der Munizipalität, alle seit fünf Jahren in der Gemeinde eingesessenen Schweizerbürger. Auch während der Mediation wurde eine vom Staat getrennte Stadtverwaltung beibehalten. Im Unterschied zur Helvetik wurde das Wahlrecht aber wieder an das Bürgerrecht gebunden, die übrigen Einwohner, die nichtbürgerlichen Einsassen, welche die Mehrheit der Bevölkerung stellten, waren von der politischen Mitwirkung wieder ausgeschlossen. Nach dem helvetischen Intermezzo bildete das Bürgerrecht damit wieder die einzige Grundlage des Staatsbürgerrechtes und auch die Stadtgemeinde war mit der Bürgergemeinde wieder identisch. Die neue Stadtregierung bestand aus einem Grossen Stadtrat mit vierzig unbesoldeten Mitgliedern und einem aus dessen Mitte erwählten Kleinen Stadtrat von 15 Mitgliedern als Exekutivbehörde. Die 13 Zunftgesellschaften bestimmten je einen Vertreter in den Grossen Stadtrat, die übrigen 27 wurden durch Selbstergänzung bestimmt. Die erste Wahl geschah durch ein von den Vorgesetzten der Zünfte ernanntes Wahlkorps von sechzig Männern. Wählbar in den Grossen Stadtrat waren nur jene Bürger, die in der Stadt über Grundbesitz oder über ein grundpfändlich abgesichertes Vermögen von 1000 Franken verfügten. [1641]

Mit der Restauration sollten Stadt- und Kantonsregierung nach dem Willen des Patriziates wieder zusammenfallen. Gegen den Widerstand des Stadtrates und der nichtpatrizischen Bürgerschaft hob das wieder an die Macht gelangte Patriziat die eigenständige Stadtregierung auf und übertrug die oberste Leitung der städtischen Angelegenheiten wiederum dem Grossen Rat, der unter Ausschluss der 99 Landabgeordneten die Stadtregierung bildete. Auf Druck der ausgeschlossenen Bürgerschaft, die damit im Unterschied zu den Bürgern der Munizipalstädte und Landgemeinden selbst im engen Bezirk der Stadt von jeder politischen Mitwirkung ausgeschlossen geblieben wäre, wurde der Rat der Zweihundert in der 1817 eingeführten Gemeindeordnung durch eine engere Stadtbehörde von 34 Mitgliedern ergänzt, die zur Hälfte durch die 13 bürgerlichen Gesellschaften und den Grossen Rat bestimmt wurden. Trotz dieser kleinen Zugeständnisse behielt das Patriziat die Zügel jedoch fest in der

Hand. So mussten die Mitglieder der verschiedenen städtischen Kommissionen dem Rat der Zweihundert angehören, andere Bürger durften höchstens als beratende Beisitzer zugezogen werden. [1642]

Die Spannungen zwischen «niederer Bürgerschaft» und «herrschender Klasse» (Wattenwyl) blieben deshalb bestehen. Daran hatte schon die auf Bestreben der gemässigten Patrizier erfolgte Aufnahme einiger nichtpatrizischer Bürger in die Kandidatenliste für den Grossen Rat wenig zu ändern vermocht. Von den 80 im Grossen Rat von 1816 Einsitz nehmenden Familien wurden 63 dem Patriziat zugezählt. Die 12 mächtigsten Geschlechter stellten zusammen 81 Räte. Sie und zehn weitere patrizische Familien stellten 121 Räte. 17 Ratsgeschlechter galten als nichtpatrizisch. Darunter befanden sich fünf Familien, die eben erst ins Bürgerrecht aufgenommen worden waren, zum Patriziat aber in engen verwandtschaftlichen und gesellschaftlichen Beziehungen standen und deshalb in den Kreis der Auserwählten gehörten. Es waren dies die Bürki, von Herrenschwand, Schiferli, Pourtalès und Marcuard. Aus der gewöhnlichen Bürgerschaft, die rund 170 Geschlechter zählte, waren demzufolge lediglich 12 Familien im Grossen Rat vertreten, nämlich die Bay, Bitzius, Hahn, Imhof, Isenschmid, Ith, König, Küpfer, Morell, Tribolet, Wildbolz und Wyss. [1643] Obwohl bis 1830 die nichtpatrizischen Familien ihre Vertretung im Grossen Rat erhöhen konnten, blieb der politische Graben zwischen Patriziat und übriger Bürgerschaft bestehen, vertieft noch durch die verstärkte gesellschaftliche Abschliessung des Patriziates, aber auch durch die zunehmende Konkurrenz mit den Patriziersöhnen um die geringeren Verwaltungsämter, die früher weitgehend den Bürgern vorbehalten gewesen waren. Die mit ihrer soziopolitischen Stellung unzufriedenen Bürger sammelten sich im 1816 gegründeten sogenannten Bürgerleist. Offiziell ein rein gesellschaftlicher Zusammenschluss der nichtpatrizischen Klasse, bildete dieser Verein das Zentrum der innerstädtischen Opposition, woraus sich der Kern der Stadtliberalen rekrutierte, die 1830 in enger Verbindung mit den Spitzen der Liberalen aus den Munizipalstädten und dem Lande zwar mithalfen, den Sturz des Patriziates herbeizuführen, in ihren Forderungen nach einer angemessenen Vertretung der nichtpatrizischen Bürger in der Kantonsregierung und einer vom Kanton unabhängigen, durch die gesamte Bürgerschaft gewählten Stadtregierung aber sehr gemässigt blieben und der Stadt weiterhin gewisse Vorrechte sichern wollten. [1644]

Im Gefolge der liberalen Umwälzung gab sich die Stadt bzw. die Bürgerschaft im Sommer 1831 eine neue Stadtordnung, die alle nichtbürgerlichen Einwohner von der politischen Mitwirkung ausschloss und nur der Bürgerschaft das Recht zusprach, die Einwohnerschaft zu vertreten und die Stadt zu verwalten. Die Stadt sollte durch einen Stadtrat von 140 Bürgern repräsentiert werden, die zur Hälfte durch die 13 Zunftgesellschaften und die versammelte Bürgerschaft zu wählen war. Nach den Interventionen der liberalen Regierung und den neuen gesetzlichen Regelungen durch den Kanton, die auf dem Prin-

zip des sogenannten Gemeindedualismus beruhten, aber keine klare Abgrenzung der Aufgaben der beiden Gemeinden vornahmen, musste auch die Stadt
Bern neben der Bürgergemeinde eine Einwohnergemeinde schaffen. Der Einwohnergemeinde wurden die wichtigsten Verwaltungszweige, die allgemeine
Stadtverwaltung, die Ortspolizei, die Primarschulen sowie die Beleuchtung
und andere infrastrukturelle Aufgaben übergeben. Finanziell war sie jedoch
völlig von der Bürgergemeinde abhängig, denn das städtische Vermögen blieb
in deren Besitz und unter deren Verwaltung. Das kantonale Gemeindegesetz
legte aber fest, dass der Ertrag der Gemeindegüter zu öffentlichen Zwecken
verwendet werden müsse.

Die Organisation der Bürgergemeinde umfasste zunächst einen Grossen
Stadtrat von 100 Mitgliedern und einen aus dessen Mitte ernannten Kleinen
Stadtrat, einen Verwaltungsausschuss von 25 Mitgliedern. Nach dem Organi-
sationsreglement von 1834 wurde diese aufgeblähte Organisation vereinfacht.
Der Grosse Stadtrat wurde zugunsten der Versammlung aller Bürger, der Bürgergemeinde, und dem erweiterten Bürgerrat, der ausser dem 25–köpfigen
Bürgerrat, dem ehemaligen Kleinen Stadtrat, noch 24 weitere Abgeordnete
der Bürgerschaft umfasste, aufgehoben. Wahl- und stimmfähig waren in der
Bürgerversammlung alle Bürger ab 23 Jahren, sofern sie im Kanton Bern
wohnhaft waren und seit ihrem 18. Altersjahr keine Armenunterstützung
bezogen hatten. Die Einwohnergemeinde kannte dagegen bloss die Gemeindeversammlung, die aus allen stimm- und wahlfähigen Bürgern und Einsassen
bestand, und einen Gemeinderat von 25 Mitgliedern. Stimm- und wahlfähig
waren an der Gemeindeversammlung alle Kantonsbürger, die ehrenfähig und
eigenen Rechts waren und ein gewisses Vermögen [1645] aufwiesen. Soweit sie
diese Bedingungen erfüllten und seit mindestens zwei Jahren in Bern niedergelassen waren, erhielten auf Gemeindeebene auch die übrigen Schweizerbürger das Stimm- und Wahlrecht. Diese Regelung sorgte dafür, dass die nicht nur
aus patrizisch-bürgerlicher, sondern auch aus liberal-bürgerlicher Sicht «vom
Winde dahergewehten» Einwohner weiterhin von der politischen Partizipation ausgeschlossen blieben.

Die Alteingesessenen, Patriziat und Bürgerschaft, behielten so für die
nächsten Jahrzehnte in der Stadt Bern das Sagen, denn auch der Gemeinderat
war fest in der Hand der Bürgerschaft. Im Unterschied zum Kanton, wo ein
grosser Teil des Patriziates auf Ämter verzichtet hatte und auch die Wahlversammlungen für den Grossen Rat schlecht besuchten, engagierten sich auf
Gemeindeebene selbst die Ultras innerhalb des Patriziates sehr stark. Mehrere
von ihnen nahmen im Gemeinderat Einsitz. Die Hauptstadt wurde so zum
eigentlichen politischen Refugium des Patriziates, der konservativen Kräfte
allgemein. 1835 waren 19 der 25 Gemeinderäte Bürger, darunter sieben Patrizier und elf Altbürger, d. h. die Bürger, deren Familien das Bürgerrecht schon
vor 1800 besessen hatten, sowie ein Neubürger, der erst nach 1800 ins Bürgerrecht der Stadt Bern aufgenommen worden war. Dazu kamen sechs Vertreter

aus der nichtbürgerlichen Einwohnerschaft, die über 85 Prozent der städtischen Bevölkerung ausmachte. Von den 19 bürgerlichen Gemeinderäten waren 14 gleichzeitig auch Mitglied des 25-köpfigen Bürgerrates. Der Vorsteher
der Einwohnergemeinde und Präsident des Gemeinderates, Stadtpräsident
Karl Ludwig Zeerleder, amtete gleichzeitig auch als Präsident des Bürgerrates
und als Vorstand der Bürgergemeinde. 1844 war die Dominanz der Bürger im
Gemeinderat mit zwanzig der 25 Sitze sogar noch höher, darunter gehörte fast
die Hälfte zum Patriziat. Im Unterschied zu den dreissiger Jahren war jedoch
die personelle Verflechtung mit dem Bürgerrat nur noch schwach ausgebildet.
Lediglich drei Gemeinderäte waren gleichzeitig auch Bürgerräte. Der Stadtpräsident, d. h. der Präsident des Gemeinderates und Vorsteher der Einwohnergemeindeversammlung, war nun nicht mehr identisch mit dem Präsidenten der Bürgergemeinde.

| Tabelle 77 | **Rechtlich-soziale Zusammensetzung des Gemeinderates der Stadt Bern 1835–1855.** 1646 | | | | | | | | |
|---|---|---|---|---|---|---|---|---|---|
| | Patriziat | | Altbürger | | Neubürger | | Einwohner | | Total |
| | abs. | % | abs. | % | abs. | % | abs. | % | |
| 1835 | 7 | 28 | 11 | 44 | 1 | 4 | 6 | 24 | 25 |
| 1844 | 12 | 48 | 7 | 28 | 1 | 4 | 5 | 20 | 25 |
| 1855 | 7 | 28 | 7 | 28 | 2 | 8 | 9 | 36 | 25 |

Auch wenn das Patriziat die Bürgerschaft nicht mehr so dominierte wie
vor 1830, so vermochte es innerhalb der bürgerlichen Institutionen seine Vormachtstellung doch weitgehend zu behaupten. Sowohl in den dreissiger wie in
den vierziger Jahren verfügten die Patrizier im 25-köpfigen Bürgerrat jeweils
über die Mehrheit. Im erweiterten Bürgerrat besassen sie 1835 noch knapp die
Mehrheit, 1844 hatten die gewöhnlichen Bürger hier die Mehrheit. Doch dies
scheint nicht mehr so entscheidend gewesen zu sein; denn obwohl zwischen
Patriziat und übriger Bürgerschaft, deren Führer einen konservativen oder
doch sehr gemässigten liberalen Kurs verfolgten, die sozialen und politischen
Gegensätze bestehen blieben, rückten sie unter dem Druck der den Kanton
beherrschenden Liberalen und deren Massnahmen gegen die Hauptstadt doch
wieder näher zusammen.

Diese Dominanz der Bürgerschaft und der Bürgergemeinde hatte bis
anfangs der fünfziger Jahre Bestand, als unter dem Druck oder in Ausführung
des neuen, von Eduard Blösch ausgearbeiteten Gesetzes über das Gemeinde-
wesen vom 6. Dezember 1852 auch in der Gemeindeorganisation der Stadt
Bern einige Veränderungen vorgenommen werden mussten. Die wichtigste
Neuerung des Gesetzes, nämlich die Vorschrift, die mittellosen Einwohnergemeinden durch die Bürgergemeinden bzw. durch die Teilung des bürgerlichen
Vermögens finanziell besser auszustatten, nahmen die Bürgerschaft und die
Einwohnergemeinde durch das bereits Ende 1848 eingeleitete, durch den
Entwurf des Gemeindegesetzes von Blösch dann jedoch beschleunigte Aus-
scheidungsverfahren vorweg. Mit dem Ausscheidungsvertrag über die Eigen-

tumsverhältnisse und die künftige Verwaltung sämtlicher Gemeinde- und Stiftungsgüter der Stadt Bern, den die Bürgergemeinde am 9. Februar und die Einwohnergemeinde am 12. Februar 1852 genehmigte und der Regierungsrat am 1. April 1852 sanktionierte, wurde diese Teilung, gegen die sich die Bürgerschaft lange gesträubt hatte, vorgenommen. Die Bürgergemeinde behielt das ausgesprochene Stiftungs- und Nutzungsgut, alles übrige Gemeindegut, insbesondere die verschiedenen Fonds (Kornamtfonds, Bauamtfonds, Kirchenfonds) sowie die Gebäude der städtischen Schulen, ging an die Einwohnergemeinde, die nun finanziell unabhängig wurde und mit einer geregelten Finanzwirtschaft erst beginnen konnte. [1647] Diese finanzielle Unabhängigkeit, verbunden mit dem Recht auch Steuern zu erheben – selbst die Hintersassengelder gingen bis anhin an die Bürgergemeinde, die auch die Staatssteuern eintrieb – erlaubte es der Einwohnergemeinde nun auch leichter ihren finanziellen Verpflichtungen als Bundeshauptstadt nachzukommen.

Der Ausscheidungsvertrag wie das neue Gemeindegesetz stärkten die Position der Einwohnergemeinde und machten die Bürgergemeinde zu einer Minderheitskorporation, obwohl dies nicht unbedingt im Sinne des konservativen Gesetzgebers Blösch lag. Ihm schwebte eigentlich eine neue «Bürgergemeinde» vor, in der alle «durch Moralität, durch Vermögen und durch Bildung zur Teilnahme an der Ortsverwaltung legitimierten Einwohner auch Bürger des Ortes» wären, in der also nicht nur den Nachkommen des altständischen Stadtbürgertums, sondern den besitzenden und gebildeten Bürgern die politische Herrschaft zukäme. [1648] Doch dies war, wie Blösch in seinen Analysen aufgrund der historischen Entwicklung selbst aufzeigte, nicht durchsetzbar. [1649] Für eine solche Lösung waren weder die Alteingesessenen in der Stadt wie auf dem Land, die auf Vorrechte nicht verzichten wollten, noch die Radikalen, die teils die Aufhebung der Bürgergemeinden forderten, zu gewinnen.

Die auch im neuen Gemeindegesetz von 1852 beibehaltenen, sogar noch leicht verschärften Beschränkungen des Stimm- und Wahlrechtes in der Einwohnergemeinde auf die besitzenden Stadtbewohner machte allerdings die Einwohnergemeinde ein Stück weit zu dem, was sich Blösch unter der neuen Bürgergemeinde vorgestellt hatte. In den Genuss der politischen Rechte auf Gemeindeebene kamen von den Kantonsbürgern alle, die mehrjährig, eigenen Rechts und ehrenfähig waren, eine direkte Staatssteuer (Grund-, Kapital- oder Einkommenssteuer) oder eine Telle (Gemeindesteuer) zu den Verwaltungskosten der Gemeinde bezahlten und entweder Ortsbürger oder bereits zwei Jahre in der Gemeinde ansässig waren. Schweizer aus andern Kantonen erhielten das Stimm- und Wahlrecht dagegen nur, wenn sie die oben erwähnten Eigenschaften erfüllten und zudem in der Gemeinde über Grundeigentum verfügten. Gegenüber 1833 bedeutete diese Regelung eine gewisse Verschärfung, denn nach dem alten Gemeindegesetz konnten anstelle von Grundbesitz eine Miete oder Grundpfandrechte in bestimmter

Höhe oder versicherte Immobilien im Wert von mindestens 2000 Franken treten. Da mit Ausnahme der «unabgeteilten Söhne» für alle das Stimm- und Wahlrecht in der Einwohnergemeinde an die Entrichtung von Staats- oder Gemeindesteuern gebunden war, ein grosser Teil der Einwohnerschaft jedoch mangels steuerpflichtigem Vermögen oder Einkommen keine Steuern entrichtete, blieb das Stimm- und Wahlrecht somit weitgehend auf die Ober- und Mittelschicht beschränkt. Eine Ausnahmeregelung bestand ausser bei den Söhnen steuerpflichtiger Eltern zusätzlich für die Pächter von in der Gemeinde liegenden Grundstücken, für welche eine Grundsteuer oder eine Telle bezahlt wurde. Auch sie waren stimm- und wahlberechtigt. Diese beiden Ausnahmeregelungen begünstigten die Besitzenden, vor allem auch die Patrizier, deren Söhne und Pächter damit politische Rechte erhielten. Das Stimmrecht, aber nicht das Wahlrecht, besassen auch die unter Vormundschaft stehenden Tellpflichtigen sowie tellpflichtige «Weibspersonen eigenen Rechts», die sich beide bei der Ausübung ihres Stimmrechtes aber vertreten lassen mussten. [1650] Aufgrund der restriktiven Regelung der politischen Rechte auf kommunaler Ebene kamen Mitte der fünfziger Jahre im Vergleich zum Kanton, wo seit 1846 bzw. 1848 alle ehrenfähigen, niedergelassenen Schweizerbürger mit zurückgelegtem zwanzigsten Altersjahr das Stimmrecht besassen, in städtischen Angelegenheiten lediglich etwas mehr als ein Drittel der im Kanton stimmberechtigten Männer in den Genuss des Stimm- und Wahlrechtes. [1651]

Besitz, Herkunft und Bildung prägten auch das Sozialprofil des Gemeinderates. So waren bis Mitte des 19. Jahrhunderts jeweils um vierzig Prozent der Gemeinderäte Rentner und Gutsbesitzer, darunter auch einige ehemalige Oberamtmänner und Offiziere. 1855 kam noch ein Drittel aus diesem für die Berner Oberschicht auch in der zweiten Hälfte des 19. Jahrhunderts noch recht lange charakteristischen sozialen Umfeld. Fast gleich stark repräsentiert waren Angehörige der Bourgeoisie des talents, neben einzelnen aktiven oder ehemaligen höheren Beamten vor allem Fürsprecher und Notare sowie Ärzte, nach 1850 verstärkten Architekten im Gemeinderat das bildungsbürgerliche Element. Kaum vertreten waren – aufgrund der Wirtschafts- und Sozialstruktur Berns auch nicht weiter verwunderlich – wirtschaftsbürgerliche Kreise: 1835 waren dies Strohutfabrikant Joh. Samuel Gerber und Baumeister Ludwig Küpfer, der auch 1844 noch im Gemeinderat sass, 1855 Strohutfabrikant Joh. Indermühle, Rotfärber Friedrich Emmanuel Saxer und Kerzenfabrikant Rudolf Stengel. Sie alle dürften von ihrer wirtschaftlichen und sozialen Lage her eher dem gewerblichen Mittelstand zugehört haben, der 1835 und 1844 rund ein Viertel der Gemeinderäte stellte. Es waren dies jeweils vor allem Negotianten, Zwischen- und Detailhändler, und nur selten auch ein Handwerksmeister.

| Tabelle 78 | Berufliche und soziale Gliederung des Gemeinderates der Stadt Bern 1835–1855. 1652 | | | | | |
|---|---|---|---|---|---|---|
| | 1835 | | 1844 | | 1855 | |
| | abs. | % | abs. | % | abs. | % |
| **Besitzbürgertum** | **8** | **32** | **9** | **36** | **8** | **32** |
| **Wirtschaftsbürgertum** | **2** | **8** | **1** | **4** | **3** | **12** |
| **Bourgeoisie des talents** | **8** | **32** | **9** | **36** | **10** | **40** |
| Arzt/Apotheker | 2 | 8 | 3 | 12 | | |
| Architekt/Ingenieur | | | | | 3 | 12 |
| Fürsprech/Notar | 4 | 16 | 2 | 8 | 3 | 12 |
| Professor | 1 | 4 | 1 | 4 | 1 | 4 |
| Beamter | 1 | 4 | 3 | 12 | 2 | 8 |
| **Gewerblicher Mittelstand** | **7** | **28** | **6** | **24** | **4** | **16** |
| Total | 25 | 100 | 25 | 100 | 25 | 100 |

Während die Gemeinderäte aus Handel, Handwerk und Gewerbe mehrheitlich aus der Einwohnerschaft stammten, gehörten die bürgerlichen und patrizischen Gemeinderäte vorwiegend besitz- und bildungsbürgerlichen Kreisen an. 1835 kamen von den sechs Einwohnervertretern vier aus dem gewerblichen Mittelstand (ein Gold- und Hufschmied und zwei Uhrenmacher), zwei gehörten als Notar bzw. Fürsprech zur Bourgeoisie des talents. Der einzige Neubürger im Gemeinderat war typischerweise der Strohhutfabrikant Joh. Samuel Gerber. Die Vertreter der alteingesessenen Bürgerschaft stammten, vor allem die Patrizier, mehrheitlich aus dem Rentner- oder Magistratenmilieu sowie der Bourgeoisie des talents. 1844 gehörten vier der fünf Einwohnervertreter wie auch der einzige Neubürger dem gewerblichen Mittelstand an, der fünfte war ein Amtsnotar. Unter den zwölf Patriziern im Gemeinderat waren ausser einem Apotheker alle Gutsbesitzer und Rentner, darunter viele ehemalige Offiziere oder Beamte. 1855 handelte es sich bei den Vertretern des Besitzbürgertums ausnahmslos um Patrizier. Die Angehörigen der Bourgeoisie des talents, darunter drei Architekten, gehörten zu zwei Dritteln der Bürgerschaft und zu einem Drittel der nichtbürgerlichen Einwohnerschaft an. Bei den Gemeinderäten aus dem gewerblichen Mittelstande war es gerade umgekehrt, hier kamen zwei Drittel aus der Einwohnerschaft. Auch die drei Fabrikanten im Gemeinderat waren Einwohner.

## Der Kampf der Liberalen um politische Partizipation und eine neue Gemeindeordnung, 1855–1885

Das in Ausführung des Gemeindegesetzes neu entstandene städtische Gemeinderechtsreglement vom 21. September 1853 brachte in der Behördenorganisation der Einwohnergemeinde keine grösseren Veränderungen. Wie im kantonalen Gesetz vorgesehen, blieb die Gemeindeversammlung oberstes Entscheidungs- und Wahlorgan mit einem 25-köpfigen Gemeinderat als ausführende Behörde. Es blieb beim bisherigen Kollegialsystem auf ehrenamtlicher Basis, der personalintensiven Honoratiorenverwaltung mit einer Vielzahl von Kommissionen und Unterkommissionen.

Das Gewicht der Einwohner, d. h. der Nichtbürger im Gemeinderat nahm jedoch leicht zu. Sie stellten 1855 nun neun der 25 Gemeinderäte. Der Einsitz beruhte jedoch weitgehend auf dem Entgegenkommen der noch immer auch die Einwohnergemeinde beherrschenden Bürgerschaft, die ab Ende der fünfziger Jahre nun zunehmend dazu überging, ihr genehme Einwohner ins Bürgerrecht aufzunehmen. Die Mehrzahl der in den Gemeinderat gewählten Einwohner erhielt denn auch in den nächsten Jahren das Bürgerrecht. So stieg der Anteil der Neubürger, d. h. jener Bürger, die teilweise erst vor kurzem das Bürgerrecht erhalten hatten, im Gemeinderat bis in die siebziger Jahre stark an. 1866 stellten die Neubürger einen Fünftel der Gemeinderäte, 1872 gar über einen Drittel, gleichzeitig ging der Anteil der Einwohner wieder zurück. Unter den Neubürgern befanden sich 1872 auch zwei der drei liberalen Gemeinderäte [1653], während von den drei Einwohnervertretern nur einer den Liberalen zuneigte. [1654] Wer auf kommunaler Ebene etwas zu sagen haben wollte, musste demnach der Bürgerschaft angehören oder sich wenigstens politisch konform verhalten.

Tabelle 79     **Rechtlich-soziale Zusammensetzung des Gemeinderates der Stadt Bern 1855–1872.** [1655]

|       | Patriziat | | Altbürger | | Neubürger | | Einwohner | | Total |
|-------|------|-----|------|-----|------|-----|------|-----|-------|
|       | abs. | %   | abs. | %   | abs. | %   | abs. | %   |       |
| 1855  | 7    | 28  | 7    | 28  | 2    | 8   | 9    | 36  | 25    |
| 1866  | 7    | 28  | 6    | 24  | 5    | 20  | 7    | 28  | 25    |
| 1872  | 5    | 29  | 3    | 18  | 6    | 35  | 3    | 18  | 17    |

Am Sozialprofil des Gemeinderates änderte sich trotz dieser vermehrten Aufnahme von Neubürgern bis zur Reorganisation der Gemeindeordnung von 1871 jedoch wenig. Besitz, Bildung und Herkunft blieben bestimmend. Mit der Reduktion des Gemeinderates von 25 auf 17 Sitze veränderte sich 1872 auch das Sozialprofil des Gemeinderates. Rentner und Gutsbesitzer waren im Gemeinderat nun nicht mehr so präsent wie bis anhin, im Gemeinderat sassen nun mehrheitlich Angehörige der Bourgeoisie des talents. Das besitzbürgerliche Element, wozu schon 1866 erstmals nicht nur Patrizier, sondern auch zwei Bürger, darunter sogar ein Neubürger gehört hatten, war nur noch durch die beiden Patrizier und Führer der Stadtkonservativen, den Stadtpräsidenten Otto von Büren sowie Eduard von Sinner, vertreten. Besitz und Bildung und die damit eher vorhandene wirtschaftliche und zeitliche Abkömmlichkeit bestimmten weiterhin die Zusammensetzung der ehrenamtlich tätigen Mitglieder des Gemeinderates, wobei der formalen Bildung nun deutlich mehr Bedeutung zukam. Zehn Gemeinderäte, fast zwei Drittel des Rates, nämlich vier Juristen, zwei Apotheker und hohe Beamte sowie je ein Arzt, Ingenieur und Architekt, hatten eine akademische oder eine längere Fachausbildung hinter sich. Nur einer unter ihnen war ein blosser Einwohner, fünf waren Neubürger. Darunter befand sich auch einer der drei liberalen Gemeinderäte, aber auch Apotheker Rudolf Lindt (1823–1893), der beharrliche Gegner einer

Reorganisation, dessen Vater, der Arzt Rudolf Lindt-Brunner, allerdings schon 1820 das Bürgerrecht erworben hatte. [1656] Wirtschaftsbürgerliche und gewerbliche Kreise waren 1872 durch fünf Mitglieder repräsentiert, darunter ein Altbürger und je zwei Neubürger oder Einwohner. Dazu zählten mit den beiden Weinhändlern, dem Neubürger Eduard Rüfenacht-Moser und dem Einwohnervertreter Eduard Kernen, auch zwei der drei liberalen Gemeinderäte. Anteilsmässig hatten sie damit im Vergleich zu 1866 oder 1855 im Gemeinderat ihre Position nur wenig verbessern können.

Tabelle 80      **Berufliche und soziale Gliederung des Gemeinderates der Stadt Bern 1855–1872.** [1657]

| | 1855 | | 1866 | | 1872 | |
|---|---|---|---|---|---|---|
| | abs. | % | abs. | % | abs. | % |
| **Besitzbürgertum** | 8 | 32 | 8 | 32 | 2 | 12 |
| **Wirtschaftsbürgertum** | 3 | 12 | 4 | 16 | 3 | 18 |
| **Bourgeoisie des talents** | 10 | 40 | 10 | 40 | 10 | 59 |
| Arzt/Apotheker | | | 2 | 8 | 3 | 18 |
| Architekt/Ingenieur | 3 | 12 | 2 | 8 | 2 | 8 |
| Fürsprech/Notar | 3 | 12 | 5 | 20 | 4 | 24 |
| Professor | 1 | 4 | | | | |
| Beamter | 2 | 8 | 1 | 4 | 1 | 6 |
| **Gewerblicher Mittelstand** | 4 | 16 | 3 | 12 | 2 | 12 |
| Total | 25 | 100 | 25 | 100 | 17 | 100 |

Auch das Gesetz betreffend Erweiterung des Stimmrechtes an den Einwohner- und Bürgergemeinden vom 26. August 1861, mit dem der Kanton zugunsten der in der Stadt niedergelassenen Kantons- und Schweizerbürger die Anforderungen für die Stimmberechtigung erleichterte, hatte auf das Sozialprofil keinen Einfluss gehabt. Um die politischen Rechte in der Stadt ausüben zu dürfen, genügte es nun, dass die Niedergelassenen seit einem Jahr, statt wie vorher zwei Jahren, in der Stadt ansässig waren. Diese einjährige Wartefrist galt nun auch für zurückkehrende Ortsbürger, die vorher ohne Ansässigkeitsfrist sofort ihre Stimmberechtigung wieder erhalten hatten. Die wichtigste Änderung war die Gleichstellung der kantonsfremden Schweizerbürger mit den Kantonsbürgern. Bis anhin waren Kantonsfremde nur stimmberechtigt gewesen, wenn sie in der Gemeinde Grundeigentum besassen. Diese Vorschrift fiel nun weg. Am Grundsatz, dass Stimmen und Wählen jenen Männer vorbehalten waren, die entweder selbst oder, sofern es sich noch um im elterlichen Haushalt lebende Söhne handelte, deren Eltern kantonale Steuern bezahlten oder an die Stadt eine Steuer entrichteten, änderte sich jedoch nichts. [1658] Mit dieser Erweiterung des Stimmrechtes erhöhte sich die Anzahl der Stimmberechtigten in städtischen Angelegenheiten zwar um einige hundert Männer. Trotzdem besassen um 1865/66 in der Stadt noch immer lediglich 45 Prozent der im Kanton stimmberechtigten Männer das städtische Stimm- und Wahlrecht. 1870 waren es dann sogar nur noch vierzig Prozent. [1659] Auch die Radikalen, die in der Regierung und im Grossen Rat zu dieser Zeit wieder klar dominierten, hielten damit am Vorrecht von Besitz und

Vermögen sowie einem steuerpflichtigen Einkommen für die politische Mitwirkung auf Gemeindeebene fest.

Schon kurz nach dem Erlass dieses Erweiterungsgesetzes setzte in der Stadt Bern eine «ziemlich heftige Agitation für eine gänzliche Umgestaltung der gesamten Gemeinde-Administration» 1660 ein. Diese vom bürgerlich dominierten Gemeinderat missbilligend als Agitation bezeichneten Reformbestrebungen bildeten den Anfang einer sich über die nächsten drei Jahrzehnte hinziehenden Serie von Versuchen der städtischen Liberalen und Radikalen, ihren Einfluss auf die städtische Politik zu verstärken und die Vorherrschaft des Patriziates und der konservativen Bürgerschaft in der Stadt zu brechen. Aber bis 1888 eine im Sinne der Liberalen moderne, den neuen gesellschaftlichen Verhältnissen angepasste Gemeindeordnung in Kraft gesetzt werden konnte, bedurfte es allerdings mehrerer Anläufe, die teils zu harten politischen Auseinandersetzungen innerhalb der städtischen Einwohnerschaft führten. Obwohl die politischen Fronten vertikal durch die Einwohnerschaft, d. h. zwischen Alteingesessenen und Leuten, die sich erst in den letzten Jahren oder Jahrzehnten in der Stadt niedergelassen hatten, verliefen, handelte es sich dabei auch um einen Konflikt zwischen oben und unten: Auf der Seite der Konservativen standen vor allem die Patrizier mit ihrem Anhang unter den Pächtern und die grosse Mehrheit der übrigen Bürgerschaft sowie auch Teile des nichtbürgerlichen gewerblichen Mittelstandes. Die Liberalen und Radikalen stützten sich dagegen vor allem auf wirtschafts- und bildungsbürgerliche Kreise teils auch bürgerlicher Herkunft, aber auch auf Teile des gewerblichen Mittelstandes, der in diesen Auseinandersetzungen je nach rechtlich-sozialer Herkunft und politischer Ausrichtung gespalten war, und, soweit sie überhaupt schon in den Kreis der Stimmberechtigten vordrangen, auch auf die Arbeiterschaft.

Die «heftige Agitation» von 1861 begann, als im November erstmals das «Neue Tagblatt der Stadt Bern» erschien, das sich im Untertitel ausdrücklich als Organ derjenigen bezeichnete, welche Verbesserungen im Gemeindehaushalt anstrebten. Bereits die Probenummer äusserte denn auch Kritik an der Einwohnergemeinde, deren Verwaltung zu teuer sei, zu wenig tue oder wenn, dann nur auf äussern oder liberalen Zwang und forderte am Schluss eines Artikels die bald stattfindende Versammlung der Einwohner auf: «Schiebe doch ein Stück Sauerteig in den Gemeinderath! Wenn es auch nur ein halbes Dutzend Radikale sind, so kommt mehr als bisher heraus!» 1661 Die erste Hauptstossrichtung der Kritik konzentrierte sich auch in den folgenden Nummern des Neuen Tagblattes auf die komplizierte Organisation des Kommissionalsystems und die mangelnde Effizienz der Verwaltung: «Vereinfacht die Maschinerie! Legt die ganze Arbeit, die unser Gemeindehaushalt mit sich führt, in weniger Hände als bisher; gebt den Angestellten etwas grössere Besoldungen, aber dann auch mehr Beschäftigung; stellt tüchtige Arbeiter ein und setzet sie in eine solche Stellung, dass sie ihre Geisteskraft und Arbeitstüchtigkeit entfalten können.» 1662 Konkret forderte der Reformverein, der offiziell hinter der Bewegung stand und erstmals am 13. November 1861 getagt hatte, damit die Reduktion des Gemeinderates und die Einführung des Direktorial- oder Departementsystems anstelle des Kommissionalsystems, d. h. bezahlte Gemeinderäte sollten wie im Kanton die Regierungsräte bzw. im Bund die Bundesräte jeweils an der Spitze eines bestimmten Zweiges der Verwaltung stehen. Im weiteren verlangten die Radikalen die Verlegung der Gemeinde- versammlungen vom Freitag auf den Samstag, um so den Gewerbetreibenden und ihren Angestellten die Mitwirkung eher zu ermöglichen. Auch sollte die Stimmregisterführung der konservativ gefärbten Polizei entzogen werden. 1663 Der zweite Hauptstoss der Kritik richtete sich gegen die beherrschende Stel- lung der Bürger in den leitenden Behörden, dem Gemeinderat wie den Kom- missionen, und die Bevorzugung von Bürgern für städtische Stellen. Mit die- sem «Ausschliessungssystem», wie der Führer der Radikalen, Bundesrat Jakob Stämpfli in einer Versammlung des Reformvereins, die bestehende Gemeinde- ordnung und -verwaltung nannte, sollte gebrochen werden: «Dem Bürger soll deshalb, weil er Bürger ist, kein Vorurtheil entgegenstehen und Zurück- setzungstendenz gegen ihn walten; allein ebensowenig soll ihm seiner bürger- lichen Eigenschaft ein Vorrecht und eine Art höhere Protektion erwach- sen.» 1664 Für die sieben notwendigen Ersatzwahlen in den Gemeinderat schlug der Reformverein deshalb sechs Liberale und einen Konservativen vor. Auf einer öffentlichen Versammlung lehnten die Konservativen sowohl die Reform- wie die Wahlvorschläge der liberalen Seite ab. 1665

Die entscheidende Gemeindeversammlung vom Freitag, dem 13. De- zember 1861 erlebte einen Andrang wie nie zuvor. Von den 1900 in den Stimmregistern aufgeführten Stimmberechtigten – dies entsprach etwa der Hälfte der im Kanton stimmberechtigten Einwohner der Stadt – erschienen rund 1300 an der Versammlung. Der «Anzug» der Reformer wurde mit 942 gegen 395 Stimmen als nicht erheblich erklärt. Von konservativer Seite war in der Versammlung vor allem dahingehend argumentiert worden, das «Kommis- sional-System sei republikanischer und für eine Gemeinde-Administration heilsamer, weil bei demselben stets weit mehr Gemeindsbürger sich mit den Geschäften vertraut machen und an derselben Theil nehmen müssen, und so das Gesammtinteresse ein regeres bleibe, als bei dem durch wenige besorgten büreaukratischen Direktorial-System.» 1666 Auch die Ersatzwahlen 1667 ver- liefen zuungunsten der Reformer, lediglich zwei der von ihnen unterstützten Kandidaten wurden gewählt, nämlich als ein Vertreter der Einwohnerschaft der Käsehändler Niklaus Gerber sowie als Liberaler der Apotheker und ehe- malige Universitätsdozent Dr. Christian Müller, der 1856 das Bürgerrecht erworben hatte und bereits seit 1859 im Gemeinderat sass, wo er aufgrund sei- ner chemischen und balneologischen Kenntnisse für die Verbesserung und den Ausbau der städtischen Infrastruktur (Gaswerk, neue Wasserversorgung, sani- tarische Verbesserungen im Kloakenwesen) von hohem Nutzen und kaum zu ersetzen war. [1668] Der neue Gemeinderat setzte sich damit aus 24 Konservativen und einem Liberalen sowie 19 Bürgern und sechs Einsassen zusammen. Von der Stimmrechtserteilung ohnehin schon bevorzugt, vermochten die herrschenden konservativen Kräfte aus Patriziat und Bürgerschaft aber ihre Stimmkraft auch voll einzubringen und ihre Anhänger gut zu mobilisieren. So sollen laut liberalem Tagblatt die bürgerlichen Herren geschlossen mit ihren teils noch recht knabenhaften Sprösslingen und dem ganzen Tross ihrer Pächter erschienen sein. Dagegen sollen viele Gewerbe- und Handeltreibende, weil sie an ihre Geschäfte gefesselt gewesen seien, gefehlt haben. [1669] Da die Abstimmungen im Handmehr erfolgten, dürften manche es allerdings weniger aus zeitlichen als vielmehr auch aus geschäftlichen Gründen vorgezogen haben, in dieser umstrittenen Frage nicht öffentlich Stellung zu nehmen.

Die Gemeindeversammlung blieb damit der Mittelpunkt der politischen Ordnung der Stadt Bern. Gesetzlich stellte sie zwar die oberste Gewalt dar, praktisch stand sie jedoch unter der völligen Bevormundung durch den Gemeinderat. So durfte die Gemeindeversammlung nur über Angelegenheiten entscheiden, die vom Gemeinderat zuerst geprüft wurden und über die er an die Versammlung Bericht und Antrag stellte. Ohne den Gemeinderat konnte also nichts direkt entschieden werden. Ausserordentliche Gemeindeversammlungen konnte nur der Stadtpräsident einberufen und zwar nach seinem Gutdünken. In einer ironischen Beschreibung aus liberaler Sicht setzte sich diese von den Konservativen beherrschte und streng hierarchisch geordnete Versammlung im Kern aus fünf Gruppen zusammen: «Ihr divulianischer Grundstock ist das hier in zusammenhängender Masse vorkommende Patriziat, auf ihm liegt als sekundäre Schichte die Bürgerschaft; dann kommt als tertiäre Schichte das Nagelfluhgebilde kleiner ängstlicher Rentiers, romantischer Zunft- und Wappenschwärmer, hochkirchlicher Tories, versteinerter Dreissiger, alter, ehrenwerter Besitzer säkularisierter Kirchenstühle, respektabler, vom Gang der Welt erschreckter Schneckenhäusler». Als quartäre Schicht folgen dann die von bürgerlichen Kassen und Sachwaltern abhängigen Lieferanten und Pächter. Die quintäre Schicht bilden dann die von der Gemeinde und der Bürgerschaft gewählten Angestellten. [1670]

Unter dem Einfluss der demokratischen Bewegung, die 1869 im Kanton die Einführung des Gesetzes- und Finanzreferendums durchgesetzt hatte, erfolgte im Januar 1870 ein neuer Anlauf zur Reform der städtischen Ordnung. Mit einer als Zeitschrift unter dem Titel «Die Zeitglocke» herausgegebenen Serie von Flugblättern versuchten die Reformer, darunter neben Nationalrat Rudolf Brunner auch andere führende Männer aus der demokratischen und jungradikalen Bewegung, den Kampf gegen die «stadtbernischen Gemeindezustände», in Anknüpfung an frühere Vorgänge, wieder einmal etwas geschlossener aufzunehmen» und die Liberalen aus ihrer Entmutigung [1671] in Gemeindeangelegenheiten zu neuer Sammlung aufzurufen. In «sachlicher, unpersönlicher Kritik» wollten sie sich aber nicht bloss an die Liberalen, sondern an alle «vorurteilsfreien, selbständigen, einsichtigen» Mitbürger wenden und an ihr «Billigkeits- und Gerechtigkeitsgefühl» appellieren, um dem «Ausschliesslichkeitssystem», dem «Gehen- und beim Altenlassen» ein Ende zu bereiten.[1672]

Erstes erklärtes Ziel der Bewegung war «die Beseitigung der gegenwärtig in unserer Gemeinde herrschenden Kasten- und Minderheitsherrschaft, beziehungsweise die Verwirklichung einer den richtigen Gesammtausdruck aller Klassen, Stände, Kreise und Bedürfnisse der Einwohnerschaft bildenden Gemeindevertretung».[1673] Die Reformer begründeten den Vorwurf der Kastenherrschaft damit, dass infolge der nicht loyal geführten Stimmregister [1674] einem grossen Teil der Stimmberechtigten das Stimmrecht vorenthalten würde, so dass die Gemeinde nicht der «Ausdruck der wahren und wirklichen Mehrheit der Stimmberechtigten» sei. Sie verlangten deshalb, dass die Gemeindestimmregister nach den gleichen Vorschriften geführt werden sollten, wie sie für die kantonalen Wahlen und Abstimmungen galten, und forderten zudem die Einführung von Stimmurnen und das Recht, die Stimmzettel bereits zu Hause ausfüllen zu können. Eine Kaste regierte aus reformerischer Sicht aber auch, weil die Gemeinderäte sowie die wichtigeren Gemeindebeamten fast ausnahmslos einem «sehr engen, jedenfalls einem nicht genug allseitigen Kreise» angehörten: «Es ist ... die Mehrheit dieser Herren eine aus Nepotismus und andern einseitigen Elementen zusammengesetzte Gevatterschaft! Vergeblich sucht Ihr darin Männer, die, ob selbst Arbeiter oder nicht, doch wenigstens für die berechtigten Interessen und Bedürfnisse dieses Standes Sinn, Verständniss und guten Willen hätten. Umsonst seht Ihr Euch darin um nach Vertretern des in Bern so zahlreichen und bedeutenden Handwerker- und kleinern Gewerbe-Standes. Den Niedergelassenen aus andern Kantonen, deren Bedeutung seit Erhebung Berns zur Bundesstadt von Jahr zu Jahr wächst, ist darin keine Stelle gegönnt und es sind selbst die im Verhältniss zu den Stadtbürgern viel zahlreicheren Kantonsangehörigen in weit geringerer Zahl vertreten als diese!»[1675]

Zweitens wollten die Reformer die jetzige Organisation der Gemeindeverwaltung aufheben und durch eine zeit- und zweckmässigere ersetzen. Wie in der Stadt Zürich, die von den Reformern immer wieder als Vorbild hingestellt wurde, sollte ein sogenannter enger und weiter Stadtrat und damit verbunden das Direktorialsystem eingeführt werden. Die Mitglieder des engern Stadtrates sollten fix und gut besoldet sein und jeweils einem der Verwaltungszweige als Direktor vorstehen. Eigentlicher Repräsentant der Gemeinde sollte der weitere Stadtrat werden, der aus einer so grossen Zahl von unbesoldeten Mitgliedern zusammengesetzt sein müsste, «dass darin möglichst alle Klassen, Kreise, Stände und Bedürfnisse der Bevölkerung, vielleicht auch die einzelnen städtischen Quartiere, ihre entsprechende Vertretung fänden». Die Gemeindeversammlung sollte nur noch die wichtigen Wahlen vornehmen sowie über das Budget und neue Unternehmungen von grosser finanzieller Tragweite entscheiden. Von dem neuen System versprachen sich die Reformer einerseits eine höhere Effizienz, eine «raschere Erledigung der Geschäfte» sowie eine «gleichmässigere und geordnetere Verwaltung» und andererseits eine «demokratischere Gestaltung des Gemeindelebens». [1676] So wurde die Forderung nach einem weiteren Stadtrat auch damit begründet, dass die Bürger dadurch bessere Gelegenheit erhielten, sich im Umgang mit politischen Problemen zu üben, denn an den Gemeindeversammlungen würden «selbst gebildete Männer» Schwierigkeiten bekunden, «sicher» und «gelassen» aufzutreten. [1677]

Drittens erhofften sich die Reformer «einen andern Geist in unserer Gemeindsverwaltung und, bei unsern Gemeindsbürgern, mehr Interesse und Theilnahme, mehr öffentliche Manifestation hinsichtlich der Gemeindeangelegenheiten.» Statt sich von den Traditionen und Vorbildern der Vergangenheit, der einstigen Stadt und Republik Bern, leiten zu lassen und zu meinen, «es sei genug, ja Alles gethan, wenn nur die laufenden Geschäfte abgewandelt, die täglich wiederkehrenden Dinge erledigt werden», sollten Stadtregierung und -verwaltung sich auch nach neu auftretenden Bedürfnissen umsehen, neue Einnahmequellen zur Erleichterung der jährlich steigenden Steuerlast schaffen, an die Mittel zur Beseitigung sozialer Gebrechen denken und die Quellen des Wohlstandes durch Unterstützung von Industrie und Gewerbe äuffnen, kurz sie sollten mehr Mut, Initiative, schöpferische Ideen oder wenigstens den Willen dazu entwickeln. Die Geheimniskrämerei sollte aufhören, auch die Gemeindeangelegenheiten sollten vermehrt in der Öffentlichkeit, in der Presse besprochen werden. [1678] Ganz allgemein sollte mehr Öffentlichkeit dem «Zopfthum, der Einseitigkeit, Kleinstädterei und Kleinigkeitskrämerei» ein Ende bereiten. [1679]

Die Reformbewegung fand zunächst wenig Echo. Dies änderte sich erst, als sich am 22. März 1870 rund vierzig Männer zu einer Versammlung zusammenfanden, um die Frage der Reorganisation zu besprechen. Anwesend waren auch sechs Gemeinderäte sowie der Stadtpräsident Otto von Büren. Von seiten der Reformer sprachen Rudolf Brunner, der Führer der demokratischen Bewegung, der die «hohe Wünschbarkeit» sowie die «gesetzliche Zulässigkeit» einer Reform begründete, und Gemeinderat Dr. Christian Müller, der vor allem die Mängel des Kommissionalsystems aufzeigte, sowie der Führer des stadtbernischen Freisinns Gross- und Ständerat Christian Sahli, der auf das allgemeine Bedürfnis der Bürger nach einer Reorganisation hinwies. Der konservative Stadtpräsident, zum Sprechen aufgefordert, liess zwar eine gewisse Reformbereitschaft erkennen, hielt sich aber ein abschliessendes Urteil noch offen. Nachdem die Wünschbarkeit einer Reorganisation bejaht worden war, einigten sich die Anwesenden auf einen Projekt-Antrag an die Einwohnergemeinde, der folgende vier Punkte umfasste: 1. Aufstellung eines zahlreichen, erweiterten oder grossen Gemeinderates mit Öffentlichkeit der Verhandlungen, Kompetenzerhöhung, kürzerer Amtsdauer und Integralerneuerung. 2. Bestellung eines Vollziehungs-Ausschusses (engern Stadtrates). 3. Gewährung einer grössern Initiative der Gemeindebürger und der einzelnen Gemeinderäte. 4. Einführung des Stimmurnensystems.

Um diesen Antrag noch breiter abzustützen, sollte er in einer weiteren Bürgerversammlung zuerst noch einmal diskutiert werden. [1680] Dazu luden 36 namentlich zeichnende Reformer, darunter auch sechs Gemeinderäte [1681], vier städtische Grossräte sowie hohe kantonale Amtsinhaber [1682], die Stimmberechtigten aus allen Kreisen und Richtungen auf Montagabend, den 28. März 1870, zu einer Versammlung ins Casino ein. [1683] Am Montag erfolgte dann überraschenderweise auch noch von konservativer Seite, unterzeichnet vom Stadtpräsidenten, eine Einladung an diese Veranstaltung, über deren Bedeutung «ein mystisches Dunkel herrschte». Das Geheimnis wurde an der von rund 400 Männern besuchten Versammlung dann gelüftet, als der konservative Gemeinderat Rudolf Lindt, Apotheker, dem Antrag der Reformer einen eigenen Antrag entgegenstellte, der ohne Angabe einer Zielrichtung den Gemeinderat aufforderte zu untersuchen, «auf welche Weise ein rascherer Geschäftsgang und eine grössere Beteiligung der Gemeindebürger an den Gemeindsangelegenheiten erzielt werden könne, und über diese Frage in nächster ordentlicher Gemeindeversammlung Bericht und Antrag zu stellen». In der Diskussion wurde vor allem die Vereinbarkeit der liberalen Reformen mit dem bestehenden Gemeindegesetz bestritten und das geforderte Urnensystem angegriffen. Die Befürworter des bestehenden Systems der Gemeindeversammlung, die jeweils an einem Werktag stattfand und mehrere Stunden dauerte, meinten, dass doch gerade in Gemeindesachen das freie Wort dem freien Bürger gewahrt bleiben müsse, dass mit dem Urnensystem der republikanische Charakter verloren gehe. In der Abstimmung unterlag dann der Antrag der Konservativen jenem der Reformer mit 179 gegen 205 Stimmen. [1684] In Form eines sogenannten schriftlichen Anzugs reichten die Reformer ihren Antrag dem Gemeindepräsidium zu Handen der Gemeindeversammlung vom 13. April 1870 ein.

Unterzeichner dieser Eingabe waren fünf Einwohner, nämlich Generalprokurator W. Teuscher, Fürsprecher; Oberrichter R. Leuenberger, Fürsprecher; A. Yersin, Verwalter der Volksbank; Gemeinderat A. Courant, Handelsmann; Grossrat G. Berger, Fürsprecher, sowie als einer der ganz wenigen Angehörigen des Patriziates, die sich öffentlich zu Reformen bekannten, der Weinhändler Hans von Wattenwyl-von Linden. [1685] Einen bessern Einblick in die sozialen Kreise, aus denen sich die aktiven Reformer rekrutierten, erlaubt der Aufruf, den sie kurz vor der Gemeindeversammlung an die «werthen Mitbürger» erliessen und der 45 Männer namentlich aufführte. [1686] Dazu gehörten mit einigen wenigen Ausnahmen [1687] auch alle, die schon zur Casinoversammlung eingeladen hatten. Mehr als die Hälfte, nämlich 27, waren nichtbürgerliche Einwohner. Weitere sieben waren Neubürger, von denen die meisten ihr Bürgerrecht jedoch erst vor wenigen Jahren erhalten hatten. Elf der Unterzeichner stammten aus der alteingesessenen Bürgerschaft, unter ihnen auch drei Patrizier. Von ihrer Erwerbstätigkeit und beruflichen Stellung

her gehörten 25 der Unterzeichner (56 Prozent) in die Bourgeoisie des talents
oder wenigstens in ihren unmittelbaren Umkreis: 14 waren als höhere Beamte
bei Bund oder Kanton tätig oder übten ein hohes Amt aus, dazu kamen fünf
Ärzte, vier freiberuflich tätige Fürsprecher, je ein Universitätsprofessor, Redaktor und Architekt. Auch die unterzeichnende politische Prominenz liberaler
und radikaldemokratischer Ausrichtung ist ausnahmslos hier einzuordnen.
Nur gerade sieben der Unterzeichner (28 Prozent), je zwei Ärzte und Fürsprecher, je ein Apotheker und hoher Beamter und der Architekt, besassen das
Bürgerrecht. 15 weitere Unterzeichner stammten aus dem Umfeld des Wirtschaftsbürgertums, nämlich acht Kaufleute oder Händler, drei Baumeister, je
zwei Bankdirektoren und gewerblich-industrielle Unternehmer. Unter ihnen
hatten acht das Bürgerrecht, die neubürgerlichen Kreise waren hier also
bedeutend schwächer vertreten. Nur gerade vier der Unterzeichner, je ein Alt-
und Neubürger sowie zwei Einwohner, sind eindeutig dem gewerblich-handwerklichen Mittelstand zuzuordnen. Auf die Unterstützung dieser für eine
Mehrheit in der Gemeindeversammlung so wichtigen Kreise konnten die
Reformer offenbar selbst unter der nichtbürgerlichen Einwohnerschaft nur
sehr beschränkt zählen. Politisch umfasste dieser aktive Kern der Reformer das
ganze freisinnige Spektrum von der liberal-konservativen Mitte bis hin zu
Mitgliedern des Grütlivereins.

      In seinen Beratungen befürwortete zwar auch der mehrheitlich konser-
vativ zusammengesetzte Gemeinderat die Bildung eines erweiterten Stadtrates, das Direktorialsystem lehnte er jedoch entschieden ab und berief sich
dabei auf den Entscheid von 1861. Alles in allem waren ihm nach näherer Prüfung die liberalen Anträge «keineswegs präzis und klar genug», einerseits
gingen sie ihm zu weit, andererseits schienen sie ihm dann wieder Haupt-
momente unberührt zu lassen. Er empfahl deshalb der Gemeindeversammlung, sie als nicht erheblich zu erklären und stellte einen Gegenantrag auf.
Danach sollte die Versammlung den Gemeinderat beauftragen, darüber Bericht und Antrag vorzulegen, «ob und inwieweit eine Revision der gegenwärtigen Gemeindeorganisation angemessen und – den Verhältnissen der Stadt
Bern entsprechend – nach Verfassung und Gesetz durchführbar sei?» Den
Zweck seiner Reformvorschläge sah der Gemeinderat zum einen in einer
«grösseren Beteiligung der Gemeindebürger bei der Behandlung der Gemein-
deangelegenheiten durch Aufstellung einer zahlreichern und einer engern
Gemeindebehörde mit entsprechender Organisation», zum andern in der
«Beförderung und Erleichterung des Geschäftsganges durch Erteilung grös-
serer Kompetenzen an die vollziehenden Gemeindebehörden, Kommissionen
und Vorstände (Präsidenten) der einzelnen Geschäftszweige».[1688] An der
Gemeindeversammlung obsiegte der gemeinderätliche Antrag. Der Antrag der
Liberalen wurde mit 501 gegen 340 Stimmen nicht erheblich erklärt. In der
darauf gebildeten 15-köpfigen Organisationskommission konnten die liberalen
Reformer zwar mit fünf Vertretern Einsitz nehmen, die Marschrichtung

bestimmten nun aber die Konservativen. Die wichtigste Änderung der Revision war schliesslich, wie schon im gemeinderätlichen Antrag vorgesehen, die Einführung eines engern und weitern Stadtrates. Der Gemeinderat wurde von 25 auf 17 Mitglieder reduziert und bildete den engern Stadtrat, dem ein Grosser Stadtrat mit sechzig weiteren Mitgliedern zur Seite gestellt wurde. Gewählt wurden die Mitglieder beider Räte durch die Gemeindeversammlung im offenen Handmehr. Eine Gewaltenteilung zwischen den beiden Räten existierte nicht, die Mitglieder des Gemeinderates hatten im Grossen Stadtrat ebenfalls Sitz und Stimme. Den Gemeinderäten wie den übrigen Stadträten wurden zwar gewisse Entschädigungen ausgerichtet, im Grundsatz waren sie aber weiterhin ehrenamtlich tätig. Letzte Instanz in Wahlen wie Sachfragen blieb die Gemeindeversammlung. Auch die starke Stellung des Stadtpräsident blieb erhalten, er leitete weiterhin sämtliche Versammlungen.

In der Gemeindeversammlung vom 12. April 1871 wurde das vom Gemeinderat empfohlene neue Gemeindereglement mit grosser Mehrheit angenommen. Ein Versuch der Liberalen, die Mitglieder des Grossen Stadtrates nicht durch die Gemeindeversammlung wählen zu lassen, sondern Quartierwahlen einzuführen, scheiterte mit 193 gegen 401 Stimmen. Die Taktik der herrschenden patrizisch-bürgerlichen Kreise, gewisse Reformen zuzugestehen und damit die Reformbewegung auszubremsen, hatte sich damit als erfolgreich bewiesen. Das Organ der Gemeindeversammlung und die bestehende Regelung der Stimm- und Wahlberechtigung sicherte ihnen weiterhin die Macht. Bei den ersten Wahlen nach der neuen Gemeindeordnung im Dezember 1872 beanspruchten die Konservativen 56 der 77 Sitze im Grossen Stadtrat. Den Liberalen überliessen sie im Grossen Stadtrat 21 Sitze, im Gemeinderat gewährten sie ihnen drei der 17 Sitze. Unterstützt worden waren nur Liberale, die sich grundsätzlich mit der neuen Gemeindeordnung einverstanden erklärten. Die übrigen Liberalen waren nicht unter die wahlentscheidenden Vorschläge der durch den konservativen Berner Leist einberufenen Casinoversammlung aufgenommen worden. Fürsprech Rudolf Brunner, der führende Kopf der Reformer und von 1863 bis 1869 Mitglied des Gemeinderates, schaffte deshalb auch im Ergänzungswahlkampf nicht einmal die Wahl in den Grossen Stadtrat. Wie sehr die Gemeindeordnung und die Regelung des Stimmrechtes in Gemeindesachen die Liberalen oder Radikalen benachteiligte, zeigte sich bei eidgenössischen Abstimmungen oder den Wahlen in den Grossen Rat, die sie jeweils deutlich für sich entschieden. So stimmten 1872 in der Stadt Bern 3798 Stimmbürger für die neue Bundesverfassung, 712 dagegen, 1874 waren es gar 5226 gegen 788. [1689]

Schon drei Jahre nach dieser aus ihrer Sicht unbefriedigend vorgenommenen Reorganisation nahmen die Liberalen einen neuen Anlauf für eine Reform. Erneut stellten sie den Antrag, für Abstimmungen und Wahlen Urnen aufzustellen, und forderten einmal mehr die Einführung des Direktorialsystems sowie die Gewaltentrennung zwischen Gemeinderat und Grossem

Stadtrat in dem Sinne, dass die Gemeinderäte an den Sitzungen des Grossen
Stadtrates nicht länger Stimmrecht haben sollten. Zudem versuchten sie bei
den Wahlen ihre Vertretung zu verstärken. Im Unterschied zu 1872, als die
Liberalen mit Blick auf reformbereite konservative oder unabhängige Kreise
noch recht gemässig argumentierten, wurden im Vorfeld der entscheidenden
Gemeindeversammlung in der Presse wie auf Flugblättern und Aufrufen
schärfere Töne angeschlagen. In liberaler Sicht taugte der bestehende
Gemeinderat auf ehrenamtlicher Basis wegen seiner Grösse für die administrativen Aufgaben nichts und war, was noch schwerer wog, eine «fast ausschliessliche Vertretung einer einzigen, an sich gar nicht zahlreichen Klasse von Einwohnern». Gemeint war damit die Bürgerschaft, die im Gemeinderat praktisch
alle Sitze [1690] belegte. Doch wichtiger als die Zugehörigkeit zum alten Stadtbürgertum und zum Patriziat war jetzt für die liberal-radikalen Kritiker des
bestehenden Systems die Tatsache, dass die meisten dieser Bürger – viele
hatten ohnedies gerade erst das Bürgerrecht erworben – zum besitzenden
Bürgertum gehörten: «Weitaus die Mehrzahl sind aber nicht bloss Bürger
(sic!), was an sich weniger zu bedeuten hätte, sie sind auch Bourgeois von
reinstem Wasser. Sie gehören jener philisterhaften Partei an, deren Horizont
der Geldsack ist, die unter Gemeinwohl nichts anderes zu verstehen vermögen, als das eigene Beste. Jener engherzigen und verknöcherten Partei, die der
Welt ein stetes 'Rückwärts' zuruft und die noch nie zu einer schönen, grossartigen Tat sich aufzuraffen vermochte.» [1691]
      Dieser «ausschliesslichen Vertretung der Bourgeoisie» stellten die Libe-
ralen, selbst durchaus ebenfalls bürgerlich dominiert, aber (noch) einer
klassenübergreifenden Ideologie verpflichtet, die «wirkliche Majorität der bernischen Einwohnerschaft» gegenüber. Begründet war die Herrschaft dieser
durch Geld und Zeit bevorzugten Klasse, wie die Liberalen im Vorfeld wie an
der Gemeindeversammlung selbst darlegten, neben dem Zensus und den weiteren Unzulänglichkeiten des Wahlsystems auch im bestehenden Versamm-
lungssystem; denn den meisten Stimmberechtigten fehlte die Zeit, um werk-
tags vom Mittag bis zum Abend an der Versammlung teilzunehmen. Doch
selbst wenn sie sich noch die Zeit nahmen, schloss das Fehlen passender
Räumlichkeiten die Hälfte der Stimmberechtigten räumlich und damit auch
faktisch von der Teilnahme aus. Mit der Einführung des Urnensystems hofften
die Liberalen nun zu erreichen, dass «jeder Stimmberechtigte in der Lage sei,
seine Stimme in Gemeindesachen auch wirklich abgeben zu können». Mangelnde Abkömmlichkeit für die aufwendige ehrenamtliche Tätigkeit im Gemeinderat und in Kommissionen war auch der Grund dafür, dass jenen, die
dank ihres Besitzes oder ihrer wirtschaftlichen Tätigkeit über genügend
Geld und Zeit verfügten, praktisch ein Monopol auf die Gemeindeämter zukam. [1692] Die Professionalisierung und der Übergang zum Departementsystem
sollten dieser «Klassenherrschaft» ein Ende machen und das langjährige Übergewicht der Konservativen brechen.

Von konservativer Seite wurden die Reformbestrebungen der Liberalen
als eine «vollständige Revolution in der Einrichtung der gesammten städtischen Verwaltung» bezeichnet. [1693] Ein Eingesandt im konservativen Berner
Boten mit dem Titel «Hier liegt der Haas im Pfeffer» unterstellte den Liberalen, dass es ihnen als «extrem radikale Partei» mit der Reform vor allem darum
ginge, das Ruder in der Stadt Bern in die Hand zu bekommen. Gegen die vorgesehene hohe Besoldung der Gemeinderäte wurde heftig polemisiert und
gleichzeitig die «Billigkeit» der bestehenden Ordnung gepriesen: «Wir haben
bisher geglaubt, es sei für eine Gemeinde ein grosser Vortheil, wenn wohlhabende und unabhängige Bürger an der Spitze der städtischen Verwaltung
stehen und es liege in dem System, die Verwaltung des städtischen Vermögens
Männern zu überlassen, die in ihrem eigenen Haushalt sich als sorgsame
Hausväter bewähren, eine schöne Garantie dafür, dass auch mit den städtischen Finanzen haushälterisch werde verfahren werden». [1694]

Die durch den neuen liberalen Vorstoss ausgelösten heftigen Auseinandersetzungen in der Öffentlichkeit bewirkten, dass die Gemeindeversammlung vom 17. Dezember 1875 mit gegen 1300 Männern so gut besucht war
wie seit Jahren nicht mehr. Trotzdem mussten die Liberalen eine erneute
Niederlage hinnehmen. Mit 635 gegen 545 Stimmen wurde die Reorganisation abgelehnt. Auch bei den Wahlen vermochten die Liberalen ihre Positionen nicht zu verbessern. In den Gemeinderat wurden lediglich jene zwei
liberalen Kandidaten gewählt, die auch von den Konservativen, dem Berner
Leist, unterstützt worden waren. Die übrigen vier liberalen Kandidaten, darunter auch Rudolf Brunner, schafften die Wahl nicht. Damit besassen die Liberalen im Gemeinderat noch lediglich zwei Vertreter. [1695] Auch bei den Stadtratswahlen vermochten die Liberalen nur den bisherigen von den Konservativen unterstützten Kandidaten durchzubringen. [1696] Wie der konservative
Berner Bote in seinem Bericht zur Versammlung selbst mit Genugtuung feststellte, waren die eigenen Parteigenossen so zahlreich wie noch selten erschienen, vor allem aber harrten sie solange aus, bis der Sieg der «gemässigten Elemente der Stadt», des Bernerleistes sicher war. [1697] Doch dies sollte der letzte
grosse Sieg der Anhänger der bestehenden Ordnung sein. Bereits mit dem
Beschluss vom Juni 1876, während den Gemeindeversammlungen von zwölf
bis vier Uhr Urnen aufzustellen, so dass die Stimmberechtigten nun ihre
Stimme bei Wahlen auch abgeben konnten, ohne den ganzen Nachmittag an
der Versammlung teilnehmen zu müssen, erreichten die Liberalen einen
ersten kleinen Teilerfolg.

Die eigentliche Wende zugunsten der Reform der städtischen Gemeindeordnung trat dann 1881/82 ein. 1881 schloss sich der Liberale Verein mit
dem Grütliverein und den Arbeitervereinen zum «Verein der Vereinigten Freisinnigen» zusammen. Gegen diese Allianz der liberale Kräfte im Bürgertum
und im gewerblichen Mittelstand mit der Arbeiterschaft sollten die Konservativen auf Dauer nicht mehr bestehen können. Schon an der Dezemberver-

sammlung 1881 erreichten die Freisinnigen, dass die ordentlichen Gemeindeversammlungen im April und Dezember nicht mehr an einem Werktag stattfinden sollten, sondern auf den Sonntag verlegt wurden. [1698] Ein Jahr später
wurde dieser Beschluss auch auf die ausserordentlichen Versammlungen ausgedehnt. [1699] Bereits an der ersten sogenannten Sonntagsgemeinde vom
9. April 1882 machte sich die neue Regelung für die Vereinigten Freisinnigen
bezahlt. Erstmals vermochten die Freisinnigen, wie sich die städtischen Liberalen oder Radikalen nun meist nannten, in den Wahlen für die Gemeindebehörden ihre Kandidaten aus eigener Kraft durchzubringen. Ebenfalls 1881
erteilte die Gemeinde dem Gemeinderat den Auftrag abzuklären, wie weit
eine Revision der gegenwärtigen Gemeindeorganisation angemessen und nach
der Verfassung möglich sei, und verlangte, der Gemeinde die Anträge zu stellen, um vom Grossen Rat die notwendigen Modifikationen der Gesetzesbestimmungen zu erwirken, die einer als zweckmässig erachteten Revision
entgegenstehen. [1700] Im besonderen ging es darum, das Gemeindegesetz so
abzuändern, dass die Kompetenzen der Gemeindeversammlung ganz oder
teilweise dem Grossen Stadtrat zugewiesen werden konnten. Die Konservativen hofften mit der Abtretung eines Teils der Kompetenzen die Gemeindeversammlung zu retten. Die Liberalen oder Freisinnigen dagegen setzten eher auf
eine Aufhebung der Gemeindeversammlung.

Schon im Januar 1883 kam der Regierungsrat dem Begehren der Einwohnergemeinde Bern sowie verschiedener Vereine und Leiste nach einer
Modifikation des Gemeindegesetzes nach und legte dem Grossen Rat einen
entsprechenden Entwurf vor. Einzig dem Wunsch nach einer proportionellen
oder Minoritätenvertretung wurde im Entwurf nicht stattgegeben, weil dies
eine Beschränkung der Wahlfreiheit bedeuten würde. [1701] In der Debatte des
Grossen Rates gaben dann vor allem zwei Abänderungsanträge des konservativen Berner Stadtpräsidenten Otto von Büren zu reden. Zum einen verlangte
er, dass die Gemeinderäte auch im erweiterten Gemeinderat bzw. im Stadtrat
das Stimmrecht haben sollten. Der Regierungsrat wie die vorbereitende Kommission sahen dagegen die Gewaltentrennung vor und setzten den Stadtrat als
Kontrollorgan des Gemeinderates ein. Dies wollte von Büren jedoch unter
allen Umständen vermeiden, die vorherrschende Stellung des Gemeinderat
musste gewahrt werden. Zum andern sollte das Gesetz die Möglichkeit einer
Minoritätenvertretung offen lassen. [1702] Damit verfolgte von Büren offensichtlich die Strategie, der Stadt Bern bzw. den Konservativen einen möglichst
grossen Spielraum zu wahren und zu verhindern, dass ihnen die freisinnige
Mehrheit des Grossen Rates die neue Organisation vorschrieb. Auch die
Forderung nach einer Minoritätenvertretung diente der Machterhaltung.
Nachdem die Konservativen die liberale Minorität jahrzehntelang mehr oder
weniger von der politischen Mitwirkung ausgesperrt hatten, konnte ihre
Begründung, dass «die richtigste Vertretung diejenige sei, welche die verschie-
denen Ansichten in der Bevölkerung darstelle nach ihrem Zahlenverhältnis»,

(noch) keine grosse Glaubwürdigkeit beanspruchen.[1703] Otto von Büren vermochte zwar seine Anträge nicht durchzusetzen, sein vorrangiges Ziel, der Gemeinde für ihre Organisation einen möglichst grossen Spielraum zu verschaffen, erreichte er jedoch voll. Sowohl die Frage der Stimmberechtigung der Gemeinderäte im Stadtrat als auch die Regelung des Wahlmodus überliess das Gesetz den Gemeinden.[1704]

Mit der Annahme des «Gesetzes wegen Gemeindeorganisation» in der Volksabstimmung vom 11. Mai 1884 war der Weg nun frei für eine Reorganisation. Im Juni wählte der Gemeinderat eine aus vier Konservativen und drei Freisinnigen zusammengesetzte Kommission[1705], die einen Entwurf für ein neues Gemeindereglement ausarbeiten sollte. Einig war sich die Kommission wie dann auch der Gemeinderat, dass die Gemeindeversammlung in ihrer bisherigen Form aufgehoben und durch Urnenabstimmungen ersetzt werden sollte, weil «der Zweck der Gemeindeversammlungen in geschlossenem Raum die allgemeine Berathung über die Vorlagen der Gemeindebehörden sowie über allfällige Abänderungsanträge oder eingereichte Anzüge infolge des bedeutenden Anwachsens der Gemeinde kaum mehr in befriedigender Weise erreicht» werden konnte. Tatsächlich gab es um 1885 rund 5000 Stimmberechtigte in städtischen Angelegenheiten. Auseinander gingen die Ansichten in der Kommission wie im Gemeinderat in bezug auf die Stellung des Gemeinderates zum Grossen Stadtrat, die Anzahl der Mitglieder des Gemeinderates sowie die Höhe ihrer Besoldung und die Rolle, die den Verwaltungskommissionen künftig zukommen sollte. Weitere Gegensätze traten in der Frage der Wahlart des Grossen Stadtrates auf.[1706] Im Entwurf des mehrheitlich konservativen Gemeinderates an den Grossen Stadtrat war dann unter Beibehaltung des bisherigen Kollegial- und Kommissionalsystems ein siebenköpfiger Gemeinderat mit einer Besoldung von 3000 Franken jährlich vorgesehen. Damit sollte, wie später in der Debatte im Grossen Stadtrat erklärt wurde, vermieden werden, dass die Stellung als Gemeinderat zu einem Beruf gestempelt werde und der ehrenamtliche Charakter verloren ginge. Zwischen Gemeinde- und Stadtrat bestand Gewaltentrennung. Der Stadtpräsident und die übrigen Mitglieder des Gemeinderates hatten im Grossen Stadtrat nur noch das Antragsrecht. Um eine angemessene Vertretung der quartierspezifischen Gruppen und ihrer Interessen zu ermöglichen, sollten die Mitglieder des Grossen Stadtrates über Quartierwahlen bestimmt werden. Dazu wurde die Stadt in sieben Wahl- und Abstimmungsbezirke eingeteilt, die aufgrund ihrer Bevölkerungszahl die entsprechende Anzahl Mandate zugesprochen erhielten. Mit dieser Regelung konnten die Konservativen aufgrund der sozialen Segregation wenigstens in einzelnen Quartieren mit Mehrheiten zu ihren Gunsten rechnen.[1707]

Zur Prüfung und Begutachtung dieses Entwurfes setzte der Grosse Stadtrat eine elfköpfige, mehrheitlich freisinnige Kommission ein, präsidiert von Albert Yersin, dem Generaldirektor der Volksbank, der bereits im gescheiterten Reformversuch von 1870 eine führende Rolle gespielt hatte. An den Sitzungen nahm als Vertreter des Gemeinderates der konservative Vizestadtpräsident Stuber teil. Die freisinnige Minderheit im Gemeinderat vertrat Fürsprech Rudolf Brunner, der auf liberaler Seite die treibende Kraft war und schliesslich in der stadträtlichen Kommission wie nachher im Grossen Stadtrat seinen Vorstellungen weitgehend zum Durchbruch verhalf. Auch die stadträtliche Kommission befürwortete die Aufhebung der Gemeindeversammlung und lehnte einen Antrag von konservativer Seite, neben den Urnenabstimmungen die Versammlung im Interesse «möglichst allseitiger Aufklärung über die der Gemeindeabstimmung unterstellten Vorlagen» beizubehalten ab. Im Unterschied zur Vorlage des Gemeinderates entschied die Mehrheit der Kommission, dass die Stadt in Wahlen und Abstimmungen einen einheitlichen Kreis bilden sollte. [1708] Dies galt auch für die Wahlen in den Grossen Stadtrat, dessen Amtsdauer auf vier Jahre mit Erneuerung alle Jahre zu einem Viertel festgesetzt war. Ein Vorschlag, aus Rücksicht auf die Sonntagsruhe Abstimmungen und Wahlen auch auf Werktage setzen zu dürfen, wurde mit dem Hinweis, dass damit «die Beteiligung für die Arbeiter gewisser Arbeitsbranchen bedeutend erschwert» werde, abgelehnt. Um die Ausübung des Stimmrechtes möglichst zu erleichtern, sollten gedruckte Stimmzettel zugelassen sein. Wie in der Frage der Wahlart fand auch bei der Organisation des Gemeinderates der gemeinderätliche Entwurf in der Kommission keine Mehrheit. Mit Stimmenmehrheit beantragte sie die Einführung des Direktorialsystems mit einem Gemeinderat bestehend aus fünf Mitgliedern mit einer jährlichen Besoldung von 5000 Franken. Einen konservativen Gegenantrag, der unter Beibehaltung des Kommissionalsystems einen elfköpfigen Gemeinderat vorschlug, lehnte sie ebenso ab wie den gemeinderätlichen Vorschlag mit sieben Mitgliedern. Der Stadtpräsident und die Mitglieder des Gemeinderates sollten weder ein anderweitiges Geschäft noch sonst einen Beruf oder ein besoldetes Amt ausüben dürfen. Einschränkungen der weiteren Betätigung in politischen Gremien wie dem Grossen Rat oder Nationalrat sowie als Ausschussmitglied oder Verwaltungsrat von Aktiengesellschaften wurden dagegen mit Stimmenmehrheit fallengelassen. [1709]

Im Grossen Stadtrat, wo die Freisinnigen unterdessen die Mehrheit besassen, setzte sich die von der Mehrheit der Kommission und der Minderheit im Gemeinderat befürwortete Linie weitgehend durch. So sprach sich der Grosse Stadtrat mit 41 gegen 24 Stimmen für die Wahl des Grossen Stadtrates durch die Gemeinde als einheitlichen Wahlkörper aus und lehnte die Einteilung der Stadt in mehrere Bezirke oder die Einführung von sogenannten Quartierversammlungen zwecks Wahlen und Abstimmungen mit offenem Handmehr ab. Auch die limitierte Stimmgebung, nach der ein Wähler nur für einen Teil der zu vergebenden Sitze einen Kandidaten vorschlagen konnte, um so Minderheiten eine Chance zu geben, fand keine Mehrheit. Dagegen wurden ausseramtliche Stimm- und Wahlzettel zugelassen, was den Stimmberechtigten die Ausübung ihrer Pflichten erleichtern, d. h. von Schreibarbeit entlasten sollte. [1710] Mit 38 gegen 26 Stimmen befürwortete der Grosse Stadtrat das Direktorialsystem mit fünf Gemeinderäten an der Spitze der Gemeindeverwaltung, die untergeordnete Geschäfte in eigener Kompetenz erledigen konnten. Die konservative Minderheit der stadträtlichen Kommission hatte dieser Regelung einen elfköpfigen Gemeinderat entgegengestellt und war damit sogar über den Vorschlag des Gemeinderates hinausgegangen. Sie wollte wie schon der Gemeinderat den ehrenamtlichen Charakter dieser Behörde retten bzw. verhindern, so dass alle jene, die aus der Stelle eines Gemeinderates einen eigentlichen Beruf machen wollten, ausgeschlossen und damit vor allem Männer ferngehalten würden, «die nach längerer Thätigkeit in Berufsstellungen oder Geschäften, von denen sie sich allmälig zurückziehen, ohne dieselben gänzlich aufzugeben, mit reicher Erfahrung zum Besten der Gemeinde wirken können und mit Lust und Freude in der Gemeindebehörde arbeiten, aber nicht im Falle sind, ihre ganze Zeit auf die Besorgung städtischer Angelegenheiten zu verwenden». [1711] Die zeitliche und finanzielle Abkömmlichkeit wäre so das entscheidende Kriterium geblieben und hätte den Kreis der möglichen Anwärter weiterhin sehr stark eingeengt. Genau dies wollten die Freisinnigen jedoch vermeiden, denn bis anhin hatte die hohe Bedeutung der zeitlichen und finanziellen Abkömmlichkeit den Konservativen mit ihrer sozioökonomischen Basis vornehmlich im Rentnertum und im gewerblichen Mittelstand bevorzugt.

In der Schlussabstimmung des Grossen Stadtrates stimmten schliesslich 42 Mitglieder für den Entwurf des neuen Gemeindereglementes, 23 waren dagegen. Trotz dieser deutlichen Annahme wurde der Entwurf in der Gemeindeabstimmung vom 6. Dezember 1885, die aufgrund eines vom Regierungsrat genehmigten Gemeindebeschlusses bereits mittels Urnen stattfand, mit 2122 Nein gegen 2025 Ja abgelehnt. Die Konservativen, welche die Vorlage zur Ablehnung empfohlen und sich für die Gemeindeversammlung ausgesprochen hatten, vermochten die grundlegende Reform damit nochmals hinauszuschieben. Allerdings ging der Sieg nicht allein auf ihr Konto. Die hohe Besoldung der Gemeinderate und ihre Machtfülle war auch in freisinnigen Kreisen umstritten und dürfte ebenfalls zur Verwerfung beigetragen haben. Die Freisinnigen akzeptierten diese Abstimmung allerdings vorerst nicht. Wegen Unregelmässigkeiten bei der Abstimmung und weil die Stimmregister nicht ordentlich geführt worden seien, reichten sie beim Regierungsstatthalter ein Begehren auf Kassation der Abstimmung ein. Die vom Grossen Stadtrat eingesetzte Untersuchungskommission stellte denn auch tatsächlich gewisse Unzulänglichkeiten fest. So waren angeblich 457 Bürger, die von Amtes wegen hätten eingetragen werden müssen, nicht aufgenommen worden. Gleichzeitig stellte der Registerführer aus eigener Machtvollkommenheit 266 Bürger in ihren Rechten ein, weil sie angeblich die Steuern nicht bezahlt hatten. [1712] Das Kassationsbegehren fand in der Folge nie eine abschliessende Behandlung.

Durch die Weiterführung der Reform wurde es schliesslich obsolet. Denn dass sich die Umgestaltung der Gemeindeorganisation nicht mehr aufhalten liess, zeigte sich schon in den nachfolgenden Wahlen, in denen die Vereinigten Freisinnigen ihre Scharte voll auszuwetzen und erstmals auch im Gemeinderat die Mehrheit zu erringen vermochten. Der führende Reformer Rudolf Brunner wurde Vizestadtpräsident. Da die 3774 Bürger ihre Wahlzettel erst im Münster ausfüllen durften, waren die Wahlumstände trotz schriftlicher Abstimmung einmal mehr chaotisch und bestätigten die Unmöglichkeit der bestehenden Ordnung. [1713]

### Steuerpflicht und Stimmrecht: Die Kontroverse um politische Gleichheit von 1886/1887

Doch bevor die Reorganisation erneut an die Hand genommen wurde, führte ein neuer Vorstoss Rudolf Brunners, der die Stimmregister neu anzulegen verlangte, sowohl im Gemeinde- und Stadtrat als auch in der Öffentlichkeit zu einer grundsätzlichen Kontroverse über die politische Gleichberechtigung auf Gemeindeebene, also über die Frage, wem auf kommunaler Ebene die politischen Rechte zukommen sollten, wer als mündiger Bürger zu betrachten sei. Die unterschiedlichen Haltungen und Anschauungen, die darüber zwischen dem konservativ-liberalen Bürgertum und den freisinnig-radikalen sowie demokratischen Kräften innerhalb des Bürgertums und kleinbürgerlichen Mittelstandes bestanden, traten dabei offen zutage. Anlass zu Brunners Vorstoss war die Niederlage der Freisinnigen in der Abstimmung über das neue Gemeindereglement und ihr im Anschluss daran erfolgtes Kassationsbegehren. [1714] In freisinniger Optik lag die Niederlage nämlich auch darin begründet, dass durch die nicht ordnungsgemässe oder gar parteiische Führung der Stimmregister dem Freisinn potentielle Stimmen verloren gingen oder entzogen wurden, dass die Konservativen zudem übermässig von der Tatsache profitierten, dass auf Gemeindeebene auch auswärts wohnende Bürger sowie Frauen, bevormundete Personen und Korporationen, die aufgrund ihres Vermögens oder Einkommens steuerpflichtig waren, das Stimmrecht besassen bzw. durch Vertretung stimm-, aber nicht wahlberechtigt waren. So sollen am 6. Dezember von 500 Frauenstimmen angeblich drei Viertel das neue Gemeindereglement abgelehnt und damit den Ausschlag für die Niederlage gegeben haben. [1715] Gleichzeitig waren aufgrund des bestehenden Vermögens- und Einkommenszensus um 1885 in der Stadt Bern praktisch die Hälfte der in eidgenössischen oder kantonalen Angelegenheiten stimmberechtigten Männer vom Stimmrecht auf Gemeindeebene ausgeschlossen.

Mit seinem Antrag an den Gemeinderat bzw. den Grossen Stadtrat, bei der Neuanlage der Stimmregister alle Bürger mit eidgenössischem Stimmrecht in die Stimmregister der Gemeinde einzutragen, dagegen ausserhalb Berns wohnende Steuerzahler und die durch Vertretung Stimmberechtigten zu streichen, begnügte sich Brunner jedoch nicht mit Retouchen. Er forderte nicht weniger als die Abschaffung des im bernischen Gemeindegesetz geltenden Grundsatzes, dass auf Gemeindeebene nur jene das Stimm- und Wahlrecht haben sollten, die auch Steuern bezahlten, eines Grundsatzes, der von freisinniger Seite weder in den 1883 und 1884 erfolgten Verhandlungen über eine neue Kantonsverfassung noch 1883 bei der Revision des Gemeindegesetzes in Frage gestellt worden war, auch von Rudolf Brunner nicht. [1716] Zur Begründung seines Antrages [1717], der die geltenden kantonalen Regelungen eindeutig missachtete, berief sich Brunner, der auch als Jurist ein hohes Renommee genoss, hauptsächlich auf Artikel 4, der die Gleichheit aller Schweizer vor dem Gesetze garantierte, und Artikel 43 der Bundesverfassung von 1874, der dem Bund auf Gemeindeebene gewisse Kompetenzen zum Schutz der Rechte der Schweizerbürger erteilte. [1718] Dass im Kanton Bern aufgrund des Gemeindegesetzes «in erster Linie das Vermögen und Einkommen stimmberechtigt mache und nicht die staatsrechtliche Eigenschaft als Bürger» [1719], erachtete Brunner als verfassungswidrig: «Ich glaube aber – und ich tröste mich damit, dass auch die Bundesversammlung diese Ansicht geteilt hat – es sei nicht zulässig, die Ungleichheiten des Vermögens, wozu auch das Einkommen gehört, in der Weise auf das Gebiet des öffentlichen Rechts zu übertragen, dass in Gemeindesachen grosse Kreise der politisch Stimmfähigen nur deshalb vom Stimmrecht ausgeschlossen sind, weil sie das zur direkten Besteuerung herangezogene Vermögen, und hinwieder gewisse Nichtstimmfähige nur wegen ihres Vermögens und Einkommens, so weit es zur Steuer herangezogen wird, vor allen Andern das Vorrecht des Stimmrechts erhalten. Ich halte dies für eine Verletzung des Prinzips der Gleichheit vor dem Gesetz, es ist dadurch ein Vorrecht des Vermögens in Anspruch genommen, wie es Art. 4 der Bundesverfassung verpönt. ... Unser Gesetz dagegen stellt so sehr das Vermögensrequisit in den Vordergrund, dass es Leute, wie Frauen, Bevormundete und Korporationen, die nach Art. 3 und 4 der Verfassung auf dem Gebiete des öffentlichen Rechtes gar kein Stimmrecht haben, stimmberechtigt macht und zwar lediglich mit Rücksicht auf ihren Vermögensbesitz oder die Grösse ihres Einkommens. Nur die Frau, nur die Korporation, nur der Bevormundete, welche so und so viel Vermögen oder Einkommen besitzen, stimmen und zwar in der eigenthümlichen Form der Abtretung ihres Stimmrechts an Leute, die dem Gemeindewesen, für welches gestimmt wird, völlig fremd sein können. Es ist dies in der denkbar schroffsten Weise das Vermögensprinzip in den Vordergrund gestellt und aus der Gemeinde eine bloss materielle Interessengemeinschaft, ähnlich einer privatrechtlichen Genossenschaft oder Aktiengesellschaft, gemacht, wie dies kein anderes Gemeindegesetz der Schweiz kennt.» [1720]

Da sich Brunner jedoch klar war, dass sich auch im freisinnigen Lager Steuerpflicht und Stimmberechtigung für viele gegenseitig bedingten, schlug Brunner die Einführung einer mässigen Haushalts- oder Kopfsteuer, einer

Aktivbürgersteuer, vor, damit jeder Stimmberechtigte so doch etwas an die
Gemeindelasten beitrage. Dies konnte jedoch nicht auf Gemeindeebene geregelt werden, dazu bedurfte es eines besonderen kantonalen Gesetzes. [1721]
Doch bis dahin wollten Brunner und die freisinnige Mehrheit im Gemeinderat
nicht warten, die politische Gleichheit sollte vorgehen und das allgemeine
Gemeindestimmrecht deshalb schon jetzt bei der Anlegung der neuen Stimmregister eingeführt werden. Nicht zuletzt auch aus Gründen der sozialpolitischen Verständigung drängte sich dies auf, denn damit, so Brunner in seinem
Schlusswort vor dem Stadtrat, ziehen wir «einen grossen Theil unserer Bevölkerung, welcher bis jetzt mundtodt war, zur Gemeindeverwaltung heran,
wir interessiren ihn an unseren Angelegenheiten und wir beseitigen damit
manchen Groll in Kreisen, die, wenn heute auch noch ohnmächtig, mit der
Zeit gefährlich werden könnten». [1722]

Wie schon im Gemeinderat wurde Brunners Antrag auch im Grossen
Stadtrat von konservativer Seite heftig bekämpft. Für Otto von Büren, den
Stadtpräsidenten und Führer der städtischen Konservativen, dagegen bedingte
der vorliegende Antrag Brunners auf Neuanlage der Stimmregister schlicht ein
«ungesetzliches Verfahren». Wie er als Präsident des Grossen Stadtrates in seiner Rede zur Eröffnung der Sitzung zu Brunners Antrag, der vom Gemeinderat bereits angenommen worden war, erklärte, lehnte er deshalb jede Beteiligung auch im Falle der Annahme durch den Stadtrat ab. Die «ganz andere
Auslegung» des Artikels 4 der Bundesverfassung, als sie bisher stattgefunden
hatte, erschien von Büren «unzulässig» und könne nicht durch eine Gemeindebehörde erfolgen. Die von Brunner angefochtenen Bestimmungen des
Gemeindegesetzes standen für ihn nicht im Widerspruch zur Verfassung, um
so mehr als die bernischen Gesetzesbestimmungen bis anhin nie angezweifelt
worden waren. «Nun soll das Alles als unrichtig, das allgemein als zu Recht
bestehend Anerkannte ungültig erklärt werden», fragte von Büren. [1723]

Mit «Brunner's neuem Angriff gegen das Gemeindewesen» befasste sich
ausführlich auch Albert Zeerleder, Universitätsprofessor für Privatrecht und
zusammen mit Regierungsrat Eduard von Steiger einer der Führer des 1882
gegründeten «Vereins der Unabhängigen», einer gemässigt konservativen bzw.
gemässigt liberalen Gruppierung. [1724] In einer gegen Brunner gerichteten,
anonym veröffentlichten Schrift versuchte er dessen Neuinterpretation des
Gleichheitsartikels mit Urteilen aus der Praxis des Bundesgerichtes zu wider-
legen, wobei er allerdings ausschliesslich Urteile heranzog, die direkt nichts
mit der Stimmrechtsfrage zu tun hatten, und auch nicht berücksichtigte, dass
Stimmrechtsfragen in die Kompetenz des Bundesrates und der Bundesversammlung fielen. [1725] Im besonderen ging es ihm darum zu beweisen, dass
«unbeschadet des Grundsatzes der Gleichheit vor dem Gesetze, die natürlichen Verschiedenheiten, welche zwischen den einzelnen Staatsangehörigen
mit Rücksicht auf Alter, Geschlecht, Beruf und sonstige Lebensverhältnisse
bestehen, auch in zahlreichen, rechtlichen Verschiedenheiten zum Ausdruck

gelangen können und müssen». 1726 Das Prinzip der Gleichheit in Artikel 4 war nicht absolut, sondern nur relativ aufzufassen. Mit Bezug auf den Ausschluss der Konkursiten vom politischen Stimmrecht und auf ein weiteres Urteil des Bundesgerichtes stellte er fest: «Der Grundsatz der Gleichheit vor dem Gesetze verlangt keineswegs, dass alle Bürger rechtlich absolut gleich behandelt werden, sondern es sind durch denselben nur solche Verschiedenheiten in der rechtlichen Behandlung einzelner Bürger oder Klassen von Bürgern ausgeschlossen, welche der objektiven Begründung entbehren und sich als willkürliche Bevorzugung oder Benachtheiligung einzelner Bürger oder Bürgerklassen darstellen.» 1727 Daraus ergab sich für Zeerleder, dass «Verschiedenheiten durch die kantonale Gesetzgebung eingeführt werden dürfen, wenn sie auf inneren Gründen beruhen und dem Prinzip des demokratischen Staatsrechts, des suffrage universel (dem allgemeinen Wahlrecht), nicht widersprechen».

Dass solche inneren Gründe bei der Beschränkung des Stimmrechtes auf Gemeindeebene vorlagen, stand für Zeerleder ausser Zweifel. Deswegen konnte und sollte entschieden am Recht der Kantone festgehalten werden, «das Stimmrecht in der Gemeinde nach richtigen Grundsätzen der Zweckmässigkeit frei zu ordnen und Beschränkung dieses wichtigen Rechts da eintreten zu lassen, wo es das Wohl des Ganzen und eine festgewurzelte Volksanschauung erheischen». 1728 Um die Beibehaltung eines Vermögensausweises auf Gemeindeebene zu begründen, argumentierte er zusätzlich auch mit den besonderen Aufgaben, die der Gemeinde im Staat, Kanton und Bund zukommen und die es begreiflich machen, «wenn für die Zusammensetzung des obersten Organes der Gemeinde, nämlich die Gemeindeversammlung, andere und strengere Requisite aufgestellt werden, als man sie für die allgemeine Volksversammlung verlangt». Es sollte deshalb gestattet sein, «für die Gemeindeverhältnisse noch weitergehende Garantien zu verlangen, und überhaupt das Recht zur Theilnahme an der Gemeindevertretung (denn eine solche ist die Gemeindeversammlung, wie die Generalversammlung der Aktionäre eine Vertretung der Aktiengesellschaft darstellt) nach anderen, dem Wesen und den Zwecken der Gemeinde besser entsprechenden Gesichtspunkten zu normiren, als das politische Stimmrecht.» Er unterschied deshalb auch zwischen dem Gemeindestimmrecht und der politischen Stimmberechtigung auf der Ebene von Kanton und Bund, wo es, damit ein Volk seinen «historischen Beruf erfüllen, seiner nationalen Aufgabe gerecht werden, seine Geschicke nach eigenen, dem gemeinsamen Bewusstsein entsprungenen Ideen bestimmen» kann, eher am Platze sein mochte, «dass eine möglichst breite Basis gelegt, dass möglichst Viele zur Theilnahme herangezogen, dass alle Kräfte nutzbar gemacht werden.» 1729

Besonders in städtischen Gemeinden drängte sich dagegen für Zeerleder eine Beschränkung auch deshalb auf, weil hier zum Schaden der Gemeinde «die Gefahr» bestand, «dass eine völlig allen Gemeinsinns baare Klasse, ein eigentliches Proletariat, sich bilde und einen entscheidenden Einfluss in der Versammlung gewinne». Kam dazu, dass seiner Meinung nach Brunner mit seinem Vorstoss Männern das Stimmrecht aufdrängen wolle, die es bisher gar nicht beanspruchten, die sich aber auch jeder Steuerpflicht entzogen und deshalb auch nicht mit einer Kopfsteuer beglückt werden wollten, wie dies Brunner vorschlug, um so Stimmrecht und Steuerpflicht in Übereinstimmung zu bringen. Zeerleder nannte dies «Steine für Brod» geben und «Hass und Unzufriedenheit vermehren»: «Heisst das etwa 'die gesellschaftlichen Gegensätze' versöhnen und die 'Scheidung zwischen Besitzenden und Nichtbesitzenden' beseitigen, dass man den 'ehrenfähigen Arbeitsmann', von dem Herr Brunner irgendwo spricht, zwingt, mitzustimmen, wo er nicht will, und zu dieser Last ihn als Belohnung noch ein paar Franken von seinem kärglichen Erwerb absparen nöthigt, ansonsten er dann – nach erfolgloser Betreibung – zur Strafe in der Ausübung eines Rechtes eingestellt werden soll, das er nie verlangt hat.» [1730]

Wie schon im Gemeinderat vermochten sich Rudolf Brunner und die Freisinnigen auch im Stadtrat durchzusetzen. Mit 35 gegen 14 Stimmen, bei mehreren Enthaltungen wegen Gesetzeswidrigkeit des Antrages, wurde sein Antrag am 19. März 1886 angenommen. Gegen diesen Beschluss wurde darauf beim Regierungsstatthalter von verschiedener Seite, darunter auch von elf konservativen Stadträten sowie sechzig stimmberechtigten Frauen Beschwerde eingelegt, die dieser guthiess. Diesen Entscheid zogen die Freisinnigen, das heisst offiziell der Gemeinderat auf Antrag des Stadtrates, an den Regierungsrat weiter. Dieser erklärte in seinem Entscheid vom 19. Februar 1887, dass die Bestimmungen des Gemeindegesetzes, wonach nur Steuerzahler, ob sie nun innerhalb oder ausserhalb der Gemeinde Wohnsitz hatten, stimmberechtigt waren, mit der Bundesverfassung nicht im Widerspruch stünden. Begründet wurde dies damit, dass sich die zuständigen Bundesbehörden bis anhin nie im Sinne der Unvereinbarkeit dieser Regelung mit dem Grundsatz der Gleichheit ausgesprochen hätten, dass diese Regelung auch «in den verschiedenen Wandlungen des öffentlichen Lebens niemals und von keiner Seite» wegen ihres Widerspruchs zur Rechtsgleichheit angefochten worden wäre. [1731] Der Regierungsrat konnte sich dabei auf die Botschaft des Bundesrates zum ersten Entwurf eines Bundesgesetzes über die politische Stimmberechtigung der Schweizerbürger vom 2. Oktober 1874 berufen, wo dieser mit Bezug auf die Berner Regelung ausdrücklich erklärte, es liege nicht in seiner Absicht, Bestimmungen, die «Gemeindestimmrecht und Steuerpflicht in gewissen Beziehungen von einander abhängig gemacht haben», zu beseitigen. Was der Bundesrat forderte, war nur, dass in solchen Fällen den Bürgern, Niedergelassenen und Aufenthaltern gleiches Recht gewährt würde. [1732]

Im weiteren ging der Regierungsrat zwar von der «rechtlichen Natur der Gemeinden als Glieder des Staatskörpers» aus, rechtfertigte dann aber, ähnlich wie Zeerleder, aufgrund der «korporativen Selbständigkeit» der Gemeinden sowie ihrer besonderen Aufgaben in Kultur und Wirtschaft den «bedingenden Zusammenhang» zwischen Steuerpflichtigkeit und Stimmberechtigung und zwar deshalb, weil «auf diesem engern Gebiete des öffentlichen Lebens die grosse Mehrzahl der Beschlussfassungen Gegenstände materiellen Inhalts betrifft, welche als solche die einzelnen Gemeindeglieder mit annähernder Sicherheit in finanzielle Mitleidenschaft bringen», so dass «eine Wechselbeziehung zwischen Pflicht und Recht, zwischen Interessebetheiligung und Legitimation zur Theilnahme an der Beschlussfassung von selbst gegeben» ist. Nur wer zahlte, sollte auch mitbestimmen können. In krasser Verkennung der tatsächlichen Verhältnisse meinte der mehrheitlich freisinnige Regierungsrat zudem, dass mit einem steuerfreien Existenzminimum von 600 Franken ohnehin «nur wenige Individuen» allein aufgrund fehlender Steuerverpflichtung von der Stimmberechtigung ausgeschlossen würden. [1733]

Das Stimmrecht der Frauen, Bevormundeten und Korporationen durch Stellvertretung hob der Regierungsrat aber mit Berufung auf Artikel 4 und 43 auf und gab damit wenigstens in diesem Punkte den städtischen Freisinnigen recht. Im besonderen argumentierte er damit, dass zunächst nur derjenige Bürger als stimmberechtigt betrachtet werden kann, der es bereits in eidgenössischen oder kantonalen Angelegenheiten ist, dass das politische Stimmrecht die erste erforderliche Grundlage für das Gemeindestimmrecht darstellt. Gleichzeitig sprach der Regierungsrat den Gemeindebehörden jedoch das Recht ab, in dieser Sache einfach selbst zu entscheiden. Er hatte deshalb schon vorgängig in einem Kreisschreiben vom 11. Februar 1887 die alte Regelung ausser Kraft gesetzt. [1734]

### Vom Sturz des «konservativen Regimes» zur «Kluft» zwischen Bürgern und Arbeitern, 1888–1893

Nach diesem grundlegendenen Entscheid des Regierungsrates in der Stimmrechtsfrage trat die Reorganisation der Gemeindeordnung, die vor allem ab September 1887 vorangetrieben wurde, wieder in den Vordergrund. Grundlage der neuen Beratungen bildete der Entwurf von 1885. Die Hauptziele der konservativen Kräfte bestanden dabei vor allem noch darin, das Direktorialsystem abzuschwächen und ein Wahlsystem durchzusetzen, das in irgendeiner Form die Vertretung der konservativen Minderheit in den städtischen Behörden begünstigte. Da auch den Freisinnigen bewusst war, dass die Reform von 1885 teils wegen der grossen Befugnisse der fünf Gemeinderäte gescheitert war, schlugen sie nun eine Regelung vor mit vier ständigen, hauptberuflichen Gemeinderäten, eingeschlossen den Stadtpräsidenten, und fünf nicht ständigen, nebenamtlichen Gemeinderäten als deren Mitberater und Stellvertreter. Den ständigen Gemeinderäten sollten als Vorsteher der Verwaltungsabteilungen zudem weiterhin Kommissionen zur Mitberatung und Aufsicht beigegeben werden. Die Besoldung des Stadtpräsidenten wurde auf 6500 Franken,

diejenige der ständigen Gemeinderäte auf 5500 Franken festgelegt, die nicht-
ständigen Gemeinderäte sollten eine Entschädigung von 1000 Franken erhalten. An der Gesamtgemeinde als Wahlkörper wurde festgehalten, jedoch im
Unterschied zum Entwurf von 1885 nur mit einem einzigen Stimm- und
Wahllokal. Für die Wahl des Stadtrates, bestehend aus 80 Mitgliedern mit
vierjähriger Amtsdauer und jährlicher Erneuerung zu einem Viertel, akzeptierten die Freisinnigen schliesslich als Konzession an die konservative Minderheit das System des beschränkten Votums, bei dem der Wähler jeweils nur
eine gebrochene Liste einlegen konnte, auf der er nur für drei Viertel der
Sitze, die zu besetzen waren, Kandidaten aufführen durfte. Zwischen dem
Gemeinderat und dem Stadtrat als vorberatende und beaufsichtigende
Behörde bestand, wie schon im Entwurf von 1885 vorgesehen, Gewaltentrennung. Die wichtigen und grössern Geschäfte unterlagen der Gemeindeabstimmung, 500 Bürger hatten zudem das Initiativrecht. Der neue vom Gemeinderat und einer stadträtlichen Kommission ausgearbeitete Entwurf wurde am
25. ovember 1887 vom Grossen Stadtrat ohne Diskussion und von allen anwesenden 63 Mitgliedern angenommen. Auch die Gemeindeabstimmung pas-
sierte der neue Entwurf nun mit 1459 Ja-Stimmen gegen 213 Nein problemlos.[1735] Wie die radikale Berner Zeitung 1893 in einem rückblickenden
Artikel über das Verhältnis zwischen Freisinn und organisierter Arbeiterschaft
mit Stolz und zugleich vorwurfsvollem Unterton an die Adresse der Sozialdemokratie festhielt, hatten die Freisinnigen damit durch «gemeinsames
Zusammenwirken» mit der Arbeiterpartei auf legale Weise «das konservative
Régime gestürzt und Bahn geschaffen für ein Gemeindeleben, wie es sich für
die Landeshauptstadt geziemte».[1736]

Auch aus den Wahlen für die neuen städtischen Behörden, den Gemeinderat und den Stadtrat, im Januar 1888 gingen die «Vereinigten Freisinnigen»
bei einer Wahlbeteiligung von knapp 75 Prozent als klare Sieger hervor. Die
«Vereinigten Konservativen», die sich kurz vor den Wahlen aus den drei bestehenden Gruppierungen, nämlich den Stadtkonservativen, der Partei der Unabhängigen und den Anhängern der Volkspartei, erst gerade gebildet hatten,
machten noch genau jene 20 Sitze, die sie aufgrund des beschränkten Votums
erwarten konnten. Mit ihrer Forderung nach «einer gesunden politischen und
sozialen Entwicklung nach konservativen Grundsätzen» und ihrer erklärten
Absicht «einem gemässigten, besonnenen Fortschritt» zu huldigen, hatten sie
zwar versucht, auch gemässigte Elemente des Freisinns anzusprechen und ins
rechte Lager hinüberzuziehen, doch dies gelang ihnen offenbar nur sehr
beschränkt.[1737] Mit Fürsprecher Eduard Müller (1848–1919) stellten die Freisinnigen nun erstmals auch den Stadtpräsidenten.[1738] Im neunköpfigen
Gemeinderat sass lediglich noch ein Konservativer, im Stadtrat belegten die
Freisinnigen sechzig der achtzig Sitze. Sie erreichten damit das aufgrund des
Wahlrechtes mögliche Maximum an Sitzen. Unter ihnen befanden sich auch
die zehn von den Freisinnigen der Arbeiterpartei zugestandenen Kandidaten,

die allerdings unter den Gewählten dann mit wenigen bezeichnenden Ausnahmen auf den hinteren Plätzen landeten. [1739] Ein Hinweis darauf, dass sich auf freisinniger Seite etliche bürgerlich-kleinbürgerliche Wähler mit den Kandidaten der Arbeiterpartei auch jetzt noch, als die Mehrheit gesichert war, wie schon in früheren Wahlgängen schwer taten. Warum sich manche Freisinnige an Kandidaten aus der Arbeiterschaft stiessen, erhellt ein Artikel in der radikalen Berner Zeitung zu den Stadtratswahlen von 1886, in denen die «Vereinigten Freisinnigen» zwei Arbeiterkandidaten aufstellten. Für den radikal gesinnten Verfasser waren es in erster Linie soziale und kulturelle Vorurteile: «Es ist der Mann in der Blouse, mit den schwieligen Händen, dem bleichen Gesicht, dem schwarzen Bart und den feurigen Augen, welcher uns als Kinder zittern machte, so sehr, dass viele noch jetzt, nachdem sie stimmberechtigt geworden, den Schlotter bekommen und ein Gruseln sie durchfährt bei der Zumuthung, den Namen eines solchen Mannes auf die Liste zu setzen.» Wie er weiter kritisch anmerkte, spielte neben «solchen Kindereien und Vorurteilen» auch «die in gewissen Kreisen herrschende Gewohnheit, unsere Arbeiter mit Anarchisten, Kommunisten, Nihilisten in einen Tigel zu werfen», eine nicht unwichtige Rolle. «Eine grosse Klasse von Mitbürgern der Begünstigung kommunistischer oder gar anarchistischer Tendenzen zu beschuldigen, Leute, die allerdings vor den Herren Konservativen nicht mehr den Kratzfuss machen, die aber das Herz auf dem rechten Fleck haben und nie und nimmer Hand bieten würden zu Aktionen, welche unsere staatliche Ordnung nach irgend einer Richtung gefährden könnten», war für ihn jedoch «unwürdig und leichtfertig». Gegen solche Feindbilder, die besonders von den Konservativen als den «Repräsentanten der besitzende Klasse» verbreitet würden, war seiner Meinung nach nur anzukommen, wenn in «unsern Behörden» auch Vertreter und Vertrauensmänner der Arbeiterschaft sitzen, dann würde auf Seiten der Arbeiterschaft auch jeder Missmut über Zurücksetzung aufhören. [1740] Diese Hoffnung sollte sich allerdings nicht erfüllen, mit der Analyse lag er jedoch richtig.

Mit der neuen Gemeindeordnung hatten sich die politischen Machtverhältnisse im Vergleich zu 1872, als die Liberalen im Grossen Stadtrat etwas mehr als ein Viertel der Sitze einnahmen und auch diese nur auf Entgegenkommen der Konservativen, nun völlig umgekehrt. Auch der Anteil der Bürger ging massiv zurück, jener der Einwohner nahm drastisch zu. 1872 waren noch fast achtzig Prozent der Mitglieder des Grossen Stadtrates bürgerlicher Herkunft, unter den Konservativen sogar fast neunzig Prozent. Selbst unter den Liberalen stammte nur knapp die Hälfte aus der grossen Mehrheit der nichtbürgerlichen städtischen Bevölkerung. Allerdings gehörten unter den liberalen Bürgern zwei Drittel nicht zu alteingesessenen Bürgern, sondern zu den Neubürgern. Auch bei den Konservativen stellten die Neubürger ein Drittel ihrer Stadträte. Bei Konservativen wie Liberalen waren darunter nicht wenige, die ihr Bürgerrecht erst vor wenigen Jahren erhalten hatten. [1741] 1888 präsentierten sich die Verhältnisse auch in bezug auf die Zugehörigkeit zur Bürgerschaft gerade umgekehrt wie 1872. Zwei Drittel der Stadträte stammten jetzt aus der nichtbürgerlichen Einwohnerschaft, nur noch gut ein Drittel der Stadträte gehörte zur Bürgerschaft, die damit, gemessen an ihrem Bevölkerungsanteil von acht Prozent, aber immer noch krass übervertreten war und zwar vor allem dank ihrer starken Dominanz unter den Konservativen, aber nicht nur, denn auch unter den Freisinnigen waren noch 18 Prozent der Stadträte bürgerlicher Herkunft. Von den sechs Neubürgern hatten alle das Bürgerrecht erst nach 1855 erlangt, mit einer Ausnahme waren alle in der ersten Generation Bürger. Die Neubürger unter den Konservativen waren dagegen schon seit mehr als einer Generation eingebürgert. 1910 besassen dann nur noch knapp ein Fünftel der Stadträte das Bürgerrecht von Bern, einzig die Konservativen rekrutierten ihre Vertreter noch immer im hohen Masse aus der Bürgerschaft, die um 1910 noch fünf Prozent der Einwohnerschaft ausmachte. Die Stadträte von Freisinn und Sozialdemokraten waren mehrheitlich oder ausschliesslich Einwohner.

Tabelle 81   **Rechtlich-soziale Zusammensetzung des (Grossen) Stadtrates der Stadt Bern nach Parteizugehörigkeit um 1872, 1888 und 1910.** 1742

| | Patriziat | | Altbürger | | Neubürger | | Einwohner | | Total |
|---|---|---|---|---|---|---|---|---|---|
| | abs. | % | abs. | % | abs. | % | abs. | % | |
| **1872** | | | | | | | | | |
| Konservative | 12 | 21 | 18 | 32 | 19 | 34 | 7 | 13 | 56 |
| Liberale | | | 4 | 19 | 7 | 33 | 10 | 48 | 21 |
| Total | 12 | 15 | 22 | 29 | 26 | 34 | 17 | 22 | 77 |
| **1888** | | | | | | | | | |
| Konservative | 4 | 20 | 8 | 40 | 5 | 25 | 3 | 15 | 20 |
| Freisinnige | | | 5 | 8 | 6 | 10 | 49 | 82 | 60 |
| Total | 4 | 5 | 13 | 16 | 11 | 14 | 52 | 65 | 80 |
| **1910** | | | | | | | | | |
| Konservative | 2 | 15 | 3 | 23 | 4 | 31 | 4 | 31 | 13 |
| Freisinnige | | | | | 6 | 18 | 27 | 82 | 60 |
| Sozialisten | | | | | | | 34 | 100 | 34 |
| Total | 2 | 2 | 3 | 4 | 10 | 13 | 65 | 81 | 100 |

Die freisinnigen Mehrheit im Grossen Stadtrat veränderte auch dessen Sozialprofil. 1872, als der neu geschaffene Grosse Stadtrat erstmals gewählt worden war und die Konservativen fast drei Viertel der Sitze belegten, kamen über achtzig Prozent der Stadträte aus bürgerlichen Kreisen: 13 Prozent waren Rentner, mehrheitlich patrizischer Abkunft. Knapp dreissig Prozent gehörten dem Wirtschaftsbürgertum an, darunter neben Kauf- und Handelsleuten, industriellen Unternehmern auch vier Bauunternehmer und drei Privatbankiers. 42 Prozent hatten eine akademische oder eine andere höhere Ausbildung. Mehr als die Hälfte unter ihnen waren als Ärzte, Apotheker, Fürsprecher oder auch als Architekten freiberuflich tätig, die übrigen nahmen beim Kanton oder Bund eine höhere Position ein oder waren als Direktoren einer Bank eingesetzt. Lediglich 14 Prozent waren als Buchdruckerei- oder Mühlebesitzer, als Detailhändler, Zimmer-, Maler- oder Schlossermeister dem gewerblichen Mittelstand zuzuordnen. In ähnlicher Klassenlage befanden sich der Vorsteher der Blindenanstalt sowie der Verwalter der Gewerbehalle. Aufgrund ihrer Erwerbsgrundlage bestanden zwischen konservativen und liberalen Stadträten nur geringfügige Unterschiede. In beiden «Parteien» rekrutierten sich über vierzig Prozent aus der Bourgeoisie des talents, wobei Ärzte und Fürsprecher tendenziell eher dem konservativen Lager zugehörten. Die Liberalen rekrutierten ihre Vertreter stärker aus dem Handel sowie industriell-gewerblichen Kreisen, während die Rentner, aber auch die Privatbankiers mehr den Konservativen zuneigten. Einen recht starken Rückhalt hatten die Konservativen auch im gewerblichen Mittelstand, auch die beiden mittleren Beamten galten als konservativ.

Tabelle 82   **Berufliche und soziale Gliederung des (Grossen) Stadtrates von Bern 1872, 1888 und 1910.** 1743

| | 1872 | | | | 1888 | | | | 1910 | | | |
|---|---|---|---|---|---|---|---|---|---|---|---|---|
| | Kons. | Lib. | Total | % | Kons. | Frei. | Total | % | Bürg. | Soz. | Total | % |
| **Besitzbürgertum** | 8 | 2 | 10 | 13 | 2 | | 2 | 2 | | | | |
| **Wirtschaftsbürgertum** | 14 | 8 | 22 | 29 | 3 | 13 | 16 | 20 | 8 | | 8 | 10 |
| Bankier/Kaufmann | 8 | 5 | 13 | 17 | 1 | 2 | 3 | 4 | 6 | | 6 | 8 |
| Fabrikant | 3 | 2 | 5 | 6 | | 6 | 6 | 8 | | | | |
| Baumeister | 3 | 1 | 4 | 5 | 2 | 4 | 6 | 8 | 2 | | 2 | 3 |
| **Bourgeoisie des talents** | 23 | 9 | 32 | 41 | 9 | 26 | 35 | 44 | 20 | 6 | 26 | 32 |
| Arzt/Apotheker | 8 | 1 | 9 | 12 | 3 | 7 | 10 | 13 | 3 | | 3 | 4 |
| Fürsprecher/Notare | 8 | 2 | 10 | 13 | 2 | 6 | 8 | 8 | 4 | 2 | 6 | 8 |
| Redaktor/Journalist | | | | | | | | | 1 | 3 | 4 | 5 |
| Architekt/Ingenieur | 3 | 1 | 4 | 5 | 1 | 4 | 5 | 6 | 3 | | 3 | 4 |
| Professor/Dr. phil. | 1 | 2 | 3 | 4 | 1 | 2 | 3 | 4 | 4 | 1 | 5 | 6 |
| Hoher Beamter | 3 | 1 | 4 | 5 | 2 | 4 | 6 | 8 | 4 | | 4 | 5 |
| Direktor | | 2 | 2 | 3 | | 3 | 3 | 4 | 1 | | 1 | 1 |
| **Gewerblicher Mittelstand** | 9 | 2 | 11 | 14 | 6 | 7 | 13 | 16 | 12 | 4 | 16 | 21 |
| **Neuer Mittelstand** | 2 | | 2 | 3 | | 11 | 11 | 14 | 6 | 15 | 21 | 26 |
| **Arbeiterschaft** | | | | | | 3 | 3 | 4 | 9 | | 9 | 11 |
| Total | 56 | 21 | 77 | 100 | 20 | 60 | 80 | 100 | 46 | 34 | 80 | 100 |

1888, unter umgekehrten politischen Machtverhältnissen, stellten die bürgerlichen Erwerbs- und Berufsgruppen noch zwei Drittel der Mitglieder des Grossen Stadtrates. Vor allem Rentner und Gutsbesitzer sassen jetzt kaum noch im Stadtrat. Aber auch wirtschaftsbürgerliche Kreise, die jetzt ein Fünftel der Sitze belegten, waren im Vergleich zu 1872 absolut wie relativ schwächer vertreten, insbesondere von den Kaufleuten und Bankiers sassen nur noch wenige im Stadtrat, während die industriellen und gewerblichen Unternehmer, die fast ausschliesslich dem Freisinn angehörten, ihre Präsenz ausbauen konnten. Mit 44 Prozent stellte die Bourgeoisie des talents auch 1888 anteilsmässig am meisten Stadträte und zwar in beiden Parteien. Stark repräsentiert waren noch immer die Ärzte und Apotheker, der Anteil der Fürsprecher dagegen war im Vergleich zu 1872 leicht zurückgegangen. Vermehrt sassen im Stadtrat nun auch Universitätsprofessoren, kantonale und eidgenössische Beamte sowie leitende Angestellte 1744 aus der Privatwirtschaft. Mit 15 Prozent der Stadträte war der gewerbliche Mittelstand 1888 praktisch gleich stark vertreten wie 1872, wobei jetzt aber immerhin die Hälfte der Handwerks-meister und Kleingewerbler dem Freisinn angehörte. Auch gelangten nun vermehrt Beamte und Angestellte sowie drei Schriftsetzer in den Stadtrat. Knapp ein Fünftel der Stadträte von 1888 stammte damit aus bis jetzt kaum oder gar nicht direkt im Stadtrat vertretenen Bevölkerungsschichten. Sie alle waren von den «Vereinigten Freisinnigen» und der mit ihnen verbundenen Arbeiterpartei aufgestellt worden. Im Vergleich zu 1872 veränderte sich denn auch vor allem die soziale Zusammensetzung der freisinnigen Delegation. Hatte sich 1872 lediglich rund ein Zehntel der liberalen Stadtratsmitglieder nicht aus bürgerlichen Sozial- und Berufsgruppen rekrutiert, so stammte nun mindestens ein Drittel nicht direkt aus bürgerlichen Kreisen, vor allem die Angestellten und Beamten sowie die Arbeiter konnten ihren Anteil vervielfachen. Diese Verschiebung ging auf Kosten des Besitz- und Wirtschaftsbürgertums, während die Bourgeoisie des talents unverändert 43 Prozent der freisinnigen Stadträte stellte. Trotzdem bestand beim Freisinn weiterhin eine recht grosse Diskrepanz zwischen dem Sozialprofil seiner Stadträte und dem seiner Wählerschaft, denn seine absolute Vormachtstellung verdankte er nicht nur den bürgerlichen und gewerblichen Wählern, die unter den Stimmberechtigten ja eine Minderheit darstellten, sondern auch der Unterstützung durch die kleinen Steuerzahler, durch Beamte und Angestellte sowie jenen Teil der Arbeiterschaft, der aufgrund des Steuerzensus überhaupt über politische Rechte verfügte und sie dann auch benützte. «Bürgerlicher» als der Freisinn waren die Konservativen. Angehörige aus dem neuen Mittelstand oder der Arbeiterschaft fehlten unter ihnen vollständig. Dafür hatten Angehörige aus Handwerk und Gewerbe zu Lasten des Besitz- und Wirtschaftsbürgertums innerhalb ihrer Vertretung an Gewicht gewonnen. Auch in der konservativen Wählerschaft dürfte dem alten Mittelstand neben besitzbürgerlichen Kreisen eine besonders grosse Bedeutung zugekommen sein.

1910 war aufgrund des bedeutend höheren Anteils von Sozialdemokraten nicht einmal mehr die Hälfte der Stadträte von der Erwerbstätigkeit her bürgerlicher Herkunft. Mit dem Erstarken der organisierten Arbeiterbewegung hatte sich die soziale Zusammensetzung noch mehr als 1888 nach unten verschoben. Aber auch bei den Freisinnigen mit 33 und den Konservativen mit 13 Sitzen war die bürgerliche Dominanz nicht mehr so ausgeprägt wie noch 1888, wobei wirtschaftsbürgerliche Kreise jetzt mit einer Ausnahme dem Freisinn angehörten. Deutlich stärker vertreten als 1888 war beim Freisinn mit 27 Prozent nun der gewerbliche Mittelstand, darunter neben Handwerksmeistern auch drei Buchdrucker. Ein Indiz dafür, wie sehr sich der gewerbliche Mittelstand nach 1888 stärker dem Freisinn zugewandt hatte. Umgekehrt war es bei den Angestellten, die nur noch zwölf Prozent der freisinnigen Stadträte stellten, während es 1888 noch 18 Prozent gewesen waren. [1745] Sehr viele Angestellte gab es dafür nun bei den Sozialdemokraten, wo Beamte und Angestellte über 44 Prozent der Stadträte ausmachten. Darunter befanden sich neben Arbeiterfunktionären etliche, die bei der Eisenbahn oder Post angestellt waren. Weitere 26 Prozent stammten aus der Arbeiterschaft, darunter zwei Schriftsetzer. Unter den sechs Sozialdemokraten, die bürgerlichen Berufen zugeteilt wurden, handelte es sich um zwei Fürsprecher, einen Seminarlehrer sowie drei Zeitungsredaktoren, darunter auch Robert Grimm und Carl Moor. Fasst man die in der Tabelle verschiedenen Berufsgruppen zugeordneten Arbeiterfunktionäre zusammen, so machten sie fast ein Viertel der sozialdemokratischen Stadträte aus. Dies entspricht weitgehend einer Analyse der sozialen Zusammensetzung aller sozialdemokratischen Stadträten von 1891–1913. Davon gehörten lediglich knapp zwanzig Prozent zu der Arbeiterschaft, 21 Prozent waren private oder öffentliche Angestellte, weitere 32 Prozent waren als Arbeiterfunktionäre angestellt, die übrigen kamen aus gewerblich-handwerklichen oder bürgerlichen Kreisen. Wie sehr Arbeiter auch unter den Anhängern der Sozialdemokraten relativ geringe Wahlchancen hatten, zeigt der Vergleich Kandidaten und Gewählte. Von den hundert Arbeitern, die ein- oder mehrmals für den Stadtrat kandidierten, zogen nur 15 in den Rat ein. Dagegen wurden zwei Drittel bis vier Fünftel der vorgeschlagenen Angestellten, Beamten und Selbständigen und alle kandidierenden Lehrer, Fürsprecher und Professoren gewählt. [1746]

| Tabelle 83 | **Stimmberechtigte Männer in der Stadt Bern 1860–1910** [1748] | | | | |
|---|---|---|---|---|---|
| Jahr | Stimmberechtigte in | | | Stimmberechtigte der Gemeinde in | |
| | Gemeinde | Kanton | Bund | % des Kantons | % des Bundes |
| 1859/60 | 1390 | 3815 | | 36,4 | |
| 1865/66 | 1917 | 4202 | | 45,6 | |
| 1870 | 1894 | 4709 | | 40,2 | |
| 1876 | 4559 | 8394 | | 54,3 | |
| 1880 | 4905 | 8919 | | 55,0 | |
| 1885 | 4214 | 8526 | 9074 | 49,4 | 46,4 |
| 1890 | 5644 | 9358 | 10 186 | 60,3 | 55,4 |
| 1895 | 8339 | 11 847 | 12 180 | 70,4 | 68,5 |
| 1901 | 10 219 | 13 928 | | 73,4 | |
| 1905 | 12 758 | 15 381 | 15 641 | 82,9 | 81,6 |
| 1910 | 15 096 | 17 816 | 18 276 | 84,7 | 82,6 |

Infolge der regierungsrätlichen Regelung der Stimmrechtsfrage, die den Steuerzensus aufrecht erhielt, blieb ein grosser Teil der in der Stadt wohnhaften Männer, die sowohl auf kantonaler als auch auf eidgenössischer Ebene das Stimmrecht besassen, trotz der neuen Gemeindeordnung auch weiterhin von der politischen Partizipation auf städtischer Ebene ausgeschlossen. Wie die Zusammenstellung der Stimmberechtigten in Gemeinde, Kanton und Bund zeigt, kamen um 1890 nach der Neuordnung der Stimmregister nun doch 60 Prozent der in Kantons- oder 55 Prozent der in Bundesangelegenheiten stimmberechtigten Männer in den Genuss der politischen Rechte auf Gemeindeebene. Dabei ist jedoch zu berücksichtigen, dass vom eidgenössischen wie kantonalen Stimmrecht im Kanton Bern auch 1890 noch immer rund zwanzig Prozent der volljährigen Männer vom Stimm- und Wahl-

recht ausgeschlossen waren, so dass auch jetzt nicht einmal die Hälfte der
nach Nationalität und Alter stimmfähigen Männer in der Gemeinde mitbestimmen durften. [1740] Noch um 1860 dürften es unter dreissig Prozent gewesen sein.

Ein erster grösserer Anstieg erfolgte 1861, als sich im Gefolge der ersten
Reformbewegung die Zahl der Stimmberechtigten von knapp 1400 auf 1900
vergrösserte. Eklatant waren die Unterschiede im Jahre 1885. Im Hinblick auf
die Abstimmung über das neue Gemeindereglement liessen sich sehr viele neu
ins Stimmregister eintragen, worauf anstelle von lediglich rund 4200 Stimmberechtigten nun plötzlich über 5900 vorhanden waren. Darunter befanden
sich allerdings infolge der Bindung des Stimmrechtes an die Steuerpflicht auch
Frauen und Bevormundete, die das politische Stimmrecht sonst nicht besassen.
Nachdem 1890 die Konservativen wie die bäuerlich-gewerblichen Freisinnigen die Einführung einer Kopfsteuer und damit die politische Gleichberechtigung auf Gemeindeebene abgelehnt hatten, blieb der Anteil der vom städtischen Stimm- und Wahlrecht ausgeschlossenen Männer bis zur Aufhebung des
Steuerzensus durch das Bundesgericht um 1915 recht hoch, obwohl der Anteil
der Stimmberechtigten nicht zuletzt wegen der bessern steuerlichen Erfassung
der Arbeiterschaft seit den neunziger Jahren anstieg. Um die Jahrhundertwende hatte noch immer mehr als ein Viertel der in eidgenössischen Angelegenheiten stimmberechtigten Männer in der Stadt kein Stimmrecht, 1910
waren es noch 17 Prozent. [1749] Darunter befanden sich neben den einkom-
mensschwächsten Familienvätern vor allem sehr viele ledige Aufenthalter wie
Gesellen und Fabrikarbeiter.

Die städtische Gesellschaft hatte sich damit in Bern trotz Auflösung der
alten stadtbürgerlichen Gesellschaft, in der das Stadtbürgertum als Minderheit
bestimmend war, noch nicht zur allgemeinen Staatsbürgergesellschaft zu entwickeln vermocht. Was der Bundesrat bereits 1874 als «das grosse, einer Republik würdige Princip» bezeichnet hatte, nämlich «dass die Grösse des Privatbe-
sizes keinerlei Einfluss auf die politische Rechtsfähigkeit der Bürger ausüben
soll; dass dem Ärmsten und an Habe Entblösstesten im Volke dieselbe politische Ehre zukommt wie dem Reichsten; dass als ein Lump nur der gilt, der
sich durch schlechte Handlungen der bürgerlichen Ehre verlustig gemacht
hat», war in Bern auf Gemeindeebene auch im frühen 20. Jahrhundert noch
nicht in die politische Wirklichkeit umgesetzt worden. [1750] Auch unter der
neuen Gemeindeordnung war und blieb das Recht auf politische Partizipation
damit in der Stadt Bern wie in den anderen Berner Gemeinden noch immer
bis zu einem gewissen Grade an die Klassenzugehörigkeit gebunden. Für die
Grütli- und anderen Arbeitervereine war diese mangelhafte formale Durchsetzung der politischen Gleichberechtigung auf Gemeindeebene zwar ein ständiges Ärgernis, doch was sie mit der erhöhten Aufnahme sozialdemokratischer
oder sozialistischer Anschauungen immer deutlicher einforderten, war nicht
nur die formale, sondern die reale Möglichkeit, auf Wirtschaft, Gesellschaft

und Staat einzuwirken und sie nach ihren Interessen und Vorstellungen zu verändern. Doch gerade dies sollte auf Seite der städtischen Liberalen und Radikalen, die in den achtziger Jahren ja vereint mit der Arbeiterschaft und ihren Vereinigungen für eine neue Gemeindeordnung gekämpft hatten und für sich in Anspruch nahmen, auch die Interessen der Arbeiterschaft zu vertreten, auf Widerstand stossen.

Das Verhältnis zwischen dem Freisinn und den Vereinigungen der Arbeiterschaft war jedoch schon vor 1888 nicht so stabil gewesen, wie dies die liberal-radikalen Kräfte in Verkennung der Klassenunterschiede gewünscht hätten: Bei den Grossratswahlen von 1878 trat die 1875 gegründete Arbeiterunion erstmals mit eigenen Kandidaten auf – unter ihnen auch Carl Moor (1852–1932), der in den neunziger Jahren dann in der Berner Arbeiterbewegung zu einer dominanten Figur werden sollte – als selbständige Partei auf, allerdings ohne Erfolg. Auf einen neuen Alleingang, für den sich auch Albert Steck stark machte, liessen sich die Grütlivereine und anderen Arbeiterorganisationen erst wieder bei den Grossratswahlen von 1886 und den Nationalratswahlen von 1887 ein.[1751] Jedoch auch aus Arbeitersicht bedeutete die mit diesem Alleingang verbundene Gründung einer sozialdemokratisch ausgerichteten lokalen Arbeiterpartei noch keineswegs zwangsläufig den Bruch mit dem Freisinn. Wie ein Mitglied der Arbeiterpartei in der Berner Zeitung im Zusammenhang mit dem Alleingang in den Nationalratswahlen ausführte, existiere zwar eine grössere «Klassenkluft» zwischen Arbeitern und Freisinnigen als man gemeinhin glaube, doch diese Kluft, aufgebrochen durch den Ruin des Mittelstandes, die «Brücke zwischen dem Kapital und den besitzlosen Klassen», sowie den «herrischen Geist» bei vielen Arbeitgebern, die «gehässige Klassenfehde» von oben und den «Vorwurf des Vaterlandsverraths», sei überbrückbar. Doch dazu müsse der Freisinn der Arbeiterschaft helfen, «dass der moderne Staat sich Schritt für Schritt» ihren Forderungen annehme. Seinen Artikel beendete der Einsender des Artikels zur «Kluft zwischen den Arbeitern und den Freisinnigen» mit einem Aufruf an «alte und junge Liberale, Radikale, Freisinnige oder Demokraten»: «Gebt uns die Hand zur Aussöhnung der meist scheinbaren Gegensätze und zur Überbrückung der Kluft, auf dass der kommende Kampf um ideale Güter und ächt menschenfreundliche Schöpfungen uns vereint finde und kitte für immer.»[1752] Dem Freisinn gegenüber bereits skeptischer eingestellt war hingegen der Patrizier Albert Steck (1843–1899), der sich seit Ende der siebziger Jahre vom «liberal-konservativen Grossrat mit sozialistischen Neigungen» (Bieler) zum Sozialdemokraten gewandelt hatte. Er wollte die Arbeiter auf ein klares Bekenntnis zu einem sozialdemokratischen Programm verpflichten, um so vor allem die Radikalen innerhalb des Freisinns zu zwingen, Farbe zu bekennen, musste dann aber erkennen, dass selbst diese nicht gewillt waren, mit dem liberalen Zentrum zu brechen, und dass deshalb eine neue radikale Partei mit dem Grütliverein als Grundstock gegründet werden müsste, die nicht mehr am Alten herumflicken,

sondern von Grund auf Neues schaffen würde. Die von Albert Steck stark
beeinflusste Berner Arbeiterpartei bildete denn auch 1888 den «kräftigen
Kerntrupp» der 1888 von ihm wieder gegründeten Schweizerischen Sozialdemokratischen Partei. [1753]

Auch aus radikaler Sicht wurde das von der Arbeiterpartei 1886 und vor
allem 1887 provozierte Auseinandergehen [1754] nicht notwendigerweise als
Bruch interpretiert. Die Berner Zeitung, das Parteiorgan der Radikalen,
betonte in einem Leitartikel zur Wahlsituation von 1887 trotz des getrennten
Vorgehens die Gemeinsamkeit mit der Arbeiterschaft und hob mit dem Ver-
weis auf die Annahme des Arbeiterprogrammes für die Wahlen von 1884 die
Fortschrittlichkeit des Berner Freisinns hervor. [1755] Ähnlich schätzte auch der
Führer des städtischen Freisinnes, Oberst und Nationalrat Eduard Müller
(1848–1919), der 1885 als ausserordentlicher Bundesanwalt die anarchistischen
Umtriebe in der Schweiz untersucht und sich durch die gegen einige Anarchisten gerichtete Prozessführung bei der Linken verhasst gemacht hatte, die
Situation ein. Wie er in einem Referat vor der Versammlung der «Vereinigten
Freisinnigen» am 3. Oktober 1887 ausführte, hätten sich diese in den letzten
zehn Jahren, bald in getrennter, bald in vereinter Politik, immer für die Arbeiterschaft eingesetzt und zwar sowohl auf eidgenössischer als auch auf kantonaler und städtischer Ebene. Sie hätten dies aber nicht getan, um die Gunst
und die Stimme der Arbeiter zu erhalten, sondern aus der Einsicht, dass «der
heutige Staat nicht mehr genügt, wenn er nicht die Lösung der sozialen Frage
zu seiner Aufgabe macht», und der Überzeugung, dass «der nothleidenden
arbeitenden Klasse geholfen werden muss». Gleichzeitig bestritt er den Vorwurf, dass die Freisinnigen die Arbeiter im grossen Schreinerstreik vom Juni
bis August 1887 verraten hätten und bezeichnete im Gegenzug die Haltung
der Arbeiterschaft als «importierte deutsche Waare». Gleichzeitig gab er aber
gleichzeitig zu bedenken, dass «ein grosser Teil der Arbeiter nach wie vor zu
unserer Fahne steht». [1756] Tatsächlich ging die Arbeiterpartei dann ja schon im
Januar 1888 wieder vereint mit den Liberalen und Radikalen in die Wahlen
um die Neubesetzung der städtischen Behörden nach der neuen Gemeindeordnung. Doch die Entfremdung zwischen Freisinn und Arbeiterschaft nahm
weiter zu. So hob die Zeitung «Der Bund» als Sprachrohr des eher rechten
Flügels im Freisinn vor den Grossratswahlen von 1890 die grundsätzlichen
Differenzen mit den Sozialdemokraten hervor und wollte deshalb die «Partei der Ultras» ihre eigenen Wege ziehen lassen. Er trat für eine «rationelle
Sozialpolitik» ein, für die «fremdländische, sozialdemokratische Agitation»
wollte er jedoch keine Sympathie aufbringen. Als Grund für dieses «Entfrem-
den der Freisinnigen von der Sache der Arbeiterpartei» verwies er auf deren
Haltung im eben erfolgten Setzerstreik. [1757] Die «Berner Zeitung» als Sprachrohr der Radikalen gab zwar zu, dass die Endziele der beiden Parteien verschieden seien und dass auch die «linksstehenden Elemente der freisinnigen
Partei» nicht «auf dem gleichen Boden wie die Sozialdemokratie» stünden,

dass aber gleichzeitig in der Sozialdemokratie «eine Summe von reformatorischen Gedanken politischer und sozialer Natur» steckten, die der «ernsthaften Prüfung» wert seien und deren Durchführung auf dem Boden der bestehenden Gesellschaftsordnung möglich sei. Auch sollten die «treibenden ungestüm vorwärtsstrebenden Strömungen» zum Nutzen des Gemeinwohls zum Ausdruck kommen dürfen. [1758]

Eine wichtige Rolle für die zunehmende politische Entfremdung zwischen dem Freisinn und der Arbeiterschaft, die sich zu Beginn der neunziger Jahre teilweise zu einem «richtigen Klassenhass» entwickelte, «der zwischen Sozialdemokraten und bürgerlichen Kreisen einen tiefen Graben aufriss», spielte die erneute Gründung einer Arbeiterunion um 1890. Dank der Aktivitäten ihres Arbeitersekretärs Nikolaus Wassilieff (geb. 1857), eines eingebürgerten Russen, konnte die gewerkschaftliche Organisation entscheidend vorangetrieben werden. Auch die politische Arbeiterbewegung gewann in der Arbeiterschaft Berns nun an Rückhalt, aber was noch wichtiger war, sie trat mit «dem durch Steck besonders grundsätzlich und scharf erhobenen und durch Wassilieff besonders fanatisch und ohne politisches Feingefühl verfochtenen sozialdemokratischen Anspruch» (Bieler) auch viel selbstbewusster, ja klassenbewusster auf. [1759] Besonders starken Anstoss erregte in diesem Zusammenhang auf bürgerlicher Seite die Gründung einer sogenannten «freien Schule», in der die Arbeiter im «ökonomisch-gewerkschaftlichen, politisch-marxistischen und im materialistisch-atheistischen Denken» geschult werden sollten. [1760] Die Eröffnung dieser Arbeiterschule war denn auch zusammen mit den allgemein als «unerhörtes Gebaren» bezeichneten Aktivitäten des Arbeitersekretärs der Anlass zur Gründung des «Einwohnervereins Bern» im November 1892. Ihren Anfang nahm diese Bewegung mit der Organisierung einer heimlichen Unterschriftensammlung gegen die Aktivitäten des Arbeitersekretärs, die dann anfangs November zu einer von über 400 Arbeitgebern und Gewerbetreibenden unterzeichneten, «öffentlichen Kundgebung» mit dem Titel «Erklärung und Protest» führte, in der das «Thun und Treiben Wassilieffs, wie auch seiner Hintermänner, in verdienter Weise gebrandmarkt» und in Eingaben an den Gemeinderat das Eingreifen der Behörden gefordert wurde. Erklärte Ziele des Vereins waren die Sammlung aller «patriotischen Elemente von links und rechts» zum «gemeinsamen Kampfe gegen den gemeinsamen Feind», nämlich die «zersetzende sozialdemokratische Propaganda», sowie die «ernstliche Untersuchung der Frage, was zur Herstellung besserer Beziehungen zwischen Arbeitgebern und Arbeitnehmern und zur Pflege des Zusammengehörigkeitsgefühls der verschiedenen Volksklassen und zur gegenseitigen Wiederannäherung» getan werden könnte. [1761] In seinen konkreten Aktivitäten konzentrierte sich der von Handwerksmeistern und Gewerbetreibenden, aber auch von Angestellten und einzelnen Lehrern getragene Einwohnerverein dann allerdings auf eine Hass- und Verleumdungskampagne gegen den Arbeitersekretär und andere Arbeiterführer. In einer

Eingaben an den Regierungsrat forderte er unter anderem die Schliessung der «freien Schule», ein Verbot der roten Fahne sowie ein «energisches Einschreiten» gegen «das ganze staatsgefährdende Aufteten gewisser sozialistischer Elemente». [1762]

Diese vom Einwohnerverein inszenierte Agitation der «Patrioten» gegen die Arbeiterschaft und ihre Organisationen verschärfte das politische Klima in Bern ganz entscheidend. Zusammen mit anderen Faktoren und Ereignissen (heftige Streiks der Schreiner und Typographen um 1887 bzw. 1889, anarchistische Zeitungsergüsse und Umtriebe in den achtziger Jahren sowie die bewusste Gleichsetzung solcher Strömungen wie auch der Exzesse der Pariser Commune mit der Sozialdemokratie) verstärkte seine Kampagne auf bürgerlicher Seite jene soziopolitische Erwartungshaltung und liess jene Feindbilder entstehen, die im «Käfigturmkrawall» [1763] vom 19./20. Juni 1893 nicht eine «Kraftprobe zwischen herrschender Macht und unzufriedener Ohnmacht» (Bieler) sehen konnte, sondern darin sofort in einer Art sich selbst erfüllender Prophezeiung den Versuch einer Revolution durch die organisierte Arbeiterschaft erkannten oder erkennen wollten. Indem zugleich Nikolaus Wassilieff zu dem wahren Urheber und grossen Drahtzieher des Krawalls gemacht wurde, der sich spontan und ohne Dazutun der organisierten Arbeiterschaft aus einer «Eruption kollektiver Unzufriedenheit» beschäftigungsloser Schweizer Handlanger gegen Italiener entwickelte und zu einem blutigen Tumult eskalierte, an dem sich gerade nicht Neuzuzüger, sondern vor allem seit längerem in Bern Ansässige oder gar dort Geborene teilnahmen, konnte «der Vorfall zudem als Störung des heimischen Friedens durch einen Fremden und damit der Krawall als 'unschweizerisch' erklärt werden». [1764] Aufgrund dieser Interpretation bedurften auch der Einsatz einer zur Unterstützung der Polizei gebildeten «Bürgerwache» sowie die Aufbietung von Militär, die Stadtpräsident und Oberstdivisionär Eduard Müller unter Umgehung des Gemeinderates wie des Regierungsrates direkt in Absprache mit dem Vorsteher des Militärdepartements veranlasst hatte, von bürgerlicher Seite keiner weiteren Rechtfertigung. Das Klischee von der «ewigen Hetze» durch die Sozialdemokratie sowie der Schuld und Verantwortung des Arbeitersekretärs und der übrigen Arbeiterführer «auf der äussersten Linken» waren dann auch in der offiziellen Version von Regierungspräsident Eduard Marti sowie Stadtpräsident Eduard Müller – bei den Radikalen zwei der einflussreichsten Persönlichkeiten – die wichtigsten Ursachen für den Krawall. So erklärte Eduard Müller vor dem Stadtrat: «Ich gebe zu, dass man scharf eingeschritten ist; aber die Verantwortlichkeit dafür fällt nicht auf die Polizei, sie fällt auf diejenigen, welche in vollständiger Missachtung der Gesetze die öffentliche Ruhe in solch skandalöser Weise gestört haben und sie fällt auf deren Führer zurück. Man hat so lange von Revolution und Gewaltakten geredet, bis endlich ein Ausbruch die notwendige Folge davon war.» [1765]

Die bürgerliche Seite benützte die «höchst traurigen Vorfälle» aber nicht nur, wie der sozialdemokratische Stadtrat Alexander Reichel in der Debatte des Stadtrates kritisierte, um der organisierten Arbeiterschaft daraus «den Strick» zu drehen und «die socialdemokratische Partei zu erwürgen» [176] und jede Verständigung mit den Arbeiterführern strikte abzulehnen. Mit dem Bekenntnis der Notwendigkeit bestimmter sozialer Reformen und der Bereitschaft dazu versuchten aber insbesondere die Radikalen, die Arbeiterbewegung wieder in «gesunde Bahnen» zu lenken und die Arbeiterführer auf den richtigen Weg, den Weg der bürgerlich-freisinnigen Sozialreform, zurückzubringen. Diesem Zweck diente auch der häufig in Reden wie Kommentaren wiederkehrende Hinweis, wie man in der Schweiz und dem Kanton Bern doch «dem Arbeiterstand von jeher sehr entgegengekommen» sei, wie man den Arbeiterführern «sowohl in den städtischen Behörden als im Grossen Rath eine hervorragende Vertretung gegeben» und auch «den Sozialdemokraten jederzeit die grösste, zügelloseste Freiheit» gewährt, ja wie man sie «aufreizende Demonstrationszüge abhalten und die rote Fahne herumtragen» lassen habe. [1767] Auch wenn dies kaum offen gesagt wurde, so sollten damit insbesondere die Arbeiterführer wegen der ihnen von freisinnig-bürgerlicher Seite gewährten Gross- und Freizügigkeit an ihre Pflicht zu Dankbarkeit und Loyalität erinnert und letztlich auch dazu gezwungen werden, ihren politischen Überlegenheits- und Herrschaftsanspruch anzuerkennen. Unter dem lebhaften Beifall des Grossen Rates gab Regierungspräsident Eduard Marti den Arbeiterführern wie ungezogenen Kindern zu bedenken, «ob sie nicht einlenken und masshalten sollten; denn sonst könnte sich an ihnen das Sprichwort erwahren: Wer nicht hören will, muss fühlen!». [1768] Drastischer konnte man den bürgerlich-freisinnigen Herrschaftsanspruch wohl nicht formulieren. Dieser Anspruch und die damit verbundenen Erwartungen an die Arbeiterschaft erklären aber auch, wieso die bürgerliche Seite die Ursachen für die sich verschärfenden Klassenauseinandersetzungen nur in der sich verändernden Haltung und Politik der organisierten Arbeiterschaft und ihrer Führer sah oder sehen wollte. Die radikale Berner Zeitung brachte dies in einem Kommentar zum Krawall und seinen Ursachen prägnant auf den Punkt: «Aus dem Grütliverein, der Arbeiterschaft wurde die Arbeiterunion und die Socialdemokratie, welche alles gemeinsame Zusammenwirken mit fortschrittlichen bürgerlichen Elementen aufkündete, welche ostentativ als Partei für sich der Bürgerschaft den Krieg erklärte» und «vom Weiterbauen auf dem Gewordenen» trotz den Erfolgen der «ehrlichen Reformarbeit» des Freisinnes nichts mehr wissen wollte. Dass sich zwischen dem «Bürger- und Arbeiterstand» eine «Kluft» aufzutun begann, war deshalb einzig und allein die Schuld der neuen und neuesten Taktik der Sozialdemokratie, die «dem Proletarier bloss den Kopf gross macht, ihn zum Glauben verleitet, dass er eigentlich der Herr der Welt sei». Was die Arbeiterorganisationen ihren Mitgliedern auf den Weg zu geben hatte, war aus radikaler Sicht aber etwas anderes. Sie sollten aufzeigen, dass für die Arbeiter nicht nur Rechte, sondern auch Pflichten bestehen. Sie müssten deshalb auch die «Pflichten organisieren», die Arbeiter zu «Pflichtbewusstsein und Solidität» heranziehen, damit «brauchbare Menschen werden aus heute vielfach arbeitsscheuen und unzuverlässigen Individuen». [1769]

Noch deutlicher als in den Pressekommentaren und den Ratsverhandlungen, in denen vor allem von radikaler Seite mit dem Hinweis auf die Bereitschaft zur Sozialreform, aber nur auf dem Boden der bestehenden Ordnung, auch einige versöhnlichere Töne [1770] angeschlagen wurden, erstarrte die vorurteilserfüllte Interpretation des Krawalls in den nachfolgenden Prozessen gegen Nikolaus Wassilieff und die übrigen 186 Angeklagten zu einem Feindbild, das schon länger bestehende Bilder über die Arbeiterbewegung verstärkte und die bürgerliche Ideologie in den nächsten Jahren und Jahrzehnten sehr stark prägen sollte. Im wesentlichen machte es die sozialistischen Parteien und Gewerkschaften zu Bewegungen, die auf sofortigen revolutionären Umsturz hinzielten, und stempelte die auf friedliche Entwicklung bedachte Sozialdemokratie zu einer potentiellen Terrororganisation. Dieser illegitimen Gewalt von unten und den dahinter steckenden Drahtziehern galt es mit der legitimen Gewalt von oben mit «festem Handeln» (Eduard Müller) zu begegnen und die bestehende Ordnung zu schützen. Wie Erich Gruner in seiner Analyse des Käfigturmkrawalls als eines aufschliessenden Ereignisses für die «Akzentuierung der Klassenkämpfe» in den neunziger Jahren festhält, wirkte sich diese Art von «Klassenkampf von oben» jedoch auch in Bern auf lange Sicht kontraproduktiv aus. Die Arbeiterunion erhielt noch mehr Aufwind: «Wassilieff hatte nun den Beweis in der Hand, dass sich hinter der als Volksstaat gepriesenen Demokratie ein Klassenstaat verbarg, von dem sich die Arbeiterschaft nur als 'klassenbewusstes, politisch thätiges, organisiertes Proletariat' würde befreien können. Die Signalwirkung, die vom Krawall ausging, bestand tatsächlich in einer allgemeinen Radikalisierung der Arbeiterschaft. So wurde z. B. das bisher bei den Grütlianern noch vorhandene Vertrauen zu dem als demokratisch empfundenen Vaterland zerstört. Gleichzeitig bedeutete die Krawalljustiz so etwas wie einen Grabstein für Stecks Reformsozialismus. Wassilieffs Prognose nahm bereits das marxistische Programm von 1904 voraus. Die Klassenjustiz schuf in Bern ein Klima, das die Wirksamkeit von Linksradikalen förderte, eines Carl Moor und Robert Grimm.» [1771] Der Käfigturmkrawall trieb auf diese Weise die gegenseitige Abgrenzung [1772] entscheidend voran, er führte jedoch auch dazu, dass sich bürgerlich-kleinbürgerliche Radikalismus nun stärker von der Arbeiterschaft und ihren Organisationen absetzte, dass die beiden Flügel im Berner Freisinn nun stärker zusammenrückten und die Sozialdemokratie die Konservativen für die nächsten Jahrzehnte als Hauptgegner des Freisinns ablösten. [1773]

## 3.2 Zürich: Vom stadtbürgerlichen Regiment zur «Demokratenherrschaft»

### Bürger und Niedergelassene: Stadtbürgertum und städtische Gesellschaft

Auch in der Stadt Zürich schloss sich die Bürgerschaft seit Ende des 17. Jahrhunderts gegenüber den übrigen Bewohnern vollständig ab. Bis 1795 gab es keine neuen Aufnahmen ins Bürgerrecht. [1774] Im Unterschied zu Bern bildete aber in Zürich die Bürgerschaft auch noch im ausgehenden 18. Jahrhundert die Mehrheit der städtischen Bevölkerung. Um 1756 betrug ihr Anteil noch fast sechzig Prozent, bis 1790 ging er auf 56 Prozent zurück. Die Hintersassen, deren Erwerbsmöglichkeiten in Zürich äusserst eingeschränkt waren und sich auf nicht zünftisch gebundene, von den Bürgern gemiedene untergeordnete Tätigkeiten erstreckte, machten um 1756 lediglich fünf Prozent der gesamten Bevölkerung aus, bis 1790 stieg ihr Anteil auf etwas über acht Prozent. Rund dreissig Prozent der Bevölkerung, nämlich Mägde, Knechte, Gesellen und die beruflich sehr heterogen zusammengesetzte Gruppe der Kostgänger und Kostgängerinnen hatten lediglich Aufenthalterstatus. [1775]

| Tabelle 84 | Die Bevölkerung der Stadt Zürich nach dem Bürgerort 1756–1910. [1776] | | | | | | | | |
|---|---|---|---|---|---|---|---|---|---|
| Jahr | Stadtbürger | | Kt. Zürich | | Schweiz | | Ausland | | Total |
| | abs. | % | abs. | % | abs. | % | abs. | % | |
| 1756 | 6591 | 59,9 | | | | | | | 11 012 |
| 1790 | 5669 | 55,9 | | | | | | | 10 148 |
| 1836 | 4455 | 31,3 | 6033 | 42,3 | 1832 | 12,9 | 1923 | 13,5 | 14 243 |
| 1850 | 4046 | 23,7 | 8707 | 51,1 | 2377 | 13,9 | 1908 | 11,2 | 17 040 |
| 1860 | 4263 | 21,5 | 9237 | 46,8 | 3248 | 16,4 | 3010 | 15,2 | 19 758 |
| 1870 | 4500 | 21,1 | 8410 | 39,5 | 4299 | 20,2 | 4059 | 19,1 | 21 268 |
| 1880 | 7428 | 30,4 | 6686 | 27,3 | 5343 | 21,9 | 5591 | 22,9 | 24 453 |
| 1888 | 8761 | 31,7 | 6168 | 22,3 | 6123 | 22,1 | 6592 | 23,8 | 27 644 |
| 1900 | 30 891 | 20,5 | 30 864 | 20,5 | 45 187 | 30,0 | 43 761 | 29,0 | 150 703 |
| 1910 | 39 100 | 20,5 | 29 094 | 15,3 | 58 152 | 30,5 | 64 387 | 33,7 | 190 733 |

In der ersten Hälfte des 19. Jahrhunderts verlor die Bürgerschaft dann innerhalb der städtischen Bevölkerung rein demographisch gesehen sehr rasch an Gewicht. Bereits 1836 machte sie nicht einmal mehr einen Drittel der Einwohner aus, 1850 dann sogar weniger als einen Viertel. Auch absolut ging die Zahl der ansässigen Bürger weiter zurück: 1825 wohnten noch 4744 Angehörige der Bürgerschaft in der Stadt, 1830 waren es noch 4602, 1836 noch 4455, 1840 noch 4272. 1850 war mit 4046 der Tiefstand erreicht. [1777] Die leichte Öffnung der Bürgerschaft nach 1803 vermochte die durch Abwanderung und natürlichen Rückgang eingetretenen Verluste nicht zu ersetzen. Obwohl schon die Mediationsverfassung an sich jedem Kantonsbürger das Recht gab, sich in Zürich einzubürgern, und auch die liberale Verfassung von

1831 jeden Bürger einer Gemeinde des Kantons berechtigte, in jeder andern unter Erfüllung der gesetzlichen Bedingungen das dortige Bürgerrecht zu erwerben, blieben die Aufnahmen auch für Kantonsbürger weiterhin mit hohen Kosten [1778] verbunden und an ein bestimmtes Vermögen [1779] geknüpft. Hauptkriterien für eine Aufnahme waren und blieben ökonomische Selbständigkeit und eine gewisse Leistungsfähigkeit. Wer diese Bedingungen nicht erfüllte und der Stadt deswegen in Zukunft zur Last zu fallen drohte, konnte nicht mit einer Aufnahme rechnen.

1833 vermochten die Liberalen über die kantonale Gesetzgebung zwar die Einzugsgelder herabzusetzen, jedoch scheiterte der Versuch von liberal-radikaler Seite, Schweizerbürgern, die sich seit zehn Jahren im Kanton aufgehalten hatten und Zeugnisse von guten Sitten, Fleiss und Tätigkeit ablegen konnten, wenigstens die Landrechtsgebühr, den Einkauf ins Kantonsbürgerrecht, zu erlassen. Selbst die sogenannten Braut- und Bechergelder, die Einzugsgebühren, die eine Frau in das Kirchen-, Armen- und Schulgut der Gemeinde zu bezahlen hatte, deren Bürgerin sie durch ihre Heirat wurde, konnten nicht aufgehoben werden, sie blieben bis Ende der sechziger Jahre bestehen. Vergeblich forderte der radikale Oberrichter Heinrich Schulthess, «dass man sich von Stadt- und Dorfbürgertum zum Nationalbürgertum, zum eidgenössischen Bürgertum» erheben und Bürger mit «grosser Leichtigkeit» aufnehmen solle. [1780] Gegen die partikularen Interessen und die herrschende Engherzigkeit der Alteingesessenen in der Stadt wie in den Landgemeinden vermochten solche nationalen Töne nichts oder nur wenig anzurichten. Die grosse Mehrheit der Alteingesessenen auch auf liberaler Seite wollte weder die materiellen Vorteile und die höhere soziale Sicherheit noch das Sozialprestige und die politischen Vorrechte, die mit dem Bürgerrecht auf kommunaler Ebene noch immer verbunden waren, aufgeben. Ganz besonders galt dies für die Städte Winterthur und Zürich, wo der direkte und indirekte Nutzen des Bürgerrechtes vor allem für die weniger bemittelten Bürger einen nicht unwesentlichen Bestandteil ihrer Existenzsicherung und sozialen Vorsorge darstellte. Das Bürgerrecht gewährte den Mitgenuss an den öffentlichen Einrichtungen, Anstalten, Stiftungen sowie an der Nutzung der Gemeindegüter (Holzbedarf) und befähigte zudem zu bestimmten städtischen Bedienstungen. Aufgrund der hohen Auflagen hielten sich denn auch die Neuaufnahmen während der ganzen ersten Hälfte des 19. Jahrhunderts in Grenzen und beschränkten sich im wesentlichen auf wirtschafts- und bildungsbürgerliche Kreise sowie auf Angehörige des gewerblich-handwerklichen Mittelstandes. Unter den 1805 bis 1823 neu aufgenommenen 84 Stadtbürgern befanden sich 21 Kaufleute, 6 Krämer, 2 Fabrikanten, 14 weitere gehörten bildungsbürgerlichen Berufen an. Die übrigen stammten aus dem gewerblich-handwerklichen Mittelstand. [1781] Von 1805 bis 1830 gab es 90 Einbürgerungen mit gesamthaft 369 neu aufgenommenen Familiengliedern, 1831 bis 1850 waren es 81 mit gesamthaft 379 Personen. [1782]

Die zumindest den Kantonsbürgern weitgehend gewährte Niederlassungsfreiheit, die Aufhebung der wirtschaftlichen Privilegien der Stadt im Handel und Fabrikwesen seit der Helvetik sowie die Aufweichung der zünftischen Ordnung, die von 1804 bis 1832 unter Einbezug des ländlichen Gewerbes in abgeschwächter Form wieder eingeführt worden war, begünstigten gleichzeitig die Zunahme der An- oder Hintersassen. Gab es 1790 nur 835 Hintersassen, so waren es 1813 über 2600 und 1821 bereits über 3000. Davon kamen über achtzig Prozent aus dem Kanton.[1783] 1836 stellten die Niedergelassenen, wie die Ansassen jetzt auch genannt wurden, mit 4322 Personen einen Drittel der gesamten städtischen Bevölkerung: 81,5 Prozent stammten aus dem Kanton, 13,0 Prozent aus der übrigen Schweiz und 5,5 Prozent waren ausländischer Herkunft. Dazu kamen noch mit gleichem Status die nichtstadtbürgerlichen Staats- und Bezirksbeamten und ihre Angehörigen, die keine Bewilligung für die Niederlassung benötigten. Ihre Zahl dürfte wie 1840 auch 1836 rund 250 Personen umfasst haben.[1784] Die restlichen Einwohner, nämlich rund 5200 Personen oder rund 36 Prozent, gehörten zu den sogenannten Aufenthaltern, wozu neben den Gesellen, Fabrik- und andern Arbeitern sowie Angestellten auch die 1706 Dienstmädchen zählten. Der Anteil der sesshaften Bevölkerung, das heisst des Stadtbürgertums und der Niedergelassenen betrug damit um 1836 knapp 64 Prozent. 1860 waren es aufgrund der Volkszählung 68 Prozent. 1888, unter veränderten Niederlassungsregelungen, gehörten drei Viertel der städtischen Bevölkerung zu den Sesshaften – 29,5 Prozent Stadtbürgertum und 46,4 Prozent Niedergelassene – ein Viertel waren Aufenthalter.[1785]

Aufgrund ihrer heimatrechtlichen Herkunft stammten 1836 fast drei Viertel der städtischen Bevölkerung aus dem Kanton, je rund 13 Prozent kamen aus der übrigen Schweiz oder aus dem Ausland. Daran änderte sich bis Mitte des Jahrhunderts wenig. Innerhalb der zürcherischen Bevölkerung verschoben sich allerdings die Gewichte noch mehr zugunsten der Kantonsbürger, die nun über fünfzig Prozent der Einwohnerschaft ausmachten. Wegen der mit der Bundesverfassung von 1848 gewährten freien Niederlassung innerhalb der ganzen Schweiz ging der Anteil der Kantonsbürger aber seit den fünfziger Jahren zugunsten der übrigen schweizerbürgerlichen sowie der ausländischen Bevölkerung, die beide im fast gleichen Tempo zunahmen, zurück. Mit der Vereinigung der Stadt mit den Ausgemeinden und dem nachfolgenden neuen Bevölkerungs- und Urbanisierungsschub verlor Zürich vollends sein «zürcherisches Gepräge». Die übrige schweizerische und ausländische Bevölkerung machte nun die Mehrheit der Einwohnerschaft aus. 1910 war nur noch etwas mehr als ein Drittel der Einwohner in Stadt oder Kanton Zürich heimatberechtigt. Immerhin war aber doch knapp die Hälfte der Einwohnerschaft seit Geburt in der Stadt oder im Kanton ansässig.[1786]

Obwohl nach 1850 das städtische Bürgertum dank vermehrter Neuaufnahmen[1787] absolut wieder zunahm, vermochte es mit dem Wachstum der übrigen Bevölkerungsgruppen nicht Schritt zu halten. Trotz gewisser Reduktion der Gebühren für den Einkauf ins Bürgerrecht um 1859 und 1866 blieb die Einbürgerungspolitik relativ restriktiv, erst das neue kantonale Gemeindegesetz von 1875 brachte eine weitgehende Öffnung. Die rechtliche Basis dafür bildete zunächst die Kantonsverfassung von 1869, welche die Gemeinden verpflichtete, nicht mehr nur die Kantonsbürger unter Erfüllung der gesetzlichen Bestimmungen (Ausweis über Heimats- und Familienverhältnisse, Besitz der Handlungsfähigkeit, unbescholtener Ruf, Vermögen von 1000 Franken und Entrichtung der notwendigen Einkaufsgebühren) ins Bürgerrecht aufzunehmen, sondern dieses Recht auch auf die übrigen Schweizerbürger auszudehnen.[1788] Noch wichtiger war jedoch das im Anschluss an die neue Verfassung erlassene «Gesetz betreffend das Gemeindewesen vom 27. Brachmonat 1875», das nicht nur den Vermögensnachweis strich und die Einkaufsgebühren von maximal 1250 Franken auf 500 Franken senkte, sondern darüberhinaus den niedergelassenen Kantons- und Schweizerbürgern, die seit zehn Jahren in der Gemeinde wohnten, auf ihr Verlangen das Bürgerrecht ohne Einkaufsgebühr gewährte.[1789] Dank dieser Neuregelung der Bürgerrechtsaufnahme um 1875 erhöhte sich der Anteil des Stadtbürgertums wieder auf über dreissig Prozent. So wurden allein im Jahre 1875 über 2500 Personen neu ins Bürgerrecht der Stadt aufgenommen, davon waren über drei Viertel Kantonsbürger.[1790] Gesamthaft erhielten 1875 bis 1880 rund 5000 Personen das Stadtbürgerrecht, 1881 bis 1888 nochmals knapp 3200.[1791]

Diese «Ersitzung» des Bürgerrechts, im Kanton in separater Volksabstimmung mit nur knapp 200 Stimmen angenommen und bereits 1888 für Schweizerbürger wieder eingeschränkt, war gegen den Widerstand eines Teils der altbürgerlichen Kreise in der Stadt wie auf dem Lande vor allem auf Betreiben des Zürcher Stadtpräsidenten Melchior Römer und des Stadtschreibers Bernhard Spyri vom Kantonsrat ins Gesetz aufgenommen worden.[1792] Ziel dieser von ihren Schöpfern «ebenso liberal als konservativ im besten Sinn» bezeichneten Regelung war es, «die Aufnahme aller ehrenhaften Elemente, welche ihre Anhänglichkeit und ihr Interesse an dem Wohl der Gemeinde durch eine längere dauernde Niederlassung bewiesen haben, zu erleichtern». Damit verbunden war die Hoffnung, «dass durch diese weitherzige Öffnung des Bürgerrechtes das Bürgerthum mit seinem gesunden und schönen Prinzip der Heimat neue Lebenskraft gewinnen und der Kern der politischen Gemeinde bleiben» und so «freie Beweglichkeit und solide Stetigkeit glücklich vereinigt» werde, dass so das Missverhältnis zwischen der Zahl der Bürger und Niedergelassenen aufgehoben oder unschädlich gemacht und die Bürgergüter den «Gefahren des Neides wie engherziger Benutzung» entzogen werde. So sollten alle, denen «das bleibende Wohl der Gemeinde am Herzen liegt», durch die «gleichen Interessen vereinigt» werden und durch «Zahl, Besitz und Intelligenz» jenen «festen Kern» bilden, «dem das Regiment zukommt».[1793] Der «Dualismus, der bislang die stabile Bevölkerung in die

Parteien der Bürger und Niedergelassenen gespalten» hatte, liess sich auf die
Weise jedoch nur mildern, aber nicht «gründlich beseitigen», wie dies die
Befürworter erhofft hatten. [1794] Immerhin war der Anteil der Bürgerschaft an
der städtischen Bevölkerung um 1888 mit knapp 32 Prozent wieder so hoch
wie um 1830, viermal höher wie zur gleichen Zeit in der Stadt Bern mit der
sehr viel restriktiveren Bürgerrechtspolitik. Doch mit der Stadtvereinigung, in
der die Bürger der Ausgemeinden automatisch auch Stadtzürcher Bürger wurden, sank der Anteil wieder auf einen Fünftel, denn in den meisten Ausgemeinden lag der Anteil der eigenen Gemeindebürger an der Einwohnerschaft
deutlich unter jenem in der Stadt. [1795] Dank einer offenen Bürgeraufnahme-
politik auch nach der Vereinigung blieb der Anteil der Stadtzürcher Bürgerschaft aber trotz des neuen Bevölkerungsschubes zu Anfang des 20. Jahrhunderts stabil.

Mit dem alten Stadtbürgertum, dessen Geschlossenheit und innerer
Zusammenhalt vor allem durch seinen besonderen Rechtsstatus, das Bürgerrecht, und die damit verbundenen wirtschaftlichen, sozialen und politischen
Privilegien gewahrt wurde, hatte schon die nach 1875 stark erneuerte Stadtzürcher Bürgerschaft jedoch nur noch wenig gemeinsam. Erst recht galt dies
für die über 30 000 Menschen zählende Bürgerschaft der durch die Vereinigung mit den Ausgemeinden geschaffenen Grossstadt. Der Zusammenhalt der
neuen Bürgerschaft, sofern davon überhaupt noch gesprochen werden kann,
beruhte nicht mehr in erster Linie auf dem gemeinsamen rechtlichen Status als
vielmehr auf den verschiedensten Verbindungen im wirtschaftlichen und gesellschaftlichen Leben, auf übereinstimmenden Werten und gemeinsamen Aktivitäten in Vereinen und Parteien. Zwar bot die Zugehörigkeit zur Bürgerschaft noch immer gewisse Vorteile, doch der eigentliche Nutzen des
Bürgerrechts lag nun vor allem auf der symbolischen Ebene. Wer es erwarb,
bewies seine Verbundenheit mit der Stadt und seine Bereitschaft, sich hier zu
integrieren, aber auch seinen Willen und Wunsch in den Kreis der Alteingesessenen aufgenommen, von ihnen akzeptiert und respektiert zu werden.

### Die Stadt, ihre Bürgerschaft und ihre Stellung im Kanton, 1798–1856

Die Stadt Zürich büsste in der Helvetik ihre wirtschaftlichen und politischen Vorrechte ein und wurde den übrigen Gemeinden gleichgestellt, die
Zünfte verloren ihre wirtschaftlichen und politischen Funktionen. Mit der von
der Generalversammlung aller in der Stadt wohnhaften helvetischen Bürger
gewählten «Munizipalität» erhielt die Stadt im April 1798 ihre erste vom Staat
getrennte Verwaltung, die sich jedoch infolge der unbeständigen politischen
Verhältnisse – Kriegsschauplatz im zweiten Koalitionskrieg, früher Abfall
von der Helvetik – nicht richtig etablieren konnte. Eine dauernde Ordnung
brachte erst die Mediationszeit. Auch das Staats- und Stadtvermögen wurde

schon in der Helvetik voneinander geschieden, doch eine endgültige rechtliche Regelung kam auch hier erst um 1803/1805 in der Mediation zustande. [1796]

Mit der Mediation und noch mehr mit der Restauration erhielt die Stadt
gegenüber den andern Gemeinden wieder eine Vorrangstellung und auch die
alten Führungsgeschlechter übernahmen wieder weitgehend, wenn auch nicht
mehr so uneingeschränkt wie vor 1798, das Regiment. Von den 212 Mitgliedern des Grossen Rates von 1830, der sich unter dem Druck der liberalen
Bewegung dann auflösen sollte, sassen 132 Zürcher Stadtbürger. Rund 100
stammten aus dem Kreis der Stadtaristokratie. Im Kleinen Rat hatten die
Stadtbürger 20 der 25 Sitze inne, 16 waren von «Herren» besetzt. Im siebenköpfigen Staatsrat, einem Ausschuss des Kleinen Rates, dem auch der liberale Paul Usteri angehörte, waren die städtischen Aristokraten dann sogar ganz
unter sich. [1797] Die Trennung von Staat und Stadt blieb jedoch bestehen. 1803
trat an die Stelle der Munizipalität ein von der Generalversammlung der Bürgerschaft gewählter Stadtrat, bestehend aus 15 Mitgliedern unter dem Vorsitz
des Stadtpräsidenten. Sofern sie die restriktiven Anforderungen (ansässig seit
mindestens zwei Jahre, freies Grundeigentum, unabhängiger Beruf [1798]) erfüllten, waren neben der Stadtbürgerschaft bei nichtbürgerlichen Angelegenheiten auch noch Niedergelassene als Aktivbürger zur Generalversammlung
zugelassen. Als Wahlkörper erhielten auch die alten Zünfte wieder eine
gewisse politische Funktion, sie dienten zunächst vor allem als Wahlkreise für
den Grossen Rat, ab 1816 auch für den grössern Stadtrat. Diese Zünfte waren
reine politische oder Wahlzünfte und hatten keine weiteren öffentlichen
Funktionen mehr. Im Unterschied zu den bernischen Zünften und Gesellschaften des 19. Jahrhunderts waren sie also auch nicht Träger der Armenfürsorge. Auch das städtische Bürgerrecht war nicht an die Zünfte gebunden. Der
Besitz am alten Zunftvermögen beschränkte sich auf die Partizipanten aus der
Zeit vor 1798. Um sein Wahlrecht wahrnehmen zu können, musste jedoch
jeder Bürger einer solchen Wahlzunft beitreten.

In der Restauration regelte der Kanton im «Gesetz, betreffend die Organisation Stadtraths von Zürich» die städtische Ordnung. Neu wurde der fünf-
zehnköpfige Stadtrat nicht mehr durch die Generalversammlung der Bürgerschaft, die nur noch über die Rechnung des Gemeindegutes sowie allfällige
Gemeindesteuern zu beschliessen hatte, sondern durch ein Wahlkollegium,
das aus dem Stadtrat sowie aus je vier Vertretern der 12 Zünfte und der
Constaffel bestand, gewählt. Wählbar in diese Zunftausschüsse waren nur Bürger der Stadt, die das 25. Altersjahr angetreten hatten. Dieses Kollegium, das
neben den Wahlgeschäften auch für die Erteilung des Bürgerrechtes sowie für
wichtige Sachenscheide zuständig war, bildete den Grösseren Stadtrat. Mehr
als die Hälfte der Mitglieder dieses grössern Stadtrates, nämlich 37 kamen um
1830 aus dem Kreis der alten Führungsgeschlechter, im kleinen Stadtrat waren
es sogar zwei Drittel. Unter den 52 Abgeordneten der Zünfte dagegen

stammte immerhin die Hälfte aus dem «gewöhnlichen» oder mittleren Stadtbürgertum. Vom engern Stadtrat sassen zehn, vom grössern Stadtrat noch
zusätzlich 23 der Mitglieder gleichzeitig auch noch im Grossen Rat. [1799]

Die liberale Revolution von 1830 liess trotz der so tiefgreifenden Veränderungen auf kantonaler Ebene im Innern der Stadt die alte Ordnung praktisch unangetastet weiter bestehen. Im Unterschied zum Kanton Bern, wo die
Liberalen über die kantonale Gemeindegesetzgebung der Stadt die Einwohnergemeinde aufzwangen, hielt der Kanton Zürich auch nach 1830 in der
Gemeindeverwaltung am Bürgerprinzip fest. Dennoch musste sich auch die
Stadt Zürich 1831 eine neue Ordnung geben. Stadtgemeinde und Bürgerschaft
blieben aber weitgehend identisch. Im Kanton wie in der Stadt gewährte allein
das städtische Bürgerrecht politische Partizipation: ohne Bürgerrecht kein
Stimmrecht, kein aktives und passives Wahlrecht. Die Niedergelassenen, auch
die Bürger aus andern Gemeinden des Kantons, waren damit, wenigstens bis
zur Revision von 1838, von jeder politischen Mitwirkung ausgeschlossen.
Lediglich in Schul- und Kirchenangelegenheiten hatten besitzende Niedergelassene auf kommunaler Ebene das Stimmrecht. Da jedoch im Unterschied zu
den Landgemeinden in der Stadt keine Schulgemeinde existierte, sondern ein
vom grösseren Stadtrat gewählter Schulrat den städtischen Schulen vorstand,
konnten sie in Schulsachen ihre Rechte nicht wahrnehmen. Die Generalversammlung der Bürgerschaft, jetzt Gemeindeversammlung genannt, bestand
lediglich aus den «stimmfähigen [1800], in das Bürgerbuch der Stadt eingetra-
genen Stadtbürgern». Sie repräsentierte damit knapp ein Drittel der städtischen Bevölkerung, erfuhr jedoch im Vergleich zu 1816 eine wesentliche Stärkung. Sie entschied in letzter Instanz über die wichtigen Sachgeschäfte und
wählte, wie schon zur Mediationszeit, jetzt auch wieder den Stadtrat. Dieser
setzte sich nun aus 13 Mitgliedern mit einer vierjährigen Amtsdauer zusammen. Nach zwei Jahren musste der Rat zur Hälfte erneuert werden, wobei
Wiederwahl möglich und auch häufig war. Die Wahlen an der Gemeindeversammlung erfolgten schriftlich. Zwischen dem Stadtrat und der Gemeindeversammlung stand wiederum ein grösserer Stadtrat, der in der Regel als kon-
trollierende Behörde jährlich zweimal zusammentrat und neben dem Stadtrat
noch sechzig, durch die Zünfte gewählte Stadtbürger umfasste. Jede Zunft
durfte dabei soviele Stadträte wählen wie sie in den Grossen Rat Abgeordnete
schickte. Alle zwei Jahre musste die Hälfte der zünftischen Abgeordneten
erneuert oder wiedergewählt werden. Im Unterschied zum engern Stadtrat
bestanden keine Einschränkungen infolge von Verwandtschaft oder andern
Ämtern. [1801] 1839 erfuhr diese Ordnung, teilweise noch bedingt durch die
Teilrevision der Kantonsverfassung von 1838, leichte Abänderungen. Die neue
Stadtverfassung vom 10. Oktober/23. Dezember 1839 reduzierte den engeren
Stadtrat von 13 auf neun Mitglieder. Der Wahlmodus des alle vier Jahre ganz
zu erneuernden grösseren Stadtrates wurde noch stärker nach der Mitglieder-
zahl der Zünfte ausgerichtet. Auf je dreissig Zunftgenossen erhielt die Zunft

ein Mandat, mehr als 15 restliche Mitglieder ergaben ebenfalls noch ein Mandat. Die Wahl erfolgte schriftlich in speziellen Zunftversammlungen. Um sein Wahlrecht ausüben zu können, musste weiterhin jeder Stadtbürger nach freier Wahl Mitglied einer der Wahlzünfte sein.

Die Begrenzung der politischen Partizipation auf die Stadtbürger – 1839 konnten lediglich 41 Prozent der in kantonalen Angelegenheiten Stimm- und Wahlberechtigten in der städtischen Politik mitwirken [1802] – sorgte dafür, dass der Vorrang von Besitz, Herkunft und Bildung in den städtischen Behörden gewahrt blieb, dass sich auch nach der liberalen Umwälzung in der Stadt das paternalistisch-obrigkeitliche System noch weitere vier bis fünf Jahrzehnte zu behaupten vermochte. Den neuen alten Zünften kam dabei eine wichtige Funktion zu. Die seit 1803 bestehenden Wahlzünfte waren zwar rechtlich mit den alten Zünften nicht identisch, doch in der sozialen Zusammensetzung, der Zugehörigkeit der einzelnen Familien und Geschlechter zu den einzelnen Zünften herrschte doch eine sehr hohe Kontinuität. Neue Stimmbürger wurden in der Regel jener Zunft beigezählt, zu der bereits der Vater gehört hatte. Wie schon im Ancien régime hatten sich die führenden Geschlechter, besonders jene der Handelsaristokratie, auch unter dem System der Wahlzünfte meist auf zwei oder drei verschiedene Zünfte verteilt. [1803] 1834 entsandte lediglich die Zimmerleutezunft keinen einzigen Angehörigen der ehemaligen Führungsgeschlechter in den Grossen Stadtrat. 1848, 1857 und auch noch 1865 stammte in jeder Zunft mindestens ein Vertreter aus der ehemaligen Stadtaristokratie. Bis zur Abschaffung des Zunftsystems um 1866 wählten ausser der Constaffel, der vornehmsten Gesellschaft, zu der auch die meisten Junkerfamilien gehörten, vor allem die Zunft zur Safran, zur Meise und zur Gerwe nur oder fast ausschliesslich Angehörige der Aristokratie in den Grossen Stadtrat. Relativ offen gegenüber Neubürgern scheint vor allem die Zunft zur Schmieden gewesen zu sein. Sie schickte 1857 gleich drei Neubürger in den Grossen Stadtrat. Die beiden übrigen Neubürger kamen aus der Zunft zum Weggen und zur Schneidern. 1860 wählte auch die Meisenzunft erstmals einen Neubürger in den Rat. Es handelte sich aber nicht um einen sozialen Aufsteiger, sondern um den Unternehmer Caspar Schindler-Escher, den Sohn des ehemaligen Glarner Landammannes Dietrich Schindler, der sich nach seinem Rücktritt aus allen Ämtern in Zürich niedergelassen hatte.

Wie sehr die aristokratischen Geschlechter ihren Einfluss in der Stadt, in den städtischen Behörden und der städtischen Verwaltung zu wahren wussten, zeigt sich vor allem in der Zusammensetzung des engeren, aber auch des grossen Stadtrates. 1834 bestand der dreizehnköpfige engere Stadtrat mit zwei Ausnahmen aus Angehörigen der alten Magistrats- und Handelsaristokratie. 1848 stammten fünf der neun Stadträte aus diesen Kreisen, 1857 gar sieben. Mit wenigen Ausnahmen kamen alle übrigen Mitglieder des engern Stadtrates bis 1866 fast ausschliesslich aus dem alteingesessenen Stadtbürgertum. Die grosse Ausnahme war der ältere Sohn des ehemaligen eidgenössischen Kanzlers Joh. Markus Samuel Isaak Mousson, der 1816 das Bürgerrecht der Stadt Zürich und 1821 auch jenes der Stadt Bern geschenkt erhalten hatte, Joh. Heinrich Emanuel Mousson (1803–1869), der sich erst 1834 in Zürich niedergelassen hatte, nachdem er wegen des Eingreifens eidgenössischer Truppen in Basel und Schwyz im Sommer 1833 von seinem Amt als eidgenössischer Staatsschreiber demissioniert hatte. Bereits 1836 gelangte er in den Grossen Stadtrat, nach der Septemberrevolution von 1839 war er zunächst als Regierungsrat, dann als Amtsbürgermeister Mitglied der konservativen Kantonsregierung, aus der er nach dem Wiedererstarken der Liberal-Radikalen 1845 zusammen mit Joh. Caspar Bluntschli austrat. 1847 in den engern Stadtrat gewählt, war er von 1848 bis 1863 Vizestadtpräsident, 1863 wurde er dann sogar Nachfolger von Hans Ludwig Hess, einem Arzt, der seit 1831 dem Stadtrat angehört und ab 1840 das Amt des Stadtpräsidenten ausgeübt hatte. Obwohl Mousson bis 1866 einer der wenigen Stadträte und der erste Stadtpräsident war, der nicht aus dem alteingesessenen Stadtbürgertum stammte, war er sowohl gesinnungsmässig als auch über verwandtschaftliche Beziehungen mit den alten Zürcher Familien eng verbunden. 1828 hatte er die Tochter von David von Wyss geheiratet, der 1814 bis 1832 als Bürgermeister des Kantons amtierte und in gemeinsamer politischer Arbeit Moussons Vater schon lange nahe stand. [1804]

| Tabelle 85 | **Rechtlich-soziale Zusammensetzung des Grossen Stadtrates von Zürich 1834–1857.** [1805] | | | | | | |
|---|---|---|---|---|---|---|---|
| Jahr | Aristokratie | | Altbürger | | Neubürger | | Einw. | Total |
| | abs. | % | abs. | % | abs. | % | abs. | |
| 1834 | 41 | 56 | 31 | 43 | 1 | 1 | 0 | 73 |
| 1848 | 47 | 57 | 32 | 39 | 3 | 4 | 0 | 82 |
| 1857 | 44 | 48 | 41 | 45 | 6 | 7 | 0 | 91 |

Auch im Grossen Stadtrat, der 1836 rund sechs Prozent aller in der Stadt wohnhaften stimmberechtigten Bürger umfasste, sassen bis Mitte des 19. Jahrhunderts mehrheitlich Nachkommen der Stadtaristokratie. Von den rund dreissig ehemaligen Führungsgeschlechtern waren 1834 21, 1848 27, 1857 25 und 1865 26 mit mindestens einem Familienmitglied im Rat der Stadt vertreten, rund die Hälfte der Geschlechter sandte zwei bis drei, oder wie die Escher vom Glas gleich vier Angehörige in den Rat. Auch die übrigen Ratsmitglieder stammten in ihrer grossen Mehrheit aus dem alteingesessenen Stadtbürgertum, das gesamthaft rund 250 verschiedene Geschlechter umfasste. Von den Stadtbürgern, die erst nach 1800 das Zürcher Bürgerrecht erlangt hatten, schafften nur ganz wenige den Sprung in den Rat. Um 1834 war es zunächst nur einer, nämlich der 1839 zum Stadtschreiber ernannte Heinrich Gysi, dessen Eltern ursprünglich in Wollishofen beheimatet waren und 1810 das stätische Bürgerrecht erworben hatten. 1848 gehörte neben Joh. Hch. Emanuel Mousson und Stadtschreiber Gysi noch der Bäcker Joh. Melchior Hauk, dessen Vater ursprünglich aus Bayern stammte und 1814 eingebürgert wurde, dem Grossen Stadtrat an. 1857 kamen noch drei weitere Neubürger dazu, darunter auch der Kaufmann Karl Neumann, der sich erst 1851 in das Bürgerrecht eingekauft hatte. Die andern zwei, der Tuchhändler Konrad Karl William und der Buchhändler Joh. Salomon Höhr, waren schon in der zweiten Generation Zürcher Bürger. Von ihrer wirtschaftlichen und sozialen Stellung her passten sich diese Neubürger, wie die folgende Tabelle zeigt, nahtlos ins allgemeine Sozialprofil des grössern Stadtrates zwischen 1830 und 1860 ein.

Besitz und Vermögen, Bildung und Herkommen waren auch nach 1830 unabdingbare Voraussetzungen, um in den ehrenvollen Kreis der oberen städtischen Behörden Aufnahme zu finden und dort mehr als nur eine Statistenrolle spielen zu können. Obwohl die wirtschaftliche und zeitliche Belastung für die Mitglieder des grössern Stadtrates praktisch nicht ins Gewicht fiel, der Abkömmlichkeit hier also kaum Bedeutung zukam, ging Mitte der dreissiger Jahre nur gerade ein Fünftel der Stadträte einer Tätigkeit im Handwerk oder Gewerbe nach. Ende der vierziger Jahre waren dies sogar nur noch rund zehn Prozent. Dafür waren jetzt auch mittlere Beamte und Lehrer in den Rat gewählt worden: 1848 wie 1857 kamen zehn Prozent der Räte aus solchen eher kleinen Verhältnissen. [1806]

Tabelle 86 **Berufliche und soziale Gliederung des Grossen Stadtrates von Zürich 1834–1857.** [1807]

| | 1834 | | | 1848 | | | 1857 | | |
| | A | Total | | A | Total | | A | Total | |
| | % | abs. | % | % | abs. | % | % | abs. | % |
|---|---|---|---|---|---|---|---|---|---|
| **Besitzbürgertum** | 24 | 12 | 16 | 22 | 16 | 19 | 27 | 16 | 18 |
| **Wirtschaftsbürgertum** | 46 | 24 | 33 | 29 | 14 | 17 | 29 | 19 | 21 |
| Kaufmann | 37 | 18 | 25 | 22 | 11 | 13 | 22 | 13 | 14 |
| Unternehmer | 5 | 6 | 8 | 4 | 2 | 2 | 4 | 4 | 4 |
| **Bourgeoisie des talents** | 22 | 20 | 27 | 45 | 37 | 45 | 44 | 36 | 40 |
| Arzt/Apotheker | 5 | 3 | 4 | 2 | 3 | 4 | 7 | 4 | 4 |
| Jurist | 2 | 1 | 1 | 4 | 2 | 2 | | 1 | 1 |
| Pfarrer | | 2 | 3 | | 4 | 5 | | 4 | 4 |
| Professor | | 2 | 3 | | 3 | 4 | | 2 | 2 |
| Hoher Beamter/Offizier | 15 | 10 | 14 | 37 | 22 | 27 | 38 | 19 | 21 |
| Direktor | | 1 | 1 | - | 3 | 4 | | 4 | 4 |
| **Gewerbl. Mittelstand** | 7 | 15 | 21 | 2 | 7 | 9 | | 11 | 12 |
| **Neuer Mittelstand** | | 1 | 1 | 2 | 8 | 10 | | 9 | 10 |
| Lehrer | | | | | 3 | 4 | | 2 | 2 |
| Beamter/Angestellter | | 1 | 1 | 2 | 5 | 6 | | 7 | 8 |
| ohne Angabe | | 1 | 1 | | | | | | |
| **Total** | 41 | 73 | 100 | 49 | 82 | 100 | 45 | 91 | 100 |

Mindestens drei Viertel der Stadträte stammten, aufgrund der bereits festgestellten, anhaltenden Vormacht der alten Führungsgeschlechter auch nicht weiter erstaunlich, aus dem Besitz- oder Wirtschaftsbürgertum oder der Bourgeoisie des talents. Mit knapp der Hälfte aller Stadträte dominierte in den dreissiger Jahren das Besitz- und Wirtschaftsbürgertum, ab Ende der vierziger Jahre waren dann wenigstens zahlenmässig Angehörige der Bourgeoisie des talents stärker vertreten. [1808] Während das Besitzbürgertum, die sogenannten

Partikulare und Gutsbesitzer, ihre Position hielten und sich weiterhin stark um die städtische Politik kümmerten, ging der Anteil der wirtschaftsbürgerlichen Repräsentanten in den vierziger und fünfziger Jahren fast auf die Hälfte zurück: 1835 stellten allein die Grosskaufleute und Unternehmer einen Drittel aller Stadträte, 1848 noch 15 Prozent, 1857 waren es mit 18 Prozent wieder etwas mehr. Offensichtlich fanden sie an der städtischen Politik immer weniger Interesse, nicht zuletzt wohl auch deshalb, weil die Stadt nach dem Verlust ihrer Privilegien und ihrer Vormachtstellung im Kanton für sie stark an Bedeutung eingebüsst hatte. Gerade die erfolgreicheren städtischen Unternehmer und Kaufleute nahmen nach 1830 nur noch beschränkt, wenn überhaupt, selbst in den städtischen und kantonalen Behörden Einsitz. Ein Beispiel dafür ist Bauunternehmer Joh. Jakob Locher, der seine Wahl in den engern Stadtrat 1857 nur unter dem Vorbehalt annahm, dass er den Sitzungen des Stadtrates nicht immer beiwohnen müsse und dass ihm das zeitraubende Kassen- und Rechnungswesen nicht aufgebürdet werde. [1809] Vor allem die Mitarbeit in zeitraubenden Kommissionen oder auch im engern Stadtrat, wo die zeitliche und arbeitsmässige Belastung zunehmend grösser wurde, überliessen sie immer mehr Angehörigen des Besitz- und Bildungsbürgertums, die eher noch über freie Kapazitäten verfügten oder auch eher bereit waren, es sich aufgrund ihrer gesicherten finanziellen Verhältnisse aber auch leisten konnten und wollten, ihre Erwerbstätigkeit zugunsten der ehrenamtlichen politischen Betätigung einzuschränken oder gar aufzugeben. Ab Mitte der vierziger Jahre waren Kaufleute und Unternehmer im engeren Stadtrat kaum noch vertreten, dagegen Männer wie Heinrich Mousson oder Joh. Ludwig Hess, der, seit 1831 im Stadtrat, ab 1840 als Stadtpräsident, seine Stelle als Bezirksarzt 1847 aufgab und sich nur noch der politischen Tätigkeit widmete. Die Mitglieder des grossen Stadtrates aus der Bourgeoisie des talents waren zur Hälfte höhere Beamte, darunter auch Juristen, sowie Inhaber staatlicher oder städtischer Halb- und Nebenämter oder höhere Offiziere in eidgenössischen wie fremden Diensten. Die andere Hälfte teilte sich auf Ärzte, Pfarrer und Professoren sowie mit steigender Tendenz auch auf Direktoren von Banken und Bahngesellschaften auf. Noch kaum vertreten waren Advokaten und andere freiberuflich tätige Juristen.

### Stadtbürgertum gegen Niedergelassene: Die Revision der Gemeindeordnung von 1857/58

Im Unterschied zur Stadt Bern, wo bei aller Dominanz der Bürgerschaft wenigstens ein Teil der niedergelassenen Einwohner seit 1832 über eine gewisse Mitbestimmung und auch im Gemeinderat über eine Vertretung verfügte, war um die Mitte des 19. Jahrhunderts in der Stadt Zürich die Herrschaft des Stadtbürgertums dank des im kommunalen Bereich geltenden Bürgerprinzips noch völlig intakt. Die Verwaltung der Stadt Zürich war allein dem Stadtbürgertum, das noch knapp ein Viertel der Einwohnerschaft umfasste und ein Drittel der in kantonalen Angelegenheiten Stimmberechtigten stellte, vorbehalten. [1810] Durch das neue kantonale Gemeindegesetz von 1855 wurde dann aber auch im Kanton Zürich das Bürgerprinzip in der Verwaltung der politischen Gemeinden relativiert. Es schrieb allen Gemeinden vor, den Kantons- und Schweizerbürgern, die seit mindestens einem Jahr in der Gemeinde niedergelassen waren, über jene städtischen Angelegenheiten, an die sie durch ihre Steuern einen Beitrag leisteten, das Stimmrecht zu erteilen. Die Gemeinden erhielten darüberhinaus das Recht, die niedergelassenen Kantons- und Schweizerbürger zu den Gemeindeversammlungen zuzulassen. Die Wahl der Gemeinderäte, damit auch des Stadtrates, blieb aber weiterhin den Ortsbürgern vorbehalten. [1811] Um die notwendigen Revisionen an der Stadtverfassung vorzunehmen, setzte der engere Stadtrat am 17. Juli 1855 eine Spezialkommission aus seiner Mitte ein. Doch diese Kommission liess die Revisionsarbeit zunächst einmal «längere Zeit hindurch ruhen», um dann zwei Jahre, am 24. Juni 1857, später dem Stadtrat zu beantragen, er möge doch eine neue, grössere Kommission einsetzen. Der Stadtrat konstituierte darauf am 18. August 1857 eine dreizehnköpfige Kommission bestehend aus drei Mitgliedern des Stadtrates, dem Rechtskonsulenten, dem Stadtschreiber sowie acht weiteren Vertretern der Bürgerschaft, die Niedergelassenen wurden nicht berücksichtigt. [1812] Am 9. November 1857 trat diese Kommission dann erstmals zusammen. Ihren eigentlichen Auftrag, einen Bericht und Anträge zu einer neuen Stadtverfassung, delegierte sie an eine Dreierkommission, zugleich ersuchte sie den Stadtrat um die Ermächtigung eines öffentlichen Aufrufes, «durch welchen alle Personen, welche an der Revision der Stadtverfassung ein Interesse nehmen, eingeladen werden sollen, ... ihre diesfälligen Wünsche und Anträge der Commission schriftlich einzureichen». Zusammengesetzt war die engere Kommission aus dem Vizepräsidenten des Stadtrates, Heinrich Emanuel Mousson, 1803 geboren, ehemaliger eidgenössischer Staatsschreiber, im konservativen Interregnum nach dem Züriputsch von 1839 bis 1845 Regierungsrat und Amtsbürgermeister des Kantons, seit 1847 Mitglied des engern Stadtrates, sowie dem ersten Sekretär der Finanzdirektion Arnold Nüscheler, 1811 geboren, Mitglied des grössern Stadtrates, und dem Stadtschreiber Dr. Eugen Escher, geboren 1831.

Auf den öffentlichen Aufruf hin gingen vier Zuschriften ein. Drei dieser Eingaben kamen von einzelnen Bürgern, die vierte, gewichtigste Eingabe stammte von 153 niedergelassenen Schweizerbürgern, unterzeichnet von fünf Einwohnern, alle Kantonsbürger und in bürgerlichen Berufen tätig. [1813] Die Dreierkommission stellte darauf die «nach den Bestimmungen des neuen Gemeindegesetzes und nach den veränderten Zeitverhältnissen als der Revision bedürftig sich erzeigenden Hauptpunkte» zusammen und bemühte sich diejenige Lösung für die Revision «aufzufinden», die nach «menschlicher Berechnung geeignet sein wird, der Verwaltung unserer Vaterstadt ein dem

Aufschwunge derselben entsprechendes und die gehörige Erfüllung der Anforderungen der Gegenwart verheissendes Gepräge zu verleihen». Das Ergebnis
ihrer Bemühungen legte die Kommission in einem ausführlichen Bericht an
die weitere Kommission nieder. Der Verfasser war Dr. Eugen Escher, der am
1. Februar 1857 eben erst das Amt des Stadtschreibers übernommen hatte.
Escher schrieb nicht nur den Bericht, sondern erledigte auch einen grossen
Teil der einschlägigen Vorarbeiten. Nach eigenem Zeugnis waren bei den
Lösungen, die für verschiedene der aufgeworfenen Probleme und Fragen vorgeschlagen wurden, seine Ansichten bestimmend. Ganz durchzudringen vermochte der damals erst 26jährige Jurist mit seinen fortschrittlich-liberalen
Vorstellungen allerdings nicht. Mehrfach war die Lösung nach seiner Auffas-
sung nur eine halbe und ungenügende. [1814] Bei einzelnen besonders umstritte-
nen Fragen enthielt sich die Kommission denn auch jeweils eines bestimmten
Antrages an die weitere Kommission und beschränkte sich auf die diskursive
Darlegung der Probleme und ihrer möglichen Lösungen, wobei allerdings von
der Kommission oder auch nur vom Verfasser favorisierte Meinungen im
Sinne einer gewissen Öffnung und Reform der Verwaltung nach moderneren
Gesichtspunkten mancherorts doch recht deutlich durchschimmerten. Aber
gerade weil der Bericht in einem sehr diskursiven Stil gehalten ist und die ver-
schiedenen, in der Bürgerschaft wie unter den Niedergelassenen vorhandenen
Vorstellungen wiedergibt, erlaubt er einen guten Einblick in die politische
Haltung und Mentalität des Stadtbürgertums, in die von ihm dominierte po-
litische Kultur.

Zunächst legte die Dreierkommission die Schranken fest, innerhalb
derer sich die Revision überhaupt zu bewegen hätte. So hielt es die Kommission nicht «für passend, bei Anlass der Verfassungsrevision auf die Frage der
Wünschbarkeit einzelner Gesetzesmodifikationen für unsere städtischen Verhältnisse einzutreten». Alle Begehren, die ohne Abänderungen der kantonalen
Gesetzgebung nicht als möglich erschienen oder sich aus der Revision des
Gemeindegesetzes nicht aufdrängten, sollten deshalb nicht weiter verfolgt
werden. [1815] Im besonderen sollten das Armen- und Kirchenwesen, aber auch
das Schulwesen ausgeklammert werden. Für die Niedergelassenen bildeten
jedoch gerade die städtischen Schulen, die «das nicht leisten, was sie leisten
sollten und könnten» und teils «hinter den bessern Volksschulen auf dem
Lande zurückstehen», einen unvermeidlichen Hauptpunkt der Revision. Um
dem endlich abzuhelfen, forderten sie in ihrer Eingabe, dass die städtischen
Schulverhältnisse konform zum Gemeindegesetz zu ordnen, namentlich, dass
die Wahl der Mitglieder des städtischen Schulrates nicht mehr vom grösseren
Stadtrat sondern durch die Einwohnergemeinde zu wählen seien. Im Falle,
dass ihren Wünschen nicht entsprochen werde, drohten die Niedergelassenen,
die Erlangung eines gesetzlichen Rechtes, auf das sie den grössten Wert setzten, durch andere Mittel anzustreben. [1816] Diese Drohungen bezeichnete die
Kommission als «nicht sehr ernst gemeint» und als «ein auf die vermeinte

Furchtsamkeit der Stadtbehörden berechnetes Zwangsmittel». Sie beantragte
Nichteintreten mit den Argumenten, dass die städtische Schulorganisation
vom neuen Gemeindegesetz nicht tangiert und ihr Einbezug das ganze Revi-
sionswerk «in ungerechtfertigter Weise» in die Länge gezogen würde. [1817]

Die engere Commission beschränkte ihre Arbeiten in der Folge auf die
Grundzüge der städtischen Verwaltung, nämlich auf die Organisation und die
Kompetenzen der Gemeindeversammlung, des grössern und kleinern Stadtrates. Doch auch in diesen Fragen drehte sich die Diskussion direkt oder indirekt zwangsläufig immer wieder um das Verhältnis zwischen dem Stadtbürgertum und den Niedergelassenen. Die Gemeindeversammlung an sich stellte
die Kommission nicht in Frage. Sie beklagte sich zwar über die auf allen Stufen des politischen Lebens «zur Zeit herrschende Apathie», die sich auch in
einem sehr schlechten Besuch der Gemeindeversammlungen niederschlug,
doch die «Ordnung der städtischen Angelegenheiten in wesentlichem Grade
aus den Händen der Gemeinde zu nehmen und auf die beiden Stadträthe zu
übertragen» schien ihr deswegen nicht ratsam. Im Gegenteil, durch Vermehrung ihrer Kompetenzen wollte sie die Gemeindeversammlung, die als «ein
verständiger Theil» von allen wichtigen Vorgängen in der Verwaltung, ihrer
Bedeutung und Tragweite Kenntnis erhalten sollte, zur «eigentlichen Grundlage der städtischen Verwaltung» machen. Konkret forderte sie, dass die dem
Stadtrat vom Gemeindegesetz auferlegte Verpflichtung, der Gemeinde alljährlich einen Voranschlag über die Ein- und Ausgaben des folgenden Jahres sowie
die Rechnung über das vergangene Jahr vorzulegen, in ihrer vollen Bedeutung
in Kraft gesetzt und zudem der Stadtrat verpflichtet werde, nach Ablauf eines
Jahres der Gemeinde «einen die gesammte Jahresverwaltung beschlagenden,
deren Haupterscheinungen in gedrängter Darstellung zusammenfassenden
Geschäftsbericht zu erstatten». Durch diese verstärkte Rechenschaftspflicht des
Stadtrates, durch mehr Öffentlichkeit und erhöhte Kontroll- und Lenkungs-
möglichkeiten der Gemeindeversammlung hoffte die Kommission die «sou-
veräne Stellung der Gemeinde» gegenüber den Stadträten zu sichern und so
«jedem um das städtische Verwaltungswesen sich interessirenden Bürger die
Möglichkeit zu bieten, den Gang und Geist der Stadtverwaltung kennen zu
lernen und jenen räthselhaften Schleier zu beseitigen, welcher zur Zeit profanen Augen die bescheidenen Mysterien unserer Stadt verbirgt.» [1818]

Im Zusammenhang mit der Organisation der Gemeindeversammlung
befasste sich die Kommission auch eingehend mit den Rechten der Niedergelassenen, insbesondere mit der Frage, ob und in welchem Ausmass diesen über
die bindenden Vorschriften des Gemeindegesetzes hinaus im Interesse der
Stadt politische Rechte zugestanden werden sollten. Sie setzte sich dabei in
erster Linie mit den Vorschlägen, die von den Niedergelassenen in ihrer Petition eingebracht worden waren, auseinander. Mit ihren in der Sache selbst
nicht sehr weitreichenden Forderungen, die weder die politische Privilegierung der Bürger noch die Institution der Bürgergemeinde grundsätzlich in

Frage stellten, verfolgten die Niedergelassenen vor allem ein Ziel, nämlich eine direkte Vertretung in einem vorberatenden Gremium. Sie wollten also nicht erst an der Versammlung der Einwohnergemeinde mit den ihnen vorzulegenden Fragen und Problemen konfrontiert werden, sondern schon vorher in den Entscheidungsprozess der städtischen Behörden, die bis anhin ja einzig aus Vertretern der Bürgerschaft zusammengesetzt waren, in irgendeiner Form miteinbezogen werden. Um zu ihrem «Recht der Vorberathung» zu kommen, schlugen sie folgende drei Alternativen vor: Erstens Bildung eines bleibenden Einwohnerausschusses, der anstelle des grössern Stadtrates alle an die Einwohnergemeinde zu gelangenden Geschäfte begutachten sollte; zweitens Mitbeteiligung der niedergelassenen Kantons- und Schweizerbürger an der Wahl in den Grossen Stadtrat, allerdings in der Meinung, dass die nichtbürgerlichen Mitglieder auf eine kleinere Zahl beschränkt und nur zu jenen Verhandlungen einberufen würden, welche auch die Niedergelassenen berührten; drittens Konstituierung der Niedergelassenen zu einem selbständigen Wahlkollegium mit dem Recht, eine gewisse Anzahl von Mitgliedern aus ihrer Mitte in den grössern Stadtrat zur Behandlung der gemeinsamen Angelegenheiten zu senden. Letztlich war den Petitionären, wie sie selbst erklärten, aber ziemlich gleichgültig, welche dieser Alternativen von der Bürgerschaft vorgezogen würde. Worauf die Niedergelassenen jedoch beharrten, war eine Vertretung nach ihrer Wahl, ohne die Mitwirkung der Bürger dabei ausschliessen zu wollen. [1819]

Der Argumentation der Petitionäre, dass die Niedergelassenen nur dann «die ihnen erforderliche Einsicht in die ihnen vorzulegenden Fragen gewinnen und mit Vertrauen den ihnen gemachten Vorschlägen zustimmen» könnten, wenn ihnen auch das Recht der Vorberatung eingeräumt werde, und dass zudem manche Anträge bei ihnen «bessern Eingang» fänden, wenn sie ihnen durch Männer ihrer Wahl und ihres Vertrauens empfohlen, als wenn sie bloss von bürgerlichen Behörden ausgehen würden, vermochte die Kommission «eine gewisse Bedeutung» nicht abzusprechen. Sie wäre deshalb bereit gewesen, auch der Einwohnergemeinde eine «ständige Vertretung im städtischen Organismus durch Aufstellung eines vorberathenden Ausschusses zu gestatten, falls diese Vertretung sich denken liesse, ohne der Gefahr eines verhängnisvollen Dualismus in der Stadtverwaltung zu rufen». Doch genau diese Gefahr glaubten die Kommissionsmitglieder nicht unbedingt ausschliessen zu können. Sie waren sich nicht sicher, was die «entschiedene Mehrheit der Niedergelassenen» wirklich anstrebte, ob sie «in der Bewilligung eines solchen Einwohnerausschusses lediglich das aufrichtige Streben der Bürgerschaft erkennen würde, allen ihren gerechten Wünschen billige Rechnung zu tragen» oder ob eine «zahlreichere Partei in der Aufstellung eines derartigen Ausschusses lediglich das erste Zeichen der Schwäche auf Seite der Bürgerschaft erblicken und daraus nur die Veranlassung zum Fordern weiterer Concessionen ableiten würde». War die erste Einschätzung richtig, dann drohte von dieser Neuerung keine Gefahr für die Bürgerschaft, stimmte hingegen die zweite, dann war es ihre Pflicht, «den ersten Anfängen eines solchen Zwiespaltes entgegenzutreten und strenge an das kantonale Banner der Bürgergemeinde» sich zu halten. Wenn nicht die direkten sachlichen Forderungen der Petition, so bewiesen doch der drohende Unterton in den Erläuterungen der Kommission, dass ihre Befürchtungen durchaus gerechtfertigt waren und dass zumindest hinter der Eingabe Leute standen, die nach «communalem Einfluss» strebten und durch einen blossen Einwohnerausschuss kaum zu befriedigen sein dürften. [1820]

Im Bewusstsein ihrer zahlenmässigen Überlegenheit und politischen Druckmittel, liessen die Unterzeichner der Eingabe tatsächlich deutlich erkennen, dass sie die Tage der reinen Bürgergemeinde für gezählt hielten, dass die Bürgerschaft den Niedergelassenen über kurz oder lang die politische Gleichberechtigung werde zugestehen müssen: «Wenn Sie unsern Wünschen in keiner Weise entsprechen wollten, können wir nicht umhin, Sie auf die Gefahren aufmerksam zu machen, denen Sie das städtische Gemeinwesen aussetzen. Die gegenwärtigen Bürgergemeinden sind offenbar in einem Übergang zu den Einwohnergemeinden begriffen. Nach Gleichberechtigung ringt unsere Zeit in allen Gebieten des politisch-bürgerlichen Lebens, und diesem Zuge der Zeit wird auch Zürich nicht zu widerstehen vermögen. An Ihnen ist es, jenen Übergangsprozess durch kluge Concessionen zu einem friedlichen und allmäligen zu gestalten, während er sonst ein mehr oder minder gewaltsamer und sprunghafter sein wird. Übersehen Sie nicht, dass die Niedergelassenen durch die Zahl ihrer Stimmen ein entscheidendes Übergewicht ausüben können, wenn sie es darauf absehen: sie können die Taktik ergreifen, alle Vorschläge zu verwerfen, die nicht von Männern ihrer Wahl begutachtet wurden, oder sie an Commissionen weisen, um denselben Zweck zu erreichen, wodurch aber deren Erledigung oft zum Nachtheil Aller verzögert würde; oder endlich stände es ihnen auch frei, sich als ein selbständiger Verein zu organisiren, der alle Schritte der städtischen Behörden gleichsam überwachen und einen Einfluss auf communale Angelegenheiten und kantonale Wahlen üben könnte, der am allerwenigsten im Interesse der Bürgerschaft läge.» [1821]

Wegen ihrer Bedenken und Unsicherheit wollte sich die engere Kommission in dieser Frage nicht auf einen bestimmten Antrag festlegen, die «billigen Wünsche» der Niedergelassenen aber einfach zurückzuweisen schien ihr dagegen auch nicht ratsam, weswegen sie der weiteren Kommission beliebt machte, ihre Beratungen in dieser Frage nochmals aufzunehmen und «erst nach allseitiger Würdigung der Verhältnisse ihren definitiven Entscheid zu fassen». Zuhanden der weiteren Kommission überprüfte sie die drei vorgeschlagenen Alternativen deshalb doch noch auf ihre Zulässigkeit und ihre Konsequenzen. «Für den Fall, dass die grössere Revisioncommission sich dafür entscheiden sollte, es könne den Niedergelassenen ohne Gefahr für die gehörige Fortentwicklung unserer Stadt eine ständige Vertretung in deren Verwaltung eingeräumt werden», trat sie für die Bildung eines Einwohnerausschusses ein, der von der gesetzlich anerkannten, Bürger und Niedergelassene umfassenden Einwohnergemeinde gewählt werden und bei jenen Geschäften, die in den Kompetenzbereich der Einwohnergemeinde fielen, an die Stelle des grössern Stadtrates treten sollte. Die beiden andern Vorschläge schienen ihr in einen für das öffentliche Wohl gefährlichen Dualismus zu führen und entweder die Einwohnergemeinde gegen die Bürgerschaft oder die nichtbürgerlichen Stadträte gegen die bürgerlichen Stadträte aufzubringen. [1822]

Eingehend diskutiert wurde das Verhältnis zwischen Stadtbürgertum und Niedergelassenen auch bei der Frage, wie weit in der neuen Stadtverfassung der Erwerb des städtischen Bürgerrechts erleichtert werden sollte. Prinzipiell befürwortete die Kommission eine wesentliche Herabsetzung der Einkaufsgebühren, sie hoffte damit «den Grund zu einer umfassenden Vermehrung unserer Bürgerschaft» zu legen, das «grelle Missverhältnis» zwischen Stadtbürgern und Niedergelassenen, die unter den Stimmberechtigten nahezu doppelt so stark waren wie die Bürgerschaft, aufzuheben, so den hie und da auftauchenden Tendenzen auf Einführung der Einwohnergemeinde den Boden zu entziehen, dem Prinzip der Bürgergemeinde damit ihre «innerliche Begründung und Berechtigung» zu erhalten und durch «Zufluss neuer gesunder Kräfte die Bedeutung des Bürgerrechtes auch für die Zukunft» zu sichern. Die Stadt sollte allerdings ihr «Bürgerrecht auch fernerhin in Ehren zu halten wissen», deshalb wollte die Kommission die Einbürgerung nur jenen erleichtern, die «bereits durch nähere Bande mit unserer Stadt verknüpft sind» und auch «die erforderlichen persönlichen Garantien dafür bieten, dass sie von dem hiesigen Bürgerrecht keinen ungehörigen Gebrauch machen werden.» Sie beschränkte deshalb die erleichterte Aufnahme auf die Kantonsbürger. Um aber auch bei ihnen die «ungehörige Anwendung» des Bürgerrechtes möglichst auszuschliessen, sollte von ihnen zunächst verlangt werden, dass sie die gesetzlichen Bedingungen für den Erwerb des Bürgerrechts (Ausweis über guten Leumund, Rechts- und Handlungsfähigkeit, Besitz eines Vermögens von 1000 Franken) voll erfüllten. Wer dann noch zusätzlich ausweisen konnte, dass er durch «nähere Bande» mit der Stadt verknüpft war, dem sollten die Einkaufsgebühren gesenkt werden und zwar je kräftiger diese Bande waren, desto mehr sollte jemand in den Genuss dieser Erleichterung gelangen.

Kriterien für diese näheren Bande waren in den Augen der Kommission, erstens die längere Niederlassung in der Stadt, zweitens der Besitz eines hiesigen Wohngebäudes und drittens Verehelichung mit einer Bürgerin der Stadt. Von diesen drei Kriterien sollte die längere Niederlassung unter allen Umständen gefordert werden, während die beiden andern lediglich als eine gewisse Verstärkung der Bande betrachtet wurden. [1823] Entsprechend diesen Kriterien erhielt ein Kantonsbürger, der seit mindestens 15 Jahren in der Stadt seinen Wohnsitz hatte, einen Viertel Ermässigung. Wer darüberhinaus seit mindestens fünf Jahren ein Wohngebäude besass oder eine hiesige Bürgerin geheiratet hatte, musste noch die Hälfte der Einkaufsgebühren entrichten. Dies galt

auch für jene, die schon seit mindestens 25 Jahren ohne längeren Unterbruch
in Zürich gewohnt hatten. Drei Viertel hatte noch jener zu bezahlen, der hier
nicht nur seit mindestens 25 Jahren wohnte, sondern auch noch seit mindestens fünf Jahren ein Wohngebäude besass oder mit einer Stadtbürgerin verheiratet war. Dem Besitz eines bedeutenden Vermögens sollte dagegen in dieser Frage keine Bedeutung beigemessen werden, nicht nur weil sonst ein
«Schein der Gehässigkeit» auf die ganze Regelung gebracht würde, sondern
auch weil «in Wirklichkeit der Besitz eines bedeutenden beweglichen Vermögens für besondere Anhänglichkeit» eines Niedergelassenen an die Stadt
«keinerlei Bürgschaft» gewährte. Eine Herabsetzung der für den Reichen
wenig bedeutenden Einkaufsgebühr von 2000 Franken erachtete die Kommission ohnehin als nicht nötig, «wohl aber gegenüber dem weniger Wohlhabenden, welcher gern das Bürgerrecht der ihm lieb gewordenen Stadt erwerben
würde, allein durch die Rücksicht auf seine und seiner Familie Zukunft vor
der für ihn nicht geringen Höhe des Bürgereinkaufes zurückschreckt.» [1824]

Ausführlich diskutierten die drei Herren der engeren Kommission auch
die Zahl der Mitglieder und die Wahlart des 91 Stadtbürger umfassenden grössern Stadtrates. Obwohl es offenbar nicht näher bezeichnete «Stimmen» gab,
die den grössern Stadtrat zugunsten der Gemeinde abschaffen wollten, hielten
sie an dieser Institution fest, traten jedoch für eine Verminderung der Mitgliederzahl um die Hälfte ein, um so dem Übelstand abzuhelfen, dass die Gemeinde trotz ihrer «souveränen Stellung in Gemeindesachen» in dem lediglich
begutachtenden grössern Stadtrat unterging. Die Begründung der Kommission
für die Verminderung zeigt denn auch, welch kleiner und über verwandtschaftliche Bande eng miteinander verbundene Kreis letztlich die Geschicke
der Stadt lenkte: «Bedenkt man, dass die Zahl der stimmfähigen und in der
Stadt anwesenden Bürger sich auf etwa 1000 beläuft, und dass der grössere
Stadtrath von diesen Bürgern gegenwärtig 91 umfasst; bedenkt man ferner,
dass unter den nicht dem grössern Stadtrathe angehörenden Bürgern alle diejenigen sich befinden, welche an den städtischen Geschäften kein Interesse
nehmen und daher gar nie oder doch nur selten den Gemeindeversammlungen beiwohnen; bedenkt man endlich, welches persönlichen Einflusses die
Mehrzahl der Mitglieder des grösseren Stadtrathes auf eine mehr oder minder
bedeutende Zahl ihrer Mitbürger sich erfreuen: so kann man sich gewiss nicht
darüber wundern, dass ein nicht geringer Theil unserer Bürgerschaft durch die
Begutachtung des grössern Stadtrathes die an die Gemeinde gelangenden
Fragen für wesentlich präjudicirt zu halten pflegt, und dass daher der Schluss-
verhandlungen der Gemeindeversammlung nicht immer diejenige Bedeutung
beigemessen wird, welche derselben gebührt.» [1825]

Die bisherige Wahlart des grössern Stadtrates durch die Zünfte unterzog
die engere Kommission ebenfalls einer eingehenden Prüfung, ohne allerdings
zuhanden der weiteren Kommission schliesslich einen bestimmten Antrag zu
stellen. Dagegen forderte Georg Heinrich Fäsi, ein Stadtbürger, in seiner Ein-

zeleingabe die Wahl den Zünften zu entziehen und der Gemeindeversammlung übertragen. Er begründete dies vor allem damit, dass die Zünfte der «jetzt lebenden Generation gänzlich entrückt» und deshalb auch als Wahlkorporation nicht künstlich aufrecht zu erhalten seien.[1826] Die Kommission, die zwar anerkannte, dass manchem «die Beibehaltung der ehrwürdigen Ruine der alten Zünfte» in dieser «der Association der Individuen so sehr bedürfenden und so sehr ermangelnden Zeit» als ein wichtiges Bedürfnis erscheine, meinte ihrerseits, dass die Zünfte jene «Lebensfrische», die allein sie befähigt hätte, die Bedürfnisse einer neuen Zeit zu befriedigen, längst verloren hätten. Sie fragte sich deshalb, ob nicht doch «die Gemeindeversammlung selbst am ehesten im Stande wäre, die bei der Mehrheit der Bürgerschaft geltenden Ansichten zu erkennen und denselben eine gehörige Vertretung zu verschaffen».[1827] Zudem schien ihr nach einer Analyse der betreffenden Artikel, dass die Wahl durch die Zünfte mit dem kantonalen Gemeindegesetz nicht unbedingt vereinbar war, dafür sprach einzig, dass bis anhin von keiner Seite Einwendungen dagegen vorgebracht worden waren.[1828]

Abschliessend beschäftigte sich die Kommission auch noch mit der Zahl und Besoldung des engeren Stadtrates sowie mit der Organisation und den Pflichten der eigentlichen Stadtverwaltung mit ihren zahlreichen Verwaltungskommissionen. Auch in diesem Bereich befürwortete die engere Kommission gewisse Reformen. Durch Vereinfachung der Organisation des engern Stadtrates und die Beseitigung einiger Kommissionen und Unterordnung mehrerer bisher selbständiger Verwaltungen unter die noch beizubehaltenden Kommissionen sollte die städtische Verwaltung gestrafft werden, um dadurch die ihr für den Ausbau der städtischen Infrastruktur zufallenden neuen grossen Aufgaben effizient angehen zu können. Das gleiche Ziel verfolgte auch ihr Vorschlag, die Anzahl Mitglieder des engeren Stadtrates von neun Mitgliedern auf sieben zu vermindern und gleichzeitig ihre Besoldung zu erhöhen.[1829] Mit dieser Reorganisation hoffte sie, sowohl den «Klippen eines allzu streng durchgeführten, zu unvermeidlichen und schädlichen Verschleppungen führenden Collegialsystems» als auch den «büreaukratischen Gefahren eines ausschliesslichen, mit unsern demokratischen Institutionen unvereinbaren Directorialsystems am rechten Orte» ausweichen zu können.[1830] Trotz diesem für die Kommission typischen Lavieren war jedoch offensichtlich, dass damit der sanfte Übergang zum Direktorial- oder Departementalsystem, wie es der Zürcher Regierungsrat seit 1849 bereits kannte, eingeleitet werden sollte.

Die meisten der von der engeren Kommission in ihrem Bericht vom 25. Februar 1858 direkt beantragten oder indirekt befürworteten Reformvorschläge fanden in den Beratungen der weiteren Gremien, der weiteren Kommission sowie dem Stadtrat, keine Mehrheiten. Auch auf die bereits von der engern Kommission abgelehnten Reformen im Schul- und Kirchenwesen wurde nicht weiter eingegangen. Die am 30. Mai 1859 schliesslich von der Bürgergemeinde mit schwacher Mehrheit[1831] angenommene Gemeindeord-

nung für die Stadt Zürich enthielt deshalb, zumindest was die Organisation
und Wahlart der obersten Behörden betraf, im Vergleich zur Stadtverfassung
von 1839 keine einschneidenden Veränderungen. Jede über das kantonale
Gemeindegesetz hinaus geforderte Mitbestimmung der Niedergelassenen
wurde verworfen, das Recht auf Vorberatung jener Sachfragen, über die sie an
der Gemeindeversammlung abstimmen durften, blieb ihnen verwehrt. 1832
Der Stadtrat begründete dies damit, dass eine vermehrte Beteiligung der Niedergelassenen «sich nicht denken lasse, ohne für unsere Stadt zur Auflösung
des gesetzlichen Princips der Gemeindeverwaltung durch die Bürger zu führen, und dass ein Aufgeben dieses Princips namentlich für unsere Stadt nacht-
heilige Folgen haben müsste, weil ein nicht unbedeutender Theil der nach
dem Gesetze als Niedergelassene erscheinenden Einwohner bei der geringen
Dauer ihres hiesigen Aufenthaltes nicht die wünschbaren Garantien für
umsichtige und richtige Beurtheilung der Gemeindeangelegenheiten bietet,
und weil überdies bei dem grossen Umfange rein bürgerlicher Institute, welche unsere Stadt besitzt und welche unter allen Umständen den Bürgern ausschliesslich verbleiben würden, das Aufgeben des Principes der Bürgergemeinde für die Municipalverwaltung im engern Sinne einen schädlichen
Dualismus in der städtischen Verwaltung herbeiführen müsste.» 1833

Die niedergelassenen Kantons- und Schweizerbürger blieben für die
nächsten Jahre aber nicht nur von der politischen Mitwirkung praktisch völlig
ausgeschlossen, auch in der Frage der erleichterten Einbürgerung zeigte sich
die Bürgerschaft nicht sonderlich entgegenkommend, vor allem finanziell war
sie zu keinen grossen Zugeständnissen bereit. Sie akzeptierte lediglich eine
Reduktion um 500 Franken. Die Herkunft aus dem Kanton, die Länge der
Niederlassung und den Besitz eines Hauses bewertete sie jedoch eindeutig
weniger hoch als eine gewisse Finanzkraft der zukünftigen Mitbürger. Um in
den Genuss der Reduktion zu kommen, reichte es, wenn ein Niedergelassener,
ob Kantonsbürger oder nicht, seit mindestens zehn Jahren in der Stadt
gewohnt hatte. Bei Bewerbern, die mit einer Stadtbürgerin verheiratet waren,
genügten sogar fünf Jahre. Den Antrag des engern und grössern Stadtrates, die
Einkaufsgebühr für Bewerber, die entweder seit mindestens zwanzig Jahren
hier niedergelassen waren oder mit einer Stadtbürgerin verheiratet seit zehn
Jahren hier gewohnt hatten, um 1000 Franken zu kürzen, lehnte die Bürgergemeinde ab. Wie dies schon der engere und grössere Stadtrat vorschlugen,
ging die Ermässigung allein auf Kosten der Einzugsgebühren in das Gemeindegut, das Armen-, Kirchen- und Schulgut dagegen erhielten weiterhin die
vollen Gebühren. 1834 Diese Regelung war, wie die konservative Freitagszeitung bemerkte, ein Entgegenkommen an jene Bürger, die fürchteten, die
Niedergelassenen könnten sie zu ihren «Heloten» machen, wenn sie nicht
das «jesuitische Mittelchen des divide et impera» anwendeten. 1835 Obwohl die
finanziellen Hindernisse nur geringfügig abgebaut worden waren, nahm die
Zahl der Einbürgerungen wenigstens in den nächsten beiden Jahren doch rela-

tiv stark zu. [1836] Wie gewünscht, handelte es sich bei den aufgenommenen Neubürgern um «gute Acquisitionen», allerdings hoffte der Stadtrat, dass «aus den Klassen der Professoren, Lehrer, Beamteten, Ärzte» die Zahl der Bürgerrechtserwerbungen noch zunehmen möchte, weil dies «zur Vermehrung der geistigen Kraft der Bürgerschaft wesentlich beitragen dürfte». [1837]

Auch die Wahl des grössern Stadtrates durch die Zünfte wurde beibehalten, «theils weil man bei dem häufig sehr geringen Besuche der Bürgergemeinden von der bisherigen Wahlart für die Besetzung der Behörde sich bessere Ergebnisse versprach, theils auch, weil diese Wahlart der alleinige politische Grund für das Fortbestehen der Zünfte» war und diese «als eines der wenigen noch vorhandenen Mittel zur Vermeidung gänzlicher Zerfahrenheit der Bürgerschaft möglichste Schonung zu verdienen schienen». Bei der Anzahl Mitglieder des grössern wie des engern Stadtrates blieb ebenfalls alles beim Alten. Das Amt des engern Stadtrates sollte wenigstens halbwegs seinen ehrenamtlichen Charakter behalten. Eine «durchgängige Besetzung der Behörde mit erprobten Verwaltungsmännern» lehnte der Stadtrat ab, weil die hohe Belastung dazu geführt hätte, dass man damit «tüchtige Bürger» von der Übernahme eines solchen Amtes entweder abschrecken oder dass man zu einer «unstatthaften Erhöhung» der Besoldungen gezwungen würde. [1838]

Was die Revisionsbewegung von 1857–59 jedoch brachte, waren eine bessere Kontrolle der städtischen Behörden und eine etwas grössere Öffentlichkeit in der städtischen Politik: Über die vom Gesetz vorgeschriebenen Geschäfts- und Rechenschaftsberichte hinaus erhielten die Zeitungen nun aus den stadträtliche Verhandlungen regelmässige Mitteilung; neue Fragen, die sich der Stadtbehörde stellten, wurden in der Presse erörtert, so dass sich nicht nur die eingeweihten Kreise damit vertraut machen konnten. Treibende Kraft war auch hier der Stadtschreiber, der sich in zahlreichen Notizen und ausführenden Artikeln in der Neuen Zürcher Zeitung zu städtischen Problemen äusserte, ein Vorgehen, das vorher weder üblich noch möglich gewesen wäre. [1839] Trotz grösserer Öffentlichkeit pflegten die obersten Stadtbehörden auch weiterhin eine stark patriarchalisch geprägte Regierungsweise und hielten die Stimmberechtigten auch nach 1859 an der kurzen Leine. So konnte die Gemeindeversammlung nur auf Antrag des engern Stadtrates und nach Begutachtung des grössern Stadtrates beschliessen. Dies galt auch für Anträge von seiten der Stimmberechtigten. Sogenannte Anzüge waren mindestens vierzehn Tage vor der Gemeindeversammlung dem Stadtrat schriftlich vorzulegen. [1840]

Auch nach der Revision blieb die städtische Politik und Verwaltung so wie eh und je fest in der Hand des besitzenden und gebildeten alteingesessenen Stadtbürgertums. Die Kreise, die darüber bestimmten, wer in den engern oder grössern Stadtrat einziehen sollte oder durfte, waren und blieben sehr klein. Wie klein lässt sich am Beispiel der Wahlen von 1863 illustrieren: Gesamthaft nahmen in den 13 Wahlzünften 264 Stimmberechtigte an den

Wahlversammlungen teil. Dies entsprach knapp zehn Prozent der 2685 stimmberechtigten Bürger, von denen allerdings mehr als die Hälfte ausserhalb der Stadt wohnte, so dass sich doch von den in der Stadt wohnhaften Bürgern wenigstens rund ein Viertel zu den Wahlen herbeiliess. In einer der Wahlzünfte hatte gar eine Versammlung von acht Wählern vier Wahlen in den grössern Stadtrat vorzunehmen.[1841] Auch sassen im Rat sehr viele vom Stadtrat ernannte Beamte, u. a. der Stadtschreiber und der Stadtingenieur. Trotz offizieller Wahl durch die Gemeinde oder die Zünfte dürften deshalb die Räte sich in der Regel praktisch selbst ergänzt haben. Trotz dieser ungebrochenen Vorherrschaft des Stadtbürgertums in den städtischen Behörden machte sich nach 1857 in der Zusammensetzung des grössern Stadtrates aber doch eine gewisse Öffnung bemerkbar. Der Anteil der Neubürger verdoppelte sich. Ein Sechstel der Mitglieder des grössern Stadtrates stammte 1865 nicht mehr aus dem alteingesessenen Bürgertum. Die meisten unter ihnen waren allerdings schon in der zweiten Generation Bürger von Zürich. Nur vier hatten das Bürgerrecht erst nach 1850 erworben. Neben vier Vertretern aus dem gewerblichen Mittelstand handelte es sich bei diesen Neubürgern um sechs Kaufleute, zwei höhere Beamte, nämlich den ehemaligen Stadtschreiber sowie den Rechtsconsulenten der Stadt, und den Rektor der Industrieschule.

**Tabelle 87**      **Rechtlich-soziale Zusammensetzung des Grösseren Stadtrates von Zürich um 1857 und 1865.** [1842]

| Jahr | Aristokratie | | Altbürger | | Neubürger | | Einwohner | Total |
|------|------|------|------|------|------|------|------|------|
|      | abs. | % | abs. | % | abs. | % | abs. | |
| 1857 | 44 | 48 | 41 | 45 | 6 | 7 | 0 | 91 |
| 1865 | 43 | 45 | 38 | 39 | 15 | 16 | 0 | 96 |

Politisch machte sich Ende der fünfziger und anfangs der sechziger Jahre eine gewisse Öffnung und ein gewisser Wechsel in der städtischen Politik bemerkbar. Der noch immer weitgehend konservativ oder zumindest konservativ-liberal dominierte Stadtrat, der bis anhin auf Fragen der baulichen Weiterentwicklung der Stadt und des Ausbaus der städtischen Infrastruktur nur widerwillig eingegangen war, wurde nun von seiten der Liberalen zunehmend unter Druck gesetzt: Vor allem die Verkehrsverbindungen im Innern der Stadt und zum Bahnhof, aber auch nach aussen genügten den durch den wirtschaftlichen Aufschwung gestiegenen Anforderungen nicht mehr. Die Bahnhoffrage – der bestehende Bahnhof galt noch als Provisorium und war zu klein geworden – mit all ihren Auswirkungen auf die gesamte Stadtplanung musste gelöst, neue Geschäfts- und Wohnquartiere sollten geplant und angelegt werden. Um diese und weitere Fragen in ihrem Sinne anzugehen, versuchten die Liberalen um Alfred Escher, aber auch fortschrittlich gesinnte, das heisst gemässigt liberale, stadtbürgerliche Kreise ab 1857 den Stadtrat zu einer aktiveren Politik zu bewegen. Schon die Wahl von Heinrich Landolt-Mousson zum Stadtrat und die Ernennung von Eugen Escher zum Stadtschreiber, die beide bei Amtsantritt erst 26 Jahre alt waren, signalisierten im Frühjahr 1857 eine erste Öffnung in diese Richtung. Noch bedeutsamer war die im Juni erfolgte Wahl von Joh. Jakob Locher [1843], dem grössten Bauunternehmer Zürichs, zum Stadtrat und Bauherrn, denn damit trat ein Liberaler aus dem Umkreis von Alfred Escher direkt in die Stadtregierung ein und übernahm auch gleich jenes Amt, in dem er die bauliche Umgestaltung der Stadt nun entscheidend vorantreiben konnte. Die sogenannte «grosse Bauperiode» Zürichs, in deren Verlauf die Stadt nicht nur eine Umorientierung auf den Bahnhof hin erfuhr, sondern auch sechs neue Stadtquartiere und zwei neue Brücken entstanden, der See mit Quaianlagen umsäumt und eine neue Wasserversorgung und Kanalisation erstellt wurde, nahm damit ihren Anfang. [1844]

1859 liess sich Alfred Escher, der sich bis anhin aus der städtischen Politik eher herausgehalten hatte, erstmals durch die Zunft zur Zimmerleuten selbst in den grössern Stadtrat wählen. Nachdem er bereits im engern Stadtschulrat an der Revision des städtischen Schulwesens mitgearbeitet hatte, übernahm er 1860 den Vorsitz des 1859 gegründeten Baukollegiums, das die bauliche Umgestaltung der Stadt fördern und den engern Stadtrates bei der Vorberatung und Erledigung wichtiger baulicher Angelegenheiten unterstützen sollte, aber auch von sich aus die Behandlung wichtiger baulicher Veränderungen anregen konnte. Personell setzte es sich aus der fünfköpfigen stadträtlichen Baukommission sowie zehn weiteren Mitgliedern aus interessierten Kreisen zusammen, darunter befanden sich zwei Fabrikunternehmer, ein Hotelier und ein Architekt. Da Alfred Escher «immer noch in grossen Kreisen der Stadt Zürich, vielleicht bei der Mehrheit», eine «gewisse Stimmung» aufgefallen war, die ihm die volle Anerkennung versagte und ihn lediglich im Schul- und Bauwesen als «ein notwendiges Übel» miteinbezog, hatte er die Übernahme dieser Aufgabe zuerst abgelehnt, obwohl sie ihm erlaubt hätte, «auf einem fruchtbaren Erdboden nachzuholen, was Dezennien lang versäumt» worden war. [1845] Die Möglichkeit an der Spitze dieses Kollegiums, die städtebauliche Entwicklung der Stadt selbst massgeblich zu bestimmen und damit «Zürichs günstige Lage als Eisenbahnknotenpunkt, als Schlüssel eines grossen Seebeckens und Zentrum einer noch umfassenderen Gewerbsgegend zu voller Wirksamkeit» zu bringen, liess er sich dann aber doch nicht entgehen. [1846] Denn obwohl das Kollegium offiziell dem Stadtrat untergeordnet war, scheint es wenigstens in den ersten drei bis vier Jahren seines Bestehens die bauliche Umgestaltung der Stadt weitgehend bestimmt zu haben. Gesundheitliche Rücksichten zwangen Alfred Escher dann allerdings schon im Januar 1861 wieder zum Rücktritt. Mit der Revision der Gemeindeordnung von 1866 wurde das Kollegium aufgehoben beziehungsweis in die dem jeweiligen Bauvorstand unterstellte Baukommission integriert.

Auch wenn trotz Eschers Wahl ins Baukollegium die alten Gegensätze zwischen den herrschenden Liberalen und der konservativ-liberalen Mehrheit im Stadtbürgertum bestehen blieben, war sie doch ein weiteres Zeichen dafür,

dass sich die beiden «Parteien» schon stark angenähert und dass sich damit
auch die Gegensätze zwischen Stadt und Kanton abgeschwächt hatten. Angriffe von ländlich-demokratischer Seite um 1863 gegen einige der wichtigsten Bauprojekte der Stadt förderten diese Annäherung noch zusätzlich. Sie
führten unter anderem dazu, dass Stadtschreiber Eugen Escher, einer der
reformfreudigsten Vertreter der städtischen Behörden, eine festere Anlehnung
an die Liberalen für angezeigt hielt. Dies wiederum benutzte Alfred Escher
dazu, indem er Eugen Escher, der sich bis anhin parteipolitisch unabhängig
betätigt hatte, den freigewordenen Ständeratssitz als einen der Stadt Zürich
dargebrachten Vertrauensbeweis antrug, seinerseits in der stadtbürgerlichen
Bevölkerung stärker Fuss zu fassen. [1847]

### Die Emanzipation der Niedergelassenen, 1863–1866

Im Januar 1863 leitete der Regierungsrat eine Verfassungsrevision ein,
die eigentlich der untergründig vorhandenen Unzufriedenheit mit dem bestehenden System hätte entgegenwirken sollen. Wider seinen Willen löste er
damit im Frühjahr eine breite Diskussion über politische Missstände und Ver-
fassungsreformen aus. In den Monaten Februar und März fanden im ganzen
Kanton mindestens 43 öffentliche Versammlungen statt, von denen sich kaum
eine damit begnügte, nur auf jene Fragen einzugehen, die der Regierungsrat in
seinem an die Bezirks- und Gemeindebehörden gerichteten Katalog beantwortet haben wollte. Gesamthaft diskutierten über 2000 Bürger an Versammlungen über die Wünschbarkeit und Ziele einer Total- oder Partialrevision der
Verfassung. Eine der fünf Fragen, welche die Regierung von sich aus auf-
geworfen hatte, betraf die Organisation der Gemeinden. Die Forderung, dass
den Niedergelassenen mehr Rechte eingeräumt und sie, das Bürgergut ausgenommen, den Ortsbürgern gleichgestellt werden sollten, fand dabei allgemeine Zustimmung. Auch die von 550 Männern besuchte Versammlung im
«Weissen Kreuz» in der Zürcher Vorortsgemeinde Unterstrass, an der
auch sehr viele Stadteinwohner teilgenommen hatten, verlangte in ihrer Eingabe an den Grossen Rat die grundsätzliche Einführung von Einwohnergemeinden. [1848]

Im Rahmen der ab Frühling 1863 angelaufenen Verfassungsrevision, die
1865 entgegen den Wünschen von demokratischer Seite nur mit einer wie
ursprünglich geplanten Partialrevision [1849] endete, arbeitete die Direktion des
Inneren 1864 auch an einem neuen Gemeindegesetz. Schon ein den Gemeindebehörden zur Vernehmlassung vorgelegter Entwurf sah anstelle der bisherigen Bürgergemeinden für die gesamte Verwaltung der Gemeinde die Einführung einer aus Bürgern und Niedergelassenen gemischten Gemeinde vor.
Obwohl die städtische Bürgerschaft es erst gerade vier Jahre zuvor abgelehnt
hatte, das Bürgerprinzip aufzuheben, und auch den Niedergelassenen jede
Mitwirkung über das vorgeschriebene Ausmass hinaus verwehrt hatte, konnte

der konservativ-liberale Stadtrat den Vorschlägen des Kantons seine «Billigung nicht versagen». Über die «Verumständungen», die solche Reformvorschläge seiner Ansicht nach «unvermeidlich» gemacht haben, äusserte er sich in seinem Geschäftsbericht allerdings nicht näher. Er meinte jedoch zu verspüren, dass in der Stadt selbst und noch mehr in ihrer nächsten Umgebung «die grosse Mehrheit der Bevölkerung von dem Gefühle getragen ist, es seien eingreifende Änderungen an den bestehenden Einrichtungen geboten».[1850] Wie der Zürcher Stadtrat sahen auch die städtischen Konservativen sehr rasch, dass die Entwicklung der Verhältnisse in Richtung des Gesetzes nicht mehr aufzuhalten war. Die »Gesellschaft vom alten Zürich», eine Vereinigung junger Zürcher aus meist alten Familien mit dem Ziel, das «alte, selbstbewusste, an seinen Rechten und Freiheiten zähe festhaltende Bürgertum» wiederzubeleben und das «ausschlaggebende Gewicht der angesessenen Bürgerschaft gegenüber der flottanten Niedergelassenen- und Aufenthalter-Bevölkerung innerhalb des städtischen Gemeinwesens» zu bewahren, erhielt deshalb von den älteren Konservativen weder «Rat oder Hülfe zum Widerstand gegen die Einführung der Einwohnergemeinde durch das Gemeinde-Gesetz und zur Erhaltung der Zünfte als politischer Korporationen».[1851]

Mit der Annahme der Teilrevision der Kantonsverfassung um 1865 und dem Erlass des neuen Gemeindegesetzes von 1866 ersetzte die sogenannte politische Gemeinde oder Einwohnergemeinde die bisherige Bürgergemeinde. Diese ging jedoch nicht völlig in der Einwohnergemeinde auf. Um den Dualismus nicht zu stark aufkommen zu lassen, wurde ihre reale Existenz aber «vertuscht». Im Unterschied zu Bern, wo die Bürgergemeinde eine von der Einwohnergemeinde völlig getrennte eigenständige Korporation darstellte, gab es keine separaten Versammlungen und Räte, sondern bei Angelegenheiten der Bürgergemeinde (Verwaltung des Armengutes, der bürgerlichen Separat- und Nutzungsgüter sowie bei Bürgerrechtserteilungen) waren an der Gemeindeversammlung der politischen Gemeinde einfach nur die Ortsbürger stimmberechtigt, bei Beratungen in den Gemeinde- oder Stadtbehörden hatten die nichtbürgerlichen Mitglieder in den Ausstand zu treten.[1852] Trotz dieser Entwertung sollten die Bürgergemeinden aber durch die erleichterte Aufnahme neuer Bürger wieder gestärkt werden. Zu diesem Zweck wurden 1866 die Einkaufsgebühren auf maximal 1250 Franken herabgesetzt. Die Voraussetzungen für den Erwerb des Bürgerrechtes blieben dagegen praktisch die gleichen wie 1855: gehörige Ausweise über die Heimats- und Familienverhältnisse, die Handlungsfähigkeit, ein unbescholtener Ruf und ein Vermögen von 1000 Franken für Kantonsbürger bzw. 2000 Franken für Kantonsfremde.[1853] Auch die Einrichtung des Bürgernutzens blieb bestehen.[1854]

Die Verfassungsrevision von 1865 und das anschliessende Gemeindegesetz erteilte den niedergelassenen Kantons- und Schweizerbürgern auf allen Ebenen die gleichen politischen Rechte wie den Orts- oder Stadtbürgern. Das doppelte Stimmrecht der Bürger sowohl am Wohn- als auch am Heimatort, das städtische Konservative wie Georg von Wyss, aber auch gemässigte Liberale wie Eugen Escher befürworteten und das zunächst breite Unterstützung fand, wurde in der zweiten Lesung des Gemeindegesetzes dann aber ausdrücklich abgelehnt. 1855 Dagegen waren den Ortsbürgern im Gemeinderat, der aus dem Präsidenten und vier bis zwölf weiteren Mitgliedern bestehen durfte, mindestens drei Sitze garantiert. Damit umgekehrt die Niedergelassenen in den Gemeindebehörden auch tatsächlich eine Vertretung erhielten, hatten diese in Gemeinden, wo sie einen Fünftel oder mehr der Stimmberechtigten ausmachten, von Gesetzes wegen Anspruch auf einen Sitz im Gemeinderat und in den Ausschüssen. 1856 Unabhängig davon, ob sie nun Kantons- oder Schweizerbürger waren oder aus dem Ausland kamen, blieben die Aufenthalter dagegen vom Stimm- und Wahlrecht ausgeschlossen. Als Aufenthalter waren laut Gesetz anzusehen: «Handwerksgesellen, Fabrikarbeiter, Tagelöhner und Dienstboten, wenn sie weder verheiratet sind, noch eine eigene Haushaltung führen, noch ein Geschäft oder einen Beruf auf eigene Rechnung betreiben», ebenso Schüler und Studierende, Lehrlinge, Kost- und Pflegekinder, Personen in staatlichen Kranken- und Versorgungsanstalten sowie Personen mit oder ohne Familie, die sich für kürzere Zeit nicht in ihrer Heimatgemeinde aufhielten. 1857

In Gemeinden wie der Stadt Zürich, wo die ortsanwesenden Bürger lediglich noch rund zwanzig Prozent der Bevölkerung ausmachten und sich die Niedergelassenen in der Mehrheit befanden, stellte die Einführung der Einwohnergemeinde und die damit verbundene Gleichstellung der Niedergelassenen mit den Stadtbürgern die ganze Stadtverwaltung, mindestens rechtlich gesehen, auf eine neue Grundlage. Bis anhin setzte sich die Gemeindeversammlung als oberstes politisches Organ allein aus den Stadtbürgern zusammen. Im Oktober 1865 waren dies 2679, wovon allerdings mehr als die Hälfte, nämlich 1478, gar nicht in der Stadt oder nicht einmal im Kanton wohnte und deshalb an den Versammlung praktisch nicht teilnehmen konnte. Nun gerieten die Bürger in eine klare Minderheit, denn neu waren nur noch die 1201 ortsanwesenden Bürger sowie die 2281 Niedergelassenen stimmberechtigt. Mit dem Einbezug der Niedergelassenen erhöhte sich die Zahl der möglichen Teilnehmer an der Gemeindeversammlung um das Dreifache. 1858 Dies stellte auch die bestehenden politischen Machtverhältnisse in der Stadt in Frage, die Liberalen, aber auch die Demokraten konnten aufgrund der neuen Mehrheitsverhältnisse auf einen Zuwachs an Einfluss und Macht hoffen. Die streng und gemässigt konservativen Kreise dagegen, die sich vor allem auf einen Teil der altzürcherischen Familien stützten, mussten fürchten, nun auch in der Stadt noch mehr an Einfluss zu verlieren.

Die Umstellung der städtischen Ordnung und Verwaltung nach den neuen Richtlinien des Kantons erfolgte sehr rasch. Kurz nachdem das neue Gemeindegesetz Ende April in Kraft getreten war, bestellte die Gemeindeversammlung am 14. Mai 1866 eine Spezialkommission mit 19 Mitgliedern, bestehend aus 13 Stadtbürgern und sechs Niedergelassenen. Darunter befanden sich als Vertreter des mehrheitlich konservativ-liberalen engern Stadtrates Stadtpräsident Mousson, die Stadträte Landolt und Vögeli-Bodmer sowie mit Georg von Wyss einer der führenden städtischen Konservativen, von liberaler Seite vor allem Alfred Escher, Regierungsrat Joh. Jakob Treichler und Stadtschreiber Eugen Escher, von der demokratischen Fraktion der Liberalen Rudolf Zangger.[1859] Weil vor der Anordnung der Wahlen aufgrund des neuen Gemeindegesetzes die neue Ordnung in ihren Grundzügen festgelegt sein musste, aber auch weil wegen der kantonalen Vorschriften der Spielraum der Stadt sehr beschränkt war, ging diesmal die Revision sehr rasch vonstatten. Eine entscheidende Rolle spielte dabei wieder Eugen Escher, der als Mitglied des Grossen Rates bereits an der Ausarbeitung des Gemeindegesetzes[1860] mitgewirkt hatte und als Stadtschreiber nun wiederum einen Grossteil der neuen Ordnungen und Berichte verfasste.[1861] Bereits am 21. Juni legte die Kommission ihren Entwurf und Bericht vor und nur zehn Tage später, am 1. Juli 1866, stimmte die Gemeindeversammlung, ohne erhebliche Abänderungen vorzunehmen, der neuen Gemeindeordnung zu.

Oberste Instanz war wie bis anhin die Gemeindeversammlung, die jährlich mindestens zweimal, im Frühjahr und Spätjahr einzuberufen war. Sie hatte bei allen wichtigen Angelegenheiten und Sachgeschäften[1862] die letzte Entscheidung zu fällen, sie wählte die Mitglieder des engern Stadtrates und neu auch des grossen Stadtrates. Die Wahlzünfte wurden abgeschafft, womit die alten Zünfte ihre letzte politische Funktion verloren. Eine gewisse Aufwertung erfuhr der grosse Stadtrat. Statt nur zweimal jährlich versammelte er sich nach der neuen Ordnung nun regelmässig alle zwei Monate. Seine Sitzungen waren in der Regel öffentlich. Um ihm eine «wesentlich vermehrte Bedeutung in der Stadtverwaltung zu verschaffen», erhielt er höhere Kompetenzen, insbesondere in seiner Funktion als Kontroll- und Beratungsorgan des engeren Stadtrates und der ganzen Stadtverwaltung. Gleichzeitig wurde die Zahl seiner Mitglieder ohne den engeren Stadtrat von über achtzig auf sechzig Mitglieder herabgesetzt. Einerseits sollten damit die Schwierigkeiten, die sich bei geheimen Wahlen an der Gemeindeversammlung schon mit sechzig Mitgliedern stellten, in Grenzen gehalten werden, andererseits glaubte die Spezialkommission, dass ein kleinerer Rat seine «verwaltende Tätigkeit» effizienter ausüben könne. Zur klaren Gewaltentrennung kam es jedoch zwischen den beiden Räten noch nicht, die Mitglieder des engeren Stadtrates gehörten mit Sitz und Stimme weiterhin auch dem grössern Stadtrat an. Die erweiterten Kompetenzen äusserten sich vor allem in einer verstärkten Kommissionstätigkeit der Stadträte. Die Kommission hoffte dadurch der Gefahr entgegenzuwirken, dass sich im Stadtrat mit der Professionalisierung, der zunehmenden Konzentration der stadträtlichen Verwaltung auf einige Personen, die «daraus ihren Lebensberuf machen», mit der Zeit «ein Geist bureaukratischer Bevormundung» einschleichen könnte. Gleichzeitig wollte sie damit im grossen Stadtrat Männern, die «in einem erfahrungsreichen Berufsleben stehen und darin ihre hervorragende Tüchtigkeit bewährt haben», die Gelegenheit bieten, ohne Vernachlässigung ihrer Berufspflichten oder gar Aufgabe ihres bisherigen Berufes doch «in wirksamer Weise» für die Stadt tätig zu sein.[1863] Gemeint waren mit dieser Umschreibung wohl nicht in erster Linie Vertreter des alten und neuen Mittelstandes, sondern gerade und vor allem Männer aus dem Wirtschaftsbürgertum und der Bourgeoisie des talents, die aufgrund ihrer zunehmenden Unabkömmlichkeit im Geschäft oder Beruf die höchsten städtischen Ämter mit ihrer ebenfalls zeitlich wie arbeitsmässig gestiegenen Belastung in zunehmendem Masse weder einnehmen konnten noch wollten, aber so trotzdem ihren Einfluss auf die städtische Politik voll zur Geltung zu bringen vermochten. 1865 hatte einer der engern Stadträte, Karl Heinrich Pestalozzi, Ingenieur und Lehrer am Polytechnikum, seinen Rücktritt mit der Begründung eingegeben, dass er «nur mit äusserster Anstrengung seiner Kräfte seinen doppelten Obliegenheiten als Lehrer am Polytechnikum und als Stadtrath habe genügen können und sich bei den gesteigerten Anforderungen an den Chef der städtischen Bauverwaltung ausser Stande sehe, denselben in ihrem ganzen Umfange zu genügen».[1864]

Der Stadtrat, 1859 bei neun Mitgliedern belassen, umfasste mit der neuen Ordnung noch sieben Mitglieder. Aufgrund der innern Reorganisation, die für das Finanz-, Steuer-, Polizei- und Bauwesen, sofern nicht der ganze Stadtrat mitzuwirken hatte, das Departementalsystem einführte und nur im Vormundschaftswesen das Kommissionalsystem beibehielt, hätten auch fünf genügt. Die Mehrheit der Spezialkommission fand es jedoch nicht angemessen, die Stadträte «in solchem Masse mit Arbeit zu beladen, dass sie von der städtischen Verwaltung ganz absorbirt würden». Zudem glaubte sie, dass bei «weniger tüchtigen Wahlen» oder auch bei längerer Abwesenheit für die Stadtverwaltung mit fünf Mitgliedern sofort nachteilige Folgen eintreten könnten.[1865] Da schon unter der alten Ordnung mehrere Mitglieder des Stadtrates den grössten Teil ihrer Zeit für die Stadtverwaltung aufwenden mussten und durch die Reorganisation und Verminderung der Mitgliederzahl zu erwarten war, dass «das Mass der Arbeit» noch zunehmen und auch die Anforderungen, die an die persönliche Tüchtigkeit, die persönlichen Kenntnisse und Fähigkeiten gestellt werden, noch steigen würden, sah die Spezialkommission eine Erhöhung der Besoldung von 1800 auf 5000 Franken vor. Damit hoffte die Kommission, die Leistungen der Stadträte angemessen zu honorieren, und dafür zu sorgen, dass «tüchtige Männer» leichter zur Übernahme vakanter Stadtratsstellen sich bereit erklärten. Legitimiert wurde die Höhe der Besoldung aber auch durch die demokratische Staatsform, die gebiete, «dass bei Besetzung der städtischen Beamtungen Kraft und Wille, der Stadt nützlich zu sein, in gleicher Weise sich geltend machen können, ob sie nun in mehr oder minder wohlhabenden Kreisen sich zeigen». Voraussetzung dafür sei aber, dass «die Besoldung der Mitglieder des Stadtrates hinreicht, ihnen eine ökonomisch befriedigende Existenz zu sichern». Nur so könne verhindert werden, dass «die Masse der Bevölkerung» die Tätigkeit der städtischen Behörden wegen ihrer sozialen Zusammensetzung nur aus dem Kreis der Wohlhabenden mit «Misstrauen» verfolge. [1866]

Die Reduktion des Stadtrates und die innere Reorganisation, die auch eine Aufwertung des Stadtpräsidenten brachte, stiess weder im Vorfeld noch an der Gemeindeversammlung selbst auf grössern Widerstand. Der Stadtpräsident hatte nun selbst keiner Verwaltungsabteilung mehr vorzustehen. Damit war er nun für allgemeinere Fragen der Stadt freigestellt, gleichzeitig wurde so seine Vermittlerrolle und Führungsfunktion erhöht. Mit dem Amtsantritt von Melchior Römer 1869 und dem Rücktritt von Eugen Escher als Stadtschreiber rückte der Stadtpräsident zur führenden Persönlichkeit innerhalb der Stadtverwaltung auf. Vorher kam eher dem Stadtschreiber diese Rolle zu. Umstritten war dagegen die Erhöhung der Besoldung. Das Hauptargument der Befürworter, hohe Besoldungen seien notwendig, um auch «talentvolle Unbemittelte» in den Stadtrat wählen zu können, war, weil aufgrund der sozialen Herkunft der alten und neuen Kandidaten für den Stadtrat die hohe Besoldung vor allem wieder den «Herren» zugute komme, für die damals eher demokratisch orientierte Freitagszeitung nicht ganz glaubwürdig. Wenn schon so hohe Gehälter ausgerichtet werden müssten, so forderte sie, dass dann wenigstens an denen entsprechende Einsparungen vorgenommen werden, die bislang «die Arbeit und das Genie weniger werthvoller Stadträte ersetzen oder ergänzen mussten». [1867] Opposition gegen die zunehmende Professionalisierung des Stadtrates mit entsprechender Besoldung kam auch von «altkonservativer Seite». [1868] Die konservativen Kreise, in der Meinung, dass wirtschaftliche Unabhängigkeit und eine höhere soziale Stellung aufgrund von Herkunft, Erziehung und Bildung die besten Voraussetzungen für die Ausübung hoher städtischer Ämter bildeten, versuchten mit ihrem Widerstand gegen die Erhöhung der Besoldung der Stadträte wie auch des Stadtschreibers einmal mehr, das Tempo der vor allem von Stadtschreiber Eugen Escher vorangetriebenen städtischen Reformen abzubremsen. Von der Gemeindeversammlung wurde die Besoldung schliesslich auf 3500 Franken für die Stadträte und auf 4000 Franken für den Stadtpräsidenten festgesetzt. Damit blieb der ehrenamtliche Charakter der obersten städtischen Behörde wenigstens teilweise erhalten. Stadtrat konnte weiterhin nur werden, wer über den notwendigen finanziellen Rückhalt und auch zeitlich über eine hohe Abkömmlichkeit verfügte. Etliche der im folgenden Jahrzehnt gewählten Stadträte, die alle nicht aus dem Umkreis der alten Führungsgeschlechter stammten, wechselten denn auch schon nach wenigen Jahren auf besser dotierte Stellen über. [1869] J. Schnurrenberger, ursprünglich Spenglermeister und erster Stadtrat der Niedergelassenen, übernahm bereits nach vier Jahren die Verwalterstelle in der kantonalen Irrenanstalt; M. Wettstein, Geschäftsagent und der zweite Niedergelassene im Stadtrat, wechselte nach sechs Jahren zur Hypothekenbank in Winterthur; der ehemalige liberale Regierungsrat Franz Hagenbuch, Stadtrat von 1869–1872, trat schon nach drei Jahren in die Rentenanstalt über; Johannes Strehler verliess nach zwei Jahren den Stadtrat wieder und wechselte zur Brauerei Uto.

Nach der Annahme der neuen Gemeindeordnung durch die Gemeindeversammlung am Sonntag, dem 1. Juli 1866, erfolgten zehn Tage später bereits die ersten Wahlen. Um den Stadtrat und den grossen Stadtrat neu zu bestellen, musste die Gemeindeversammlung gesamthaft noch viermal zusammentreten. Die Wahlen, die nach geheimem Verfahren abzuhalten waren, erforderten ein langwieriges Prozedere. Drei der vier Wahlversammlungen fanden an einem Sonntagnachmittag statt, die zweite aber an einem Donnerstagnachmittag, was natürlich jene Wähler bevorzugte, die es sich leisten konnten oder leisten wollten, in Wahlgeschäften einen ganzen Werktagnachmittag lang abwesend zu sein. Die Beteiligung an den städtischen Wahlen war aber auch an Sonntagen recht tief. An der ersten Wahlversammlung, der Wahl des Stadtrates, waren 531 Votanten oder 15,2 Prozent aller wahlberechtigten Männer anwesend, an der zweiten Versammlung am Donnerstag, dem 12. Juli, dem ersten Wahlgang für die Wahl der Mitglieder des grossen Stadtrates, nahmen noch 381 Männer (11 Prozent) teil. Auch an den weiteren Versammlungen waren es jeweils nur 200 bis 400 Votanten. [1870] Der Kreis, der letztlich also über die Zusammensetzung der städtischen Behörden bestimmte, blieb damit trotz Gleichstellung der Niedergelassenen, die ihre politischen Rechte noch viel weniger wahrnahmen als die Stadtbürger, sehr klein. Der Zeitpunkt und der äussere Ablauf der Versammlungen sowie die zeitaufwendigen Wahlverfahren, die im allgemeinen die besitzenden und gebildeten Schichten begünstigten, bewirkten neben anderen Faktoren mit ihren sozialen Barrieren, dass die städtische Politik trotz erweiterter Mitwirkungsmöglichkeiten zunächst einem mehr oder weniger exklusiven Kreis überlassen blieb. Diese laue Beteiligung der Bürger an Wahlen und Abstimmungen war allerdings nicht auf die städtische Politik beschränkt. Auch die kantonalen, etwas weniger die eidgenössischen Wahlen waren seit Mitte der fünfziger Jahre bis 1868, als die demokratische Bewegung einen enormen Aktivierungsschub auslöste und die Wahlbeteiligung auf siebzig oder achtzig Prozent hochschraubte, in der Stadt und weniger ausgeprägt auch auf dem Lande immer mehr zur Sache einer Minderheit, einer Elite und ihrer direkten Parteigänger geworden. Eine Wahlbeteiligung zwischen zehn und zwanzig Prozent lag in der Stadt nach 1854 durchaus im Bereich des Üblichen. [1871] So war auch an den Grossratswahlen im Mai 1866 die Wahlbeteiligung in der Stadt sehr gering: Schon am Anfang der Versammlung lag sie mit rund 650 Wählern bei lediglich 15 Prozent, gegen Schluss wohnten dann noch rund 200 Wähler oder fünf Prozent der 4000 Wahlberechtigten den Wahlen bei. [1872] Obwohl für die Teilnahme, wie die Neue Zürcher Zeitung bedauernd feststellte, nichts getan werden müsse, als «in den entscheidenden Stunden wenigstens auf dem Platze» zu sein und «den fortgeschrittenen Vorschlägen» zuzustimmen, waren vor allem die Niederge-

lassenen in «trostlos geringer Zahl» an der Wahlversammlung erschienen. [1873]
Aber auch der «Mittelstand zeigte sich theilnahmslos», während die «vornehmen Herren und die städtische Aristokratie sich wie immer vornehmlich bei den Wahlen betheiligten». [1874]
Eine Schlüsselrolle bei den ersten Wahlen in die neuen Stadtbehörden nach der neuen Gemeindeordnung nahm der Stadtverein Zürich ein. Zweck dieses erst am 13. April 1866 von Stadtbürgern wie Niedergelassenen gegründeten Vereins war es, «die städtische Bevölkerung zur Erörterung der Fragen, welche die öffentlichen Interessen von Zürich berühren, zusammenzuführen, das Verständnis dieser Fragen durch freie Berathung und gesellige Besprechung zu fördern und auf deren Lösung im Sinne des Fortschrittes hinzuwirken». Im Hinblick darauf, dass nach dem neuen Gemeindegesetz «die Niedergelassenen berufen werden, gemeinschaftlich mit den Bürgern das Gemeinwesen neu zu ordnen und fortzuführen», sollte der Verein daraufhinwirken, dass «die Fortentwicklung von Anfang an einen geordneten und ruhigen Gang nehme, und dass störende Gegensätze zwischen den Bürgern und Niedergelassenen möglichst vermieden werden». [1875] Obwohl sich im provisorischen Ausschuss, der zur Gründung aufgerufen hatte, neben fünf Stadtbürgern auch vier Niedergelassene befanden, darunter gleich zwei hohe Angestellte der Rentenanstalt, beteiligten sich die Niedergelassenen aber nicht im erhofften Masse. Präsident wurde Stadtschreiber Dr. Eugen Escher – die übrige kantonale oder eidgenössische politische Prominenz Zürichs konservativer wie liberaler Richtung hielt sich eher im Hintergrund. Politisch umfasste der Verein von den gemässigten Konservativen bis zur demokratischen Linken fast das gesamte Spektrum. Dem provisorischen Ausschuss, der zur ersten Versammlung aufrief, gehörten ausser Eugen Escher, der nicht nur Stadtschreiber, Mitglied des grossen Stadtrates und des grossen Rats, sondern auch Ständerat war, keine weiteren führenden liberalen Persönlichkeiten an. Dies galt auch für den 15-köpfigen Vorstand, der sich aus Liberal-Konservativen, Liberal-Radikalen und Demokraten zusammensetzte und sechs Niedergelassene umfasste. [1876] Damit sollte sichergestellt werden, dass die lockere Allianz der «verschiedenen fortschrittlich gesinnten Elemente» (Escher), die seit Ende der fünfziger Jahre die Geschicke der Stadt in ihrem Sinne gelenkt hatte, dies auch unter der neuen Gemeindeordnung weiterhin tun könnte. [1877]
Der Stadtverein übte in der Folge bis zu seiner Auflösung im Frühjahr 1868, verursacht durch den Austritt seiner demokratisch gesinnten Mitglieder im Gefolge der Auseinandersetzungen um die Totalrevision der Kantonsverfassung, als Sammelbecken fast aller bürgerlichen Kräfte einen dominanten Einfluss auf die städtische Politik aus. Dies galt auch für die ersten Wahlen in die städtischen Behörden aufgrund der neuen Gemeindeordnung. Schon die Wahlen in den engern Stadtrat vom 9. Juli 1866, einem Donnerstagnachmittag, verliefen ganz nach den Vorstellungen des Stadtvereins. Da zwischen Niedergelassenen und Bürgern keine Interessenunterschiede bestünden, plä-

dierte er für lediglich einen Vertreter der Niedergelassenen im Stadtrat. Ansonsten sollten die «Würdigsten» gewählt werden. [1878] Rund 140 Niedergelassene, die sich am 5. Juli unabhängig vom Stadtverein versammelt hatten, schlugen dagegen von ihrer Seite drei Kandidaten zur Wahl in den Stadtrat vor. [1879] Bei einer Wahlbeteiligung von 15 Prozent folgte die Gemeinde dann aber dem Stadtverein und wählte sechs Stadtbürger, nämlich die bisherigen Stadträte Mousson, Freudweiler, Landolt, Römer, Vögeli-Bodmer und Meyer-Rahn, sowie als Vertreter der Niedergelassenen, den Rechnungsrevisor Gottlieb Schwarz. Damit drang von den Niedergelassenen, die infolge schwacher Wahlbeteiligung ihre zahlenmässige Überlegenheit nicht auszuspielen vermochten, jener Kandidat durch, der unter ihnen am wenigsten Stimmen erreicht hatte, aber vom Stadtverein unterstützt worden war. Schwarz lehnte die Wahl jedoch ab. An seiner Stelle wurde an der dritten Gemeindeversammlung vom 30. Juli in einer schwierigen, sechs Gänge erfordernden Wahl schliesslich Jakob Schnurrenberger, Spenglermeister, politisch ein Anhänger der Demokraten, in den Stadtrat gewählt. [1880] Wie wenig die Niedergelassenen sich 1866 gegenüber den etablierten stadtbürgerlichen Kreisen durchzusetzen vermochten, zeigt sich auch in der Verteilung der Leitung der fünf Verwaltungsabteilungen, wo der einzige Vertreter der Niedergelassenen leer ausging. Er amtierte lediglich zweimal als Stellvertreter und war aber noch Mitglied der wichtigen Baukommission. Erst mit dem Eintritt eines weiteren Niedergelassenen, dem Geschäftsagenten Markus Wettstein, bereits ein Jahr später, vermochten sie in der städtischen Verwaltung stärker Fuss zu fassen. 1870 trat Schnurrenberger infolge Übernahme der Verwalterstelle an der kantonalen Irrenanstalt Burghölzli als Stadtrat jedoch bereits wieder zurück. Er wurde durch Gottlieb Schwarz ersetzt.

Auch in den Wahlen für den grossen Stadtrat, wozu drei Wahlversammlungen notwendig waren, setzte sich der Stadtverein mit seinen Vorschlägen weitgehend durch. Für den ersten Wahlgang stellten neben dem Stadtverein aber sowohl mehr konservative Kreise – es handelte sich dabei wohl um die «Bürger-Mittwochsgesellschaft» – als auch ein weiteres namenlos gebliebenes Komitee von Bürgern und Niedergelassenen je eine Liste von sechzig Kandidaten auf, wobei jedoch sehr viele auf allen drei Listen aufgeführt waren. [1881] Von den vom Stadtverein für den ersten Wahlgang portierten Kandidaten – 36 Stadtbürger und 24 Niedergelassene – gelangten schliesslich 42 in den grössern Stadtrat, davon konnten 21 auch auf die Unterstützung der Konservativen zählen. Aber auch die Liberal-Konservativen und Konservativen, die «ehrenhaft ausharrenden paar alten und jungen Herren» [1882], konnten ein gewichtiges Wort mitreden. Von ihren 60 Kandidaten im ersten Wahlgang – 43 Stadtbürger und 17 Niedergelassene – brachten sie schliesslich 26 in den Rat, darunter befanden sich allerdings nur fünf, die nicht auch vom Stadtverein vorgeschlagen worden waren. Erfolgreicher war vordergründig das Komitee der Bürger und Niedergelassenen, das als Reaktion auf die ungenügende Berücksichtigung der Niedergelassenen durch den Stadtverein auf einer dritten Liste je dreissig Bürger und Niedergelassene vorschlug und politisch wohl eher den Demokraten auf dem linken Flügel der Liberalen nahestand. Von seinen Kandidaten gelangten gesamthaft 37 in den grossen Stadtrat, mit einer Ausnahme handelte es sich dabei jedoch um Männer, die schon vom Stadtverein portiert worden waren. Gesamthaft zogen schliesslich 24 Niedergelassene in den grossen Stadtrat ein, genau soviele wie der Stadtverein bereits in seinem ersten Wahlvorschlag vorgesehen hatte. Von den Mitgliedern des alten grössern Stadtrates wurden nur 23 wiedergewählt, mindestens 18 kandidierten zwar wieder, sie vermochten aber nicht mehr zu reüssieren. Vor allem unter den Konservativen waren viele, rund ein Dutzend, die den Sprung in den Rat nicht mehr schafften.

Der Einzug der Niedergelassenen in den Stadtrat ging demnach weitgehend zu Lasten der Konservativen, während vor allem die gemässigten, aber auch die radikalen Liberalen und Demokraten ihre Positionen ausbauen konnten.[1883] Wie gross die Gewichtsverschiebungen zugunsten der Liberalen waren, lässt sich aufgrund der informellen Parteiverhältnisse und der nicht eruierbaren politischen Zusammensetzung des alten, durch die Zünfte gewählten Stadtrates nicht näher bestimmen. Die Mitte, wozu ich alle sowohl vom liberal dominierten Stadtverein als auch von konservativer Seite portierten Stadträte zähle, umfasste 21 Vertreter. Darunter befanden sich sowohl Liberale wie Alfred Escher[1884] als auch Konservative wie Georg von Wyss. Etwa die Hälfte dieser Mitte gehörte wie von Wyss mehr oder weniger eindeutig konservativen Kreisen an. Zusammen mit den Konservativen, die vom Stadtverein nicht unterstützt worden waren, dürfte diese Richtung im grossen Stadtrat kaum mehr als etwa zwanzig Sitze belegt haben. Niedergelassene gab es darunter keine. Die andere Hälfte der Mitte stammte wie Alfred Escher aus dem Umfeld der liberal-radikalen «Partei», unter ihnen waren auch etliche Niedergelassene. Weitere 26 Stadträte, die entweder nur vom Stadtverein oder zusammen mit der namenlosen Liste der Niedergelassen vorgeschlagen worden waren, sind ebenfalls der liberalen Richtung zuzuordnen. Darunter befanden sich die meisten der Niedergelassenen neben Ulrich Meister, dem zukünftigen Führer der kantonalen liberalen Partei und damaligen Verehrer Alfred Eschers, auch der spätere Nationalrat der Demokraten Rudolf Zangger, schon 1866 einer der Führer der städtischen Demokraten, und Johannes Herzog, der den «Republikaner», das Parteiorgan der städtischen Demokraten, herausgab.[1885] Aber auch der aus dem Stadtbürgertum stammende Sozialist Karl Bürkli gehörte dazu. Er hatte sich mit Unterstützung der gemässigten Liberalen in einem der letzten Wahlgänge der dritten Wahlversammlung, an der lediglich noch 6,3 Prozent der Wahlberechtigten teilnahmen, gegen Oberst David Nüscheler, den greisen, aristokratischen Führer der Altkonservativen durchgesetzt.[1886] Zusammen verfügten die Liberalen im grossen Stadtrat jetzt sicher über etwa zwei Drittel der Sitze. Da jedoch zwischen Liberal-Konservativen

und gemässigten Liberalen die Übergänge sehr fliessend waren und das stadtbürgerliche Element noch immer deutlich überwog, dominierten trotz dieser
erfolgten Erweiterung und Verschiebung nach links letztlich im Rat doch noch
immer die gemässigten Kräfte konservativer und liberaler Richtung.

An der sozialen Zusammensetzung veränderte die Wahl der 24 Niedergelassenen wenig. Nur fünf dieser Stadträte stammten aus eher kleinbürger-
lichem Milieu, nämlich drei Gastwirte, ein Lehrer sowie ein Buchdrucker. Die
grosse Mehrheit gehörte wie die stadtbürgerlichen Vertreter zum Bürgertum,
wobei im Unterschied zu den Stadtbürgern die höheren Beamten [1887] sowie
die leitenden Angestellten [1888] aus der Privatwirtschaft etwas stärker vertreten
waren, und nur vier Niedergelassene, drei Kaufleute und ein Seidenunterneh-
mer, das Wirtschaftsbürgertum repräsentierten. Gleich drei der Stadträte aus
dem Kreis der Niedergelassenen waren als Direktor, Ingenieur oder Betriebschef bei der Nordostbahn [1889] angestellt.

### Konservativ-liberales Stadtbürgertum und liberales Bürgertum, 1866–1892

Die Stadtbürger vermochten trotz der Partizipation der Niedergelassenen auch nach 1866 ihre Position in den Behörden und der Verwaltung nicht
nur zu bewahren, sondern vordergründig sogar noch etwas auszubauen. 1889
waren wieder neunzig Prozent der Mitglieder des grossen Stadtrates Bürger
der Stadt Zürich. Nur noch eine Minderheit stammte jedoch aus dem alten
Stadtbürgertum, bei den meisten handelte es sich um Neubürger, die erst
vor einigen Jahren oder Jahrzehnten das Bürgerrecht erhalten oder erworben
hatten.

Tabelle 88   **Rechtlich-soziale Zusammensetzung des Grossen Stadtrates von Zürich 1868–1889.** [1890]

| Jahr | Aristokratie | | Altbürger | | Neubürger | | Einwohner | | Total |
|------|------|-----|------|-----|------|-----|------|-----|-------|
|      | abs. | %   | abs. | %   | abs. | %   | abs. | %   |       |
| 1868 | 20   | 33  | 11   | 18  | 11   | 18  | 18   | 30  | 60    |
| 1877 | 12   | 21  | 22   | 38  | 14   | 24  | 10   | 17  | 58    |
| 1889 | 7    | 12  | 12   | 20  | 35   | 58  | 6    | 10  | 60    |

1868 stellte noch das alte Stadtbürgertum über die Hälfte der Mitglieder
des Grossen Stadtrates. Ein Drittel kam aus dem Kreis der ehemaligen führenden aristokratischen Familien Altzürichs. Knapp ein Fünftel waren Neubürger,
die zur Hälfte erst in den vorangegangenen zehn oder zwanzig Jahren das
städtische Bürgerrecht gekauft hatten. Die Niedergelassenen waren bereits
1868 nur noch mit 18 Mitgliedern vertreten. Sie hatten schon in den ersten
Erneuerungswahlen – der Stadtrat war alle zwei Jahre zur Hälfte zu erneuern – ihren Anteil nicht halten können. Zwei ihrer 1866 gewählten Vertreter,
nämlich Seidenfabrikant Salomon Rütschi-Bleuler und der Kaufmann Caspar
Appenzeller, hatten unterdessen das städtische Bürgerrecht erworben. Ein

weiterer, Markus Wettstein, hatte schon 1867 in den engern Stadtrat hinübergewechselt, die restlichen vier waren 1868 durch Stadtbürger ersetzt
worden.

Auch in den siebziger Jahren dominierte das alte Stadtbürgertum weiterhin die Räte, wobei die Angehörigen der alten Magistratsfamilien und der
Handelsaristokratie jetzt aber schwächer vertreten waren. Nahmen 1868 von
diesen rund dreissig Führungsgeschlechtern des alten Zürich noch ein Dutzend im Rat Einsitz, so waren es 1877 noch acht und 1889 noch sieben. Diesem zahlenmässig sehr kleinen Kreis gehörten aber immer noch mehr Ratsmitglieder an als den Niedergelassenen, die 1877 noch zehn und 1889 gar nur
noch sechs Mitglieder des Grossen Stadtrates stellten. Nach 1877 verschoben
sich dann allerdings die Gewichte infolge der sehr offenen Einbürgerungspolitik deutlich zugunsten der Neubürger, die 1877 einen Viertel, 1889 dann
aber schon mehr als die Hälfte der Sitze belegten. Wie in der städtischen Bürgerschaft bildeten die Angehörigen des alten Stadtbürgertums in den achtziger
Jahren auch innerhalb der politischen Elite nur noch eine Minderheit. Fast alle
dieser Neubürger hatten 1877 wie 1889 ihr Bürgerrecht in den vorangegangen
beiden Jahrzehnten erworben oder gehörten zu jenen, die nach 1875 ohne
Einkaufsgebühren Bürger von Zürich geworden waren. Einige waren sogar
erst kurz vor oder kurz nach ihrer Wahl in den Genuss des städtischen Bürgerrechtes gekommen, ein indirekter Beweis dafür, dass alle, die wirklich dazu-
gehören und respektiert sein wollten, das Bürgerrecht besitzen oder sich
darum bemühen mussten.

Politisch schwächten die Einführung der Einwohnergemeinde und die
nun mögliche Partizipation der Niedergelassenen Einfluss und Macht der tendenziell eher konservativen Kreise aus dem alteingesessenen Stadtbürgertum,
insbesondere der städtischen Aristokratie, und stärkten jenen des sowohl aus
alten und neuen Stadtbürgern als auch aus Niedergelassenen zusammengesetzten liberalen Bürgertums. Daran änderte 1868 auch die demokratische
Bewegung und der Sturz des liberalen «Systems» auf kantonaler Ebene wenig.
Ende 1867 hatten sich zwar auch die städtischen Radikalen und Demokraten
der demokratischen Bewegung angeschlossen und durch ihren Austritt den
erst 1866 gegründeten «Stadtverein» als Sammelbecken des gemässigt konservativen und liberalen Bürgertums gesprengt. Doch obwohl auch die städtischen Stimmbürger dem Antrag auf Verfassungsrevision mehrheitlich zugestimmt und in den Verfassungsratswahlen nach Eugen Escher, schon an
zweiter und dritter Stelle die beiden Führer der städtischen Demokraten
Rudolf Zangger und Stadtrat Schnurrenberger in den Verfassungsrat gewählt
hatten, vermochten die Demokraten in der Stadt auf Dauer nicht genügend
Fuss zu fassen, um die Vorherrschaft der Liberalen und Liberal-Konservativen
ernstlich gefährden zu können.

Der umfassende Sieg der Demokraten auf kantonaler Ebene hatte in der
Stadt schliesslich zur Folge, dass sich Liberale und Konservative gegenseitig

annäherten, und dass sich auch die politischen Positionen gerade in kommunalen Angelegenheiten doch stark anglichen. So beteiligten sich Konservative dann auch anfangs am 1868 konstituierten «Politischen Gemeindeverein», der die nach dem Austritt der Demokraten aus dem «Stadtverein» zurückgebliebenen Liberalen neu sammelte. Führende Mitglieder des Gemeindevereins waren es dann auch, die im Februar 1868 die Gründung einer Aktiengesellschaft zum Erwerb der Neuen Zürcher Zeitung anregten und auch durchführten.[1891] Mit der Chefredaktion betrauten sie Eugen Escher, der, obwohl die Neue Zürcher Zeitung nun eine Art Parteiorgan der Liberalen war, zur neu gegründeten kantonalen liberalen Partei eine gewisse Distanz hielt. Noch mehr galt dies nach seinem 1872 erfolgten Rücktritt für seine unmittelbaren Nachfolger. Die Neue Zürcher Zeitung schreckte in dieser Zeit, ganz zum Leidwesen einiger konservativer Grossaktionäre, auch nicht davor zurück, sich für grosse Gesetzesvorlagen der Demokraten, wie etwa das neue Schulgesetz von 1872, stark zu machen, und sie befürwortete schon in den frühen siebziger Jahren die Bildung einer bürgerlich-freisinnigen Mittelpartei aus Liberalen und gemässigten Demokraten.[1892]

Die kantonale Politik blieb jedoch bis in die frühen neunziger Jahre vom Gegensatz zwischen Liberalen und Demokraten beherrscht. Der «demokratische Klassenkampf» zwischen Besitz und Bildung, zwischen den bürgerlichen Klassen und den untern Volksklassen, den kleinen Leuten aus dem gewerblichen und bäuerlichen Mittelstand sowie der Arbeiterschaft, ebbte nach 1869 noch lange nicht ab.[1893] Aber auch die politischen Gegensätze unter den Liberalen standen der Bildung einer freisinnigen Mittelpartei entgegen. Schon kurz nach der Annahme der neuen Verfassung kam es unter den städtischen Liberalen, die jetzt, zusammen mit dem ländlichen Unternehmertum, den Kern der kantonalen liberalen Partei bildeten, zu einer Spaltung. Der stärkere linke Flügel, die sogenannten «Jungliberalen» oder «Neusilbernen», propagierten eine fortschrittliche, liberale Politik auf der Grundlage der demokratischen Verfassung und gaben sich dazu mit der «Zürcher Presse» vorübergehend auch ein eigenes Organ. Die Altliberalen dagegen verharrten zunächst in ihrer Ablehnung der neuen politischen Ordnung und versuchten die herrschende Partei durch eine «starre Opposition und Obstruktion zur Kapitulation zu zwingen».[1894] Die Auseinandersetzungen um die Haltung zur Bundesreform von 1872 führten dann zum offenen Bruch innerhalb der städtischen Liberalen. Die Jungliberalen, die sich wie Alfred Escher hinter die Revision von 1872 stellten und vor allem die zentralistische Ausrichtung der neuen Bundesverfassung befürworteten, gaben sich im «Liberalen Stadtverein» eine neue Organisation und verliessen den «Politischen Gemeindeverein», der sich mehrheitlich gegen die Revision stellte. Im Februar 1872 brachten sie auch die kantonale Partei mehr oder weniger auf ihren Kurs. Die Jungliberalen scheuten sich in der Folge zwar nicht, mit den Demokraten, etwa im Kampf um die Revision der Bundesverfassung oder in städtischen Wahlen, wenigstens punk-

tuell gemeinsame Sache zu machen, beharrten aber letztlich doch im wesentlichen auf liberalen Positionen.

Konservative und Altliberale ihrerseits rückten nach dem Austritt der
Jungliberalen im «Politischen Gemeindeverein», der sich am 20. März 1872
neu konstituierte und kantonal weiter der liberalen Partei zugehörte, noch
enger zusammen. Im Unterschied etwa zur Stadt Bern gingen die Konservativen damit in Zürich weitgehend im rechten Flügel der Liberalen auf. Auf städtischer wie kantonaler Ebene traten die Konservativen als eigenständige Gruppierung im Sinne einer gesinnungsmässig geschlossenen Partei von nun an
praktisch nicht mehr in Erscheinung. Auch die Mitglieder der streng konservativen «Gesellschaft vom alten Zürich» betätigten sich politisch innerhalb des
Gemeindevereins. [1895] Wie schon in den fünfziger Jahren fanden sich Konservative und Liberal-Konservative aber auch weiterhin in der schon bestehenden
«Bürger-Mittwochsgesellschaft» zusammen, die früher wohl das stadtbürger-
lich-aristokratische Pendant zur «Akademischen Mittwochsgesellschaft», dem
Kreis um Alfred Escher, gebildet hatte. Zusammen mit dem «Politischen
Gemeindeverein» beteiligte sie sich bis in die achtziger Jahre jeweils auch an
den Wahlen und nahm zu Sachgeschäften Stellung. [1896]

Der «Liberale Stadtverein», der seine soziale Basis mehr im neuen Bürgertum hatte, und der «Politische Gemeindeverein», der sozial mehr in städ-
tisch-aristokratischen Kreisen verankert war und damit auch grosse Teile des
Wirtschaftsbürgertums umfasste, bildeten in der Folge bis zur Stadtvereinigung die beiden wichtigsten parteiähnlichen Gruppierungen in der städtischen
Politik. Soweit dies nicht von informellen Zirkeln oder direkt vom engern
Stadtrat ausging, bestimmten sie in den siebziger und achtziger Jahren weitgehend die Ausrichtung der städtischen Politik, die Zusammensetzung der städtischen Räte und Beamtungen. Waren in den ersten Jahren nach der Trennung
die beiden Gruppierungen, vor allem aufgrund unterschiedlicher Positionen in
der eidgenössischen Politik, relativ scharf voneinander geschieden, so suchten
sie unter dem Druck der Demokraten, die sich 1875 im «Demokratischen
Stadtverein» neue, festere Strukturen gaben und 1879 mit der von Theodor
Curti geleiteten «Zürcher Post» ein schlagkräftiges Parteiorgan erhielten,
nach Mitte der siebziger Jahre wieder vermehrt die Verständigung. Die Demokraten kamen denn auch in den achtziger Jahren nicht in die Lage, die städtische Politik massgeblich beeinflussen zu können. Anders als in der kantonalen
oder auch der eidgenössischen Politik, wo sich bis in die frühen neunziger
Jahre Liberale und Demokraten jeweils gegenüber standen und sich harte Auseinandersetzungen lieferten, spielte deshalb in der städtischen Politik der
Gegensatz zwischen Demokraten und Liberalen nur eine untergeordnete
Rolle. Die Herrschaft des konservativ-liberalen Stadtbürgertums und des liberalen Bürgertums war und blieb in der Hauptstadt trotz der zeitweiligen
«Demokratenherrschaft» im Kanton unangefochten.

Dem «demokratischen Zug der Zeit» vermochte sich aber auch die Stadt

auf Dauer trotzdem nicht ganz zu entziehen. 1875 reichte der Liberale
Dr. Eugen Zuppinger, Advokat und seit 1874 als Repräsentant der Niedergelassenen Mitglied des grossen Stadtrates, eine Motion mit der Forderung ein, das
Urnensystem [1897], das in kantonalen und eidgenössischen Wahlen seit Ende
der sechziger Jahre üblich war, auch für die Gemeindewahlen einzuführen.
Die Gemeindeversammlung stimmte dem zu und stellte sich damit gegen
den engeren wie den grossen Stadtrat, die diesen «bequemen Wahlmodus»
ablehnten und der Gemeinde beantragten, die Frage der Einführung zunächst
an eine Kommission zu überweisen. [1898] Die Wahlurne brachte den Wählern
eine enorme zeitliche Entlastung, mussten sie nun doch nicht mehr an Sonn-
oder Werktagen ganze Vor- oder Nachmittage an der Gemeindeversammlung
ausharren, bis sämtliche Wahl- oder Abstimmungsgeschäfte erledigt waren.
Mit der Einführung des Urnensystems nahm denn auch die Wahlbeteiligung
sehr stark zu. Waren an der Versammlung zur Abstimmung über die Urnenwahl 603 Stimmbürger anwesend, so gaben an der ersten Urnenwahl 3100
von 4241 städtischen Wahlberechtigten ihre Ausweiskarte ab, was einer Wahlbeteiligung von 73 Prozent entsprach. Die sechzig Grossstadträte wurden nun
nicht mehr von zwei- bis maximal sechshundert oder von fünf bis maximal
vierzehn Prozent der über 4000 städtischen Stimm- und Wahlberechtigten
bestimmt.

Zeitliche und wirtschaftliche Abkömmlichkeit spielten bei den Wahlen
nun keine entscheidende Rolle mehr. Aber auch soziale und kulturelle «Klas-
senschranken» [1899], die Neubürgern und Niedergelassenen nicht bürgerlicher
Herkunft die Wahrnehmung der politischen Rechte zwar nicht verunmöglichten, aber doch erschwerten und gleichzeitig den alteingesessenen, verwandtschaftlich und gesellschaftlich eng miteinander verflochtenen Angehörigen des
städtischen Bürgertums und der städtischen Aristokratie grosse Vorteile und
Einflussmöglichkeiten verschafften, fielen dahin. Um wählen zu können,
waren Männer aus nicht- oder kleinbürgerlichen Verhältnissen nicht mehr
gezwungen, an der Gemeindeversammlung teilzunehmen, wo theoretisch
zwar alle die gleichen Rechte besassen, letztlich aber doch Männer mit
Bildung und Besitz, Ansehen und Würde, insbesondere aber die obersten
Behörden und die übrigen Honoratioren dank ihrem Wissen und ihrem Informationsvorsprung in paternalistischer Manier den Ton angaben. Für die Freitagszeitung signalisierte der Entscheid zugunsten der Urnenwahl deshalb auch
das Ende der «Minoritätenherrschaft» der konservativen und gemässigt liberalen Kräfte zugunsten der Demokratisch-Liberalen, längerfristig sah sie darin
sogar den Sieg der «Demokratisch-Sozialen». [1900]

Die konsequentere Durchsetzung demokratischer Prinzipien und Ver-
fahrensregeln war auch Ziel und Zweck des im Anschluss an die Verfassung
von 1869 revidierten Gemeindegesetzes von 1875. Wie die Liberalen um 1866
zwangen damit auch die Demokraten die Stadt zu einer Revision ihrer
Gemeindeordnung. Die dafür eingesetzte Kommission [1901] beschränkte sich in

ihrem Entwurf, der sowohl vom Stadtrat wie nachher vom Grossen Stadtrat und der Gemeinde mehr oder weniger akzeptiert wurde, im wesentlichen darauf, die städtische Verfassung «mit den seit 1866 erlassenen Gesetzen und Beschlüssen ... in Übereinstimmung zu setzen und im Übrigen auf den bisherigen bewährten Grundlagen in besonnener Weise fortzubauen». [1902] Wesentliche Anpassungen waren insbesondere die dreijährige Integralerneuerung [1903] der Stadträte statt der bisherigen vierjährigen Partialerneuerung sowie der Ausschluss der von den Räten gewählten städtischen Beamten aus dem grossen Stadtrat. So waren um 1875 neben den sieben Stadträten auch der Stadtschreiber, der Rechtskonsulent der Stadt, der Stadtingenieur, der Bausekretär und der Pfrundhausverwalter Mitglieder des grossen Stadtrates.

Ausser den notwendigen Anpassungen brachte die Gemeindeordnung von 1877 keine grundsätzlichen Veränderungen. Stimm- und wahlberechtigt waren in der Stadt nun alle wohnenden Stadtbürger sowie alle niedergelassenen Kantons- und Schweizerbürger. Aufgrund der Verfassung und des Gesetzes betreffend die Vermögens-, Einkommens- und Aktivbürgersteuer vom 24. April 1870 waren alle Stimmberechtigten verpflichtet, die sogenannte Aktivbürgersteuer, die nur einen kleinen Betrag ausmachte, zu bezahlen. Alle niedergelassenen Schweizerbürger waren drei Monate nach Abgabe der Ausweisschriften stimmberechtigt. Als Aufenthalter wurden nur noch jene bezeichnet, bei denen seit Abgabe ihrer Ausweisschriften noch keine drei Monate verstrichen waren. Sie besassen noch kein Stimmrecht, waren aber gleichzeitig auch von der Steuerpflicht befreit. [1904] Mit dieser Regelung, insbesondere mit der eindeutigen Definition des Aufenthalterstatus, wurden die letzten grössern Unterschiede in der Stimmberechtigung auf kommunaler, kantonaler und eidgenössischer Ebene beseitigt. Knapp 98 Prozent der für die Nationalratswahlen Stimmberechtigten waren nun auch an städtischen Wahlen und Abstimmungen berechtigt teilzunehmen. 1860, vor der Einführung der Einwohnergemeinde, hatte lediglich etwas mehr als ein Viertel der auf Bundesebene wahlberechtigten Bürger das Recht gehabt, in städtischen Angelegenheiten mitzuwirken. Zwischen Stadt und Kanton waren die Unterschiede bereits mit der Einführung des Einwohner- anstelle des Bürgerprinzips, das Niedergelassene und vor allem Aufenthalter aus der übrigen Schweiz aber noch immer benachteiligte, eingeebnet worden.

Tabelle 89        **Stimmberechtigte der Stadt Zürich in städtischen, kantonalen und eidgenössischen Angelegenheiten, 1839–1880.** [1905]

|        |       | Stimmberechtigte in |      | Städt. Stimmberechtigte in % |      |
|--------|-------|---------|------|---------|------|
|        | Stadt | Kanton  | Bund | Kanton  | Bund |
| 1839   | 1231  | 2987    |      | 41,2    |      |
| 1850   | 1252  | 3885    |      | 32,2    |      |
| 1860   | 1310  | 4128    | 4841 | 31,7    | 27,1 |
| 1871   | 3722  | 3822    | 4127 | 97,4    | 89,2 |
| 1879   | 4921  |         | 5037 |         | 97,7 |

Die Wahlen in die Räte erfolgten nun, wie bereits 1875 beschlossen worden war, nach dem Urnensystem. Obwohl unterdessen die Anzahl der Stimmberechtigten auf knapp 5000 angestiegen war, blieb für die Diskussion und Entscheidung über Sachgeschäfte die Gemeindeversammlung [1906] bestehen, wo theoretisch zwar alle die gleichen Rechte besassen, letztlich aber doch Männer mit Bildung und Besitz, Ansehen und Würde, insbesondere die obersten Behörden und die übrigen Honoratioren dank ihrem Wissens- und Informationsvorsprung in paternalistischer Manier den Ton angaben. Die Besoldung der sieben Mitglieder des Stadtrates wurde, wie schon 1866 vorgeschlagen und 1874 erneut diskutiert worden war, von 3500 auf 5000 Franken erhöht, jene des Stadtpräsidenten von 4000 auf 5500 Franken. Trotz dieser Erhöhung erhielten die Stadträte damit aber noch immer eine geringere Entschädigung wie der ihnen untergeordnete Stadtschreiber, der wie schon 1866 eine Besoldung von 6000 Franken zuzüglich einer freien Wohnung im Stadthaus oder einer Entschädigung von 1500 Franken bezog.

Umstritten war das Verhältnis zwischen dem grossen Stadtrat und dem Stadtrat, der bis anhin auch Bestandteil des grössern Rates war und auch dessen Bureau darstellte. Der Präsident und der Vizepräsident des Stadtrates hatten gleichzeitig auch den Vorsitz im grossen Stadtrat. Eine Minderheit wollte den grossen Stadtrat zu einer vom engern Stadtrat unabhängigen und selbständigen Aufsichtsbehörde machen, um so im «demokratischen Zug der Zeit», wie der Stadtrat mit kritischem Unterton anmerkte, die «in der Theorie korrekte» Gewaltentrennung durchzuführen. Vom Stadtrat, der grossen Mehrheit des grossen Stadtrates und schliesslich auch von der Gemeinde wurde dieser Antrag jedoch deutlich verworfen. Der Stadtrat rechtfertigte diese Ablehnung damit, «dass mit dieser Loslösung der beiden Behörden für den praktischen Geschäftsgang wenig gewonnen würde, und dass diese aus dem Prinzip des Misstrauens gegen die Regierungsgewalt hergeleitete Gegenüberstellung der Behörden vielleicht für grössere oder für monarchische Verhältnisse rathsam sein mag, dass sie aber für unsere verhältnismässig kleinen und republikanischen Verhältnisse nicht passen, welche vielmehr ein gegenseitiges Vertrauen und ein gemeinsames, einträchtiges Zusammenwirken Aller bedingen.» [1907] 1881 wurde dann die Gewaltenteilung aber doch eingeführt, so dass die Stadträte an den Beratungen nur noch mit Antragsrecht teilnahmen.

Im Mai 1877 erfolgten die Gesamterneuerungswahlen in die städtischen Behörden erstmals an der Urne. Trotz der hohen Wahlbeteiligung von knapp siebzig Prozent gab es keine tiefgreifenden Veränderungen in der politischen Zusammensetzung der beiden Räte. [1908] Die Hoffnungen des 1875 gegründeten «Demokratischen Stadtvereins» zusammen mit dem «Liberalen Stadtverein», der den Demokraten auf der gemeinsamen Liste neun Sitze zugebilligt hatte, dem noch immer überwiegend «konservativ-politischen Element», wozu in der Lesart des demokratischen «Landboten» auch die Altliberalen gehörten, «die Majorität streitig» [1909] machen zu können, erfüllten sich nicht. Die liberal-demokratische Linke vermochte jedoch immerhin ihre Position zu verstärken. Ohne offene Unterstützung von konservativer und altliberaler Seite erlangten die Jungliberalen und Demokraten 16 Sitze. Indem einzelne Bisherige durch meist demokratische Kandidaten auf der gemeinsamen Liste des «Demokratischen Stadtvereins» und des «Liberalen Stadtvereins» ersetzt wurden, kam es zu einer gewissen Erweiterung nach links. Die Konservativen dagegen schafften ohne Wahlhilfe von links lediglich sieben Sitze. Streng konservative Kandidaten des «Politischen Gemeindevereins» und der «Bürger-Mittwochsgesellschaft», die ebenfalls eine gemeinsame Liste aufgestellt hatten, wurden nicht gewählt. Die stärkste Fraktion bildete aber mit 35 Sitzen auch 1877 die Mitte, die alle jene Mitglieder umfasste, die sowohl von der gemeinsamen Liste des «Demokratischen Stadtvereins» und des «Liberalen Stadtvereins» als auch von der gemeinsamen Liste der «Bürger-Mittwochsgesellschaft» und des liberal-konservativen «Politischen Gemeindevereins» zur Wahl empfohlen worden waren. Dazu gehörten einige wenige Liberal-Konservative, gemässigte Liberale, aber auch einige Demokraten. Wie sehr die liberale Mitte dominierte, zeigte sich aber auch daran, dass «hochrot gefärbte», das heisst demokratische Kandidaten auf der gemeinsamen Liste der Jungliberalen und Demokraten durchfielen, dass auch in den Ersatzwahlen die liberal-demokratische Liste nur schwach obsiegte und dass in den gleichzeitig stattgefundenen Wahlen in die Schulpflege die gemeinsame Liste der Altliberalen und der Bürgermittwochsgesellschaft die Oberhand gewann. [1910] Die Demokraten blieben in der Stadt, im Unterschied zu den bevölkerungsreichen Ausgemeinden, auch in den achtziger Jahren in einer relativ schwachen Position. Im Grossen Stadtrat belegten sie nie mehr wie zehn Sitze, im engern Stadtrat waren sie seit den frühen siebziger Jahren nicht mehr vertreten.

Auf die soziale Zusammensetzung des Grossen Stadtrates hatte die Ausweitung der politischen Partizipation auf die Niedergelassenen und die Verschiebung der politischen Gewichte zunächst zugunsten der Liberalen, dann beschränkt auch der Demokraten, jedoch nur geringe Auswirkungen. Die städtischen Behörden waren auch 1889 noch immer fest in der Hand der bürgerlichen Klassen, die auch 1868 und 1877 mehr als drei Viertel der Stadträte stellten. Gut ein Drittel repräsentierte besitz- und wirtschaftsbürgerliche Kreise, wobei sowohl absolut als auch relativ die Partikulare an Gewicht verloren. Innerhalb der Bourgeoisie des talents gewannen nun die Juristen in freiberuflicher oder lohnabhängiger Stellung sowie leitende Angestellte der Privatwirtschaft an Gewicht, während Pfarrer und Ärzte 1877 nur noch vereinzelt vertreten waren und auch die Präsenz der Professoren nach einem Höhepunkt in den sechziger Jahren zurückging. In den achtziger Jahren waren vor allem wirtschaftsbürgerliche Kreise im Grossen Stadtrat wieder stärker vertreten, während Angehörige freier Berufe sowie höhere Beamte und Direktoren aus der Privatwirtschaft deutlich weniger präsent waren. Ein Viertel der Stadträte kam sowohl kurz vor als auch kurz nach 1866 aus dem alten oder neuen Mittelstand, 1877 war es noch ein Fünftel, vor allem Lehrer oder mittlere Angestellte, die in den sechziger Jahren noch in fast gleicher Stärke wie Handwerksmeister und Kleinhändler im Stadtrat gesessen hatten, waren um 1877 mit Ausnahme zweier Lehrer ausgeschieden. 1889 sassen dann aber auch mittlere Beamte und Angestellte wieder im Stadtrat.

Tabelle 90        **Berufliche und soziale Gliederung des Grossen Stadtrates von Zürich 1865–1889. 1911**

|  | 1865 | | 1868 | | 1877 | | 1889 | |
|---|---|---|---|---|---|---|---|---|
|  | abs. | % | abs. | % | abs. | % | abs. | % |
| **Besitzbürgertum** | 10 | 10 | 6 | 9 | 4 | 6 | 4 | 7 |
| **Wirtschaftsbürgertum** | 27 | 28 | 15 | 22 | 19 | 29 | 23 | 38 |
| Kaufmann | 17 | 18 | 7 | 10 | 10 | 15 | 14 | 23 |
| Unternehmer | 7 | 7 | 6 | 9 | 5 | 8 | 6 | 10 |
| Baumeister | 2 | 2 | 1 | 2 | 3 | 5 | 1 | 2 |
| **Bourgeoisie des talents** | 37 | 39 | 31 | 46 | 28 | 43 | 17 | 28 |
| Arzt/Apotheker | 4 | 4 | 4 | 6 | 1 | 2 | 2 | 3 |
| Jurist | 4 | 4 | 2 | 6 | 7 | 11 | 4 | 7 |
| Pfarrer | 6 | 6 | 1 | 2 | 1 | 2 | 1 | 2 |
| Professor | 6 | 6 | 7 | 10 | 3 | 5 | 1 | 2 |
| Hoher Beamter/Offizier | 12 | 13 | 6 | 9 | 8 | 12 | 3 | 5 |
| Direktor |  |  | 6 | 9 | 5 | 8 | 3 | 5 |
| **Gewerbl. Mittelstand** | 12 | 13 | 8 | 12 | 11 | 17 | 7 | 12 |
| **Neuer Mittelstand** | 11 | 11 | 5 | 8 | 2 | 3 | 6 | 10 |
| Lehrer |  |  | 2 | 3 | 2 | 3 | 2 | 3 |
| Beamter/Angestellter | 11 | 11 | 3 | 4 |  |  | 4 | 7 |
| ohne Angabe | 1 | 1 | 2 | 3 | 1 | 2 | 1 | 2 |
| **Total (n)** | **96** | **100** | **67** | **100** | **65** | **100** | **60** | **100** |

Dass die «Minoritätenherrschaft», die bürgerlich-liberale Vorherrschaft in den städtischen Behörden auch nach 1866 so unangefochten weiterbestehen konnte, dafür sorgte unter anderem auch das Majorzwahlsystem. Auch nach der Einführung von Wahlurnen hatten Minoritäten wie die Demokraten und die mit ihnen verbundenen Sozialdemokraten unter den gegebenen Macht- und Mehrheitsverhältnissen kaum eine Chance, ihre Kandidaten aus eigener Stimmkraft in den Grossen Stadtrat zu bringen, vor allem dann nicht, wenn Liberale und Liberal-Konservative sich über die Verteilung der Sitze schon vor den Wahlen weitgehend abgesprochen hatten, wie das seit Ende der siebziger Jahre meist der Fall war. Im Sinne einer freiwilligen Minoritätenvertretung setzten diese auf ihre Wahlvorschläge in der Regel aber auch einige Kandidaten der demokratischen Gegenseite. Mit dieser Strategie entschärften sie nicht nur die politischen Auseinandersetzungen, sondern sie konnten auch bestimmen, wieviele und welche Kandidaten der «Minoritäten» Einsitz nehmen durften. Legitimiert wurde dieses Verhalten von bürgerlich-liberaler Seite her aber auch damit, dass es auf kommunaler Ebene in erster Linie um «Sachfragen» und weniger um «Politik» gehe, dass die politischen Gegensätze «um der Sache willen» deshalb zurückzutreten hätten oder wenigstens in den Hintergrund geschoben werden sollten.

Auch die Frage der Vereinigung Zürichs mit den Ausgemeinden wurde sehr stark unter diesem Gesichtspunkt diskutiert, obwohl es offensichtlich war, dass dabei den sozialen und politischen Gegensätzen zwischen dem städtischen Bürgertum auf der einen und den kleinen Leuten aus dem Mittelstand und der Arbeiterbevölkerung auf der andern Seite eine grosse Rolle zukam, dass hinter den unterschiedlichen Interessen der Stadt und der Mehrzahl der Ausgemeinden auch unterschiedliche Klasseninteressen standen, dass es letztlich darum ging, wie die finanziellen und sozialen Kosten der rasanten wirtschaftlichen Entwicklung der letzten Jahrzehnte im Raume Zürichs verteilt werden sollten.

## Stadtvereinigung und Ende «Alt-Zürichs»: Von der «Demokratenherrschaft» zum «Bürgerblock»

Die Vereinigung[1912] der Stadt Zürich mit den elf Ausgemeinden – aus Rücksicht auf die Empfindlichkeit der Stadt offiziell «Zuteilung der Gemeinden an die Stadt Zürich» benannt – wurde zwar in der kantonalen Volksabstimmung vom August 1891 auch von der Mehrheit der städtischen Stimmbürger deutlich angenommen, in der Form, wie sie das kantonale Zuteilungsgesetz vorsah, erfolgte sie jedoch gegen den erklärten Willen der Mehrheit des grössern Stadtrates und der städtischen Gemeinde- und Bürgerversammlung. Als 1885 die schwer verschuldete Gemeinde Aussersihl in einer Petition an den Kantonsrat die Vereinigung der Ausgemeinden mit der Stadt Zürich forderte, reagierte der Stadtrat mit abwartender Ablehnung. Einen unmittelbaren Nutzen für die Stadt konnte er sich davon nicht versprechen und zudem war klar, dass die Stadt aufgrund ihres wirtschaftlichen und finanziellen Leistungsvermögens bei einer Vereinigung am meisten «Opfer» bringen müsste. Neben den beiden demokratischen Blättern, der Züricher Post und dem Zürcher Volksblatt, bekannte sich aber auch die liberale Neue Zürcher Zeitung zur Notwendigkeit einer Vereinigung. Zur Aussersihler Petition bemerkte sie 1885: «Die unnatürliche Situation, dass die sich in Aussersihl zusammendrängende und stetig wachsende Arbeiterbevölkerung ausserhalb der Gemeindeverbände steht, innerhalb deren sie ihren Lebensunterhalt verdient, trägt die Schuld an Aussersihls Bedrängnis, und will man dies ändern, so muss man den neuen Gemeindeverband schaffen, der arm und reich, Arbeiter und Arbeitgeber, alle Elemente, die wirtschaftlich angesehen, ein sich ineinanderfügendes Ganzes bilden, zusammenfassen wird. Künstliche Grenzen, welche das Zusammengehörige spalten und scheiden, müssen fallen, der politisch-administrative Organismus muss den Verhältnissen angepasst werden, wie sie sich, althergebrachte Lokaleinteilungen überschreitend, allmählich gebildet haben. Wir teilen diese Anschauungen, wir sind überzeugt, dass sie trotz des Widerstandes, welchen die Behörden der Hauptstadt ihr entgegensetzen, zum Siege gelangen werden.»[1913] Auf Druck der liberalen wie demokratischen Presse und führender Persönlichkeiten aus dem liberalen wie demokratischen Lager bejahten schliesslich auch die städtischen Behörden die Notwendigkeit und Wünsch-

barkeit einer Vereinigung der Ausgemeinden mit der Stadt. Ihre Strategie
bestand in der Folge darin, der Stadt und den übrigen Gemeinden in dieser
Frage ein weitgehendes Mitspracherecht zu sichern, um so zu verhindern, dass
der Kanton bei der Vereinigung die Interessen der Stadt und des Stadtbürgertums zu wenig berücksichtigen könnte.

Selbst aktiv wurden die städtischen Behörden aber eigentlich erst im
Frühjahr 1889, als der Regierungsrat, nachdem er die ganze Sache lange verzögert hatte, ohne die betroffenen Gemeinden anzuhören, einen nicht sehr
überzeugenden Bericht und Antrag zuhanden des Kantonsrates vorlegte. Der
Stadtrat legte sich jetzt sehr energisch ins Zeug, um einem Gross-Zürich nach
seinen Vorstellungen zum Durchbruch zu verhelfen und übernahm weitgehend jene Linie, die von der «Vereinigung der Kantons- und Gemeinderäte
von Zürich und Ausgemeinden» 1914 schon vorgezeichnet worden war. In Verbindung mit einzelnen Mitgliedern des Stadtrates entwarf Stadtschreiber
Usteri, der bereits ein neues Verfassungsgesetz ausgearbeitet hatte, ein selbständiges und viel weitergehendes Vereinigungsgesetz und lieferte schliesslich
noch ein kritisches Exposé zu den regierungsrätlichen Entwürfen. Zudem gab
der Stadtrat drei Gutachten zum Problem, wie weit die Bürgergemeinden mit
ihren Gütern und Stiftungen von der Vereinigung ausgenommen werden
könnten, in Auftrag. All dies lief darauf hinaus, durch gesetzliche Fixierung
der wichtigsten Fragen, insbesondere auch in der Gestaltung des zukünftigen
Gemeindehaushaltes, vom Kanton garantiert zu bekommen, dass die Interessen der Stadt, des Stadtbürgertums wie des städtischen Bürgertums geschützt
sein würden. Die ausführliche Über- und Umarbeitung des regierungsrätlichen Entwurfes durch die kantonsrätliche Kommission unter der Leitung von
Conrad Escher, der bereits Mitte der siebziger Jahre die Vereinigung verlangt
hatte, trug diesem Verlangen weitgehend Rechnung und stiess einzig dort auf
Widerstand, wo die Vertreter der Landschaft eine Schädigung der eigenen
Interessen zu erkennen glaubten. 1915

Die Vorlage, wie sie der Kantonsrat nach der ersten Lesung beschlossen
hatte, wurde denn auch vom Stadtrat im grossen und ganzen als geeignet
für die Durchführung der Vereinigung gehalten. In seinem Antrag an die
Gemeindeversammlung, die sich abschliessend zur Vereinigungsfrage äussern
sollte, wollte er deshalb lediglich noch beantragen, der Kantonsrat sei aufzufordern, das Vereinigungsgesetz in einzelnen Belangen den spezifischen
Bedürfnissen der neuen Stadt noch besser anzupassen. Im Grossen Stadtrat
regte sich gegen diese grundsätzliche Zustimmung nun aber starke Opposition. Neun Mitglieder, alles Stadtbürger, stellten Gegenanträge mit Forderungen, die weit über jene des Stadtrates hinausgingen. Mit der Formulierung
dieser Forderungen (mehr indirekte Demokratie, maximaler Vermögens-
steuerfuss, Verlängerung der Alltagsschule, Übernahme der Schulden Aussersihls durch den Kanton) als «Bedingungen» stellten sie sich auf den Standpunkt, dass eine Gemeinde nur zur Vereinigung angehalten werden könne,

wenn ihre Wünsche erfüllt worden seien und sie der Vereinigung selbst zustimme. Sie stellten sich damit auf den Standpunkt der vom Stadtrat eingeholten Rechtsgutachten von Prof. Friedrich von Wyss und Alois von Orelli, die davon ausgingen, dass der Staat Gemeinden nur mit ihrer Zustimmung mit andern vereinigen könnte. Eine andere Auffassung vertrat der dritte Gutachter, Prof. A. Heusler aus Basel, der die Ausübung staatlichen Zwanges gegenüber widerstrebenden Gemeinden unter Umständen, zum Beispiel im höheren Landesinteresse, durchaus als legal betrachtete. 1916 Trotz heftiger Gegenwehr des Stadtrates nahm der Grosse Stadtrat diese Bedingungen mit grosser Mehrheit an. Auf Druck des Stadtrates kam der Grosse Stadtrat jedoch in einer nochmaligen Verhandlung der Anträge an die Gemeindeversammlung auf seinen Entscheid zurück. Er akzeptierte die Umformulierung der «Bedingungen» in «Vorbehalte» und liess auch die Forderung nach der Wahl des Stadtrates durch den Grossen Stadtrat fallen. 1917 Diese von den beiden Räten gemeinsam beantragten Vorbehalte der Stadt gegenüber der Vereinigung fanden dann auch die Zustimmung der von rund 800 Stimmbürgern besuchten Gemeindeversammlung. Sie folgten damit Konservativen wie Georg von Wyss, die sich einer Vereinigung an sich zwar nicht völlig verschlossen, die nicht nur, aber auch im eigenen wie im Interesse der Bürgergemeinde darauf beharrten, dass dies «nicht durch Gewaltgebot von oben und nicht ohne Befragen und bestimmtes Anhören der einzelnen zu vereinigenden Gemeinden» geschehen dürfe. 1918

Die Vorbehalte verlangten erstens die Umwandlung des bürgerlichen Nutzungsgutes in eine Stiftung der neuen Bürgergemeinde und die alleinige Nutzungsberechtigung an den bürgerlichen Fonds und Stiftungen seitens der bisherigen Stadtbürger während einer Übergangsperiode von 25 Jahren. Zweitens sollte das alte Stadtgebiet in der neuen Gemeinde einen Wahl- und Verwaltungskreis bilden. Drittens sollte die Stadt in ihrer Alltagsschule das 7. und 8. Schuljahr einführen dürfen. Viertens wurde gefordert, dass der Kanton auf die der Gemeinde Aussersihl gewährten Darlehen verzichten und sie nicht der neuen Stadtgemeinde überbürden sollte. Fünftens verlangte die Stadt für die Vermögenssteuer ein Maximum von sechs Promille sowie das Recht, die Einkommen für die Gemeindesteuern heranzuziehen. Sechstens lehnte sie eine besondere Staatsaufsicht ab. 1919 Die beiden ersten Vorbehalte übernahm der Kantonsrat, ebenso den dritten, unterwarf ihn aber einer besonderen Volksabstimmung, womit er praktisch aber abgelehnt war. Die Darlehen an Aussersihl gingen voll an die neue Gemeinde über. Die beiden letzten Vorbehalte fanden teilweise Berücksichtigung. Weil das Zuteilungsgesetz die Vorbehalte der Stadt teilweise missachtete, lehnte in der Schlussabstimmung die Mehrheit der 14 städtischen Vertreter im Kantonsrat das Zuteilungsgesetz ab, darunter auch Stadtpräsident Hans Konrad Pestalozzi, oder übten Stimmenthaltung. Fünf Kantonsräte, Antistes Georg Finsler, Schulpräsident Paul Hirzel, ETH-Professor Elias Landolt, Stadtforstmeister Ulrich Meister, der Führer der Zürcher

Liberalen, und Stadtschreiber Paul Usteri stimmten jedoch zu. In einer öffentlichen Erklärung rechtfertigten sie ihr Abrücken von der Linie der Gemeindeversammlung damit, dass sie «trotz mancher unerfüllt gebliebener Begehren
das Gesetz als die erreichbar gute Lösung unhaltbar gewordener Verhältnisse»
als annehmbar betrachten würden. [1920]
     Gegen die Stadtvereinigung hatten sich in der Stadt zunächst vor allem
konservative Kreise gestellt. Die Ablehnung erfolgte teils aus einer grundsätzlichen Abwehrhaltung heraus. Die «gute alte Stadt Zürich» sollte nicht einfach
in einem neuen Gemeinwesen aufgehen, «dem sie zwar den Namen geben
durfte, dessen neue Bürgerschaft aber gegenüber den bisherigen Stadtbürgern
eine erdrückende Mehrheit bildete». [1921] Die «Freude» der Befürworter an
einer künftigen Grossstadt Zürich vermochten sie nicht zu teilen. Im Gegenteil, die Entwicklung hin zu grossstädtischen Verhältnissen war für sie eher ein
Grund zu tiefer Besorgnis. Teils galt ihre Opposition vor allem der vom Kantonsrat getroffenen Lösung mit ihrer Missachtung der von der Stadtgemeinde
an eine Vereinigung geknüpften Bedingungen.
     F. O. Pestalozzi, der Wortführer der städtischen Konservativen und einer
der heftigsten Gegner der Vereinigung, anerkannte zwar durchaus die Notwendigkeit und die Vorteile, die eine gemeinsame Verwaltung der Stadt und
ihren Ausgemeinden in manchen Bereichen bringen könnte, er sah aber in der
vorgeschlagenen «Totalvereinigung» viele «Unbequemlichkeiten», ja grosse
ökonomische und politische Gefahren auf Zürich zukommen. Ökonomisch
führte seiner Ansicht nach die «Totalvereinigung» infolge der Verschuldung
der Stadt, vor allem aber wegen der Finanzlage und dem Finanzgebaren einzelner Ausgemeinden direkt in den «Totalruin» und sah den «an seinen Wohnsitz gebundenen Mittelstand» schon bald einem zur «Unerträglichkeit» gesteigerten Steuerdruck ausgesetzt. [1922] Die Aussersihler Schwierigkeiten sollten,
damit die Stadt nicht zur «Bettelkönigin» würde, anders gelöst werden, als dies
im Zuteilungsgesetz vorgesehen war. Politisch sah er eine Gefahr in der
«unabwendbaren Notwendigkeit» einer verstärkten Bürokratisierung, im Aufkommen einer gewaltigen «Verwaltungs-Maschine», die in fast allen Verwal-
tungszweigen den «freiwilligen Dienst» durch «bezahlte Arbeit» ersetzen und
so die «Entfremdung» von Behörden und Bürgern vorantreiben würde.
     Noch mehr aber fürchteten Konservative wie Pestalozzi, dass radikale
und sozialistische Tendenzen nun überhandnehmen und «ungesunde und gefährliche politische Bestrebungen» nicht nur in der Stadt Zürich, sondern auch
im Kanton an die Macht gelangen könnten. Dass in der einheitlich organisierten Grossstadt «die radikale und socialistische Partei das Heft des Messers in
die Hände bekommen» würde oder dass gar «socialistische Wühler das Übergewicht an sich reissen könnten», war für Pestalozzi wie auch für andere Konservative eine «sichere Aussicht». [1923] Der liberal-konservative «Stadtbote»
malte gar das Schreckgespenst einer «Kommuneherrschaft» durch den «Aussersihler Souverain» an die Wand. «Um ihre längst bereitgehaltenen Begehren

durchzusetzen», sah er die «Kommunards» der neun vereinigten Gemeinden schon in den Startlöchern für einen Raubzug auf die Steuerkapitalien der Stadt und der drei Gemeinden Riesbach, Enge und Hottingen. [1924] Notgedrungen glaubten sich Konservative mit dem Gedanken vertraut machen zu müssen, «dass die Stadt Zürich dem Beispiele des Staates folgen werde, dass auch in unserer lieben Vaterstadt die Demokratenherrschaft die Oberhand gewinne mit blutrot angehauchter Nuance und mit einem Parteiführer als Oberhaupt, der auf seinem politischen Schilde die stets im Munde führenden idealen Begriffe von Freiheit und Gleichberechtigung bei der ersten Gelegenheit mit den Fratzen der Tyrannei und Intoleranz übertüncht hätte.» [1925] Sie fürchteten auch, dass die Liberale Partei, einmal in die Minderheit versetzt, zerbröckeln könnte, umso mehr als die «liberale Richtung leider der festen Organisation, der Parteidisziplin und leider oft auch einer gewissen Zähigkeit der Grundsätze entbehrt». [1926]

Diese Furcht vor einem verhängnisvollen Anwachsen sozialistischer Tendenzen beschränkte sich aber nicht nur auf konservative Kreise. Auch unter Liberalen erweckte die Vorstellung eines Linksregimentes im künftig vereinigten Zürich ungute Gefühle. Die «wilden Wünsche und Begehrlichkeit» der Linken glaubte man jedoch dadurch im Zaun halten zu können, indem «man Behörden mit grossen Machtbefugnissen schafft und die Stimmurne nur für die notwendigsten Fälle aufstellt». [1927] Zusammen mit konservativen Mitgliedern des Grossen Stadtrates beantragte deshalb der Advokat E. Zuppinger, Präsident des Rates und einer der führenden städtischen Liberalen, dass die Wahlen des Stadtrates, des Stadtammannes und der Friedensrichter nicht mehr durch die Stimmbürger, sondern durch den Grossen Stadtrat erfolgen sollten, um so die Wahlen von seiten der politischen Elite der jetzigen Stadt besser beeinflussen zu können. [1928] Dieser Vorbehalt wurde vom Grossen Stadtrat zwar angenommen, auf Druck des aus lauter Liberalen zusammengesetzten Stadtrates fiel er dann jedoch aus den Anträgen an die Gemeindeversammlung.

Im Abstimmungskampf wandten sich dann nicht nur die Konservativen, sondern auch der «Liberale Stadtverein» gegen die Vereinigungsvorlage. Im Vorfeld der Abstimmung hatte er zu dieser Sache nochmals eine Gemeindeversammlung verlangt, da sich die städtische Bevölkerung die ablehnende Haltung der Mehrheit des Kantonsrates gegenüber den berechtigten Begehren der Stadt nicht einfach gefallen lassen müsse. Der Stadtrat lehnte dieses Ersuchen jedoch mit der Begründung ab, die Meinung der Stadtbevölkerung sei gespalten und eine achtungsbietende Kundgebung sei deshalb nicht zu erwarten. [1929] Das Abstimmungsresultat in der Stadt – mit 1781 Nein gegen 2335 Ja oder mit knapp 59 Prozent nahm die Stadt die «Zuteilung» an – gab dem Stadtrat recht und zeigte einmal mehr, wie wenig die Gemeindeversammlung, wo die alten Stadtbürger zusammen mit einigen wenigen arrivierten Neubürgern und Niedergelassenen noch immer den Ton angaben, die tatsächlichen Kräfteverhält-

nisse wiedergab. Dass die Stadtgemeinde in der Urnenabstimmung das «sie
misshandelnde Gesetz» schliesslich selbst annahm, war für Georg von Wyss
nichts weniger als die «klang- und sanglose Selbstbestattung eines Gemeinwesens, das eine rühmliche Geschichte von 600 Jahren hinter sich hatte und dem
anzugehören man als Ehre empfand». Für Wyss war es das endgültige Ende
des alten Zürichs. [1930]

Bereits im Oktober 1891 wurde eine Art städtischer Verfassungsrat [1931]
gewählt, der eine neue Gemeindeordnung ausarbeiten sollte. Die Grundzüge
waren allerdings durch das Zuteilungsgesetz bereits vorgegeben. An die Stelle
der Gemeindeversammlung trat für die wichtigeren Sachentscheide die Urnenabstimmung. Eine Ausnahme bildete die Festsetzung des Steuerfusses, die aufgrund des Zuteilungsgesetzes nicht der Abstimmung durch die Gemeinde
unterworfen werden durfte. Das Referendum [1932] gegen Beschlüsse des Stadtrates, die den Stimmbürgern nicht vorgelegt werden mussten, sowie das sogenannte Motionsrecht [1933] sicherten den Stimmbürgern auch in der Grossstadt
weitgehende direkte Mitwirkungsmöglichkeiten. Die Wahlen in den Stadtrat
und den Grossen Stadtrat erfolgten im dreijährigen Turnus nach dem Majorz-
verfahren, wobei für den Grossen Stadtrat die fünf Verwaltungskreise je einen
Wahlkreis bildeten. Ab 1913 wurde der Grosse Stadtrat dann im Proporz gewählt. Der Grosse Stadtrat wurde mit leicht erweiterten Kompetenzen zum
eigentlichen Kontrollorgan des Stadtrates und der von ihm geleiteten Verwaltung. Zwischen den beiden Räten galt strikt das Prinzip der Gewaltentrennung: Grossstadträtliche Kommissionen, die einzelne Verwaltungsabteilungen
in ihrer Tätigkeit hätten unterstützen sollen, gab es nicht mehr. Jede Behörde
sollte nun für ihre Amtsführung allein die volle Verantwortung tragen. Die
Anzahl Mitglieder des Stadtrates wurde von sieben auf neun erhöht. Die
Besoldung der Stadträte betrug neu 7000 statt 5000 Franken, jene des Stadtpräsidenten 7500 Franken. Die vollamtlichen Stadträte und der Stadtpräsident
standen damit auch besoldungsmässig an der Spitze der städtischen Verwaltung. [1934] Als sozialpolitische Neuerung legte die Gemeindeordnung nicht nur
die Ansätze für die Besoldung aller städtischen Beamten, Lehrer und Angestellten fest, sondern bestimmte auch einen Mindesttaglohn der städtischen
Arbeiter von vier Franken bei zehnstündiger Arbeitszeit. Zudem garantierte
sie die Unentgeltlichkeit des Unterrichtes in allen obligatorischen und freiwilligen öffentlichen Schulen, inklusive den Gewerbeschulen. Die neue Gemeindeordnung wurde am 24. Juli 1892 bei einer Stimmbeteiligung von rund
siebzig Prozent von 82 Prozent der abgegebenen Stimmen angenommen.
Bereits am 21. August 1892 sollten dann die Wahlen in die neuen Behörden
stattfinden.

Da die Demokraten in den bevölkerungsreichsten Ausgemeinden die
stärkste Partei darstellten und sich in den Arbeitervorstädten Aussersihl und
Wiedikon auch die Sozialdemokratie langsam zu einem politischen Machtfaktor [1935] entwickelte, war klar, dass die Liberalen ihre Vormachtstellung in

den neuen städtischen Behörden ohne Öffnung hin zu den Demokraten kaum
würden länger behaupten können. Bestrebungen auf seiten der Liberalen, die
«bürgerlichen Elemente» der liberalen und demokratischen Partei einander
näher zu bringen und die «wirklich freisinnigen Elemente», das heisst die
Liberalen und Demokraten unter Ausschluss der Konservativen auf der Rechten und der Sozialisten auf der Linken, zusammenzuführen, erhielten in der
Stadt und den ehemaligen Ausgemeinden deshalb nach der beschlossen Stadtvereinigung neuen Auftrieb. Einer der wichtigsten Befürworter einer solchen
Fusion zwischen fortschrittlichen Liberalen und gemässigten Demokraten war
Ulrich Meister [1936], der seit Ende der siebziger an der Spitze der lose organisierten liberalen Partei des Kantons stand und seit Mitte der achtziger Jahre
mit der dreifachen Parole «Kampf dem Ultramontanismus! Kampf dem
Föderalismus! Kampf dem Sozialismus!» zur Einigung aller bürgerlich-freisinnigen Kräfte aufrief. In der Folge trat er auf eidgenössischer Ebene, wo er wie
die andern Zürcher Liberalen dem Zentrum angehörte, für eine Annäherung
an die Radikalen ein und machte sich auf kantonaler Ebene für ein Zusammengehen mit den Demokraten stark. Einen ähnlichen Kurs vertrat auch die
Neue Zürcher Zeitung, deren Verwaltungskomitee von Ulrich Meister präsidiert wurde. Sie befürwortete schon in den siebziger Jahren auf kantonaler wie
eidgenössischer Ebene den Zusammenschluss aller «fortschrittlichen Elemente
zu einer grossen bürgerlichen, von freisinnigem Geiste getragenen Mittelpartei». [1937] Durch die Bildung «wirklich freisinniger» Kreisvereine versuchten
die Liberalen im Frühjahr 1892 mit einer Öffnung nach links, die gemässigten
Demokraten zu einer Verständigung zu bewegen. Im Kreis III (Aussersihl und
Wiedikon) beschloss der liberale Verein, sich zu einem freisinnigen Kreisverein umzubenennen, und im Kreis V wurde am 9. März 1892 ein freisinniger
Kreisverein neu gegründet. Treibende Kraft war hier offenbar Redaktor Walter Bissegger von der Neuen Zürcher Zeitung. Wie Meister und andere Befürworter dieser Verständigung ging auch er davon aus, dass die «obsolet
gewordene Trennung» zwischen Liberalen und Demokraten» nur aufgehoben
werden könne, wenn die Liberalen das «unnatürliche Zusammenwirken» mit
den Konservativen aufgeben und sich von ihnen trennen würden, denn nur
so könne den Demokraten zugemutet werden, sich ihrer sozialistischen Anhänger zu entledigen. [1938]
    Auch in der Stadt sollte am 24. März 1892 in einer Versammlung auf
«Zimmerleuten», inszeniert von Ulrich Meister, Paul Usteri und andern städtischen, freisinnigen Führern, ein solch freisinniger Kreisverein unter Ausschluss der Konservativen, insbesondere der Mitglieder des «Eidgenössischen
Vereins», gegründet werden. Die zahlreich anwesenden Konservativen und
Altliberalen, mit denen die Zentrumsliberalen auf kommunaler und kantonaler Ebene seit 1867 im Politischen Gemeindeverein zusammengearbeitet
hatten, wussten dies zunächst aber zu verhindern. Ein entsprechender Antrag
von Ulrich Meister wurde mit 85 gegen 35 Stimmen verworfen und in «fast

ostentativer Weise» wählte die Versammlung zwei Konservative in den Vorstand des Vereins. Da sich aber die Präsidenten der übrigen Kreisvereine anschickten, den Stadtverein als «anrüchig» zu boykottieren, und Meister seine «intimsten Parteigenossen zu einem Sonderbund» zusammenrief, traten die Konservativen und Altliberalen dann aus dem Freisinnigen Stadtverein aber doch aus und organisierten sich am 22. April 1892 im «Gemeindeverein für die vereinigte Stadt Zürich». «Geradezu blind für die Zeichen der Zeit», hatten mit dieser Trennung die Freisinnigen aus konservativer Sicht die Chance zur Gründung einer «stadtzürcherischen Ordnungspartei» verpasst.[1939] Taktische Gründe, aber auch weitgehende Übereinstimmung in kommunalen Fragen hinderten dann aber die Freisinnigen trotz der organisatorischen Trennung daran, aus ihrem Vorgehen die letzten Konsequenzen zu ziehen und die Konservativen von ihren Wahllisten für die Kantons- und Stadtratswahlen zu streichen. Die Freisinnigen vermochten so den grössten Teil der konservativen Stimmkraft weiterhin für sich zu sichern, gleichzeitig verhinderten sie damit aber auch, dass sich die Konservativen zu einer von den Freisinnigen unabhängigen Partei organisierten.

Die Demokraten in den Ausgemeinden wie auch in der Stadt gingen auf den Versuch der Liberalen, die «unnatürlichen Parteiverhältnisse» zu beseitigen, jedoch nicht ein. Obwohl sie von seiten der Arbeiterpartei zunehmend unter Druck gerieten, kam eine Trennung von den mit ihnen seit langem eng verbundenen Sozialdemokraten für sie (noch) nicht in Frage. Ihre Bestrebungen gingen eher dahin, eine Fortschrittspartei aus bürgerlichen und sozialdemokratischen Kräften zu bilden und sich so im Kanton wie auf kommunaler Ebene Mehrheiten zu sichern oder zu erringen. Die Demokraten lehnten deshalb in der Stadt Zürich und auf einer kantonalen Versammlung vom 18. April 1892 auch auf kantonaler Ebene eine Verbindung mit den Liberalen ab.[1940] Dies schloss allerdings eine gewisse gegenseitige Unterstützung im Sinne des von allen Parteien geübten freiwilligen Proporzes in den Wahlen nicht aus.

Am umstrittensten waren die Wahlen in die neue Stadtexekutive, der in der alten Stadt praktisch ausschliesslich Konservativ-Liberale und Liberale angehört hatten. Aufgrund ihrer Stärke in den Ausgemeinden, die Grosszürich rund drei Viertel der Bevölkerung brachten, erhoben die Demokraten im neunköpfigen Stadtrat zunächst auf sechs, dann auf fünf Sitze Anspruch, wobei einer der Sitze dem Grütlianer Jakob Vogelsanger überlassen werden sollte. Der «Freisinnige Stadtverein», die Vereinigung der freisinnigen Kreisvereine, hingegen verzichtete trotz dem Scheitern der Fusion mit den Demokraten darauf, im Stadtrat die Mehrheit wieder zu beanspruchen. Die Liberalen akzeptierten damit für das neue Zürich einen «röthlich schillernden Stadtrat».[1941] Den Stadtpräsidenten miteingeschlossen, stellten sie vier eigene Kandidaten auf und nahmen vier Demokraten und den auch von den Demokraten gesetzten Grütlianer Jakob Vogelsanger auf ihren Wahlvorschlag. Die im Gemeindeverein zusammengeschlossenen konservativen und konservativ-liberalen Kreisen dagegen versuchten mit einem fünften liberalen Kandidaten, eine «Demokratenherrschaft» zu verhindern. Ohne Unterstützung durch die Freisinnigen war dies aber von Anfang weg ein chancenloses Unterfangen. Gewählt wurden schliesslich die neun vom Freisinn portierten oder von ihm unterstützten Kandidaten, nämlich die vier Freisinnigen Heinrich Pestalozzi, Paul Usteri, August Koller und Heinrich Walcher, die vier Demokraten Johannes Schneider, Elias Hasler, Johann Caspar Grob, Benjamin Fritschi-Ziegler sowie Jakob Vogelsanger. 1942 Die Neue Zürcher Zeitung kommentierte diesen Wahlausgang denn auch trocken, aber mit Erleichterung: «Es ist gut gegangen.» Da drei der vier demokratischen Stadträte aus «freisinnigen Kreisen» entstammten, war auch ohne freisinnige Mehrheit die bürgerliche Herrschaft gesichert. 1943 Für die Demokraten dagegen bedeutete ihre Mehrheit im Stadtrat den Beginn einer neuen Ära: Wie 1868 der Kanton, so hatte jetzt die Hauptstadt vor der Demokratie kapituliert. Die Verwaltung der Stadt sollte nun «weniger pedantisch» werden, «zopfige Praktiken» sollten nun ein Ende haben. 1944 Mit Genugtuung stellten sie fest, dass von den neun Stadträten sieben ursprünglich vom Lande, zwei sogar von ausserhalb des Kantons, herkamen, dass sich die meisten selbst empor gearbeitet hatten und ihre soziale Stellung nicht dem glücklichen Zufall der Geburt verdankten. 1945 Dass mit Hans Pestalozzi und Paul Usteri, die beide aus dem Kreis der ehemaligen Herrengeschlechter stammten, das «Banner» der Demokratie mit «einigen aristokratischen Blumenzeichen» umrändert war, gab dem Sieg der Demokraten offenbar noch einen besonderen Reiz. 1946

Noch besser für den Freisinn verliefen die Wahlen in den Grossen Stadtrat. Die Befürchtungen der Konservativen und Liberalen, in die Minderheit versetzt zu werden, erfüllten sich nicht. Im Gegenteil, mit 64 Sitzen errang der Freisinn sogar die Mehrheit im 118 Mitglieder zählenden neuen Stadtparlament. Die Konservativen kamen noch auf sieben Sitze. Die Demokraten, die in der Abgeordnetenversammlung immerhin 44 Sitze belegt hatten, erlangten lediglich 33 Sitze, die Sozialdemokraten 14 Sitze. 1947 Wie in den Wahlen für den Stadtrat hatten alle Parteien auch für die Wahlen in den Grossen Stadtrat ausgewählte Kandidaten der andern drei Parteien auf ihre Wahlvorschläge genommen und damit, wie dies bis anhin schon in den meisten Wahlen üblich war, einen gewissen freiwilligen Proporz geübt. Sowohl die Freisinnigen wie die Demokraten, die mit den Sozialdemokraten zusammengingen und gegenseitig alle ihre Kandidaten anerkannten, visierten jedoch eine Mehrheit an und gestanden den übrigen bloss eine Minderheitenvertretung zu. So akzeptierte der Freisinn nur eine begrenzte Anzahl der demokratischen Kandidaten und strich auf seinen Wahlvorschlägen die meisten der von den Demokraten mitgetragenen Kandidaten der Arbeiterpartei. Die Sozialdemokraten auf der andern Seite beanspruchten aufgrund einer proportionalen Berechnung der Parteienstärken für sich 28 Sitze und billigten den verbündeten Demokraten 36 zu. Von den Freisinnigen und Konservativen führten sie zusammen 55

Kandidaten auf ihren Wahlvorschlägen auf. 1948 Die Demokraten betrachteten
diese Verteilung als unerhörten Machtanspruch der Sozialdemokraten. Die
relativ hohe Präsenz sozialdemokratischer Kandidaten auf ihrer Liste machten
sie denn auch im Nachhinein für ihre Wahlniederlage in ehemals mehrheitlich
demokratisch wählenden Ausgemeinden verantwortlich. 1949 Die Konservativen stellten nur in der alten Stadtgemeinde eigene Kandidaten auf. In
den Ausgemeinden, wo es manchen an sich Konservativen «peinlich» war,
schlechtweg als konservativ bezeichnet zu werden, verfügten sie kaum über
einen festen Anhang. 1950

Gewählt wurden in allen fünf Wahlkreisen mit ganz wenigen Ausnahmen nur Kandidaten, die von mehr als einer der Parteien vorgeschlagen worden waren. 1951 Als einzige brachten die Freisinnigen drei Kandidaten ohne
direkte Unterstützung von seiten einer anderen Partei ins Parlament. Die Allianz der Freisinnigen mit den Konservativen, die trotz der organisatorischen
Trennung und gewisser Animositäten gut spielte, vermochte 23 Kandidaten
zum Erfolg zu verhelfen. Das engere Bündnis der Demokraten und Sozialdemokraten war hingegen ohne fremde Hilfe nur in neun Fällen erfolgreich
und dies mit einer Ausnahme nur in Aussersihl und Wiedikon, im Kreis III.
Wie sehr den freisinnigen Wählern eine Schlüsselrolle zukam, zeigt sich daran, dass 104 der schliesslich gewählten Stadträte auch auf den freisinnigen
Wahlvorschlägen figuriert hatten. Darunter befanden sich vierzig Kandidaten
der andern drei Parteien, neben den Konservativen und Demokraten auch
einige wenige Sozialdemokraten wie zum Beispiel Herman Greulich. Im alten
Stadtgebiet, aber auch im vornehmen Kreis II (Enge und Wollishofen) und im
Kreis V (Riesbach, Hirslanden, Hottingen und Fluntern) war sogar kein einziger Kandidat gewählt worden, der nicht vom Freisinn für würdig befunden worden war. Mit demokratischer Unterstützung erreichten 90 Kandidaten – 57 aus den andern Parteien, vornehmlich Sozialdemokraten und
Freisinnige – das absolute Mehr. 76 Kandidaten hatten auf konservative oder
sozialdemokratische Wahlhilfe zählen können. Fünfzig der im ersten Wahlgang gewählten 116 Kandidaten waren sogar von allen vier Parteien vorgeschlagen worden, darunter auch einige Sozialdemokraten. Für die konservative
Freitagszeitung war dies zusammen mit der von allen Parteien akzeptierten
Minderheitenvertretung ein deutlicher Beweis dafür, dass in der Stadt Zürich
noch «keine heftige Parteiung» bestand. 1952 Dies sollte sich allerdings in den
nächsten Jahren sehr rasch ändern.

Trotz der im Vergleich zum alten Stadtrat starken Erweiterung nach
links waren auch im Grossen Stadtrat des vereinigten Zürichs 84 Prozent der
Ratsmitglieder Bürger der Stadt Zürich, wobei jedoch nur noch eine kleine
Minderheit, nämlich 16 oder knapp zehn Prozent, aus dem alteingesessenen
Stadtbürgertum stammten. Politisch gehörten sechs den Konservativen an,
davon kamen fünf aus alten Führungsgeschlechtern. Acht zählten zum Freisinn und nur je einer zu den Demokraten und Sozialdemokraten. Bei den

übrigen Bürgern der Stadt handelte es sich um Neubürger der alten Stadt (20) oder um Bürger (63) der ehemaligen Ausgemeinden. Von den Niedergelassenen, die unter den Stimmberechtigten über zwei Drittel ausmachten, nahmen im städtischen Parlament nur gerade 19 Einsitz.

Tabelle 91    **Rechtlich-soziale Zusammensetzung des Grossen Stadtrates von Zürich vor und nach der Stadtvereinigung.** 1953

| Jahr | Altbürger | | Neubürger | | Bürger (total) | | Einwohner | | Total |
|------|-----|-----|-----|-----|-----|-----|-----|-----|-----|
| | abs. | % | abs. | % | abs. | % | abs. | % | |
| 1889 | 19 | 32 | 35 | 58 | 54 | 90 | 6 | 10 | 60 |
| 1893 | 16 | 14 | 83 | 70 | 99 | 84 | 19 | 16 | 118 |
| 1902 | 84 | 68 | 40 | 32 | 124 | | | | |

Die Rekrutierung der Stadträte, der politischen Elite war auch im ersten Jahr der Grossstadt Zürich immer stark mit dem Bürgerrecht verbunden, sei es, dass unter den Ortsbürgern die Bereitschaft, sich politisch zu engagieren, verbreiteter war als unter jenen, die sich als Niedergelassene mit der Stadt weniger identifizierten, sei es, dass sie, weil sie zum Kreis der Alteingesessenen gehörten oder durch den Erwerb wenigstens ihren Willen zur Zugehörigkeit kundtaten, mehr Chancen hatten, als Kandidaten aufgestellt und gewählt zu werden. Wie wichtig das Bürgerrecht in konservativ-liberalen Kreisen noch immer genommen wurde, lässt sich aus den Zielsetzungen des «Gemeindevereins für die vereinigte Stadt Zürich» ablesen. Unter den sieben Zweckbestimmungen des Vereins stand, nach allgemeinen Zielsetzungen wie «Besprechung aller wichtigen, Stadt und Kanton Zürich betreffenden Angelegenheiten» und «Förderung aller für die fortschreitende Entwicklung Zürichs nothwendigen und nützlichen Unternehmungen», an dritter Stelle die «Kräftigung des Einflusses der sesshaften Bevölkerungselemente» und die «Herstellung eines richtigen Verhältnisses zwischen Rechten und Pflichten der stimmberechtigten Einwohnerschaft». Als weitere Punkte folgten dann viertens Widerstand gegen einseitige Quartierbegehren, fünftens Sicherung der Vorteile einer einheitlichen Verwaltung gegenüber den Bestrebungen, nur die Schulden und Steuern zusammenzulegen, sechstens Widerstand gegen die Klassenverhetzung der Sozialdemokratie und alle offenen oder verdeckten Versuche, die bestehende Staatsordnung umzustürzen, und siebtens Stärkung der republikanischen Selbsttätigkeit. In den Entwürfen zur Einladung hatte der Widerstand gegen die Klassenverhetzung noch an zweiter Stelle gestanden. [1954] Der Gefahr, dass eine «Masse Stimmender die öffentlichen Lasten wohl vermehren, aber nicht tragen hilft», sollte durch eine «strenge Handhabung des Niederlassungswesens, durch Entzug des Stimmrechts und Namen-Veröffentlichung gegenüber allen denjenigen, welche ihre Personalsteuer nicht zahlen», begegnet werden. [1955] Die sieben konservativen Stadträte waren denn auch ausnahmslos Stadtbürger, einer besass allerdings erst seit 1854 das Bürgerrecht. [1956] Aber auch bei den Freisinnigen waren die Ortsbürger übervertreten. Lediglich zehn Prozent ihrer Stadträte waren Niedergelassene. Umgekehrt war dies auf der

Linken: 22 Prozent der Demokraten und 33 Prozent der Sozialdemokraten waren Niedergelassene. Von den 19 Stadträten ohne städtisches Bürgerrecht gehörten 13 den Demokraten oder Sozialdemokraten an. Noch zehn Jahre nach der Vereinigung waren die Stadtbürger im Parlament übervertreten, nur knapp ein Drittel der Mitglieder des Grossen Stadtrates kam aus der niedergelassenen Bevölkerung. Stärker als die Unterschiede im Bürgerrecht dürften sich jedoch die Unterschiede in der Klassenlage der Mitglieder der vier im Parlament vertretenen Parteien ausgewirkt haben.

Tabelle 92    **Berufliche und soziale Gliederung der Mitglieder des Grossen Stadtrates von Zürich nach Parteizugehörigkeit um 1893.**

| | Konservative | | Freisinn | | Demokraten | | Sozialisten | |
|---|---|---|---|---|---|---|---|---|
| | abs. | % | abs. | % | abs. | % | abs. | % |
| Landwirt/Gutsbesitzer | 1 | 14 | 8 | 14 | | | | |
| **Wirtschaftsbürgertum** | 2 | 29 | 15 | 26 | 3 | 7 | 2 | 17 |
| Kaufmann | 1 | 14 | 9 | 16 | 1 | 2 | 1 | 8 |
| **Bourgeoisie des talents** | 4 | 57 | 23 | 40 | 16 | 39 | 2 | 17 |
| Advokat/Dr. jur. | | | 5 | 9 | 4 | 10 | 1 | 8 |
| Architekt/Ingenieur | | | 4 | 7 | 1 | 2 | | |
| Professor/Pfarrer | | | 5 | 9 | 1 | 2 | | |
| hoher Beamter- | | 3 | 5 | 3 | 7 | | | |
| Direktor/leit. Angest. | 3 | 43 | 2 | 3 | 4 | 10 | | |
| Redaktor | | | 2 | 3 | 2 | 5 | 1 | 8 |
| **Alter Mittelstand** | | | 6 | 10 | 12 | 29 | 2 | 17 |
| **Neuer Mittelstand** | | | 6 | 10 | 10 | 24 | 4 | 33 |
| Primar-, Sekundarlehrer | | | 2 | 3 | 6 | 15 | 1 | 8 |
| Beamter/Angestellter | | | 4 | 7 | 4 | 10 | 3 | 25 |
| **Handwerker/Arbeiter** | | | | | | | 3 | 25 |
| **Total** | 7 | 100 | 58 | 100 | 41 | 100 | 12 | 100 |

Bürgerlich im vollsten Sinne des Wortes waren die sieben Vertreter der Konservativen: ein Partikular, ein Kaufmann, ein Bankier, der Direktor der Bank Leu, ein Prokurist, ein hoher Angestellter der Nordostbahn und ein Arzt. Weniger rein bürgerlich war der Freisinn zusammengesetzt. Rund ein Viertel der Freisinnigen kam aus wirtschaftsbürgerlichen Kreisen, darunter alle im Rat vertretenen Unternehmer und auch die meisten Kaufleute. Weitere vierzig Prozent waren freiberuflich oder als hohe Beamte, Professoren und Pfarrer sowie als Direktoren und leitende Angestellte der Nordostbahn sowie von Banken und Versicherungen tätig. Je zehn Prozent waren eher dem alten oder neuen Mittelstand zuzuordnen. Auch die acht im Stadtrat sitzenden Landwirte gehörten zum Freisinn, so dass die mittelständische Fraktion doch noch rund ein Drittel der freisinnigen Mandate belegte. Die Stadträte der Demokraten dagegen stammten mehrheitlich aus eher kleinbürgerlichen Verhältnissen, vor allem das Wirtschaftsbürgertum hielt sich von den Demokraten weitgehend fern. Zusätzlich zu den beiden Baumeistern und einem Kaufmann finden sich unter den Direktoren und leitenden Angestellten jedoch auch ein Bankdirektor und ein Bankpräsident. Die Bourgeoisie des talents war mit vierzig Prozent ebenso stark wie im Freisinn repräsentiert. Ein

Viertel der Demokraten waren Primar- und Sekundarlehrer, denen allgemein innerhalb der demokratischen Partei eine grosse Bedeutung zukam, oder mittlere Beamte und Angestellte. Zusammen stellten diese beiden durch Bildung privilegierten Gruppen knapp zwei Drittel der demokratischen Stadträte. Fast dreissig Prozent waren kleine Handwerksmeister, Inhaber kleiner Gewerbebetriebe, Detailhändler oder Gastwirte. Auch die Vertreter der Sozialdemokratie waren von ihrer beruflichen Stellung her mehrheitlich kleinbürgerlich. Ein Drittel waren mittlere Beamte und Angestellte, dazu gehörte auch Arbeitersekretär Herman Greulich mit seinen Adjunkten. Lediglich drei der Sozialdemokraten kamen aus dem eigentlichen Arbeitermilieu. Handwerker und Arbeiter waren auch später innerhalb der sozialdemokratischen Fraktion jeweils relativ schwach vertreten. 1907 zum Beispiel befanden sich unter den 49 sozialdemokratischen Stadträten aber immerhin fünf Handwerker und sieben Arbeiter, 1913 waren es elf von 53 Stadträten, darunter fünf Typographen.[1957]

Tabelle 93     **Berufliche und soziale Gliederung des Grossen Stadtrates von Zürich um 1889, 1893 und 1902.**[1958]

|                              | 1889 abs. | 1889 % | 1893 abs. | 1893 % | 1902 abs. | 1902 % |
|------------------------------|-----------|--------|-----------|--------|-----------|--------|
| **Besitzbürgertum**          | 4         | 7      | 1         | 1      | 3         | 2      |
| **Wirtschaftsbürgertum**     | 23        | 38     | 25        | 21     | 18        | 14     |
| Kaufmann                     | 14        | 23     | 14        | 12     | 14        | 11     |
| Unternehmer                  | 6         | 10     | 3         | 2      | 2         | 2      |
| Baumeister                   | 1         | 2      | 4         | 3      | 2         | 2      |
| **Bourgeoisie des talents**  | 17        | 28     | 40        | 34     | 38        | 31     |
| Arzt/Apotheker               | 2         | 3      | 3         | 2      | 4         | 3      |
| Jurist                       | 4         | 7      | 10        | 9      | 11        | 9      |
| Architekt/Ingenieur          | 3         | 5      | 5         | 4      | 4         | 3      |
| Pfarrer/Professor            | 2         | 3      | 5         | 4      | 5         | 4      |
| Redaktor/Journalist          |           |        | 5         | 4      | 2         | 2      |
| Hoher Beamter                | 3         | 5      | 5         | 4      | 4         | 3      |
| Direktor                     | 3         | 5      | 5         | 4      | 7         | 6      |
| **Gewerblicher Mittelstand** | 7         | 12     | 17        | 14     | 17        | 14     |
| Landwirt                     |           |        | 8         | 7      | 3         | 2      |
| **Neuer Mittelstand**        | 6         | 10     | 23        | 19     | 28        | 23     |
| Lehrer                       | 2         | 3      | 9         | 8      | 14        | 11     |
| Beamter/Angestellter         | 4         | 7      | 14        | 12     | 14        | 11     |
| **Unselbständige Handwerker**| 2         | 3      | 2         | 2      | 4         | 3      |
| **Arbeiter**                 |           |        | 1         | 1      | 11        | 9      |
| ohne Angabe                  | 1         | 2      | 1         | 1      | 2         | 1      |
| **Total**                    | **60**    | **100**| **118**   | **100**| **124**   | **100**|

Die Stadtvereinigung und Verschiebung der politischen Gewichte bewirkte so auch in der sozialen Zusammensetzung des Grossen Stadtrates recht grosse Veränderungen. Das Sozialprofil des Grossen Stadtrates von 1893 unterschied sich recht deutlich von jenem der alten Stadt um 1889. Unter der «Minoritätenherrschaft» kamen rund drei Viertel der Mitglieder des Grossen Stadtrates aus dem Bürgertum, die übrigen mehrheitlich aus dem gewerblichen Mittelstand, zunehmend auch aus dem neuen Mittelstand. Auch die

lediglich sechs Niedergelassenen im Rat waren fast ausschliesslich dem Bürgertum zuzuordnen.

Im Grossen Stadtrat von 1893 gehörten nur noch 55 Prozent dem Wirt-
schafts- oder Bildungsbürgertum an. Mehrheitlich waren die bürgerlichen
Mitglieder des Grossen Stadtrates Angehörige der Bourgeoisie des talents. Die
stärkste Gruppe bildeten Advokaten und andere Juristen, deutlich schwächer
vertreten waren Professoren oder Pfarrer und hohe Beamte sowie Direktoren
von Banken, Eisenbahn- und Versicherungsgesellschaften, die alle im Vergleich
zu den siebziger Jahren im Stadtrat 1893 weniger präsent waren. Eine Zunahme lässt sich dagegen bei den höheren technischen Berufen, den Ingenieuren und Architekten feststellen. Nur schwach vertreten waren die Ärzte. Eine
völlig neu auftauchende Berufsgruppe waren hingegen die Journalisten, mit
denen die Meinungsmacher der wichtigsten politischen Strömungen im Stadtparlament ihren Einzug hielten. Zusammen mit dem Arbeitersekretär Herman
Greulich und dem Adjunkt des Arbeitersekretariates gehörten sie zur wachsenden Zahl der politischen Funktionäre. Anteilsmässig bedeutend schwächer
vertreten waren wirtschafts- und besitzbürgerliche Kreise. Rentner schieden
fast völlig aus dem Rat aus, aber auch Kaufleute und Unternehmer wiesen
1893 nicht mehr eine so hohe Präsenz auf, wie dies während Jahrzehnten der
Fall gewesen war. Auch machte sich die Tendenz der wirtschaftlichen Elite,
politische Mandate nicht mehr selbst zu übernehmen, noch stärker bemerkbar.
So hielten sich die führenden Männer in Industrie und Handel, Verkehr, Banken und Versicherungen vom Grossen Stadtrat nun fast völlig fern. Zusammen
mit den acht Landwirten aus den ehemaligen Ausgemeinden stellte der alte
Mittelstand mit vier Gastwirten und zehn Handwerksmeistern noch rund ein
Fünftel der Stadträte. Mit fast ebensovielen Mitgliedern waren jetzt die mittleren Angestellten und Beamten vertreten. Drei Stadträte kamen aus der Arbeiterklasse. Nach der Stadtvereinigung verlagerten sich damit im Grossen Stadtrat die Gewichte nicht nur nach links, sondern auch nach unten. Vor allem die
mittleren und unteren Bevölkerungsschichten hatten ihre Vertretung deutlich
erhöhen können. Wie die soziale Zusammensetzung von 1902 zeigt, sollte
sich diese Tendenz in den nächsten Jahren dank dem Vormarsch der Sozialdemokraten noch etwas verstärken. Aufgrund ihrer Bildung und ihrer Erwerbstätigkeit, teils auch von ihrer Herkunft her, befanden sich jedoch auch
unter den Exponenten der Sozialdemokratie, nicht wenige «Bürger».

Die politischen und sozialen Verlagerungen in der Zusammensetzung
des städtischen Parlamentes nach der Stadtvereinigung waren für die Demokraten, wie die «Züricher Post» nach dem Sieg in den Wahlen von 1892 mit
Stolz vermerkte, ein Beweis dafür, dass die Demokratie nicht nur neue «Cou-
ches sociales» emporhebe und ihnen Zugang zur politischen Machtausübung
verschaffe, sondern dass die Demokratie letztlich auch den Klassencharakter
der bürgerlichen Gesellschaft überwinden könne. [1959] Mit dieser Einschätzung
sollten sie allerdings nur bedingt recht behalten. Tatsächlich erhielten mit dem

Erstarken der Sozialdemokratie, auch die unteren Klassen sowohl auf städtischer als auch auf kantonaler Ebene besseren Zugang zu den politischen Institutionen. So konnten die Sozialdemokraten im Grossen Stadtrat ihren Anteil von zwölf Prozent der Sitze um 1892 auf 18 Prozent um 1898 steigern. 1907 belegten die Sozialdemokraten bereits fast vierzig Prozent der Sitze im Grossen Stadtrat. [1960] Und auch in der neunköpfigen städtischen Exekutive konnten sie ihre Position ausbauen. Im April 1901 erkämpften sie sich mit Stadtschreiber Heinrich Wyss (geb. 1854), der aus der altzürcherischen Familie von Wyss stammte, das «Von» aber abgelegt hatte, im Stadtrat einen zweiten Sitz. Wyss war im Wahlkampf auch von den Freisinnigen unterstützt worden. Noch im selben Jahr erlangten sie bei den Ersatzwahlen im November mit dem Augenarzt Friedrich Erismann (geb. 1842) den dritten Sitz in der städtischen Exekutive. Auch im Kantonsrat hielten die Sozialdemokraten, zunächst noch meist mit Unterstützung der Demokraten, dann aber auch aus eigenen Kräften, verstärkt Einzug. So gewannen sie um 1902 im Zürcher Stadtkreis III, dem Arbeiterquartier, sämtliche 27 Kantonsratsitze. [1961]

Doch trotz dieses stärkeren Einbezugs der unteren Klassen in die politischen Institutionen standen die heftigsten Klassenauseinandersetzungen Zürich erst noch bevor. Zwar gab es, wie zum Beispiel in den Stadtratswahlen von 1904, gerade auf städtischer Ebene immer wieder Phasen «loyaler Verständigung» (Neue Zürcher Zeitung) zwischen den beiden bürgerlichen Parteien und der Arbeiterbewegung, doch aufs Ganze gesehen radikalisierten sich die Auseinandersetzungen zwischen den Klassen zusehends und zwar auf wirtschaftlicher wie politischer Ebene. Eines der ersten politischen «Opfer» des sich auf wirtschaftlicher wie politischer Ebene verschärfenden Klassenkampfes von oben und unten sollten die Demokraten sein, die bis anhin die sozialen Unterschiede und die politisch-ideologischen Gegensätze zwischen dem liberalen Bürgertum und der sich organisierenden Arbeiterschaft grütlianisch-sozialdemokratischer wie sozialistischer Richtung überbrückt und so die Arbeiterbewegung wenigstens teilweise in die bürgerliche Gesellschaft und das bestehende politische System eingebunden hatten. Die «Demokratenherrschaft» war in der Stadt denn auch nur von kurzer Dauer.

Schon ab 1893 begann die seit Ende der sechziger Jahren mehr oder weniger dauerhafte Koalition zwischen den kleinen Leuten, dem Kleinbürgertum und den Bauern auf der einen, und der Arbeiterschaft auf der anderen Seite im Rahmen der sehr locker organisierten demokratischen Partei, die auch nach ihrem Sieg von 1868 über die Liberalen mehr eine Bewegung denn eine Partei war, zu zerfallen. Einerseits traten die gewerkschaftlichen und politischen Arbeiterorganisationen in den neunziger Jahren zunehmend selbst- und klassenbewusster auf, andererseits verstärkten sich unter diesem Druck die Tendenzen, der kleinbürgerlichen und bäuerlichen Demokraten sich von den Arbeiterorganisationen abzugrenzen und sich den Liberalen, die diese Abgrenzung ja schon Ende der sechziger Jahren mehr oder weniger eindeutig vollzogen hatten, anzunähern. Nachdem der Versuch der Liberalen von 1892 auf städtischer wie kantonaler Ebene, die «unnatürlichen Parteiverhältnisse» (Neue Zürcher Zeitung) in den bürgerlich-mittelständischen Bevölkerungskreisen zu überwinden und mit den Demokraten eine neue «Mittelpartei» zu gründen, von den beiden demokratischen Zeitungen, der «Züricher Post» und dem «Landboten», die beide eher für einen eindeutigeren Linkskurs eintraten, nur mit Spott und Hohn bedacht worden und am Widerstand der Demokraten gescheitert war, kam es bereits 1893 anlässlich der Regierungsratswahlen zu einer Verständigung zwischen den beiden grossen Parteien. Auf eidgenössischer Ebene erfolgte mit dem Beitritt des liberalen Zürcher Parteiführers Ulrich Meister in die radikal-demokratische Fraktion und dann der Gründung der Freisinnig-demokratischen Partei um 1894 gar eine Fusion. Im Mai des gleichen Jahres gründeten aber auch elf sozialdemokratische Kantonsräte, die teilweise ebenso der demokratischen Partei angehörten, im Kantonsrat eine eigene Fraktion. Im Herbst trat Arbeitersekretär Herman Greulich aus dem Vorstand der demokratischen Kantonsratfraktion zurück und gab, um einem Ausschluss zuvorzukommen, auch den Austritt aus der Partei. Gleichzeitig führte er die Arbeiterbewegung in den Kampf gegen die Kranken- und Unfallversicherungsentwürfe des Winterthurer Demokraten Ludwig Forrer (1845–1921). Von beiden Seiten offen vollzogen wurde die Abgrenzung zwischen Demokraten und Sozialdemokraten dann um 1898/99: Im Dezember 1898 gaben sich die Demokraten mit der Schaffung eines Zentralkomitees und einer Delegiertenversammlung erstmals eine feste Parteiorganisation. In der einstigen demokratischen Hochburg Winterthur verwehrte die unter Ludwig Forrers Führung neu entstandene «Demokratische Vereinigung» Sozialdemokraten wie Liberalen die Mitgliedschaft und brachte durch massiven Druck auf die Eigentümer des «Landboten» diesen wieder auf einen klar demokratischen Kurs. Anfangs 1899 sprach sich dann eine grosse kantonale Versammlung der Demokraten in Uster gegen die von den Ostschweizer Demokraten unter Theodor Curti und der Sozialdemokratie lancierten Volksinitiativen für die Einführung des Proporzwahlrechtes und die Volkswahl des Bundesrates aus. Im Februar 1899 gab sich auch die Liberale oder Freisinnige Partei an einem grossen Parteitag eine neue und stärkere Kantonalorganisation.[1962]

Wie Hans Schmid, der Biograph des freisinnigen Parteiführers Ulrich Meister (1838–1917), aus liberaler Sicht festhält, stellten die Liberalen und Demokraten, «nur zum Besten der bürgerlichen Front, die dadurch breiter erhalten blieb», ihre Politik nun «unter die Auspizien des gegenseitigen Kompromisses und formierten sich bis zur Jahrhundertwende zu einem mehr oder weniger eng verbundenen bürgerlichen Block gegenüber der Sozialdemokratie.[1963] Auf Seite der Arbeiterbewegung beauftragte im März 1899 eine Delegiertenversammlung der kantonalzürcherischen Grütli- und Arbeitervereine den Vorstand, die Gründung einer kantonalen Sozialdemokratischen Partei in die Wege zu leiten, und beschloss, dass ihre Mitglieder und Sektionen künftig nur noch dieser Partei angehören sollten. Die entscheidenden Weichen für die soziopolitischen Auseinandersetzungen zwischen den bürgerlich-kleinbürgerlichen Klassen und der Arbeiterschaft waren damit auf organisatorischer Ebene für die nächsten Jahre und Jahrzehnte gestellt und auch ideologisch hatten sich die Fronten zu diesem Zeitpunkt, wenn noch nicht verfestigt, so doch schon weitgehend geklärt. [1964]

# Zusammenfassung:
# Bürgertum und Bürgerlichkeit in der Schweiz

### Die soziale und wirtschaftliche Konstituierung
### der bürgerlichen Klassen

In der Schweiz waren im 19. Jahrhundert die «Bürger» in vielen Bereichen des gesellschaftlichen, kulturellen und politischen Lebens fast unter sich, vor allem dort, wo die Weichen für bestimmte wirtschaftliche und politische Entwicklungen und Veränderungen gestellt wurden. Doch das Bürgertum, weder wirtschaftlich noch sozial eine einheitliche Klasse, bildete innerhalb der schweizerischen Gesellschaft stets nur eine Minderheit. Um 1910 umfassten das Unternehmertum, die liberalen Berufe, die höheren Beamten und Angestellten, die sogenannte Bourgeoisie des talents, sowie die Rentner in der ganzen Schweiz nicht viel mehr als etwas über 100 000 erwachsene Männer und Frauen. Dies entsprach rund sechs Prozent der erwerbstätigen Bevölkerung. Das Wirtschaftsbürgertum zählte rund 17 000 Personen, davon war der grössere Teil im Grosshandel, in Vermögens- und Bankgeschäften tätig. Industrielle und grossgewerbliche Unternehmer gab es lediglich etwa 5000 bis 6000 Personen. Bei den rund 9000 Angehörigen freier oder liberaler Berufe, meist mit akademischer Ausbildung, stellten die Ärzte und Apotheker mit knapp 4000 Angehörigen die grösste Berufsgruppe dar. Advokaten sowie Notare gab es zusammen rund 2000. Der Rest der freiberuflich Tätigen bestand aus Privatgelehrten, Journalisten, Künstlerinnen und Künstlern sowie aus Personen, vorwiegend Frauen, die auf eigene Rechnung irgendeiner Lehrtätigkeit nachgingen und nur teilweise über eine akademische oder eine ähnliche höhere Ausbildung verfügten. Mit knapp 30 000 Erwerbstätigen bildeten die leitenden Beamten und Angestellten im Vergleich zum Unternehmertum und zu den Angehörigen freier Berufe eine deutlich umfangreichere bürgerliche Sozialgruppe. Unter ihnen besass mit Sicherheit ein Drittel eine akademische Ausbildung, nämlich die Universitätsprofessoren, die Gymnasiallehrer, die Pfarrer sowie die angestellten Juristen und Ärzte. Etliche Akademiker dürften aber noch als höhere Beamten bei Bund oder Kanton beschäftigt gewesen sein oder sassen auf politisch besetzten Ämtern der städtischen und kantonalen Exekutiven sowie der höchsten Gerichte. Nimmt man die gewerbliche oder berufliche Selbständigkeit als Merkmal für die Zugehörigkeit zum Bürgertum, so gehörten um 1860 rund 23 Prozent der Erwerbstätigen zum Bürgertum. Mit dem in der schweizerischen Statistik ab 1888 etwas schärfer und eindeu-

tiger gefassten Selbständigkeitsbegriff – Heimarbeiter galten nun nicht mehr
als selbständig und auch Lehrer sowie andere Personen, die ohne direkte Aufsicht arbeiteten, fielen heraus – gehörten gesamtschweizerisch um 1888 wie
1910 rund 16 Prozent der Erwerbstätigen ins weitere oder engere Umfeld der
bürgerlichen Sozialgruppen. Der in der Statistik verwendete Selbständigkeitsbegriff – «alle im eigenen Geschäfte und auf eigene Rechnung Tätigen» sind
Selbständige – deckte sich allerdings nicht mit jener wirtschaftlichen Selbständigkeit und Unabhängigkeit, wie sie bürgerliche Gruppen für sich nach ihrem
Selbstverständnis reklamierten. Die Selbständigen können deshalb nicht einfach alle dem Bürgertum zugerechnet werden. Umgekehrt erfüllte ein kleinerer Teil der Unselbständigen durchaus die für die Zugehörigkeit zum Bürgertum erforderliche Unabhängigkeit und Selbständigkeit. Fabrik-, Bank- und
Eisenbahndirektoren, Professoren, Pfarrherren und hohe und höchste Beamten
wie Bundesrichter und Bundesräte, die als Gehaltsempfänger ihre Tätigkeit
oder ihren Beruf «in fremdem Geschäfte» ausübten, waren nicht nur in hohem
Masse ökonomisch unabhängig, sondern sie handelten in ihrer beruflichen
Tätigkeit auch weitgehend in eigener Verantwortlichkeit.

Zum Bürgertum gehörte aber potentiell nicht nur, wer eine selbständige
Erwerbstätigkeit oder einen bestimmten Beruf ausübte und eine bestimmte
berufliche Stellung einnahm, sondern nur wer auch dank seines Einkommens,
seines ererbten und erworbenen Besitzes und Vermögens einen gewissen
Wohlstand aufweisen konnte und damit in der Lage war, einen den bürgerlichen Normen entsprechenden, äussern Lebensaufwand zu treiben. Zieht
man für eine bürgerliche Existenz die untere Vermögensgrenze bei 20 100
Franken, so können in der Stadt Zürich 1872 bis 1912 aufgrund des Steuervermögens höchstens sieben bis acht Prozent der Erwerbstätigen oder 17 Prozent der Haushalte dem Bürgertum zugeordnet werden. Ein weiteres Merkmal für die Zugehörigkeit zum Bürgertum und zugleich eine Art Gradmesser
für Bürgerlichkeit bildet die Haltung von Dienstboten; denn ein Dienstmädchen für die Mithilfe im Haushalt zu haben, stellte für eine bürgerliche
Familie bis ins frühe 20. Jahrhundert auch vom Prestige her eine Notwendigkeit dar. In der gesamten Schweiz kamen 1910 auf hundert Erwerbstätige fünf,
in den Städten sogar neun Dienstboten. Lässt man ausser Betracht, dass manche Erwerbstätige zwei und mehr Dienstboten zur Verfügung hatten, andere
dagegen als erwerbstätige Mitbewohner vom Hausgesinde profitierten, ohne
direkt ihr Arbeitgeber zu sein, so gehörten aufgrund der Hausgesindehaltung
in der ganzen Schweiz rund fünf Prozent, in den Städten neun Prozent der
erwerbenden Personen zum Bürgertum. Noch höher ist die Aussagekraft der
Hausgesindehaltung, wenn sie nicht bloss mit den Erwerbs- und Berufstätigen,
sondern mit Familie und Haushalt in Beziehung gebracht werden kann, wie
dies für Grosszürich um 1892 möglich ist. Gesamthaft hatten etwas mehr als
ein Fünftel (22 Prozent) aller Haushalte Dienstboten, drei Prozent verfügten
über zwei und knapp ein Prozent über drei und mehr Dienstboten. Aufgrund

der Ausstattung mit Dienstpersonal – Dienst- und Kindermädchen, Köchin, eventuell einem Diener – vermochten also höchstens vier Prozent der Haushalte einen gutbürgerlichen oder gar vornehmen Lebensstil zu pflegen. Meist handelte es sich dabei um Haushalte von Rentnern, Unternehmern in Handel und Industrie sowie um Angehörige freier Berufe.

In der bürgerlichen Oberschicht der beiden Städte Zürich und Bern war das alte Stadtbürgertum, eingeschlossen die ehemaligen Herrengeschlechter, noch in der zweiten Hälfte des 19. Jahrhunderts noch sehr präsent war. Um 1870 dominierten die Angehörigen der aristokratischen Geschlechter die vermögliche Oberschicht Zürichs noch sehr stark. Aber auch das übrige Stadtbürgertum, d. h. die Einwohner mit städtischem Bürgerrecht, war unter den besitzenden Schichten sehr stark übervertreten. Die steuerpflichtige Bürgerschaft, die 21,5 Prozent der Einwohnerschaft bzw. einen Drittel der Steuerpflichtigen stellte, brachte fast neunzig Prozent des Steuervermögens der Stadt auf. Um 1905 sah die Zusammensetzung der auch zahlenmässig umfangreicheren Oberschicht Zürichs sehr viel anders aus. Zwar waren jetzt nicht mehr alle Angehörige dieser Oberschicht Zürcher Bürger und Bürgerinnen. Noch immer besassen aber über siebzig Prozent der reichsten Einwohnerinnen Zürichs und über zwei Drittel der reichsten Einwohner das Bürgerrecht der Stadt. Damit waren die Stadtbürger in der Oberschicht weiterhin hochgradig übervertreten, denn ihr Anteil an der gesamten Einwohnerschaft der Stadt lag um 1900 bei zwanzig Prozent. Da unter den vierzig Prozent Stadtbürgern – die Nachkommen der alten Herrengeschlechter nicht mitgezählt – etwas mehr als die Hälfte ihr Stadtbürgerrecht erst im Laufe des 19. Jahrhunderts erhalten hatte, stammte anfangs des 20. Jahrhunderts jedoch nur noch rund die Hälfte der Oberschicht wirklich aus dem alten Stadtbürgertum. 1870 waren es noch über achtzig Prozent gewesen. Schon dies allein weist darauf hin, wie stark sich im letzten Viertel des 19. Jahrhunderts ein «neuer Reichtum» gebildet und etabliert hatte. Zudem bestand jetzt fast ein Drittel der reichsten Steuerpflichtigen aus Niedergelassenen, also aus Männern und Frauen, die in einer andern Gemeinde des Kantons oder der übrigen Schweiz oder im Ausland heimatberechtigt waren. Unter den neuen Bürgern wie auch unter den Niedergelassenen befanden sich recht viele Angehörige aus den aufgestiegenen Unternehmerfamilien der Zürcher Landschaft sowie Winterthurs.

Stärker als in Zürich war die Oberschicht in Bern auch noch um 1900 von Angehörigen der alten führenden Familien des Patriziates sowie der sogenannten Bürgerschaft geprägt. Während in Zürich unter den Steuerpflichtigen der beiden obersten Vermögenskategorien knapp dreissig Prozent zu den alten Führungsgeschlechtern gehörten, waren dies in Bern noch über vierzig Prozent. Mit 36 Prozent war der Anteil der Stadtbürger, der Bürger, praktisch gleich hoch. Unter ihnen hatte gleich wie in Zürich jedoch die Hälfte erst im Laufe des 19. Jahrhunderts ihr Bürgerrecht erhalten. Etwas über sechzig Prozent der Oberschicht rekrutierten sich damit tatsächlich aus dem alten Stadt-

bürgertum, zu dem ja auch das Patriziat gehörte. In Zürich war dies etwa die
Hälfte. Mit ihrem Anteil von lediglich sechs Prozent an der gesamten Bevölkerung der Stadt war damit die Bürgerschaft, die mit den neuaufgenommenen
Bürgern achtzig Prozent der beiden obersten Vermögenskategorien umfasste,
in der Oberschicht krass übervertreten. Lediglich ein Fünftel der Oberschicht
bestand aus Bürgern anderer Gemeinden des Kantons oder der Schweiz. Dass
die Nachkommen der Führungsschichten nicht nur in der Oberschicht gegenüber dem neuen Bürgertum und seinem Reichtum eine recht starke Stellung
zu behaupten wussten, sondern sich allgemein den Erfordernissen und Chancen der neuen Zeit erfolgreich anpassten und ihren sozialen Status so zu bewahren vermochten, zeigte die Analyse der Berufswahl und Erwerbstätigkeit
von drei Generationen männlicher Nachkommen des Berner Patriziates bzw.
der Zürcher Aristokratie. Gesamthaft gesehen hatten sich sowohl die Nachkommen der Zürcher Aristokratie als auch des Berner Patriziates, wenn auch
mit unterschiedlichen Strategien, die sich weitgehend aus ihrer wirtschaftlichen Basis, ihrem Habitus und ihren Wertvorstellungen erklären lassen –
jene setzten mehr auf Industrie, Handel und Finanzen, auf die Marktchancen,
diese mehr auf akademische Berufe und staatliche Stellen, auf Kompetenz-
und Autoritätschancen – bis Ende des 19. Jahrhunderts in die bürgerlichen
Berufsgruppen und Erwerbsklassen eingefügt, in Zürich mit seiner «aristokratischen Bourgeoisie» früher und als in Bern, wo aristokratische Lebens-
und Orientierungsmuster die alte Führungsschicht nicht nur intensiver durchdrungen hatten, sondern auch der alte «Standesstolz» länger das Verhalten
bestimmte, so dass sich die Verbürgerlichung erst gegen Ende des 19. Jahrhunderts wirklich voll durchgesetzt hatte.

### Lebensweise und Lebensstil, Mentalität und Habitus: Die kulturelle Konstituierung

Um dem Bürgertum anzugehören, sich ihm angehörig fühlen zu können
und, was noch mehr zählte, auch als zugehörig anerkannt zu sein, genügten
Besitz, ein bestimmtes Einkommen und Vermögen, die Ausübung einer selbständigen Erwerbstätigkeit oder eines bürgerlichen Berufes allein noch nicht.
Noch mehr galt dies für die politische Überzeugung und Haltung, die man ja
mit andern Bevölkerungsklassen teilte. Was die bürgerlichen Klassen vor allem
verband und sie von andern Bevölkerungsklassen abhob, war zuerst einmal
eine mindestens auskömmliche und gesicherte Lebenslage, wenn nicht gar ein
gewisser Wohlstand, und die Abgehobenheit von schwerer körperlicher
Arbeit. Doch dies waren mehr die unabdingbaren materiellen Voraussetzungen als die wesentlichen Elemente von bürgerlicher Lebensweise und Mentalität. Bürgerlichkeit erforderte darüberhinaus eine ähnliche Art der Lebenshaltung im häuslichen Alltag, im Wohnen, sich Kleiden und Essen, in der
Routine und den Ritualen des täglichen Lebens, aber auch in der Art und

Weise der Gestaltung der arbeitsfreien Zeit, des Konsums und des Luxus. Zur bürgerlichen Lebensweise gehörte ein System von gemeinsamen Werten und Normen wie Leistung und Erfolg, Fleiss und Arbeit, Pflicht und Beruf. Sie gründete auf einer rationalen Lebensführung, auf Individualität und Selbstverantwortung, auf Innenleitung und selbständigem Urteilen, aber auch auf einer hohen Wertschätzung von Familie und Verwandtschaft sowie einer ausgeprägten geschlechtsspezifischen Rollenteilung. Zur Bürgerlichkeit gehörte eine hohe Wertschätzung von Bildung und Wissenschaft, von Literatur, Kunst und Musik, von Kultur allgemein. Kultur, die Stilisierung der Lebenshaltung, das Wertlegen auf Ästhetik, auf Geschmack, das Betonen von Bildung und Wissen, von höheren Werten schufen Distanz, stifteten aber zugleich Identität. Sie bildeten die Grundlage des Umganges miteinander und dienten damit der Abhebung von den übrigen Klassen, förderten aber auch trotz der «feinen Unterschiede» (Bourdieu), die sich daraus gerade auch innerhalb des Bürgertums oder zu mittelständischen und kleinbürgerlichen Schichten ergaben, den Zusammenhalt. Wie stark Geschmack, höhere Werte, die Stilisierung des Lebens, eben Kultur, nicht nur die wirtschaftliche Position und die Losgelöstheit vom Zwang des Ökonomischen symbolisch darstellten, sondern auch Teil des bürgerlichen Klassenbewusstseins waren, macht ihre Funktion in der Abgrenzung von der Arbeiterschaft deutlich. Seinen Persönlichkeits-, Sittlichkeits- und Bildungsidealen stellte das Bürgertum in ideologischer Fixierung den proletarischen Massenmensch in seiner interessenverhafteten Existenz, mit seinem Materialismus, seiner ethischen Minderwertigkeit, Oberflächlichkeit, seinem mangelnden Pflicht- und Verantwortungsbewusstsein, seiner Unwissenheit und Halbbildung, ja seiner «Kulturlosigkeit» gegenüber. Der Rohheit, Gefühlsarmut und generellen Kulturfeindlichkeit der Proletarier setzte es seinen Sinn für das Schöne und Erhabene, seine Empfindsamkeit für künstlerische Werke und Werte entgegen.

Bürgerlichkeit stellte so in der Schweiz wie anderswo auch «ein in sich zwar vielfach abgestuftes und variiertes, in seinen Grundzügen jedoch verbindliches Kulturmodell» (Kaschuba) dar. Charakterisiert durch eine bestimmte Art des Gebrauchs materieller Güter, durch den Bezug auf bestimmte ideelle Werte, durch die Benutzung bestimmter kultureller Verhaltensmuster, die zusammengenommen ein lebensweltliches Ensemble bildeten, vermittelte dieses Modell den bürgerlichen Klassen ein eigenes Selbstverständnis und Selbstbewusstsein, eine soziale und kulturelle Identität. Bürgerlichkeit wurde als ein sozial bestimmter und kulturell geformter Habitus damit gleichsam zur zweiten Natur der bürgerlichen Menschen, die sich in eigenen Formen und Normen habitualisierte und damit der Kultur eine doppelte Funktion zuschrieb, als Identitätsmodell wie als Distinktionsmittel.[1965] Der zweiten Funktion kam in der aufkommenden und sich durchsetzenden bürgerlichen Gesellschaft des 19. Jahrhunderts vor allem deswegen eine ganz besondere Bedeutung zu, weil allein Kultur den bürgerlichen Klassen die Möglichkeit bot,

unter Verzicht auf ständische Privilegien und formale Schranken dennoch
soziale Grenzen und Distanzen in der Gesellschaft zu wahren oder neu zu
errichten, sich als Individuum wie als soziale Gruppe oder Klasse zu artikulieren und sichtbar darzustellen. In der Lebensführung, der Esskultur, der
Kleidung und dem Wohnstil, in der äusseren Haltung und den Umgangsformen, in der Pflege und dem Konsum von Kunst, Literatur und Musik, Bildung und Wissenschaft, im demonstrativen Luxus und Müssiggang, in Reisen
und Ferien, aber auch in den Formen des Zusammenlebens in Ehe und Familie, im Erziehungsverhalten, in der Mitgliedschaft in bestimmten Vereinen, in
den Formen der Geselligkeit, in ihnen allen drückten sich bestimmte Muster
von Stil und Geschmack, bestimmte Umgangsweisen mit materieller und
geistiger Kultur aus, die als symbolische Formen und soziale Zeichen wirkten
und eine Art Signet für Bürgerlichkeit darstellten.

In der kulturellen Praxis des 19. Jahrhunderts kam der Bürgerlichkeit
damit wie jedem Habitus eine doppelte Funktion zu. Nach innen vermittelte
sie den bürgerlichen Individuen wesentliche Elemente ihres Selbstverständnisses und Selbstbewusstseins. Nach aussen, besser nach oben und unten, grenzte
sie ab und aus und wirkte so als Mittel der sozialen Distinktion. Beides verschaffte und gab dem einzelnen wie den Angehörigen einer bestimmten
Gruppe Identität. Bürgerlichkeit war dadurch eine Art gesellschaftliches Iden-
tifizierungssystem, dessen Wertmuster und Normen, dessen Symbole und Sig-
nale einerseits dem gegenseitigen Sich-Erkennen und Sich-Verständigen dienten, andererseits soziale Abgrenzungen und Distanzierungen ermöglichten.
Bürgerlichkeit einte und trennte zugleich: «Wer die kulturellen Regeln nicht
beherrscht, wird durch sie ausgeschlossen. Die Verwandtschaft der Empfindungen und die kulturelle Fähigkeit, diese auszudrücken – das entscheidet
darüber, ob die Kultur als einigendes Band wirkt oder als Praxis sozialer
Distinktion.» Als eine bestimmte Art von «kultureller Praxis» deckten sich
Bürgerlichkeit und Bürgertum jedoch nicht unbedingt. Zum einen hing dies
mit dem Universalanspruch bürgerlicher Kultur zusammen: «Als Lebenskultur, als Verhaltenskultur erhebt sie Anspruch auf gesellschaftliche Allge-
meingültigkeit, will sie Leithorizont sein auch für die übrigen gesellschaftlichen Gruppen.»[1966] Darin unterschied sich Bürgerlichkeit von der adelig-
aristokratischen Kultur oder von der zünftischen Handwerkerkultur, wo entsprechend auch der Kreis der Träger dieser Kultur eindeutig festgelegt war.
Zum andern, dies war wohl der wichtigere Grund, verhinderte die soziale
Mobilität, dass bei allen Bürgern und Bürgerinnen Bürgerlichkeit gleich stark
«habituell» und zur vollen zweiten Natur wurde. Mangel an Bürgerlichkeit
war denn auch das, was den sozialen Aufsteiger, den Emporkömmling vom
arrivierten, «ganzen» Bürger abhob. Die kulturelle Praxis im privaten wie vor
allem im öffentlichen Leben machte die Klassenlinien nicht nur sichtbar, sondern oft auch schmerzlich fühlbar. Ihren Ausdruck fand diese Bürgerlichkeit –
im Sinne Webers kann man sie auch als eine Art ständische Vergesellschaftung

bezeichnen – unter anderem vor allem in der Ausbildung von bestimmten Verkehrs- und Geselligkeitskreisen, im besonderen von Heiratsmärkten beziehungsweise Heiratskreisen, in der Zugehörigkeit zu bestimmten Vereinen und Gesellschaften sowie in der Teilnahme beziehungsweise der Abwesenheit an bestimmten Anlässen. Hier zeigte sich am deutlichsten, wer sozial als gleichwertig akzeptiert wurde. Hier erwies sich, wie sehr Bürgerlichkeit als gemeinsame Lebensform und Mentalität, als gemeinsame Lebens- und Weltsicht ökonomische und politische Unterschiede zu überbrücken vermochte und so aus den verschiedenen bürgerlichen Sozialgruppen eine Art Stand oder eine soziale Klasse formte.

## Die «Mittelklassen» gegen die «Herren»: Identität durch Abgrenzung nach oben

Die «bürgerlichen Mittelklassen» gelangten in der Schweiz relativ leicht und uneingeschränkt an die politische Macht. Durch die Aufhebung aller Vorrechte des Ortes und Standes wurde 1848 das bürgerliche Sozialmodell «einer sich selbst steuernden Gesellschaft freier und gleicher, öffentlich diskutierender und vernünftig entscheidender Staatsbürger» (Kocka) mindestens vom Anspruch her auch auf nationaler Ebene in die Wirklichkeit umgesetzt. Ähnlich wie vorher in den von den Liberalen und Radikalen regierten Kantonen etablierte sich jedoch im Bundesstaat mit den tonangebenden «vermöglichen Elementen» (Fueter) zu Stadt und Land sowie der Mehrzahl der Intellektuellen eine neue «Kaste», allerdings nicht mehr der Herkunft, sondern des Reichtums und der akademischen Bildung. Diese neue politische Elite, dominiert vom städtischen und ländlichen Unternehmertum aus Handel, Industrie und Gewerbe sowie Angehörigen der Bourgeoisie des talents (Advokaten, Ärzten, hohe Beamten und Magistratspersonen) gestaltete in der Folge Wirtschaft und Gesellschaft nach ihren Vorstellungen und Interessen um. Idealtypisch verkörperte sich dieses dynamische und innovative Bürgertum in den Männern aus dem Kreis der sogenannten Bundes-, Eisenbahn- oder Baumwollbarone.

Für die soziale und politische Identität der bürgerlichen Mittelklassen liberaler und radikaler, und selbst konservativer Ausrichtung blieb trotz ihres sozialen und politischen Aufstiegs die Abgrenzung gegen die Aristokraten bis in die sechziger Jahre und darüberhinaus von grosser Bedeutung. Zumindest gilt dies für die beiden alten Städteorte Bern und Zürich. Mit der liberalen Revolution hatten zwar in beiden Kantonen die «Herren», das Patriziat oder das aristokratische Stadtbürgertum, ihre Privilegien und damit auch ihre politische Vormachtstellung verloren, trotzdem stellten sie nach Errichtung der neuen Ordnung noch immer einen gewissen Machtfaktor dar, umso mehr als sie mit ihrem wirtschaftlichen Potential und ihrem Sozialprestige nicht nur die städtische Bürgerschaft, sondern teilweise sogar auch die übrige Einwohner-

schaft hinter sich zu sammeln wussten, ja unter Umständen auch Teile der
ländlich-dörflichen Bevölkerung zu ihrer Unterstützung zu mobilisieren vermochten. Ihre Haltung gegenüber der neuen politischen Ordnung und Elite
schwankte in beiden Kanton zunächst zwischen offenem Widerstand mit Verweigerung jeder Beteiligung an den neuen staatlichen Institutionen und konstruktiver Mitarbeit an der Ausgestaltung der neuen Ordnung aus taktischen
Überlegungen oder aus einer mehr oder weniger positiven Einstellung zum
Liberalismus. Der Kampf gegen die aristokratischen konservativen Herren und
ihren Anhang, besonders unter der städtischen Bürgerschaft, bestimmte deshalb auch nach 1830 die politische Haltung und das politische Handeln der
bürgerlichen Mittelklassen sehr stark und legitimierte ihre Politik im Namen
und im Interesse des Fortschrittes und des ganzen Volkes. Der Kampf gegen
die aristokratischen Herren hielt sie zusammen und förderte ihren Zusammenhalt untereinander. Er verband sie mit den übrigen Bevölkerungsklassen und
half so, die Gegensätze, die sich sowohl innerhalb der bürgerlichen Klassen
und Fraktionen als auch zwischen ihnen und den mittleren und unteren Bevölkerungsklassen aufgrund unterschiedlicher sozialer, wirtschaftlicher oder auch
regionaler Interessen und politischer Ausrichtung auftaten, zu überbrücken.
      Die Auseinandersetzungen zwischen den alten Herren und den liberalen
oder radikalen bürgerlich-bäuerlichen Mittelklassen waren sowohl in Bern als
auch in Zürich sehr stark überlagert vom Gegensatz Stadt gegen Land. Um die
wirtschaftliche und soziale Stellung der alten Herren zu schwächen, ihnen jeglichen Rückhalt in den übrigen Klassen der Bevölkerung zu nehmen und so
ihre Macht und ihren Einfluss möglichst klein zu halten, mussten die Mittelklassen in Bern die Rechte der Stadt, der städtischen Bürger- und Einwohnergemeinde sowie der städtischen Korporationen beschneiden. Mit der Schwächung der Stadt und ihrer Rechte innerhalb des Kantons sollten deshalb
immer auch das Patriziat oder die städtische Aristokratie und die Bürgerschaft
getroffen werden. Aufgrund der relativ starken Abschliessung des Patriziates
war im Kanton Bern die Trennlinie zwischen den mehrheitlich eindeutig konservativen, aristokratischen Herren und den bürgerlich-bäuerlichen Mittelklassen vor und nach der liberalen Revolution von 1830/31 nicht nur schärfer
gezogen, sondern sie blieb auch länger virulent und prägte dadurch die politische Kultur des Kantons bis ins letzte Viertel des 19. Jahrhunderts nachhaltig.
Im Kanton Zürich äusserte sich der Gegensatz zwischen den Herren aus den
alten Magistratsfamilien sowie der Handels- und Unternehmeraristokratie und
den bürgerlichen Mittelklassen dagegen nach 1831 vornehmlich im Gegensatz
zwischen Stadt und Land oder zwischen Stadt und Kanton, die direkte
Konfrontation zwischen konservativen Stadtherren und liberal-radikalen bürgerlichen Gruppierungen scheint schon in den vierziger Jahren ihre soziale
Brisanz stark eingebüsst zu haben. Früher als im Kanton und in der Stadt Bern
kam es zu einer Annäherung der tendenziell noch immer eher konservativ
oder zumindest gemässigt liberal gesinnten städtischen Herren und eines Teils

der liberalen ländlich-dörflichen Mittelklassen, wobei die ähnliche Klassenlage, insbesondere der städtischen und ländlichen Kaufleute und Unternehmer
hier eine nicht unwesentliche Rolle gespielt haben dürfte. Die Verschiebung
der Klassenlinie durch die demokratische Bewegung nach unten, welche die
alte Geburts- und die neue Geldaristokratie auf die gleiche Stufe stellte, liess
dann den alten Gegensatz vollends verblassen und bewirkte, dass sich selbst
konservativ gesinnte Angehörige der ehemaligen städtischen Aristokratie und
Teile der arrivierteren Mittelklassen auf kantonaler Ebene in der liberalen
Partei politisch miteinander verbanden.

Auf nationaler Ebene vermochten die städtischen wie ländlichen Aristokraten und Honoratioren sich einzig im militärischen Bereich einigermassen
zu behaupten. Kaum Zugang hatten die Angehörigen der alten Herrengeschlechter dagegen zur sich erst entwickelnden Bundesbürokratie. Die in den
siebziger Jahren geschaffenen Stabsstellen wurden fast ausschliesslich von Mitgliedern der freisinnigen Mehrheitspartei eingenommen. Da sich dies in vielen Kantonen wiederholte, ergab sich auch daraus gerade für die Hochschulabsolventen aus den alten Familien ein gewisser Zwang zur politischen Anpassung an das neue Bürgertum. Von bürgerlicher Seite her begann vor allem
seit den siebziger Jahren die alte Frontstellung zu den Herren aristokratisch-
patrizischer Herkunft zu zerbröckeln. Die in allen soziopolitischen Auseinandersetzungen der Schweiz seit dem Ancien régime dominante Klassenlinie, die
das Volk, die «alle umfassende Bürgerschaft» oder den «dritten Stand», von den
Herren trennte, verblasste und verlor für das Bürgertum zunehmend an
Gültigkeit. Die politischen Trennlinien und Gegensätze zwischen Konservativen und Liberalen oder Radikalen verliefen nun immer mehr quer durch die
bürgerlichen Klassen und nicht mehr entlang der «Herrenlinie». Dies ist auch
ein Hinweis darauf, dass sich Teile des Bürgertums jetzt innerhalb des politischen Spektrums mehr in die Mitte und nach rechts verschoben.

Mit der Bundesverfassung von 1848 war in der Schweiz zwar das allgemeine Stimm- und Wahlrecht für alle Schweizerbürger eingeführt worden, in
der politischen Wirklichkeit liess die konsequente Durchsetzung dieses wichtigsten Grundrechtes eines demokratischen Staates noch recht lange auf sich
warten. Ganz besonders und am längsten galt dies auf Gemeindeebene,
während auf nationaler Ebene bis 1874 doch die schwerwiegendsten Einschränkungen wie die Diskriminierung der Niedergelassenen und vor allem
der Aufenthalter aufgehoben wurden. Alle nach 1874 erfolgten Versuche des
Bundesrates, das eidgenössische, kantonale und kommunale Stimm- und Wahlrecht zu vereinheitlichen, um so allen Schweizerbürgern, insbesondere den
Aufenthaltern auch in den Kantonen und vor allem in den Gemeinden die
gleichen politischen Rechte zukommen zu lassen, scheiterten aber entweder
in der Volksabstimmung oder dann schon im Parlament. Hinter all diesen
rechtlichen und faktischen Beschränkungen des Stimm- und Wahlrechtes
stand letztlich die Angst der Alteingesessenen, der Sesshaften und Besitzenden

allgemein vor den «flottanten Elementen». Mobilität, besonders jene der besitzlosen Bevölkerungsschichten, betrachteten sie als ständige Bedrohung ihrer gesellschaftlichen und politischen Stellung, ihrer herkommensmässig begründeten Privilegien. Vor allem auf kommunaler Ebene, gerade auch in städtischen Gemeinden, glaubten die Alteingesessenen und Besitzenden, sich vor den «flottanten, steuerfreien Elementen» schützen zu müssen, um zu verhindern, dass sie von «ganz unbekannten, flottanten Gesellen» überstimmt werden könnten.

Beschränkungen des Stimm- und Wahlrechtes auf die alteingesessene Bürgerschaft oder die steuerzahlenden Einwohner und andere restriktive Regelungen und Verfahren sorgten auch in den beiden Städten Bern und Zürich dafür, dass die grosse Mehrheit der städtischen männlichen Bevölkerung auf kommunaler Ebene entweder über keine politischen Rechte verfügte oder sie nur unter erschwerten Bedingungen auch tatsächlich ausüben konnte. Bis weit über die Mitte des 19. Jahrhunderts hinaus wahrte im lokalen Rahmen das Stadtbürgertum, die Aristokratie und die übrige alteingesessene Bürgerschaft, seine politische Vormachtstellung. Meist ehrenamtlich besetzte es, in Zürich bis Mitte der siebziger Jahre, in Bern bis Mitte der achtziger Jahre, die wichtigsten Ämter und hatte in städtischen Angelegenheiten praktisch allein das Sagen. Die politische und rechtliche Privilegierung der alteingesessenen Bürgerschaft, die um 1870 in Bern noch 10 Prozent, in Zürich noch immerhin 21 Prozent der gesamten Einwohnerschaft ausmachte, gegenüber den übrigen städtischen Bewohnern und ihre damit verbundene Bevormundung schloss auf städtischer Ebene nicht nur die meisten Männer aus den untern sozialen Schichten, sondern auch Angehörige des neuen Bildungs- und Wirtschaftsbürgertums von der politischen Partizipation aus. Es waren denn auch zunächst vor allem liberale, mehr noch radikale und demokratische Kräfte aus diesen bürgerlichen und kleinbürgerlichen Kreisen, die eine Ausweitung der politischen Rechte forderten, die Vormachtstellung der Alteingesessenen in Frage stellten und auf Reformen in der städtischen Gemeindeordnung und Verwaltung drängten. Orientiert am mehr oder weniger konsequent zu Ende gedachten Ideal der bürgerlichen Gesellschaft, in der alle Männer, unabhängig von ihrem rechtlichen, wirtschaftlichen und sozialen Status gleichberechtigte Bürger sind, erhielt ihr Kampf um Demokratisierung, um politische Gleichberechtigung und Partizipation unbestritten einen emanzipatorischen Charakter. Ihre Eigeninteressen deckten sich dabei noch durchaus mit jenen der übrigen unterprivilegierten städtischen Einwohner, insbesondere auch der bis in die sechziger Jahre «politisch stummen Massen der hochmobilen Lohnabhängigen» (Gruner). Sie konnten deshalb in der Frage des Ausbaus der formalen Demokratie auch weitgehend auf deren Unterstützung zählen. Mit ihrer Forderung nach politischer Gleichberechtigung gelang es ihnen denn auch, ihr Abstimmungspotential um die von ihnen neu aktivierten und mobilisierten Stimm- und Wahlberechtigten zu vergrössern und so in städtischen

Angelegenheiten mehr Einfluss zu gewinnen, ja dank dieser Strategie der Öffnung die alten Eliten immer mehr aus ihren Machtpositionen zu verdrängen und schliesslich selbst die Macht zu übernehmen.

In der Stadt Bern gelang dies den städtischen Liberalen und Radikalen aus dem Bürger- und Kleinbürgertum nach verschiedenen Anläufen erst 1888 mit der Einführung einer neuen Gemeindeordnung. Sie machte der konservativen, bürgerlich-patrizischen «Kastenherrschaft» ein Ende. Da für das Wahl- und Stimmrecht auf städtischer Ebene der Steuerzensus aber bis zu seiner Aufhebung durch das Bundesgericht im Jahre 1915 bestehen blieb, hatte noch um die Jahrhundertwende in der Stadt Bern mehr als ein Viertel der in eidgenössischen Angelegenheiten stimmberechtigten Männer auf Gemeindeebene keine politischen Rechte. Trotz der Auflösung der alten stadtbürgerlichen Gesellschaft, in der das Stadtbürgertum, die Bürgerschaft, als kleine Minderheit bestimmend war, hatte sich die städtische Gesellschaft noch nicht zur allgemeinen Staatsbürgergesellschaft zu entwickeln vemocht. In der Stadt Zürich vermochten die bürgerlichen Liberalen aus alt- und neubürgerlichen Kreisen bereits Mitte der sechziger Jahre, unter anderem auch dank der Einführung des Stimm- und Wahlrechtes auf Gemeindeebene für alle Einwohner durch den Kanton, ihren Einfluss auf die Geschicke der Stadt immer mehr zu verstärken und die Allianz der liberal-konservativen mit den konservativen Kreisen aus dem Stadtbürgertum zu schwächen. Daran änderte auch die Machtübernahme der Demokraten im Kanton nichts. Im Gegenteil, unter dem Druck der demokratischen Bewegung erfolgte in der Stadt eine genseitige Annäherung von Liberalen und Liberal-Konservativen, welche die Stadt schliesslich zu einer liberalen Hochburg werden liess. Erst mit der Vereinigung der Stadt mit den Ausgemeinden um 1892/93 verschoben sich die Machtverhältnisse zugunsten der Demokraten und der mit ihnen verbündeten Sozialdemokratie. Gleichzeitig verloren jedoch auf kantonaler Ebene die Demokraten weiter an Gewicht, während die Liberalen eher zulegten.

Die Auseinandersetzungen um die Ausweitung der politischen Partizipation waren in Zürich wie Bern von Bemühungen um eine Reorganisation der städtischen Verwaltung begleitet. Dabei ging es insbesondere um den Aufbau einer modernen städtischen Verwaltung, um die Professionalisierung zumindest der Exekutivämter und die damit verbundene Abkehr von der Honoratiorenverwaltung, die den Zugang in die höheren Ämter sozial stark beschränkte und besonders auch soziale Aufsteiger in bildungsbürgerlichen Berufen benachteiligte. Die Ausweitung der politischen Partizipation sowie die Professionalisierung der Exekutiven bewirkten deshalb im Sozialprofil der politischen Elite der beiden Städte grosse Veränderungen. Vor allem der gewerblich-handwerkliche Mittelstand sowie der neue Mittelstand (Angestelltenschaft) konnten ihre direkte Vertretung verstärken, erstmals gelangten auch Arbeiter in die Räte. So gehörten in Zürich um 1893 von den Gross-Stadträten nur noch 55 Prozent dem Wirtschafts- oder Bildungsbürgertum an, das vorher rund drei Viertel der Räte gestellt hatte. Rentner schieden fast völlig aus dem Rat aus, aber auch Kaufleute und Unternehmer wiesen 1893 nicht mehr eine so hohe Präsenz auf, wie dies während Jahrzehnten der Fall gewesen war. Auch machte sich nun die Tendenz der wirtschaftlichen Elite, politische Mandate nicht mehr selbst zu übernehmen, noch stärker bemerkbar. So hielten sich die führenden Männer in Industrie und Handel, Verkehr, Banken und Versicherungen vom Grossen Stadtrat nun fast völlig fern. Für die Demokraten war diese Entwicklung ein Beweis dafür, dass die Demokratie die unteren sozialen Klassen emporhebe und ihnen Zugang zur politischen Machtausübung verschaffe, dass die Demokratie den Klassencharakter der bürgerlichen Gesellschaft doch überwinden könne.

Tatsächlich hatte die demokratische Bewegung der sechziger Jahre mit dem Ausbau der Volksrechte und schliesslich mit der Verfassungsrevision von 1874 das politische System in verschiedenen Kantonen und im Bund noch weiter geöffnet und so auch für die unteren Bevölkerungsklassen die Partizipationschancen entscheidend verbessert. Vor allem aber erleichterte diese Öffnung Männern aus mittel- und kleinbürgerlichen Kreisen den Zugang zu politischen Ämtern und Würden. Die Hoffnung der demokratischen Bewegung aber, mit der konsequenten Ausweitung des Prinzips der Volkssouveränität auch die soziale Frage lösen zu können und damit ihrem Ideal einer klassenübergreifenden Volksgemeinschaft oder einer klassenlosen Gesellschaft näher zu kommen, in der alle, auch die Arbeiter, freie und gleichberechtigte Bürger, citoyens und bourgeois in einem, sein würden, sollte sich allerdings nicht erfüllen.

### Bürgertum und Arbeiterschaft: «Das Vaterland gegen die Klassen»

Der politische Glaube und die Hoffnung, dass die Demokratie Klassenunterschiede aufzuheben und bestehende oder erst drohende Klassengegensätze zu überwinden vermöchte, bestimmten in der Schweiz jedoch nicht nur die politischen Vorstellungen der Radikalen und Demokraten, sondern sie prägten auch die Arbeiterbewegung nachhaltig. Dies galt ganz besonders für den «Grütliverein», der bis um 1902/1904 die mitgliederstärkste und eigentliche parteimässige Organisation der schweizerischen Arbeiterschaft war. [1967] Seine ideologischen Gemeinsamkeiten mit den Demokraten und Teilen der Radikalen, die als lockere parteimässige Vereinigungen bis Ende des 19. Jahrhunderts nach unten offen waren und die Arbeiterschaft mit ihrer sozialreformerischen Politik in eine Allianz mit den bürgerlichen und mittelständischen Klassen einbanden, zögerten in der Schweiz das Aufkommen einer selbständigeren Arbeiterbewegung mit einem eigenen politischen Gewicht lange hinaus. Selbst in grössern Städten war dies der Fall, in Bern bis Ende der achtziger Jahre, in Zürich dank der auf kantonaler und kommunaler Ebene selbständigen demokratischen Partei bis fast zur Jahrhundertwende. Um 1888 sah sich der «Grütliverein» nicht als Klassenorganisation der Arbeiter, sondern noch immer als eine das ganze Volk umfassende Gesinnungsgemeinschaft, wie das auf bürgerlicher Seite auch der Freisinn zu sein beanspruchte. Zwar bekannte er sich seit 1878 zu einem sozialdemokratischen Programm, seine politische Ideologie ging jedoch weiterhin davon aus, dass durch soziale Reformen und noch mehr Demokratie, die wirtschaftliche, soziale und politische Benachteiligung der Arbeiter auf «dem Boden der nationalen Demokratie» aufgehoben werden könnte. Damit befand sich die grütlianische Arbeiterbewegung in weitgehender Übereinstimmung mit dem linken Flügel der Radikalen und der Demokraten, mit denen sie auch organisatorisch eng verbunden blieb. Sowohl auf die Verschärfung der sozialen Spannungen infolge einer ersten grösseren Streikwelle ab 1886, die auf Arbeitgeberseite die verbandsmässige Organisation entscheidend voranzutreiben begann, als auch auf die Schaffung einer eidgenössischen politischen Polizei im Jahre 1889 reagierte der Grütliverein nicht, wie dies die Sozialisten innerhalb der Arbeiterbewegung verlangten, mit der Parole des proletarischen Klassenkampfes, sondern mit der Forderung nach «Noch mehr Demokratie zwecks Sozialreform» und einem Programm der «Volldemokratisierung» mit einem umfassenden Katalog sozialreformerisch-interventionistischer Ziele. [1968]

Die Ambivalenzen und die Grenzen des Modells der bürgerlichen Gesellschaft und des bürgerlich-liberalen Staates traten jedoch im Laufe der zweiten Hälfte des 19. Jahrhunderts mit der Durchsetzung des Kapitalismus auch in der republikanisch-demokratischen Schweiz immer klarer zutage. Auch sie entfernte sich vom bürgerlichen Sozialmodell einer sich selbst steuernden Gesellschaft freier und gleicher Bürger eher, als dass sie sich ihm annäherte. Aber je mehr die Arbeiterschaft und ihre Organisationen diese Entwicklung erkannten und ihre eigenen wirtschaftlichen und politischen Forderungen und Interessen durchzusetzen versuchten, umso deutlicher erfuhren sie die bürgerliche Gesellschaft als Klassengesellschaft und den bürgerlichen Staat als Klassenstaat. Dabei spielten die Arbeitskämpfe eine ganz entscheidende Rolle. Streiks, aber auch andere gewerkschaftliche Versuche, auf kollektivem Wege die Position der Arbeitskräfte auf dem Arbeitsmarkt zu stärken, wurden nicht nur von der direkt betroffenen Arbeitgeberseite, sondern auch von weiteren bürgerlichen Kreisen als Einschränkung der Freiheit und als ein Angriff auf die individualistisch verstandene Wirtschafts- und Gesellschaftsordnung gewertet und verurteilt. Vor allem als kurz vor und nach der Jahrhundertwende die Streiks enorm anstiegen und den Arbeitern auch zunehmend Erfolge brachten, wurden sie von bürgerlicher Seite zu revolutionären Aktionen und als unvereinbar mit der Demokratie erklärt. Was dann auch entsprechende staatliche Interventionen rechtfertigte und der Arbeiterschaft gleichzeitig wiederum ihre Ausgrenzung aus der bürgerlichen Gesellschaft und dem bürgerlichen Staat bestätigte.

Die Reaktionen der Arbeitgeber auf Streiks und andere gewerkschaftlichen Aktivitäten sowie das einseitige Verhalten des Staates in Arbeitskämp-
fen waren es denn auch, die in der Arbeiterschaft die Ausbildung eines
gewerkschaftlich-proletarischen Klassenbewusstseins vorantrieben. Die ab der
Jahrhundertwende recht häufigen Aufgebote von Militär bei Streiks sowie
kantonale Streikgesetze, die das Streikrecht der Arbeiter und Arbeiterinnen
massiv einschränkten und diese gegenüber den Arbeitgebern noch einmal
benachteiligten, verstärkten diesen Eindruck von der einseitigen staatlichen
Haltung noch. Typisch für die bürgerliche Haltung Streiks gegenüber – es gab
allerdings auch aufgeschlossenere Position innerhalb des Bürgertums – war die
Einschätzung der hohen Streiktätigkeit im Jahre 1902 durch den Berner Staatsrechtsprofessor Carl Hilty im Politischen Jahrbuch. Für ihn hatte insbesondere
der Genfer Streik vom Oktober 1902 zu «einer allgemeinen Kriegserklärung
der arbeitenden gegen die besitzenden Klassen auszuarten» gedroht und war
der «stärkste Versuch einer sozialen Revolution».[1969] In seinen 1907 aufgestellten Grundsätzen der sozialistischen Arbeiterbewegung gegenüber wollte
er Streiks zwar nicht absolut verbieten, er betonte aber die Pflicht des Staates,
die Arbeitswilligen zu schützen und die öffentliche Ordnung, nötigenfalls mit
Truppenaufgeboten, aufrecht zu erhalten. Wenn das nicht geschähe, so sollten
Bürgergarden organisiert werden. Eine Ausweitung von Streiks zum General-
streik betrachtete er, wie schon den «Käfigturmkrawall» von 1893, als den
«Versuch einer sozialen Revolution», als ein «dem Aufruhr gleichzustellen-
des Verbrechen», das mit dem «Belagerungszustand» beantwortet werden
durfte.[1970]

Auf politischer Ebene war es zunächst vor allem das Scheitern der Politik der «Volldemokratisierung» an der unnachgiebigen Haltung auf bürgerlich-
freisinniger Seite, das in der Arbeiterschaft das Bewusstsein der Klassenzugehörigkeit förderte und der Kritik an dem Klassencharakter der Demokratie Glaubwürdigkeit verlieh. Auch die Misserfolge der «innovatorischen
Sozialdemokraten» (Gruner) mit den Mitteln der Initiative und des Referendums, nicht nur reformerische, sondern auch revolutionäre Forderungen wie
das Recht auf Arbeit einzubringen und so die bürgerliche Gesellschaft umzu-
gestalten, wirkten in die gleiche Richtung. Enthüllten sie doch in den Augen
der Arbeiterbewegung den Klassencharakter auch der direkten Demokratie.
Innerhalb des Grütlivereins führte diese Entwicklung zu immer grösseren
Schwierigkeiten, die ideologischen Gegensätze zwischen den sozialdemokratisch und mehr radikaldemokratisch ausgerichteten Sektionen und Flügeln
überbrücken zu können. Sie zwangen ihn gegen Ende des Jahrhunderts dazu,
seinen Ort im politischen Handlungsraum neu zu deuten und seine Strategien
neu auszurichten. Stärker als bis anhin begann er sich als Arbeiterorganisation
zu verstehen und sich deutlicher vom radikalen Freisinn und den Demokraten
abzugrenzen, die in den neunziger Jahren ihrerseits auf Distanz gingen.
Schon 1895 war aus Grütlianersicht die gegenseitige Entfremdung zwischen

der Arbeiterschaft und dem Freisinn so weit fortgeschritten, dass sich die einst
«unter dem Banner der Demokratie» gemeinsam kämpfenden «fortschrittlichen Parteigruppen» geteilt hatten: «Dort der Schutztrupp des Kapitalismus
und der Despotie der Geldsäcke, hier der Kämpfer für die Emancipation des
besitzlosen Volkes».[1971] Endpunkt dieser Entwicklung innerhalb des Grütlivereins war folgerichtig die «Solothurner Hochzeit» von 1901, die Verbindung
mit der 1888 wiedererweckten Sozialdemokratischen Partei, die bis anhin
wie viele Organisationen der frühen schweizerischen Arbeiterbewegung ein
Gebilde mit einem grossen Kopf aber ohne Körper, ohne Basis in der Arbeiterschaft, gewesen war.

Mit dem «orthodox-marxistischen Programm» von 1904, das grundsätzlich in der bürgerlichen Demokratie den Kern der zukünftigen proletarischen
anerkannte und davon ausging, dass in der Schweiz die Demokratie ihr Endziel, den Sozialismus, mit der Erweiterung der politischen Macht der sozialdemokratischen Partei auf dem Weg der Verstaatlichung und Kommunalisierung
ohne «Kladderadatsch» erreiche, lieferte der Zürcher Oberrichter Otto Lang
der organisierten Arbeiterschaft dann eine Situationsdeutung und Orientierung, die es ihr ermöglichten, sich als Klasse, als Proletariat, zu verstehen und
sich damit klar auch von der «sozialreformerischen Bourgeoisie» abzugrenzen.
Der Grütlianische Flügel innerhalb der neuen Arbeiterpartei hielt zwar auch
nach 1904 am Glauben an die Lösung der sozialen Frage auf friedlichem Wege
und innerhalb des Rahmens der Demokratie und des nationalen Staates fest
und funktionierte so weiterhin als Scharnier zum linken Flügel des Freisinns.
Vor allem in kleinstädtischen und ländlich-industriellen Verhältnissen konnte
sich der Grütlianer-Sozialismus behaupten, ja ihm allein gelang es dort, die
Arbeiter anzusprechen und zu organisieren, so dass die einen rein sozialreformerischen Kurs verfolgenden Kräfte auch nach 1904 in der schweizerischen
Arbeiterschaft weiterhin über einen recht grossen Rückhalt verfügten. Die
Sozialdemokratische Partei jedoch vollzog mit diesem Programm den Übergang von der Arbeiterpartei zur proletarischen Klassenkampfpartei, wobei sie
sich anstelle des Grütlivereins immer stärker auf die Gewerkschaften abstützte,
die mit den ausländischen Arbeitskräften über eine viel grössere soziale Basis
verfügten und aus der Sicht der Parteilinken, ideal verkörpert in Robert
Grimm, als eigentliche revolutionäre Treibriemen funktionieren sollten.[1972]

Das Aufkommen einer organisierten und zunehmend selbstbewusster
auftretenden Arbeiterbewegung war für die Ausbildung einer gemeinsamen
politischen Identität der bürgerlichen Klassen, eines bürgerlichen Klassenbewusstseins von ganz entscheidender Bedeutung. Erst in den ideologischen
und politischen Auseinandersetzungen mit der Arbeiterbewegung sozialdemokratischer und sozialistischer Ausrichtung und in der bestimmten Abgrenzung
von der klassenbewussten Arbeiterschaft entwickelten die bürgerlichen Klassen eine Identität, die im Sinne von Anthony Giddens den Schritt von der
«Klassenbewusstheit», das heisst von der gemeinsamen Wahrnehmung der

sozialen Realität und einer Anerkennung ähnlicher Einstellungen und Überzeugungen, zu einem eigentlichen Klassenbewusstsein vollzog, das die Vorstellung und Anerkennung von Interessengegensätzen zu anderen Klassen und
damit in gewissem Sinne auch von Klassenkonflikten miteinschloss. Wie Erich
Gruner festhält, war insofern das bürgerliche Klassenbewusstsein, wie es sich
um die Jahrhundertwende ausbildete, in hohem Masse zunächst vor allem ein
Reflex auf das gegen Ende des 19. Jahrhunderts innerhalb der Arbeiterschaft
aufkommende proletarische Klassenbewusstsein. [1973] Dem entsprach weiterhin
eine starke Tendenz, das eigene politische Bewusstsein nicht als klassenmässi-
ges, sondern in erster Linie nur als Gegenbild des proletarischen Klassen-
denkens und Klassenbewusstseins wahrzunehmen. Im Unterschied zum
proletarischen gab sich deshalb das bürgerliche Klassenbewusstsein als solches
meist nur in der Abgrenzung von der sozialistischen Arbeiter- und Gewerkschaftsbewegung offen zu erkennen. Auch der vom Bürgertum dominierte
Freisinn hielt weiterhin den Anspruch aufrecht, in Übereinstimmung mit
dem Volk und der Nation zu handeln und die Interessen der Allgemeinheit
und des Fortschrittes, also auch jene der Arbeiterschaft, zu vertreten. Dass
«bei uns der gesunde Arbeiterstand sich niemals dauernd als eine besondere
und zwar missachtete oder vernachlässigte Classe» wird fühlen können, davon
war der prominente freisinnige Berner Staatsrechtler Carl Hilty noch um
1886 voll überzeugt und blieb es auch. Er akzeptierte zwar, dass die soziale
Frage und die Benachteiligung bestimmter sozialer Klassen ein Problem
darstellten, gleichzeitig war er, ganz in Übereinstimmung mit weiten Teilen
des Freisinnes, jedoch überzeugt, dass all diese Probleme auf der Grundlage «der historischen und nationalen Staatsordnung» gelöst werden könnten. [1974]

Die Arbeiterschaft «als unterdrückte Kaste zu sammeln und von der
übrigen Gesellschaft abzutrennen», war deshalb, wie 1887 ein bürgerlicher
Einsender zum Schreinerstreik in Bern gegenüber einem «Freund der Arbeiter» betonte, «ein gefährliches und verwerfliches Mittel», denn «Arbeiter sind
wir im Grunde Alle mit ganz kleinen Ausnahmen». [1975] Wie stark die Ideale
der bürgerlichen Gesellschaft und der Demokratie auf bürgerlicher Seite zur
sozialen und politischen Wirklichkeit verklärt wurden und dazu dienten, die
realen sozialen Gegensätze und ihre politischen Auswirkungen herabzumin-
dern, zeigt exemplarisch die folgende Einschätzung der schweizerischen
Gesellschaft durch den Winterthurer Industriellen H. Sulzer-Steiner. In seiner
Broschüre für «denkende Arbeiter» erklärte er um 1906 voll Überzeugung:
«Im bürgerlichen und politischen Leben haben alle die gleichen Rechte, es
gibt weder Klassen- noch Standesunterschiede. Niemand wird um geringen
Vermögens willen minder geachtet, sofern er einen anständigen Lebenswandel
führt, seine Pflichten gegen die Allgemeinheit und seine Familie erfüllt. Die
Arbeiterschaft kann sich über Zurücksetzung am allerwenigsten beklagen, in
keinem Land der Welt hat die Gesetzgebung so viel für sie getan, und gewährt

dem Volk so viele Rechte wie in der Schweiz. Nur von den Volkspflichten ist dabei immer zu wenig die Rede. Viele verkennen, dass wirklich bessere Zustände nur durch Tätigkeit, Sparsamkeit und Selbstbeherrschung, nur durch bessere Gewohnheiten jedes Einzelnen herbeigeführt werden können, nicht durch grössere Rechte, und dass keine Institutionen, auch die besten nicht, einem Volke das Glück geben können, das es nicht durch sein eigenes Verhalten sich erwirbt.» Die gewerkschaftlichen und politischen Bestrebungen der Arbeiterschaft um wirtschaftliche Besserstellung und politische Partizipation konnte er aus dieser Sicht folgerichtig nur als «Ansturm auf die bürgerliche Gesellschaft» interpretieren. [1976]

Diese Einschätzung der Gesellschaft und Haltung zu den Forderungen der Arbeiterschaft bestimmte weite Teile des Bürgertums sowohl konservativ-liberaler wie freisinnig-radikaler Ausrichtung. Noch immer davon überzeugt, dass allein oder doch fast ausschliesslich individuelle Verantwortlichkeit und Leistung die soziale Stellung in der bürgerlichen Gesellschaft bestimmen würden, weigerten sie sich zu akzeptieren, dass das Klassenbewusstsein der Arbeiterschaft und die von ihr als Klassenkampf ausgelegten sozialen Auseinandersetzungen nicht einfach ein Produkt der falschen sozialistischen Lehren und der Aufhetzung waren, sondern vornehmlich auch in der sozialen und politischen Wirklichkeit begründet waren. Die Konservativ-Liberalen wie der Freisinn und mit ihm der überwiegende Teil der bürgerlichen Klassen, aber auch des alten wie neuen Mittelstandes interpretierten aufgrund dieser Sichtweise und politischen Haltung die Ziele und Forderungen der klassenbewusst auftretenden Arbeiter- und Gewerkschaftsbewegung als grundsätzlichen Angriff auf die bürgerliche Gesellschaft, ja als Verrat an dem gemeinsamen Vaterland und der nationalen Demokratie. Jeden Appell an das Klassenbewusstsein der Arbeiterschaft verurteilten sie infolgedessen als Aufhetzung und Angriff auf die bürgerliche Ordnung. Idealtypisch drückt sich diese Sichtweise im Votum des liberalen Rechtsanwaltes Johann Ryf in der Debatte des Zürcher Kantonsrates über den Arbenzstreik im Sommer 1906 aus, es zeigt aber auch, wie mit dem Appell an das Vaterlandsgefühl und das alle verbindende (bürgerliche) Arbeitsethos und Pflichtgefühl zumindest die schweizerischen Arbeiter dem Einfluss ihrer sozialistisch-sozialdemokratischen Führer entzogen werden sollten: «Das ewige Verhetzen der Klassen, mit der Aussaat von Neid, Hass und Missgunst, ist nicht ohne Folgen geblieben; sie ist aufgegangen. Man hat es in missleiteten Kreisen dazu gebracht, dass jeder Geschäftsherr als Feind und Ausbeuter, das Vaterland als ein Popanz betrachtet wird. In jenen Gemütern muss eine furchtbare Öde entstehen, in der für andere Menschen und Verhältnisse kein Verständnis mehr vorhanden ist. Die einzige Hoffnung besteht darin, dass es auf die Länge nicht gelingen dürfte, diese Gesinnung bei unsern schweizerischen Arbeitern einzupflanzen. Unsere Arbeiter sind von besserem Stoff; sie fühlen noch für das Vaterland, und auch die Feindschaft gegen ihre vermeintlichen Feinde wird nicht von Dauer sein. Unsere Leute werden in der

Hauptsache dahin kommen, dass das Glück am ehesten in der Freude an der Arbeit und an der treuen Pflichterfüllung zu finden ist.» [1977]

Die ideologisch-bewusstseinsmässige Abgrenzung bürgerlicher und mittelständischer Kreise von der Arbeiterbewegung und Arbeiterklasse, teilweise auch verbunden mit einer langsamen Anerkennung der Existenz von Klassen und Klassengegensätzen, setzte gegen Ende der sechziger Jahren ein. Eine wichtige Rolle spielten dabei die Auseinandersetzungen um die soziale Frage, aber auch die erhöhten Aktivitäten verschiedener Arbeitervereine in- und ausserhalb der I. Internationalen sowie vor allem die ersten grossen Streiks in dieser Zeit in Genf, Basel und anderen Städten. Zusammen mit der Pariser Commune bewirkten sie erstmals eine gewisse nachhaltigere Entfremdung zwischen der Arbeiterbewegung und den fortschrittlichen bürgerlichen und kleinbürgerlichen Parteien. [1978] Unter dem Eindruck der selbst- und klassenbewusster auftretenden Arbeiterbewegung sowie der Verschärfung der Arbeitskämpfe verstärkten sich dann seit Ende der achtziger und vor allem in den neunziger Jahren auf freisinnig-demokratischer Seite die Tendenzen, sich gegen unten beziehungsweise links eindeutiger abzugrenzen. Im Unterschied zu den Freisinnigen, den Radikalen wie Demokraten, war diese Abgrenzung für die Konservativen wie Liberalkonservativen kaum je ein Problem. Vielmehr konnten sie sich durch die Radikalisierung der Arbeiterbewegung in ihrer mindestens seit den vierziger Jahren des 19. Jahrhunderts bestehenden Einschätzung von der Gefährlichkeit sozialistischer Umtriebe für Gesellschaft und Staat bestätigt sehen. Das «proletarische Klassendenken» wurde von bürgerlicher Seite vor allem dann als absolut unvereinbar mit dem herrschenden Staats-, Demokratie- und Nationalbewusstsein abgelehnt, wenn es sich in irgendeiner Weise als international verstand. Der Vorwurf des Internationalismus, teils auch des Nihilismus und Anarchismus, wurde ab den siebziger Jahre in der Folge immer wieder als Bannstrahl benützt, um die Arbeiterbewegung, oft ungeachtet ihrer verschiedenen Strömungen und Strategien pauschal und undifferenziert zu diskreditieren.

Im Zusammenprall von nationalem und internationalem Denken entwickelte sich die Nation nach 1870 im befürwortenden wie ablehnenden Sinne zu einem zentralen Wert des gesellschaftlichen und politischen Bewusstseins der verschiedenen Klassen. Mit der Vorstellung eines einheitlichen Volkes als kollektiver Träger des Volksstaates hatte schon der frühe freisinnigbürgerliche Nationalbegriff – seit 1848 und schon früher durch die doppelte Abwehrfront nach aussen und den internationalen Ultramontanismus sowie den kantonalen Partikularismus geprägt – von seinen Bürgern strikte Abgrenzung nach aussen und Geschlossenheit nach innen verlangt. Jetzt wurde die Nation verstärkt auch zur Überbrückung der sozialen Unterschiede und Gegensätze im Inneren zu einem «Gleichnis der Einheitlichkeit und Geschlossenheit» emporstilisiert. [1979] Vor allem nach 1885 setzte von bürgerlicher Seite ein inszenierter «Schub nationalgeschichtlicher Ideologiebildung» (Widmer)

ein mit dem erklärten Ziel, das Nationalgefühl und nationale Bewusstsein der
Schweiz zu stärken, um so die inneren Spannungen und Konflikte zu überwinden und den nationalen Zusammenhalt wieder zu festigen. [1980] Damit
verbunden war auch eine Aufwertung der Armee. Als Hüterin der Ordnung
im Inneren (Streiks) und der äusseren Sicherheit verschmolzen Armee und
Nation zu einer Einheit.

Wie die Stellung zu Nation und Vaterland in den achtziger Jahren zum
eigentlichen Prüfstein aller politischen Kräfte erhoben wurde und der Nationalismus damit ein «Loyalitäts- und Deutungsmonopol» (Wehler) erhielt, lässt
sich exemplarisch an der Haltung von Carl Hilty, dem freisinniger Vordenker
und Verfasser der Chronik im Politischen Jahrbuch der Schweiz, nachvollziehen. Um 1889 sah er für die Schweiz die Hauptaufgabe in den nächsten
Jahren darin, mit der Idee einer scharf ausgeprägten historisch-politischen
Nationalität eine ihr eigene Individualität zu entwickeln, um so gegen die
Kollektivität und die Tendenz zu grossen zentralisierten und daher notwendig
autoritären Staaten sowie einer verschwommenen Weltkultur ihren eigenen
Charakter zu wahren. Alle Fragen, auch die soziale Frage, müssten deshalb der
nationalen Frage untergeordnet werden. Für den «kosmopolitisch orientierten
Sozialismus» gab es in der national geschlossenen bürgerlichen Gesellschaft,
die damit ihren einstmals universalen Charakter vollständig eingebüsst hatte,
keine Berechtigung mehr. [1981] Folgerichtig riet Hilty 1898 den «bürgerlichen
Mittelparteien», sich zu einer «kompakten Mehrheit» zusammenzuschliessen
mit dem obersten Ziel, die Eidgenossenschaft zu erhalten und «allem und
jedem Internationalismus» fest entgegenzutreten. Der Freisinn sollte sich deshalb mehr nach rechts als nach links halten, die Konservativen ihrerseits müssten dafür die Interessen des Vaterlandes über jene der Konfession stellen. Für
diese neue Allianz «der Patrioten in der Eidgenossenschaft» gab er die Parole
aus: «Abrücken von den blossen Klasseninteressen und Klassenvertretungen,
das Vaterland gegen die Klassen.» [1982] Was dies für die Sozialdemokratie
bedeutete, wenn sie nicht völlig ausgegrenzt, sondern ein nützliches oder
unter Umständen gar ein notwendiges Element im Staatsleben werden wollte,
fasste er 1905 in vier Punkten zusammen: Erstens müsste sie das ganze inter-
nationale Wesen aufgeben, die rote Fahne, die Nachahmung des Auslandes
und die Abhängigkeit von dessen Parteischlagworten. Zweitens müsste sie die
unwichtigen und von allen Sachverständigen längst verurteilten nationalöko-
nomischen Theorien von Marx, denen nur noch von der Zeit überholte Par-
teihäupter anhängen würden, fallen lassen. Drittens hätte sie den «rohen Ton»
und die beständige Aufreizung zum «Klassenbewusstsein» und «Klassenhass»
in ihrer Presse zu vermeiden und viertens dürfte sie nicht weiter an der Wehr-
kraft des Landes rühren. Für den Fall, dass die Sozialdemokratie das nicht tun
würde, prophezeite er ihr eine «kräftige Gegenorganisation der bürgerlichen
Klassen», der sie niemals gewachsen sein würde. [1983] Was Carl Hilty in den
neunziger Jahren noch als Forderungen an die bürgerlichen Parteien formu-

lierte, entsprach schon um die Jahrhundertwende weitgehend der politischen
Wirklichkeit, wenn auch weniger konsequent, wie er sich dies wünschte.

Die gemeinsame politische Bedrohung durch die Arbeiter- und Gewerkschaftsbewegung, bis anfangs des 20. Jahrhunderts aufgrund ihrer organisatorischen Schwäche allerdings mehr fiktiv als real, verstärkte mit der Verschärfung der wirtschaftlichen und politischen Auseinandersetzungen in den
neunziger Jahren die zum einen schon vorher einsetzende Annäherung des
freisinnig-radikalen Bürgertums sowie eines Teil auch der Demokraten an die
liberalen und liberal-konservativen Kreise. Damit verbunden war ein gewisser
Rutsch nach rechts oder mindestens in die Mitte und eine Abnahme der
Bereitschaft, die sozialen Spannungen durch soziale Reformen abzubauen.
Zum anderen förderte diese Entwicklung auch die Bereitschaft auf freisinnig-
bürgerlicher Seite, die Katholisch-Konservativen, die ehemaligen Gegner im
Sonderbundskrieg von 1847, stärker ins politische System einzubinden. Offenbar wurde die Überbrückung dieses den Bundesstaat seit 1848 bestimmenden
politischen Gegensatzes mit den traditionalistisch-katholischen Kreisen schon
um 1891 in der Wahl eines Vertreters der Katholisch-Konservativen in den
Bundesrat. Die «Bedrohung von unten» verstärkte aber auch den Zusammenhalt mit dem gewerblich-handwerklichen Mittelstand und den Angestellten
sowie vor allem mit den Bauern.[1984] Für den Zusammenhalt dieser so unterschiedlichen sozialen Klassen kam dem «neuen» Nationalismus und seiner
nationalgeschichtlichen Aufwertung der Alten Eidgenossenschaft eine wichtige Integrationsfunktion zu. Der ideologische Rückgriff auf die alten Eidgenossen, der «moderne liberaldemokratische Rechte letztlich dem Kampf
alpiner Bauern um ihre staatliche Unabhängigkeit im Spätmittelalter» zuschrieb und so «die Zentren des Widerstandes gegen staatliche Modernisierung zum Stammland moderner Freiheit»[1985] erhob, sowie die Behauptung
und Betonung einer schon im Mittelalter keimhaft angelegten Symbiose von
Stadt und Land, von Bauern und Bürgern weichten die alten politischen und
sozialen Gegensätze auf symbolischer Ebene auf und gaben so dem entstehenden Bürger- und Bauernblock auch eine historische Legitimation.

Die bürgerlichen Klassen traten damit im sozialen Raum der politischen
Auseinandersetzungen auch weiterhin in der Regel nur in Allianz mit den
mittelständischen Bevölkerungsklassen als eine Orientierungs- und Handlungsgemeinschaft auf. Die Freisinnigen liberal-radikaler Richtung und noch
weniger die Demokraten waren weder von der Zusammensetzung ihrer
Wählerschaft her, der sogar Teile der Arbeiterschaft angehörten, noch aufgrund ihrer Mandatsträger rein bürgerlich zusammengesetzt, sondern sie
waren immer auch stark mittelständisch-kleinbürgerlich ausgerichtet. Noch
breiter war und blieb auch die soziale Basis der Katholisch-Konservativen.
Dieser starke politische Rückhalt in kleinbürgerlichen und bäuerlichen Bevölkerungsschichten war wohl eines der wichtigsten Merkmale des schweizerischen Bürgertums und erklärt zu einem grossen Teil seine beherrschende

Stellung in Wirtschaft, Gesellschaft und Staat. Nicht zuletzt wegen ihrer Nähe zur Arbeiterschaft und ihrer Lage am sozialen Rand des Bürgertums waren es in den politischen Auseinandersetzungen gegen Ende des 19. und anfangs des 20. Jahrhunderts jeweils gerade der gewerblich-handwerkliche Mittelstand und die Angestellten, die mit zu den hartnäckigsten Befürwortern und Verteidigern der bürgerlichen Wert- und Gesellschaftsordnung und der nationalen Demokratie gehörten. Beide waren für Ideologien, die den «gesunden Mittelstand» zum Kern der bürgerlichen Gesellschaft verklärten und die Klassengegensätze und den Klassenkampf durch einen Ausgleich zwischen dem «Kapitalistenstand» und dem «Arbeiterstand» überwinden wollten, besonders empfänglich. [1986] Aus diesem kleinbürgerlichen Umfeld rekrutierten sich vornehmlich die Mitglieder von bürgerwehrähnlichen Vereinigungen, wie zum Beispiel des in den frühen neunziger Jahren aktiven Berner Einwohner-Vereins oder des 1905 in Zürich entstandenen Bürgerverbandes. [1987] Dieser verstand sich als «Schutzwehr gegen die sozialistische Lawine» und wandte sich, wie die «Schweizerische Bürgerzeitung» in ihrem einführenden Leitartikel im Juli 1907 programmatisch und klassenkämpferisch zugleich kundtat, «gegen die charakterverderbende Internationalisierung, gegen die antimilitaristisch-anarchistische Zersetzungsarbeit, gegen die Klassenverhetzung, gegen die moderne Sklavenzucht infolge Kommunisierung und Verstaatlichung, gegen die Unterbindung der persönlichen Freiheit, gegen die Verhinderung des wirtschaftlichen Fortschritts infolge Ausschaltung der Privatinitiative und des persönlichen Wettbewerbs durch Schaffung von Maximalarbeitszeiten und Minimallöhnen, gegen die Bevormundung und den Terrorismus gegenüber der schweizerischen Arbeiterschaft». [1988] Im Unterschied zu diesen kleinbürgerlich-mittelständischen Stosstruppen im Klassenkampf von oben, hatte das politisch wirklich einflussreiche Mittel- und Grossbürgertum «andere, weniger manifeste, aus dem Hintergrund wirkende Mittel, um mit kampfbereiten Proletariern fertig zu werden (Justiz, Aussperrung, schwarze Listen, polizeilicher und militärischer Schutz)». [1989]

In klassenbewusster Absetzung zur sozialistisch orientierten, organisierten Arbeiterbewegung begann sich so in den neunziger Jahren unter freisinniger Führung der sogenannte Bürgerblock zu formieren. Ideologisch untermauert wurde diese Abgrenzung nach links und nach unten durch den Appell an das Volksganze, an Patriotismus und Vaterlandsbegeisterung, die Berufung auf die bestehende nationale Demokratie, in der es auf Dauer keine Klassenherrschaft einer besitzenden Minderheit, keinen Klassenstaat geben könne und deshalb auch kein Recht auf Revolution mehr gebe. Auch die Berechtigung und Notwendigkeit der Sozialdemokratie als eigenständige Partei wurde eigentlich nicht anerkannt: «Wir bilden eine Demokratie. In der Demokratie kann es aber keine Sozialdemokratie, keinen Klassenstaat geben.» [1990] Ihre mangelnde soziale Homogenität und ihre inneren Interessengegensätze kompensierten der Freisinn wie der Bürgerblock als ganzes durch ideologische Übereinstimmung und Stabilität. Die Grundwerte der bürgerlichen Ordnung Familie und Privateigentum, Vaterland und Armee wurden als unantastbar erklärt. Der Nationalismus trat damit verstärkt auch in der Schweiz als Strategie bürgerlicher Machterhaltung und Instrument zur Verteidigung der eigenen Interessen hervor. Er richtete sich nun aber nicht mehr gegen die ultramontanen und konservativen Kräfte, sondern wurde jetzt vor allem gegen den neuen «Feind im Innern», die organisierte Arbeiterschaft, mobilisiert und eingesetzt.

# Anmerkungen

### Einleitung: Bürgertum und Bürgerlichkeit

1    Gruner, Bundesversammlung, Bd II, S. 197.

2    Gruner, Bundesversammlung, Bd II, S. 173, 175.

3    Mesmer, Die Gesellschaft im späten 19. Jahrhundert, in: Damals in der Schweiz, S. 61.

4    Zur Diskussion um das Defizit an Bürgerlichkeit in verschiedenen europäischen Ländern vgl. Kocka, Bürgertum und bürgerliche Gesellschaft im 19. Jh., S. 57ff. , H. Kaelble, Französisches und deutsches Bürgertum 1870–1920 und M. Meriggi, Italienisches und deutsches Bürgertum im Vergleich, in: Kocka (Hg.), Bürgertum im 19. Jh., Bd 1, S. 107–140 bzw. 141–159 sowie Weisbrod, Der englische Sonderweg.

5    Vgl. ausführlich zur Begriffsgeschichte: Riedel, Bürger, Staatsbürger, Bürgertum, in: Geschichtliche Grundbegriffe, Bd 1, S. 676–725; Conze, Mittelstand, in: Geschichtliche Grundbegriffe, Bd 4, S. 54ff.

6    Vgl. Henning, Das westdeutsche Bürgertum, S. 15–38, wo er ausführlich aufgrund verschiedener Lexika sowie einzelner Gesellschaftstheoretiker (Riehl, Sombart, Weber) die «Selbstaussage des Bürgertums» untersucht. Zum zeitgenössischen Gebrauch der Begriffe gebildetes Bürgertum, gelehrter Mittelstand etc. vgl. ausführlich Engelhardt, «Bildungsbürgertum», S. 115–180. Für Frankreich vgl. Daumard, Les bourgeois et la bourgeoisie en France, S. 27–57.

7    Riehl, Die bürgerliche Gesellschaft, S. 153–175. Henning, S. 18–20.

8    Bluntschli, in: Deutsches Staats-Wörterbuch, Bd 2, 1857, Artikel «Bürgerstand», S. 304–305, zit. nach Engelhardt, «Bildungsbürgertum», S. 116/117.

9    Bluntschli, in: Deutsches Staats-Wörterbuch, Bd 3, 1858, Artikel «Dritter Stand», S. 176ff, zit. nach Engelhardt, S. 117/118. Vgl. Riedel, Bürger, S. 721; Henning, S. 24–26.

10   Henning, S. 22–23, 27–28; Riedel, Bürger, S. 720; Riehl, Die bürgerliche Gesellschaft, S. 153–154.

11   Vgl. Henning, S. 28.

12   Zit. nach Daumard, Les bourgeois et la bourgeoisie en France, S. 43–44.

13   Anmerkung von Engels zur englischen Ausgabe des Manifestes der kommunistischen Partei von 1888, vgl. Karl Marx/Friedrich Engels, Studienausgabe in vier Bänden, hrsg. von I. Fetscher, Bd III, Frankfurt 1966, S. 243.

14   Zur Begrifflichkeit Bourgeoisie/Proletariat bei Marx, Engels vgl. Riedel, Bürger, S. 717–718. Zitate aus Manifest der kommunistischen Partei (1848), in: Karl Marx/Friedrich Engels, Studienausgabe in vier Bänden, hrsg. von I. Fetscher, Bd III, Frankfurt 1966, S. 60–63.

15   Riedel, Bürger, S. 721.

16   Vgl. unten die Ausführungen zu Webers Klassenbegrifflichkeit.

17   Weber, Wirtschaft und Gesellschaft, S. 535; vgl. Henning, S. 30/31.

18   Sombart, Der Bourgeois, besonders S. 151–193.

19   Daumard, Les bourgeois et la bourgeoisie en France, S. 11.

20   Engelhardt, «Bildungsbürgertum», S. 11ff. Vgl. Bezeichnungen wie «bürgerliches Zeitalter» für das 19. Jahrhundert.

21   Vgl. für Deutschland vor allem die an Max Weber orientierte Begriffsklärung durch M. R. Lepsius sowie die theoretischen Ausführungen von J. Kocka im Rahmen des Bielefelder Forschungsprojektes «Bürgertum, Bürgerlichkeit und bürgerliche Gesellschaft». Für

Frankreich vgl. Daumard, Les bourgeois et la bourgeoisie en France, S. 8ff, Chaline, Bourgeois de Rouen, S. 15ff.

22  Lepsius, Bürgertum als Gegenstand, S. 72.

23  Bourdieu, Sozialer Raum, S. 12.

24  Lepsius, Bürgertum als Gegenstand, S. 66.

25  Thompson, The making of the English working class, S. 11.

26  Bourdieu, Die feinen Unterschiede, S. 175.

27  Weber, Wirtschaft und Gesellschaft, S. 22.

28  Ebenda, S. 21/22.

29  Lepsius, Soziologie des Bürgertums, S. 89.

30  Vgl. Haltern, Bürgerliche Gesellschaft, S. 2.

31  Kocka, Bürgertum und bürgerliche Gesellschaft, S. 34.

32  Kocka, Bürgertum und bürgerliche Gesellschaft, S. 32.

33  Riedel, Die bürgerliche Gesellschaft, S. 787.

34  Grimm, Bürgerlichkeit im Recht, S. 180.

35  Kocka, Bürger und Bürgerlichkeit, S. 33.

36  Riedel, Die bürgerliche Gesellschaft, S. 720.

37  Riedel, Bürger, S. 712.

38  Grimm, Bürgerlichkeit im Recht, S. 180f.

39  Grimm, Bürgerlichkeit im Recht, S. 181.

40  Weber, Wirtschaft und Gesellschaft, S. 177.

41  Weber, Wirtschaft und Gesellschaft, S. 531.

42  Marx, Kapital, Bd 3, S. 892–893; zum Klassenbegriff von Karl Marx, vgl. auch Walther, Stand, Klasse, S. 265–269.

43  Weber, Wirtschaft und Gesellschaft, S. 177–179.

44  Weber, Wirtschaft und Gesellschaft, S. 179. Vgl. auch Wehler, Gesellschaftsgeschichte, Bd. 1, S. 127/128.

45  Weber, Wirtschaft und Gesellschaft, S. 179.

46  Bourdieu, Sozialer Raum, S. 9.

46  Bourdieu, Sozialer Raum, S. 10/11.

48  Vgl. Bourdieu, Nachwort in: Eder (Hg.), Klassenlage, Lebensstil und kulturelle Praxis, S. 408/409; Sozialer Raum, S. 12. Zur Bedeutung der Politik als bevorzugter Raum symbolischen Wirkens, vgl. ebenda, S. 37–42.

49  Noch mehr gilt dies für die noch stärker profess. Industrie- und Dienstleistungsgesellschaften des 20. Jahr. Harold Perkin spricht deshalb in seiner Analyse der Veränderungen in der engl. Gesellschaft nach 1880 von der Ablösung der Klassengesellschaft durch die «professional society», die sich nach neuen Prinzipien strukturiert: «The matrix of the new society is the vertical career hierarchy rather than the horizontal connection of class, and social conflict – no society being free from the struggle for income, power and status – takes the form of a competition for resources between rival interest groups.» Vgl. Perkin, The rise of professional society, S. 2ff.

50  Giddens, Klassenstruktur, S. 126.

51  Er bezeichnet den Begriff der sozialen Klasse bei Weber als «unbefriedigend und schwammig», Giddens, S. 126.

52  Giddens, S. 127.

53  Weber, Wirtschaft und Gesellschaft, S. 534–540.

54  Giddens, S. 134.

55  Vgl. Giddens, S. 134–141.

56  Vgl. zur Diskussion der sozialen Ungleichheit in der Sozialgeschichte, vor allem Kaelble, Industrialisierung und soziale Ungleichheit, S. 11ff. , Wehler, Gesellschaftsgeschichte I, S. 124ff.

57    Schumpeter, zit. nach Wehler, Gesellschaftsgeschichte, I, S. 137. Auch Nipperdey weist gerade im Zusammenhang mit der hohen Bedeutung, die Kultur und Status als klassenbedingende Faktoren haben, daraufhin, dass damit die Prinzipien der Geburt und Herkunft als Gegengewichte zur bürgerlichen Idee von der Klassenbildung bzw. -zugehörigkeit durch Leistung wieder zur Geltung kommen. Nipperdey, Deutsche Geschichte, 1866–1918, S. 417.

58    Vgl. neben den Werken von Daumard besonders Davidoff/Hall, Family Fortunes; Frykman/Löfgren, Culture builders; Chaline, Les bourgeois de Rouen, Henning, Das westdeutsche Bürgertum.

59    Daumard, Les bourgeois et la bourgeoisie de France, S. 14–15.

60    Daumard, Les bourgeois de Paris, S. 7.

61    Daumard, Les bourgeois de Paris, S. 7.

62    Daumard, Les bourgeois de Paris, S. 96–101.

63    Daumard, Les bourgeois de Paris, S. 349.

64    Daumard, Les bourgeois de Paris, S. 353.

65    «La civilisation bourgeoise excluait les faibles qu'elle réduisait à une condition inférieure, elle était faite pour les forts, pour ceux qui avaient réussi à s'imposer.» Daumard, Les bourgeois de Paris S. 357.

66    Daumard, Les bourgeois de Paris, S. 358/359.

67    Chaline, Les bourgeois de Rouen, S. 47/48. Innerhalb der Bourgeoisie des talents unterscheidet er im Verlaufe der weiteren Analyse die Angehörigen von liberalen Berufen von den Beamten («fonctionnaires»), S. 94.

68    Chaline, Les bourgeois de Rouen, S. 45.

69    Chaline, Les bourgeois de Rouen, S. 45.

70    Chaline, Les bourgeois de Rouen, S. 45.

71    Vgl. für die 2. Hälfte des 19. Jahrhunderts Ruffieux: Die Schweiz des Freisinns (1848–1914), in: Geschichte der Schweiz und der Schweizer, Bd 3, S. 19, 85/86.

72    Als herausragende Beispiele vgl. Gagliardi, Alfred Escher; Mattmüller, Leonhard Ragaz und der religiöse Soz. und als neueres Beispiel Grieder, Der Baselbieter Bundesrat Emil Frey.

73    Fueter, Die Schweiz seit 1848.

74    Dürr, Urbanität und Bauerntum.

75    Gruner, Die schweizerische Bundesversammlung 1848–1920; Die Wahlen in den schweizerischen Nationalrat 1848–1919; Die Arbeiter in der Schweiz im 19. Jahrhundert; Arbeiterschaft und Wirtschaft in der Schweiz 1880–1914. Einen wichtigen Beitrag lieferte Gruner schon 1949 mit seiner Biographie über den Berner Regierungsrat Edmund von Steiger.

76    Vgl. Blosser/Gerster, Töchter der Guten Gesellschaft; Trefzer, Die Konstruktion des bürgerlichen Menschen.

77    Oberhänsli, Die Glarner Unternehmer; Brändli, «Die Retter der leidenden Menschheit»; Gugerli, Zwischen Pfrund und Predigt; zu den Advokaten vgl. Siegrist. Zur militärischen Elite vgl. Jaun.

78    Sarasin, Stadt der Bürger.

79    Vgl. z. B. Braun, Sozialer und kultureller Wandel; Jäger, u. a., Baumwollgarn als Schicksalsfaden; Brunner, Luzerns Gesellschaft im Wandel; Arlettaz, Libéralisme et société dans le Canton de Vaud 1814–1845; Lasserre, La classe ouvrière dans la société vaudoise, 1845 à 1914.

80    Lepsius, Zur Soziologie des Bürgertums, S. 86–88.

81    Chaline, Les bourgeois de Rouen, S. 46–48.

82    Zur Unterscheidung bezeichne ich die alteingesessenen Bürger in dieser Arbeit in der Regel als Altbürger, die neu aufgenommenen als Neubürger. Vgl. III/3.

83    Zum Habituskonzept vgl. Bourdieu, Entwurf einer Theorie der Praxis, S. 165ff. Die
      feinen Unterschiede, S. 277ff.
84    Lepsius, Bürgertum als Gegenstand, S. 75.
85    Vgl. Kaschuba, Deutsche Bürgerlichkeit, S. 10, 15–20.
86    Bourdieu, Der Habitus als Vermittlung zwischen Struktur und Praxis, in: Zur Soziologie
      der symbolischen Formen, S. 143. Vgl. auch Entwurf einer Theorie der Praxis, S. 165–170,
      178–189.
87    Bourdieu, Nachwort, in: Eder, S. 398. Zum Habituskonzept Bourdieus vgl. Kreis, Beate:
      Soziales Feld, Macht und kulturelle Praxis, in: Eder, Klassenlage, besonders S. 50–55.
88    Vgl. Bourdieu, Sozialer Raum, S. 12, Nachwort in: Eder (Hg.), Klassenlage, Lebensstil und
      kulturelle Praxis, S. 408/409.
89    Vgl. die verschiedene Werke von Gruner, inbesondere Arbeiterschaft und Wirtschaft,
      Bd 3, S. 497–536; Horvath/Kunz, Sozialpolitik und Krisenbewältigung am Vorabend des
      Ersten Weltkrieges sowie die Vielzahl von Arbeiten über die führenden Politiker dieser
      Zeit sowohl auf bürgerlicher als auch auf linker Seite.

## I    Das Bürgertum als Konstrukt

### 1    Die Struktur der Gesellschaft und des Bürgertums

90    Vgl. Lepsius, in: Kocka, Bürgertum im europäischen Vergleich, S. 79ff.
91    Lepsius, Bürgertum als Gegenstand, S. 72.
92    Bourdieu, Sozialer Raum, S. 12.
93    Lepsius, Bürgertum als Gegenstand, S. 66.
94    Diese Aspekte rücken erst in der Analyse der vermögenden Oberschicht von Zürich und
      Bern nach ihrer rechtlich-sozialen Herkunft sowie der Berufstätigkeit der Nachkommen
      aristokratischer Familien in den Vordergrund.
95    Indirekt spielen solche zeitgenössischen Einschätzungen jedoch vor allem in der Zusam-
      menfassung einzelner Berufe zu Berufsgruppen bzw. im Aufstellen einer Rangordnung
      eine Rolle. Vgl unten.
96    Grundsätzlich kann man zwischen Tätigkeit, Beruf und Profession unterscheiden. Ob die
      Unterschiede prinzipieller oder bloss gradueller Art sind, ist offen und spielt hier auch
      keine besondere Rolle. Vgl. Siegrist, Bürgerliche Berufe, S. 13.
97    Vgl. Wehler, Gesellschaftsgeschichte, Bd. 1, S. 136–137.
98    Vgl. Siegrist, Bürgerliche Berufe, S. 13ff.
99    Vgl. Kocka, Theorien in der Sozial- und Gesellschaftsgeschichte, S. 38ff.
100   Natürlich gibt es noch andere, wichtige Dimensionen sozialer Ungleichheit, bestehen ver-
      schiedene Schichtungsdimensionen über- und nebeneinander, kann selbst der Beruf, z. B.
      durch eine bestimmte soziale Herkunft, durch ererbten Besitz, für die soziale Stellung in
      speziellen Fällen unwichtig sein.
101   Zur Problematik der Frauenarbeit in der schweiz. Statistik vgl. Wecker, Frauenlohnarbeit.
      Für die folgende Analy. der Sozialstruktur und soz. Schichtung haben diese Beschränkt-
      heiten zur Folge, dass jene Bevölkerungs- und Berufsgruppen, wo die Frauen häufiger
      einer ausserhäuslichen vollen Erwerbstätigkeit nachgehen, statistisch an Gewicht gewin-
      nen. Vgl. unten.
102   Entgegen dieses zeitgenössischen Usus werden im folgenden die Dienstboten zu den
      Erwerbstätigen gezählt und als eigene Erwerbsklasse oder -kategorie aufgeführt bzw. der
      Arbeiterschaft zugezählt.
103   Sie sind allerdings mit teilweise komplizierten Umrechnungen und Schätzungen verbun-
      den. Vgl. unten.
104   Vgl. Lepsius, Soziologie des Bürgertums, S. 79, 96f. Zur allgemeinen, schwergewichtig
      deutschen, zeitgenössischen Einschätzung der Selbständigkeit vgl. Conze, Mittelstand,

S. 54ff; Riedel, Bürger, S. 711ff.; Henning, Bürgertum, S. 15–38; Gall, Bürgertum in Deutschland, S. 74–80. Zum Verhältnis Bürgertum und wirtschaftliche Unabhängigkeit und Selbständigkeit vgl. exemplarisch Daumard, Les bourgeois de Paris, S. 352ff.

105  Eidg. Volkszählung 1888, 97. Lieferung, S. 28*.

106  Eidg. Volkszählung 1860, 11. Lieferung, S. X/XI. Weitere aufschlussreiche Kriterien für Selbständigkeit vor allem im gewerblich-handwerklichen Milieu, wo die Angaben oft ziemlich uneindeutig waren, bildete neben dem «Halten» von Lehrlingen und Gehülfen, der feste Wohnsitz sowie eine gewisse Anzahl bewohnter Räumlichkeiten.

107  Vgl. Ergebnisse der Volkszählung in der Stadt Zürich vom 1. Juni 1894, Teil II, S. IV. Erwerbstätige, die in der eigenen Wohnung auf fremde Rechnung (Heimarbeiter/innen) arbeiteten, sowie Kundenhausarbeiter/innen oder sogenannte Störarbeiter wurden zwar unter den Selbständigen geführt, aber separat gezählt.

108  Eidg. Volkszählung 1870, 28. Lieferung, S. VI/VII. Für grosse Teile der Heimarbeiter gilt dies bis ins 20. Jahrhundert, teilweise sahen sie sich allerdings auch völlig zu recht als Selbständige. Vgl. zu den Verhältnissen etwa in der Stickereiindustrie, Tanner, Spulen, Weben, Sticken, S. 344ff. Auch die offizielle Statistik hatte weiterhin Mühe diese «selbständigen» Heimarbeiter zu verorten. So wurden sie 1900 den Unselbständigen zugezählt, 1910 hingegen den Selbständigen. Vgl. zur Problematik der schweizerischen Berufsstatistik ab 1889 und ihrer Vergleichbarkeit die ausführlichen Bemerkungen in: Gruner, Arbeiterschaft und Wirtschaft, Bd. 1, S. 145–150, mit einer Orientierung über die Rubriken der Berufzählung.

109  Teilweise dürfte dies auch an den Zählungen liegen, so wurden 1910 alle Berufslosen mit eigener Haushaltung und Dienstboten als Rentner gezählt. Vgl. Kommentar, 212. Lieferung, S. 18*.

110  Eidg. Volkszählungen. 1860 weiter gefasster Selbständigkeitsbegriff.

111  Eidg. Volkszählung 1860, 9. Lieferung. In Prozent der erwerb. Pers. inkl. der Rentner.

112  Eidg. Volkszählung 1888, 97. Lieferung.

113  Eidg. Volkszählung 1910, 212. Lieferung.

114  Für die Zunahme verantwortlich war neben zählungstechnischen Gründen zum einen vor allem der häufigere Rückzug vom Geschäft noch zu Lebzeiten, teilweise auch die gestiegene Lebenserwartung sowie in manchen Regionen auch der Zuzug von auswärtigen Partikularen, zum andern bewirkte auch das Aufkommen von Pensionen, z. B. bei den Eisenbahnen, eine Erhöhung dieser Kategorie.

115  So im industriell-gewerblich-handwerklichen Sektor im Aargau, in Glarus und Appenzell Ausserrhoden, wo auch die Zahl der Selbständigen im Handel zurückging.

116  Eidg. Volkszählungen, 9., 97., 151., 212. Lieferung.

117  So waren sowohl 1888 wie 1910 mehr als die Hälfte der unselbständigen Erwerbstätigen in der Landwirtschaft im Betrieb eines Familienangehörigen beschäftigt.

118  Eidg. Volkszählung 1910, 212. Lieferung, S. 63*.

119  Hier zeigt sich im übrigen auch, dass der Zugang über den individuell ausgeübten Beruf in einer bäuerlichen und bürgerlichen Gesellschaft, die sich letztlich in hohem Masse durch die Familie konstituieren, nicht nur nicht genügt, sondern auch zu Verzerrungen in der Analyse der sozialen Schichtung führt. Im Wissen um diese Problematik führte die eidgenössische Berufsstatistik deshalb ab 1888 die entsprechende Kategorie ein. So wurden die unmittelbaren Berufsangehörigen unterteilt nach «in eigenem Geschäft», «in Geschäften von Familienangehörigen», «in fremdem Geschäfte» sowie in «unbestimmbarem Verhältnis» tätig. Vgl. zur Problematik der eidg. Berufsstatistik, Gruner, Arbeiterschaft und Wirtschaft, Bd. 1, S. 145–150.

120  Der Anteil der Angestellten ist aufgrund der Zuteilung aller ausserhalb des zweiten Sektors Berufstätigen zu dieser Kategorie etwa um die Hälfte zu hoch. Vgl. unten die detaillierte Analyse zu 1900 bzw. 1910.

121     1888 gehörten folgende 15 Städte in der Reihenfolge der Höhe ihrer Einwohnerzahlen
        dazu: Zürich mit 9 Aussengemeinden, Genf mit zwei Aussengemeinden, Basel, Bern, Lau-
        sanne, St. Gallen, La Chaux-de-Fonds, Luzern, Neuenburg, Winterthur, Biel, Herisau,
        Schaffhausen, Freiburg, Le Locle. Zusammen umfassten diese 15 Städte 18% der Erwerb-
        stätigen. 1900 waren es 19 Städte, neu kamen dazu: Montreux (Agglomeration), Chur,
        Vevey und Solothurn. Ihr Anteil an den Erwerbstätigen betrug jetzt 24%. 1910 waren es
        23 Städte, neu kamen dazu: Lugano, Rorschach, Bellinzona, Arbon. Anteil an den Er-
        werbstätigen: 29%, Anteil an der Bevölkerung 26%.

122     Die Betriebsgrösse ist auch für Albert Richard in seinem Bericht über «Les classes moyen-
        nes en Suisse» an den «Congrès international des classes moyennes urbaines et rurales» ein
        mögliches Unterscheidungsmerkmal zwischen «Bourgeois» und «petit bourgeois». Ge-
        stützt auf die offizielle Definition der Fabrik durch den Bundesrat von 1891 betrachtet er
        «l'industriel travaillant seul ou avec l'aide de 1 à 5 ouvriers» als «petit bourgeois».
        Richard, S. 5.

123     Dienstbotenquote = Anzahl Dienstboten pro Selbständiger in der entsprechenden Branche.

124     Richard, Les classes moyennes en Suisse, S. 4. Die Definition der «classe moyenne» als
        «réunion en un même individu du travail et du capital» bezeichnete Richard als «inexact»,
        weil diese Vereinigung den Angehörigen des Mittelstandes nicht vom Grossunternehmer
        oder Grosshändler unterschied, «qui engage sa fortune et coopère par son travail de direc-
        tion à son oeuvre. Mais celui-ci absorbé par les soucis, les difficultés de l'administration
        n'a plus le temps de travailler lui-même à l'atelier ou au magasin, et doit laisser ce soin aux
        collaborateurs qu'il salarie. C'est le bourgeois.»

125     Dieser Anteil dürfte eher zu hoch gegriffen sein.

126     Vgl. Einleitung. Für die Schweiz unterschlägt der in und für Deutschland gebräuchliche
        Begriff «Bildungsbürgertum» die unternehmerische Seite dieser Berufe, vor allem der
        freien Berufe, und betont die humanistisch-akademische Bildung zu stark.

127     Um 1900 waren von den 10 436 Rentnern 68% über sechzig Jahre alt, 18% waren 50–59
        Jahre alt, 8% 40–49, nur knapp 6% oder 604 Männer waren unter vierzig Jahren alt.
        Unter den 16 475 Rentnerinnen waren 53% über sechzig Jahre alt, 23% 50–59, 14%
        40–49, knapp 10% waren unter vierzig Jahre alt.

128     Volkszählung 1860, 9. Lieferung, S. XXVI.

129     Volkszählung 1900, 151. Lieferung.

130     Betriebszählung 1905, 176., 181. Lieferung. Sie erlaubt vor allem eine differenziertere
        Erfassung der leitenden Angestellten, der unternehmerisch Tätigen allgemein. Inhaber/
        innen, Angehörige der Inhaber, Leiter (Direktoren, Verwalter), Kaufmännische Beamte/
        Angestellte, technische Beamte/Angestellte und Aufsichtspersonal, Lehrlinge, Arbeiter
        und Hilfspersonal werden gesondert aufgeführt.

131     Volkszählung 1910, 212. Lieferung, S. 60*.

132     Volkszählung 1910, 212. Lieferung, S. 63*.

133     Die Umverteilung erfolgte ähnlich wie für die Zählung von 1900, die detailliertere Auf-
        schlüsselung des Betriebspersonals pro Branche und Beruf hat jedoch die Unterscheidung
        von Selbständigen, die eher zum gewerblichen Mittelstand als zum Wirtschaftsbürgertum
        gehörten, erleichtert. Die hausindustriellen Selbständigen wurden, soweit möglich, sepa-
        riert und der Arbeiterschaft zugezählt. Angaben über die Geschäftsinhaber ohne Hausin-
        dustrielle zu Vergleichszwecken mit 1900 wenigstens für übergeordnete Erwerbszweige
        und eingehende Kenntnisse zur Heimindustrie haben dies relativ leicht gemacht.

134     Vgl. Reichesberg, Handwörterbuch der Schweizerischen Volkswirtschaft, Bd. 1, S. 479,
        ausführlicher zur Stellung der Beamten vgl. Kp. I/3.

135     Die mitarbeitenden Familienangehörigen befinden sich unter den ihrer Funktion entspre-
        chenden Kategorie. Wie schon 1900 spielt die Mitarbeit von Familienangehörigen vor
        allem in der Landwirtschaft, im Handel und Gastgewerbe eine grosse Rolle, in Industrie

und Handwerk sowie den übrigen Branchen tritt sie fast völlig zurück. Sie ist im ländlich-dörflichen Bereich wichtiger als in den Städten. Ausser in der Landwirtschaft handelt es sich dabei vorwiegend um Frauen. Vgl. Volkszählung 1910, 212. Lieferung, S. 68ff.

136  König, Siegrist, Vetterli, Warten und Aufrücken, S. 434–435.

137  Diese Zahl dürfte trotz des Abzuges der weibl. Hausindustriellen zu hoch sein, bzw. noch immer «Unternehmerinnen» hausindustrieller Art umfassen. Ein Teil dieser Unternehmerinnen dürften zudem Mitarbeiterinnen unternehmerisch tätiger Männer gewesen sein.

138  Bei den Bauern kamen auf 1000 Selbständige 1404 Kinder unter 15 Jahren und 802 weibliche Erwachsene, bei landwirtschaftlichen Arbeitern waren dies lediglich 148 bzw. 79. Bei den Selbständigen in Gewerbe und Industrie waren es 812 bzw. 470, bei den Angestellten 675 bzw. 479, bei den Arbeitern 515 bzw. 265; im Handel bei den Selbständigen 973 bzw. 607, den Angestellten 270 bzw. 235, den Arbeitern 276 bzw. 155; im Verkehr bei den Selbständigen 1435 bzw. 788, den Beamten 832 bzw. 617, den Arbeitern 1163 bzw. 616; bei den Beamten in der öffentlichen Verwaltung 611 bzw. 510. Vgl. Volkszählung 1910, 212. Lieferung, S. 16–17*.

139  Volkszählung 1910, 212. Lieferung, S. 61–63. Eine Aufgliederung der Ernährten nach den verschiedenen Gruppen innerhalb der Selbständigen liegt leider nicht vor.

140  Im landwirtschaftlichen Sektor betrug gesamtschweizerisch der Anteil der mitarbeitenden Familienangehörigen 8 % der Erwerbstätigen bzw. 4 % der Ernährten; in Industrie/Gewerbe 2,0 % bzw. 1,0 %; im Handel 1,3 % bzw. 0,7 %.

141  Zur Demographie der ausländischen Bevölkerung im späten 19. und frühen 20. Jahrhundert vgl. Gruner, Arbeiterschaft und Wirtschaft, Bd. 1, S. 239ff., für die Deutschen vgl. Urner, Die Deutschen in der Schweiz, S. 571ff.

142  910 waren 24 % der Beschäftigten französischer Nationalität selbständig, 12,7 % bei den Deutschen, 9,1 bei den Italienern. Vgl. Gruner, Arbeiterschaft und Wirtschaft, Bd. 1, S. 252–255.

143  Genf und St. Gallen umfasst die ganze Agglomeration und nicht nur die politische Gemeinde.

144  Volkszählung 1920, Schweizerische statistische Mitteilungen, 1924/7, S. 34–37.

145  Arbeiterschaft inkl. Lehrlinge. *Basiert auf einer Umrechnung mit dem gleichen Faktor wie 1920.

146  Für Zürich liegen für 1870 und 1910 detailliertere Auswertungen der eidgenössischen Volkszählung vor, zudem nahm das städtische statistische Amt 1894 ein Jahr nach der Stadtvereinigung eine besondere Zählung vor, die für die Analyse der Berufs- und Erwerbstätigkeit mit einem feinern Raster als die eidgenössischen Zählungen arbeitete und auch die Zusammensetzung der Haushalte sowie die Besitzverhältnisse im Hauseigentum erfasste und auswertete.

147  Vgl. Peyer, Von Handel und Bank im alten Zürich, S. 174; Fritzsche, Zürichs Aufstieg zur Wirtschaftsmetropole, S. 143–145. Zur städtischen Entwicklung Zürichs allgemein vgl. Bärtschi, Industrialisierung, Eisenbahnschlachten und Städtebau sowie Künzle.

148  Eidg. Volkszählung 1910, 212. Lieferung.

149  Die Abgrenzung der mittelständischen Selbständigen vom Wirtschaftsbürgertum bzw. der Bourgeoisie des talents erfolgte über die Branchenzugehörigkeit sowie die Funktions- und Berufsbezeichnungen. Unter den hohen Beamten figurieren die «selbständigen» Beamten der öffentlichen Verwaltung inkl. Polizei und Militär, die Professoren der eidgenössischen und kantonalen Lehranstalten (ETH, Universität, Kantonsschulen) sowie die Pfarrer der reformierten Landeskirche. Zu den freien Berufen wurden die Ärzte, inkl. Tier- und Zahnärzte, die Apotheker, die Advokaten, die selbständigen Ingenieure und Geometer sowie Privatgelehrte, Redaktoren und Schriftsteller gezählt. Die Kategorie der Künstler umfasst die Selbständigen in der bildenden Kunst, in Musik, Tanz und Theater. Die Kategorie Berufslose und übrige enthält auch die «verkostgeldeten Erwachsenen und Kinder».

Alle Unselbständigen in Industrie, Handwerk, Gewerbe und Verkehr wurden der Arbeiterschaft zugeordnet. Die Angestellten umfassen das Personal im Handel, in der Verwaltung und den Büros von Angehörigen freier Berufe. Vgl. Müller, Statistik der Berufsarten der Stadt Zürich.

150     1870 Stadt und Ausgemeinden.

151     1870 wie 1894 wurden die Kategorien Rentner und Berufslose unterschiedlich gehandhabt. 1870 dürfte die Kategorie der Rentner eher zu hoch, 1894 eher zu tief angesetzt sein.

152     Ergebnisse der Volkszählung von 1894. Nicht alle Kategorien sind völlig identisch, so können die Primar- und Sekundarlehrer nicht von den Gymnasiallehrern und den Professoren der Hochschulen getrennt aufgeführt werden, weshalb die Bourgeoisie des talents 1894 bedeutend umfangreicher ausfällt als 1870. Gross- und Kleinhandel konnten ebenfalls nicht völlig getrennt werden, da der Warenhandel nur in einer Kategorie geführt wurde, die Zahl der Grosskaufleute dürfte entsprechend höher sein.

153     Statistisches Jahrbuch der Stadt Zürich, 1918/1919, separate Auswertung der eidgenössischen Volkszählung von 1910. Die fünf vom Amt gebildeten sozialen Klassen umfassen folgende Berufsgruppen: Klasse 1, hier Bürgertum genannt, Fabrikanten, Grosskaufleute, akademische Berufe und höhere Beamte; Klasse 2 (alter Mittelstand) mittlere und kleine selbständig Erwerbende in Handel, Gewerbe und Industrie; Klasse 3 (neuer Mittelstand) mittlere öffentliche Beamte, Lehrer, Privatbeamte; Klasse 4 gelernte Arbeiter und Arbeiterinnen in Industrie, Handwerk und Gewerbe, Verkehr, kleine Angestellte; Klasse 5 ungelernte Arbeiter und Dienstboten.

**2     Die Klassenlage des Bürgertums**

154     ZB-Zürich, FA Meyer von Knonau, 32 c 1.

155     Stadtarchiv Zürich, VII/75/II, Nachlass Pestalozzi.

156     Die verschiedenen Arten und der Wechsel der Veranlagung, die unterschiedlichen Besteuerungsformen von Einkommen und Vermögen u. a. m. erschweren allerdings Vergleiche sowohl zeitlich wie örtlich. Erschwerend kommt dazu, dass z. B. für die Stadt Bern die Steuerverzeichnisse nur für das erste Jahrzehnt im 20. Jahrhundert erhalten sind. Geradezu ideal ist dagegen die Quellenlage für Kanton und Stadt Zürich, wo Steuerregister in regelmässigen Abständen aufbewahrt wurden. Eine Übersicht über die im 19. Jahrhundert gültigen kantonalen Steuergesetze, das kantonale Steuerwesen, das Steueraufkommen, die Steuermoral gibt Schanz, Die Steuern in der Schweiz in ihrer Entwicklung seit Beginn des 19. Jahrhunderts, 4 Bde., Stuttgart 1890. Für Zürich vgl. Ernst, Die direkten Staatssteuern des Kantons Zürich im 19. Jahrhundert; für Bern Schmid, Die bernische Steuerpolitik von 1831 bis 1920.

157     Anhaltspunkte, wieviel Vermögen der Besteuerung entzogen wird, geben im Kanton Zürich die waisenamtlichen Inventarisationen. 1870 bis 1886 wurde im Durchschnitt ein Drittel zu wenig versteuert. Greulich, Die Steuerpflichtigen, S. 8. 1897 hatten aufgrund der Ergebnisse der Erbschafts- und Nachsteuern von 372 Erblassern 94 ihr volles Vermögen, 278 aber nur einen Teil versteuert. Auf rund 30 Millionen hinterlassenes Vermögen waren knapp 14 Millionen unversteuert geblieben. Volksrecht, 31. 5. 1899.

158     Am genauesten eingestuft wurden die staatlichen Gehaltsempfänger, hier entsprach das Steuereinkommen in der Regel einfach dem Gehalt. Im Kanton Bern durften die Beamten 10 % des Gehaltes abziehen, weil davon ausgegangen wurde, dass die andern ein etwa in dieser Höhe zu tiefes Einkommen versteuern würden. Bei den andern Lohnabhängigen wie auch bei Selbständigen handelte es sich sowohl bei den amtlichen Schätzungen wie bei den Selbsteinschätzungen um Erfahrungswerte. Am besten steuerlich erfasst wurden die Bevormundeten, wo die Schätzung auf Kenntnis des realen Einkommens und Vermögens beruhte.

159 Greulich, Die Steuerpflichtigen, deren Vermögen und Einkommen der Bezirke Zürich und Dielsdorf, 1886, in: Zeitschrift für schweizerische Statistik, 1891, S. 6–71.

160 Wie weit die zunehmende Tendenz bei den Haushalten auf eine überproportionale Zunahme der vermögenspflichtigen juristischen Personen zurückgeht, kann hier nicht weiter überprüft werden. Da die durchschnittliche Anzahl Personen pro Haushalt sowohl 1870 wie 1900 bei 4,4 lag und gleichzeitig der Anteil der Berufstätigen an der gesamten Bevölkerung zunahm, scheint der sinkende Anteil der Vermögenssteuerpflichtigen an den Einkommenssteuerpflichtigen auf die Zunahme der Erwerbstätigen ohne eigenen Haushalt zurückzuführen zu sein. In die gleiche Richtung weist auch die im Vergleich zur Bevölkerungsvermehrung geringere Zunahme der Vermögenspflichtigen. Der Index der Vermögenssteuerpflichtigen stieg von 100 um 1872 auf 240 um 1900, die Bevölkerung von 100 um 1870 auf 266 um 1900.

161 Vgl. Tabelle 17–20.

162 1912 waren diese Millionäre 12 Aktiengesellschaften, insgesamt waren in der Stadt Zürich 184 Aktiengesellschaften und 111 Genossenschaften vermögenssteuerpflichtig.

163 Bei den errechneten Anteilen ist zu berücksichtigen, dass sowohl für die Anzahl der Erwerbstätigen wie der Haushalte für einzelne Querschnitte nur Schätzungen verwendet werden konnten, so dass mit Fehlerquellen von 1–2 % gerechnet werden muss.

164 1872 waren 27 % der potentiellen Steuerzahler der Stadt (ohne die Ausgemeinden) vermögenssteuerpflichtig, um 1900 waren dies noch 23 %.

165 Bis 1894 Zürich inkl. die sogenannten Ausgemeinden Aussersihl, Enge, Fluntern, Hirslanden, Hottingen, Oberstrass, Riesbach, Unterstrass und Wiedikon, ab 1894 zusätzlich die ebenfalls eingemeindeten Vororte Wollishofen und Wiedikon. Stadtarchiv Zürich, Fd 78: Übersicht der Vermögenssteuerpflichtigen des Kantons Zürich in den Jahren 1872, 1882, 1891 und 1900. Für 1886 vgl. Greulich, Übersichten der Vermögens- und Einkommenssteuerpflichtigen, S. 16–17. 1912: Übersicht der Vermögens- und Einkommenssteuerpflichtigen des Kantons Zürich nach Vermögens- und Einkommensklassen eingeteilt, Zürich 1914. Im Vergleich zum gesamten Kanton liegt die Stadt bei den kleinsten Vermögen deutlich unter dem kantonalen Durchschnitt, d. h. in der Stadt sind die oberen Vermögenspflichtigen stärker vertreten als auf dem Land, wo allerdings auch der Anteil der Nichtsteuerpflichtigen geringer sein dürfte. 1872 beträgt die Differenz bei den kleinsten Vermögen 25 %, 1900 noch 16 %; bei allen andern Vermögensschichten liegt die Stadt darüber, die Altstadt noch deutlicher als Grosszürich. *in Jahren ohne Volkszählung auf errechneten Zwischenwerten beruhend.

166 In der Stadt exkl. die Ausgemeinden zählten 1872 38 % der potentiellen Steuerzahler, d. h. der erwachsenen Männer sowie der erwachsenen ledigen und verwitweten Frauen Einkommenssteuern, um 1900 waren es etwa 71 %.

167 Der Nominallohnindex 1914=100 stieg von 63,4 um 1890 auf 73,2 bis 1900, auf 93,5 um 1910 bzw. 97,7 um 1912. Gruner, Arbeiterschaft und Wirtschaft, Bd. 1, S. 361.

168 Übersicht der Einkommenssteuerpflichtigen in den Jahren 1872, 1882, 1891 und 1900. Für 1886 vgl. Greulich, Übersichten der Vermögens- und Einkommenssteuerpflichtigen, S. 20–21. Bis 1891 Zürich und Ausgemeinden. 1912: Übersicht der Vermögens- und Einkommenssteuerpflichtigen des Kantons Zürich nach Vermögens- und Einkommensklassen eingeteilt, Zürich 1914. Bei den kleinen Einkommen liegt die Stadt wie bei den Vermögen deutlich unter dem kantonalen Schnitt, 1872 17,6 %, 1900 10,4 %. *in Jahren ohne Volkszählung auf errech-neten Zwischenwerten beruhend.

169 1900 betrug das Salär eines kantonalen Sekretärs erster Klasse 4000–6000 Franken, ein Kanzlist letzter Klasse erhielt 1800–2500 Franken. Zu den Besoldungsverhältnissen kantonaler Angestellter und Beamter in Zürich vgl. Stoessel, Besoldungspolitik, S. 117–121.

170 Stadtarchiv Zürich, V Dc No. 11/6. Für 1886 vgl. Greulich, Übersichten der Vermögens- und Einkommenssteuerpflichtigen, S. 20–23.

171 Stadtarchiv Zürich, V Dc No. 11/6. Für 1886 vgl. Greulich, Übersichten der Vermögens- und Einkommenssteuerpflichtigen, S. 16–17. *umfasst Steuervermögen bis 20 000 bzw. ab 20 100.

172 Nach 1907 ging die Konzentration wieder leicht zurück. 1909 betrug der Anteil der grossen Vermögen am Steuerkapital 70 %, 1912 69,8 %. Übersicht der Vermögens- und Einkommenssteuerpflichtigen des Kantons Zürich 1909 und 1912, Zürich 1910 und 1914.

173 Kurz, Die Steuerverhältnisse der Stadt Bern im Jahr 1872, in: Zeitschrift für schweizerische Statistik, 1874.

174 Untersuchungen über die Einkommens- und Vermögensverhältnisse in der Stadt Bern, Beiträge zur Statistik der Stadt Bern, Heft 4/5, Bern 1920.

175 1872: Kurz, Steuerverhältnisse. Die Angaben basieren nur auf dem Einkommen aus verzinslichem Kapital. Die Umrechnung vom Einkommen auf das Vermögen erfolgte wie bei der zeitgenössischen Veranlagung der Steuer aus grundpfändlich abgesichertem Kapital, indem von einer durchschnittlichen Verzinsung von 4 % ausgegangen und das Einkommen infolgedessen mit 25 multipliziert wurde. *Diese Kategorie umfasst die Vermögen bis 250 000. 1900/1910: Untersuchungen über die Einkommens- und Vermögensverhältnisse in der Stadt Bern, Beiträge zur Statistik der Stadt Bern, Heft 5, S. 46–55. Vermögen inkl. Grund- und Kapitalbesitz; Steuerpflichtige inkl. juristischen Personen, deren Anteil an den Steuerpflichtigen beträgt je nach Vermögensart zwischen 8 und 17 %. Der Anteil der juristischen Personen am Steueraufkommen liegt beim Grundbesitz bei 32,3 % (1900)/28,1 % (1910); bei grundpfändlich versicherten Kapitalien bei 43,6/55,7 %; bei verzinslichen Kapitalien bei 44,7/50,7 %

176 Die Anzahl Frauen, die vermögenssteuerpflichtig waren, ist für 1870 nicht bekannt.

177 Kurz, Steuerverhältnisse, S. 1–2. Aufgrund von Durchschnittswerten für die Steuerpflichtigen betrug der Anteil der Grundbesitzer an den Haushalten 1860 19,7 %, 1880 17,7 %, 1888 16,4 %, 1900 19,5 % 1910 19,3 %. Davon waren jeweils 80–85 % nach Abzug der hypothekarischen Belastungen noch steuerpflichtig. Hypothekarisch verschuldet waren bis 1875 jeweilen rund 60 %, 1876 bis 1895 65–70 %, 1896/1900 73 %, 1906/10 76 %. Beiträge zur Statistik der Stadt Bern, Heft 5, S. 5/6.

178 Im Kanton Bern wurden Vermögenssteuern auf 1. Grundeigentum abzüglich der daraufliegenden Schulden, 2. «grundpfändlich versicherte Kapitalien» und auf 3. andere verzinsliche Kapitalien wie Aktien und Obligationen erhoben. Bei den Einkommenssteuern wurden ebenfalls drei Arten unterschieden: 1. Einkommen aus selbständiger oder unselbständiger Erwerbstätigkeit; 2. Einkommen aus sogenannten Leibrenten und Pensionen; 3. Einkommen von verzinslichem Kapital.

179 Untersuchungen über die Einkommens- und Vermögensverhältnisse in der Stadt Bern, Beiträge zur Statistik der Stadt Bern, Heft 5, S. 25–38. A: Vermögen bis Fr. 20 000, B: 20 100–100 000. C: 100 100 und mehr.

180 Unter den grundsteuerpflichtigen Frauen waren 1900 15 % selbst erwerbstätig, beim grundpfändlich gesicherten Kapital 13 %, beim übrigen Kapital 7 %.

181 1872: Kurz, Steuerverhältnisse. 1900 und 1910: Untersuchungen über die Einkommens- und Vermögensverhältnisse in der Stadt Bern, Beiträge zur Statistik der Stadt Bern, Heft 4, S. 5, 40/41. Enthält nur das Einkommen aus Arbeit und Erwerb. Einkommen aus Kapitalbesitz, von Leibrenten und Pensionen wurde in Bern je separat versteuert; Steuerpflichtige ohne juristische Personen, aber inklusive jener Personen, die in der Stadt Bern einer Erwerbstätigkeit nachgingen, aber nicht hier wohnten, denn nach bernischem Steuergesetz musste das Einkommen «aus der Berufstätigkeit» am Erwerbsort und nicht am Wohnort versteuert werden. *Dies hat zur Folge, dass die Anzahl der in der Stadt wohnenden Steuerpflichtigen 1900 um 1500, 1910 um 2500 Pflichtige vermindert werden müsste. Steuerfrei war das Einkommen bis Fr. 600.

182 Besonders deutlich war dieses Aufrücken in der Arbeiterschaft. 1900 erzielten noch 90 %

nur ein Einkommen bis 1100 Franken (das steuerfreie Einkommen von Fr. 600 dazugezählt), 1910 waren dies noch 75 %. Ein Einkommen zwischen 1200 und 1700 Franken hatten 8 % bzw. 15 %, 1800–2600 2 % bzw. 8 %. Über 2700 Einkommen hatten 1900 0,6 %, um 1910 1,2 %. Untersuchungen über die Einkommens- und Vermögensverhältnisse in der Stadt Bern, Beiträge zur Statistik der Stadt Bern, Heft 4, S. 41.

183 Die Einkommenskategorien für Bern und Zürich sind aufgrund dieser unterschiedlichen Steuerpraxis nicht deckungsgleich. Eine angleichende Umrechnung der Berner Kategorien, die nur für 1872 möglich ist, zeigt, dass die mittleren Einkommen in Bern mit 16,2 % etwas höher lagen als in Zürich, wo sie 13,5 % betrugen; die unteren Einkommen lagen bei 80 % gegenüber 84 % in Zürich, die hohen Einkommen bei 3,7 bzw. 2,8 %.

184 StAZ, RR I 64:79–82: Steuerregister Zürich Stadt und Landbezirk. Die Ausgemeinden sind hier nicht miteinbezogen.

185 Ohne die Ausgemeinden umfasste 1870 das Wirtschaftsbürgertum der Stadt 281 Erwerbstätige, die Bourgeoisie des talents 310 und das Rentnertum 705 Personen. Müller, Statistik der Berufsarten der Stadt Zürich.

186 Die in den Volkszählungen als Rentner eingestuften Personen dürften demnach auch Leute umfasst haben, die teils in recht einfachen Verhältnissen lebten und nur beschränkt dem Bürgertum zugerechnet werden dürfen.

187 Steuerregister der Stadt Zürich vom Jahre 1905.

188 Verzeichnis der Steuerpflichtigen der Gemeinde Bern vom Jahre 1900, Bern 1901. Berufsangaben, wo nötig, kombiniert mit Adressbuch 1901/02.

189 Diese Einkommensgrenze ist vor allem für die Jahrhundertwende noch etwas zu hoch gegriffen, auch Steuerpflichtige mit einem Einkommen bis hinunter auf 4000 Fr. gehören je nach Umständen, weitere Einkünfte aus Kapitalbesitz u. ä., noch zum untern Rand des Bürgertums.

190 Verzeichnis der Steuerpflichtigen der Gemeinde Bern vom Jahre 1900, Bern 1901. Berufsangaben, wo nötig, kombiniert mit Adressbuch 1901/02.

191 Von den 18 Frauen waren 13 Rentnerinnen, darunter auch eine Giessereibesitzerin. Zwei wurden als Weissnäherinnen den Handwerksmeisterinnen zugeordnet, eine Handelsfrau und eine Schmuckhändlerin den gewerblichen Unternehmerinnen und eine nicht weiter bezeichnete Lehrerin figuriert unter den Übrigen.

192 Steuerregister der Stadt Zürich vom Jahre 1905. Da die Auszählung des Zürcher Steuerverzeichnisses von 1905 schon in einem frühen Stadium der Arbeit vorgenommen wurde, sind die Berufskategorien nicht völlig identisch mit jenen Berns bzw. der nachher festgelegten Kategorien. Zum einen habe ich die freien akademischen Berufe sowie die Universitäts- und Gymnasialprofessoren nicht separat ausgezählt, zum andern wurden die Architekten und Ingenieure, weil aufgrund des Steuerregisters nicht klar war, wie weit sie angestellt oder selbständig tätig waren, der Bourgeoisie des talents zugeordnet.

193 Verzeichnis der Steuerpflichtigen der Gemeinde Bern vom Jahre 1900, Bern 1901.

194 Wie weit dies auch an der schwierigeren steuerlichen Erfassung der Selbständigen liegt, ist schwer abzuschätzen, aufgrund zeitgenössischer Klagen über die Bevorzugung der Selbständigen bzw. Benachteiligung der Festbesoldeten aber zu vermuten.

195 Hausgesindehaltung wird in der Forschung sehr häufig als Indikator für die Zugehörigkeit zu bestimmten Sozialgruppen verwendet, vgl. Chaline und Daumard. Auch Nipperdey zählt das Dienstmädchen zu den vier für die Konstitution des Bürgertums klassenrelevanten Faktoren. Vgl. Nipperdey, Kommentar: »Bürgerlich« als Kultur, in: Kocka (Hg.), Bürger und Bürgerlichkeit im 19. Jahrhundert, S. 144/145, sowie Deutsche Geschichte, 1866–1918, Bd. 1, S. 53. Zur praktischen wie symbolischen Bedeutung der Dienstboten im bürgerlichen Haushalt und für die bürgerliche Lebensführung vgl. Teil III.

196 Bei den Erwerbstätigen in der Landwirtschaft, wo das Hausgesinde nur sehr beschränkt für persönliche Dienstleistungen eingesetzt wurde, sondern wie in Teilen des Handwerks

und Gewerbes vorwiegend für betriebliche Aufgaben verwendet wurde, sank die Zahl der Dienstboten von 32 844 um 1870 auf 11 719 um 1910. Vgl. Eidg. Volkszählungen 1870 und 1910. Vor 1910 können die Dienstboten nur auf die gesamte Anzahl der Erwerbstätigen bezogen werden. Die Zählungen vor 1910 erlauben eine Aufgliederung der Dienstboten nur nach dem Erwerbszweig und leider nicht auch nach der beruflichen Stellung.

197    Hierauf weist auch Emma Coradi-Stahl, die Verfasserin des mehrfach aufgelegten Buches für Dienstmädchen «Wie Gritli haushalten lernt», in einer 1910 veröffentlichten Schrift zur Dienstbotenfrage hin. Vgl. Bochsler/Gisiger, Dienen in der Fremde, S. 220.

198    Eidg. Volkszählung 1910, 212. Lieferung, S. 19. Die Angaben zu den leitenden Beamten beruhen auf eigenen Umrechnungen.

199    Bei den Selbständigen bzw. den leitenden Angestellten fällt diese letzte Einschränkung nicht mehr ins Gewicht, da, von wenigen Ausnahmen abgesehen, auf einen Haushalt jeweils nur ein selbständig Erwerbstätiger bzw. nur ein leitender Angestellter, nämlich der Arbeitgeber des Dienstpersonals kam.

200    Bei den Pfarrern der beiden Staatskirchen kamen auf hundert sogar 77 Dienstboten.

201    Entsprechend lässt sich davon ausgehen, dass im Handelssektor rund ein Drittel der Selbständigen tendenziell zum Bürgertum, zwei Drittel eher zum kleinbürgerlichen Mittelstand gehörten.

202    Eidg. Volkszählung 1910, 212. Lieferung, S. 19. Die Angaben zu den leitenden Beamten beruhen auf eigenen Umrechnungen. Die zusätzliche Unterteilung bei den Selbständigen und leitenden Angestellten umfassen jeweils nicht alle aufgrund der Volkszählung möglichen Untergruppen. In Industriezweigen wie der Textilindustrie sind unter den Selbständigen auch Hausindustrielle.

203    Ergebnisse, II. Teil, S. 114–117.

204    Unter den Haushalten mit zwei Dienstboten waren 22 % Rentnerhaushalte, 18 % solche von Angehörigen freier Berufe und je 15 % solche von industriellen Unternehmern bzw. Kaufleuten. Ähnlich war es bei den Haushaltungen mit drei und mehr Dienstboten.

## 3    «Bourgeoisie» und «Bourgeoisie des talents»

205    Vgl. Lepsius, Zur Soziologie des Bürgertums, S. 87.

206    Dazu müssten vor allem die Wirtschafts- und Fiskalpolitik auf kantonaler wie eidgenössischer Ebene sowie die Organisierung der wirtschaftlichen und berufsspezifischen Interessen auf lokaler, regionaler, kantonaler und Bundesebene eingearbeitet werden.

207    Vgl. Siegenthaler, Die Schweiz 1850–1914, S. 453.

208    Vgl. Lepsius, Zur Soziologie des Bürgertums, S. 86–87, 91–92.

209    Vgl. Dudzik, Innovation und Investition, S. 179–186; Oberhänsli, Die Glarner Unternehmer, S. 48–49.

210    Vgl. Jäger, Reto u. a.: Wirtschaftlicher, sozialer und politischer Wandel in einem Industriegebiet der Zürcher Landschaft 1750–1920, Lizentiatsarbeit, Zürich 1975, S. 333. Je weitere 3 % waren Fabrikaufseher bzw. qualifizierte Arbeiter wie Giesser, Mechaniker oder Dreher gewesen. 16 % übten eine unbekannte Tätigkeit aus.

211    Vgl. Oberhänsli, Die Glarner Unternehmer, S. 43, 289, 298.

212    Oberhänsli, Die Glarner Unternehmer, S. 289.

213    Jäger, Reto u. a.: Wirtschaftlicher, sozialer und politischer Wandel in einem Industriegebiet der Zürcher Landschaft 1750–1920, Lizentiatsarbeit, Zürich 1975.

214    Dudzik, Innovation und Investition, S. 113. Für das Zürcher Oberland vgl. zudem Jäger, Baumwollgarn als Schicksalsfaden; Braun, Sozialer und kultureller Wandel; für die Zürcher Seidenindustrie Schwarzenbach, Das Heiratsverhalten der Horgener Unternehmer. Für die Ostschweizer Textilindustrie vgl. Tanner, Das Schiffchen fliegt; Fischer, Toggenburger Buntweberei im Weltmarkt; Oberhänsli, Die Glarner Unternehmer.

215    Vgl. Dudzik, Innovation und Investition, S. 130–131.

216 Darunter befand sich typischerweise auch der einzige Selfmade man unter den toggenburgischen Webfabrikgründern. Fischer, S. 169–176.

217 Fischer, Toggenburger Buntweberei im Weltmarkt, S. 132–144.

218 Fischer, Toggenburger Buntweberei im Weltmarkt, S. 176–180.

219 So gehörte z. B. mit Adolf Rieter-Rothpletz ein Vertreter des Winterthurer Unternehmertums und mit J. R. Raschle auch der führende Toggenburger Unternehmer dem Gründungskomitee an. Auch die Seiden- und Baumwollindustriellen waren jeweils vertreten. Zu den Mitgliedern des Verwaltungsrates vgl. Esslinger, Geschichte der Schweizerischen Kreditanstalt; LB-Bern, VZH 22902, Jahresberichte der Kreditanstalt.

220 Vgl. Fischer, Toggenburger Buntweberei im Weltmarkt.

221 Jost, Zur Geschichte d. Vereinswesens, S. 480; Gruner, Die Wirtschaftsverbände, S. 18–26.

222 Vgl. Maurer, Die schweizerischen Handelskammern; Baumann, Rudolf: Handels- und Gewerbekammern, in: Reichesberg, Handwörterbuch, III. Bd, S. 1689–1696; Geiser, Handel, Gewerbe und Industrie im Kanton Bern, S. 48; Richard, Kaufmännische Gesellschaft Zürich, Bd 1, S. 37–38.

223 Wartmann, Hermann: Kaufmännisches Direktorium St. Gallen, in: Reichesberg, Handwörterbuch, II. Bd, S. 730–734.

224 Jost, Zur Geschichte des Vereinswesens, S. 479–480.

225 Einladungsschreiben zur Gründung, Statuten von 1873, in: Richard, Kaufmännische Gesellschaft, S. 112–114, 117–119 sowie S. 38ff.

226 Vgl. Hauser, Wirtschaftsverbände im frühen schweizerischen Bundesstaat, S. 51–52.

227 LB-Bern, VBE 4829, 1. Jahresbericht des Central-Comite's, S. 4; Buri, Die Tätigkeit des Bernischen Vereins für Handel und Industrie, S. 53–56, 97.

228 Vgl. Hauser, Wirtschaftsverbände im frühen schweizerischen Bundesstaat, S. 54–56.

229 Der 1843 gegründete Schweizerische Gewerbeverein umfasste auch Industriekreise. Mit der Absicht, eine schweizerische Zolleinheit herbeizuführen, war dieser Verein 1847 dann nochmals reaktiviert worden war. Gruner, Wirtschaftsverbände, S. 20.

230 Antwortschreiben des Kaufmännischen Directoriums St. Gallen an die Handels-Commission Glarus vom 15. April 1869 auf deren Rundschreiben zwecks Gründung einer zentralen Vereinigung der Industriellen, in: Hulftegger, Der Schweiz. Handels- und Industrie-Verein, S. 95.

231 Vgl. die Antw. der Handels- und Industrieverein der Romandie auf die Bestrebungen einen Zentralverein zu gründen in: Hulftegger, Der Schweiz. Handels- und Industrie-Verein, S. 6–8.

232 Zitate aus dem Rundschreiben der Glarner Handels-Commission vom 30. März 1869, in: Hulftegger, Der Schweizerische Handels- und Industrie-Verein, S. 93–94. Unabhängig von der Glarner Initiative regte zur gleichen Zeit die «Société industrielle et commerciale du Canton de Vaud» regelmässige Zusammenkünfte der wirtschaftlichen Verbände an, ein Zentralorgan lehnte sie jedoch ab.

233 Statuten des Schw. Handels- und Industrie-Vereins, Art. 1, in: Hulftegger, Der Schweizerische Handels- und Industrie-Verein, S. 109.

234 Vgl. Wehrli, Geschichte des Schweizerischen Handels- und Industrievereins, S. 25–29,

235 Vgl. Hulftegger, Der Schweizerische Handels- und Industrie-Verein, S. 17ff, 85ff; Wehrli, Geschichte des Schweizerischen Handels- und Industrievereins, S. 30–46.

236 1878 gehörten erst zwei Fachvereine dem Verein an, 1879 traten neu die «Société intercantonale des industries du Jura» sowie der «Schweizerische Spinner- und Weberverband» bei, 1882/83 folgten der Schweizerische Verein der Woll- und Halbwoll-Industrieller, der Verein Schweizerischer Maschinenindustrieller. 1890 waren bereits neun Fachverbände dabei, 1895 dann 15, 1903 sogar 31. Waren 1870 zwei Drittel der 21 angeschlossenen Sektionen private kantonale oder lokale Vereinigungen und nur knapp 10 % Fachverbände, so waren um 1903 von 52 Sektionen 60 % Fachverbände, 29 % kantonale oder regionale Ver-

einigungen. Vgl. Reichesberg, Handwörterbuch, II. Bd, S. 589; Wehrli, Geschichte des Schweizerischen Handels- und Industrievereins, S. 44–46.

237    LB-Bern, VZH 23646, Statuten von 1854, Art. 1/2, in: Die Seidenindustrie-Gesellschaft des Kantons Zürich, Stäfa 1856.

238    1877 wurde deswegen gar die Frage der Auflösung diskutiert. Vgl. Niggli, Hundert Jahre Zürcherische Seidenindustrie-Gesellschaft, S. 16, 29.

239    LB-Bern, VZH 23646, Flugblatt.

240    Niggli, Hundert Jahre Zürcherische Seidenindustrie-Gesellschaft, S. 144–147; Gruner, Arbeiterschaft und Wirtschaft, Bd 2/1, S. 451.

241    Gutachten J. J. Treichlers an den Zürcher Regierungsrat, zit. nach Braun, Sozialer und kultureller Wandel in einem ländlichen Industriegebiet, S. 127. Zur Zürcher Fabrikgesetzgebung vgl. ebenda, S. 121–136; Dällenbach, Kantone, Bund und Fabrikgesetzgebung, S. 33–38.

242    Vgl. Gruner, Arbeiter in der Schweiz, S. 243, 251, 961–965.

243    Oberhänsli, Die Glarner Unternehmer, S. 119–121, 240–241, Gruner, Arbeiter in der Schweiz im 19. Jh., S. 230–233, 971.

244    Zur Arbeitgeberideologie als Reaktion auf die Fabrikgesetzgebung vgl. Gruner, Arbeiter in der Schweiz im 19. Jh., S. 973–978.

245    Im Zeichen der Streikabwehr entstanden in den siebziger Jahren dann weitere auch gesamtschweizerische gewerbliche Verbände, nämlich der Buchbinder-, Spengler- und Schuhmachermeister. Vgl. Gruner, Arbeiter in der Schweiz im 19. Jh., S. 970.

246    Vgl. Specker, S. 81. Appenzeller Zeitung, 14. Nov, 1871.

247    Vgl. Gruner, Wirtschaftsverbände in der Demokratie, S. 31–36.

248    Balthasar, Andreas: Die Berufs- und Industriegewerkschaften, in: Gruner, Arbeiterschaft und Wirtschaft, Bd 2/1, S. 346–350, 362–366; Gruner, Bd 2/2, S. 816–817, 821.

249    Gruner, Arbeiterschaft und Wirtschaft, Bd 2/2, S. 815–816.

250    Balthasar, Andreas: Die Berufs- und Industriegewerkschaften, in: Gruner, Arbeiterschaft und Wirtschaft, Bd 2/1, S. 446–452.

251    Die erste Arbeitgebervereinigung war die 1916 auf Initiative der Bieler Uhrenfabrikanten entstandene Gesellschaft der Berner Uhrenindustriellen. Zu den Organisationsbemühungen der Uhrenindustriellen vgl. Gerber, Jean-Frédéric: Le syndikalisme ouvrier dans l'industrie de la montre de 1880 à 1915, in: Gruner, Arbeiterschaft und Wirtschaft, Bd 2/2, S. 494–497; Rytz, Streiks in der Bieler Uhrenindustrie 1880–1937, S. 81–87.

252    Gruner, Arbeiterschaft und Wirtschaft, Bd 2/2, S. 819.

253    Vgl. Gruner, Arbeiterschaft und Wirtschaft, Bd 2/2, S. 827–829, in Anlehnung an Franz Klein: Das Organisationswesen der Gegenwart, Berlin 1913.

254    Zur Problematik der Professionalisierung vgl. Siegrist, Bürgerliche Berufe. Die Professionen und das Bürgertum.

255    Lepsius, Zur Soziologie des Bürgertums, S. 87.

256    Siegrist, Bürgerliche Berufe, S. 26.

257    Vgl. Brändli, «Die Retter der leidenden Menschheit», S. 199, 378–380, 391–398.

258    Dies galt vor allem in jenen Kantonen, wo die Liberalen oder Demokraten die Zugänglichkeit zur Advokatur erleichterten oder auch die wissenschaftlichen Berufe, wenn auch meist nur zeitweise, ganz in die Gewerbefreiheit entliessen. Vgl. Siegrist, Die Rechtsanwälte und das Bürgertum, S. 100–101, 114–115. Für Bern vgl. Dübi, Geschichte der bernischen Anwaltschaft, S. 139–140.

259    Siegrist, Die Genfer Advokaten, S. 233, 242–244. Über ein Drittel kam um 1900 aus dem Milieu der freien Berufe, je 7% aus dem Milieu der Grosskaufleute/Bankiers, der leitenden Angestellten, der Professoren, der höheren Beamten/Richter, der Gymnasiallehrer, der höheren Offiziere.

260    Brändli, «Die Retter der leidenden Menschheit», S. 210–211.

261   Vgl. Hochschulgeschichte Berns, S. 410.

262   Hunziker, Die Mittelschulen in Zürich, Schaubilder im Anhang.

263   Hilty, in: Politisches Jahrbuch, 1904, S. 758.

264   Hilty, in: Politisches Jahrbuch, 1903, S. 644.

265   Escher, Stadtpräsident Robert Billeter, S. 3, 33.

266   Vgl. Reichesberg, Handwörterbuch der Schweizerischen Volkswirtschaft, III. Bd, Schulen (Gymnasien und Kantonsschulen), S. 578–584; Finsler, Die Lehrpläne und Maturitätsprüfungen der Gymnasien der Schweiz, Materialien und Vorschläge, Bern 1893.

267   Vgl. Hunziker, Die Mittelschulen in Zürich, S. 45–55; Gagliardi, Alfred Escher, S. 719–720.

268   Beispielhaft lässt sich dies am sogenannten Berner Sprachenstreit von 1885–1889 im Zusammenhang mit der von Albert Gobat vorangetriebenen Gymnasialreform nachvollziehen. Vgl. Müller, Der Berner Sprachenstreit; Meyer, Das städtische Gymnasium in Bern, S. 28–40.

269   Grossrat Fritz E. Bühlmann, Advokat, in der Debatte des Berner Grossen Rates von 1887, zit. nach Müller, Der Berner Sprachenstreit, S. 44.

270   Begründung der Revision des Unterrichtsplanes von 1885 durch die Erziehungsdirektion, zit. nach Müller, Der Berner Sprachenstreit, S. 47.

271   Siegrist, Die Rechtsanwälte und das Bürgertum, S. 102.

272   Zwischen 1870 und 1910 verdoppelte sich die Anzahl der Juristen und Notare fast. Aufgrund der eidgenössischen Volkszählungen nahm sie gesamtschweizerisch von 2137 um 1870 auf 4279 um 1910 zu. Im Kanton Bern trat eine erste Verdoppelung schon zwischen 1840 und 1850 ein, nämlich von 42 auf 87 Fürsprecher. Danach verlangsamte sich die Zunahme: 1860: 105, 1870: 123, 1880: 131. Gegen Ende des 19. und anfangs des 20. Jahrhunderts stieg die Zahl dann erneut stärker an: 1890: 158, 1900: 231, 1910: 335. Davon handelte es sich allerdings nur bei etwas über der Hälfte um praktizierende Fürsprecher. Kamen 1840 auf einen Juristen im Kanton Bern 9714 Einwohner, waren es 1850 5268, 1890 3397 und 1910 1925. Vgl. Dübi, Geschichte der bernischen Anwaltschaft, S. 140–141.

273   Siegrist, Die Genfer Advokaten, S. 257.

274   Ab 1867 bestand ein Konkordat betreffend die Freizügigkeit, vgl. Braun, Zur Professionalisierung, S. 340ff, Reichesberg, Handwörterbuch der Schweizerischen Volkswirtschaft, I. Bd, Ärztewesen, S. 25–27.

275   Braun, Zur Professionalisierung, S. 342.

276   Brändli, «Die Retter der leidenden Menschheit», S. 357–358.

277   Vgl. Reichesberg, Handwörterbuch der Schweizerischen Volkswirtschaft, I. Bd, Ärztewesen, S. 35–36. Zu den frühen ärztlichen Organisationen vgl. Brändli, Sebastian: Geselligkeit als Programm. Ärztliche Standesorganisationen in der Schweiz des 19. Jahrhunderts, in: Jost/Tanner, Geselligkeit, Sozietäten und Vereine, S. 59–79.

278   Vgl. Braun, Zur Professionalisierung, S. 355–357.

279   Vgl. Feller, Richard: Die Universität Bern, 1834–1934, Bern 1935.

280   In Bern wurde die Lebenslänglichkeit erst 1881 abgeschafft.

281   Brief vom 5. Dezember 1870, zit. nach Fick-Ihlee, Heinrich Fick, Bd. 2, S. 145.

282   Vgl. Urner, Die Deutschen in der Schweiz, S. 104/105.

283   Zur geografischen und sozialen Herkunft der Berner Professoren vgl. Scandola, Die Dozenten der bernischen Hochschule, S. 224–233. Für Zürich vgl. Die Universität Zürich 1833–1933 und ihre Vorläufer, S. 742.

284   Vgl. His, Basler Gelehrte, S. 407–416.

285   Vgl. Reichesberg, Handwörterbuch der Schweizerischen Volkswirtschaft, I. Bd, Beamtenvereine, S. 479.

286   Schollenberger, Grundriss des Staats- und Verwaltungsrechts, Bd. 1, S. 111–113.

287 Vgl. Gerber/Huber, Die schweizerischen Bundesbeamten, S. 63–68.

288 Zur Stellung der Beamten in der Schweiz im Vergleich zu anderen Staaten vgl. Fleiner, Beamtenstaat und Volksstaat.

289 Vgl. His, Geschichte des neueren Schweizerischen Staatsrechts, Bd 3, S. 449; Fueter, Die Schweiz seit 1848, S. 29–30, 234–235.

290 Vgl. Mesmer, Die Berner und ihre Universität, in: Hochschulgeschichte Berns, S. 140.

291 Zu den höheren Angestellten und ihrer relativ hohen Integration in die bürgerlichen Kreise vgl. König, Angestellte am Rande Bürgertums, S. 223, 247–51.

**4    Das städtische Bürgertum**

292 Weber, Wirtschaft und Gesellschaft, S. 535, 539.

293 Seitdem auch die Einwohnergemeinde der Stadt Bern das Bürgerrecht vergeben kann, existieren im Prinzip zwei Stadtberner Bürgerrechte. Man kann also Bürger von Bern sein, ohne gleichzeitig auch Burger von Bern zu sein.

294 Zur Bedeutung des Bürgerrechtes und seines Wandels im 19. Jh. vgl. Teil III/3.

295 Zu den Begriffen «Herren» und Aristokratie vgl. Teil III/2.

296 Zur politischen Führungsschicht im Ancien régime vgl. Teil III/1.

297 Bei dieser Analyse beschränke ich mich weitgehend auf die schmale grossbürgerliche Oberschicht, d. h. auf die Steuerpflichtigen mit einem Vermögen von mindestens 500 000 Franken (Zürich) bzw. 250 000 Franken (Bern). Eine detaillierte Studie über die soziale Rekrutierung des Bürgertums um 1900 wäre im Rahmen dieser Arbeit nicht möglich, sie müsste vor allem auf eine breitere Datenbasis (Einkommensgrenze nach unten bei 4000/5000 Franken, Vermögen ab 100 000) abgestützt werden. Da der bürgerrechtliche Status der Steuerpflichtigen z. B. in Bern nicht bekannt ist und zuerst eruiert werden muss – das Zürcher Steuerregister unterscheidet wenigstens 1870 zwischen Bürgern und Niedergelassenen –, ist dies nur mit einem enorm hohen Arbeits- und Zeitaufwand und nur im Rahmen eines besonderen Projektes zu leisten.

298 Brunner, Luzerns Gesellschaft im Wandel, S. 90–97.

299 Sarasin, Stadt der Bürger, S. 266ff, 292ff.

300 Zur zahlenmässigen Entwicklung der Bürgerschaft und die Bürgerrechtspolitik Zürichs vgl. Teil III/3.2.

301 StAZ, RR I 64:79–80.

302 Anzahl der Steuerpflichtigen und durchschnittliches Steueraufkommen: Bodmer: 18 Pflichtige/928 166 Franken Vermögen pro Kopf; Escher vom Glas: 32/414 343; von Muralt: 8/306 375; Pestalozzi: 22/141 681; von Orelli: 25/96 920; Schulthess: 52/53 576. Weitere Angehörige dieser Familien wohnten um 1870 in einer der Ausgemeinden und versteuerten auch dort ihr Vermögen, so z. B. Alfred Escher, der in Zürich Enge ein Vermögen von 1,6 Millionen versteuerte, oder auch Bezirksrichter Conrad Escher mit 564 000 Franken Vermögen.

303 StAZ, RR I 64:79–82: Steuerregister Zürich Stadt und Landbezirk, Bürgerbücher der Stadt Zürich. Die Zuordnung bestimmter Geschlechter und Familien zur Aristokratie bzw. zu den sogenannten altzürcherischen Familien basiert im wesentlichen auf Guyers Analyse des Anteils der einzelnen Familien am Regiment von 1489 bis 1798 und andern Arbeiten zu den alten Zürcher Familien. Für die Detailanalyse wurden die Familien nach Guyer in drei Gruppen eingeteilt: 1. Junker-, Rentner- und Magistratenfamilien mit folgenden Geschlechtern: von Escher vom Luchs (Junker), Füssli, Gessner, von Grebel (Junker), Hess, Heidegger, Holzhalb, Landolt, Lavater, von Meiss (Junker), Meyer von Knonau (Junker), Rahn, Ulrich, Ziegler, von Wyss (Junker); weitere im 19. Jahrhundert nur noch schwach vertretene Junkerfamilien waren: Blarer von Wartensee, von Edlibach, von Schmid, von Schwerzenbach, von Steiner von Uitikon; 2. im 18. Jahrhundert wirtschaftlich und politisch führende Familien Altzürichs: Escher vom Glas, Hirzel, Nüscheler,

Orelli, Ott, Scheuchzer, Werdmüller; 3. im 18. Jahrhundert wirtschaftlich, aber weniger stark politisch führend: Bodmer, Bürkli, Esslinger, Finsler, Hofmeister, Hottinger, von Muralt, Pestalozzi, Römer, Schinz, Schulthess, Stockar, Usteri, Wegmann. Nicht berücksichtigt wurde aus Schwierigkeiten der Identifikation das Geschlecht der Meyer. Vgl. Guyer, Die Verfassungszustände der Stadt Zürich im 16., 17. und 18. Jahrhundert; Schulthess, Die Stadt Zürich und ihre alten Geschlechter; derselbe, Kulturbilder aus Zürichs Vergangenheit, Bd. 3, S. 107ff.

304    Zwei, nämlich Heinrich Fierz-Etzweiler, geb. 1806, von Küsnacht, 1856 eingebürgert und Kaspar Appenzeller, geb. 1820, Bauernsohn aus Höngg, eingebürgert 1867, hatten einen wirtschaftlichen und sozialen Aufstieg hinter sich. Der dritte, Carl Trümpler-Greuter, geb. 1801, war schon in Zürich geboren worden und durch die Einbürgerung seines Vaters seit 1812 Zürcher Bürger. Vater Hans Jakob (Jean Jacques) Trümpler war ein typischer Vertreter der im ausgehenden Ancien régime entstandenen neuen Bourgeoisie ausserhalb der regierenden Städte, die sich nach 1800 zu etablieren vermochte. Die Trümplers hatten enge familiäre und geschäftliche Verbindungen zu Aargauer und Ostschweizer Fabrikanten und Kaufleuten sowie Lausanner Bankiers. Bereits die Söhne und Töchter von Jean-Jacques heirateten teilweise in die städtische Aristokratie ein. Vgl. Usteri, E., Die Familie Trümpler.

305    Johannes Wild-Sieber, geb. 1825, Sohn des Spinnereibesitzers und Nationalrates Johannes Wild in Wald, eingebürgert 1853.

306    Vgl. Stucki, Geschichte der Familie Bodmer, S. 436–438.

307    Steuerregister der Stadt Zürich vom Jahre 1905, Verzeichnis der Bürger der Stadt Zürich von 1904.

308    Beispiele unter den Millionären: Karl Abegg-Arter, geb. 1836, von Küsnacht, eingebürgert 1877, Kaufmann, Präsident des Verwaltungsrates der Schweizerischen Kreditanstalt; Eduard Fierz-Wirz, geb. 1852, von Küsnacht, eingebürgert 1856, Kaufmann; Hermann Heinrich Reiff-Franck, geb. 1856, von Wangen und Wiedikon, eingebürgert 1858, Seidenbeuteltuchfabrikant, Besitzer der Kaffeezusatzfabriken Franck; Heinrich Albert Hürlimann-Hirzel, geb. 1857, von Feldbach, eingebürgert 1871/88, Brauereibesitzer; Dietrich Schindler-Huber, geb. 1856, ursprünglich von Mollis GL, Direktor der Maschinenfabrik Oerlikon. Heinrich Biedermann-Reinhart, geb. 1840, von Winterthur, eingebürgert 1875, Kaufmann.

309    Berechnung aufgrund der Angaben in Tabelle 39 und der Auswertung aller hoher Vermögen (ab 100 000) in Stadt und Kanton Zürich aufgrund des gedruckten Verzeichnisses aller hohen Vermögen und Einkommen, in: Schematische Übersicht von Vermögen und Einkommen in der Stadt und im Kanton Zürich.

310    Gesamthaft gab es um 1903/04 auf dem Land 350 Männer, 83 Frauen und 27 Erbgemeinschaften mit einem Vermögen ab 100 000. Unter den 213 Männern, von denen eine Berufsbezeichnung vorliegt, waren 22% Rentner oder Gutsbesitzer, 46% gehörten zum Wirtschaftsbürgertum, davon waren 65% industrielle Unternehmer. Zur Bourgeoisie des talents gehörten rund 20%. 11% waren gewerbliche Unternehmer. Schematische Übersicht von Vermögen und Einkommen in der Stadt und im Kanton Zürich.

311    Steuerregister der Stadt Zürich vom Jahre 1905, Verzeichnis der Bürger der Stadt Zürich von 1904.

312    Für die niedergelassenen Rentner ist ihre vorherige Tätigkeit nicht bekannt.

313    Darunter befinden sich auch einige (15%) Gewerbetreibende wie z. B. ein Metzgermeister oder Konditor oder der Besitzer einer Schuhhandlung.

314    Bei einem grösseren Teil der Niedergelassenen konnte zum Beispiel nicht einmal der Name der Ehefrau eruiert werden, denn nach 1889 wurde in Zürich das Familienbuch der Niedergelassenen nicht mehr veröffentlicht. Die im Stadtarchiv vorhandene Einwohnerkontrolle ist jedoch aus Gründen des Persönlichkeitsschutzes nicht zugänglich.

315     Vgl. zur Bedeutung der Verwandtschaft, Teil III, Kp. 2.

316     Sarasin spricht infolge der engen verwandtschaftlichen Beziehungen sowie vor allem auf-
        grund der hohen Bedeutung des «Frauentausches», d. h. der hohen sozialen Endogamie,
        von einer «patrizischen Struktur» des Basler Grossbürgertums. Die «patrizische Praxis der
        sozialen Endogamie» interpretiert er als «Versuch, die Stellung des 'Patriziates' als die in
        sich verwandtschaftlich fest verknüpfte, in allen einflussreichen Berufsgruppen des Gros-
        sbürgertums verankerte und daher dominante Gruppe der städtischen Gesellschaft noch
        an der Schwelle zum zwanzigsten Jahrhundert zu erhalten.» Sarasin, Stadt der Bürger,
        S. 279.

317     Vgl. Teil II/3. Dies zeigte sich selbst bei den in der exklusiven Gesellschaft der Schildner
        zum Schneggen vertretenen Familien. So hatten 1863 noch 78% der 50 verheirateten
        Mitglieder eine Frau aus einer vor 1800 in Zürich eingebürgerten, d. h. regimentsfähigen
        Familie, 1884 waren dies noch 71%, 1906 dann nur 53%, 1917 noch 45% und 1926
        34%. Huber, M., Betrachtungen eines Schildners, S. 11.

318     Huber, M., Betrachtungen eines Schildners, S. 3, 24.

319     Zur zahlenmässigen Entwicklung der Berner Burger und die Einbürgerungspolitik der
        Burgergemeinde vgl. Teil III/3.1.

320     Verzeichnis der Steuerpflichtigen der Gemeinde Bern vom Jahre 1900, Bern 1901. Die
        Zugehörigkeit zum Patriziat erfolgte im wesentlichen aufgrund der sich seit Mitte des
        17. Jahrhunderts mehr und mehr verfestigten Hierarchie und zeitgenössischen Zuteilun-
        gen, die vor allem im untern Bereich fliessend waren. Zur Anerkennung des Adelsstandes
        schweizerischer Geschlechter um 1900 durch das freiherrliche Taschenbuch von Gotha
        vgl. Der heutige Adel in der Schweiz, in: Helvetia, Politisch-litterarisches Monatsheft der
        Studentenverbindung Helvetia, 1897, S. 91–94, 105–110. Für eine detaillierte Zusammen-
        stellung der Berner Burgergeschlechter und ihrer Stellung im Patriziat und Adel aufgrund
        der Kriterien von 1649, einer Einteilung der Geschlechter in fünf Klassen durch den Patri-
        zier Samuel Engel um 1749 sowie einer Zusammenstellung der patrizischen Geschlechter
        um 1815/16 (Gruner, S. 29) danke ich Andreas Kellerhals, Bern. Zum Patriziat wurden
        folgende Familien und Geschlechter in der Reihenfolge der inneren Hierarchie gezählt,
        (um 1900 kaum noch präsente bzw. ausgestorbene Familien sind mit * bezeichnet): 1. Die
        sechs adeligen und «wohledelvesten» Geschlechter Bonstetten, Diesbach, Erlach, *Luter-
        nau, Mülinen und Wattenwyl. Im europäischen Kontext kam den Mülinen, Erlach und
        Wattenwyl die Grafen- bzw. Freiherrenwürde zu. 2. Die acht «edelvesten» Geschlechter
        May, *Lombach, Muralt, Manuel, *Gingins, *Gross, Steiger (weiss), und Tscharner. 3. Die
        14 «vesten» Geschlechter Graffenried, *Daxelhofer, *Kirchberger, *Tilier, von Büren, *Fri-
        sching, Morlot, Stürler, *Willading, Wurstemberger, Thormann, *Zehender, *Lentulus,
        Sinner. 4. Weitere patrizische Familien waren: Benoit, Bondeli, *Effinger, Ernst, Fellen-
        berg, Fischer, Freudenreich, Goumoëns, Jenner, Mutach, *Ougspurger, Stettler, Tavel,
        Werdt, Wyttenbach, Zeerleder.

321     Die Ausnahme war der gewesene Bierbrauerbesitzer Max von Fischer.

322     Allerdings finden sich auch bei den beiden übrigen Gruppen effektiv etwas mehr Rentner
        als angegeben sind; denn gewesene Müller oder gewesene Handelsleute wurden den ent-
        sprechenden Rubriken zugeordnet. Dies dürfte, wie aufgrund der Bezeichnung «gewesen»
        in den Verzeichnissen anzunehmen ist, auch ihrem Selbstbild entsprochen haben.

323     Verzeichnis der Steuerpflichtigen der Gemeinde Bern vom Jahre 1900, Bern 1901.

324     Solche Beamtungen waren z. B. Bezirksingenieur, Oberingenieur der kantonalen Bau-
        direktion, eidgenössischer Oberbauinspektor.

325     Inklusive die Vermögensklasse 250 000 bis 500 000 ergeben sich folgende Verteilungs-
        werte im Besitzbürgertum: Patriziat 79%, Stadtbürger 8%, Einwohner 13%; im Wirt-
        schafts-bürgertum: Patriziat 12%, Stadtbürger 51%, Einwohner 37%; in der Bourgeoisie
        des talents: Patriziat 38%, Stadtbürger 31%, Einwohner 31%.

326 Die Untersuchung basiert weitgehend auf den Bürgerbüchern der entsprechenden Jahre, für fehlende Berufsbezeichnungen wurden teils spätere oder frühere Jahrgänge sowie Adressbücher u. ä. verwendet.

327 Die Kategorie der Handelsaristokratie umfasst 1864 folgende zwanzig Familien: Bodmer, Bürkli, Escher vom Glas, Esslinger, Finsler, Hirzel, Hofmeister, Hottinger, von Muralt, Nüscheler, Orelli, Pestalozzi, Römer, Scheuchzer, Schinz, Schulthess, Stockar, Usteri, Wegmann und Werdmüller. 1900 sind Nachkommen folgender 20 Familien erfasst: Bodmer, Bürkli, Escher vom Glas, Esslinger, Finsler, Hirzel, Hofmeister, Hottinger, von Muralt, Nüscheler, Orelli, Ott, Pestalozzi, Scheuchzer, Schinz, Schulthess, Stockar, Usteri, Werdmüller und Wegmann. Um 1926 sind im Sample noch folgende 16 Familien vertreten: Bodmer, Bürkli, Escher vom Glas, Hirzel, von Muralt, Nüscheler, Orelli, Ott, Pestalozzi, Römer, Scheuchzer, Schinz, von Schulthess-Rechberg, Schulthess, Usteri und Werdmüller.

328 Das Sample der Junker und Magistraten umfasst 1864 Angehörige von 6 Junkerfamilien: von Edlisbach, Escher vom Luchs, von Meiss, von Schwerzenbach, von Steiner und von Wyss sowie von 9 Magistratenfamilien, nämlich Gessner, Hess, Heidegger, Holzhalb, Landolt, Lavater, Rahn, Ulrich und Ziegler. 1904 hatten 5 von den Junkergeschlechtern Vertreter, nämlich Escher vom Luchs, von Meiss, Meyer von Knonau, von Steiner und von Wyss; von den Magistratenfamilien ebenfalls 5, nämlich Gessner, Hess, Landolt, Rahn und Ulrich.

329 Um 1830 existierten noch folgende, in die «Adelige Stube zum Rüden» inkorporierte Junkerfamilien: die Blaarer von Wartensee, von Edlibach, von Escher (vom Luchs), von Grebel, von Landenberg, von Meiss, Meyer von Knonau, von Reinhard, von Schmid, von Schneeberger. Den Junkertitel führten ebenfalls die von Schwerzenbach, von Steiner von Uitikon sowie die von Wyss. Schulthess, H., Der Junker, in: Kulturbilder aus Zürichs Vergangenheit, III, S. 166.

330 Von den Junkerfamilien waren die von Edlisbach, Meyer von Knonau sowie die Hauptlinie der Escher vom Luchs anfangs des 20. Jahrhunderts ausgestorben oder am Aussterben, die von Schwerzenbach waren um 1900 in der Schweiz nicht mehr vertreten und auch die von Grebel fielen, wie schon 1864 mangels eines Angehörigen der betreffenden Generation aus dem Sample. Von den Magistratsfamilien hatten um 1900 die Füssli, Heidegger und Holzhalb keine männ. Nachkommen mehr in der Schweiz, auch von den Hess waren die meisten im Ausland. Die Lavater und Ziegler hatten um 1900 keine männ. Angehörigen dieser Generation mehr.

331 Usteri, E., Lebensbilder aus der Vergangenheit der Familie Schulthess, S. 33.

332 Vgl. Anm. 26, 27. Die Angaben zu den Nachkommen im Ausland, die laut Kommentar etwa des Bürger-Etat von 1889 mit zunehmender Mobilität und Auswanderung im speziellen immer schwieriger aufzufinden waren, dürften teilweise unvollständig sein.

333 Begründer dieser Dynastie war Hans Conrad Rahn-Escher (1802–1881). Einer seiner Söhne, Ludwig Rahn-Bärlocher, trat nach der Lehre und Ausbildung in Unternehmen der Verwandten mütterlicherseits (Escher) ins Bankgeschäft ein. Vgl. Schnyder-Spross, W., Die Familie Rahn, S. 370ff.

334 Da eine klare Zuordnung nicht möglich ist und die Bezeichnung bei den gleichen Individuen wechselten, wurde auf eine separate Auflistung verzichtet, ähnlich verhält es sich bei Architekten und Bauunternehmern.

335 Um dies genau festzustellen, wären die einzelnen Personen über mehrere Jahre hinweg, d. h. über mehrere der alle drei bis vier Jahre erschienenen Bürgerbücher zu verfolgen. Da in etlichen Geschlechtern einzelne Linien sich schon seit mehr als einer Generation im Ausland aufhielten, müssten für detailliertere Untersuchungen die Verwandtschaftsverhältnisse genauer berücksichtigt werden.

336 33 % der sich 1864 im Ausland befindenden Nachkommen der Junker- und Magistraten-

familien waren Kaufleute, 24% hatten einen handwerklichen Beruf. Unter den ausländischen Nachkommen der Handelsaristokratie waren im gleichen Jahr 25% Kaufleute oder Unternehmer, 12% waren Angestellte und 19% Handwerker oder Arbeiter. 1904 waren unter den ausländischen Nachkommen der Junker- und Magistratenfamilien 40% Kaufleute, 14% waren Angestellte und 16% Handwerker. Unter den Abkömmlingen handelsaristokratischer Familien waren im Ausland in der gleichen Generation 45% Kaufleute, je 6% waren Ingenieure oder Ärzte und 5% hatten einen Professorentitel, je weitere 5% waren Handwerker oder Angestellte, dazu kamen ebensoviele Farmer.

337    Stadt und Kanton Zürich waren jedoch in der ersten Hälfte des 19. Jahrhunderts noch in hohem Masse vom Kapital der Basler Marchand-Banquiers abhängig. Vgl. Peyer, Von Handel und Bank im alten Zürich, S. 172–174; Dudzik, Innovation und Investition, S. 181–182, 188.

338    Stucki, Geschichte der Familie Bodmer, S. 252.

339    Zit. nach Peyer, Von Handel und Bank im alten Zürich, S. 88.

340    Vgl. Stucki, Geschichte der Familie Bodmer, S. 252–270; Peyer, Von Handel und Bank im alten Zürich, S. 89–90.

341    Eine Ausnahme bildete neben Bankgeschäften der Weinhandel, im besonderen der Handel mit Wein aus den eigenen Reben.

342    Vgl. Gruner, Das bernische Patriziat und die Regeneration, S. 32–40; derselbe, Edmund von Steiger, S. 11–18.

343    Im Vergleich zu Zürich entsprach der Anteil der Nachkommen im Ausland bei den untern Patriziern (B) in den beiden ersten Generationen jenem der Zürcher Handelsaristokratie, in der dritten Generation war dieser Anteil bei den Zürchern dann nochmals angestiegen, während er bei den Bernern stark zurückgefallen war. Das obere und mittlere Patriziat hatte in der ersten Generation fast den gleich hohen Anteil an auswärtigen Nachkommen wie die Junker- und Magistratenfamilien Zürichs, während er bei den Bernern in der nächsten Generation nur noch leicht anstieg, waren bei den Zürchern der zweiten Generation mehr Nachkommen im Ausland als in der Schweiz zu finden.

344    Um dies genauer abzuklären, wären detaillierte und aufwendige genealogische und demographische Untersuchungen notwendig.

345    Im Sample von A sind 1861 effektiv vertreten: von Bonstetten, Büren, Diesbach, Erlach, Frisching, Gingins, Graffenried, Gross, Luternau, Manuel, May, Morlot, Mülinen, Muralt, Sinner, Stürler, Steiger (weiss), Thormann, Tscharner, Wattenwyl, Wurstemberger, Zehender; 1900 fehlen: Luternau (kein Angehöriger dieser Generation), Frisching (im Ausland noch ein Angehöriger), Gingins (noch ein Angehöriger im Waadtland, Gutsbesitzer), Gross (kein Angehöriger), Zehender (kein Angehöriger mehr); 1925 fehlen mangels Angehöriger Bonstetten, Diesbach, Mülinen. Im Sample von B sind 1861 effektiv: Bondeli, Ernst, Fellenberg, Fischer, Freudenreich, Goumoens, Jenner, Mutach, Ougspurger, Lerber, Steiger (schwarz), Tavel, Werdt, Wyttenbach, Zeerleder; 1900 ohne Ougspurger; 1925 ohne Bondeli, Ougspurger, Steiger (schwarz) und Wyttenbach. Die Anzahl der Nachkommen im Ausland ist unvollständig, eine berufsspezifische Auswertung wurde wegen der vielen fehlenden Berufsangaben nicht vorgenommen.

346    Karl Wilhelm von Graffenried-Marcuard, 1834–1909, war der Sohn eines Gutsbesitzers, wuchs im Waadtland auf, besuchte Schulen in Tübingen, dann das Gymnasium in Zürich, studierte in Tübingen und Zürich Jus, 1855 Abschluss mit Dr. iur., war dann 1855–1858 Sekretär der Schweizerischen Kreditanstalt und der Nordostbahn, 1858/59 betrieb er in Paris Handelsgeschäfte und war dann von 1859–1861 im Bankhaus von Graffenried, später von Büren in Bern tätig. 1860 heiratete er die Bankierstochter Sophie Constanze Cäcilia Marcuard. Ab 1861 betätigte er sich wie viele andere Patrizier als Sachwalter. 1863–1866 war er im Nationalrat, wo er zu den Radikalen gehörte und als ein Parteimann Eschers galt. 1863–1898 Delegierter des Verwaltungsrates der von ihm gegründeten Spinnerei,

gleichzeitig bis 1879 Generaldirektor der Eidgenössischen Bank, dann Leiter eines Export-
geschäftes in Lettland, 1881–1885 Direktor der Crédit Lyonnais in Paris, 1885–1898
dann wieder Generaldirektor der Eidgenössischen Bank. Vgl. Gruner, Die Schweizerische
Bundesversammlung, I, Biographien, S. 168.

347   In Bern spielten Privatbankhäuser ab Mitte des 18. Jahrhunderts eine gewisse Rolle. Die
      erste Privatbank entwickelte sich aus dem 1745 gegründeten Fabrikationsunternehmen
      und Warenhandel der aus Payerne zugewanderten Familie Marcuard, um 1750 gründete
      Ludwig Zeerleder eine weitere Privatbank. Weitere entstanden im 19. Jahrhundert, jetzt
      auch von Patriziern mit- oder gegründet, so um 1826 Ludwig Wagner & Cie, später
      Armand von Ernst & Cie, 1864 von Büren & von Graffenried. Vgl. Burckhardt, C. F. W.,
      Zur Geschichte der Privatbankiers, S. 15/16.

348   Von den patrizischen Geschlechtern waren Ende des 19. Jahrhunderts besonders die von
      Ernst, von Wattenwyl, von Fischer im Bankengeschäft tätig.

349   Da in den Adressverzeichnissen und den Bürgerbüchern bei diesen Berufen häufig nur
      der Titel angegeben ist, kann über die berufliche Stellung, ob angestellt oder freiberuflich,
      nichts ausgesagt werden. Ein grosser Teil auch der Fürsprecher, vor allem aber der einfach
      als Dr. iur. bezeichneten Männer waren in Beamten- oder Angestelltenverhältnissen.

350   Zit. nach Oettli, Oberst Otto von Büren, S. 95/96.

351   Wilhelm Karl Albert Zeerleder, geboren 1838, war der Sohn des Amtsrichters Friedrich
      Victor und der Charlotte Emilie von Wattenwyl.

352   BBB, Familienarchiv Zeerleder, Mss. h.h. XLIV 184, Brief vom 27. Oktober 1862.

353   Berner Zeitung, 30. Mai 1851.

354   Berner Zeitung, 11. Mai 1852.

355   Berner Zeitung, 3. Oktober 1853.

356   Berner Zeitung, 23.–25. Oktober 1853.

357   Berner Zeitung, 11. Mai 1852.

358   BB-Bern, Mss. h.h. XLIV 184. Brief vom 25. September 1862.

359   Oettli, Oberst Otto von Büren, S. 87–88.

360   Berner Zeitung, 22. Mai 1850.

361   Berner Zeitung, 11. Mai 1852.

362   Die A-Geschlechter umfassen alle Familien, die sich als wohledelvest, edelvest und vest
      bezeichnen durften, unter B sind die übrigen patrizischen Familien und Geschlechter
      summiert.

363   Verbindungen mit den handelsaristokratischen Familien von Zürich oder Basel gab es
      jedoch praktisch keine, häufiger waren Verbindungen ins Welschland, etwa nach Genf
      oder ins Waadtland.

364   Da in einem Drittel der Ehemänner der Beruf unbekannt war – meist derjenigen, die
      nicht in Bern, sondern irgendwo in der Schweiz wohnhaft waren und deshalb nur in
      mühsamen Einzelrecherchen hätten eruiert werden müssen, wird auf eine detaillierte
      Auswertung hier verzichtet. Die angegebenen Werte verstehen sich ohne die nicht klas-
      sierbaren Schwiegersöhne.

365   Diese Auswertung basiert auf der Genealogie von Rodt in der Burgerbibliothek Bern.

366   Schulthess, H., Die gesellschaftliche Stellung der Frau im alten Zürich, in: Kulturbilder,
      Bd 4, S. 31.

367   Zu den Magistratenfamilien wurden folgende Geschlechter gezählt: Gessner, Hess, Hei-
      degger, Holzhalb, Landolt, Lavater, Rahn, Ulrich und Ziegler. Die A-Geschlechter der
      Handelsaristokratie umfassen Escher, vom Glas, Hirzel, Nüscheler, Orelli, Scheuchzer,
      Werdmüller; die B-Geschlechter Bodmer, Pestalozzi, von Muralt, Schulthess, Bürkli,
      Esslinger, Finsler, Hofmeister, Hottinger, Römer, Schinz, Stockar, Usteri, Wegmann. Vgl.
      Teil II, Kp. 3.

368   Dies dürfte auch für die Frauen aus den übrigen Gemeinden des Kantons wie der Schweiz

sowie des Auslandes gelten. Über die Auswertung der Bürgerbücher lässt sich dies aber nicht eruieren, dazu müsste auf die Zivilstandsakten zurückgegriffen werden.

369 Vgl. Usteri, E., Die Familien Trümpler, S. 387ff.

370 Huber, M., Betrachtungen eines Schildners, S. 11.

## II  Lebensweise und Mentalität

### 1  Familie und Verwandtschaft

371 Hausen, Ehepaare im deutschen Bildungsbürgertum, S. 88; vgl. auch Nipperdey, Deutsche Geschichte 1866–1918, Bd. 1, besonders S. 43–44. Zur Rolle der Familie in den bürgerlichen Klassen vgl. vor allem Davidoff/Hall, Family fortunes, S. 31–32.

372 Zur bewussten Pflege der Familien- und Verwandtschaftsbeziehungen vgl. weiter unten.

373 Zur Erneuerung der Familie als Grundbegriff der Gesellschaft vgl. Schwab, Familie, S. 287–301; Mitterauer/Sieder, Vom Patriarchat zur Partnerschaft, S. 159–160.

374 StAZ, BX 177/1, Geschichte und Zweck der «Gesellschaft vom alten Zürich» vom 20. Juni 1892, S. 10.

375 Vgl. Hobsbawn, Blütezeit des Kapitals, S. 296–298.

376 Perrot, Funktionen der Familie, in: dieselbe, Geschichte des privaten Lebens, Bd. 4, S. 97, 111–120.

377 Berlepsch, Schweizerkunde, S. 591–593. Zur Funktion der Familie im gesellig-gesellschaftlichen Leben vgl. Kp. II/3.

378 Perrot, Funktionen der Familie, in: dieselbe, Geschichte des privaten Lebens, Bd. 4, S. 118.

379 Vgl. Schmid, Familie Abegg von Zürich, S. 93–107, 151–165.

380 150 Jahre Escher Wyss 1805–1955, S. 5–6. Gonzenbach übernahm ab Ende der sechziger Jahre die Geschäftsleitung, 1882 zog er sich aus der direkten Leitung zurück, nach Umwandlung in eine Aktiengesellschaft war er Hauptaktionär und Präsident des Verwaltungsrates.

381 Vgl. Schmid, Die Familie Abegg von Zürich, S. 121–122. 1899 verkaufte Gonzenbach das Gut seinem Schwiegersohn, dem preussischen Baron Ewald von Kleist sowie seinen beiden Enkelinnen. Über ein Konsortium bernischer Geschäftsleute gelangte der Besitz dann an Carl Abegg-Stockar.

382 So anlässlich seiner Werbung um eine reiche Basler Tochter in einem Brief an den Vater vom 31. Juni 1839, zit. nach Dreyer, August von Gonzenbach, S. 42–43.

383 BB-Bern, Mss. h.h. XLIV 184, ein Brief von Therese von Wyttenbach-von Fischer an Blanche.

384 Nipperdey, Deutsche Geschichte 1866–1918, Bd. 1, S. 417.

385 Hauri, Fritz Bodmer-Weber, S. 1.

386 Hauri, Fritz Bodmer-Weber, S. 7, 11–12, 34–35.

387 ZB-Zürich, FA-Escher, 200.102, Jakob Escher-Bodmer, Autobiographie, S. 635.

388 ZB-Zürich, FA-Escher, 200.102, Jakob Escher-Bodmer, Autobiographie, S. 251–252. Als dann sein Freund und Mitschüler Alfred Escher, der ähnliche Studienpläne hegte, sich ebenfalls für das Rechtsstudium entschied, fühlte sich Jakob Escher in seinem Entscheid noch zusätzlich bestätigt.

389 Ineichen, Leichtfassliche Staats-Lehre für das Schweizervolk und seine Schulen, S. 34.

390 Schindler, Überprüfungen, S. 31.

391 Nipperdey, Deutsche Geschichte 1866–1918, Bd. 1, S. 43–44.

392 Vgl. unten.

393 Gugerli, Das bürgerliche Familienbild im sozialen Wandel, S. 65.

394 Zum Aufkommen und der Rezeption des bürgerlichen Familienideals vgl. Sieder, Sozialgeschichte der Familie, S. 125–145; Rosenbaum, Formen der Familie, S. 373–378.

395 Vgl. Schütze, Mutterliebe – Vaterliebe, S. 118.

396 Für Zürich lässt sich dies aufgrund der Volkszählung von 1894, die wie keine andere Zählung dieser Zeit von der Familie als der eigentlichen Klasseneinheit der bürgerlichen Gesellschaft ausging und deshalb neben dem erwerbstätigen Individuum auch Familie und Haushalt als wichtige Zähleinheit berücksichtigte, leicht belegen: Im Unternehmermilieu, wo über 85 % aller Haushalte über Dienstpersonal verfügten, befanden sich lediglich in 10 % aller Haushalte noch andere fremde, nicht als Hauspersonal angestellte Personen, in weiteren 14 % lebten noch Verwandte im Haushalt. Bei Baumeistern und Architekten (65 % mit Dienstboten) hatten 11 % noch fremde Personen wie Zimmermieter oder Gehülfen im Haushalt, bei 13 % kamen noch Verwandte dazu. Bei Bankiers, Direktoren von Banken und Versicherungen waren dies 19 % bzw. 12 %; bei den Angehörigen freier Berufe 24 % bzw. 14 %. Bei den Selbständigen im Handel dagegen 29 % bzw. 15 %; im Metall- und Maschinengewerbe 36 % bzw. 10 %; im Bekleidungsgewerbe 42 % bzw. 5 %; im Nahrungsmittelgewerbe 76 % bzw. 12 %. Auch im neuen Mittelstand war der Anteil von fremden und verwandten Personen im Haushalt mit 27 % bzw. 17 % bei Angestellten in Handel/Industrie, 25 % bzw. 16 % bei Angestellten in der Verwaltung sowie 32 % bzw. 18 % beim Verkehrspersonal höher als in den bürgerlichen Klassen. Fremde Personen waren auch in Arbeiterhaushalten sehr häufig, bei den Bauarbeiterfamilien in 37 % der Haushalte, bei den Fabrikarbeitern bei 29,6 %. Vgl. Ergebnisse der Volkszählung in der Stadt Zürich von 1894, Teil 2, S. 92*–108*.

397 Zur geschlechtsspezifischen Rollenteilung vgl. ausführlicher unten.

398 Zit. nach Meyer von Knonau, Lebensbild des Professors Georg von Wyss, Teil I, S. 68.

399 Schlatter, Frauenwege, S. 7–10, 17. Frauenwege erschien bereits 1915 in der 11. Auflage. Vgl. Schlatter, Salomon: Zum Licht empor. Eine kleine Lebensskizze Dora Schlatter's mit Auszügen aus ihren Briefen, St. Gallen 1915, S. 42.

400 Hobsbawn, Blütezeit des Kapitals, S. 287.

401 Rosenbaum, Formen der Familie, S. 376–377.

402 Rosenbaum, Formen der Familie, S. 377–378.

403 Davidoff/Hall, Family fortunes, S. 33.

404 Zit. nach Meyer von Knonau, Lebensbild des Professors Georg von Wyss, 2. Teil, S. 91.

405 Einzelhaushalte waren deshalb im bürgerlichen Milieu nur selten anzutreffen – deutlich weniger als etwa im kleingewerblichen Milieu oder unter der Fabrikarbeiterschaft. So lebten nach der städtischen Volkszählung von 1894 in Grosszürich lediglich je 0,8 % der Fabrikbesitzer und öffentlichen Beamten, 1,5 % der kaufmännischen Angestellten, 1,6 % der Architekten und Baumeister, 2,3 % der Bankiers und 3,8 % Angehörige freier Berufe in Einzelhaushalten. Im selbständigen Handel, Detailhandel eingeschlossen, waren es 5,9 %. Im Bekleidungsgewerbe, wo viele alleinstehende Frauen tätig waren, jedoch 20,8 %, im Fabrikarbeitermilieu 9,9 %. Von allen städtischen Haushalten handelte es sich bei 6,3 % um Einzelhaushalte. Vgl. Ergebnisse der Volkszählung, Teil 2, S. 114*–115*.

406 Rosenbaum, Formen der Familie, S. 287.

407 Matrimonial-Gesetzbuch für den Canton Zürich, S. 1.

408 Matrimonial-Gesetzbuch für den Canton Zürich, Art. 53, 54, 55, S. 21–22.

409 Vgl. Schwab, Familie, S. 284–285.

410 Zum Wandel der Ehe als Zweckverbindung zur freundschaftlichen Verbindung vgl. auch Gugerli, Zwischen Pfrund und Predigt, S. 212–219 mit seinen konkreten Beispielen aus dem letzten Viertel des 18. Jahrhunderts.

411 Vgl. Borscheid, Geld und Liebe, S. 114–115; Rosenbaum, Formen der Familie, S. 264–265.

412 Vgl. Borscheid, Geld und Liebe, S. 115–119, 131–134; Rosenbaum, Formen der Familie, S. 266–267; Luhmann, Liebe als Passion, S. 163–191; Schwab, Familie, 286–287.

413 Bluntschli, Denkwürdiges aus meinem Leben, Bd. 1, S. 87. Zur sittlichen Einbindung der Liebe in Ehe und Familie vgl. Schwab, Familie, S. 290–293.

414 Brief vom 8. Aug. 1830, zit. nach Bluntschli, Denkwürd. aus meinem Leben, Bd. 1, S. 108.

415 Vgl. Schwab, Familie, S. 284–292; Rosenbaum, Formen der Familie, S. 263–267; Borscheid, Geld und Liebe, S. 117–118.

416 Der Führer an den Hochzeits-Altar, S. 3–4, 7–8.

417 Die kluge und einsichtige Schweizerin, S. 26–31.

418 Gay, Die zarte Leidenschaft, S. 101–102.

419 Um diesem Aspekt auch sprachlich gerecht zu werden, wird im folgenden in der Regel von der Wahl einer Partnerin und dem Entscheid für einen Parnter gesprochen. Zur Rolle der bürgerlichen Töchter in der Partnersuche und Eheeinleitung um die Jahrhundertwende, vgl. insbesondere Blosser/Gerster, Töchter der Guten Gesellschaft, S. 256ff.

420 Brief vom 13. Mai 1836, zit. nach Dreyer, August von Gonzenbach, S. 41–42.

421 Brief vom 2. November 1837, zit. nach Dreyer, August von Gonzenbach, S. 42–43.

422 Brief vom 31. Juni 1839, zit. nach Dreyer, August von Gonzenbach, S. 43.

423 Wie sehr der Lebensstil August von Gonzenbachs auch durch seinen Umgang mit adeligen Kreisen im Ausland geprägt war, wird aus einer Entgegnung an seinen Vater deutlich, der die einfache Kleidung der eidgenössischen Würdenträger als vollauf genügend erklärte, worauf ihm sein Sohn antwortete, es ärgere ihn jedesmal bei diplomatischen Diners zu sehen, dass die eidgenössischen Vertreter wie die fremden Kammerdiener gekleidet seien. Dreyer, August von Gonzenbach, S. 39–40.

424 Vgl. Dreyer, August von Gonzenbach, S. 42.

425 1847 liess sich Gonzenbach dann in Bern nieder, ab 1854 lebte er in gesicherten Vermögensverhältnissen auf seinem Landgut Aarwyl in Muri.

426 Zum Heiratsverhalten und zur Heiratspolitik im Unternehmermilieu vgl. Oberhänsli, Glarner Unternehmer, S. 85–88, 171–177; Schwarzenbach, Heiratsverhalten der Horgener Unternehmer; Braun, Sozialer und kultureller Wandel, S. 102–108.

427 Oberhänsli, Glarner Unternehmer, S. 171–177.

428 Briefentwurf von Carl Abegg, Februar 1859, zit. nach Schmid, Die Familie Abegg von Zürich, S. 49.

429 Schmid, Die Familie Abegg von Zürich, S. 51.

430 Vgl. Gay, Die zarte Leidenschaft, S. 109.

431 Schmid, Die Familie Abegg von Zürich, S. 56.

432 Die Tatsache, dass in der Schweiz, etwa in der Textilindustrie, aber auch in anderen Industriezweigen, viele Aktiengesellschaften nur aus steuertechnischen Gründen Aktiengesellschaften waren, deren Aktien im Familienbesitz blieben und nicht auf den Markt gelangten, relativiert dieses von Rosenbaum im Anschluss an Kocka angeführte Argument allerdings sehr stark. Heiraten konnten so gerade auch eine Strategie sein, zu verhindern, dass sich Anteilscheine ausserhalb der familiären Kontrolle befanden. Vgl. Rosenbaum, Formen der Familie, S. 336.

433 Boveri, Weg im Wandel der Zeit, S. 29–33, 38, 46, 67–68.

434 Charakterisierung von Erica Sarauw, die als Kind das Paar in Baden einmal besuchte. Sarauw, Haus in Zürich-Riesbach, S. 141.

435 Boveri, Weg im Wandel der Zeit, S. 178–181.

436 ZB-Zürich, FA-Escher 200. 102: Autobiographie von Jakob Escher, S. 635–636.

437 ZB-Zürich, FA-Escher 200. 102: Autobiographie von Jakob Escher, S. 636–637.

438 ZB-Zürich, FA-Escher 200. 102: Autobiographie von Jakob Escher, S. 635–636.

439 ZB-Zürich, FA-Escher 200. 102: Autobiographie von Jakob Escher, S. 637–638.

440 ZB-Zürich, FA-Escher 200. 102: Autobiographie von Jakob Escher, S. 639.

441 ZB-Zürich, FA-Escher 200. 102: Autobiographie von Jakob Escher, S. 639–640.

442 Escher, Jakob Escher-Bodmer, S. 38.

443 Bluntschli, Denkwürdiges aus meinem Leben, Bd. 1, S. 54.

444 Bluntschli, Denkwürdiges aus meinem Leben, Bd. 1, S. 51–53.

445 Bluntschli, Denkwürdiges aus meinem Leben, Bd. 1, S. 53–54.

446  Bluntschli, Denkwürdiges aus meinem Leben, Bd. 1, S. 55–56.
447  Bluntschli, Denkwürdiges aus meinem Leben, Bd. 1, S. 56–59.
448  Tagebuch, zit. nach Bluntschli, Denkwürdiges aus meinem Leben, Bd. 1, S. 97–99.
449  Tagebuch, 2. März 1830, zit. nach Bluntschli, Denkwürdiges aus meinem Leben, Bd. 1, S. 99–100.
450  Tagebuch, zit. nach Bluntschli, Denkwürdiges aus meinem Leben, Bd. 1, S. 101–102.
451  Tagebuch, 15. Apr. 1830, zit. nach Bluntschli, Denkwürdiges aus mein. Leben, Bd. 1, S. 102.
452  Tagebuch, 17. Apr. 1830, zit. nach Bluntschli, Denkwürdiges aus mein. Leben, Bd. 1, S. 103.
453  Heller-Bürgi, Vom Hüterbuben zum Bauunternehmer, S. 28.
454  Heller-Bürgi, Vom Hüterbuben zum Bauunternehmer, S. 29–30.
455  Ein weiteres Beispiel ist die von Eveline Hasler literarisch aufgearbeitete, tragisch endende Lebensgeschichte der ersten schweizerischen Juristin Emily Spyri, deren Vater Joh. Ludwig Spyri ebenfalls ursprünglich Pfarrer war, dann jedoch als Chef des statistischen Amtes bei der NOB arbeitete. Im Unterschied zu Marie Vögtlin brach Emily Spyri jedoch in eine Männerdomäne ein, die mit dem traditionellen geschlechterdualistischen Rollenverständnis der Frau noch weniger in Einklang zu bringen war. Mindestens so entscheidend für die völlig anders verlaufene Lebensgeschichte der beiden Frauen dürfte jedoch auch das intolerante, den traditionellen Rollenbildern starr verhaftete familiäre und verwandtschaftliche Umfeld bei Emily Spyri gewesen sein – Vater Spyri akzeptierte weder ihre Ehe mit Pfarrer Walter Kempin, einem sozialen Aufsteiger, noch ihr Studium und brach den Kontakt mit ihr ab. Auch dürfte es dem erfolgreichen Geologen und Professor Albert Heim leichter gefallen sein, die neue Rolle seiner Frau zu akzeptieren.
456  Zit. nach Brockmann-Jerosch, Albert Heim, S. 22.
457  Vgl. Siebel, Das Leben von Frau Dr. Marie Heim-Vögtlin, S. 78–83; Brockmann-Jerosch, Albert Heim, S. 23.
458  Brief vom 13. Nov. 1869 an ihre Freundin, zit. nach Siebel, Das Leben von Frau Dr. Marie Heim-Vögtlin, S. 91. Marie Vögtlin musizierte gemeinsam mit Albert Heims Bruder Ernst und machte mit seiner Schwester, die an der Universität Romanistik studierte, Sprachstudien.
459  Vgl. z. B. Schematische Übersicht von Vermögen und Einkommen in der Stadt und Kanton Zürich (von Franken 10 000.– an aufwärts), die 1905 in Luzern herausgegeben wurde.
460  Sulzer-Bühler, Erinnerungen, S. 121.
461  Müller-Füglistaler, Adolf Guyer-Zeller, S. 40.
462  BB-Bern, Mss. h.h. XLIV 226, Aufzeichnungen, S. 89.
463  Vgl. Amelie Moser-Moser, Leben und Wirken, S. 50.
464  Heinrich Fick in einem öffentlichen Vortrag im Zürcher Rathaus vom 7. März 1872 «Über den Einfluss der Naturwissenschaften auf das Recht», zit. nach Fick, Pro Patre, S. 42.
465  Forel, Rückblick auf mein Leben, S. 117.
466  Zum nach lokalen Traditionen unterschiedlichen, aber genau geregelten Umgang der Töchter und Söhne auf solchen Bällen und den widersprüchlichen Verhaltensanforderungen an die jungen Damen, vgl. Blosser/Gerster, Töchter der Guten Gesellschaft, S. 261–271.
467  StAB, N 26.
468  Pestalozzi, Himmelan, S. 12.
469  Vgl. Bloesch, Aus einem hundertjährigen Backfisch-Tagebuch, S. 6–7.
470  BB-Bern, Mss. h.h. XLIV 226, Aufzeichnungen von Blanka Zeerleder-von Fischer, S. 73.
471  Vgl. die eingehende Schilderung eines solchen Kinderballes in Bern um die Zeit 1876/77 bei Looser-Largin, Kindheitserinnerungen, S. 12–15. In Basel waren solche Bälle bis zum 1. Weltkrieg üblich, vgl. Von der Mühll, Basler Sitten, S. 77–78. Sowohl von konservativ-relig. wie kleinbürgerlicher Seite wurden diese Kinderbälle teilweise heftig kritisiert, vgl.

Tischhauser, Pädagogi-sche Winke, S. 213; Labhardt-Hildebrandt, Gedankenspähne über die Fam. Erziehung, S. 13–14.

472 Gay, Die zarte Leidenschaft, S. 9, 104.

473 Von Thilo, Was sollen unsere erwachsenen Töchter vor der Ehe wissen, S. 23; Burow, Frauen, S. 55, 64.

474 Vgl. auch Rosenbaum, Formen der Familie, S. 332–338.

475 Zum Wandel der Heiratskreise in den aristokratischen und patrizischen Familien Zürichs und Berns vgl. Kp. II/3.

476 Zur Illustration dieser Öffnung des Bewegungsspielraumes bürgerlicher Töchter vgl. z. B. Schilderungen des Lebens von Maria Waser, Aline Valangin, Regina Kägi-Fuchs, Mentona Moser.

477 Blosser/Gerster, Töchter der Guten Gesellschaft, S. 251.

478 Sulzer-Bühler, Erinnerungen, S. 171–172.

479 BB-Bern, Mss. h.h. XLIV 226, Aufzeichnungen, S. 88–89.

480 ZB-Zürich, FA Bluntschli, 142.2, Brief von Marie Bluntschli-Kriegk vom 3. August 1905 an Sohn Hans.

481 ZB-Zürich, FA Bluntschli, 142.2, Brief von Marie Bluntschli-Kriegk vom 3. Oktober 1905 an Sohn Hans.

482 ZB-Zürich, FA-Bluntschli 144.5, Brieffragment ohne Adressat und Verfasser. Abschrift oder ein Ausschnitt eines Briefes wahrscheinlich von Vater Emil von Bavier an Hans Bluntschlis Eltern.

483 ZB-Zürich, FA Bluntschli, 144, Brief von Annie von Bavier an Hans Bluntschli vom 4. November 1905.

484 ZB-Zürich, FA Bluntschli, 81.1, Testament vom 5. November 1905.

485 ZB-Zürich, FA Bluntschli, 142.2, Brief von Marie Bluntschli-Kriegk vom 5. November 1905 an Sohn Hans.

486 Vgl. Schlatter, Frauenwege und Frauenziele, S. 63–66.

487 Zum «Lernen» ehelicher Liebe vgl. unten die ausführliche Darstellung der Schwierig-keiten und Probleme, die Blanka Zeerleder-von Fischer in ihren ersten Ehejahren des-wegen zu überwinden hatte.

488 Mesmer, Ausgeklammert – Eingeklammert, S. 41.

489 Hausen, Polarisierung der «Geschlechtscharaktere», S. 369–370; Mesmer, Ausgeklam-mert – Eingeklammert, S. 38–39.

490 Hausen, Polarisierung der «Geschlechtscharaktere», S. 367–369. In idealtypischer Weise ausformuliert finden sich die körperlichen, seelischen und geistigen Geschlechts-eigentümlichkeiten von Mann und Weib und deren Begründung durch die Natur bzw. durch den in der Natur manifest werdenden vernünftigen göttlichen Willen im 1847 von Carl von Rotteck und Carl Welcker herausgegebenen Staats-Lexikon unter dem Stichwort Geschlechtsverhältnisse, Bd. 5, S. 654–679.

491 Hausen, Polarisierung der «Geschlechtscharaktere», S. 374–375.

492 Mesmer, Ausgeklammert – Eingeklammert, S. 38–39.

493 Mesmer, Ausgeklammert – Eingeklammert, S. 41.

494 Vgl. z. B. die beiden seit den sechziger Jahren in St. Gallen mehrfach erschienenen Anwei-sungsbücher bzw. «Festgeschenke» für bürgerliche Töchter und Mütter «Die kluge und einsichtige Schweizerin vom bürgerlichen Stande» oder «Schweizerische Alpenrose». Reiches Illustrationsmaterial bieten auch die Aufklärungsbücher für Erwachsene und Jugendliche.

495 Schon einzelne Titel der in 17 Kapitel aufgeteilten «Bildungsschule» weisen auf die wich-tigsten männlichen Charaktereigenschaften hin, so z. B. «Über das Handeln nach Grundsätzen, Über die männliche Entschlossenheit, Über den männlichen Muth (der Ehrenberg so wichtig war, dass er ihm gleich 2 Kapitel widmete), Über männliche Heftig-

keit, Über den männlichen Ernst, Über die männliche Kraft, Die Gewalt des Mannes über sich selbst, Enthusiasmus und Weisheit, Das edle Selbstgefühl des Mannes». Ehrenberg, Bildungsschule für das männliche Geschlecht, S. 301.

496   Ehrenberg, Bildungsschule für das männliche Geschlecht, S. 14.

497   Ehrenberg, Bildungsschule für das männliche Geschlecht, S. 13–14.

498   Ehrenberg, Bildungsschule für das männliche Geschlecht, S. 15.

499   Mesmer, Ausgeklammert – Eingeklammert, S. 39.

500   Bluntschli, Johann Caspar: Privatrechtliches Gesetzbuch für den Kanton Zürich, Bd. 1, Zürich 1854, S. 116.

501   Vgl. Schwab, Familie, S. 294–298.

502   Ineichen, Leichtfassliche Staats-Lehre für das Schweizervolk und seine Schulen, S. 35. Vgl. für spätere populäre Formulierungen der geltenden sozialen und rechtlichen Normen für das Geschlechterverhältnis den von 1874 bis 1894 mehrfach erschienenen Leitfaden der Gesellschafts- und Verfassungskunde von J. U. Rebsamen sowie weitere Schriften dieser Art.

503   Mesmer, Ausgeklammert – Eingeklammert, S. 30.

504   Vgl. Sonderegger, Martha: Die Stellung der Ehefrau in der Zivilgesetzgebung von Zürich in der ersten Hälfte des 19. Jahrhunderts, Seminararbeit, Zürich 1979, S. 14, 19.

505   Huber, Schweizerisches Civilgesetzbuch, Erläuterungen, S. 95, 104–105.

506   Feld, Die Zürcher Heiraten, S. 118, 121.

507   Das durchschnittliche Heiratsalter der 24 um 1900 vermöglichsten Patrizier lag bei 29,2 Jahren, das ihrer Frauen bei 20,9. Bei den 17 vermöglichen Burgern lag es ebenfalls bei 29,2 Jahren, bei ihren Frauen bei 24,6 Jahren.

508   Huch, Frühling in der Schweiz, S. 92–93.

509   Sulzer-Bühler, Erinnerungen, S. 96–97.

510   Bräm, Rudolf von Tavels Werk, S. 73.

511   Zürcher Wochenschrift, 17. Februar 1912, zit. nach Widmann, Josef Viktor Widmann, Bd. 2, S. 299.

512   Vossische Zeitung, 21. Dez.1911, zit. nach Widmann, Josef Viktor Widmann, Bd. 2, S. 299.

513   Carl Spitteler im Feuilleton der Neuen Zürcher Zeitung, 27. Nov. 1911, zit. nach Widmann, Josef Viktor Widmann, Bd. 2, S. 299–301.

514   Welcker, Geschlechtsverhält., in: von Rotteck/Welcker, Das Staats-Lexikon, Bd. 5, S. 659.

515   Sophie Brodbeck, geborene Ernst von Winterthur, war in erster Ehe mit dem 1859 verstorbenen Henry Brodbeck aus Liestal, dem Bruder der Mutter Carl Spittelers verheiratet gewesen. Aus dieser Ehe stammten zwei Töchter. Mit J.V. Widmann hatte sie dann noch weitere vier Kinder.

516   Vgl. Widmann, Josef Viktor Widmann, Bd. 1, S. 202–245 mit vielen Auszügen aus den Briefen an die zukünftige Frau. Anhand des umfangreichen Nachlasses von J.V. Widmann in der Burgerbibliothek Bern, der u. a. einen reichhaltigen Briefwechsel des Ehepaares und eine seit 1872 angelegte Hauschronik enthält, liesse sich das Ehe- und Familienleben der Widmann recht detailliert analysieren.

517   Huber, Herkommen und Familie, Erinnerungen an meine Eltern und Grosseltern und Aufzeichnungen über deren Vorfahren, zit. nach Wartenweiler, Max Huber, S. 15–16.

518   Wartenweiler, Max Huber, S. 58.

519   Schindler, Überprüfungen, S. 11.

520   Zu diesen «weiblichen Gebresten, die im Verlauf des 19. Jahrhunderts beinahe epidemische Ausmasse annahmen» vgl. Honegger/Heintz, Strukturwandel weiblicher Widerstandsformen, in: Listen der Ohnmacht, S. 40–44.

521   Beispiele dafür finden sich in verschiedenen weiblichen Biographien, vgl. unten Emilie Pestalozzi-Wiser sowie Blanka Zeerleder-von Fischer. Zur weiblichen Religiosität allgemein vgl. McLeod, Hugh: Weibliche Frömmigkeit – männlicher Unglaube? Religion und

Kirchen im bürgerlichen 19. Jahrhundert, in: Frevert (Hg.), Bürgerinnen und Bürger, S. 134–156.

522     Zum Disziplinierungs-, Anpassungs- und Leistungsdruck auf den Mann vgl. Blosser/ Gerster, Töchter der Guten Gesellschaft, S. 64–66; Honegger/Heintz, Strukturwandel weiblicher Widerstandsformen, in: Listen der Ohnmacht, S. 40–41.

523     Vgl. unten die Überlegungen von Emilie Pestalozzi-Wiser.

524     Sie selbst bezeichnete sich als «dein altes Fraueli». Auch ihre Schwester nannte ihren Mann «liebes Mannli», eine Anrede an den Mann, die zur selben Zeit im Unternehmermilieu des Zürcher Oberlandes nicht üblich war, wogegen die Männer ihre Frauen mit «Fraueli» ansprachen. Vgl. Joris/Witzig, Brave Frauen, S. 123.

525     BB-Bern, Mss. h.h. XLIV 184, Brief vom 21. September 1889.

526     BB-Bern, Mss. h.h. XLIV 226, Aufzeichnungen, S. 73.

527     Vgl. BB-Bern, Mss. h.h. XLIV 184, 12 Briefe an ihren Mann 1889–1893.

528     Schindler, Überprüfungen, S. 10.

529     Vgl. zur Bandbreite ehelicher Beziehungen auch Blosser/Gerster, Töchter der Guten Gesellschaft, S. 66–68; Joris/Witzig, Brave Frauen, S. 122–124.

530     Honegger/Heintz, Strukturwandel weiblicher Widerstandsformen, in: Listen der Ohnmacht, S. 40.

531     Tagebuch, zit. nach Pestalozzi, Himmelan, S. 12.

532     Tagebuch, zit. nach Pestalozzi, Himmelan, S. 55–56.

533     Tagebuch, zit. nach Pestalozzi, Himmelan, S. 56.

534     Tagebuch, zit. nach Pestalozzi, Himmelan, S. 58–59.

535     Tagebuch, zit. nach Pestalozzi, Himmelan, S. 59–60.

536     Ausschnitt aus einem Tagebucheintrag über ihren Sohn Ludwig, zit. nach Pestalozzi, Himmelan, S. 22. Zu ihrer Religiosität vgl. S. 40–44.

537     Schweizerische Alpenrose, 1875, S. 509–510.

538     Schweizerische Alpenrose, 1875, S. 512. Diese Ratschläge decken sich völlig mit jenen, die 30 Jahre später Julie Burow in ihrem als Brautgeschenk gedachten Buch «Frauen. Liebe und Leben» an die jungen Frauen gab. Vgl. z. B. S. 77–79.

539     Schweizerische Alpenrose, 1875, S. 509.

540     Vgl. Allgemeine deutsche Real-Encyklopädie für die gebildeten Stände (Brockhaus) von 1852, wo unter dem Stichwort «Mann» auf Geschlecht verwiesen wird, oder Meyers Grosses Konversations – Lexikon von 1905, wo unter Mann auf Alter verwiesen wird und dann die menschlichen Lebensalter geschildert werden. Das Stichwort Weib findet sich jedoch immer.

541     Vgl. z. B. Burow, Frauen. Liebe und Leben. Ein Brautgeschenk, 1906; Schlatter, Frauenwege und Frauenziele. Ein Buch für die Frauen, 1913; Dahinden-Pfyl, Die Kunst mit Männern glücklich zu sein und die Liebe und Achtung derselben zu erwerben und zu erhalten. Geschenk für Bräute und junge Frauen, 1916.

542     Dahinden-Pfyl, Die Kunst mit Männern glücklich zu sein, S. 6–40.

543     BB-Bern, Mss. h.h. XLIV 57. Der Briefentwurf richtete sich an den Pfarrer, bei dem sie während ihrer Pensionatszeit in die Unterweisung gegangen war.

544     Die Pensionszeit markierte für die höheren Töchter als eine Art Initiation den Übergang vom Mädchen zur höheren (d. h. erwachsenen und heiratsfähigen) Tochter. Vgl. dazu ausführlich Blosser/Gerster, Töchter der Guten Gesellschaft, S. 184–209.

545     BB-Bern, Mss. h.h. XLIV 57, Instruction religieuse à Blanche de Fischer, S. 14–15.

546     BB-Bern, Mss. h.h. XLIV 57, Instruction religieuse à Blanche de Fischer, S. 7–8.

547     BB-Bern, Mss. h.h. XLIV 57, Betrachtungen zur Ehe, S. 27. Wie weit sie hier eigene Gedanken wiedergab oder für sie wesentliche Aussagen aus der Lektüre einschlägiger Literatur zusammenfasste, ist unklar.

548     BB-Bern, Mss. h.h. XLIV 57, Betrachtungen zur Ehe, S. 29–30.

549   BB-Bern, Mss. h.h. XLIV 57, Briefentwurf an M. Larsche, S. 40.

550   BB-Bern, Mss. h.h. XLIV 57, Briefentwurf an M. Larsche, S. 40.

551   BB-Bern, Mss. h.h. XLIV 57, Briefentwurf an M. Larsche, S. 41–42.

552   BB-Bern, Mss. h.h. XLIV 57, Briefentwurf an M. Larsche, S. 43.

553   BB-Bern, Mss. h.h. XLIV 57, Briefentwurf an M. Larsche, S. 43–44.

554   BB-Bern, Mss. h.h. XLIV 57, Briefentwurf an M. Larsche, S. 44–45.

555   BB-Bern, Mss. h.h. XLIV 57, Quelques grains, S. 47.

556   BB-Bern, Mss. h.h. XLIV 57, Quelques grains, S. 46.

557   BB-Bern, Mss. h.h. XLIV 57, Quelques grains, S. 47–48.

558   BB-Bern, Mss. h.h. XLIV 57, Quelques grains, S. 49.

559   Der Führer an den Hochzeits-Altar, S. 114.

560   Vgl. Rosenbaum, Formen der Familie, S. 351ff; Schlumbohm, Kinderstuben, S. 303ff;
      Sieder, Sozialgeschichte der Familie, S. 135–136.

561   Blosser/Gerster, Töchter der Guten Gesellschaft, S. 27.

562   Perrot, Geschichte des privaten Lebens, Bd. 4, S. 154.

563   BB-Bern, Mss. h.h. XLIV 226, Aufzeichnungen, S. 1. Für die weiteren Geburten vgl. S. 6,
      11, 18, 54.

564   Untersuchungen über die Kinderzahl in bürgerlichen Familien der Schweiz für die zweite
      Hälfte des 19. Jahrhunderts fehlen bis heute. Eine Durchsicht zufällig ausgewählter Zür-
      cher Familien ergibt, dass in wirtschaftsbürgerlichen Familien die Kinderzahl bis gegen
      Ende des Jahrhunderts tendenziell höher war als in anderen bürgerlichen Familien. Mehr-
      heitlich lag sie bei fünf und mehr Kindern. Um die Jahrhundertwende wurden dann
      Familien mit fünf und mehr Kindern auch in diesem Milieu eher selten. In patrizischen
      Familien Berns lagen die Kinderzahlen in der 2. Hälfte des 19. Jahrhunderts tendenziell
      ebenfalls eher bei vier und darunter.

565   Schindler, Überprüfungen. S. 10, 17.

566   Schindler, Überprüfungen, S. 18.

567   Schindler, Überprüfungen, S. 14, 18.

568   Von Tavel, Kindheit, zit. nach Marti, Rudolf von Tavel, S. 24–25.

569   Zur Rolle des bürgerlichen Vaters vgl. allgemein Davidoff/Hall, Family Fortunes,
      S. 329–335; Rosenbaum, Formen der Familie, S. 358–359; Schütze, Mutterliebe – Vater-
      liebe, S. 125–128.

570   Oberhänsli, Glarner Unternehmer, S. 149; vgl. auch Nyffeler, «Dann hast Du gesagt…»,
      S. 65–66.

571   Spörry, Mein Lebenslauf, S. 21.

572   Vgl. Blosser/Gerster, Töchter der Guten Gesellschaft, S. 130.

573   Schütze, Mutterliebe – Vaterliebe, S. 128.

574   Schlumbohm, Kinderstuben, S. 306.

575   Davidoff/Hall, Family Fortunes, S. 335.

576   Escher, Jakob Escher-Bürkli, S. 42–45.

577   Pestalozzi-Stockar, Mädchenjahre, S. 7–9.

578   Fick, Heinrich Fick, Bd. 2, S. 340–341; Fick, Pro Patre, S. 31.

579   Spitteler, Wenn Widmann ins Zimmer trat, zit. nach Widmann, Josef Viktor Widmann,
      Bd. 2, S. 265, 267.

580   Widmann, Josef Viktor Widmann, Bd. 2, S. 267–269; vgl. auch die Jugenderinnerungen
      des Sohnes Widmann, Sanfter Nachklang, S. 9–12.

581   Looser-Largin, Kindheitserinnerungen, S. 17.

582   Von Tavel, Theodorich von Lerber, S. 126–129.

583   Vgl. Blosser/Gerster, Töchter der Guten Gesellschaft, S. 130.

584   Escher, Lebenslauf, S. 73.

585   Wartenweiler, Max Huber, S. 59.

586 Vgl. auch Hausen, Ehepaare im deutschen Bildungsbürgertum, S. 101–102.

587 Die kluge und einsichtige Schweizerin, S. 161.

588 Von Thilo, Was sollen unsere erwachsenen Töchter von der Ehe wissen, S. 43.

589 Wyss, Tugend- und Pflichtenlehre, S. 76, 84–85.

590 Huber, Herkommen und Familie, Erinnerungen an meine Eltern und Grosseltern und Aufzeichnungen über deren Vorfahren, zit. nach Wartenweiler, Max Huber, S. 15–16.

591 Wartenweiler, Max Huber, S. 15.

592 Schindler, Überprüfungen, S. 18–19. Zum Familienleben im Hause von Samuel Dietrich Schindler vgl. unten.

593 Vgl. Schlumbohm, Kinderstuben, S. 307.

594 Zit. nach Pestalozzi, Himmelan, S. 15–16. Ähnliche Aussagen finden sich auch im «Kinder Journal» von Charlotte Rytz-Fueter (1804–1880), die mit Hilfe von drei Mägden ihre vier Kinder betreute, sie aber mehrere Jahre lang auch selbst unterrichtete. Vgl. Rytz, Charlotte Rytz-Fueters mütterlicher Blick, S. 12.

595 Von Thilo, Was sollen unsere erwachsenen Töchter von der Ehe wissen, S. 27–28.

596 Zit. nach Pestalozzi, Himmelan, S. 16–17.

597 Aufzeichnungen von Blanka Zeerleder-von Fischer, BB-Bern, Mss. h. h. XLIV 226; vgl. auch Blosser/Gerster, Töchter der Guten Gesellschaft, S. 55–56; Guth, Zwei grossbürgerliche Haushaltungen in Basel, S. 24.

598 Blosser/Gerster, Töchter der Guten Gesellschaft, S. 55.

599 Die kluge und einsichtige Schweizerin, S. 14.

600 Zum Wandel der Rolle der Mutter in der Erziehung, der sich in den letzten beiden Jahrzehnten des 18. Jahrhunderts ankündigte und sich u. a. auch bei Joh. Hch. Pestalozzi nachzeichnen lässt, vgl. besonders Schütze, Mutterliebe – Vaterliebe, S. 119–124.

601 Wyss, F., Tugend- und Pflichtenlehre, S. 75.

602 Vgl. auch Oberhänsli, Glarner Unternehmer, S. 153.

603 Vgl. zur geschlechtsspezifischen Erziehung und Sozialisation bürgerlicher Töchter und Söhne, auf die hier nicht im Detail eingegangen werden soll, vor allem Blosser/Gerster, Töchter der Guten Gesellschaft, S. 127–184; Oberhänsli, Glarner Unternehmer, S. 189–191.

604 Nur widerwillig und zögernd erlaubte um 1868 z. B. Pfarrer Vögtlin seiner Tochter Marie Heim-Vögtlin (1845–1916), der ersten Schweizer Ärztin, Medizin zu studieren. Vgl. Siebel, Das Leben von Frau Dr. Marie Heim-Vögtlin, S. 46–49. Einen noch verständnisvolleren Vater, den Arzt Walter Krebs, hatte z. B. Maria Waser, die 1894 als zweite Frau das Berner Literargymnasium besuchte und dann als erste Schweizerin in Geschichte dissertierte. Vgl. Gamper, Frühe Schatten, frühes Leuchten, S. 25–26, 54–56. Vgl. auch Joris/Witzig, Brave Frauen, S. 79–80.

605 Faesi, Erlebnisse, S. 34.

606 Vgl. Bluntschli, Lehr- und Wanderjahre des Architekten Alfred Friedrich Bluntschli, S. 10–13.

607 ZB-Zürich, FA Bluntschli, 49, Brief von Joh. Caspar Bluntschli an seinen Sohn vom 7. Oktober 1857.

608 ZB-Zürich, FA Bluntschli, 49, Vgl. Auszüge von Briefen von Joh. Caspar Bluntschli an seinen Sohn von 1857–1863.

609 ZB-Zürich, FA Bluntschli, 49, Brief von Joh. Caspar Bluntschli an seinen Sohn vom 9. Feb. 1861.

610 Die beiden waren sich sehr zugetan und verbrachten auch die alljährlichen Ferien- und Kuraufenthalte in Clarens gemeinsam. In einem Gedicht vom 7. August 1867 an die Schwester, das wie ein Liebesgedicht tönt, schrieb der 21jährige Bruder: «O Schwesterlein, o holdes Wesen / O meines Lebens wahre Lust / Kannst Du all die Gefühle lesen, / Die regen sich in meiner Brust?». In den Briefen sprachen sie sich jeweils mit «mon très cher

et fidèle frère» und «ma bien chère et bonne petite soeur» an. BB-Bern, Mss. h.h. LI 165 b.

611 BB-Bern, Mss. h.h. LI 165 b, Brief vom 30. Oktober 1879.

612 In bildungsbürgerlichen Kreisen Deutschlands setzte sich das vertrauliche Du bereits nach 1800 durch. Vgl. Hausen, Ehepaare im deutschen Bildungsbürgertum, S. 100. In der deutschen Schweiz scheint dies im bürgerlichen Milieu eher später der Fall gewesen zu sein.

613 BB-Bern, Mss. h.h. XLIV 184, Brief vom 1. Jan. 1860.

614 Wyss, Tugend- und Pflichtenlehre, S. 29–31.

615 Schaffner, Über Erziehung in Haus und Schule, S. 24.

616 Im folgenden liegt das Schwergewicht auf der Darstell. von Erziehungszielen, -methoden und -praktiken im fam. Bereich. Dabei können und sollen nur einige Aspekte bürgerlicher Erziehung und Sozialisation angeschnitten werden. Eine Analyse der Ausformung und Ausbildung des bürgerlichen Habitus als ein «System verinnerlichter Muster», als «Schemata der Wahrnehmung, des Denkens und Handelns» (Bourdieu) und als erworbene kulturelle Kompetenz im Zusammenhang mit dem «Prozess der Zivilisation» (Elias) bedürfte eingehender Forschung und kann hier nicht geleistet werden. Zur Erziehung und Sozialisation der höheren Töchter durch Familie, Schule und Aussenwelt vgl. die Studie von Blosser/Gerster, Töchter der Guten Gesellschaft.

617 Vgl. Schlumbohm, Kinderstuben, S. 18–19; Trefzer, Konstruktion des bürgerlichen Menschen, S. 108, 128, 158–166.

618 Vgl. Die kluge und einsichtige Schweizerin, S. 203.

619 Der Führer an den Hochzeits-Altar, S. 115.

620 Vgl. Schlumbohm, Kinderstuben, S. 14–17.

621 Siebel, Das Leben von Dr. Marie Heim-Vögtlin, S. 154–159, 179.

622 Schaffner, Über Erziehung in Haus und Schule, S. 4–5.

623 Vgl. Trefzer, Konstruktion des bürgerlichen Menschen, S. 188.

624 Zehender, Vorträge über Fragen der Erziehung (1879), S. 127–129.

625 Die kluge und einsichtige Schweizerin, S. 192.

626 Scherr, Leichtfassliches Handbuch, Bd. 1, S. 123.

627 Schaffner, Über Erziehung in Haus und Schule, S. 4–6.

628 Vgl. Hilty, Grundgedanken, S. 6–10.

629 Elias, Über den Prozess der Zivilisation, Bd. 2, S. 329.

630 Oberhänsli, Glarner Unternehmer, S. 151–152.

631 Escher, Jakob Escher-Bürkli, S. 8, 42.

632 Siebel, Das Leben von Dr. Marie Heim-Vögtlin, besonders S. 157, 204–209.

633 Zehender, Vorträge über Fragen der Erziehung, S. 22.

634 Die kluge und einsichtige Schweizerin (1865/1880), S. 193. Zur Kleinkinderpflege allgemein vgl. z. B. ebenda, S. 192–197; Der Führer an den Hochzeits-Altar (1846), S. 126–131; Schweizerische Alpenrose (1867/1875), S. 83–93; für das ausgehende 19. Jh. Kopp, Erziehung im Wandel, S. 45–56 sowie Blosser/Gerster, Töchter der Guten Gesellschaft, S. 39–42.

635 Vgl. z. B. Der Führer an den Hochzeits-Altar (1846), S. 128–129, wo der Autor, wahrscheinlich ein Arzt, die Notwendigkeit der Reinlichkeit auch damit begründete, dass sie auf die innere Reinheit einen stärkeren Einfluss hätte, als man glaube. Zur Reinlichkeitserziehung der Kinder vgl. Schweiz. Alpenrose (1867/75), S. 90–91; Kopp, Erziehung im Wandel, S. 73–75.

636 BB-Bern, Mss. h.h. XLIV 226, Aufzeichnungen, S. 3, 9–11.

637 Oberhänsli, Glarner Unternehmer, S. 147.

638 Sulzer-Bühler, Erinnerungen, S. 136.

639 Siebel, Das Leben von Dr. Marie Heim-Vögtlin, S. 162, 179, 204–209.

640 Looser-Largin, Kindheitserinnerungen, S. 50. So durften die Kinder in der Regel ihre

Spielgefährten selbst auslesen und auch mit nach Hause bringen, vor allem in der Ferienzeit genossen sie bei ihren Grosseltern und auf ihrem Sommersitz grosse Freiheiten.

641 Schweiz. Familien-Wochenblatt, 1893, S. 184, zit. nach Kopp, Erziehung im Wandel, S. 52.

642 Die kluge und einsichtige Schweizerin, S. 202.

643 Wie Fick standen auch viele andere bürgerliche Zeitgenossen unter dem suggestiven Einfluss der im letzten Viertel des 19. Jahrhunderts im Aufschwung begriffenen Vererbungslehre. So spricht Heinrich Angst immer wieder von der «ererbten» Schwäche seiner Verdauungsorgane, «ererbter» schwacher Konstitution. Durrer, Heinrich Angst, S. 109.

644 Heinrich Fick in einem öffentlichen Vortrag im Zürcher Rathaus vom 7. März 1872 «Über den Einfluss der Naturwissenschaften auf das Recht», zit. nach Fick, Pro Patre, S. 41.

645 Fick, Heinrich Fick, Bd. 2, S. 340–341; Fick, Pro Patre, S. 31.

646 Der Diskurs um Körperstrafe und Erziehungsnormen allgemein kann hier nur punktuell thematisiert werden.

647 Nägeli, Anleitung zur körperlichen und geistigen Erziehung (1850/1864), S. 187.

648 Vgl. z. B. Der Führer an den Hochzeits-Altar (1846), S. 125–127; Nägeli, Anleitung zur körperlichen und geistigen Erziehung (1850/1864), S. 187–190; Die kluge und einsichtige Schweizerin, (1865/1880), S. 208–209; Kopp, Erziehung im Wandel, S. 83–90.

649 Blosser/Gerster, Töchter der Guten Gesellschaft, S. 38.

650 Zehender, Vorträge über Fragen der Erziehung, S. 124–126.

651 Schaffner, Über Erziehung in Haus und Schule, S. 27.

652 Schaffner, Über Erziehung in Haus und Schule, S. 27–29.

653 Zeller, Erziehung der Kinder, S. 3–5. Diese Schrift des pädagogischen Schriftstellers und Leiters der Armen- und Lehrererziehungsanstalt Beuggen bei Basel erschien in dieser Form erstmals 1879, weitere Aufl. folgten 1893 und 1899. Zeller veröffentlichte 1841 ein Buch über die Kleinkinderpflege, das in verbesserter und erweiterter Form 1883 und 1895 wieder veröffentlicht wurde. Er gehörte zum Kreis der süddeutschen Pietisten und der Basler Missionsgesellschaft.

654 Zeller, Erziehung der Kinder, S. 17–21.

655 Zeller, Erziehung der Kinder, S. 25–26.

656 Zeller, Erziehung der Kinder, S. 33–34.

657 Tischhauser, Pädagogische Winke, S. 45. Der Verfasser war Pfarrer und Lehrer am Missionshaus in Basel, später Reiseprediger der Basler Missionsgesellschaft. Das Einsperren grösserer Knaben lehnte er jedoch wegen der Gefahr der Selbstbefleckung ab. Aus den gleichen Gründen wandte er sich auch gegen die Unsitte der Hände in den Hosen. S. 95.

658 BB-Bern, Mss. h.h. XLIV 226, Aufzeichnungen, S. 24–25, 36, 64.

659 Die kluge und einsichtige Schweizerin, S. 210.

660 Von Tavel, Theodorich von Lerber, S. 126–129.

661 Diese Art der Beschämung kleiner Knaben scheint auch in anderen Familien praktiziert worden zu sein. Sie zeigt, wie sehr bürgerliche Erziehung schon früh sehr geschlechtsspezifisch ausgerichtet war, sie wirft jedoch auch ein bezeichnendes Licht auf das Verhältnis zwischen Knaben und Mädchen bzw. Mann und Frau.

662 Hürlimann, Zeitgenosse aus der Enge, S. 32.

663 Siebel, Das Leben von Dr. Marie Heim-Vögtlin, S. 179.

664 Labhart-Hildebrant, Gedankenspähne über die Familien Erziehung (1875), S. 12.

665 Dazu sind gerade auch die Aufzeichnungen von Blanka Zeerleder-von Fischer sowie die Briefe zwischen den Eltern und den Kindern sehr aufschlussreich.

666 Zit. nach Pestalozzi, Himmelan, S. 24–25.

667 Wegmann, Licht- und Schattenseiten, S. 28–30.

668 Zu Pfisters Beziehungen zu Sigmund Freud, vgl. Gay, Freud, S. 218–220.

669 Pfister, Eltern und Kinder, in: Wissen und Leben, 1913, S. 544–545.

670 Vgl. auch Schlumbohm, Kinderstuben, S. 312–314.

671 Vor allem die Studentenzeit mit ihrem oblig. Auslandaufenthalt liefert dafür viel Anschau-
    ungsmaterial. Vgl. auch Blosser/Gerster, Töchter der Guten Gesellschaft, S. 177–183.

672 Keller-Huguenin, Erinnerungen und Aufzeichnungen, S. 45.

673 Schindler, Überprüfungen, S. 15.

674 Schindler, Überprüfungen, S. 17.

675 Schinz, Mein Lebenslauf, S. 10.

676 Hürlimann, Zeitgenosse aus der Enge, S. 36.

677 Widmann, Die Patrizierin, S. 45–47, 55.

678 Keller-Huguenin, Erinnerungen und Aufzeichnungen, S. 36–37.

679 Zur Beust-Schule vgl. Rudio, Zum achtzigsten Geburtstag von Friedrich Beust.

680 Zur Schulreform von 1860 und die verschiedenen Eingaben vgl. Stadtarchiv Zürich,
    V Hc 46. Mit der Neuwahl des städtischen Schulrates im Februar 1860, die eine liberale
    Mehrheit brachte, übernahm Alfred Escher das Präsidium. Nach erfolgter Durchführung
    der Reform gab er dieses Amt dann wieder ab.

681 Hirzel, Rede gehalten bei Eröffnung, S. 3–6.

682 Berner Zeitung, 13. Dez. 1866.

683 Zum stadtbernischen Schulwesen vgl. die Festschriften über die verschiedenen Schulen,
    u. a.: Meyer, Das städtische Gymnasium; Rothen, Hundert Jahre Mädchenschule; Schluss-
    bericht über die Realschule der Stadt Bern.

684 Zur schulischen Ausbildung der Zeerleder-Kinder vgl. Nyffeler, «Dann hast Du ge-
    sagt…», S. 48–51.

685 Looser-Largin, Kindheitserinnerungen, S. 15, 38.

686 Looser-Largin, Kindheitserinnerungen, S. 39–43.

687 Zur Mädchenerziehung im schweizerischen Bürgertum vgl. eingehend Blosser/Gerster,
    Töchter der Guten Gesellschaft, S. 138–152; für die familiale und schulische Erziehung
    von Knaben liegt mit Ausnahme der Fallstudie von Bettina Nyffeler über die Familie
    Zeerleder eine vergleichbare Untersuchung noch nicht vor.

688 Heim-Vögtlin, Aufgabe der Mutter, S. 12.

689 BB-Bern, Mss. h.h. XLIV 184, Brief vom 20./22. März 1890.

690 Zit. nach Rytz, Charlotte Rytz-Fueters mütterlicher Blick, S. 13–14.

691 Vgl. Die kluge und einsichtige Schweizerin, S. 217.

692 BB-Bern, Mss. h.h. XLIV 226, Aufzeichnungen, S. 21, 35.

693 Vgl. Nyffeler, «Dann hast Du gesagt…», S. 26–28.

694 Klassische Beispiele dafür waren die beiden Aufsteiger Carl Abegg-Arter (vgl. oben)
    sowie der Berner Chirurg Theodor Kocher, der im Bestreben seine Söhne von früh auf
    optimal zu fördern und zu motivieren, deren jugendliche Fassungskraft oft weit über-
    schätzte. Vgl. Bonjour, Theodor Kocher, S. 88–90.

695 Vgl. auch Frykman/Löfgren, Culture Builders, S. 116–118.

696 Vgl. Freitag, Haushalt und Familie in traditionalen Gesellschaften, S. 17–19.

697 ZB-Zürich, FA-Bluntschli 50, Lebenserinnerungen, S. 76, Brief vom 5. August 1880.

698 Spörry, Mein Lebenslauf, 1. Buch, S. 132.

699 Bourdieu, Entwurf einer Theorie der Praxis, S. 77–78.

700 Davidoff/Hall, Familiy fortunes, S. 31

701 Honegger, Lebensbild, S. 146.

702 Escher, Lebenslauf, S. 5–7.

703 Auch in sozialen Verbindungen nach unten bzw. für den sozialen Aufstieg spielten Paten-
    schaften eine gewisse Rolle, etwa wenn Unternehmer Patenschaften über Kinder von
    Angestellten und Arbeitern übernahmen oder ehemalige Dienstherrschaften Kindern
    ehemaliger verdienter Dienstboten Pate oder Patin waren.

704 BB-Bern, Mss. h.h. XLIV 226, Aufzeichnungen unserer lieben Mutter Blanka Zeerleder-
    von Fischer.

705  Vgl. ZB-Zürich, FA Meyer von Knonau 34, 1–3, Gerold Meyer von Knonau, Autobio-
     graphische Aufzeichnungen, S. 165–166.

706  Von Tavel, Kindheit, zit. nach Marti, Rudolf von Tavel, S. 24–25.

707  Schindler, Überprüfungen, S. 12–13.

708  Perrot, Funktionen der Familie, in: dieselbe, Geschichte des privaten Lebens, Bd 4, S. 195.

709  Vgl. für Basel Sarasin, Stadt der Bürger, S. 280–292.

710  Vgl. Perrot, Das Familienleben, in: dieselbe, Geschichte des privaten Lebens, Bd. 4,
     S. 195–196; Joris/Witzig, Pflege des Beziehungsnetzes, S. 141.

711  Eine gewisse Rolle dürfte dabei auch die Verbesserung der schulischen Ausbildung der
     Töchter gespielt haben. So gibt es Indizien dafür, dass dort, wo in der ersten Hälfte des
     19. Jahrhunderts die Männer, etwa im Haushalt von Ludwig Meyer von Knonau oder bei
     Johann Caspar Bluntschli, über eine viel höhere Bildung und dementsprechend auch
     grössere schriftliche Gewandtheit verfügten, auch die familiären Beziehungen in hohem
     Masse von den Männern gepflegt wurden.

712  Boveri, Weg im Wandel der Zeit, S. 180–181.

713  Joris/Witzig, Pflege des Beziehungsnetzes, S. 139–141.

714  Schmid, Die Familie Abegg, S. 85.

715  So z. B. in der Arztfamilie Rahn vgl. dazu Frick, Johann Heinrich Landolt, S. 6.

716  Schindler, Überprüfungen, S. 12, 19–20.

717  Vgl. Hürlimann, Zeitgenosse aus der Enge, S. 33–34; Faesi, Erlebnisse, S. 18; Sulzer-
     Bühler, Erinnerungen, S. 161. Vgl. auch von der Mühll, Basler Sitten, S. 103–104.

718  Bereits Mitte des Jahrhunderts wurde im Hause des Kaufmannes Johann Heinrich
     und Cécile Däniker-Haller die Bescherung am Weihnachtstag mit Christbaum abge-
     halten. Vgl. Rübel-Blass, Tagebuch von Cécile Däniker-Haller, Bd. 3, 1853–1863.

719  BB-Bern, Mss. h.h. XLIV 226, Aufzeichnungen von Blanka Zeerleder-von Fischer; von
     Tavel, Erinnerungen, S. 137.

720  Sarauw, Ein Haus in Zürich-Riesbach, S. 138–139.

721  Sarauw, Ein Haus in Zürich-Riesbach, S. 137.

722  Boveri, Weg im Wandel der Zeit, S. 63–65.

723  StAZ, RR I 64:79 Steuerregister der Bürger der Stadt Zürich.

724  ZB-Zürich, FA-Escher 607/2; Escher, Pauline Erinnerungen aus meinem Leben, S. 23.

725  Meine Kindheit, zit. nach Marti, Rudolf von Tavel, S. 17.

726  Schindler, Überprüfungen, S. 17–18. Die von J. Winteler verfasste Geschichte gruppiert
     die Familie bzw. die Männer denn auch schon mit dem Titel «Landammann Dietrich
     Schindler. Seine Vorfahren und seine Nachkommen» um den Mann, der diese Familie erst
     an die Spitze der Gesellschaft gebracht hatte.

727  Zit. nach Schindler, Ansprachen bei der Abdankungsfeier im Grossmünster, S. 4–6.

728  Honegger, Lebensbild, S. 14–15, 58.

729  Väterlicherseits entstammte er einer alteingesessenen Basler Bürgerfamilie, über seine
     Grossmutter war er auch mit den Burckhardts verwandt. Mütterlicherseits kam er aus
     einem Murtener Notabelngeschlecht. Sein Vater, ein führender Politiker der ländlichen
     Revolutionäre, hatte während der Basler Trennungswirren das Basler Bürgerrecht ver-
     loren.

730  Grieder, Emil Frey, S. 10.

731  Emil Frey in einem ausführl. Rechtfertigungsschreiben an seinen Freund Arnold Künzli,
     den unbestrittenen Führer der radikalen Linken im Nationalrat, zit. nach Grieder, S. 11,
     14, 16.

732  Tischrede von Georges Syz-Hünerwadel, in: Nachklänge vom Hochzeitsfeste Schulthess-
     Hünerwadel, S. 15.

733  ZB-Zürich, FA Escher 607/2.

734  ZB-Zürich, FA Escher 607/2.

735 Nachklänge vom Hochzeitsfeste Schulthess-Hünerwadel, S. 39–51. Der Bräut. Hans Schulthess gehörte selbst zu jenen, die der Tradition. Altzürichs stark verbunden waren. Er betrieb umfangreiche familiengeschichtliche Studien und verfasste auch verschiedene Geschlechtergeschichten. Vgl. Literaturliste.

736 Oberhänsli, Die Glarner Unternehmer, S. 79–80.

737 Weber, Wirtschaft und Gesellschaft, S. 535.

738 Weber, Wirtschaft und Gesellschaft, S. 539.

## 2 Lebenswelt und Kultur

739 Chaline, Les bourgeois de Rouen, S. 45.

740 Vgl. Veblen, Theorie der feinen Leute, S. 84–92.

741 Vgl. Le mode de vie des familles bourgeoises, S. 3.

742 Die monatliche Zuteilung eines runden Betrages für die Bezahlung aller Ausgaben war auch die von Ratgebern für die bürgerliche Hausfrau empfohlene Regelung. Vgl. Die kluge Schweizerin, 1865, S. 279.

743 Von Tavel, Lebenserinnerungen, in: Marti, Rudolf von Tavel, S. 20.

744 Sulzer-Bühler, Erinnerungen, S. 97–98.

745 Für das 19. Jahrhundert finden sich in schweizerischen Nachlässen etliche solche Haus- und Haushaltungsbücher, sie sind im Unterschied zu Frankreich oder auch Deutschland aber bis heute weder qualitativ noch quantitativ ausgewertet worden. Vgl. Perrot, Le mode de vie des familles bourgeoises für Frankreich und die Arbeiten von Pierenkemper. Ihre Resultate sollen im folgenden zum Vergleich herangezogen werden.

746 ZB-Zürich, FA Meyer von Knonau, 32 ba.

747 ZB-Zürich, FA Meyer von Knonau, 32 c 1. Die Einnahmen betrugen 1848: fl 4837/ Fr. 10 254; 1849: fl 4974/Fr. 10 545; 1850: fl 5162/Fr. 10 943; 1851: fl 5020/Fr. 10 642. Umrechnung 1 Gulden = 2,36 Fr.

748 ZB-Zürich, FA Meyer von Knonau, 34 a.

749 ZB-Zürich, FA Meyer von Knonau, 34 d.

750 Die Ernährung der Familie war aufgrund der Höhe der Ausgaben nicht nur reichhaltig, sondern mit viel Fleisch und Gemüse auch abwechslungsreich. Recht hoch war mit knapp 8% der Anteil von Kolonialwaren wie Kaffee, Tee, Schokolade, Weinbeeren u. ä.; 11% der Nahrungskosten fielen aufs Brot, 2,9% auf Nudeln, 0,7% auf Kartoffeln. Knapp 50% fielen auf frisch gekaufte Lebensmittel wie Milch, Fleisch und Gemüse; auf Weineinkäufe 14,5%.

751 Durchschnittliche Ausg. bürgerlicher Haushalte im 19. Jahrhundert in Deutschland: Nahrung 30,6%; Kleidung 21,0%; Wohnen 21,0%. Vgl. Pierenkemper, Informationsgewinne, S. 64. Durchschnittliche Ausgaben in Frankreich Ende 19. Jh.: Nahrung 23,8%; Kleidung 18,7%; Wohnen 14,0%. Vgl. Perrot, Le mode de vie des familles bourgeoises, S. 102.

752 Gruner, Arbeiter in der Schweiz, S. 134.

753 ZB-Zürich, FA Meyer von Knonau, 32 c 1. Der relativ hohe Anteil der Rubrik Rechtssachen ist auf die Kosten der Münzumwandlung zurückzuführen.

754 Es handelt sich dabei um Ausgaben zu repräsentativen Zwecken: Auslagen für Ehrenmähler und Gesellschaften, Spenden von Preisen für Vereinsfeste und andere öffentliche Anlässe. Möglicherweise fielen auch besondere Kosten bei privaten Einladungen wie Engagement zusätzlichen Personals, Drucken von Einladungskarten u. ä. darunter. Ein Haushaltbuch aus der Familie Nüscheler führte unter dem Begriff Ehrenausgaben erstens Geschenke und Gaben zum Gutjahr (Neujahr), zweitens Ausgaben für Gesellschaften/ Vereine sowie Unterstützungen auf. ZB-Zürich, FA Nüscheler 839. In Wörterbüchern und Lexika des 19. Jahrhunderts taucht der Begriff nicht auf oder er wird wie im Grimmschen Wörterbuch lediglich mit «sumptus liberalis» umschrieben, also mit Ausgaben, wie Ehre und Anstand sie erfordern.

755    Vgl. zur Person und zum häuslichen Leben auch die Biographie über seinen Sohn: Escher,
       H., Gerold Meyer von Knonau, S. 6–8.
756    ZB-Zürich, FA Meyer von Knonau, 32 c 1. Die beiden ausgewählten Jahre weichen nicht
       wesentlich von andern ab. 1849 lag der Anteil des Ehemannes an den persönlichen Ausga-
       ben bei 60,4 %, der Ehefrau bei 24,4 %, des Sohnes bei 15,1 %; 1850: Ehemann 78,6 %
       (hohe Ausgaben für Kunstsachen), Ehefrau 12,8 %, Sohn 8,6 %; 1851: Ehemann 70,4 %
       (Erholungskosten), Ehefrau 17,2 %, Sohn 15,1 %.
757    Rahn, Erinnerungen, S. 77.
758    ZB-Zürich, FA Escher vom Glas, 188.1. Die Rappenbeträge wurden aufgerundet. Dieses
       Erbe ging an die beiden Töchter sowie die einzige Enkelin. Mathilde Escher (1808–1875)
       erhielt Fr. 756 362, Anna Barbara von May-Escher (1816–1865) Fr. 813 755, die Enkelin
       Mary Olga Escher (geb. 1844) Fr. 736 399. Vom Erbe der Mutter bzw. Grossmutter erhiel-
       ten die beiden Töchter je Fr. 195 000, die Enkelin Fr. 180 750.
759    BB-Bern, Mss. h.h. XXIII 62. 1851–1854 enthält das Buch von Josefine Tillier-von Wei-
       ler nur die Haushaltungsausgaben für Nahrung, Wäsche, Haushaltsgeräte und Diensten-
       löhne. Danach auch die übrigen Haushaltskosten, allerdings ohne Steuern und Ausgaben
       für die Verwaltung des VermögenS. Ab 1863 taucht ein hoher Ausgabeposten Bureau auf,
       dessen Verwendungszweck aber nicht klar ist. Möglicherweise waren dies Ausgaben für
       die berufliche Tätigkeit ihres zweiten Ehemannes oder dann für administrative Zwecke
       inkl. Steuern.
760    1819 fiel ihm das Erbe einer reichen Tante zu, 1826 war er Alleinerbe des ebenfalls
       beträchtlichen väterlichen VermögenS.
761    Vgl. Johann Anton von Tillier, in: Sammlung bernischer Biographien, Bd. 2, S. 546.
762    Herkunft und voller Name (Vorname François) ihres zweiten Mannes waren nicht eruier-
       bar. Auch über seine Tätigkeit lässt sich aus dem Hauptbuch nichts schliessen.
763    BB-Bern, Mss. h.h. XXIII 62. Die Büroauslagen von 1863 und folgende Jahre wurden
       nicht berücksichtigt. Die durchschnittlichen Ausgaben mit diesen Kosten betrugen 21 086
       Franken. Die nicht aufgeführten Jahre werden aus Gründen der Übersichtlichkeit weg-
       gelassen, dabei wurde darauf geachtet, dass Jahre mit extrem hohen oder tiefen Werten
       bei einzelnen Ausgabeposten unberücksichtigt blieben, so z. B. 1859, wo die Anschaffung
       einer Wohnungseinrichtung die Ausgaben für Wohnen auf 41 % emporschnellen liess,
       oder 1862, wo der Anteil der Rubrik Verschiedenes auf über 26 % anstieg, die Nahrungs-
       kosten dagegen auf 18 % sanken, was wohl mit dem langen Aufenthalt in Paris und Nizza
       sowie in Deutschland zu tun hatte.
764    Josefine von Weiler und ihr zweiter Mann scheinen sich in den sechziger Jahren zu-
       nehmend von Bern losgelöst zu haben. Für Nizza spricht, dass hier Josefine von Weiler
       1873 verstarb.
765    1855 taucht unter den Einnahmen die Erwähnung einer Besoldung von 2500 Franken
       auf; der 1863 erstmals geführte Ausgabeposten Bureau deutet auf eine freiberufliche
       Tätigkeit hin. Es könnten damit jedoch auch Auslagen für die Verwaltung des Vermögens
       u. ä. gemeint sein, sie scheinen mir dafür allerdings zu hoch zu sein.
766    Der durchschnittliche Anteil der Nahrung entspricht recht genau jenem der französischen
       bürgerlichen Haushalte, ist aber 7 % tiefer als in deutschen bürgerlichen Haushalten.
767    1873–1913 betrug der Anteil in Frankreich nie über 14 %, bei 80 % der 327 von Perrot
       analysierten Budgets variierte der Anteil zwischen 3,5 und 9,4 %, der Durchschnitt war
       6,0 %. Perrot, Le mode de vie des familles bourgeoises, S. 76–79.
768    Erst 1855 hatte sich Josefine Tillier-von Weiler für 4300 Franken einen neuen Wagen mit
       Pferden angeschafft.
769    1855 lag der Anteil der Almosen bei 0,2 %, absolut 22.75 Franken.
770    BB-Bern, Mss. h.h. XXIII 62. Die Kosten von 1852 beinhalten wegen vorgängiger Ab-
       wesenheit (Hochzeitsreise) nur elf Monate. Zur Beamtenfamilie vgl. Duttweiler, Züricher

Wirtschaftsrechnung, S. 120–121. Bei den Angaben handelt es sich um Durchschnittswerte der Jahre 1894–1910.

771 Vgl. unten.

772 Den Kaffee für die Dienstboten führte Josefine Tillier-von Weiler denn auch 1851 bei den Dienstbotenlöhnen auf.

773 So wurde im Berner Grossen Rat um 1872 in der Diskussion um die Revision des kantonalen Besoldungsgesetzes festgestellt, dass für eine fünfköpfige Beamtenfamilie in der Stadt Bern, Ehegatten, zwei Kinder und eine Magd, ein Normalbudget von 3729 Franken angenommen werden müsse, wobei gleichzeitig beigefügt wurde, dass eine Besoldung in dieser Höhe nur eine sehr mässige Existenz erlaube. Vgl. Ryser, Besoldungspolitik, S. 74.

774 Böschenstein, Bundesrat Carl Schenk, S. 111.

775 Vgl. Escher, C., Robert Billeter, S. 20. Billeters Vater war technischer Direktor einer Spinnerei in Götzis/Österreich gewesen, jedoch früh verstorben. Billeter musste deshalb seine Mutter und vier Geschwister teilweise unterstützen.

776 Dies mag teilweise auch darin begründet gewesen sein, dass die beiden Ehepartner sich seit 1851 stark entfremdet hatten. Vgl. Hintzsche, Gabriel Gustav Valentin, S. 62, 72.

777 1856 betrugen diese Ausgaben 5198 Fr., 1857: 5441 Fr., 1859: 3966 Fr. Der Rückgang dürfte in erster Linie auf den Wegzug des Sohnes zurückzuführen sein.

778 Rieser, Die Besoldungspolitik des Staates Bern, S. 72.

779 Hintzsche, Gabriel Gustav Valentin, S. 59, 70.

780 BB-Bern, Mss. h.h. XXVIII 67, Haushaltungsbuch von Henriette Valentin. Die Miete ist nicht inbegriffen. Unter den Kulturausgaben befindet sich auch das Klaviergeld sowie ein Konzertabonnement. Die Haushaltsausgaben Meyer von Knonaus wegen der Vergleichbarkeit ohne Gesundheitskosten, Steuern, Ausgaben für Rechtssachen und Copistenlöhne.

781 ZB-Zürich, FA Corrodi, II/1.

782 ZB-Zürich, FA Corrodi, II/29.

783 Um was für ein Einkommen es sich dabei handelte, ist unklar. Wenn es Einkünfte aus ihrem Vermögen waren, so könnte dies bedeuten, dass Corrodi entgegen der rechtlichen und brauchsmässigen Regelung die Nutzniessung des Frauenvermögens seiner Frau überliess, womöglich auch nicht selbst verwaltete und deshalb auch nicht in seinem Kassabuch aufführte. Die Zinserträge müssten dann logischerweise aus seinem Vermögen stammen!

784 ZB-Zürich, FA Corrodi, II/31. Die Ausgaben Meyer von Knonaus wurden des Vergleichs wegen leicht umgruppiert.

785 31 % bzw. 30 % der gesamten Nahrungsausgaben fielen auf Fleisch bzw. Wein; bezogen auf die Gesamtausgaben waren dies 11 % bzw. 10,5 %.

786 Spörry, Hans: Mein Lebenslauf, Zürich 1924/25.

787 Von seinen Geschwistern lässt Spörry wenig verlauten. Nur nebenbei spricht er einmal von einer offenbar im Haushalt lebenden Stiefschwester, in der genealogischen Einleitung führte er sie jedoch nicht auf, dagegen die kurz nach ihrer Geburt gestorbene Schwester Anna. Spörry, Mein Lebenslauf, 1. Buch, S. 3, 32.

788 Spörry, Mein Lebenslauf, 1. Buch, S. 33–34.

789 Spörry erwähnt vor allem «Fasnachtschüechli», Ostereier, Kleingebäck.

790 Spörry, Mein Lebenslauf, 1. Buch, S. 34–37.

791 Spörry, Mein Lebenslauf, 1. Buch, S. 31–32.

792 Spörry, Mein Lebenslauf, 1. Buch, S. 68–69.

793 Spörry, Mein Lebenslauf, 1. Buch, S. 34.

794 Spörry, Mein Lebenslauf, 1. Buch, S. 112.

795 Zur Biographie von Karl Eduard von Rodt vgl. auch die Biographie seines Vaters Bernhard Emanuel von Rodt (1776–1848) in: Sammlung bernischer Biographien, Bd. 3, S. 125–126.

796 Dreissig Jahre später waren noch 38 % in ausländischen Wertschriften angelegt.

797    BB-Bern, FA von Rodt, 27. 1856 variierten die Zinserträge der Aktien und Obligationen
       zwischen 4 und 16%, die meisten bewegten sich zwischen 5 und 8%. Auch in den näch-
       sten beiden Jahrzehnten war die Rendite nur zweimal höher als 5,7%. Achtmal lag sie
       unter fünf, einmal sogar unter 4%.

798    Ab 1859 wurde auch das Wankdorfgut, dessen Wert Fr. 45 000 betrug, aufgeführt.

799    BB-Bern, FA von Rodt, 28/29. Veranschlagter Wert 1876: 100 000 Franken. Bereits 1865
       hatte er ein Haus zwecks Umbau und Wiederverkauf erworben.

800    BB-Bern, FA von Rodt, 29/30. Veranschlagter Wert 1876: 110 000.–, 1884: 170 000
       Franken.

801    So lag die Sparquote (Überschuss in Prozent der Einkünfte nach Abzug der Lebenskosten,
       Abschreibungen, Schuldzinsen und weitern kleinern Ausgaben, die nicht unter den
       eigentlichen Lebenskosten figurierten wie z. B. Unterhalt des Rendite-Mietshauses) 1856
       bei 44,5; 1860: 55,7; 1865: 31,3; 1871: 23,0; 1875: 24,2; 1880: 48,7 und 1885 bei 46,5%.
       BB-Bern, FA von Rodt, 27–30: Cassa-Bücher.

802    BB-Bern, FA von Rodt, 27–30. Die Kategorien entsprechen jenen, die von Rodt in seinen
       Cassabüchern am Jahresende selbst verwendet hat. Die Rubrik «Steuern» ab 1872 inkl.
       Assekuranzversicherung, «Verwaltung» umfasst vor allem die Spesen des Vermögensver-
       walters. *Schulgelder, Kosten für Privat- und Musikunterricht waren zunächst ebenso in
       der Rubrik Haushaltung inbegriffen wie die Ausgaben für die Kleidung der Kinder. 1864
       betrugen sie laut eines separaten Eintrages Fr. 515.55. 1865 gab er für Privatstunden an
       Cécile noch zusätzlich Fr. 344.50 aus. Diese beiden Beträge wurden dem Haushaltsgeld
       zugeschlagen.

803    Bezogen auf das gesamte Budget beanspruchte die persönliche Bedienung 1861–1865
       2,5 und 1871–75 2,7%. Die Köchin erhielt in den 60er Jahren Fr. 143; die Stubenmagd
       Fr. 132, in den 70er Jahren erhielt die Köchin zunächst Fr. 152, nach dem Tode der Ehe-
       und Hausfrau dann Fr. 216, die Stubenmagd Fr. 192.

804    Nur eine völlige Neuordnung der einzelnen Einträge im Cassa-Buch und im Hausbuch
       der Ehefrau könnte hier wenigstens teilweise weiterhelfen.

805    Die Ehefrau erhielt in all den Jahren ein gleich hohes Nadelgeld von 730 Franken.

806    Hebler leitete in den sechziger Jahren den Bau der von der «Ersten Berner Baugesell-
       schaft» geplanten Miethäuser an der Bundesgasse, an deren Finanzierung sich ja auch von
       Rodt Vater beteiligte.

807    Cécile von Rodt blieb im Haushalt des Vaters bis an sein Lebensende, später betätigte sie
       sich als Reiseschriftstellerin.

808    Fischer, K. L. F. von, Lebensnachrichten über Emanuel Friedrich von Fischer, S. 576.

809    Zur Biographie vgl. von Tavel, Rudolf: Eduard von Rodt, in: Neues Berner Taschenbuch
       1927, S. 1–12.

810    BB-Bern, FA von Rodt 29, Hausbuch Karl Eduard von Rodt – Brunner.

811    Die Magd erhielt 1894 einen Jahreslohn von 200 Franken. Für die Köchin wurde ein
       Betrag von 300 Franken angenommen.

812    BB-Bern, FA von Rodt 33, Hausbuch Eduard von Rodt-von Mülinen. Die chronologisch
       aufgeführten Ausgaben mussten in Anlehnung an die impliziten Kategorien von Rodts
       sachlich neu gruppiert und zusammengezogen werden. Im Haushaltsgeld, das die Ehefrau
       meist in monatlichen Raten erhielt, waren neben den üblichen Haushaltungsausgaben für
       Ernährung, Feuerung, Beleuchtung und Heizung, für Wäsche und Teile der Kleidung
       auch die Löhne für die Köchin und die Magd inbegriffen. Die persönlichen Ausgaben der
       Ehefrau setzen sich aus dem Nadelgeld von 1000 Franken sowie allenfalls weitern persön-
       lichen Beiträgen zusammen. Bei den Kindern umfasst diese Rubrik die Kosten für Klei-
       dung, das Schulgeld für die Privatschule und das Monatsgeld (Taschengeld). Unter den
       diversen Ausgaben von 1890 befindet sich auch eine Spende von Fr. 1000 an die Lerber-
       Schule.

813　Die Kinder besuchten nicht die staatlichen Schulen, sondern die private, evangelisch-konservativ ausgerichtete Lerber-Schule.

814　Stadtarchiv Zürich, VII/75/II, Nachlass H. Pestalozzi.

815　Stadtarchiv Zürich, VII/75/II, Nachlass H. Pestalozzi. Wertschriften nach Abzug der «dubiosen Werte» im Gesamtbetrag von 11 000 Franken.

816　Stadtarchiv Zürich, VII/75/I u.II, Nachlass H. Pestalozzi.

817　Möglicherweise wurde Kleidung zu repräsentativen Zwecken auch unter den sogeannten Ehrenausgaben abgebucht.

818　Die Belastung der Budgets durch direkte Steuern und Abgaben sowie Versicherungen schwankte in Frankreich 1873–1914 zwischen 0,8 und 6,4 % der Gesamtausgaben, der Durchschnitt lag bei 2,5 %. Vgl. Perrot, Le mode de vie, S. 74.

819　Dass der sorgfältige Schmuck seines Hauses für Pestalozzi jeweils eine Ehrensache war, wird auch in seiner Biographie besonders vermerkt. Vgl. Neujahrsblatt zum Besten des Waisenhauses in Zürich für 1912, S. 33. Vgl. auch Anmerkung 58.

820　Duttweiler, Züricher Wirtschaftsrechnung von 1883–1910. Duttweilers Arbeit basiert auf dem vom Hausherrn geführten Buch über seine Einnahmen und Ausgaben sowie dem von der Ehefrau geführten und monatlich abgeschlossenen Buch über das Wirtschaftsgeld, das sie jeweils in runden Beträgen von ihrem Ehemann erhielt. Beide Bücher wurden nicht zum Zwecke einer spätern Auswertung gemacht. Sie enthalten offenbar keine Posten, die aus Scheu vor fremden Blicken gefärbt worden sind. Die Ausgaben für die Nahrungsmittel umfassen wegen Abwesenheit des Mannes bei der Hauptmahlzeit am Mittag nicht den vollen Bedarf der Familie.

821　Duttweiler, Züricher Wirtschaftsrechnung, S. 88–90, 115. Die Einnahmen verstehen sich ohne die Zinseinkünfte des allerdings kleinen Vermögens.

822　Duttweiler, Züricher Wirtschaftsrechnung, S. 87–88.

823　Für 1891 liegt auch die Haushaltsrechnung eines akademisch gebildeten Beamten im Kanton Thurgau vor, das von der Ausgabenstruktur wie auch der Höhe der Ausgaben weitgehend dem des Zürcher Beamten entspricht. Vgl. Hoffmann, E., Zwei Haushaltsbudgets aus dem Kanton Thurgau, S. 109–121. Das gesamte Einkommen des betreffenden Haushaltes, der neben dem Ehepaar noch einen Säugling und Dienstmädchen umfasste, belief sich auf rund 5000 Franken, zusammengesetzt aus der Besoldung (Fr. 3500) plus 1500 Franken Zinseinnahmen des Vermögens von 40 000 Franken, die gesamten Ausgaben auf rund 4760 Franken. Für die Ernährung gab diese Familie 36,8 % aus, für Kleidung 7,2 %, für Wohnen (älteres Haus mit sieben Zimmern), Mobiliar, Heizung und Beleuchtung 17,8 %. Zusammen für den Grundbedarf also rund 62 %. Die Kosten für das Dienstmädchen machten 4,6 % des Budgets aus, Gesundheit und Körperpflege 10,5 %, inbegriffen die Kosten für Schwangerschaft und Geburt sowie eine längere Krankheit des Mannes mit einem anschliessenden Kuraufenthalt. Für Bildung und Kultur, für Vergnügungen wurden 11,7 % aufgewendet, für soziale Vorsorge (Lebensversicherung des Mannes, Mobiliarversicherung) 2,0 %, für Steuern 5,3 %, für Geschenke 2,9 %, für Porto und Verschiedenes noch 1,2 %.

824　Vgl. Gruner, Arbeiterschaft und Wirtschaft, Bd 1, S. 363.

825　Die Kategorie Ausbildung enthält die Schul- und Unterrichtsgelder und Lehrmittel für die Kinder. Vereinsmitgliedschaften hier unter Vergnügungen eingereiht. Inbegriffen bei Diverses ist auch die Benützung von Verkehrsmitteln.

826　Duttweiler, Züricher Wirtschaftsrechnung, S. 106–107, 116–117.

827　Duttweiler, Züricher Wirtschaftsrechnung, S. 88.

828　Haushaltung inkl. Wäsche und Putzen, Feuerung, Heizung und Beleuchtung. Geschenke inkl. Almosen und Ehrenausgaben, Bildung/Freizeit inkl. Ausbildungskosten, Verschiedenes inkl. Kosten für Lebensversicherung.

829　Fritzsche, Bern nach 1800, S. 94. Im folgenden muss ich mich auf einige wesentliche, für die Lebensführung des Bürgertums relevante Züge und Veränderungen dieser Segregation beschränken.

830   Detailliert liesse sich dies anhand der Adressverzeichnisse auch quantitativ aufzeigen.

831   Zur baulichen Entwicklung Berns allgemein vgl. Hauser/Röllin, Bern, INSA 2; Biland, Das Reihen-Mietshaus, S. 21–41.

832   Zum Beispiel war das Berner Kirchenfeld bewusst als bürgerliches Wohnquartier konzipiert. 1881 wurde vertraglich eine Gewerbe- und Wirtschaftsbeschränkung festgelegt. Vgl. Schweizer, Jürg: Das Kirchenfeld in Bern, Bern 1980 (Schweizerische Kunstführer), S. 8–13.

833   Walser, Wohnlage und Sozialgeographie der Stadt Bern, S. 102.

834   Vgl. Walser, Wohnlage und Sozialgeographie der Stadt Bern, S. 102–103. Die Auswertung nach Quartieren ebnet die soziale Segregation innerhalb der mittleren und oberen Schichten, die hier mehr interessiert, jedoch stark ein. Eine schichtspezifische Auswertung der Bewohnerschaft nach Strassenzügen oder kleineren räumlichen Einheiten würde in manchen Strassen und Wohnlagen auch zwischen den mittleren und oberen Schichten eine deutlichere Separierung ergeben als sie Walser feststellt, teilweise auch zwischen der alten patrizischen Oberschicht und dem neuen Bürgertum, deren Angehörige sich zunächst schon vom Angebot her eher in den neuern guten Wohnlagen zusammenfanden, wie etwa dem Rabbental, das auch von den Bundesräten als Wohnsitz bevorzugt wurde.

835   Vgl. von Tavel, Meine Kindheit, in: Marti, Rudolf von Tavel, S. 9–11.

836   Vgl. Künzle, City, Millionenvorstadt Arbeiterquartier. Zur Eingemeindungsfrage, die ja letztlich eine Folge dieser sozialen Segregation war, vgl. III/3.

837   Künzle, City, Millionenvorstadt Arbeiterquartier, S. 167–168, 176, Anm. 6.

838   Vgl. Birkner, Bauen und Wohnen in der Schweiz, S. 56–58.

839   Ergebnisse der Volkszählung in der Stadt Zürich, Teil 1, S. 7*. Gesamthaft verfügten 17,5 % aller Haushalte in der Stadt über Hauseigentum. Unter den Selbständigen im Nahrungsmittelgewerbe waren es 59 %; im Bekleidungsgewerbe 8,3 %, Gastgewerbe 45,7 %, übriges Gewerbe 27 %.

840   In Zürich lässt sich dies leicht anhand der Bürgerbücher feststellen, die jeweils angeben, welche Familienvorstände Hausbesitzer waren.

841   Vgl. Maync, Bernische Campagnen; derselbe, Bernische Patrizierhäuser.

842   Vgl. Schulthess, Kulturbilder, Bd. 3, S. 37–44; Chronik der Gemeinde Neumünster, S. 375 ff.

843   Sehr viele dieser Landhäuser befanden sich östlich von Bern, in der Schosshalde und weiter Richtung Muri. Rudolf von Tavel beschreibt in seinen Kindheitserinnerungen ausführlich das Leben auf den Landsitzen dieser Herrenfamilien Ende des 19. Jahrhunderts: von Tavel, Meine Kindheit, in: Marti, Rudolf von Tavel, S. 37–45. Hinweise auf die Verbreitung dieser Lebensform noch anfangs des 20. Jahrhunderts geben auch die Adressbücher, wo jeweils zur Stadt- auch die Sommeradresse und teilweise auch die Ablage für Briefe u. a. aufgeführt wurde.

844   Vgl. die beiden 1906 und 1909 erschienenen Kinderbücher «Die Turnachkinder im Winter» und «Die Turnachkinder im Sommer» von Ida Bindschedler, der Tochter eines vom Lande in die Stadt übergesiedelten Baumwollkaufmannes, die einen kulturhistorisch guten Eindruck von diesem Lebensstil in den sechziger Jahren des 19. Jahrhunderts vermittelt. Für Bern vgl. die Erinnerungen von Marie Looser-Largin, deren Vater Direktor der Eidgenössischen Bank war. Die Familie lebte im Sommer jeweils im «Belmont» in der äussern Enge, von wo aus Marie jeweils auch die Schule in der Stadt besuchte.

845   Vgl. Baer, C. H.: Die bürgerlichen Bauwerke des alten Zürich, in: Festschrift zur Feier des fünfzigjährigen Bestehens des Eidg. Polytechnikums, 2. Teil, S. 76–96. Höhepunkte der bürgerlich-aristokratischen Bautätigkeit Zürichs im 18. Jahrhundert waren das Haus «zum Rechberg», ein palaisartiges Stadthaus, und das «Muraltengut», ein herrschaftliches Land-

haus, die beide nach französischem Vorbild errichtet wurden, aber von ihren Dimensionen her singulär blieben.

846    Vgl. zur Villenarchitektur allgemein Reinle, Die Kunst des 19. Jahrhunderts, S. 105.

847    Frühe typische Beispiele sind für Zürich die Villa «Zum Freudenberg» (1822–25) des Grosskaufmannes Hch. Bodmer oder das vom Vater Alfred Eschers 1826–31 erbaute «Belvoir», für die Jahrhundertmitte die 1853–57 erbaute Villa des nach Zürich emigrierten deutschen Grosskaufmannes Otto Wesendonck.

848    Vgl. für Zürich Kuder, Villen, in: Festschrift zur Feier des fünfzigjährigen Bestehens des Eidg. Polytechnikums, 2.Teil, S. 433; Reinle, Die Kunst des 19. Jahrhunderts, S. 106–109; Chronik der Kirchgemeinde Neumünster, S. 373ff. Für Bern vgl. Hauser/Röllin, Bern, INSA 2, S. 434–436.

849    Zum Einfamilienhaus vgl. Birkner, Bauen und Wohnen in der Schweiz, S. 63.

850    Der Salon war in der ersten Hälfte des 19. Jahrhunderts eher ein Zeichen für einen vornehm-aristokratischen Lebensstil. In mehr bürg. Kreisen war es noch die gute Stube, in der sich das auf Repräsentation noch wenig bedachte, gesellig-kulturelle Leben abspielte.

851    Hürlimann, Zeitgenosse aus der Enge, S. 29–31.

852    Schindler, Überprüfungen, S. 26, 32–33.

853    Viele dieser neuen Stadthäuser befanden sich an oder im Umfeld der Bahnhofstrasse, dem neuen Handels- und Wirtschaftszentrum der Stadt. Vgl. Ulrich, Städtische Wohnhäuser, in: Festschrift zur Feier des fünfzigjährigen Bestehens des Eidg. Polytechnikums, 2. Teil, S. 417–432.

854    Ulrich, Städtische Wohnhäuser, in: Festschrift zur Feier des fünfzigjährigen Bestehens des Eidg. Polytechnikums, 2. Teil, S. 423–427.

855    Biland, Das Reihen-Mietshaus, S. 127–130, 142–148.

856    Zum bürgerlichen Wohnen allgemein vgl. Perrot, Michelle: Formen des Wohnens, in: dieselbe, Geschichte des privaten Lebens, Bd. 4, S. 313–316; Zinn, Hermann: Entstehung und Wandel bürgerlicher Wohngewohnheiten und Wohnstrukturen, in: Niethammer, Wohnen im Wandel, S. 17–26 sowie Nipperdey, Deutsche Geschichte, 1866–1918, Bd. 1, S. 136–140, dessen zusammenfassende Darstellung für Deutschland teilweise auch schweizerische Verhältnisse wiedergibt.

857    Vgl. Kuder, Villen, in: Festschrift zur Feier des 50jährigen Bestehens des Eidg. Polytechnikums, 2. Teil, S. 434–448 mit einer Fülle von Bildern und Grundrissen der Zürcher Villen.

858    Zu den Wohnverhältnissen der Dienstboten vgl. Bochsler/Gisiger, Dienen in der Fremde, S. 61–70. Zum Umgang mit den Dienstboten vgl. III/2.

859    Schindler, H., Überprüfungen, S. 27.

860    Zum Verhältnis zur Natur und ihrer Domestizierung im bürgerlichen Zeitalter vgl. Frykman/Löfgren, Culture Builders, S. 43–87.

861    Nipperdey, Deutsche Geschichte 1866–1914, Bd. 1, S. 139. Vgl. allgemein zur sozialgeschichtlichen Bedeutung der Inneinrichtung: Derselbe, Deutsche Geschichte 1800–1866, S. 132; Guerrand, Roger-Henri: Private Räume, in: Perrot, Geschichte des privaten Lebens, Bd. 4, S. 331–341; Hobsbawn, Blütezeit des Kapitals, S. 288–289.

862    Verschwendung und Vergeudung werden hier ohne Tadel und moralische Wertung ganz im Sinne des von Thorstein Veblen entwickelten Konzeptes der demonstrativen Musse bzw. des demonstrativen Konsums verwendet. Er geht darin u. a. vom Grundsatz aus, dass in jeder hoch-industrialisierten Gesellschaft das Prestige letztlich auf finanzieller Stärke beruht, und dass Musse und demonstrativer Konsum die Mittel darstellen, um diese in Erscheinung treten zu lassen, wobei in der modernen (Markt- und Massen-) Gesellschaft zunehmend vor allem die Verschwendung von Gütern und Dienstleistungen Prestige bringt und die Musse an Bedeutung verliert, insbesondere gilt dies laut Veblen für städtische Verhältnisse. Vgl. Veblen, Theorie der feinen Leute, S. 71–84.

863    Vgl. Bourdieu, Die feinen Unterschiede, S. 102–104. Wirtschaftliche Macht ist für ihn
       zunächst einmal Macht, der Not und dem Zwang des Ökonomischen gegenüber Distanz
       zu schaffen. Zur Geltung bringt sich wirtschaftliche Macht – ähnlich wie bei Veblen die
       finanzielle Stärke – in der Zerstörung von Reichtum, im demonstrativen Akt der Ver-
       schwendung und Vergeudung sowie in allen Ausprägungen des zweckfreien Luxus. Im
       Bürgertum bildete sich, darauf aufbauend, der Gegensatz aus zwischen dem, was sich aus-
       zahlt und dem, was nichts einbringt, zwischen Interessegeleitetem und Interesselosem.
       Dem entsprachen die ebenso wichtigen Gegensatzpaare von Arbeits- und Wohnstätte, von
       Werk- und Feiertag, von Geschäft und Gefühl, Industrie und Kunst, von männlichem
       Aussen und weiblichem Innen.

864    Mehr als 2 % der Haushalte dürften dafür von den materiellen Voraussetzungen her nicht
       in Frage gekommen sein. Vgl. II/2.

865    Dies illustriert ein Vergleich der Wohnung von Ulrich Meister, dem spätern Stadtforst-
       meister und freisinnigen Führer, und seiner Frau Elisabeth Hagenbuch mit derjenigen sei-
       ner Schwiegereltern, in deren Haus und Haushalt das 1869 neu vermählte Paar wohnte.
       Die Räume der Eltern – Franz Hagenbuch war als studierter Jurist zunächst Regierungs-
       rat, dann Stadtrat, ab 1872 Vizedirektor der Rentenanstalt – waren traditionell einfach
       möbliert: im Wohnzimmer ein ungepolstertes Sofa mit wollenem, hausgewebtem Über-
       zug, der Esstisch mit einfach gehobelter, nicht polierter Tischplatte, an den Wänden grobe
       Holzschnitte von bedeutenden Männern der Eidgenossenschaft. Die Ausstattung des jun-
       gen Paares war zwar ebenfalls noch immer sehr einfach gehalten, doch verfügten sie über
       Polstermöbel, polierte Tische und Schränke und einen Flügel. Dieses Beispiel zeigt auch,
       wie wichtig bei Veränderungen in alltäglichen Lebensbereichen die Generationenfolge
       war. Vgl. Schmid, H., Ulrich Meister, S. 19–20.

866    Faesi, Erlebnisse – Ergebnisse, S. 16–23.

867    Sulzer-Bühler, Erinnerungen, S. 197–198.

868    Vgl. Veblen, Theorie der feinen Leute, S. 127ff. Müssiggang bzw. zeitweise Befreiung von
       Arbeit zu demonstrieren, war selbstverständlich allgemein die Funktion der Sonntags-
       kleidung, die zur Respektabilität auch eines jeden Arbeiters gehörte.

869    Bourdieu, Klassenstellung und Klassenlage, S. 63.

870    Bausinger, Bürgerlichkeit und Kultur, S. 130–131. Bausinger spricht in diesem Zusammen-
       hang von einer «Pluralisierung» der Unterschiede und einem offenen, in sich gestuften
       «Flight-pursuit-System», das durch die Mode ausgelöst und an die Stelle der Stände
       gesetzt wurde.

871    Vgl. Sennett, Verfall und Ende des öffentlichen Lebens, S. 187–196.

872    Zit. nach Amelie Moser-Moser, S. 18.

873    Sennett, Verfall und Ende des öffentlichen Lebens, S. 192.

874    Zu den Veränderungen des Charakters der häuslichen Arbeiten vgl. unten.

875    Vgl. II/2.

876    Zit. nach Joris, Die Schweizer Hausfrau, S. 102. Wie sehr in Zürich auch die Frauen der
       Oberschicht noch Mitte des 19. Jahrhunderts stark im eigentlichen Hauswesen aufgingen,
       darüber finden sich auch in Beschreibungen des gesellschaftlichen Lebens Zürichs sowie
       in Erinnerungen Belege.

877    Zit. nach Dejung, Jonas Furrer von Winterthur, S. 59.

878    Hürlimann, Zeitgenosse aus der Enge, S. 32–33.

879    Boveri, Weg im Wandel der Zeit, S. 180.

880    Zu den Auswirkungen dieser Veränderungen und Verlagerungen in der Haushaltsführung
       auf eine reine Konsumwirtschaft und dem dadurch verbundenen «Einschrumpfen» der
       häus-lichen Aufgaben der bürgerlichen Frauen auf ihre Situation und die Widersprüche,
       die sich daraus auf ihr Rollenverständnis ergaben vgl. Freudenthal, Gestaltwandel der
       städtischen, bürger-lichen und proletarischen Hauswirtschaft, S. 45–51, 102–105.

881 Blosser/Gerster, Töchter der Guten Gesellschaft, S. 48. Vgl. Faesi, Hürlimann etc.

882 Zur Rolle der bürgerlichen Hausfrau vgl. Blosser/Gerster, Töchter der Guten Gesellschaft, S. 49–54; Joris, Die Schweizer Hausfrau, S. 100–104. Zum konkreten Arbeitspensum, der zeitlichen Einteilung vgl. auch die Anweisungsliteratur, die trotz des stark normativen Gehaltes doch einen konkreten Eindruck der anfallenden Arbeiten, des Arbeitsaufwandes, der Arbeitsein- und Arbeitszuteilung gibt. Z. B. Die kluge und einsichtige Schweizerin vom bürgerlichen Stande, 1. Auflage 1865, S. 278ff. u. a. mit detailliertem Tagesplan und Beschreibung eines normalen Tagesablaufes; Coradi-Stahl, Wie Gritli haushalten lernt.

883 Die kluge und einsichtige Schweizerin vom bürgerlichen Stande, 1. Auflage 1865, S. 276–285. Vgl. auch die in diesen Ausführungen praktisch identische 6. Auflage von 1880, S. 224–225.

884 Einen recht guten Einblick in das Leben in einen solchen grossbürgerlichen Haushalt gibt u. a. Martin Hürlimann in seinen Lebenserinnerungen «Zeitgenosse aus der Enge», S. 29–44. Hürlimann war Sohn des Brauereiunternehmers Albert Heinrich Hürlimann, dessen Familie in einer Villa auf dem Sihlberg mit grossem Garten wohnte. Zum Haushalt gehörten eine Köchin, ein Stubenmädchen, ein Hausknecht und ein Gärtner.

885 Die kluge und einsichtige Schweizerin vom bürgerlichen Stande, 1. Auflage 1865, S. 277.

886 Vgl. Blosser/Gerster, Töchter der Guten Gesellschaft, S. 114–124; Rosenbaum, Formen der Familie, S. 320–330; Frevert, Frauen-Geschichte, S. 104–107.

887 Stadtarchiv Zürich, VII/75/9/I, Nachlass H. Pestalozzi, Einige Notizen über Frau M. Pestalozzi-Stadler 1853–1941.

888 Zu den konkreten Veränderungen vgl. Stockar, Zürich. Mode durch die Jahrhunderte, S. 137–184; Blosser/Gerster, Töchter der Guten Gesellschaft, S. 100–109; Nipperdey, Deutsche Geschichte 1866–1918, Bd. 1, S. 132–136.

889 Vgl. Von der Mühll, Basler Sitten, S. 62–63. Dies galt z. B. für die Frauen der ehemaligen Basler oder auch Zürcher Finanz- und Handelsaristokratie. Noch um die Jahrhundertmitte galten die Frauen der Zürcher Ober- wie Mittelschicht allgemein als eher altmodisch gekleidet. Dass die obersten bürgerlichen Klassen der neuen Mode und Modewechseln allgemein gegenüber ein gewisses konservatives Beharrungsvermögen zeigten, ist auch schon Georg Simmel nicht entgangen. Der neueste und gewagteste Modeschrei war schon damals eher Sache der Demimonde. Vgl. Bovenschen, Listen der Mode, S. 26–27.

890 Die Parallelen in der Entwicklung sind unübersehbar. Anfangs des 20. Jahrhunderts wendet sich dann auch die Damenmode mehr einfacher Eleganz zu.

891 Zur allgemeinen Problematik der bürg. Frauen als Kulturträgerinnen vgl. Hobsbawn, Kultur und Geschlecht im europäischen Bürgertum 1870–1914, in: Frevert, Bürgerinnen und Bürger, besonders S. 181–188 sowie Engelhardt, «…geistig in Fesseln»? Zur normativen Plazierung der Frau als «Kulturträgerin» in der Bürgerlichen Gesellschaft während der Frühzeit der deutschen Frauenbewegung, in: Lepsius, Bildungsbürgertum im 19. Jahrhundert, Teil III, S. 169–175.

892 Schmid, Familie Abegg, S. 120–121.

893 Müller, Friedrich Hegar: sein Leben und Werk in Briefen, S. 37.

894 Veblen, Theorie der feinen Leute, S. 71.

895 Vgl. Rübel-Blass, Tagebuch von Cécile Däniker-Haller, Bd. 3, S. 740–742.

896 So spannte zum Beispiel Wilhelmine Elise Schindler-Escher (1833–1918) ihre Töchter und Schwiegertöchter zu allen Zeiten jeden Donnerstagvormittag in ihre sozialen Werke ein. Wie Hans Schindler erzählt, klagte seine Mutter, Anna Barbara Schindler-Huber (1867–1934), zwar fast nie vor den Kindern; aber diese Tätigkeit – «eine Mischung von Zwängerei und Frömmigkeit» – war ihr so mühselig und «peinlich», dass selbst die Kinder dies realisierten. Schindler, H., Überprüfungen, S. 20.

897    Vgl. Sarasin, Stadt der Bürger, S. 143.
898    Vgl. Huch, Frühling in der Schweiz, S. 94.
899    Sulzer-Bühler, Erinnerungen, S. 148–149.
900    Blosser/Gerster, Töchter der Guten Gesellschaft, S. 103.
901    Nachklänge vom Hochzeitsfest Schulthess-Bernoulli, S. 36–37.
902    Veblen, Theorie der feinen Leute, S. 57–58.
903    Eine idealtypisch geraffte Formulierung der Geschlechtscharaktere findet sich wie in aller
       Anweisungs- und Erziehungsliteratur der zweiten Hälfte des 19. Jahrhunderts z. B. auch
       in der 1866 in St. Gallen von Friedrich Ehrenberg herausgegebenen «Bildungsschule für
       das männliche Geschlecht über den Charakter und die Bestimmung des Mannes»,
       S. 14–15. Vgl. allgemein Hausen, Polarisierung der «Geschlechtscharaktere».
904    Nipperdey, Deutsche Geschichte, 1866–1918, Bd. 1, S. 54.
905    Vgl. I/2 (Hausgesinde als Indikator für Bürgerlichkeit), sowie unten.
906    Zit. nach Helbling, Mariafeld, S. 38.
907    Vgl. Bochsler/Gisiger, Dienen in der Fremde, S. 70.
908    Die Zurückhaltung den Dienstboten gegenüber war nicht nur auf die steigenden
       Ansprüche an die Privatsphäre und eine höhere Sensibilität für Intimität der Herrschaften
       zurückzuführen, sondern zugleich auch eine Reaktion auf die stärkere Personalisierung
       der Dienstboten.
909    Zur Wohnsituation und der Verköstigung der Dienstboten im frühen 20. Jh. vgl. Bochs-
       ler/Gisiger, Dienen in der Fremde, S. 61–77.
910    Vgl. Bochsler/Gisiger, Dienen in der Fremde, S. 129–130; Deyhle, Ursachen und Hebung
       der Dienstboten-Not, S. 11–12.
911    BB-Bern, Mss. h.h. XLIV, 226, Aufzeichnungen, S. 56.
912    Vgl. Spyri, Das Verhältnis zwischen Herrschaft und Dienstboten, S. 476–481.
913    Vgl. Oberhänsli, Glarner Unternehmer, S. 210; Bochsler/Gisiger, Dienen in der Fremde,
       S. 243–244. Wie weit das Duzen nun mehr Herabwürdigung und nicht mehr wie früher
       familiären Einbezug signalisierte, lässt sich aufgrund meines jetzigen Kenntnisstandes
       nicht sagen, scheint mir aufgrund der zunehmenden Ausgrenzung und Absetzung jedoch
       plausibel.
914    Deyhle, Ursachen und Hebung der Dienstboten-Not, S. 8–9.
915    Vgl. Bochsler/Gisiger, Dienen in der Fremde, S. 164–165.
916    Zit. nach Bochsler/Gisiger, Dienen in der Fremde, S. 165.
917    Zit. nach Bochsler/Gisiger, Dienen in der Fremde, S. 165.
918    Spyri, Das Verhältnis zwischen Herrschaft und Dienstboten, S. 478–480.
919    Spyri, Das Verhältnis zwischen Herrschaft und Dienstboten, S. 481–482.
920    Spyri, Das Verhältnis zwischen Herrschaft und Dienstboten, S. 484–485.
921    So war nach Ansicht des in der Schweiz lebenden Deutschen Eduard Osenbrüggen das
       Verhältnis zu Dienstboten in den siebziger Jahren «nur ausnahmsweise etwas mehr als ein
       Lohnvertrag und daher so locker». Osenbrüggen, Die Schweizer. Daheim und in der
       Fremde, S. 67. Vgl. dazu auch die verschiedenen Referate von P. Tschudi und Bankdirek-
       tor J. J. Oberer in der Schweizerischen Zeitschrift für Gemeinnützigkeit von 1875.
922    Nipperdey, Deutsche Geschichte, 1866–1914, Bd. 1, S. 54.
923    Zum Kampf um ein Privatleben in der ersten Hälfte des 20. Jahrhunderts vgl.
       Bochsler/Gisiger, Dienen in der Fremde, S. 136–152.
924    Vgl. Oberer, Was soll gethan werden, S. 320, 330. Gegen Ende des 19. Jahrhunderts rekru-
       tierten sich die Dienstmädchen, aber auch übriges Dienstpersonal vor allem in der Nord-
       und Ostschweiz zunehmend aus dem süddeutschen Raum. Aufgrund der Volkszählung
       von 1900 waren rund ein Viertel der in Schweizer Haushalten beschäftigten Frauen Aus-
       länderinnen. Schw. Statistik, Lieferung 191.
925    Die Verweiblichung der Dienstbotentätigkeit beschleunigte sich im letzten Viertel des

19. Jahrhunderts. Noch um 1870 waren auf gesamtschweizerischer Ebene in den nicht-
bäuer-lichen Haushalten 75,5% der total über 80 000 Dienstboten Frauen. Zu den männlichen Dienstboten wurden allerdings um 1870 offensichtlich auch Gehilfen und Knechte
gezählt, die nicht für den Haushalt im engeren Sinne tätig waren. Um 1880 waren es
94,4% (von total 59 000), 1888 waren es bereits 97,7% Frauen (von total 62 000), 1910
dann gar 98,2% (von total 78 000). Vom Alter her waren um 1880 von allen weiblichen
Dienstboten 26,5% unter 20 Jahre alt, 37,2% im Alter von 20–29 und 14,8% im Alter von
30–39 Jahren. Um 1900 waren 28,2% unter 20 Jahre alt, 40,8% im Alter 20–29,
12,5% im Alter von 30–39 Jahren. Vgl. Schweizerische Statistik, Volkszählungen, Lieferungen 28, 59, 97, 151, 212.

926  Vgl. z.B. Die kluge und einsichtige Schweizerin vom bürgerlichen Stande (1865),
     S. 269–270; Oberer, Was soll gethan werden (1875), S. 320, 330; Eynatten/Iudex, Fürs
     Haus (1888), S. 220–221.

927  Leitfaden für Dienstboten, S. 8–9. Vgl. auch Bochsler/Gisiger, Dienen in der Fremde,
     S. 104–113, 266–274; Wierling, Mädchen für alles, S. 143–146.

928  Bochsler/Gisiger, Dienen in der Fremde, S. 90.

929  Vgl. Bochsler/Gisiger, Dienen in der Fremde, S. 89–93, 219–220; Wierling, Mädchen für
     alles, S. 186, 197–198.

930  Leitfaden für Dienstboten, Richtlinie 1 und 3 für das täg. Leben der Dienstboten, S. 4–5.

931  Vgl. Wierling, Mädchen für alles, S. 135, 140.

932  Dass diese Dimension der Angst vor dem Klassenfeind anfangs des 20. Jahrhunderts
     durchaus vorhanden war, belegt auch der Leitfaden für Dienstboten des Bundes Schwei-
     zerischer Frauenvereine, S. 8. Ausführlich geht der bürgerliche Sozialkritiker Friedrich
     Wilhelm Foerster in seiner Schrift «Die Dienstbotenfrage und die Hausfrauen» darauf ein.
     Vgl. unten.

933  Dienstbotenregeln aus einem seit 1873 mehrfach aufgelegten Haushaltungsbuch von
     Marie Susanne Kübler, zit. nach Bochsler/Gisiger, S. 234. Vgl. auch Oberhänsli, Glarner
     Unternehmer, S. 312–316.

934  Vgl. z.B. Rath und That für Dienstboten von 1868, S. 34ff, 46ff oder Leitfaden für
     Dienstboten von 1912, S. 6.

935  Vgl. Spyri, Das Verhältnis zwischen Herrschaft und Dienstboten, S. 468.

936  Vgl. Wierling, Mädchen für alles, S. 186.

937  Zum Widerstand der Dienstmädchen gegen die Zumutungen ihrer Herrschaften sowie
     die Gegenstrategien der Herrschaften vgl. Bochsler/Gisiger, S. 152–164, 138–139.

938  Vgl. z.B. Die kluge und einsichtige Schweizerin, S. 272–273; Schweizerische Alpenrose,
     S. 144; Eynatten/Iudex, Fürs Haus, S. 222 sowie Bochsler/Gisiger, S. 227–228.

939  Zur Hygienebewegung vgl. Mesmer, Reinheit und Reinlichkeit, besonders S. 484–488.

940  Leitfaden für Dienstboten, S. 6.

941  Vgl. Wierling, Mädchen für alles, S. 196–197.

942  Vgl. Bochsler/Gisiger, Dienen in der Fremde, S. 158.

943  Ein Beispiel dafür waren die Eltern Otto von Bürens, in deren Haushalt Hans Bürki mit
     Frau und Tochter während 27 Jahren dienten. Für Otto von Büren galt im Umgang mit
     den Dienstboten der Grundsatz: «Vor allem müssen die Leute, die uns Dienste leisten,
     zufrieden gestellt sein.» Vgl. Oettli, Oberst Otto von Büren, S. 47–48.

944  ZB-Zürich, FA Meyer von Knonau 34, 1–3, Autobiograph. Aufzeichnungen, S. 162–163.

945  Zur Problematik Kinder und Dienstboten anfangs des 20. Jahrhunderts vgl. auch Bochs-
     ler/Gisiger, S. 113–122, 257–259.

946  Meyer von Knonau, Lebenserinnerungen, S. 501–502.

947  Meine Kindheit, zit. nach Marti, Rudolf von Tavel, S. 16.

948  Looser-Largin, Erinnerungen, S. 7.

949  Vgl. auch Bochsler/Gisiger, S. 256–259; Wierling, Mädchen für alles, S. 154–155.

950    Führer an den Hochzeits-Altar, S. 121–122.

951    Schweizerisches Familien-Wochenblatt, 1882–1883, S. 42, zit. nach Kopp, Erziehung im Wandel, S. 110. Zur Haltung des Blattes den Dienstboten gegenüber vgl. derselbe, S. 106–110.

952    BB-Bern, Mss. h.h. XLIV, 184, Brief vom 16./17. Juli 1890.

953    BB-Bern, Mss. h.h. XLIV, 226, Aufzeichnungen, S. 33.

954    Leitfaden für Dienstboten, S. 7–8.

955    Vgl. Oberhänsli, Glarner Unternehmer, S. 155–156. All dies war aufgrund der unterschiedlichen klassenspezifischen Erziehungspraktiken und -ziele, die aufeinandertrafen, sehr relativ. So gab es durchaus Bereiche, etwa in der Frage der körperlichen Strafe, wo die Dienstboten der Meinung waren, dass die Herrschaftskinder verwöhnt würden. Vor allem im 20. Jahrhundert, als die bürgerlichen Erziehungspraktiken lockerer wurden, scheint dies zunehmend der Fall gewesen zu sein. Vgl. Bochsler/Gisiger, S. 118–120.

956    Leitende Grundsätze, S. 5.

957    Escher, Jakob Escher-Bürkli, S. 8.

958    Dies war z. B. in der Familie Zeerleder-von Fischer der Fall, wo die Kinder zuerst französisch lernten – auch die Kinderfrauen waren teils französischsprachig – und mit dem Deutschen zuerst über die Dienstboten vertraut wurden. Vgl. BB-Bern, Mss. h. h. XLIV, 226, Aufzeichnungen, S. 7–9.

959    Leitfaden für Dienstboten, S. 7–8.

960    Labhart-Hildebrandt, Gedankenspähne, S. 12–13.

961    Schindler, Überprüfungen, S. 16.

962    Vgl. Bochsler/Gisiger, S. 259; Wierling, Mädchen für alles, S. 154–156.

963    Rath zur That für Dienstboten, S. 1–2.

964    Rath zur That für Dienstboten, S. 3–8. Dabei machte er eine bezeichnende Ausnahme, indem er auf die besonders schwere Sorge für die «Herbeischaffung des täglichen Unterhaltes» im Handwerkerstande hinwies. Dass der Verfasser eher aus mittelständischen Verhältnissen stammte, kommt weiter auch darin zum Ausdruck, dass er den Dienstboten anriet, für ihre Dienste vorzugsweise ein Haus aus dem Mittelstande zu wählen, wo «weder grosser Reichthum und Weltglanz, noch auch Druck und Mangel sich finden». Ebenda, S. 30.

965    Rath zur That für Dienstboten, S. 9.

966    Rath zur That für Dienstboten, S. 9–12.

967    Rath zur That für Dienstboten, S. 12–14.

968    Rath zur That für Dienstboten, S. 14–15.

969    Rath zur That für Dienstboten, S. 16. Zu den konkreten Vorteilen zählten der «sorgenlose Unterhalt», das Glück an einem Familienleben teilnehmen zu können, nicht heimatlos herumtreiben und von der Hand in den Mund leben zu müssen, die Möglichkeit, bei Einfachheit im Aufwand und mit Sparsamkeit ein kleineres oder grösseres Kapital ansammeln zu können, auf Unkosten anderer viel zu lernen und vorwärts zu streben, durch guten Dienst sich einen guten Namen zu erwerben und damit einen «festen Ort und sichern Boden in der Gesellschaft» zu erringen. Ebenda, S. 17–18.

970    Tschudi, Was soll gethan werden, S. 303.

971    Tschudi, Was soll gethan werden, S. 302, 316.

972    Tschudi, Was soll gethan werden, S. 303.

973    Tschudi, Was soll gethan werden, S. 308–315. Als Begründung, warum auch Dienstboten eine den Dienstleistungen entsprechende Belohnung erhalten sollten, verwies er auf die hohen Gehälter von 30 000–50 000 Franken, die Bank- und Versicherungsdirektoren zu haben wünschten.

97     Vgl. Leitfaden für Dienstboten, S. 1.

975    Leitende Grundsätze für Hausfrauen, S. 1.

976   Leitende Grundsätze für Hausfrauen, S. 1–2.

977   Leitende Grundsätze für Hausfrauen, S. 2–3. Zur Reaktion der Basis vgl. Bochsler/
      Gisiger, S. 46–47. Schon 1905 hatten die bürgerlichen Frauenvereine in Zürich eine
      gesetzliche Regelung der Sonntagsruhe der Dienstboten verhindert. Ähnlich, aber kon-
      sequenter verknüpfte Friedrich Wilhelm Foerster die Frauen- und Dienstbotenfrage. Mit
      der Emanzipation der bürgerlichen Frau sollten sich auch die Dienstboten emanzipieren
      können. Vgl. unten.

978   Huber-Burckhardt, Dienstbotenfrage, S. 14–15.

979   Leitfaden für Dienstboten, S. 2.

980   Leitfaden für Dienstboten, S. 3.

981   Vgl. z. B. Huber-Burckhardt, Dienstbotenfrage, S. 2; Foerster, Dienstbotenfrage, S. 13 so-
      wie allgemein Bochsler/Gisiger, S. 213–216.

982   Friedrich Wilhelm Foerster war ab 1896 Sekretär des internationalen Bundes der ethi-
      schen Bewegung, von der er sich 1904 abkehrte und wieder dem Christentum zuwandte.
      1901/02 erteilte er im Sinne der ethischen Bewegung Moralunterricht für Kinder. Zu sei-
      nen Zürcher Jahren vgl. Görgen, Hermann M.: Fr. W. Foerster. Leben und wissenschaft-
      liche Entwicklung bis zum Jahre 1904, Zürich 1933 sowie seine Lebenserinnerungen:
      Erlebte Weltgeschichte 1869–1953, Memoiren, Zürich 1953.

983   Zu dieser Gesellschaft, der neben anderen Universitätsprofessoren auch der Berner Ger-
      manist Ferdinand Vetter (1847–1924) und der Psychiater und Sozialreformer August Fo-
      rel (1848–1931) angehörten, vgl. Handwörterbuch der Schweizerischen Volkswirtschaft,
      Bd. 1, S. 916–918.

984   Foerster, Dienstbotenfrage, S. 9–11.

985   Deyhle, Ursachen und Hebung der Dienstboten-Not, S. 9–10.

986   Foerster, Dienstbotenfrage, S. 32–33. Er stützte sich in diesem Zusammenhang auch auf
      einen Aufsatz von Peter Kropotkin zur wirtschaftlichen Befreiung der Frau.

987   Die Dienstboten wie die unteren Klassen allgemein waren für Foerster noch eine Art
      Kinder. Diese Infantilisierung, die sich im allgemein anerkannten Erziehungsanspruch der
      Herrschaften niederschlug, kommt bei Foerster besonders dort zum Ausdruck, wo er bei
      den Hausfrauen um Verständnis für die Schwierigkeiten im Umgang mit den Dienstboten
      in ihrer gegenwärtigen Krisis wirbt: «So wie Kinder am schwersten zu behandeln sind,
      wenn sie in die Zeit kommen, in der sie sich von der elterlichen Autorität loslösen, ohne
      dass die eben erst erwachende Selbständigkeit ihres Denkens und Fühlens den sittlichen
      Gehalt jener führenden Macht schon ganz zu ersetzen vermag – so hat der Umgang mit
      den unteren Klassen heute seine ganz ähnliche Schwierigkeit darin, dass diese jede Art
      von Bevormundung leidenschaftlich ablehnen: ohne sich aus eigener Einsicht schon ganz
      in die Formen und in den Geist des sozialen Zusammenlebens finden können.» Anderer-
      seits war ihm jedoch klar, dass «die Wohltätigkeit und die bevormundende Fürsorge»
      meist nur eine «andere Form der Herrschaft über die Seele unserer Nächsten» darstellten
      und dass deshalb die «dienenden Klassen» nur durch «unsere Selbstüberwindung» mit
      ihrer Lage auszusöhnen waren. Foerster, Dienstbotenfrage, S. 18, 34.

988   Foerster, Dienstbotenfrage, S. 11–12.

989   Foerster, Dienstbotenfrage, S. 16. In diesem Zusammenhang riet Foerster den Frauen,
      auch in ihrem eigenen Interesse ihren Männern «etwas den naiven Herrenegoismus»
      abzugewöhnen.

990   Foerster, Dienstbotenfrage, S. 17.

991   Foerster, Dienstbotenfrage, S. 13.

992   Foerster, Dienstbotenfrage, S. 13.

993   Vgl. Foerster, Dienstbotenfrage, S. 23–27.

994   Foerster, Dienstbotenfrage, S. 18–22.

995   Foerster, Dienstbotenfrage, S. 20, 35–36.

996    Foerster, Dienstbotenfrage, S. 38–39.

997    Vgl. Oberhänsli, Glarner Unternehmer, S. 207–208.

998    Bausinger, Bürgerlichkeit und Kultur, S. 122.

999    Vgl. unten Geselligkeit, Vereine und Gesellschaften.

1000   Vgl. Nipperdey, Deutsche Geschichte 1800–1866, S. 533–547 sowie Deutsche Geschichte
       1866–1918, Bd. 1, S. 692–698.

1001   Nipperdey, Deutsche Geschichte 1866–1918, Bd. 1, S. 695.

1002   Bosshart, Bausteine zu Leben und Zeit, S. 90–93.

1003   Nipperdey, Deutsche Geschichte 1866–1918, Bd. 1, S. 692–693.

1004   Brief vom 23. Juli 1885, zit. nach Müller, Friedrich Hegar, S. 43–44. Eine stark quasi-
       religiöse Komponente kam bei Hegar insbesondere Wagners Musik zu: «Seine Kunst
       muss mit dem vollsten, tiefsten Ernst ausgeführt werden und die Zuhörer müssen alles
       Alltägliche, bisher Gewohnte abstreifen und ohne Voreingenommenheit mit einer gewis-
       sen Andacht auf sich einwirken lassen.» Brief vom 2. August 1892, ebenda S. 46.

1005   Hans Pestalozzi 1848–1909, Neujahrsblatt zum Besten des Waisenhauses, S. 5–6.

1006   ZB-Zürich, FA-Escher 200.102, Autobiographie von Jakob Escher-Bodmer, S. 100.

1007   ZB-Zürich, FA-Escher 200.102, Autobiographie von Jakob Escher-Bodmer, S. 103–104.

1008   ZB-Zürich, FA-Escher 200.102, Autobiographie von Jakob Escher-Bodmer, S. 176–182.

1009   Staehelin, Carl Feer-Herzog, S. 26–27.

1010   Vgl. dazu auch die Schilderung der Lebensführung von Spörry oben.

1011   Amelie Moser-Moser, S. 7–9.

1012   Brief an Schwester Bertha vom 23. Feb. 1865, zit. nach Amelie Moser-Moser, S. 22.

1013   Amelie Moser-Moser, S. 47.

1014   In einem Brief an ihren Verlobten von 1867, zit. nach Amelie Moser-Moser, S. 56.

1015   Amelie Moser-Moser, S. 27–34, 35–59.

1016   Amelie Moser-Moser, S. 95–97. Zur allgemeinen Beschreibung dieser dörflichen Bürger-
       lichkeit in Herzogenbuchsee vgl. Waser, Land unter Sternen, S. 33–36 und das ein-
       fühlende Porträt von Amelie Moser unter dem Titel «Die grosse Frau» S. 94–155.

1017   Oberhänsli, Glarner Unternehmer, S. 140–141.

1018   Diese Charakterisierung der schönen Literatur stammt aus einem Artikel des Zürcher
       Oberländer Volksblattes vom Bachtel vom 7. 2. 1880, zit. nach Spörri, Studien zur Sozial-
       geschichte von Literatur und Leser, S. 325.

1019   Vgl. Amelie Moser-Moser, Leben und Werk, besonders S. 35–59. Illustrativ hierzu auch
       Joh. Caspar Bluntschli, Denkwürdiges aus meinem Leben, 1. Teil, S. 39–50, wo er über
       die Wirkung von Schleiermachers Monologen auf seinen Freundeskreis im Gymnasium
       berichtet.

1020   Zur Bedeutung der Leihbibliotheken und dem Buchmarkt vgl. Martino, Alberto: Publi-
       kumsschichten und Leihbibliotheken, in: Glaser, Deutsche Literatur. Eine Sozialge-
       schichte, Bd. 7, Vom Nachmärz zur Gründerzeit, S. 59–69; Berman, Russell A.: Lite-
       rarische Öffentlichkeit, in: Glaser, Deutsche Literatur. Eine Sozialgeschichte, Bd. 8, Jahr-
       hundertwende, S. 70–71.

1021   Looser-Largin, Kindheitserinnerungen, S. 28.

1022   Von den 752 Mitgliedern bezogen 62 % Bücher. 67. Jahresbericht der Museumsgesellschaft
       in Zürich, S. 6. Der 72. Jahresbericht enthält eine Zusammenstellung der beliebtesten
       Autorinnen und Autoren von 1900–1905. An der Spitze stehen ebenfalls Nataly von Esch-
       struth, Paul Heyse, Ludwig Ganghofer, Theodor Fontane und Georg von Ompteda. Zu
       den meistausgeliehenen Schweizer Autoren gehörten Gottfried Keller (Platz 19), Ernst
       Zahn (27), J. C. Heer (50), Jos. Victor Widmann (55) und Johanna Spyri (81). Absoluter
       Spitzenreiter in französischer Sprache war Guy de Maupassant (1628 mal ausgeliehen),
       dann Emile Zola (828), Alphonse Daudet und Paul Bourget.

1023   Huber, Dr. Conrad Escher, S. 91.

1024 Ulrich, Der Lesezirkel Hottingen, S. 29–32.

1025 Adolf Steiner war ein Sohn des 1842 in Zürich eingebürgerten Seidenkaufmannes Leonhard Steiner aus Hottingen, der ein «schwärmerischer Verehrer der Tonkunst» gewesen und von den ersten Zürcher Liszt-Konzerten «in einem Taumel der Begeisterung» nach Hause gekehrt war. Er machte eine kaufmännische Lehre und führte nach längeren Auslandaufenthalten dann mit seinem Bruder das 1875 liquidierte väterliche Unternehmen. Danach betätigte sich Steiner als Seidensensal. Elisabeth Schweizer stammte aus einer alten stadtbürgerlichen Familie. Ihr Vater war Professor für vergleichende Sprachwissenschaften an der Universität. Sie genoss Klavierstunden beim Organisten und Komponisten Theodor Kirchner, einem Schüler Robert Schumanns. Fehr, Adolf Steiner, S. 5–7.

1026 Äusserung des langjährigen Freundes Prof. Dr. Carl Schröter, zit. nach Fehr, Adolf Steiner, S. 7–8.

1027 Friedrich Hegar (1841–1927) von Basel war Dirigent des Orchesters der Tonhalle-Gesellschaft und des Gemischten Chors sowie Direktor der Musikschule und zu seiner Zeit einer der führenden schweiz. Musiker und ein bekannter Komponist vor allem von Chorwerken für Männerchöre. Joseph Oskar Kahl (geb. 1843) war zudem Musiklehrer an der Musikschule, Wilhelm Ruhoff (gest. 1885) war Musiklehrer und wohl auch Mitglied des Orchesters. Beide stammten aus Deutschland und erhielten in den achtziger Jahren das Zürcher Bürgerrecht. Julius Hegar war einer von Friedrich Hegars jüngeren Brüdern. Bei den beiden Pianisten handelte es sich um Theodor Kirchner (1823–1903) Musiker und Komponist, Schüler Schumanns, bis 1872 Organist in Zürich sowie wahrscheinlich um den Musiklehrer Robert Freund (geb. 1852) aus Budapest.

1028 Allgemein zur Bedeutung des Klaviers, dem «Haschisch für die Frau», vgl. z. B. Corbin, Kulissen, in: Perrot (Hg.), Geschichte des privaten Lebens, Bd. 4, S. 497–499.

1029 Zur Rolle der Kunst vgl. Schlink, Wilhelm: «Kunst ist dazu da, um geselligen Kreisen das gähnende Ungeheuer, die Zeit zu töten». Bildende Kunst im Lebenshaushalt der Gründerzeit, in: Lepsius, Lebensführung und ständische Vergesellschaftung, S. 65–81.

1030 Huber, Dr. Conrad Escher, S. 91.

1031 Zu den Aktivitäten der Gesellschaften vgl. Eidenbenz-Pestalozzi, Friedrich Otto Pestalozzi, S. 27. F. O. Pestalozzi war der letzte Präsident der Künstlergesellschaft, schon dessen Vater war eines der führenden Mitglieder der Vereinigung gewesen.

1032 Vgl. Durrer, Heinrich Angst, S. 207–210.

1033 Eine Kombination des Steuerverzeichnisses von 1905 mit dem Mitgliederverzeichnis von 1906 ergab, dass von den 548 in Zürich steuerpflichtigen Mitgliedern 13% ein Vermögen über 500 000 Franken versteuerten, 13,3% 250 000–499 000, 18,2% 100 000–249 000, 12% 50 000–99 000, 11,3% 10 100–49 000, 5,8% 10 000 oder weniger. 7,5% versteuerten kein Vermögen und weitere 18,4% liessen sich nicht zuordnen. Die Einkommensverteilung war recht ähnlich, wobei 15,7% nur ein Vermögen, aber kein Einkommen versteuerten. 11,2% versteuerten ein Einkommen über 10 100 Franken, 10,6% 7600–10 000, 14,4% 5100–7500, 9,5% 4100–5000, 20,1% 4000 oder weniger. 18,4% liessen sich im Steuerverzeichnis nicht auffinden.

1034 LB-Bern, VZH 22924, Verzeichnis der Mitglieder der Künstlergesellschaft in Zürich, Januar 1875; VZH 22937, Jahresbericht 1904 und Verzeichnis der Mitglieder vom 1. Juni 1905 der Zürcher Kunst-Gesellschaft; VBE 5308, Mitglieder der Bernischen Künstler-Gesellschaft 1880; Mitglieder-Verzeichnis der Bernischen Künstler-Gesellschaft 1897. Die Ehefrauen wurden soweit möglich über den Beruf bzw. Erwerb ihres Ehemannes sozial eingeordnet. Unter den Frauen waren sehr viele Privatières.

1035 Zit. nach Jost, Künstlergesellschaften und Kunstvereine, S. 347.

1036 Schmid, Der junge Alfred Escher, S. 116–118.

1037 Frick, Joh. Hch. Landolt, S. 38.

1038 Zum Wandel der Einstellung den Altertümern gegenüber in den siebziger Jahren vgl. Durrer, Heinrich Angst, S. 69–70.

1039 Rehsteiner, Theodor: Erinnerungen an Herrn Adolf Guyer-Zeller, zit. nach Müller-Füglistaler, Adolf Guyer-Zeller, S. 196. Weil sich Guyer-Zeller 1891 an einer Auktion von Glasgemälden, wo er als Strohmann zugunsten des Landesmuseums auftreten sollte, nicht an die Abmachungen hielt, um einige schöne Exemplare aus dem Zürcher Oberland für sich selbst zu ersteigern, wurde er aus der Antiquarischen Gesellschaft ausgeschlossen. Müller-Füglistaler, S. 80–82.

1040 Widmer, Zürich: eine Kulturgeschichte, Bd 10, S. 82–83.

1041 Boveri, Weg im Wandel der Zeit, S. 165.

1042 Durrer, Heinrich Angst, S. 67–69.

1043 Gruner, Das Bernische Patriziat, S. 188. Samuel Bürki, gestorben 1836, war mit Sophie Margaretha Catharina von Wagner (1785–1861) aus einer alteingesessenen Burgerfamilie verheiratet.

1044 Sophie Catharina Cäcilia (geb. 1806) heiratete durch ihre Ehe mit Karl Albert von Erlach 1836 in höchste patrizische Kreise ein. Banquier Karl Ludwig Samuel Bürki (1805–1853) war mit Julie Sophie Louise von Jenner (geb. 1815) verheiratet.

1045 Zu Friedrich Bürki, seiner Sammlung und seinen Erben vgl. Rahn, Erinnerungen an die Bürki'sche Sammlung, S. 3–8, 41; Durrer, Heinrich Angst, S. 71–72. Der Verkauf guter Stücke schweizerischer Herkunft verstärkte in der Folge die Bestrebungen von Salomon Vögeli und Heinrich Angst um die Gründung eines schweizerischen Landesmuseums.

1046 Vgl. Zollinger, Wissenschaft als Liebhaberei.

1047 Escher, Jakob Escher-Bürkli, S. 26–29.

1048 Juker, Musikschule und Konservatorium für Musik in Bern, S. 5–7.

1049 Vgl. Juker, S. 16ff.

1050 Widmer, Zürich, eine Kulturgeschichte, Bd. 8, S. 95–97.

1051 Zu dieser verbindenden Rolle der Kunst vgl. Jost, Künstlergesellschaften und Kunstvereine in der Zeit der Restauration, S. 362.

1052 Vgl. Müller-Farguell, Kraftwerk der Gefühle, S. 34–37.

1053 Kummer, Beiträge zur Geschichte des Zürcher Aktientheaters, S. 62. Zur Diskrepanz zwischen der bildungsbürgerlichen Idee vom Theater als Bildungsanstalt und der theatergeschichtlichen Realität vgl. Bayerdörfer, Hans-Peter: Theater und Bildungsbürgertum zwischen 48er Revolution und Jahrhundertwende, in: Lepsius, Lebensführung und ständische Vergesellschaftung, S. 42–64, besonders S. 45–47.

1054 Typisch dafür ist die Auseinandersetzung um die Operette von 1877–1878 zwischen dem Theaterkritiker Gerold Vogel (1836–1899), beruflich Sekretär der Erziehungsdirek. und eng befreundet mit deren Chef, dem demokrat. Regierungsrat Sieber, und der Vorsteherschaft des Zürcher Aktientheaters. Vgl. Kummer, Beiträge zur Geschichte des Zürcher Aktientheaters, S. 64–69.

1055 Vgl. Kummer, Beiträge zur Geschichte des Zürcher Aktientheaters, S. 60, 68.

1056 Zur Entwicklung dieser Gesellschaften vgl. II/3. Die Museumsgesellschaft von Zürich, gegründet 1834, war ein Verein zur Pflege einer umfassenden Leseanstalt mit Ausleihbibliothek und Lesesaal mit Zeitungen und Zeitschriften. Die Museumsgesellschaft Bern, die auch Bälle veranstaltete, stellte die Pflege kultureller Geselligkeit etwas mehr in den Vordergrund, sie unterhielt aber ebenfalls eine Leseanstalt für Zeitungen und Zeitschriften.

1057 So musste sich Richard Wagner in seinen Zürcher Konzerten von 1853 noch mit einem Orchester begnügen, das sich weitgehend aus Dilettanten zusammensetzte. Zur Entwicklung des Konzertlebens in der Schweiz, vgl. Schuh, Musikbuch, besonders S. 237–238, 260.

1058 Vgl. Schuh, Musikbuch, S. 373ff.

1059 Zurlinden, Hundert Jahre Bilder aus der Geschichte der Stadt Zürich, Bd. 2, S. 275–276.

1060 1869/70 lag die Anzahl Abonnements bei 476, jene der durchschnittlichen Tageseintritte bei 102; 1876/77 bei 593 bzw. 102; 1880/81 732 bzw. 254; 1885/86 754 bzw. 90; 1890/91 885 bzw. 127; 1900/01, fünf Jahre nach Eröffnung der neuen Tonhalle, 1351 Abonnements und 122 Tageseintritte. 1900/01 gehörten knapp die Hälfte der Abonnements in die beiden besten Platzkategorien im Preis von 50 und 40 Franken für zehn Konzerte, 14 % in die schlechteste Kategorie zu 15 Franken. Vgl. Geschäftsberichte der Alten bzw. Neuen Tonhalle-Gesellschaft.

1061 Vgl. Nipperdey, Wie das Bürgertum die Moderne fand, S. 49.

1062 Vgl. Nipperdey, Wie das Bürgertum die Moderne fand, S. 48–62.

1063 Zürich erhielt 1891 ein neues Stadttheater, 1898 wurde das Schweizerische Landesmuseum eröffnet, 1910 kam mit dem Kunsthaus am Heimplatz auch ein von der Stadt mitfinanziertes grösseres Ausstellungsgebäude für bildende Kunst dazu. In Bern war schon 1879 als Stiftung des Kantons, der Stadt, der Burgergemeinde und der Künstlergesellschaft ein Kunstmuseum errichtet worden, 1894 das Historische Museum, 1903 ein neues Stadttheater, 1908 mit dem neuen Casino auch noch ein neues Konzertgebäude.

1064 Neue Zürcher Zeitung, Morgenblatt, 19. 3. 1904, zit. nach Frischknecht, Aspekte bürgerlichen Bewusstseins, S. 73.

1065 Wissen und Leben, 9. Jg, 1911/12, S. 637–639, zit. nach Frischknecht, Aspekte bürgerlichen Bewusstseins, S. 74.

1066 Das Dürre an diesem bürgerlichen Idealismus, der nach seinen Vorstellungen oft nur ein Abklatsch echter idealistischer Traditionen und Positionen darstellte, thematisierte Carl Spitteler in seinem 1905 erschienenen Roman «Imago». Auch Jakob Bossharts Roman «Ein Rufer in der Wüste» handelt vom Leiden des bürgerlichen Helden, Sohn eines Unternehmers, am Materialismus seiner eigenen Klasse, aber auch der Arbeiterschaft sowie der alten Herrengeschlechter, die sich dem Zeitgeist ebenfalls unterwerfen.

1067 Vgl. Frischknecht, Aspekte des bürgerlichen Bewusstseins, besonders S. 13ff.

1068 Zit. nach Frick, Johann Heinrich Landolt, S. 10.

1069 Vgl. oben.

1070 Nipperdey, Deutsche Geschichte 1866–1914, Bd. 1, S. 176–178, 188.

1071 Zum saisonalen Wohnwechsel vgl. oben.

1072 Zur Bedeutung der Thermalbäder vgl. Gerbod, une forme de sociabilité bourgeoise: le loisir thermal.

1073 ZB-Zürich, FA-Escher 200.103.

1074 Hürlimann, Zeitgenosse aus der Enge, S. 42–44.

1075 Zur Ferienregelung bei den Angestellten, deren Mehrheit bereits vor 1914 einen Ferienanspruch von üblicherweise zwei Wochen im Jahr hatte, vgl. König, Warten und Aufrücken, S. 453. Für die wenigen Arbeiter, die schon vor 1914 für wenige Tage bezahlte Ferien nehmen konnten, stellten sie eine reine Begünstigung von seiten des Unternehmens dar. Gruner, Arbeiterschaft und Wirtschaft, Bd. 1, S. 334–335.

1076 Vgl. Gruner, Arbeiterschaft und Wirtschaft, S. 330–332.

1077 Vgl. Frykman/Löfgren, Culture builders, S. 50–57.

1078 Vgl. Escher, Jakob Escher-Bodmer, S. 10.

1079 Die vier Freunde wollten damit eine Tour wiederholen, die der bekannte Zürcher Bergsteiger Hans Caspar Hirzel-Escher (1792–1851) mit A. Leiste, einem in den besten Familien Zürichs wirkenden Klavierlehrer, 1822 unternommen und in einem 1829 erschienenen Heftchen beschrieben hatte. Vgl. Escher, Jakob Escher-Bodmer, S. 17–18.

1080 Escher führte über seine Ferien und Reisen genau Buch und schildert sie auch in seiner Selbstbiographie ausführlich. Noch als über sechzigjähriger Mann unternahm er im Wallis und Graubünden Bergtouren. Vgl. ZB-Zürich, FA Escher vom Glas 200.103.

1081 Vgl. Anker, Oben statt unten, S. 40–41.

1082   1864 bzw. 1898 gehörten in der Berner SAC-Sektion, die 73 bzw. 357 Mitglieder um-
       fasste, 7 bzw. 5 % zum Besitzbürgertum, 8 bzw. 21 % zum Wirtschaftsbürgertum, je 49 %
       zur Bourgeoisie des talents, 15 bzw. 8 % zum gewerblichen Mittelstand und je 15 % zum
       neuen Mittelstand. Im SAC-Zürich (Sektion Uto), der 1864 33, 1898 447 Mitglieder
       hatte, gehörten 36 bzw. 38 % zum Wirtschafts- und Besitzbürgertum (vorwiegend Kauf-
       leute, nur wenige Fabrikanten), 39 bzw. 36 % zur Bourgeoisie des talents, davon waren
       1864 die Hälfte Universitätsprofessoren, 1898 stellten die Architekten und Ingenieure die
       Hälfte, 6 bzw. 5 % kamen aus dem gewerblichen, keine bzw. 7 % aus dem neuen Mittel-
       stand. Rest bei beiden Sektionen ohne Angaben. Auswertung aufgrund der Mitglieder-
       Verzeichnisse, LB-Bern, V Schweiz 85.

1083   In Bern fanden die monatlichen Zusammenkünfte im Sommer in den ersten Jahren sogar
       oft im Hause oder Garten (!) eines der Mitglieder statt. Die regelmässigen Sitzungen wur-
       den anfänglich jeweils von einem Drittel bis der Hälfte, in den achtziger Jahren einem
       Viertel oder Fünftel der Sektionsmitglieder besucht. Vgl. Dübi, Die ersten fünfzig Jahre
       Sektion Bern S. A. C., S. 51ff. Noch reger war die Beteiligung der Mitglieder am Vereins-
       leben in der Zürcher Sektion Uto, vgl. Festschrift zum vierzigjährigen Bestehen, S. 65.

1084   Zur Entwicklung im 20. Jahrhundert vgl. Anker, Oben statt unten, S. 41–45.

1085   Oettli, Otto von Büren, S. 15–22. In neuen Schweizerfranken kostete die Reise rund 3000
       Franken.

1086   Wie Jakob Escher in seinen Erinnerungen schreibt, ging er zur Fortsetzung seiner Rechts-
       studien ins Ausland, «theils um die vorzüglichen Lehrer Deutschlands in unserem Fache
       zu hören, theils auch um durch den Aufenthalt in grossen Städten und durch Reisen
       meine Menschen- und Weltkenntnis zu erweitern». Zit. nach Schmid, Der junge Alfred
       Escher, S. 98.

1087   Hans Pestalozzi 1848–1909, S. 12–18.

1088   Zur Bedeutung solcher Bildungsreisen im altzürcherischen Milieu der dreissiger und vier-
       ziger Jahre gibt der Freundeskreis um Alfred und Jakob Escher anschauliche Hinweise,
       vgl. Schmid, Der junge Alfred Escher, S. 98–110. für die fünfziger Jahre vgl. Eugen Escher,
       Lebenslauf, S. 18–57. Für die zwanziger Jahre vgl. die Autobiographie von Joh. Caspar
       Bluntschli (1808–1881), als Sohn eines aus dem gewerblichen Mittelstand aufgestiegenen
       Seifen- und Kerzenfabrikanten ist er zugleich ein Beispiel dafür, dass auch weniger arri-
       vierte Familien ihren Söhnen, wenn immer möglich, diese Chance gaben.

1089   Rahn, Erinnerungen, S. 43.

1090   ZB-Zürich, FA Meyer von Knonau, 34, 1–3: Autobiographie von Gerold Meyer von Kno-
       nau, S. 162.

1091   ZB-Zürich, FA Bluntschli 50, Lebenserinnerungen, S. 58.

1092   Sulzer-Bühler, Erinnerungen, S. 118.

1093   Vgl. z. B. für das Winterthurer Industriellenmilieu: Fanny Sulzer-Bühler, Erinnerungen,
       S. 149, 151; für Bern: BB-Bern, Mss. h.h. XLIV 226, Aufzeichnungen unserer lieben Mut-
       ter Blanka Zeerleder-von Fischer, S. 66.

1094   Hürlimann, Zeitgenosse aus der Enge, S. 32.

1095   Die Aufnahmebedingungen waren auf Exklusivität angelegt. Laut Statuten Art. 2 war zum
       Beitritt ein einstimmiger Beschluss des Vorstandes aufgrund eines schriftlichen, von zwei
       Mitgliedern mitunterzeichneten Aufnahmegesuches erforderlich. Präsident des Klubs war
       1902 Hans Wunderly, ein Sohn des reichen Industriellen und Miterben des Spinnerei-
       konzerns von Heinrich Kunz Hans Wunderly-von Muralt. 1903 existierten von den grös-
       sern Schweizer Städten lediglich noch in Basel, Genf und Neuenburg (Pensionate) weitere
       Tennisklubs, die meisten übrigen Klubs befanden sich zu diesem Zeitpunkt noch in Frem-
       denverkehrszentren mit Grands Hotels wie Chateau d'Oex, Davos, Montreux, Maloja und
       Bad Ragaz. Vgl. Illustriertes Lawn-Tennis-Jahrbuch für das Deutsche-Reich, Österreich-
       Ungarn und die Schweiz auf das Jahr 1903. Bereits 1913 waren 28 Klubs, 1914 dann gar

34 Klubs Mitglied der «Association Suisse de Lawn-Tennis». Die organisierten Schweizer Spieler rekrutierten sich vorwiegend aus den freien Berufen, sehr viele waren noch Studenten. Vgl. Annuaire officiel 1914, S. 59.

1096   Fueter, zit. nach Politisches Jahrbuch, Jg. XXII, 1908, S. 591–592.

1097   Politische Jahrbuch, Jg. XXII, 1908, S. 595–596.

1098   Statistisches Jahrbuch, 1910; 1914 hatte sich die Anzahl Autos auf 5411 erhöht, ohne dass sich die berufsspezifische Verteilung wesentlich verändert hätte.

1099   Automobil Club der Schweiz, Mitgliederliste der Sektion Zürich 1915/16, S. 49–57. Unter den 411 Mitgliedern waren auch einzelne mit Wohnort ausserhalb des Kantons. Für 47 Mitglieder, meist ausserhalb Zürichs wohnend, ergaben auch die Adress- und Bürgerverzeichnisse keinen Hinweis auf die Berufs- oder Erwerbstätigkeit.

1100   Automobil Club der Schweiz, Mitgliederliste 1915/16, S. 10–13.

1101   Zur Automobilfeindlichkeit allgemein, besonders der ländlichen Bevölkerung vgl. Schweizer, Willi: Strassenverkehrspolitik und Strassenbau im Wandel der Zeiten, Lizentiatsarbeit, Bern 1988, S. 8–15. Eingehend zum Aufkommen des Autos und seiner Aufnahme durch die breitere Bevölkerung äussert sich Walter Boveri, dessen Vater sich zusammen mit Charles Brown, dem Teilhaber, schon sehr früh ein Auto angeschafft hatte. Vgl. Boveri, Weg im Wandel der Zeit, S. 80–83, 88–95, 370–372.

1102   Fünfzig Jahre Automobil-Club der Schweiz, Sektion Zürich, S. 5–9.

1103   Escher, Dr. Jakob Escher-Bürkli, S. 8.

1104   Sulzer-Bühler, Erinnerungen, S. 196.

1105   Zum bürgerlichen Umgang mit der Zeit allg. vgl. Frykman/Löfgren, Culture builders, S. 13–41.

1106   Zit. nach Meyer, Dr. Rudolf Ischer, S. 2–3.

1107   Zit. nach Meyer, Dr. Rudolf Ischer, S. 16.

1108   In Aufklärungsschriften für Männer wird die Forderung nach Mässigkeit im Geschlechtsleben u. a. gerade von Ärzten auch mit der Notwendigkeit eines sparsamen Umganges mit dem Sperma begründet. Vgl. z. B. für die Zeit um 1850: Führer an den Hochzeitsaltar, S. 187–190; für die Jahrhundertwende: Wyss, Gefahren des ausserehelichen Geschlechtsverkehrs, S. 12.

1109   Thilo, Was sollen unsere erwachsenen Töchter von der Ehe wissen, S. 26.

1110   Heinrich Angst, Seidenkaufmann und Altertumssammler, britischer Generalkonsul und erster Direktor des Landesmuseums, stammte aus Regensberg im Zürcher Unterland. Sein Vater Johannes Angst war von 1832 bis 1848 Schuldenschreiber, Rechnungsrevisor, zugleich auch Gemeinderat, Bezirksrat und Schulpfleger, ab 1851 Kassier, dann Präsident der neugegründeten Ersparniskasse und so etwas wie der «Geheim-Bankier» des Bezirks. Seine Mutter Rosine Stapfer war eine Tochter des Leiters des bekannten gleichnamigen Knabeninstitutes in Horgen, wo sie vor ihrer Ehe, einer reinen Verstandesheirat, die jüngeren Zöglinge unterrichtet hatte. Sozial gehörten die Eltern, wie die Mutter einmal in einem Brief an ihren Sohn, in dem sie dessen Ausgaben für gesellschaftliche und persönliche Bedürfnisse, die ihrem Vermögnsstand nicht entsprachen, kritisiert, selbst schreibt, zum «Mittelstand». Dem einzigen Sohn wollte der Vater, noch mehr aber die Mutter, der Heinrich Angst viel näher stand, eine gute Ausbildung und optimale Förderung seiner Anlagen verschaffen. Nach dem Besuch der Sekundarschule kam er deshalb ins Gymnasium in der Stadt. Vgl. Durrer, Heinrich Angst, S. 7–15, 36.

1111   Zit. nach Durrer, Heinrich Angst, S. 38.

1112   Zit. nach Durrer, Heinrich Angst, S. 44.

1113   Zit. nach Durrer, Heinrich Angst, S. 46–47.

1114   Unmittelbarer Anlass für diese Frage war seine seit Wochen ihn plagende Unsicherheit, ob er sich auf der gemeinsamen Rückfahrt auf dem Dampfschiff der Tochter eines Regierungsrates, in die er sich verliebt hatte, nähern und die aus einem Tanzkurs herrührende Bekanntschaft erneuern soll, ob er mit aller Energie das schöne Ziel, sie, zu erreichen, hinarbeiten soll. Zit. nach Durrer, Heinrich Angst, S. 48.

1115    Hartmann Friedrich Blass-Kitt in seinen Erinnerungen, zit. nach Durrer, Heinrich Angst, S. 56–57. «Herrisches» und streitsüchtiges Verhalten zeigte Hch. Angst schon in seiner Studienzeit gegenüber seinen engern Verbindungskollegen.

1116    Zit. nach Durrer, Heinrich Angst, S. 56–59.

1117    Vgl. Durrer, Heinrich Angst, S. 59–60.

1118    Huber, Dr. Conrad Escher, S. 85–91.

1119    So bezeichnete Fanny Sulzer-Bühler das Tragen von Pelzmänteln, das im Winterthurer bzw. Schweizer Bürgertum erst während des 1. Weltkrieges allgemein üblich wurde, als «vernünftigen Luxus» mit der Begründung, dass so ein Pelzmantel andere Wintermäntel überflüssig mache und erst noch jahrelang halte. Vgl. Erinnerungen, S. 197–198.

1120    Vgl. Oberhänsli, Glarner Unternehmer, S. 230.

1121    Vgl. dazu neben biographischem Material über die betreffenden Unternehmerfamilien für Zürich v. a. Jäger, u. a., Baumwollgarn als Schicksalsfaden, S. 152–156; Schwarzenbach, Das Heiratsverhalten der Horgener Unternehmer, S. 130 sowie Oberhänsli, Die Glarner Unternehmer, S. 89–91, 140–145, 230.

1122    Ein Beispiel unter vielen war dafür Adolf Guyer-Zeller, vgl. Müller-Füglistaler, Adolf Guyer-Zeller, S. 67–82.

1123    Rosenbaum, Formen der Familie, S. 311.

1124    Staehelin, Carl Feer-Herzog, S. 35–40.

1125    Testamentsentwurf vom 12. 1. 1878, zit. nach Staehelin, Carl Feer-Herzog, S. 50.

1126    Vgl. Staehelin, Carl Feer-Herzog, S. 35–36.

1127    Mündliche Auskunft von Anne-Marie Biland von der Kantonalen Denkmalpflege.

1128    Vgl. Bonjour, Theodor Kocher, S. 47, 86–88, 95–102.

1129    Kambli, Der Luxus nach seiner sittlichen und sozialen Bedeutung, S. 24–27. Zu Konrad Wilhelm Kambli (1829–1914) vgl. Barth, Protestantismus, soziale Frage und Sozialismus im Kanton Zürich 1830–1914.

1130    Schindler, Überprüfungen, S. 9, 17, 23.

1131    Hürlimann, Zeitgenosse aus der Enge, S. 43–44.

1132    Chaline, Les bourgeois de Rouen, S. 196, bezeichnet dies geradezu als charakteristischen Zug des bürgerlichen Verhaltens: «C'est là toute une conception du budget familial, soulignant une coexistence entre esprit d'épargne et souci de prestige qui est, sans doute, un des traits caractéristique du comportement bourgeois.»

1133    Faesi, Erlebnisse – Ergebnisse, S. 17–21.

1134    Vgl. Faesi, Erlebnisse – Ergebnisse, S. 17; Von der Mühll, Basler Sitten, S. 64–65; Oberhänsli, Glarner Unternehmer, S. 142.

1135    Vgl. als schönes Beispiel die Schilderung über die Haushaltsführung der Zürcher Millionärin und Wohltäterin Emmi Reiff-Franck von Riccarda Huch, Frühling in der Schweiz, S. 94.

1136    D'Auriac, Deux Républiques, S. 28.

1137    Sulzer-Bühler, Erinnerungen, S. 116–118, 136.

1138    Mooser-Largin, Kindheitserinnerungen, S. 11.

1139    Ein schönes Beispiel dafür ist Bundesrat Emil Frey, der jeweils seine Kuraufenthalte in Baden-Baden dazu benützte, um mit deutschen Adelskreisen, besonders der badischen Fürstenfamilie, in Kontakt zu treten. Vgl. Grieder, Emil Frey, S. 423–426.

1140    Vgl. Lengwiler, Ein Geschlecht sucht Kraft um jeden Preis, S. 39–56.

1141    Zum Militarismus in der Schweiz vgl. Gruner, Arbeiterschaft und Wirtschaft, Bd. 3, S. 549ff. Literarisch hat Paul Ilg in seinem 1916 erschienenen Roman «Der starke Mann» diese militaristischen und antidemokratischen Tendenzen, die sich in die Schweizer Milizarmee eingeschlichen hatten, verarbeitet und traf mit seiner Geschichte vom Bauernsohn und Instruktionsoffizier Lenggenhager die höheren Kader der Schweizer Armee in ihrem Selbstverständnis so schwer, dass aus Kreisen der Offiziersgesellschaft, unter anderem von Eugen Bircher, eine Kampagne gegen Ilg ins Auge gefasst wurde. Vgl. Hächler, Feldtüchtig, welttüchtig?, S. 32–33.

1142  Jaun, Der Schweizerische Generalstab, Vol. VIII, S. 472–486.

1143  Vgl. Schindler, Überprüfungen, S. 17.

1144  Vgl. Schüepp, Die Diskussion über die schweiz. Demokratie von 1900–1914, S. 169–194.

1145  Vgl. Ermatinger, Dichtung und Geistesleben der deutschen Schweiz, S. 608ff., der die Epoche von 1848–1914 als «das Zeitalter des Materialismus» und ein Unterkapitel darin mit «idealistische Gegenströmungen» bezeichnete. Zu Jakob Burckhardts Haltung zur zeitgenössischen Wirtschaft und Gesellschaft, vgl. Bächtold, Der Geist des modernen Wirtschaftslebens im Urteil Jakob Burckhardts. Zum Umfeld solcher Vorstellungen wie Leistungsaristokratie, Rassismus und Sozialdarwinismus vgl. Bracher, Zeit der Ideologien; Hepp, Avantgarde. Moderne Kunst, Kulturkritik und Reformbewegungen nach der Jahrhundertwende sowie Fritz Stern, Kulturpessimismus als politische Gefahr. Eine Analyse nationaler Ideologie, Bern 1963.

1146  Vom Bruch, Kaiser und Bürger, S. 140–141. Zur «Aristokratie des Geistes» vgl. auch Engelhardt, «Bildungsbürgertum», S. 174ff.

1147  Vgl. Mattmüller, Carl Hilty, S. 211–214, 223–224.

1148  Hilty, in: Politisches Jahrbuch der schweizerischen Eidgenossenschaft, 1889, S. 605–607. Hilty hatte allgemein dem grossindustriellen Unternehmertum gegenüber grosse Vorbehalte, vgl. dazu seine Kritik auf einen Nachruf auf den Seidenindustriellen Robert Schwarzenbach (gest. 1904) im Politischen Jahrbuch, 1904, S. 755–756.

1149  Hilty, in: Politisches Jahrbuch der schweiz. Eidgenossenschaft, 1892, S. 722; 1900, S. 452.

1150  Hilty, in: Politisches Jahrbuch der schweizerischen Eidgenossenschaft, 1905, S. 137–138.

1151  Vgl. Frischknecht, Aspekte bürgerlichen Bewusstseins in Zürich. Eingehendere Untersuchungen zu solchen Denkmustern fehlen für die Schweiz.

1152  Zit. nach Stadler, Aus den Tagebüchern des jungen Ernst Gagliardi, S. 156, 161–162.

1153  Vgl. Mattioli, Zwischen Demokratie und totalitärer Diktatur, S. 55–56, 64–71.

1154  De Reynold, Gonzague: Confédération suisse ou République helvétique, in: La Voile latine VI, 1910, S. 401, zit. nach Jost, Die reaktionäre Avantgarde, S. 73.

1155  Bovet, Unser Ziel, in: Wissen und Leben, 1907, S. 2–5.

1156  Keller-Huguenin, Vortrag über «Bürger und Staat» von 1919, zit. nach Erinnerungen und Aufzeichnungen, S. 151.

1157  Keller-Huguenin, Erinnerungen und Aufzeich., S. 71, 74–78, vgl. auch das Vorwort, S. 8.

1158  Keller-Huguenin, Erinnerungen und Aufzeichnungen, S. 8.

1159  Von Sprecher, in: Wissen und Leben, 1911, 468–470.

1160  Von Sprecher, in: Wissen und Leben, 1911, 472–475.

1161  Sulzer-Ziegler, Unternehmertum, S. 3–5.

1162  Zur Mission und zum Bild des freien Unternehmers vgl. Sulzer-Ziegler, Unternehmertum sowie Streik und Staat; Straessle, Eduard Sulzer-Ziegler, S. 95–104; Frischknecht, Aspekte bürgerlichen Bewusstseins, S. 39–42. Zu Sulzers Verbindung mit Alexander Tille vgl. Gruner, Arbeiterschaft und Wirtschaft, Bd. 3, S. 512–513.

1163  Unter anderem auch um 1911/12 in einer Reihe von Aufsätzen in «Wisen und Leben».

1164  Wissen und Leben, 1913, S. 577. Dem Nachruf liess Baur folgenden Vierzeiler voransetzen: Nicht so vieles Federlesen! Lass mich immer nur herein: Denn ich bin ein Mensch gewesen, Und das heisst ein Kämpfer sein.

1165  Straessle, Eduard Sulzer-Ziegler, S. 63–64.

1166  Straessle, Eduard Sulzer-Ziegler, S. 102–104.

1167  Vgl. Jost, Die reaktionäre Avantgarde, besonders S. 81–86; Mattioli, Zwischen Demokratie und totalitärer Diktatur, S. 62–89. Zur Romandie vgl. auch: Clavien, Alain: Les Hélvetistes. Intellectuels et politique en Suisse romande au début du siècle, Lausanne 1993, besonders S. 188ff.

1168    Bircher in einer Artikelserie im Aargauer Tagblatt, zit. nach Heller, Eugen Bircher, S. 33.
1169    Hobsbawn, Blütezeit des Kapitals, S. 307.
1170    Vgl. Widmer, Die Schweiz in der Wachstumskrise, S. 662.
1171    Vgl. Gruner, Arbeiterschaft und Wirtschaft, Bd. 3, S. 512.
1172    Vgl. Braun, Sozialer und kultureller Wandel, S. 97–98.
1173    Wehrlin, Der Fabrikant, S. 14.
1174    Hobsbawn, Blütezeit des Kapitals, S. 307.
1175    Hobsbawn, Blütezeit des Kapitals, S. 308.
1176    Vgl. Oberhänsli, Glarner Unternehmer, S. 96–97, 135–139.
1177    Vgl. z. B. Bühler, Gesellschafts- und Verfassungskunde für die reifere Jugend, S. 58–59; Pfister, Die Bürgerschule.
1178    Boehmert, Der Sozialismus und die Arbeiterfrage, S. 50, 57–58.
1179    Boehmert, Vortrag über das Verhältnis von Arbeiter und Arbeitgeber, S. 14–15, 31.
1180    Boehmert, Der Sozialismus und die Arbeiterfrage, S. 50, 57.
1181    Sulzer-Steiner, Schweizerische Industrie und Sozialismus, S. 8.
1182    Vgl. Hobsbawn, Blütezeit des Kapitals, S. 309.

**3    Geselligkeit, Gesellschaften und Vereine**

1183    Vgl. Nipperdey, Deutsche Geschichte 1800–1866, S. 266–268.
1184    Zum schweizerischen Vereinswesen im 19. Jh. vgl. Jost, Zur Geschichte des Vereinswesen; derselbe, Sociabilité, faits associatifs et vie politique; Mesmer, Nationale Identität; Kaiser, Peter: Die Realisierung des Vereinszwecks – Zur Dynamik von Zielen und Erfolgen im Vereinswesen, in: Jost/Tanner, Geselligkeit, Sozietäten und Vereine, S. 31–47.
1185    Zur zahlenmässigen Entwicklung und der zunehmenden Spezialisierung vgl. Jost, Zur Geschichte des Vereinswesens, 467–468, 477–481.
1186    Vgl. Jeggle, Bemerkungen zur deutschen Geselligkeit, S. 223–225, 231–232.
1187    Scherr, Die Schweiz und die Schweizer, S. 152, 155; vgl. auch Mügge, Die Schweiz und ihre Zustände, Bd. 1, S. 231; Böckel, Hermann Köchly, S. 163.
1188    Bluntschli, Denkwürdiges aus meinem Leben, Bd. 1, S. 50.
1189    Mügge, Die Schweiz und ihre Zustände, Bd. 1, 227–230.
1190    Zit. nach Böckel, Hermann Köchly, S. 163.
1191    Vgl. Böckel, Hermann Köchly, S. 163; Zeller, Erinnerungen, S. 155; Lazarus, Ein deutscher Professor in der Schweiz, 67–69.
1192    Für die Zeit um 1830 vgl. Tagebuch von Marie Reinhold, einer holländischen Diplomatentochter herausgegeben von H. Bloesch, Aus einem hundertjährigen Backfisch-Tagebuch, S. 7–10.
1193    Von Tavel, Meine Kindheit, zit. nach Marti, Rudolf von Tavel, S. 29–30.
1194    Vgl. Helbling, Mariafeld, S. 61ff.; Urner, Die Deutschen in der Schweiz, S. 205–207.
1195    Vgl. Lazarus, Ein deutscher Professor in der Schweiz, S. 67–69.
1196    Scheuchzer, Salomon Bleuler, S. 371–376.
1197    Rübel-Blass, Tagebuch von Cécile Däniker-Haller, Bd. 3, S. 741–742.
1198    Vgl. von Tavel, Meine Kindheit, zit. nach Marti, Rudolf von Tavel, S. 26–35.
1199    Oettli, Oberst Otto von Büren, S. 46, 80ff.
1200    LB-Bern, VBE 4438, Statuten der Evangelischen Gesellschaft von 1885/86. Die gleiche Ziel- und Zweckbestimmung findet sich schon 1832.
1201    Vgl. Schweizer, Paul: Freisinnig – Positiv – Religiössozial. Ein Beitrag zur Geschichte der Richtungen im Schweizerischen Protestantismus, Zürich 1972. Eine kurze Charakterisierung auch bei Barth, Protestantismus, soziale Frage und Sozialismus, S. 16–20. Vgl. auch Nipperdey, Deutsche Geschichte 1800–1866, S. 423–432.

1202 1855/1856 gehörten dem siebenköpfigen Comité 5 Patrizier an, 1886/87 waren von
20 Mitgliedern noch lediglich 3 patrizischer Herkunft. Vgl. LB-Bern, VBE 4438, 25. bzw.
56. Jahresbericht der evangelischen Gesellschft. Vgl. auch Lindt, Die «Evangelische Gesellschaft», S. 415.

1203 Zu diesen religiösen Strömungen und den verschiedenen Erweckungsbewegungen in
Bern im 19. Jahrhundert vgl. Hadorn, Geschichte des Pietismus; Gruner, Die Stillen im
Lande.

1204 Bluntschli, Denkwürdiges aus meinem Leben, Bd. 1, S. 50.

1205 Bluntschli, Denkwürdiges aus meinem Leben, Bd. 1, S. 52.

1206 ZB-Zürich, FA-Escher 200.102, Autobiographie von Jakob Escher-Bodmer, S. 105–106.

1207 ZB-Zürich, FA-Escher 200.102, Autobiographie von Jakob Escher-Bodmer, S. 183–186;
StAZ BX 173/3, Lebenserinnerungen von F. O. Pestalozzi, S. 32–36; Rahn, Erinnerungen
aus den ersten 22 Jahren, S. 67.

1208 Vgl. Sarauw, Ein Haus in Zürich-Riesbach, S. 139.

1209 Stadtarchiv Zürich, VII 75/9: Einige Notizen über Frau M. Pestalozzi-Stadler, 1853–1941.

1210 Largiadèr, Anton: Prof. Dr. Paul Schweizer, 1852–1932, in: Neujahrsblatt auf das Jahr
1934. Zum Besten des Waisenhauses in Zürich, S. 7–9.

1211 Stadtarchiv Zürich, VII 75/II/15: Erinnerungen von Prof. Rudolf Escher (1848–1921) über
die Industrieschule in Zürich und an H. Pestalozzi, S. 20–21.

1212 BB-Bern, LG A. 156.

1213 Vgl. Kummer, Bundesrat Schenk, Seite 154–155; Widmann, Viktor Widmann, Bd. 1,
S. 300–301.

1214 Vgl. Ermatinger, Gottfried Kellers Leben, S. 385.

1215 Fick, Heinrich Fick, Bd. 2, S. 176, 196, 199.

1216 ZB-Zürich, FA-Escher 200.102, Autobiographie von Jakob Escher-Bodmer, S. 101.

1217 Hunziker-Meyer, Zur Erinnerung an die Baugartengesellschaft, S. 225–228.

1218 Gruner, Das bernische Patriziat, S. 14–15.

1219 Berner Zeitung, 25. März 1850.

1220 Berner Zeitung, 22. Mai 1850.

1221 Vgl. Notizen über die Gründung des Cäcilienvereins, in: Jahres-Bericht und Mitglieder-
Verzeichniss des Cäcilien-Vereins der Stadt Bern, Vereinsjahr 1882/83, Bern 1884, S. 17.

1222 Vgl. Bloesch, Die Bernische Musikgesellschaft, S. 298–305.

1223 LB-Bern, VBE 5671, Jahresberichte. 1880 kamen zu den 124 männlichen noch 26 weibliche Mitglieder, darunter 9 Patrizierinnen (34,6%). Gesamthaft stellte damit das Patriziat
um 1880 noch 21,3% der Mitglieder der Musikgesellschaft. 1899 und 1910 wurden die
Frauen und Töchter, sofern angegeben oder eruierbar, unter den Beruf des Mannes oder
Vaters zugeordnet, ebenso die Fräuleins.

1224 LB-Bern, VBE 5671, Bericht des Vorstandes der Bernischen Musikgesellschaft über das
52., 53. und 54. Musikjahr, S. 10–13.

1225 Zur Entwicklung der Mitgliederzahlen vgl. LB-Bern, VBE 5671, Bericht des Vorstandes
der Bernischen Musikgesellschaft über das 49., 50., und 51. Musikjahr.

1226 Jeggle, Bemerkungen zur deutschen Geselligkeit, S. 231.

1227 Widmann, Die Patrizierin, S. 9–10.

1228 Vgl. Nachlass Finsler, Gratulationsbriefe.

1229 Brief vom 29. Juli 1893, zit. nach Müller, Friedrich Hegar, S. 50.

1230 Brief vom 9. Juli 1895, zit. nach Müller, Friedrich Hegar, S. 52. Antisemitische Äusserungen finden sich bei Friedrich Hegar auch andernorts, vgl. z. B. S. 54–55.

1231 BB-Bern, LG A, Statuten von 1848, Art. 1.

1232 Aufruf vom 31. Oktober 1846, zit. nach Tobler, Rückblick auf die Geschichte der
Museumsgesellschaft, S. 8–9.

1233 BB-Bern, LG A, Statuten von 1848, Art. 3.

1234 BB-Bern, LG A, Statuten von 1891.

1235 1848 setzten sich die Mitglieder aus 5,6% Patriziern, 33,8% alten Burgern, 7,6% neuen Burgern und 53% Einwohnern zusammen. 1859: 4,9% Patrizier, 29,5% alte und 11,5% neue Burger sowie 54,1% Einwohner. 1870: 7,6% Patrizier, 20,2% alte und 13,2% neue Burger sowie 59% Einwohner 1886: 5,5% Patrizier, 18% alte und 18,3% neue Burger sowie 58,2% Einwohner 1904: 6,3% Patrizier, 8,8% alte und 20,9% neue Burger sowie 64 % Einwohner.

1236 BB-Bern, LG A, 22–30, Jahresberichte und Verzeichnisse der ordentlichen Mitglieder der Museumsgesellschaft in Bern. Bis 1870 sind hohe Offiziere unter den Rentnern aufgeführt, da es sich meist um ehemalige Offizier in Fremden Diensten handelte. 1886 und 1904 wurden sie zu den hohen Beamten gezählt.

1237 Tobler, Rückblick auf die Geschichte der Museumsgesellschaft, S. 17.

1238 Tobler, Rückblick auf die Geschichte der Museumsgesellschaft, S. 14.

1239 Tobler, Rückblick auf die Geschichte der Museumsgesellschaft, S. 18–20.

1240 Zur Mitgliederentwicklung vgl. Nachtrag zum Rückblick auf die Geschichte der Museumsgesellschaft von 1897 und zum Bericht von 1903 von Eugen Flückiger, Bern 1916. BB-Bern, LG A 10.

1241 Tobler, Rückblick auf die Geschichte der Museumsgesellschaft, S. 19–23.

1242 BB-Bern, LG A, Statuten von 1891, Art. 1.

1243 Tobler, Rückblick auf die Geschichte der Museumsgesellschaft, S. 28–29.

1244 LB-Bern, VZH 23208, Statuten von 1836.

1245 1834 führte die Leseanstalt 39 Schweizer, 8 Deutsche und 7 Französische Zeitungen, 1875 50 Schweizer, 25 Deutsche, 9 Französische, 6 Englische, 5 Italienische und 4 Amerikanische, total 129 Zeitungen. Um 1905 waren es total 125, mit einer leichten Verlagerung zu amerikanischen Zeitungen anstelle von deutschen. Zeitschriften lagen 1835 bereits 175 auf, 1875 waren es 328, 1905 714. Die thematischen Schwerpunkte lagen bei Zeitschriften aus den sogenannten Schönwissenschaften, der Medizin, Philologie, Nationalökonomie, den Naturwissenschaften; um 1905 dann auch aus den Rechtswissenschaften. Vgl. Schollenberger, Hundert Jahre Museumsgesellschaft, S. 62–63.

1246 Schollenberger, Hundert Jahre Museumsgesellschaft, S. 30, 36.

1247 Schollenberger, Hundert Jahre Museumsgesellschaft, S. 23–24.

1248 LB-Bern, VZH 23208, Jahresberichte 1874, 1904.

1249 Vgl. Blanc, Denkschrift zur Jahrhundertfeier, S. 25–33.

1250 Vgl. Strelin, Denkschrift zur Feier des 50jährigen Bestehens, S. 21–24.

1251 Blanc, Denkschrift zur Jahrhundertfeier, S. 41. Auf eine gewisse Radikalisierung der Mitgliederschaft weist auch die Tatsache hin, dass in dieser Zeit recht viele Nicht-Schweizer dem Verein angehörten. Ebenda, S. 52.

1252 Vgl. Schollenberger, Geschichte des Sängervereins Harmonie; Hundert Jahre Harmonie.

1253 Im Detail setzten sich die total 353 Mitglieder um 1869 wie folgt zusammen: Besitzbürgertum 1,4%; Wirtschaftsbürgertum 36,8% (davon 32% Kaufleute, darunter wohl auch etliche nicht selbständige Kaufleute); Bourgeoisie des talents 12,7% (davon 3,7% Architekten/Ingenieure); alter Mittelstand 23,5% (davon 14,2% Handwerksmeister); neuer Mittelstand 21,1%. 1906 sah die berufliche Zusammensetzung der 1309 Mitglieder folgendermassen aus: Wirtschafts- und Besitzbürgertum 48,5% (davon 38,9% selbständige und unselbständige Kaufleute); Bourgeoisie des talents 14,4% (davon 4% Architekten/Ingenieure, 2,3% Direktoren; 2,2% Ärzte); alter Mittelstand 16%; neuer Mittelstand 12%; Handwerker/Arbeiter 5,2%. LB-Bern, VZH 23502, Mitgliederverzeichnisse.

1254 Hundert Jahre Sängerverein Harmonie, S. 10.

1255 Thomann, Der Männerchor Zürich, S. 18; Gubler, Der Männerchor Zürich, S. 7–10.

1256 1906 setzten sich die 1031 aktiven und passiven Mitglieder folgendermassen zusammen:

Besitz- und Wirtschaftsbürgertum 44 % (darunter 35,3 % Kaufleute); Bourgeoisie des talents 23,5 % (darunter 6,7 % Architekten/Ingenieure, vor allem als Aktive; 4,9 % Direktoren; 4,6 % Ärzte); alter Mittelstand 18,7 %; neuer Mittelstand 11,3 %; Handwerker/Arbeiter 2,7 %. LB-Bern, VZH 23101, Mitgliederverzeichnis.

1257 Strelin, Denkschrift zur Feier des 50-jährigen Bestehens, S. 55/56.

1258 LB-Bern, VBE 5464, Mitgliederverzeichnisse und Jahresberichte der Berner Liedertafel. Zum Wirtschaftsbürgertum gezählt, aber nicht separat aufgeführt wurden auch noch Hoteliers, bei der Bourgeoisie des talents sind im Total auch noch vereinzelte Pfarrer sowie weitere akademischer Berufe und Künstler mitenthalten. Gymnasiallehrer wurden den Professoren beigeordnet.

1259 1863 waren bei den Aktiven 18,8 % Burger, davon 6,3 % Neuburger, unter den Passiven 21,2 % bzw. 6,1 %; 1904 waren es bei den Aktiven 12,9 %, davon 8,8 % Burger, bei den Passiven 22,1 % bzw. 15,5 %.

1260 So gehörte zum Beispiel der liberal-konservative Regierungsrat Edmund von Steiger der Liedertafel als Passivmitglied an.

1261 Statuten von 1847, zit. nach Blanc, Denkschrift zur Jahrhundertfeier, S. 34.

1262 Vgl. Blanc, Denkschrift zur Jahrhundertfeier, S. 131–135.

1263 LB-Bern, VBE 5464, Jahresbericht für das Musikjahr 1900/1901, S. 10.

1264 Die Zahl der aktiven Sänger stieg von 70 um 1895 auf 171 um 1905, jene der Passivmitglieder von 142 auf 456. 1910 zählte der Chor 237 Sänger und 703 Passivmitglieder. Vgl. Leumann, Festschrift des Berner Männerchors, Anlage 5.

1265 Vgl. Leumann, Festschrift des Berner Männerchors, S. 11–22.

1266 Vgl. Leumann, Festschrift des Berner Männerchors, S. 41–42.

1267 Bericht von Niklaus Schweizer über die Gründung, zit. nach Liederkranz-Frohsinn, Denkschrift zur Feier des 75jährigen Bestandes, S. 3.

1268 Vgl. Liederkranz-Frohsinn, Denkschrift zur Feier des 75jährigen Bestandes, S. 99.

1269 LB-Bern, VBE 5522, Berner Männerchor; VBE 5462, Liederkranz-Frohsinn.

1270 Liederkranz-Frohsinn. Denkschrift zur Feier des 75jährigen Bestandes, S. VII.

1271 Zirkularschreiben an die Mitglieder des Turnvereins Hottingen und ihren Freundeskreis, zit. nach Bleuler-Waser, S. 15.

1272 Dazu gehörten zwei weitere Mechanikerlehrlinge, die später noch eine Ingenieurausbildung machten, je zwei Ingenieurstudenten, Kaufleute, Beamte sowie ein Zahnarzt, ein Gymnasiast, später Arzt, ein Primarlehrer, später Sekundarlehrer.

1273 Statuten von 1896, zit. nach Bleuler-Waser, Leben und Taten des Lesezirkels, S. 54.

1274 Zur Illustration das Programm von fünf Abenden aus der Saison 1898/99: 1. Abend: Vortrag über das deutsche Volkslied von Prof. E. Schmidt aus Berlin, untermalt durch Liedvorträge durch Mitglieder und Freunde des Vereins; 2. Abend: Vorlesung über Alphonse Daudet von G. Larroumet, Paris, ergänzt durch Rezitationen und musikalische Darbietungen; 3. Abend: Jung Wien. Vorlesung von Dichtungen junger Wiener durch M. Salzer, Wien; 4. Abend: Ludwig Fulda liest aus eigenen Dichtungen, Aufführung des Lustspiels «Unter vier Augen»; 5. Abend: Rezitation von J. Lewinsky vom Burgtheater Wien. Zu den verschiedenen Veranstaltungen von 1882–1907 vgl. Bleuler-Waser.

1275 Zit. nach Bleuler-Waser, Leben und Taten, S. 36.

1276 1907 betrug das Eintrittsgeld 5 Franken und der Jahresbeitrag 7 Franken. Das Abonnement auf eine Lesemappe musste zusätzlich bezahlt werden. Die Familienmappe mit 10 Journalen kostete 10 Franken. Stadtarchiv Zürich, Lesezirkel Hottingen, 25. Jahresbericht.

1277 Bleuler-Waser, Leben und Taten, S. 181.

1278 Berechnung aufgrund von Tabelle 23..

1279 LB-Bern, VZH 23023, Jahresberichte und Mitgliederverzeich. des Lesezirkels Hottingen.

1280 Ulrich, Der Lesezirkel Hottingen, S. 58.

1281 Huch, Frühling in der Schweiz, S. 96–97.

1282 Ulrich, Der Lesezirkel Hottingen, S. 38.

1283 Ulrich, Der Lesezirkel Hottingen, S. 86–88.

1284 Bleuler-Waser, Leben und Taten des Lesezirkels, S. 130–135.

1285 Vgl. Ulrich, Der Lesezirkel Hottingen, S. 16.

1286 Vgl. Mitgliederliste, in: de Tscharner, La Grande Société de Berne.

1287 Im Detail wies die «Grande Société» um 1909 folgende Sozialstruktur auf: Besitzbürgertum 11,6 %; Wirtschaftsbürgertum 32,0 %, davon Bankiers 12,6 %, Kaufleute und Unternehmer 6,8 %, Direktoren und leitende Angestellte 12,6 %; Bourgeoisie des talents 43,7 %, davon Ärzte 5,8 %, Advokaten/Juristen/Notare 18,4 %, Ingenieure/Architekten 8,7 %, Universitätsprofessoren und Dr. phil. 2,9 %, hohe Beamte/Offiziere 7,8 %. 1,9 % waren (noch) mittlere Beamte oder Angestellte. Bei 12,6 % bzw. 11 Mitgliedern war die berufliche Tätigkeit nicht eruierbar. 9 von ihnen waren nicht Burger von Bern. Zusammenstellung aufgrund der Mitgliederliste in de Tscharner, La Grande Société de Berne.

1288 Leiste ähnlicher Art aber von viel kürzerer Lebensdauer waren z. B. der 1760 gegründete Raucherleist, der Mohrenleist, der Sommerleist sowie die Jugendorganisation der Grande Société die Petite Société, die 1832 dann mit der Grande Société fusionierte. Vgl. de Tscharner, La Grande Société de Berne, S. 48ff.

1289 De Tscharner, La Grande Société de Berne, S. 98–116.

1290 Vgl. de Tscharner, La Grande Société de Berne, Art. 8–13 der mehrfach abgeänderten Statuten. Für Ausländer und Schweizer, die ihren Wohnsitz nicht in Bern hatten, galten besondere Vorschriften.

1291 De Tscharner, La Grande Société de Berne, S. 111.

1292 Stadtarchiv Zürich, Pd 25, Vorschriften betreffend die Übertragung von Schilden in der Gesellschaft zum Schneggen und die Aufnahme neuer Schildner, in: Ordnung der Gesellschaft der Schildner zum Schneggen in Zürich vom 1. Dezember 1910, S. 7–10.

1293 Stadtarchiv Zürich, Pd 25, Huber, Betrachtungen eines Schildners, S. 11. 1863 stammten 95 % der Schildner und 78 % ihrer Gattinnen aus Altzürcher Familie. Die Verschiebung der Heiratsallianzen zeigte sich vor allem daran, dass bereits 1906 nur noch 53 % der Gattinnen der Schildner noch altzürcherischer Herkunft war. Zu den Heiratskreisen der Zürcher Aristokratie, vgl. Kp. I/4.

1294 So wurden 1559–1890 75,4 % der Schilde im Mannesstamm erblich weitergegeben, 1900–1929 nur noch 65,3 %. Dagegen nahm die Weitergabe über die Tochtermänner und andere Verwandte der weiblichen Linie zu, von 10,2 % von 1559–1890 auf 17,3 von 1900–1929, ebenso stieg die Weitergabe durch Schenkung oder Zession von 12 % auf 17,3 %.

1295 Stadtarchiv Zürich, Pd 25, Mitgliederverzeichnisse. Um 1900 hatten von den 9 Schildnern, die im Mannesstamme nicht aus altzürcherischen Familien stammten, lediglich zwei nicht eine Ehefrau aus diesem Umfeld.

1296 Stadtarchiv Zürich, Pd 25, Huber, Betrachtungen eines Schildners, S. 11–14.

1297 Von den 1900–1910 25 neu aufgenommenen Mitgliedern gehörten 64 % zur Bourgeoisie des talents und lediglich 36 % waren Kaufleute oder Unternehmer. Stadtarchiv Zürich, Pd 25, Mitgliederverzeichnisse. Zu den Mitgliedern vgl. Tobler-Meyer, Geschichte der 65 Schilde.

1298 Konrad Baumann hatte erst 1853 den Sitz seiner Firma nach Zürich verlegt, Associé war Georg Theodor Goedecke (1809–1862), der sich 1852 in Zürich eingebürgert hatte. Baumann pflegte sowohl geschäftlich als auch privat enge Beziehungen zu Deutschland. Von seinen vier Schwestern heirateten drei sächsische Rittergutsbesitzer. Er selbst war in seiner ersten wie zweiten Ehe mit einer Deutschen verheiratet. Seine aristokratischen Ambitionen äusserten auch darin, dass er für den Sommer 1891 und auch in anderen Jahren jeweils Schloss Wildegg mietete. Im Hause der Witwe Goedecke, die mit Baumanns auch nach dem Tode ihres Mannes weiterhin gesellschaftliche Beziehungen pflegte, wohnte auch Gerold Meyer von Knonau, eines der führenden Mitglieder und nach Georg von Wyss langjähriger Obmann der Schildner. Vgl. Sarauw, Ein Haus in Zürich Riesbach, S. 141.

1299   ZB-Zürich, FA Nüscheler 753, Wahrheitsgetreue, ungeschminkte Darstellung des Con-flictes bei den Böcken im Monat Jänner und Februar 1890. J. C. Nüscheler verdächtigte Obmann Georg von Wyss zudem, dass er sich durch den früheren Stubenmeister Wilhelm Tobler habe verleiten lassen, K. Baumann die Aufnahme zu versprechen und sich damit so engagiert habe, dass der Betreffende nun «entgegen allem bisherigem Herkommen und Übung» der Gesellschaft aufgezwungen werden müsste.

1300   Stadtarchiv Zürich, Pd 25, Ordnung der Gesellschaft der Schildner zum Schneggen in Zürich vom 1. Dezember 1910, S. 3–7; Usteri, Die Schildner zum Schneggen, S. 209ff.

1301   Stadtarchiv Zürich, Pd 25, Statut betreffend die Annahme der «Stubenhitzer», in: Ordnung der Gesellschaft der Schildner zum Schneggen in Zürich vom 1. Dezember 1910, S. 9–10. Zu den Intentionen, die mit dieser Institution verbunden waren, vgl. Huber, Betrachtungen eines Schildners, S. 20–22.

1302   Usteri, Die Schildner zum Schneggen, S. 259–260.

1303   Vgl. Gesellschaft der Bogenschützen.

1304   Vgl. Schwarz, 150 Jahre Gelehrte Gesellschaft, S. 15, 18–19, 51. Die Mitglieder rekrutierten sich bis 1892 zu 83% aus alten Ratsgeschlechtern. 1837–1880 dominierten beruflich die Theologen mit 37%, ihnen folgten die Philosophen, Historiker und Philologen mit 21% und die Mediziner mit 20%. 1881–1922 dominierten mit 36% Akademiker der philosophisch-historischen Richtung, gefolgt von den Naturwissenschaftlern mit 15%, den Magistratspersonen mit 13% und den Theologen mit 10%. Mit je 8% waren die Mediziner, Juristen und Nationalökonomen sowie die Kaufleute vertreten. Ebenda, S. 35.

1305   Vgl. Pestalozzi, Die Mitglieder der Mathematisch-Militärischen Gesellschaft.

1306   Zur «Gesellschaft vom alten Zürich» vgl. ausführlich Kp. III/2.

1307   Vgl. Verzeichnis der Mitglieder, in: Frick, Festgabe zur Feier des 50jährigen Bestehens der Gesellschaft für zürcherische Heraldiker und Historiker. Die am häufigsten vertretenen Geschlechter waren die Pestalozzi, Escher, Nüscheler, Schulthess, Hirzel, von Orelli, Faesi, Wirz, Schinz, Bodmer, Usteri. Sie stellten bis 1907 über ein Drittel der 237 Mitglieder. Von allen 359 Mitgliedern der Gesellschaft von 1858 bis 1945 stammten 62% aus altzürcher Familien, d. h. aus Familien, die schon vor 1798 eingebürgert waren. Vgl. Rübel, Die Heraldiker, S. 4.

1308   Vgl. Faesi, Erlebnisse, Ergebnisse, S. 66–69; Rübel-Kolb, Eduard Rübel Blass, S. 10–11.

1309   Vgl. Rübel-Kolb, Eduard Rübel Blass, S. 36.

1310   Vgl. Rübel-Kolb, Eduard Rübel Blass, S. 36–37; Ganz, Paul: Erinnerungen an die Dichterin Nanny von Escher, 1855–1932, in: Neujahrsblatt auf das Jahr 1953. Zum Besten des Waisenhauses in Zürich, S. 15–18.

1311   Stadtarchiv Zürich, Ae 102, Satzungen vom 19. September 1903, S. 3–5.

1312   Fünfzig Jahre Reitclub Zürich, S. 10–11. Zum gesellschaftlichen Umfeld vgl. auch Meienberg, Die Welt als Wille und Wahn, S. 91–107.

1313   Von den Mitgliedern, die 1881–1900 aufgenommen wurden, waren 53% Offiziere der Artillerie, 29% der Kavallerie, 9% der Infanterie, 7% der Sanität. 1 Mitglied hatte keinen militärischen Grad. 1901–1918 waren 72% der neuen Mitglieder Offiziere der Kavallerie, 9% der Artillerie, 5% der Infanterie und 2% der Sanität. 12% hatten keinen Offiziersgrad. Vgl. Mitgliederverzeichnis, in: Fünfzig Jahre Reitclub Zürich.

1314   Auswertung aufgrund der Kombination des Steuerregisters der Stadt Zürich von 1905 bzw. der Bürgerbücher mit dem Mitgliederverzeichnis.

1315   Usteri, S. 273.

## III    Soziale Identität und «Klassenbewusstsein»

### 1    Der Aufstieg des Bürgertums

1316    Vgl. Peyer, Verfassungsgeschichte der alten Schweiz, S. 44–74; zur frühen und durchgreifenden Kommunalisierung bzw. Entfeudalisierung der Schweiz und deren Bedeutung innerhalb der europäischen Entwicklung im Spätmittelalter und in der frühen Neuzeit vgl. Blickle, Friede und Verfassung. Voraussetzungen und Folgen der Eidgenossenschaft von 1291, in: Innerschweiz und frühe Eidgenossenschaft. Jubiläumsschrift 700 Jahre Eidgenossenschaft, Bd. 1, Olten 1990, S. 64–65, 156ff, 170–171.

1317    Vgl. Peyer, Verfassungsgeschichte der alten Schweiz, S. 107–121; derselbe, Die Anfänge der schweizerischen Aristokratien; Braun, Das ausgehende Ancien Régime in der Schweiz, S. 180–199, 211–230.

1318    Geiser, Bern unter dem Regiment des Patriziates, S. 96.

1319    Meyer, Solothurnische Verfassungszustände zur Zeit des Patriziates, S. 170.

1320    Geiser, Bern unter dem Regiment des Patriziates, S. 90–95, 110; Feller, Geschichte Berns, Bd. 3, S. 464.

1321    Wäber, Bernburger im Einheitsstaat, S. 6.

1322    In Solothurn wie Bern (seit 1731) durften die Adelstitel fremder Herren und Fürsten allerdings nicht gebraucht werden. Meyer, Solothurnische Verfassungszustände zur Zeit des Patriziates, S. 171; Tillier, Geschichte des eidgenössischen Freistaates Bern, Bd. 5, S. 359.

1323    Zu den inneren Auseinandersetzungen um die Rangfolge bzw. Gleichheit unter den regimentsfähigen und regierenden Geschlechtern vgl. Tillier, Bd. 5, S. 357–362, Feller, Bd. 3, S. 442–447, 464–466.

1324    Geschichte des Kantons Freiburg, Bd. 2, S. 763–766.

1325    Vgl. Gruner, Das bernische Patriziat und die Regeneration, S. 12ff; Feller, Geschichte Berns, Bd. 3, S. 465/466; Geschichte des Kantons Freiburg, Bd. 2, S. 768.

1326    Vgl. Braun, Das ausgehende Ancien Régime in der Schweiz, S. 176–184, 212–214, speziell für Zürich Guyer, Die Verfassungszustände der Stadt Zürich im 16., 17. u. 18. Jahrhundert; derselbe, Die soz. Schichtung Zürichs vom Ausgang des Mittelalters bis 1798; für Basel die Arbeiten von His über die Basler Gelehrten, Handelsherren und Staatsmänner.

1327    Guyer, Verfassungszustände der Stadt Zürich, S. 126, 137, 153.

1328    Guyer, Verfassungszustände der Stadt Zürich, S. 21.

1329    Vgl. Schellenberg, Die Bevölkerung Zürichs um 1780, S. 49–50; Guyer, Verfassungszustände der Stadt Zürich, S. 97–102.

1330    Fueter, Die Schweiz seit 1848, S. 18.

1331    Vgl. Guichonnet, Histoire de Genève, S. 238ff.; Braun, Das ausgehende Ancien Régime in der Schweiz, S. 158–159, 194–195, 264–267.

1332    Vgl. Kälin, Die Urner Magistratenfamilien, S. 26–36, 345; derselbe, Strukturwandel der Landsgemeinde-Demokratie. Zur Lage der Urner Magistratenfamilien im 18. und frühen 19. Jahrhundert, S. 182.

1333    Vgl. Tanner, Spulen-Weben-Sticken, S. 403–415; Schläpfer, Walter: Demokratie und Aristokratie in der Appenzellergeschichte des 17. und 18. Jahrhunderts, in: Appenzellische Jahrbücher, 1948.

1334    Stauffacher, Herrschaft und Landsgemeinde, S. 115–116,130–132.

1335    Geschichte der Stadt Aarau, S. 412.

1336    Vgl. die Biographien in Brändli, Die Helvetische Generation.

1337    Braun, Das Ancien Régime, S. 304–307.

1338    Vgl. Böning, Revolution in der Schweiz, S. 78–91; Handbuch der Schweizer Geschichte, Bd. 2, S. 772–779.

1339   Vgl. Böning, Revolution in der Schweiz, S. 122–133, 193–206. Zur helvetischen Elite vgl.
       Handbuch der Schweizer Geschichte, Bd. 2, S. 796–800.

1340   Vgl. Böning, Revolution in der Schweiz, S. 197–200.

1341   Eidgenössische Abschiede 1813–1814, Beilage A, S. 5, zit. nach Handbuch der Schweizer
       Geschichte, Bd. 2, S. 896.

1342   Verfassung des Kantons Aargau von 1803, Art. 2, 13; Verfassung des Kantons Aargau vom
       4. Juli 1814, Art. 7, 16.

1343   Arlettaz, Libéralisme et société dans le Canton de Vaud 1814–1845, S. 99ff.

1344   Vgl. Largiadèr, Geschichte von Stadt und Landschaft Zürich, Bd. 2, S. 75/76, 93–96.

1345   Urkundliche Erklärung des grossen Rathes von Bern vom 21. September 1815, Art. 9; vgl.
       auch Junker, Geschichte des Kantons Bern seit 1798, Bd. 1, S. 231–235.

1346   Zit. nach Scheurer, Soziale Ideen in der Schweiz vor 1848, S. 741.

1347   Zit. nach Meyer von Knonau, Lebenserinnerungen, S. 447.

1348   Zit. nach Junker, Geschichte des Kantons Bern, Bd. 2, S. 48.

1349   Zit. nach Scheurer, Soziale Ideen in der Schweiz vor 1848, S. 758, allgemein vgl. zur
       Mittelklassenideologie der dreissiger Jahre, S. 738ff.

1350   Schweizerischer Republikaner, 3. April 1837, zit. nach Wettstein, Die Regeneration des
       Kantons Zürich, S. 600–601.

1351   Vgl. Krattiger, Mündigkeit, S. 192–194.

1352   Zur Problematik der Niedergelassenen und Aufenthalter vgl. Kp. III/3.

1353   Staatsverfassung für den Eidgenössischen Stand Zürich von 1831, Art. 33.

1354   Verfassung für die Republik Bern von 1831, Art. 31–36; Gemeindegesetz vom 20. Dezem-
       ber 1833, Art. 13/14.

1355   Vgl. Gruner, Die Parteien in der Schweiz, S. 76–77; Krattiger, Mündigkeit, S. 104–105.

1356   Fueter, Die Schweiz seit 1848, S. 26; Vgl. zur ideologischen Ausrichtung auch His,
       Geschichte des neuern Schweizerischen Staatsrechts, Bd. 3, S. 192.

1357   Vgl. Krattiger, Mündigkeit, S. 100–123, 193–194.

1358   So führten die Radikalen in der Waadt unter dem Einfluss Henri Drueys das fakultative
       Veto sowie die Gesetzesinitiative ein. Die Genfer Radikalen unter James Fazy die direkte
       Wahl der Regierung. Die direkte Beteiligung des Volkes an der Gesetzgebung lehnte Fazy
       dagegen ab, er setzte ganz auf die Wahlmündigkeit und Wahlaktivität. Krattiger, Mündig-
       keit, S. 112–113.

1359   Mügge, Die Schweiz und ihre Zustände, Bd. 1, S. 51.

1360   Vgl. Bucher, Die Geschichte des Sonderbundkrieges, S. 29–35, 37–41, 44–50, 511–515.

1361   Segesser, Sammlung kleiner Schriften, Bd. 3, S. VII; vgl. zur politischen Zusammen-
       setzung der Räte im jungen Bundesstaat Düblin, Anfänge der schweizerischen Bundes-
       versammlung, besonders S. 152.

1362   Louis Ruchonnet in einem Brief vom 7. Dezember 1866 an seinen Vater, zit. nach Bon-
       jour, Louis Ruchonnet, S. 204.

1363   Segesser, Sammlung kleiner Schriften, Bd. 3, S. VIII.

1364   Dürr, Urbanität und Bauerntum in der Schweiz, S. 150.

1365   Für die folgenden Angaben vgl. Gruner, Schweizerische Bundesversammlung, Bd. 2,
       S. 154/155, 214–222; zur wechselnden «Parteizugehörigkeit» und den je nach Kanton
       unterschiedlichen Parteibezeichnungen vgl. S. 13f.

1366   Gruner, Schweizerische Bundesversammlung, Bd. 2, S. 61.

1367   Gruner, Schweizerische Bundesversammlung, Bd. 2, S. 42–43, 168.

1368   Fueter, Die Schweiz seit 1848, S. 92.

1369   Dürr, Urbanität und Bauerntum in der Schweiz, S. 150.

1370   «Bundesbaron» C. Feer-Herzog, zit. nach Staehelin, C. Feer-Herzog (1820–1880), S. 197.

1371   Vgl. Wehrli, Die «Bundesbarone»; Gruner, Die Schweizerische Bundesversammlung, Bio-
       graphien.

1372   Eine wichtige Rolle für das Abseitsstehen von Heinrich Escher trotz des wiedergewonnen
         Reichtums spielte der 1788 erfolgte Riesenkonkurs seines Vaters mit einer Schulden-
         summe von 800 000 Gulden und seine Weigerung, für dessen damalige Verfehlungen und
         Schulden nach der Rückkehr 1814 finanziell aufzukommen. Vgl. Schmid, Der junge
         Alfred Escher, S. 14–58.

1373   Bis 1845 vgl. besonders Schmid, Der junge Alfred Escher.

1374   So gehörte er im Januar 1845 zu den Unterzeichnern eines Aufrufes zu einer Volksver-
         sammlung, um gegen die Zulassung der Jesuiten zu protestieren, und beteiligte sich dann
         an deren Leitung. Auch im Grossen Rat wandte er sich in der Debatte um die Instruktio-
         nen der zürcherischen Tagsatzungsgesandten in einer scharfen Rede gegen die Jesuiten.

1375   Escher, P., Erinnerungen aus meinem Leben, S. 23. Jakob Escher, ein ehemaliger Jugend-
         und Studienfreund Eschers, dem er sich seit 1840 aber zunehmend wegen seiner poli-
         tischen Haltung entfremdete, weist in seinen Erinnerungen ebenfalls missbilligend auf
         Eschers Auftritt an der Volksversammlung der Liberalen hin. Vgl. Schmid, W. P., Der
         junge Alfred Escher, S. 152–153.

1376   Zit. nach Gagliardi, Alfred Escher, Anmerkung S. 200. Zur Haltung Eschers allgemein in
         dieser Grundsatzfrage, vgl. S. 193–204.

1377   Vgl. Gagliardi, Alfred Escher, S. 214ff, zur allgemeinen Bedeutung der Eisenbahnfrage für
         Zürich und den industriellen Aufschwung vgl. die geraffte Darstellung bei Craig, Geld
         und Geist, S. 109–120.

1378   Gagliardi, Alfred Escher, S. 526–527.

1379   Zum Verhältnis Eschers zu Stämpfli vgl. Gagliardi, Alfred Escher, S. 412–415. Für eine
         anfängliche Freundschaft, wie Segesser sie behauptet, findet Gagliardi keine Belege.

1380   Segesser, Sammlung kleiner Schriften, Bd. 3, S. XVII.

1381   Segesser, Sammlung kleiner Schriften, Bd. 3, S. XVIII–XIX.

1382   Mesmer, Jakob Stämpfli 1820–1879, in: Altermatt, Die Schweizer Bundesräte, S. 147.

1383   Zur jungen Schule vgl. Feller, Berns Verfassungskämpfe, S. 153–158.

1384   Vergleiche Weiss, Jakob Stämpfli, Seite 1–32, 566–568; Feller, Berns Verfassungskämpfe,
         S. 158–172.

1385   Vgl. Weiss, Jakob Stämpfli, S. 512–514, Gagliardi, Alfred Escher, S. 196–199.

1386   Als Regierungsrat verdiente Stämpfli nach der Erhöhung durch die radikale Regierung
         1846–1850 jährlich 3500 Alte Franken bzw. rund 5000 neue Franken. Auch als Bundesrat
         bewegte sich sein Einkommen in diesem Rahmen.

1387   Öffentliche Erklärung von J. Stämpfli vom 2. Oktober 1863, zit. nach Neue Zürcher
         Zeitung, 6. 10. 1863. Nach Gagliardi und Aufzeichnungen von Dubs beschäftigte sich
         Stämpfli schon früher, sicher seit Ende Juni 1862 auf Drängen seiner Familie mit Rück-
         trittsabsichten.

1388   Erklärung von Stämpfli in der Berner Zeitung, zit. nach der Neue Zürcher Zeitung,
         4. Oktober 1863.

1389   Vgl. Gruner, Schweizerische Bundesversammlung, Bd. 1, S. 232–234; Mesmer, S. 147.

1390   Craig, Geld und Geist, S. 260. Vgl. Gruner, Die Arbeiter in der Schweiz im 19. Jahrhun-
         dert, S. 980ff. Staehelin, Carl Feer-Herzog, S. 62.

1391   Kaiser, Grundsätze schweizerischer Politik, S. 600f.

1392   Moynier, Gustave: Les institutions ouvrières de la Suisse, Paris-Genève 1867, S. 5.

1393   Berner Tagespost, 17. März 1871.

1394   Berner Tagespost, 16. März 1871.

1395   Für die stark mittelständisch geprägte Sicht der Demokraten vgl. unten.

1396   Johann Jakob Vogt, geb. 1816 in Oberdiessbach, Kanton Bern, wirkte seit 1834 zunächst
         als Primar-, später als Sekundarlehrer. 1849 wurde er Vorsteher der Zwangsarbeitsanstalt
         Thorberg, 1850 entliess ihn die konservative Regierung. Vogt betätigte sich in der Folge
         als Beamter der Bundeskanzlei, Redaktor und Armeninspektor. Er war Berichterstatter für

das Armenwesen im Auftrag des radikalen Regierungsrates Karl Schenk. Vgl. Gruner, Die
Arbeiter im 19. Jahrhundert, S. 510, Anmerkung 29.

1397  Vogt, Das Armenwesen, Bd. 1, S. 227.

1398  Vogt, Das Armenwesen, Bd. 1, S. 228.

1399  Vogt, Das Armenwesen, Bd. 1, S. 239.

1400  Vogt, Das Armenwesen, Bd. 1, S. 228–234.

1401  Auch die Angst vor den untern drei Klassen, die zusammen mit den mittellosen Arbeitern
      nicht nur die Herren, sondern auch die Mittelklassen bedrohen könnten, kommt bei Vogt
      deutlich zum Ausdruck. Er setzte sie unter anderem auch dazu ein, seine Korrektionsmit-
      tel der verwerflichen Besitzverhältnisse, Luxusabgaben und Progressivsteuern bzw. Ar-
      beits- und Verdienstschaffung, zu legitimieren. Vogt, Das Armenwesen, Bd. 1, S. 243–245.

1402  Vogt, Das Armenwesen, Bd. 1, S. 242–243.

1403  Zur Begrifflichkeit vgl. Schaffner, Die demokratische Bewegung, S. 23–27; Gilg, Die Ent-
      stehung der demokratischen Bewegung, S. 20–29.

1404  Vgl. Greyerz, Der Bundesstaat seit 1848, S. 1055–1063, zu den auslösenden Ereignissen,
      dem Verlauf und den Erscheinungsformen der verschiedenen Bewegungen vgl. Schaffner,
      Die demokratische Bewegung, S. 147–154; zu den sozial- und wirtschaftspolitischen For-
      derungen vgl. Gilg, Die Entstehung der demokratischen Bewegung; Rutishauser, Libe-
      ralismus und Sozialpolitik, S. 91–94.

1405  Gruner, Die Arbeiter in der Schweiz im 19. Jahrhundert, S. 732–737.

1406  Exponenten der Arbeiterschaft unter den Demokraten waren in Zürich Karl Bürkli sowie
      der Schneider August Krebser.

1407  Bernet, Nach zwanzig Jahren, S. 72, zu seiner Sicht der sozialen Frage vgl. S. 38–59.

1408  Fueter, Die Schweiz seit 1848, S. 95.

1409  Salomon Bleuler in seiner begleitenden Broschüre «Warum» zur Proklamation vom
      8. Dez. 1867, zit. nach Scheuchzer, Salomon Bleuler, S. 145.

1410  Frühe Anhänger solcher Vorstellungen waren z. B. Friedrich Bernet, J. C. Sieber oder
      Joh. Jak. Sulzer. Vgl. Gilg, Die Entstehung der demokratischen Bewegung, S. 296–297.

1411  Gilg, Die Entstehung der demokratischen Bewegung, S. 297.

1412  Vgl. zur demokratischen Bewegung in Zürich und ihren Ursachen auch Schaffner, Die de-
      mokratische Bewegung; Craig, Geld und Geist, S. 261–273; Peyer, Zürich im Jahre 1868.

1413  Proklamation an das Zürcher Volk vom 8. Dezember 1867, zit. nach Scheuchzer, Salomon
      Bleuler, S. 139–140. Zu den Forderungen vgl. detailliert Schaffner, Die demokratische
      Bewegung, S. 47–65, besonders S. 64.

1414  Vgl. Abriss der Diskussion um die neue Verfassung und die wichtigsten Regelungen in:
      Dändliker, Geschichte der Stadt und des Kantons Zürich, 3. Bd., S. 382–393; Sträuli, Ver-
      fassung des eidgenössischen Standes Zürich vom 18. April 1868.

1415  Rutishauser, Liberalismus und Sozialpolitik, S. 86–87, vgl. auch detailliert Rothweiler, Die
      Artikel 23 und 24 der Zürcherischen Staatsverfassung von 1869.

1416  Vgl. zur Berner demokratischen Bewegung vor allem Widmeier, Die Entwicklung der
      bernischen Volksrechte, S. 106ff; ferner Gilg, Die Entstehung der demokratischen Be-
      wegung, S. 75–78, 215–225; Junker, Geschichte des Kantons Bern, Bd. 2, S. 323–337.

1417  Direkt auf die Berner Verhältnisse bezogen, geschah dies vor allem durch Johann Jakob
      Romang in seinem 1865 erschienenen Pamphlet «Öffnet die Augen im Bernerland»,
      worin er zur Rettung des bäuerlichen Mittelstandes aufrief. Vgl. Gilg, Die Entstehung der
      demokratischen Bewegung, S. 302–303.

1418  Berner Blatt, 4. Juli 1868.

1419  Ein Teil der Altradikalen, die katholisch-konservativen Jurassier und ein Teil der Konser-
      vativen um August von Gonzenbach, die sich vor allem für das Veto stark gemacht hatten,
      lehnten die Vorlage ab. Vgl. Widmeier, Die Entwicklung der bernischen Volksrechte,
      S. 168–193.

1420  Gruner, Die Arbeiter in der Schweiz im 19. Jahrhundert, S. 980.
1421  Bernet, Nach zwanzig Jahren, S. 38.
1422  Der Landbote, 1868, Nr. 125, zit. nach Sträuli, Verfassung des eidgenössischen Standes Zürich, S. 27.
1423  Der Landbote, 2. Mai 1866, zit. nach Schaffner, «Volk» gegen «Herren». Auch die übrigen zeitgenössischen Begriffe stammen daraus.
1424  Salomon Bleuler in seiner begleitenden Broschüre «Warum» zur Proklamation vom 8. Dez. 1867, zit. nach Scheuchzer, Salomon Bleuler, S. 145–146.
1425  Proklamation des kantonalen Komitees vom 8. Dezember 1867, zit. nach Scheuchzer, Salomon Bleuler, S. 138.
1426  Vgl. Staehelin, Carl Feer-Herzog (1820–1880), S. 195.
1427  1874 kannten nur noch der Tessin, Baselstadt, Freiburg und Genf reine repräsentative Systeme, alle übrigen Kantone ohne Landsgemeinde hatten eine beschränkte Repräsentativverfassung oder waren wie Zürich, Thurgau und Baselland zur neuen direkten Demokratie übergegangen.
1428  Gruner, Die Wahlen in den schweizerischen Nationalrat, Bd. 1, S. 982–985; Grieder, Der Baselbieter Bundesrat Emil Frey, S. 349.
1429  Vgl. Gruner, Die Arbeiter in der Schweiz im 19. Jahrhundert, S. 273–279, 979–989.
1430  Bernet, Nach zwanzig Jahren, S. 71–72.

## 2    Die «Mittelklassen» und die «Herren»

1431  Zum zeitgenössischen Gebrauch der Begriffe «Aristokratie» und «Aristokraten» vgl. unten. Für die allgemeine Verwendung der Wortbildung «Aristokrat» im deutschen Sprachraum vor und nach 1789 vgl. Conze, Adel, Aristokratie, in: Geschichtliche Grundbegriffe, Bd. 1, S. 27–28, 47.
1432  Zum Gebrauch dieser Begriffe in der demokratischen Bewegung vgl. Schaffner, «Volk» gegen «Herren», besonders S. 46.
1433  Vgl. Post Tenebras Lux, XXIX. Jg., Februar 1896, S. 4.
1434  Blösch, Eduard Blösch, S. 266.
1435  Zit. nach Weiss, Jakob Stämpfli, S. 417.
1436  Gemeint ist durch die Förderung der Centralbahn, an der nach Meinung des Autors die Patrizier als Aktienbesitzer beteiligt waren.
1437  Berner Zeitung, 10. Oktober 1858.
1438  Vgl. Huber, Conrad Escher. Conrad Escher gehörte mit einem Steuervermögen von 1,6 Millionen Franken zu den reichsten Stadtzürchern.
1439  Der Landbote, 29. Juli 1882, zit. nach Huber, Conrad Escher, S. 18.
1440  Zit. nach Huber, Conrad Escher, S. 17.
1441  Vgl. Neue Zürcher Zeitung, 31. Juli 1882. Pfarrer Grob gehörte einer am Regiment beteiligten Altzürcher Familie an, mütterlicherseits war er sogar mit den Gessners verwandt.
1442  Für die Verhältnisse innerhalb der Stadtgemeinde vergleiche die detaillierte Analyse im Kp. III/3.
1443  Vgl. Kp. I/4.
1444  Blösch, Eduard Blösch, S. 25.
1445  Memorial von Eduard Blösch an den ehemaligen Vorgesetzten Verhörrichter von Wattenwyl, zit. nach Blösch, Eduard Blösch, S. 458.
1446  Nach der Verfassung von 1831 sollten 40 Mandate durch die 200 von Wahlmännern gewählten Räte nachträglich noch besetzt werden.
1447  Diese Meinungsverschiedenheiten hatten eine erste Spaltung der liberalen Bewegung zur Folge. Zur Haltung der nicht-patrizischen Burgerschaft in der liberalen Revolution vgl. Gruner, Das bernische Patriziat, S. 126–129, ausführlich Wäber, Die nichtpatrizische Bur-

gerschaft der Stadt Bern und die Umwälzung von 1830/31, in: Berner Zeitschrift für Geschichte und Heimatkunde, 1973, S. 33–88.

1448 Zit. nach Gruner, Das bernische Patriziat, S. 130.

1449 Protokoll des Stadtrates, zit. nach Gruner, Das bernische Patriziat, S. 204.

1450 Vgl. zum Werbekomplott Gruner, Das bernische Patriziat, S. 214–235. Ernsthaften Charakter hatten laut Gruner nur die Anwerbungen von Hauptmann von Lentulus, der die Unterstützung gewisser patrizischer Kreise besass. Die Anwerbungen der beiden übrigen angeblichen Rädelsführer, Major Karl Ferdinand Fischer sowie Hauptmann Karl Rudolf Friedrich von Werdt, beruhten mehr auf Gerüchten denn auf Tatsachen bzw. dienten offenbar nur zur Abwehr befürchteter Übergriffe der liberalen Schutzvereine.

1451 Hans Schnell trat sogar zunächst dafür ein, die Siebner sofort hängen zu lassen. Vgl. allgemein zur Erlacherhofverschwörung und zum angespannten politischen Klima im Sommer 1832 Gruner, Das bernische Patriziat, S. 205–209, 240–242.

1452 Vgl. Gruner, Das bernische Patriziat, S. 248–251. Verleumdungen dieser Art gehörten allerdings schon vorher zum politischen Tageskampf, vgl. ebenda, S. 176–177.

1453 Die Wahlen in der vom Kanton auf den 17. Oktober 1832 angeordneten ersten Einwohnergemeindeversammlung vermochte das Patriziat dank starker Präsenz sowie sorgfältigem und planmässigem Vorgehen bei den Wahlen in den entscheidenden Gremien die Mehrheit zu gewinnen.

1454 Die beiden Zitate sind Ausschnitte aus zwei Kommentaren liberaler Blätter zur Grossratssitzung vom 7./8. April 1836, in der über die Anträge der Dotationskommission befunden wurde. Vom Geist der Gerechtigkeit sprach der Berner Volksfreund, das Organ der Burgdorfer Liberalen, die antipatrizische Stossrichtung legte der Schweizerische Beobachter offen. Zit. nach Gruner, Das bernische Patriziat, S. 269.

1455 Im Dotationsstreit ging es im wesentlichen um eine Neuverteilung des in der Dotationsurkunde von 1803 der Stadt zugesprochenen Anteils des Staatsvermögens. Ausgangspunkt war die noch unter der alten, patrizischen Regierung erfolgte Überweisung von über einer Million Franken an die beiden burgerlichen bzw. städtischen Spitäler. Die Liberalen interpretierten diese Dotierung als ein absichtliches Beiseiteschaffen von Staatsgeldern zu reaktionären Zwecken. Vgl. Gruner, Das bernische Patriziat, S. 266–271.

1456 Streitpunkt waren Gelder, die als Teil des bernischen Staatsschatzes im März 1798 durch die beiden Patrizier Gottlieb von Jenner und Bankier Ludwig Zeerleder vor dem Zugriff der französischen Besatzungsmacht sowie der helvetischen Regierung beiseite geschafft und verwaltet worden waren, infolgedessen bei der Aufteilung des Staatsvermögens zwischen der Stadt und dem Staat, in der sogenannten Dotation, aber nicht miteinbezogen und einem burgerlichen Separat- oder Geheim-Fonds überwiesen wurden. 1821 erfolgte die offizielle Rückgabe, worauf Jenner wie Zeerleder ihrer Verantwortung enthoben wurden. Im Zusammenhang mit der Überprüfung der Dotation stiess die grossrätliche Dotationskommission auch auf Hinweise über diese geretteten Gelder, worauf von liberaler Seite vermutet wurde, dass ein Teil dieser Gelder von Patriziern für sich privat oder für Sonderfonds zu reaktionären Zwecken abgezweigt worden wären. 1836 wurde in der Folge der noch lebende Ludwig Zeerleder wegen Entfremdung von Staatsgeldern für 20 Tage in Untersuchungshaft gesetzt, 1837 nochmals für mehr als ein halbes Jahr. 1839 wurde Zeerleder, nachdem keine der Verdächtigungen hatte belegt werden können, vom Amtsgericht freigesprochen, 1842 bestätigte das Obergericht den Freispruch.

1457 Dieser Vergleich war weitgehend das Verdienst der beiden Kommissionspräsidenten Eduard Blösch, der den Kanton vertrat, und Ludwig Fischer von Reichenbach, der für die Stadt die Verhandlungen führte. Blösch wie Fischer sollten sich dann 1850 im Lager der Konservativen zusammenfinden. Vgl. unten.

1458 Bittschrift des politischen Schutzvereins vom 31. Dezember 1833, zit. nach von Rodt, Bern im 19. Jahrhundert, S. 99.

1459   Kellerhals, Die Fischer aus Bern.

1460   Junker, Geschichte des Kantons Bern, Bd. 2, S. 78–80.

1461   Vgl. Gruner, Das bernische Patriziat, S. 274–276.

1462   Vgl. Feller, Berns Verfassungskämpfe, S. 83–86, 93–95, 105–108; Gruner, Das bernische
       Patriziat, S. 251–256.

1463   So wurden zwar die Loskaufsbedingungen für die staatlichen Zehnten bereits 1832
       erleichtert, nicht aber jene für Zehnten und Bodenzinse, die im Besitz von Privatpersonen
       oder Korporationen waren. Erst nach heftigen Auseinandersetzungen wurden 1837 dann
       die Loskaufsbedingungen der privaten Zehnten und Bodenzinsen auf Gesetzesebene mit
       jenen der staatlichen gleichgesetzt. Ein Dekretsentwurf zur Ausführung des Zehntloskaufs
       fand 1840 dann aber im Grossen Rat keine Mehrheit.

1464   Amtsrichter Häberli an Karl Schnell, 7. Sept. 1835, zit. nach Sommer, Karl Schnell von
       Burgdorf, S. 164. Zur Rechtsamebewegung vgl. ebenda, S. 163–166; Gruner, Das berni-
       sche Patriziat, S. 252–255.

1465   Gruner, Das bernische Patriziat, S. 166.

1466   Zit. nach von Fischer, Lebensnachrichten über Emanuel Friedrich von Fischer, S. 327/328.

1467   Fischer an Baron von Effinger, 20. März 1832, zit. nach Gruner, Das bernische Patriziat,
       S. 193. Zur Bewertung allgemein vgl. ebenda, S. 193–195.

1468   Gruner, Das bernische Patriziat, S. 200–203.

1469   Die namhaftesten liberalen Patrizier waren Karl Anton von Lerber (1784–1837), Karl
       Friedrich Tscharner (1772–1844), Anton von Tillier (1792–1854), die dann alle auch eine
       gewisse Zeit lang Mitglied der Regierung waren, sowie Philipp Emanuel von Fellenberg
       (1774–1844).

1470   Beat Rudolf von Lerber (1788–1849), Emanuel Bernhard von Goumoens (1796–1860),
       Karl Stettler-von Rodt (1802–1870) oder Franz Karl von Tavel (1801–1865).

1471   Vertreter dieser Richtung waren der ehemalige und neue Staatsschreiber Albrecht Frie-
       drich von May, Regierungsrat Ludwig von Jenner,

1472   Vgl. Gruner, Das bernische Patriziat, S. 169, 191–193.

1473   Vgl. zur Motivation die Aussagen von Karl Ludwig Stettler, der selbst den Ultras an-
       gehörte, sowie von Friedrich Zeerleder, einem der Mitglieder des Wahlausschusses von
       1835, in Gruner, Das bernische Patriziat, S. 340/341.

1474   So Karl Ludwig Stettler, ein Vertreter der Ultras, vgl. Gruner, Das bern. Patriziat, S. 344.

1475   Vgl. Gruner, Das bernische Patriziat, S. 347.

1476   Vgl. Gruner, Das bernische Patriziat, S. 348–356.

1477   Zur jungen Schule vgl. Feller, Berns Verfassungskämpfe, S. 153–162.

1478   Vgl. Feller, Berns Verfassungskämpfe, S. 172–175, 203–235.

1479   Vgl. Feller, Berns Verfassungskämpfe, S. 237–241.

1480   Zur Entstehung der radikalen Partei vgl. Feller, Berns Verfassungskämpfe, S. 162–172,
       185–187.

1481   Feller, Berns Verfassungskämpfe, S. 175–181.

1482   Feller, Berns Verfassungskämpfe, S. 224.

1483   Deshalb legten sie auch grössten Wert darauf zu betonen, dass sich die meisten der noch
       lebenden führenden «Männer von 1831» ihnen angeschlossen hätten, und nannten sich
       selbst anfänglich auch liberale Partei oder Liberal-Konservative. Erst allmählich bürgerte
       sich dann der Name konservative Partei ein. Vgl. Blösch, Eduard Blösch, S. 281.

1484   Blösch, Eduard Blösch, S. 97.

1485   Zum Verhältnis Blöschs zum Patriziat vgl. Blösch, Eduard Blösch, S. 25, 142/143,
       273/274, 465; Segesser, Sammlung kleiner Schriften, Bd. 3, S. XIII; von Fischer, Lebens-
       nachrichten über Emanuel Friedrich von Fischer, S. 495–502.

1486   Vgl. von Fischer, Lebensnachrichten über Emanuel Friedrich von Fischer, S. 494–497.

1487   Von Fischer, Lebensnachrichten über Emanuel Friedrich von Fischer, S. 501. Die Annahme der Wahl bezeichnete er selbst als Sprung über den «Graben» und hoffte seine «Grollgefühle» bemeistern zu können. Ebenda, S. 498–499.

1488   Blösch, Eduard Blösch, S. 370–371.

1489   Vgl. die Kontroverse mit Theodor von Hallwyl, der sich in der Schweizerischen Bundeszeitung für die Patrizier und deren Verdienste für das Berner Volk einsetzte und der ihr Zusammengehen mit den Konservativen und ihr Eintreten für Freiheit und Ordnung als einen aufrichtigen Anschluss an die neue Ordnung interpretierte. Berner Zeitung, 23./26. April 1850, 22. Mai 1850.

1490   Berner Zeitung, 16. Juni 1850.

1491   Vgl. Junker, Geschichte des Kantons Bern seit 1798, Bd. 2, S. 233.

1492   Berner Zeitung, 14. Mai 1850.

1493   Berner Zeitung, 14. Mai 1850.

1494   Berner Zeitung, 15. Mai 1850.

1495   Berner Zeitung, 15. Mai 1850.

1496   Vgl. Wiss-Belleville, Pierre Coullery und die Anfänge der Arbeiterbewegung in Bern und der Westschweiz, S. 46.

1497   Vgl. Wiss-Belleville, Pierre Coullery und die Anfänge der Arbeiterbewegung in Bern und der Westschweiz, S. 46–54.

1498   Wie schon die Liberalen behaupteten nun auch die Radikalen, dass ein Teil des 1798 vor den Franzosen geretteten Staatsschatzes nicht an den Staat zurückgeflossen, sondern in den Taschen des Patriziates versickert sei.

1499   Vgl. Wiss-Belleville, Pierre Coullery und die Anfänge der Arbeiterbewegung in Bern und der Westschweiz, S. 61–66.

1500   1850 nahmen rund 70 000 Bürger an den Wahlversammlungen teil, bei den Nationalratswahlen waren es 85 700 (86,6 % der Wahlberechtigten). Junker, Geschichte des Kantons Bern seit 1798, Bd. 1, S. 250.

1501   Schweizerische Bundeszeitung, 1850, Nr. 78, zit. nach Weiss, Stämpfli, S. 342.

1502   Blösch, Eduard Blösch, S. 338. Zum Vorwurf sozialistischer Tendenzen vgl. Weiss, Stämpfli, S. 340–349, 416–417; zum Verhältnis des Berner Radikalismus der frühen fünfziger Jahre zum Sozialismus vgl. Wiss-Belleville, Pierre Coullery und die Anfänge der Arbeiterbewegung in Bern und der Westschweiz, S. 30–32, 55–58, 65–66.

1503   So legte die konservative Regierung bereits anfangs März 1851 den Entwurf für ein «Gesetz betreffend die Verbreitung von Grundsätzen gegen die Unverletzlichkeit des Eigenthums», das sogenannte Berner Maulkratten- oder Kommunistengesetz, vor, das eine leicht veränderte Fassung des gegen Johann Jakob Treichler 1846 in Zürich erlassenen Gesetzes darstellte. Der Entwurf erhielt allerdings nie Gesetzeskraft, seine Bestimmungen gingen dann jedoch weitgehend im 1852 veröffentlichten und von den Radikalen heftig bekämpften Gesetz über den Missbrauch der Presse auf. Mit Beschluss vom 16. Juni 1852 hob die Regierung im Kanton Bern den Schweizerischen Grütliverein auf und verbot jede weiteren Zusammenkünfte dieses Vereins.

1504   Berner Zeitung, 22. März 1854.

1505   Berner Zeitung, 27. Feb. 1854.

1506   Berner Zeitung, 26. Feb. 1854.

1507   Berner Zeitung, 28. Feb. 1854.

1508   Berner Zeitung, 18. März 1854.

1509   Vgl. von Fischer, Lebensnachrichten über Emanuel Friedrich von Fischer, S. 532.

1510   Blösch im Mai 1854, zit. nach: Blösch, Eduard Blösch, S. 425.

1511   Zur Stellung des Patriziates und zur Entwicklung der parteimässigen Organisationen in der Stadt vgl. IV/3.

1512   Staatskalender für die betreffenden Jahre.

1513   Flugblatt, zit. nach Moser, S. 160.

1514    Zit. nach Moser, S. 161.

1515    Berner Zeitung, 26. Jan. 1888; von Wattenwyl, Entwicklung der Burgergemeinde seit 1798, S. 236.

1516    Vgl. Gruner, Edmund von Steiger, S. 55, 69.

1517    1882 gehörte von Steiger zu den Mitbegründern des Vereins der Unabhängigen, vgl. Gruner, Edmund von Steiger, S. 71ff.

1518    Zit. nach Gruner, Edmund von Steiger, S. 75.

1519    Regierungsetat des Kantons Zürich, 1832.

1520    Die Stadt bildete damit mit den umliegenden Landgemeinden, die bevölkerungsmässig die Stadt weit übertrafen, einen Bezirk. Wettstein, Die Regeneration des Kantons Zürich, S. 294–296.

1521    Neue Zürcher Zeitung, 5. November 1831.

1522    Vgl. Wettstein, Die Regeneration des Kantons Zürich, S. 139, 149.

1523    Die Bezeichnungen Liberale und Radikale wurden in Zürich seit den frühen dreissiger Jahren verwendet, zunächst nannte sich die «Bewegungspartei» eher liberal, gegen Ende der dreissiger Jahre rückte die Bezeichnung radikal in den Vordergrund. Vgl. Meyer von Knonau, Lebenserinnerungen von Ludwig Meyer von Knonau, S. 423.

1524    Vgl. Zurlinden, Hundert Jahre Bilder, Bd. 1, S. 79–80.

1525    Wettstein, Die Regeneration des Kantons Zürich, S. 102–103.

1526    Zum Juste milieu allgemein vgl. Wettstein, Die Regeneration des Kantons Zürich, S. 96–104 sowie Witz, Heinrich Nüscheler, S. 256–261, 271–277.

1527    Wilhelm Füssli in seiner Eröffnungsrede am 26. Feb. 1832, zit. nach Wettstein, Die Regeneration des Kantons Zürich, S. 165.

1528    Zu Usteris Rolle vgl. Wettstein, Die Regeneration des Kantons Zürich, S. 91–94; Guggenbühl, Bürgermeister Paul Usteri, Bd. 2, S. 293–294; Craig, Geld und Geist, S. 58–59.

1529    Vgl. Wettstein, Die Regeneration des Kantons Zürich, S. 153–163.

1530    Vgl. Dändliker, Geschichte der Stadt und des Kantons Zürich, Bd. 3, S. 278–279; Wettstein, Die Regeneration des Kantons Zürich, S. 193–204.

1531    Vgl. Wettstein, Die Regeneration des Kantons Zürich, S. 204–220.

1532    Meyer von Knonau, Lebenserinnerungen von Ludwig Meyer von Knonau, S. 378.

1533    Vgl. Wettstein, Die Regeneration des Kantons Zürich, S. 209.

1534    Keller in der Debatte des Grossen Rates am 30. Jan. 1833, zit. nach Wettstein, Die Regeneration des Kantons Zürich, S. 218.

1535    Vgl. Wettstein, Die Regeneration des Kantons Zürich, S. 220–241.

1536    Ein neuer Versuch von gemässigt konservativer Seite, im Kanton Zürich das Veto einzuführen, scheiterte 1842 am Widerstand der Liberalen – ihr neuer Führer Jonas Furrer verwahrte sich feierlichst dagegen, dass das Veto eine Konsequenz des Liberalismus sei – und einem Teil der Konservativen. Vgl. Dändliker, Geschichte der Stadt und des Kantons Zürich, Bd. 3, S. 349.

1537    Vgl. Wettstein, Die Regeneration des Kantons Zürich, S. 596–597.

1538    Vgl. Wettstein, Die Regeneration des Kantons Zürich, S. 598–605.

1539    Zur elitären Haltung der Liberalen wie Radikalen vgl. auch Kp. III/1.

1540    Vgl. Sträuli, Verfassung, S. 21.

1541    Verfassung des Kantons Zürich vom 10. März 1831, Art. 26.

1542    In den Totalerneuerungswahlen von 1838 fielen die radikalen Führer Friedrich Ludwig Keller und Oberrichter Wilhelm Füssli, die sich vehement für das dreifache Wahlsystem aus-gesprochen hatten, in der direkten Wahl durch. Sie gelangten erst durch die indirekte Wahl in den Grossen Rat.

1543    Zum Ablauf vgl. Zurlinden, Hundert Jahre Bilder aus der Geschichte der Stadt Zürich, Bd. 1, S. 172–258; Dändliker, Geschichte der Stadt und des Kantons Zürich, Bd. 3, S. 314–335.

1544  Regierungsetat des Kantons Zürich, 1840.

1545  Craig, Geld und Geist, S. 59.

1546  Vgl. Kp. III/3.

1547  Gagliardi, Alfred Escher, S. 688.

1548  Vgl. Gagliardi, Alfred Escher, S. 234–236; Meyer von Knonau, Lebensbild des Professors Georg von Wyss, Teil 2, S. 51–52.

1549  Frick, Festgabe zur Feier des 50jährigen Bestehens der Gesellschaft für zürcherische Heraldiker und Historiker, S. 2, 22.

1550  1846 lag die Wahlbeteiligung bei 35,1%, 1850 21,0%, 1854 39,4%, 1858 12,7%, 1862 9,6%, 1866 16,0%. Vgl. Schaffner, Die demokratische Bewegung, S. 83.

1551  Liberaler Ausrichtung waren Eugen Escher, Franz Hagenbuch, Emil Sulzberger, Karl Pestalozzi sowie J. J. Rüttimann, der den sowohl in der Stadt als in Wiedikon gewählten Alfred Escher, der die Wahl in der Stadt zugunsten von Wiedikon jedoch ausgeschlagen hatte, ersetzte. Zu den Liberal-Konservativen gehörten die Stadträte Melchior Römer, Joh. Hch. Landolt-Mousson, Arnold Vögeli-Bodmer sowie Jakob Escher und Hans Kaspar Ott-Trümpler. Einer mehr altkonservativen Richtung verpflichtet waren vor allem Paul Karl Eduard Ziegler, Joh. Hch. E. Mousson, Adolf Bürkli sowie Georg von Wyss und Friedrich von Wyss, der von den Liberalen wegen seiner Mitgliedschaft in der Evangelischen Gesellschaft heftig angegriffen worden war. Politisch nicht zu verorten ist Friedrich Salomon Pestalozzi.

1552  So wurde im ersten Wahlgang nach Stadtschreiber und Ständerat Eugen Escher, der als städtischer Führer der Liberalen anfänglich auch von den Demokraten umworben worden war, und den beiden städtischen demokratischen Führern Rudolf Zangger und Stadtrat Schnurrenberger, bereits auf dem vierten Platz der Konservative Georg von Wyss gewählt. Auch im zweiten Wahlgang erhielten Liberal-Konservative wie der spätere Stadtpräsident Melchior Römer mehr Stimmen als typische Vertreter des «Systems».

1553  Zit. nach Gagliardi, Alfred Escher, Anmerkung, S. 438–439.

1554  Zur Haltung der Konservativen gegenüber der demokratischen Bewegung vgl. Meyer von Knonau, Lebensbild des Professors Georg von Wyss, Teil 2, S. 52–54; Brief von Georg von Wyss an Moritz von Stürler, 2. Jan. 1868 in: Largiadèr, Aus dem politischen Briefwechsel von Georg von Wyss, S. 149–152; Pestalozzi, Gesellschaft vom alten Zürich, S. 10–11; Zurlinden, Hundert Jahre Bilder aus der Geschichte der Stadt Zürich, Bd. 2, S. 45–47.

1555  Zur Annäherung der Liberalen um Alfred Escher mit den Konservativen, die in den frühen sechziger Jahren vor allem kommunale Ursachen hatte, vgl. Kp. III/3.

1556  Zur Entwicklung der städtischen Parteiverhältnisse nach 1868 vgl. Kp. III/3.

1557  An der Spitze der 1869 von der Stadt gewählten Kantonsräte stand Alfred Escher.

1558  Autobiographische Aufzeichnungen, zit. nach Huber, Conrad Escher, S. 15.

1559  Brief an seine Mutter vom 24. Juli 1855 über seine Berufswahl, zit. nach Huber, Conrad Escher, S. 13.

1560  Zu den parteipolitischen Veränderungen in den neunziger Jahren auf eidgenössischer Ebene vgl. unten.

1561  Zum Eidgenössischen Verein vgl. unten.

1562  Gründungsmitglieder waren Wilhelm Tobler, Carl und August Fäsi, G. von Zollikofer, Albert von Schulthess, Theodor von Escher, Adolf und Henry Finsler, Gottfried von Grebel, David Holzhalb und Emil Usteri. Sieben waren zukünftige Kaufleute, zwei studierten dann Theologie, dazu kamen ein Chemiker und militärischer Beamter. Pestalozzi, Die Gesellschaft vom alten Zürich, S. 4, 48.

1563  1865 zählte die Gesellschaft dann über 50 Mitglieder. Mehr als 80 Mitglieder umfasste sie nie. Von den gesamthaft 146 Mitgliedern, die zwischen 1856 und 1906 der Gesellschaft angehörten oder einmal angehört hatten, waren 53% Kaufleute, je 13% Theologen und

Chemiker oder andere Techniker, 5% Juristen, 4% Ärzte oder Apotheker und 5% übrige Akademiker, bei 3% handelte es sich um Handwerksmeister. Pestalozzi, Die Gesellschaft vom alten Zürich, S. 48–50.

1564 Ludwig Pestalozzi, geb. 1842, beigetreten 1861, war später Pfarrer am Grossmünster. Er gehörte auch in der Zürcher Sektion des «Eidgenössischen Vereins» unter den jüngeren Konservativen zusammen mit seinem jüngeren Bruder Friedrich Otto zu den führenden Persönlichkeiten. Die Brüder Pestalozzi waren zwar alte Stadtbürger, sie stammten jedoch aus einem Zweig des Geschlechtes, dem der Aufstieg in die regierenden Familien nicht gelungen war. Vgl. Eidenbenz-Pestalozzi, Friedrich Otto Pestalozzi, 1846–1940, S. 5–6.

1565 Ludwig Pestalozzi, in: Post Tenebras Lux, 3. Jg., Oktober 1869, S. 3. Post Tenebras Lux war das gesellschaftsinterne Mitteilungsblatt.

1566 Ludwig Pestalozzi, in: Post Tenebras Lux, 3. Jg., Oktober 1869, S.4. Pestalozzi bezog sich hier auf B. von Strauss.

1567 Pestalozzi, Die Gesellschaft vom alten Zürich, S. 2, 5. Friedrich Otto Pestalozzi, später die eigentliche Seele der Vereinigung, trat erst 1865 bei.

1568 F. O. Pestalozzi, in: Post Tenebras Lux, 27. Jg., Juni 1894, S. 5.

1569 Die Zugehörigkeit zum evangelischen Glauben wurde trotz der an sich starken Verankerung im reformierten Glauben positiver Richtung – es bestanden enge Verbindungen zum positiv-kirchlichen Verein – erst 1882 offiziell gefordert. Sie war eine unmittelbare Folge von den 1882 erfolgten Übertritten einzelner Mitglieder in die katholische Kirche, unter anderem auch deswegen, weil sie in ihr «die sicherste Stütze der conservativen Sache und aller conservativen Bestrebungen in der ganzen Welt» sahen. Die Konversion von fünf Mitgliedern und ihr erzwungener Austritt löste eine eigentliche Krise aus und bewirkte, dass noch weitere Mitglieder, die davon ausgingen, dass die Prinzipien der Gesellschaft sich mit der «katholischen Confession mindestens so gut vereinigen lassen, wie mit der protestantischen», die Gesellschaft verliessen. Bereits 1864 war es zu zwei solchen Konversionen gekommen. Zur Krise von 1882 vgl. Rundschreibebrief vom 18. Dez. 1882, StAZ, BX 177/1.

1570 Grundsätze der Gesellschaft, in: Geschichte und Zweck der «Gesellschaft vom alten Zürich» vom 20. Juni 1892, S. 6–8, StAZ, BX 177/1.

1571 Grundsätze der Gesellschaft, in: Geschichte und Zweck der «Gesellschaft vom alten Zürich» vom 20. Juni 1892, S. 8–11, Staatsarchiv Zürich, BX 177/1.

1572 1884–1894 traten von 51 abgehenden Mitgliedern der Heraldika nur noch sechs in die Gesellschaft vom alten Zürich über, bis 1875 hatte die Heraldika dagegen 42 Mitglieder zugeführt. 1899 wurden die Beziehungen zur Heraldika dann auch formell gelöst. Vgl. Post Tenebras Lux, 27. Jg., Juni 1894, S. 6; Pestalozzi, Die Gesellschaft vom alten Zürich, S. 15, 30.

1573 Anlass zu F. O. Pestalozzis Vortrag in der Gesellschaft bildeten Aussagen von alt Regierungsrat Ziegler und Arbeitersekretär Herman Greulich über die Jeunesse dorée Zürichs im Kantonsrat vom 12. März 1893 betreffend die Behandlung von Initiativbegehren. Vgl. Post Tenebras Lux, 27. Jg., Juni 1894, S. 5.

1574 Zur politischen Entwicklung und Umgruppierung im Gefolge der Stadtvereinigung vgl. Kp. III/3.

1575 Zum Niedergang der Zürcher Konservativen vgl. Rinderknecht, S. 251–252, 268–270; Eidenbenz-Pestalozzi, Friedrich Otto Pestalozzi, S. 34–42.

1576 F. O. Pestalozzi in: Post Tenebras Lux, 27. Jg., Juni 1894, S. 5–6, 11. Zwar gab es auf gesellschaftlicher Ebene weitere Refugien altzürcherischer Kreise wie etwa die «Gesellschaft der Schildner zum Schneggen», doch waren hier auch Liberale und Neubürger zu finden.

1577 Gagliardi, Alfred Escher, S. 698.

1578 Segesser an Meyer von Knonau, 30. April 1857, zit. nach Müller-Büchi, Altschweizer Eliten im Bundesstaat von 1848, S. 102.

1579    Zur Anpassung und Einordnung insbesondere der katholischen Altschweizer Elite der Innerschweiz in die neue bundesstaatliche Organisation vgl. Müller-Büchi, Altschweizer Eliten im Bundesstaat von 1848.

1580    Vgl. Bucher, Die Geschichte des Sonderbundskrieges, S. 475–476, 524–527; Borner, Zwischen Sonderbund und Kulturkampf, S. 29–39.

1581    Nazar von Reding-Biberegg an Segesser, 14. Dez. 1860, zit. nach Müller-Büchi, Altschweizer Eliten im Bundesstaat von 1848, S. 103.

1582    Wyss an Schnell, 10. August 1851, Schnell an Wyss, 18./19. Sept. 1851, zit. nach Müller-Büchi, Altschweizer Eliten im Bundesstaat von 1848, S. 108.

1583    Vgl. Borner, Zwischen Sonderbund und Kulturkampf, S. 35–36.

1584    Jaun, Das Schweizerische Generalstabskorps 1875–1945, S. 465–466; Gruner, Konservatives Denken und konservative Politik in der Schweiz, S. 251.

1585    Jaun, Das Eidgenössische Generalstabskorps 1804–1874, besonders S. 243–246.

1586    Jaun, Das schweizerische Generalstabskorps 1875–1945, besonders S. 497–499.

1587    Gruner, Konservatives Denken und konservative Politik in der Schweiz, S. 251–252.

1588    Die liberal-demokratische Fraktion bildete sich als Reaktion auf den Übertritt des Zürcher Liberalen Ulrich Meister in die radikal-demokratische Fraktion und den dadurch befürchteten Zerfall des Zentrums. Nach Meisters Vorbild traten dann auch zunehmend andere Liberale aus der deutschen Schweiz zur radikal-demokratischen Fraktion über, die in der Folge in der Deutschschweiz mit Ausnahme Basels praktisch den gesamten liberalen Flügel, die ganze «kapitalistische Rechte» des Freisinns aufsaugte. In der welschen Schweiz blieb die Trennung zwischen Liberalen oder Liberal-Konservativen und Radikalen bestehen. Vgl. Gruner, Die Parteien in der Schweiz, S. 84–86; Reichesberg, Handwörterbuch, III. Band, 1. Teil, Politische Parteien, Liberal-demokratische Fraktion (Zentrum), S. 261–265.

1589    Ein Beispiel dafür ist der Zürcher Paul Usteri (geb. 1853). Hans Pestalozzi (geb. 1848), der andere «aristokratische» Vertreter Zürichs, gehörte dem Zentrum bzw. der liberaldemokratischen Fraktion an.

1590    Vgl. Borner, Zwischen Sonderbund und Kulturkampf, S. 217–218; Oettli, Oberst Otto von Büren, S. 59; von Tavel, Erinnerungen, S. 42.

1591    Rinderknecht, Der «Eidgenössische Verein», besonders S. 20ff, S. 48.

1592    Rinderknecht, Der «Eidgenössische Verein», S. 204ff.

1593    Vgl. Gruner, Die Parteien in der Schweiz, S. 96–97; Rinderknecht, Der «Eidgenössische Verein», S. 268–270.

1594    Zum Beharrungsvermögen des traditionellen paternalistischen Herrschaftsstils der ländlichen Führungsschichten, ihrer geringen Tendenz zur Verbürgerlichung, d. h. der Ablehnung bürgerlicher Leistungs- und Disziplinanforderungen bis Ende des 19. Jahrhunderts vgl. Kälin, Die Urner Magistratsfamilien, S. 338–344.

1595    Vertreter dieses liberalen Patriziates waren etwa die Brüder Meyer von Schauensee, Kasimir Pfyffer, Joseph X. Leod. Franz Schumacher/Uttenberg. Immerhin war es auch in Luzern ein «unausgesprochener Brauch», dass im Regierungsrat und Obergericht mindestens ein Patrizier sass. Vgl. Brunner, Luzerns Gesellschaft im Wandel, S. 94–97.

1596    In Freiburg waren es die Patrizier Charles, Von der Weid, Wuilleret und de Weck-Reynold, welche die Politik der Konservativen stark prägten. Die nächste Generation konservativer Führer durchlief regelmässig seine berufliche und politische Karriere im Advokaturbüro Wuilleret. Borner, Zwischen Sonderbund und Kulturkampf, S. 207; Müller-Büchi, Die alte «Schwyzer-Zeitung», S. 52–53.

1597    Segesser an Joh. Schnell, 16. Jan. 1857; von Wyss an Schnell, 17. Jan. 1857, zit. nach Müller-Büchi, Altschweizer Eliten, S. 108–109.

1598    Vgl. Müller-Büchi, Altschweizer Eliten, S. 110–111; Gruner, Die Parteien in der Schweiz, S. 105–111; Altermatt, Katholizismus und Moderne, S. 140–146.

1599   Vgl. Altermatt, Conservatism in Switzerland, S. 600–606; derselbe, Katholizismus und
       Moderne, S. 51–62; Borner, Zwischen Sonderbund und Kulturkampf, S. 206–212.

1600   Gruner, Konservatives Denken und konservative Politik in der Schweiz, S. 250–254. Zum
       Konservatismus in der Schweiz, der sich gesamthaft gesehen nie auf eine soziale Klasse
       allein abstützte, vgl. allgemein Altermatt, Conservatism in Switzerland, S. 600–605.

1601   Amiguet, Ph.: Gonzague de Reynold – patricien de Fribourg, in: Hommage, 1941, S. 39,
       zit. nach Mattioli, Zwischen Demokratie und totalitärer Diktatur, S. 43.

1602   Vgl. Mattioli, Zwischen Demokratie und totalitärer Diktatur, S. 23–31, 34.

**3   Politische Gleichberechtigung und Partizipation**

1603   Im Kanton Zürich waren 1854 90,8% der volljährigen Männer in eidgenössischen Ange-
       legenheiten wahlberechtigt, ebenso 1878; im Kanton Bern waren die Werte wesentlich
       tiefer: 1854 78,6%, 1878 sogar nur 75%. Zur Entwicklung des Stimm- und Wahlrechtes
       auf eidgenössischer Ebene und den Versuchen des Bundes, das kantonale und kommunale
       Stimmrecht zu vereinheitlichen, vgl. Gruner, Die Wahlen in den schweizerischen Natio-
       nalrat, Bd. 1A, S. 94–160; Berechnungen der Wahlberechtigten Bd. 3, S. 345–367; Dutt-
       weiler, Das Stimmrecht in der Schweiz.

1604   Bundesverfassung von 1848, Art. 41, 42, 63.

1605   Zu den eidgenössischen und den verschiedenen kantonalen Regelungen um 1900 vgl.
       Handwörterbuch der Schweizerischen Volkswirtschaft, Sozialpolitik und Verwaltung,
       Bd. III, Stichwort Niederlassungswesen und Duttweiler, Das Stimmrecht in der Schweiz.

1606   Bundesblatt der schweizerischen Eidgenossenschaft, 1874, III, S. 39.

1607   Bundesblatt der schweizerischen Eidgenossenschaft, 1872, I, S. 835.

1608   Gruner, Die Wahlen in den schweizerischen Nationalrat, Bd. 1A, S. 128.

1609   Duttweiler, Das Stimmrecht in der Schweiz, S. 24–42.

1610   Vgl. Gruner, Die Wahlen in den schweizerischen Nationalrat, Bd. 1A, S. 126–128 sowie
       die Zusammenstellung der Ausschliessungsgründe nach Kantonen, Stand um 1905, Bd. 3,
       S. 428. Für die Ausschliessungsgründe um 1874 vgl. Bundesblatt der schweizerischen
       Eidgenossenschaft, 1874, III, S. 41–48.

1611   Alexander von Tavel in einem Brief an Josef Gmür, in dem er den Misserfolg der Konser-
       vativen in den Berner Grossratswahlen auf die «verfassungswidrige (!) Zulassung aller
       schweizerischen Aufenthalter zum Stimmrecht» zurückführte. Auch der Buchdrucker und
       Berner Stadtrat Wyss beklagte sich, dass mit der Stimmrechtserweiterung «jeder Lump»
       mitbestimmen könne. Zit. nach Gruner, Die Wahlen in den schweizerischen Nationalrat,
       Bd. 1A, S. 147.

1612   Bundesblatt der schweizerischen Eidgenossenschaft, 1886, I, S. 52, zit. nach Gruner,
       Wahlen, Bd. 1A, S. 144.

1613   Vergleiche Gruner, Die Wahlen in den schweiz. Nationalrat, Bd. 1A, S. 133–136, 142–145.

1614   Bundesverfassung von 1874, Art. 43.

1615   Botschaft des Bundesrates zur Teilrevision der Bundesverfassung, Bundesblatt der schwei-
       zerischen Eidgenossenschaft, 1865, III, S. 47/48.

1616   Unterschiedliche kantonale Regelungen der Stimmfähigkeit der eigenen Kantonsbürger
       auf Gemeindeebene, wie z. B. der Steuerzensus in Bern, hatten weiter sehr grosse Unter-
       schiede zur Folge. Vgl. unten die Auseinandersetzungen um das Gemeindestimmrecht in
       Kanton und Stadt Bern.

1617   Botschaft des Bundesrates zur Teilrevision der Bundesverfassung, Bundesblatt der schwei-
       zerischen Eidgenossenschaft, 1865, III, S. 48.

1618   Walter, Soziologie der Alten Eidgenossenschaft, S. 239–240.

1619   Braun, Das ausgehende Ancien Régime in der Schweiz, S. 156–157.

1620   Gutachten über die Reorganisation des Gemeindewesens im Kanton Bern, verfasst von
       Eduard Blösch, Biel 1851, S. 20.

1621  Vgl. von Wattenwyl, Entwicklung der Burgergemeinde seit 1798, S. 54ff. So betrugen in der Mediationszeit die Aufnahmekosten 60 Mark fein Silber für die Aufnahme in die Bürgerschaft der Stadt, dazu kamen 80 Mark für die Aufnahme in die Zunft und noch 5 Mark für die Frau und unmündige Kinder. In den Veränderungen um 1807 und 1812 kamen neu der Ausweis über ein Kapital von Fr. 20 000 oder mindestens der vierjährige Besitz eines Grundstückes von Fr. 10 000 im Stadtbezirk dazu. Die verschiedenen neuen Regelungen in der Restaurationszeit brachten ebenfalls keine Erleichterung.

1622  Neu ins Burgerrecht aufgenommen wurden unter anderen zwei ehemalige patrizische welsche Herrschaftsinhaber, fünf höhere Offiziere, zwei Bankiers, drei Ärzte und ein Apotheker. Vgl. Wäber, Burgerschaft und Burgergemeinde, S. 72–76.

1623  Von Rodt, Bern im 19. Jahrhundert, S. 62.

1624  Feller, Stadt Bern seit 1798, S. 13.

1625  Vgl. von Wattenwyl, Entwicklung der Burgergemeinde seit 1798, S. 58, 134–137.

1626  Eingeteilt in sechs Klassen erhielten 1883 die 900 Holzbezugsberechtigten der 1. Klasse Holz im Wert von durchschnittlich 280 Franken pro Kopf, die 10 der 2. Klasse 270 Franken, die 150 der 3. Klasse 152 Franken, die 100 der 4. Klasse 97 Franken, die 170 der 5. Klasse 55 Franken und die 280 Bezüger der 6. Klasse Holz im Wert von 42 Franken. Das durchschnittliche Feldgeld betrug 1883 57 Franken. Ein nutzungsberechtigter Ehemann mit Frau und mehr als drei unmündigen Kindern erhielt von der Gemeinde vor 1889 pro Jahr Holz im Wert von 250 Franken und ein Feldgeld von 57 Franken.

1627  Blösch, Eduard Blösch, S. 450–452.

1628  Von Wattenwyl, Entwicklung der Burgergemeinde seit 1798, S. 179.

1629  Blösch, Eduard Blösch, S. 452.

1630  Vgl. Burgerbücher; Emil Blösch in: Die Reform des bernischen Gemeindewesens, Separatdruck aus dem Protocoll der Jahresversammlung des bernischen kantonalen Altzofingervereins, 3. Oktober 1881, S. 3.

1631  Eingabe an den Verfassungsrat vom Jan. 1884, zit. nach Gruner, Edmund von Steiger, S. 88.

1632  Gruner, Edmund von Steiger, S. 88.

1633  Zur Haltung der Unabhängigen vgl. Emil Blöschs drei Vorträge zu diesem Thema aus den Jahren 1881, 1883 und 1886. Der Vortrag von 1881, in: Die Reform des bernischen Gemeindewesens, Separatdruck aus dem Protocoll der Jahresversammlung des bernischen kantonalen Altzofingervereins, 3. Oktober 1881, S. 1–4.

1634  Emil Blösch: Die Reform des Gemeindewesens, S. 5.

1635  Edmund von Steiger in: Die Reform des bernischen Gemeindewesens, Separatdruck aus dem Protocoll der Jahresversamm. des bernischen kant. Altzofingervereins, 3. Oktober 1881, S. 4. Allgemein zu von Steigers Haltung in dieser Frage vgl. Gruner, Edmund von Steiger, S. 88–89.

1636  Wer zum Zeitpunkt der Aufhebung jedoch nutzungsberechtigt war, erhielt bis 1913 das Anrecht auf eine Rente.

1637  So wurden 1889 30, 1890 15 und 1891 19 neue Geschlechter ins Burgerrecht aufgenommen, nachdem es 1881 bis 1888 im Durchschnitt jeweils 5 gewesen waren.

1638  Vgl. Kp. I/4.

1639  Für 1764 vgl. Walter, Soziologie der Alten Eidgenossenschaft, S. 237–239. Zu den Bürgern wurden auch die 253 Habitanten, die sogenannten Ewigen Einwohner, gezählt. Unter der Rubrik übrige Kantonsbürger finden sich alle «Landeskinder» aus dem damaligen Berner Staatsgebiet. Die Rubrik Ausländer umfasst alle Fremden, also auch Schweizer und Schweizerinnen aus anderen Kantonen. Mit den Bewohnern in den Aussenbezirken der Stadt zählte Bern 1764 13 681 Personen, davon 3737 Burger, 253 Habitanten, 7985 Landeskinder und 1706 Fremde. Der Anteil der Burger lag bei 29,2%. 1809–1846 vgl. Beiträge zur Statistik des Kantons Bern, Bd. 1, Bern 1860; 1850–1910 vgl. Eidgenössische Volkszählungen.

1640 1860 hatten 32,9 % ihren Geburtsort in der Stadt Bern, 50,5 % im übrigen Kantonsgebiet, 11,7 % in der übrigen Schweiz und 5 % im Ausland. 1888 Stadt 40,9 %, Kanton 39,8 %, Schweiz 13,6 %, Ausland 5,7 %. 1910 Stadt 38,7 %, Kanton 34,8 %, Schweiz 17,4 %, Ausland 9,1 %. Eidgenössische Volkszählungen. Diese Werte können selbstverständlich nicht direkt in Beziehung zu den Angaben über das Bürgerrecht gesetzt werden. Sie dienen hier lediglich als Hinweis darauf, dass der Anteil der Alteingesessenen im Sinne der schon länger in der Stadt sesshaften Bevölkerung doch um einiges höher war, als dies aufgrund der Unterteilung der Einwohnerschaft nach ihrem Bürgerrecht anzunehmen ist.

1641 Vgl. von Wattenwyl, Entwicklung der Burgergemeinde seit 1798, S. 50–54; Markwalder, Stadtrat von Bern, S. 2; Wäber, Burgerschaft und Burgergemeinde, S. 69.

1642 Wattenwyl, Entwicklung der Burgergemeinde seit 1798, S. 68–69; Wäber, H. J., Burgerschaft und Burgergemeinde, S. 74–78.

1643 Gruner, Das bernische Patriziat, S. 29–30.

1644 Vgl. Wäber, Die nichtpatrizische Burgerschaft der Stadt Bern und die Umwälzung von 1830/31.

1645 Gemeindegesetz vom 20. Dezember 1833, Art. 13/14. Für das Stimmrecht musste eine der folgenden Bedingungen erfüllt sein: 1. Grundeigentum auf Gemeindegebiet im Wert von mindestens 300 Franken. 2. Bestand einer Pacht oder Miete für ein Objekt auf Gemeindeboden, für das der Betreffende einen Jahreszins von mindestens 120 Franken bezahlt. 3. Nutzniessung eines solchen Objektes im Betrag von 120 Franken. 4. Forderungsrecht auf im Kanton gelegenes Grundeigentum im Wert von wenigstens 500 Franken. 5. Eigentum an Immobilien innerhalb des Gemeindebezirkes, die bei der Schweizerischen Mobiliarversicherung für wenigstens 2000 Franken versichert sind. Organisationsreglement vom 5. Dezember 1832. Vgl. Markwalder, Stadtrat von Bern, S. 4–5.

1646 Verzeichnisse der Einwohner- und Kirch-Gemeindsbehörden, Beamten und Angestellten der Stadt Bern 1835–1855; Burgerbücher der Stadt Bern. Stadtarchiv Bern: Kartei der Gemeinderäte.

1647 Vgl. von Wattenwyl, Entwicklung der Burgergemeinde seit 1798, Seite 165–173; Markwalder, Die Güterausscheidung zwischen der Burgergemeinde und der Einwohnergemeinde der Stadt Bern.

1648 Blösch, Eduard Blösch, S. 302–303.

1649 Vgl. Blösch, Eduard: Betrachtungen über das Gemeindewesen im Kanton Bern und dessen Reform, Bern 1848, besonders S. 32–34, 48–66 sowie das ebenfalls von Blösch als Regierungsrat verfasste Gutachten über die Reorganisation des Gemeindewesens im Kanton Bern, Biel 1851, besonders S. 38–58.

1650 Gesetz über das Gemeindewesen vom 6. Dezember 1852, Art. 18–22.

1651 Vgl. Tabelle Stimmberechtigte Männer in der Stadt Bern 1860–1910.

1652 Zusammengestellt aufgrund der Burgerbücher sowie der Kartei des Stadtarchivs.

1653 Nämlich der Apotheker Dr. Christian Müller und der Weinhändler Eduard Rüfenacht-Moser, die sich in der Reformbewegung von 1870/71 engagierten. Müller, aus Hessen 1838 in Bern eingewandert, war 1856 drei Jahre vor seiner ersten Wahl in den Gemeinderat ins Bürgerrecht aufgenommen worden, Rüfenacht erhielt 1871, ein Jahr nach seiner Wahl, das Bürgerrecht.

1654 Nämlich der Weinhändler Eduard Kernen (1817–1883). Er erhielt 1875 das Burgerrecht. Auch die Familie eines weiteren Einwohnervertreters, des Steinhauermeisters Friedrich Gfeller (1835–1878), wurde dann 1882 ins Burgerrecht aufgenommen.

1655 Verzeichnisse der Einwohner- u. Kirch-Gemeindsbehörden, Beamten und Ang. der Stadt Bern 1855ff, Burgerbücher der Stadt Bern. Stadtarchiv Bern: Kartei der Gemeinderäte.

1656 Über Johann Rudolf Lindt vgl. Sammlung bernischer Biographien, Bd.. 3, S. 472–478.

1657 Zusammengestellt aufgrund der Burgerbücher sowie der Kartei des Stadtarchivs.

1658 Gesetz betreffend Erweiterung des Stimmrechtes, Art. 1, 2, in: Gesetze, Dekrete und Verordnungen des Kantons Bern, 1861. Auch die Pächter auf steuerpflichtigem Grundbesitz waren wie schon 1852 stimmberechtigt.

1659    Vgl. Tabelle Stimmberechtigte Männer in der Stadt Bern 1860–1910.

1660    Bericht des Einwohner-Gemeinderathes der Stadt Bern, 1861–1864, S. 6.

1661    Neues Tagblatt der Stadt Bern, Probenummer, 21. Nov. 1861.

1662    Neues Tagblatt der Stadt Bern, 30. Nov. 1861.

1663    Vgl. Neues Tagblatt der Stadt Bern, 25.–30. Nov. 1861.

1664    Eingabe des Reformvereins an den Gemeinderat, Neues Tagblatt der Stadt Bern, 7. Dezember 1861.

1665    Neues Tagblatt der Stadt Bern, 8. Dez. 1861.

1666    Bericht des (konservativen) Einwohner-Gemeinderathes der Stadt Bern, 1861–1864, S. 6.

1667    Neues Tagblatt der Stadt Bern, 13. Dezember 1861.

1668    Christian Müller (1816–1881), Sohn eines hessischen Pfarrers, war 1838 nach seinem Studium in Giessen bei J. Liebig in Bern in die Fuetersche Apotheke eingetreten, drei Jahre später, nach erlangtem bernischen Staatsexamen, pachtete er eine Apotheke, die er bald in seinen Besitz brachte. Neben der Apotheke betrieb er mit seinem Schwager die Fabrikation künstlicher Mineralwasser und erteilte in seinem Haus Privatkurse für organische Chemie, 1854 habilitierte er sich an der Universität für Pharmazie und Toxikologie. 1859 erhielt er für seine Lehrtätigkeit den Ehrendoktor. 1860 gab er die Lehre zugunsten seiner Tätigkeit im Dienste von Stadt und Kanton auf. Vgl. Sammlung bernischer Biographien, Bd. 1, S. 71–76.

1669    Neues Tagblatt der Stadt Bern, 14. Dez. 1861.

1670    Berner Tagespost, 23. Mai 1870.

1671    Bei der Drittelserneuerung des Gemeinderates im Dezember 1869 hatten die Lib. wegen der von konservativer Seite aufgestellten offiziellen Kandidatenliste zur Wahlenthaltung aufgerufen.

1672    Die Zeitglocke, Nr. 1, S. 1.

1673    Die Zeitglocke, Nr. 1, S. 1–2.

1674    Die Zeitglocke, Nr. 2, S. 2. So wurde behauptet, lediglich ein Drittel der wirklich Stimmberechtigten erscheine in den Registern. Der an sich wohl berechtigte Vorwurf trifft in diesem Ausmass aber sicher nicht zu, denn 1870 hatten rund 40 % der Stimmberechtigten in kantonalen Angelegenheiten auch das städtische Stimmrecht, das ja mit der Steuerpflicht zudem noch einem indirekten Zensus unterlag.

1675    Die Zeitglocke, Nr. 1, S. 2.

1676    Die Zeitglocke, Nr. 1, S. 2–3; Nr. 5, S. 1.

1677    Die Zeitglocke, Nr. 3, S. 1.

1678    Die Zeitglocke, Nr. 1, S. 3–4.

1679    Die Zeitglocke, Nr. 7, S. 2.

1680    Die Zeitglocke, Nr. 9, S. 1–2.

1681    Darunter fast alle Einwohnervertreter, nämlich Arnold Courant, Handelsmann; Heinrich Forster-Rommel, Negotiant; Daniel Hausmann, Kaufmann; Eduard Kernen, Weinhändler; Eduard Rüfenacht-Moser, Weinhändler sowie der Neuburger Dr. Christian Müller, Apotheker.

1682    Unter den vier unterzeichnenden Grossräten auch der Führer des stadtbernischen Freisinns Ständerat Christian Sahli, Fürsprech sowie der Führer der demokratischen Bewegung Nationalrat Rudolf Brunner, Fürsprech. Hohe kantonale Würdenträger waren Regierungsrat Johann Weber, wie Brunner ein Anhänger der demokratischen Bewegung, Generalprokurator Wilhelm Teuscher und Oberrichter Rudolf Leuenberger, beide ebenfalls dem linken Flügel des Freisinns angehörig.

1683    Die Zeitglocke, Nr. 9, S. 4.

1684    Die Zeitglocke, Nr. 10, S. 1.

1685    Zu den Befürwortern gehörte auch sein älterer Bruder Albert von Wattenwyl, ebenfalls Weinhändler. Er war einer der 36 Unterzeichner der Einladung zur Casino-Versammlung. Wie weit die verwandtschaftliche Verbindung zu Rudolf Brunner hier eine Rolle spielte – eine Schwester der beiden war mit dem jüngsten Bruder Brunners verheiratet –, muss offen bleiben.

1686    Die Zeitglocke, Nr. 11, S. 1.

1687    Nicht mehr dabei waren neben drei weiteren Einwohnern sowie dem Patrizier A. von Wattenwyl-Guibert, auch die beiden Einwohnergemeinderäte Hausmann und Kernen.

1688    Bericht des Gemeinderaths der Stadt Bern 1869–1872, S. 7–14.

1689    Feller, Stadt Bern seit 1798, S. 38.

1690    Laut Tagespost waren 16 der 17 Gemeinderäte Burger. 1872 waren es 15 gewesen.

1691    Berner Tagespost, 2. Dezember 1875.

1692    Berner Tagespost, 18. Dezember 1875. Vgl. 15./16. Dezember 1875.

1693    Berner Bote, 22. Dezember 1875.

1694    Berner Bote, 11. Dezember 1875.

1695    Vorgeschlagen waren Rudolf Brunner, Fürsprech; Albert Yersin, Verwalter der Volksbank; Eduard Rüfenacht-Moser, Weinhändler; Gottlieb Ott, Bauunternehmer; Fürsprecher Häberli sowie Grossrat Mischler, Wirt. Gewählt wurden Yersin und Rüfenacht-Moser.

1696    Berner Tagespost, 18. Dez. 1875.

1697    Berner Bote, 22. Dezember 1875.

1698    Bericht des Gemeinderathes der Stadt Bern an den Grossen Stadtrath 1881, S. 18–19.

1699    Bericht des Gemeinderathes der Stadt Bern an den Grossen Stadtrath 1882, S. 21.

1700    Bericht des Gemeinderathes der Stadt Bern an den Grossen Stadtrath 1881, S. 18–19.

1701    Vgl. Tagblatt des Grossen Rates, 1883, Beilagen, Nr. 20, S. 117–119.

1702    Tagblatt des Grossen Rates, 1883, S. 270–271.

1703    Tagblatt des Grossen Rates, 1883, S. 279.

1704    Tagblatt des Grossen Rates, 1883, S. 350.

1705    Konservative Kommissionsmitglieder waren Rudolf Stuber, Fürsprech; Amadé von Muralt, Ingenieur; Carl Rudolf Reisinger, Jurist und Rudolf Lindt, Apotheker. Freisinnige Vertreter waren Rudolf Brunner, Fürsprech; Eduard Rüfenacht-Moser, Weinhändler und Friedrich Huber.

1706    Bericht des Gemeinderathes der Stadt Bern an den Grossen Stadtrath 1884, S. 4–6.

1707    Bericht des Gemeinderathes der Stadt Bern an den Grossen Stadtrath 1885, S. 5–9.

1708    In dieser Frage machten die Liberalen offensichtlich eine Kehrtwende, denn in früheren Reformversuchen trat vor allem auch Rudolf Brunner jeweils für Quartierwahlen ein. Mit den geänderten Mehrheitsverhältnissen verlor diese Wahlart für die Freisinnigen jedoch ihre Attraktivität.

1709    Bericht des Gemeinderates der Stadt Bern an den Grossen Stadtrath 1885, S. 9–16.

1710    Bericht des Gemeinderates der Stadt Bern an den Grossen Stadtrath 1885, S. 17–21, 27–31.

1711    Bericht des Gemeinderates der Stadt Bern an den Grossen Stadtrath 1885, S. 21–23.

1712    Berner Zeitung, 19. und 20. Januar 1886.

1713    Berner Zeitung, 26. Jan. 1886.

1714    Vgl. Rudolf Brunner in der Begründung seines Antrages vor dem Grossen Stadtrat, Bericht des Gemeinderathes der Stadt Bern an den Grossen Stadtrath 1886, S. 24–25.

1715    Berner Stadtblatt, 8. Dezember 1885.

1716    Zur Begründung, warum er dies versäumte vgl. Brunners Rede im Grossen Stadtrat im Bericht des Gemeinderathes der Stadt Bern an den Grossen Stadtrath 1886, S. 24–25. Kritisch dazu Zeerleder, Zu Brunner's neuem Angriff, S. 18.

1717    Die ausführliche Begründung Brunners vor dem Grossen Stadtrat findet sich wörtlich im Bericht des Gemeinderathes der Stadt Bern an den Grossen Stadtrath 1886, S. 7–27. Gleichzeitig lag den Ratsmitgliedern eine Broschüre Brunners zur ganzen Thematik vor.

1718  Art. 43 gewährte im wesentlichen allen niedergelassenen Schweizerbürgern an ihrem Wohnsitz die gleichen Rechte wie den Kantonsbürgern und mit diesen auch alle Rechte der Gemeindebürger. Er legte zudem in Absatz 5 fest, dass der niedergelassene Schweizerbürger das Stimmrecht nach einer Niederlassung von drei Monaten erwirbt.

1719  Brunner, Bericht des Gemeinderathes der Stadt Bern an den Grossen Stadtrath 1886, S. 15.

1720  Brunner, Bericht des Gemeinderathes der Stadt Bern an den Grossen Stadtrath 1886, S. 16. Brunner stützte diese Argumentation auch mit einem Beschluss der Bundesversammlung von 1863 im Zusammenhang mit der Gewährleistung der Luzerner Verfassung, deren Vermögensrequisit als verfassungswidrig nicht genehmigt wurde. Vgl. S. 17.

1721  Der Entwurf zu einem neuen Steuergesetz, das im Mai 1890 dann allerdings deutlich abgelehnt wurde, sah eine solche Kopfsteuer im Betrag von einem Franken vor. Die Konservativen wie die bäuerlich-gewerblichen Freisinnigen lehnten diese jedoch ab und damit auch die politische Gleichberechtigung auf Gemeindeebene

1722  Brunner, Bericht des Gemeinderathes der Stadt Bern an den Grossen Stadtrath 1886, S. 27.

1723  Bericht des Gemeinderathes der Stadt Bern an den Grossen Stadtrath 1886, S. 6.

1724  Vgl. Gruner, Edmund von Steiger, S. 71–73.

1725  Dies wurde in der Broschüre verschwiegen und der Eindruck vermittelt, es handle sich um Urteile, die aus diesem Umfeld stammten. Vgl. Brunner, Bericht des Gemeinderathes der Stadt Bern an den Grossen Stadtrath 1886, S. 18–19.

1726  Zeerleder, Zu Brunner's neuem Angriff, S. 9. Ausschnitt aus einem Urteil des Bundesgerichtes vom 2. April 1880. Dabei handelte es sich allerdings um einen Strafgerichtsfall.

1727  Zeerleder, Zu Brunner's neuem Angriff, S. 10–11, Ausschnitt aus einem Urteil des Bundesgerichtes vom 24. März 1882. Auch hier ging es nicht um eine Stimmrechtsfrage.

1728  Zeerleder, Zu Brunner's neuem Angriff, S. 12.

1729  Zeerleder, Zu Brunner's neuem Angriff, S. 13–14.

1730  Zeerleder, Zu Brunner's neuem Angriff, S. 16–18.

1731  Entscheid des Regierungsrates, Bericht des Gemeinderathes der Stadt Bern an den Grossen Stadtrath 1886, S. 41–42.

1732  Bundesblatt der schweizerischen Eidgenossenschaft, 1874, Bd. III, S. 40.

1733  Entscheid des Regierungsrates, Bericht des Gemeinderates der Stadt Bern an den Grossen Stadtrat 1886, S. 41.

1734  Entscheid des Regierungsrates, Bericht des Gemeinderates der Stadt Bern an den Grossen Stadtrat 1886, S. 42–44.

1735  Bericht des Gemeinderates der Stadt Bern an den Grossen Stadtrat 1887/88, S. 4–9.

1736  Berner Zeitung, 26. Juni 1893.

1737  Vgl. Berner Zeitung, 21./23./24. Jan. 1888; Gruner, Edmund von Steiger, S. 95–97.

1738  Vgl. Verhandlungen des Grossen Stadtrates und der Gemeinde-Versammlung, 1888, S. 3–7.

1739  Die Ausnahmen waren die Brüder Adolf und Robert Vogt, der eine Professor an der Universität, der andere Arzt, sowie Schreinermeister Guggisberg, der noch zwei Freisinnige überrundete. Die vier letzten Plätze belegten der EMD-Beamte Arnold Sieber sowie die drei einzigen Arbeiter, die Schriftsetzer Eduard Riesen, Leonhard Schrag und Friedrich Siebenmann.

1740  Berner Zeitung, 28. Jan. 1886.

1741  Tendenziell neigten Neuburger, die schon vor längerer Zeit das Burgerrecht erhalten hatten, stärker den konservativen Kräften zu als jene, die eben erst ins Burgerrecht aufgenommen worden waren und teils den Liberalen anhingen oder wenigstens für gemässigte Reformen eintraten. Doch eindeutig war dies 1872 noch nicht.

1742  Verzeichnisse der städischen Behörden von Bern; Behördenverzeichnis der Gemeinde Bern. Stadtarchiv Bern: Kartei der Mitglieder des Grossen Stadtrates, des Stadtrates. 1872 gehörten zum Grossen Stadtrat 60 Stadträte und 17 Gemeinderäte. Die Parteizuordnung erfolgte aufgrund der Wahlvorschläge von konservativer bzw. liberal-freisinniger Seite.

Die Liste der Casinoversammlung, die von den Konservativen einberufen wurde, umfasste allerdings auch einige Liberale, aber nur solche, die mit der neuen Gemeindeordnung einverstanden waren. Vergleiche Intelligenzblatt, 9. Dezember 1871.

1743    Konservative, Liberale, Freisinnige und Bürgerliche sowie Sozialdemokraten in absoluten Werten. Es werden jeweils nicht alle Berufsgruppen separat aufgeführt.

1744    Es handelte sich dabei um zwei Bankdirektoren sowie den Direktor der einzigen mechanischen Spinnerei Berns.

1745    Zur sozialen Zusammensetzung der Mitglieder, der Stadtratskandidaten und der gewählten Stadträte des Freisinnes um 1898 und 1904 vgl. Moser, Geschichte der Freisinnig-demokratischen Partei, S. 81–82.

1746    Aemmer, Die Sozialdemokratie im Kanton Bern, S. 145.

1747    1890 waren auf eidgenössischer Ebene mit 80,1 % erstmals über 80 % der volljährigen Männer im Kanton wahlberechtigt, vorher lagen die Werte jeweils bei 78 %. 1908 waren es dann 85,6 %. Vgl. Gruner, Die Wahlen in den schweizerischen Nationalrat, Bd. 3, S. 345–367. Auf kantonaler Ebene mit der restriktiveren Regelung des Stimmrechtes waren nach Berechnungen des kantonalen statistischen Amtes 1875 knapp 77 % der aufgrund ihrer Nationalität und ihres Alters Stimmfähigen in die kantonalen Stimmregister eingetragen. Vgl. Statistisches Jahrbuch für den Kanton Bern, 1873/74, S. 895–896.

1748    Zusammenstellung aufgrund diverser Angaben aus den Stimmregistern in den Berichten des Gemeinderates, wo für das gleiche Jahr verschiedene Angaben vorliegen, wurde sowohl für die Stimmberechtigten in der Gemeinde wie im Kanton der jeweils tiefste Wert genommen.

1749    Zu den Versuchen der organisierten Arbeiterbewegung, den Steuerzensus abzuschaffen vgl. Aemmer, Die Sozialdemokratie im Kanton Bern, S. 262–263, 268–272.

1750    Bundesblatt der schweizerischen Eidgenossenschaft, 1874, III, S. 47.

1751    Vgl. Bieler, Albert Steck, S. 67–68, 94–95.

1752    Berner Zeitung, 2. Okt. 1886.

1753    Bieler, Albert Steck, S. 67–68.

1754    Anlass war aus radikaler Sicht angeblich die von der Arbeiterpartei «übereilte Annahme» eines Programmes mit «imperativen Instruktionen» an die Nationalratskandidaten auf einer Versammlung am 25. September 1887, die vom Schriftsetzer Karl Kachelhofer, der sich selbst als Anarchist bezeichnete, dominiert worden sein soll. Vgl. Berner Zeitung, 4./14./27. Okt. 1888.

1755    Berner Zeitung, 26. Okt. 1887.

1756    Berner Zeitung, 4. Okt. 1887.

1757    Der Bund, 20. Feb. 1890., zit. nach Moser, Geschichte der Freis.-demokrat. Partei, S. 175.

1758    Berner Zeitung, 18. April 1890, zit. nach Moser, Geschichte der Freisinnig-demokratischen Partei, S. 175.

1759    Bieler, Albert Steck, S. 248, allgemein zur Entwicklung der «Bernischen Klassenkämpfe» nach 1890 vgl. S. 248–320.

1760    Zur Berner Arbeiterunion vgl. Gruner, Arbeiterschaft und Wirtschaft, Bd 2, S.779–781.

1761    LB-Bern, VBE 4397, Dossier Einwohnerverein Bern, Zweites Schreiben an den Einwohnergemeinderat der Stadt Bern, Warnung des Initiativkomites i. S. Wassilieff an die freisinnigen Mitbürger vom 26. Dezember 1892.

1762    Eingabe des Einwohnervereins an den Regierungsrat, zit. nach Bieler, Albert Steck, S. 266. Zum Einwohnerverein allgemein vgl. ebenda, S. 254–258, 264–271.

1763    Zum Käfigturmkrawall vgl. Bieler, Albert Steck, S. 279–293; Gruner, Arbeiterschaft und Wirtschaft, Bd 3, S. 529–536; zu seinen sozioökonomischen Ursachen, vgl. Fritzsche, Der Käfigturmkrawall 1893, derselbe, Städtisches Wachstum und soziale Konflikte.

1764    Fritzsche, Der Käfigturmkrawall 1893, S. 159–160, 167.

1765    Zur offiziellen Version vgl. Erklärung des Stadtpräsidenten in: Berichte und Protokolle des Stadtrates, 1893, S. 95–107; Zitat, S. 104; Erklärung des Regierungspräsidenten, in: Tagblatt des Grossen Rates des Kantons Bern, 1893, S. 329–335.

1766    Berichte und Protokolle des Stadtrates, 1893, S. 107.

1767    Regierungspräsident E. Marti, Tagblatt des Grossen Rates, 1893, S. 333–334; vgl. auch die Rede von Grossrat Fritz Bühlmann-Aebi, ebenda, S. 334–335.

1768    Regierungspräsident E. Marti, Tagblatt des Grossen Rates, 1893, S. 334.

1769    Berner Zeitung, 26. Juni 1893.

1770    So kommentierte die radikale «Berner Zeitung» den Krawall wesentlich unpolemischer als etwa «Der Bund» und versuchte auch den sozialen Ursachen nachzugehen, Moser, Geschichte der Freisinnig-demokratischen Partei, S. 176.

1771    Gruner, Arbeiterschaft und Wirtschaft, Bd 3, S. 536.

1772    1894 traten nach dem Bekenntnis des Grütlivereins zur Sozialdemokratie so prominente bürgerliche Mitglieder wie Bundesrat Carl Schenk und Gemeinderat Alfred Scherz aus dem Verein aus. 1896 bildeten die Sozialdemokraten im Stadtrat unter dem Vorsitz von Carl Moor eine eigene Fraktion und lösten sich damit auch organisatorisch endgültig aus der ehemaligen Allianz mit den städtischen Freisinnigen. 1898 erfolgte auch im Grossen Rat die Bildung einer sozialdemokratischen Fraktion.

1773    Vgl. Moser, Geschichte der Freisinnig-demokratischen Partei, S. 177.

1774    Meyer von Knonau, Der Canton Zürich, Bd. 1, S. 215.

1775    Absolut zählte Zürich um 1756 556 Hintersässen, 1790 waren es 835. Vgl. Walter, Soziologie der Alten Eidgenossenschaft, S. 231; Braun, Das ausgehende Ancien Régime, S. 150–156.

1776    Bis 1888 nur die Stadt ohne die Ausgemeinden. Für das 18. Jahrhundert war keine Aufgliederung in Stadt- und Kantonsbürger möglich. 1762 und 1790: Zürichs Bevölkerung seit 1400, in: Statistik der Stadt Zürich, Heft 35, 1929. In der Zählung von 1836 wurden die Stadtbürger nicht separat gezählt, vgl. Meyer von Knonau, Die Volkszählung des Kantons Zürich am 9., 10. und 11. Mai 1836. Die Angabe der Bürger beruht auf dem Verzeichnis der Stadtbürgerschaft von Zürich auf das Jahr 1836. Ab 1850 vgl. eidgenössische Volkszählungen.

1777    Die gesamte in den Bürgeretats der Stadt, inkl. die auswärts wohnenden Bürger, erfasste bürg. Bevölk. war ebenfalls rückläufig, allerdings etwas weniger stark wie jene, die in der Stadt sich aufhielten. 1805 zählte die Zürcher Bürgerschaft 7800 Pers., 1830 noch 7311, 1842 noch 7387.

1778    1816 betrug die Einkaufsumme in der Stadt für Kantonsbürger 1500 fl (Gulden), für Bürger anderer Kantone 2000 fl, für Landesfremde 2500 fl. Wer Hausbesitz in der Stadt hatte oder mit einer Stadtbürgerin verheiratet war, erhielt 300 fl Ermässigung. Anhang zum Gesetz betreffend die Organisation des Stadtrats von Zürich von 1816, Stadtarchiv ZH, V Ab 2. Kantonsfremde hatten sich noch zusätzlich ins Landrecht (Fr. 240–800 für Kantonsfremde, Fr. 360–1200 für Landesfremde) einzukaufen. 1833 betrugen die Einzugsgelder maximal noch Fr. 1712; ab 1855 lagen sie in der Stadt bei Fr. 2000.

1779    1816 mussten Kantonsfremde nach Bezahlung der Landrechts- und Einzugsgebühren noch mindestens über ein Vermögen von Fr. 1000 verfügen. 1833 wurde ein Vermögen von wenigstens Fr. 640 verlangt.

1780    Verhandlungen des Grossen Rates des Kantons Zürich, 1833, S. 259. Vgl. Wettstein, Die Regeneration des Kantons Zürich, S. 280–283.

1781    Verzeichnis der Stadtbürgerschaft auf das Jahr 1826.

1782    Zusammenstellung aufgrund der Bürgeretats. Die den Bürgeretats zugrundeliegenden Zahlen liegen jedoch etwas zu tief, sie stimmen denn auch nach 1860 nicht mit den in den Geschäftsberichten genannten Werten überein. Laut Bürgeretat von 1823 wurden die seit der Aufnahme Verstorbenen nicht mitgezählt.

1783    Vgl. Etats der Bürger und der Niedergelassenen der Stadt Zürich.

1784  Für 1836 fehlen diese Angaben, 1840 umfasste diese Gruppe 261 Personen.

1785  Bürger-Etat der Stadt Zürich, 1889.

1786  Eidgenössische Volkszählung, 1910, 195. Lieferung. Auch knapp ein Drittel der ausländischen Bevölkerung war in der Schweiz geboren worden, unter der schweizerbürgerlichen Bevölkerung hatten dagegen bloss 7% ihren Geburtsort im Ausland.

1787  1851–1860 gab es laut Verzeichnis der Bürger der Stadt Zürich im Jahre 1861 soviele Neuaufnahmen wie nie vorher im 19. Jahrhundert, nämlich 195 Neuaufnahmen mit gesamthaft 895 Personen. 1860 stieg die Anzahl Einbürgerungen auf 225 Personen, 1861 waren es noch 172, danach sank sie bis 1867 auf unter hundert pro Jahr. Mit der Reduktion der Einzugsgelder um 1866 erhöhte sie sich auf 393 um 1866 bzw. 189 um 1867. Gesamthaft wurden 1860–1869 1410 neue Bürger aufgenommen. 1870–1874 dann 419. Geschäftsberichte des Stadtrates, 1860–1874.

1788  Art. 14 der Verfassung des eidgenössischen Standes Zürich vom 18. April 1869. Vgl. kommentierte Fassung von H. Streuli, S. 62ff. Gesetz betreffend das Gemeindewesen vom 25. April 1866, Art. 30, 31.

1789  Gesetz betreffend das Gemeindewesen vom 27. Brachmonat 1875, Art. 18, 25.

1790  Geschäftsbericht des Stadtrates, 1875, S. 179.

1791  Geschäftsberichte des Stadtrates, 1875–1888.

1792  Vgl. Sträuli, Verfassung, S. 65–67; Zurlinden, Hundert Jahre Bilder aus der Geschichte der Stadt Zürich, II. Bd., S. 220. Den Ausschlag für die Annahme gab der Bezirk Zürich mit 6089 Ja gegen 2945 Nein, in der Stadt sprachen sich 1708 Stimmen dafür und 642 dagegen aus. Unter den Ablehnenden befanden sich neben einem Teil der alteingesessenen Bürgerschaft auch sehr viele Neubürger. Geschäftsbericht des Stadtrates, 1875, S. 175.

1793  Geschäftsbericht des Stadtrates, 1875, S. 175–176.

1794  Stadtpräsident Römer in seiner Rede am Feste der Neubürger am 1. April 1876, in: Usteri, Lebensbild von Stadtpräsident Melchior Römer, Anhang, S. 32.

1795  Bereits 1850 hatten in Grosszürich, d. h. in der Stadt und den neun Ausgemeinden, nur 22,8% das Bürgerrecht der Gemeinde, in der sie wohnten. 1860 waren dies 18%, in Ausgemeinden wie Riesbach lag der Anteil mit 10%, in Hottingen, Ober- und Unterstrass mit 14% noch tiefer. Bis 1870 sank der Anteil der bürgerlichen Bevölkerung auf 14,1%, 1880, nach der Erleichterung der Einbürgerung der siebziger Jahre, wieder 18,2%, 1888 dann 21,1%.

1796  Aussteuerungsurkunde vom 1. September 1803, die Ausführung regelte das «Abchurungsinstrument» vom 22. Juni 1805. Im Unterschied zu Bern spielte diese Ausscheidung in den politischen Auseinandersetzungen nach 1830 keine Rolle.

1797  Regierungs- und Adress-Kalender des Kantons Zürich auf das Jahr 1830.

1798  Gesetz betreffend die Organisation der Gemeindsräthe vom 28. May 1803, Art. 3, in: Offiz. Sammlung der von dem grossen Rat des Cantons Zürich gegebenen Gesetze, Bd. 1, S. 50.

1799  Etat des Stadtrats und der übrigen Administrationen der Stadt Zürich auf das Jahr 1830, in: Regierungs- und Adress – Kalender des Kantons Zürich auf das Jahr 1830.

1800  Nicht stimmfähig waren Almosengenössige, Falliten, Bevormundete sowie Bürger, die durch Urteil ihr Aktivbürgerrecht verloren hatten.

1801  Vgl. Verfassung für die Stadt Zürich vom 14. September 1831; Kramer, Das Stadtrecht von Zürich.

1802  Stadtarchiv Zürich, VAb/9.

1803  1834 entsandte z. B. die Constaffel, die Zunft zur Schneidern und Kämbel je ein Mitglied der Familie Hirzel in den Grossen Stadtrat; die von Orelli mit ebenfalls drei Stadträten waren Vertreter der Zunft zur Safran, zum Widder und zur Kämbel, die Escher vom Glas der Zunft zur Meise, zur Gerwe und Schuhmachern.

1804  Von Wyss, Leben der beiden Zürcherischen Bürgermeister David von Wyss, Bd. 2,

S. 553–554. Kurzbiographie von Joh. Hch. Emanuel Mousson in: Zurlinden, Hundert Jahre Bilder aus der Geschichte der Stadt Zürich, Bd. 1, S. 95–98.

1805  Verwaltungs-Etats der Stadt Zürich, Bürgerbücher der Stadt Zürich. Der Grosse Stadtrat umfasste auch den engern Stadtrat.

1806  Möglicherweise sind diese Verschiebungen auch auf beruflich-erwerbsmässige Umschichtungen innerhalb des Stadtbürgertums zurückzuführen, das gerade im Handwerk und im Gewerbe stark unter Konkurrenzdruck durch die Zuwanderer geriet und deshalb wohl vermehrt auf Tätigkeiten in städtischen oder staatlichen Diensten oder im Handel ausgewichen sein könnte. Mehr als qualitative Hinweise dafür gibt es aber nicht.

1807  Inklusive Mitglieder des engern Stadtrates. Unter A wird die beruflich-soziale Zusammensetzung der Angehörigen der ehemaligen Führungsgeschlechter separat aufgeführt. Verwaltungsetat der Stadt Zürich, Bürgerbücher der Stadt Zürich.

1808  Da die Zuordnung der höheren Offiziere unter die hohen Beamten teilweise fragwürdig ist – oft dürfte es sich eigentlich um Rentner gehandelt haben, die aber ehrenamtlich sehr stark im Militär engagiert waren –, sind die Werte der Bourgeoisie des talents tendenziell eher zu hoch, jene des Besitzbürgertums, vor allem 1848 und 1857, eher zu tief.

1809  Vgl. Hundert Jahre Technik. Die Baufirma Locher & Cie, S. 11–12.

1810  Von den 3885 für die Grossratswahlen Wahlberechtigten der Stadt waren 1252 Stadtbürger. Stadtarchiv Zürich, VAb/9.

1811  Gesetz betreffend das Gemeindewesen vom 20. Brachmonat 1855, Art. 22–24. Für die Wahl der Gemeindeammänner, Friedensrichter, Gemeindeschulpfleger, Schullehrer und Schulgutsverwalter waren auch die Niedergelassenen wahlberechtigt.

1812  Bericht und Anträge der engern Commission für Revision der Stadtverfassung an die weitere Commission betreffend die der Revision sich darbietenden Hauptfragen, Zürich 1858, S. 3–5. Die Mitglieder der Kommission gehörten alle den städtischen Honoratioren an, die meisten, acht, stammten aus den alten Magistratenfamilien.

1813  Erstunterzeichner waren: D. Kummer, Commis/Kaufmann, von Witikon; Wilpert Ottiker, Generalprokurator, von Sternenberg; Gottfried Nussbaumer, Prokurator (Advokat), von Küsnacht sowie, aufgrund der Angaben nicht eindeutig identifizierbar: J. Caspar Bryner, Posamenter (Geschäftsinhaber), von Dietlikon und K. Honegger, Appreteur (Unternehmer), von Dürnten.

1814  Vgl. Escher, Lebenslauf in ruhigen und bewegten Zeiten, S. 65/66. Escher hatte jedoch immerhin die Genugtuung, dass mehrere seiner vorgeschlagenen Lösungen dann später umgesetzt wurden.

1815  Bericht der engern Commission, S. 8.

1816  Eingabe der Niedergelassenen, zit. nach Bericht der engern Commission, S. 12–13.

1817  Bericht der engern Commission, S. 14–16.

1818  Bericht der engern Commission, S. 20–26.

1819  Bericht der engern Commission, S. 27.

1820  Bericht der engern Commission, S. 28–30.

1821  Petition der Niedergelassenen, zit. nach Bericht der Commission, S. 30.

1822  Bericht der Commission, S. 30–32.

1823  Bericht der Commission, S. 33–36.

1824  Bericht der Commission, S. 37.

1825  Bericht der Commission, S. 39–40.

1826  Eingabe von G.H. Fäsi, in: Bericht der Commission, S. 40.

1827  Bericht der Commission, S. 41, 44.

1828  Unbestreitbar war für die Kommission, dass sicher die Rechnungsprüfungskommission nicht mehr durch den grössern Stadtrat, sondern durch die Gemeinde gewählt werden musste. Bericht der Commission, S. 42–43.

1829  Bericht der Commission, S. 59–60.

1830   Bericht der Commission, S. 52.

1831   Zürcherische Freitagszeitung, 10. Juni 1859.

1832   Auch die Rechnungsprüfungskommission, die nach dem Gutachten der engern Kommission eigentlich durch die Gemeinde der Bürger und Niedergelassenen hätte gewählt werden müssen, wurde weiterhin vom grössern Stadtrat bestimmt.

1833   Geschäftsbericht des Stadtrates über 1859, S. 7.

1834   Geschäftsbericht des Stadtrates über 1859, S. 9–10; Beschluss betreffend die Erleichterung des Bürgereinkaufes vom 6. Juni 1859, in: Amtliche Sammlung der seit Annahme der Gemeindeordnung vom Jahre 1859 erlassenen Verordnungen und wichtigeren Gemeindebeschlüsse der Stadt Zürich, Bd. 1, S. 22–23.

1835   Zürcherische Freitagszeitung, 10. Juni 1859.

1836   860 wurden gesamthaft 225 Personen ins Bürgerrecht aufgenommen, 1861 waren es dann noch 172. Unter den 48 Bewerbern des Jahres 1860 waren 20 Kaufleute und Fabrikanten, 16 Handwerker, 4 Wirte, 3 Angestellte und je ein Pfarrer und Arzt. 1861 setzten sich die 38 Bewerber aus 14 Handwerkern, 9 Kaufleuten und Fabrikanten, 5 Wirten, 4 Metzgern, je einem Professor, Musikdirektor, Chirurg und Magaziner zusammen, dazu noch 2 Bewerber ohne Beruf. Geschäftsberichte des Stadtrates über die Jahre 1860 und 1861.

1837   Geschäftsbericht des Stadtrates über das Jahr 1860, S. 22.

1838   Geschäftsbericht des Stadtrates über das Jahr 1859, S. 7–8.

1839   Escher, Lebenslauf in ruhigen und bewegten Zeiten, S. 66–67. Vgl. Largiadèr, Die Verfassung der Stadt Zürich, S. 114–115.

1840   Gemeindeordnung von 1859, Art. 10, 12.

1841   Geschäftsbericht des Stadtrates, 1866, S. 3. Bezogen auf die rund 4100 in kantonalen Angelegenheiten stimmberechtigten Einwohner (Stadtbürger und Niedergelassene) bestimmten lediglich 6 % die Zusammensetzung der städtischen Behörden.

1842   Verwaltungs-Etats der Stadt Zürich, Bürgerbücher der Stadt Zürich.

1843   Johann Jakob Locher-Öri, geb. 1806, in seinem 1830 gegründeten Unternehmen im Hoch- und Tiefbau (Eisenbahnen, Brückenbau) tätig, besuchte oft die Mittwochgesellschaft am Weinplatz, wo Alfred Escher seine liberalen Parteigänger und Geschäftsfreunde um sich versammelte. Locher gehörte seit den vierziger Jahren den Liberalen an. In konservativen Kreisen unbeliebt, pflegte er aber auch geschäftliche und freundschaftliche Beziehungen zu Angehörigen der ehemaligen Handelsaristokratie, insbesondere mit Kaspar Escher, dem Gründer der Maschinenfabrik, sowie dem Unternehmer Hans Konrad von Muralt. Vgl. Hundert Jahre Technik, 1830–1930. Die Baufirma Locher & Cie in Zürich, Zürich 1930, S. 9–10.

1844   Vgl. Zurlinden, Hundert Jahre Bilder, Bd. 2, S. 106–135; Fritzsche, Zürichs Aufstieg zur Wirtschaftsmetropole, 145–147; Bärtschi, Industrialisierung, S. 126–144.

1845   Alfred Escher in einem Brief an Nationalrat Fierz vom 27. Mai 1860, zit. nach Gagliardi, Alfred Escher, S. 721–722.

1846   Alfred Escher in der Eröffnungssitzung des Baukollegiums, vergleiche Gagliardi, Alfred Escher, S. 722.

1847   Escher, Lebenslauf in ruhigen und bewegten Zeiten, S. 74–78.

1848   Vgl. Schaffner, Die demokratische Bewegung, S. 27–41. Zur Versammlung in Unterstrass, die vom Rektor der Industrieschule Gustav Friedrich Zschetzsche, der 1859 das Stadtbürgerrecht geschenkt erhalten hatte, präsidiert wurde, vgl. Scheuchzer, Salomon Bleuler, S. 78–79.

1849   Auch der Regierungsrat war im Laufe seiner Revisionsarbeiten gegen seine ursprünglichen Absichten praktisch zu einer Totalrevision gelangt. Die Mehrheit der Kommission des Grossen Rates unter Führung von Alfred Escher blieb jedoch beim ursprünglichen Entscheid für eine Partialrevision. Die sieben verabschiedeten und von den Stimmbürgern angenommenen Verfassungsgesetze enthielten folgende Punkte: 1. Einführung der Einwohnergemeinde mit besonderen Garantien für die Bürger in der Wahl in die Behörden und für die Verwaltung der Bürgergüter; 2. Gleichstellung der Kantons- und Schweizerbürger für alle staatsbürgerlichen Rechte; 3. Direkte Wahl des Gemeindeammannes; 4. Pfarrer nicht mehr von Amtes wegen Schulpflegepräsident; 5. Einführung der vollen Handels- und Gewerbefreiheit; 6. Abschaffung der Bezirkswahlversammlungen und Einführung direkter Wahlen für die Statthalter, Bezirksräte und Bezirksrichter; 7. Einführung der Verfassungsinitiative (10 000 Stimmberechtigte). Vgl. Sträuli, Verfassung, S. 23–25.

1850   Geschäftsbericht des Stadtrates, 1864, S. 4.

1851   Pestalozzi, F.O., Die Gesellschaft vom alten Zürich, S. 6, 10.

1852   Im Gemeinderat wie in der Kirchpflege sollten deshalb nach Art. 90 der revidierten Verfassung bzw. Art. 20 und 22 des Gemeindegesetzes deshalb mindestens drei der vier bis zwölf vorgeschriebenen Gemeinderäte jeweils Bürger sein.

1853   Gesetz betreffend das Gemeindewesen vom 25. April 1866, Art. 30, 31, 40, 41, in: Offizielle Sammlung, Bd. 13, S. 598–602.

1854   Frey, Das bürgerliche Element im zürcherischen Gemeindewesen, S. 32–34, 67.

1855   Zürcherische Freitagszeitung, 16. Februar, 27. April 1866 und Neue Zürcher Zeitung, 25. April 1866.

1856   Verfassungsgesetz betreffend Abänderung des Tit. V (Art. 80 bis 92) der Verfassung vom 28. August 1865, Art. 91, in: Offizielle Sammlung, Bd. 13, S. 512; Gesetz betreffend das Gemeindewesen vom 25. April 1866, Art. 21, 24, in: Offizielle Sammlung, S. 595–596.

1857   Verfassungsgesetz betreffend Abänderung, beziehungsweise Streichung der Artikel 3, 8, 21, 22, 33, 39, 43, 67 und 74 der Verfassung vom 29. August 1865, in: Offizielle Sammlung, Bd. 13, S. 519–521; Gesetz betreffend das Gemeindewesen vom 25. April 1866, Art. 60, in: Offizielle Sammlung, S. 607.

1858   Geschäftsbericht des Stadtrates, 1866, S. 3. Ebenfalls stimmberechtigt waren die Besitzer von Wohn- und Gewerbsgebäuden, die nicht in der Stadt wohnten, jedoch an die Gemeindelasten einen Beitrag zu leisten hatten und Schweizerbürger waren. Art. 4 der Gemeindeordnung vom 1. Juli 1866.

1859   Stadtarchiv Zürich, VAa 1/3: Protokoll der Gemeindeversammlung, S. 305–306. Am meisten Stimmen erhielten bei der Wahl Mousson, Eugen Escher und Landolt. Alfred Escher landete auf Platz 9, Georg von Wyss, sein unmittelbarer Widersacher auf städtischer wie kantonaler Ebene, direkt hinter ihm.

1860   Mit seinem Versuch, über die Einführung von Einkommensteuern in städtischen Gemeinden der Stadt Zürich vor allem für den Ausbau der städtischen Infrastruktur (neue Quartiererschliessungen, Strassenbau u. ä.) vermehrte Mittel zu verschaffen, um damit die Vermögen nicht starker zu belasten, scheiterte er jedoch.

1861   Escher, Lebenslauf in ruhigen und bewegten Zeiten, S. 78–79.

1862   Dazu gehörten insbesondere die Abänderung der Gemeindeordnung, der Entscheid über sämtliche Gemeindebeschlüsse, die Errichtung höherer stätischer Ämter, die Festsetzung des jährlichen Voranschlages, die Abnahme der städtischen Rechnung, die Bewilligung von Gemeindesteuern etc., vgl. Gemeindeordnung, Art. 9.

1863   Geschäftsbericht des Stadtrates, 1866, S. 5–7.

1864   Zit. nach Geschäftsbericht des Stadtrates, 1865, S. 3–4.

1865   Geschäftsbericht des Stadtrates, 1866, S. 7–8.

1866   Geschäftsbericht des Stadtrates, 1866, S. 9.

1867   Zürcherische Freitagszeitung, 29. Juni 1866.

1868   Escher, Lebenslauf in ruhigen und bewegten Zeiten, S. 79–80.

1869   Vgl. Weber, Kritische Gänge durch die Stadtverwaltung, S. 17.

1870   Geschäftsbericht des Stadtrates, 1866, S. 15; Protokolle der Gemeindeversammlungen,

Stadtarchiv Zürich V Aa 1/4. Bei Wahlen im Urnensystem war die Beteiligung wesentlich höher. So beteiligten sich an der Wahl der Bezirksbehörden am 10. Juni 1866 über 3000 Wahlberechtigte, an den Nationalratswahlen vom 28. Oktober 1866 waren es immerhin knapp 2000.

1871    Allgemein zur Wahlbeteiligung im Kanton Zürich in den fünfziger und sechziger Jahren vgl. Schaffner, Die demokratische Bewegung, S. 33, 39–41, 65–69, 80–84.

1872    Zürcherische Freitagszeitung, 11. Mai 1866.

1873    Neue Zürcher Zeitung, 12. Mai 1866.

1874    Zürcherische Freitagszeitung, 11. Mai 1866.

1875    Einladung zur ersten Versammlung des Stadtvereines Zürich, Beilage des Tagblattes der Stadt Zürich, Nr. 86, 1866; LB-Bern, VZH 23752. Neue Zürcher Zeitung, 12. Mai 1866; Escher, Lebenslauf in ruhigen und bewegten Zeiten, S. 81.

1876    Ausser Eugen Escher gehörten dem Vorstand an: C. Widmer, Direktor der Rentenanstalt; G. Wegmann, Direktor der Strafanstalt; R. Zangger, Direktor der Tierarzneischule; B. Niedermann, Glasermeister; Landschreiber HS. C. Hausheer; J. Binder, Inspektor der Rentenanstalt; Goldschmied Hch. Fries; Oberstlt. A. Bürkli, Kaufmann; K. Pestalozzi, Ingenieur; M. Haugk, Bäckermeister; F. Bürkli, Buchdruckereibesitzer und Herausgeber der Freitagszeitung; D. Kummer, Kaufmann; E. Sulzberger, Fürsprech; J. Schnurren-berger, Spenglermeister. Vgl. Tagblatt der Stadt Zürich, 16. April 1866.

1877    Escher, Lebenslauf in ruhigen und bewegten Zeiten, S. 81.

1878    Vgl. Eingesandt, in: Zürcherische Freitagszeitung, 6. Juli 1866.

1879    Neue Zürcher Zeitung, 7. Juli 1886. Vorgeschlagen waren von dieser Seite Salomon Rütschi-Bleuler, Seidenfabrikant, mit 139 Stimmen, Salomon Frey, Spitalverwalter, mit 89 Stimmen und Gottlieb Schwarz, Rechnungsrevisor mit 63 Stimmen.

1880    Stadtarchiv Zürich, VAa 1.

1881    Vgl. Tagblatt der Stadt Zürich, 10. Juli 1866. Auf der Liste des Stadtvereins und der Kon-servativen waren 29 Kandidaten identisch. Die Liste der Bürger und Niedergelassenen umfasste unter den Niedergelassenen 20 Kandidaten und unter den Bürgern 28, die eben-falls vom Stadtverein vorgeschlagen wurden. Ein stadtbürgerlicher Kandidat wurde nur von ihnen allein, einer noch von den Konservativen vorgeschlagen.

1882    Zürcherische Freitagszeitung, 3. August 1866.

1883    Die politische Zuordnung der wenig bekannten Stadträte beruht vorwiegend auf dem Vergleich der Liste des Stadtvereins mit derjenigen der Bürger-Mittwochsgesellschaft bzw. des Komitees der Bürger und Niedergelassenen. Sechs der Mitglieder konnten aufgrund der vorliegenden Hinweise keiner Richtung zugeordnet werden.

1884    Detaillierter zu Alfred Escher und seiner politischen Haltung vgl. Teil 1.

1885    Vgl. Renschler, Die Linkspresse Zürichs, S. 218–219.

1886    Zürcherische Freitagszeitung, 10. August 1866.

1887    Darunter drei Professoren, Kreisforstmeister Ulrich Meister sowie ein Notar und ein Notarsubstitut.

1888    Darunter befanden sich ein Maschinenbaudirektor, der Direktor der Rentenanstalt, der Dampfschifffahrtsgesellschaft, ein Postdirektor, ein Betriebschef und ein Ingenieur der NOB.

1889    Zusammen mit ihrem Präsidenten Alfred Escher war die Nordostbahn im neuen grossen Stadtrat gleich mit vier Mitgliedern vertreten. Dazu kam noch der Direktor der ebenfalls von Alfred Escher mitbegründeten Rentenanstalt.

1890    Grosser Stadtrat ohne die Exekutive, den kleinen Stadtrat.

1891    Vgl. Weisz, Die Neue Zürcher Zeitung im Kampfe der Liberalen mit den Radikalen, S. 308–317, 342–351; 150 Jahre Neue Zürcher Zeitung, S. 327; Escher, E., Lebenslauf in ruhigen und bewegten Zeiten, S. 97–99.

1892    Zu Eugen Eschers Haltung vgl. Weisz, Die Neue Zürcher Zeitung im Kampfe der Liberalen mit den Radikalen, S. 352–355; für den Standort der Zeitung unter Hans Weber (1872–1875) vgl. Weisz, Die Neue Zürcher Zeitung auf dem Weg zum freisinnigen Standort, S. 40–42, 121; 150 Jahre Neue Zürcher Zeitung, S. 203–205.

1893  Schon die Neue Zürcher Zeitung sah die von «einem Geiste des Hasses und des Neides gegen alles Höherstehende, gegen alles Hervorragende» getragenen Auseinandersetzungen um die Verfassungsrevision als «zersetzenden Klassenkampf». Neue Zürcher Zeitung, 18. April 1869.

1894  Meister, Die Entwicklung der liberalen Partei des Kantons Zürich, S. 12, sowie Schmid, Ulrich Meister, S. 120–132; Zurlinden, Hundert Jahre Bilder aus der Geschichte der Stadt Zürich, Bd. 2, S. 56.

1895  Vgl. Meister, Die Entwicklung der liberalen Partei des Kantons Zürich, S. 12; Zurlinden, Hundert Jahre Bilder aus der Geschichte der Stadt Zürich, Bd. 2, S. 56. 1875 entstand dann auch in Zürich eine Sektion des «Eidgenössischen Vereins», der sich jedoch vor allem mit eidgenössischen Angelegenheiten befasste und auf lokaler wie kantonaler Ebene mit den gemässigten Liberalen zusammenarbeitete.

1896  Wie Aufrufen im Tagblatt zu entnehmen ist, bestand diese Gesellschaft schon in den fünfziger Jahren.

1897  Die Verfassung von 1869 führte nach Art. 13 für alle dem Volk zustehenden Wahlen von Kantonal-, Bezirk- und Kreisbeamten die Wahlurne ein. Den Gemeinden blieb die Wahlart noch freigestellt.

1898  Neue Zürcher Zeitung, 31. Mai 1875; Geschäftsbericht des Stadtrates, 1875, S. 2.

1899  Welche sozialen Hindernisse der kleine Mann überwinden musste, wenn er im Stadthause die Akten zu einem bestimmten Geschäft der Gemeindeversammlung einsehen oder auch nur vor der Versammlung die gedruckten Berichte und Anträge, die sogenannten Beleuchtungen, abholen wollte, beschreibt Georg Weber, wenn auch in überspitzt polemischer Form, in seinen «Kritischen Gängen durch die Stadtverwaltung», die erstmals im demokratischen Zürcher Volksblatt erschienen.

1900  Zürcherische Freitagszeitung, 4. Juni 1875.

1901  Wie 1866 wurde für die Revision eine 19-köpfige Kommission bestellt. Diese übertrug die eigentliche Arbeit an einen engern Ausschuss, der aus Stadtpräsident Dr. Römer, Stadtrat Landolt, Schulpräsident Hirzel, Dr. Eugen Escher, Dr. Ryf als Vertreter der Einwohner und Stadtschreiber Spyri bestand.

1902  Rechenschaftsbericht über die Gemeindeverwaltung, 1877, S. 2.

1903  Diese neue Regelung galt aufgrund des kant. Wahlgesetzes von 1869 schon seit 1871.

1904  Verfassung von 1869, Art. 19, 50; Gesetz betreffend das Gemeindewesen vom 27. Brachmonat 1875, Art. 40.

1905  Stadtarchiv Zürich, VAb 9 Stimmregister 1838–1878, VEb 112/113 Stimmregister 1878–1891. In der Stadt waren rechtlich gesehen bis 1865 auch jene Stadtbürger stimmberechtigt, die ihren Wohnsitz auswärts hatten. Sie wurden hier nicht miteinbezogen. Von den 20-jährigen Männern waren im ganzen Kanton Zürich bis in die neunziger Jahre rund 10 % auch auf eidgenössischer Ebene nicht wahl- und stimmberechtigt.

1906  Die Versammlungen fanden jeweils in der Kornhaus-Tonhalle statt, die über 4000 Personen zu fassen vermochte. Wenigstens vom äussern Rahmen her war damit die Teilnahme fast aller möglich.

1907  Rechenschaftsbericht über die Gemeindeverwaltung, S. 3.

1908  Die Angaben zur politischen Zusammensetzung basieren auf der Auswertung der im Tagblatt der Stadt Zürich im Vorfeld der Wahlen publizierten Wahllisten. Zur Wahlbeteiligung vgl. Tagblatt der Stadt, 15. Mai 1877.

1909  Der Landbote, 13. Mai 1877.

1910  Zürcherische Freitagszeitung, 18. Mai 1877, 1. Juni 1877.

1911  1865, 1868, 1877 inklusive Mitglieder des engern Stadtrates, 1889 ohne, wegen der Einführung der Gewaltentrennung um 1881. Verwaltungsetat der Stadt Zürich, Bürgerbücher der Stadt Zürich.

1912  Der konkrete Anstoss zur Vereinigung ging von der Gemeinde Aussersihl aus. Zur Vorge-
      schichte – die Vereinigung war seit Ende der fünfziger Jahre immer wieder ein Thema –
      und den Ursachen der Stadtvereinigung vgl. Schenkel, Die erste Zürcher Stadtvereini-
      gung; Geschichte der Zürcher Stadtvereinigung, hrsg. von der Stadtkanzlei; Zurlinden,
      Hundert Jahre Bilder, Bd. 2, S. 228–250.

1913  Neue Zürcher Zeitung, zit. nach Geschichte der Zürcher Stadtvereinigung, S. 93.

1914  Aus dem alten Stadtbürgertum waren dies vor allem Stadtpräsident Melchior Römer,
      Stadtschreiber Paul Usteri und Conrad Escher. Zusammen mit Befürwortern aus den
      Ausgemeinden bildeten sie auf privater Basis die «Vereinigung der Kantonsräte und
      Gemeindebehörden von Zürich und Ausgemeinden». Vgl. Geschichte der Zürcher Stadt-
      vereinigung, S. 99–101.

1915  Es waren dies vor allem die Frage des 7. und 8. Schuljahres in der Alltagsschule sowie der
      Übernahme der Schulden von Aussersihl durch den Kanton.

1916  Geschichte der Zürcher Stadtvereinigung, S. 115–118; Schenkel, Die erste Zürcher Stadt-
      vereinigung, S. 46–49.

1917  Vgl. Schenkel, Die erste Zürcher Stadtvereinigung, S. 94–97, 128–130.

1918  Meyer von Knonau, Lebensbild des Professors Georg von Wyss, Teil 2, S. 89.

1919  Vgl. Zurlinden, Hundert Jahre Bilder, Bd. 2, S. 242.

1920  Zit. nach Schmid, Ulrich Meister, S. 149.

1921  Zurlinden, Hundert Jahre Bilder, Bd. 2, S. 245.

1922  F. O. Pestalozzi in: Zürcherische Beilage zu den Schweizerblättern, 9. Jahrgang, Novem-
      ber 1891, S. 3–4.

1923  Vgl. Zürcherische Beilage zu den Schweizerblättern, 9. Jg., November 1891, S. 7.

1924  Stadtbote, 10. März 1889, zit. nach Schenkel, S. 43–44.

1925  Eduard Usteri-Pestalozzi in seiner Festrede als Pursterer am 37. Stiftungsfest der Gesell-
      schaft vom alten Zürich am 8. Mai 1893, in: Post Tenebras Lux, XXVI. Jg, Juni 1893, S. 1.
      Der demokratische Führer war wohl Dr. J. Amsler.

1926  Zürcherische Freitagszeitung, 7. August 1891.

1927  Neue Zürcher Zeitung, 17. Juli 1889, zit. nach Schenkel, Zürcher Stadtvereinigung, S. 45.

1928  Schenkel, Zürcher Stadtvereinigung, S. 128–129.

1929  Vgl. Schenkel, Zürcher Stadtvereinigung, S. 100.

1930  Georg von Wyss in zwei Briefen an seinen Leipziger Freund, zit. nach Meyer von Kno-
      nau, Lebensbild des Professors Georg von Wyss, Teil 2, S. 90.

1931  Diese sogenannte Abgeordnetenversammlung umfasste 63 Liberale, darunter auch einige
      wenige Konservative, 44 Demokraten und 11 Sozialdemokraten.

1932  Für das Referendum gegen Stadtratsbeschlüsse waren 2000 Unterschriften notwendig.
      Wenn die Mehrheit des Grossen Stadtrates es beschloss oder ein Drittel es verlangte,
      waren Beschlüsse ebenfalls den Stimmbürgern vorzulegen. Art. 19 des Zuteilungsgesetzes.

1933  Jeder Stimmberechtigte hatte das Recht beim Präsidenten des Grossen Stadtrates eine
      Motion einzureichen. Sofern zehn Mitglieder des Grossen Stadtrates zustimmten, durfte
      jeder Motionär sein Anliegen vor dem Grossen Stadtrat selbst begründen. Eine von 2000
      Stimmberechtigten unterstützte Motionen (Initiative) war innert vier Monaten den
      Stimmbürgern vorzulegen. Art. 24 des Zuteilungsgesetzes.

1934  Die Besoldung der ranghöchsten Beamten, des Stadtschreibers sowie des Stadtingenieurs,
      betrug maximal ebenfalls Fr. 7000. Art. 147/148 der Gemeindeordnung vom 24. Juli 1892.

1935  Im Frühjahr 1890 erreichten die Demokraten dank eines Wahlpaktes mit der Arbeiter-
      partei im Kantonsrat wieder die Mehrheit und im Herbst glückte mit Hilfe der Demokra-
      ten erstmals einem Sozialdemokrat, J. Vogelsanger, im 1. Wahlkreis die Wahl in den
      Nationalrat.

1936   Zur Rolle von Ulrich Meister vgl. Schmid, Ulrich Meister, S. 120–132, 141–146, 151–154; Zurlinden, Hundert Jahre Bilder, Bd. 2, S. 343–347.

1937   150 Jahre Neue Zürcher Zeitung, S. 204.

1938   Vgl. Schmid, Ulrich Meister, S. 152; 150 Jahre Neue Zürcher Zeitung, S. 210.

1939   Zur konservativen Sicht dieser Trennung vgl. F. O. Pestalozzi in seiner Rede an der konstituierenden Sitzung des Gemeindevereins, vollständiger Wortlaut in einer Beilage der Zürcherischen Freitagszeitung, 29. April 1892.

1940   Vgl. Labhart, Ludwig Forrer, S. 64–69. Ammann, Theodor Curti, S. 125. Auf eidgenössischer Ebene bewirkte dann allerdings der Eintritt Ulrich Meisters in die radikal-demokratische Fraktion eine Annäherung. Ein Grossteil der übrigen liberalen Zürcher Nationalräte folgte Meisters Beispiel. Vor den Regierungsratswahlen von 1893 kam es auch auf kantonaler Ebene erstmals zu einer gewissen Verständigung.

1941   Neue Zürcher Zeitung, 20. August 1892; Zürcherische Freitagszeitung, 19. August 1892.

1942   Zur Parteizugehörigkeit der Stadträte vgl. die Neue Zürcher Zeitung, 17. August und 22. August 1892. Die Angaben zur parteipolitischen Zusammensetzung in Largiadèr, Geschichte der Stadt und Landschaft Zürich, Bd. 2, S. 266 sowie der Geschichte der Zürcher Stadtvereinigung im Anhang, Tabelle 12 sind beide falsch.

1943   Neue Zürcher Zeitung, 22. August 1892.

1944   Züricher Post, 28. August 1892.

1945   Der Landbote, 23. August 1892.

1946   Züricher Post, 20. August 1892.

1947   Einzig im Kreis III, Aussersihl und Wiedikon, verfügte die Linke mit 23 der 31 Sitze über die Mehrheit der Sitze. Im Kreis I, dem alten Stadtgebiet, gingen 20 der 36 Sitze an die Freisinnigen, 7 an die Konservativen, die Demokraten erlangten lediglich 7 und die Sozialdemokraten nur 2 Sitze.

1948   Zur Ausgangslage der Wahlen auf der Linken vgl. Züricher Post, 20. August 1892 sowie Traber, Vom Werden der zürcherischen Arbeiterbewegung, S. 71–72.

1949   Der Landbote, 26. August 1892.

1950   Zürcherische Freitagszeitung, 26. August 1892.

1951   Diese Angaben basieren auf einer Zusammenstellung in der Zürcherischen Freitagszeitung, 26. August 1892. Im weiteren waren 13 oder 11,2 % der Kandidaten nur von den drei bürgerlichen Parteien unterstützt worden. Drei kamen über die Koalition Konservative, Demokraten und Sozialdemokraten in den Rat. Einer der Gewählten war nur vom Freisinn und den Demokraten unterstützt worden.

1952   Zürcherische Freitagszeitung, 26. August 1892.

1953   Altbürger inkl. Angehörige der alten Führungsgeschlechter. 1889 waren dies 7 (12 %), 1893 9 (8 %) und 1902 noch 4 (3 %).

1954   Vgl. Einladung zur Gründung des Vereins; Statuten des Vereins vom 22. April 1892. LB-Bern, VZH 22296.

1955   F. O. Pestalozzi in seinem Gründungsref., Beilage, Zürch. Freitagszeitung, 29. April 1892.

1956   Joh. Ludwig Spyri, ehemals Pfarrer, dann Chef des statistischen Büros der NOB. Er hatte sich zusammen mit seinem Bruder Bernhard Spyri, dem spätern Stadtschreiber, erst 1854 einbürgern lassen.

1957   Vgl. Statistisches Jahrbuch der Stadt Zürich von 1907 und 1912/13.

1958   Verwaltungsetat der Stadt Zürich von 1889, 1893 und 1902 in Kombination mit Adress- und Bürgerbüchern.

1959   Züricher Post, 20. August 1892.

1960   1898 belegten die Konservativen 6, die Freisinnigen 51, die Demokraten 40 und die Sozialdemokraten 21 Sitze im Grossen Stadtrat. Vgl. Wahlergebnisse in der Neuen Zürcher Zeitung. Die Freisinnigen hatten 1907 50 Sitze, die Demokraten noch 26. Vgl. Statistisches Jahrbuch der Stadt Zürich, 1907.

1961   Zur Entwicklung der Sozialdemokratie in der Stadt Zürich vgl. Zurlinden, Hundert Jahre, Bd 2, S. 315–339; Traber, Vom Werden der Zürcherischen Arbeiterbewegung, S. 69–82.

1962   Vgl. Labhart, Bundesrat Ludwig Forrer, S. 64–69.

1963   Schmid, Ulrich Meister, S. 153.

1964   Zum ideologischen Diskurs nach 1900 zwischen Freisinn, Katholisch-Konservativen und Sozialdemokratie vgl. Horvath/Kunz, Sozialpolitik und Krisenbewältigung am Vorabend des Ersten Weltkrieges.

### Zusammenfassung: Bürgertum und Bürgerlichkeit in der Schweiz

1965   Kaschuba, Deutsche Bürgerlichkeit, S. 18–19.

1966   Kaschuba, Deutsche Bürgerlichkeit, S. 17–18.

1967   Vgl. Müller, Zur Kultur und zum gesellschaftlichen Bewusstsein handwerklicher Arbeiter im dritten Viertel des 19. Jahrhunderts; Gruner, Die Arbeiter in der Schweiz, S. 482–504; 796–806.

1968   Zum Selbstverständnis des Grütlivereins gegen Ende des Jahrhunderts vgl. Gruner, Arbeiterschaft und Wirtschaft, Bd 3, S. 57–63

1969   Hilty, in: Politisches Jahrbuch, 1903, S. 565.

1970   Hilty, in: Politisches Jahrbuch, 1907, S. 668–671, vgl. auch 1906, S. 579.

1971   Jahresbericht des Schweizerischen Grütlivereins, 1895, S. V, zit. nach Gruner, Arbeiterschaft und Wirtschaft, Bd 3, 74.

1972   Vgl. Gruner, Arbeiterschaft und Wirtschaft, Bd 3, 194, 277–323.

1973   Gruner, Arbeiterschaft und Wirtschaft, Bd 3, S. 517.

1974   Hilty, in: Politisches Jahrbuch, 1886, S. 528; vgl. auch 1899, S. 432.

1975   Berner Zeitung, 24. Juni 1887.

1976   Sulzer-Steiner, Schweizerische Industrie und Sozialismus, S. 10.

1977   Protokolle des Kantonsrates des Kantons Zürich für die Amtsperiode 1905–1908, S. 439.

1978   Zur Bedeutung der Pariser Commune vgl. Roth, Die politische Presse der Schweiz um 1871; Laserre, La classe ouvrière dans la société vaudoise, S. 156ff.

1979   Gruner, Die Arbeiter in der Schweiz, S. 990–992.

1980   Vgl. Widmer, Die Schweiz in der Wachstumskrise, S. 619–638.

1981   Hilty, in: Politisches Jahrbuch, 1889, S. 473–475.

1982   Hilty, in: Politisches Jahrbuch, 1898, S. 437, 440.

1983   Hilty, in: Politisches Jahrbuch, 1905, S. 803–804, ähnlich argumentierte er schon früher, vgl. z. B. 1899, S. 433..

1984   Zur Rolle der Bauern, vgl. Baumann, Bauernstand und Bürgerblock, S. 179ff.

1985   Siegenthaler, Die Schweiz 1850–1914, S. 455.

1986   Vgl. z. B. die Haltung der Stadtberner Freisinnigen nach der Trennung von der Sozialdemokratie bzw. die politische Ausrichtung der Berner Jungfreisinnigen.

1987   Zur Gründung des Zürcher Bürgerverbandes vgl. Neue Zürcher Zeitung, 19. April 1905, 2. Juni 1905.

1988   Schweizerische Bürgerzeitung, 2. Juli 1907.

1989   Gruner, Arbeiterschaft und Wirtschaft, Bd 3, S. 523.

1990   Der Bund, 30.4.1890.

# Quellen- und Literaturverzeichnis

**Ungedruckte Quellen**
*Burgerbibliothek Bern (BB-Bern)*
Verschiedene Nachlässe und Briefwechsel:

| | |
|---|---|
| Mss. h.h. X 289 | Anton Tillier (1792–1854), Abschrift der Selbstbiographie. |
| Mss. h.h. XII 300 | Protocoll der Familienversammlungen der Familie Diesbach von Bern (1833–1918). |
| Mss. h.h. XXIII 62 | Anton Tillier (1792–1854), Hauptbuch für die Haushaltung 1851–1858, Livre de ménage 1859–1865. |
| Mss. h.h. XXVIII 64–69 | Gustav Valentin, Haushaltungsbuch, Nekrologe, Notizbücher, Briefe an Sohn Adolf und Tochter Anna, Briefe seiner Frau. |
| Mss. h.h. XXVIII 70 | Nachlass Adolf Valentin. |
| Mss. h.h. XXX 168 | Adolf Kastenhofer, Einführungsheft zu den Tagebüchern, Erinnerungen an die Jugendzeit. |
| Mss. h.h. XXXIV 192a | Georg Finsler (1832–1916), Briefe und Glückwunschkarten. |
| Mss. h.h. XXXV | Nachlass Joseph Victor Widmann (1842–1911), Diverse Schachteln. |
| Mss. h.h. XLIII 14 | Karl Ludwig Stettler (1773–1858), Kassabuch von 1851–1857. |
| Mss. h.h. LI 60–62 | Alfred von Wittenbach-Bovet (1861–1939), Briefe an die Eltern. |
| Mss. h.h. LI 165 a/b | Familie von Sinner, Briefe. |

*Familienarchiv von Zeerleder*

| | |
|---|---|
| Mss. h.h. XLIV 45/46 | Erbteilung von Friedrich von Zeerleder (1808–1850), Bankier. |
| Mss. h.h. XLIV 55 | Blanche Zeerleder-von Fischer, Gedichte 1862–1872. |
| Mss. h.h. XLIV 57 | Blanche Zeerleder-von Fischer, Instruction religieuse, Brief an M. Larche, Notizen. |
| Mss. h.h. XLIV 59 | Blanche Zeerleder-von Fischer, Dienstboten-Büchlein, 1869–1889. |
| Mss. h.h. XLIV 184–186 | Briefe von und an Blanche Zeerleder-von Fischer. |
| Mss. h.h. XLIV 190A, 191 | Briefe von und an Blanche Zeerleder-von Fischer. |
| Mss. h.h. XLIV 186 | Briefe von Cecilie Fischer von Reichenbach-Bürkli (1812–1895) und Johann Moritz Fischer von Reichenbach (1812–1882). |
| Mss. h.h. XLIV 214 | Nachlass von Ludwig Fischer von Reichenbach (1805–1884). |
| Mss. h.h. XLIV 215 | Verschiedenes über die Zürcher Verwandten der Familie von Fischer. |

Mss. h.h.            Aufzeichnungen unserer lieben Mutter Blanka Zeerleder-von Fischer
XLIV 226            über das Familienleben 1874–1906.
Mss. h.h.            Friedrich Zeerleder (1841–1909), Tagebuch 1850–1854, Bedenk-
XLIV 51/52          und Gedenkbüchlein 1862.
Mss. h.h.            Albert Zeerleder (1838–1900), Briefe an Vetter Karl Samuel Eugen
XLIV 184            Zeerleder (1837–1918).
Mss. h.h.            Louise Zeerleder (1811–1889), Tagebücher, Notizen.
XLIV 69–73

*Familienarchiv von Rodt*

FA von Rodt         Cassa-Bücher 1849–1890 für Karl Eduard von Rodt-Brunner (1810–1890).
27–30
FA von Rodt         Hausbücher 1848–1856, 1865–1867 für Cäcilia von Rodt-Brunner.
31–32
FA von Rodt 33      Hausbuch 1877–1895 für Karl Friedrich Eduard von Rodt-von Mülinen
                    (1849–1926).
FA von Rodt         Erbteilungen.
43, 44
FA von Rodt         Teilung der Familienkiste.
47, 51

*Verschiedenes*

LG A. 1–44          Museumsgesellschaft
Genealogie des Geschlechtes von Steiger (weiss) von Bern, Bd. 1, Bern 1906, Bd. 2, Bern 1930.
Genealogien burgerlicher Geschlechter der Stadt Bern von Bernhard von Rodt, 6 Bde., ange-
                    fertigt 1944–1950.
Stammblätter der Berner Familie von May, Bern 1967.
Stammbuch der Familie von Tscharner in Bern. Bis zur 10. Generation, Bern 1920.

**Staatsarchiv Bern (StAB)**

FA 16:17–20         Nachlass von Alexander von Tavel.
N 21                Dokumentation über die bernische Geschichte, Nachlass Erich Gruner.
N 26                Nachlass von Rudolf Otto Jäggi-Volz (1856–1950).

**Stadtarchiv Bern**

Berichte und Protokolle des Stadtrates, 1887–1914.
Bericht des Einwohner-Gemeinderathes der Stadt Bern über die Gemeindsverwaltung, 1852–
                    1863, 1861–1865.
Bericht des Gemeinderathes der Stadt Bern über die Gemeindeverwaltung, 1865–1872.
Bericht des Gemeinderathes der Stadt Bern an den Grossen Stadtrath über die Gemeinde-
                    verwaltung, 1872–1883.
Bericht des Gemeinderates der Stadt Bern an den Stadtrat über den allgemeinen Gang und die
                    Ergebnisse der Gemeindeverwaltung, 1889 ff.
Verhandlungen des Grossen Stadtrathes und der Gemeinde Versammlung nebst den Vorlagen der
                    vorberathenden Behörden, 1888.
Verhandlungen des Stadtrates, 1889 ff.
Kartei der Gemeinderäte 1832–1888, des Grossen Stadtrates 1872–1888, des Stadtrates seit 1888.

**Staatsarchiv Zürich (StAZ)**

RR I 64
79–82               Steuerregister Zürich Stadt und Landbezirk.

| MM 28 | Sozialistenkongress in Zürich 1881. |
|---|---|
| BX 177/1 | Nachlass F. O. Pestalozzi, Gesellschaft vom alten Zürich. |
| BX 177/3 | Nachlass F. O. Pestalozzi, Lebenserinnerungen. |
| BX 206 | Papiere aus altzürcherischen konservativen Vereinigungen. |
| W 66/16 | Nachlass Wolff, Kaspar Otto Wolff (1843–1888) und Johanna Wolff, geb. Deck (1843–1888). |

## Zentralbibliothek Zürich: Handschriftenabteilung (ZB-Zürich)

*Familienarchiv Bluntschli*

| 46, 47 | Alfred Friedrich Bluntschli (1842–1930), Briefwechsel mit den Eltern. |
|---|---|
| 49, 50 | Alfred Friedrich Bluntschli (1842–1930), Briefauszüge, Erinnerungen. |
| 81, 82 | Hans Bluntschli (1877–1962), Persönliches. |
| 140–142, 144 | Hans Bluntschli, Briefe. |

*Familienarchiv Corrodi II*

| 1, 2, 7 | August Corrodi (1826–1885), Persönliches, Autobiographisches Fragment. |
|---|---|
| 29–33 | Haushaltungsbuch Corrodi-Haggenmacher, Zinsbuch. |

*Familienarchiv Escher*

| 188. 1/2 | Nachlass/Inventar von Caspar Escher und Anna Escher, geb. von Muralt. |
|---|---|
| 200. 102/103 | Jakob Escher-Bodmer (1818–1909), Autobiographie, Reisen und Sommeraufenthalte. |
| 225. 101–104 | Alfons Escher (1845–1924), Briefe, Autobiographie. |
| 263. 101–102 | Friedrich Escher, geb. 1882, Briefe an die Eltern. |
| 607 | Familiengeschichtliches 1831–1901. |

*Familienarchiv Meyer von Knonau*

| 32 ba | Cleophea Emerentiana Meyer von Knonau, geb. Meyer (1817–1871), Persönliches, Erinnerungen, Briefe, Nachruf. |
|---|---|
| 32 c, d | Gerold Meyer von Knonau (1804–1858), Briefe, Erinnerungen, Haushaltungs-buch, Tagebuch. |
| 34 1–3 | Gerold Meyer von Knonau (1843–1931), Autobiographische Aufzeichnungen. |
| 34 a, d | Gerold M. (1843–1931), Verschiedenes aus Kinder- und Knabenjahren, Persönliches. |
| 34 ea | Bertha Meyer von Knonau, geb. Held (1854–1945), Briefe. |

*Familienarchiv Nüscheler*

| 753/754/ 755/770 | Conrad Nüscheler (1826–1910), Lebenslauf, Betrachtungen zur sozialen Frage, Konflikte innerhalb der Schildner. |
|---|---|
| 801–803 | Conrad Nüscheler (1856–1887), Briefe an Verwandte. |
| 806 | Gesellschaft zur Alten Treu. |
| 809 | Nachlass von Conrad Nüscheler (1856–1887). |
| 827 | Schulhefte und Selbstbiographie des 18jährigen. |
| 828 a | Hochzeit. |
| 839 | Haushaltungsbuch von Conrad Nüscheler 1869–1875. |
| 846 | Barbara Nüscheler-Hirzel, geb. 1858, Tagebuch 1876, 1878–1880. |

*Familienarchiv Wirz*

| 101, 102 | Hans Wirz-Knispel (1842–1914), Persönliches, Lehr- und Vereinstätigkeit. |
|---|---|
| 110 | Lebenshaltung 1865–1914. |

### Stadtarchiv Zürich

| | |
|---|---|
| V Aa 1/3–4 | Gemeinde-Protokoll, 1854–1871, 1872–1886. |
| V Ab 2 | Stadtverfassungen und Gemeindeordnungen, 1805–1892. |
| V Ab 8/2 | Mitgliederverzeichnis des Grossen Stadtrathes 1866–1892. |
| V Ab 9 | Stimmregister 1838–1878. |
| V Eb 112/113 | Stimmregister der Bürger bzw. Niedergelassenen 1878–1891. |
| V Hc 46 | Drucksachen betr. das Schulwesen, 1803–1892. |
| VII 75 | Nachlass Hans Pestalozzi, Stadtpräsident. |
| VL 36 | Freiwillige Bürgerwehr 1871. |
| VL 71/1–3 | Generalstreik vom 12. Juli 1912. |
| Ae 102 | Club zur weissen Rose, Vereinigung altzürcherischer Tradition zwecks Förderung des gesellschaftlichen Lebens. |
| Pd 25 | Veröffentlichungen der Gesellschaft der Schildner zum Schneggen, 1844–1945. Geschäftsberichte des Stadtrates von Zürich an den Grössern Stadtrat, 1859 ff. Protokolle des Grossen Stadtrates von Zürich, 1892 ff. |

### Landesbibliothek Bern (LB-Bern)

| | |
|---|---|
| V Schweiz 85 | Schweizerischer Alpen Club: Festschriften, Mitgliederverzeichnisse. |
| V Schweiz 96 | Schw. Alpenclub, Sektion Bern: Jubiläumsfeiern. |
| V Schweiz 397 | Automobilclub der Schweiz. |
| V Schweiz 398 | Automobilclub der Schweiz, Sektion Bern. |
| | |
| VBE 4224 | Cäcilienverein: Denkschriften, Mitgliederverzeichnisse. |
| VBE 4397 | Einwohner-Verein-Bern: Statuten, Diverses. |
| VBE 4438 | Evangelische Gesellschaft: Denkschriften. |
| VBE 4567 | Freie Gemeinde: Denkschrift, Mitglieder 1913. |
| VBE 4677 | Gemeinnütziger Verein des Kantons Bern: Mitgliederlisten 1874–1882. |
| VBE 4679 | Gemeinnütziger Verein der Stadt Bern: Jahresberichte. |
| VBE 4829 | Bernischer Verein für Handel und Industrie: Jahresberichte. |
| VBE 5308 | Künstler-Gesellschaft Bern: Berichte. |
| VBE 5462 | Liederkranz-Frohsinn Bern, Berichte, Statuten |
| VBE 5464 | Berner Liedertafel: Mitgliederverzeichnisse, Korrespondenzblatt. |
| VBE 5522 | Berner Männerchor: Mitgliederverzeichnisse. |
| VBE 5671 | Musikgesellschaft: Jahresberichte inkl. Mitgliederverzeichnisse. |
| VBE 6394 | Tierschutzverein: Jahresberichte, Mitglieder. |
| | |
| VZH 21569 | Antiquarische Gesellschaft: Denkschriften, Mitgliederverzeichnisse, Statuten. |
| VZH 21860 | Bürgerverband Zürich: Statuten 1909, Jahresberichte 1908, 1909, 1911. |
| VZH 21898 | Gemischter Chor Zürich: Festschriften, Jahresberichte. |
| VZH 22083 | Evangelische Gesellschaft: Mitgliederverzeichnisse, Denkschriften. |
| VZH 22296 | Politischer Gemeindeverein. |
| VZH 22299 | Gemeinnützige Gesellschaft des Bezirkes Zürich: Denkschriften, Migliederverzeichnisse. |
| VZH 22302 | Gemeinnützige Gesellschaft von Neumünster: Denkschrift, Mitgliederverzeichnisse. |
| VZH 22902 | Schw. Kreditanstalt: Festschriften, Geschäftsberichte 1857 ff. |
| VZH 22924 | Künstlergesellschaft: Mitgliederverzeichnisse. |
| VZH 22937 | Kunstgesellschaft: Jahresberichte inkl. Mitgliederverzeichnisse. |
| VZH 23023 | Lesezirkel Hottingen: Jahresberichte, Mitgliederverzeichnisse, Diverses. |
| VZH 23101 | Männerchor Zürich: Festschriften, Jahresberichte inkl. Mitgliederverzeichnisse. |
| VZH 23208 | Museumsgesellschaft: Statuten, Jahresberichte, Festschriften. |

VZH 23211    Musikgesellschaft Zürich: Mitgliederverzeichnisse, Statuten.
VZH 23502    Sängerverein Harmonie: Jahresberichte, Mitgliederverzeichnisse.
VZH 23646    Zürcherische Seidenindustrie-Gesellschaft: Statuten, Diverses, Mitgliederverzeichnisse, Jahresberichte.
VZH 23752    Stadtverein Zürich.

## Gedruckte Quellen

### Amtliche Schriften, Gesetzessammlungen, Bürger- und Adressbücher

Adressbuch der Stadt Zürich 1888 ff.

Adressbuch für Stadt und Stadtbezirk Bern, 1883–1910.

Amtliche Sammlung der seit Annahme der Gemeindeordnung vom Jahre 1859 erlassene Verordnungen u. wichtigeren Gemeindebeschlüsse der Stadt Zürich, 7 Bde., Zürich 1859–1892.

Behördenverzeichnis der Gemeinde Bern, 1891–1910.

Beiträge zur Statistik der schweizerischen Eidgenossenschaft, zusammengestellt vom Eidg. Departement des Innern, Bern 1851–1858.

Beiträge zur Statistik der Stadt Bern, Bern 1917ff.

Beiträge zur Statistik des Kantons Bern, Bern 1860–1864.

Bericht und Anträge der engern Commission für Revision der Stadtverfassung an die weitere Commission betreffend die der Revision darbietenden Hauptfragen, Zürich 1858.

Bericht des Regierungsrates des Kantons Bern an den Grossen Rat über die Staatsverwaltung, Bern 1831ff.

Beschlüsse und Verordnungen von Behörden der Stadt Zürich. Amtliche Sammlung, Zürich 1893ff.

Bürgerbuch der Stadt Zürich, Zürich 1797–1926.

Burgerbuch: Verzeichnis sämtlicher Burger der Stadt Bern, 1848, 1853, 1861, 1869, 1876, 1883, 1889, 1893, 1899, 1902, 1906, 1910, 1914, 1920.

Gesetze, Dekrete und Verordnungen des Kantons Bern.

Häuser- und Strassenverzeichnisse der Stadt Zürich, 1838, 1840, 1859, 1865, 1879, 1885.

Mitteilungen, schweizerische statistische, 1919–1929.

Mitteilungen des bernischen statistischen Bureaus, Bern 1883ff.

Protokolle des Kantonsrates des Kantons Zürich, 1899ff.

Protokolle des Verfassungsrates des eidgenössischen Standes Zürich, 1868–1869, 5 Bde.

Regierungsetat des Kantons Zürich, 1832ff.

Sammlung, Offizielle der seit 10. März 1831 erlassenen Gesetze, Beschlüsse und Verordnungen des Eidgenössischen Standes Zürich, Zürich 1831ff. (Register, 24. Bd., Zürich 1897).

Staatskalender des Kantons Bern.

Statistik der Stadt Zürich, hrsg. vom Statistischen Amt der Stadt Zürich, 1904ff.

Statistik, Schweizerische, Lieferungen 1–217, Bern 1862–1919.

Statistisches Jahrbuch der Stadt Zürich, 1905ff.

Statistisches Jahrbuch für den Kanton Bern, Bern 1868–1878.

Steuerregister der Stadt Zürich vom Jahre 1905. Verzeichnis der Steuerpflichtigen in alphabetischer Reihenfolge, Zürich 1906.

Tagblatt des Grossen Rates des Kantons Bern.

Übersicht der Vermögens- und Einkommenssteuerpflichtigen des Kantons Zürich 1879–1906.

Verhandlungen des Grossen Rates des Kantons Zürich, 1832ff.

Verwaltungsetat der Stadt Zürich, 1848ff.

Verzeichnis der burgerlichen Behörden, Beamten und Angestellten, Bern 1855ff.

Verzeichnis der städtischen Behörden von Bern, 1874–1883.

Verzeichnis der Steuerpflichtigen der Gemeinde Bern, Bern 1899–1910.

Verzeichnisse der Einwohner- und Kirch-Gemeindsbehörden, Beamten und Angestellten der Stadt Bern, 1835–1866.

### Zeitungen und Zeitschriften

Berner Bote.
Berner Post.
Berner Stadtblatt.
Berner Tagblatt.
Berner Tagespost.
Berner Zeitung.
Intelligenzblatt für die Stadt Bern.
Intelligenzblatt und Berner Stadtblatt.
Chronik der Stadt Zürich/Zürcher Wochenchronik.
Der Bund.
Neue Zürcher Zeitung.
Neues Tagblatt der Stadt Bern.
Politisches Jahrbuch der schweizerischen Eidgenossenschaft, hrsg. von Carl Hilty, Bern 1886ff.
Schweizerblätter.
Schweizerische Bürgerzeitung, vormals Zürcher Volksblatt.
Tagblatt der Stadt Zürich.
Wissen und Leben, Schweiz. Halbmonatszeitschrift, Zürich 1907–1913.
Zürcher Volksblatt.
Zürcherische Freitagszeitung.
Züricher Post.
Der Landbote und Tagblatt der Stadt Winterthur

### Allgemeine Quellen

*Attenhofer, Eduard:* «Der rothe Teufel». Mein zehnjähriger Kampf gegen den Umsturz als Redaktor der Schweizerblätter «Limmat» und «Stadtbote», 2 Teile, Zürich-Hottingen 1890.
*d'Auriac, Jules:* Deux Républiques. France et Suisse. Etudes sociologiques, Paris 1912.

*Bähler, Samuel:* Die Entstehung der Arbeitslosigkeit, Bern 1849.
*Bally-Prior, Eduard:* Ein wichtiges Wort über unsere industriellen Verhältnisse; den Arbeitern von C. F. Bally Söhne gewidmet, Aarau 1896.
*Baudenbacher, Emil:* Die Erziehung zum bürgerlichen Mut. Separatdruck aus den Schweiz. Reformblättern, Bern 1901.
*Beck, Emil:* Vaterlandskunde der Schweiz zum Gebrauche in Bürger-Schulen, 2 Teile, Aarau 1905.
*Beck, Theodor / Lang, Arnold:* Raffet Euch auf! Ein Wort an die Arbeiter, Bern 1868.
*Bericht der von der Central-Commission der schweiz. gemeinnützigen Gesellschaft gewählten Commission für die Arbeiterfrage, in:* Schweiz. Zeitschrift für Gemeinnützigkeit, 1869, S. 459–472.
*Berlepsch, Hermann Alexander:* Schweizerkunde. Land, Volk und Staat, Braunschweig 1858–1864.
*Bernet, Friedrich:* Nach zwanzig Jahren. Streiflichter auf politische und soziale Zustände der Gegenwart, St. Gallen 1868.
*Berufsgliederung der Bevölkerung der Stadt Zürich, Die:* Vorläufige Mitteilungen aus den Ergebnissen der eidg. Volkszählung vom 1. Dez. 1900, hrsg. vom Statistischen Amt der Stadt Zürich, Zürich 1903.
*Bissegger, Walter:* Die freisinnig-demokratische Partei und die Sozialdemokratie, Zürich 1910.
*Blanc, Samuel:* Essai d'un cours d'instruction civique et d'économie politique, dédié aux Ecoles de la Suisse française, Lausanne 1856 (weitere Auflagen 1861, 1875).
*Bleuler, Salomon:* Ein Märzenglöcklein für das Zürcher Volk, Winterthur 1869.
*Blocher, Eduard:* Das Aristokratische in der heutigen Eidgenossenschaft, in: Wissen und Leben 1912, S. 289–299.
*Blösch, Eduard:* Betrachtungen über das Gemeindewesen im Kanton Bern und dessen Reform, Bern 1848.

*Blösch, Emil:* Die Reform des Gemeindewesens. Referat in der Versammlung des Vereins der Unabhängigen, Sonderdruck des Neuen Berner Boten, Bern 1883.

*Blösch, Emil:* Gedanken über die Neugestaltung des Gemeindewesens, Bern 1886.

*Bluntschli, Johann Caspar:* Geschichte des schweizerischen Bundesrechts, 2 Bde., Zürich 1849/1852.

*Bohl, Johannes:* Der freimüthige Hauslehrer. Oder: Kurze Erläuterungen der wichtigsten Grundsätze und Verhältnisse der Menschen, mit besonderer Hinsicht auf die Gebrechen unserer Zeit. Für nachdenkende Eltern und Erzieher, wie überhaupt für Freunde der Volksbildung, St. Gallen 1836.

*Böhmert, Victor:* Arbeitsverhältnisse und Fabrikeinrichtungen der Schweiz, 2 Bde., Zürich 1873.

*Böhmert, Victor:* Der Sozialismus und die Arbeiter-Frage, Zürich 1872.

*Böhmert, Victor:* Vortrag über das Verhältnis von Arbeiter und Arbeitgeber gehalten in der gemeinnützigen Gesellschaft des Bezirkes Zürich am 1. Dez. 1867, Zürich 1868.

*Bornet, Louis:* Cours gradué d'instruction civique. Manuel de l'école, de la famille et du citoyen, Lausanne 1856 (1872).

*Bosshardt-Strübi, J. R.:* Leitfaden für den Tanz- und Körperbildungs-Unterricht mit Anleitungen über den gesellschaftlichen Verkehr, Zürich 1897.

*Bosshart, Jakob:* Bausteine zu Leben und Zeit. Zusammengestellt und herausgegeben von Elsa Bosshart-Forrer, Zürich 1929.

*Botschaften und Berichte zum Fabrikgesetz, in:* Bundesblatt 1875, 27. Jg./4, S. 921ff.; 1876, 28. Jg./2, S. 786ff., /4, S. 205ff, 537ff., 689ff.

*Bovet, Ernest:* Unsere Demokratie, in: Wissen und Leben 1914, S. 55–61.

*Brunner, J. C.:* Ansichten über den bundesräthlichen Gesetzes-Entwurf betreffend die Arbeit in Fabriken, Aarau 1876.

*Brunner, J. C.:* Der kleine Wegweiser durchs Leben für Fabrikarbeiter, Aarau 1872.

*Brunner, J. C.:* Die Licht- und Schattenseiten der Industrie mit Berücksichtigung unserer schweizerischen Verhältnisse, Aarau 1869.

*Brunner, Rudolf:* Bericht über die Reorganisation der städtischen Gemeindeverfassung, Bern 1880.

*Brunner, Rudolf:* Neues Gemeindereglement der Stadt Bern. Vor der Abstimmung, Bern 1885.

*Brunner, Rudolf:* Vor den Wahlen, Bern 1866.

*Buddeus, Aurelio:* Schweizerland. Natur u. Menschenleben. 1. Die ebene Schweiz, Leipzig 1853.

*Bühler, Johann Laurenz:* Gesellschafts- und Verfassungskunde für die reifere Jugend zum Verständnis der bürgerlich republikanischen Verhältnisse und insbesondere der Bundesverfassung von 1874, Bern 1875.

*Bühler, Johann Laurenz:* Populäre Darstellung der Gesellschafts- und Verfassungskunde als Wegweiser für die reifere Jugend zum Verständnis der bürgerlich republikanischen Verhältnisse und insbesondere der Schweizerischen Bundesverfassung, Bern 1867.

*Bühler, Johann Laurenz:* Schweizer-Heimatkunde in 20 Bildern. Land und Leute, Sitten und Gebräuche, Gesetze und Rechte, Zürich 1878.

*Burow, Julie:* Frauen. Liebe und Leben. Ein Brautgeschenk, Chur 1906.

*Chatelanat, A.:* Die Besoldungsverhältnisse der kantonalen Staatsdiener in der Schweiz, in: Zeitschrift für schweizerische Statistik, 1879, S. 299ff.

*Cherbuliez, Antoine-Elisée:* Le potage à la tortue. Entretiens populaires sur les questions sociales, Paris 1849.

*Cherbuliez, Antoine-Elisée:* Riche ou pauvre. Exposition succinte des causes et des effets de la distribution actuelle des richesses sociales, Paris/Genève 1840.

*Cherbuliez, Antoine-Elisée:* Simples notions de l'ordre social à l'usage de tout le monde, Paris 1848.

*Christ, Paul:* Sinnlichkeit und Sittlichkeit, Zürich 1904 (Heft 3 der akademischen Vereinigung «Ethos»).

*Chronik der Kirchgemeinde Neumünster,* hrsg. von der Gemeinnützigen Gesellschaft von Neumünster, Zürich 1889.

*Coradi-Stahl, Emma:* Wie Gritli haushalten lernt. Anleitung zur Führung eines bürgerlichen Haushaltes, Zürich 1902.

*Dahinden-Pfyl, Rosa:* Die Kunst mit Männern glücklich zu sein und die Liebe und Achtung derselben zu erwerben und zu erhalten. Geschenk für Bräute und junge Frauen, Luzern 1916.

*Der Volksverein und die soziale Frage, in:* Correspondenz Blatt der schweizerischen Volksvereine, Nr. 7, 1878.

*Deyhle, Robert:* Ursachen und Hebung der Dienstboten-Not. Ein offenes Wort an die Hausfrauen, Wichtrach 1899.

*Die kluge und einsichtige Schweizerin vom bürgerlichen Stande.* Das wirksamste und nützlichste Festgeschenk für unsere lieben Frauen und erwachsenen Töchter hinsichtlich ihrer Stellung als Tochter, Gattin und Mutter, St. Gallen 1865 (1. Auflage), 1880 (6. Auflage).

*Dienstboten-Frage, Die, in:* Schweizerische Zeitschrift für Gemeinnützigkeit, 1869, S. 110–134.

*Drexler, Albin:* Die soziale Gesellschaftsordnung und der Zukunftsstaat, Schweiz. Blätter für Wirtschafts- und Sozialpolitik, 1895, S. 477–494, 539–558, 645–649, 827–836, 872–884.

*Drexler, Albin:* Die soziale Reform der Arbeit und des Kapitals. Eine Volksschrift zur Aufklärung über die Ursachen, Ziele und Mittel der sozialen Bewegung, Aarau 1893.

*Droz, Numa:* Der bürgerliche Unterricht. Leitfaden für den Gebrauch der oberen Primarschulklassen, Sekundarschulen, Fortbildungsschulen und der jungen Bürger, Lausanne 1886 (4. Auflage).

*Droz, Numa:* Die Elemente des bürgerlichen Unterrichts. Leitfaden für den Gebrauch in den Primarschulen, Bern 1888.

*Dula, Franz:* Einige Worte über politische Bildung unserer Jugend, in: Verhandlungen der Gesellschaft für vaterländische Kultur im Kanton Luzern vom Jahre 1840, S. 157–172.

*Dula, Franz:* Über Bildung der Mädchen für das Haus, Familie und Beruf, in: Schweizerische Zeitschrift für Gemeinnützigkeit, 1869, S. 18–69.

*Duttweiler, Max:* Eine Züricher Wirtschaftsrechnung von 1883–1910, in: Zeitschrift für die gesamte Staatswissenschaft, 1915, S. 84–127.

*Ehrenberg, Friedrich:* Bildungsschule für das männliche Geschlecht über den Charakter und die Bestimmung des Mannes, St. Gallen 1866.

*Emminghaus, C. B. Arwed:* Die Schweizerische Volkswirtschaft, 2 Bde., Leipzig 1860/61.

*Ergebnisse der Steuerstatistik des Kantons Bern pro 1899, in:* Mitteilungen des bernischen statistischen Bureaus, 1901, Lieferung 1.

*Ergebnisse der Volkszählung in der Stadt Zürich* vom 1. Juni 1894, 2 Teile, Zürich 1897/1902.

*Erzinger, Heinrich:* Schweizer Katechismus oder Kurzer Unterricht über Land, Volk und Geschichte vornehmlich aber über die Neue Bundesverfassung und die Bundesgesetzgebung der Schweiz, Bern 1883.

*Escher, R.:* Die Technik im täglichen Leben, in: Zürcher Taschenbuch 1913, S. 16–37.

*Eynatten, Carola von und Iudex, A.:* Fürs Haus, ein nützlicher Ratgeber. Für die Gattin. Für die Hausfrau. Der tägliche Tisch, Zürich 1888.

*Fellenberg-Egli, Friedrich:* Die Pflichten der Männer in der Ehe. Vortrag, Erlenbach-Zürich 1901.

*Finsler, Georg:* Die Lehrpläne und Maturitätsprüfungen der Gymnasien der Schweiz, Materialien und Vorschläge, Bern 1893.

*Fleury, F.:* Rückblick auf unsere sozialen Verhältnisse seit der Dreissiger Periode mit Hinsicht auf unsere nächste Zukunft, Luzern 1857.

*Foerster, Friedrich W.:* Die Dienstbotenfrage und die Hausfrauen. Ein Problem der Frauenbildung, Zürich 1898.

*Foerster, Friedrich Wilhelm:* Lebenskunde: ein Buch für Knaben und Mädchen, Berlin 1918.

*Forel, Auguste:* Die sexuelle Frage. Eine naturwissenschaftliche, psychologische, hygienische und soziologische Studie für Gebildete, München 1918 (12. Auflage).

*Forel, Auguste:* Sexuelle Ethik. Vortrag, München 1908.

*Franke, Julius Heinrich:* Hygiene der Liebe und Ehe, oder Ratgeber für das Geschlechtsleben des Menschen, Glarus 1904.

*Franscini, Stefano:* Statistik der Schweiz, Aarau 1829.

*Franscini, Stefano:* Statistique de la Suisse géographique, industrielle et agricole, Bern 1855.

*Franscini, Stephan:* Neue Statistik der Schweiz, 3 Bde., Bern 1848–1851.

*Franz, Jakob:* Herr Böhmert, Professor der Nationalökonomie am Eidgen. Polytechnikum in Zürich, und seine Fälschungen der Wissenschaft, begangen in seinem neuesten Buche: «Der Sozialismus und die Arbeiterfrage», Zürich 1873.

*Frey, Emil:* Sozialdemokratie und Sozialreform, Separatdruck aus der National-Zeitung, Basel 1891.

*Frey, Emil:* Über den Entwurf eines Programms für die radikal-demokratische Partei, Separatdruck aus den Basler Nachrichten, Basel 1882.

*Frey, Emil:* Über die soziale Frage. Vortrag vom 16. März 1908 vor einer freisinnig demokratischen Versammlung in St. Gallen, in: Schweiz. Blätter für Wirtschafts- und Sozialpolitik, 1908, S. 1–15.

*Frey, J. C.:* Die sozial-bürgerliche und politische Ausbildung unserer Jugend. Relexionen, in: Bericht über die Verhandlungen der Zürcherischen Schulsynode von 1867, Beilage III, S. 1–22, Zürich 1867.

*Führer an den Hochzeitsaltar, Der.* Erfahrener Wegweiser für beide Geschlechter vor und nach der Verheirathung, Bern 1846 (2. Auflage 1848).

*Furrer, Alfred:* Volkswirthschafts-Lexikon der Schweiz, 3 Bde., Bern 1885–1891.

*Furrer, Alfred:* Soziale Frage, Sozialreform, in: Volkswirthschafts-Lexikon der Schweiz, Bd. 3, Bern 1891, S. 93–120.

*Geigy, Rudolf:* Über die Arbeiterfrage, Vortrag, Basel 1890.

*Gisi, Wilhelm:* Die Bevölkerungsstatistik der schweiz. Eidgenossenschaft und ihrer Kantone, Aarau 1868.

*Glaser, Georg:* Wie stelle ich mich zur socialen Frage? Gedanken und Vorschläge eines Schweizers, Bern 1892.

*Goetz, Wilhelm:* Die Erziehung der weiblichen Jugend aufgrund der Psyche des Weibes, in: Schweiz. Lehrerzeitung, 23. Jg., 1878, S. 225–228, 233–235, 242–243.

*Greulich, Herman:* Die Bevölkerung der Stadt Zürich mit Aussengemeinden nach ihren Berufsarten, in: Zeitschrift für schweizerische Statistik, 1881, S. 165–186.

*Greulich, Herman:* Die Steuerpflichtigen, deren Vermögen und Einkommen der Bezirke Zürich und Diesldorf, 1886, in: Zeitschrift für schweizerische Statistik, 1891, S. 6–71.

*Grob, J. C.:* Zur sozialen Frage, in: Schweiz. Zeitschrift für Gemeinnützigkeit, 1869, S. 211–259.

*Grossmann, Jean:* Preisarbeit über das Thema: Der Kaufmann als Mensch und Bürger, Zürich 1880.

*Gschwind, P. / Gschwind, Ad.:* Religions- und Sittenlehre für die christliche Jugend, Bern 1880.

*Häberlin, Hermann:* Die Ethik des Geschlechtslebens, Berlin 1908.

*Hallwyl, Hans von:* Über das Wesen und die Wirkungen der Progressivsteuer, Aarau 1869.

*Hart, Gottlieb:* Weniger Kinder: Ein besseres Volk, in: Wissen und Leben, 1912, S. 257–268, 330–340.

*Hauri, Nathanael:* Die Bedeutung des sittlichen Kampfes für die Gesellschaft und für den einzelnen, Vortrag, Basel 1913.

*Hauri, Nathanael:* Die modernen Sexualtheorien und die christliche Ehe, St. Gallen 1909.

*Hauri, Nathanael:* Wachet. Mahnworte und Ratschläge für junge Männer, St. Gallen 1898 (8. Auflage).

*Heim, Albert:* Das Geschlechtsleben des Menschen vom Standpunkt der natürlichen Entwicklungsgeschichte, Vortrag, Zürich 1901.

*Heim-Vögtlin, Marie:* Die Aufgabe der Mutter in der Erziehung der Jugend zur Sittlichkeit, Vortrag, Zürich 1904.

*Heinz, M.:* Gesundes Familienglück. Eine ernste Erzählung aus Schlaf- und Kinderstube, Zürich 1904.

*Herzen, Alexander:* Wissenschaft und Sinnlichkeit. Ein Wort an die männl. Jugend, Lausanne 1895.

*Herzog, Johann Adolf:* Staatskunde für Schulen, Baden 1895.

*Hilty, Carl:* Die Zukunft der Schweiz. Rektoratsrede, in: Politisches Jahrbuch 1902, S. 1–40.

*Hilty, Carl:* Fin de Siècle, in: Politisches Jahrbuch 1899, S. 1–61.

*Hilty, Carl:* Glück, 3 Teile, Leipzig/Frauenfeld 1907.

*Hilty, Carl:* Limites de vertu, in: Politisches Jahrbuch der Schweizerischen Eidgenossenschaft, Bd. XIX, 1905, S.103–160.

*Hilty, Carl:* Über die Grundgedanken der schweizerischen Erziehung, in: Politisches Jahrbuch, 1893, S. 1–37.

*Hilty, Carl:* Über die Höflichkeit, Bern 1915.

*Hilty, Carl:* Von der Heiligkeit der Ehe. Aus Briefen an einen Geistlichen, in: Politisches Jahrbuch, 1909, S. 191–222.

*Hirschfeld-Böhm, Bernhardine:* Terpsychore. Ein Ratgeber für Tanz- und Anstandslehre, Basel 1895.

*Hirzel, (Diakon):* Rede gehalten bei Eröffnung der reorganisierten Stadtschulen den 7. Mai in der Kirche zum St. Peter in Zürich, Zürich 1861.

*Hoffmann, Frau Adolf:* Leidenschaft oder Liebe. Ein Beitrag zur sozialen Lebensordnung junger Männer, Chemnitz 1911.

*Hoffmann, Frau Adolf:* Um meines Sohnes Glück. Ein Mahnwort an Mütter und junge Männer, Berlin 1909.

*Hofmann, E:* Zwei Haushaltsbudgets aus dem Kanton Thurgau, in: Zeitschrift für Schweizerische Statistik, 1892, S. 109–121.

*Honegger, J. J.:* Die sozialen Systeme, Zürich 1858.

*Hotz, Rudolf:* Schweizer Bürgerkunde. Kleines Handbuch des für den Schweizerbürger politisch Wissenswerten, Zürich 1910.

*Huber, Max E.:* Betrachtungen eines Schildners, Zürich 1930.

*Huber-Burkhardt, A.:* Zur Dienstbotenfrage, Zürich 1901.

*Hungerbühler, Hugo:* Die Zukunft des schweizerischen Milizsystems und die Stellung der Offiziere in demselben, in: Schweizerische Monatsschrift für Offiziere aller Waffen, 1. Jg., 1889, S. 162–178.

*Hungerbühler, Joh. Matthias:* Die Antwort der Reaktion auf die Sozialfrage und der schweizerische Demokratismus, St. Gallen/Bern 1850.

*Hunziker, Otto:* Leitfaden für Gesellschafts-, Staats- und Verfassungskunde im Auftrag der Fortbildungsschulkommission der Schweizerischen Gemeinnützigen Gesellschaft bearbeitet, Solothurn 1891.


*Illustriertes Lawn-Tennis-Jahrbuch für das Deutsche Reich,* Österreich-Ungarn und die Schweiz auf das Jahr 1903, Baden-Baden 1903.

*Imboden, Carl:* Gedanken über Erziehung, Beruf und Ehe, Frauenfeld 1914.

*Ineichen, Adolf:* Leichtfassliche Staats-Lehre für das Schweizervolk und seine Schulen, Bern 1855.

*Institutions ouvrières de la Suisse, Les, in:* Schweizerische Zeitschrift für Gemeinnützigkeit, 1869, S. 195–210.


*Jung, Johann:* Grundriss der christlichen Sittenlehre mit besonderer Berücksichtigung der sozialen Frage und der wichtigsten Rechtsgrundsätze über Kirche und Staat. Bearbeitet für die oberen Klassen der höheren Lehranstalten, Freiburg 1900.

, *Kaiser, Simon:* Grundsätze schweizerischer Politik, Solothurn 1873.

*Kaiser, Simon:* Schweizerisches Staatsrecht in drei Büchern, St. Gallen 1858–1860.

*Kälin, Eduard:* Der Schweizer-Rekrut. Leitfaden für Fortbildungsschulen und zur Vorbereitung für die Rekrutenprüfung, Zürich 1883 (bis 1907 weitere 7 Auflagen).

*Kambli, Conrad Wilhelm:* Der Luxus nach seiner sittlichen und sozialen Bedeutung, Frauenfeld 1890.

*Kambli, Conrad Wilhelm:* Die sexuelle Frage und ihre Beantwortung von Prof. Dr. Aug. Forel. Separatdruck aus der Schw. theologischen Zeitschrift, Zürich 1906.

*Kambli, Conrad Wilhelm:* Die sozialen Parteien und unsere Stellung zu denselben, St. Gallen 1887.

*Kambli, Conrad Wilhelm:* Die Stellung des freisinnigen Protestantismus zum Sozialismus und zu der christlich-socialen oder evangelisch-socialen Partei, Separatdruck aus Schweiz. Blätter für Wirtschafts- und Sozialpolitik, 1895.

*Kambli, Conrad Wilhelm:* Haben Christentum und Sozialdemokratie ein Interesse einander zu bekämpfen, Bern 1896.

*Kasal, Josef:* Die Sozialdemokraten als Totengräber der Kleingewerbe- und Bauernleute. Separatdruck aus der Schweizerischen Schreinerzeitung, Luzern 1901.

*Keller, F.:* Vier Haushaltsbudgets von Basler Arbeiterfamilien, Beilage zum Zwölften Jahresbericht der Allgemeinen Armenpflege der Stadt Basel über das Jahr 1909, Basel 1910, S. 27–41.

*Kettiger, Johann:* Referat über weibliche Bildung, Liestal 1854.

*Koechlin-Geigy, Alphons:* Der Acht-Stundentag, Basel 1893.

*Koechlin-Geigy, Alphons:* Über Strikes und Arbeiterfrage, in: Zeitschrift für schweizerische Statistik, 1891, S. 168–191.

*Koechlin-Geigy, Alphons:* Unternehmergewinn und Kooperation, in: Schweizerische Rundschau, 1892, S. 167–187.

*Kolb, Georg Friedrich:* Die Schweiz in ihren bürgerlichen und politischen Zuständen, ihren finanziellen, militärischen, Gewerbs- und Handelsverhältnissen, Zürich 1858.

*Kolb, Georg Friedrich:* Schweizerische Zustände, Basel/Zürich 1856.

*Kombst, Gustav:* Der allgemeine Stand, Zürich 1834.

*Kurz, Ludwig:* Die Steuerverhältnisse in der Stadt Bern im Jahre 1872, Bern 1874.

*Labhardt-Hildebrandt, Johann Heinrich:* Gedankenspähne über die Familien Erziehung unserer Tage, Stäfa 1878.

*Landolt, C.:* Die Wohnungsenquête in der Stadt Bern vom 17. Februar bis 11. März 1896, Bern 1899.

*Lange, Friedrich Albert:* Die Arbeiterfrage. Ihre Bedeutung für Gegenwart und Zukunft, Winterthur 1870.

*Langhans-Sulser, Emma:* Unsere Dienstbotenfrage. Ein Beitrag zu ihrer Lösung, Bern 1913.

*Langhard, Johannes:* Die anarchistische Bewegung in der Schweiz von ihren Anfängen bis zur Gegenwart und die internationalen Führer, Berlin 1903 (Nachdruck, Glashütten im Taunus 1975).

*Largin, Alexander:* Ein Wort zur Aufklärung über meinen Rücktritt von der Eidgenössischen Bank meinen Freunden und Bekannten gewidmet, Bern 1883.

*Lasche, Adolf:* Die Erstellung billiger Wohnungen durch die Gemeinde Bern, in: Zeitschrift für Schweizerische Statistik, 1894, S. 193–214.

*Leitende Grundsätze für Hausfrauen, welche Dienstboten halten,* hrsg. vom Bund schweizerischer Frauenvereine, Bern 1912.

*Leitfaden für Dienstboten,* hrsg. vom Bund Schweizerischer Frauenvereine, Bern 1913.

*Locher, Friedrich:* Die Freiherren von Regensberg, 7 Teile, Bern 1866–1872.

*Maurizio, Johann:* Der Zeitgeist oder Betrachtungen über unsere sozialen Verhältnisse, St. Gallen 1865.

*Meister, Ulrich:* Die Entwicklung der liberalen Partei, Vortrag, Separatdruck aus der Neuen Zürcher Zeitung, 1909.

*Memminger, Anton:* De Züri-Hergott oder die Kunst, ein reicher, hochangesehener und mächtiger Mann zu werden, St.Gallen 1877.

*Mettier, H.:* Der Grütliverein Zürich, 1848–1898. Dargestellt in seinem Werden und Wachsen, Zürich 1898.

*Meyer von Knonau, Gerold:* Die Volkszählung des Kantons Zürich am 9., 10. und 11. Mai 1836, Zürich 1837.

*Meyer von Knonau, Gerold:* Der Canton Zürich. Historisch-geographisch-statistisches Gemälde der Schweiz, 2 Bde., St. Gallen/Bern 1844/46.

*Meyer, Jakob:* Land, Volk und Staat der schweiz. Eidgenossenschaft, 2 Bde., Zürich 1861.

*Milliet, C. W.:* Die freisinnig-demokratische Partei der Stadt Bern, in: Schweiz. Blätter für Wirtschafts- und Sozialpolitik, 1899. (Sonderdruck)

*Morsier, Auguste de:* Frauenrecht und Geschlechtsmoral. Eine soziale Erziehungsfrage, Zürich 1904.

*Moser, Mentona:* Die weibliche Jugend der oberen Stände. Betracht. und Vorschläge, Zürich 1903.

*Moynier, Gustave:* Les institutions ouvrières de la Suisse, Paris/Genève 1867.

*Mügge, Theodor:* Die Schweiz und ihre Zustände. Reiseerinnerungen, 3 Bde., Hannover 1847.

*Mühlemann, C.:* Untersuchungen über die Entwicklung der wirtschaftlichen Kultur und die Güterverteilung im Kanton Bern, in: Mitteilungen des bernischen statistischen Bureaus, 1905, Lieferung 2.

*Mühlemann, Christian:* Wege und Ziele der Socialreform, in: Zeitschrift für schweizerische Statistik, 1894, S. 221–228.

*Müller, C. K.:* Statistik der Berufsarten der Stadt Zürich nebst Ausgemeinden und verglichen mit denjenigen von Basel, in: Zeitschrift für schweizerische Statistik, 1873, S. 169–177.

*Müller-Müller, Robert Sigmund:* Goldene Regeln für den Verkehr in der Guten Gesellschaft, Zürich/Leipzig 1903.


*Nachklänge vom Hochzeitsfest Schulthess-Bernoulli 1895,* Zürich 1895.

*Nachklänge vom Hochzeitsfeste Schulthess-Hünerwadel* den 25. September 1902 auf dem Schneggen in Zürich, Zürich 1902.

*Nägeli, J.:* Anleitung zur körperlichen und geistigen Erziehung der Kinder für Eltern und Erzieher, Zürich/Frauenfeld 1850 (Bern 1864).


*Oberer, J. J.:* Was soll gethan werden, um dem Dienstboten seine soz. Lebensstellung zu einer befriedigenden zu machen?, in: Schweiz. Zeitschrift für Gemeinnützigkeit, 1875, S. 318–332.

*Oetker, Karl:* Die Seelenwunden des Kulturmenschen vom Standpunkte moderner Psychologie und Nervenhygiene. Gedanken zu einer wissenschaftlichen Religion, Zürich 1908.

*Osenbrüggen, Eduard:* Die Schweizer. Daheim und in der Fremde, Berlin 1874.


*Pädagogischer Blumengarten.* Beiträge für eine gedeihliche und segensreiche geistige und physische Entwicklung unserer theuern Kinder im Elternhause und in der Schule. Ein Buch für unsere Mütter und Jungfrauen, St. Gallen 1869.

*Pestalozzi, Friedrich Otto:* Die ersten Schritte auf dem Weg zum Vorwärtskommen. Von einem Kaufmann, Zürich 1909.

*Pezolt, Ernst:* Wesen und Ziele der Sozialdemokratie. Volksschriften des «Einwohnervereins Bern», Nr. 1, Bern 1893.

*Pfeiffer, Carl Wilhelm Theodor:* Ein ernstes Wort über eine ernste Sache für erwachsene Mädchen, Basel 1901.

*Pfister, Beda:* Die Bürgerschule. Lehr- und Lesebuch für die bürgerlichen Fortbildungsschulen, Aarau 1901.

*Pfister, Johann:* Abriss der staatlich-statistischen Verhältnisse der Schweiz, Luzern 1861.

*Pfister, Oskar:* Eltern und Kinder, in: Wissen und Leben, 1913, S. 544–548.

*Pfister, Pauline:* Aus des Lebens Tiefen oder Die Dienstbotenfrage, nur und doch eine wichtige soziale Frage, Bülach 1896.

*Pflüger, Paul:* Grundriss des Religions- und Moralunterrichts, Zürich 1900.

*Pieczynska, Emma:* Reinheit. Ein Wegweiser, Leipzig 1901.

*Preiswerk, Samuel:* Die Zeichen der Zeit, in: Drei Vorträge gehalten im Vereinshaus zu Basel, Basel 1881, S. 44–62.

*Quervain, Fritz, de:* Die soziale Bedeutung der Sittlichkeit, Aarau 1901.

*Rahn, Johann Rudolf:* Erinnerungen an die Bürki'sche Sammlung, Zürich 1881.

*Rath und That für Dienstboten und auch für Herrschaften,* Bern 1868.

*Rathgeb, Friedrich:* Allgemeiner Haus- und Familiensekretär. Ein zuverlässiger Rathgeber für bürgerliche Söhne und Töchter und Familien in ihren häuslichen, bürgerlichen, geistigen und materiellen Angelegenheiten und zugleich ein umfassendes Bildungsmittel fürs praktische leben, St. Gallen 1868 (6. Auflage), 1875 (7. Auflage).

*Rebsamen, J. Ulrich:* Leitfaden der Gesellschafts- und Verfassungskunde, Frauenfeld 1874 (6. Auflage 1894).

*Reform des bernischen Gemeindewesens, Die.* Sonderdruck aus dem Protokoll der Jahresversammlung des bernischen kantonalen Altzofingervereins, 3. Okt. 1881.

*Richard, Albert:* Les classes moyennes en Suisse. Extrait du Congrès international des classes moyennes urbaines et rurales, Liège 1905, Bruxelles 1906.

*Riehl, Wilhelm Heinrich:* Die bürgerliche Gesellschaft, hrsg. von P. Steinbach, Frankfurt a. M. 1976.

*Roeder, Wilhelm:* Ein offenes Wort über das Liebesleben zwischen Mann und Weib, Davos 1919.

*Rosenberger, Albert:* Die Zünfte und die Politik. Vortrag gehalten in der Zunft zum Kämbel am 14. Jänner 1901, Zürich 1901.

*Rotteck, Carl von und Welcker, Carl:* Das Staats-Lexikon. Encyclopädie der sämmtlichen Staatswissenschaften für alle Stände, Altona 1847.

*Saitschik, Robert M.:* Zur Psychologie unserer Zeit, Bern 1892.

*Sandmeier, Carl:* «Flegeljahre». Lehrbüchlein über die Regeln des Anstandes für Töchter und Söhne vom 10. Altersjahr an, sowie für das spätere Alter, hrsg. von der Sandmeierschen Schule für Tanz- und Anstandsunterricht, Zürich 1906.

*Sandoz, Jules:* Die jetzige Erziehung der Frauen hinsichtlich ihrer künftigen Stellung in Familie und Gesellschaft, in: Schweizerische Zeitschrift für Gemeinnützigkeit, 1870, S. 201–238.

*Sarasin, K.:* Die sociale Frage, Basel 1879.

*Schaffner, J. J.:* Über Erziehung in Haus und Schule. Einladungsschrift zur Promotionsfeier der beiden Gymnasien und der Realschule, Basel 1875.

*Schanz, Georg:* Die Steuern in der Schweiz in ihrer Entwicklung seit Beginn des 19. Jahrhunderts, 4 Bde., Stuttgart 1890.

*Scherr, Ignaz Thomas:* Leichtfassliches Handbuch der Pädagogik für Lehrer, gebildete Eltern und Schulfreunde. Beobachtungen über den Entwicklungsgang des Menschenwesens, Mitteilungen aus der Geschichte der Erziehung und des Unterrichts, 3 Bde., Zürich 1839–1846/47.

*Scherr, Johannes:* Die Schweiz und die Schweizer, Winterthur 1845.

*Schindler, Dietrich.* Ansprachen bei der Abdankungsfeier im Grossmünster Zürich am 25. September 1936.

*Schlatter, Dora:* Frauenwege und Frauenziele. Ein Buch für die Frauen, Lengerich 1913.

*Schlatter, Dora:* Reine Blumen. Ein Wort der Liebe für unsere jungen Mädchen, Bern 1902.

*Schlussbericht über die Realschule der Stadt Bern* nebst einer kurzen Chronik der wichtigsten Ergebnisse während ihres 50jährigen Bestandes, Bern 1880.

*Schmidt, Theodor:* Was ist besser für uns, Reichtum oder Armut, Basel 1909.

*Schneeberger, J. F.:* Die Ernährung des Volkes mit besonderer Berücksichtigung der arbeitenden und niederen Klassen, Bern 1867.

*Schollenberger, Jakob:* Geschichte der schweizerischen Politik, 2 Bde., Frauenfeld 1906–1908.

*Schulgemeindeordnung der Stadt Zürich* vom 22. März 1860.

*Schuppli, Melchior:* Ein Wort über Erziehung und Bildung mit besonderer Berücksichtigung des weiblichen Geschlechts, Bern 1881.

*Schweizerische Alpenrose.* Ein hauswirtschaftliches Volksbuch für denkende Hausväter und besorgte Hausmütter, sowie für die erwachsene Jugend beiderlei Geschlechts, als Rathgeber für die verschiedensten häuslichen, beruflichen und bürgerlichen Lebensverhältnisse, St. Gallen 1867 (5. Auflage, 7. Auflage 1875).

*Secrétan, Charles:* Beziehungen zwischen Nationalöknomie und Ethik, in: Schweiz. Blätter für Wirtschafts- und Sozialpolitik, 1896, S. 421–434, 453–463.

*Segesser, Anton Philipp von:* Sammlung kleiner Schriften, Bd. 3, Bern 1879.

*Siegfried, Johann Jakob:* Schweizerische Vaterlandskunde für obere Schulklassen bearbeitet, Zürich 1854.

*Socialpolitik der schweizerischen Parteien, Die, in:* Schweiz. Blätter für Wirtschafts- und Sozialpolitik, 1899, S. 17–28, 173–186, 409–425.

*Sprecher, H. von: Gegen den sozialen Staat, in:* Wissen und Leben, 1911, S. 465–477.

*Spyri, J. B.:* Das Verhältnis zwischen Herrschaft und Dienstboten in rechtlicher, sozialer, religiös-ethischer Beziehung, in: Schweizer. Zeitschrift für Gemeinnützigkeit, 1864, S. 461–492.

*Sulzer-Steiner, Heinrich:* Schweizerische Industrie und Sozialismus. Von einem alten schweizerischen Industriellen für denkende Arbeiter geschrieben, Winterthur 1906.

*Sulzer-Ziegler, Eduard:* Der zehnstündige Arbeitstag, Vortrag, Zürich 1890.

*Sulzer-Ziegler, Eduard:* Die Arbeitszeit, in: Wissen und Leben, 1911, S. 146–150.

*Sulzer-Ziegler, Eduard:* Genossenschaften, in: Wissen und Leben, 1911, S. 289–293.

*Sulzer-Ziegler, Eduard:* Kapital, in: Wissen und Leben, 1911, S. 220–225.

*Sulzer-Ziegler, Eduard:* Organisation, in: Wissen und Leben, 1911, S. 73–77.

*Sulzer-Ziegler, Eduard:* Streik und Staat, in: Wissen und Leben, 1912, S. 2–10.

*Sulzer-Ziegler, Eduard:* Streik, in: Wissen und Leben, 1912, S. 793–800.

*Sulzer-Ziegler, Eduard:* Unternehmertum, in: Wissen und Leben, 1911, S. 3–8.

*Tanner, Anton:* Über die sociale Frage, Solothurn 1876.

*Thilo, Marie von:* Heiratsgedanken. Winke und Ratschläge für Heiratslustige, Bern 1905.

*Thilo, Marie von:* Was sollen unsere erwachsenen Töchter von der Ehe wissen. Zürich/Leipzig 1901.

*Thomann, Heinrich:* Die Berufsgliederung der Bevölkerung der Stadt Zürich. Nach der Volkszählung vom 1. Dez. 1910, Zürich 1915.

*Tischhauser, Christian:* Pädagogische Winke für Haus und Schule, Basel 1872, 1884 (3. Auflage).

*Troll, Johann Conrad:* Geschichte der Stadt Winterthur, 8 Teile, Winterthur 1840–1850.

*Tschudi, P.:* Was soll gethan werden, um dem Dienstboten seine soziale Lebensstellung zu einer befriedigenden zu machen?, in: Schweizerische Zeitschrift für Gemeinnützigkeit, 1875, S. 301–317.

*Übersicht, schematische, von Vermögen und Einkommen in der Stadt und im Kanton Zürich* (von Franken 10 000.– an aufwärts) abgeschlossen per 1903, Luzern 1905.

*Verhandlungen der Zunftmeister-Versammlung* Donnerstag, den 6. Juni 1901, abends 8 Uhr im Zunfthause zur «Saffran» in Zürich, Zürich 1901.

*Vigier, Wilhelm:* Der Schweizer-Jüngling. Anleitung zur Kenntniss unserer neuern Schweizergeschichte und Verfassungen, Solothurn 1874.

*Vogt, Johann Jakob:* Das Armenwesen und die diesfälligen Staatsanstalten; letztere mit besonderer Berücksichtigung der Zwangsarbeitsanstalten. Ein Beitrag zur Lösung der gesellschaftlichen Lebensfragen, 2 Bde., Bern 1853.

*Weber, Georg:* Kritische Gänge durch die Stadtverwaltung oder Fürst und Stadt. Zürichs Bürgern und Einwohnern zum Nachdenken gewidmet, Zürich 1875.

*Weber, Georg:* Zivilisation und Kanalisation. Demokratisches Quodlibet eines Zürcherischen Weltbürgers, Zürich 1871.

*Wegmann, Heinrich:* Licht- und Schattenseiten der häuslichen Erziehung, Zürich 1905.

*Weiss, Joseph:* Der Geschlechtstrieb so wie er ist. Und ein Wörtchen zu Forels «Die sexuelle Frage», München 1906.

*Wettstein, U.:* Die sozial-bürgerliche und politische Ausbildung unserer Jugend, in: Bericht über die Verhandlungen der Zürcherischen Schulsynode von 1867, Beilage II, S. 1–19, Zürich 1867.

*Weydmann, H. / von Tscharner, Albert:* Schönes und Unschönes aus Bern, Separatdruck der Allgemeinen Schweizer Zeitung zur Ott-Sinner'schen Angelegenheit, Bern 1881.

*Wirth, Max (Hg.):* Allgemeine Beschreibung und Statistik der Schweiz, 3 Bde., Zürich 1870–1875.

*Wood-Allen, Mary:* Sag mir die Wahrheit, liebe Mutter, Zürich 1904.

*Wood-Allen, Mary:* Wenn der Knabe zum Mann wird, Zürich 1904.

*Wyss, Friedrich:* Elementarer Moral-Unterricht für Schulen und Familien, Bern 1883.

*Wyss, Friedrich:* Tugend- und Pflichtenlehre. Ethik. Ein Hülfsmittel für die sittliche Erziehung der Jugend, insbesondere für nicht-konfessionelle Volksschulen, Bern 1874.

*Wyss, Oskar:* Die Gefahren des ausserehelichen Geschlechtsverkehrs, Zürich 1901 (Heft 2 der akademischen Vereinigung «Ethos»).

*Young-Rissmann, Marie:* Die Not der Zeit. Ein Mahnwort an Braut- u. Eheleute, Weinfelden 1914.

*Zeerleder, Albert:* Der regierungsrätliche Entscheid in der Gemeinde-Stimmrechts-Frage, Separatdruck aus dem Oberländ. Volksblatt, 1886/87.

*Zeerleder, Albert:* Zu Brunner's neuem Angriff gegen das Gemeindewesen, Separatdruck aus dem Oberl. Volksblatt, 1886.

*Zehender, F.:* Reformen auf dem Gebiete der weiblichen Erziehung und deren Hindernisse, in: Schweizerische Zeitschrift für Gemeinnützigkeit, 1870, S. 416–430, 518–538.

*Zehender, Ferdinand:* Vorträge über Fragen der Erziehung, Zürich 1879.

*Zeitglocke, Die.* Organ für Besprechung der städtischen Gemeindsverhältnisse, 12 Nummern, 29. Januar 1870 bis 29. April 1870.

*Zeller, Christian Heinrich:* Die Erziehung der Kinder für Zeit und Ewigkeit, Basel 1879 (weitere Auflagen 1893, 1899).

### Erinnerungen – Tagebücher – Briefe

*Bähler, Eduard (Hg.):* Eduard Bähler (1832–1910). Lebenserinnerungen, Bern 1912.

*Bernstein, Eduard:* Aus den Jahren meines Exils. Erinnerungen eines Sozialisten, Berlin 1918.

*Bloesch, Hans:* Aus einem hundertjährigen Backfisch-Tagebuch. Aufzeichnungen von Marie Reinhold, in: Frauen-Zeitung «Berna», 1934, Nr. 17–21.

*Bluntschli, Hans:* Lehr- und Wanderjahre des Architekten Alfred Friedrich Bluntschli, 1842–1930, nach hinterlassenen Aufzeichnungen und Briefen. Neujahrsblatt auf das Jahr 1946. Zum Besten des Waisenhauses in Zürich.

*Bluntschli, Johann Caspar:* Denkwürdiges aus meinem Leben, 2 Bde., Nördlingen 1884.

*Böckel, Ernst:* Hermann Köchly. Ein Bild seines Lebens und seiner Persönlichkeit, Heidelberg 1904.

*Boveri, Walter:* Ein Weg im Wandel der Zeit. Jugendjahre, München 1963.

*Escher, Eugen:* Lebenslauf in ruhigen und bewegten Zeiten, 1831–1898, Zürich 1907.

*Escher, Nanny von:* Erinnerungen, Zürich/Leipzig o. J.

*Escher, Pauline:* Erinnerungen aus meinem Leben, Privatdruck, o. O./J.

*Faesi, Robert:* Erlebnisse – Ergebnisse. Erinnerungen, Zürich 1963.

*Fick, Fritz:* Pro Patre. Gedenkblätter zur Erinnerungen an Prof. Dr. iur. Heinrich Fick, Zürich 1923.

*Fick, Helene:* Heinrich Fick. Ein Lebensbild, 2 Bde., Zürich 1897/1907.

*Finsler, Georg* in seinen Briefen an Ulrich von Wilamovitz-Moellendorff, hrsg. von Edouard Tièche. Schriften der literarischen Gesellschaft Bern, Neue Folge der Neujahrsblätter, Bd. VII, Bern 1956.

*Fischer, K. L. Friedrich von (Hg.):* Lebensnachrichten über Emanuel Friedrich von Fischer. Schultheiss der Stadt und Republik Bern, Bern 1874.

*Foerster, Friedrich Wilhelm:* Erlebte Weltgeschichte 1869–1953. Memoiren, Zürich 1953.

*Forel, Auguste:* Briefe = Correspondence, 1864–1927, Bern 1968.

*Forel, Auguste:* Rückblick auf mein Leben, Zürich 1935.

*Ganz, Paul:* Erinnerungen an die Dichterin Nanny von Escher. Neujahrsblatt auf das Jahr 1953. Zum Besten des Waisenhauses in Zürich.

*Greulich, Herman:* Das grüne Hüsli. Erinnerungen von Herman Greulich, Zürich 1942.

*Gruner, Paul (Hg.):* Nannette Bovet. Tagebuchblätter und Briefe einer Pfarrfrau, Bern 1943.

*Hauptmann, Gerhart:* Das Abenteuer meiner Jugend, Berlin 1937, in: Sämtliche Werke, Bd. VII, Frankfurt a. M. 1962.

*Heller-Bürgi, Friedrich:* Vom Hüterbuben zum Bauunternehmer, Bern 1972.

*Huber, Max:* Autobiographie, in: Schweizerköpfe, Zürich 1944.

*Huch, Ricarda:* Frühling in der Schweiz, Zürich 1938.

*Hürlimann, Martin:* Zeitgenosse aus der Enge. Erinnerungen, Frauenfeld 1977.

*Kägi-Fuchs, Regina:* Das gute Herz genügt nicht. Mein Leben und meine Arbeit, Zürich 1968.

*Keller-Huguenin, Eugen:* Erinnerungen und Aufzeichnungen aus meinem Leben, Zürich 1944.

*Kerényi, Magda (Hg.):* Rainer Maria Rilke/Anita Forrer, Briefwechsel, Frankfurt a. M. 1982.

*Lamouille, Madeleine:* Pipes de terre et pipes de porcelaine. Souvenirs d'une femme de chambre en Suisse romande 1920–1940, Genf 1978.

*Largiader, Anton:* Aus dem politischen Briefwechsel von Georg von Wyss, Zürcher Taschenbuch 1947, S. 147–165.

*Lazarus, Nahida:* Ein deutscher Professor in der Schweiz, Berlin 1910.

*Looser-Largin, Marie:* Kindheitserinnerungen. Meinen Nichten und Neffen und ihren Kindern erzählt, o. O./J. (1940).

*Meyer von Knonau, Gerold:* Aus einer zürch. Familienchronik. Als Einleitung zu den Lebenserinnerungen von Ludwig Meyer von Knonau (1769–1841), Frauenfeld 1884.

*Meyer von Knonau, Ludwig:* Lebenserinnerungen, hrsg. von Gerold Meyer von Knonau, Frauenfeld 1883.

*Moleschott, Jakob:* Für meine Freunde. Lebenserinnerungen, Giessen 1894/1901.

*Moser, Amy (Hg.):* Amelie Moser-Moser 1839–1925. Leben und Wirken. Aus nachgelassenen Briefen und Dokumenten von ihrer Tochter zusammengestellt, Bern 1946.

*Moser, Mentona:* Unter den Dächern von Morcote, Meine Lebensgeschichte, Berlin 1985.

*Müller, Fritz (Hg.):* Friedrich Hegar: sein Leben und Wirken in Briefen. Ein halbes Jahrhundert Zürcher Musikleben 1865–1926, Zürich 1987.

*Naunyn, Bernhard:* Erinnerungen, Gedanken und Meinungen, München 1925.

*Oettli, Samuel:* Oberst Otto von Büren. Nach seinen Tagebüchern und Aufzeichnungen, Basel 1890.

*Pestalozzi, Friedrich Otto:* Erinnerungen an unsern lieben Vater Rudolf A. Pestalozzi, Zürich o. J.
*Pestalozzi, Ludwig:* Himmelan. Erinnerungen an unsere liebe Mutter (Frau Pestalozzi-Wiser), Zürich 1887.
*Pestalozzi-Stockar, Maria:* Erinnerungen aus der Jugendzeit, Zürich 1907.

*Rahn, Johann Rudolf (1841–1912):* Erinnerungen aus den ersten 22 Jahren meines Lebens. Zürcher Taschenbuch 1919, S. 1–90.
*Ribbeck, Otto:* Ein Bild seines Lebens aus seinen Briefen, Stuttgart 1901.
*Richard, Emil:* Ein Epilog, Gersau 1942.
*Richard, Emil:* Endefeuer, Gersau 1945.
*Richard, Emil:* Lebenserinnerungen, Gersau 1941.
*Rübel, Eduard:* Meine Geschwister, Zürich 1953.
*Rübel-Blass, Eduard, von (Hg.):* Tagebuch von Cécile Däniker-Haller, 3 Bde., Zürich 1934–1935.
*Rytz, Albrecht:* Carl Albrecht Reinhold Baggesen, Pfarrer am Münster zu Bern, ein Lebens- und Zeitbild aus der bernischen Kirche vorzugsweise aufgrund seines schriftlichen Nachlasses, Basel 1884.

*Scherz, Samuel:* Lebens-Erinnerungen im Alter von 86 Jahren, Bern 1928.
*Schindler, Hans:* Überprüfungen. Als Kind und Jugendlicher anfangs des Jahrhunderts im Industriellen-Milieu Zürichs und spätere Erlebnisse, Zürich 1970.
*Schinz, Hans (1858–1940):* Mein Lebenslauf, Zürich 1940.
*Siegfried, Walter:* Aus dem Bilderbuch eines Lebens, Zürich 1926.
*Sigg, Hermann:* Meine Erinnerung an den Rektor und Griechischlehrer Georg Finsler. Die Schule von innen aus der Rückschau, Bern 1950.
*Spörry, Hans:* Mein Lebenslauf, 2 Bde., Zürich 1924/1925.
*Stadler, Peter:* Aus den Tagebüchern des jungen Ernst Gagliardi. Zürcher Taschenbuch 1973, S. 146–166.
*Sulzer-Bühler, Fanny Cornelia:* Erinnerungen von Fanny Cornelia Sulzer-Bühler, 1865–1948. Überreicht an ihre Kinder an Ostern 1936, Winterthur 1973.

*Tavel, A. von:* Alexander von Tavel. Erinnerungen aus seinem Leben, Bern 1902.

*Vogt, Carl:* Aus meinem Leben. Erinnerungen und Rückblicke, Stuttgart 1896.

*Wedekind, Frank:* Die Tagebücher. Ein erotisches Leben, München 1990.
*Widmann, Max:* Sanfter Nachklang goldner Tage. Lebenserinnerungen, Bern-Bümpliz 1935.
*Wild, Rosa, von:* Erinnerungen, o. O. 1913.
*Wille, Eliza:* Erinnerungen an Richard Wagner – mit 15 Briefen Richard Wagners, Zürich 1982.
*Wyss, Leo, von:* Jugenderinnerungen aus dem Leben des sel. Prof. Dr. Friedrich von Wyss. Zürcher Taschenbuch 1913, S. 83–174.
*Wyss, Pit (Hg.):* Das Vereinli-Essen oder aus dem Leben von Ida Diener-Hottinger 1848–1908, MS, Dielsdorf 1983/84.

*Zeerleder, Madeleine / Oettli, Samuel:* Frau Esther Zeerleder, geb. von Morlot, 21. März 1879 bis 20. Juni 1945, Bern 1946.
*Zeller, Eduard:* Erinnerungen eines Neunzigjährigen, Stuttgart 1908.

### Romane und Erzählungen

*Bernoulli, Carl Albrecht:* Bürgerziel. Ein Schweizerspiegel aus der Bundesstadt, Roman, Frauenfeld 1922.

*Bosshardt, Jakob:* Ein Rufer in der Wüste, Roman, Zürich 1921.

*Canetti, Hans:* Die gerettete Zunge. Geschichte einer Jugend, Frankfurt a. M. 1982.

*Federer, Heinrich:* Berge und Menschen, Roman, Berlin 1911.

*Hardung, Victor:* Brokatstadt, Roman, Frauenfeld 1909.

*Heer, J. C.:* Felix Notvest, Roman, Stuttgart 1903.

*Ilg, Paul:* Die Brüder Moor. Eine Jugendgeschichte, Roman, Leipzig 1912.

*Meyer-Merian, Theodor:* Dienen und Verdienen. Eine Dienstbotengeschichte, Bern 1893.

*Spitteler, Carl:* Conrad der Leutnant. Eine Darstellung, Jena 1920.

*Spitteler, Carl:* Imago, Jena 1922.

*Traz, Robert, de:* Genfer Liebe 1913. Mit einem biographischen Nachwort erstmals auf deutsch herausgegeben von Charles Linsmayer, Frauenfeld 1989.

*Waser, Maria:* Land unter Sternen. Der Roman eines Dorfes, Stuttgart 1930.

*Wehrlin, Robert:* Der Fabrikant. Ein schweizerischer Zeitroman, Stuttgart 1912.

*Widmann, Joseph Victor:* Die Patrizierin, Novelle, Bern 1903.

*Zahn, Ernst:* Lukas Hochstrassers Haus, Roman, Berlin (1905).

### Denk- und Jubiläumsschriften, Vereins- und Firmengeschichten

*Beck, Roland/Bosshart, Jürg:* Vaterland, Freundschaft, Fortschritt. Festschrift zum 150-Jahr-Jubiläum der Schweizerischen Studentenverbindung Helvetia, Bern 1982.

*Beringer, U.:* Geschichte des Zofingervereins, 2 Bde., Basel 1895/1907.

*Blanc, Charles:* Denkschrift zur Jahrhundertfeier der Berner Liedertafel 1845–1945, Bern 1945.

*Bleuler-Waser,* Hedwig: Leben und Taten des Lesezirkels Hottingen. Von seiner Geburt bis zu seinem 25. Altersjahr, 1882–1907, Zürich 1907.

*Bloesch, Hans:* Die Bernische Musikgesellschaft, Bern 1915.

*Bodmer-Weber, F.:* Jubiläumsschrift zur Feier des 50jährigen Bestandes der Gemeinnützigen Gesellschaft des Bezirkes Zürich, 1861–1911, Zürich 1911.

*Buri, Adolf:* Die Tätigkeit des Bernischen Vereins für Handel und Industrie 1860–1910, in: Denkschrift zur Feier des Fünfzigjährigen Bestehens 1860 bis 1910, Bern 1910, S. 51–102.

*Dübi, Heinrich:* Denkschrift zur Feier des 75jährigen Bestandes der Berner Liedertafel, Bern 1920.

*Dübi, Heinrich:* Die ersten fünfzig Jahre der Sektion Bern S. A. C., Bern 1914.

*Dübi, Heinrich:* Die ersten fünfzig Jahre des Schweizer Alpenclub, Bern 1913.

*Dummermuth, G.:* Entstehung und Entwicklung der Neuen Mädchenschule in Bern. Denkschrift zu ihrem 50jährigen Jubiläum 1851–1901, Bern 1901.

*Esslinger, M.:* Geschichte der Schweizerischen Kreditanstalt während der ersten 50 Jahre ihres Bestehens, Zürich 1907.

*Evangelisches Seminar Muristalden.* Jubiläumsschrift 1854–1954. Ein Beitrag zur bernischen Kirchen- und Schulgeschichte, Bern 1954.

*Feller, Richard:* Die Universität Bern, 1834–1934, Bern und Leipzig 1935.

*Festschrift zum 100. Stiftungsfest der Gesellschaft für Zürcher Heraldiker und Historiker,* Zürich 1958.

*Festschrift zum vierzigjährigen Bestehen der Sektion Uto des SAC,* Zürich 1904.

*Finsler, Georg:* Geschichte der Gesellschaft für vaterländische Alterthümer in Zürich, in: Denkschrift zur 50jährigen Stiftungsfeier der Antiquar. Gesellschaft in Zürich, Zürich 1882, S. 41–122.

*Finsler, Georg:* Geschichte der Zürcherischen Hülfsgesellschaft 1799–1899. 99. Neujahrsblatt der Hülfsgesellschaft in Zürich auf das Jahr 1899.

*Frick, Hans:* Festgabe zur Feier des 50jährigen Bestehens der Gesellschaft für zürcherische Heraldiker und Historiker, Zürich 1908.
*Fünfzig Jahre Automobil-Club der Schweiz,* Sektion Zürich, Zürich o. J.
*Fünfzig Jahre Reitclub Zürich,* 1881–1931, Zürich 1931.

*Gemeinnützige Verein der Stadt Bern 1888–1938, Der.* Zur Feier seines 50jährigen Bestehens, Bern 1938.
*Gesellschaft der Bogenschützen zu Zürich,* Zürich 1941.
*Graf, F.:* 100 Jahre Freies Gymnasium Bern 1859–1959, Bern 1960.
*Gubler, Heinrich:* Der Männerchor Zürich, 1826–1951, Zürich 1951.
*Gysin, Paul:* 75 Jahre Sektion Uto, 1863–1938, Zürich 1938.

*Heeb, Friedrich:* Aus der Geschichte der Zürcher Arbeiterbewegung. Denkschrift zum 50jährigen Jubiläum des «Volksrechts» 1898–1948, Zürich 1948.
*Hochschulgeschichte Berns, 1528–1984.* Zur 150-Jahr-Feier der Universität Bern, Bern 1984.
*Hofmeister, Diethelm:* Geschichte der Evangelischen Gesellschaft, Zürich 1882.
*Hulftegger, Otto:* Der Schweizerische Handels- und Industrie-Verein 1870–1920, Zürich 1920.
*Hundert Jahre Sängerverein Harmonie Zürich,* 1841–1941, Zürich 1941.
*Hundert Jahre Sektion Bern SAC,* 1863–1963. Festgabe, Bern 1963.
*Hunziker, Otto / Wachter, Rudolf:* Geschichte der schweizerischen gemeinnützigen Gesellschaft 1810–1910, Zürich 1910.
*Hunziker, Otto:* Geschichte der schweizerischen Gemeinnützigen Gesellschaft, Zürich 1897.
*Hunziker-Meyer, Fritz:* Zur Erinnerung an die Baugartengesellschaft 1802–1904, Zürcher Taschenbuch 1905, S. 212–233.

*Im Hof, Ulrich / Witschi, Beat:* Von der Lateinschule zum städtischen Gymnasium, in: Festschrift 100 Jahre Städtisches Gymnasium 1880–1980, Bern 1980.
*Imobersteg, S. / Beck, W.:* Fünfzig Jahre Knabensekundarschule Bern, 1880–1930, Bern 1930.

*Jöhr, Walter Adolf:* Schweizerische Kreditanstalt 1856–1956, Zürich 1956.
*Juker, Werner:* Musikschule und Konservatorium für Musik in Bern 1858–1958, Bern 1958.

*Kocher, E.:* Gott allein die Ehre. Gedenkschrift zum hundertjährigen Bestehen der Evangelischen Gesellschaft des Kantons Bern, 1831–1931, Bern 1931.

*Largiadèr, Anton:* Hundert Jahre Antiquarische Gesellschaft in Zürich 1832–1932, Zürich 1932.
*Leumann, Jakob:* Festschrift des Berner Männerchors zur Feier des 50jährigen Bestehens des Vereins, 1869–1919, Bern 1920.
*Liederkranz-Frohsinn.* Denkschrift zur Feier des 75jährigen Bestandes 1849–1924, Bern 1924.

*Meyer, Paul:* Das städtische Gymnasium in Bern 1880–1930, Bern 1930.
*Michel, Ad.:* Kurze Darstellung der Gründung und Entwicklung des Vereins bernischer Notare und der Tätigkeit seiner Organe, 1903–19128, Bern 1928.

*Niggli, Theophil:* Hundert Jahre Zürcherische Seidenindustrie-Gesellschaft, 1854–1954, Zürich 1954.

*Pestalozzi, F. O.:* Die Gesellschaft vom alten Zürich 1856–1906, Jubiläumsansprache, Zürich 1906.

*Richard, Emil:* Kaufmännische Gesellschaft Zürich und Zürcher Handelskammer. 1873–1923, 2 Bde., Zürich 1924.

*Rothen, Gottlieb:* Hundert Jahre Mädchenschule in der Stadt Bern. Aus der Geschichte der Mädchensekundarschule der Stadt Bern und ihrer Vorläuferinnen, Bern 1936.

*Rübel, Eduard:* Die Heraldiker von der Gründung der Gesellschaft März 1858 bis Mai 1945, Zürich 1945.

*Rübel, Eduard:* Geschichte der Naturforschenden Gesellschaft in Zürich. Neujahrsblatt der Naturforschenden Gesellschaft 1947.

*Schiller, J. R.:* Geschichtlicher Rückblick auf den 50jährigen Bestand, Zürich 1891.

*Schollenberger, Hermann:* Geschichte des Sängervereins Harmonie Zürich 1841–1921, Zürich 1921.

*Schollenberger, Hermann:* Hundert Jahre Museumsgesellschaft 1834–1934, Zürich 1934.

*Schulthess, Anton von:* Einhundertfünfzig Jahre Gemeinnützigkeit. Geschichte der Gemeinnützigen Gesellschaft des Kantons Zürich 1829–1979, Zürich 1979.

*Schwab, Adolf:* Hundert Jahre Berner Liederkranz 1849–1949, Bern 1949.

*Schwarz, Dietrich W. H.:* Eine Gesellschaft: 150 Jahre Gelehrte Gesellschaft in Zürich. Neujahrsblatt zum Besten des Waisenhauses Zürich 1987.

*Schweizer, E.:* Kaufmännischer Verein Bern, 1861–1961, Bern 1961.

*Strelin, Gustav u. a. (Hg.):* Denkschrift zur Feier des 50jährigen Bestehens der Berner Liedertafel, Bern (1895).

*Tavel, Albert von:* Siebenzig Jahre Freies Gymnasium in Bern, Bern 1934.

*Thomann, Robert:* Der Männerchor Zürich, 1826–1926. Geschichte des Vereins zur Jahrhundertfeier, Zürich 1926.

*Tobler, Gustav:* Rückblick auf die Geschichte der Museumsgesellschaft Bern 1847–1897, Bern 1897.

*Tscharner, Louis Samuel de:* La Grande Société de Berne, 1759–1909, Bern 1909.

*Tschumi, Hans:* Die Loge zur Hoffnung in Bern, 1803–1903, Bern 1903.

*Ulrich, Conrad:* Der Lesezirkel Hottingen, Zürich 1981.

*Universität Zürich 1833–1933, Die und ihre Vorläufer.* Festschrift zur Jahrhundertfeier, Zürich 1938.

*Usteri, Emil:* Die Schildner zum Schneggen. Geschichte einer altzürcherischen Gesellschaft, Zürich 1960.

*Wäber, A.:* Die Lesegesellschaft in Bern, 1791–1891, in: Berner Taschenbuch 1892, S. 153–172.

*Weese, Artur / Born, Karl L.:* Pro Arte et Patria. Die Bernische Kunstgesellschaft (1813–1913). Festschrift zur Feier ihres hundertjährigen Bestehens, Bern 1913.

*Wehrli, Bernhard:* Aus der Geschichte des Schweizerischen Handels- und Industrie-Vereins 1870–1970. Zum hundertjährigen Bestehen des Vorortes, Erlenbach-Zürich 1970.

*Wirz, Hans:* Festschrift zur Feier des 50jährigen Bestehens des Gemischten Chors Zürich 1863/1913, Zürich 1913.

## Literatur zur Schweiz

*Aemmer, Robert Walter:* Die Sozialdemokraten i. Kanton Bern, 1890–1914, Diss. Bern, Zürich 1973.

*Aeppli, Felix:* Die Turnachkinder und Aussersihl: Zur Sozialstruktur der Zürcher Stadtquartiere, in: Zürcher Taschenbuch 1986, S. 157–165.

*Allen, Frederick S.:* Zürich. The 1820's to the 1870's. A study in modernization, New York/London 1986.

*Altermatt, Urs (Hg.):* Die Schweizer Bundesräte. Ein biographisches Lexikon, Zürich 1991.

*Altermatt, Urs:* Conservatism in Switzerland: A Study in Antimodernism, in: Journal of Contemporary History (14), 1979, S. 581–610.

*Ammann, J.:* Theodor Curti der Politiker und Publizist 1848–1914, Rapperswil 1930.

*Anker, Daniel:* Oben statt unten. Der Schweizer Alpen-Club und die Politik, die Gesellschaft und die Ideologie der Berge, Lizentiatsarbeit, Universität Bern, MS, Bern 1986.

*Arlettaz, Gérald:* Libéralisme et société dans le Canton de Vaud 1814–1845, Lausanne 1980.

*Arx, Bernhard von:* Karl Stauffer und Lydia Welti-Escher. Chronik eines Skandals, Bern 1991.

*Aus dem Archiv der Familie von Schulthess-Rechberg 1709–1931,* Zürich 1932.

*Aversano, Placidus:* Oberst Eduard Ziegler (1800–1882), Diss. Zürich 1951.

*Bächtold, Hermann:* Der Geist des modernen Wirtschaftslebens im Urteil J. Burckhardts, in: Schweizerische Monatshefte, 1923, Heft 7, S. 321–334.

*Barth, Dietrich u. a.:* Der schweizerische Zofingerverein 1819–1935, Basel 1935.

*Barth, Robert:* Protestantismus, soziale Frage und Sozialismus im Kanton Zürich 1830–1914, Diss. Zürich 1981.

*Bärtschi, Hans Peter:* Industrialisierung, Eisenbahnschlachten und Städtebau. Die Entwicklung des Zürcher Industrie- und Arbeiterstadtteils Aussersihl, Basel 1983.

*Bauliche Entwicklung Zürichs, Die.* Festschrift zur Feier des 50jährigen Bestehens des Eidg. Polytechnikums, 2. Teil, Zürich 1905.

*Baumann, Fritz:* Der Schweizer Wandervogel. Das Bild einer Jugendbewegung, Aarau 1966.

*Baur, Albert:* Eduard Sulzer-Ziegler, 1854–1913, in: Wissen und Leben, 1913, S. 577–581.

*Berlincourt, Anne:* Allegro molto moderato. Etude sur la vie musicale à Berne dans la seconde moitié du dix-neuvième siècle (1880–1890), Lizentiatsarbeit, Bern 1991.

*Bernegger, Michael:* Die Schweiz und die Weltwirtschaft: Etappen der Integration im 19. und 20. Jahrhundert, in: Bairoch, Paul/Körner, Martin (Hg.): Die Schweiz in der Weltwirtschaft, (15.–20. Jh.), Zürich 1990, S. 429–464.

*Bernet, Arthur:* Die betriebliche Sozialpolitik im Rahmen der Unternehmerpolitik speziell der schweizerischen Industrie, Diss. Basel 1960.

*Bernet, Arthur:* Soziale Bestrebungen schweizerischer Arbeitgeber im 19. Jahrhundert, in: Schweizerische Zeitschrift für Volkswirtschaft und Statistik 1960, S. 61ff.

*Betulius, Walter:* F. S. Vögelin 1837–1888. Sein Beitrag zum schweizerischen Geistesleben in der zweiten Hälfte des 19. Jahrhunderts, Diss. Zürich, Winterthur 1956.

*Biaudet, Jean Charles (Hg):* Histoire de Lausanne, Lausanne 1982.

*Bieler, Peter:* Albert Steck, 1843–1899, der Begründer der Sozialdemokratischen Partei der Schweiz, Diss. Bern, Olten 1960.

*Biland, Anne-Marie:* Das Reihen-Mietshaus in Bern 1850–1920, Archiv des Historischen Vereins des Kantons Bern, Bd. 71, Bern 1987.

*Binder, Gottlieb:* Altzürcherische Familiensitze am See als Stätten der Erinnerung, Erlenbach-Zürich 1930.

*Birkner, Othmar:* Bauen und Wohnen in der Schweiz, 1850–1920, Zürich 1975.

*Bloesch, Emil:* Geschichte der schweizerischen reformierten Kirche, 2 Bde., Bern 1899.

*Bloesch, Hans:* Siebenhundert Jahre Bern. Lebensbild einer Stadt, Bern 1931.

*Blosser, Ursi / Gerster, Franziska:* Töchter der Guten Gesellschaft. Frauenrolle und Mädchenerziehung im schweizerischen Grossbürgertum um 1900, Zürich 1985.

*Blum, Roger:* Die politische Beteiligung des Volkes im jungen Kanton Baselland (1832–1875), Liestal 1977.

*Bochsler, Regula / Gisiger, Sabine:* Dienen in der Fremde. Dienstmädchen und ihre Herrschaften in der Schweiz des 20. Jahrhunderts, Zürich 1980.

*Bodmer, M. E.:* Zur Tätigkeit und Stellung der Privatbankiers in der Schweiz, Zürich 1934.

*Boesch, Gottfried:* Aus der Frühzeit der ersten Schweizerischen Geschichtforschenden Gesellschaft 1811–1858, in: Gesellschaft und Gesellschaften, Festschrift Ulrich Im Hof, herausgegeben von N. Bernard/Q. Reichen, Bern 1982, S. 369–408.

*Boeschenstein, Hermann:* Bundesrat Carl Schenk, 1823–1895, Bern 1946.

*Boltanski, Luc:* Macht und Ohnmacht. Intellektueller Lebensentwurf und Sexualität in Amiels Intimem Tagebuch, in: Henri-Fréderic Amiel, Intimes Tagebuch, München 1986, S. 439–536.

*Böning, Holger:* Revolution in der Schweiz. Das Ende der Alten Eidgenossenschaft. Die Helvetische Republik 1798–1803, Frankfurt am Main 1985.

*Bonjour, Edgar:* Theodor Kocher. Berner Heimatbücher 40/41, Bern 1981.

*Bonjour, Félix:* Louis Ruchonnet. Sa vie – Son oeuvre, Lausanne 1936.

*Borner, Heidi:* Zwischen Sonderbund und Kulturkampf. Zur Lage der Besiegten im Bundesstaat von 1848, Luzern 1981.

*Bräm, E. Max:* Rudolf von Tavels Werk als Ausdruck schweizerischen Denkens und Empfindens, Bern 1944.

*Brändli, Sebastian:* «Die Retter der leidenden Menschheit». Sozialgeschichte der Chirurgen und Ärzte auf der Zürcher Landschaft (1700–1850), Diss. Zürich 1990.

*Brändli, Sebastian:* Die Helvetische Generation. Das Zürcher Landbürgertum an der Schwelle zum 19. Jahrhundert, in: derselbe (Hg.) Schweiz im Wandel, Basel/Frankfurt 1990, S. 191–207.

*Braun, Rudolf:* Das ausgehende Ancien Régime in der Schweiz. Aufriss einer Sozial- und Wirtschaftsgeschichte des 18. Jahrhunderts, Göttingen/Zürich 1984.

*Braun, Rudolf:* Industrialisierung und Volksleben. Veränderungen der Lebensformen unter Einwirkung der verlagsindustriellen Heimarbeit in einem ländlichen Industriegebiet (Zürcher Oberland) vor 1800, Erlenbach-Zürich/Stuttgart 1960.

*Braun, Rudolf:* Sozialer und kultureller Wandel in einem ländlichen Industriegebiet im 19. und 20. Jahrhundert, Erlenbach-Zürich/Stuttgart 1965.

*Braun, Rudolf:* Zur Professionalisierung des Ärztestandes in der Schweiz, in: Bildungsbürgertum im 19. Jahrhundert, Teil I, Stuttgart 1985, S. 332–357.

*Brockmann-Jerosch, Marie u. a.:* Albert Heim. Leben und Forschung, Basel 1952.

*Brunner, Hansruedi:* Luzerns Gesellschaft im Wandel. Die soziale und politische Struktur der Stadtbevölkerung, die Lage in den Fremdenverkehrsberufen und das Armenwesen 1850–1914, Luzern/Stuttgart 1981.

*Brunner, Theodor:* Die Organisation der bernischen Exekutive in ihrer geschichtlichen Entwicklung seit 1803, Bern 1914.

*Brunner, Edgar Hans:* Ist den bernischen Standesherren eine wirtschaftliche Betätigung untersagt worden? Bemerkungen zu einer oft wiederholten, falschen historischen Aussage, in: Berner Zeitschrift für Geschichte und Heimatkunde, 1992, S. 151–163.

*Bucher, Erwin:* Die Geschichte des Sonderbundskrieges, Zürich 1966.

*Burckhardt, C. F. W.:* Zur Geschichte der Privatbankiers in der Schweiz. Hrsg. aus Anlass der schweizerischen Landesausstellung Bern 1914, Zürich 1914.

*Burckhardt, Carl J.:* Der Berner Schultheiss Charles Neuhaus, Frauenfeld 1925.

*Burger, Herbert:* Politik und politische Ethik bei F. W. Foerster, Bonn 1969.

*Bürgertum oder …:* Sonderheft, Schweizerische Rundschau, Monatsschrift für Geistesleben und Kultur, Mai-Heft 1936/37, 36. Jg., S. 81–187.

*Bürgin, Alfred (Hg.):* Schweizerisches und baslerisches Unternehmertum im 19. Jahrhundert, Zürich 1967.

*Bürgin, Alfred:* Zur Soziologie des schweizerischen und des baslerischen Unternehmertums: Johann Rudolf Geigy-Merian, in: derselbe, Geschichte des Geigy-Unternehmens von 1758 bis 1939, Basel 1958.

*Burkhard, Ernst:* Johann Anton von Tillier als Politiker, Bern 1963 (Archiv des Historischen Vereins des Kantons Bern, XLVII. Bd.).

*Burkhard-Streuli, W.:* Lebensbild von Dr. Arnold Bürkli-Ziegler. Neujahrsblatt auf das Jahr 1905. Zum Besten des Waisenhauses in Zürich.

*Bürkli-Meyer, Adolf:* Geschichte der zürcherischen Seidenindustrie vom Schlusse des 13. Jahrhunderts an bis in die neueste Zeit, Zürich 1884.

*Büttiker, Georges:* Ernest Bovet 1870–1941, Diss. Basel 1971.

*Capitani, François, de / Germann, Georg (Hg.):* Auf dem Weg zu einer schweizerischen Identität 1848–1914. Probleme – Errungenschaften – Misserfolge, Freiburg 1987.

*Cattani, Alfred / Baumann, Walter u. a.:* Zürich zurückgeblättert 1870–1914. Werden und Wandel einer Stadt, Zürich 1979.

*Conzemius, Victor:* Philipp Anton von Segesser. 1817–1888. Demokrat zwischen den Fronten, Zürich 1977.

*Craig, Gordon A:* Geld und Geist. Zürich im Zeitalter des Liberalismus 1830–1869, München 1988.

*Dällenbach, Heinz:* Kantone, Bund und Fabrikgesetzgebung. Die parlamentarische Debatte und die publizistische Diskussion zu den schweizerischen Fabrikgesetzen von 1853 bis 1877, Zürich 1961.

*Dändliker, Karl / Wettstein, Walter:* Geschichte der Stadt und des Kantons Zürich, Bd. 3: Von 1712 bis zur Gegenwart, Zürich 1912.

*Dändliker, Karl:* Geschichte der Schweiz mit besonderer Rücksicht auf die Entwicklung des Verfassungs- und Kulturlebens von den ältesten zeiten bis zur Gegenwart, 3 Bde., Zürich 1895.

*Dejung, Emanuel u. a.:* Jonas Furrer von Winterthur, 1805–1861, Winterthur 1948.

*Denzler, Alice u. a.:* Geschichte der Familie Blass von Zürich, Zürich 1956.

*Dreyer, Rudolf:* August von Gonzenbach, 1808–1887, Diss. Bern 1940.

*Dübi, Anita:* Geschichte der bernischen Anwaltschaft, Bern 1955.

*Dubler, Anne-Marie / Siegrist, Jean Jacques:* Wohlen. Geschichte von Recht, Wirtschaft und Bevölkerung einer frühindustrialisierten Gemeinde im Aargau, in: Argovia, 85 (1973), Aarau 1975.

*Düblin, J.:* Die Anfänge der schweizerischen Bundesversammlung, Bern 1978.

*Dudzik, Peter:* Innovation und Investition. Technische Entwicklung und Unternehmerentscheide in der schweizerischen Baumwollspinnerei 1800 bis 1916, Zürich 1987.

*Dünki, Robert:* Verfassungsgeschichte und politische Entwicklung Zürichs 1814–1893, Zürich 1990.

*Dürr, Emil:* Urbanität und Bauerntum in der Schweiz. Ihr Verhältnis von 1798 bis heute, in: Die Schweiz. Ein nationales Jahrbuch 1934, S. 140–182.

*Durrer, Robert / Lichtlen, Fanny:* Heinrich Angst. Erster Direktor des Schweizerischen Landesmuseums, Britischer Generalkonsul, Glarus 1948.

*Duttweiler, Max:* Das Stimmrecht in der Schweiz. Systematische Darstellung des eidgenössischen und kantonalen Rechts, Diss. Zürich, Affoltern a. A. 1907.

*Ehinger, Paul:* Die Anfänge des liberalen Parteiwesens im Kanton St. Gallen. Ein Beitrag zur Geschichte und Soziologie des organisierten Liberalismus in seinem Frühstadium (bis 1870), Diss. Zürich 1970.

*Eidenbenz-Pestalozzi, Emil:* Friedrich Otto Pestalozzi 1846–1940. Neujahrsblatt auf das Jahr 1952.

*Engel, Roland:* Gegen Festseuche und Sensationslust. Zürichs Kulturpolitik 1914–1930 im Zeichen der konservativen Erneuerung, Diss. Zürich 1990.

*Erb, Hans:* Geschichte der Studentenschaft an der Universität Zürich 1833–1936, Diss. Zürich 1937.

*Erismann, Hans:* Richard Wagner in Zürich, Zürich 1987.

*Erlach, Hans Ulrich von:* 800 Jahre Berner von Erlach. Die Geschichte einer Familie, Bern 1989.

*Ermatinger, Emil:* Dichtung und Geistesleben der deutschen Schweiz, München 1933.

*Ermatinger, Emil:* Gottfried Kellers Leben, Zürich 1950.

*Ermatinger, G.:* Jakob Dubs als schweizerischer Bundesrat von 1861–1872, Zürich 1933.

*Ermatinger, Gerold:* Kapital und Ethos. Die sozialen und kulturellen Taten des schweizerischen Privatkapitals im 19. und 20. Jahrhundert, Zürich 1936.

*Ernst, Heinrich:* Die direkten Staatssteuern des Kantons Zürich im 19. Jahrhundert, Winterthur 1903.

*Escher, Conrad:* Stadtpräsident Robert Billeter, 1857–1917. Neujahrsblatt auf das Jahr 1919. Zum Besten des Waisenhauses in Zürich.

*Escher, Hermann:* Dr. h. c. M. Schindler-Escher 1858–1927, o. O/J.

*Escher, Hermann:* Gerold Meyer von Knonau, 1843–1931. 94. Neujahrsblatt zum Besten des Waisenhauses in Zürich für 1933.

*Escher, Konrad:* Dr. Jakob Escher-Bürkli, 1864–1939. 107. Neujahrsblatt zum Besten des Waisenhauses in Zürich für 1944.

*Faesi, Robert (Hg.):* Die Familie Faesi 1532–1932, Zürich 1932.

*Fehr, Max:* Adolf Steiner. 119. Neujahrsblatt der Allgemeinen Musikgesellschaft in Zürich auf das Jahr 1931.

*Fehr, Max:* Hans Conrad Ott-Usteri und seine Aufzeichnungen über das Zürcherische Musikleben 1834–1866. 115. Neujahrsblatt der Allgemeinen Musikgesellschaft in Zürich auf das Jahr 1927.

*Feld, Wilhelm:* Die Zürcher Heiraten. Statistische Untersuchungen nebst internationalen Vergleichen und geschichtlich-methodischen Rückblicken auf die Heiratsstatistik, in: Statistik der Stadt Zürich, Nr. 19, Zürich 1916.

*Feller, Richard:* Jakob Stämpfli, Bern 1921.

*Feller, Richard:* Berns Verfassungskämpfe 1846, Bern 1948.

*Feller, Richard:* Geschichte Berns, Bd. III, Bern 1955.

*Feller, Richard:* Die Stadt Bern seit 1798, in: Archiv des Historischen Vereins des Kantons Bern, Bd. XLVI, Bern 1962, S. 255–306.

*Fenner, Martin:* Partei und Parteisprache im politischen Konflikt. Studien zu Struktur und Funktion politischer Gegenwartssprachen zur Zeit des schweizerischen Landesstreiks (1917–1919), Diss. Bern 1981.

*Finsler, Georg / Finsler, Rudolf:* Diethelm Georg Finsler, der letzte Antistes der zürcherischen Kirche. Neujahrsblatt der Hülfsgesellschaft Zürich 1916 und 1917.

*Fischer, Eduard:* Bundesrat Bernhard Hammer 1822–1870 und seine Zeit, Solothurn 1969.

*Fischer, Thomas:* Toggenburger Buntweberei auf dem Weltmarkt. Ein Beispiel schweizerischer Unternehmerstrategien im 19. Jahrhundert, in: Bairoch, Paul/Körner, Martin (Hg.): Die Schweiz in der Weltwirtschaft, (15.–20. Jh.), Zürich 1990, S. 183–205.

*Fischer, Thomas:* Toggenburger Buntweberei im Weltmarkt. Absatzverhältnisse und Unternehmensstrategien im 19. Jahrhundert, Lizentiatsarbeit, Universität Bern, MS, Bern 1988.

*Fleiner, Fritz:* Beamtenstaat und Volksstaat, in: Ausgewählte Schriften und Reden, Zürich 1941, S. 138–161.

*Frei, Daniel:* Das schweizerische Nationalbewusstsein. Seine Förderung nach dem Zusammenbruch der Alten Eidgenossenschaft 1798, Diss. Zürich 1964.

*Frei, Karl:* Wer vertrat Zürich 1848–1919 in der Bundesversammlung. Eine soziologische Untersuchung der Zürcher Abgeordneten, in: Zürcher Taschenbuch 1964, S. 120–133.

*Freudiger, Hans:* Die Wohnhäuser Berns und die bauliche Entwicklung seit dem 15. Jahrhundert, in: Berner Zeitschrift für Geschichte und Heimatkunde, 1942, S. 1–33.

*Frey, Hans Heinrich:* Das bürgerliche Element im zürcherischen Gemeindewesen, Diss. Zürich 1958.

*Frey, Paul:* Die Zürcherische Volksschulgesetzgebung 1831–1951, Zürich 1953.

*Frick, Johannes:* Johann Heinrich Landolt, alt Stadtrath. Neujahrsblatt auf das Jahr 1886. Zum Besten des Waisenhauses Zürich.

*Frischknecht, Ernst:* Aspekte bürgerlichen Bewusstseins in Zürich in der Zeit vor dem Ersten Weltkrieg, Lizentiatsarbeit, Universität Zürich, MS, Zürich 1969.

*Fritzsche, Bruno:* Grundstückpreise als Determinanten städtischer Strukturen: Bern im 19. Jahrhundert, in: Zeitschrift für Stadtgeschichte, Stadtsoziologie und Denkmalpflege, 1977, S. 36–54.

*Fritzsche, Bruno:* Städtisches Wachstum und soziale Konflikte, in: Schweizerische Zeitschrift für Volkswirtschaft und Statistik, 1977, S. 447–473.

*Fritzsche, Bruno:* Das Quartier als Lebensraum, in: Arbeiterexistenz, hrsg. von W. Conze/U. Engelhardt, Stuttgart 1981, S. 92–113.

*Fritzsche, Bruno:* Der Käfigturmkrawall 1893. Destabilisierung im städtischen Wachstumsprozess, in: Geschichte in der Gegenwart, Festgabe f. Max Silberschmidt, Zürich 1981, S. 157–178.

*Fritzsche, Bruno:* Handwerkerhaushalte in Zürich 1865–1880. Eine Bestandesaufnahme, in: Engelhardt, Ulrich (Hg.): Handwerker in der Industrialisierung. Lage, Kultur und Politik vom späten 18. bis ins frühe 19. Jahrhundert, Stuttgart 1984, S. 105–126.

*Fritzsche, Bruno:* Zürichs Aufstieg zur Wirtschaftsmetropole, in: Unsere Kunstdenkmäler, 1991, S. 143–151.

*Fritzsche, Bruno:* Bern nach 1800, in: Berner Zeitschrift für Geschichte und Heimatkunde, 1991, S. 79–98.

*Fueter, Eduard:* Die Schweiz seit 1848. Geschichte, Wirtschaft, Politik, Zürich 1928.

*Gagliardi, Ernst:* Alfred Escher, Frauenfeld 1919.

*Gamper, Esther:* Frühe Schatten – Frühes Leuchten. Maria Wasers Jugendjahre, Frauenfeld 1945.

*Ganz, Werner:* Die Familie Tobler von Zürich 1626–1926, Zürich 1928.

*Garnaus, Adolf S.:* Die Familie Abegg in der Kirchgemeinde Kilchberg und in Küsnacht, 1557–1933, Zürich 1933.

*Garnaus, Adolf S.:* Die Familie Locher von Zürich, Zürich 1924.

*Garnaus, Adolf S.:* Die Familie Römer von Zürich, 1622–1932, Zürich 1932.

*Geiser, Karl:* Geschichte des Armenwesens im Kanton Bern von der Reformation bis auf die neuere Zeit, Bern 1894.

*Geiser, Karl:* Rückblick auf die Entwicklung der wirtschaftlichen Verhältnisse im Kanton Bern, Thun 1899.

*Geiser, Karl:* Handel, Gewerbe und Industrie im Kanton Bern bis zum Jahre 1860, in: Denkschrift zur Feier des Fünfzigjährigen Bestehens des Bernischen Vereins für Handel und Industrie, Bern 1910, S. 1–50.

*Geiser, Karl:* Bern unter dem Regiment des Patriziates, in: Archiv des Historischen Vereins des Kantons Bern, Bd. 32, Bern 1934, S. 85–112.

*Gerber, Rosmarie / Huber, Barbara:* Die schweizerischen Bundesbeamten 1848–1939. Darstellung einiger Aspekte des schweizerischen Beamtentums im Vergleich mit den deutschen Verhältnissen, Seminararbeit, Historisches Institut, Universität Bern 1987.

*Gerber-Ludwig, Maria:* Frau von Goumoens. Ein Bild ihres Lebens und Wirkens, Bern 1916.

*Gerster, Hans:* Die Arbeitgeberorganisationen der Schweiz, Diss. Zürich, Basel 1921.

*Geschichte der Schweiz – und der Schweizer,* 3 Bde., Basel 1982/83.

*Geschichte der Stadt Aarau,* Aarau 1978.

*Geschichte der Zürcher Stadtvereinigung von 1893.* Ein Rückblick anlässlich des 25. Jubiläums, Zürich 1919.

*Geschichte des Kantons Freiburg,* 2 Bde., Freiburg 1981.

*Gilg, Peter:* Die demokratische Bewegung im Kanton Bern, in: Archiv des Historischen Vereins des Kantons Bern, Bd. XLII, Bern 1953, S. 351–401.

*Gilg, Peter:* Die Entstehung der demokratischen Bewegung und die soziale Frage, Diss. Bern, Affoltern am Albis 1951.

*Görgen, Hermann M.:* Fr. W. Foerster. Leben und wissenschaftliche Entwicklung bis zum Jahre 1904, Zürich 1933.

*Graf, Otto:* Die Entwicklung der Schulgesetzgebung im Kanton Bern seit 1831, Bern 1932.

*Graffenried, Eric von:* Vom Herkommen und Wesen des Geschlechts von Graffenried, Bern 1972.

*Greyerz, Hans von:* Der Bundesstaat seit 1848, in: Handbuch der Schweizer Geschichte, Bd. 2, Zürich 1977, S. 1021–1267.

*Greyerz, Hans von:* Nation und Geschichte im bernischen Denken. Vom Beitrag Bern zum schweizerischen Geschichts- und Nationalbewusstsein, Bern 1953.

*Grieder, Fritz:* Der Baselbieter Bundesrat Emil Frey. Staatsmann, Sozialreformer, Offizier 1838–1922, Liestal 1988.

*Grimm, Robert:* Geschichte der Berner Arbeiterbewegung, Bern 1913.

*Grossmann, Eugen:* Die Finanzgesinnung des Schweizer Volkes, in: Zeitschrift für schweizerische Statistik und Volkswirtschaft, 66. Jg., 1930, S. 165–191.

*Gruner, Erich:* 100 Jahre Wirtschaftspolitik. Etappen des Interventionismus in der Schweiz, in: Schweizerische Zeitschrift für Volkswirtschaft und Statistik, 100. Jg., 1964, S. 35–70.

*Gruner, Erich:* Arbeiterschaft und Wirtschaft in der Schweiz 1880–1914. Soziale Lage, Organisation und Kämpfe von Arbeitern und Unternehmern, politische Organisation und Sozialpolitik, 3 Bde., Zürich 1987–1988.

*Gruner, Erich:* Das bernische Patriziat und die Regeneration. Diss. Bern 1943.

*Gruner, Erich:* Die Arbeiter in der Schweiz im 19. Jahrhundert, Bern 1968.

*Gruner, Erich:* Die Parteien in der Schweiz, Bern 1969.

*Gruner, Erich:* Die Schweizerische Bundesversammlung 1920–1968, Bern 1970.

*Gruner, Erich:* Die Wahlen in den schweizerischen Nationalrat, 1848–1919, 3 Bde., Bern 1978.

*Gruner, Erich:* Die Wirtschaftsverbände in der Demokratie. Vom Wachstum der Wirtschaftsorganisationen im schweizerischen Staat, Erlenbach-Zürich 1956.

*Gruner, Erich:* Edmund von Steiger. Dreissig Jahre neuere bernische und schweizerische Geschichte, Bern 1949.

*Gruner, Erich:* Konservatives Denken und konservative Politik in der Schweiz, in: Kaltenbrunner, G.-K. (Hg.). Rekonstruktion des Konservatismus, Freiburg 1972, S. 241–272.

*Gruner, Erich:* Politische Führungsgruppen im Bundesstaat, Bern 1973.

*Gruner, Erich / Frei, Karl:* Die Schweizerische Bundesversammlung, 1848–1920, 2 Bde., Bern 1966.

*Gruner, Paul:* Die Stillen im Lande und die Evangelische Allianz. Bilder aus dem religiösen Leben Berns im vergangenen Jahrhundert, 2 Bde., Bern 1950/51.

*Gugerli, David:* Das bürgerliche Familienbild im sozialen Wandel, in: Familien in der Schweiz, hrsg. von Thomas Fleiner-Gerster u. a., Fribourg 1991, S. 59–74.

*Gugerli, David:* «…die Würde unseres Amtes gelten zu machen»: Selbstbild und soziale Stellung der Zürcher Geistlichen im Ancien régime, in: Brändli, Sebastian u. a. (Hg.): Schweiz im Wandel. Studien zur neueren Gesellschaftsgeschichte, Basel/Frankfurt 1990, S. 155–170.

*Gugerli, David:* Zwischen Pfrund und Predigt. Die protestantische Pfarrfamilie auf der Zürcher Landschaft im ausgehenden 18. Jahrhundert, Diss. Zürich 1988.

*Guggisberg, Kurt:* Bernische Kirchengeschichte, Bern 1958.

*Guichonnet, Paul (Hg.):* Histoire de Genève, Toulouse 1974.

*Guth, Nadia:* Zwei grossbürgerliche Haushaltungen in Basel 1840 und 1900, Seminararbeit, Historisches Seminar, Universität Zürich 1978.

*Guyer, Paul:* Die Geschichte der Enge, Zürich 1980.

*Guyer, Paul:* Die soziale Schichtung Zürichs vom Ausgang des Mittelalters bis 1798, Zürich 1953.

*Guyer, Paul:* Die Verfassungszustände der Stadt Zürich im 16., 17. und 18. Jahrhundert, Zürich 1943.

*Haas, Leonhard:* Carl Vital Moor. Ein Leben für Marx und Lenin, Einsiedeln 1970.

*Hächler, Beat:* Feldtüchtig, welttüchtig? Das Bürgerleitbild Militär als Literaturmotiv bei Robert Fäsi, Paul Ilg und Jakob Bosshart, Seminararbeit, Germanistisches Seminar, Universität Bern 1988.

*Hadorn, Wilhelm:* Geschichte des Pietismus in den Schweizerischen reformierten Kirchen, Konstanz 1901.

*Hagmann, Jürg:* Der bernische «Kantonalstab», 1846–1874. Eine Prosopographie des bernischen Generalstabscorps unter besonderer Berücksichtigung der militärisch-zivilen Verflechtung im schweizerischen Milizsystem, Lizentiatsarbeit, Universität Bern, MS, Bern 1988.

*Halpérin, Ernst:* Der Westbahnkonflikt 1855–1857, Diss. Zürich 1944.

*Handbuch der Schweizer Geschichte,* Bd. 2, Zürich 1977.

*Hassler, Otto / Ehrsam, Paul:* Geschichte der Schweizerischen Studentverbindung Helvetia und ihrer Sektionen, Bern 1908.

*Hauri, J. R.:* Fritz Bodmer-Weber, 1846–1917. Das Lebensbild eines Menschenfreundes. 118. Neujahrsblatt der Zürcherischen Hülfsgesellschaft von 1918.

*Hauser, Andreas / Röllin, Peter:* Bern, in: INSA 2, Inventar der neueren Schweizer Architektur, Bd. 2, Bern 1986, S. 347–544.

*Hauser, Benedikt:* Wirtschaftsverbände im frühen schweizerischen Bundesstaat (1848–74). Vom regionalen zum nationalen Einzugsgebiet, Basel 1985.

*Hebeisen, Karl:* Die Grundstückpreise in der Stadt Bern von 1850 bis 1917. Ein Beitrag zur Wohnungsfrage, Diss. Bern 1920.

*Heer, Gottfried:* Landammann und Bundespräsident Dr. J. Heer. Lebensbild eines republikanischen Staatsmannes, Zürich 1885.

*Heimann, Rudolf Arnold:* Johann Ulrich Ochsenbein. Der Mensch – der Politiker – der Staatsmann, Diss. Bern 1954.

*Helbling, Carl:* Mariafeld. Aus der Geschichte eines Hauses, Zürich 1951.

*Helbling, Hanno:* Eine Bürgerfamilie im 19. Jahrhundert. Sozialgeschichtliche Streiflichter, Neujahrsblatt zum Besten des Waisenhauses Zürich, Zürich 1985.

*Helfenstein, Josef / Tavel, Hans Christoph von:* «Der sanfte Trug des Berner Milieus». Künstler und Emigranten 1910–1920, Bern 1988.

*Heller, Daniel:* Eugen Bircher. Arzt, Militär und Politiker. Ein Beitrag zur Zeitgeschichte, Zürich 1988.

*Heller, Geneviève:* Propre en ordre. Habitation et vie domestique 1850–1930: L'exemple vaudois, Lausanne 1979.

*Henne-Amrhyn, Otto:* Geschichte des Schweizervolkes und seiner Kultur von den ältesten Zeiten bis zur Gegenwart, 3 Bde., Leipzig 1865.

*Herzig, Heinz:* Die Berner Dienstboten. Eine sozialgeschichtliche Untersuchung über die Hausangestellten in der Stadt Bern im 19. und zu Beginn des 20. Jahrhunderts. Seminararbeit, Historisches Institut, Universität Bern 1981.

*Hess, Jakob:* Susanna Orelli. Leben und Werk, Bern 1945.

*Hintzsche, Erich:* Gabriel Gustav Valentin (1810–1883). Versuch einer Bio- und Bibliographie, Bern 1953.

*His, Eduard:* Basler Gelehrte des 19. Jahrhunderts, Basel 1941.

*His, Eduard:* Basler Handelsherren des 19. Jahrhunderts, Basel 1929.

*His, Eduard:* Basler Staatsmänner des 19. Jahrhunderts, Basel 1930.

*His, Eduard:* Geschichte des neuern Schweizerischen Staatsrechts, 3 Bde., Basel 1920–1938.

*Hoffmann, Georg:* Ernst Gagliardi, 1882–1940. Sein Leben und Wirken, Zürich 1943.

*Honegger, Caspar.* Ein Lebensbild aus der Jugendzeit der Schweizerischen Industrie und den Anfängen der Industrie im Zürcher Oberland, Zürich 1915.

*Horvath, Franz / Kunz, Matthias:* Sozialpolitik und Krisenbewältigung am Vorabend des Ersten Weltkrieges, in: Imhof, Kurt u. a. (Hg.): Zwischen Konflikt und Konkordanz. Analyse von Medienereignissen in der Schweiz der Vor- und Zwischenkriegszeit, Zürich 1993, S. 61–107.

*Huber, Eugen:* System und Geschichte des Schweizerischen Privatrechtes, 4 Bde., Basel 1886–1893.

*Huber, Max:* F. O. Pestalozzi, Zürich 1940.

*Humm, Bruno:* Volksschule und Gesellschaft im Kanton Zürich. Die geschichtliche Entwicklung ihrer Wechselbeziehungen von der Regeneration bis zur Gegenwart, Diss. Zürich, Affoltern a. Albis 1936.

*Hunziker, Fritz:* Die Mittelschulen in Zürich und Winterthur 1833–1933, Festschrift zur Jahrhundertfeier, Zürich 1933.

*Hunziker, Otto:* Arnold Künzli 1832–1908, Aarau 1932.

*Hürlimann, Martin:* Albert Heinrich Hürlimann-Hirzel 1857–1934, Zürich/Horgen 1934.

*Im Hof, Ulrich:* Zur Geschichte der bernischen Hochschule, in: Hochschulgeschichte Berns 1528–1984, Bern 1984, S. 23–127.
*Inderbitzin, Zeno:* Konrad Falke (Karl Frey). Sein Leben, seine Werke, Diss. Freiburg i. Ü, Luzern 1958.
*Isenschmid, Heinz:* Wilhelm Klein, 1825–1887. Ein freisinniger Politiker, Diss. Basel 1972.
*Isler, Ursula:* Nanny von Escher, das Fräulein. Frauenporträts aus dem alten Zürich, Zürich 1983.

*Jäger, Reto u. a.:* Baumwollgarn als Schicksalsfaden. Wirtschaftliche und gesellschaftliche Entwicklungen in einem ländlichen Industriegebiet (Zürcher Oberland, 1750–1920), Zürich 1986.
*Jaun, Rudolf:* Das Schweizerische Generalstabskorps 1875–1945. Eine kollektiv-biographische Studie (Der Schweizerische Generalstab, Bd. VIII), Basel 1991.
*Jaun, Rudolf:* «Das preussische Vorbild vor Augen»: Paradigmawechsel beim Schweizer Generalstab des 19. Jahrhunderts, in: Bald, Detlev (Hg.): Militärische Verantwortung in Staat und Gesellschaft, Koblenz 1986, S. 199–213.
*Jaun, Rudolf:* Das Eidgenössische Generalstabskorps 1804–1874. Eine kollektiv-biographische Studie (Der Schweizerische Generalstab, Bd. III), Basel 1983.
*Jordan, Peter / Steiger, Christoph von:* Die Gesellschaften und Zünfte, in: Die Burgergemeinde Bern. Gegenwart und Geschichte, Bern 1986, S. 119–151.
*Joris, Elisabeth:* Die Schweizer Hausfrau: Genese eines Mythos, in: Brändli, Sebastian u. a. (Hg.): Schweiz im Wandel. Studien zur neueren Gesellschaftsgeschichte, Basel/Frankfurt 1990, S. 99–116.
*Joris, Elisabeth / Witzig, Heidi:* Die Pflege des Beziehungsnetzes als frauenspezifische Form von «Sociabilité», in: Geselligkeit, Sozietäten und Vereine, hrsg. von H. U. Jost und A. Tanner, Zürich 1991, S. 139–158.
*Joris, Elisabeth / Witzig, Heidi:* Brave Frauen, aufmüpfige Weiber. Wie sich die Industrialisierung auf Alltag und Lebenszusammenhänge von Frauen auswirkte (1820–1940), Zürich 1992.
*Jost, Hans Ulrich:* Kulturkrise und politische Reaktion. Krisenbewusstsein, in: Europa um 1900, hrsg. von Fritz Klein/Karl Otmar von Aretin, Berlin 1989, S. 303–317.
*Jost, Hans Ulrich:* Künstlergesellschaften und Kunstvereine in der Zeit der Restauration. Ein Beispiel der soziopolitischen Funktion des Vereinswesens im Aufbau der bürgerlichen Öffentlichkeit, in: Gesellschaft und Gesellschaften, Festschrift Ulrich Im Hof, hrsg. von N. Bernard/Reichen, Bern 1982, S. 341–368.
*Jost, Hans Ulrich:* Sociabilité, faits associatifs et vie politique en Suisse au 19e siècle, in: Geselligkeit, Sozietäten und Vereine, hrsg. von H. U. Jost und A. Tanner, Zürich 1991, S. 7–29.
*Jost, Hans Ulrich:* Zur Geschichte des Vereinswesens in der Schweiz, in: Handbuch der schweizerischen Volkskultur, Bd. 1, Zürich 1992, S. 467–484.
*Jost, Hans Ulrich:* Die reaktionäre Avantgarde. Die Geburt der neuen Rechten in der Schweiz um 1900, Zürich 1992.
*Juker, Werner:* Bernische Wirtschaftsgeschichte. Entwicklungsgeschichte bernischer Firmen aus Gewerbe, Handel und Industrie, Münsingen 1949.
*Juker, Werner:* Rückblick auf hundert Jahre Theater im Hôtel de Musique, in: Nef, Albert (Hg.): Fünfzig Jahre Berner Theater. Das Berufstheater in Stadt und Kanton Bern in der ersten Hälfte des 20. Jahrhunderts, Bern 1956, S. 1–37.
*Junker, Beat:* Die Geschichte des Kantons Bern seit 1798, Bd. 1: Helvetik, Mediation, Restauration, 1798–1830, Bern 1982; Bd. 2: Die Entstehung des demokratischen Volksstaates, 1831–1880, Bern 1990.
*Junker, Beat:* Eidgenössische Volksabstimmungen über Militärfragen um 1900, Diss. Bern 1955.

*Kälin, Urs:* Die Urner Magistratenfamilien. Herrschaft, ökonomische Lage und Lebensstil einer ländlichen Oberschicht 1700–1850, Zürich 1991.

*Kälin, Urs:* Strukturwandel in der Landsgemeinde – Demokratie. Zur Lage der Urner Magistratenfamilien im 18. und frühen 19. Jahrhundert, in: Brändli, Sebastian u. a. (Hg.): Schweiz im Wandel. Studien zur neueren Gesellschaftsgeschichte, Basel/Frankfurt 1990, S. 171–190.

*Kamber, Peter:* Geschichte zweier Leben – Wladimir Rosenbaum und Aline Valangin, Zürich 1990.

*Keller-Escher, C.:* 560 Jahre Aus der Geschichte der Familie Escher vom Glas, 1320–1885, 1. Teil: Geschichtliche Darstellung und biographische Schilderungen, Zürich 1885.

*Keller-Escher, Carl:* Die Familie Rahn von Zürich. Genealogie und Geschichte eines altzürcherischen Geschlechtes, Teil I, Zürich 1914.

*Kellerhals, Andreas:* Die Fischer aus Bern: Pacht des Postregals, politische Macht, soziale Stellung und kulturelle Aktivitäten, in: Atti della Settimana die Studi: L'Impresa. Industria Commercio. Banca, Secc. XIII-XVIII, hg. vom Istituto Internazionale di Storia Economica «F. Datini», Prato 1991, S. 913–932.

*Kieser, Rolf:* Benjamin Franklin Wedekind. Biographie einer Jugend, Zürich 1990.

*Kläui, Paul:* Geschichte der Familie Wehrli von Zürich, Zürich 1961.

*Kläui, Paul:* Oberst Heinrich Wehrli, 1815–1890. CXXXIV. Neujahrsblatt der Feuerwerker-Gesellschaft, Zürich 1942.

*Knoepfli, Adrian:* Aufsteiger – oder längst im Bürgertum zu Hause? Bauunternehmer und Bauunternehmen in der Schweiz, in: Brändli, Sebastian u. a. (Hg.): Schweiz im Wandel. Studien zur neueren Gesellschaftsgeschichte, Basel/Frankfurt 1990, S. 259–277.

*Koch, Felix:* Die Stellung der Beamten und Angestellten im Staate und das Problem des Beamtenrechts, St. Gallen 1916.

*König, Mario u. a.:* Warten und Aufrücken. Die Angestellten in der Schweiz 1870–1950, Zürich 1985.

*König-von Dach, Charlotte:* Das Casino der Stadt Bern. Vom Barfüsserkloster zum Gesellschafts- und Konzerthaus, Bern 1985.

*Koller, Thomas:* Volksbidlung, Demokratie und Soziale Frage. Die Zürcher Demokratische Bewegung und ihre Bildungspolitik in den Jahren 1862 bis 1872: Idee, Programm und Realisierungsversuch, Diss. Zürich 1987.

*Kopp, Hannes:* Erziehung im Wandel. Kindererziehung in den Jahren um 1890 und 1970 im Spiegel je einer deutschschweizerischen Familienzeitschrift, Diss. Zürich, Basel 1974.

*Kramer, Alfred:* Das Stadtrecht von Zürich. Seine Entwicklung und heutige Gestalt, Diss. Zürich 1912.

*Krattiger, Ursula:* Mündigkeit. Ein Fragenkomplex in der schweizerischen Diskussion im 19. Jahrhundert, Diss. Bern 1972.

*Kummer, Gottfried:* Beiträge zur Geschichte des Zürcher Aktientheaters 1843–1890, Zürich 1938.

*Kummer, Johann Jakob:* Bundesrat Schenk. Sein Leben und Wirken. Ein Stück bernischer und schweizerischer Kulturgeschichte, Bern 1908.

*Kummer, Peter:* Der zürcherische Proporzkampf. Die Ausarbeitung des Systems 1851–1891, Diss. Zürich 1969.

*Künzle, Daniel:* Stadtwachstum, Quartierbildung und soziale Konflikte am Beispiel von Zürich-Aussersihl 1850–1914, in: Brändli, Sebastian u. a. (Hg.): Schweiz im Wandel. Studien zur neueren Gesellschaftsgeschichte, Basel/Frankfurt 1990, S. 43–58.

*Künzle, Daniel:* City, Millionenvorstadt und Arbeiterquartier: Demographische und baulich-soziale Entwicklung in Zürich 1830–1914, in: Unsere Kunstdenkmäler, 1991, S. 164–177.

*Kupper, Ernst:* Die Besoldungspoltik des Bundes seit 1848, Diss. Zürich, Elgg 1929.

*Kuthy, Sandor:* Das Kunstmuseum Bern. Geschichte seiner Entstehung, in: Berner Kunstmitteilungen 123/124, Bern 1971, S. 1–16.

*Labhart, Walter:* Bundesrat Ludwig Forrer, 1845–1921, Winterthur 1973.

*Lang, Karl:* Kritiker, Ketzer, Kämpfer. Das Leben des Arbeiterarztes Fritz Brupbacher, Zürich o. J.

*Lang, Paul:* Karl Bürkli. Ein Pionier des schweizerischen Sozialismus, Diss. Zürich, München 1920.

*Langmesser, August:* Vom Lohgerber zum Diakonissenvater. Friedrich Dändlikers Leben, Basel 1908.

*Largiadèr, Anton:* Geschichte von Stadt und Landschaft Zürich, Bd. 2: Von der Aufklärung bis zur Gegenwart, Erlenbach-Zürich 1945.

*Lasserre, André:* La classe ouvrière dans la société vaudoise, 1845 à 1914, Lausanne 1973.

*Lauterburg, Ludwig:* Leben und Wirken von Albrecht Friedrich May. Staatsschreiber von Bern, Bern 1860.

*Leimgruber, Evi:* Die Wende von 1878 in der schweizerischen Politik, Diss. Zürich 1980.

*Lengwiler, Martin:* Ein Geschlecht sucht Kraft um jeden Preis. Die Auseinandersetzung um militärische Männlichkeitsideale in der Schweiz um 1900, Lizentiatsarbeit, Zürich 1993.

*Liechtenhan, Rudolf:* Die soziale Frage vor der schweizerischen Prediger – Gesellschaft, in: Aus fünf Jahrhunderten Schweizerischer Kirchengeschichte, Festschrift Paul Wernle, Basel 1932, S. 407–427.

*Lindt, Andreas:* Die «Evangelische Gesellschaft» in der bernischen Gesellschaft und Geschichte des 19. Jahrhunderts, in: Gesellschaft und Gesellschaften, Festschrift Ulrich Im Hof, hrsg. von N. Bernard/Q. Reichen, Bern 1982, S. 409–419.

*Lingg, Otto:* Die Entwicklung der Vermögenssteuer in der Stadt Bern seit der Einführung des Gesetzes über Vermögenssteuern vom 15. März 1856, Diss. Bern 1921.

*Linsmayer, Charles:* Die Eigenschaft «schweizerisch» und die Literatur der deutschen Schweiz zwischen 1890 und 1914, in: Capitani, François, de/Germann, Georg (Hg.): Auf dem Weg zu einer schweizerischen Identität 1848–1914. Probleme – Errungenschaften – Misserfolge, Freiburg 1987, S. 403–426.

*Looser, Heinz:* Zwischen «Tschinggenhass» und Rebellion. Der «Italienerkrawall» von 1896, in: Lücken im Panorama. Einblicke in den Nachlass Zürichs, hrsg. vom Geschichtsladen Zürich, Zürich 1986, S. 85–107.

*Lüthi, Ruth:* Die Frauen auf dem Weg in die moderne Zivilisation. Die Vorstellungen von Louis Bridel (1852–1913) über die rechtliche Stellung der Frau in der bürgerlichen Gesellschaft, in: Ludi, Regula u. a. (Hg.), Frauen zwischen Anpassung und Widerstand. Beiträge der 5. Schweizerischen Historikerinnentagung, Zürich 1990, S.43–56.

*Lüthi, Walter:* Der Basler Freisinn von den Anfängen bis 1914, in: 161. Neujahrsblatt, Basel 1983.

*Lutz, Max:* Die Schweizer Stube 1330–1930, Bern 1930 (Neuauflage, Bern 1981).


*Mandach, C. von:* Henry Berthold v. Fischer. Ein bernischer Architekt. Sein Leben und Werk, in: Berner Zeitschrift für Geschichte und Heimatkunde, 1951, S. 115–131.

*Marcuard, Bernard:* Marcuard. Période bernoise, 1745–1982, Muri 1983.

*Markwalder, Hans:* Der Stadtrat von Bern, in: Berner Zeitschrift für Geschichte und Heimatkunde, 1944, S. 1–7.

*Markwalder, Hans:* Die Güterausscheidung zwischen der Burgergemeinde und der Einwohnergemeinde der Stadt Bern, in: Berner Zeitschrift für Geschichte und Heimatkunde, 1947, S. 110–114.

*Marti, Hugo:* Rudolf von Tavel. Leben und Werk. Mit Bildern, Zeichnungen und Handschriftproben, Bern 1935.

*Martig, Peter:* Der bernische Staatsbeamte im Laufe der Jahrhunderte. Von der Verfassungsrevision von 1893 bis zur Gegenwart, in: Bernische Staatspersonalzeitung, 1983, Nr. 2–8.

*Mattioli, Aram:* Zwischen Demokratie und totalitärer Diktatur. Gonzague de Reynold und die Tradition der autoritären Rechten in der Schweiz, Zürich 1994.

*Mattmüller, Hanspeter:* Carl Hilty 1833–1909, Diss. Basel 1966.

*Mattmüller, Markus:* Leonhard Ragaz und der religiöse Sozialismus. Die Entwicklung der Persönlichkeit und des Werkes bis ins Jahr 1913, Basel/Stuttgart 1957.

*Maurer, Ernst:* Die schweizerischen Handelskammern, ihr Wesen, ihre Entwicklung, Organisation und Tätigkeit, Diss. Zürich 1924.

*Maurer, Theres:* Ulrich Dürrenmatt, 1849–1908. Ein schweizerischer Oppositionspolitiker, Diss. Bern 1975.

*Maync, Wolf:* Bernische Campagnen. Ihre Besitzergeschichte, Bern 1980.

*Maync, Wolf:* Bernische Patrizierhäuser: ihre Besitzergeschichte, Bern 1982.

*Mebold, Marcel:* Eduard Häberlin. Thurgauische Beiträge zur Vaterländischen Geschichte 109, Frauenfeld 1971.

*Meienberg, Niklaus:* Die Welt als Wille & Wahn. Elemente zur Naturgeschichte eines Clans, Zürich 1987.

*Meier, Isabelle:* Von Bööggenwerken und Zunftumzügen. Vom Fest zum Spektakel, in: Lücken im Panorama. Einblicke in den Nachlass Zürich, hrsg. vom Geschichtsladen Zürich, Zürich 1986, S. 9–29.

*Merkhart von Bernegg, Ulrich:* David Nüscheler (1792–1871). Kämpfer wider seine Zeit. Affoltern a. A. 1951.

*Mesmer, Beatrix:* Ausgeklammert – Eingeklammert. Frauen und Frauenorganisationen in der Schweiz des 19. Jahrhunderts, Basel/Frankfurt a. M. 1988.

*Mesmer, Beatrix:* Burgdorf und Thun: bernische Kleinstädte im 19. Jahrhundert, in: Burgdorfer Jahrbuch 1985, S. 112–132.

*Mesmer, Beatrix:* Die Berner und ihre Universität, in: Hochschulgeschichte Berns 1528–1984, Bern 1984, S. 129–168.

*Mesmer, Beatrix:* Die Gesellschaft im späten 19. Jahrhundert. Porträt und Familienbild, in: Damals in der Schweiz, Zürich 1980, S. 57–68.

*Mesmer, Beatrix:* Reinheit und Reinlichkeit. Bemerkungen zur Durchsetzung der häuslichen Hygiene in der Schweiz, in: Gesellschaft und Gesellschaften, Festschrift Ulrich Im Hof, hrsg. von N. Bernard/Q. Reichen, Bern 1982, S. 470-494.

*Mesmer, Beatrix:* Nationale Identität – einige methodische Bemerkungen, in: Capitani, François de/Germann, Georg (Hg.): Auf dem Weg zu einer schweizerischen Identität 1848–1914. Probleme – Errungenschaften – Misserfolge, Freiburg 1987, S. 11–24.

*Messerli, Jakob / Mathieu, Jon:* Unterhaltungs- u. Belehrungsblätter in der deutschen Schweiz 1850–1900. Eine Quelle zur Sozial- und Mentalitätsgeschichte, in: SZG, 1992, S. 173–192.

*Meyer von Knonau, Gerold:* Die Böcke. Ein Beitrag zur Zürcherischen Familien- und Sittengeschichte, Zürich 1847.

*Meyer von Knonau, Gerold:* Lebensbild des Professors Georg von Wyss, 2 Teile, Neujahrsblatt zum Besten des Waisenhauses in Zürich für 1895 und 1896.

*Meyer, Clo:* «Unkraut der Landstrasse». Industriegesellschaft und Nichtsesshaftigkeit. Am Beispiel der Wandersippen und der schweizerischen Politik an den Bündner Jenischen vom Ende des 18. Jahrhunderts bis zum ersten Weltkrieg, Disentis 1988.

*Meyer, Kurt:* Solothurnische Verfassungszustände zur Zeit des Patriziates, Olten 1921.

*Meyer, P.:* Dr. Rudolf Ischer (1869–1920), in: Berner Taschenbuch auf das Jahr 1921.

*Meyer, Robert P.:* Conrad Cramer-Frey, Diss. Zürich, Bülach 1948.

*Meyer, Werner:* Demokratie und Cäsarismus, konservatives Denken in der Schweiz zur Zeit Napoleons III., Diss. Basel, Bern 1975.

*Moser, Daniel V.:* Geschichte der Freis.-demokr. Partei d. Kantons Bern 1890–1922, Diss. Bern 1977.

*Mottet, Louis H. (Hg.):* Geschichte der Schweizer Banken. Bankier – Persönlichkeiten aus fünf Jahrhunderten, Zürich 1987.

*Mülinen, Wolfgang Friedrich von:* Bern's Geschichte 1191–1891, Bern 1891.

*Müller, Dominik:* Der Berner Sprachenstreit, 1885–1889. Seminararbeit, Historisches Institut, Universität Bern 1978.

*Müller, Felix:* Zur Kultur und zum gesellschaft. Bewusstsein handwerklicher Arbeiter im dritten Viertel des 19. Jahrhunderts – Vereinsleben und Diskussionen im Schweiz. Grütliverein, in: Handwerker in der Industrialisierung, hrsg. von U. Engelhardt, Stuttgart 1984, S. 552–588.

*Müller, Karl:* Oberst Joachim Feiss. Waffenchef der schweizerischen Infanterie und Kommandant des II. Armeecorps. Ein Lebensbild, Bern 1895.

*Müller, Kurt:* Bürgermeister Conrad Melchior Hirzel, 1793–1843, Zürich 1952.

*Müller-Büchi, Emil F. J.:* Altschweizer Eliten im Bundesstaat von 1848, in: Innerschweizer Jahrbuch für Heimatkunde 1959/60, S. 101–114.

*Müller-Büchi, Emil F. J.:* Die alte «Schwyzer-Zeitung» 1848–1866. Ein Beitrag zur Geschichte des politischen Katholizismus und der konservativen Presse im Bundesstaat von 1848, Freiburg 1962.

*Müller-Farguell, Roger:* Kraftwerk der Gefühle. Zur Oper- und Schauspielkultur der Zürcher Bourgeoisie, in: Lücken im Panorama. Einblicke in den Nachlass Zürich, hrsg. vom Geschichtsladen Zürich, Zürich 1986, S. 31–58.

*Nef, Albert:* Fünfzig Jahre Berner Theater. Das Berufstheater in Stadt und Kanton Bern in der ersten Hälfte des 20. Jahrhunderts, Bern 1956.

*Neidhart, Leonhard:* Plebiszit und pluralitäre Demokratie. Eine Analyse der Funktion des schweizerischen Gesetzesreferendums, Bern 1970.

*Nigg, Walter:* Geschichte des religiösen Liberalismus, Zürich 1937.

*Nöthinger-Strahm, Christine:* Der deutschschweizerische Protestantismus und der Landesstreik von 1918. Die Auseinandersetzungen der Kirche mit der sozialen Frage zu Beginn des 20. Jahrhunderts, Bern 1981.

*Nyffeler, Bettina:* «Dann hast Du gesagt, Du wolltest nicht, dass ich ein Arbeiter werde …». Familiale und schulische Erziehung männlicher und weiblicher Kinder im Bürgertum. Exemplarisch nachgezeichnet am Beispiel der Familie Zeerleder in Bern zwischen 1874 und 1906, Lizentiatsarbeit, MS, Bern 1993.

*Oberhänsli, Silvia:* Die Glarner Unternehmer im 19. Jahrhundert, Diss. Zürich 1981.

*Orelli, Eduard von:* Orelli im Thalhof 1787–1937, Zürich 1937.

*Ott, Emma:* Emma Hess. Eine Vorkämpferin auf dem Gebiet der Hebung der Sittlichkeit, 1842–1928, Zürich 1939.

*Passavant, Rudolf von:* Zeitdarstellung und Zeitkritik in Gottfried Kellers «Martin Salander», Bern 1978.

*Paur, M.:* Oberstkorpskommandant Hermann Bleuler, 1837–1912. CXXX Neujahrsblatt der Feuerwerker-Gesellschaft (Artillerie-Kollegium) in Zürich auf das Jahr 1938.

*Pestalozzi, Hans:* Die Mitglieder der Mathematisch-Militärischen Gesellschaft in Zürich, 1765–1965, Zürich 1965.

*Pestalozzi-Keyser, Hans:* Geschichte der Familie Pestalozzi, Zürich 1958.

*Peyer, Hans Conrad:* Die Anfänge der schweizerischen Aristokratien, in: Mesmer, Kurt/Hoppe, Peter: Luzerner Patriziat, Luzern 1976, S. 1–28.

*Peyer, Hans Conrad:* Die Verfassungsrevision von 1869 und ihre Geschichte, in: Zürcher Taschenbuch 1970, S. 48–64.

*Peyer, Hans Conrad:* Verfassungsgeschichte der alten Schweiz, Zürich 1978.

*Peyer, Hans Conrad:* Von Handel und Bank im alten Zürich, Zürich 1968.

*Peyer, Hans Conrad:* Zürich im Jahre 1868, in: 100 Jahre Aktiengesellschaft für die Neue Zürcher Zeitung 1780–1868–1968, Zürich 1968, S. 41–54.

*Pfister, Arnold:* Johann Heinrich Fierz, seine Gattin Nina und Gottfried Semper. Ein Beitrag zur Kultur- und Baugeschichte des Sonnenbühls in Fluntern, in: Zürcher Taschenbuch 1960, S. 105–166.

*Pulver, Paul:* Samuel Engel. Ein Berner Patrizier aus dem Zeitalter der Aufklärung 1702–1784, Diss. Bern 1937.

*Reinle, Adolf:* Die Kunst des 19. Jahrhunderts. Architektur, Malerei, Plastik, in: Gantner, J./Reinle, A.: Kunstgeschichte der Schweiz, Bd. IV, Frauenfeld 1962.

*Rennefahrt, H.:* Grundzüge der bernischen Rechtsgeschichte, 4 Bde., Bern 1928–1936.

*Rimli, Bruno:* Sozialpolitische Ideen der Liberal-Konservativen in der Schweiz, 1815–1939, Diss. Zürich 1951.

*Rinderknecht, Peter:* Der «Eidgenössische Verein» 1875–1913, Zürich 1949.

*Ritzmann, Franz:* Die Schweizer Banken. Geschichte – Theorie – Statistik, Bern/Stuttgart 1973.

*Rodt, Eduard von:* Bern im 19. Jahrhundert, Bern 1898.

*Rodt, Eduard von:* Berns Burgerschaft und Gesellschaften, Bern 1891.

*Rodt, Eduard von:* Veränderungen der Sitten und Gebräuche in Bern seit der Mitte des 19. Jahrhunderts, in: Blätter für bernische Geschichte, Kunst und Altertumskunde, 1926, S. 133–138.

*Roth, Dorothea:* Die Politik der Liberal-Konservativen in Basel 1875–1914, in: 167. Neujahrsblatt, Basel 1988.

*Roth, Heinrich:* Die politische Presse der Schweiz um 1871 und ihre Haltung gegenüber der Pariser Commune, Diss. Bern 1956.

*Rothweiler, Albert:* Die Artikel 23 und 24 der Zürcherischen Staatsverfassung von 1869, Diss. Zürich 1914.

*Rübel, Eduard:* Carl Schröter, 1855–1939. Neujahrsblatt auf das Jahr 1940. Zum Besten des Waisenhauses in Zürich.

*Rübel, Eduard:* Lebenslauf von August Rübel-Däniker und die Geschichte des Platanenhofes in Zürich-Fluntern, Zürich 1935.

*Rübel-Blass, Eduard:* Kleine Ahnentafeln der Schildner und Stubenhitzer zum Schneggen, Zürich 1946.

*Rübel-Kolb, Eduard:* Eduard Rübel-Blass 1876–1960, in: Neujahrsblatt auf das Jahr 1970. Zum Besten des Waisenhauses in Zürich.

*Ruoff, W. H.:* Eduard Rübel, 18. Juli 1876–24. Juni 1960. Zürcher Taschenbuch 1962, S. 3–21.

*Rutishauser, H.:* Liberalismus und Sozialpolitik in der Schweiz, Lachen 1935.

*Ryser, Rudolf:* Die Besoldungspolitik des Staates Bern von 1750 bis 1950, in: Mitteilungen des Statistischen Bureaus des Kantons Bern, Neue Folge, Nr. 35, Bern 1956.

*Rytz, Regula / Schärer, Corinne:* Streiks in der Bieler Uhrenindustrie 1880–1937, Seminararbeit, Historisches Institut, Universität Bern 1993.

*Rytz, Thea:* Charlotte Rytz-Fueters mütterlicher Blick im sozialgeschichtlichen Kontext ihrer Zeit, Proseminararbeit, Historisches Institut, Universität Bern 1993.

*Saracew, Erica:* Ein Haus in Zürich Riesbach und seine Bewohner um die Jahrhundertwende, in: Zürcher Taschenbuch 1986, S. 123–156.

*Sarasin, Philipp:* Sittlichkeit, Nationalgefühl und frühe Ängste vor dem Proletariat. Untersuchungen zu Politik, Weltanschauung und Ideologie des Basler Bürgertums in der Verfassungskrise von 1846/47, in: Basler Zeitschrift für Geschichte u. Altertumskunde, 84, Basel 1984.

*Sarasin, Philipp:* Stadt der Bürger. Struktureller Wandel und bürgerliche Lebenswelt, Basel 1870–1900, Basel/Frankfurt a. M. 1990.

*Scandola, Pietro (Red.):* Die Dozenten der bernischen Hochschule. Ergänzungsband zu: Hochschulgeschichte Berns 1528–1984, Bern 1984.

*Schaffner, Martin:* «Volk» gegen «Herren». Konfliktverhalten und kollektives Bewusstsein in der Demokratischen Bewegung, in: Capitani, François de/Germann, Georg (Hg.): Auf dem Weg zu einer schweizerischen Identität 1848–1914. Probleme – Errungenschaften – Misserfolge, Freiburg 1987, S. 39–52.

*Schaffner, Martin:* Die demokratische Bewegung der 1860er Jahre. Beschreibung und Erklärung der
    Zürcher Volksbewegung von 1867, Basel/Frankfurt a. M. 1982.
*Schaffner, Martin:* Vereinskultur und Volksbewegung. Die Rolle der Vereine in der Zürcher Demo-
    kratischen Bewegung, in: Gesellschaft und Gesellschaften, Festschrift Ulrich Im Hof, hrsg.
    von N. Bernard/Q. Reichen, Bern 1982, S. 420–436.
*Scheitlin, Walter:* Josef Viktor Widmanns Weltanschauung, Diss. Zürich, Melle 1924.
*Schellenberg, Walter:* Die Bevölkerung Zürichs um 1780, Zürich 1951.
*Scheuchzer, Friedrich:* Salomon Bleuler, Bülach 1887.
*Scheurer, Frédéric:* Soziale Ideen in der Schweiz vor 1848, in: Schweizerische Blätter für Wirt-
    schafts- und Sozialpolitik, 1908, S. 737–769.
*Schib, Karl:* Geschichte der Stadt und Landschaft Schaffhausen, Schaffhausen 1972.
*Schiedt, Hans-Ulrich:* Karl Bürkli und d. sogenannte soz. Bewegung der 1850er Jahre, mit besonde-
    rer Berücksichtigung seiner Schriften, Lizentiatsarbeit Uni. Zürich, MS, Zürich 1988.
*Schläppi, Daniel:* Städtische Reitschule Bern. Eine Geschichte vom Aufbruch in unser Jahrhundert,
    Seminararbeit, Historisches Institut, Universität Bern 1991.
*Schmid, Alfred:* Die bernische Steuerpolitik von 1831 bis 1920, Diss. Bern 1937.
*Schmid, Hans Rudolf:* Die Familie Abegg von Zürich und ihre Unternehmungen, Zürich 1972.
*Schmid, Hans:* Oberst Friedrich Frey-Hérosé, schweizerischer Bundesrat, Diss. Zürich 1915.
*Schmid, Hans:* Ulrich Meister, 1838–1917. Ein Zürcher Politiker, Zürich 1925.
*Schmid, Joseph:* Die rechtliche Stellung der Privatschulen in der Schweiz, Diss. Freiburg 1929.
*Schmid, Walter P.:* Der junge Alfred Escher. Sein Herkommen und seine Welt. Mitteilungen der
    Antiquarischen Gesellschaft in Zürich, Bd. 55, Zürich 1988.
*Schmied, Thomas:* Die Aufhebung der Geschlechtsbeistandschaften im Kanton Bern 1847, in:
    Berner Zeitschrift für Geschichte und Heimatkunde, 1986, S. 35–85.
*Schnyder, Maria:* Susanna Orelli-Rinderknecht, Wetzikon 1973.
*Schnyder-Spross, Werner:* Die Familie Rahn von Zürich, Zürich 1951.
*Schollenberger, Jakob:* Grundriss des Staats- und Verwaltungsrechts der Schweizerischen Kantone,
    3 Bde., Zürich 1898–1900.
*Schönenberger, K.:* Geschichte des Schweizerischen Studentenvereins, Immensee 1940/41.
*Schoop, Albert:* Johann K. Kern. Jurist, Politiker, Staatsmann, 2 Bde., Frauenfeld/Stuttgart 1968.
*Schuh, Willi (Hg.):* Schweizer Musikbuch, Zürich 1939.
*Schüepp, Hanspeter:* Die Diskussion über die schweizerische Demokratie von 1904–1914. Eine
    Untersuchung über das demokratische Bewusstsein in der Schweiz vor dem Ersten Welt-
    krieg, Zürich 1969.
*Schulthess, Hans:* Bilder aus der Vergangenheit der Familie von Muralt in Zürich, Zürich 1944.
*Schulthess, Hans:* Die Familie Schulthess von Zürich, Zürich 1908.
*Schulthess, Hans:* Die Stadt Zürich und ihre alten Geschlechter. Neujahrsblatt zum Besten des Wai-
    senhauses in Zürich für 1929.
*Schulthess, Hans:* Die von Orelli von Locarno und Zürich. Ihre Geschichte und Genealogie, Zürich
    1941.
*Schulthess, Hans:* Kulturbilder aus Zürichs Vergangenheit, 4 Bde., Zürich 1930–1949.
*Schulthess, Hans:* Miscellen aus dem alten Zürich. Bausteine zur Geschichte der Entwicklung des
    Patriziates 1500–1798, Zürich 1921.
*Schüpbach, Werner:* Die Bevölkerung der Stadt Luzern 1850–1914, Luzern 1983.
*Schwarzenbach, Regula:* Das Heiratsverhalten der Horgener Unternehmer im 19. Jahrhundert,
    Lizentiatsarbeit, Universität Zürich, MS, Zürich 1977.
*Schweizer, Paul:* Geschichte der Familie Schwyzer oder Schweizer, in Zürich verbürgert seit 1401,
    Zürich 1916.
*Seippel, Paul (Hg.):* Die Schweiz im 19. Jahrhundert, 3 Bde., Bern 1900.
*Siebel, Johanna:* Das Leben von Frau Dr. Marie Heim-Vögtlin, Zürich 1919.
*Siegenthaler, Hansjörg:* Die Bedeutung des Aussenhandels für die Ausbildung einer schweizerischen

Wachstumsgesellschaft im 18. und 19. Jahrhundert, in: Gesellschaft und Gesellschaften, Festschrift Ulrich Im Hof, hrsg. von N. Bernard/Q. Reichen, Bern 1982, S. 325–340.

*Siegenthaler, Hansjörg:* Die Schweiz 1850–1914, in: Handbuch der europäischen Wirtschafts- und Sozialgeschichte, Bd. 5, Stuttgart 1985, S. 443–473.

*Siegenthaler, Hansjörg:* Kapitalbildung und sozialer Wandel in der Schweiz 1850–1914, in: Jahrbücher für Nationalökonomie und Statistik, Bd. 193, 1978, S. 1–29.

*Siegenthaler, Hansjörg:* Konsens, Erwartungen und Entschlusskraft: Erfahrungen der Schweiz in der Überwindung der Grossen Depression vor Hundert Jahren, in: Schweizerische Zeitschrift für Volkswirtschaft und Statistik, 1983, S. 1–24.

*Siegrist, Hannes:* Die Genfer Advokaten im 19. und frühen 20. Jahrhundert, in: Brändli, Sebastian u. a. (Hg.): Schweiz im Wandel. Studien zur neueren Gesellschaftsgeschichte, Basel/Frankfurt 1990, S. 229–258.

*Siegrist, Hannes:* Gebremste Professionalisierung – Das Beispiel der Schweizer Rechtsanwaltschaft im Vergleich zu Frankreich und Deutschland im 19. und frühen 20. Jahrhundert, in: Conze, Werner/Kocka, Jürgen (Hg.): Bildungsbürgertum im 19. Jahrhundert. Teil I: Bildungssystem und Professionalisierung in intern. Vergleichen, Stuttgart 1985, S. 301–331.

*Sommer, Hans:* Karl Schnell von Burgdorf. Der Vorkämpfer der bernischen Volksherrschaft 1786–1844, Diss. Bern, Burgdorf 1939.

*Spillmann, Charles:* Otto Lang 1863–1936. Sozialismus und Individualismus, Bern 1974.

*Spillmann-Jenny, Brigitte:* Robert Seidel 1850–1933. Aufstieg aus dem Proletariat, Zürich 1983.

*Spörri, Balz:* Studien zur Sozialgeschichte von Literatur und Leser im Zürcher Oberland des 19. Jahrhunderts, Diss. Zürich, Bern 1987.

*Staehelin, Heinrich:* Carl Feer-Herzog (1820–1880). Persönliche und familiäre Verhältnisse. Politische Tätigkeit im Aargau, Diss. Basel, Aarau 1975 (Argovia 87).

*Staehelin, Heinrich:* Geschichte des Kantons Aargau 1830–1885, Baden 1978.

*Staffelbach, Hans:* Peter Emil Huber-Werdmüller, 1836–1915; Emil Huber-Stockar 1865–1939. Vater und Sohn. Zwei Lebensbilder als Beitrag zur Geschichte der schweizerischen Technik, Zürich 1943.

*Stalder, Anne – Marie:* Die Erziehung zur Häuslichkeit. Über den Beitrag des hauswirtschaftlichen Unterrichts zur Disziplinierung der Unterschichten im 19. Jahrhundert in der Schweiz, in: Schweizerische Zeitschrift für Geschichte, 1984, S. 370–384.

*Stäubli, Carl:* Geschichte der Familie Stäubli von Horgen, St. Moritz/Leipzig 1915.

*Stauffacher, Hans Rudolf:* Die liberale Verfassungsrevolution im Land Glarus von 1836, in: Jahrbuch des Historischen Vereins des Kantons Glarus, 1986, S. 11–34.

*Stauffacher, Hans Rudolf:* Herrschaft und Landsgemeinde. Die Machtelite in Evangelisch-Glarus vor und nach der Helvetischen Revolution, Diss. Zürich, Glarus 1989.

*Steiner, Adolf:* Friedrich Hegar, sein Leben und Wirken. 116. Neujahrsblatt der Allgemeinen Musikgesellschaft in Zürich auf das Jahr 1928.

*Steinmann, Ernst:* Geschichte des schweizerischen Freisinns. Der Freisinn als Gründer und Gestalter des Bundesstaates (1830–1918), Bern 1955.

*Sterchi, Hans Rudolf:* Die radikale Regierung Berns 1846–1850, Diss. Bern, Trimbach-Olten 1949.

*Stickelberger, Rudolf:* Der gute Haushalter. Aus dem Leben und aus der Arbeit des Zürcher Armenfreundes Caspar Appenzeller, 1820–1901, Zürich 1945.

*Stössel, A.:* Die Besoldungspolitik des Kantons Zürich seit 1831, Diss. Zürich 1928.

*Straessle, Arthur:* Eduard Sulzer-Ziegler, 1854–1913. Von der politischen und sozialpolitischen Tätigkeit eines Winterthurer Industriellen, Diss. Zürich, Winterthur 1968.

*Strahm, Hans:* Geschichte der Stadt und Landschaft Bern, Bern 1971.

*Sträuli, Hans:* Verfassung des eidg. Standes Zürich vom 18. April 1869, Winterthur 1902.

*Strickler, Gustav:* Chronik der Familie Spörri, Zürich 1915.

*Strickler, Gustav:* Geschichte der Hürlimann, Zürich 1899.

*Stucki, Fritz:* Geschichte der Familie Bodmer von Zürich 1543–1943, Zürich 1942.

*Suter, Marcel:* Haltung ist das halbe Leben. Der gerade und der krumme Körper, gesellschaftliche Konventionen und (Selbst)kontrolle, Gesundheit und Krankheit. Der Körper zwischen Haltung und Verhalten vom Mittelalter bis zum Ersten Weltkrieg mit besonderer Behandlung der deutschen Schweiz des 19. Jahrhunderts, Liz.-Arbeit, Universität Bern 1991.

*Tanner, Albert:* Aristokratie und Bürgertum in der Schweiz im 19. Jahrhundert: Verbürgerlichung der «Herren» und aristokratische Tendenzen im Bürgertum, in: Brändli, Sebastian u. a. (Hg.): Schweiz im Wandel. Studien zur neueren Gesellschaftsgeschichte, Basel/Frankfurt 1990, S. 209–228.

*Tanner, Albert:* Bürgertum und Bürgerlichkeit in der Schweiz. Die «Mittelklassen» an der Macht, in: Kocka, Jürgen (Hg.): Bürgertum im 19. Jahrhundert. Deutschland im europäischen Vergleich, Bd. 1, München 1988, S. 193–223.

*Tanner, Albert:* Das Schiffchen fliegt, die Maschine rauscht. Weber, Sticker und Fabrikanten in der Ostschweiz, Zürich 1985.

*Tanner, Albert:* Spulen – Weben – Sticken. Die Industrialisierung in Appenzell Ausserrhoden, Diss. Zürich 1982.

*Tanner, Albert:* Vom Weberknecht zum Unternehmer. Mathias Näf: Leben und Aufstieg eines armen Mannes im Toggenburg, in: Toggenburger Annalen, 1986, S. 60–66.

*Tavel, Fernand: Marcuard,* 1543–1918, Bern 1920.

*Tavel, Rudolf von:* Theoderich von Lerber. Ein Lebensbild, Bern 1911.

*Teuteberg, René:* Basler Geschichte, Basel 1986.

*Tillier, Anton von:* Geschichte des eidgenössischen Freistaates Bern von seinem Ursprunge bis zu seinem Untergange im Jahre 1798, Bd. 5, Bern 1839.

*Tobler-Meyer, Wilhelm:* Geschichte der 65 Schilde der Schildnerschaft zum Schneggen seit 1559, Zürich 1900.

*Töchterschule der Stadt Zürich, 100 Jahre.* Erinnerungsschrift, Zürich 1975.

*Traber, Alfred:* Vom Werden der zürcherischen Arbeiterbewegung, Zürich 1957.

*Trefzer, Rudolf:* Die Konstruktion des bürgerlichen Menschen. Aufklärungspädagogik und Erziehung im ausgehenden 18. Jahrhundert am Beispiel der Stadt Basel, Diss. Zürich 1989.

*Treichler, Hans Peter:* Gründung der Gegenwart. Porträts aus der Schweiz, 1850–1880, Zürich 1985.

*Türler, Heinrich:* Der heutige Adel der Schweiz, in: Helvetia 1897, S. 91–94.

*Ulrich, Anita:* Bordelle, Strassendirnen und bürgerliche Sittlichkeit in der Belle Epoque. Eine sozialgeschichtliche Studie der Prostitution am Beispiel der Stadt Zürich, Zürich 1985.

*Untersuchungen über die Einkommens- und Vermögensverhältnisse in der Stadt Bern, in:* Beiträge zur Statistik der Stadt Bern, Heft 4/5, Bern 1920/21.

*Urner, Klaus:* Die Deutschen in der Schweiz. Von den Anfängen der Kolonienbildung bis zum Ausbruch des Ersten Weltkrieges, Frauenfeld/Stuttgart 1976.

*Usteri, Emil:* Die Familien Trümpler von Rüschlikon, Küsnacht und Zürich, Zürich 1952.

*Usteri, Emil:* Lebensbilder aus der Vergangenheit der Familie Schulthess von Zürich, Zürich 1958.

*Usteri, Johann Martin:* Das Geschlecht der Usteri in Zürich, Zürich o. J.

*Usteri, Paul:* Lebensbild von Stadtpräsident Dr. Melchior Römer, zugleich ein Beitrag zur Vorgeschichte der Stadtvereinigung von 1893. Neujahrsblatt auf das Jahr 1901. Zum Besten des Waisenhauses Zürich.

*Vöchting-Oeri, L.:* Das weisse und das rote Haus – Zwei Welten im Basel des ausgehenden 19. Jahrhunderts, in: Schweizer Rundschau, 1962, S. 21–37.

*Volksschule und Lehrerbildung 1832–1932,* Festschrift zur Jahrhundertfeier, hrsg. vom Erziehungsrat des Kantons Zürich, Zürich 1933.

*Volkswirtschaft,* Arbeitsrecht und Sozialversicherung der Schweiz, hrsg. vom Eidg. Volkswirtschaftsdepartement, Bd. 1, Einsiedeln 1925.

*Volmar, Friedrich. 1875–1945,* Bern 1945.

*Von der Mühll, Johanna:* Basler Sitten. Herkommen und Brauch im häuslichen Leben einer städtischen Bürgerschaft, Basel 1944.

*Wäber, Harald J.:* Bernburger im Einheitsstaat. Die Mitglieder der Stadtbernischen Burgerschaft in hohen Staatsämtern der helvetischen Republik, MS, Bern 1989.

*Wäber, Harald J.:* Burgerschaft und Burgergemeinde der Stadt Bern von den Anfängen bis 1831, in: Die Burgergemeinde Bern. Gegenwart und Geschichte, Bern 1986, S. 47–79.

*Wäber, Harald J.:* Die nichtpatrizische Burgerschaft der Stadt Bern und die Umwälzung von 1830/31, in: Berner Zeitschrift für Geschichte und Heimatkunde, 1973, S. 33–88.

*Wäber, Harald:* Der bernische Staatsbeamte im Laufe der Jahrhunderte. Von der helvetischen bis zur demokratischen Verfassung (1798–1893), in: Bernische Staatspersonalzeitung, 1982, Nr. 15, 18–20.

*Wälchli, Karl F.:* Die Burgergemeinde Bern von 1831 bis zur Gegenwart, in: Die Burgergemeinde Bern. Gegenwart und Geschichte, Bern 1986, S. 82–116.

*Walser, Erasmus:* «Die Wohnungsfrage» in Bern am Ende des 19. Jahrhunderts. Stadtwachstum und soziale Wohnsegregation in einer schweizerischen Mittelstadt vor dem Ersten Weltkrieg, Lizentiatsarbeit, Universität Bern, MS, Bern 1978.

*Walser, Erasmus:* Wohnlage und Sozialgeographie der Stadt Bern, in: Berner Zeitschrift für Geschichte und Heimatkunde, 1976, S. 99–108.

*Walser, Erasmus:* Wohnraum und Familienstruktur am Ende des 19. Jahrhunderts, in: Berner Zeitschrift für Geschichte und Heimatkunde, 1979, S. 113–131.

*Wanner, Oscar:* Fanny Moser, in: Schaffhauser Beiträge zur Geschichte, 1981, S. 163–172.

*Wartenweiler, Fritz:* Max Huber. Spannungen u. Wandlungen in Werden und Wirken, Zürich 1953.

*Wattenwyl, Curt von:* Die Entwicklung der Burgergemeinde seit 1798, Diss. Bern, MS, Bern 1925.

*Weber, Hans:* Bundesrat Emil Welti. Ein Lebensbild, Aarau 1903.

*Wecker, Regina:* Frauenlohnarbeit – Statistik und Wirklichkeit in der Schweiz an der Wende zum 20. Jahrhundert, in: Schweizerische Zeitschrift für Geschichte, 1984, S. 346–356.

*Wegelin-Zbinden, Sibylle:* Der Kampf um den Gotthardvertrag. Schweizerische Selbstbesinnung am Vorabend des Ersten Weltkrieges, Diss. Bern 1973, Horgen 1974.

*Wehrli, Bernhard:* Die «Bundesbarone»: Betrachtungen zur Führungsschicht der Schweiz nach der Gründung des Bundesstaates, in: 146. Neujahrsblatt zum Besten des Waisenhauses Zürich 1983.

*Weiss, Theodor:* Jakob Stämpfli, Bd. 1: bis zum Eintritt in den Bundesrat, Bern 1921.

*Weisz, Leo:* Die Werdmüller. Schicksale eines alten Zürcher Geschlechtes, 3 Bde., Zürich 1949.

Weisz, Leo: Die Neue Zürcher Zeitung im Kampfe der Liberalen mit den Radikalen 1849–1872, Zürich 1962.

*Weisz, Leo:* Die Neue Zürcher Zeitung auf dem Wege zum freisinnigen Standort 1872–1885, Zürich 1865.

*Welti, P.:* Das Weltbild von Bundesrat Emil Welti, Aarau 1951 (Argovia, Bd. 63, S. 5–161).

*Wenner, Giovanni:* Die Spinnereidirektoren Caspar und Alphons Escher-Züblin in Salerno. Ein Beitrag aus dem letzten Jahrhundert zur Geschichte der Familie Escher vom Glas. Zürcher Taschenbuch 1960, S. 76–104.

*Wettstein, Walter:* Die Regeneration des Kantons Zürich. Die liberale Umwälzung der dreissiger Jahre, 1830–1839, Zürich 1907.

*Widmann, Elisabeth / Widmann, Max:* Josef Viktor Widmann, Ein Lebensbild, 2 Bde., Frauenfeld 1922/1924.

*Widmeier, Kurt:* Die Entwicklung der bernischen Volksrechte, 1846–1869, Diss. Bern, Zürich 1942.

*Widmer, Sigmund:* Zürich: eine Kulturgeschichte, Bd. 8: Revolution und Biedermeier, Zürich 1980; Bd. 9: Aufschwung mit dem Liberalismus, Zürich 1982; Bd. 10: Soziale Umgestaltung, Zürich 1983.

*Widmer, Thomas:* Die Schweiz in der Wachstumskrise der 1880er Jahre, Zürich 1992.

*Winteler, Jakob:* Landammann Dietrich Schindler. Seine Vorfahren und seine Nachkommen, Zürich 1932.

*Wirth, Franz:* Johann Jakob Treichler und die soziale Bewegung im Kanton Zürich (1845/46), Diss. Basel 1981.

*Wiss-Belleville, Elfriede:* Pierre Coullery und die Anfänge der Arbeiterbewegung in Bern und der Westschweiz. Ein Beitrag zur Geschichte des Frühsozialismus, Diss. Basel 1987.

*Wurstemberger, Ludwig:* Bernhard Emanuel von Rodt. Lebensbild eines Altberners als Soldat, Staatsdiener, Geschichtsschreiber, Zeitgenosse und Augenzeuge der schweizerischen Umwälzungen, Bern 1851.

*Wurstemberger, Ludwig:* Carl Ludwig Tscharner, Bern 1857.

*Wyss, Edmund:* Die soziale Politik des konservativen Bürgertums in Basel (1833–73), Diss. Basel 1948.

*Wyss, Friedrich von:* Leben der beiden Zürcherischen Bürgermeister David von Wyss, Vater und Sohn, 2 Bde., Zürich 1884–1886.


*Zimmermann, Beat R.:* Verbands- und Wirtschaftspolitik am Übergang zum Staatsinterventionismus, Diss. Bern 1980.

*Zimmermann, Hans:* Sozialpolitische Ideen im schweiz. Freisinn, 1914–1945, Diss. Zürich 1948.

*Zimmermann, Karl:* Die Antiquarische Gesellschaft von Bern (1837–1858), in: Berner Zeitschrift für Geschichte und Heimatkunde, 1992, S. 59–96.

*Zimmermann, Werner G. (Hg.):* Richard Wagner in Zürich. Materialien zu Aufenthalt und Wirken. Neujahrsblatt der Allgemeinen Musikgesellschaft in Zürich auf das Jahr 1986.

*Zollet, Joseph:* Die Entwicklung des Patriziates in Freiburg i. Ü, Freiburg 1926.

*Zollinger, Max:* Wissenschaft als Liebhaberei. Dilettierende Gelehrte und gelehrte Dilettanten im kulturellen Leben der Stadt Zürich. Neujahrsblatt auf das Jahr 1950. Zum Besten des Waisenhauses in Zürich.

*Zurlinden, Samuel:* Hundert Jahre. Bilder aus der Geschichte der Stadt Zürich in der Zeit von 1814–1914, 2 Bde., Zürich 1914/15.

*Zwicky, J. P.:* Familien- und Industriegeschichte Schmid von Thalwil, 1318–1930, Horgen 1930.


## Allgemeine Fachliteratur

*Barthes, Roland:* Mythen des Alltags, Frankfurt a. M. 1964.

*Bausinger, Hermann:* Bürgerlichkeit und Kultur, in: Kocka, Jürgen (Hg.): Bürger und Bürgerlichkeit im 19. Jahrhundert, Göttingen 1987, S. 121–142.

*Bentmann, Reinhard / Müller, Michael.* Die Villa als Herrschaftsarchitektur, Frankfurt a.M. 1981.

*Blumin, Stuart M.:* The Hypothesis of Middle-Class Formation in Nineteeth-Century America, in: American Historical Review, 90/1985, S. 299–338.

*Borscheid, Peter:* Geld und Liebe. Zu den Auswirkungen des Romantischen auf die Partnerwahl im 19. Jahrhundert, in: Ehe, Liebe, Tod. Zum Wandel der Familie, der Geschlechts- und Generationsbeziehungen in der Neuzeit, hrsg. von P. Borscheid und H. J. Teuteberg, Münster 1983, S. 112–134.

*Bourdieu, Pierre:* Die feinen Unterschiede. Kritik der gesellschaftlichen Urteilskraft, Frankfurt a. M. 1982.

*Bourdieu, Pierre:* Entwurf einer Theorie der Praxis auf der ethnologischen Grundlage der kabylischen Gesellschaft, Frankfurt a. M. 1979.

*Bourdieu, Pierre:* Sozialer Raum und «Klassen». Leçon sur la leçon. Zwei Vorlesungen, Frankfurt a. M. 1985.

*Bourdieu, Pierre:* Zur Soziologie der symbolischen Formen, Frankfurt a. M. 1974.

*Bracher, Karl Dietrich:* Zeit der Ideologien. Eine Geschichte politischen Denkens im 20. Jahrhundert, München 1985.

*Bramsted, Ernest K.:* Aristocracy an the Middle-Classes in Germany: Social Types in German Literature, 1830–1900, Chicago 1964.

*Braun, Rudolf:* Konzeptionelle Bemerkungen zum Obenbleiben: Adel im 19. Jahrhundert, in: Wehler, Hans-Ulrich (Hg.): Europäischer Adel 1750–1950. Geschichte und Gesellschaft, Sonderheft 13, Göttingen 1990, S. 87–95.

*Bruch, Rüdiger vom:* Kaiser und Bürger. Wilhelminismus als Ausdruck kulturellen Umbruchs um 1900, in: Bürgertum, Adel und Monarchie. Wandel der Lebensformen im Zeitalter des bürgerlichen Nationalismus, hrsg. von Adolf M. Birke u. Lothar Kettenacker, München 1989, S. 119–146.

*Bürgertum im 19. Jahrhundert.* Deutschland im europäischen Vergleich, hrsg. von J. Kocka, 3 Bde., München 1988.

*Chaline, Jean-Pierre:* Les Bourgeois de Rouen. Une élite urbaine au XIXe siècle, Paris 1982.

*Conze, Werner / Kocka, Jürgen (Hg.):* Bildungsbürgertum im 19. Jahrhundert. Teil I: Bildungssystem und Professionalisierung in internationalen Vergleichen, Stuttgart 1985.

*Conze, Werner:* Mittelstand, in: Geschichtliche Grundbegriffe, Bd. 4, Stuttgart 1978, S. 49–92.

*Daumard, Adeline:* Les Bourgeois de Paris au XIXe siècle, Paris 1970.

*Daumard, Adeline:* Les Bourgeois et la Bourgeoisie en France depuis 1815, Aubier-Montaigne 1987.

*Davidoff, Leonore / Hall, Catherine:* Family Fortunes. Men and women of the English middle class, 1780–1850, London 1987.

*Davidoff, Leonore / Hall, Catherine:* Family Fortunes neu betrachtet – Geschlecht und Klasse im frühen 19. Jahrhundert, in: Nichts als Unterdrückung?: Geschlecht und Klasse in der englischen Sozialgeschichte, hrsg. von Logie Barrow u. a., Münster 1991, S. 225–247.

*Döcker, Ulrike:* «Bürgerliche Dressur». Die Ambiguität bürgerlicher Idyllik in den Anstandsbüchern des 19. Jahrhunderts, in: Beiträge zur historischen Sozialkunde, Heft 3, 1988, S. 96–102.

*Drost, Wolfgang (Hg.):* Fortschrittsglaube und Dekadenzbewusstsein im Europa des 19. Jahrhunderts. Literatur – Kunst – Kulturgeschichte, Heidelberg 1986.

*Eder, Klaus (Hg.):* Klassenlage, Lebensstil und kulturelle Praxis. Beiträge zur Auseinandersetzung mit Pierre Bourdieus Klassentheorie, Frankfurt a. M. 1989.

*Elias, Norbert:* Über den Prozeß der Zivilisation, 2 Bde., Frankfurt a. M. 1976.

*Engelhardt, Ulrich:* «Bildungsbürgertum». Begriffs- und Dogmengeschichte eines Etiketts, Stuttgart 1986.

*Fellerer, Karl Gustav:* Musik und Musikleben im 19. Jahrhundert, in: Studien zur Musik des 19. Jahrhunderts, Bd. 1, Regensburg 1984.

*Fischer-Homberger, Esther:* Krankheit Frau und andere Arbeiten zur Medizingeschichte der Frau, Bern 1979.

*François, Etienne (Hg.):* Sociabilité et société bourgeoise en France, en Allemagne et en Suisse, 1750–1850, Paris 1986.

*Frecot, Janos:* Die Lebensreformbewegung, in: Das wilhelminische Bildungsbürgertum, hrsg. von Klaus Vondung, Göttingen 1976, S. 138–152.

*Freitag, Winfried:* Haushalt und Familie in traditionalen Gesellschaften: Konzepte, Probleme und Perspektiven der Forschung, in: Geschichte und Gesellschaft, 1988, S. 5–37.

*Freudenthal, Margarete:* Gestaltwandel der städtischen, bürgerlichen und proletarischen Hauswirtschaft unter besonderer Berücksichtigung des Typenwandels von Frau und Familie, vornehmlich in Südwest-Deutschland zwischen 1760 und 1933, 1. Teil: von 1760 bis 1910, Diss. Frankfurt, Würzburg 1934. (Neuauflage Frankfurt a. M. 1986)

*Frevert, Ute:* Ehrenmänner. Das Duell in der bürgerlichen Gesellschaft, München 1991.

*Frevert, Ute:* Bürgertumsgeschichte als Familiengeschichte, in: Geschichte und Gesellschaft, 16. Jg., 1990, S. 491–501.

*Frevert, Ute (Hg.):* Bürgerinnen u. Bürger. Geschlechterverhältnisse im 19. Jahrh., Göttingen 1988.

*Frevert, Ute:* Bürgerlichkeit und Ehre. Zur Geschichte des Duells in England und Deutschland, in: Kocka, Jürgen (Hg.): Bürgertum im 19. Jahrhundert. Deutschland im europäischen Vergleich, Bd. 3, München 1988, S. 101–140.

*Frevert, Ute:* Frauen – Geschichte. Zwischen Bürgerlicher Verbesserung und Neuer Weiblichkeit, Frankfurt a. M. 1986.

*Frykman, Jonas / Löfgren, Orvar:* Culture builders. A historical anthropology of middle-class life, New Brunswick/London 1987.

*Gall, Lothar (Hg.):* Stadt und Bürgertum im 19. Jahrhundert, München 1990.

*Gall, Lothar:* Bürgertum in Deutschland, Berlin 1989.

*Gall, Lothar:* Liberalismus und 'Bürgerliche Gesellschaft'. Zu Charakter und Entwicklung der liberalen Bewegung in Deutschland, in: Historische Zeitschrift, 1975, S. 324–356.

*Gay, Peter:* Die zarte Leidenschaft. Liebe im bürgerlichen Zeitalter, München 1987.

*Gay, Peter:* Erziehung der Sinne. Sexualität im bürgerlichen Zeitalter, München 1986.

*Gay, Peter:* Freud. Eine Biographie für unsere Zeit, Frankfurt a. M. 1989.

*Gerbod, Paul:* Une forme de sociabilité bourgeoise: Le loisir thermal en France, en Belgique et en Allemagne (1800–1850), in: François, Etienne (Hg.): Sociabilité et société bourgeoise en France, en Allemagne et en Suisse, 1750–1850, Paris 1986, S. 105–119.

*Gerhard, Ute:* Verhältnisse und Verhinderungen. Frauenarbeit, Familie und Rechte der Frauen im 19. Jahrhundert, Frankfurt a. M. 1978.

*Giddens, Anthony:* Die Klassenstruktur fortgeschrittener Gesellschaften, Fankfurt a. M. 1984.

*Gillis, John R.:* Geschichte der Jugend. Tradition u. Wandel im Verhältnis der Altersgruppen u. Generationen in Europa von der 2. Hälfte des 18. Jahrh. bis zur Gegenwart, Weinheim 1980.

*Glaser, Horst Albert (Hg.):* Deutsche Literatur. Eine Sozialgeschichte, Bd. 7, Vom Nachmärz zur Gründerzeit: Realismus 1848–1880, Reinbek bei Hamburg 1982.

*Glaser, Horst Albert (Hg.):* Deutsche Literatur. Eine Sozialgeschichte, Bd. 8, Jahrhundertwende: Vom Naturalismus zum Expressionismus 1880–1918, Reinbeck bei Hamburg 1982.

*Grimm, Dieter:* Bürgerlichkeit im Recht, in: Kocka, Jürgen (Hg.): Bürger und Bürgerlichkeit im 19. Jahrhundert, Göttingen 1987, S. 149–188.

*Grimm, Dieter:* Recht und Staat der bürgerlichen Gesellschaft, Frankfurt a. M. 1987.

*Habermas, Jürgen:* Strukturwandel der Öffentlichkeit, Neuwied/Berlin 1962.

*Hahn, Hans-Werner:* Altständisches Bürgertum zwischen Beharrung und Wandel. Wetzlar 1689–1870, München 1991.

*Haltern, Utz:* Bürgerliche Gesellschaft. Sozialtheoretische und sozialhistorische Aspekte, (Erträge der Forschung, Bd. 227), Darmstadt 1985.

*Haltern, Utz:* Entwicklungsprobleme der bürgerlichen Gesellschaft, in: Geschichte und Gesellschaft, 1979, S. 274–292.

*Hardach, Gerd:* Klassen und Schichten in Deutschland 1848–1970. Probleme einer historischen Sozialstrukturanalyse, in: Geschichte und Gesellschaft, 3. Jg., 1977, S. 503–524.

*Hardtwig, Wolfgang:* Grossstadt und Bürgerlichkeit in der politischen Ordnung des Kaiserreiches, in: Gall, Lothar (Hg.): Stadt und Bürgertum im 19. Jahrhundert, München 1990, S. 19–64.

*Haupt, Heinz-Gerhard:* Der Adel in einer entadelten Gesellschaft: Frankreich seit 1830, in: Wehler, Hans-Ulrich (Hg.): Europäischer Adel 1750–1950. Geschichte und Gesellschaft, Sonderheft 13, Göttingen 1990, S. 286–305.

*Haupt, Heinz-Gerhard:* Kleine und grosse Bürger in Deutschland und Frankreich am Ende des 19. Jahrhunderts, in: Kocka, Jürgen (Hg.): Bürgertum im 19. Jahrhundert. Deutschland im europäischen Vergleich, Bd. 2, München 1988, S. 252–275.

*Hausen, Karin:* Die Polarisierung der «Geschlechtscharaktere» – Eine Spiegelung der Dissoziation von Erwerbs- und Familienleben, in: Conze, Werner (Hg.): Sozialgeschichte der Familie in der Neuzeit Europas, Stuttgart 1976, S. 363–393.

*Hausen, Karin:* »...eine Ulme für das schwankende Efeu«. Ehepaare im deutschen Bildungsbürgertum. Ideale und Wirklichkeit im späten 18. und 19. Jahrhundert, in: Frevert, Ute (Hg.): Bürgerinnen und Bürger, Göttingen 1988, S. 85–117.

*Hauser, Arnold:* Sozialgeschichte der Kunst und Literatur, München 1978.

*Hein, Dieter:* Badisches Bürgertum. Soziale Struktur und kommunalpolitische Ziele im 19. Jahrh., in: Gall, Lothar (Hg.): Stadt und Bürgertum im 19. Jahrh., München 1990, S. 65–96.

*Henning, H. J.:* Das westdeutsche Bürgertum in der Epoche der Hochindustrialisierung 1870–1914. Soziales Verhalten und soziale Strukturen. Teil I: Das Bildungsbürgertum in den preussischen Westprovinzen, Wiesbaden 1972.

*Henning, Hansjoachim:* Die deutsche Beamtenschaft im 19. Jahrhundert. Zwischen Stand und Beruf, Stuttgart 1984.

*Hepp, Corona:* Avantgarde. Moderne Kunst, Kulturkritik und Reformbewegungen nach der Jahrhundertwende, München 1987.

*Herrmann, U. (Hg.):* «Die Bildung des Bürgers». Die Formierung der bürgerlichen Gesellschaft und die Gebildeten im 18. Jahrhundert, Weinheim 1982.

*Hesselmann, Hans:* Das Wirtschaftsbürgertum in Bayern 1890–1914, Stuttgart 1985.

*Hobsbawn, Eric J.:* Das imperiale Zeitalter 1875–1914, Frankfurt a. M. 1989.

*Hobsbawn, Eric J.:* Die Blütezeit des Kapitals. Eine Kulturgeschichte der Jahre 1848–1875, München 1977.

*Honegger, Claudia / Heintz, Bettina (Hg.):* Listen der Ohnmacht. Zur Sozialgeschichte weiblicher Widerstandsformen, Frankfurt a. M. 1981.

*Horkheimer, Max u. a.:* Studien über Autorität und Familie. Forschungsberichte aus dem Institut für Sozialforschung, Paris 1936 (Neuauflage, Lüneburg 1987).

*Huck, Gerhard (Hg.):* Sozialgeschichte der Freizeit, Wuppertal 1980.

*Hye, Hans-Peter:* Vereinswesen und bürgerliche Gesellschaft in Österreich, in: Beiträge zur historischen Sozialkunde, Heft 3, 1988, S. 86–96.

*Izenberg, Gerald N.:* Die 'Aristokratisierung' der bürgerlichen Kultur im 19. Jahrhundert, in: Hohendahl, P.U/Lützeler, P. M. (Hg.): Legitimationskrisen des deutschen Adels 1200–1900, Stuttgart 1979, S. 233–244.

*Jaher, Frederic Cople:* The urban establishment: Upper Strata in Boston, New York, Charleston, Chicago and Los Angeles, Urbana 1982.

*Jarausch, Konrad H.:* Deutsche Studenten 1800–1970, Frankfurt a.M. 1984.

*Jeggle, Utz:* Bemerkungen zur deutschen Geselligkeit, in: François, Etienne (Hg.): Sociabilité et société bourgeoise en France, en Allemagne, en Suisse, 1750–1850, Paris 1986, S. 223–235.

*Kaelble, Hartmut (Hg.):* Geschichte der sozialen Mobilität seit der industriellen Revolution, Königstein/Ts 1978.

*Kaelble, Hartmut:* Industrialisierung und soziale Ungleichheit. Europa im 19. Jahrhundert. Eine Bilanz, Göttingen 1983.

*Kaelble, Hartmut:* Soziale Mobilität und Chancengleichheit im 19. und 20. Jahrhundert. Deutschland im internationalen Vergleich, Göttingen 1983.

*Kaschuba, Wolfgang:* Deutsche Bürgerlichkeit nach 1800. Kultur als symbolische Praxis, in: Kocka, Jürgen (Hg.): Bürgertum im 19. Jahrhundert. Deutschland im europäischen Vergleich, Bd. 3, München 1988, S. 9–44.

*Koch, Rainer:* Grundlagen bürgerlicher Herrschaft. Verfassungs- und sozialgeschichtliche Studien zur bürgerlichen Gesellschaft in Frankfurt am Main (1612–1866), Wiesbaden 1983.

*Kocka, Jürgen (Hg.):* Arbeiter und Bürger im 19. Jahrhundert. Varianten ihres Verhältnisses im europäischen Vergleich, München 1986.

*Kocka, Jürgen (Hg.):* Bürger und Bürgerlichkeit im 19. Jahrhundert, Göttingen 1987.

*Kocka, Jürgen (Hg.):* Bürgertum im 19. Jahrhundert. Deutschland im europäischen Vergleich, 3 Bde., München 1988.

*Kocka, Jürgen (Hg.):* Politischer Einfluss und gesellschaftliche Formation. Bildungsbürgertum im 19. Jahrhundert, Teil IV, Stuttgart 1990.

*Kocka, Jürgen:* Bürgertum und bürgerliche Gesellschaft im 19. Jahrhundert. Europäische Entwicklungen und deutsche Eigenarten, in: Kocka, Jürgen (Hg.): Bürgertum im 19. Jahrhundert. Deutschland im europäischen Vergleich, Bd. 1, München 1988, S. 11–76.

*Kocka, Jürgen:* Bürgertum und Bürgerlichkeit als Probleme der deutschen Geschichte vom späten 18. zum frühen 20. Jahrhundert, in: Kocka, Jürgen (Hg.): Bürger und Bürgerlichkeit im 19. Jahrhundert, Göttingen 1987, S. 21–63.

*Kocka, Jürgen:* Theorien in der Sozial- und Gesellschaftsgeschichte. Vorschläge zur Schichtungsanalyse, in: Geschichte und Gesellschaft, 1. Jg., 1977, S. 9–42.

*Kocka, Jürgen:* Unternehmer in der deutschen Industrialisierung, Göttingen 1975.

*König, Mario:* Angestellte am Rande des Bürgertums. Kaufleute und Techniker in Deutschland und in der Schweiz 1860–1930, in: Kocka, Jürgen (Hg.): Bürgertum im 19. Jahrhundert. Deutschland im europäischen Vergleich, Bd. 2, München 1988, S. 220–251.

*Koselleck, Reinhart (Hg.):* Bildungsgüter und Bildungswissen. Bildungsbürgertum im 19. Jahrhundert, Teil II, Stuttgart 1990.

*Kraul, Margret:* Das deutsche Gymnasium 1780–1980, Frankfurt a. M. 1984.

*Krumrey, Horst-Volker:* Entwicklungsstrukturen von Verhaltensstandarden. Eine soziologische Prozessanalyse auf der Grundlage deutscher Anstands- und Manierbücher von 1870–1970, Frankfurt a. M. 1984.

*Landes, David:* Religion and Enterprise: The case of the French textile industry, in: Enterprise and enterpreneurs in nineteenth – and twentieth – Century France, hrsg. von Edward C. Carter, London 1976, S. 41–86.

*Langewiesche, Dieter:* Liberalismus und Bürgertum in Europa, in: Kocka, Jürgen (Hg.): Bürgertum im 19. Jahrhundert. Deutschland im europäischen Vergleich, Bd. 3, München 1988, S. 360–394.

*Lenger, Friedrich:* Bürgertum und Stadtverwaltung in rheinischen Grossstädten des 19. Jahrhunderts. Zu einem vernachlässigten Aspekt bürgerlicher Herrschaft, in: Gall, Lothar (Hg.): Stadt und Bürgertum im 19. Jahrhundert, München 1990, S. 96–169.

*Lenski, Gerhard:* Macht und Privileg. Eine Theorie der sozialen Schichtung, Frankfurt a. M. 1973.

*Lepsius, Rainer M. (Hg.):* Lebensführung und ständische Vergesellschaftung. Bildungsbürgertum im 19. Jahrhundert, Teil III, Stuttgart 1990.

*Lepsius, Rainer M.:* Bürgertum als Gegenstand der Sozialgeschichte, in: Schieder, W./Sellin, V. (Hg.): Sozialgeschichte in Deutschland IV, Göttingen 1987, S. 61–80.

*Lepsius, Rainer M.:* Zur Soziologie des Bürgertums und der Bürgerlichkeit, in: Kocka, Jürgen (Hg.): Bürger und Bürgerlichkeit im 19. Jahrhundert, Göttingen 1987, S. 79–100.

*LeWita, Béatrix:* Ni vue ni connue. Approche ethnographique de la culture bourgeoise, Paris 1988.

*Lhomme, Jean:* La grande bourgeoisie au pouvoir (1830–1880), Paris 1960.

*Linse, Ulrich:* «Geschlechtsnot der Jugend». Über Jugendbewegung und Sexualität, in: «Mit uns zieht die neue Zeit». Der Mythos Jugend, hrsg. von Koebner, Thomas u. a., Frankfurt a. M. 1985, S. 245–309.

*Luhmann, Niklas:* Liebe als Passion. Zur Codierung von Intimität, Frankfurt a. M. 1982.

*Macpherson, C. B.:* Die politische Theorie des Besitzindividualismus. Von Hobbes bis Locke, Frankfurt a. M. 1973.

*Martin-Fugier, Anne:* La bourgeoise. Femme au temps de Paul Bourget, Paris 1983.

*Marx, Karl:* Das Kapital. Kritik der politischen Ökonomie, 3 Bde., Berlin 1972–1975.

*Mayer, Arno J.:* Adelsmacht und Bürgertum. Die Krise der europäischen Gesellschaft 1848–1914, München 1984.

*Mitterauer, Michael / Sieder, Reinhard:* Vom Patriarchat zur Partnerschaft. Zum Strukturwandel der Familie, München 1977.

*Mitterauer, Michael:* Sozialgeschichte der Jugend, Frankfurt a. M. 1986.

*Möckl, Karl:* Der deutsche Adel und die fürstlich-monarchischen Höfe, in: Wehler, Hans-Ulrich (Hg.): Europäischer Adel 1750–1950. Geschichte und Gesellschaft, Sonderheft 13, Göttingen 1990, S. 96–111.

*Mommsen, Wolfgang J.:* Der deutsche Liberalismus zwischen «klassenloser Bürgergesellschaft» und «Organisiertem Kapitalismus, in: Geschichte und Gesellschaft, 4. Jg., 1978, S. 77-90.

*Mosse, George L.:* Nationalismus und Sexualität. Bürgerliche Moral und sexuelle Normen, München 1985.


*Niethammer, Lutz (Hg.):* Wohnen im Wandel. Beiträge zur Geschichte des Alltags in der bürgerlichen Gesellschaft, Wuppertal 1979.

*Nipperdey, Thomas:* Deutsche Geschichte, 1800–1866. Bürgerwelt und starker Staat, München 1983.

*Nipperdey, Thomas:* Deutsche Geschichte, 1866–1918. Bd. 1: Arbeitswelt und Bürgergeist, München 1990.

*Nipperdey, Thomas:* Wie das Bürgertum die Moderne fand, Berlin 1988.

*Nitschke, August u. a. (Hg.):* Jahrhundertwende. Der Aufbruch in die Moderne 1880–1930, 2 Bde., Reinbek bei Hamburg 1990.


*Perkin, Harold:* The rise of professional society. England since 1880, London 1989.

*Perrot, Michelle (Hg.):* Geschichte des privaten Lebens. 4. Bd.: Von der Revolution zum Grossen Krieg, Frankfurt a. M. 1992.

*Perrot, Marguerite:* Le mode de vie des familles bourgeoises, 1873–1953, Paris 1982.

*Perrot, Philippe:* Les Dessus et les Dessous de la Bourgeoisie. Une histoire du vêtement au XIXe siècle, Bruxelles 1984.

*Pierenkemper, Toni:* Das Rechnungsbuch der Hausfrau – und was wir daraus lernen können. Zur Verwendbarkeit privater Haushaltsrechnungen in der historischen Wirtschafts- und Sozialforschung, in: Geschichte und Gesellschaft, 1988, S. 38–63.

*Pierenkemper, Toni:* Informationsgewinne und Informationsverluste einer Analyse von Haushaltsrechnungen auf massenstatistischer Basis, in: derselbe (Hg.): Zur Ökonomie des privaten Haushalts. Haushaltsrechnungen als Quellen historischer Wirtschafts- und Sozialforschung, Frankfurt a. M. 1991, S. 61–75.


*Redlich, Fritz:* Der Unternehmer. Wirtschafts- und Sozialgeschichtliche Studien, Göttingen 1964.

*Riedel, Manfred:* Bürger, Staatsbürger, Bürgertum, in: Geschichtliche Grundbegriffe, Bd. 1, Stuttgart 1972, S. 672–725.

*Riedel, Manfred:* Bürgerliche Gesellschaft, in: Geschichtliche Grundbegriffe, Bd. 2, Stuttgart 1972, S. 719–800.

*Ringer, Fritz K.:* Die Gelehrten. Der Niedergang der deutschen Mandarine 1890–1933, Stuttgart 1983.

*Rosenbaum, Heidi (Hg.):* Seminar: Familie und Gesellschaftsstruktur. Materialien zu den sozioökonomischen Bedingungen von Familienformen, Franfurt a. M. 1978.

*Rosenbaum, Heidi:* Formen der Familie. Untersuchungen zum Zusammenhang von Familienverhältnissen, Sozialstruktur und sozialem Wandel in der deutschen Gesellschaft des 19. Jahrhunderts, Frankfurt a. M. 1982.

*Rubinstein, W. D.:* Men of Property. The very wealthy in Britain since the industrial revolution, London 1981.

*Ruppert, Wolfgang:* Bürgerlicher Wandel. Die Geburt der modernen deutschen Gesellschaft im 18. Jahrhundert, Frankfurt a. M. 1984.

*Ryan, Mary P.:* Craddle of the Middle Class: The Family in Oneida County, New York, 1780–1865, New York 1981.


*Schlumbohm, Jürgen (Hg.):* Kinderstuben. Wie Kinder zu Bauern, Bürgern, Aristokraten wurden 1700–1850, München 1983.

*Schumpeter, Joseph A.:* Kapitalismus, Sozialismus und Demokratie, München 1972.

*Schütze, Yvonne:* Mutterliebe – Vaterliebe. Elternrollen in der bürgerlichen Familie des 19. Jahrhunderts, in: Frevert, Ute (Hg.): Bürgerinnen und Bürger, Göttingen 1988, S. 118–133.

*Schwab, Dieter:* Familie, in: Geschichtliche Grundbegriffe, Bd. 2, S. 253–301.

*Sennett, Richard:* Verfall und Ende des öffentlichen Lebens. Die Tyrannei der Intimität, Frankfurt a. M. 1983.

*Sheehan, James J.:* Der deutsche Liberalismus. Von den Anfängen im 18. Jahrhundert bis zum Ersten Weltkrieg, 1770–1914, München 1983.

*Sieder, Reinhard:* Sozialgeschichte der Familie, Frankfurt a. M. 1987.

*Sieferle, Rolf Peter:* Fortschrittsfeinde? Opposition gegen Technik und Industrie von der Romantik bis zur Gegenwart, München 1984.

*Siegrist, Hannes (Hg.):* Bürgerliche Berufe. Zur Sozialgeschichte der freien und akademischen Berufe im internationalen Verlgeich, Göttingen 1988.

*Siegrist, Hannes:* Bürgerliche Berufe. Die Professionen und das Bürgertum, in: Derselbe (Hg), Bürgerliche Berufe, Göttingen 1988, S. 11–48.

*Siegrist, Hannes:* Die Rechtsanwälte und das Bürgertum. Deutschland, die Schweiz und Italien im 19. Jahrhundert, in: Kocka, Jürgen (Hg.): Bürgertum im 19. Jahrhundert. Deutschland im europäischen Vergleich, Bd. 2, München 1988, S. 92–123.

*Simmel, Monika:* Erziehung zum Weibe. Mädchenbildung i. 19. Jahrhundert, Frankfurt a. M. 1980.

*Smith, B.:* Ladies of the leisure class. The Bourgeoisie of northern France in the nineteenth century, Princeton 1981.

*Sombart, Werner:* Der Bourgeois. Zur Geistesgeschichte des modernen Wirtschaftsmenschen, München 1913.

*Stern, Fritz:* Kulturpessimismus als politische Gefahr. Eine Analyse nationaler Ideologie in Deutschland, Bern 1963.

*Sternberger, Dolf:* «Ich wünschte ein Bürger zu sein». Neun Versuche über den Staat, Frankfurt a. M. 1970.

*Stone, Lawrence / Fawthier Stone, Jeanne C.:* An open elite? England 1540–1880, Oxford 1984.


*Thompson, E. P.:* The making of the English working class, Hammondsworth 1968.

*Tocqueville, Alexis de:* Über die Demokratie in Amerika, hrsg. von J. P. Mayer, Stuttgart 1985.

*Trommler, Frank (Hg.):* Jahrhundertwende: Vom Naturalismus zum Expressionismus, 1880–1918. Deutsche Literatur, Eine Sozialgeschichte, Bd. 8, Reinbek bei Hamburg 1982.

*Tudesq, André-Jean:* Les Grandes Notables en France 1840–1849, 2 Bde., Paris 1964.


*Veblen, Thorstein:* Theorie der feinen Leute. Eine ökonomische Untersuchung der Institutionen, München 1981 (New York 1899).

*Voilliard, Odette:* Nancy au XIXe siècle 1815–1871. Une bourgeoisie urbaine, Paris 1978.

*Vondung, Klaus:* Das wilhelminische Bildungsbürgertum, Göttingen 1976.


*Walther, Rudolf:* Klasse, Stand, in: Geschichtliche Grundbegriffe, Bd 6, S. 217–284.

*Weber, Max:* Die protestantische Ethik, hrsg. von J. Winkelmann, München 1969.

*Weber, Max:* Wirtschaft und Gesellschaft. Grundriss der verstehenden Soziologie, Tübingen 1921/ 22 (Studienausgabe, Tübingen 1985).

*Wehler, Hans-Ulrich (Hg.):* Europäischer Adel 1750–1950. Geschichte und Gesellschaft, Sonderheft 13, Göttingen 1990.

*Wehler, Hans-Ulrich (Hg.):* Klassen in der europäischen Sozialgeschichte, Göttingen 1979.

*Wehler, Hans-Ulrich:* Deutsche Gesellschaftsgeschichte, Bd. 1 und 2, München 1987.

*Weisbrod, Bernd:* Der englische «Sonderweg» in der neueren Geschichte, in: Geschichte und Gesellschaft, 16. Jg., 1990, S. 233–252.

*Wiener, Martin J.:* English culture and the decline of the industrial spirit 1850–1980, Cambridge 1981.

*Wierling, Dorothee:* Mädchen für alles. Arbeitsalltag und Lebensgeschichte städtischer Dienstmädchen um die Jahrhundertwende, Berlin 1987.

*Zeldin, Theodore:* France 1848–1945. Bd. 1: Ambition, Love and Politics, Oxford 1973; Bd. 2: Intellect, Taste and Anxiety, Oxford 1977.

*Zunkel, Fr.:* Der rheinisch-westfälische Unternehmer 1834–1879. Ein Beitrag zur Geschichte des deutschen Bürgertums im 19. Jahrhundert, Köln 1962.

*Zwahr, Hartmut:* Zur Klassenkonstituierung der deutschen Bourgeoisie, in: Proletariat und Bourgeoisie in Deutschland, Köln 1980, S. 86–145.

# Personenregister

Weitere Bücher aus dem Orell Füssli Verlag:

Bernard Degen

# Sozialdemokratie:
## Gegenmacht? Opposition? Bundesratspartei?

### Die Geschichte der Regierungsbeteiligung der schweizerischen Sozialdemokraten

166 Seiten, gebunden mit Schutzumschlag

Das zeitgeschichtliche Werk des Basler Historikers
Bernard Degen behandelt ein für die
schweizerische Politik aktuelles Thema. Die Darstellung reicht von
der Gründung der Sozialdemokratischen Partei der
Schweiz im Jahre 1888 bis zur Wahl von Bundesrätin Ruth Dreifuss.

Aram Mattioli

# Zwischen Demokratie und totalitärer Diktatur

**Gonzague de Reynold und die Tradition der autoritären Rechten in der Schweiz**

436 Seiten, gebunden mit Schutzumschlag

«Aram Mattioli legt eine umsichtig in die Zeitgeschichte
eingebundene Biographie vor und hat in erster
Linie die Rolle im Auge, die Gonzague de Reynold in der
autoritären Rechten spielte. Gonzague
de Reynold – ein verspäteter Aristokrat.»

*Neue Zürcher Zeitung, Zürich*

**J.R. von Salis**
Kriege und Frieden
in Europa Politische
Schriften und Reden
1938–1988

Orell Füssli

Jean Rudolf von Salis

# Kriege und Frieden
# in Europa
## Politische Schriften und Reden 1938–1988

294 Seiten, Leinen

« (...) Wie sich hier die genaue Kenntnis des Objektiven mit
der ganz persönlichen Sicht verbindet, ist so
einzigartig wie bezeichnend für diesen Zeitgenossen.»

*Luzerner Neueste Nachrichten*